Drug Research Series

禁毒研究丛书

国家出版基金项目

NATIONAL PUBLICATION FOUNDATION

胡金野　齐　磊　著

中国禁毒史

修订版

上海社会科学院出版社

SHANGHAI ACADEMY OF SOCIAL SCIENCES PRESS

序

毒品对中国人民的祸害，与殖民主义向外侵略扩张和晚清政府的腐败无能、民国时期军阀统治的贪婪掠夺是分不开的。正如 1950 年 2 月 24 日中华人民共和国中央人民政府在《关于严禁鸦片烟毒的通令》中所指出的："自帝国主义侵略我国，强迫输入鸦片，为害我国已有百余年。由于封建买办的官僚军阀底反动统治，与其荒淫无耻的腐烂生活，对于烟毒，不但不禁止，反而强迫种植，尤其在日本帝国主义侵略下，曾有计划地实行毒化中国，因此戕杀人民生命，损耗人民财产，不可胜数。"[①]殖民主义者向中国偷送鸦片早在 18 世纪末期就开始了，那时以英国为首的殖民者向中国走私鸦片，到鸦片战争爆发前，西方殖民者共向中国输入鸦片 63 万余箱，从中国掠夺走银元 6 亿多元。战后，鸦片走私更加猖獗，特别是第二次鸦片战争期间，1858 年 11 月，清政府分别与英、法、美签订的《通商章程善后条约》中，称鸦片为洋药，说向来洋药"例皆不准通商，现定稍宽其禁，听商遵行纳税贸易，洋药准其进口"，[②]从而使鸦片贸易合法化。翌年，清政府为挽救财政危机，又决定对土产鸦片公开抽厘，使国内鸦片种植合法化。鸦片进口和种植的合法化，使鸦片数量因此增加，烟毒弥漫全国。20 世纪二三十年代，各地军阀为了筹措军饷，强迫农民种植鸦片，全国鸦片种植面积达 8 000 万亩，占耕地的 6.1%。全国许多地方罂粟成为农村的主要种植物，如甘肃的烟田占全省可灌溉农田的 3/4，鸦片产额占农作物的 90%[③]；宁夏"农场作物，罂粟约占 35%"[④]。鸦片成为危及国计民生的主要社会问题，近代中国的贫穷落后在很大

① 黄绍智等主编：《禁毒工作手册》，三联书店 1993 年版，第 97 页。
② 王铁崖主编：《中外旧章约汇编》第 1 册，三联书店 1957 年版，第 129 页。
③ 章有义：《中国近代农业史资料》第 3 辑，三联书店 1957 年版，第 48 页。
④ 陈赓雅：《西北视察记》，甘肃人民出版社 2002 年版，第 73 页。

程度上也是由于鸦片的泛滥造成的。

因此，从鸦片祸害中国之初，中国人民禁毒斗争的历史就开始了。从雍正七年(1729 年)清政府第一次明令禁止鸦片进口开始，中国的禁毒斗争断断续续经历了 200 多年。道光朝曾发动过颇具声势的禁烟运动，民族英雄林则徐主持的虎门销烟，震惊中外，表现了中国人民坚定的禁烟决心，永垂青史。19 世纪后半叶，清政府虽数次下令禁烟，但由于缺乏决心和信心，没有取得成效。维新志士在为烟毒扼腕悲愤之余，也提出了禁烟的主张和建议。20 世纪初，清政府又借推行“新政”之机，发动了一次比较认真的禁烟运动，取得了一定成效。民国时期，革命先行者孙中山先生力主严禁鸦片，一些有识之士呼吁禁烟，在上海成立中国国民拒烟会，南京国民政府也建立了禁止鸦片的法律制度，但这些都没有禁绝鸦片对中国人民的毒害。禁绝毒品是中国共产党人的一贯主张，新民主主义革命时期，中国共产党领导的区域内就颁布过禁烟条例，坚决禁止吸食和贩卖鸦片及其他毒品。中华人民共和国成立后，又领导中国人民开始了大规模的、彻底的禁烟斗争，经过三年的不懈努力，毒害中国人民的毒品终于在祖国大地上绝迹了。

中国是世界上最早开始禁毒的国家，曾在世界上独立地承担过禁毒义务。因此，关于中国禁毒史的研究也越来越受到学术界的关注，特别是毒品在中国消失 30 年后，到 20 世纪 80 年代又成为一个新的社会问题在中国出现，90 年代后已涉及全国 29 个省份的 1 600 多个县市。在毒品问题越来越成为一个严重的社会问题的情况下，为了禁毒斗争的需要，一些学者把目光投向中国禁毒史的研究，主要成果有王金香的《中国禁毒简史》，蒋秋明、朱庆葆的《中国禁毒历程》，苏智良的《中国毒品史》，王宏斌的《禁毒史鉴》等。这些著作从不同的角度

序

对200年来毒品在中国的传播、泛滥和历届政府禁毒等问题进行了研究。尽管如此，中国禁毒史有许多问题的研究仍有待进一步深化。为此，兰州商学院齐磊、胡金野两位学者在前人研究的基础上，历时数年，竭力搜集挖掘资料，完成了《中国禁毒史》一书，丰富了这一领域的研究成果，做出了新的贡献。

《中国禁毒史》以近代以来中国的五次禁毒运动为主线，即1838—1840年的禁烟运动、清末民初的禁烟运动、1935—1940年国民政府的"二年禁毒，六年禁烟"运动、中华人民共和国建立初期的禁毒运动和20世纪90年代以来中国政府的禁毒运动，对毒品在中国的流布作了一个全方位的介绍；对近代以来毒品对中国社会造成的祸害从政治、经济、文化、社会生活等方面作了一个多角度的分析；对近200年来中国历届政府的禁毒举措作了比较全面的评说；并对当前毒品问题使人类社会所面临的困境进行了比较全面的阐述。作者不仅关注历史问题，更立足于现实社会，一方面，对中华人民共和国成立后领导的禁毒运动，作者挖掘了大量资料，重笔浓墨，详细铺写，使这段长期被"保密"甚至一度似被遗忘的历史重新面世；另一方面，作者还对1998年后中国的禁毒问题作了研究。关于中国禁毒史研究的专著大多出版于1997年以前，1998年以后的资料尚较分散，为此作者做了大量的资料搜集、整理和梳理工作，用了两章的篇幅，细致介绍了1998年以来中国政府开展反毒风暴和对毒品采取行之有效的治理的情况，这是其他同类著作所没有的，也是本书的一大特色。《中国禁毒史》一书的出版，为当今世界各国政府尤其是我国政府在禁毒问题上所采取的各种措施，提供了可资借鉴的经验。因此，本书的出版，对探讨毒品和禁毒问题的历史和现实，不仅有理论价值而且有实践意义。

PREFACE

《中国禁毒史》的出版，是甘肃省理论界和社会科学研究方面的一个重要成果，可喜可贺。在毒品越来越成为社会问题的今天，中国的禁毒事业任重而道远。我衷心希望《中国禁毒史》的出版能使更多的人关注现实，关注毒品带来的社会问题；也希望本书能够使更多的人了解毒品给中国人民带来的危害以及中国人民禁毒的艰难历程，以教育人们珍惜生命，远离毒品！

王　劲

2003 年冬

目　录

序 / 1

第一章　善恶参半的毒品家族 / 1
第一节　毒品的含义和种类 / 1
一、毒品的含义 / 1
二、形形色色的毒品 / 3
第二节　毒品发展史 / 12
一、植物类毒品的发展史 / 12
二、合成类毒品的产生与发展 / 19
第三节　毒品的特性与功能 / 23
一、药用性 / 23
二、成瘾性 / 25
三、毒害性 / 28
四、涉毒行为具有违法性 / 29
五、作为特殊商品具有暴利性 / 29
第四节　毒品对人类社会的危害 / 31
一、毒品对吸食者的身心健康造成最全面的危害 / 31
二、毒品对吸食者的家庭产生极大影响和严重后果 / 33
三、毒品泛滥对社会的负面影响 / 33

第二章　对中国近代社会产生重大影响的鸦片贸易 / 39
第一节　罂粟、鸦片、烟草的广泛传播 / 39
一、罂粟及其制品鸦片的东传 / 39
二、罂粟及其制品鸦片传入中国 / 42

CONTENTS

三、欧洲人东来与烟草的传播 / 45
四、鸦片服用方法的演进及后果 / 47
第二节　罪恶的对华鸦片贸易 / 49
一、鸦片战争之前的中外贸易 / 49
二、鸦片贸易及其后果 / 57

第三章　载入史册的清道光禁烟 / 64
第一节　清王朝禁烟运动的前期准备 / 64
一、雍正、乾隆、嘉庆三朝对鸦片烟毒的初禁 / 64
二、道光皇帝前期的禁烟举措 / 67
三、禁烟运动的思想准备——清廷对烟政的大讨论 / 70
第二节　永载史册的清道光大规模禁烟运动 / 75
一、清道光禁烟运动的前奏 / 75
二、清王朝第一次大规模的禁烟运动 / 79
三、禁烟运动的主战场——林则徐的广东禁烟 / 83
四、中外历史上第一部禁烟法典——《严禁鸦片章程》/ 85
第三节　清道光大规模禁烟运动的历史经验 / 90
一、清道光禁烟运动的成果与失误 / 90
二、对清初期禁绝鸦片政策和清道光禁烟运动的历史思考 / 93

第四章　鸦片战争后中国的烟毒 / 96
第一节　鸦片战争与鸦片贸易合法化 / 96
一、打开中国大门的鸦片战争 / 96

目 录

二、鸦片贸易合法化及其对中国社会的影响 / 101
第二节 外国鸦片祸华与国内土烟的发展 / 108
一、外国鸦片祸华史的两个时代 / 108
二、国内土烟的发展及其对社会生活的影响 / 112
第三节 清末对鸦片的征税及其后果 / 122
一、对进口鸦片的税厘并征 / 122
二、对土产鸦片税厘的征收 / 125
三、清末对鸦片征税的严重后果 / 128

第五章 清朝末年的大规模禁烟运动 / 130
第一节 清末禁烟运动的原因 / 130
一、土烟取代洋烟地位,致使鸦片烟祸进一步加深 / 130
二、清末禁烟运动的起因 / 136
第二节 清末禁烟运动的先声 / 138
一、太平天国的禁烟举措 / 139
二、晚清思想家的禁烟主张与实践 / 143
第三节 清末禁烟运动的总纲和重大举措 / 149
一、禁烟运动的总纲——《禁烟十条章程》/ 149
二、禁烟运动的重大举措 / 152
第四节 清末禁烟运动的成效及其局限性 / 154
一、清末禁烟运动取得了显著成效 / 154
二、清末禁烟运动取得成效的原因 / 159
三、清末禁烟运动的缺陷及其思考 / 161

CONTENTS

第六章　民国初年的禁烟与纵烟 / 167

第一节　民国初年的禁烟运动 / 167

一、孙中山的禁烟思想和主张 / 167

二、南京临时政府的禁烟措施 / 171

三、北洋政府时期颁布的禁烟禁毒法令 / 172

四、民国初年禁烟运动的措施与成果 / 174

五、"上海存土"遗留问题的最后解决 / 177

第二节　民国初年禁烟运动的经验总结 / 180

一、民国初年禁烟运动是国际禁毒运动的重要组成部分 / 180

二、民国初年禁烟运动的经验 / 183

第三节　军阀混战时期的烟毒再起 / 187

一、各派系军阀大开烟禁 / 187

二、大开烟禁对中国社会造成的恶果 / 192

第七章　南京国民政府时期的禁烟运动 / 199

第一节　南京国民政府禁烟态度的转变 / 199

一、近代中国烟毒泛滥的顶峰时期 / 199

二、南京国民政府的"寓禁于征"政策 / 201

三、由"寓禁于征"向禁烟为主的转变 / 204

第二节　禁烟运动的战略——"二年禁毒，六年禁烟" / 209

一、"二年禁毒，六年禁烟"战略的形成 / 209

二、"二年禁毒，六年禁烟"期间的禁烟禁毒法规 / 211

三、"二年禁毒，六年禁烟"战略的实施 / 215

目录

第三节　南京国民政府禁烟运动的局限性与禁政的继续 / 224

一、国民政府禁烟运动的局限性 / 224

二、国民政府禁烟运动的继续 / 226

三、对南京国民政府统治时期禁烟活动的反思 / 229

第四节　日本的鸦片侵华 / 232

一、日本政府的鸦片侵华政策 / 232

二、日本占据台湾时期的鸦片专卖 / 234

三、伪“满洲国”的烟政 / 237

四、日本进行的“第三次鸦片战争” / 241

第八章　烟毒祸害对近代中国社会的重大影响 / 246

第一节　烟毒祸害对近代中国社会政治的影响 / 246

一、政治的衰微迎来了鸦片传播中的两个重要转折 / 246

二、鸦片泛滥加速了近代中国政治的腐败 / 247

第二节　烟毒祸害对近代中国社会经济的影响 / 250

一、鸦片烟毒对近代中国农业的影响 / 250

二、鸦片烟毒对近代中国手工业的影响 / 255

三、鸦片贸易对近代中国社会经济的影响 / 260

第三节　烟毒祸害对近代中国社会生活的影响 / 263

一、吸食鸦片成为近代中国社会的陋俗 / 263

二、鸦片烟毒影响近代中国社会生活的主要表现 / 264

三、吸食鸦片成为近代中国陋俗的原因 / 265

CONTENTS

第九章　举世瞩目的新中国禁烟禁毒运动 / 269

第一节　中国共产党在执政前的禁烟举措 / 269

一、大革命时期的禁烟活动 / 269

二、土地革命战争时期的禁烟活动 / 271

三、抗日战争时期的禁烟活动 / 274

四、解放战争时期的禁烟活动 / 280

第二节　新中国禁烟禁毒运动的第一期战役 / 285

一、新中国成立之初的烟毒情况 / 285

二、颁布禁烟毒法令,加强禁烟毒领导 / 288

三、严厉禁种罂粟,断绝鸦片源头 / 290

四、查缴毒品,打击毒贩 / 291

五、改造烟民,消除鸦片烟毒的消费市场 / 294

六、第一期禁烟禁毒战役遗留的问题 / 295

第三节　新中国禁烟禁毒运动的第二期战役 / 300

一、第一阶段:完善法律规范,建立机构,积极筹划,精心安排 / 300

二、第二阶段:大破案、大逮捕行动 / 303

三、第三阶段:审查处理、追缴存毒 / 306

四、形式多样、生动活泼的禁烟禁毒宣传 / 307

五、第二期禁烟禁毒战役遗留问题的解决 / 308

六、少数民族地区禁烟禁毒活动逐步展开 / 312

第四节　新中国禁烟禁毒运动的经验 / 314

一、新中国禁烟禁毒运动的成果和经验 / 314

二、新中国禁烟禁毒运动取得重大成果的原因 / 317

目 录

三、新中国禁烟禁毒运动中存在的问题 / 320

第十章 社会主义建设时期对烟毒问题的继续治理 / 324

第一节 十年建设时期烟毒活动的重起及禁烟禁毒 / 324

一、20 世纪 60 年代初期的烟毒再起 / 324

二、云南省的烟毒问题死灰复燃 / 329

三、“文革”前各地的禁烟禁毒活动 / 331

第二节 “文革”时期的烟毒问题及治理 / 342

一、“文革”时期烟毒活动简况 / 342

二、各地进行的禁毒活动 / 344

第十一章 改革开放新时期毒品问题在中国的重现 / 349

第一节 毒品泛滥是 20 世纪后期最严重的全球性社会问题 / 349

一、四大世界毒品生产中心 / 349

二、20 世纪后期世界毒品空前泛滥 / 356

第二节 改革开放新时期毒品在我国重新泛滥及其发展态势 / 359

一、20 世纪 80 年代后毒品在我国重新泛滥的概况 / 359

二、毒品在我国重新泛滥的原因 / 364

三、毒品问题重现后我国禁毒工作面临的挑战 / 367

四、我国毒品流行的新态势 / 371

第十二章 改革开放以来中国政府的反毒风暴 / 382

第一节 坚持不懈地开展反毒运动 / 382

CONTENTS

一、部分省份开展的扫毒行动 / 382
二、全国范围的禁毒专项斗争 / 386
三、禁毒主战场——云南省开展的禁毒专项斗争 / 394
四、改革开放 30 多年的禁毒成果 / 398
第二节　扎扎实实地进行禁吸戒毒工作 / 400
一、核查吸毒人数 / 400
二、加大禁吸戒毒力度 / 404
三、加快戒毒场所规范化建设 / 408
四、加强艾滋病预防与运用美沙酮维持治疗 / 412
五、对吸毒人员回归社会的实践探索 / 415
第三节　中国与国际合作开展的禁毒斗争 / 419
一、中国政府积极参与国际禁毒事务 / 419
二、中国积极参与联合国倡导的国际禁毒合作 / 421
三、围绕周边地区进行的区域性国际禁毒合作 / 422
四、积极参与禁毒领域中的国际学术交流、考察与培训 / 424
五、与国际社会联合打击易制毒化学品领域的非法活动 / 426
六、国际禁毒合作成果显著 / 427

第十三章　中国政府对毒品问题的综合治理 / 430
第一节　中国禁毒工作的社会防御保障体系 / 430
一、领导保障：中国政府对禁毒工作高度重视 / 430
二、路线保障：完善新形势下中国禁毒工作的战略方针 / 436
三、思想保障：加大禁毒宣传与教育力度 / 440

目录

四、创新保障：探索新的禁毒途径 / 450

第二节　中国禁毒工作的制度建设 / 452

一、管理制度建设：强化对麻醉药品、精神药品和易制毒化学品的管理 / 452

二、组织制度建设：加强禁毒机构和专业队伍建设 / 458

三、法律制度建设：建立、健全和完善禁毒法律体系 / 463

第十四章　中国禁毒历程的总结和反思 / 471

第一节　新旧中国禁烟禁毒问题之比较 / 471

一、旧中国烟毒泛滥久禁不绝的原因 / 471

二、新中国禁烟禁毒成功的经验 / 476

第二节　中国对世界禁毒事业的重要贡献 / 479

一、近代以来中国禁烟禁毒运动对后世的重要启示 / 479

二、中国对世界禁毒事业的重大贡献 / 481

第三节　对21世纪禁毒斗争的认识和思考 / 489

一、改革开放新时期毒品问题对我国的影响 / 489

二、对21世纪禁毒斗争的思考 / 491

三、人类社会的禁毒斗争任重而道远 / 497

参考文献 / 504

后记 / 511

再版后记 / 514

第一章　善恶参半的毒品家族

第一节　毒品的含义和种类

一、毒品的含义

毒品这个词，《辞源》里没有，是翻译的产物。在英语中，毒品叫 narcotic，也是外来语，源出希腊语，本义为麻醉或使人麻醉之物。拉丁语中有个对应的词叫 stupor，原意指木僵、昏呆、麻痹、人事不省，转义为麻醉。这个词被英语消化为麻痹、昏迷、恍惚。由此又引出一个词：stupid，形容词指麻痹、糊涂和愚蠢之意，名词专指愚不可及的笨人。毒品一词的沿革倒像是为毒品问题的发展作注。

什么是毒品？如何给毒品下一个科学的定义？不同的人处于不同的立场和职业角度，有不同的诠释。

其一，从医学角度看，毒品被视为一种药品，但前提是合理的生产、管理和正确使用。一位名叫莫德尔的西方学者曾于 1967 年给毒品下过这样的一个定义：毒品是以其化学特性改变现存生物体的结构功能的任何物质。这项定义的中心是强调它有活跃的化学成分，能影响人类的肉体和精神行为。按照这一定义，不但非法的物质（如海洛因、大麻等）属于毒品，而且酒精、烟草、咖啡、茶叶，甚至食品也都可以被看成毒品，因为每一种物质都包含有活跃的化学成分，并且每一种物质在其使用中都有积极和消极的结果。这一定义未免有些过于苛刻，因为人们对烟草、酒精是否该列入毒品范围而加以管制看法不一。但是，这告诉我们一个命题，即对任何一种物质的滥用都会走向反面。我国近年来有学者从医学角度给毒品下了这样的定义：毒品是以各种方式进入人体的并且最终能给人带来危害的各种非食品的自然物品或化学合成物品。

其二，从社会学与法学的观点来看，毒品被理解为对个人和社会有严重危害的一种特殊物质，是违禁品，是受法律程序严格管理和控制使用的东西。美国学者文森特・帕里罗（Vincent N. Parrillo）等认为："从科学和社会法律的观点看，毒品是一种在生理上改变大脑或神经系统功能的物质。"[①]另外，美国学者 O. 瑞(Oakley Ray)和 C. 科塞(Charles Ksir)在《毒品、社会与人的行为》一书中将"毒品"一词定义为"任何以其化学性质改变了生命有机体结构或功能的非食品的自然或人造的物质"，[②]我国也有学者从法学角度把毒品称为"国家依法管制的能够使人形成瘾癖的麻醉药品和精神药品"，等等。

其三，从种类和范围具体而言，毒品通常指能使人成瘾的药物。这里"药物"一词与下面提及的药物滥用中"药物"一词，都是广义的概念，既包括医疗应用的药物，如吗啡、杜冷丁；又包括无医疗用途的化合物、天然植物、溶剂等；还包括毒品原植物和毒品直接前体，如制造鸦片和海洛因的罂粟、提取可卡因的古柯、大麻植物及制造冰毒的麻黄碱等。其种类很多，各国因其流行的种类不同而设定其范围。国际禁毒公约将具有依赖性的药物分为麻醉药品和精神药物两大类进行国际管制，它们有时候被通称为"精神活性药物"，这些药物如果被滥用即是毒品。毒品的种类范围不是一成不变的，随着某些新型毒品的合成问世、新的毒物有效成分和某些药品具有易成瘾及可能被滥用造成危害特性的发现，毒品的范围将不断扩大，毒品种类还会不断派生新的支系。国际上通过各国采取开列和定期公布毒品(或管制药物)清单的方法，确认毒品范围。联合国药物管制公约规定，所列的麻醉药品和精神药物及制毒物质清单，需依照缔约国和国际麻醉药品管制局的提议，经联合国麻醉药品委员会决定，随时修订。1997 年 3 月 14 日修订的《中华人民共和国刑法》第 357 条规定："毒品，是指鸦片、海洛因、甲基苯丙胺(冰毒)、吗啡、大麻、可卡因以及国家规定管制的其他能够使人形成瘾癖的麻醉药品和精神药品。"这是目前国内公认的最权威、最明确的关于毒品的概念界定。这一规定从外延和内涵两方面明确了"毒品"的概念。在外延方面，法条列举了六种常见的毒品，并指出毒品的范围包括国家管制的其他麻醉药品和精神药品；在内涵方面，法律条款指出毒品的本质特征是"能够使人形成瘾癖"。这是一个科学的界定。

无论从医学角度去认识还是从社会学与法学角度去认识，或是从毒品的种类和范围去认识，"毒品"都是一个相对的概念。这主要是基于以下三点考虑：

一是毒品的作用有其两面性。当前被确定为"毒品"的药物或化学物质，在其作用上多有两面性的特征：正确使用可以减轻人的病痛，成为于人有益的药物；滥用则可以致人成瘾，对人体及社会造成危害，成为"毒品"。

---

① ［美］文森特·帕里罗等：《当代社会问题》，华夏出版社 2002 年版，第 60 页。
② ［美］O. 瑞、C. 科塞：《毒品、社会与人的行为》，中国人民大学出版社 2001 年版，第 20 页。

二是人们对毒品有一个认识过程。一种药物或化学物质，在人们尚未对其特殊的毒副作用（致人成瘾）认识之前，它是医疗药物，但在人们对其能致人成瘾的性质认识之后，通过有关法律程序认定，就变成了“毒品”，违规生产、贩卖和使用就变成非法的了。例如在美国，鸦片、海洛因曾经作为药品，可以通过医生处方或药房得到；可卡因则被作为一种滋补强身剂和药酒的成分。1914 年哈里森（Harrison）法案诞生之后，这些药物才成为违禁药品。又如镇静安眠与抗焦虑药如巴比妥和苯二氮草类药物是一类用途广泛的药物，久用也可致人成瘾，故实际上也应将其视为毒品。但自 20 世纪初巴比妥类药物用于临床，直至 20 世纪 60 年代人们才认识到它是一种“真正能上瘾的毒品”而将其列入毒品管制条例之下；直到 20 世纪 80 年代以来才对苯二氮草类药物（如安定）的生产和使用进行了限制。再如苯丙胺类药物于 1887 年合成，1931 年成为市售药物，第二次世界大战期间，因其对中枢神经系统具有的兴奋作用，在士兵中被广泛用来抗疲劳、提精神，直至战后在一些国家中引起普遍的社会问题，其利用才受到限制。因此，合法与违法、医疗药物与毒品，有时只差“一步之遥”。

三是有些物质虽能致人成瘾，但却无法将其列为毒品而加以限制。根据药物滥用定义，目前普遍为人们所接受利用的烟草、酒精等也应列入毒品管制。实际上烟草与酒精的利用是世界范围内最严重和最普遍的吸毒形式，全世界每天都有无数人在滥用着这些“合法”的毒品，对个人健康、公共卫生和社会都起着危害和破坏作用。但是由于种种原因，目前尚不可能将包括烟、酒在内的所有“毒品”列入管制之列。有些国家将毒品分为软性毒品（soft drugs）和硬性毒品（hard drugs），甚至在法律上允许持有少数和吸食某些软性毒品。无论是出于什么考虑，这对毒品使用都会起到一种承认甚至鼓励的消极作用，造成毒品蔓延和滥用的增加。因此，尽管在理论上可以给“毒品”下一个定义，但毒品的概念可能永远都是相对的。

二、形形色色的毒品

当今世界，毒品种类繁多，不仅鸦片类、古柯类和大麻类等最古老、最庞大的传统毒品继续延展泛滥，而且又合成、创造出许多新品种。联合国《麻醉品单一公约》和《精神药物公约》中规定的麻醉药品已达 128 种，精神药品有 99 种。

面对形形色色、五花八门的毒品，人们从不同的角度进行了不同的分类。医学家们根据毒品对人体的不同效果，将毒品分为麻醉剂、致幻剂、兴奋剂和镇静剂四大类；生产者们根据毒品的来源和生产方法，通常把毒品分为天然毒品、精制毒品和合成毒品；瘾君子们根据吸毒后的感受程度，习惯把毒品分为软性毒品和烈性毒品；法学家们则根据法律的规定，将毒品分为麻醉药品类和精神药品类。

根据联合国的有关禁毒公约和我国国务院颁布的《麻醉药品管理办法》及《精神药品管理办法》，我国把毒品分为两大类型，见表1-1。

表1-1　我国毒品分类

类　型		主要化合物
麻醉药品	鸦片类	鸦片、吗啡、海洛因、杜冷丁、美沙酮等
	古柯类	古柯叶、古柯糊、古柯膏、可卡因
	大麻类	大麻草、大麻脂、大麻油、哈希什等
精神药品	抑制剂	巴比妥酸盐类、苯二氮草类、安眠酮等
	兴奋剂	安非他明、甲基安非他明、MDMA、利他灵、苯甲吗啉
	致幻剂	LSD、PCP、DMT、TMA等

一类是麻醉药品，即对中枢神经有麻醉作用，连续使用后易产生身体依赖性、成瘾癖的药品，主要有鸦片类、古柯类和大麻类三个分支。

一类是精神药品，即直接作用于中枢神经系统，使之兴奋或抑制，连续使用能产生依赖性的药品，包括抑制剂（如镇静催眠药和安定药）、中枢兴奋剂、致幻剂三个分支。

（一）鸦片类

主要包括生鸦片、精制鸦片、吗啡、海洛因、杜冷丁、美沙酮等纯鸦片或含有鸦片成分的制剂。

1. 鸦片

鸦片的原料为罂粟。罂粟是一种色彩斑斓的草本植物，果实为蒴果，果内藏有种子，状如粟粒，故而被人们称为罂粟。罂粟果未成熟时，果皮呈绿色，花瓣掉落约10天后，用刀割裂果实外壳，便会渗出乳白色的汁液。过两三天后，乳白色汁液逐渐变干，呈胶浆状，颜色也由白变成棕褐色或黑色，这便是初成鸦片，即生鸦片。生鸦片有一种很浓的特殊气味（有点像氨水味或陈旧的尿味），味很苦，新鲜时稍有弹性，与空气接触时间长则变成硬块。将生鸦片与水混合，经过加热、发酵、过滤等工序可制成精制鸦片，亦称熟鸦片。精制鸦片呈深褐色，新鲜时似软沥青或蜜糖，在空气中则凝固，又称烟膏。吸食时，发出强烈的香甜气味。吸食后遗下的烟灰，亦属熟鸦片类。烟灰用法不一，有的用此做成烟丸吞食，有的掺以茶或咖啡饮用，亦有人用以蘸入烟膏重烧吸食。吞食鸦片或烟灰要比吸熟鸦片更有害，因为吞服比吸烟所吸收的吗啡量要多得多。

鸦片中含有蛋白质、矿物质、矿物盐、有机酸等 25 种物质，可以治疗多种疾病。鸦片的药理作用主要由其生物碱中的吗啡、可待因产生，具有镇痛、镇静等作用，并令人有欣快感，连续使用可成瘾。以鸦片为原料，可进一步加工成高级药剂和药粉，主要有吗啡和海洛因。

2. 吗啡

吗啡是一种以鸦片为原料的化学制品，为浅黄色、棕色、白色或无色的结晶粉末，味苦但无臭味，遇光易变质，能溶于水，亦略溶于乙醇。

1803 年，法国医学家塞昆(Sequin)首次从鸦片中提取出吗啡。1806 年德国化学家泽尔蒂尼(F. W. A. Sertiiner)也完成了同样的实验[①]：在使用了几千年的古老药物鸦片中提取出一种生物活性很强的含氮植物碱——$C_{17}H_{19}NO_3$。这是人类历史上最早从植物罂粟中提炼有效成分的先例，从此开创了使用鸦片类药物的现代医药史。19 世纪 20 年代，J. M. 古兰德和 R. 罗宾逊共同从鸦片中提取出了化学分子式为 $C_{17}H_{19}O_3$ 的吗啡生物碱。1832 年，德国化学家皮埃尔和让·罗比凯又从鸦片中分离出甲基吗啡，即可待因，从而完成了吗啡的发明过程。现在已可以用人工合成方法制造吗啡了。

泽尔蒂尼提取出的吗啡生物碱，因其具有无可匹敌的镇痛作用和神奇的精神感受，而被以希腊“睡梦之神”——吗啡斯(Morphine)的名字来命名。在古希腊神话中，有一位统管死亡的魔鬼之神，名叫许普诺斯，他的儿子吗啡斯手里拿着罂粟果，守护着酣睡的父亲，以免父亲被喧闹声吵醒。吗啡斯，这一善良的睡神，同时又是凶险死神的儿子的名称，恰如其分地反映了吗啡的性质。

吗啡具有强烈的止痛镇静作用，对各种疼痛均有镇痛效果，在当时被奉为“镇痛圣药”、“上帝之吻”。吗啡的问世，曾轰动了世界医学界。1821 年英国最早使吗啡成为商品在市场上流通。1855 年苏格兰医师亚历山大·伍德采用问世不久的皮下注射器直接注射吗啡制剂，取得更加明显的药效，从此推动了吗啡的广泛使用。美国南北战争时期，吗啡作为军队“重点战略物资”配备到所有战地医院和救护点，士兵受伤时，可以不必脱衣服就直接注射吗啡。欧洲普法战争期间，吗啡也得以在战场上广泛应用。第一次世界大战的空前战火更使吗啡风靡全球。时至今日，世界卫生组织(WHO)仍把吗啡视为缓解后期癌症剧痛的唯一推广药品，因为吗啡的镇痛作用在自然存在的化合物中是独一无二的。

吗啡具有强烈的止痛镇静作用，但对循环、呼吸、肠胃系统有毒副作用，且比

---

① 《简明不列颠百科全书》第 5 卷，中国大百科全书出版社 1986 年版，第 633 页。

鸦片具有更大的成瘾性。同样的用量，注射吗啡比吸食鸦片所产生的药用效果要强烈10—20倍。加之由于吗啡比鸦片纯度高，更加便于使用，所以吗啡的戒除更难，毒瘾传播率更高。直到今天，吗啡仍是世界上最主要的毒品之一。

3. 海洛因

海洛因也是一种以鸦片为原料的化学制品，是在吗啡中加入醋酸酐、三氯甲烷等化学物品，通过化学方法提炼出来的。海洛因多为白色或无色粉末，也有浅灰褐色、深褐色等，俗称“老海”、“白面儿”。一般10公斤鸦片可以提炼1公斤左右的海洛因，它的烈度是吗啡的4—8倍，是鸦片的12—18倍。目前毒品黑市上流行的海洛因，根据用途和纯度的不同，又可分为下列四种：

一号海洛因，为粗制吗啡的棕色结晶。二号海洛因，又称次海洛因，学名为二乙酰吗啡，是未经精制的质量较次的海洛因碱，不含咖啡因一类的添加剂。形呈砖状，浅灰色或深灰色，味道非常苦，有时闻起来有醋味。三号海洛因，又称“香港石”、“红鸡”、“白龙珠”、“棕色糖”等。其所含的二乙酰吗啡为25%—50%不等，颜色呈棕色或深灰色，为颗粒状物质。四号海洛因，是一种经过多次精制后得到的纯度较高的海洛因盐酸盐。其二乙酰吗啡的含量高达90%，是呈白色或透明的无味粉末，纯度下降后也会变成浅黄色或棕色的粉末，甚至是颗粒状。

海洛因是鸦片家族中最纯的精品，是鸦片类毒品中非法滥用范围最广、造成危害程度最为严重的代表品种，被称为“硬性毒品之王”、“王牌毒品之精品”。据吸毒者说，吸食或注射海洛因后会产生君临天下，或飘飘欲仙，或腰缠万贯的感觉，“想什么有什么”，有比真的还逼真的极乐感和愿望达成感，但一旦药性过后，非但“苍白”、“乏味”、“扁平”，使吸毒者片刻难忍，而且周而复始的药瘾折磨正在等待着他。

海洛因成瘾之快是任何毒品都不能相比的。有人仅一次就可以产生心理依赖性，耐受性发展也快，在数周到数月内吸毒剂量要增加数十倍。成瘾后戒断症状十分剧烈，但消退也相对快些，不过心理（精神）依赖性可延续很长时间，甚至可能终生难忘。

海洛因过量使用容易发生中毒，中毒后会刺激脊髓，造成惊厥乃至整个神经系统抑制，出现昏迷、心跳减慢、呼吸减弱、血压下降，最后并发水肿，引起呼吸衰竭，导致死亡。

4. 杜冷丁

杜冷丁系吗啡的人工合成代用品，为苯哌啶的衍生物，具有与吗啡相似的基本结构与性质。为白色结晶性粉末，无嗅或几乎无嗅，易溶于水和乙醇，在氯仿中溶解，在乙醚中几乎不溶。有镇痛及镇静作用，用于各种剧烈疼痛，如创伤、烧伤、烫伤、术后疼痛以及麻醉前给药。可致依赖性。

5. 美沙酮

其盐酸盐为白色结晶性粉末，无嗅，味苦，能溶于水，在乙醚中几乎不溶。其药理作用大致与吗啡同，活性略高于吗啡，镇痛作用较强，反复给药可出现镇静、呼吸抑制、缩瞳及平滑肌的兴奋，可引起胆道痉挛、恶心、呕吐、便秘、直立性低血压。久用亦可成瘾，但形成较慢，症状也较轻。临床上美沙酮主要用于镇痛和吗啡等麻醉性镇痛药的戒毒。

（二）古柯类

古柯是一种热带绿色灌木，叶子是提取可卡因的原料。非洲、南美洲北部、亚洲东南部和我国台湾省均有生长，以南美的秘鲁、玻利维亚和哥伦比亚等国种植最多。以古柯为原料可以加工成古柯糊、古柯膏和可卡因。古柯类毒品包括古柯叶、古柯糊、古柯膏、可卡因以及含有可卡生物碱的制剂。

1. 古柯叶

古柯叶中含有0.5%—1.5%的可卡因生物碱（亦称可卡因碱），有温和的刺激性，具有加快新陈代谢，刺激神经系统的作用，咀嚼可产生欣快感。它含有大量的蛋白质、碳水化合物、多种维生素和矿物质，既是药品，又是食品。几十年来，古柯叶一直是合法的国际贸易商品，可以生产饮品、化妆品、药品等。国际上至今对古柯叶算不算毒品仍有争议，在秘鲁和玻利维亚等国，有数以百万计的人口以咀嚼古柯叶为习，每年消费大约2.8万吨古柯叶。

2. 古柯糊

古柯糊是在古柯叶中加入煤油或纯碱加工制成的，主要含可卡因生物碱。

3. 古柯膏

古柯膏是可卡因的初级产品，由古柯叶加催化剂或添加剂加工而成，不需要复杂的技术和精密的设备。

4. 可卡因

可卡因的英文原名为Cocaine，又称古柯碱，俗称“高根”，是从古柯的叶子中提炼出来，并经化学药品加工制成的一种古柯碱。将古柯膏进行再提炼，即可得到一种纯度为70%—90%的物质——可卡因，或将古柯糊用乙醚、丙酮、盐酸等化学药品经过加工提炼亦可得。可卡因无气味，为白色的结晶体粉末，味道带苦，在水或酒精里易溶解。可卡因具有阻断神经传导的奇妙作用，可以刺激大脑皮质，产生欣快感以及视、听、触觉等方面的幻觉，医学上用来做局部麻醉药。作为麻醉剂和止血剂，至今仍被广泛用于眼部、鼻腔、颈部、喉咙和气管等精细部位的手术，还能治疗牙痛和哮喘。吸食可卡因极易上瘾，是一种十分危险的毒品。

一般用药数周即可产生惯性，严重的会出现失眠、食欲不振、恶心及消化系统紊乱等症状，甚至病变为偏执狂型精神病。可卡因中毒常与脊髓麻醉有关，过敏者更易中毒，大剂量刺激脊髓会引起呼吸衰竭而死亡。一般人 1 克可卡因可致死，而过敏者 30 毫克即可致死。可卡因在心理上成瘾性强，仅次于海洛因，但在生理上成瘾性弱一些，其戒断率较海洛因等其他毒品高。

(三) 大麻类

大麻(Marihuana)属双子植物纲金缕梅亚目大麻科，原生于东亚和中亚，为一年生的草本植物，其中尤以印度大麻(Cannabis)最有名。大麻开花时植株顶部所含的树脂状物质中含有一类精神活性物质，统称 Cannabinoids，为数在 60 种以上。其中四氢大麻酚(Δ^9—THC)是代表大麻药理及毒理学效应的物质。大麻的化学成分是错综复杂的，而且变化无常，主要有以下几种：类脂物、黄酮类化合物、萜烯、碳氢化合物、非环形大苯酚、生物碱、柠檬酸和环形大麻酚。大麻是一种历史悠久的民间用药，据现代医学证明，大麻具有治疗癌症病人的严重恶心呕吐、降眼压、控制青光眼失明、减轻哮喘症状、抗惊厥、治疗癫痫、抑制抑郁症和忧虑情绪、镇痛等作用。同时大麻还具有麻醉性，吸食后，几分钟内会产生安适、舒服和宁静的感觉，有酒醉感，昏沉，产生幻觉，处于幻想的兴奋状态，使人陷入不安、麻醉而失去自制，对空间、时间和距离、速度等将会产生偏差，视觉虚幻，对声音敏感，情绪多变，歇斯底里，整个中枢神经混乱，心神恍惚，有魂不附体的飘然感，易产生狂妄自大的精神病状，此种精神病态延续数小时，极易发生事故并导致犯罪行为。大麻是世界上使用人数最多、传播范围最为广泛的毒品，有较强的心理依赖性，但躯体依赖性不明显，因而被当作一种“软性”毒品或“温和”毒品，但由于会使人发疯癫，国际上的绰号为“希特勒”、“原子弹”。作为毒品被使用的大麻有三个部分，即大麻草、大麻脂和大麻油。此外，以大麻为原料制作的各种衍生毒品有：玛利华纳、哈希什、加哈加、邦各等。

1. 大麻草

亦称草本植物大麻，是将大麻植物的叶子、花顶部晒干制成的，一般压成砖块状或搓成枝条状，颜色呈淡绿色或棕色，类似于烟丝，四氢大麻酚的含量为 0.25%—8%。大麻草可以单独吸食，将其卷成香烟则称为“爆竹”，亦可与黄烟混合，烟草含量以不压倒大麻气味为限，这就是“大麻烟”。大麻草还可以用作饮料。

2. 大麻脂

从大麻植物雌花开花结果的顶端及近地面的茎部获取，将其树脂分泌物晒干或烧干，然后压成粉末状或与蜡混合制成硬厚片状，其颜色有浅棕色、绿色、深棕色和黑色，所含四氢大麻酚含量可达25%—28%。大麻脂能够同烟草混合，做成烟卷或使用特制的小烟斗吸食。

3. 大麻油

从大麻草中提炼获得，呈深绿色，约含有效成分9%。大麻油的效力比大麻脂强一千倍。

4. 玛利华纳(Marijuana)

统指西半球的大麻制作物。是大麻最粗糙的制作品，其用场大约类似于邦各在印度的用场。吸用最为常见，次为浸泡。

5. 哈希什(Hashish)

据说这个名字来自11世纪伊朗阿萨辛派首领哈桑·萨巴哈(Hasane Sabbāh)。哈希什是大麻中效力最强的制作物，其效力是玛利华纳的8倍。世界上几乎没有什么地方能够自然生长适于提取哈希什的、富含胶质渗出液的大麻，只有通过人工精选良种，修剪栽培，才能得到哈希什大麻。从外观上看，坚硬的、褐色程度越深的大麻就越是适于制作哈希什。北部非洲的有些地方把哈希什做入糖块中食用。在印度，类似哈希什的大麻提取物叫Charas。

6. 加哈加(Ghanja)

是大麻的一种效力稍差的提取物，从花穗中制备，也可以得自大麻的其他部位。

7. 邦各(Bhang)

是大麻的效力最低的提取物，产自印度，直接使用大麻叶制作。可以揉碎使用，亦可浸泡水中饮用，如茶一般。据说，在印度宗教仪式上，即有以此为"茶"的。

(四) 抑制剂

抑制剂是对中枢神经系统产生抑制作用的药物。其主要的药理作用表现为镇静、催眠、抗惊厥、麻醉，以及延脑麻痹等。包括巴比妥酸盐类和非巴比妥酸盐类。

1. 巴比妥酸盐类

1864年，一位德国化学家合成了巴比妥酸。1903年，人们又研制出其衍生物巴比妥盐。目前，巴比妥酸的衍生物已有上千种。

巴比妥酸盐类药物主要有巴比妥、异戊巴比妥、烯丙巴比妥、仲丁巴比妥等。巴比妥类药物随剂量不同，对人的中枢神经系统产生不同的抑制作用。按程度来划分，可区分为六个阶梯：抗焦虑—镇静—催眠—麻醉—昏迷—死亡。

巴比妥类药物中毒者的主要症状有：昏昏欲睡，糊里糊涂，肌肉调节协调能力差，走路不稳，说话含糊不清，记忆力减退，注意力难集中，呼吸浅速，皮肤发绀，痛觉消失，瞳孔放大，昏迷。早期中毒者多因呼吸中枢麻痹而致死，晚期中毒者则因呼吸衰竭、脑水肿、合并肺部感染等病症而死亡。

2. 非巴比妥酸盐类

非巴比妥酸盐类药物主要有导眠能、安眠酮、甲呱喧酮、利眠宁等。在我国，以安眠酮、安尔通、利眠宁为主。这类镇静剂又称为安定药，根据用途可分为强安定药和弱安定药两种。强安定药物主要有氯丙嗪、奋乃静、三氟拉嗪等，主要用于精神病的临床治疗。弱安定药物常见的有安定、安宁、利眠宁、硝基安定等，主要用于治疗各种神经官能症，但长期使用则会使人对其产生依赖性。

（五）兴奋剂

兴奋剂是引起中枢神经兴奋作用的药物，其中最主要的是安非他明类，如安非他明（苯丙胺）、右旋安非他明、甲基安非他明等。

1. 安非他明（苯丙胺）

该药为无色、流动、缓慢挥发性液体。研究表明：安非他明可以抑制食欲、改善心境、战胜疲倦、增进活力，使人显得精力旺盛，甚至一连几天不睡觉也很精神，前提是不停地服用该药，一旦停止用药就会一连睡上好几天。服用过量，会使人情绪不稳、易冲动、口渴、胸腹疼痛、浑身出汗、呕吐、昏厥、瞳孔放大，而且药效过后便需要重新注射，不然就会痛苦难忍。长期使用会导致“安非他明精神病”，类似于精神分裂症，表现为内分泌失调、精神错乱、狂妄偏执、极度兴奋、脑血管扩张等。如此过度损耗体力，必然会降低使用者的抵抗力和生命力，从而容易导致使用者死亡。

安非他明（苯丙胺）及其衍生物主要有：甲基安非他明（又名去氧麻黄素、甲基苯丙胺）、呱醋甲酯（利他林）、苯甲吗啉、苄甲苯丙胺、氟苯丙胺、右旋安非他明等。冰毒即是近年来被广泛滥用的安非他明类毒品。

2. 冰毒

冰毒是毒品家族中的“后起之秀”。“冰”是一种晶体安非他明类的强烈兴奋剂，化学名称为甲基苯丙胺盐酸盐，又称去氧麻黄素。由于其物理形状呈透明结晶状，故被称为“冰”或“晶”，纯度达 98％或 100％。冰毒的主要原料是麻黄素。现在制造冰毒的技术发展为不仅能从麻黄素中提取，而且也可以用化学方法合成。

冰毒对人体的中枢神经能产生各种作用，初次吸食即能上瘾，被称为毒品之王。冰毒对人体具有极大的破坏性，它能大量耗损体力和免疫功能，长期服用会导致精神失常、情绪低落及疲倦，损害肺、肾和肝，严重者甚至死亡。

3.“摇头丸”

“摇头丸”即MDMA，其得名是因为我国的滥用者多为迪斯科舞厅的常客，他们在服药后舞动时不住摇摆头部。在国外MDMA被称为“灵魂出窍”或“爱他死”。

“摇头丸”是冰毒的衍生物，化学名称为二甲基双氧苯丙胺，主要原料也是从麻黄草中提炼的麻黄素。其形状如普通圆形药片，有白、绿、黄、红、蓝等多种颜色。作用与可卡因类毒品相似，有较强的兴奋作用，使人如醉如狂，行为轻佻放荡，丑态百出，尤其是头部不停地晃动，甚至出现狂躁的舞蹈动作。由于这类毒品还会导致幻觉和性冲动，又被称为“快乐丸”、“犯喜”、“忘我”、“亚当”、“疯药”等；也有人根据药片的颜色和图案将其称作“白天使”、“蓝精灵”、“鸽子”、“蝴蝶”、“恐龙”等。这类毒品的药效过后，随之而来的是疲倦、消沉、抑郁、全身不适，产生再想服用的欲念，随着服用次数的增加而成瘾。这类毒品会损坏人的心血管系统和中枢神经，引发高血压、心脏病、脉管炎等疾病，剧烈的舞蹈后摇头晃体可导致休克、呼吸衰竭、心律失常而猝死。服用此药还经常导致刑事案件的发生。

（六）致幻剂

致幻剂，也称迷幻药，是从某些致幻植物中提取的成分，或由人工化学合成加工制作的。早在秦汉时期的《神农本草经》中就有这样的记载：“麻贲味辛平，主五劳七伤……多食令人见鬼狂走，久服通神明轻身……”致幻剂是一类在不影响意识的前提下改变人的知觉、思维和情感活动的药物。医学界为了给这类药命名颇费了一番苦心。其能影响中枢神经系统，引起感觉和情绪上的变化，导致自我歪曲和思维分裂，使服用者对时间和空间概念发生改变，并引起错觉、幻想和妄想。有人据此称之为精神症拟化药（Psychotomimetic Drugs），也有的学者以精神病诱导药（Psychotogenic Drugs）命名之。致幻剂有天然产物和人工合成之分，种类较多，被当作毒品使用的常见致幻剂有：麦角酸二乙酸胺（LSD）、苯环己哌啶（PCP）、二甲基色胺（DMT）、三甲氧基安非他明（TMA）等。

1. 麦角酸二乙酸胺（LSD）

麦角酸二乙酸胺（LSD）是已知的最强烈的精神药品之一，无色、无味、无嗅，只需极少剂量的LSD就会对人起作用。LSD是类交感神经类药物，服用之后会首先产生自律反应。明显的症状有瞳孔放大、体温升高、血压上升、唾液分泌增加。LSD中类似于血液复合胺的吲哚结构，使人想到它的作用可能与复合胺感受器有关。所以大家公认，LSD对复合胺系统的影响造成了其对中枢神经系统的作用。

从生物成分构成看，麦角之中含有麦角新碱、安角毒和 LSD，可以制成对人们有用的药品，比如用于妇产科，特别是孕妇生产后控制子宫出血，促进子宫恢复，以及治疗强烈的偏头疼等。20 世纪 50 年代，只有美国的桑多斯公司生产 LSD，而且仅限于医用和军用。今天，在世界各地已经有大量的地下制药厂生产这种精神药品。

2. 苯环己哌啶(PCP)

苯环己哌啶(PCP)是一种具有廉价、易得、"欣快感强"等特点的动物麻醉剂，在非法的制药厂或试验室内也能制造这种药品。其在欧美、亚洲年轻的吸毒者中甚为流行，被称为"天使粉末"。PCP 主要影响人的中枢神经系统，小剂量服用即能产生与大多数抑制剂相类似的镇静效果，比如面红耳赤、大量出汗、动脉血管温和舒缓、感觉障碍、痛觉缺失、肌肉动作失去协调、双重视觉现象、昏眩、恶心、呕吐等；大剂量服用，则会导致惊厥、昏迷，甚至死亡。PCP 使服食者精神错乱、感觉迟钝、无力辨别方向，有时竟会不知不觉地站起来，觉得身体很轻，双腿并没有需要支撑的感觉，甚至连身体是否穿了衣服、脚上是否穿了鞋子也不知道，感觉不到自己的一切行动，进入了一种"无我"状态。有资料表明，因服用 PCP 而产生奇怪举动丧生的人，比 PCP 毒性致死的人数还要多。

第二节　毒品发展史

一、植物类毒品的发展史

植物类毒品(天然毒品)的发展历史已相当悠久。它是通过种植特定的植物，从中提取必要的成分，经过一定程序的加工制作后得到的。这种能提炼出毒品的植物，称为"毒品原植物"。根据植物学家的分类和研究，地球上大约有 40 万(一说为 25 万)种植物，其中含有对人体有害毒素的约有数千种。人类社会的发展实践告诉我们，并非所有含有毒素的植物都对人类生存和社会发展构成重大威胁，其中一部分及其衍生物由于使用不当或者滥用，才蔓延成为"整个人类社会深感头疼的瘟疫"，危及人类自身的生存。从历史上看，许多有毒植物的发现，多是先从正确认识和积极利用开始，然后才走向反面。目前，在已知有毒素并且能衍生出所谓毒品的植物中，最为主要的是罂粟、古柯和大麻。植物类毒品的出现和发展，与人类社会的历史密不可分。在漫长而寂寞的古代和中世纪，罂粟、古柯、大麻曾为人类的繁衍、进化提供过帮助。由罂粟果浆熬成的鸦片，是迄今为止人类所知的最古老、最广泛使用的麻醉剂；古柯曾为印第安人创造的玛雅文化、阿兹特克文化和印加文化等美洲三大古代文明，助过一臂之力；而被戏称为“穷人的毒品”的大麻，在古代一些部落和群体，为使人迷醉，失去知觉，或促进恍惚、亢进、幻觉，借以达到宗教控制的手段或暗示杀人动机的据称就是用的大麻油①。

没有毒品原料，便没有了毒品制品；而没有毒品原植物的种植，也就得不到毒品原料。所以毒品原植物的种植，是植物类毒品存在和发展的关键所在。了解了它们的发展演变史，也就是了解了毒品的发展演变史。

(一) 罂粟的发展史

在庞大的植物王国里，有一类植物能够开放出真正的花朵，它的种子包藏在果皮里面。我们将这类植物称为“被子植物”，它是植物界进化程度最高、种类最多、分布最广的类群。在被子植物中，罂粟目(Papaverales)等植物属于同一个生物分类类目。罂粟目又可分为三科，其中关于罂粟科(Papaveraceae)国内外对其属种有多种看法。一种认为此科有 43 属，600 余种；我国有 19 属，270 余种。② 另一种认为，此科有 26 属，300 种；我国有 12 属，66 种。③ 苏智良在《中国毒品史》一书中认为罂粟科共有 50 属，700 余种；中国有 30 属，260 余种。在罂粟科中，有个罂粟属(Papaver)，罂粟(Papaver somniferum)就是罂粟属中最为著名的一个种。其中大部分生长在北半球的温带和亚热带地区，在亚洲、欧洲、非洲的东部与北部分布广泛，澳大利亚与南美洲也有种植，且许多常见的种类被细心培植起来，如灌木罂粟(bush poppy)、威尔士罂粟(Welsh poppy)、郁金香罂粟(papaver glaucum)、高山罂粟(alpine poppy)、亚北极的冰岛罂粟(the subarctic Iceland poppy)、加利福尼亚罂粟(the Californian poppy)等。罂粟对不同的气候与土壤有极强的适应性，在俄罗斯的黑土、中亚的黄土、荷兰的砾沙土、埃及尼罗河小岛上的沙土、小亚细亚的火山灰土、中国长江流域的肥土中都能生长。所有这些品种中，只有鸦片罂粟(P. Somniferum)和包鳞罂粟(P. bracteatum)能产生一定数量的鸦片。但后者现在已不再用作商业药源，有时只作为装饰性的花被种植。

鸦片罂粟是一年生草本植物，生长期大约 120 天，喜温暖气候，耐寒冷，怕涝，是“长日照”光敏植物。罂粟还是容易生长成活的植物，它一般不需要特别的

---

① 赵长青、苏智良主编：《禁毒全书》上册，中国民主法制出版社 1998 年版，第 36 页。

② 华东师范大学、上海师范大学编：《种子植物属种检索表》上，人民教育出版社 1980 年版，第 116 页。

③ 汪劲武：《种子植物分类学》，高等教育出版社 1985 年版，第 149 页。

灌溉，也不需要昂贵的肥料，罕有病虫害，因而也不需要杀虫剂或杀菌剂。

罂粟的基本形态是：植株高 1 米左右，人工栽培的可达 1.5 米；无毛或稀，植株下部或总花梗上有极少刚毛；茎直立，不分枝；叶互生，呈心形。罂粟花（在中国有些地方称之为“烟花”）单生于茎顶，直径 7—10 厘米；花梗甚长，可达 25 厘米，花蕾常下垂；有萼片 2 枚，卵状长圆形，早落；花瓣 4 片，有时重瓣，圆形或近扇形，白色、红色、粉红色、紫红色都有；雄蕊多数，花药长圆形，淡黄色；雌蕊 1 个，子房球形，无花柱，柱头一般 10—12 枚，放射状排列。罂粟的蒴果为球形或椭圆形（中国有的地方形象地称之为“黄鳝脑壳”、“烟桃”或“烟包”等），长约 4—7 厘米，直径约 4—5 厘米，无毛，成熟时黄褐色，顶孔开裂。种子多数，有黑色、白色、粉红色或深灰色等，略呈肾形，很细小，长、宽都不到 1 毫米，表面有明显的网络纹。[①]

希腊医学始祖希波克拉底是把罂粟作为药材而写入植物学的第一人，希氏把罂粟称为 δπσsμηκωγσs，即罂粟汁液。罂粟的属名以希腊文命名，其种名则来自拉丁文，意为“催眠”，是植物学之父林奈（Linnaeus）1753 年在他的《植物志》（*Genera Plantation*）一书中首次命名。罂粟有两个主要的产品：一是种子，完全无害；而另一是鸦片，则以包藏祸害而臭名昭著。

鸦片，梵文称 Chosa，拉丁语为 Opos Mekonos，后由 δπσs（汁液）嬗变为希腊语的 Öπωγ。现在英、法、德三种语言中的 Opium，西、葡两国语中的 Opio，意大利语中的 Oppio 等均表示“鸦片”，也都是承袭了希腊语和拉丁语而来。

“鸦片”一词具有误导性，暗示鸦片是单一的化合物，而事实上它就像一种含有复杂成分的鸡尾酒，包括了糖、蛋白质、氨、胶乳、树胶、植物腊、脂肪、硫酸、乳酸、水、袂康酸和各种生物碱，其中的主要成分是生物碱。这些生物碱可分为两大类：一类是包括吗啡和可待因的吡啶-啡类，另一类是包含罂粟碱和那可叮碱的异喹啉类。

“生物碱是一种高度复杂的有机碱（即碱），有着普通含氮的典型属性，能作为元素与酸结合生成盐和水，在植物中发现，有着明显的苦味。”[②]在鸦片中，已发现有 50 多种生物碱（一说有 20 多种），它们占总重量的 25%，其中最重要的是吗啡、诺司卡品（noscapine）、罂粟碱、可待因和蒂巴因（二甲基吗啡），它们所占的比例大体为：吗啡 10%，诺司卡品 6%，罂粟碱 1%，可待因 0.5%，蒂巴因

---

① 参阅陈冀胜、郑硕：《中国有毒植物》；韦直、何业祺：《浙江植物志》第 3 卷；云南植物研究所：《云南植物志》第 2 卷；江苏新医学院：《中药大辞典》；《中国大百科全书·农业卷》、《中国大百科全书·生物学卷》、*Encyclopaedia Britannica* 等著作中的相关内容。

② ［美］马丁·布思：《鸦片史》，海南出版社 1999 年版，第 5 页。

0.2%。除了上述成份外，鸦片的生物碱还包含一些微量成份，如那啐因、袂康尼叮、可旦民碱、劳丹碱、劳丹素、兰索品碱、原鸦片碱、隐品碱、虞美人碱、氧那可叮、假吗啡、鸦片黄、三脱品和氢化可塔咛。这些微量成分总共只占鸦片重量的20%。当然，不同地区出产的鸦片生物碱的含量也不尽相同。

鸦片最早记载于公元前1500年的古埃及"草纸文"中，大约在中世纪传入欧洲，当时鸦片的镇痛作用未被重视，外科医生很少使用。文艺复兴时期，欧洲的一位医学奇才、瑞士著名医生帕拉思索斯(paracelsus)研制了闻名于世的第一个鸦片制剂劳丹药酒(Landanum)。他在总结阿拉伯医生使用鸦片临床实践的基础上，积极倡导在各种疾病引起的疼痛和失眠中使用鸦片，使鸦片开始在一定范围内得到应用。由于他及其后来者的推动，越来越多的人意识到鸦片的广泛用途，新的鸦片制剂在16、17、18世纪得以不断发展，其中之一就是由临床医学之父汤姆斯·西德纳姆(Thomas Sydenham)博士配制的鸦片酊。西德纳姆对英国医学的贡献是十分巨大的，以致被称为英国的希波克拉底。他对鸦片的评价比帕拉思索斯更高，他指出，"在万能的上帝欣然赐予人类解除痛苦的医药中，没有任何一种像鸦片那样万能和有效。没有鸦片，医疗技术将不复存在"。[①] 由于他对鸦片的赞赏，鸦片的临床应用范围得以进一步扩大。1700年英国医生特瑞(Terry)第一次公开评价并指出了鸦片制剂的双向效果：治疗与成瘾，使人们开始注意到鸦片神奇疗效背后的阴影——毒性和成瘾性。

吗啡等鸦片生物碱具有强烈的麻醉镇静作用，能对人产生一系列的生理、心理作用，特别是对脑神经中枢有极强的抑制作用，具有镇痛、催眠、止咳等功效。所以，在古代，鸦片被广泛地用作药物，为人类的健康作出过重大的贡献。然而，就人类所作的每一项发明而言，从点燃第一束火光到裂变原子，总是善恶参半，鸦片也不例外。以罂粟为原植物的鸦片类毒品，是迄今为止人类社会中历史最悠久、最庞大、最可怕，也是最能致瘾的物质。

(二) 古柯的发展史

古柯(Coca)是一种生长在南美洲安第斯山区的古柯科植物——古柯树，又叫高根树、高卡树或古加树，学名为Erythroxylon coca。

大约在25 000年前，美洲大陆还荒无人烟，一支亚洲的蒙古人种奔向了太阳升起的方向。为了寻找水源，追逐食物，他们越过狭窄的白令海峡，逐渐散布到整个美洲，这就是印第安人。古代印第安人在对美洲大陆植物的品尝中无意发现了一种奇特的现象：当人们咀嚼古柯叶时，不仅能够提神，而且还有一种飘

---

① 杨良主编：《海洛因的毒性及危害》，中国医药科技出版社1998年版，第14页。

飘欲仙的舒适感，于是栖息在这片土地上的印第安人世世代代都有咀嚼古柯叶的习惯。

古柯叶中含有一种强烈的生物碱，即古柯碱，进入人体之后，在引起中枢神经兴奋的同时，还能在消化系统中起逆向作用，胃液和胆汁的分泌都受到了抑制，于是饥饿感就消失了。古柯碱对人的刺激作用，会减轻胃部痉挛、风湿疼痛、头痛等多种症状和高山反应。当代医学证明，原生的古柯叶确实是一种疗效极好的药用植物，可用来产生局部麻醉作用，止痛、抗疲劳。因此，印第安人视之为神灵赐给他们的"圣草"。

1499 年，欧洲人就开始注意到南美洲大陆那古老而神奇的古柯树了。意大利的地理学家和航海家阿梅里科·维斯普乔登上南美大陆的第一眼，就惊奇地发现印第安人嘴里不停咀嚼的古柯叶，并在返回欧洲之后以极大的兴趣生动地描写了印第安人和古柯叶之间的密切关系，欧洲人第一次听到了古柯这一奇妙的字眼。

16 世纪中叶，西班牙人入侵印加帝国，对印第安人进行了残忍无比的杀虐，同时也发现了古柯叶的特殊作用。于是西班牙人鼓动印第安人种植与食用古柯叶，以此来麻醉他们，瓦解其反抗的意志，这无疑进一步加深了印第安人食古柯的传统习惯。直到今天，700 万印第安人仍遍植古柯树，用这种神奇的树叶来抵御寒冷、疾病和贫困。西班牙人将古柯叶与白银一起运回欧洲时，欧洲社会立即以狂热的姿态来迎接，嚼食古柯叶之风很快就弥漫了欧洲。1859 年，奥地利维也纳一位名叫阿贝尔·尼曼的医生，在由科学探险队从秘鲁带回来的古柯叶中成功地提取出纯粹的可卡因。但在此后的 20 年中，可卡因作为一种新的生物碱很少有人使用。1883 年，德国军医特奥多尔·阿申勃兰特注意到可卡因可以对中枢神经和交感神经产生强烈的刺激作用，能使人迅速解除疲劳和乏力。他收集了一些可卡因分发给正在巴伐利亚州进行军事训练的士兵们，结果收到了"极好的效果"。于是，他在报纸上发表文章描述了可卡因的神奇效果，许多人受此感染，纷纷效仿。其中一位正患有乏力、抑郁症和多种神经不适症等慢性疾病的年轻学者西格蒙德·弗洛伊德，即后来写作《梦的解析》的著名心理学家，在读到阿申勃兰特的文章后，立即买了一些可卡因进行尝试，同时还送给一位患神经系统疾病并染有吗啡毒瘾的同事，以及一位患有慢性肾病的病人进行试验，结果他们都收到了"病情好转"的奇特疗效。1884 年弗洛伊德在给未婚妻的信中高度评价了可卡因的功能，称其为一种"魔药"，并在《关于古柯树》的专题文章中描述了他对可卡因效用的体会。同年，美籍奥地利人、著名眼科医生卡尔·科勒首次使用可卡因作局部麻醉药用，科学地证明了可卡因在阻断神经传导方面的特殊作用，尤其是对于眼、鼻、喉部的黏膜神经阻导更为有效。这就是可卡因在人体上唯一正确的用途。

（三）大麻的发展史

大麻(Cannabis)是桑科植物，其拉丁学名为 Cannabis sativa，是一年生草本植物。它的株高 1—3 米，株秆纤弱细长，但它的根长而直，占整个植物长度的10%左右。叶片的上半部更为显眼，被具有盖膜和黏合特点的根毛遮盖着。可以渗出树脂的这种根毛是它的活性成分。有些球形大麻，其茎部下端的叶片是对生的，上半部相互交替，用肉眼就可以区别出雄株。大麻的传粉过程是以风为媒，花果是小籽果或是 3—5 毫米的球形大麻籽。大麻籽呈暗灰色或棕色，含有30%—50%的油量。

大麻有两属四种，大部分热带和温带地区都能生长，野生或栽培的大麻几乎分布于世界各地。并不是所有的大麻都是毒品，世界上大多数大麻都没有毒性。通常被视为毒品的大麻，指的是印度大麻中一个较矮小、多分枝的变种。这种大麻的雌花枝上的顶端、叶子、种子及茎中均含有一种叫大麻脂的树脂，所谓的毒品大麻，就是从这种树脂中提炼出来的。印度大麻还有多种变种，如美洲龙舌兰大麻、蒂斯地卡大麻、德卡大麻、依彼斯库大麻等，但这些变种大麻都没有毒物成分。

大麻[①]的化学成分是很复杂的，除了前面提到的化学物质构成外，每种化学成分的含量在不同植株中，甚至在同一植株里也是时常变化的。大麻中的有毒成分是四氢大麻酚、大麻酚及大麻酚类衍生物。

大麻植物发源于中亚地区(一说发源于东北亚)，根据希罗多德的考证，3 000 多年前的大月氏人已经会利用大麻了；叙利亚国王海埃罗二世(Hiero Ⅱ)曾购置大麻作为航船的绳索；罗马人最早述及大麻的是流西利列(Lucilius)；早慧的古埃及人已经会用大麻治病了，他们将大麻煮沸，然后让病人吸入蒸汽，即可缓解病痛。考古学家还发现古埃及的木乃伊不少是用大麻包裹的。地中海国家在公元纪年开始时种植大麻，中世纪期间大麻种植发展到欧洲其他地区。新大陆发现后，非洲奴隶和西班牙人把大麻植物及其使用的方法带到了南美洲。

中国栽种大麻的历史相当悠久。据史籍记载，早在公元前 2800 年中国已开始栽培大麻并制取纤维。[②]《尔雅》、《书经》中分别将雌雄大麻称为“苴”、“莫”，可见那时的人已知大麻雌雄异株的特性。大麻也是著名的中药，先秦时期的医

① 本书所讲的大麻专指可作为毒品使用的“印度大麻”。
② 《简明不列颠百科全书》第 2 卷，中国大百科全书出版社 1986 年版，第 390 页。

书已有关于大麻性味的记载。大麻仁、麻根、麻皮、麻叶、麻花以及雌株大麻的幼嫩果穗都可入药，其中大麻仁在麻仁滋脾丸中是所谓“君药”，起主要作用。日本有的学者认为中国古代的“麻沸散”中含有大麻的成分。①

大麻是一种经济价值很高的草本植物。人们种植大麻可以达到四个目的：一是提取大麻纤维，用这些纤维来制作绳索、麻线和布料，为生产和生活服务；二是收取种子，从种子里提取快速催甘油，为多种生产工艺服务，或者作为优质混合鸟食的配方，为饲养服务；三是提取大麻的花、叶及树脂中的有效成分，制作药用麻醉品，为人们治疗疾病、解除痛苦服务；四是进一步生产大麻酚类的衍生物，制成毒品，主要的有大麻叶、大麻烟、大麻脂、大麻油，为“瘾君子”服务。尽管世界上许多地方都种植大麻，但并不是所有的人，所有的地区都有这四个目的。比如中国云南部分地区也种植大麻，但主要目的是为了提取大麻纤维和收获种子，而不是为了吸毒。

对大麻的医药用途，中国、波斯、印度等国古代文献中均有记载。公元前7世纪，亚述人在宗教仪式中已经开始利用大麻所产生的欣快感。公元前5世纪，古代波斯人将大麻放在滚烫的石头上烘烤，待缕缕青烟冒出就大口大口地吸入，这种古怪的吸食方式在今天也许再也找不到了。中医很早以前就利用大麻果实的滑肠作用，治疗便秘等疾病。古代波斯人、突厥人和阿拉伯人，把大麻叶捣成汁，饮之，会产生飘飘欲仙的感觉，自觉舒服，忘却烦恼。“哈沙辛”教派的教长们，经常让教徒们吸食大麻，等到药力发作，幻觉产生时，再派他们出征，攻击异教徒和教派的敌人。有人考证说，英语中的“assassin”一词，就是与此有关演绎而来。这个词的意思是“暗杀者”。相传为了抵抗东侵而来的十字军，穆斯林的领袖们便让官兵们服用大麻，刺激神经，起到壮胆的作用，然后前去对十字军进行秘密暗杀活动。和正常人相比，这些人的行动自然是不正常的，于是便被正常人称作“哈沙辛”(Hashish)，即“服用大麻的人”，到了英语中，便演变为“assassin”。

尽管大麻曾被医学界用来降低青光眼患者的眼内压，以及缓解晚期癌症患者的疼痛，但世界卫生组织已于1954年和1957年两次作出印度大麻无任何治疗价值的结论。1965年该组织又指出：“滥用印度大麻对社会所造成的危害，表现为服药者个人不能克尽其社会职能，且变得更容易做出非社会和反社会的行为，从而给社会造成经济损失。”事实上，大麻在成瘾性方面是所有毒品中最弱的。联合国有关组织也曾指出：“大麻不是成瘾性药物，但是依赖性药物。”②大

---

① 蔡小洪：《世界毒品之战》，昆仑出版社1988年版，第26页。

② 《简明不列颠百科全书》第2卷，中国大百科全书出版社1986年版，第391页。

麻所产生的主要是心理依赖，即使是长期使用者，只要停用 2—4 周即可消除其影响，而不会像停用吗啡、海洛因那样出现生理症状而死去活来。迄今为止，没有证据表明大麻能引起持久的精神障碍，但是长期服用可引起个人的注意力不集中及丧失社会责任心。另外，吸食大麻会经常感染支气管炎、鼻咽炎、哮喘等疾病，并伴有畏光、心动过速、脑功能降低、生殖能力和免疫能力减弱，易致癌，易患精神错乱等症。

虽然大麻的药物作用远古时代就已被发现，但作为吸毒者用于过瘾的大麻类毒品却是在 20 世纪 60 年代才开始在世界各地流行。非法的大麻制品有：(1) 大麻植物产品。如大麻烟、大麻草等，通常是大麻植物的嫩枝、叶子和花碾碎晒干的混合物。非法市场上出现的大麻草本原料因国家和地区不同而不同。(2) 大麻树脂产品。将大麻植物含树脂的茎梗浸在溶剂中煮或者用不同的方法将脂从植物中刮出来就可以得到浸出物。一般将浸出的树脂进行压缩，即形成大麻树脂产品。各地大麻树脂产品有差异，其颜色有黑色、暗棕色、暗绿色等。(3) 大麻油。为一种黑色黏液，是由大麻原料的反复提炼和渗漏获得的，具有特殊气味。大麻油用有机溶剂稀释时变成绿色或棕色溶液。其中四氢大麻酚含量为 20%—60%，也有高于此比例的。大麻油的效力比大麻脂强 1 000 倍。

大麻、大麻脂、大麻油是国际麻醉品管理局规定的具有严重危害性的麻醉药品，是须特别管理的几种麻醉药品之一。

二、合成类毒品的产生与发展

合成类毒品，既有对毒品原植物经过加工和化学处理后形成的，又有直接经过化学合成的。合成类毒品主要有三大类：一是镇静剂，如海洛因、巴比妥类；二是兴奋剂，如安非他明；三是致幻剂，如麦角酸二乙酸胺(LSD)。在这类毒品中，海洛因是经过对罂粟的提炼和化学加工后形成的；安非他明、LSD 等都是经过化学合成制成的。

(一) 镇静剂——海洛因的产生与发展

1874 年，英国伦敦圣玛莉医院医师 G. R. 莱特(Wright)，在实验室里将无水吗啡与醋酐加温，经多次反应得到一种新的白色晶体状有机化合物——二乙酰吗啡，其化学式为 $C_{21}H_{23}NO_5$，莱特将这个新的化合物送到伦敦奥文大学用狗做生物实验，结果显现出意外的生物活性，实验狗出现血压下降，呼吸抑制，明显的虚脱、恐惧和困乏等症状，莱特因此而中断了实验。20 多年后，德国药剂师海德里希·德雷瑟开始为德国贝尔制药厂进行一系列的二乙酰吗啡实验。他注意到这种药可以治疗咳嗽、胸痛以及与肺炎、肺结核有关的疾病，而且疗效非常好。

德雷瑟还在实验中发现，这种药品比吗啡的镇痛作用更强，且见效快，甚至不会过量用药。由于当时尚未发明出青霉素，肺炎、肺结核依然是导致死亡的主要"杀手"，加之当时已经形成了吗啡滥用的现象，人们渴望得到一种替代吗啡的新型药品，而德雷瑟宣称二乙酰吗啡有此效果，药品生产公司自然喜出望外。1898年德国贝尔制药有限公司开始规模化生产该药，并用德语中"英雄和强大"一词 Heroin 命名和注册。在近代中国，人们把 Heroin 译为"海洛因"。

海洛因的问世，揭开了人类药物滥用史新的一页。作为"空前绝后"的镇痛药和"妙不可言"的精神快慰剂，1898年贝尔公司用十几种文字在全球掀起一场宣传活动，海洛因于是在全球盛行一时，甚至被当作鸦片和吗啡成瘾的戒毒特效药而广为应用。然而客观事实是无情的，海洛因本身所具有的明显成瘾性很快就暴露出来，而且一旦成瘾很难戒断。它所表现出来的负性作用和带来的不良反应远远超过了它的医药价值。临床观察发现，海洛因比吗啡的水溶性更强，所以吸收迅速而完全，且具脂溶性，易通过血脑屏障进入中枢发挥药理作用，因而海洛因的成瘾性更强烈，对个人和社会所造成的后果极为严重。

（二）兴奋剂——安非他明的产生与发展

安非他明类兴奋剂的主要品种是安非他明和甲基安非他明，主要原料是野生麻黄草中提炼的麻黄素。

麻黄是裸子植物，属麻黄科，有40多个种类，为多年生灌木，生长于多沙地带、沙漠或干燥山地，分布于中国北方及亚洲、美洲和欧洲的干旱地区。麻黄的茎叶含有1%—2%的生物碱，主要是麻黄碱，又称麻黄素（Ephedrine）。我国是麻黄素的主要产地，早在几千年前祖国医学就认识到麻黄素具有辛温解表和平喘的药理作用。《神农本草经》中记载麻黄"发表出汗，止咳逆上气"。中国古代医家曾利用麻黄来煎汤制丸，医治头疼发热、气喘、风痹不行、伤寒感冒等症。这些在《伤寒论》、《金匮要略》、《千金方》、《本草纲目》等著名医药书籍中均有详录。从麻黄草中可以提炼出麻黄素，麻黄素是一种腊状固体、结晶或颗粒物质，掺入其他化学物品后就能充做毒品。据现代医学研究证实，麻黄素和去甲麻黄素均有舒张支气管平滑肌的作用，而 Catha edulis 植物在公元1300年时才被东非人用于解除疲劳和压力。

麻黄素曾经在西洋医学中被作为散瞳剂使用。当时一般人认为麻黄素对其他疾病的应用毒性作用较大。1885年日本的山梨（Yamanasi）在分离麻黄的生物碱时突然死亡，使人们更加深了对麻黄素的恐惧感。后来，日本化学家长井长义（Nagai）请求友人武井罗（Muira）帮助检查麻黄素的生理学特点，武井罗将麻黄素和阿托品进行了比较性研究，发现麻黄素的散瞳作用只能持续2个小时，以后研究工作基本停顿。在西欧，艾德莱农(Edeleano)在研究麻黄素的药理作用和分子结构时，首次合成了麻黄素的衍生物 Phenylisopropylamine，以后又称为右旋安非他明(Dextroamphetamine)。此后麻黄素和其衍生物的药理研究基本上没有新的进展。

1917 年，两名日本研究人员报道了麻黄素具有类似肾上腺素的作用，但是他们和其他的西方学者都忽视了这个研究结果的意义，直到中国学者 Chen Ku Kuci 的研究才真正揭示了麻黄素的作用。

1923 年 Chen Ku Kuci 在美国威斯康星州(Wisconsin)大学获得生理化学博士学位后回到中国北京协和医院大学担任药理学讲师。他对中国的传统医学怀着浓厚的兴趣，并从他的伯父处了解到麻黄在中国的医用历史达 3 000 年以上。Chen Ku Kuci 决定研究麻黄素，他和助手一起将麻黄提取物注射到实验犬的静脉内，观察到实验犬的血压上升、心率加快以及肾脏血管的收缩。这些作用类似于肾上腺素和酪胺。运用纯化技术，Chen Ku Kuci 得到了麻黄的结晶状生物碱，并证实这就是日本化学家长井长义分离提纯的麻黄素。经过进一步的实验，他和其他研究人员证实口服麻黄素也能产生交感神经兴奋作用。这种研究结果终于促成美国医学学会药物和化学理事会批准认可麻黄素的临床使用，从而使麻黄素成为一个最具药物学价值，特别是对哮喘治疗价值的药物之一。

20 世纪 20 年代早期，伴随着麻黄素平喘药物的开发和疗效的公认，从中国进口麻黄植物的需求大增，出现了供不应求的局面，这就导致西方市场上麻黄素价格昂贵。面对市场急需此药的状况，诸多的实验室开始了人工合成麻黄素的研究。当时洛杉矶乔治 · 皮内斯(George Piness)请求加利福尼亚大学年轻的助教戈登 · 阿来斯(Gordon Alles)合成廉价的麻黄素，恰巧阿来斯也把合成麻黄素作为自己的学位论文进行研究。在查阅了大量文献之后，阿来斯开始把右旋安非他明的分子结构作为入手点试图合成麻黄素。阿来斯在该校药理学教研室合成了几种化合物，直至 1928 年夏季他合成了 Phenylethanolamine，但该药物口服不易吸收发挥药理作用，因其化学结构与麻黄素相比缺少两个甲基团。但在实验中，他将右旋安非他明注射给实验动物，观察到该药的毒性较低后，便在自己的身上进行了人体试验。他发现安非他明具有兴奋中枢神经的作用。但最终阿来斯也未能合成麻黄素，而麻黄素是在 1929 年被艾姆德(Emde)合成的。

在此稍早的时间，日本的一位化学家尾形(Ogata)也开始从事与阿来斯同样的研究。结果他合成了 d-phenyl-isopropylmethylamine hydrochloride 化合物，命名为甲基安非他明(Methamphetamine)。尾形将自己的合成方法转让给美国的 Burroughs Wellcome 公司，该公司以甲基苯丙胺(Methedrine)商品名生产和销售甲基安非他明，直到1968年。

开始时，人们是用安非他明来治疗成人肥胖症和小儿多动症的。1932年，有人开始吸食安非他明，兴奋剂的滥用问题由此产生。1933年，科学家们发现安非他明具有使人兴奋的特征，开始批量生产，主要用于治疗人们的忧郁症和昏睡症，使人保持清醒头脑，亦为精神萎靡者提神。美国人把其视为哮喘病的克星，美国联邦食品医药品鉴定机构认为安非他明是“具有良好效率的特效药”。美国的长途汽车司机为了抵抗疲劳而吞服此药，有的学生考试时为了考出好成绩也使用此药。第二次世界大战时，各国为提高士气和官兵的耐久力也在军队里推广此药。日本军阀曾给征召的大量少年注射“觉醒丸”(即安非他明)。所谓的“神风特攻队”在驾驶飞机执行一去不复返的最后任务之前，都要注射这种药品，以求给自己打气。但是，安非他明的毒性作用远远超过其药性作用。1951年，日本首先颁布《觉醒剂取缔法》，认定安非他明是毒品，禁止生产。20世纪70年代以来，世界上许多国家也进行立法，加强管制，使滥用安非他明的趋势有所缓解。但是，安非他明至今仍是亚洲最主要的毒品之一。

(三) 致幻剂——麦角酸二乙酸胺(LSD)的产生

在整个欧亚大陆、中国的东北和西北部，都栽种着一种经济价值很高的农作物——小黑麦。小黑麦的果实就是麦子，可以作粮食，供人们食用；麦秆能够做牲畜的饲料、褥草及造纸原料，麦苗还可以做牧草。但是，在春夏之交的季节，特别是潮湿的夏季，如果雾气比较大，小黑麦常常发生霉病，正在扬花吐穗的麦子株头会突然变硬，发青发紫，成为硬实的坚核，农民把这个叫“雾掠”。雾掠可以使种下的小黑麦颗粒无收，令农民深恶痛绝。世界科学家们对雾掠的小黑麦进行了不断的研究，他们发现，之所以产生这种现象是一种叫做麦角菌的微生物侵入了正在开花的小黑麦的柱头，寄生在里面，使尚未灌浆的小黑麦麦穗变硬变色，形成坚硬的菌核，小黑麦被毒菌异化了，而这种被异化黑麦的坚实菌核就是麦角。

1935年，在瑞士巴塞尔的桑多兹实验室，生物化学家霍夫曼博士运用麦角菌做试验，从中提取了一种物质，取名为麦角酸。为了研究它的聚合作用，博士把它跟另一种物质——二乙基酸胺混合，给这种混合物取名为LSD。当时因为有其他事情要做，这一混合物便被置于一个实验橱里。5年以后，当霍夫曼再次发现这种液状混合物时，已记不清它是什么东西了，于是，像任何一位化学家都可能做的一样，他用手指沾了一滴液体尝了尝。半小时后，在骑车回家的路上，霍夫曼进入一种奇异的梦幻之中。霍夫曼在当时的实验日志中写道：“我的精神错乱；任何声音，如开过去的汽车声，都会在我脑子里引起幻觉，产生各种颜色；

随后，幻觉和颜色不停地变化，就像一个万花筒一样。”这样看来，服用 LSD 可以对人造成强烈的致幻作用。我们这个时代最惊人、最危险的致幻剂便由此产生了。

第三节 毒品的特性与功能

从毒品的药理性、商品性和法律性等多重角度分析，毒品主要有以下特性及功能。

一、药用性

药物的起源可追溯至史前年代，那时人类尚无文字文化，但在漫长的自然生活经验中，偶然误食某些天然物质而引发机体发生一些反应，如呕吐、腹泻、嗜睡、疼痛等，人类的智慧从中得到启发，在实践中开始学会和利用这些物质来对付疾病与伤痛，这就是最原始的药物起源。

从毒品的定义上我们可以看到，毒品首先是药物，是麻醉药品和精神药品。回溯历史，罂粟的麻醉和安眠作用早有记载。苏美尔人早在美索不达米亚时期（公元前 5000—公元前 4000 年）就知道罂粟；古代亚述人的医书记载了鸦片的疗效；荷马提到希腊人至少在公元前 900 年就使用鸦片；希波克拉底（公元前 400 年）的医书中使用最多的草药就有鸦片；罗马人在占领地中海以东地区以后也知道了鸦片，古罗马医师加伦（130—200 年）曾经大力倡导过鸦片的效用，而他的著作在医学界保持权威地位达百年之久；瑞士巴塞尔大学的医学教授帕拉切尔（1493—1541 年）介绍了最早的鸦片酊剂——鸦片酒；18 世纪，荷兰莱顿大学化学教授勒・莫特（1702—1800 年）发现了合成鸦片樟脑酊的止痛和止泻作用。大麻也早在公元前几千年就被人类所使用，直到 20 世纪初，大麻作为药品的名声尚佳，它能用于止痛、麻醉、止痉、抗抑郁、激发欲望、平喘以及抗菌消炎。印加人则早就知道可卡因可产生欣快、过度兴奋和幻觉等作用。从植物类毒品的发现和发展史来看，人们最先发现使用它是为了治病、解除痛苦等需要，而其衍生物也是在研制新药品时的意外收获，如为了对付吗啡等生物碱的成瘾性，人们探索出可以替代它的新药——海洛因。因此，毒品首先具备药用性及其价值。其药用价值的功能主要有：止痛、麻醉、治病、催眠、纵欲和追求精神解脱。

（一）止痛功能

利用罂粟治病止痛是人类的一大发明，已有数千年的历史。约公元前 5 世纪，古希腊人开始将鸦片作为一种止痛镇静药物在医学上投入使用。从医学史的角度看，发现并利用罂粟的治病作用，是人类战胜病魔的一大进步。直到19世纪末阿司匹林问世前，欧洲各国对付疼痛的唯一镇静剂就是鸦片。吗啡的镇痛作用极强，同样的用量，注射吗啡比服食鸦片所产生的药用效果强10—20倍，对各种原因引起的钝痛、锐痛、内脏痛皆有效，对持续性的钝痛比间歇性的锐痛效果更好。直到现在，吗啡仍被视为缓解晚期癌症剧痛的推广药品。而海洛因的止痛能力可达到吗啡的4—8倍。

（二）麻醉功能

鸦片就是最古老、最广泛使用的麻醉剂。吗啡也可用于麻醉前给药。古印第安人已懂得使用古柯叶作麻醉剂。外科医术，尤其是穿颅术在当时处于世界领先地位的印加医师们，就先以古柯叶和酒精对病人进行麻醉，然后用刀打开头盖骨，取出因头部受伤而造成的骨头碎片。考古证明，当时确有很多患者在使用了这种麻醉剂后手术痊愈。

（三）治病功能

罂粟可主治多种疾病，能镇痛、止咳、定喘、止泻。吗啡临床用于严重外伤、烧伤及肾绞痛、胆结石、癌症等剧烈疼痛的镇痛。可卡因在医学上用来作局部麻醉药，作为麻醉剂和止血剂，至今仍被广泛用于眼部、鼻腔、颈部、喉咙和气管等精细部位的手术，还能治疗牙痛和哮喘。

（四）催眠、纵欲和追求精神解脱的功能

在19世纪以前，鸦片剂和酒精几乎就是人类唯一的镇静安眠药。早在古希腊时期，被称为医学之父的希波克拉底已经认为鸦片作为催眠药很有用。我国明代医药大师李时珍在《本草纲目》中已记载了鸦片对性功能的作用，他指出，鸦片"能涩丈夫精气"，因此"俗人房中术用之"。[①] 这一记载已明白无误地说明，明人已开始借助鸦片的药力来纵欲，由此而折射出明代中叶后鸦片已由药用品演变为享乐奢侈品的历史进程。

迄今为止，在使用鸦片后，感受到其对人们精神的欢愉、放松和超脱作用的人有千千万万，能够用一种文学的语言，详尽描述并给后人留下难以忘怀印象的也不少，比较典型的如英国19世纪著名的散文家和文艺评论家汤姆斯·德·昆西（Thomas De Quincey）。1805年是鸦片史上的重要年份。一个17岁即离家出走去寻找治疗牙疼的鸦片酊的英国青年汤姆斯·德·昆西，从药剂师那里买来一副药剂。下面是他对自己服药后的药物反应的描写：

---

① 李时珍：《本草纲目》第23卷，中国书店出版社1988年版。

“一小时后，天哪！发生了什么天翻地覆的变化！我的精神是怎样地复活了！身体内是怎样的一个启示的世界呀！疼痛完全消失，在我心里已经不足一提，它已被在我眼前突然展现的欢乐所淹没。这是一种治疗百病的灵丹，可以医治人类的苦难；这里有哲学家们追求的快乐秘诀；这是用钱买到的快乐，可以带在身边；你的狂妄可以装在一品脱容量的瓶子里，平静的心情可用邮车运送。”①

在书中，德·昆西还指出了酒精和鸦片影响的严格区别：“酒精带来的欢乐总是快速上升，直达高峰，然后又急剧下降；而从鸦片那里得到的欢乐，一旦产生就会持续8—10小时。前者，借用医学术语说，叫急性快乐，而后者是慢性快乐；一个是火焰，另一个是稳定而均匀的亮光……酒精使人头脑错乱，而鸦片则相反，它带来的却是安宁、有序与和谐；酒精使人失去自控，鸦片则使人镇静；酒精扰乱人的判断力，给人以超常的能力，并使爱与憎、轻视与崇尚更为奔放热烈，而鸦片则恰恰相反，它使身体各器官处于安详平衡状态，不论是积极的还是消极的，以极其温和的道德情感，伴着与生俱来的特性，给予所要判断的事物极大的温暖。”②

在吗啡的药理作用中，亦有能使人“产生难以名状的欣快感”。③ 在19世纪末传入中国的吗啡，曾被加工制成“施德之（英国人）神功济品水”，作为广普药使用，这种能使人“飘飘欲仙”的药水，因其所具有的欢愉、超脱感曾在上海滩风靡一时。④ 被称为“通向天国的向导”，给可怜人的“慰问神品”的大麻，在我国古代苻秦方士王嘉所撰的《拾遗记》称，大麻汁“饮之能致神仙”。

人类对药用物质的应用，极大地推动了生产力和社会文明的发展。药物与人类社会息息相关，人类在不断的发展和应用药物的过程中造福于自己。但如果药物使用不当，特别是那些可致依赖性药物的滥用，必将给人类自身带来巨大的灾难。正如一位西方学者所述：“药物推动了人类的健康和社会的发展，药物也可能是毁灭人类的罪恶之源。”⑤

二、成瘾性

（一）对成瘾性内涵的科学认识

哲学中有一个概念叫“异化”，其含义是事物由于其固有的矛盾，发展到一定阶段便向自己的对立面转化，分裂出与自身相对立并制约着自己的外在力量。

---

①② ［英］汤姆斯·德·昆西：《一个鸦片吸食者的忏悔录》，百花文艺出版社2002年版，第285页。

③ *Atlas of Spectral Data and Physical Constants for Organic Compounds* (2ed.), 1975, p.505.

④ 《上海近代西药行业史》，上海社会科学院出版社1988年版，第28页。

⑤ 杨良主编：《海洛因的毒性及危害》，中国医药科技出版社1998年版，第4页。

罂粟对人类世界的作用是一个典型的异化过程。看过罂粟红白色花朵的人都说那是世界上最美丽的花，在医疗上服用过鸦片的人都说能够立即祛除病痛和烦恼，还能带来一种非言语能表达的梦幻般的快感。在人类没有享受现代医疗药物之前，鸦片是包治百病的“灵丹”，它施与人类的恩惠是相当大的。古希腊人最早亲近、利用罂粟，并把它缀在梦神海善诺斯的花冠上。然而，当海善诺斯把人们引进了鸦片的幻境中时，人的精神却异化为迷乱性癫狂，忽而天堂忽而地狱，使人们深陷其中不得自拔，犹如恶魔附体。鸦片、海洛因、可卡因、大麻等毒品都有强烈的成瘾性。人类从利用它们，到依赖它们，最后会完全沦为它们的奴隶。

成瘾性，在医学上也称作“药物依赖性”或“药瘾”，是指由于重复使用某种药物而产生的心理依赖或躯体依赖，或两者兼而有之的状态，有的还产生耐药力。所谓心理依赖，是指使用者在心理上强烈渴望使用某类药物，以引起快感或避免不舒服感。有了药物，他觉得一切皆美好，以致可以不顾个人健康与对家庭、社会的危害，千方百计地寻觅药物，甚至不择手段、不计后果以获取药物。所谓躯体依赖，是指由于反复用药，使中枢神经系统发生了某种生化、生理变化，需要药物在体内存在，才能使身体维持正常的功能。而当成瘾药物被停用后，使用者就会发生戒断症状：轻者头昏头疼、烦躁不安、恶心呕吐、全身不适与神经功能障碍；重者可引起意识障碍、谵妄、昏迷、肢体抽搐，甚至循环虚脱而致死。当再度使用该药时，戒断症状即消失。所谓耐药性，是指有些药物重复使用后，其药效逐渐减低，必须不断地增加使用量，才能获得初次使用特定药量的同等效果。有的人为取得足够的药理效应，药量要增加到常用剂量的十几倍或几十倍。

以上所讲的“成瘾性”是从医学角度提出的，而这一观点随着人们认识的提高，也在不断发展变化。20 世纪 50 年代，世界卫生组织（WHO）专家委员会曾将“成瘾性”定义为“由于反复使用药物（天然药或合成药）所引起的一种周期性或慢性中毒状态，具有以下特征：（1）有一种不可抗拒的力量强制地驱使人们连续使用该药，并且不择手段地去获得它。（2）有加大剂量的趋势。（3）对该药的效用产生精神依赖性，断药后出现戒断症状。（4）对个人和社会都产生危害效果。”20 世纪 60 年代，世界卫生组织（WHO）专家委员会对“药物依赖性”重新进行了严格的定义：“药物依赖性是由药物与机体相互作用所造成的一种精神状态，有时也包括身体状态，表现了一种强迫性连续或定期用药的行为和其他反应，为的是要体验它的精神效应，有时也是为了避免由于断药所引起的不舒服感，可以发生或不发生耐受性。同一人可以对一种以上的药物产生依赖性。”并将药物依赖性分为精神依赖性和身体依赖性。

值得注意的是，上述所有的概念中，把人们的依赖性或者成瘾性仅仅定位在药物方面，显然不能回答人类在成瘾方面出现的许多复杂现象。事实上不仅仅是药物能引起人们的依赖性，大千世界无奇不有，能导致人们产生兴趣甚至进而成瘾的因素太多了。酒精、香烟、茶叶、毒品等成瘾性物质的存在，赌徒、钓徒、棋迷、球迷、花痴、各类“发烧友”等偏好、沉迷的成瘾性习惯及生活方式比比皆是，向人们昭示：单纯从医学角度，认为只有药物才能引发“成瘾性”问题，实在是人们认识的一个误区，也是人类认识水平处于较低层次的一种表现。随着科学技术的日新月异，人类对自身的认识水平正在不断深入、不断提高。有的学者已经提出成瘾性是一个与生物学、心理学、医学、社会学乃至人类学和哲学关系异常密切的重大课题。学者李绍六对成瘾性作了一个全新的定义：所谓成瘾性，就是人的生命过程中，在心理和生理的某种尝试行为中产生了愉悦反应。这种反应在神经学领域表现为一种电化学过程，即受到物质或精神刺激的神经元，以突触(SUN—APTELN)的形式转化成一种“电”，并引起人体的代谢反应。这种代谢反应的重复，就形成对其补偿的渴求，这就是依赖。愉悦感又从心理上强化了这种依赖。这种具有愉悦感的、受到强化的依赖性，就是我们常说的成瘾性。[①] 本书对这一观点所包含的已超出医学范围的成瘾性内容持赞成意见。

应该说，成瘾性问题贯穿于整个人类历史和文明史。如酒的发明和人们饮酒的历史是与人类社会的产生发展相伴而行的。赌博的历史也是由来已久。《世说新语·汰侈》中就有这样的记载：“王武子语君夫：‘我射不如卿，今指赌牛，以千万对之。’”这就是赌瘾的表现。比赌博和酒的历史可能晚一些的烟，其危害和规模也是令人忧虑的。在历史上，在生活中，成瘾性的表现太多了，成瘾性的物质和成瘾性的生活方式也太多了。海洛因、鸦片、可卡因、大麻、安非他明、吗啡等毒品是当前人们议论最多、也是最受国际关注的常见成瘾性物质；而人类还正在面临一个新的严峻的问题——随时都可能发现和发明出新的毒品，在20世纪90年代流行的“灵魂出窍”、“冰毒”、“口含片”、“摇头丸”等已成为吸毒者迷恋的新的成瘾性物质。与此同时，具有高科技特征的互联网的成瘾性强度大大超过电子游戏机，上网、恋网的“网虫”畅游在高科技虚拟出的“世界”中，其对青少年的“统治”，使人类正与现实越来越远；以“济难扶贫”为旗号的各类彩票也令许多人痴迷，买彩票者、算命选号者、翘首以盼中奖者不计其数，于是，一夜暴富者有之，捶胸顿足者更有之。所有这一切成瘾性的生活方式与我们的生活息息相关，紧密相连，甚至成为许多人生活中的一个组成部分。几乎可以说，我们每一

① 绍六：《成瘾性》，中国社会出版社1997年版，第6页。

个人，或多或少地都与成瘾性的物质或生活方式有关。

（二）毒品具有成瘾性的特殊功能

成瘾性是伴随人类社会而产生的一种广泛而奇特的现象。精神的、心理的、社会的、文化的、经济的、宗教的、伦理的以及法律的因素，都在对成瘾性施加影响。人类成瘾性的形成，其目的是为了获得欣快、愉悦和满足，而毒品正好具有使肌体兴奋、获得快感的特殊功能。在人体中，能给人带来快感和幻觉的是与中枢—视床下部—大脑边缘系—大脑新皮层连贯的 A_{10} 神经，它可分泌一种叫做二羟基苯基丙氨酸（Dihydroxy phenylalanine）的物质，这种物质是一切快感之源，其结构和功能与一些毒品如安非他明几乎完全一致。另外，人脑中还有一种与吗啡相似的，被称作内肽啡（Endorphin）的物质，它不仅具有比吗啡强 10 倍的镇静作用，而且还有助于分泌出二羟基苯基丙氨酸。二羟基苯基丙氨酸和内肽啡是直接、间接地给人带来快感的脑内物质。不同毒品通过注射、吸食等途径进入人的血液后，能较快地复制这两种物质，给人带来暂时的快乐和满足。但是，这种借助毒品（外来物质）的刺激所换取的快乐是以破坏正常的生理功能为代价的。为了维持人体生命活动，每时每刻的新陈代谢，需要持续不断，有规律、有周期地进行氧和二氧化碳的交换。而毒品却能在较短时间内进入血液，大幅度、快速地进行氧与二氧化碳的交换，最大限度地增加心、肺功能，刺激中枢神经活动，提高肺部血液供应量，从而产生无限的兴奋与快感。但当此种刺激消失后，体内被人为强迫增大的血液循环功能却难以恢复到正常水平，使大脑缺血、缺氧的情况持续出现，影响正常的生理功能，出现疲倦、乏力、打哈欠，大量地流涕、流涎、流泪，食欲不振、失眠、恶心、呕吐、肌肉酸痛等一系列不适反应，这时必须重复使用毒品，才能刺激体内氧气的再生。久之，如不靠毒品刺激，血液循环处于凝滞状态，成瘾者将会感受临近死亡的体感，而不得不再次使用毒品。这就是毒品之所以会让人体产生药物依赖症（或毒瘾）的生理机制。也就是说，吸食毒品这一特殊的成瘾性物质是人们在最短时间，最大程度地获得欣快、愉悦和满足感的最佳途径。

三、毒害性

毒害性与成瘾性相联系，成瘾性导致毒品滥用者长期吸食，因而造成他们体内慢性中毒，产生各种不适症，同时还带来各种疾病的传播和蔓延，如甲肝、乙肝、疥疮、性病、脑水肿等，其中最让人胆战心惊的传染病就是号称“20 世纪黑死病”的超级杀手艾滋病，这个最残忍的杀手的一个非常重要的传播途径就是吸毒。更为严重的是，所有毒品的过量使用，都最终导致体力衰弱，智力减退，甚至精神错乱，中毒死亡。如长期服用海洛因，会使人瞳孔缩小，行动迟缓，口齿不清，呼吸困难，弱不禁风；大量服用，则会导致整个神经系统抑制，引起呼吸衰竭而死亡。据世界卫生组织报告，1980—1989年全世界约有10万人死于吸毒，每年至少有100万人因吸毒而丧失正常的智力和能力。毒品除对使用者个人的身体造成损害外，还降低了使用者的工作能力和在社会经济生活中的角色功能，成为社会、国家的一大损失。更有甚者，使用者在毒品影响下，会使正常的理智和思维功能丧失常态，可能因此导致各种异常行为发生。因此，毒品是魔鬼，它吞噬着吸毒者的肌体和意志，毒害着人类社会。据联合国毒品和犯罪问题办公室提供的《2014年世界毒品报告》称，2012年，15—64岁的世界人口中估计有3.5%—7.0%，即1.62亿—3.24亿人，在前一年至少使用过非法毒品一次。在美国，据毒品管制局统计，1995年全美为治疗吸毒者所支出的医疗费高达600亿美元；1996年因服用海洛因过量致死者达1 263人，因吸食可卡因致死者达600人，因吸食PCP（速效可卡因）致死者194人。可以设想，一个国家的吸毒问题如果得不到有效的控制而不断蔓延，整个民族不用任何外力就会自己垮掉。

四、涉毒行为具有违法性

违法性是指人的行为违法，而非物质本身违法。毒品的范围包括麻醉药品和精神药品，这两类物品都具有双重性：使用得当，可以缓解病痛，治疗疾病；使用不当或滥用，则使人产生药物依赖性，损害身体健康。为防止滥用这些药品，国家颁布法律法规，对这类药品的制造、运输、销售、使用以及原植物的种植，都作了严格的规定。在不区分合法与非法的情况下，往往难以认定某一物品是药品还是毒品，相关人员的行为是合法还是违法。例如，医生为他人提供吗啡，根据病情需要，符合有关规定，是提供药品；如违反规定，供他人滥用，则是提供毒品。再如，违反毒品管理法规和海关法规，逃避海关监管，非法运输、携带、邮寄毒品进出国（边）境的行为是走私毒品罪；而如果该单位是外贸部门指定的单位，编制麻醉药品、精神药品年度进出口计划、用途等报表，依具体办理程序报有关单位批准，经外贸部门核实取得相关文件并报关，然后运输、携带、邮寄精神药品或麻醉药品进出国（边）境的行为则是合法行为。凡违反有关法规，用于非医疗、科研目的而制造、运输、贩卖、走私、使用麻醉药品和精神药品时，这些药品即属于毒品，而相关行为即属违法。所以，围绕着毒品而引发的制造、运输、贩卖、使用、持有、走私等涉毒行为具有违法性的特征。

五、作为特殊商品具有暴利性

我们所说的毒品，国际社会称之为麻醉药品和精神药品。药品是一种商品，具备商品的一切基本属性，既具有使用价值，又有人类无差别劳动的凝结，即价值。就使用价值而言，毒品这种商品被人类所认识并用于治病止痛等医疗目的，这种医疗价值，对于病人来讲是显而易见的，与此同时，它还可以满足一些人利用药物纵欲、追求欢愉、寻找刺激的需要。但这种商品与其他商品的本质区别在于，使用几次后，这种作为药品使用的商品可使人成瘾，且使用次数愈多，成瘾性愈强，需要量愈增，最终导致使用毒品——“吸毒”成为人生第一需要，直到生命的终结。

人类社会从来就视生产、贩运毒品为罪恶，当今世界上没有一个国家不主张禁毒、缉毒，每年也都处决许多罪大恶极的毒贩。然而，毒品走私与生产仍然有增无减，泛滥成灾。究其原因，除牵涉到经济、社会、伦理观念各个方面外，最根本、最带有普遍性的，还是毒品经营中高额利润的驱使和诱惑。因为种植毒品和走私毒品总是与违法、冒险、残酷、神秘相联系，其利润必然高得惊人。

据联合国缉毒机构的研究报告指出，在毒品生产中，每投资 1 美元便可获利 500—1 500 美元。北美各地的印第安人山地土著居民、亚洲“金三角”一带的居民，都先后将原来种植粮食的土地改种古柯和罂粟，就是因为种毒品收入是种植粮食作物收入的十几倍甚至几十倍、几百倍。在“金三角”地区，贩毒集团强迫当地山民卖出的鸦片价格，每公斤仅 80—90 美元，提炼为海洛因后，也不过每公斤 1 200 美元。但是如果走私到曼谷，黑市上每公斤海洛因的价格是 1.5 万—2 万美元；走私到荷兰的阿姆斯特丹，其黑市价格上升到每公斤 12 万美元；走私到美国的纽约，其黑市价格会达到每公斤 20 万—22 万美元；如果拿到美国其他城市零售，每公斤海洛因可值 200 万美元。这就是一本万利，甚至可以说是无本万利的毒品走私。联合国缉毒机构测算后得出，目前全世界每年的毒品经营收入高达 5 000 亿—10 000 亿美元，其收入在成千上万种贸易商品中，盈利率高居第二位，仅次于军火，而高于石油、粮食和其他一切商品。

毒品的上述几个特征是互相联系的。人类使用这些药品的初衷是治病救人，药用性是它的本质特征之一。然而这种药品的特殊就在于使用不当或滥用后表现出最明显的特征——成瘾性。成瘾性一方面给吸毒者本人身体带来不同的毒害，而这种毒害性的发展演变必将由吸食者个人殃及家庭和社会，轻者使吸食者人亡家破，重者会影响全社会的稳定安宁，甚至会导致一个民族或一个国家的衰落，毒害性就成为毒品的后果特征；成瘾性引起危害性，因而被法律加以限制，同时，只有违反有关成瘾性药品管理法规的药品，才会作为刑法意义上的毒品，违法性是毒品的法律特征。另一方面，毒品所具有的药用价值又使它成为一种商品，具有使用价值和价值，可用于交换，产生利润。毒品的消费伴随着成瘾性而成倍增长，使其永远具有“用之不尽”的“客户群”，促使毒品这一特殊商品的销售总是呈直线上升的势头，成瘾性所导致的广泛需求，成为毒品生产、走私，获得暴利的最重要原因之一，因此，毒品又具有暴利性的特征。总之，使用得当是药品，使用不当或滥用则是毒品。除了用于科研、医疗目的外，毒品为人类所废弃，为国际社会所共禁。

第四节　毒品对人类社会的危害

当今世界，毒品的泛滥已成为一个可怕的现实。前联合国秘书长安南曾严肃指出，毒品正在吞噬我们整个社会，毒品在酝酿犯罪，毒品在传播疾病，毒品在毁掉我们的青年和未来。近年来，毒品犯罪愈演愈烈，造成了严重危害。

一、毒品对吸食者的身心健康造成最全面的危害

吸毒者普遍体质虚弱，长期吸食毒品者大都表现为注意力不集中，反应迟钝，失眠易怒，性情暴躁，或者行踪诡秘，行动迟缓，体态佝偻，贪睡懒动，面色黄黑，神情呆滞，身体枯瘦。其大脑和中枢神经系统受到极大损伤。根据有关资料，对吸毒致死者进行尸检，结果表明，其中有60%是死于吸毒引发的脑水肿。此外，由于吸毒过量，以及非法市场上的毒品大都掺有各种不同杂质，吸毒者极易染上支气管炎、肺气肿、肺结核等呼吸系统疾病，进而导致呼吸衰竭或因这些疾病造成脑缺氧、窒息、昏迷，最终走向死亡；毒品也可使吸食者循环系统功能受到损害，引起细菌性心内膜炎，重者可致吸毒者突然死亡；由于吸毒者常常共享被污染的毒品注射器或随便使用身边的一些液体作毒品溶剂，而易染上甲肝、乙肝等血液传染病；毒品可以破坏人的生殖系统，古代生理学家说：“毒瘾凝及生殖，嗜毒家庭大都三代而绝，考其所以，则因嗜毒者生殖机能中毒受伤，性功能摧毁，女子嗜毒月经不调，乳房停止作用，男子吸毒陷于性的衰竭，丧失性的行动，如男女双方吸毒，则其绝嗣不待龟耆，从知毒品之能亡人之国，灭人之种，信非虚语，可不怕哉！”吸毒还是艾滋病病毒传播途径之一。1989年，法国艾滋病患者中20%是吸毒的瘾君子。据联合国毒品和犯罪问题办公室、世界银行、世界卫生组织和艾滋病规划署共同估计，2013年全球注射吸毒而携带艾滋病病毒者达170万人①。自艾滋病传入我国以来，至2006年，注射吸毒在我国历年报告艾滋

① 联合国毒品和犯罪问题办公室：《2014年世界毒品报告》。

病病毒感染者和艾滋病病人中均占最大比例，其中 1999 年竟高达 72.4%。艾滋病，这是世界上至今还无药可以治愈的恶性传染病，一旦发病，只有死亡。因此，吸毒严重危害人类健康，毒品如同“恶性肿瘤”威胁着整个人类社会。

吸毒上瘾后，人的心理会充满矛盾。一方面，吸毒者有为了吸毒不顾一切的心理冲突和体验，所有的心理能量只集中到一点：吸毒，全然不顾责任和义务。另一方面，当其清醒时，又有深深的负罪感和歉疚感，后悔不已，痛恨不已，可是，毒瘾发作时，这些却又全部化为泡影了。这种强烈的矛盾，使吸毒者的心理活动秩序被破坏，心理活动内容被扭曲，导致心理发展畸形。于是，吸毒者心理活动的中心内容就是吸毒，就是体验吸毒时那种奇妙无比的独特感受。离开了毒品，吸毒者便无法存在，无法活动；为了毒品，吸毒者便不顾一切，不顾人的尊严、人格、责任、法律、道德等，去要、去找、去偷、去抢、去贩、去淫……

吸毒者的意志也在分裂走样。这种分裂就是想戒毒又戒不掉，控制不住吸毒渴求的意志冲突。什么意志的自觉性、果断性、独立性，在吸毒者那里都失去了原有的意义。而且，随着吸毒者毒瘾越来越大，身心对毒品的依赖越来越强烈，意志越来越走向崩溃、分裂，很难控制自己的心理和行为。如果说意志有作用的话，那便会是反向的作用。意志排除其他的干扰和阻碍，将所有的精力都集中到一点上：吸毒。在这里，意志的作用就是为吸毒者下定决心采取行动再次吸毒提供强大的心理支持，诱发强烈的心理冲动。吸毒者在意志分裂走样的过程中，其人格也在分裂走样，直到生命分裂走样，走向死亡。用哲学语言来说，毒品摧毁吸毒者的意志，把人变成非人。

毒品不仅全面损坏吸毒者的躯体健康，更重要的还在于它导致吸毒者的精神全面崩溃，出现精神病症状、精神障碍和行为异常，从而危害自己，危害家人和社会，成为无益于社会的废人，成为有害于社会的罪人。

毒品使人的人格扭曲，丧失伦理道德、礼义廉耻；毒品使人泯灭了人性，丧失了自我；吸毒者毒瘾发作时六亲不认，杀死自己的亲人；有些女性吸毒者毒瘾发作时为了得到毒品，不惜出卖肉体，甚至光天化日之下，在寻求开心者面前，丑态百出；更有一些吸毒者为追求刺激，吸毒后男女群居群宿，淫秽不堪。毒品像一只毒蜘蛛，把千万根毒线无声无息地伸向各个阴暗角落，使染上它的男男女女，无一例外地脸色苍白，行为颓废，精神萎靡不振，性情暴戾乖张，丧失了人的起码尊严。可以认为，“毒品历来是犯罪、暴力、死亡、社会道德沦落、卖淫、暴富、匪帮的同义词”①。毒祸使人变成非人，反人性，反社会，变成禽兽，变得比禽兽更加

① 汤家麟、徐菁编著：《当代国际禁毒风云》，经济科学出版社 1997 年版，第 123 页。

凶恶无耻。毒祸使人道德沦丧，良心泯灭。毒祸从根本的意义上摧毁着人之所以为人的存在基础和现实依据。毒祸使人的精神全面崩溃，走向毁灭。

二、毒品对吸食者的家庭产生极大影响和严重后果

家庭，作为社会的基本细胞，是人们生活中必不可少的栖息地。人在家庭中本应享受天伦之乐，但毒魔的侵袭，却使好端端的家庭毁灭。

吸毒造成巨大的经济消耗。毒瘾小者每天一般吸食 0.5 克左右海洛因，一年要吸食 180 克，按每克 600 元的中等价计算，至少耗资约 10 余万元人民币。毒瘾大者每天 2 克左右，一年就是数十万元的消费。这样巨大的费用，一般家庭不可能承受得了，就是家底殷实的，用不了多久也会一贫如洗。加之一旦吸毒，身体虚弱，精神颓废，不可能再劳动创收；吸毒者人格扭曲，更谈不上对家庭的责任感；因吸毒染上肝炎、性病、艾滋病等疾病很容易传染给家庭其他成员，使家人饱受病魔侵害；为了满足毒瘾需要，往往去盗、去抢、去贩毒、去卖淫等，走上违法犯罪道路。一个家庭一旦出现了一个吸毒者，一家人都不会安宁，往往导致妻离子散，家庭破裂解体。

三、毒品泛滥对社会的负面影响

（一）毒品诱发多种犯罪，扰乱社会秩序

吸毒者普遍丧失正常的人生观、价值观，人格扭曲，难以自拔。毒瘾发作时，都会做出一些反常举动，寻衅滋事，打架斗殴，甚至制造暴力事件，危害公共安全。吸毒与犯罪紧密相连，犹如一对孪生兄弟。前面已经讲到，吸毒耗资巨大，以一般人的正常收入根本承受不了吸毒的开支。为了满足毒瘾，吸毒者不惜采取不法手段攫取钱财，偷盗、诈骗、抢劫、杀人，什么都干，甚至“以贩（毒）养吸”，女性则多“以淫养吸”，堕落、出卖肉体，严重扰乱了社会治安，威胁着社会安宁。据有关资料统计，60％—80％的吸毒人员都有过犯罪的记录。在美国，吸食海洛因的资金来源为：20％从街头犯罪所得，45％来自倒贩毒品，17％靠卖淫所得，12％靠偷盗；在法国，在押囚犯的 50％因毒品而犯罪；在意大利，80％的刑事案件与毒品有关。

毒品还同暴力犯罪、黑社会组织融为一体，对社会安定构成极大危害。毒品的高额利润，使贩毒分子想方设法维护其经济利益，通常组织团伙，壮大势力，武装自保；另一方面，一些黑社会组织、暴力犯罪团伙等其他社会势力也利用贩毒获取高额利润来维持其巨大的经济开支。世界上著名的一些黑社会组织，如意大利的“黑手党”、法国的“科西嘉帮”、香港地区的“三合会”、日本的“山口组”、曼

谷的“福州帮”等，无不插手毒品犯罪活动。特别是“金三角”、“金新月”、“银三角”这三大毒源地的大毒枭，更多是黑社会组织的头目，他们制毒、贩毒，甚至武装护毒，正是用贩毒获得的高额暴利，来维持着这些黑社会组织的巨大开支。

（二）毒品泛滥败坏社会风气

清末民初以来，鸦片曾经一度被达官显贵、风雅文人视为“珍品”，吸大烟成为时髦，被视为“上层享受”。军帐中烟榻横陈，名人府邸烟灯明灭，一切军国大事、政治交易、生意往来、亲朋畅叙，都可在鸦片烟雾中完成。好友登门相拜，鸦片烟成为待人热情的必备品。吸食鸦片已成为当时流行的社会风气，一时间烟毒弥漫，不计其数的人成了骨瘦如柴、精神萎靡、丧失劳动能力的废物，人们饱尝了鸦片的毒害。

当今时代，也有人把吸毒视为有气派的标志，当作时髦风尚公开炫耀，认为有钱才消费得起毒品，把吸毒看成追求精神生活。特别是一些涉世未深的青少年，不仅不把吸毒当作害人害己的坏事，反而当作一种“亚文化”去追求。有的还说吸了毒品能使人兴奋，充分发挥各种潜能，作家可以写出好作品；学生会更聪明，可以提高学习成绩；青年人可以得到发泄和满足；唱歌跳舞者更有灵感和激情，能提高表演艺术水平；司机能把好方向盘；甚至还说可以减肥，等等。正因为如此，社会上出现了一系列“快乐丸”之类的新毒品。

青少年天真、幼稚，充满了幻想，充满了追求，充满了希望。青少年犹如早晨八九点钟的太阳，是国家的栋梁、民族的希望，应该接受健康、积极向上、催人奋进的文化，而吸毒“亚文化”只会使人们思想空虚，精神颓废，不求进取，贪图享乐，最终堕落自毁。总之，毒品败坏社会风气突出表现为玩毒丧志毁自己，泯灭责任害他人，道德丧尽伤社会，使社会主义精神文明建设和物质文明建设受到影响，国家声誉受到损害，也直接影响我们正在进行的和谐社会构建与中华民族的伟大复兴。特别是吸毒在青少年中蔓延，将直接影响到社会主义事业的前途，中华民族的未来。

（三）毒品泛滥导致巨大的社会损失

毒品泛滥给社会造成的损失是多方面的，就其主要而言：

（1）人力资源的损失。对任何国家和民族而言，成人劳动力是物质生产和社会生活的中坚，青少年一代更是国家的重要人力资源和希望所在。在当今世界毒品大流行的国家和地区，毒品严重地削弱着社会的中坚力量，一大批年富力强者、社会财富的主要创造者倒下了。毒品也侵蚀着青年一代，给国家的未来发展蒙上一层阴影。社会在这方面的损失，是难以用数字来说明的。在吸毒引起的各种社会损失中，人力资源损失是头等重大的损失。人员损失可分为两类：

一类是显性人员损失，就是指那些因吸毒而直接致死者。对此，许多国家都有统计材料。美国联邦政府公布的统计数字表明，1982 年，全美国因使用海洛因而致死者有 771 人，其中仅华盛顿地区死亡人数就达 133 人，超过全国平均数。从 1980 年到 1983 年，全美国因滥用海洛因而死亡的人数增加了 63%，而华盛顿地区则高达 96%。研究表明，造成吸毒者死亡率高的原因有因吸毒过量、吸毒者的自杀、吸毒者常参与犯罪而死于非命和吸毒并发症等。另一类是隐性人员损失。吸毒导致大量的成瘾者如同废人，丧失任何劳动能力，对社会毫无作用，这是一种隐性的人员损失。需要特别指出的是，毒品对下一代的危害也是一种隐性的人员损失。有些妇女在怀孕期间吸毒，造成新生儿有先天性生理缺陷和智力缺陷，这在一定程度上也给社会带来了损失，非但不能成为未来社会有效的人力资源，为社会创造财富，反而需要社会给这些受毒害的孩子额外增加医疗费用和福利费用。

(2) 增加了国家财政支出。国家每年在缉毒、戒毒、禁毒方面要支付大量费用，用于建立缉毒队伍，培训缉毒人员，购买缉毒设备，对毒品进行鉴定和用于办案经费等；还要花费大量经费进行禁毒的教育和宣传。我国中央财政从 1991 年起每年要拿出数千万元作为开展禁毒工作的专项经费。尽管如此，仍不能满足缉毒、戒毒和禁毒实际需要。仅 1998 年，云南昆明市政府就投资 400 万元人民币为戒毒所购买了一批医疗设备，国家计划委员会拨款 3 890 万元补贴了 19 个省份的 22 个强制戒毒所。可见，毒品犯罪的上升，增加了国家财政开支，挤占了用于经济建设和人民生活提高的财政支出。

(3) 对社会财富造成巨大浪费。毒品吞噬社会财富的能力是巨大的，它能使社会蒙受巨大的经济损失。正常的财富积聚是通过增加收入与节省开支这两条途径实现的。而吸毒者却一方面是财富的高消耗者，每人每日用于购买毒品的消费达几十元以至近千元之多；另一方面又不能创造财富。俗话说，“吸毒者的口是化钱炉”。据美国政府 1991 年 6 月发表的一份名为《美国吸毒者在非法毒品上的花费知多少》的报告称，美国 1991 年在可卡因、海洛因、大麻、致幻剂、安非他明等毒品上的花费共为 414 亿美元。而国会众议院有关部门负责人认为，美国人每年用于非法毒品的总开销实际上约为 990 亿美元。在我国，自改革开放以来，随着吸毒人数的不断增加，给国民经济也造成了巨大损失。据 2003 年中国禁毒报告提供的数据，当年全国登记在册的 74 万海洛因滥用者每年至少消耗人民币 270 亿元，近年来毒品的价格不断攀升，吸毒人数居高不下，保守估计这些吸毒者每天的耗资都在上亿元，一年的耗资就是天文数字。这一数字还只是吸毒者本人吸毒的直接开支，没有包括其他支出。可见毒品问题带来的经济损失是相当巨大的。

（四）毒品阻碍经济发展和社会进步，危害政局稳定

毒品的发展，不仅使一些国家农业生产遭受破坏，工业生产受到影响，而且扰乱全球金融市场。美国财政部门曾公布的一份材料称：美国已有1 000亿美元的毒资进入金融市场。这就清楚地表明，“洗钱”问题已成为全球金融市场的一大公害。所谓“洗钱”主要指贩毒集团将非法贩卖毒品所得的巨额毒资，通过各种隐蔽手段存入银行，然后再堂而皇之地让这些钱进入流通市场。这些经过“清洗”后的非法资金被贩毒集团用于合法商业活动，为其罪恶勾当作掩护；也用来诱惑腐蚀政府机构及社会各阶层人员，为其不法行为打开通道。非法毒资进入流通市场，扰乱了金融秩序，破坏了社会经济发展，动摇着国家的根基。

毒品破坏着政局的稳定。联合国禁毒委员会在其年度报告中曾讲道：“有些国家的安全正受到贩毒活动的威胁。”马来西亚一位政府高级官员也说，国家的安全正面临着严重的问题，即毒品问题，其严重程度不亚于敌国入侵。毒品生意的兴隆，造就了一批暴发户，他们依仗毒品犯罪聚敛财富，扩充实力，贿赂军政官员，渗透于国家机构，破坏政治秩序，动摇合法政府，危害政局稳定。

随着全球范围内的日益泛滥，毒品问题已不仅仅是医学和社会问题，在许多时候也是一个重大的政治问题。在西方国家，毒品问题与政治的关系可谓是密不可分，表现为：首先，吸毒与政治家的荣辱兴衰联系在一起。在美国，四年一度的总统竞选可以说是最大的政治事件了。什么人能当总统呢？条件当然是多种多样的，但是一个不可忽视的条件是，看候选人有没有吸毒史，现在是否吸毒。如果这位候选人有吸毒史，则他在竞选中一定是凶多吉少；如果他目前仍在吸毒，则肯定与总统的宝座无缘。要想成功地竞选总统，候选人除了自己在毒品问题上毫无瑕疵之外，还要向公众表明自己对禁毒问题的决心，并提出肃除毒品问题的得力措施。吸毒问题不仅影响总统的竞选，而且涉及官员的任命。为什么美国参、众两院对前总统布什任命托尔为国防部长的提议一再讨论、表决，仍然迟迟不予批准？原因之一就是有人指控托尔与毒品有牵连。在此事调查清楚之前，议员们不愿意投赞成票。因为如果让与毒品有牵连的人出任国防部长，岂不有损国家形象？其次，毒品问题影响国与国之间的政治关系。西方毒品消费国对于各自国家存在的大量吸毒问题，不是从自己的国内找原因，而是将结果归过到参与毒品种植、制造、贩运的国家，认为是这些国家一手促成了他们国家的吸毒问题蔓延。曾任美国国务卿的舒尔茨就曾在国内的一次演说中，将美国国内毒品泛滥的原因，全部归咎于国外的毒品生产与贩运，并列出了国外每年走私进入美国的各种毒品的数量。毒品问题严重地影响了美国与巴拿马的关系，美国

曾一度给巴拿马以严厉的政治经济制裁，就是以毒品问题为借口；美国又因哥伦比亚禁毒不力而导致两国关系紧张。再次，为了反对毒品贩运活动和吸毒，现在已经成立了许多国际性的和地区性的组织。联合国有专门的组织和人员研究、制定消灭毒品的计划。在拉美地区，法语国家成立了反毒协作组织，这些组织召集该地区的国家共同协商，统一制订反毒计划，并要求各国配合行动。因此，毒品问题已不仅仅是涉及政治家，涉及一国政治的问题，而且涉及地区性政治以及全球政治活动。

（五）毒品对发展中国家的影响更为严重

毒品对发展中国家的影响更为严重，其影响是多方面的。

在经济方面，一是国外货币的流入，会对出口型的国家经济造成损害，破坏本国原有的生产计划与策略；二是由于整个地区均以毒品的生产和出口为主，会造成经济的虚假繁荣，一旦这种人为的繁荣停止，就会造成诸如大批人口迁徙等社会动荡。在政治方面，“金三角”、“银三角”和“金新月”等毒源地周边的发展中国家，许多人的谋生手段与毒品问题有着直接和间接的关系。这些人的活动在政治上是不被许可的，一旦引起正面冲突，这些人就有可能与现有的颠覆性力量相结合，对国家政局的稳定构成威胁。同时，一些贩毒团伙会利用自己金钱的优势，渗透到政府组织中，甚至培养自己的势力和代言人，对政府的决策施加自己的影响。

在生态方面，大面积种植毒品性植物，对生态会起到破坏作用。首先，由于种植此类植物属非法行为，且往往只顾眼前利益，因此，他们往往对土地采取掠夺性开发，缺乏长久的计划，时间一长，土地的生产力就会大大降低。其次，毒品的种植地往往又是毒品的初加工场所，简陋的加工条件常常无法解决废水、废料等污染物的处理。

在国际关系方面，发达国家与发展中国家之间有一种互相补偿的关系。发达国家往往借助毒品问题来巩固自己在世界市场的领导地位，而发展中国家则利用毒品问题进行讨价还价或使之成为获取资金的手段。

在公共卫生方面，许多发展中国家认为毒品的生产与毒品的消费是可以分开的。但事实证明，许多毒品的产地不久便演变成了毒品的消费地，而且往往形成流行之势，导致肝炎、性病、艾滋病等传染性疾病的流行，问题甚重。亚洲“金三角”附近国家的现实即是明证。

大量事实表明，毒品的危害并不只是摧毁人的躯体，消耗社会的钱财；同时还引发诸如艾滋病等各种疾病和各种类型的犯罪，严重影响社会的稳定和发展；

毒品泛滥败坏社会风气，导致巨大的社会损失，阻碍经济发展和社会进步，甚至危害政局稳定；重要的是它摧毁人的心理、精神、意志、情感，在深层次上动摇人的社会伦理基础和作为人的尊严和价值观念，使人走向虚无，走向毁灭；毒品的可怕远不在它对人身体的伤害，而是它对人彻底的、轻而易举的占有。正如法国作家居伊·尚帕涅所著《我是一个吸毒者》中所说："不管是谁，只要怀着真诚之心沾过毒品的边，便再也不能摆脱其痛苦和绝望。"①更为重要的，则是毒品问题关系到一个民族的盛衰。正因为如此，打击毒品犯罪，已成为全人类的共识。

① ［法］居伊·尚帕涅：《我是一个吸毒者》，时事出版社 1999 年版，第 3 页。

第二章　对中国近代社会产生重大影响的鸦片贸易

第一节　罂粟、鸦片、烟草的广泛传播

一、罂粟及其制品鸦片的东传

（一）欧洲是最早使用和传播鸦片的地区

从现有的材料来看，最早的罂粟发现于德国西部的莱茵河流域，时间为公元前5300—公元前4600年，属新石器时代早期的线纹陶文化时期，因此可以说欧洲是罂粟的故乡。大约在公元前1600年，罂粟传播到了地中海东部地区，并且至少在青铜时代，地中海东部地区的人们已经知道了从罂粟中提取鸦片，这时的鸦片主要用在宗教活动中。欧洲是最早使用鸦片的地区。

在希腊文明里，鸦片是老生常谈的事物。在《荷马史诗·奥德赛》里，鸦片制剂被称赞为一种可以忘忧的药物；把鸦片溶解在酒里作镇静剂，来消除恐惧、痛苦、令人不快的记忆；鸦片也被用来激发士兵的勇气，使他们走上战场；把鸦片作为悲伤的解毒药的传统一直延续到今天①。

当希腊被罗马帝国侵占时，被劫掠到意大利的不光是艺术作品和珍宝，知识，包括鸦片的知识，也同样来到了意大利。像荷马一样，古罗马的伟大诗人维吉尔也在他的作品中提到鸦片。罗马人不仅把鸦片作为镇痛剂和宗教仙药，而且还把它作为方便的毒药，把罂粟作为睡眠和死亡的象征。对于自杀者来说，鸦片是一种令人愉快的致死方法。

距今约2 000年前，将罂粟或鸦片作为主剂的药品已在埃及、希腊、罗马、波斯、土耳其等地流行，后又传到威尼斯、伊斯坦布尔等地。公元476年，西罗马帝国灭亡，欧洲进入中世纪时期。希腊和罗马关于鸦片在医学中使用的知识随之趋于萎缩。

---

① ［美］马丁·布思：《鸦片史》，海南出版社1999年版，第20—23页。

公元8世纪建立起来的阿拉伯帝国，因为《古兰经》禁止以任何形式使用酒精，所以鸦片和印度大麻成为首要的社会性药品，伊斯兰文化传入哪儿，它也随着传入哪儿。与古代希腊、罗马相比，阿拉伯人更加广泛地运用鸦片。如在公元9世纪的阿拉伯早期药物学文献中，经常讲到鸦片。著名学者塔百里（Tabari）提醒说：鸦片不可多用，1个mithqal剂量（约4克）的鸦片就可以致人昏睡或死亡。在萨布尔（Sabur）所写的阿拉伯第一部药典中，译录了罗马医生迪奥斯克里德的《药物志》，其中就有关于鸦片的叙述①。

公元9世纪中期，古代阿拉伯的名医侯奈因（Hunayn）在他的《眼科十论》中将罂粟与鸦片用作医治眼科疾病的一种重要药物。公元1000年后不久，另一位阿拉伯医生伯若利（Biruni）写出一本药物著作，他对鸦片的描述被一些人视为关于吸毒的第一次书面描绘。古代阿拉伯最著名的医学家阿维森纳（980—1037年）则将鸦片称为“功效最强的麻醉剂”。②

在1 000年前，横跨欧、亚、非三大洲的阿拉伯帝国的人们已懂得从罂粟中提取鸦片烟膏，用于麻醉和消毒，促使病人安眠，减少痛苦，而且还将鸦片作为“鼓舞勇气药”，在战斗前夕，令官兵服用。战士们在伊斯兰教精神加上鸦片的双重影响下，奋勇作战，在庞大帝国的建立过程中，发挥了超乎想象的作用。这也是鸦片作为毒品首次在世界舞台上的重要表演。

在阿拉伯的植物学与农学著作中，也有不少关于罂粟与鸦片的记述。例如，加瑞（Ghazzi，1457—1529年）在他的一本关于树木栽培的著作中写道：“罂粟有白色、红色、天青石色或黑色。罂粟花有白色、红色或其他颜色。可将白色罂粟磨成粉，加入面包中焙烤，与甜食一起食用。由于此物易使人发胖，所以老人不宜食用，而且食用过多会使人昏沉嗜睡。可以在鸦片中较为容易地加入其他成分。它能消止任何疼痛，1个或2个daniqs剂量的鸦片可以使人麻醉。一次服用2个dirhams的鸦片，则可以使人致死。”他还描述了鸦片中毒的具体症状：“四肢麻木，声音发颤，眼睛下陷，记忆缺失。”③

（二）把鸦片传播到东方社会，阿拉伯人起了决定性因素

在把罂粟和鸦片吸收、继承和使用并推广到东方社会的过程中，阿拉伯人起了决定性作用。随着阿拉伯帝国的迅速扩张，他们走到哪里，有关鸦片的知识和鸦片贸易也就来到哪里。鸦片是一种完美的商品，既有价值又轻便简洁，而且不容易变质。阿拉伯人在埃及人统治时期就用鸦片作镇痛剂，并发展和组织了鸦

①③ R. E. McGrew, *Encyclopedia of Medical History*, McGraw-Hill, p.14.
② M. A. Anees ed., *Health Science in Early Islam*, Vol.2, pp.74－76.

片的生产和贸易，由此鸦片贸易存留下来。[①] 它通过海路到欧洲，通过陆路的商队或海路的帆船到达东方。

16 世纪早期，欧洲有一位医学奇才，名叫帕拉思索斯（Paracelsus），他是一位成功的临床专家，顺利地完成了一些在当时看来很不寻常的治疗。其秘诀之一就是使用一种叫做鸦片酊的麻醉药。帕拉思索斯是早期鸦片复兴运动支持者之一，他把鸦片看作一种“万用药”，称之为“不朽的磐石”。由于帕拉思索斯及其后来者的推动，越来越多的人意识到鸦片的广泛影响，新的鸦片制剂在 16—18 世纪得以不断发展，其中之一就是由临床医学之父汤姆斯·西德纳姆（Thomas Sydenham）博士配制的鸦片酊。西德纳姆对英国医学的贡献是十分巨大的，以致被称为英国的希波克拉底。他对鸦片的评价比帕拉思索斯更高，他指出，“没有鸦片，医疗技术将不复存在”[②]。

南亚诸国中，印度被阿拉伯人侵占后，受阿拉伯人的影响，罂粟被广泛种植起来，9 世纪后，食鸦片已成为印度人生活方式的一部分。荷兰人林斯·霍退伍在 1598 年写的《东西印度航海故事》中记载了印度到处可见的食用鸦片的习惯。在莫卧儿王朝穆加尔帝国的第三代皇帝阿克巴尔（Akbar，1542—1605 年在位）统治时对已成为印度政府财政重要来源的鸦片税十分重视，并进而推行鸦片专卖制度。于是，从贩夫走卒到贵族大臣，都钟情于鸦片，宫廷也成了鸦片的巢穴，印度次大陆进入了鸦片泛滥的时期。

罂粟和鸦片在印度流行之后继续向东推进到东南亚。15 世纪初，马六甲在伊斯兰政权统治时期，亦已流行鸦片了。那时，马六甲的贸易是以爪哇为中心展开的，来自阿拉伯和波斯的货物中，产自亚丁和麦加的大宗鸦片是必不可少的。

总之，罂粟的种植技术逐渐由西向东传播。阿拉伯人至少在公元 6 世纪前后开始栽培罂粟，7 世纪时中国人也学会了种植方法，日本人在 15 世纪开始种植。20 世纪初期，墨西哥的山区开始盛开罂粟花，接着厄瓜多尔、秘鲁等国也开始种植。19 世纪以来，就世界范围来讲，亚洲是罂粟的主要产地，种植罂粟的国家有印度、土耳其、伊朗、中国、阿富汗、日本和缅甸等。欧洲部分地区和中美洲的一些国家也大量种植罂粟。

随着阿拉伯影响的逐渐消退，鸦片贸易由下一个伟大的贸易民族——威尼斯人接管经营。

---

① ［美］马丁·布思：《鸦片史》，海南出版社 1999 年版，第 25 页。
② ［美］O. 瑞、C. 科塞：《毒品、社会与人的行为》，中国人民大学出版社 2001 年版，第 327 页。

二、罂粟及其制品鸦片传入中国

(一) 作为鸦片来源的罂粟在唐代已开始种植

有关罂粟传入中国的时间，目前还有争论。最流行的说法是苏智良在《中国毒品史》中提出："乾封二年(667 年)阿拉伯人在献'底也伽'[①]时，也将罂粟送到了中国。"并且认为"这是鸦片流传中国之始"。龚缨晏在《鸦片的传播与对华鸦片贸易》一书中，提到"'底也伽'是一种由许多药物配合起来的成药名称，有的里面含有鸦片的成分，也有的不含鸦片，更不是鸦片本身"。美国人马丁·布思(Martin Booth)在《鸦片史》一书中认为在中国有更早的鸦片资料，如生活于三国时期的神医华佗(？—208 年)，在给病人做大手术之前，除了用大麻外，还用鸦片麻醉。总之，以上观点各异。虽然目前没有充分的史料能够证明纯粹的鸦片在什么时候传入中国，但是，作为鸦片来源的罂粟在唐朝时已经开始种植则是肯定无疑的。唐代有关植物的图书和咏吟罂粟花的诗作均有记载可以证明。如唐开元时期(714—741 年)的《本草拾遗》中作者陈藏器引述前人嵩子之言说："罂粟花有四叶，红白色，上有浅红晕子，其囊形如髇头箭，中有细米。"[②]生活于文宗时期(827—840 年)的郭橐驼，也在《种树书》里谈到他种植罂粟的经验："莺粟九月九日及中秋夜种之，花必大，籽必满。"在《全唐诗》中，保存着李贞白的一首"咏罂粟子"和吴仁壁的"题莺粟花"两句。当然，在有关罂粟花的唐诗中，最为著名的当推雍陶在《西归出斜谷》中的绝句："行过险栈出褒斜，历尽平川似到家，万里客愁今日散，马前初见米囊花。"[③]以上的"莺粟"、"米囊"都是罂粟的别称。

上面这些材料表明，在唐代，罂粟种植的时间不长，种植的范围有限。陈藏器在《本草拾遗》中引用了嵩子的话，说明陈藏器自己对罂粟并不怎么了解；郭橐驼还专门介绍罂粟的栽培方法，可见人们对罂粟种植技术还处于认识之中，并没有完全掌握。而且，唐代的人们种植罂粟的目的只是为了观赏它的花卉，所以郭橐驼在《种树书》中要强调它的花与籽，而不是别的。

从宋代起，罂粟在中国广为种植。到了明清两代，罂粟的种植更加普遍。随着罂粟种植的普遍，从宋代开始，罂粟花被收载到各类花谱著作中，如北宋丘濬的《牡丹荣辱志》、南宋的花卉名著《全芳备祖》、明代王世懋的《学圃杂疏》、高濂的《遵生八笺》等。罂粟除了花卉供人观赏外，其苗、籽等都可食用。自宋代开

---

① 一种含有鸦片的制剂。

② 《古今图书集成·博物汇编草木典》，中华书局 1985 年版。

③ 《全唐诗》第 870 卷，中华书局 1960 年版。

始，罂粟已被用作食物及食补。宋代的医学名著《开宝本草》中说："罂粟子一名米囊子，一名御米，其米主治丹石发动，不下饮食，和竹沥煮作粥，食极美。"[①]将罂粟子称作"御米"，说明宋时已将罂粟籽列为贡品，由此可知罂粟籽在当时应当是比较珍贵的；同时说明宫廷中也有食用罂粟籽的做法。

罂粟的另一个用途就是作为药物。五代十国时期，南唐（937—975 年）《食医方》将罂粟籽作为一种健胃药品。人们开始逐渐认识罂粟的药用价值，是在 973 年，由北宋政府组织编写的国家药典《开宝本草》中，正式将罂粟作为药物收入："罂子粟，味甘，平，无毒，主丹石发动，不下饮食。"[②]同时宋代还发现罂粟具有治痢、治疗肉瘘和痔疮的作用。宋人对罂粟的副作用也开始有所了解。11 世纪编就的《本草图经》就说罂粟："主行风气，驱逐邪热，治反胃、胸中痰滞及丹石发动，亦可竹沥作粥，大良，然性寒，利大小肠，不宜多食，食过度则动膀胱气耳。"[③]

到了元代，人们通过长期的医学实践，对罂粟毒性的认识也加深了。12—13 世纪，人们除了继续用罂粟来止痢化痰外，还知道了它的止咳作用。朱震亨在其《本草衍义补遗》中讲到罂粟壳时说："今人治虚劳咳嗽，多用粟壳止劫，及湿热泄痢者，用之止涩；其治病之功虽急，杀人如剑，宜深戒之。"[④]由此可见，元代人既已认识了罂粟碱的特效，同时又指出其有害的副作用。而且我们可以从"杀人如剑"四个字里，推测出那时社会上已有了不少因罂粟中毒而死亡的事例了。

明代时，罂粟的药用更为普遍。在明代开国皇帝朱元璋的第五个儿子朱橚主编的《普济方》中，治脱肛、咳喘和下痢的许多方剂中都有罂粟。明代的李时珍在其总结中国医学实践的伟大著作《本草纲目》中，将罂粟壳的主治功能概括为："止泄痢，固脱肛，治遗精，久咳，敛肺涩肠，止心腹筋骨诸痛。"[⑤]随着人们对罂粟认识的不断深入，它的药用范围不断扩大，服用方法也有多种，如可以直接煎汤，也可以做成"大圣金真散"之类的散剂，或者做成"换肠丸"之类的药丸。

（二）元代完成了纯鸦片的传入

含有鸦片成分的药物（底也伽）至少在唐代已传入中国，作为鸦片来源的罂粟也从唐代开始在中国种植。那么，纯粹的鸦片是从什么时候开始传入中国的呢？对此，目前国内外学者也是颇有争议的。美国人马丁·布思（Martin Booth）在《鸦片史》一书中提出："鸦片有可能是由公元前 1 世纪远航到非洲的中国海员带回来的，也有可能是公元 1 世纪左右西藏的佛教传教士传进来的。……或者，极有可能是由印度经缅甸传进来的，……或者是从巴克特利亚

---

①②④⑤　李时珍：《本草纲目》第 23 卷，中华书局 1988 年版。
③　唐慎：《证类本草》第 26 卷，台湾商务印书馆影印版。

(中亚古国)传进来的。”[①]苏智良在《中国毒品史》中认为:“元初,蒙古人远征印度,那时的印度已盛产鸦片,因此蒙古人得胜而返时,也带回了大量的战利品——鸦片,一时,‘士农工贾无不嗜者’,这可能是中国社会流行服食鸦片最早的成文的记录了。”[②]苏文虽未讲这是纯粹的鸦片传入中国的最早记录,但在此书之前却未有纯粹鸦片传入的记载。龚缨晏在《鸦片的传播与对华鸦片贸易》一书中提到:元代末或明朝初被译成汉文的《回回药方》,“在元代传入中国自无疑问”,至少“不会晚于14世纪末……在《回回药方》中就有关于鸦片的大量记载”。两种观点中有一点是值得肯定的,即纯粹鸦片的传入是在元代完成的。鸦片的入华,是元代中外交流空前发展的一个产物。

尽管宋、元时期,人们对罂粟的医学功用已相当了解,但那时尚无“鸦片”一称,也还不懂得鸦片的制法。就现有的材料而言,最早在中文文献中提到“鸦片”一词的当是生活在明代天顺(1457—1464年)、成化(1465—1487年)年间的徐伯龄,他在所著的《蟫精隽》的“合甫融”条中说:“海外诸国并西域产有一药,名合甫融,中国又名鸦片。”[③]而成化年间的王玺是最早介绍西方鸦片提取方法的人,其在《医林集要》中记载:“阿芙蓉,天方国传,专治久痢不止,及一切冷证。打沟阴水种红鹦粟花于畦上,勿令水淹头,至七八月间,于花卸后三五日,其壳即鹦粟壳。于午后壳上用大针刺开外面青皮,里面硬皮不动,或三四处。次日早,津出,用竹刀刮,收入瓷器内,阴干,每用小豆大一粒,空心温水化下,忌葱蒜浆水,如热渴,以蜜水解之。小儿黄米大一粒。”[④]后来李梴的《医学入门》、李时珍的《本草纲目》、缪希雍的《神农本草经疏》等著作都有类似的记载。

元代的鸦片无疑都是从国外进口的。从明代后期开始,由于知道了鸦片的提取方法,中国人自己也能生产鸦片。现在所知最早明确记载中国人自己生产鸦片的应当是明万历壬寅年(1602年)的进士、曾任广西右布政使的福建长乐人谢肇淛,他在云南做官时,曾写过一部记载云南风情的著作《滇略》。此书写道:“哈芙蓉,夷产也,以莺粟汁和草乌合成之。其精者为鸦片,价埒兼金,可疗泄俐风虫诸症,尤能坚阳不懈,房中之术多用之。然亦有大毒,滇人忿争者,往往吞之即毙。”[⑤]可见当时云南即有制造鸦片的。

鸦片传入中国后,人们根据它原来的阿拉伯—波斯语名称而称呼之,并用发

---

① [美]马丁·布思:《鸦片史》,海南出版社1999年版,第122页。
② 苏智良:《中国毒品史》,上海人民出版社1997年版,第36页。
③ 徐伯龄:《蟫精隽》卷10,《文渊阁四库全书》,台湾商务印书馆影印版。
④ 王玺:《医林类证集要》卷二,“痢门”,成化十八年,南京图书馆藏。
⑤ 谢肇淛:《滇略》卷3,《文渊阁四库全书》,台湾商务印书馆影印版。

音相类似的中文文字将它的阿拉伯—波斯语读音音译为中文，即是从阿拉伯语Afyun音译而来，这样，就出现了多种中文写法。在元代，至少有“阿肥荣”与“阿夫荣”两种写法。进入明代，不同的人通过不同的途径了解到鸦片，并用不同的词汇来进行翻译。例如，王玺是通过与伊斯兰民族的直接交往而认识鸦片的，在他的著作中只有“阿芙蓉”一词；但在徐伯龄的著作中，却没有“阿芙蓉”的写法，而用了“合甫融”和“鸦片”这两个词，而且徐伯龄大概并不知道鸦片是由罂粟蒴果的汁液制成的。在谢肇淛的《滇略》中，鸦片还被写作“哈芙蓉”。进入16世纪后，才逐渐比较一致地采用“阿芙蓉”和“鸦片”这两种写法。至于“鸦片”一词的用法，有的人认为16世纪欧洲人来到远东之后，带来了opium一词，其同义词还有雅片、阿片、阿扁等别称；[①]也有的认为是Afyun的音译，只是在译文的用字上较为简略、形象。[②] 从清代起，“鸦片”这种写法才变得流行起来。

三、欧洲人东来与烟草的传播

（一）欧洲人开辟了通往东方的新航线

自古以来，遥远的东方对于欧洲人来说一直是块神秘的土地。15世纪，随着欧洲资本主义的产生与发展，欧洲人热切地渴望到海外寻求财富，同时，在地中海东部兴起的奥斯曼帝国切断了东西方贸易的传统商路。于是，开辟一条通往东方的新航路就成为欧洲人的迫切需要。

1492年，哥伦布在西班牙王室的资助下开始了穿越大西洋的航行，希望能够到达中国，结果，却发现了美洲。1497年，达·伽马绕过非洲南端的好望角，沿着非洲东海岸北上后，最终于1498年到达印度南部的著名商港卡里库特港(Culicat)。从此，欧洲人的船只直接来到了印度洋。

1505年，葡萄牙国王任命弗朗西斯科·德·阿尔米达(Francisco de Almeida)为印度事务总督，开始在东方建立海上殖民帝国。葡萄牙人在印度先后建立了果阿(Goa)、第乌(Diu)、孟买(Bombay)、达曼(Deman)等一批殖民地。

从1514年起，葡萄牙人来到中国沿海活动。1517年，中葡双方有了正式的交往。[③] 1553年，葡萄牙人通过隐瞒国籍、向广东地方官员行贿等手段，开始在澳门非法居住。从此，澳门逐渐成为葡萄牙人在中国乃至整个东亚的活动基地。

与此同时，1519年，麦哲伦在西班牙政府的资助下，开始了环球航行。

---

① 苏智良：《中国毒品史》，上海人民出版社1997年版，第37页。

② 龚缨晏：《鸦片的传播与对华鸦片贸易》，东方出版社1999年版，第83页。

③ 张维华：《〈明史〉欧洲四国传注释》，第4—6页；张天泽：《中葡早期通商史》，第38页；李斌：《关于明朝与佛朗机最初接触的一条史料》。

1571年西班牙远征军终于占领了马尼拉，此地从此成为西班牙在太平洋殖民地的总部。1575年西班牙向中国派出了一个以传教士拉达（Martin de Rada）为首的使团。总之，葡萄牙和西班牙成为16世纪的海上殖民大国。

进入17世纪后，荷兰与英国兴起。1595年，荷兰人不顾葡萄牙人对东方贸易的垄断，派出了4艘商船到印度进行贸易。1602年，荷兰"东印度公司"组成。1619年，荷兰人攻占了印度尼西亚的雅加达，这里很快成为荷兰人在东方的殖民统治中心。1624年，荷兰人侵占中国台湾，长达近30年。英国于17世纪开始向外进行殖民扩张。1600年英国成立"伦敦商人在东印度贸易的总裁与公司（The Governor and Company of Merchants of London Trading into the East Indies）"。1635年英国商船"伦敦号"从印度到达澳门，1637年英国船队到达广州沿海。

葡萄牙人、西班牙人、荷兰人和英国人来到印度洋地区后，发现鸦片是印度的一种重要出口商品而被贩运到东方各地。他们不仅报道了东方的鸦片使用与贸易情况，还通过有组织的、先进的资本主义贸易方式积极参与到鸦片贸易中来，使鸦片以前所未有的速度扩散到世界各地。

（二）烟草的传播——欧洲人东来的一个重要后果

烟草（tabacco）原产于南美洲，属茄科。但在同科中，它既没有番茄和马铃薯那般滋人的营养，也没有枸杞子和矮牵牛花那般鲜媚的色彩，它以其叶面中所含的尼古丁生物碱而被列为经济作物。从史前到15世纪，在玛雅文化中烟草具有重要的作用，初始目的可能是宗教的和仪式的，以后逐渐转变为寻求愉快和娱乐，最后，此习俗传至中美和北美洲。1492年，哥伦布在航行中，首次在美洲大陆见到烟叶。1519年烟叶被带到欧洲。在相当长的一段时间里，人们只把它当作观赏植物。1543年，烟草的医疗性质受到赞许。烟草在英国风行之初，曾被附会以多种方面的医疗用途：它能够预防时疫的流行，能够治疗多种疾病，像气喘、痛风、溃疡、疥癣、劳损甚至癌肿。烟的另一用途据说是控制情绪，它使愉快者更加愉快，不快者转怒为喜。总之，烟草以兴奋神经和辛辣的口味而被当时的人们狂热地吸纳。在16世纪，烟草栽培和烟叶的医疗用途在欧洲传开。从那以后，诱人的烟草把烟的文化带到了世界各地。

烟草何时传入中国的呢？据现在所掌握的材料看，一说是约在万历年间（1573—1619年），烟草由菲律宾传入台湾、漳州和泉州地区，人称"淡肉果"或"淡芁菰"。此后，很快流行于全国，成为与米、面、油、盐、酱、醋、茶并列而行的开门第八件事①。另一说为16世纪后期到17世纪初，通过福建、广东、东北这些不

① 陈琮：《烟草谱》，嘉庆刊本。

同的路线传入中国,吸烟之风很快在明末清初的中国流行起来。[①] 这两种说法的传播路径有所不同,但是传入时间是一致的。总之,烟草在明末清初传入中国并流行开来,应是确定无疑的。

四、鸦片服用方法的演进及后果

鸦片本身"色黑、味苦辣、臭恶可憎",难以入口。[②] 在鸦片吸食方法出现之前的中国,人们只是由于医学上的需要才吞服鸦片,其中可能有极少数人由于服用过久而成瘾。

据文献记载,中外历史上罂粟和鸦片的食用方法是多种多样的。如中国古代有煮佛粥和磨乳汁等法。南宋名医林洪"将罂粟洗净磨乳,去渣然后煮沸,收聚后入极小囊压成块,用时以红曲水酒蒸后取出,制成薄而小的鱼片状,即为罂粟饼"。[③]

宋代苏辙在《种药苗诗》中说,把罂粟"研为牛乳,烹为佛粥。老人气衰,饮食无几,食肉不消,食菜寡味,柳锤石钵,煎以蜜水,便口利喉,调肺养胃……"[④]

在国外还有一些其他用法,如法国人用罂粟榨油,据说香美无比;印度人一般取干鸦片制成饼,款待客人嚼食;作为药品,则是将鸦片和白糖、藏红花等混合制成药丸吞服;也有把鸦片融在开水里服下;英国人则喜欢喝鸦片茶。上述方法,尽管各不相同,但在长达数千年的时间,即在 17 世纪以前,世界各地服用鸦片的主要方法是吞食,或者吞服单纯的鸦片,或者混以其他药剂,或者煎为汤药。此时,人类基本上只知道生食鸦片。

鸦片从药物转变为毒品,其关键的一步是由于鸦片食用方法的变化,即鸦片吸食方法的产生。而鸦片吸食方法的产生,是与地理大发现后欧洲人的东来和烟草的传播分不开的。

美洲的烟草传到世界其他地区后,出现了三种不同的服用烟草的方式:嗅闻(鼻烟)、吸烟、咬嚼[⑤]。在亚洲的早期葡萄牙人主要用鼻子嗅闻方式服用烟草,而荷兰人则用吸烟的方式。[⑥] 这样,在荷兰人统治下的印度尼西亚的爪哇人

① 杨国安:《清代烟草业述要》;郝近大:《对烟草传入及药用历史的考察》。转引自龚缨晏:《鸦片的传播与对华鸦片贸易》,东方出版社 1999 年版,第 95 页。

② 曹炳章:《鸦片瘾戒除法》上卷,上海中医书局 1930 年版,第 39 页。

③ 苏智良:《中国毒品史》,上海人民出版社 1997 年版,第 35 页。

④ 《古今图书集成·博物汇编草木典》,中华书局 1985 年版。

⑤ [法]费尔南·布罗代尔:《15 至 18 世纪的物质文明、经济和资本主义》第 1 卷,三联书店 1992—1993 年版,第 309 页。

⑥ A. Coates: *Macao and the British, 1637 - 1842: Prelude to Hong Kong*, Hong Kong University Press, 2009, p.65.

中很自然地出现了将鸦片拌和在烟草里一起吸食的方法。即在16世纪末17世纪初,“烟草与鸦片拌食”的方法开始出现于荷兰人统治下的印度尼西亚地区。

在1624—1661年荷兰人窃踞台湾时期,烟草与鸦片拌食的方法自然地又从印度尼西亚传到台湾。同时,在爪哇一带经商的中国人也将烟草与鸦片拌食法带回台湾、厦门等地。在18世纪初,这一吸食鸦片的方法从台湾、厦门等地传入中国内地,“自兹以后,我国人遂沾染吸食鸦片恶习”。[①]

也有人指出,爪哇人一开始就单独吸食鸦片了。那里的土人喜欢以水管吸食烟草,初偶然将鸦片溶于水中吸之,“倍觉愉快,因发现鸦片吸食之法”。[②] 到18世纪中期,原先将鸦片和烟草混合起来吸食的方法演变成了单纯地吸食鸦片,且这一方法最早还是荷兰人传入台湾的,“复由台湾人传入漳、泉、厦门”。[③] 18世纪末19世纪初,单纯吸食鸦片的方法在广东、福建沿海地区开始流行。关于鸦片吸食方法的产生,在古代中国还曾有过种种传说:一种是“吸鸦片始于尼”[④]。此说认为吸食法为乾隆年间,广州一尼姑所创。此说因得不到任何史料的证明,就目前来讲其可信度值得怀疑。另一种是认为元世祖忽必烈远征印度时带回了吸食鸦片的方法。此说也没有一条史料可证明,并且直到近代,印度人使用鸦片的方法还是吞服,而不是吸食。

总之,混合吸食烟草与鸦片的方法,大约在荷兰人占领台湾之初就传入了。到康熙年间,这种吸食习惯已在江南地区盛行。到乾嘉时期,单纯吸食鸦片法发明之后,迅速取代了混合吸食方法。而利用烟枪单纯吸食鸦片则是一种比较独特的消费毒品方法,主要流行于中国,其他国家和地区很少采用。中国人单纯吸食鸦片的方法是:先把生鸦片放在锅里,加水熬成黏液,然后分别倒在小银罐中,以一尖头平尾的银签蘸些鸦片汁在灯上烘烤,直到汁液干涸,再蘸些鸦片汁烘烤,如此反复多次,直到签尖累积成一个小球,这个小球叫做“烟泡”。烟泡烧好后,把它放在一尺多长的竹制烟枪末端的铜质烟斗中的尖端上,而后将烟斗部分置于带有玻璃罩的灯火上烧烤,待烟泡化成烟时,将其全部吸入腹腔,躺在卧榻上静静地享受。如此反复数次,直到满足为止。这种吸食法需要一套程序和一整套包括烟灯、烟枪、烟盘、烟签、烟膏盒、烟灰缸在内的工具。

生食鸦片的方法因其进入人体的吗啡毒素较少而危害较轻。而单纯吸食这一熟吸鸦片的方法却有如下几个特点:其一,鸦片“臭恶可憎”的特点不再成为人们服用的一个感官障碍,使鸦片大规模流行成为可能,从而突破医学的范畴而

---

① 余文仪:《台湾府志·土产门》。

②③ 姚薇元:《鸦片战争史实考》,人民出版社1984年版,第9—10页。

④ 徐珂编撰:《清稗类钞》第10册,中华书局1985年版,第4861页。

成为一种社会现象。其二，纯鸦片可产出 9%—10%的吗啡，并使其深入肌骨，对人体刺激加重、危害加深。其三，使鸦片那种忘却烦忧、自我麻醉的舒畅感得以充分展示，从而深得追求者的青睐，使使用者对其依赖性大大加深。单纯吸食鸦片法的发明，导致吸食毒品的恶习在中国迅速蔓延，难以遏制，毒品需求量越来越大，这在鸦片流毒史上是一个相当重要的事件。总之，单纯吸食方法传入中国，为鸦片的大量输入创造了必要的条件。

第二节　罪恶的对华鸦片贸易

一、鸦片战争之前的中外贸易

（一）清朝对外贸易的三个发展阶段

清代对外贸易较前朝不同之处，是实行较严格的海禁政策，且在制度上废止市舶制，实行海关制。鸦片战争前的清朝对外贸易大致可分为三个阶段。

第一阶段：1644—1684 年，实行严格海禁闭关政策。清初郑成功父子占据台湾、厦门等地，东南沿海成为中国内战主要战场。清廷为禁阻沿海居民同郑氏父子联合，沿袭明初"不准片板下海"的政策，顺治十八年（1661 年）颁发"迁海令"，将东南沿海居民内迁 30—50 里，尽烧沿海民居和船只。康熙初年仍然规定"外国非贡期不得贸易"。①

第二阶段：1685—1756 年，闭关政策有所松动。1683 年清军攻克台湾，郑氏政权覆灭，台湾对清朝的威胁解除，国内政局相对稳定，清朝处于全盛时期。由于实行严格的封关禁海政策，不准沿海居民出海捕鱼和贸易，造成沿海各省人民生计困难，广东、福建等省财政困窘，这些省驻军的军饷，均需内地省份转输接济，从而加重了内地省份的负担，影响中央财政收入。鉴于上述情况，清政府对闭关政策作了较大调整，除中俄陆路贸易仍继续进行外，康熙二十四年（1685 年）开放了广东澳门（后改广州）、福建漳州、浙江宁波与江南云台（今江苏连云港附近）（一说江海关设在上海）4 个口岸，对外通商，设关征税。其后，为适应中英贸易发展需要，经清廷批准，浙江海关从宁波迁移至定海，浙江省地方当局特地在定海城外道头街之西"建红毛馆一区，以为番舶往来之逆旅"。② 雍正七年

---

① 王庆云：《石渠余纪》卷 6，"记市舶"，北京古籍出版社 1985 年版。
② 夏燮：《中西纪事》，岳麓书社 1988 年版，第 41 页。

(1729年),清廷进一步开放海禁,准许闽、浙两省商民船只往南洋贸易[①]。

清代宣布开禁后,对外贸易有一定的发展。当时广州出海洋船"帆踔二洋,倏忽数千里"。[②] 同日本及东南亚贸易,厦门是中心,一般"冬去夏回,一年一次,获利数倍至数十倍",故有倾产造船者,而"借此为活者以万计"。[③] 闽、粤两省,每年从对外贸易中吸收外币约近千万,出口量也大为增加。

第三阶段:1757—1840年,清廷重又厉行闭关政策。清政府再次严格实行闭关政策,主要原因是清王朝已由盛而衰,国内政局不稳,人民起义此伏彼起。伴随"内乱"而来的是"外患",英国等西方殖民主义国家疯狂地侵略中国邻邦印度、缅甸和其他东南亚国家,他们无视中国主权,将欧洲的战火延烧至中国领土,在中国东南海面彼此厮杀,掠夺敌对国家船只。1808年英国借口防止法国侵略澳门,公然派军侵占中国领土澳门达数月之久。西方资本主义国家的上述侵略活动不能不引起清廷的警惕和防范。康熙在开放海禁后曾预料"海外如西洋等国,千百年后,中国恐受其累",告诫群臣务须"安不忘危"。[④] 康熙五十六年(1717年),广东碣石镇总兵陈昂在给清廷的奏折中说:"粤东红毛有英圭黎[⑤]诸国,最为奸宄。"[⑥]乾隆更明确指出:"英吉利在西洋各国中最为桀骜强悍……不可不预为之防。"[⑦]将原来的4个通商口岸缩减为广州一口,中国和西方各国的海上贸易只能在广州进行。清廷关闭其他通商口岸,将通商地点选择在广州,主要基于以下两点考虑:第一,广东省"地窄人稠,沿海居民大半藉洋船谋生"。第二,"虎门、黄埔在此设有官兵"[⑧],同其他口岸相比,易于防守。19世纪美国的一位"中国通"卫三畏(S. W. Williams)在评论清朝厉行闭关政策的原因时说:"当16和17世纪,平托、安得雷德、威德尔登上中国和日本海岸时,他们发现这两个国家的政府倾向于贸易,但随后,欧洲人征服了他们的毗邻地区吕宋、爪哇和印度,残酷对待当地人,使这两个国家了解到如果他们不很快采取排斥和限制的预防措施,他们会遭到同样结果。毋庸置疑,这一政策是维护他们的独立并保持对其臣民的权力的一种最为安全的措施。"[⑨]可见,清廷严格实行闭关政策,其主观

---

① 《清世宗实录》卷81,台北华文书局1970年影印版,第20—21页。

② 屈大钧:《广东新语》,中华书局1985年版,第10页。

③ 《厦门志·风俗记》,转引自孙健:《中国经济通史》上卷,中国人民大学出版社2000年版,第586页。

④ 王庆云:《石渠余纪》卷6,"记市舶",北京古籍出版社1985年版。

⑤ 即英国。

⑥ 夏燮:《中西纪事》,岳麓书社1988年版,第40页。

⑦ 王庆云:《石渠余纪》卷6,"纪英夷人贡",北京古籍出版社1985年版。

⑧ 《清高宗实录》卷550,台北华文书局1970年影印版,第23—24页。

⑨ 卫三畏:《中王国》第2卷,1883年版,第407页。

意图是防止英国等资本主义国家的侵略。但主观上试图防止外国侵略与客观上起到防止外敌侵略的作用毕竟是两码事,实践证明这一消极的自我封闭政策,没有也不可能防止外国侵略,清王朝在鸦片战争中惨遭失败的严酷事实为 100 多年来清廷执行的闭关政策作出了结论。

(二) 鸦片战争前清朝对外贸易的变化

清代的对外贸易规模和范围都很小,严禁民间私自出海贸易,不许商民侨居国外,同时禁止硝黄、军器、铁器、米粮、一级苎丝、书籍等出口,次级苎丝、绸缎等限量出口,茶叶不准进行易货等。另外,实行封建性垄断贸易,由广东十三洋行行使出口贸易权。对外商来华也采取种种限制办法,如乾隆二十五年(1760 年)颁布的《防夷五事》、嘉庆十四年(1809 年)宣布的《民夷交易章程》、道光十一年(1832 年)的《防范夷人章程》等都是对外商来华进行限制和防范的各种规定。在进出口商品种类方面,清代仍以我国传统的出口商品丝绸、漆器、铁器、瓷器和印刷品为主;在元代兴起的棉织业中的棉布也成为清时重要的出口商品。

至鸦片战争前,清朝对外贸易的对象和商品结构已发生根本性变化,贸易对象主要是西方资本主义国家,出口商品中茶叶已高居首位,不过丝绸仍为重要出口商品。入清以来,丝绸出口结构已由织品大量出口改为生丝。乾、嘉、道光三朝,对东印度公司出口的生丝,经常在 20 万两至 50 万两之间。这时外国鸦片输入不断增加,为了应付鸦片输入的逆差,就得增加茶、丝两项物品的出口。在出口中,因蚕丝业受到资本主义棉纺业的打击及清政府的政策所致,丝料所占出口量的比重不断下降,而茶叶出口激增。清代前期瓷器销往欧美数量增多。清代瓷器仍以江西景德镇为中心。清代前期景德镇出口瓷器以青花、彩瓷、白瓷为大宗,尤以青花居多。除景德镇外,福建德化窑和广东佛山石佛窑的瓷器也远销海外。1792 年,从广州出口美国的瓷器为 1 492 担,出口法国为 180 担,英国 400 担。鸦片战争前夕,中国每年出口瓷器约 5 000 担,已是不少的贸易收入。

鸦片战争前,在广州长久的中外贸易中,一方面由于中国自给自足的封建经济顽强地抵抗外国工业品的大量输入;另一方面,由于中国出产的茶、丝为外国市场所需要,出口的数量每年都有增加,因此,在一般商品的交换上,中国始终处于出超国的有利地位。以最重要的中英贸易而论,1781—1790 年,中国输英的商品,仅茶叶一项,即达 96 267 832 银元。英国输华的商品,在 1781—1793 年,包括毛织品、棉布、棉纱、金属等全部工业品在内,总共才 16 871 592 银元(其中毛织品占 1 385 394 银元,其他货物合计为 3 066 198 银元),[①]只及上述茶价的 1/6。

① R. S. McCordock: *British Far Eastern Policy, 1894 - 1900*, Octagon Books, 1976, p.22.

(三) 为英国殖民事业的发展立过汗马功劳的英国东印度公司

在欧洲人东来的过程中，继葡萄牙、西班牙和荷兰之后，英国也从 17 世纪开始向外进行殖民扩张。1591 年英国人到达印度。1600 年，英国女皇颁发特许证，批准成立“伦敦商人在东印度贸易的总裁与公司(即“东印度公司”)”，这是一个欧洲商人、殖民者在东方联合起来进行殖民地贸易的庞大垄断组织。“盎格鲁·萨克逊民族所特有的和衷合作、窝里不反的民族精神，竟能使该公司拥有政治权利与英国之国家武力相配合，全面向外扩张”。[①] 该公司一开始就是欧洲资产阶级原始积累的工具，受到本国资产阶级政府的大力支持。此后，该公司逐渐获得了除垄断贸易外的一系列特权，包括立法权与司法权、建立军队的权利、对东方民族宣战与媾和权、占领别国领土的权利等。这样，它就成了一个集商业、司法、政治、军事于一身的侵略东方的组织。1611 年，“东印度公司”在印度建立商馆，其贸易也由马来群岛一带的香料发展到以印度为根据地的包括鸦片在内的各类贸易，且拥有军队和舰队。1650 年该公司改组为永久性的股份公司。1698 年，英国另一些商人成立了一家新的公司——“英国东印度公司”(English East India Company)。1702 年，经多方调解，“伦敦商人在东印度贸易的总裁与公司”和“英国东印度公司”合并，组成了“英商在东印度贸易联合公司”(The United Company of Merchants of England Trading to the East Indies，以下仍简称东印度公司)。1702 年合并成立的新东印度公司，其贸易垄断权已不像过去“是由王室的恩赐而产生，而是经过国会核准并赋予国家的性质的”。[②] 18 世纪中叶起，东印度公司通过战争排挤了法国、荷兰势力，建立起在印度的殖民统治。该公司掠夺的大量财产和利润是英国资本原始积累的一个重要来源。英国政府曾依靠该公司在印度的财产和武装，对缅甸、阿富汗及其他亚洲国家进行掠夺战争。产业革命后，为适应新兴工商业资本的发展要求，英国政府于 1813 年和 1834 年先后取消了该公司对印度和中国的贸易独占权。1858 年东印度公司被英国政府正式取消。

东印度公司存在的两个半世纪里，为英国殖民事业的发展立过汗马功劳，成为英国殖民主义者侵略中国和亚洲其他国家的大本营。其中最重要的罪恶就是在印度和中国的所作所为。

英国人来到印度后，对富饶的孟加拉一直垂涎三尺。1608 年，东印度公司的人员第一次来到印度。1625 年，在阿尔马加翁(Armagaon)建造了在印度的

---

① 唐德刚：《晚清七十年》，岳麓书社 1999 年版，第 18 页。

② [德] 马克思：《东印度公司——它的历史与结局》，陈翰笙译，《新建设》1953 年第 3 期。

第一个要塞。1690 年,在孟加拉湾边的沼泽地中建立起了加尔各答,1696 年,又在这里建立了威廉堡(Fort William)。1700 年起威廉堡成了东印度公司在印度的一个独立管区——孟加拉管区。1717 年,英国人通过外交努力,获得了在孟加拉自由贸易的特权。1757 年,东印度公司又玩弄奸巧而诡诈的外交手腕,征服了拥有 2 000 万人口的孟加拉王国。从此,东印度公司俨然成为一个拥有领土的"国家"。1765 年该公司在得到奥里萨、比哈尔等地的部分权力后,继续向东推进。就在葡萄牙人操纵向中国进口鸦片的末期,英国后来居上,奠定了东方殖民帝国的基础。毫无疑问,在完全确立对印度的控制之后,东印度公司最重要的目标是古老的东方大国——中国。

早在 1602—1615 年,东印度公司先后在印度的苏拉特(Surat)、南洋的万丹、苏门答腊及日本的平户等地建立了贸易站,同这些地方的中国商人贸易,向中国商人出售棉毛织品、象牙和木材,购买中国的瓷器、生丝、麝香等类产品运往英国。1635 年,东印度公司派出商船"伦敦"号,在船长威里斯(Willis)指挥下从印度苏拉特首次驶往中国,7 月抵达澳门,试图同中国建立直接贸易关系。因澳门葡萄牙当局从中阻挠,广东地方政府和商人对远道而来的英国人心存疑忌,东印度公司建立中英贸易关系的尝试未能成功。这年 10 月,"伦敦"号不得不离开澳门,返回印度。

首次进入广州,同中国商人进行贸易的英国船队并非属于东印度公司,而是由英国"科亭协会"所派遣。1636 年 4 月,"科亭协会"派出一支由 6 艘船组成的船队,在船长威德尔(Weddell)率领下离英赴华,同年 10 月抵达印度果阿。明崇祯十年(1637 年)1 月离果阿,6 月至澳门。8 月初,威德尔船队驶入珠江,8 月 12 日同亚娘鞋炮台的中国守军发生武装冲突。1637 年 12 月末,威德尔船队装载着从中国购买的糖、生丝、瓷器等产品离澳门归国。英国船队于 1637 年 6 月来华,同年 12 月离开,在华停留达半年之久,标志着中英两国首次接触。初次交往就在中英关系史上留下血与火的记录,充分暴露明朝末年中国海防力量的薄弱、沿海多数官吏的庸懦贪婪、愚昧无知,以及英国殖民主义者的凶恶面目。

1644 年,东印度公司派"欣德"(Hinde)号船从伦敦直航澳门,试图开展对华贸易,未能如愿。东印度公司不愿放弃这一打开中国大门、开辟中国市场的好时机,遂于 1670 年从万丹派出两艘船至台湾;次年又派船往台湾,在该地设立商馆,与台湾郑氏政权达成有关对台贸易协议。1675 年,东印度公司专门建造了一艘 200 吨的帆船,命名为"台湾"号,从事对台贸易。1676 年,东印度公司在郑氏政权占领的厦门设立商馆,他们计划以厦门为基地,同中国大陆进行贸易。1678 年东印度公司将厦门商馆升格为该公司在华的主要商馆,台湾商馆成为厦门商馆的属馆。1681 年郑经死，厦门被清军占领。1683 年清军攻占台湾，郑氏政权灭亡。从此，英国不得不同统治中国的清政府接触。1685 年清朝开放海禁，英国人才获准进入广州。1715 年，东印度公司于广州设立商馆，通过与中国官员和商人的谈判，双方达成贸易协议，并规定定期派遣商船来华贸易。从此以后，英国人放弃了其他地区的商馆，广州商馆便成为英国对华贸易的中心，直到鸦片战争爆发。英国的对华贸易实际上就是东印度公司的对华贸易，具体说就是广州商馆的贸易。在东印度公司的有效推动下，英国对华贸易迅速发展，从东印度派遣到广州港的商船吨位来看，1711—1750 年 40 年间，总吨位由 690 吨增到 2 350 吨；在进出口总值方面，英国对华出口总值 1699 年为 32 086 英镑，到 1751 年则达到 161 092 英镑，增长了四倍以上；英国对华进口总值 1699 年为白银 45 928 两，到 1751 年则增至 1 000 万两，增幅高达 20.8 倍。

(四) 英国—中国—印度之间鸦片三角贸易的形成

新航路开辟后，从 16 世纪初开始，一批批满怀着“黄金梦”的欧洲人克服重重艰险来到中国，他们在这里找到了所渴求的种种财富，其中最主要的是丝绸与瓷器。这些商品运回欧洲后给他们带来了巨额利润。然而，当时的中国还是世界上最为先进的一个国家，是一个自给自足的小农经济占统治地位的国家，所以欧洲人提供不出一种能在中国畅销的价廉物美的商品，只好运大量的白银来购买中国货。

中国在 18 世纪很快就成为英国的主要贸易对象，造成中英贸易迅速发展的一个主要原因是欧洲茶叶消费的急剧增长。茶叶是中国传统的出口商品。西方国家开辟中国茶叶的海外贸易，可以追溯到 17 世纪的上半叶。自古以来，欧洲各国是农牧混合型经济，食物以牛奶和肉类为主，不易消化。从 1637 年起，荷兰人开始饮茶，此后，饮茶之风在欧洲慢慢流行起来。[①] 1689 年，英国的东印度公司首次从中国(厦门)直接进口茶叶。进入 18 世纪，饮茶之风在英国逐渐兴盛，在红茶中加入牛奶成了众多英国人不可改变的生活习惯。随着饮茶习惯的形成，欧洲人对茶叶的需求也在不断地扩大，茶叶逐渐成为欧洲对华贸易的主要商品。就如当时一个法国商人所说的那样：“正是茶叶才吸引着欧洲的船只来到中国，这些船上所载的其他商品都只不过是点缀而已。”[②]有人十分形象地说过：“如果以欧洲人在东亚所追求的主要商品为依据，对欧洲人在东亚的贸易进行分类的话，那么，16 世纪可以说是香料的世纪，17 世纪是胡椒的世纪，而 18 世纪则

① 黄时鉴：《茶叶传入欧洲及其欧文称谓》，《学术集林》卷 5，上海远东出版社 1995 年版。

② L. Dermigny, *La Chine et L'Occident*, tome Π, Ecoie Pratique des Hautes Etudes, 1964, p.545.

无疑是一个‘茶叶的世纪’。”①

从18世纪起，中国所产的茶叶极大地影响了英国人的社会生活，“喝茶已成为英国人的民族习俗”。② 不仅如此，对于英国和东印度公司来说，更为重要的是，茶叶贸易为其带来了许多好处。第一，茶叶贸易为东印度公司带来了巨额利润。18世纪后期，东印度公司在茶叶贸易中可获30%以上的纯利润，公司90%以上的利润来自茶叶贸易。第二，茶叶为英国政府提供了大量的税收。1814—1837年，英国政府每年要从国内的茶叶消费中获得340万英镑的税收，相当于全部税收的1/10。第三，茶叶还促进了英国经济的发展。英国因此成为世界茶叶贸易的中心，仅向北美殖民地转运的茶叶每年就在400吨以上。茶叶的贩运也推动了英国造船业的发展，加之由于英国人在喝茶时要加入糖，所以，茶叶消费的扩大还刺激了食糖消费的增长，从而带动了英国殖民地制糖业的发展。茶叶对于东印度公司以及整个英国社会来说有着如此重要的意义，因此东印度公司积极发展茶叶贸易。但同时，英国产品在中国的销路却很差，在东印度公司的档案里，人们随处可以找到英国货滞销的记录。实际上，受到普遍欢迎的中国商品不仅仅是茶叶。英国贵族和地主们热衷于搜求精美的中国瓷器，并以在自己的城堡里建立CHINA（瓷器·中国）的房间而自豪。同样，中国的棉布也大受欢迎。英国的几代君主不得不颁布贸易保护的法令，防止东方布品的倾销。直到19世纪30年代，广州的英商还无可奈何地说，中国土产的紫花布，无论是质地还是成本都优于曼彻斯特的产品。③ 后来，一个真正的“中国通”赫德指出：“中国有世界上最好的粮食：米；最好的饮料：茶；以及最好的衣着：棉、丝和皮毛。既有这些大宗物产以及无数土制农产品，所以他们不需要从别的地方购买一文钱的东西。”④这样，在英国东印度公司的对华贸易中，一直存在着严重的贸易逆差，且这种逆差越来越大，在1710—1759年，有26 833 614镑金银从英国运到了东方⑤。另一则统计说，1671—1821年，英国流入中国的白银约为1亿元⑥。到19世纪前叶，中国每年出超的价值已达200万—300万两。⑦ 东印度公司已感到越来越难以搜求到足够的货币运往广州购买茶叶了。

对英国东印度公司来说，一方面，白银的来源有限，英国的产品在中国又缺

① B. Johansson, *The Golden Age of China Trade*, The Standard Press, 1992, p.68.
② G. M. Trevelyan, *English Social History*, Penguin Books, 1986, p.402.
③ ［英］格林堡：《鸦片战争前中英通商史》，康成译，商务印书馆1961年版，第9页。
④ ［英］格林堡：《鸦片战争前中英通商史》，康成译，商务印书馆1961年版，第51页。
⑤ ［英］格林堡：《鸦片战争前中英通商史》，康成译，商务印书馆1961年版，第4页。
⑥ 彭信威：《中国货币史》，上海人民出版社1965年版，第853页。
⑦ 严中平等编：《中国近代经济史统计资料选辑》，科学出版社1955年版，第21页。

乏销路;另一方面,其在中国购买的商品数量(主要是茶、丝)却在不断地增长。这样,找到一条有效的途径,为日益发展的对华贸易提供足够的资金,就成为东印度公司急需解决的问题。随着英国对印度的征服,所有这一切都迎刃而解了。

从1575年普拉西战役起,印度逐渐被英国征服。英国在亚洲有了一个广大的殖民地,英国—中国—印度之间的三角贸易结构也随之稳定地建立起来。在英国—中国—印度三角贸易中,印度是起点。英国东印度公司征服印度后,成了印度的主人,建立起了以田赋制度为核心的一整套税收体系,最大限度地榨取印度人民的血汗。东印度公司在印度所征得的各种税收的支出分成两大部分:第一部分是东印度公司在印度的花费;第二部分则是在印度花费后剩下的多余部分,这一部分最终以印度产品的形式被运回英国。

当东印度公司将在印度剥削来的巨额财富以产品的形式运回英国时,不能不考虑英国本土的需求。对英国来说,最为需要的海外产品就是中国的茶叶。因此,英国人如果将印度的产品运到中国出售,然后购得茶叶等中国产品再运到英国,将是万全之策。这不仅使英国得到了它所需求的茶叶等中国产品,而且,还顺利地将东印度公司在印度搜括来的财富运回到了英国本土。这样,中国自然而然地变成了东印度公司从印度向英国转移财富的一个中转站。一直以来,印度输往中国的主要商品是棉花,而鸦片作为一种重要商品则经常被运往欧洲、波斯和东印度群岛销售,这在早期档案中均有详细记载①。东印度公司与中国的直接贸易开始于1637年,虽然早期档案中未见明显记载输华贸易中有鸦片,然而从17世纪起公司职员和英国私商积极参与将鸦片非法输入中国的海外贸易活动却无可置疑②。18世纪上半叶,他们从马德拉斯购进鸦片,运至广州,并以此款购买茶叶。1727年,英国向中国输入的鸦片达200箱。鸦片生产和贸易的逐渐扩大是随1773年东印度公司对印度的鸦片实行专卖开始的。

敏感的东印度公司看到在葡、荷、西等殖民者的策划下,鸦片已输入中国,吸食鸦片之风正弥漫于华夏大地,殖民者们因此而发了大财;同时,发现散居于东南亚各地的华人非常容易染上鸦片的癖好,在本土的中国人也是如此,因而认定鸦片在中国有广大的市场。另外,虽然英国的棉纺织品已倾销于印度,但英国又不需购买印度的产品(除棉花以外),而东印度公司现在与将来可以推销到中国去的唯一大宗商品只有鸦片。于是,一个改变历史的三角贸易便在东印度公司的直接策划下诞生了:英国向印度输出棉织品,印度向中国贩卖鸦片,英国从中

---

① M. Foster, *English Factories in India*, Vol.IIV, p.293 etc.

② N. Benjamin, *Bombay's Country Trade With China, 1765 - 1864*, The Indian Historical Review, Vol.I, September 1974, p.295.

国购买茶叶。为什么东印度公司在经营的诸多商品中选择了鸦片？这是因为，与其他商品相比，鸦片具有独一无二的优越性。第一，英国殖民政府通过鸦片专卖制度可以从鸦片贸易中获得大量收入，鸦片贸易越发达，殖民政府的收入越丰厚。1792年，在孟加拉政府的财政收入中，5.2%来自鸦片，1812年，鸦片收入在财政总收入中的比例上升为7%，1822年则为10%，1842年在财政总收入中的比例达20%。鸦片为英国在印度的殖民统治提供了坚实的财政保障。在英国殖民者的努力下，到了19世纪20年代，鸦片终于取代棉花而成为印度输入中国的首位商品。第二，鸦片贸易所产生的利润并非来自印度，而是来自“英国舆论漠不关心的另一个国家”[①]——中国。这种贸易的发展不仅不会阻碍，反而有助于英国殖民地印度的经济发展。第三，通过鸦片贸易，中国的部分财富回流到印度，成为印度的一个财源，印度这一英国的殖民地因此得以被喂养，并为其宗主国英国产下更多的金蛋。鸦片贸易，成为英国继续进行资本原始积累的特殊手段和重要组成部分。

然而在这样一种三角贸易结构中，每一边的贸易都是不平衡的。例如，从1821年到1830年，中国输入英国的货物为19 578 552英镑，英国输入中国的货物为7 239 053英镑，差额为12 339 499英镑；印度输入中国的货物为21 162 645英镑，中国输入印度的货物为10 338 990英镑，差额为10 823 655英镑；英国输入印度的货物为23 876 903英镑（其中很大一部分是供在印度的欧洲人消费所需的，例如酒类，或者是供英国维持在印度的统治之用，如军械），印度输入英国的货物为33 199 318英镑，差额为9 322 415英镑。[②] 显然，在这个三角贸易中，财富最终都流向英国。造成这种贸易不平衡的根本原因是由于印度与英国在政治上的不平等：英国是宗主国，而印度则是英国的殖民地。英国正是通过这种不平衡的贸易来掠夺、剥削印度。

在英国—中国—印度三角贸易中，中国是必不可少的一环。正是通过中国这一中转站与转换器，通过鸦片贸易，印度财富转变为英国的财富，中国的财富充实了印度的财库。

二、鸦片贸易及其后果

（一）对华鸦片贸易概况

1840年前，世界上的鸦片主要产区是印度和小亚细亚。在印度，有两大鸦

① Tan Chung, *China and the Brave New World*, Allied Publishers Private Limited, 1978, p.90.

② 谭中：《英国—中国—印度三角贸易》，《中外关系史译丛》第2辑，上海译文出版社1985年版。

片主产地：一个是东北部的恒河流域，另一个则在西北部的内陆地区。恒河流域的鸦片产地主要是比哈尔(Bihar)、奥里萨(Orissa)、贝拿勒斯(Benares)、巴特那(Patna)和现在的孟加拉。巴特那是这些地区的鸦片加工中心。西北部内陆地区的鸦片产地，包括现在的拉杰普塔纳(Rajputana)和中央邦西边的一些地区，这一地区的鸦片生产集中在麻尔洼。坎贝、孟卖等阿拉伯海沿岸的港口是麻尔洼鸦片的出口贸易中心。直至18世纪，输入中国的鸦片基本上来自印度。

最早从印度向中国输入鸦片，掠夺中国白银的是葡萄牙人。之后，葡萄牙人又逐渐占据了中国的澳门。到18世纪70年代，从印度向中国输进的鸦片，几乎全部操纵在葡萄牙鸦片贩子手里。输进的数量由最初的200箱增加到1 000箱。鸦片贸易已经成为澳门经济的主要支柱，澳门也成为向中国大陆输入和储藏鸦片的主要港口。

但葡萄牙的这种地位不久便被英国殖民主义者所取代。1773年英国东印度公司垄断鸦片生产后，努力扩大对华鸦片输入，鸦片进口数量不断增加，18世纪80年代中期每年达到2 000箱上下，90年代中期每年达到4 000余箱，个别年度甚至超过6 000箱。许多年以来，人们谈论东印度公司和鸦片散商向中国的鸦片走私时，都是以英国人马士编汇的一份分别载于《东印度公司的对华贸易编年史》和《中华帝国对外关系史》中的资料统计表为根据的。事实上，这个统计存在两个问题：第一，马士的统计限于英国官方公布的在印度加尔各答和孟买两地所经销的鸦片，英国和印度散商不经公司而走私出境的鸦片没有包括进去。第二，马士的统计缺少达曼鸦片这一项。有人根据《英国对华贸易与中国门户开放》一书所披露的查顿·孖地臣洋行经销鸦片的账簿，对马士的统计表进行了修正和补充。根据这项仍不完全的统计，加上1796—1799年每年走私的约4 000箱，1796—1839年的44年间，走私输入中国的鸦片总计应有65万余箱。按照当时的鸦片价格推算，估计总价值不下61 620万元。所以有人估计，1800—1839年，鸦片走私贸易使中国被掠走了至少4亿银元①。在对华的鸦片贸易方面，英国占据了无可争议的霸主地位。

对中国贩卖鸦片占第二位的是美国。眼见从鸦片贸易中可以轻而易举地获得暴利，在广州的英美商行纷纷由原来经营原棉等商品转为经营鸦片。美商走私鸦片大约始自1805—1806年间。19世纪上半期，美国在华商人没有不经营鸦片的，普金斯洋行和旗昌洋行都是贩卖鸦片的大集团。由于英国垄断了印度的鸦片，美国不得不从土耳其、波斯等地到处购买鸦片，再到中国来与英国人竞

① 王宏斌：《禁烟史话》，社会科学文献出版社2000年版，第45页。

相兜售。因为是走私，人们无从得知其确切数额。有资料表明，1816—1833 年间美商走私鸦片总额为 6 495 901 美元，约为输华货物总值 42 705 871 美元的 13%。[①] 据东印度公司估计，公元 1817 年各国输入中国的鸦片中，美国占了 42%的份额。美商的鸦片走私活动是早期美中关系中的一个重大污点。

沙俄自 19 世纪 30 年代起，也由中亚向中国输入鸦片。他们无法像英、美那样在中国沿海贩运鸦片，但俄国人自己独享内地陆路贸易，成了他们没有可能参加海上贸易的一种补偿。

正是在英国东印度公司的策划下，在西方殖民者的积极参与下，鸦片大量涌入广州，造成输入广州的鸦片供过于求。于是大规模的鸦片走私活动由广东向全国蔓延，广州成了中国的鸦片贸易中心。鸦片由水陆两道进入福建，水路直达厦门、福州等地，而陆路则从广东经饶平、澄海转售于福建各地。内地省份也已被鸦片贩子所控制。广东的鸦片经由梧州、浔州等地转销于广西；北经乐昌、连州等地流入湖广；由南雄、大余而转售于江西。北方沿海几乎均被鸦片黑潮所侵入。鸦片在山东登陆后，除部分在原地销售外，大部分转销于河南，并由潼关、太庆关进入陕西等地。这样，鸦片烟毒就在神州各地泛滥开来了。

(二) 1840 年前对华鸦片贸易的三大时期

1840 年前，西方殖民者对华鸦片贸易大体上可分为三大时期。

第一大时期，从 16 世纪欧洲人东来开始到 1800 年前为止。葡萄牙人和荷兰人是最早从事对华鸦片贸易的欧洲人，澳门在这一时期是最主要的对华鸦片贸易基地。进入 18 世纪，英国人逐渐成了鸦片贸易的主要经营者。在这一时期，英国人积极探索着各种现实可行的对华鸦片贸易方式。由于这一时期是对华鸦片贸易的开创时期，东印度公司及自由商人对鸦片贸易尚处于探索之中，所以输入中国的鸦片数量不是很大。

第二大时期，从 1800 年开始直到 1821 年为止。这一时期鸦片主要通过澳门与黄埔走私进入中国，由于种种原因，有时以澳门为主，有时则以黄埔为主。从事对华鸦片贸易的除了原来的葡萄牙人、英国人外，还多了美国人。走私方式也是多种多样，除了传统的经澳门输入中国外，也有的偷运进黄埔，或者与中国官员勾结起来公然走私，等等。在这一时期末，出现了作为流动仓库的趸船。1821 年，由于叶恒澍事件的发生而使清政府进行了一次严厉的查禁鸦片走私活动，从而宣告这一时期的结束。这一时期每年输入中国的鸦片数量约为 4 000 箱。

---

① 陶文钊：《中美关系史话》，社会科学文献出版社 2000 年版，第 11—12 页。

第三大时期，从1822年开始到1840年鸦片战争爆发为止。这是对华鸦片贸易的高峰时期。这时的鸦片走私以伶仃洋为基地，形成了一整套完整的鸦片运输与走私体系。就贸易方式而言，除了在伶仃洋上直接交货外，还发展起了沿海走私贸易，成为这一时期的另一种走私贸易形式。同时，有些外国人还尝试以种种方式将鸦片直接运进黄埔，而这也是以伶仃洋为基地的。由于完整的鸦片走私体系的建立，由于“大土”[①]与“小土”[②]的商业竞争，由于高速运输船“飞剪”快船的出现，这一时期输入中国的鸦片成倍增长：1827年前平均每年7 000多箱，1830年到1834年平均每年20 000多箱，在鸦片战争前的几年中平均每年达25 000箱左右。值得一提的是，以1834年为标志，鸦片贸易史从此进入了一个新时代——这一年既是旧的犯罪时代的结束，又是新的、更大规模犯罪时代的开端。1834年4月22日，根据英王威廉四世的敕令，东印度公司的特许状宣布终止，其对中国的贸易独占权被取消，原来由东印度公司垄断的鸦片贸易完全向私商开放。于是从1834年开始，随着东印度公司的撤离，大批鸦片贩子涌入中国，广州的洋行由1833年的66家迅速增至1837年的156家，这些洋行几乎全都不同程度地参与了鸦片走私活动。从此，鸦片走私进入了更加猖獗的时代。

总之，如果没有鸦片，西方商人就没有资金购买中国的丝绸和茶叶，正常贸易也无法开展。从这个意义上说，鸦片贸易是外国资本主义打开中国市场进行正常贸易的补充和先导。然而，鸦片贸易是以有害毒品来换取中国的丝绸和茶叶，它仰仗殖民主义的军事优势，用走私、行贿、欺诈等手段进行，完全违背了中国人民的利益。鸦片贩子在其本国政府支持下，采取偷运和武装走私的手段破坏清政府的禁令，又用贿赂收买清政府官吏，使得鸦片通行无阻。这种毒品生意给英美资产阶级带来了巨额利润，其中一部分以各种形式流回西方，成为西方资本原始积累的组成部分；一部分成为在华外资企业发展的基础，著名的怡和洋行、沙逊洋行都是以贩卖鸦片起家的。18世纪末19世纪初，因英国政府顽固推行对华鸦片贸易政策，导致中英两国关系日益恶化。

（三）鸦片贸易的后果

英国对华鸦片贸易给中英两国带来完全不同的结果。一方面，英国对华鸦片贸易给英国资本主义原始积累提供了巨额财富。

其一，对华鸦片贸易给东印度公司与英国控制下的印度政府带来巨额利润和财政收入。东印度公司向印度烟农支付的鸦片生产费用，加上鸦片加工费，少

---

① 即孟加拉鸦片。

② 土耳其、波斯和麻尔洼所产鸦片在中国的统称。

许运输费用与销售费用，构成鸦片的生产成本。鸦片销售价格远远高于它的生产成本，两者之间的差额就是英国东印度公司的利润。

其二，对华鸦片贸易是英国鸦片贩子的摇钱树。鸦片在中国市场销路好，价格高，每箱印度上等鸦片在中国的售价最高时达 2 500 元，麻尔洼烟也能卖 1 500 元，况且因鸦片在中国是违禁品，走私鸦片不用上税，利润更为可观。许多英国鸦片贩子均因从事鸦片走私贸易发财致富，大鸦片贩渣甸同马地臣合伙开设的"怡和洋行"，仅仅 10 年时间就从鸦片走私贸易中获利 300 万英镑①。渣甸成为百万富翁，回国后当上了国会的议员。

其三，对华鸦片贸易是英国工商业资本家获取高额利润的重要手段。中英贸易是一种三角贸易，其程序是英国将工业品的一小部分直接输往中国，大部分输往印度，印度人购买英国商品的能力，是由印度对华鸦片贸易决定的。鸦片贸易兴旺，印度人购买力提高，英国工业品才能畅销，对华鸦片贸易有助于扩大英国工业品在印度的销售市场。

其四，对华鸦片贸易有利于增加英国政府的财政收入。鸦片是英国商人换取中国丝、茶等产品的重要手段。向中国大量输出鸦片，有利于赚取更多白银，购买中国丝、茶之类的产品，随着丝、茶等进口量的不断增加，英国政府的财政收入也随之增长。仅茶税一项，1833 年英国政府即收入 330 万英镑。

另一方面，英国对华鸦片贸易却给中国社会带来了无穷的祸患。

其一，鸦片贸易造成白银大量外流，改变了中国对外贸易的长期出超地位。随着鸦片走私的日益猖獗，白银外流的数量也日益增加。19 世纪 30 年代的 10 年间，中国支付贸易逆差所流出的银元，平均每年七八百万元，合白银五六百万两。以鸦片输入量最高的公元 1838—1839 年为例，输入鸦片 35 500 箱，按当时平均售价每箱 650 元计算，共计 2 308 万元，合白银 1 660 余万两。这个数字，接近清政府每年总收入的 1/4。鸦片内流，白银外流，不仅加剧了清政府的财政危机，而且"银荒"给人民带来了更加沉重的负担，因为他们出卖劳动力时得到的是铜钱，购买货物及交纳赋税则必须用银两，而白银贵铜钱贱的结果使他们的负担增加了 30%—60%。

其二，鸦片贸易加速了清政府的政治腐败。马克思指出："中国人在道义上抵制的直接后果是英国人腐蚀中国当局、海关人员和一般的官员。浸透了天朝的整个官僚体系和破坏了宗法制度支柱的营私舞弊行为，同鸦片烟箱一起从停

① 艾伦：《鸦片贸易》，1978 年第 2 版，第 62—63 页。

泊在黄埔的英国趸船上被偷偷带进了天朝。"[1]鸦片烟贩对中国官员的贿赂达到了无以复加的地步。嘉庆年间(1796—1820年),两广总督兼代理关务的百龄从每箱鸦片中能得到40元的好处费。道光时,两广总督李鸿宾每月收贿银36 000两。英商还收买了水师副将韩肇庆,让韩用兵船代运鸦片,每万箱中送给韩几百箱。甚至朝廷里的大官,如军机大臣穆彰阿为首的许多大臣也从鸦片走私中大捞外快。不仅如此,鸦片烟毒还严重侵蚀着整个统治机构。1831年刑部奏称:"现今直省地方,俱有食鸦片之人,而各衙门为尤甚,约计督抚以下,文武衙门上下人等,绝无食鸦片烟者,甚属寥寥。"[2]不仅许多文官武将成了"大烟鬼",而且宫廷内部也发生了吸食鸦片的现象。据传,连道光皇帝本人也一度染上鸦片烟瘾。鸦片还深入到清军骨髓。清军包括20万八旗和60多万绿营官兵,其"将备兵丁内,必有吸食鸦片烟者"。[3] 据吉林将军祥康指出,在沿海7省的官兵中,不抽鸦片者已是例外。他们出征常身带两杆枪,作为武器的长枪常常生锈,而一杆烟枪却油光发亮。1832年,两广总督李鸿宾所部在连州镇压所谓"瑶乱"之战中惨遭失败,充分暴露了清军因吸食鸦片而导致的萎靡腐化。鸦片贸易使清政府吏治愈加腐败,军队更加失去战斗力,进一步加深了社会的经济、政治危机。

其三,鸦片泛滥大大削弱了中国社会有限的购买力,造成了工商业的普遍萧条和衰落。中国社会的购买力本来就十分有限,在自给自足的自然经济下,农民不仅生产所需的农产品,也生产自己所需的手工业品。残酷的封建剥削和压迫,使得农民和手工业者仅能维持简单的再生产,只有年成稍好时,才有可能出售部分农产品以换取其他生活必需品。因此,社会购买力主要是由城市居民维持生存消费和富有阶层享受消费的需要而构成,以此来带动社会生产。鸦片泛滥,这一有限购买力的大部分便被鸦片吸纳。在广州,负责进出口贸易的行商,在鸦片战争以前,即已有"百行生意,转动愈难"的感受。某位公行商人在1834年曾说,由于银两日少,"各货滞销,损多益少……如遇一货而稍获微利,实近来罕见罕闻之事也"。在长江中下游地区,情况大致如广州。林则徐曾在1838年对苏州和汉口的商业作过调查。调查后他曾说:"苏州之南濠、湖北之汉口,皆阛阓聚集之地……近来各种货物销路皆疲,凡二三十年以前,某货仔有万金交易者,今只剩得半之数,问其一半售于何物?则一言以蔽之,曰鸦片烟而已矣。"工商业是鸦片

---

① [德]马克思:《鸦片贸易史》,《马克思恩格斯选集》第2卷,人民出版社1972年版,第24页。
② 《中国近代史》,中华书局1979年版,第8页。
③ 《清宣宗实录》卷312,第19页。

战争前中国资本主义萌芽比较集中的领域,由于购买力的下降,经济活力的减弱,工商业出现倒退、衰落的现象,无疑是对中国稚嫩的资本主义生产关系萌芽的摧残,其后果是难以估计的。[①]

其四,鸦片的泛滥严重摧残了中国人民的身心。当时清朝统治下的全国各地,从沿海地带的广东、福建、浙江、山东、广西到西北的陕西、甘肃、山西;从南部的云南、贵州到北部的黑龙江、盛京、直隶、天津、北京,无不弥漫着鸦片烟毒。随着烟毒的蔓延,吸烟恶习波及更广泛的社会阶层,吸食者不仅有和尚、尼姑、娼妓、优伶(旧时称戏曲演员),甚至包括手工工人、商贩、车夫、轿夫和船民。道光十五年(1835 年),全国有 200 万人吸大烟(即鸦片),沾染烟毒者不下 1 000 万人。[②] 其中不少人成了面色铁青、骨瘦如柴的"大烟鬼"。他们不事生产,夜间吞云吐雾,白天蒙头大睡,晨昏颠倒,日久便成了丧失劳动能力的病汉,以致倾家荡产,悲惨地死去。鸦片含有大量毒素,吸食成瘾,会使人们身体衰弱,精力耗散,神志萎靡,丧失劳动能力,这一点连英国人自己也承认。英国人蒙格米利·马丁(Montgomery Martin)这样说过:"可不是吗,同鸦片贸易比较起来,奴隶贸易是仁慈的;我们没有摧残非洲人的肉体,因为我们的直接利益要求保持他们的生命;我们没有败坏他们的品格,没有腐蚀他们的思想,没有扼杀他们的灵魂。可是鸦片贩子在腐蚀、败坏和毁灭了不幸的罪人的精神世界以后,还折磨他们的肉体;贪得无厌的摩洛赫时时刻刻都要求给自己贡献更多的牺牲品,而充当凶杀的英国人和吸毒自杀的中国人彼此竞争着向摩洛赫的戏台上贡献牺牲品。"[③]

---

① 朱谐汉:《鸦片战争史话》,社会科学文献出版社 2000 年版,第 26—27 页。

② 贺晓东、方明:《中国禁毒大视角》,北京大学出版社 1998 年版,第 7 页。

③ 《马克思恩格斯全集》第 12 卷,人民出版社 1962 年版,第 584—585 页。

第三章　载入史册的清道光禁烟

第一节　清王朝禁烟运动的前期准备

一、雍正、乾隆、嘉庆三朝对鸦片烟毒的初禁

中国历史上从清朝经民国到中华人民共和国，历代历届政府无论性质多么不同，但在禁烟禁毒方面，却惊人地一致。他们对毒品问题所持的一贯严厉的态度与大多数西方国家所持的较为宽容的态度形成了鲜明的对照。正因为如此，中国不仅是世界上颁布禁毒法令最多的国家，也是颁布禁毒法令最早的国家，在18、19整整两个世纪里，只有中国在世界上独立地承担起了禁毒的义务。从国际角度看，世界禁毒史的源头当在中国。

（一）雍正和乾隆王朝的禁烟

雍正七年（1729年），中国皇帝颁布了世界上第一个禁烟法令——《惩办兴贩鸦片烟及开设烟馆条例》。这道禁烟法令的大意是：对兴贩鸦片烟者，要按照收买违禁货物者一样论罪，枷号一个月，发往近边充军；若私开鸦片烟馆，引诱良家子弟吸食者，要按照用邪教惑众的刑律处治，先收监等候判决，对于从犯杖一百，流放三千里；对有关的船户、地保、邻里人等，俱杖一百，判处三年徒刑；如兵役人等，藉查禁烟毒索贿贪赃者，按照歪曲和破坏法律治罪；失察之汛口地方文武各官，以及不执行监察责任的海关监督，均交刑部严加议处①。应当说，这道中国最早的查禁鸦片的命令，对涉及鸦片走私的各方面差不多都已经注意到了，并制定了相应的惩罚措施。这项法令首次提出用刑罚手段来惩治贩卖鸦片的行为以及教唆、引诱他人吸食鸦片的行为，并加重了该管官吏的职责，这在中国禁毒史上具有重要意义，对有关人员的处罚也还算严厉。但是，很显然，这道禁令也存在着粗糙和疏漏之处，这是一道不完善的局部禁毒法令。主要表现在两个

---

① 《惩办兴贩鸦片烟及开设烟馆条例》，马模贞主编：《中国禁毒史资料（1729年—1949年）》，天津人民出版社1998年版，第5页。

方面：一是对鸦片吸食者还没有规定有关的处理办法；二是对鸦片的输入，仍照药材纳税，并无禁止明令。这就给当时正处于上升发展时期的西方资本主义国家以可乘之机，他们的商船源源不断地把大批鸦片运到中国，靠鸦片贸易疯狂掠夺中国人民的财富。由此可见，当时的鸦片贸易仍属合法阶段。

雍正八年(1730年)，清廷又颁布专门针对台湾的禁令："台湾流寓之民……贩卖鸦片烟者，亦分别治罪。"[①]这些法令表明，当时的朝廷已经意识到了鸦片对国民的危害。自此以后，中西贸易史特别是中英贸易史，便几乎是一部禁烟史。中国禁毒史或者说世界禁毒史由此而发端。但是，由于当时的鸦片输入尚未形成泛滥之势，因而这些禁烟法令并没有明文规定禁止鸦片输入和吸食。就这些法令的内容看，其针对性是显而易见的。但就其实施情况看，该法令仍形同虚设，执行起来有一定困难。这是因为，当时雍正皇帝的鸦片输入"政策"是"贩卖毒品，严惩不贷；严格区分药用鸦片和毒品鸦片烟，毒品严禁，药用毫不干涉，且照顾到小本商人的正当"。[②] 因此，这个时期的鸦片输入有两种情况，一种是正当的鸦片输入，如供医药之用等，另一种是非法的鸦片输入，这就专指鸦片毒品的输入。对于第一种情况，只要贩卖者能"照药材纳税"，则是准许输入的；对于第二种情况，清政府在法律上则是采取严厉打击的措施。然而，这两种情况是很难区分的，贩卖鸦片毒品者，可以打着"药材之用"的幌子，使鸦片输入名正言顺。封建朝廷皇上的谕令，虽是具有最高效力的法令，然而当时中国鸦片烟毒的泛滥正在逐渐扩大，岂是一道谕令所能制止的。加之封建官僚机构办事效率低下，客观上又受当时落后的交通条件、技术手段的限制，在其后的几十年里鸦片毒潮反而愈演愈烈。

乾隆年间(1736—1796年)，朝廷再次严令禁止鸦片："国内商人贩卖者，枷一月，杖一百，遣边充戍卒三年。侍卫官吏贩者罢职，枷二月，杖一百，流三千里为奴。"[③]并曾焚烧了1 000箱鸦片[④]，一时朝廷上下有所警戒。但是，不久又渐废弛，徒有虚名的法律终究未能挡住鸦片的毒流。

(二) 嘉庆王朝的禁烟

1796年，嘉庆亲政，其在位的20多年间，对鸦片采取了一系列严禁措施。

首先，采取了禁止外商进行鸦片交易的法律措施。因为觉察到把鸦片当作药材准予输入为鸦片走私留下了可乘之机，惟有完全禁绝输入，才有望遏制吸食

① 《大清律例按语》卷50，第45页。
② 冯尔康：《雍正传》，人民出版社1985年版，第409页。
③ 刘彦：《帝国主义压迫中国史》上册，上海太平洋书店1927年版，第13页。
④ 武堉干：《鸦片战争史》，商务印书馆1996年版，第29页。

鸦片之风的蔓延。于是，嘉庆元年（1796 年），为了制止在全国，特别是东南沿海地区吸食鸦片风气的迅速蔓延，清廷第一次下令禁止从海外进口鸦片，停废鸦片输入关税。从此鸦片真正成为禁品，鸦片贸易由合法变为非法、由药材进口变为毒品走私。嘉庆五年（1800 年），清政府再次颁布严禁鸦片入口的法令，规定“禁从外洋输入鸦片和在国内种植罂粟”。① 这些措施表明清政府初次把禁烟的矛头指向了外国对华鸦片贸易，在一定程度上对准了真正毒源，标志着清政府在反毒立法上开始向外国对华鸦片贸易开战。其次，在法律中规定了吸食鸦片的罪名和罚则。嘉庆十八年（1813 年）七月，清政府颁布了关于官吏、兵弁及百姓吸食鸦片治罪条例。这一立法开辟了反毒禁烟的另一重要领域，也是中国禁毒史上第一次对吸毒行为加以禁止，首开以刑罚手段制裁吸毒者的先例，说明清政府已经认识到：如果不能有效地禁吸鸦片，也就难以真正禁止鸦片的制造、贩运。再次，嘉庆时期还继承了雍正以来对“兴贩鸦片”和“开设烟馆引诱良家子弟吸食”的处罚规定，从反毒品立法的意义上说，这就初步奠定了从禁止贩卖到禁止吸食的全面反毒禁烟格局。该禁令实行之初，走私输入鸦片的行为稍有收敛。但由于官员贯彻不力，走私鸦片现象又迅速反弹，禁吸措施再次宣告失败。有鉴于多个禁令皆由于官员不严格执行而失效的教训，嘉庆二十年（1815 年），又颁布了查禁鸦片烟章程，同时还确立了官吏禁烟奖惩办法。这一条例在调动官吏们禁烟积极性方面起到了一定的作用，但禁吸效果仍不明显。

值得一提的是，两广总督觉罗吉庆的禁烟态度是积极的。他一向为官比较清廉，1796 年升为两广总督。觉罗吉庆一到任就着手整顿海防水师，修筑炮台，缉拿海盗。1798 年，他看到吸食鸦片的风气有禁不止，认为这是海关官员纵容贩运的结果，便奏请皇帝，认真查禁。1799 年他向行商们发布了一道命令，要求他们通知外商，以后不准再运鸦片。这一通告发出之后，立即在外商中引起很大反响。东印度公司的航务长认为这是中国初次积极禁止鸦片贸易。这种雷厉风行的禁烟行动也得到了嘉庆皇帝的赞许和支持。

纵观嘉庆朝的禁烟，本书认为：第一，嘉庆年间输入中国的鸦片数量已相当可观，其危害的范围正在迅速扩大，嘉庆皇帝对鸦片已有了足够的重视，先后颁布了十余道有关反毒禁烟的诏令。如嘉庆十五年（1810 年）三月，诏京城各门严查鸦片烟；嘉庆十六年（1811 年）六月，诏两广严定章程；嘉庆十九年（1814 年）正月，诏两广查禁洋商偷运白银；五月，诏广东沿海查禁鸦片；嘉庆二十年（1815

---

① 《外国鸦片的流入与嘉庆帝鸦片进口的禁令》，马模贞主编：《中国禁毒史资料（1729 年—1949 年）》，天津人民出版社 1998 年版，第 8 页。

年)正月,诏查处广州军营贩鸦片案;三月,诏两广查禁洋商夹带鸦片;十一月,诏两广稽查洋商以物易银;嘉庆二十二年(1817 年)六月,诏示两广外商不得私运鸦片,等等。第二,相比雍正、乾隆二朝曾经颁行的禁止兴贩鸦片的法令,嘉庆朝的禁烟措施有着明显的变化,更为严厉而周全。第三,嘉庆帝禁烟的成绩表现为嘉庆年间鸦片输入中国的数量增长不太大。嘉庆元年、二年输入量约 1 814 箱,嘉庆三年、四年猛增至 4 113 箱,此后的 20 年间,有 6 年在 4 000 箱以下,有 3 年突破 5 000 箱,其余为每年 4 000 箱。与接下来道光元年的 6 000 箱和道光二年的 8 000 箱相比,应该说,嘉庆年间禁烟的成效就是维持住了一个尽管不太理想,但每年平均在 4 000 箱左右的局面。第四,当时清政府已开始走下坡路,政治腐败,官匪勾结包运鸦片者有之,暗中贩运鸦片的地方官有之,接受洋人贿赂为洋人贩卖开方便之门者有之,故而屡禁不止。

雍正、乾隆、嘉庆三朝是清朝对鸦片烟毒的初禁时期,从这一时期颁布的禁烟令的频繁程度看,清政府最高决策层的禁烟态度是积极而又坚决的,政策也是全面、配套的,特别是认识到要禁绝鸦片必先在粤海各口严行查禁,“杜其来源”,是非常正确的,抓住了禁烟极为重要的一个环节;从动机看,初期禁烟主要是出于道德上的考虑,认为鸦片不仅戕害吸食者的身体,而且淫荡人心,助纣为虐,败坏社会风气。嘉庆帝曾常常告诫下属:“鸦片烟性最酷烈,食此者能骤长精神,恣其所欲,久之,遂致戕贼驱命,大为风俗人心之害。”[①]从成效上看,由于外国鸦片商人的阻挠与清政府官员的纵容,禁烟法令未能真正实行,初期禁烟收效甚微。

二、道光皇帝前期的禁烟举措

1821 年,处在危机四伏、由盛转衰时代的清廷,迎来了年轻有为、励精图治的新皇帝——道光皇帝。鸦片问题无疑是当时诸多社会问题中最为棘手的,道光帝上台后一再提出严禁鸦片,从此清代历史真正进入了实行禁烟的时期。从道光元年(1821 年)到道光十五年(1835 年),清廷颁布了一系列的禁烟法规。其主要内容有:

第一,防止鸦片进口。1821 年,道光皇帝上台伊始,即发布上谕,规定:“凡洋船至粤,先由行商出具所进黄埔货船并无鸦片甘结,方准开仓验货。”[②]如有夹带,即按嘉庆二十年(1815 年)谕旨将该船货物全行驳回,不准其贸易;行商如有

---

① 《著步军统领等于京城各门严查鸦片烟物事上谕》,马模贞主编:《中国禁毒史资料(1729 年—1949 年)》,天津人民出版社 1998 年版,第 9 页。

② 中国史学会主编:《中国近代史资料丛刊:鸦片战争》第 4 册,神州国光社 1954 年版,第 207 页。

容隐之弊，事后查出，加等治罪。此规定是为了杜绝鸦片进口，同时也是为了使“与夷人最为切近”的行商切实负起责任，“不徇情面”。为达到此目的，当年道光帝还下令“将徇隐夹带鸦片”的广州十三行总商伍敦元摘去三品顶戴，“以示惩儆”。道光九年(1829 年)，又发布上谕，命两广总督李鸿宾等“严正处置英船延不进口事件”。如英船“故作刁难”，即“不准开仓，严行驱逐”。[①] 这些都表明了道光帝“言出法随”，查禁鸦片进口的决心。

第二，把防止白银外流作为禁烟的重心。道光二年(1822 年)，道光帝颁布上谕，令广东及各省督抚等“认真巡查出口洋船，不准偷漏银两”。[②] 同年五月，又一次令两广总督阮元等“实力查禁纹银出洋及鸦片进口”，要求他们“不得徒托空言，日久生懈，终致有名无实也”。[③] 1829 年，道光帝批准两广总督李鸿宾等酌议《查禁官银出洋及私货入口章程》七条，这些上谕和章程均把白银外流与鸦片进口联系起来对待，力图防止纹银外流。

第三，以禁分销之法断鸦片来路。道光十年(1830 年)，道光帝批准两广总督李鸿宾奏呈的《查禁纹银偷漏鸦片分销章程》六条，其中规定：嗣后遇有拿获鸦片之案，无论远近，一律提至省城根究，务必查清“何衙门书差兵役如何包庇得规纵放，有无代奸夷夹带发贩”。一旦查出实情，“即将该书差兵役与贩卖之人，一体治罪”；[④]责成各省关卡严加搜查运往各省的鸦片。凡“在官人役及各关家丁，搜出鸦片并不呈报、私行人己者，计赃以枉法论。其已过关卡，由别关盘获者，将所过之关卡，一并究明丁役是否故纵，分别治罪”。[⑤]

第四，加重买食鸦片烟者的罪名。道光十一年(1831 年)六月，道光帝根据兵科给事中刘光三的奏请，要求大学士、管理刑部事务大臣卢荫溥等议奏加重吸食鸦片烟者的罪名。这些大臣提出，嗣后军民人等买食鸦片烟者，除照以前规定杖一百、枷号两个月外，还必须“指出贩卖之人”。“如不将贩卖之人指出，即将食烟之人照贩卖为从例，杖一百，徒三年。”“职官及在官人役买食者，俱加一等治罪。”[⑥]并令各该督抚及地方道府州县等官，出具署内并无买食鸦片烟者甘结，于年终汇奏一次。道光帝希望通过此严厉措施实现使吸食者不敢不戒，未食者不敢效尤，尽绝食烟之积弊的目的。

第五，严惩失察官员。道光三年(1823 年)，道光帝就《失察鸦片条例》发

① 中国第一历史档案馆编：《鸦片战争档案史料》第 1 册，上海人民出版社 1987 年版，第 61—62 页。
② 中国第一历史档案馆编：《鸦片战争档案史料》第 1 册，上海人民出版社 1987 年版，第 38 页。
③ 中国第一历史档案馆编：《鸦片战争档案史料》第 1 册，上海人民出版社 1987 年版，第 45 页。
④ 中国第一历史档案馆编：《鸦片战争档案史料》第 1 册，上海人民出版社 1987 年版，第 71 页。
⑤ 中国第一历史档案馆编：《鸦片战争档案史料》第 1 册，上海人民出版社 1987 年版，第 70 页。
⑥ 中国第一历史档案馆编：《鸦片战争档案史料》第 1 册，上海人民出版社 1987 年版，第 89 页。

布上谕，规定：嗣后如有文职地方官员及巡查委员对鸦片烟毒查禁尽心尽力，“能自行拿获究办，免其议处”。如有“得规故纵者，仍照旧例革职”。[①] 对失察文武官员，将根据失察而导致鸦片流入的多少予以相应的处分。凡百斤以上者，“该管文员罚俸一年”；千斤以上者，“降一级留任”；五千斤以上者，“降一级调用”。[②]

第六，严禁种植罂粟和煎熬鸦片烟。针对国内种植罂粟逐步蔓延的情况，道光十年（1830 年）发布上谕，命内阁通令各地，严禁种植罂粟和煎熬鸦片烟。对种卖煎熬鸦片烟者，比照兴贩鸦片烟之例，为首发边充军，为从杖一百，徒三年。并将所种烟苗拔毁，田地入官。至此，清政府在反毒禁烟立法方面形成了禁种、禁制、禁贩、禁吸的完整立法体系。

值得肯定的是，道光帝即位后，对鸦片烟毒所造成的危害的认识较前代略高一筹，在禁烟问题上所采取的措施要比其前代的禁令更为森严和周密。道光时期是清朝前期反毒禁烟最严厉的时期。然而，大量材料表明，道光时的一系列禁令及措施并没有能遏止住鸦片流毒，相反，鸦片走私情况越来越严重。表现为：首先，外国鸦片烟贩与国内不法之徒采用了更为诡秘的手法走私鸦片。其次，清廷各级官员尤其是各海口文武官员阳奉阴违，欺上瞒下，明哲保身，缺乏禁烟的责任感和严肃认真的态度，严重践踏了各种禁烟法令。再次，更为严重的是清廷一些官员尤其是各海口文武官员利用职务之便从鸦片走私中获取好处，贪污受贿，中饱私囊。

鸦片禁而不止的原因，从根本上讲，是因为从 18 世纪 70 年代，英属东印度公司实行鸦片专卖政策，欲以鸦片为武器，达到垄断中国市场之侵略目的。1778 年第一位印度总督哈斯丁斯正式制定对华鸦片政策，从此以后，以英国为首的外国侵略者不顾清政府的禁令，向中国大规模走私鸦片，企图利用鸦片打开中国的大门，把中国纳入资本主义世界市场。而面对这样一个变化了的世界环境，面对使中华帝国“门户洞开”的毒品，清政府上上下下却只能以茫然无知和贪污受贿来应对。此外，从清政府本身检讨起来，在禁烟政策的制定和实施方面也存在问题。清朝的禁烟历史虽逾百年，但禁烟政策缺乏连贯性，禁烟法令时断时续，甚至一方面颁布禁令，另一方面又作为合法商品让其纳税进关。另外，清政府在制定禁烟政策时，长期以来只是把着眼点放在禁止国内种卖吸食方面，对禁止鸦片的输入的重要性缺乏认识。更为重要的是，清政府对鸦片的输入及吸食、种卖，只是屡颁禁令而缺乏切实的检查落实措施。这样，就使得禁烟成为只是皇

---

①② 中国第一历史档案馆编：《鸦片战争档案史料》第 1 册，上海人民出版社 1987 年版，第 51 页。

帝的禁烟，而没有能成为上下一致的行动。鉴于上述原因，清政府的禁烟长期以来只不过是官样文章而已。相反，禁烟令一旦被视为具文，鸦片毒害就变得更加严重。

三、禁烟运动的思想准备——清廷对烟政的大讨论

禁烟愈严，烟毒却愈烈，这似乎成了清廷难以摆脱的怪圈。然而面临的问题还必须正视，必须予以解决。关键是该怎样解决呢？是继续加大禁烟力度，健全与完善禁烟措施和办法？还是另辟他途，放弃禁烟政策呢？在鸦片战争前，清廷上下有各种议论，提出了各种主张。当时主要有三种观点：第一种观点是“量为变通”的主张，即弛禁论，其主要代表是许乃济、邓廷桢、祁埙、文祥、吴兰修、何太青等。第二种观点是“仍严例禁”的主张，即例禁论，因为他们主张仍按旧例查禁鸦片，只是不同意弛禁鸦片，所以，还称不上严禁论。例禁论的主要代表是内阁学士朱嶟、给事中许球、江南道监察御史袁玉麟等。第三种观点是严禁论，即主张对贩运、吸食鸦片者加重罪名，严厉惩处，其主要代表有陶士霖、黄爵滋、申启贤、经额布、贺长龄、林则徐、梁章钜、苏廷玉等。综合以上“三论”的观点，在解决鸦片问题上，他们提出三种办法：一为杜塞“漏卮”论；二是封关“绝市”议；三曰弛种土烟说。

（一）有关禁烟的三种观点

最先提出弛禁观点的是广州顺德乡绅何太青和嘉应名士吴兰修。何太青提出应当取消禁烟令，听任民间自种罂粟。他认为内地盛产鸦片，价格低廉，外国的鸦片输入无所得利，“招亦不来”，来则加重征税，不准以银两购买，不出 20 年，就能禁止外国鸦片。吴兰修进一步发挥了何太青的观点，承认鸦片于人“利一而百害；其于国也，无纤末之利，有莫大之害”。但认为弭此大害靠“闭关绝市”和“严法例禁”都解决不了问题。他的弛禁方案是“内地种者勿论”，“外夷照旧抽税，交付洋行，兑换茶叶”。[①] 中外贸易，只准出口带外国银元，不准携带内地纹银。吴、何的着眼点是解决国家的财政危机，禁止白银外流，而不顾国内万众生灵遭受的毒害；对于外国资本主义的侵略是消极退让，而不是积极的抗争。这种观点不仅在当时有很大影响，而且对 19 世纪 60 年代洋务派官员的鸦片政策亦有很大影响。弛禁论的代表性言论是太常寺少卿许乃济于道光十六年（1836 年）四月上的《鸦片例禁愈严流弊愈大亟请变通办理折》，主张对烟禁“变通办理”。许乃济提出如下主张：（1）对外贸易上，“仍用旧例，准令夷商

---

① 王宏斌：《禁烟史话》，社会科学文献出版社 2000 年版，第 56 页。

将鸦片照药材纳税，入关交行后，只准以货易货，不得用银购买”。“洋银应照纹银一体禁其出洋。”[①]这样便能防止白银外流。(2) 在吸食上，他认为食鸦片者“率皆游惰无志，不足重轻之辈”，故主张“民间贩卖吸食者，一概勿论”。[②]纵然食鸦片会促人短命，但“海内生齿日众，断无减耗户口之虞”。[③] 至于“文武员弁、士子、兵丁等，或效职从公，或储材备用，不得任令沾染恶习”。如有吸食者，“应请立予斥革”，但处罚不易过严，斥革之后则“免其罪名”。[④](3) 在栽种上，许乃济认为应放宽民众栽种罂粟之禁，听民之便。理由是种烟与种水稻两不相妨，且“大有益于农夫”。他坚持认为，“内地之种日多，夷人之利日减，迨之无利可牟，外洋之来者自不禁而绝”[⑤]。许乃济认为，鸦片纳税进口，就“足以杜漏卮而裕国计”。[⑥] “杜漏卮而裕国计”是弛禁论在经济上的重要考虑。许乃济的奏折成为编入道光朝《筹办夷务始末》的第一篇奏折。公然奏请弛禁鸦片，许乃济是第一人。这种主张在当时得到两广总督邓廷桢、广东巡抚祁埙、粤海关监督文祥的赞同，他们还拟了弛禁鸦片的“章程”上奏皇帝。[⑦]

例禁论反对弛禁，主张仍严例禁，认为议开鸦片例禁有碍国计民生。袁玉麟在奏折中指出：“弛禁之议，戾于是非者有三，暗于利害者有六。”[⑧]针对弛禁鸦片可以“杜漏卮而裕国计”的论调，袁玉麟驳斥说：“若必借鸦片抽税，是见小利而伤大体也。”他认为，银之出洋，“禁鸦片亦出，不禁鸦片亦出”，关键看查禁鸦片“认真与不认真”，“不认真则鸦片之禁弛，纹银出洋之禁亦自弛”。[⑨] 况且，鸦片弛禁后，每年进口鸦片价值将有银 2 000 万两左右。本来内地输出之茶叶、大黄等货，与洋人输入的呢羽钟表等货，“仅足相抵”，现在增添 2 000 万两银，内地哪有价值 2 000 万两银的货物出口与之相抵？“货不足抵，必益以银，是仍开门揖盗矣！”不可能达到“杜漏银”的目的。

严禁论是在许乃济奏请“变通办理”两年后提出的。道光十八年(1838年)四月，吏科给事中陶士霖奏请查禁鸦片，必须“议以重刑”，“将囤贩吸食鸦片各条例，从重议加罪名”。他认为，非如此，不能挽“积重之习”。[⑩] 这是严禁论的

---

①②③④ 《太常寺少卿许乃济奏为鸦片烟例禁愈严流弊愈大应亟请变通办理折》，马模贞主编：《中国禁毒史资料(1729年—1949年)》，天津人民出版社 1998 年版，第 51 页。

⑤ 《太常寺少卿许乃济奏请弛内地民人栽种罂粟之鸦片》，马模贞主编：《中国禁毒史资料(1729年—1949年)》，天津人民出版社 1998 年版，第 52 页。

⑥ 中国史学会主编：《中国近代史资料丛刊：鸦片战争》第 1 册，上海人民出版社 1962 年版，第 473 页。

⑦ 《筹办夷务始末(道光朝)》卷一，中华书局 1964 年版，第 5—10 页。

⑧ 中国第一历史档案馆编：《鸦片战争档案史料》第 1 册，上海人民出版社 1987 年版，第 213 页。

⑨ 中国第一历史档案馆编：《鸦片战争档案史料》第 1 册，上海人民出版社 1987 年版，第 214 页。

⑩ 中国第一历史档案馆编：《鸦片战争档案史料》第 1 册，上海人民出版社 1987 年版，第 254 页。

首发者。同年闰四月，黄爵滋上了《请严塞漏卮以培国本折》，这份奏折首先分析了烟毒泛滥的严重情况，以及造成白银外流、财政崩溃的重大恶果；接着，又论证了当时流行的严查海关、禁止通商、查拿商贩、严治烟馆、开种罂粟之禁等办法都解决不了这个病国害民的严重问题的原因，提出了必须“重治吸食”的主张。他建议由皇帝严降谕旨，通告全国，在一年内戒绝鸦片吸食。如果一年后仍然吸食，则是“不奉法之乱民”，“罪以死论”。[①] 虽然在此之前也有一些人提出对私食鸦片用以重典，加重吸食者罪名的主张，但是很显然，明确提出对吸食鸦片逾期不戒绝者处以极刑的，黄爵滋无疑是第一人。因而这一新的主张引起了道光帝的深切关注，在接阅黄爵滋奏折的当天，道光帝即谕令盛京、吉林、黑龙江将军及全国各省督抚对黄爵滋所奏，“各抒己见，妥议章程，迅速具奏”。于是，一场全国性的关于如何才能有效禁烟的大讨论迅即展开。五月至九月，奏复“塞漏培本”的奏折约 30 件，全国共有 29 位巡抚、将军、总督就黄爵滋的奏折上书道光皇帝，发表各自意见。从奏章内容上看，上奏者都表示要严禁鸦片，没有人再主张弛禁。但绝大多数奏折对黄爵滋提出“重治吸食”的严禁主张表示异议，他们认为“重治吸食”是“舍本而图末”、重“流”而轻“源”，主张要严惩贩烟开馆人犯、兴贩鸦片的奸商和夹带鸦片来华的夷商。[②] 从“塞漏培本”议奏中可见，当时已不存在弛禁与严禁的分歧，包括以往被史学界认为是“弛禁派”的琦善、伊里布、穆彰阿等人的奏折中都找不到有弛禁的言论。当时官员们的分歧是“重治吸食”与“严惩兴贩”，而“塞漏培本”的目的则是一致的。特别要指出的是一直被史学家称为所谓“弛禁派”代表人物之一的大学士兼署直隶总督——琦善，在其上奏的《塞漏培本应循流溯源严惩囤贩鸦片人犯》折中，提出了许多合理的主张。他在奏折中认为“重治吸食”之法“计虑未尝不密”，但是“第立法贵乎平情，而惩恶在于诛首，天下未有不正其本，而能治其末者。凡命案，先造谋主使，而加功取势者次之。盗贼先窝主分赃，而寄赃买物者次之。私盐先枭贩窝顿场灶私售，而民间买食者次之。赌博先制造赌具开场引，而在场同赌者次之。各律皆然，若不贩自外洋，各省何从吸食”？[③] 故禁毒“扼要之策，似当严拿囤贩、重治惩办，以绝根株”。[④] 琦善还认为，除重惩贩烟者以外，还必须对民众进行宣传教育，因为“吸食之贻害，愚民未必深知”，不然一般民众“一经举首，即致大劈，以常情论之，当

① 《鸿胪寺卿黄爵滋奏请严塞漏卮以培国本折》，马模贞主编：《中国禁毒史资料(1729 年—1949 年)》，天津人民出版社 1998 年版，第 63 页。

② 中国第一历史档案馆编：《鸦片战争档案史料》第 1 册，上海人民出版社 1987 年版，第 254 页。

③ 中国第一历史档案馆编：《鸦片战争档案史料》第 1 册，上海人民出版社 1987 年版，第 432 页。

④ 中国第一历史档案馆编：《鸦片战争档案史料》第 1 册，上海人民出版社 1987 年版，第 293 页。

无不心存恻隐。法愈重则掩饰愈工，而发觉愈难，是必然之势也”。[①] 故只有对民众进行认真说服教育，使广大民众知道烟毒对自身及整个民族的危害，提高他们的认识，启发他们禁毒的自觉性，多管齐下，综合治理，才能“拔本塞源，……内地无贩卖之人，而吸食之风自止”。[②] 琦善的这些观点与当今世界各国禁毒通则不是完全一样吗？

（二）对上述三种观点的分析

从治源治流的轻重主次看，“严惩兴贩”是治源，“重治吸食”是治流。“严惩兴贩”的主张正抓到了问题的要领。从“培本”角度看，兴贩鸦片的奸商少于吸食鸦片的烟民，罪难罚众，治兴贩较易于治吸食。兴贩者容易在关口、路途查拿，吸食者则不易发觉。从罪恶轻重看，吸食者只自残其身，兴贩者则谋财害命，毒害他人，兴贩者的罪恶显然比吸食者重。从清政府的原定刑法条例看，兴贩鸦片烟，枷号一个月，发近边充军，为从杖一百，徒三年；买食鸦片者罪只枷杖。兴贩者定罪重，买食者定罪轻。因此，“严惩兴贩”主张更具合理性、可行性，“重治吸食”主张在源流、主次、利害、难易、量刑上有失权衡，有欠妥当。

当时，主张“严惩兴贩”的官员占多数，而赞同“重治吸食”的只有林则徐。林则徐实际上只能说是基本赞同“重治吸食”，因为他对黄爵滋“重治吸食”的主张有所补充。补充之处就是主张对开馆兴贩以及制造烟具者的惩办罪名“均应一体加重”，“若逾限发觉，亦应论死”。[③] 实际上，林则徐把“重治吸食”与“严惩兴贩”同时强调。这种把“吸食”与“兴贩”鸦片罪同等量刑的意见也不是一种好办法。林则徐还拟定了“禁烟章程六条”，拿出了“重治吸食”的具体措施。

道光十八年(1838 年)，黄爵滋严禁主张的奏折被道光帝批转议奏，虽然大多数官员不赞同“重治吸食”，但严厉禁烟却是共同的认识。这一局面的出现是因为道光皇帝在禁烟问题上的认识，直到虎门销烟，始终没有动摇过。这一态度影响了官员们，使督抚、将军没人再提弛禁的意见。

黄爵滋提出的“重治吸食”主张，林则徐的“严禁鸦片章程”和众多官员们的“塞漏培本”议奏，都基本上被清廷采纳。道光十九年(1839 年)五月初五，道光帝批准颁布了由军机大臣、大学士敬敏等会议草拟的《严禁鸦片章程》，[④]命将“章程”纂入则例，“永远遵行”。[⑤] 同年五月十三日，军机大臣穆彰阿等奏复定拟“洋人携带鸦片入口治罪专条”。同日，获道光帝批准。专条规定：“夷人带有鸦

①② 中国第一历史档案馆编：《鸦片战争档案史料》第 1 册，上海人民出版社 1987 年版，第 293 页。
③ 中国第一历史档案馆编：《鸦片战争档案史料》第 1 册，上海人民出版社 1987 年版，第 254 页。
④⑤ 中国第一历史档案馆编：《鸦片战争档案史料》第 1 册，上海人民出版社 1987 年版，第 597 页。

片烟入口图卖者，为首照开设窑口例斩立决，为从同谋者绞立决。……起获烟土全行销毁。……所带货物概行入官。仍予一年六个月限期。如于限内自首，将烟土全行呈缴者，免其治罪。”[①]严禁鸦片成为清政府的最高决策，并以法律形式规定下来。

“重治吸食”的严禁论着眼点在严塞“漏银”以培“国本”，严禁吸食，为“天下万世臣民计”。塞“漏银”培“国本”是就经济上的考虑。持此论者认为，“国有未充，民生罕裕”，原因在于“漏银于外夷”。“以中国有用之财，填海外无穷之壑，易此害人之物，渐成病国之忧”，继续下去，后果不堪设想。[②]“严惩兴贩”的严禁论着眼点也在“塞漏培本”。持此论者认为只有查办漏烟漏银的“源”头，才能杜绝“流”，使鸦片烟不能进口，白银不能出口。可见，不论是弛禁主张还是重治吸食、严惩兴贩的严禁主张，杜塞“漏卮”、维护国家财政经济利益，是他们的共同考虑。鸦片使白银外流，国家银币枯竭，军饷匮乏，危及统治。所以要想杜塞“漏卮”，必须想办法解决鸦片问题，这是他们的共识。

在例禁论和严禁论者中，均有提出以封关“绝市”来达到禁止鸦片目的之议。早在嘉庆二十五年(1820年)，包世臣在他的著作《庚辰杂著》中曾提出此建议。他写道：“鸦片之禁已严，而愈禁愈盛，以中其毒者则难以自止，而司禁之人无不早中其毒，又复得受肥规，却再加严法，终成具文。此物内地无种，……但绝夷舶，即自拔本塞源。一切洋货皆非内地所必须，不过裁撤各海关，少收税银二百余万两而已。”[③]“绝夷舶”，就是断绝中外贸易，不让“夷舶”来华。这样，鸦片就断了来源。包世臣认为这是“拔本塞源”的办法。道光十一年(1831年)，工科掌印给事中邵正笏上奏，认为“纹银偷漏于外洋，鸦片流毒于内地”，是因为“汉夷交易”贻害，所以，他提出“惟有闭关不纳，绝其贸迁，是为上策”。[④]在道光十八年(1838年)的“塞漏培本”议奏中，也有官员提及封关绝市。如琦善，他主张封关绝市，认为“不准通商，则鸦片无自而来”，从而达到禁烟目的。[⑤]龚自珍在林则徐奉命赴广东查禁鸦片时，向林则徐建言献策，肯定禁鸦片塞漏银和“重治吸食”的决策，同时主张对鸦片“绝其源”。他认为，不仅要断绝鸦片来源，还要“并杜绝呢羽毛之至”，“又凡钟表、玻璃、燕窝之属，……皆至不急之物也，宜皆杜之”。[⑥]龚自珍的“绝其源”、“宜皆杜之”的主张，实际上就是封关绝市。林则徐

---

① 中国第一历史档案馆编：《鸦片战争档案史料》第1册，上海人民出版社1987年版，第602页。
② 中国史学会主编：《中国近代史资料丛刊：鸦片战争》第1册，上海人民出版社1962年版，第485页。
③ 包世臣：《包世臣全集》，黄山书社1997年版，第213页。
④ 中国第一历史档案馆编：《鸦片战争档案史料》第1册，上海人民出版社1987年版，第74页。
⑤ 中国史学会主编：《中国近代史资料丛刊：鸦片战争》第1册，上海人民出版社1962年版，第518页。
⑥ 《送钦差大臣侯官林公序》，龚自珍：《龚自珍全集》，上海人民出版社1975年版，第169页。

对此看法没有表示异议。

“弛种土烟”说欲以土烟抵洋烟，以减少鸦片进口和白银外流。鸦片战争前，鉴于进口鸦片屡禁不止，白银外流，国内已有违禁私种罂粟制造鸦片现象出现等情况，弛禁论者提出弛种罂粟之禁，以减少鸦片进口和白银外流。如许乃济在他的“变通办理”奏折中，主张弛种罂粟之禁，以土烟敌洋烟。他认为，因内地禁种罂粟制造鸦片，所以“夷人益得居奇，而利薮全归外洋矣。……今若宽内地民人栽种罂粟之禁，则烟性平淡，既无大害，且内地之种日多，夷人之利日减，迨至无利可牟，外洋之来者自不禁而绝”。他还认为种罂粟不仅不会“夺南亩之地力，荒农夫之耕作”，还会“大有益于农夫”。[①] 如在广东，九月晚稻收割后始种罂粟，二三月便开花结实，收浆后土地乃可种早稻，不会影响水稻耕作，还可增加收入。两广总督邓廷桢、广东巡抚祁埙、粤海关监督文祥等在议奏中赞同许乃济的看法，主张民间栽种罂粟，“可稍宽历禁”。为了不妨碍“农功”，他们建议，应出示晓谕，规定凡山头地角不成丘段所处，准其栽种，不得占种良田，致伤本计。[②]

总之，鸦片战争前，有关鸦片问题已是朝廷内上上下下关心的重要问题，各种观点夹杂糅合、利弊同在。严禁论中存在着“重治吸食”和“严惩兴贩”的分歧；例禁论和严禁论者中，有人提出以封关绝市来达到禁烟目的；弛禁论中既有让鸦片纳税进口、以税银回收外流白银的观点，又有用弛种罂粟之禁，以减少鸦片进口和白银外流之说。从大量的材料来看，道光十八年（1838 年）因黄爵滋呈奏《请严塞漏卮以培国本折》，引发的一场全国性的关于如何才能有效禁烟的大讨论，使清朝统治集团对如何开展禁烟的认识提高了一大步，全面禁烟的思想基本得到了确立。

第二节　永载史册的清道光大规模禁烟运动

一、清道光禁烟运动的前奏

（一）邓廷桢 1836—1838 年的广东禁烟

邓廷桢（1776—1846 年），江苏江宁（今南京）人，嘉庆进士，1835 年任两广总督，是近代历史上一位杰出的爱国者。他领导的 1836—1838 年的广东禁烟斗

---

① 《太常寺少卿许乃济奏请弛内地民人栽种罂粟之鸦片》，马模贞主编：《中国禁毒史资料（1729 年—1949 年）》，天津人民出版社 1998 年版，第 52 页。

② 中国第一历史档案馆编：《鸦片战争档案史料》第 1 册，上海人民出版社 1987 年版，第 209 页。

争，并不亚于同期林则徐在湖广地区禁烟的成绩，是自1729年雍正颁布第一个禁烟令后，清政府百年以来禁烟规模最大、成效最显著的一次。其禁烟活动主要从以下两方面进行：

一方面，放弃弛禁主张，提出严禁鸦片。邓廷桢曾是"弛禁论"代表许乃济的公开支持者。但1836年底，邓廷桢上书道光皇帝，声明放弃对"弛禁"主张的支持，并表示要与广东的地方官员"同心协力，毕精殚诚，密布网罗，多购线索。明惩汉奸以威，而绝其勾串；暗减夷商之利，以杜其贪饕"。[①] 清道光十八年八月辛卯(1838年10月10日)，邓廷桢再次上奏道光皇帝，详细阐述了他严禁鸦片的主张。邓廷桢认为，"刑不可滥，而法亦不容疏，似应变通旧例，分别加重"，使贩运吸食鸦片者各有戒心，"以挽狂澜而起痼疾"。不论官绅军民人等，如有吸食鸦片或栽种罂粟者，分初犯、再犯、三犯予以严惩。邓廷桢清醒地认识到，"治贫者百，不如治富者一；治贱者百，不如治贵者一……既定食烟之罪，必须破除情面，于富家大族无稍瞻徇，俾得截断众流，以收惩一儆百之效"。他更进一步认识到，这些富家大族"类多结客自豪，一经执法从事，势必流言四起，不曰讹诈不(失)，即称藉事生风，百计挠权，多方泄忿"，所以邓廷桢认为，必须"不畏强御，不避怨嫌，毅然坚以持之，庶乎令行而禁止矣"。邓廷桢还主张取缔窑口，对开设窑口之奸匪科以重罪。他说，"设非窑口贩烟入口，何从购之食之？是食烟之获罪与纹银之出洋，实匪徒阶之厉也"，非严厉治罪不可。此外，邓廷桢还提出对禁烟官弁人等进行奖惩，以竟严禁鸦片之全功。如若"玩不用命，致有纵漏，别经发觉，或被委员拏解……立将不行查拏之所管所巡各员弁兵役，分别参劾究惩"。[②] 正是因为他对严禁鸦片有如此深刻的认识，所以无论在广州独自禁烟期间，还是后来成为林则徐在广东禁烟和虎门海防的亲密合作者，其为保卫祖国、禁止烟毒方面都做出了贡献。

另一方面，采取严厉措施，源流兼治。在道光十六(1836年)一年中，道光皇帝先后五次降旨下令两广总督邓廷桢要认真查拿鸦片的入口和白银偷运出口的走私活动。

所以，当时邓廷桢虽在言论上公开支持"弛禁"主张，但在实际上，他不可能也没有去贯彻弛禁措施，相反，他是遵照道光皇帝的命令采取了严禁鸦片走私的措施：(1) 为实现向道光皇帝许下的"小有成效"的诺言，命令所有停泊在广东

---

① 邓廷桢等：《奏为遵旨筹议杜绝鸦片流弊折》，中国第一历史档案馆编：《鸦片战争档案史料》第1册，上海人民出版社1987年版。

② 沈云龙主编：《近代中国史料丛刊》第551册《筹办夷务始末(道光朝)》，文海出版社影印版，第305页。

内、外洋的英国鸦片趸船必须立即全部回国，不得逗留，驱逐了查顿等 9 名拒不执行中国政府命令的英国大鸦片烟犯，下令恢复在 1832 年裁撤的广东水师巡船等，以此严厉打击鸦片走私，使珠江口内一带的鸦片走私活动受到了一定程度的遏制。(2) 全面展开以破窑口为重点的打击鸦片兴贩活动。(3) 进一步遏制外国鸦片贩子的走私活动。(4) 着手惩处在禁烟中玩忽职守和兴贩鸦片的官员兵弁。(5) 向清廷奏准颁布了《驱逐英吉利趸船及拿办窑口鸦片走私章程》，并立即实施。

邓廷桢在 1836—1838 年的广东禁烟活动中取得了较大的成效，仅 1838 年，"先后报获……鸦片一百四十一起，烟泥烟膏共重一万七百二十余斤之多，并起获烟枪、烟具……共一万余件"。[①] 广东禁烟的成功，令西方鸦片商人为之震动。1839 年 1 月，英国商务监督义律不得不承认，"在四个月来，各地鸦片贸易的停顿可以说是完全又彻底"。[②] 广州美国旗昌银行认为，"中国政府的措施肯定是会使得鸦片生意既危险而又不名誉"，并表示要与在华的鸦片贸易切断一切联系。[③] 邓廷桢领导的 1836—1838 年广东禁烟斗争之所以初战告捷，是因为这场斗争的领导者邓廷桢能迅速放弃"弛禁"的主张，坚定了禁烟斗争的决心。更为重要的是，他不为黄爵滋的"必先治吸食者"的偏颇主张所干扰，正确地实行了源流兼治的全面禁烟的措施，并开始对外国侵略者以直接的打击。可以说，在近代中国禁烟运动中，邓廷桢领导的禁烟斗争成为林则徐湖广禁烟的有力支持，并为 1839 年林则徐领导的广东禁烟运动打下了基础。林则徐在广东实行的一系列禁烟措施，实际上是邓廷桢的源流兼治措施的进一步完善和强化。

(二) 林则徐湖广禁烟

林则徐(1785—1850 年)，福建侯官(今福州)人。近代杰出的政治家、民族英雄和伟大的爱国者。在世界近代史上，曾经被毒品害得最苦的民族可能要数中华民族，然而在反毒禁毒中做得最早、最好、最有经验的，也是中华民族。其中，堪称表率并彪炳千古的要数林则徐。

早在 19 世纪 30 年代初，林则徐已注意到鸦片的危害，他指出："自鸦片盛行之后，外洋并不必以洋钱易纹银，而直以此物为奇货，其为厉于国计民生，尤堪发指"。"鸦片以土易银，直可谓之谋财害命。"[④]林则徐在道光十二年(1832 年)出

---

① 《两广总督邓廷桢等认真查缉鸦片可嘉著交部议叙事上谕》，中国第一历史档案馆编：《鸦片战争档案史料》第 1 册，上海人民出版社 1987 年版。

② 张馨保：《林钦差与鸦片战争》，福建人民出版社 1989 年版，第 20 页。

③ 张馨保：《林钦差与鸦片战争》，福建人民出版社 1989 年版，第 18 页。

④ 林则徐：《林则徐集・奏稿》上册，中华书局 1965 年版，第 135 页。

任江苏巡抚后，曾认真执行朝廷的禁烟政令，对洋船夹带鸦片“随时认真访查，力拿严惩”[1]，严禁种植罂粟，贩售和买食鸦片；又访得戒烟良方 10 余种进行推广。在林则徐的努力下，江苏禁烟取得初步成效，其政绩受到道光帝的肯定。

道光十七年(1837 年)二月，林则徐出任湖广总督，来到湖北后，深感武汉地区的烟毒已很严重，遂于次年六月写了著名的《筹议严禁鸦片章程折》，支持鸿胪寺卿黄爵滋的严禁建议。国内各地的禁烟运动，肇始于黄爵滋上奏后不久，其最早发起的地区之一要数湖广地区。黄爵滋“吸食论死”的奏折传开后，举国震动，“不但卖者潜踪迹，食者亦愈加敛迹”。[2] 林则徐向道光皇帝奏称：“(吸毒)论死说，和相拟议者，未尝乏人，而毅然上陈者，独有此奏。然流毒至于已甚，断非常法之所能防，力挽颓波，非严蔑济。”[3]表达了对此法的赞许。这种为达禁毒目的而将全部吸毒者处死的极端做法，的确开了世界禁毒史的先例，但这也正反映了中国政府对毒品的决绝态度。

林则徐看到全国形势颇显转机，在积极支持黄爵滋严禁主张的同时，立即与湖南巡抚钱宝琛、署湖北巡抚张岳崧筹商，决定抓紧时机，不待定议即派员“先访开馆兴贩之人，严缉务获”，切实实行了严刑峻法来查禁鸦片，在武昌、汉口等地设立禁烟局，妥派得力人员收缴烟枪等一切烟具，还坚决镇压了一大批制造、贩卖、吸食鸦片的罪犯。在林则徐的主持下，武汉三镇通衢要道贴满了禁烟告示，官府与百姓共同行动，查烟馆、抓烟犯、搜烟土、缴烟枪，形成浩大的声势。两湖的禁烟很快收到效果，不到两个月，湖北就收缴烟土烟膏 12 000 多两，烟枪 1 264 杆[4]；湖南也查获烟案 10 余起，收缴烟枪 3 540 余杆[5]。林则徐在任湖广总督的辖区内，还捐廉配制断瘾丸，劝导吸食者戒烟。其所发明之“林文忠公戒烟丸”，运用中医药理作用，服用几日后，再取出鸦片吸时，体内已产生一种抗体，一接触毒品就会难受，鼻闻之也嫌臭，用此法来达到戒烟之目的。此外，还研制了“忌酸丸”、“补正丸”、“四物引”和“瓜汁饮”4 种有效之法。吸烟者戒烟之后，身体渐强，家属感激涕零。

道光得悉两湖禁烟取得显著成效，十分高兴，当即谕令嘉奖，认为“地方公

---

① 林则徐：《林则徐集・奏稿》上册，中华书局 1965 年版，第 135 页。

② 中国第一历史档案馆编：《鸦片战争档案史料》第 1 册，上海人民出版社 1987 年版，第 287 页。

③ 《中国近代史》第 2 卷，中华书局 1979 年版，第 28 页。

④ 《湖广总督林则徐奏报楚省查拿烟贩收缴烟具各情折》，马模贞主编：《中国禁毒史资料(1729 年—1949 年)》，天津人民出版社 1998 年版，第 85 页。

⑤ 《湖南巡抚钱宝琛奏为湖南省严行禁烟情形折》，马模贞主编：《中国禁毒史资料(1729 年—1949 年)》，天津人民出版社 1998 年版，第 84 页。

事,果能振刷精神,实心查办,自可渐有成效”。[①] 林则徐在湖北实心查办,并立即取得显著成效,不但使道光皇帝看到了成功的希望,而且为全国树立了一个光辉的榜样,为清王朝的禁烟运动立下了不朽的功勋。

二、清王朝第一次大规模的禁烟运动

(一) 禁烟运动的两个阶段

道光十年(1830年)以后,鸦片流毒由于得不到有效遏制而开始泛滥成灾,其严重性突出表现为走私进口的鸦片数量急剧增加。据统计,从1821年至1828年,平均每年进口鸦片9 708箱;从1829年至1835年,平均每年进口增加到18 712箱;从1836年至1839年,平均每年进口高达3万箱。鸦片进口的急剧增长,就意味着全国吸食鸦片的人数在日益扩大,从沿海到内地,遍及士农工商各阶层。令人吃惊的是,在众多瘾民之中,不少人是士兵。他们长期吸食鸦片,严重削弱了军队的战斗力与素质。1832年,两广总督李鸿宾进剿连州农民起义军,结果因“军营战兵多有吸食鸦片者,兵数虽多,难于得力”[②]而失败。鸦片进口大量增加,带来的另一个严重后果是白银外流的加剧。据道光十八年(1838年)鸿胪寺少卿黄爵滋统计,随着鸦片进口的增加,白银外流日趋严重,道光十一年至十四年(1831—1834年),每年白银外流2 000多万两;道光十四年至十八年(1834—1838年),每年的白银外流高达3 000多万两。伴随白银外流加剧,国内的银价日贵而钱价日贱,加重了人民负担;同时国家经费短缺,库银越来越少,后果极为严重。对此,道光帝感到忧心忡忡。道光十八年(1838年)四月,由黄爵滋上《请严塞漏卮以培国本折》而引发的全国有关禁烟的大讨论,受到道光帝的高度重视。这次讨论,使大家各抒己见,取长补短,提高了认识水平,也使各省督抚更加正视鸦片问题的严重性,为随即展开的严厉的禁烟运动做了舆论准备,提供了思想基础;同时,大家在讨论中提出了许多宝贵的意见,为制定一个全面的严禁鸦片章程打下了基础。道光十八年(1838年)九月七日,道光帝颁发了《著步军统领衙门及各直省督抚严惩烟贩吸烟人犯》上谕。十月初,湖广总督林则徐在几次上奏呼应黄爵滋之后再上一本,即著名的《钱票无甚关碍宜重禁吃烟以杜弊源片》,他认为,鸦片严重到现在这个地步,必须用重法禁绝,着重禁吸,对吸食者先宽以戒绝期限,传以戒烟药方;对屡教不改者,后严惩不贷。他在文中将鸦片提到了关乎国家民族存亡的高度:“当

---

① 《中国近代史》第2卷,中华书局1979年版,第364页。
② 中国史学会主编:《中国近代史资料丛刊:鸦片战争》第1册,神州国光社1954年版,第303页。

鸦片未盛行之时，吸食者不过害及其身，故杖徒已足蔽辜；殆流毒于天下，则危害甚巨，法当从严。若犹泄泄视之，是使数十年后，中原几无可以御敌之兵，且无可以充饷之银。”[①]在这里，鸦片问题不只是道德问题和经济问题，还潜伏着中国社会和民族的危机。林则徐的警告也正是清廷最高统治者——道光帝心情的反映，道光帝从林则徐身上看到了禁烟的希望；林则徐的意见对道光帝的触动很大，使其禁烟立场更加坚定。于是，在道光帝与各省督抚支持严禁的共同推动下，中国历史上，也是世界历史上的第一次大规模禁烟运动轰轰烈烈地在全国展开了。

这场大规模禁烟运动开始于19世纪30年代。道光十六年(1836年)，邓廷桢奉旨在广东查禁鸦片，拉开了这一全国性禁烟运动的序幕。湖南、湖北禁烟大致从1838年6月接到道光帝批准的黄爵滋奏折开始，一边拟订本省禁烟章程，一边开展查禁活动。其他各省则基本上是从接到九月七日颁发的《著步军统领衙门及各直省督抚严惩烟贩吸烟人犯》上谕才开始行动。所以，道光朝全国性的禁烟运动应以道光十八年(1838年)九月七日道光帝决定严禁鸦片并颁发该上谕为全面开始的标志。这次禁烟运动以道光十九年五月十八日(1839年6月)正式颁行《严禁鸦片章程》作为分界线，大体可以分成两个阶段。在此之前禁烟运动逐渐在全国展开，来势较猛，收缴鸦片不少，而林则徐在广东查禁鸦片成效卓著，很快在全国范围内掀起了一个禁烟高潮，故一些学者把这次禁烟运动以林则徐禁烟运动名之。此为前一阶段；后一阶段则随着《严禁鸦片章程》的颁行，禁烟以法律形式被确定下来，对于各种烟犯的处理、量刑都相当重，禁烟运动随之向深广方向发展。整个禁烟运动前后持续了两年多，直到鸦片战争正式爆发还在继续。《南京条约》签订后，在难以禁绝洋烟的情况下，道光帝并没有立即放弃对国内吸食者和贩烟者的查禁，一直到1850年他去世为止，严禁土烟政策没有松动。所以，鸦片战争中国失败以后，禁烟还在进行，甚至咸丰初年也未停止。不过，作为一个全国性的运动，此次禁烟到道光二十年五月底(1840年6月底)，随着鸦片战争爆发就算结束了。

(二) 禁烟运动的三大举措

这次禁烟运动，作为最高决策者的道光皇帝，不但是禁烟运动的领导者，而且是运动的组织者。他吸取了历次禁烟失败的教训，自始至终对运动抓得很紧。在整个禁烟运动中，道光皇帝主要做了以下三件事：

一是宣召林则徐进京，委以重任，让其前往广东查禁鸦片，以期“一劳永逸”

---

① 中国第一历史档案馆编：《鸦片战争档案史料》第1册，上海人民出版社1987年版，第281页。

地消除烟患。据说，道光帝在 1838 年 11 月 9 日读到“数十年后，中原几无可以御敌之兵，且无可以充饷之银”①之句时，大为感动，“朱圈赞赏”。② 在此之前的 10 月 25 日，京城中发现皇侄庄亲王等贵族吸食鸦片，给道光帝以很大的刺激。11 月 8 日，皇帝又收到琦善的奏折，得知在京师门户的天津竟查获鸦片 13 万两，遂决定宣召林则徐入京。林则徐于 12 月 26 日抵达北京。第二天起，道光帝在 8 天中接连召见林则徐 8 次，商议查禁鸦片大计。道光帝颁给林则徐钦差大臣关防，派其前往广东查办鸦片。道光帝把“重治吸食”作为清廷的最高决策，希望林则徐消除烟毒，解决财政危机。

二是颁布禁烟谕令 200 多件，形成声势浩大的禁烟气势。从道光十八年至十九年(1838—1839 年)底，道光帝颁布的有关禁烟的谕令共计 200 多道，其内容涉及禁烟的方方面面，单就处分涉及吸食、贩运、储存鸦片官吏的谕旨就有 40 多条。皇帝下诏处理这么多吸食鸦片和禁烟不力的地方官，其中还有皇亲国戚，这在中国封建社会禁烟史上是绝无仅有的。从中可以想见，这一举动在全国上下所造成的影响之大。

三是痛下决心整治官吏，严格执行奖优罚劣政策，为全国禁烟运动树立表率。禁烟运动和其他一切社会性的查禁工作一样，动不动真功夫，首先看在官吏队伍中间的行动，看是否真的在官吏队伍中开刀。就道光帝而言，应该说，在道光十八年(1838 年)和十九年(1839 年)这两年间，禁烟是动了真格的，在官吏队伍中开了刀，在皇亲国戚中开了刀，因而在全国取得了难能可贵的成效。兹将这两年间皇帝下谕旨处理的与鸦片有关的官员情况简要介绍如下：

道光十八年(1838 年)：九月八日，庄亲王奕赍因吸食鸦片被革去王爵；十月十八日，山西武举韩步鳌遭革职查办；十月二十四日，良乡县县丞胡履震署内藏鸦片，革职；十月二十七日，宗室荣祥藏有鸦片烟具，交刑部；十月二十九日，三等伯贵明吸食鸦片，革爵并严审；十一月十六日，姚绍庆藏有吸烟用具，交刑部；十一月十八日，丁锦云藏有烟袋，交刑部；十一月二十一日，房山知县宋嘉玉吸鸦片，革职永不叙用；十一月二十四日，蓝翎侍卫普安国交刑部严办；十二月十一日，湖北黄冈县但店巡检董长春纵容烟贩，江陵县沙市巡检李朝旭查拿不力，建始县县丞孙淦利、川县县丞缪庭隆吸食鸦片，撤任革职，从严查办；十二月十七日，宗室良鉴贩鸦片，交宗人府。

---

① 《湖广总督林则徐奏为钱票无甚关碍宜重禁吃以杜弊源片》，马模贞主编：《中国禁毒史资料(1729 年—1949 年)》，天津人民出版社 1998 年版，第 88 页。

② 中国史学会主编：《中国近代史资料丛刊：鸦片战争》第 1 册，神州国光社 1954 年版，第 314 页。

道光十九年(1839年)：一月，河南候补都政司都事、候补县丞肖炳辉革职查办；一月二十八日，山东署任海防同知永庆解任审查；二月十月，张家口额外委署福成，留优伶在家吸食鸦片，交刑部严行审办；二月二十七日，迦河同知王养度，泉河通判张汉素吸食鸦片，依法查办；三月二日，觉罗钟喜等吸食鸦片，严惩；三月三日，捐纳职员董荣吸食鸦片，交刑部；三月九日，烟贩于五交刑部，贝勒长子夷遽参与贩烟，予以追究；三月十一日，浙江乌程县南浔巡检刘玉麟吸食鸦片，革职严查；三月十四日，夷遽交刑部及宗人府；四月二十七日，直隶幕友吸食鸦片，革职；五月二日，烟贩乔大，交刑部；五月十七日，广东候补府经历翟声、雷方城，候补县丞吕霈霖，候补盐知事郝大同吸食鸦片，革职查办；五月二十日，宗室瑞龄私藏鸦片，交刑部及宗人府。五月三十日，安徽和州州同施肇奎，歙县县丞张聘之及蒋庆保、邵霖、张钧等人，革职查办；六月十八日，令将贵州吸食鸦片的官吏发往新疆效力；六月二十九日，南昌府通判杨尚炯吸食鸦片，革职查办；七月十六日，直隶蓟永盐运分司宓维钦，高阳县知县周尔坚吸食鸦片，革职查办；七月二十一日，贵州恩州候补知府孟怀川吸食鸦片，革职查办；十月一日，江西革员杨尚炯从重发往军台；十月三日，浙江钱塘县主簿苏盛春，嘉关县县丞王锡卜，平湖县乍浦巡检李志铭，镇海汛外委周斌吸食鸦片，革职查办；十月二十日，福建金门镇标右营把总林和国代运鸦片，革职查办；十一月，江苏瓜州巡检赵景堂吸食鸦片，革职查办；十一月二十七日，山东莱州府同知秀琨吸食鸦片，撤职查办。

在查办吸食鸦片的同时，还处理了一批查禁鸦片不力的地方官。道光十八年(1838年)九月，把曾上奏弛禁的许乃济降职；十一月，梧州知府刘锡方查办鸦片不力，摘去顶戴；十二月，奉天查禁不力官员交吏部议处。道光十九年(1839年)一月，将刘锡方革职查办；二月，将查拿多日不见效的莱阳县知县撤职；三月，江西广昌知县藏之鼎，贵溪县知县徐大勋，武宁县知县罗洪庚查办不力，暂摘顶戴，督令严查；四月，广西左江道卞斌，镇安知府恒悟、庆远知府文辉、思恩府知府五文凤、镇安知府周三锡、泗城知府李闲，交吏部议处，四月间下旨对上述人等降两级使用；六月，看押鸦片贩子的兵役贪赃，下旨查办；七月，山西洵阳县张佩芬，沔县知县龚大继查办不力，降级使用；八月，广东管理人员受贿放跑烟贩，革职查办；宗室和泰看押烟贩不严，致使烟贩逃脱，革职查办；伊克担布关涉烟案，查办；十月，广州补知州陈道担失察，革职查办；十二月，安徽和州直隶知州善贵查办不力，摘去顶戴。

总之，据粗略统计，在这次禁烟运动中，道光帝为了严格执行赏罚分明的方针，从道光十八年(1838年)七月至十九年(1839年)底，共发布奖惩上谕83道，受到奖励升赏的文武官员共72人;受到各种惩罚的134人。[①] 在不到一年半的时间内,受到奖惩的官员多达200多人,这在清代历史上也是少见的。由于这样大奖大罚,对官场多年来的因徇怠玩之风多少有所矫正,对禁烟运动的发展也起到了一定的鞭策作用。道光帝的禁烟是大规模、全方位的禁烟运动,形成了声势浩大的社会活动,凡与鸦片犯罪和禁烟有关的方方面面都在这个运动的波及范围之内。

三、禁烟运动的主战场——林则徐的广东禁烟

道光十九年(1839年)一月八日,林则徐怀着“赴汤蹈火”,将“祸福荣辱于度外”的决心,奔赴南方。临行前,龚自珍写了《送钦差大臣侯官林公序》作为赠言,在这篇文章里,他建议林则徐坚决禁绝鸦片,毋为粤省官吏、幕僚、游客、商贾、绅士所动。他热情期望两年内中国能“银价平,物力实,人心定”。林则徐在回信中说:“弟则虑多口之不在彼,而在京师。”[②]他毅然担负起禁烟的艰巨使命,但也为前途会遇到种种困难而忧心忡忡。林则徐广东查禁鸦片把道光帝领导的大规模禁烟运动推向了高潮。一场以民族自救为宗旨的禁烟运动由此揭开了新的一页。

在南行途中,林则徐沿途发出传牌,说明此行“并无随带官员,供事书吏,惟顶马一弁,跟丁六名,橱丁小夫共三名”,“所有尖宿公馆,只用家常便饭,不必备办整座酒席,尤不得用燕窝烧烤”。[③] 严禁各地慷国家之慨,用民脂民膏肆情挥霍。二月二十四日,林则徐自泰和责成广东布政司从速派员微服察访,捉拿汉奸,了解当地鸦片泛滥情形。三月十日,林则徐到达广州。从此,他揭开了中国反毒品历史的新一页,也即将揭开中国历史的新一页。邓廷桢、怡良、关天培等介绍了有关禁烟的情况。此时,广东沿海禁烟已初具规模,捕获吸毒贩毒人员2 000余名。在广州期间,林则徐在邓廷桢、关天培等的支持和帮助下,采取了如下查禁鸦片的措施:

第一,深入了解情况,及时调整禁烟方针。为了在禁烟方面能够做到有的放矢,林则徐注重调查研究。他向当地的文武官员、友人、旧属、同乡了解鸦片流毒情况;雇用两个长期在外商馆里为洋人做饭的厨师为他做饭,以便调查鸦片贩子活动,了解外洋情形;令人收集外国人在港澳出版的报纸和书籍,派人翻译,认真

---

① 萧致治:《论1838—1840年的反鸦片斗争》,《武汉大学学报(社科版)》1990年第3期。

② 龚自珍:《送钦差大臣侯官林公序》,附林则徐的《复札》,《龚自珍全集》上册,中华书局1961年版,第171页。

③ 林则徐:《林文忠公政书》卷6,中国书店出版社1991年版。

阅读。通过了解情况，林则徐对鸦片流毒有了较为深刻的认识。他发现广东一带之所以有那么多人贩卖吸食鸦片，最根本的原因是由外国鸦片贩子贩烟而起。于是，他改变了原来重治吸食的主张，确定了要断绝鸦片，就须把送到中国来的鸦片消除尽净，斩草除根，把禁烟的主攻方向对准了有英国政府支持的外国鸦片商人。

第二，下令整顿海防，严拿烟贩。林则徐与邓廷桢、关天培等乘船察览虎门、澳门等处海口形势，认为水师除跟踪鸦片趸船，还应下大力气杜绝私售鸦片。虎门销烟之后，林则徐清醒地认识到禁烟是一项长期的斗争，“尤以本年来船夹带（鸦片）为虑”，“而中国力除巨患正当于得手之际，拔尽根株，岂得将新船转予放松，致使前功尽弃”！因此，他进一步整顿海上贸易秩序，请定“治罪专条”，“敕定新例颁行”，①从制度上进一步加强对走私贩毒的管制。

第三，通知外商交出所存鸦片，出具甘结。林则徐在给外国鸦片贩子的谕令中严正指出，鸦片走私骗钱财而害人命，外国鸦片贩子以此物蛊惑华民，已历数十载，得不义之财不可胜计，此人心所共愤，天理所难容。他责令鸦片贩子将趸船所有鸦片如数交出，用英汉两种文字写保证书，保证“嗣后来船，永不敢夹带鸦片，如有带来，一经查出，货尽没官，人即正法，情甘服罪”。② 针对当时外国商人将鸦片存储于伶仃洋面趸船上，并与中国行商相勾结，企图逃避查缴。林则徐采取了周密而有力的计划：（1）责令英国鸦片商人勿存侥幸，交出全部鸦片；（2）对平时串通英贩的不法行商晓以大义，责令他们传谕英贩，缴烟具结，转变立场；（3）三月十八日，要求英国商务监督义律及烟商将伶仃洋面22艘趸船上的鸦片尽数缴出；（4）下令捉拿阻挠缴烟一事的大烟商颠地；（5）针对英国海军大佐懿律来到广州，企图帮助颠地逃走，林则徐于三月二十四日下令封舱停运，并将义律及320名外国烟商，禁闭在商馆。

第四，颁布各种禁烟、禁毒条例、章程，使查禁鸦片的活动有法可依，有据可查，切实可行，不流于形式。在广州查禁鸦片期间，林则徐先后制定了《收缴趸船烟土章程》、《禁烟章程十条》、《查禁营兵吸食鸦片条例》、《编查保甲告示条款》、《省城设局收缴鸦片章程》。其中，《禁烟章程十条》是林则徐根据他在湖广总督任上的经验制定的，其内容具体，规定切中时弊，便于操作。

第五，在查禁鸦片的同时，注意维护正当贸易。林则徐赴广东的主要使命是查禁鸦片。但抵粤后，他很快将禁烟与维护正常贸易两件大事结合在一起。从

---

① 林则徐：《林则徐集·奏稿》中册，中华书局1965年版，第672页。

② 林则徐：《林文忠公政书》乙集卷1，中国书店出版社1991年版，第156页。

思想上，林则徐认识到维护正常贸易，是事关国计民生的大事；一方面要严厉禁烟，另一方面要重视保护正当贸易；从长远利益看，禁烟无损于正常贸易。正是基于这样一些认识，林则徐在主持禁烟斗争的过程中，并不满足于单纯的缴烟，而是十分重视整顿贸易秩序，坚持既严厉打击走私贩毒，又保护鼓励合法贸易。他采取的具体措施有：(1) 对外商区分良莠。林则徐对“凡经营买卖鸦片之不法商人，一经发现，必受惩罚”；而对“正经商人，不论来自何方，均可进埔，准予照旧通商”。[①] (2) 严厉打击走私船只。为了消除和防止“从事私售鸦片之船只”干扰正常贸易，林则徐采取了驱逐鸦片趸船、明令可用火器打击“偷渡之船”、“勾水之法”等办法。(3) 以法律手段维护正当贸易。林则徐曾组织有关人员摘译瑞士人瓦特尔关于国际法的著作，这一《国际法》中包括“一个国家拥有禁绝外国货，没收走私货物，以及进行战争的权利”等相当广泛的内容，这就为林则徐维护正当贸易提供了充分的法律根据。

第六，在向外商发出交烟命令的同时，对内严禁吸食鸦片的立体战也隆重地拉开了序幕。林则徐在广东颁布实施了非常严厉的治罪条款：开设窑口者，杀；沟通外类，潜买鸦片者，杀；囤积发卖者，杀；海口员弁兵丁受贿纵私者，杀；私开烟馆者，杀；吸食人犯一年半期限不改者，杀；一人犯禁，五人同罪。

正是在道光皇帝的大力支持下，在广东军民的大力协助下，林则徐采取的一系列有力措施，终于迫使那些曾经心存观望，拒不交出鸦片烟的英美鸦片贩子交出了鸦片。至道光十九年(1839 年)五月十八日共收缴鸦片 19 187 箱又 2 119 袋，共计净重 1 188 吨。1839 年 6 月 3 日，林则徐将缴获的鸦片编号登记、过秤，当众在虎门海滩销毁。虎门销烟展现了一幅中国人民与吸、贩烟毒势不两立的动人画面，它把道光年间的这场大规模禁烟运动推向了最高潮，谱写了中国禁烟运动的光辉篇章，被公认为中国人民反对帝国主义斗争的伟大起点，向全世界表明了中国人民反对外国侵略的坚强意志，也是对西方殖民主义者一次沉重的打击。中国革命胜利后，铭刻在天安门广场人民英雄纪念碑上的第一幅巨型浮雕，就是虎门销烟的胜利场面。

四、中外历史上第一部禁烟法典——《严禁鸦片章程》

《严禁鸦片章程》由大学士、军机大臣、宗人府会同各部拟就，于道光十九年(1839 年)五月颁布，2 万余字，共分 39 条。内容既包括黄爵滋的一些意见，又吸收了各地将军、督抚的一些主张，基本上囊括了清廷历次发布的有关禁贩、禁吸、

① 陈锡祺主编：《林则徐奏稿・公牍・日记补编》，中山大学出版社 1985 年版，第 59 页。

禁种的规定，是集体智慧的结晶，也是最能体现道光朝禁烟精神的文献。这是清代历史上最为全面和严格的禁烟法典，是鸦片战争前夕中国大地上轰轰烈烈的禁烟运动所依靠的重要法律武器；同时，也是中外禁烟史上的第一部禁烟法典。其主要内容摘录如下：

(1) 沿海奸徒，开设窑口，勾串外夷，潜买鸦片烟土，入口囤积，发卖图利，一经审实，首犯斩立决。为从同谋及接引护送之犯，并知情受雇之船户，均绞监候。房屋船只，一律入官。

(2) 海口员弁兵丁受贿故纵，无论赃之多寡，概拟绞立决。其未经得贿知情徇庇，或漏信致令脱逃，俱发往新疆地方，给官弁充当苦差，兵丁为奴。或讯不知情，实系失于觉察者，兵丁杖一百，徒三年。文武员弁，及失察之海关监督，交吏部议处。

(3) 获鸦片烟案内，如有合伙开设窑口，并合伙兴贩者，无论出钱多寡，以造意为首，余俱以为从论。

(4) 沿海奸徒，贪利寄囤夷船鸦片烟土，流毒内地者，照开设窑口从犯治罪，其寻常兴贩烟土案内，究出知情受寄之犯，减首犯一等治罪。

(5) 拿获兴贩鸦片烟及吸食之犯，如有不肖官吏，并兵役人等，得财卖放者，与本犯一体治罪。赃重者计赃以枉法从重论。

(6) 内外问刑衙门，收禁人犯，如有禁卒人等，私行传递，或代买鸦片烟与犯人吸食者，发极边烟瘴充军。其奉官解递看守之犯，解役看役人等，有犯前项情弊，发近边充军。赃重者计赃，以枉法从重论失察之该管各官。

(7) 拿获鸦片烟，见发有据者方坐，不许妄扳拖累，如兵役人等，并地方匪徒，冒充兵役假以查拿鸦片烟为由，肆行抢夺，并怀挟仇恨，或希图讹诈，栽烟诬赖审实，不分首从，俱照诬良为盗例，发边远充军，赃至一百二十两以上者为首，拟绞监候。

(8) 鸦片烟案内问拟流罪以上人犯，有告称留养者，概不查办。

(9) 鸦片烟案内人犯，如有事未发而自首者，照犯罪自首律准其免罪，闻拿投首者，于本罪上减一等科断，首后复犯，加一等治罪，不准再首。

(10) 吸食鸦片之案，止准地方官弁访拿究办，不许旁人讦告，如有讦告者，概不准审理，倘系干犯名义，仍照本律治罪。

(11) 私开鸦片烟馆，引诱良家子弟者，首犯拟绞立决，房屋入官，从犯及知情租给房屋之犯，发新疆给官兵为奴，房屋一律入官。兵役受贿包庇，与犯一体科罪，其知情之地保邻佑人等，俱仍照旧例，杖一百，徒三年，有赃计赃,准枉法从重论失察之该管官。

(12) 内地奸民人等,有栽种罂粟花收浆制造鸦片烟土,或煎熬成膏售卖,及兴贩鸦片烟膏烟土,发卖图利,数至五百两,或虽不及五百两,而兴贩多次者,首犯拟绞监候,为从发极边烟瘴充军。若兴贩仅止一二次,并为数不及五百两,为首发新疆给官兵为奴,为从发极边足四千里充军,兵役受贿包庇,与首犯一体科罪。赃重者计赃,以枉法从重论,其知情租给田地、房屋之业主,及知情受雇之船户。但在一年以外者,发边远充军,一年以内杖一百,流二千里,半年以内杖一百,徒三年,田地、船只、房屋一律入官。

有能自行首告,将犯指拿到官者免罪。田地、船只、房屋并免入官。首而无获者,但准免罪,田地、船只、房屋仍行入官,邻佑地保,知而不首,各杖一百。

有赃者计赃,准枉法从重论,仍令各督抚,责成该管道府,实力查禁其有查禁不力,并失察兴贩之该管各官。

(13) 栽种罂粟尚未收浆制造烟土,煎熬烟膏售卖,及收买鸦片烟土烟膏,尚未售卖贻害者,为首发极边烟瘴充军,为从杖一百,流三千里。

(14) 吸食鸦片烟人犯,在京各衙门,以奉旨之日为始,各直省以奉到部文之日为始,均予限一年六个月,限满不知悛改,无论官员军民人等,一概拟绞监候,其在一年六个月限内犯者,仍分别办理。

(15) 平民吸食鸦片烟,在一年六个月限内,犯案者,照旧例加重,杖一百,流二千里,不能供出贩卖之人,加一等,杖一百,流二千五百里,系旗人消除旗档,一体实发。

(16) 在官人役并官亲、幕友、长随人等,一年六个月内,在署吸食者,照平民加一等治罪。

(17) 职官买食鸦片烟,在一年六个月内,仍加平民一等治罪,均从重发往新疆地方,充当苦差。

(18) 在京各旗及各省驻防绿营兵丁,买食鸦片烟,在一年六个月内者,发近边充军。

(19) 开设烟馆,及栽种罂粟花制烟售卖,并兴贩鸦片烟者首从各犯,除现拟死罪外,其余亦俟一年六个月后,均拟绞监候。

(20) 拿获吸食鸦片烟人犯,讯明虽经改悔戒绝,但存有鸦片烟灰未经毁弃者,杖一百治罪。

(21) 制造及贩卖鸦片烟器具者,照造卖赌具例,分别治罪。失察及拿获之该管官,分别议处议叙。

(22) 同居子弟，有买食鸦片烟者，除本犯照例惩办外，将家长照不能禁约子弟为窃之例治罪。

(23) 职官因吸食鸦片烟，犯案在一年六个月内，发往新疆者，永不叙用，概不准各该城大臣因事保奏。

(24) 宗室、觉罗买食鸦片烟者，从重发往盛京，交该将军严加管束。至宗室、觉罗职官，以及王公内有买食鸦片烟者，均从重革职革爵，发往盛京，永不叙用，并遵照此次章程，予限一年六个月，如限满复不知悛改，仍有吸食者，即照新订章程加重，拟绞监候，应按照旧例，宗人府会同刑部恭进黄册请旨。

(25) 太监买食鸦片烟者，宫内圆明园各等处，限一个月内将烟具等项，投内务府衙门自首，取具永远改悔甘结，免治从前应得之罪，如一月限满，并无自首之人，或仅有一二处一二人，再由内务府传知宫内圆明园总管太监等，限三个月各将本管兼管之处认真搜查，如有收藏烟具者，即将其人奏明交出，严刑审讯，从重治罪。如三个月限满，并未查出，或查出若干人，交出治罪，仍有吸食者，经内务府大臣访闻具奏，或别经发觉，或该管总管首领等自行查出检举，或经同伴告发，如系在禁地坐更，宫殿值房，禁门以内各值房吸食者，讯系实有其事，究出贩烟之人，不论有瘾无瘾，初犯再犯，拟将该太监绞监候，家属发往新疆地方，给官兵为奴，其失察之总管，奏请革职。该处首领不论知情与否，俱发黑龙江给官员为奴，同屋太监，均发往打牲乌拉给官员为奴。

如有在外围值房各他坦、公所吸食者，一经发觉审实，拟将该太监枷号六个月，满日发极边烟瘴，永远枷号，交地方官转饬看管，遇赦不赦，其失察之总管，奏请实降二级，首领革职，同屋太监发吴甸铡草三年，如系首领吸食，均照禁门以内新拟罪名办理。

如有告假在外，或潜往私宅，或在他处吸食者，一经发觉审实，拟将该首领太监在慎刑司，永远枷号不赦，若系该首领私宅，将其家属杖一百，徒三年，房屋入官，若系他处，将容隐之人交刑部加等治罪，亦将房屋入官，究出贩烟之人交刑部加等治罪。

至陵寝当差首领太监等，如有吸食，即行奏明解交慎刑司严讯，一经审实，拟照外围办理。

其王公门上之首领太监，及各大臣宅中之太监等，如有吸食者，奏交内务府审实，在慎刑司永远枷号不赦。

以上各条拟请统限半年以内，有犯者查出审实，如此办理，如自奉旨之日，半年以后，宫门以内，有犯吸食，将该犯拟斩监候。外围等处陵寝当差者，及王公门上，大臣宅内，并已为民太监等，有犯吸食者，将该犯拟绞监候，奏明送交刑部监禁，届期由部声明请旨。

(26) 洋行与夷商交易，应遵照定限，于卖货完竣后，即令起程，如有逾限久留，即照违制律杖一百。如查有寄囤鸦片烟情弊，照例治罪，房屋查抄入官。

(27) 缉私兵弁，查拿鸦片烟，遇有大伙聚众持械拒敌官兵者，亦准施放鸟枪，格杀勿论。

(28) 销毁烟土，应防偷换。州县等官，拿获烟土，解省之日，该督抚亲自查验真伪，即行加贴印封，存贮司库，酌定日期销毁。务令悉成灰烬，投之河海，不准委任他员，致滋弊混。

(29) 沿海各省，洋船进口，或该督抚亲往查验，或派委公正大员，前往实力搜查，其并无挟带烟土各船，概不准丝毫滋扰，庶商情踊跃不致裹足不前。

(30) 各省海关监督，稽查税务，是其专责。洋船进口，有无挟带鸦片烟土，亦应一体稽查。如敢知情纵放，并得贿包庇，立即照例严惩，倘有徇隐偷漏等弊，将来别处发觉，即予惩处。

(31) 鸦片总由海口上岸，后各省拿获烟犯，应将由何处购买，何人经手，何人包庇护送，并由何处上岸，及经过何处地方，逐一根究，分别受贿知情、不知情，照例惩办议处。

(32) 拿获吸食鸦片人犯到案，承审之员，务须严刑审讯，毋许漏网。如有徇情开脱，照故出入罪例治罪，倘讯系无辜，其烟土烟具，实系查拿人役栽诬陷害，即将栽陷之人，照例惩办。

(33) 吸食已戒，平民例得免罪，而官民应分别办理。查吸食鸦片，期于能戒而止，平民已戒，即同无罪之人。现任各员，如有曾经吸食者，该上司即行揭参，勒令休致。

(34) 今拿获鸦片各案，皆蒙特恩，破格升擢，未便拘以常例。

如有拿获烟案，该印官将所获烟土烟膏，俱用印封实帖，开明斤两数目，如系大伙，例得专案奏请者，即行解省呈验，倘有以伪作真，以少报多情弊，即行从严参处，督抚徇情滥保，交部严议。

(35) 查拿鸦片，兴贩与吸食并重。各省，如有能访获吸食，设法缉拿，验明属实，且人数较多，或不止一案，准各督抚查明实在出力之员，亦酌量奏请议叙。

(36) 在京各衙门,及外省督抚,有将吸食鸦片烟之员,列入京察卓异,别经发觉,即将原保举官议处。

(37) 京城地面,五方杂处,稽察尤应严密。应责成步军统领衙门,顺天府五城,各按所辖地面,严饬所属,随时访察,遇有兴贩吸食者,无论满洲汉人,官民良贱,一体查拿分别奏咨,送交刑部审明治罪。其客店、庙宇、会馆,如敢知情窝藏留住,或得贿纵容,查明一体按例惩治,并严禁番役兵捕人等,藉端讹索,以省拖累。

(38) 保甲之法,原以缉捕奸宄,今当严禁鸦片之时,荒村僻镇,难保无匪徒潜匿,应令严饬所属地方官,认真编查,以十家为一牌,设一牌长,每牌上除将逐户人数生业详细开载,并将兴贩吸食鸦片罪名开列,俾众共知,即责成牌长,如牌内之人有犯,即行举发。倘有受贿知情等弊,一经犯案,与地保邻佑一体惩办。

(39) 朔望宣讲,宜广为劝谕。地方官应于朔望宣讲后,即将吸食鸦片之害,传集众人,明白宣示,庶父诫兄勉,咸知自爱。①

这是一个十分严厉而又完整周密的禁烟章程,它把黄爵滋和各省督抚所提的禁烟办法进一步具体化、系统化、法律化,是我国禁毒史上第一部禁烟法典,也是 1729 年以来清政府颁布的最为完备的禁烟法令,对当时各地开展的禁烟运动起到了极大的推动作用。《严禁鸦片章程》的制定,标志着清代反毒品立法进入了新的阶段。

第三节 清道光大规模禁烟运动的历史经验

一、清道光禁烟运动的成果与失误

(一) 清道光禁烟运动的成果

发生在 1838—1840 年的禁烟运动,不仅是中国历史上的第一次禁烟运动,也是世界历史上的第一次禁烟运动。这场运动在道光皇帝的支持和领导下,在以林则徐为代表的禁烟官吏的具体贯彻实施中,取得了可喜的成果。从 1838 年

① 中国史学会主编:《中国近代史资料丛刊:鸦片战争》第 1 册,神州国光社 1954 年,第 558—580 页。

至鸦片战争前短短的两三年中，许多省份认真查禁，严禁种植，缉获了不少鸦片烟与走私船只，销毁了许多没收的烟膏、烟枪等，对被查获的各类烟犯也进行了处罚。据两广总督邓廷桢奏报，仅广州一地，从 1838 年至 1839 年农历三月，共查获烟犯 1 600 人，烟土、烟膏 461 526 两，烟枪 42 741 杆。[①] 在陕西，起获烟土烟膏 30 455 两；[②]在湖南，巡抚裕泰奏折称，短短两月内，拿获烟犯多名，起获烟土烟膏 10 086 两，收缴烟枪、烟斗、烟盒 1 056 件；[③]在山西，1839 年四月的奏折中称，拿获兴贩吸食鸦片烟人犯八十名，收缴鸦片烟土膏 32 539 两，烟枪、烟具 15 130 件。[④] 广州从 1839 年三月至十二月，据不完全统计，拿获烟民 2 357 名，缴获烟土、烟膏 794 240 两、烟枪 86 357 杆、烟锅 935 口。[⑤]

1839 年 5 月，道光皇帝批准的《严禁鸦片章程》，使轰轰烈烈开展的全国禁烟运动向纵深发展。表现为：一是一些禁烟已有成效的地区经过查拿，又有新的收获。如湖南候补直隶州知州王景章先后查获烟案 43 起，烟土、烟膏 8 700 两；[⑥]云南耿马宣抚土司罕恩霈缉获烟土、烟膏 8 300 两；广西直隶州呈贡县知县先后缉获烟土、烟膏 13 000 余两。再如福建省从 1839 年 6 月至 12 月，先后查获兴贩开馆、吸食鸦片等案 62 起，共获烟土烟膏 54 000 余两，人犯 200 余名。[⑦] 二是禁烟运动以前尚未波及的地区，在《严禁鸦片章程》颁布后也开始行动起来。较有代表性的是新疆。因其地处西北边陲，官吏兵丁较少，加之人广地稀，耳目难周，案子难破。1839 年 7 月，大理寺少卿惠丰奏请查禁西陲鸦片，道光帝当即发布上谕。同年 9 月，道光帝再次颁布上谕，要求新疆各该大臣实力查禁鸦片，有犯必惩。在道光帝的督促下，新疆禁烟开始打破以往沉寂，出现了新的起色。据同年 12 月和阗大臣达明阿奏，该处查获鸦片烟贩案犯 13 人，并收缴烟具和烟土 580 余两。[⑧] 另据同时期喀什噶尔领队大臣富兴阿称，该处拿获兴贩吸食鸦片烟民共 7 案，搜出烟土、烟膏 400 余两，烟枪 6 杆；[⑨]同时还查出外商

---

① 于恩德：《中国禁烟法令变迁史》，《近代中国史料丛刊》，文海出版社，第 71 页。

②⑥ 中国第一历史档案馆编：《鸦片战争档案史料》第 1 册，上海人民出版社 1987 年版，第 540 页。

③ 《湖南巡抚裕泰为收缴烟土拿获烟犯分别办理情形折》，马模贞主编：《中国禁毒史资料（1729 年—1949 年）》，天津人民出版社 1998 年版，第 118 页。

④ 《山西巡抚申启贤奏报销毁鸦片烟及查办情形折》，马模贞主编：《中国禁毒史资料（1729 年—1949 年）》，天津人民出版社 1998 年版，第 139 页。

⑤ 据《鸦片战争档案史料》第 1 册林则徐等的奏折整理。

⑦ 《闽浙总督桂良等奏报闽省现在查禁烟犯情形折》，马模贞主编：《中国禁毒史资料（1729 年—1949 年）》，天津人民出版社 1998 年版，第 191 页。

⑧ 《和阗办事大臣达明阿奏为和阗地方呈缴烟土分别定拟情形折》，马模贞主编：《中国禁毒史资料（1729 年—1949 年）》，天津人民出版社 1998 年版，第 190 页。

⑨ 《喀什格尔领队大臣福兴阿奏喀什格尔查办鸦片情形折》，马模贞主编：《中国禁毒史资料（1729 年—1949 年）》，天津人民出版社 1998 年版，第 191 页。

带来烟土 2 266 两[①]。另外，在乌鲁木齐也缉获贩烟、吸烟人犯 30 余起。[②]

总之，19 世纪 30 年代末开展的全国性的禁烟运动，把百余年来的清廷禁烟运动推向了最高潮，并取得了前所未有的成绩。据国内学者萧致治研究统计，在 1838 年到 1840 年两年内，除了林则徐在广东海口从外国鸦片贩子手中收缴了两万多箱鸦片外，全国各地共拿获鸦片烟贩 15 568 名，收缴烟土、烟膏 2 264 125 两，烟枪、烟斗、烟灯、烟盘、烟锅等 179 589 件，并铲除了相当数量的罂粟苗。[③] 可以肯定地说，如果不是英国资产阶级为维护非法的鸦片贸易而发动可耻的鸦片战争，打断了这一进程的话，肆虐猖獗的鸦片流毒在当时得到清除并不是没有希望的。

(二) 清道光禁烟运动的失误

随着英国侵略者发动的鸦片战争的爆发，这次禁烟运动轰轰烈烈的进程被中断了。虽然全国的禁烟运动仍在进行，但当时国内鸦片问题的最大源头是以英国为首的西方殖民者对华肆无忌惮地输入鸦片。这一进程的中断，使全国的禁烟运动面临着无法阻塞源头的最大困难，这种客观环境无疑使禁烟运动很难再有所突破。然而，总结与反省这次运动，本书认为其本身亦有一些失误：

第一，"重治吸食"的政策不利于清流浚源。从当年各督抚的奏折来看，除林则徐等少数人外，其余大部分人认为"重治吸食"是不合适的，有人主张应该严惩贩烟和开设烟馆之人；有人主张应严禁烟船入口及查逐趸船；有人主张首先应严海口之禁，其次加兴贩开馆之罪；有人主张必先重惩海口接引奸商；还有人主张必先严惩官吏中的吸烟人犯，等等。[④] 应该说这些都有一定道理。另外，四川总督苏廷玉等人也认为"除恶务求其本，清流必浚其源，吸食者虽律以严刑，而鸦片烟之来路不绝，则根株未尽"，必须以"遏绝兴贩鸦片烟为第一要务"，"来源既净，则吸食之害不禁自除矣"。[⑤] 由此看来，时人对当局"重治吸食"政策的弊端已看得很清楚了。政策自身的失当，使得在禁毒的浩大声势下，仍有多处种植罂粟，仅浙江省台州府在道光十九年(1839 年)四月，即"铲去花苗一千三百六十余亩"，[⑥]其他省份如广西、贵州、云南等地也发现大量种植罂粟的情况。

---

① 《喀什格尔领队大臣福兴阿奏喀什格尔查办鸦片情形折》，马模贞主编：《中国禁毒史资料(1729 年—1949 年)》，天津人民出版社 1998 年版，第 192 页。

② 《著惠吉等随时查拿新疆各地鸦片兴贩吸食并栽种罂粟事上谕》，马模贞主编：《中国禁毒史资料(1729 年—1949 年)》，天津人民出版社 1998 年版，第 193 页。

③ 萧致治：《论 1838—1840 年的反鸦片斗争》，《武汉大学学报(社科版)》1990 年第 3 期。

④ 朱金甫、郦永庆：《第一次鸦片战争期间禁烟问题新探》，《人民日报》1986 年 1 月 6 日。

⑤ 中国第一历史档案馆编：《鸦片战争档案史料》第 1 册，上海人民出版社 1987 年版，第 395 页。

⑥ 中国第一历史档案馆编：《鸦片战争档案史料》第 1 册，上海人民出版社 1987 年版，第 271 页。

第二,对民众的宣传与训谕力度不够。禁毒在当时已成为一项非常复杂而艰巨的社会工程,用我们今天的习惯讲法,就是必须进行综合治理。努力启发国民禁毒的自觉性,提高他们的认识,才能真正做到“纠风俗、正人心”的效果。一味地依靠严刑峻法,显然失之于简单。

二、对清初期禁绝鸦片政策和清道光禁烟运动的历史思考

清朝雍正、乾隆和嘉庆三代,虽是中国历史上禁绝鸦片的初始阶段,许多政策制订得还不够全面,执行得也很不到位,但这一时期禁烟政策的频频出台,雄辩地说明清朝从雍正时就开始了禁烟的历程。

清政府在19世纪30年代开展的禁烟运动,是一场空前规模的反贩毒、反吸毒运动,是一场反对英美鸦片贩子用鸦片毒害中国人民的反侵略斗争,是一次轰轰烈烈的爱国运动。虽然这场前所未有的大规模禁烟运动是由封建皇帝领导进行的,距今也已一百多年了,但其经验与教训仍值得我们重新思考。

第一,清政府的反毒品立法在初禁鸦片时期,就已逐渐形成了一套较为完善的体系。从雍正时期颁布世界上第一个禁烟法令到道光十九年(1839年)中外历史上第一部禁烟法典《严禁鸦片章程》的问世,期间清政府共制定颁布了有关禁烟的法律谕令200多件(道),内容涉及吸食、贩运、种植罂粟、私开烟馆、储存鸦片等方方面面。尽管这一时期的反毒品立法存在一些失误,例如毒品概念不明确,以“洋药”替代鸦片,使禁毒长期流于形式等。但由于这一阶段是中国禁毒史上一个十分值得注意的阶段,鸦片烟毒在中国从无到有,迅速蔓延扩大,酿成空前严重的灾祸,而统治集团内部对禁烟的认识及策略尚不统一,致使清政府的反毒禁烟立法历经波折,但终归积累了丰富的经验和教训,并且逐渐形成了一套较为完善的禁烟法律体系,不仅在当时颇见成效,使道光年间的禁烟运动取得了辉煌的成就,也为以后历届中国政府的禁烟、禁毒提供了可资借鉴的经验。

第二,清政府对鸦片问题的大讨论不失为廓清认识,进行全国禁烟的舆论准备。

(1) 杜塞“漏卮”论中严禁论的观点是既关注“民生”,又看到“国计”。如何解决鸦片问题,杜塞“漏卮”,是弛禁论、例禁论与严禁论的分歧所在。

弛禁论的主张立足于对鸦片进行管理、疏导,把鸦片当作“洋药”照原先惯例纳税进口,以税银回收外流的白银,增加财政收入。从制止白银外流的角度看,弛禁不失为一种办法。将无力制约的走私贸易变成正常的、合法的贸易,加强关税的征管力度,也许可能减缓白银外流的速度,减少漏银的数量,官吏兵弁也可能会从鸦片贸易的利益圈子中撤出来,有利于吏治的清廉。这种主张从纯经济

利益考虑，具有可行性，实行起来会增加关税收入。但“裕国计”，却有悖商业道德，有害人民健康，有损政府形象和民族利益，因为这是在发毒品财。而且，鸦片弛禁后，并不一定能堵塞住白银外流。随着鸦片进口数量的增加，出口土货将不足相抵，白银外流仍将不可避免。再者，如果真的放开鸦片贸易、种植、吸食，那将意味着整个民族的素质、精神、意志放任颓废。同时，在实际上也不可能出现弛禁者设想的那种所谓“漏银停止、道德回归、吏治清明”的局面。所以，弛禁论是不可取的。学术界有人认为这种主张有“积极作用”而加以肯定是不应该的。

例禁论的主张是想按陈规旧例禁烟，他们禁烟的思想虽然可嘉，但禁烟的老办法却是不实际的，是禁不了烟的。

严禁论主张严厉禁止贩卖鸦片，这种主张，既看到“国计”，又关注到“民生”，是对毒品所应有的正确立场，符合民族利益和广大民众利益。

(2) 以“封关绝市”杜绝鸦片来源的思想和决策，是一种简单化的办法，是一种不合时宜的错误思想和决策。其一，鸦片虽然为“夷船”贩运来华，但并非其单方面所为，还有本地奸商和受贿官员的配合。“封关绝市”并不能堵住“夷舶”在口岸外洋面与本地奸商借着受贿官员的庇护而进行的鸦片交易。其二，维持中外通商贸易与缉查鸦片、杜塞鸦片来源是不矛盾的，关键在对进口货物的检查和关口的管理。以“封关绝市”杜塞鸦片来源是因噎废食，完全错误的。其三，“封关绝市”不利本国经济发展。对外通商贸易不仅利在“夷人”，也利在本国，能增加本国关税收入，促进本国经济发展和中外技术、文化交流。“封关绝市”是典型的自给自足小农经济思想的反映，说明直到鸦片战争前，封闭型的小农经济思想仍在清朝统治者中占主导地位。这是中国商品经济长期徘徊不前、社会经济无法出现转型和飞跃的重要因素。总之，“封关绝市”以断绝鸦片来源的主张和举措都是错误的、不可取的。因为这种观念和做法还停留在封建小农经济时代，其与落后的国力相适应，与早已进入资本主义商品经济时代的世界不相协调。

(3) 弛种土烟看法的着眼点也在“杜漏银”和“裕国计”，同样是想发毒品财。生产鸦片能发财，这是毫无疑问的。这种能发财的生产一经弛禁，“有益于农夫”也是必然的。然而，要想不影响农作物生产却是不可能的。因为鸦片生产比农作物生产更具有吸引力，势必喧宾夺主，“致伤本计”。所以，正如道光帝在查禁种卖鸦片的上谕中所指出：若不禁止种卖鸦片，将来必至传种各省，“不特贻害善良，更属大妨耕作”。[1] 如果“传种”的是无害的经济作物，那么“妨耕作”是不值得责备的。因为“传种”的是有害的罂粟，所以“妨耕作”就必须谴责了。弛禁

① 中国第一历史档案馆编：《鸦片战争档案史料》第1册，上海人民出版社1987年版，第90页。

论者只想到“杜漏银”和“裕国计”，而不顾人民的死活，不顾民族的根本利益，所以这种弛禁论同样是不可取的。不论其能否起到“杜漏银”和“裕国计”的效用，只要是危害人民健康、损害民族利益的，就应否定。

第三，重刑处罚是《严禁鸦片章程》的主要特色。1839 年 5 月颁布的《严禁鸦片章程》(以下简称《章程》)，堪称清廷 1729 年禁烟以来各种禁烟法令的集大成者，是一个涉及面广泛而又立法严厉的禁烟法典，也是中国禁烟史上较早和较系统的法典。同以前的禁烟法令相比，该《章程》有了长足进步，并体现了源流并治的精神，具有以下特点：一是全面规定了烟毒犯罪。《章程》规定的烟毒犯罪有：输入鸦片罪，种植罂粟罪，制造烟土罪，贩卖烟土罪，吸食鸦片罪，开设烟馆罪，制造鸦片烟具罪，等等。二是内容比较完备。《章程》对鸦片流毒的各个方面，如种植、吸食、销售、贩卖等，都作了严格规定，而此前的禁令都是针对一个方面，或禁贩，或禁种，内容单一，结果往往是顾此失彼。不仅如此，《章程》还根据新情况作了一些新的规定，如禁止沿海奸商与外国商人勾结走私鸦片等，弥补了旧条例的不足。三是规定较为具体。《章程》对从事不同的鸦片犯罪活动，如种植、吸食、销售、贩运等有不同的处罚规定；对从事鸦片犯罪程度不同的人，如首犯、从犯、知情不报者、失察官员等，也有不同的处罚。此外，对从事鸦片犯罪的各阶层，如普通民众、官员、士兵、王室人员、太监等，都有具体的规定。四是对烟毒犯罪处以峻罚。《章程》规定：对于设窗口、勾通外洋、囤积鸦片的首犯处以斩枭；对沿海员弁、兵丁受贿放纵开设烟馆的首要分子处绞立决；对开设窗口、勾通外洋、囤积鸦片的从犯、同谋及接引护主犯，兵役匪棍，以查烟为由，肆行抢夺，赃 120 两以上的，栽种罂粟、制造烟土，及贩烟五百至六百两，或兴贩鸦片多次者，首犯处绞监候。对烟毒犯罪确定如此重的处罚，确为以前两次禁烟法令所不及。五是自首从轻制度。《章程》第 9 条规定：“事未发而自首者，免罪；闻拿投首者，减一等。”意思是说，实施烟毒犯罪在没有被发现的时候投案自首的，免予追究；如果犯罪后已被知晓，且得知有人要来抓捕的时候投案自首的，减轻一等判刑。六是连带责任制度。《章程》第 22 条规定：“同居子弟有吸烟者，家长照不能禁约子弟为窃例治罪。”这就是说，家长虽未吸食鸦片，但对与其住在一起的子弟吸食鸦片的行为，应负刑事责任，即按家长不能禁约子弟盗窃的犯罪处罚。七是官吏皇室犯罪与民同罚。例如该《章程》第 14 条规定：“吸烟人犯均予一年六个月为限，限满不知悛改，无论官民概拟绞监候。”又根据《章程》第 24 条的规定，宗室觉罗吸食鸦片，如超过一年六个月期限不改者，也要按上述规定判处绞监候。综上，重刑处罚，是这一《章程》的主要特色。

第四章　鸦片战争后中国的烟毒

第一节　鸦片战争与鸦片贸易合法化

一、打开中国大门的鸦片战争

（一）鸦片战争的原因及结果

虎门销烟揭开了中国悲壮的近代历史序幕。美国第六届总统亚当斯对此评论道：鸦片之于鸦片战争，就如同茶叶之于波士顿茶党案[①]。虎门销烟和波士顿倾茶两大事件指明的是一个道理——贸易有时就是侵略。关于鸦片战争爆发的原因，史学界至今仍有争议，其观点分为鸦片战争论、通商战争论和文化战争论。更有甚者，在鸦片战争爆发后，清廷内有一部分官员将战争爆发的起因，归咎于林则徐虎门销烟。那么，究竟是什么引发了 1840 年的中英战争？鸦片问题究竟是一个次要因素还是一个决定性因素？

开拓海外市场，用武力打开中国大门是英国资产阶级早已有的野心。自产业革命后成为头号资本主义强国的英国，对海外资金、原料和市场的需求日甚，地大物博的中国在英国殖民者眼中是“从未充分勘察过的黄金国”。[②] 为打开中国大门，英国费尽心机，使出了各种手段。在 1787 年、1792 年和 1816 年英国曾三次来华，通过外交手段向中国提出了解除通商限制和割让海岛等无理要求。1830 年资本主义世界爆发了严重的经济危机，资产阶级急于开拓海外市场，竭力怂恿政府采取强硬的对华政策。当年就有 47 名大商人上书议会，要求派兵“取得邻近中国沿海的一处岛屿”。[③] 1831 年英国“东印度公司”驻华代表普乐登鼓吹，“施用武力，并且政府加以坚持，可以从中国方面获得较为优待的通商章程”。[④] 1832 年“东

---

① 波士顿茶党案：1773 年发生的北美殖民地波士顿人民反对英国东印度公司垄断茶叶贸易的事件。它是北美人民反对殖民统治暴力行动的开始，直接导致了美国独立战争的发生。

② ［英］伯尔考维茨：《中国通与英国外交部》，江载华等译，商务印书馆 1962 年版，第 4 页。

③ ［英］格林堡：《鸦片战争前中英通商史》，康成译，商务印书馆 1961 年版，第 164 页。

④ 中国史学会主编：《中国近代史资料丛刊：鸦片战争（资料）》第 2 册，神州国光社 1954 年版，第 652 页。

印度公司”派出载有78人的武装间谍船，沿中国海岸侦查半年多，为日后侵华战争作周密准备。由此可见，英国侵略中国的野心由来已久。

1834年英国取消了“东印度公司”的鸦片专卖权，这不仅意味着贩卖鸦片更加“自由”化，而且表明英国政府把对华贸易（主要是鸦片贸易）置于直接监管之下，由幕后走到了前台。英政府给首任驻华商务监督律劳卑的训令很明确：第一，要设法扩张英国商业势力于广州以外；第二，要夺取中国一个港口作为英国海军的据点；第三，不要干涉鸦片走私。① 外交大臣巴麦尊特别指示他“寻找一个适当的港口，准备作战争之用，必要时可使用武力”。② 这清楚地说明，在鸦片战争爆发前六年，英国政府就已经明确制定了对中国发动战争的政策。

阻挠中国禁烟，保护鸦片贸易给英国资产阶级带来的巨额利润，是英国资产阶级向中国发动武装侵略，引发1840年中英鸦片战争的根本和决定性因素。鸦片贸易的利润是十分惊人的，一箱“公班土”（即印度鸦片）在印度的成本仅237卢比，售价是400—450卢比。在广州通常售价700—800元，禁烟严厉时高达1 200元，折合2 400卢比（每银元合2卢比）。③因此，向中国走私鸦片对英国的利益至关重要。1838年，英国输华贸易总额为24 558 462元，其中鸦片为13 344 030元，占54.3%，其余商品为11 214 432元；而同期中国输英贸易总额为22 004 700元。如果英国扣除鸦片额，将逆差10 790 268元。正因为有鸦片走私，英国对华贸易反而顺差2 780 762元。④ 可见，19世纪30年代英国在华的最大利益就是鸦片走私。

鸦片生意是英国鸦片商人直接做的，但英国鸦片商从中国掠走的数以亿计的银元也极大地充实了英国政府的府库，鸦片成了牵动英国统治集团的一根最敏感的神经，保护和推动对华鸦片贸易也就成了当时英国政府的既定政策。东印度公司费数十年之力，建立起了一整套向中国推销走私鸦片的制度和政策；英国驻华商务监督的首要工作便是保护和扩大鸦片贸易。当时的伶仃洋是鸦片走私的据点，1835年的英国驻华商务监督罗宾逊的办公地点便移住在伶仃洋。1836年5月，英国外交大臣巴麦尊明确宣布，驻华商务监督的管辖权扩大到伶仃洋一带，从而使商务监督具有保护、管理、指导英国对华鸦片贸易的充分权力。林则徐禁烟的消息传到伦敦后，布里斯托尔商人在向政府的请愿书中明确提出：“对华鸦片走私是经英国立法机关批准的。”伦敦的“东印度与中国协会”在致外交大臣巴麦尊的函中也明确提出，对华鸦片贸易“是直接、间接经最

①③ 姚薇元：《鸦片战争史实考》，人民出版社1984年版，第29页。
② 丁又：《香港初期史话》，三联书店1958年版（1983年印刷，公开发行），第27页。
④ 姚贤镐：《中国近代对外贸易史资料》，中华书局1962年版，第281页。

高当局批准”。[1] 积极保护、支持鸦片走私贸易是当时英国政府的既定国策，只要中国政府反对这种鸦片走私贸易，两国间的冲突和战争就不可避免。

同时，鸦片战争前的清王朝确实是腐朽、愚昧、落后的。鸦片对其官民人等的毒害，鸦片贸易造成的大量白银外流，都动摇着清政府的统治。因此，1729 年雍正皇帝颁布禁烟令，鸦片贸易从此在中国成为非法的走私贸易。但腐败的清政府不可能因为皇帝的一纸诏书就能禁断鸦片的走私贸易，到 1839 年，鸦片商人已经从中国掠走 6 亿多银元，仅 1830 年以后的 10 年就掠走 3.2 亿多银元。1835 年以后，每年走私进入的鸦片超过 3 万箱。鸦片战争前两年，每年更达 4 万箱。潮水般涌来的鸦片，使数万人染上毒瘾，受毒害最多的是“衙门中人”。由于鸦片而大量流出的白银，导致银贵钱贱，府藏空虚，终于震动了清朝廷，使得鸦片问题成为当时清王朝举朝关注的重大而突出的问题。道光帝采纳黄爵滋等人的奏议，决定禁烟。林则徐禁烟后，英国商务监督义律用断绝中英间一切贸易的方式，以使双方的矛盾激化和普遍化，从而使他要求英国政府出兵，用武力推行鸦片贸易的建议得到实行。1839 年 10 月，英内阁正式通过出兵侵华的决定。

所以说，鸦片战争绝非偶然事件，它是英国资本主义向外扩张的海盗暴行的发展，是英国蓄谋已久的侵华政策和顽固推行对华鸦片贸易政策的继续。即使没有林则徐虎门销烟一事，英国也必然会寻找别的借口发动侵华战争。商品、鸦片、大炮是外国资本主义入侵中国的三部曲。保护鸦片贸易，获取鸦片贸易所带来的巨额利润，是英国向中国发动侵略战争的根本原因。相反，林则徐因为虎门销烟以及抗击英国为鸦片贸易而发动的侵略战争，成为近代中国的一位民族英雄，并且成为国际反毒斗争的先驱者。

当然，从另一个角度来看，“一个人口几乎占人类 1/3 的大帝国，不顾时势，安于现状，人为地隔绝于世并因此竭力以天朝尽善尽美的幻想自欺。这样一个帝国注定要在一场殊死的决斗中被打垮”；这是“一种奇异的对联式悲歌”。[2] 清政府的闭关锁国，是西方人在“被享以闭门羹”后，采用“残暴行为”的“主要原因”，于是，“掠夺、谋害及经常诉诸武力，为欧洲国家与中国开始贸易的特色”。[3] 正如唐德刚先生所言：“以逊清政府当年之颟顸愚昧（ignorance）、闭关自守（seclusion）、反商（anti-commercialism）、排外（anti-foreignism），纵无鸦片，则

---

① 英国议会文书：《中国》第 31 卷，《1840—1885 年有关对华鸦片战争及鸦片贸易文件》，转引自余绳武、刘存宽主编：《19 世纪的香港》，中华书局 1994 年版。

② 《马克思恩格斯选集》第 1 卷，人民出版社 1995 年版，第 716 页。

③ Blakeslee, *China and the Far East*, p.35，转引自姚贤镐：《中国近代对外贸易史资料》第 1 册，中华书局 1962 年版，第 126 页。

其他任何一‘片’——麦片、米片、溺片、尿片——亦均可为‘麦片战争’……‘溺片战争’之导火线，岂独鸦片已也？中英之战势在必发，非鸦片之过也。”①

总之，鸦片战争起源于对华鸦片贸易。正是由于鸦片贸易的发展，才有林则徐的禁烟，才有鸦片贸易危机，才引发了印度与英国的强烈反应；正是由于鸦片烟贩要求赔偿鸦片损失，所以他们才上蹿下跳，在幕后积极地将英国推向战争；正是为了恢复和保护鸦片贸易，所以英国的政客们才决意战争。因此，这场战争的发动者们在策划这场战争时，其目的就是为了反对中国的禁烟运动。鸦片战争是英国资本主义向外扩张海盗暴行的发展，是英国蓄谋已久的侵华战争的开始。

1840 年 6 月，在侵华英军总司令乔治·懿律的率领下，一支包括由 540 门大炮装备的 48 艘舰船和 4 000 名士兵的“东方远征军”，从印度侵入中国广东海面。一场由英国资产阶级挑起的、“旨在维护鸦片贸易而发动和进行的对华战争”②正式爆发了。这次战争从 1840 年 6 月开始，到 1842 年 8 月结束，历时两年零两个月。战争中，中国沿海军民曾浴血奋战，爱国将领关天培、葛云飞、裕谦、陈化成等先后壮烈殉国。但由于清政府投降派昏庸腐朽，屈膝求和，在英国侵略者的威逼之下，清政府于 1842 年 8 月 29 日签订了中国历史上第一个不平等条约——《南京条约》。接着，又于 1843 年 7 月和 10 月先后订立中英《五口通商章程》和《五口通商附粘善后条款》(即《虎门条约》)，作为《南京条约》的补充。以上条约的主要内容有：中国割让香港；赔款 2 100 万银元；开放广州、厦门、福州、宁波、上海五处为通商口岸，英国可在五口设领事馆，派驻领事；“协定关税”；“领事裁判权”；“片面最惠国待遇”等。历时两年零两个月的鸦片战争，以中国军民浴血奋战、清政府屈膝求和丧权辱国、英帝国彻底打开中国大门而告终。自此，中国的大门被英国资本主义的大炮以鸦片为由而打开了，中国开始沦为半殖民地国家。

(二) 鸦片战争对中国近代历史的深远影响

发生在 1840—1842 年的中英鸦片战争，对英国来说，并没有“伤筋动骨”，充其量只是一次出动了万余人的军事行动。然而对中国来说，却是震撼世人，改写历史的重大战争。

第一，鸦片战争是英国对华发动的一场罪恶的侵略战争，它使中国丧失国家主权和领土完整，由一个主权独立国家开始沦为一个半殖民地国家。众所周知，

---

① 唐德刚：《晚清七十年》，岳麓书社 1999 年版，第 20 页。

② [德] 马克思：《鸦片贸易史》，《马克思恩格斯选集》第 2 卷，人民出版社 1966 年版，第 139 页。

近现代国际关系的基本准则是尊重各国的主权和领土完整。《南京条约》等第一批不平等条约的签订，使清政府遭受割地、赔款、丧失一系列主权的厄运；随后，又通过1894年的甲午战争及战后的《马关条约》和1900年的八国联军侵华及战后的《辛丑条约》，使中国半殖民地国家地位完全确立，帝国主义国家控制和操纵了中国的政治、财政、金融和贸易。中国由独立国家向半殖民地的沉沦过程，正是由鸦片战争开其端的。

第二，大量泛滥的鸦片烟掠走了中国的巨额财富，毒害和降低了中国的国民素质，阻碍了中国近代历史的发展。这从直接、间接和长远三个结果均可反映。

从直接结果来看，鸦片战争使中国国门大开，其后的近半个世纪，鸦片输入飞快增长，在中国全部进口商品中一直占据着最重要的地位。以英国为首的外国殖民者通过走私和推销鸦片究竟从近代中国掠去了多少财富？据有关资料研究，从1800年“东印度公司”向中国推销鸦片，到1917年中英名义上中止鸦片贸易，外国殖民者共向中国走私、推销的鸦片、吗啡、海洛因等毒品，折合鸦片共702.3万箱，由此可知，其从近代中国掠走66.1亿银元；[①]如果再加上1917年后走私入口的鸦片，所掠财富就更加惊人。66.1亿银元是个什么概念？我们知道，资本—帝国主义国家向近代中国发动多次侵略战争，总共向中国勒索战争赔款近8亿两白银(约合11亿银元)。后人读史每每至此，常常为帝国主义国家向中国勒索如此巨额战争赔款而扼腕叹息。但比起外国殖民者通过鸦片从中国掠夺的财富来说，这个数目如此巨大的战争赔款倒反而显得很少了。须知道，19世纪清政府每年国库收入总共才7 000万—8 000万两白银(约合1亿—1.1亿银元)。到1917年为止，英国为首的外国殖民者通过鸦片从中国掠走的财富，竟等于清政府60多年的全部国库收入。当然，这笔财富主要是从中国官员和老百姓身上掠夺走的。近代中国为什么贫穷落后？为什么到处缺乏资金？鸦片问题便提供了一个震撼人心的答案。

从间接结果来看，在进口洋鸦片的刺激下，中国的土产鸦片也急速发展起来。1866年全国土产鸦片5.5万担；1870年是7.7万担；1880年达40万担，为进口鸦片的4倍。以1906年为例，这一年土产鸦片37.6万担，加上进口洋鸦片5万担，总共42.6万担(每担按百斤计，大约为鸦片一箱)。按凌青先生推算，鸦片战争前夕每年进口4万箱鸦片，可供850万人吸食一年。[②] 则42.6万箱鸦片，便可供约9 200万人吸食一年了。据中国代表团在1909年上海国际鸦片委员

① 苏智良：《中国毒品史》，前言，上海人民出版社1997年版，第3页。
② 凌青：《鸦片战争前后的禁烟运动和当今世界的扫毒斗争》，中国社会科学出版社1990年版，第107页。

会议上说,仅1906年,中国因改种罂粟造成的谷物损失达1.5亿两白银,因吸食鸦片造成的劳动力损失达到4.5亿两白银。一年如此,100多年的近代中国,因为鸦片而造成的财富损失,又究竟是多少呢?要知道,自1929年至1933年,中国的罂粟种植面积达8 000万亩,占当时全国耕地的6.1%。中国由此被世人称为"罂粟王国"。由于鸦片给近代中国造成的财富损失,如果计量史家能够推算出来,这个天文数字显然是令人惊心动魄的。

从长远结果来看,清王朝时期,向中国推销鸦片主要以英国殖民者为主。民国以后,则以日本为主,而且走私进来的多为烈性毒品。日本大举侵犯中国以后,为灭亡中国,大肆推行毒化政策,强迫被占领区居民大量种植罂粟和购买烟膏。据统计,日占区鸦片产量达2万吨,吸毒人数有3 200万人。实际上,2万吨鸦片合40万箱,按凌青先生测算的数字,是可供8 000万人吸食一年的。而这一祸根则源于鸦片战争。

鸦片在近代中国的极度泛滥,尤其是民国以后的继续泛滥,虽然难以完全归责于英国殖民者,但这种给近代中国造成极其巨大危害的鸦片毒祸,始作俑者却不能不追溯到英国经由印度对中国的鸦片输入,而鸦片战争则在这个毒害近代中国的罪恶过程中,起到了极不光彩的、反动的历史作用。正是鸦片战争所起的这一推波助澜的恶劣作用,使中国失去了巨量的物质财富;同时,鸦片战争所推动的鸦片这种毒品在中国的极度泛滥,极大地戕害了中国国民的素质。

第三,鸦片战争打开了中国国门,外国资本主义进入中国,破坏了农业和手工业结合的自然经济结构,打破了中国社会经济发展的停滞状态,刺激和促进了中国资本主义近代工业的发生和发展,充当了历史发展的不自觉的工具。鸦片战争后,"牢固的中华帝国遭受了社会危机"。① 英国人的鸦片麻醉了中国人,同时也唤醒了中国人。正如马克思所说:"鸦片没有起催眠作用,反而起了惊醒作用。"②不能不指出,睁眼看世界思潮的勃兴,表明了先进的中国人的追求;近代民族主义的萌动,是不甘屈服的中国人的抗争;救国图强的思想和实践,预示了近代中国的希望。这一切,都是外国资本主义在近代中国充当不自觉的历史发展的工具后所带来的。

二、鸦片贸易合法化及其对中国社会的影响

(一) 导致鸦片贸易合法化的原因

就英国资产阶级而言,迫使清廷把非法的鸦片贸易置于一个正常合法的地

---

① 《马克思恩格斯选集》第2卷,人民出版社1963年版,第3页。
② 《马克思恩格斯全集》第15卷,人民出版社1963年版,第545页。

位是其侵华政策的一个重要目标。然而，在第一次鸦片战争后的谈判中，虽然英国迫使清政府签订了不平等条约，但由于清政府的拒绝，也由于英国政府在鸦片贸易上的“声名狼藉”，引发这场战争的鸦片问题并没有得到解决。然而“英国又不愿意放弃这一巨额掠夺”，只好在“暗地里加紧诱逼清政府开禁鸦片”。[①] 1842 年 8 月 27 日，即《南京条约》签订前两天，璞鼎查正式向耆英提出一份备忘录，促请清政府对鸦片问题采取“明智”态度，建议“除非中国能够完全阻止鸦片贸易(实际上是办不到的)，否则，只能以物物交换方式使鸦片买卖合法化，才是鸦片贸易的唯一补救办法”。《南京条约》终究没能完成实现鸦片贸易合法化的使命。《南京条约》签订后，清政府即“通敕各省，凡吸食之犯，一经获案审实，即按例办理，贩卖者无人买食，不驱自退。中国办内地之民，外国亦无借口”。[②] 这一时期，英国方面代表一再地提出鸦片贸易合法化的要求。1843 年，中英进行虎门条约谈判，英方重提旧议。7 月 8 日及 13 日，璞鼎查向耆英递交说帖两份，指出中方既不能禁国人吸食鸦片，也就不可能禁外人输入，而外人将鸦片输入中国，与“英国无干，万万不能代禁”；不如开禁“收平允之税”，反使走私停止，犯罪减少，中国税收增加。[③] 为了强调璞鼎查增税说词的诱惑力，英国使团秘书小马礼逊还具体开列了一个方案，称只要中国开放南澳和泉州两个口岸允许鸦片进口，估计两口岸每年输入鸦片 3 万箱，以每箱 50 元的关税计算，每年就可为中国国库增加 150 万元的税收。8 月 29 日，耆英将中方态度全面照复英方，其要点如下：其一，毒品为害甚烈，外商来华正常交易，“不患无利可图，何必贩此害人之鸦片”；其二，鸦片来自外洋，中国政府力争约束国人，但英商则应由英方约束，鸦片大宗来自英属印度，不能说与英国无关，如英国从源头杜绝，烟毒“自当敛迹”；其三，至于鸦片入华合法化，中国“收平允之税”的说辞，英方“事无把握，有无成说，何敢率更定例。即使有成说有把握，非奏明请旨，未敢擅行，此时不敢遽议也”。[④] 鸦片问题实际上成了一个“悬而未决”的问题。正如美国人马士所说的那样，第一次鸦片战争，“以及由于战争的结果而强加于中国的条约都没有解决鸦片问题”。在后来的中美《望厦条约》和中法《黄埔条约》中都无一例外地将鸦片列为违禁品。1842—1858 年间，中国官方的禁烟政策是：禁内不禁外，以禁止国人吸食来抵抗鸦片的输入。

然而，是什么力量促使清政府改变态度，最终做出鸦片弛禁的重大决策，同

① 王宏斌：《禁毒史鉴》，岳麓书社 1997 年版，第 144 页。
② 《筹办夷务始末(咸丰朝)》一，故宫博物院 1930 年影印版，第 127 页。
③ ［日］佐佐木正哉：《鸦片战争之研究(资料篇)》，东京大学出版会 1964 年版，第 212—213 页。
④ ［日］佐佐木正哉：《鸦片战争之研究(资料篇)》，东京大学出版会 1964 年版，第 253—254 页。

意鸦片贸易合法化呢？这主要有以下四个原因：

第一，谋求鸦片贸易合法化是英国政府的一贯主张，是英国资产阶级及其政府绝不会放弃的既定方针。以英国为首的西方资产阶级，在中国小农经济的顽强抵抗之下，并未实现其既开辟中国广大的工业品市场，又不放弃鸦片贸易的“理想”局面，于是，在经济利益的驱使下，用政治的最极端手段——战争来解决问题，就成为首选之法。鸦片战争打开了中国的大门，西方资产阶级特别是英国资产阶级欣喜若狂，他们以为从此开辟了世界上最广阔的市场。代表英国签订《南京条约》的璞鼎查，回伦敦后在英国议会曾得意地宣布：“倾兰开夏全部纺织厂的出产也不能够供给它一个省的衣料的。”[①]但这只不过是急于发大财的英国资本家的主观想象。实际上，鸦片战争后英国向中国推销工业品的增长势头仅仅保持了两三年。1845 年英国输华商品（不包括鸦片）达 240 万镑。令英国资本家始料不及的是，从 1846 年到 1856 年的 10 年间，这一数值始终徘徊在 150 万镑上下。出现这种状况的原因，一是中国社会自然经济结构在战后并没有立即解体，自给自足的自然经济顽强抵抗着西方工业品的侵袭；二是英国商人继续在中国大规模贩卖鸦片，掠走大量白银，必然降低中国人购买英国工业品的支付能力。但英国人从鸦片贸易中获得的利润是如此之丰厚，以致他们虽然迫切要求扩大中国市场以推销其工业品，却也绝不愿意放弃或缩小鸦片贸易。

鸦片贸易不仅给英国资产阶级带来血腥暴利，而且给英国政府带来了巨额财政收入。第一次鸦片战争后，清政府虽然实行“禁内不禁外”的政策，但并没有完全废除禁烟法令，鸦片贸易在某种程度上还受着限制。虽然由于涉外法权的庇护，外国鸦片贩子肆无忌惮地进行毒品走私，致使形成合法进口商品需要纳税，非法走私毒品反可以逃税的极不正常的局面出现，但是对英国来讲，一方面，鸦片走私费用甚巨，要想薄本厚利地从事鸦片贸易，只有使鸦片贸易合法化；另一方面，这种没有法律依据的局面能维持多久，仍然是一个未知数。因此，将鸦片输华合法化明确载入约章，继而从法权上彻底摧毁中国的禁烟政策，给英属印度的鸦片开辟无限广阔的需求市场，愈益突出地成为英国对华战略的重要部分。

第二，使鸦片贸易合法化，是英国资产阶级政府应付世界公正舆论，摆脱在鸦片贸易上人所皆恶的不光彩地位的需要。鸦片贸易虽然给英国带来了可观的经济利益，但英国国内的反鸦片运动却一直未曾停息。英方人士曾评论说：“在英国，这个问题（指鸦片问题）即使不在它的政治方面，也必定在它的道德方面被

---

① 严中平：《英国资产阶级纺织集团与两次鸦片战争史料》，《经济研究》1955 年第 2 期。

提出来。”[①]早在1837年,《澳门月报》就发起了一场关于鸦片贸易是非问题的讨论,内有大量的谴责鸦片贸易的文章,从道德和对人体的危害上斥责鸦片贸易的罪恶。一位英国读者评论道:“毒品的贸易者经营此业仅为获利,但却用此代替对是非的一切考虑”[②];并进一步指出经营鸦片贸易的外国商人,是“凭借其国家的力量,用致命的鸦片来毒害一个民族的健康和败坏其道德,而却傲称优越”,[③]将抨击的矛头直接指向英国政府。1839年,当林则徐领导的禁烟运动刚刚拉开帷幕的时候,生产和销售鸦片最多、获利也最大的英国国内也爆发了一场反鸦片运动。其代表人物有人道主义者弗赖伊及伦敦传教会教士麦都思,他们积极参加、推动了此项运动,并著书立说,反对鸦片贸易。1842年7月,“英国235个商人和制造商联名向罗伯特·皮尔爵士递交了一份请愿书,从保护工商业者利益的角度请求停止鸦片贸易”。[④] 而《南京条约》签订后,“在议会,或一般地说在英国,关于鸦片问题的讨论并没有因1842年合约而结束”。“1843年阿什利勋爵和沙夫慈白利伯爵先后把这个问题直接摆到下院面前。”[⑤] 1855年8月,沙夫慈白利伯爵递交的备忘录将人民的反鸦片情绪推向顶点。[⑥] 由各阶层汇集而成的反鸦片运动,使“鸦片问题在1840年以后仍然是英国公众的热门话题,印度政府、英国政府、鸦片商以及其他与鸦片贸易有关的人则对反对意见十分警觉”。[⑦]鸦片贸易,不仅激起了英国人民对其在道德上的罪恶感,引发了对政府的不信任;也同时成为两次鸦片战争期间敏感的政治问题。直到第二次鸦片战争时期,英国政府都小心翼翼地避开对鸦片这一违禁品的交易“给予正式支持的任何嫌疑”。[⑧] 同时,鸦片走私也受到世界正义舆论的谴责。如果改变鸦片的走私违禁品性质,努力争取鸦片贸易在中国的合法地位,就既可保持英印政府可观的经济收入,又可摆脱在鸦片贸易上人皆所恶的不光彩地位。对英国政府来说,这是唯一可行的最佳选择。因此,使鸦片贸易这种遭世人谴责的罪恶贸易合法化,不仅是对付英国国内反鸦片人士的需要,也是应付世界公正舆论的需要,更是英国政府摆脱因鸦片贸易带来的诸多不利因素的最佳选择。

第三,鸦片战争后,鸦片走私的猖獗,使清政府的禁烟政策名存实亡。第一次鸦片战争后,虽然清政府仍然坚持禁烟政策,反对鸦片贸易,英国未能实现其鸦片贸易合法化的夙愿,但实际上却获得了既不纳税,也不受禁地贩卖鸦片的自

---

①② 《鸦片战争史料选译》,广东省文史研究馆译,中华书局1983年版,第101页。
③ 《鸦片战争史料选译》,广东省文史研究馆译,中华书局1983年版,第103页。
④⑤⑦ 梅森:《十九世纪西方对鸦片贸易的评论》,郭曦晓译,《国外中国近代史研究》第12辑。
⑥ [美]马士:《中华帝国对外关系史》第1卷,三联书店1957年版,第613页。
⑧ [美]马士:《中华帝国对外关系史》第1卷,三联书店1957年版,第620页。

由。加之随着香港的割让与五个通商口岸的开设，外国鸦片商有了安全的“避风港”。因此，第一次鸦片战争以后，“鸦片贸易”非但没有淡化，反而日甚一日地繁荣起来，对中国的鸦片走私更加猖獗。由于不平等条约的庇护，鸦片走私在通商口岸几乎公开化，其中，上海、广州成了两个最大的鸦片输入口岸。在上海，可以见到“整箱整箱的鸦片在街上运来运去”，“贩卖鸦片和吸食鸦片也都是毫不避人的”。[①] 随着鸦片走私的扩大，第一次鸦片战争后每年外国输入到中国的鸦片数量迅猛增长。鸦片战争前夕，每年输入鸦片约 30 000 箱，至战后的 1848 年增加到 38 000 箱。1852 年为 48 600 箱，1853 年为 54 574 箱，1854 年为 61 523 箱，1855 年为 65 354 箱。可见由于鸦片战争的失败，清政府不仅没能阻止鸦片进口，反而使进口大增。清政府的严禁政策已经名存实亡。

第四，鸦片战争以后，在内忧外患之下，清政府财政日趋困难和个别地区征收鸦片捐税的事实，使实施鸦片贸易合法化的时机到来。清王朝的财政状况，在清代前期末就已趋恶化。早在鸦片战争之前，鸦片走私已给清政府造成财政上的极大危害。“鸦片战争前二十年内，外流的白银当接近一亿两左右。平均每年要外流四百多万两，相当于清政府每年财政总收入的 1/10。”[②]还有人统计，1826—1840 年中，因鸦片贸易引起的逆差向外流出的白银约占当时社会白银货币量的 20%—25%。这种情况给清政府财政上所造成的危害，正如马克思所说：“因鸦片的输入而引起的白银不断外流，开始破坏天朝的国库收支和货币流通。”[③]自第一次鸦片战争开始后，清廷的财政状况日益恶化，收入逐渐减少，支出不断增加。在这场历时两年零两个月的鸦片战争中，除耗费了清廷约 7 000 万两白银的军费开支外，根据《南京条约》的规定，还要在 4 年之内对英国偿付 2 100 万银元的赔款。这个数目相当于清廷全年财政收入的 1/3。另外，太平军兴起以后，在其占领区内，清政府的盐税收入基本无着，关税收入除上海一隅外，也几乎全部丧失，户部的库存银，从 1850 年的 800 多万两，减少到 1858 年的 22 万多两。与此同时，大量的非法鸦片走私贸易在战后仍有增无减，白银外流、银贵钱贱等银荒问题依然干扰和影响着清廷的财政收支与管理。据统计，19 世纪 50 年代初，鸦片输入量每年增加到五六万箱，中国每年支付的白银达一亿银元，平均每年出超 1 000 万银元(730 万两白银)。由于白银大量外流，银贵钱贱的状况更加严重。1838 年，每两白银兑换制钱 1 600 文，而到了 1850 年，则上涨到兑换制钱 2 300 文以上。加之清廷为镇压太平天国起义的经费也在不断

---

① ［美］马士：《中华帝国对外关系史》第 1 卷，三联书店 1957 年版，第 609 页。
② 凌耀伦等：《中国近代经济史》，重庆出版社 1982 年版，第 68 页。
③ 《马克思恩格斯全集》第 12 卷，人民出版社 1963 年版，第 589 页。

增加，收支不平衡的矛盾更加尖锐，国家财政已到了无财可言的境地。在此“国课支绌，军饷浩繁”的情况下，开禁鸦片贸易，从鸦片贸易中获得税收，事实上已成为清廷势所必至的出路了。

于是，1858年清政府在面临英法联军武力胁迫、列强外交诱劝和内部走私横行、财政窘迫的多重压力下，在中英《通商章程善后条约》谈判时终于做出鸦片“弛禁”的重大决策。且在10月中英进行的条约谈判中，在中方的建议下，双方一致同意将鸦片改成“洋药”，并将其列在“药材”的栏目内，残人害命的毒品一变而成了救人性命的药材，可谓“煞费苦心”。11月，清政府分别与英、法、美订立《通商章程善后条约》，规定：“向来洋药……等物，例皆不准通商，现定稍宽其禁，听商遵行纳税贸易，洋药准其进口。”[①]

需要指出的是，在中英签订条约的文本中，英语的“Opium”（鸦片）始终没有变化，而中文的“鸦片”则被改成了洋药。这样一来，能腐蚀人们肉体和灵魂的毒品——鸦片，通过改头换面的伎俩，居然泯禁灭戒，登堂入室了。“这是一个灾难的举措。”[②]

鸦片、大炮、不平等条约是列强侵略中国的三种重要手段，鸦片贸易合法化的过程清楚地展示了外国侵略者如何将输入鸦片这样一种经济的手段、炮舰侵入这样一种军事的手段和条约体系这样一种法律的手段交互并用侵略中国的历史。将鸦片这种毒品的贸易堂而皇之载入国家间的条约内，是对国际公法的极大嘲弄，充分表明侵略者丝毫不具人类起码公德的寡廉鲜耻。

当然，值得注意的是，1858年11月8日中英签订的《通商章程善后条约》，虽然使长达16年的鸦片贸易合法化交涉到此结束，鸦片成为可以自由进口的合法商品，但是，中国政府仍对鸦片输华设置了三道屏障：第一道，区域限制。外商只许在通商口岸贸易，只有华商才能运入内地，运入内地的鸦片视为中国货。这道限制实际上没有起到什么作用。1860年后，通商口岸深入中国内地，该规定成为具文。第二道，内地税制限制。中国享有自定自征权，从1861年开始，英国就试图否认中国的这项权利，这实际上关系到中国政府对本国商人的管理权限，与外商无关，英国的干涉是毫无道理的。经过斗争，中国保护了这项权利，进入内地的鸦片每担约另征税厘50两。第三道，不照其他货物定税的限制。这项限制在1876年的中英《烟台条约》中被取消。[③]

---

① 王铁崖编：《中外旧章约汇编》第1册，三联书店1957年版，第129页。
② [美]马丁·布思：《鸦片史》，海南出版社1999年版，第169页。
③ 胡维革：《鸦片贸易合法化辨析》，《北方论丛》1989年第5期。

（二）鸦片贸易合法化的后果

鸦片贸易合法化，不仅是鸦片贸易本身的一次重大变化，而且是清政府对内对外政策的一次重新调整，是英国对华侵略的一次严重深入。它的实现，无论是对英国的侵华掠夺，还是对清政府的内政外交和中国人民的革命斗争、生产生活，都产生了极为深重的后果。

其一，鸦片贸易合法化导致了英国侵略者与清政府对太平天国起义的联合镇压。从1852年到1864年，根据中国对外贸易的统计，在每年外国对华出口货物总值中，鸦片占一半以上，最高的年份1854年竟占76%的比重。[①] 可见，整个太平天国运动期间，鸦片在英国对华经济利益中占有极其重要的地位。而太平天国作为一场反封建反资本主义侵略的农民革命，从起义一开始直到最后失败，始终把禁止鸦片作为自己斗争活动的一项重要内容。第二次鸦片战争以后，英国侵略者与清政府的主奴关系基本确立，特别是鸦片贸易问题得到了满意的解决之后，为维护各自的利益，英国侵略者立即向清政府提供武器，组建军队，帮助其镇压太平天国。而清政府也正是借助了洋人的力量，绞杀了这场农民运动，使清朝没落政权得以苟延残喘。

其二，鸦片贸易合法化刺激了中国土烟的泛滥。中国土烟的真正泛滥，确切地说是从鸦片贸易合法化以后开始的。原本清政府是禁止种植罂粟的，而鸦片贸易合法化使清政府改变了这种禁止罂粟种植的政策。这是因为：第一，既然清政府允许外国人输入鸦片，也就不好禁止本国人生产鸦片了；第二，随着征收洋药税厘，清政府也开始征收土药税厘了；第三，英国侵略者向中国大量输入鸦片，成了人们经济生活中的一个最大漏卮，深恶痛绝而又无法杜绝堵塞的人们，为了谋求生存只好采取挖肉补疮、以毒攻毒的消极方式，用自种罂粟、自产土烟与洋烟相抗衡。于是，在鸦片贸易合法化的刺激下，以往在中国大地上罕见的罂粟，这时大面积地出现了。在不到二十年的时间里，全国除台湾和海南岛以外的各个区域，地地皆有。

其三，洋药、土药税厘成了晚清政府苟延残喘的一根经济输血管。在整个近代史上，尤其是第二次鸦片战争以后，清政府一直处于财政拮据的困境之中，始终不能摆脱。鸦片贸易合法化再加上土药政策的改变，使清政府获得了一个新税源。

其四，鸦片税收成了帝国主义列强要挟清政府的一个得力工具。鸦片贸易合法化以后，鸦片税收成了清政府苟延残喘的一根经济输血管，而且大有须臾不可离开之势。正因为如此，它同时也成了帝国主义列强要挟清政府的一个得力

① 张仲礼：《1834—1867年我国对外贸易的变化与背景》，《学术月刊》1960年第9期。

工具。它们或以此为诱饵,引诱清政府上钩;或以此为武器,逼迫清政府就范,从而不断地达到进一步侵略中国的目的。有关这一点,在后来的中英《烟台条约》、中英《烟台条约续增专条》、中英《香港鸦片贸易协定》和中葡《会议草约》等一系列互相联系的条约的谈判及实施中,表现得最为突出和明显。

其五,鸦片贸易合法化对近代国人"东亚病夫"耻辱称谓的获得毋庸置疑地起到了决定性作用。1858年《通商章程善后条约》的签订,使鸦片以"洋药"的身份名正言顺地进入了中国市场,之前已经开始以走私为主的鸦片贸易获得了"合法"的身份,可以在中国畅行无阻地涌向城乡各地,流布于街头巷尾,鸦片"洋药"真正成了既能治病又能解忧的"灵丹妙药",但其最为严重的后遗症——成瘾性,却让喜好之人防不胜防,无法摆脱。"一条辫子,一根烟枪"逐渐成了中国人的形象特征,"东亚病夫"成为中国人的代名词。

总之,鸦片贸易合法化,实际上是在"鼓励更多的人吸食鸦片,使长期禁烟的运动比以往任何时候更加艰难,它所带来的危害比益处多得多"。[①] 它标志着从道光十年(1830年)开始的以林则徐虎门销烟为"顶点"[②]的清代第一次禁烟运动的抛物线纵坐标落到了零点。从此,鸦片如黑色的毒流泛滥于中国大地,给中华民族带来了深重的灾难。

不难看出,鸦片贸易合法化在中国近代史上产生了极为深刻的影响,给中国半殖民地半封建社会的政治色彩板上又涂抹了极其黑暗的一笔。

第二节 外国鸦片祸华与国内土烟的发展

一、外国鸦片祸华史的两个时代

鸦片战争之后,中国闭关锁国的大门被打开,鸦片贸易在战后快速发展,先后进入了外国鸦片祸华史的两个时代:破禁时代和潮水般涌入时代,其分界线为鸦片贸易合法化的实现。

(一) 外国鸦片的破禁时代

鸦片战争结束后,外国鸦片祸害中国的历史进入了一个破禁时代。其实,此

① [美] 马丁·布思:《鸦片史》,海南出版社1999年版,第169页。
② 《马克思恩格斯选集》第2卷,人民出版社1963年版,第28页。

时的中国政府并没有宣布禁烟令无效，相反，也曾在某些场合重申过继续禁烟。如1843年秋，道光皇帝颁布上谕："朕思鸦片烟虽来自外夷，总由内地人民逞欲玩法，甘心自戕，以致流毒日深。如果令行禁止，不任阳奉阴违，吸食之风既绝，兴犯者即无利可图。……此后内地官民如再有开设烟馆，及贩卖烟土，并仍吸食者，务当按律惩办，毋稍姑息。"[①]1851年江苏苏松太道麟桂曾奏请，若发现吸食者一经查实，即照例办理。直到咸丰年间，仍坚持禁烟。然而这只不过是道光朝曾经掀起的厉禁巨浪的惯性余波。朝野上下，连百姓恐怕都心里完全明白，禁烟不过是皇帝维持脸面的官话罢了。实际情况是自朝廷到各地，禁令早已名存实亡了。

英国政府割占中国香港之后，立即把这个小岛变成了鸦片在远东地区的主要集散地。1843年《南京条约》生效后，外国鸦片贩子立即麇集到香港筑室建房，开设趸船停靠的码头，把它变成了"自由的"鸦片仓库。到了1845年，就有80艘装运鸦片的快船往来于香港。五个通商口岸陆续开放后，外国鸦片贩子纷纷抢占最有利的走私地点，走私活动比鸦片战争前更加猖狂。在广州，鸦片船只最初停靠在离黄埔仅3英里的地方，后来把河口西边的金星门作为永久的停泊地。在福州，1845年有2艘双帆鸦片船停泊在闽江口作为鸦片临时仓库。在厦门，1850年停泊着颠地洋行的三桅帆船"阿美士德勋爵"号，怡和洋行的"开路者"号，合记洋行的纵桅式帆船"保王党"号。在宁波，有2艘鸦片货船经常停在镇海河口。

五口通商以后的最初几年，广州仍是中国对外贸易的中心。然而进入19世纪50年代以后，代之而起的上海因具有优良的港湾、背靠物产丰富的长江三角洲、有广袤的长江腹地等世界一流都市的一切条件，很快成为西方殖民者在中国的根据地，一跃而成为对外贸易的中心。与此同时，上海也成为世界上鸦片进口的最大口岸。自1843年上海开埠后，进入该城市的鸦片就开始急速增加。1847年从上海进口的鸦片占全国进口量的49.6%，到19世纪70年代，上海的鸦片进口量已占全国进口量的71%。即使到了1894年，上海的鸦片进口量仍占57%。另外，还有相当数量的鸦片是通过上海转运到其他口岸去的。外国鸦片是由各洋行经营运至上海以及其他地区的，在外国鸦片泛滥的八十余年里，大致上相继经历过以怡和洋行、沙逊洋行和哈同洋行为主的三个时期。鸦片战争后的20年，"是上海欧美洋商的传奇时代，是平步青云发财致富的惊人时代，是穷奢极欲豪门巨贾的时代，是投机取巧的时代，是大胆冒险的时代"。[②] 这一切无不都和鸦片息息相关，紧密相连。因此，上海实际上是世界最大的鸦片进口口

---

① 马模贞主编：《中国禁毒史资料》，天津人民出版社1998年版，第239页。

② [法]史式微：《江南传教史》，上海译文出版社1983年版，第214页。

岸、最大的鸦片转口口岸和最大的鸦片消费口岸。

鸦片战争前，烟毒主要泛滥于广东和福建。鸦片战争后，除上海日渐成为最大的毒品口岸外，浙江、江苏、安徽等省则成为鸦片消费的重灾区。例如，浙江“黄岩一县，无不吸烟，昼眠夜起，杲杲日出，阒其无人，月白灯红，乃开鬼市”。[①] 据《松江府续志》记载：“吾郡自道光以前吸食者无多，季年以后，其毒乃不可遏，通衢列肆，嗜者日众，城市而外，浸及乡镇，一日之费倍蓰米粮，往往因之败业，以促其年。”[②]道、咸年间的南汇县，吸食鸦片者不仅城镇遍染，乡僻村镇亦然。江南，中国最富饶的鱼米之乡，最发达的商业地区，已被弥漫的烟毒笼罩，鸦片消费的重心已由广东转移到江浙地区。

总之，伴随外国鸦片破禁时代的来临，鸦片没遮没拦地在各地泛滥开来。鸦片走私活动遍及广州、南澳、福州、山南、漳州、鹿港、宁波、台州、温州、上海、山东、河北、四川和东北等地，甚至连西藏也渐染烟毒。[③] 这一时期，海关管理混乱，鸦片输入又是走私性质，输入中国的鸦片数量，缺乏精确的统计。根据马士的估计，1840—1858 年的 19 年间，中国消费的鸦片约有 808 125 箱，若以平均每箱 550 元推算，总价值有 444 468 750 元，相当于一次国际战争的巨额掠夺。

（二）洋鸦片潮水般涌入时代

第二次鸦片战争以及一系列不平等条约的签订，为外国鸦片输入中国敞开了大门。19 世纪 60 年代以后，外国鸦片如潮水般地涌入中国，进入了外国鸦片祸华史的又一个新时代。据统计，1867—1879 年，鸦片进口完全呈直线上升势头。至 1879 年，达到最高峰，进口量为 83 051 担。下表中可以看到 1867—1911 年外国鸦片输入中国的大概情况。

表 4-1 1867—1911 年外国鸦片输入中国大致情况 （单位：担）

年份	数量	年份	数量	年份	数量	年份	数量
1867	60 948	1872	60 724	1877	70 179	1882	65 710
1868	53 915	1873	65 303	1878	72 423	1883	67 405
1869	55 926	1874	69 844	1879	83 051	1884	67 181
1870	57 851	1875	62 949	1880	71 655	1885	66 645
1871	59 530	1876	69 851	1881	79 074	1886	67 788

① 中国史学会主编：《中国近代史资料丛刊：鸦片战争》第 3 册，上海人民出版社 1957 年版，第 362 页。

② 《松江府续志》卷 5，疆域志。

③ 姚莹：《东溟文后集》，中国史学会主编：《中国近代史资料丛刊：鸦片战争》第 4 册，上海人民出版社 1957 年版，第 533 页。

续 表

年份	数量	年份	数量	年份	数量	年份	数量
1887	74 350	1894	63 051	1901	49 466	1908	48 347
1888	82 402	1895	51 525	1902	50 801	1909	48 917
1889	76 041	1896	48 930	1903	58 478	1910	35 358
1890	76 636	1897	49 217	1904	54 766	1911	27 808
1891	77 227	1898	49 785	1905	51 890		
1892	70 929	1899	59 100	1906	54 225		
1893	67 912	1900	49 210	1907	54 475		

资料来源：李文治编：《中国近代农业史资料》第 1 辑，三联书店 1957 年版，第 401—402 页。

虽然从 1880 年开始，外国输入中国的鸦片数量有所下降，但仍保持着高昂的势头，直到辛亥革命爆发的 1911 年，外国进口鸦片仍有 27 808 担。

从 1840 年到 1911 年的 70 年时间里，外国鸦片在中国全部进口商品中占据最重要的地位长达近半个世纪，此时的鸦片贸易呈现出如下特征：第一，鸦片输入数额巨大。关于外国输入中国的鸦片数量，清政府没有任何统计资料，现在一般只能根据马士的研究成果，即《东印度公司对外贸易编年史》和《中华帝国对外关系史》。笔者参照所掌握的资料对鸦片战争开始后的 1840—1911 年外国鸦片输华数量作一统计①，得出 71 年共计输入鸦片 4 052 749 箱，平均每年输入 5.8 万箱。其数量之大，对中国财富掠夺之多，触目惊心。第二，鸦片走私与鸦片贸易相伴而行。从历史上看，自 1796 年嘉庆皇帝颁布法令严禁鸦片进口之后，以英国为首的鸦片贩子对华从事的鸦片贸易就是非法的走私贸易，且这种非法贸易在高额利润的驱使下愈演愈烈，走私活动十分猖獗。鸦片战争前的鸦片走私状况已是人人皆知的事实，然而就在第一次禁烟运动达到高潮，林则徐查缴、销毁鸦片之举震惊世界之时，英国商人仍然不惜以生命为赌注，在沿海冒险走私。在 1840 年、1841 年、1842 年，由于战事的影响，鸦片输入量不算很大，分别为 18 965 箱、17 858 箱、18 827 箱，每年仍有近 2 万箱鸦片走私入境。由此可见战争时期鸦片走私活动的猖獗。在鸦片贸易合法化之后，鸦片的非法运销并未

① 这些资料为：(1) 根据马士的估计，1840—1858 年的 19 年间，中国消费的鸦片约有 808 125 箱；(2) 1859 年为 62 822 箱(转引自蒋大椿：《关于鸦片战争的评价问题》，《安徽师大学报(人文社科版)》1999 年第 4 期)；(3) 1860 年为 63 000 箱(转引自苏智良：《中国毒品史》，附录二，上海人民出版社 1997 年版)；(4) 1861—1866 年每年平均 6 万箱，共计 36 万箱；(5) 根据李文治编《中国近代农业史资料》第一辑，1867—1911 年外国鸦片输入中国的数量为 2 758 802 箱。

受到阻止，走私贩运鸦片的活动仍很普遍。19 世纪 60 年代，运到香港的鸦片平均有 1/4 是通过走私的渠道进入中国内地的。例如 1869 年运到香港的鸦片有 8.8 万箱，进口报税的只有 5 万箱左右，其余 3 万箱是通过走私途径进入的。根据各种资料综合推算，1859—1887 年，每年平均走私输入中国的鸦片不少于 2 万担。这一时期被称为外国鸦片潮水般涌入时代，是一点儿也不过分的。

二、国内土烟的发展及其对社会生活的影响

（一）国内私种罂粟的兴盛

唐代时，由阿拉伯人在广州等地贸易时，将罂粟籽种带入中国开始引入种植的罂粟，只是作为一种观赏花卉而被栽培。经宋、金、元、明各代，罂粟除了继续作为观赏植物外，它的食用和药用价值逐渐被人们认识和利用。这一时期罂粟种植面积极为有限，而且并无人熬制膏药吸食。到清代初年，中国种植罂粟的数量有所增加，熬制膏药贩卖和吸食现象也开始出现。但这时，全国种植罂粟的数量仍然有限，就是在以后“种植罂粟甲天下”的贵州，当时人们也仅仅是在“税务人员不知道的岩石阴影的角落里种一些罂粟，然后违法出卖这种秘密种植的植物”。① 然而，有资料表明，在鸦片战争爆发前，随着外国列强尤其是英国不断对华从事非法的鸦片贸易，国内不仅吸食和贩卖鸦片之风日渐盛行，而且在一些地方也先后出现种植罂粟的恶兆。如 1830 年以前，云南“延边夷民”，就已“向种罂粟，收取花果，煎膏售卖，名为芙蓉，以充鸦片”。随后，“内地民人，以取罂粟子榨油为名，亦复栽种渔利”。② 根据马丁·布思在《鸦片史》一书中说，此时，浙江、福建、广东、云南都有种植罂粟的记录。③ 浙江台州府属，“种者最多，宁波、绍兴、严州、温州等府次之，有台浆、葵浆名目，均与外洋鸦片烟无异”。④ 这一时期，民间私种罂粟、煎熬烟膏的现象，在区域上主要分布在云南和以浙江省为代表的江淮地区；从严重性上讲，云南地区最为突出。

不过，总的来看，至少在 19 世纪 50 年代末以前，国内种植罂粟在区域上和数量上还都是十分有限的，所造成的危害性后果并不很明显。这与当时清政府在花大力气禁止洋鸦片进口的同时，也采取了一系列严厉的措施，制止和打击国内罂粟种植的政策有很大关系。1823 年，道光皇帝就吏部、兵部奏请的酌定《失

① ［法］加勒利、伊凡，［英］约·鄂克森佛译补：《太平天国初期记事》，徐健竹译，上海古籍出版社 1982 年版，第 98—99 页。

② 中国第一历史档案馆编：《鸦片战争档案史料》第 1 册，上海人民出版社 1987 年版，第 77 页。

③ ［美］马丁·布思：《鸦片史》，海南出版社 1999 年版，第 168 页。

④ 中国第一历史档案馆编：《鸦片战争档案史料》第 1 册，上海人民出版社 1987 年版，第 90 页。

察鸦片条例》事发布的上谕，说明已经开始把禁止种植罂粟作为整个禁烟政策与活动的一个组成部分来看待了。道光十年(1830年)，道光帝又命令内阁发布了一个单独就国内种植罂粟问题的上谕，其中对围绕罂粟种植的各类人员作了明确规定，此后在全国范围内掀起了一个颇具规模和声势的打击罂粟种植的运动。1839年，清政府在《查禁鸦片烟章程三十九条》中进一步规定：栽种罂粟收浆制造鸦片烟土或熬膏售卖及兴贩鸦片烟膏烟土发卖图利者，首从各犯均处绞监候①。从某种意义上说，道光帝的上谕，虽未不折不扣地贯彻执行，但对全国各省仍然起到了防微杜渐的作用，而这些打击罂粟种植的法令和活动，也在一定程度上遏制了罂粟种植恶风的蔓延。

第二次鸦片战争后，鸦片贸易取得了合法的地位，此后洋鸦片输入中国的数量较鸦片战争前更进一步增加，价格也越来越高。面对以"合法"面目蜂拥而来的洋鸦片，清政府显得畏怯和矛盾。一方面既不能禁止英国商人贩卖洋烟，另一方面又无法禁止华人吸食洋烟，同时又不愿坐视因洋鸦片大量进口而导致的财政经济上的损失。于是，为堵漏卮，增加税收，清政府一反过去多次重申的限制国内种植鸦片的禁令，转而采取了让鸦片种植合法化的政策。

正是在这种政策的鼓励和纵容下，到了19世纪的六七十年代，罂粟种植之禁大弛。一些以前暗中种植的地区开始公开化，而一些原本没有种植的地区也转而种植。据1867年御史游百川在上奏中称：栽种罂粟"始于甘肃，延及陕西、山西，近复江苏、河南、山东等省亦有"。② 据1937年《民国日报》载：清咸丰时期，罂粟花满布于陕甘各县，产量日多，质品亦佳。实际则不仅限于这些地区，如贵州《平坝县志》也记载，这一时期由于当地栽种鸦片，贸易兴旺，冲击了传统的土布纺织业，"同光以来，以出产烟泥之故，此物甚销，湖广远商即贩湖广之阳逻、葛仙、黄州等布入境互易，于是纺织大停"。③ 1866年有报道说，辽宁牛庄当年进口鸦片烟土较头年减少，因为本地种植者十分之中多出二成五。④ 1873年另有报道说，有两个西人游山东曲阜，见"齐鲁道中，遍种罂粟"。⑤ 在普遍种植的基础上，全国形成了一些具有较大影响力的罂粟种植区。

第一大罂粟种植区首推西南的四川、云南、贵州三省。由于这几个省在鸦片

---

① 中国史学会主编：《中国近代史资料丛刊：鸦片战争》第1册，神州国光社1954年版，第565页。

② 《上海新报》1867年2月28日。

③ 《平坝县志》1932年本，《中国地方志民俗资料汇编·西南卷》下，书目文献出版社1991年版，第564页。

④ 《上海新报》1866年10月24日。

⑤ 《申报》1873年6月25日。

战争前就有着种植鸦片的传统，虽几经禁种，但终究未绝迹。因而弛禁以后，在原有基础上又迅速发展起来，以致形成“云、贵、四川境内之田，连畦接畛，种植罂粟花，借以渔利”。[①] 到光绪末年，四川省140多个州县除个别外，没有不种罂粟的。在云南昆明，根据包家吉在其所著《滇游日记》中的描述：“出南门，绕过金马碧鸡坊，过迎恩堂，时暮春天气，罂粟盛开，满野缤纷，目遇成色。”贵州的情形，到1884年以前，其十三府都已种植罂粟，“上游(贵阳、安顺、兴义、大定、遵义)鸦片弥山漫谷，下游思南、平越(福泉)、松桃二府一厅与上游无异。此外镇远、思州(思南)、石阡、都匀四府近来亦渐此风，习气尚浅。惟黎平一府悉是苗疆，栽种最少”。[②] 可见罂粟种植之普遍。

第二大罂粟种植区位于西北的陕西、甘肃、山西诸省。这三省虽为后起的罂粟种植地和鸦片生产地，却发展很快。陕西、甘肃两省中在鸦片战争前亦有吸食洋鸦片的记录。咸丰朝以后，“罂粟花布满于陕甘各县”。“吸者日多，种者亦日众，利厚工省又不择土之肥瘠。取液煮膏既谙其法，遂其吸食，而沿及其妻孥，久之厮丐亦然，其倾家而致死者不可屈指数。”[③]据记载，到光绪初年，“秦川八百里，渭水贯其中央，渭南地尤肥饶，近亦遍地罂粟”。[④] 除此之外，大荔、泾阳、凤翔、宜川、延川、汉中等地也都盛产罂粟。甘肃之宁夏本是“夙称腴地，产粮极广”，但到光绪初年则是“罂粟之繁滋，几遍地皆是”，[⑤]特别是河东地区，每亩可出产烟土七八十两。山西省罂粟种植在19世纪60年代以后势头也极为猛烈。该省罂粟之产以太原、榆次、交城、文水、代州、归化等处为最盛。

第三大罂粟种植区域为地处华东的江苏、浙江、安徽诸省。江苏省的罂粟种植地区主要集中在该省西北部的徐州府。该府下属的铜山、宿迁、睢宁、邳州、丰县、沛县、萧县、砀山八个州县，多有种植罂粟者。此外，该省中部的丹徒、句容和北部的淮安府所属之清河(淮阴)、桃园(泗阳)、安东、海州，以及所属的赣榆、沭阳等14州县也都是罂粟种植的重要地方。浙江省罂粟种植以台州等府最有名，温州、绍兴、杭州、湖州、嘉兴等府也同样普遍种植罂粟。安徽省的罂粟种植，根据1909年该省巡抚在一份奏折中称，种烟最盛的区域是宿州、涡阳、亳州、阜阳、太和、蒙城；颍上、凤台、怀远、定远、灵璧次之；最后则是霍邱、凤阳、五河、泗州。该省北部与南部也都有相当的罂粟种植区。

---

① 李文治：《中国近代农业史资料》第一辑，三联书店1957年版，第457页。

② 《贵州通志·前事志》卷40，贵州人民出版社1987年版。

③ 秦翰才：《左文襄公在西北》，商务印书馆1946年上海版，第180页。

④ 曾国荃：《曾忠襄公奏议》卷8，第16页，《近代中国史料丛刊》第四十四辑，文海出版社1969年版。

⑤ 左宗棠：《左宗棠全集·札件》，岳麓书社1986年版，第425页。

地处华北的山东与河南两省是第四大罂粟种植区。山东省种烟之地，初以鲁西南地区较为集中。其中以“兖、沂、曹、济四属为最”，“其余如济南、东昌、泰安、临清、青州、莱州、胶州，种者亦居十之四五”。[①] 以后种植之风愈刮愈烈，种植区域也愈来愈大，到 19 世纪 80 年代中后期，鲁西与鲁中也出现大面积种植，而到了 90 年代则已遍及全省各地。河南省罂粟种植虽然不如山东普遍，但也是一个不容忽视的罂粟种植省份。该省的归德、怀庆、卫辉、南阳、汝宁六府以及陕、汝两州各属内都有种烟情形，特别是“归德府许州全属，为河南产烟最富之地”。[②]

第五大罂粟种植区是东北地区。东北种植罂粟始于 1860 年左右。许多资料证实，晚清时期东北种植罂粟最烈的地区是吉林省。根据光绪二十三年、二十四年的调查，吉林省因自种而产鸦片最多，民间种罂粟者比比皆是，全省烟地共有 20 493 垧，按清末东北每垧 10 亩计，吉林全省种植罂粟地亩合计有 204 931 亩。[③] 此外，奉天省也是罂粟种植的重要地区。据 1907 年统计，该省“共种罂粟地亩计十一万亩零”。[④]黑龙江省的罂粟种植到清末时发展也很快。总之，东北罂粟种植到清末时已占到农作物中的第三位。另据 1884 年《申报》载：“东三省之种罂粟者不下十之六七。”[⑤]足见罂粟栽种之盛。

福建和广东是第六大罂粟种植区。福建在鸦片战争前就有罂粟种植，并且在国内还有一定影响。弛禁后，参与种植之人日多，种植范围也不断扩大。尤其是该省北部地区最为引人注目。据 1882 年一份资料记载：福建“沿北半省，农民嗜利，大半栽种罂粟为衣食之谋。近日有加无已，连畦接畛，几如丰台芍药，无处不花”。[⑥] 广东的鸦片产地主要在粤东北山地的潮汕地区。

第七大罂粟种植区域是地处中南地区的湖北、湖南诸省。湖北的罂粟种植主要分布在鄂西和鄂东的北部地区，其中以施南、郧阳、宜昌三府以及鹤峰厅为最多。此外，襄阳、荆门两属及武昌府属的崇阳，黄州府属的黄安，德安府属的应山、随州，荆州府属的公安、监利、宜都等处，尽管不多，但也有种植情形。在湖南，罂粟种植则以湘西最为普遍，该地的桃源、桑植、乾州、溆浦都是很有名的种植区。另有石门、麻阳、慈利、永定、澧州、安福、芷江、黔阳、沅陵、通道等地也都种植罂粟。

---

① 李文治：《中国近代农业史资料》第一辑，三联书店 1957 年版，第 464 页。
② 李文治：《中国近代农业史资料》第一辑，三联书店 1957 年版，第 906 页。
③④ 王革生：《清代东北种罂粟制鸦片述论》，《北方文物》1995 年第 3 期。
⑤ 《申报》光绪十年(1884 年)四月十二日。
⑥ 《益闻录》第 201 号，光绪八年(1882 年)九月十七日。

以上省份只是各地区较为典型和有代表性的罂粟种植区，事实上除了这些省份外，在晚清时期，还有一些省份如直隶、广西、新疆、江西等在种植罂粟方面也都有一定的发展。几乎可以肯定地说，自鸦片贸易合法化以后，种植罂粟之风几遍中国大地，无地不有。罂粟的大量种植，既是国内需求增长与放任政策实行的结果，也是促使近代中国鸦片流毒更加泛滥的原因。

(二) 土烟的生产与发展

鸦片最早由外国传入，明清时期，中国的鸦片基本上是从海外进口的。中国自己生产鸦片(土烟)是从什么时候开始的呢？目前国内学者的观点几近相同：苏智良在《中国毒品史》一书中说："到清代中叶，各地民众多已知割罂粟果制鸦片之法，因此，为生产鸦片而种植的罂粟，便在各地普及开来。""较早记载云南种植罂粟和生产鸦片情况的是乾隆元年(1736 年)出版的《云南府志》。""在道光元年(1821 年)时，四川涪陵一带已弃农种烟了，所产人称川土。""在道光十一年(1831 年)时，贵州'尚无栽种熬烟之事'，[①]但 4 年后，已有种、吸鸦片和开设烟馆。"[②]王宏斌在《禁烟史话》一书中说："1830 年，鸦片烟毒已经扩散到了广大农村，在乡镇集贸市场上有人公开兜售鸦片。为了满足农村吸食者的需要，浙江、云南、广东、安徽、甘肃、湖南、四川等地开始零星种植罂粟，自制鸦片。"[③]傅建成在《烟毒问题与中国社会》一书中说："早在鸦片战争爆发前，随着西方列强尤其是英国不断从事对华非法的鸦片贸易，使得中国国内不仅吸食和贩卖鸦片之风日渐盛行，而且在一些地方也先后出现种植罂粟的恶兆。更为重要的是，这种私种并非像以往那样是为了观赏和药用，主要目的则是为了熬制鸦片，并且销售从中获利。""在鸦片战争前，民间私种罂粟、煎熬烟膏的现象"，最为突出的"一个是云南地区"，"较早发现云南民间私种罂粟的记载是在 1823 年(道光三年)，区域是在云南少数民族聚居的迤西迤东一带，该地区民众不仅私种罂粟，而且将罂粟花熬为鸦片"。[④]

总之，从以上诸学者研究的结果看，大约在 18 世纪末 19 世纪初，中国的云南省已经有人开始自制鸦片(土烟)了，而在其影响下，19 世纪 20—30 年代熬制鸦片之风蔓延到了广西、贵州、福建、四川、浙江、湖南、广东等地，并进而北上传入甘肃、陕西、山西等地，这样，仅仅一二十年间，这一广泛区域的农民"废田而种

---

① 《清宣宗实录》卷 192。
② 《清宣宗实录》卷 264。
③ 王宏斌：《禁烟史话》，社会科学文献出版社 2000 年版，第 50 页。
④ 傅建成：《烟毒问题与中国社会》，陕西人民教育出版社 2000 年版，第 68 页。

罂粟，岁益浸广”，[①]形成了土烟与洋烟并行的局面。这一时期，国内一些地方之所以出现种植罂粟熬制鸦片的现象，其主要原因，一是受外来鸦片偷运能短时获重利的影响，发现种植罂粟熬制鸦片同样也可获利；二是地方官吏的怂恿和暗中支持。但总体看来，至少在19世纪50年代末以前，国内种植罂粟熬制鸦片的情况，不论在区域上还是数量上都是十分有限的。

从19世纪60年代开始，罂粟的种植面积迅速增加，几乎在中国各地都可以看到罂粟花摇曳的美姿。西南是中国栽种罂粟最早的地区，也是中国最适于罂粟生长的地区。这一时期土烟如雨后春笋般发展起来。四川的简阳县、广安州、苍溪县在咸丰时已是“连畦接畛”了。[②] 涪陵县，初因印度鸦片输入而成西南鸦片集散地，“罂粟用抵印度土，岁入数百万，竞趋之，而两湖、江西、广东商人汇银至川东收买，以涪（涪州）为聚处，川、黔土多在涪成庄。大吏移土厘局于涪，以道员督理税收，每年数十万两”。[③] 由此可见，19世纪60—70年代时涪陵已演变为西南土烟的贸易中心。自1861年特设土厘局于涪陵，清政府每年至少可收得数十万银两。从此涪陵一直是中国最重要的鸦片集散地之一。该地的罂粟种植也相当普遍。清末的涪州“山上田中，触目俱是，涪州荒野，几为鸦片所蔽”。[④]

道光、咸丰之交，往贵州经商的粤商夹带洋烟推销，贵州绅商便从广东引入罂粟播种，种烟区波及黔东地区。咸丰、同治年间（1851—1874年），此地的农民起义又促进了土烟的生产。光绪年间（1875—1908年），贵州鸦片生产盛极一时。在贵阳广东街、普宁街一带，求购鸦片的外地商人摩肩接踵。自此贵州鸦片从自种自销开始发展到外运外销。贵阳的锦盛隆、彭钰星、德原福、万盛兴等商行经营着鸦片的买卖，甚至已在湖南等地设立了分号。[⑤] 云南的罂粟竟至种到了省城的门下。

自咸丰年间（1851—1861年）起，鸦片还与其他外国商品一起侵入了西南少数民族居住地区，到同治、光绪年间（1862—1908年），罂粟在这些地区也流行开来。在四川酉阳州的土家族，因鸦片“得价甚昂贵故乡村篱落皆遍种植之”。[⑥] 黔西北、黔东北的彝族，凉山的彝族，还有羌族，以及云南的拉祜族、哈尼族、布朗族也都在种植罂粟。总之，19世纪70年代以后，罂粟在云贵川地区已形成专业性经济种植区域。罂粟种植的普遍化，从另一方面意味着国内鸦片产

① 朱寿朋编：《光绪朝东华续录》卷14，第12页。
② 翁同书：《通筹财用大源敬陈管见疏》，《皇朝经世文编》卷34。
③ （同治）《重修涪州志》卷18，第2页。
④ 《四川》第2号，第85页。
⑤ 《贵阳文史资料》第6辑。
⑥ （同治）《酉阳直隶州志》卷19。

量的大幅度增加。

随着鸦片贸易合法化，在清政府容忍甚至鼓励农民种植罂粟的政策下，土烟制作的技术在提高，品种在改良，其产品开始得到人们的青睐，并已被运往上海等地，与洋烟一争高低。“据各商埠的英国领事报告，1861 年的汉口市场上已出现大量而廉价的川土和湖北烟土，天津市场上的山西土也足以与印度鸦片相抗衡。”[①]据估计，1866 年，土烟产量有 5 万箱，1870 年达 7 万箱，[②]已超过进口洋烟的数量。19 世纪 80 年代，罂粟花已开遍了各地，鸦片的产量也达到了空前丰产的地步。有人估计土烟的产量已是进口洋烟的 2—4 倍。[③] 1882 年“中国四川、云南、贵州三省，共出烟土 265 000 担，三处土人所食仅需 165 000 担，余皆分运近省”。[④] 1897 年，赫德估计全中国鸦片产量为 334 000 担。1900 年莫尔斯估计全中国的土药为 376 000 担。1906 年，国际鸦片委员会估计全中国所产鸦片有 584 800 担，若以平均亩产 50 两推算，种植总面积为 18 713 600 亩。1905 年，清廷户部也有一项估计，数字更加大得惊人。“内地种烟之地约计五六十万顷，产土近四百万石。”[⑤]以上这些估算，尽管有较大出入，但都一致反映出土产鸦片数量十分巨大。下表为 1906 年各省鸦片产量估计。

表 4－2　1906 年各省鸦片产量估计　　（单位：担）

地　区	产　量	地　区	产　量	地　区	产　量
满　洲	15 000	广　东	500	山　西	30 000
直　隶	12 000	湖　南	1 000	陕　西	50 000
山　东	18 000	湖　北	3 000	甘　肃	34 000
江　苏	16 000	江　西	300	四　川	238 000
浙　江	14 000	安　徽	6 000	云　南	78 000
福　建	5 000	河　南	15 000	贵　州	48 000
广　西	500	新　疆	500	合　计	584 800

资料来源：李文治编：《中国近代农业史资料》第 1 辑，三联书店 1957 年版，第 457 页。

① Irish University Press Area Studies Series, British Parliamentary Papers, China Vol.6, Report by Lieutenant-Colonel Neale, Her Majesty's Secretary of Legation, Peking, December 20, 1861, pp.98－108.

② T. R. Banister, *A History of the External Trade of China*, p.152.

③ ［美］马士：《中华帝国对外关系史》第 2 卷，三联书店 1957 年版，第 416 页。

④ 王宏斌：《禁烟史话》，社会科学文献出版社 2000 年版，第 110 页。

⑤ 王宏斌：《禁烟史话》，社会科学文献出版社 2000 年版，第 112 页。

由表4－2可知，凡是种植罂粟愈普遍的地区，产量也就愈高。四川省由于“百四十余州县，除边厅数处，几无一地不植鸦片”[①]，因而鸦片的产量位居全国各省之首，多达238 000担；其次则为云南、陕西、贵州、甘肃、山西等省。若以百分比来衡量的话，川、滇、黔第一大产区鸦片产量约占全国总产量的62.24%；陕、甘、晋第二大产区则占19.49%；苏、浙、皖第三大产区占6.16%；鲁、豫第四大产区占5.64%；东北第五大产区占2.56%；闽、粤第六大产区占0.94%；鄂、湘第七大产区占0.68%，其他诸省合占2.27%。西南、西北两大产区鸦片产量占全国总产量的81.73%。[②] 根据苏智良在《中国毒品史》一书中的估算，19世纪80年代中国鸦片总产量超过40万担，若按每亩产量大约3斤计，罂粟的种植面积大约有1 330万亩，又据《清实录》，1859年全国耕地面积为77 100万亩，1887年增至84 700万亩[③]；罂粟种植面积已为耕地面积的1.6%。

表4－3　1866—1894年中国罂粟产量及耕种面积的估计

年　份	土烟产量（斤）	罂粟种植面积（亩）	耕地总面积（亩）	罂粟种植面积占耕地总面积的比例（%）
1866	5 500 000	1 833 000	790 000 000	0.2
1870	7 700 000	2 566 000	801 000 000	0.3
1880	40 000 000	13 333 000	827 000 000	1.6
1894	40 000 000	13 333 000	866 000 000	1.5

资料来源：黄希源主编：《中国近代农业经济史》，河南人民出版社1986年版，第121页。

由此可见，至晚到19世纪80年代，中国已从鸦片的纯消费国家，发展成了集生产、贩售、吸食为一体的毒品大国。

毫无疑问，自19世纪60年代后，在外来鸦片的汹涌侵入面前，清廷的无能与腐败，令其缺乏有效的办法阻止外国列强对华输入鸦片，反而采取了鼓励国人种植罂粟、熬制鸦片这种饮鸩止渴的误国政策，遂使罂粟种植、熬制鸦片问题变得一发不可收拾。尽管从表面上看，国内种植罂粟、生产土鸦片，对抵制和排斥洋鸦片的侵入起到了一些作用，但是这只是问题的一个方面，更为重要的一点是，清廷这种消极性的政策，是以损害无数中国人的生命、健康为代价的，它所产生的严重后果，尤其是对近代中国社会造成的危害是极其深远的。

---

① 《国风报》第1年第18期，宣统二年（1910年）七月初一日。
② 傅建成：《烟毒问题与中国社会》，陕西人民教育出版社2000年版，第89页。
③ 黄希源主编：《中国近代农业经济史》，河南人民出版社1986年版，第121页。

(三) 吸食鸦片的普遍化已成为清末社会生活的显著特色

早在鸦片战争前，英国人的鸦片走私活动已造成中国社会的鸦片泛滥，东南一带官民吸食成风。鸦片战争后，由于中国的战败，鸦片的输入不仅没有受到遏制，反而更加猖獗。到19世纪六七十年代，与鸦片的数量大增、买卖兴隆相为表里的，即是各地民间吸食鸦片的风气愈益普遍而兴盛。《上海新报》1869年7月21日载文论吸烟盛行的情形道：

> 始而吸烟藏诸深房密室，畏法畏人，继而严禁，罪在邻右，更隐秘也。自发逆作乱，国家暂以洋药之税稍补军需，而百姓似开鸦片之禁，买烟卖土，吸烟有瘾，毫无惧怯。有等下流不堪，腹中颇知文墨，先以吸烟为乐，若无事业，即开烟间，令妻子挑膏，殊不为耻，与花烟不分别也。且居然自以吸烟为尊，不许亲友劝导，觉为应分吃烟也。

可见由于吸烟风的盛行，人们的道德观念和舆论对于这一恶习也日渐宽容。这一时期，吸食鸦片之风已遍及城镇乡村，不分官绅商民，不拘男女老少，甚至有全家吸食者。徐珂《清稗类钞》就记载了这样一个全家皆为"大烟鬼"的典型：

> 世俗骂人之词，辄曰鬼。……而于嗜吸鸦片烟者，则目之曰烟鬼。咸、同以降，烟鬼日多。……王曾任京秩，性贪。某年外简，携眷出都，道经某邑，……濒行，勒献鸦片甚急，王固审知邑为出产罂粟之地也。令应之，始行。及启程，令见坐车、行李车之后别有一车，所度置者皆烟具。询其仆，曰："中有烟枪三十六支，盖自王而外，若所谓太太、姨太太、少爷、少奶奶、孙少爷、孙少奶奶者，无不吸烟。益以幕友家丁，适得《水浒》天罡之数。"①

在城镇街市中，则多设有供人吸大烟的烟馆。像上海、天津这样的通商巨埠，更是街市烟馆林立。根据《申报》1872年5月25日载文称，当时上海城厢共有烟馆1 700余家，烟业之盛，概可想见。其他一些城镇也多开有烟馆。如1869年江苏藩司在查禁苏州城内烟馆的札示中称："近来苏城地面，不论街衢小巷，到处设有烟市。"②

19世纪70年代以后，吸烟之风更向乡村及广大内地和北方地区蔓延。《申

---

① 徐珂编撰：《清稗类钞》第4册，中华书局1986年版，第1671页。
② 《上海新报》1869年8月7日。

报》1873年11月17日载文称，苏州地区原来只是市镇设有烟馆，虽屡禁而不绝，近年更延及乡村，以致“逢村必有烟灯”。四川巴县地区一直流传有“咸、同以前之人嗜酒，光绪时代之人嗜烟”[①]的说法。辽宁省义县县志中记载：“至于大烟（即鸦片烟），则道、咸、同犯禁，或私运入，价亦极高（分广土、大土），偷吸则可，查罚又极严重，自从光绪间开禁，吸食者遂众。吾邑富贵者尤嗜之甚，几至损寿绝嗣（嗜烟者未闻寿至七八十，或四男五女、曾孙众多者）。”[②]可见到了19世纪70年代，吸食鸦片之风已遍及南方北方的广大城镇乡村，成为不分贵贱贫富，无论男女老少，人们广为沾染的一种恶习。从此，吸食鸦片走进千千万万中国人的社会生活，成为须臾不可离开的一种生活方式，就如同人每天要吃饭、穿衣、睡觉一样，吸食鸦片也间杂其中。

值得注意的是，在那些商业发达的通商大埠，烟馆已不单纯是人们满足烟瘾、享乐消遣的地方，而是兼有谈买卖、拉关系、联旧谊、结新知的社交功能，成为一种兼有消遣、娱乐、社交等多种功能的商业性场所。一些烟馆也适应这种社交的需要，装修得豪华富丽，并按顾客的不同品味，装饰成各种不同的风格，以招揽客人。如上海到19世纪70年代初，已出现了几家以豪华和别具风格而著名的大烟馆。其中有的极尽铺张，以奢华称胜，有的悬挂名人字画，以雅致标奇。《申报》1873年12月29日曾登载一篇题为《烟馆争奇》的文章，摹写各烟馆争奇斗胜的种种手段：

> 上海一区，争奇斗丽，即如烟馆一事，眠云阁之华丽，醉乐居之雅洁，南诚信、蓬莱园之冠冕堂皇，每遇九秋节，堆菊山，使山林隐逸之花，遍于廛市。吉祥街公泰来者，又烟茶不索值，以邀主顾。兹交冬令，三径就荒矣，又换堆果山，如橘柚柑橙，一似菊山排列，再于枝头系以像生之飞鸣食宿，缀以灯火，光怪陆离，炫人心目。

这类装饰豪华的烟馆，其社交、娱乐的功能显然已远大于吸烟解瘾的需要，而吸食鸦片这一广为人们所指责的既伤身又耗财的恶习，也借此成为当时流行的、受人们羡慕的上流社交方式。

《申报》1872年6月15日曾刊登一篇来稿，论此事道：

---

① 《巴县志》1939年本，《中国地方志民俗资料汇编·西南卷》上，书目文献出版社1989年版，第46页。

② 《义县志》1931年本，《中国地方志民俗资料汇编·东北卷》，书目文献出版社1989年版，第211页。

自鸦片□毒中国，经数十年，烟铺之设，原以便行人之瘾，何处无之？盛则无过沪上，虽吴下不及也。沪上之盛又无右于万里云也。华其居，丽其设，精其器，工其烟，是以海内文人商贾，无不闻其名，仰其景，偶一至沪，甫停骖，即往一爽素志。故是设不但便行人之瘾，实乃备文人巨贾之清玩。是以文人巨贾或论诗文，或谈交易，是借烟以畅叙幽情也。烟虽食，人不之鄙，是以有瘾无瘾者，无不乐于斯设也。[①]

在当时的上海，烟馆与妓馆一起，成了一般士绅商人日常出入的社交场所。

总之，伴随罂粟的普遍种植和国内土烟的大量生产，在19世纪60—70年代，尤其是70年代以后，晚清社会生活的一个最大变化，就是吸食鸦片作为一种饮食习惯被千千万万的中国人所接受，而成为许多中国人须臾不可离的一种生活方式，并且成为社会普遍接受、认可甚至追求的社交方式。

第三节 清末对鸦片的征税及其后果

一、对进口鸦片的税厘并征

鸦片自唐中期传入中国，因其数量十分有限，在以后的宋、元各朝并未作为一般货物纳税入口。明中叶后，随着其进口的急剧增加，明神宗万历十七年(1589年)，鸦片首次被列入关税货物的范围。明政府规定，鸦片按进口药材的标准“每十斤征银二钱”。[②] 明末清初，战乱频繁，加之清初实行海禁，严禁中外贸易，鸦片税停征半个世纪。康熙二十三年(1684年)开放海禁，鸦片沿明制仍作为药材收税，每斤征银三分，税率比明末稍重。雍正七年(1729年)，清廷第一次明令禁烟，实际上只禁止私贩和私开烟馆，对于鸦片进口和收税并没有限制。随着鸦片的日益泛滥和吸食者的增多给中国社会造成了严重危害，嘉庆元年(1796年)，清廷下令停征鸦片税，禁止鸦片进口，严禁鸦片贩卖、种植和吸食，鸦片税再次停征长达60多年。鸦片贸易由合法变为非法，直至鸦片战争结束。值得注意的是，因禁烟问题引起的鸦片战争，在《南京条约》等相关条约中只字未被提及，但在条约规定的2 100万元的赔款中，却有600万元是赔偿英国商人交出

① 《申报》1872年6月15日。
② 中国史学会主编：《中国近代史资料丛刊：鸦片战争》第6册，神州国光社1954年版，第140页。

的被销毁的鸦片烟款，这就等于默认了输入鸦片的合法性。因此，在条约签订后，鸦片输入量又开始增加。从1842年开始，在英国驻华官员的长期活动下，处于内忧外患困扰中的清政府终于在咸丰八年(1858年)被迫与英国签订《通商章程善后条约》，允许鸦片作为洋药，纳税银后公开入口。该条约的签订，标志着鸦片贸易合法化，停征60多年的鸦片税再度开征。从此，清政府大量公开利用鸦片税达半个世纪，鸦片税厘逐渐成为政府财政收入的重要来源，在维护其腐朽统治方面起着饮鸩止渴的作用。鸦片贸易也成为外国侵略者对华商品侵略的主要方式。鸦片贸易合法化之后，清廷下令各海关将所征洋药税银"按三个月造册报部，以重课税"，另外每箱抽20两厘捐以助军饷。[①] 同时，还对闽浙总督王懿德提出的"将洋药进口征收税银仍归地方官委员征解"进行批驳，下令不得将税、厘含混为一，不得以税30两为厘捐，要求将海关税收和内地厘金严格区分。[②]

按照1858年《通商章程善后条约》中的《海关税则》第5款规定：鸦片进口每百斤征收税银30两，外国鸦片商只准在口岸销售，其一经离口，即属于中国货物；只准华商运入内地，外国商人不得护送，内地如何征税(厘金)，听凭中国办理。[③] 不久，上海设局抽厘，除对每百斤鸦片征进口税银30两外，另征收税厘50两。对此，英国公使威妥玛表示大为不满，认为这违背条约，妨碍了鸦片贸易的扩大化。清政府随即予以反驳："洋药进口每百斤征洋税30两，售与内地商人，征华税30两、厘捐20两，是征之洋商者仅有30两，其余50两皆征之华商，与洋商无涉。"[④]但是，鸦片贸易合法化之后却存在着严重的偷漏税厘问题。印度鸦片入华都是先运至香港，然后分运各通商口岸的。1872—1878年，每年运入香港的鸦片为8万—9万箱，而运销各通商口岸纳税的仅6万—7万箱，年偷漏税达2万余箱。1879年香港进口洋药10.7万箱，运销各口岸纳税的仅8.2万箱，偷税漏税达2.5万箱之多。所偷漏部分除极少量运往新加坡和旧金山等地外，其余不经新关，不纳厘税，由沿海的不法渔船零星偷运到内地私售。为了解决鸦片偷漏税厘问题，税厘并征被提上了议程。

19世纪50年代初，清廷为了筹措镇压太平天国起义的军费，在全国遍设厘卡，推行厘金制，很快"厘纳于卡，税征于关"，形成了定制。厘卡林立严重阻碍了商品经济的发展，首先引起在中国倾销商品的外国人的极大不满。1861年，英

---

① 《皇朝续文献通考》卷51，浙江古籍出版社1988年版，第8058页。

② 席裕福等：《皇朝政典类纂》，文海出版社1982年版，第375页。

③ 王铁崖编：《中外旧约章汇编》第1册，三联书店1957年版，第117页。

④ 李圭：《鸦片事略》下卷，中国史学会主编：《中国近代史资料丛刊：鸦片战争》第6册，上海人民出版社1957年版，第155页。

国驻上海领事密迪乐就反对在进口税外另收华商厘金。此后英国方面为减轻其商品税厘，多次提出在各通商口岸租界免征洋货厘金的要求。1861 年 7 月，代理总税务司的英国人赫德在上总理衙门的奏折中又一次提出鸦片征税问题。他认为鸦片输入中国，每年约有 7 万箱，收厘太重，才会出现走私的弊端。他提出两种方法：一种是进口时征一次重税，每百斤 60 两，完税后准往各处，不要另征别税；另一种方法则是在进口时征收洋税 30 两，再征华税 15 两，准许在通商之本府所属境内不再加征，一出本省，应该听凭内地官员随时设法办理。可以说，洋药税厘并征的方法最早是由赫德提出来的，赫德的建议很明显代表的是英国资产阶级及鸦片贩子的利益，他的目的是用税厘并征的方法，来减轻内地税对鸦片贸易的限制。而清政府因为财政关系，认为洋药公开进口之后纳厘之数不及纳税之半，又谋求税厘合征以防奸商蠹吏之避匿。于是，中英之间又有洋药厘金归关，税厘并征之议。1876 年商定中英《烟台条约》时，李鸿章曾向英国公使威妥玛提出对鸦片税厘并征的问题。从 1879 年开始，中英就鸦片税厘并征数额多次商谈，直到 1881 年李鸿章提出税厘并征 110 两，而威妥玛却只加到 100 两。其间，驻英国出使大臣郭嵩焘又与英国外交部官员沙力斯伯里面商，拟定每箱收厘金 60 两，正税 30 两，共 90 两，而沙氏坚执不允。中国方面以为，90 两和 100 两都收数太少，经王公大臣议驳，此议一度搁置。后来天津海关税务司德璀琳又建议，按照印度每年运入中国鸦片的箱数，由中国在印度设局收买后运回国内分售，其他商人不得买卖，每年递减 3 000 箱，30 年后可禁绝鸦片进口。广东巨商何献墀曾牵头提议，集银 2 000 万元为资本在香港设洋药公司，包揽鸦片进口和运销业务。就此问题李鸿章奏准，并于 1881 年派道员马建忠等人前往印度，与印度财政大臣贝冷会谈，但因当时印度以鸦片为出口大宗，鸦片税年收入达 800 万—900 万英镑，最高时占财政收入的 1/6，印度方面担心中国土产鸦片排挤印土，所以谈判没有成功。

这一时期，英国国内的一些有识之士也纷纷谴责政府不道德的鸦片贸易，极力主张停止对华输入鸦片，这种情况对税厘并征的谈判是很有利的。1883 年，在总理各国事务衙门的奏请下，清廷派曾纪泽赴英国办理洋药税厘并征事务。经反复磋商，在曾纪泽坚持不懈的努力下，1885 年 7 月 18 日，英国政府拖延了长达 9 年的《烟台条约》中的有关鸦片的条款才正式签订，这就是中英《烟台条约续增专条》，其第 3 条规定：洋药运入中国者，应由海关验明，封存在海关批准设立的具有保结的栈房或者具有保结的趸船内，必须等到按每百斤箱向海关完纳正税 30 两，厘金 80 两之后，方许搬出。这就是鸦片进口税厘并征 110 两的规定。该专条还规定，鸦片进口于内地拆包后即为中国货，由中国另行征收内地厘金。[1]《烟台条约续增专条》自1887年2月1日(光绪十三年正月初九)施行,此后报部的鸦片厘金猛增。当时鸦片进口每年约6万余担,按每担80两厘金计,海关年收厘金额为480万两,在1887年以前这部分收入是没有的。实行洋药税厘并征以后,各省收取的洋药零售厘金较过去也大有增加,如1875—1884年,年均收入48.1万余两;1888—1897年,年均收入106.6万余两,后者较前者多收58万余两。这样在实行税厘并征之后,仅厘金一项每年就较签约前多出540万两,[2]从而大大增加了清政府的财政收入。《烟台条约续增专条》签订之后,清廷又分别与英国和葡萄牙签订了《香港鸦片贸易专条》和《中葡会议草约》,对香港和澳门的鸦片贸易分别作了具体规定。通过后者,清政府获得了澳门鸦片的税收,却失去了澳门的领土主权。当然,对进口鸦片实行税厘并征也有利于对鸦片进口的管理。但是应当指出,清政府对鸦片税厘并征的主要目的是为了增加财政收入,而不是为了管理和禁止鸦片贸易。

二、对土产鸦片税厘的征收

在鸦片贸易合法化的同时,清政府为了利用鸦片税解决财政危机,对土产鸦片(土药)也开始收取税厘并不断加以整顿,以便最大限度地增加这部分收入。

至于如何对土产鸦片抽收税厘则经过了多次反复才确定,并得以在全国推行。1859年4月,惠亲王绵愉等奏请将土产鸦片与洋药一律抽收厘捐,8月清廷下令云南省,将所产土药分别收税抽厘,正税解部,厘金充作本省"剿匪"经费。1865年以后因不少人上奏滥种罂粟造成的危害,清廷曾多次颁布谕旨,禁种罂粟。1874年,直隶总督李鸿章奏请暂弛各省罂粟之禁以抵制洋药,待洋药进口减少时再加厉禁。1881年5月,左宗棠上奏主张对土药"照洋药税则加捐示罚",[3]6月李鸿章上奏,认为土药危害轻,价格低,应比照洋药内地厘税之数减成征收,主张每百斤共征税厘40两。这种征额似较公平,遂被清廷认可,为多数官员所接受而成为定制。

对洋药实行税厘并征之后,清廷也加紧了对土药税厘的整顿。1890年,户部与总署会奏《整顿土药税厘请饬详查妥办折》,指出:"内地栽种土药为中国出产大宗,果能设法稽征,认真办理,既可裨益饷需,且亦收回利权之一助,并可以征为禁,隐寓崇本抑末之意。"[4]当时,吉林、黑龙江、呼兰、热河、四川、云南、江

① 王铁崖编:《中外旧约章汇编》第1册,三联书店1957年版,第471页。
② 罗玉东:《中国厘金史》,商务印书馆2010年版,第470—471页。
③ 朱寿朋编:《光绪朝东华录》,中华书局1958年版,第1097页。
④ 朱寿朋编:《光绪朝东华录》,中华书局1958年版,第2735页。

南、淮徐等省区土药出产日繁，各省局卡征收税项，官吏隐匿入己，为数甚巨，弊端百出，以至征多报少，于国课毫无裨益。如果不及时整顿，直接关系和影响到对进口鸦片税厘的征收，这项税收也必将减少。为此，清廷下令要求各省督抚详察地方情形，将原定和新定各项办法迅速复奏。次年，各省奏折陆续呈上，有将原定额上报者，有将原额修改后上报者。鉴于各省收取土产鸦片税数额极不统一，主要产鸦片省份又收数不旺，1891 年总理衙门和户部会议了《徐州土药收捐章程》和《川省土药税厘划一章程》。徐州地区有 8 个州县种植罂粟，年产鸦片在 1 000 万—1 500 万两之间，两江总督沈秉成和江苏巡抚刚毅奏请，每百斤征银 30 两。后来经户部与总理衙门会奏，拟具章程十条，主要内容为：徐州产鸦片每百斤抽厘金 30 两，过江海、镇江两关代新关再收 15 两，提一成作办公费用；罂粟田已纳过田赋，土药厘捐只抽买户不抽卖户。制定该章程的主要目的是为了增加税收，正如总理衙门和户部在会议该章程时所指出的那样，徐州土药近年出产日旺，全年可望收厘捐 30 万两左右，如果能积极办理，税厘收数"自尚不止此数"。①

《川省土药税厘划一章程》原为成都将军宗室岐元、四川总督刘秉璋针对湖广总督张之洞"增收川省土药税"主张而提。该章程未定之前，四川土药每百斤在本省抽厘金 4 两 8 钱，运至湖北再抽收 4 两 7 钱，张之洞提出每百斤加征至 34 两 7 钱，并于川楚隘口设勇堵截。后来，张之洞又主张将四川鸦片税增加到每百斤征银 130 两，即在重庆征 20 两，运往他省再照洋药税厘并征 110 两，此数比洋药进口税厘多出 20 两，因而引起四川方面的不满。川方认为，"川土之价远逊于洋土……比洋土税厘加增 20 两，事太离奇"。②这一分歧经户部和总理衙门官员与李鸿章反复函商后得到解决，他们认为，川土每百斤值银 250 两，洋土每百斤约值 430 两，前者约是后者的 6/10，所以比照洋药进口每百斤税厘并征收 110 两之数，拟对川土每百斤征收税厘 64 两，其中内地税厘 4 两 8 钱，重庆出口应征出口税 20 两，复进口再征 40 两，共 64 两 8 钱。另外，还规定了云贵土药贩运入境应即照川土出口征收税厘，每百斤 20 两。③

由于清政府财政日益拮据，实际上是把土药税厘作为最重要的财源之一。1900 年，鉴于政府需款日多，罗掘办法亦穷，经济状况窘迫，清廷下令将土药税厘增加三成。1901 年《辛丑条约》签订之后，户部议筹款办法，规定将土药税再增加三成。④ 实际上到此为止，对土药收取税厘每百斤已达 110 两，与洋药相

①② 席裕福等：《皇朝政典类纂》，文海出版社，第 412 页。

③ 席裕福等：《皇朝政典类纂》，文海出版社，第 413 页。

④ 于恩德：《中国禁烟法令变迁史》，文海出版社，第 104 页。

同;并对收缴土药税厘抓得较紧,各省土药税收额也比较可观。以陕西和四川为例:陕西省土药厘金从1894年起直到1906年的12年间,除1901年近10万两以外,其余年份均超过10万两,1905年最高达28万余两。[①] 四川省清末年收土药税厘达100多万两,仅涪陵土税分局从1885年至1891年间,年均收取土药税即达10万两以上,到光绪末年更高达30万两以上。[②] 巨额的土药税厘已成为清廷财政收入的重要来源。

20世纪初年,随着土产鸦片的增多和进口鸦片的减少,清廷将主要精力放在了整顿土药税厘上。1904年底,清廷开始在两湖办土药统捐,在宜昌设总局,抽收土膏捐税,每百斤抽115两。不久,又增加了江西、安徽,改为四省合办,结果较各省分办时溢收甚巨,遂又加入闽、苏、两广,搞八省合办。1905年4月,为了保证秋季新鸦片上市后的巨额税收,财政处和户部请求政府下令各省速定章程,及时开办,并将宜昌总局改为八省总局,同时于湖南洪江、广西梧州各设分局,由总局派员经理。稍后又规定,凡云、贵、川烟土行销八省,经由总局分局均照收土税,无论轮船民船载运,一律预征膏捐。土药纳税捐后运往各处,如非落地销售,概不重征。所有经征款项及支销均由总局按季册报户部查核,所收款项以光绪二十九年(1903年)各省收数为定额,由局"合收分解",即将总局所收统捐较各省定额拨给。"溢收之数,另储候解,专作练兵经费。"[③]对于所收鸦片统捐,湖北享有优惠权,因为"统捐创始于湖北,该省摊认赔款及兵工厂经费,多由此取给",所以"嗣后归总局核明,每年应需数目,仍在原收项下照拨",而其他省不得援以为例。清廷认为八省统捐的好处是,"一税之外,听其所之,既便商民,复溢公帑"。[④] 1906年,浙江、山东、直隶、山西、河南、陕西、甘肃、四川、云南、贵州等省也普遍仿办。各省仿办后所收土药税捐的分配方法如上,即除按定额分拨各省之外,溢收之数均作练兵经费。清末新政中最重要的一项内容就是编练新军,而军队是国家的支柱,所以说当时的土药税捐已成了清政府赖以存在的经济支柱。如果说鸦片战争前夕,道光皇帝是为了兵和饷禁止鸦片的话,那么清廷灭亡前夕则是为了兵和饷大收鸦片税厘的,这也许是慈禧太后他们较其先人的"高明"之处吧!

1906年9月,清廷宣布以十年为期,"将洋土药之害一律革除净尽",开始在全国禁烟。1907年9月,督办各省土药统捐的大臣柯逢时上奏,要求裁撤督办总局仍归各省分办,其理由是,因川、滇产土大省未办本销,综计一年届满,征收

① 罗玉东:《中国厘金史》,商务印书馆2010年版,第611页。

② 《涪陵文史资料选辑》第2辑,第190页。

③④ 朱寿朋编:《光绪朝东华录》,中华书局1958年版,第5321页。

正税不过 900 余万两，故请裁撤。而清廷却以“近来各省认解练兵经费之款……尤恃此统税溢收之项源源接济”为由，不允许裁撤，而且谕令柯逢时：“倘再有地方官奉行不力，即由该督办指名严参。”①可见，清廷在全国性禁烟运动开始一年后，仍将鸦片税收作为重要的财政收入。

在清政府利用鸦片税收解决财政危机思想的指导下，清末征收洋土药税厘甚巨。以 1906 年为例，据朱寿朋在《光绪朝东华录》一书中估算，当年行销土药约 13.6 万担，②以每担（100 斤）收税厘 115 两计，可得税银 1 564 万两；行销洋药 5.4 万担，可得税 60 万两，洋土药税厘合计约 2 164 万两白银，这比于恩德所估算的 800 万两之数多出 1 300 余万两。③ 而本年海关征收货税银数为 3 606 万余两，洋土药税与海关货税银之比为 3∶5，从这一点也可以看出洋土药税厘在清廷财政收入中所处的地位。

三、清末对鸦片征税的严重后果

对鸦片公开收税及一再加重税厘的直接后果，是导致鸦片泛滥和人民负担的加重。1858 年以后，由于对洋药公开收税，经王公大臣与户部奏议，吸食鸦片“除系官员、兵丁、太监人等照例治罪”以外，“其余民人概准买用”，④于是鸦片之禁大开。据统计，19 世纪最初 20 年中，英国平均每年自印度向中国输入鸦片 4 000 箱，鸦片战争前夕的 1838—1839 年激增至 3.55 万箱。鸦片贸易合法化之后，输入量猛增。从 1859 年到 1869 年的 11 年间，年均进口 7.15 万担；从 1870 年到 1880 年的 11 年间，年均进口 9.33 万担。⑤ 1884 年以前，中国进口货值的 1/3 以上都是鸦片，1867 年和 1878 年鸦片进口分别占总货值的 46%和 45%。由于鸦片税率比较高，为其市价的 7%—8%，是一般商品税率的两倍。在 1884 年以前鸦片税占进口税的一半左右，1860 年甚至占到了 2/3。⑥ 由于清廷推行“以土抵洋”政策弛国内罂粟之禁，又按洋土药比价对土产鸦片实行轻税政策，加之商人反对和中国进口税厘加重，英印政府也不再把鸦片税收作为最重要的财政来源，因而光绪中期以后主要是土产鸦片行销国内。土药的畅销又刺激了鸦片产量的猛增。“据当时了解实际情形的人估计”，鸦片产量为：1900 年

---

① 朱寿朋编：《光绪朝东华录》，中华书局 1958 年版，第 5796 页。
② 朱寿朋编：《光绪朝东华录》，中华书局 1958 年版，第 6001 页。
③ 于恩德：《中国禁烟令变迁史》，文海出版社，第 140 页。
④ 中国史学会主编：《中国近代史资料丛刊：鸦片战争》第 6 册，神州国光社 1954 年版，第 154 页。
⑤ 姚贤镐：《中国近代对外贸易史资料》第 2 册，中华书局 1962 年版，第 855 页。
⑥ 严中平等：《中国近代经济史统计资料选辑》，科学出版社 1955 年版，第 76 页。

37.6 万担，1906 年 58.48 万担，6 年净增 56%。[①] 20 世纪初年行销于市场的鸦片中，土药约占 2/3—3/4，如 1905 年行销土药 14.2 万担，洋药 5.2 万担；1906 年行销土药 13.6 万担，洋药 5.4 万担。[②] 清朝末年对鸦片公开收税，导致了鸦片烟毒的泛滥。

政府弛罂粟之禁，农民种植成为合法，自产自吸也就成为很自然的事。这既影响了粮食生产，又严重危害了劳动人民的身心健康，使之更加贫困。同时，贩运售卖鸦片者都是要赚钱的，他们必然要把政府收取的那部分税厘，转嫁到广大吸食者和劳动人民身上。清政府纵容种植、贩卖、吸食鸦片，从中取得维持自身统治的经费，这种饮鸩止渴的做法是以牺牲广大劳动人民的生命财产为代价的。清末对鸦片公开收取税厘之后，经办官员成为肥缺，如八省统捐总局督办 1905 年由前广西巡抚柯逢时担任，因该职权大钱多，实为肥缺，故 1908 年 5 月清廷委任柯逢时为浙江巡抚，柯即以病为名拖延，后来清廷只得另派别人赴浙，柯得以继续督办土药统捐。柯逢时当时驻汉口，凡川、滇、黔、湘等省禁烟官员都由他委任，"岁得公费羡余甚巨，竟以致富"。[③] 对于官员借收鸦片税厘贪污中饱的事，当时就有人赋诗曰："昔年禁鸦片，土贵黄金贱，去年税洋药，民苦官更乐。千取百，万取千，朝廷岁所入，宁是夷人钱？重曰税，轻曰厘，府库日以瘠，囊橐日以肥，坐关之吏肥如牛。"[④]它一方面反映了政府借收洋土药税厘搜刮人民，聚敛钱财，使民众更加贫困；另一方面揭露了收取税厘的官吏乘机中饱私囊的嘴脸，这就是对鸦片公开收税的另一个直接后果——官肥民瘦。

---

① 李文治：《中国近代农业史资料》第一辑，三联书店 1957 年版，第 457—458 页。
② 朱寿朋编：《光绪朝东华录》，中华书局 1958 年版，第 6001 页。
③ 费行简：《近代名人小传》，文海出版社 1967 年版。
④ 朱维干：《福建史稿》下册，福建教育出版社 2008 年版，第 517 页。

第五章　清朝末年的大规模禁烟运动

第一节　清末禁烟运动的原因

一、土烟取代洋烟地位，致使鸦片烟祸进一步加深

（一）罂粟的大量种植标志着近代中国鸦片本土化的开始

伴随土烟生产的发展，洋烟在中国市场的统治地位受到冲击。从史料记载看，自19世纪70年代始，土烟已开始排挤洋烟了。1874年上海的英国领事就曾预言：不久的将来，土烟将可增加并满足中国人的需要，那时的英国要么停止印土输华，要么削价与中国鸦片竞争。[①] 那时，英国曾计划扩大印度罂粟的栽培，以增加对华出口而增加财政收入，但由于印度政府向烟农支付的预付金对烟农没有什么吸引力，而使扩种计划落空。与此相反的是中国土烟的急速增长。此后，自产鸦片逐步替代进口鸦片，成为国内鸦片消费市场的主要来源。

根据万湘澂的《云南对外贸易概观》中《蒙自海关税务司报告》称，19世纪末20世纪初，云土每年出产7万担以上，"每岁约卖五万担，迤南约卖三万一千余担，迤东约卖八千余担，迤西约卖一万一千余担"。[②] 其中马屎土（饼子土）3 000余担运往广东；封子土（包子土）36 000余担运往两湖地区；个子土9 000余担运往两广地区；块子土2 000余担运往广西。根据该报告，云南外销他省的鸦片共值银1 000万两，云土比印土价格便宜50%—80%左右，因此，云土逐渐成为沿江沿海地区鸦片的主要品种。而这一时期四川的鸦片产量居全国首位，如1906年，川土产量23.8万但，占全国总产量的40.7%。川土外销各地，成为川省最大宗的出口商品，1900年前后，川省出口商品价值3 000万海关两，其中鸦片就达1 200万两，占40%。[③]

---

① I. U. P.、B. P. P., China, Vol.11, Report on the Trade of the port of Shanghai for the year 1874, p.430.

② 万湘澂：《云南对外贸易概观》，《新云南丛书》3，新云南丛书社1946年版，第177页。

③ ［日］根岸佶：《清国商业综览》第3编，丸善株式会社1906年版，第148—152页。

由于土产鸦片成本较低、价格便宜、买卖方便，且口味适合国人，因而受到越来越多瘾民的欢迎，有较强的市场竞争力，使得外国进口鸦片数量从 1880 年后有所减少。这一状况在甲午战争后尤为明显。这一时期，在清政府的提倡下，经过长期的摸索，罂粟栽培技术不断提高，品种改良，种植地区扩大。19 世纪的最后几年，中国土烟的生产更为发展，鸦片产量比 19 世纪 80 年代增至更多。在土烟的排挤下，洋烟的进口量在 1880 年（一说 1879 年）达到高峰以后，逐渐跌落。正如 1891 年上海海关税务司裴式楷（R. E. Bredon）在关于 1882—1891 年海关十年报告中所说的那样："外国鸦片消费量的减少，是由于土产鸦片供应的增加。"[①]进入 1892—1901 年第二个十年间，上海海关外国进口鸦片的数量依然呈下降势头，"进口数量只有十年前的 3/4 左右"[②]，1895—1900 年间，全国洋烟进口徘徊在每年 5 万担左右，其中以 1899 年的 59 100 担为最高，但没有超过 1894 年的 63 051 担，更比 1880 年的 87 700 担减少了近一半。1902 年后每年虽超过 5 万担，但最高的年份是 1903 年的 58 478 担，连 1899 年的数量也没有达到。[③] 据统计，1905 年进口鸦片的数量为 51 890 担，与 1879 年的 83 051 担相比减少了 31 161 担，同大约 30 年前占贸易统治地位的情形相比，"这是一个惊人的变化"。[④]当然，在 1880 年以后，进口鸦片逐渐减少，还与进入中国的英美工业品的增加，以及印度实行金汇兑本位制有关。

土烟替代洋烟表现在三个方面：一是土烟在全国形成了有效的供销网络，占领了传统的洋烟市场，并逐渐使洋烟滞销，进口萎缩。不论从品位方面，还是在价格方面，土烟以价廉、质优、量多居于优势，输华百年以上的印度烟土，在价格上难敌中国土烟而日趋衰落。二是自 1882 年以后的半个世纪，一直被洋烟垄断的沿海地区市场，也逐渐被土烟所占领。三是土烟不仅满足了国内千万瘾君子的需求，还出口海外。仅据蒙自海关税务司的报告，19 世纪 80 年代起，云南鸦片的出口增长迅速，1889 年为 15 担，1892 年为 232 担，1894 年为 638 担，1900 年为 1 427 担，1904 年为 2 958 担，1906 年为 4 012 担。[⑤]

中国近代贸易史上，鸦片与棉纱、棉布为大宗物品，而最早完成进口替代（即以国内生产的物品代替进口的物品）的是鸦片。棉纱 1903 年、1908 年的自给率分别为 11.31%和 23.93%，棉布 1911 年的自给率为 9.1%。而土产鸦片自 19 世

---

① 徐雪筠等译编：《上海近代社会经济发展概况（1882—1931）》，上海社会科学院出版社 1985 年版，第 13 页。

②④ 徐雪筠等译编《上海近代社会经济发展概况（1882—1931）》，上海社会科学院出版社 1985 年版，第 62 页。

③⑤ 苏智良：《中国毒品史》，上海人民出版社 1997 年版，第 190 页。

纪70年代迅速发展，80年代以后，在国内市场逐步取代了进口鸦片，成为清代唯一“成功”的进口替代产品。90年代后期，全国每年鸦片产量高达60万担，是同期进口鸦片的10倍。土产鸦片的迅速增长，意味着鸦片本土化的完成，到1906年土烟的自给率已达91%①。

（二）烟毒泛滥的进一步加剧

随着土烟大量替代洋烟，19世纪末20世纪初的中国，烟毒泛滥进一步加深。

首先，罂粟种植遍布全国。到了19世纪末，罂粟的播种已在全国各地迅速扩展。阳春三月，大江南北、长城内外，到处是罂粟花开的景象。山西、陕西、甘肃、黑龙江、江苏、浙江、福建和云、贵、川三省都是最盛之处。且各地种植各具特点：植烟最红火的当属西南三省。贵州因其自然环境，农业本不发达，人谓“地无三尺平，天无三日晴，人无三分银”。但罂粟的栽培却是一个例外，“开垦之地半种洋烟……查种烟为近来民利大宗，积习已久，骤难改变”。② 由于贫困，黔省民众无钱吸食，其所产之鸦片，多出口外省。四川“鸦片之产额，位全国之首。川省百四十余州县，除边厅数处，几无一地不植鸦片者”。③ 全省年产鸦片的总值达3 500万海关两，其中输出省外的达1 200万海关两，④为全国最大的产烟区。北方的种植区域此时大大扩延。如山西全省以太原、榆次、交城、文水、代州、归化等地罂粟种植为最盛，仅永宁、黎城一带，罂粟面积就达35万亩。其所产之鸦片运销天津，为“土药中顶高之货”。⑤ 1904年，全省的土药税233 496两，为全国土药税收的12%。陕西的民众与山西相同，“自种自吸，不假外求”。据记载，陕西的烟地1906年有统计的已达53万亩。⑥甘肃的临夏地区1899年始植罂粟，地方政府即以每亩3钱至1钱2分的额度征税，当年即征得烟税500余两，此后逐年提高。罂粟种植面积亦逐年扩大，几年后，“此地已成红白罂粟世界，收割大烟的季节，商贩云集，奔向临夏的大烟集市”⑦。南方种植较北方更盛。江苏的徐州仍是最著名的产烟区之一。安徽的罂粟也种植极广，仅凤阳府、颍州府和徽州府三地每年所产就达4万—5万担。⑧ 在福建，农民争种罂粟而弃晚稻和

---

① 林满红：《清末本国鸦片之替代进口鸦片(1858—1906)》，台北《近代史研究所集刊》第9辑。
② 陈惟彦：《宦游偶记》，徐建生编：《强本堂汇编》。
③⑥ 茶圃：《各省禁烟成绩调查记》，《国风报》第1年第18期，宣统二年(1910年)七月初一。
④ 《重庆海关1902—1911十年调查报告》，《四川文史资料》第11辑。
⑤ 山西地方志编纂委员会组编：《山西大事记》，山西人民出版社1987年版，第75页。
⑦ 苏智良：《中国毒品史》，上海人民出版社1997年版，第183页。
⑧ 日本外务省：《清国事情》，1907年版，第580页。

其他农作物。1902 年，仅同安一县即产土烟 2 130 担，次年又增至 4 008 担，[①]全省产烟达 2 万担[②]。1900 年前后浙江省罂粟种植面积达 473 700 亩。罂粟种植面积在全国范围的普遍扩大，造成农业生产衰退，使自命崇本抑末、以农立国的清政府面临粮食歉收、不敷民食的局面。

其次，各类烟馆遍布城乡。洋烟和土烟运至城乡，经土行、烟馆和燕子窝等店肆销售。土行又称土栈，是鸦片的囤售之所，一般可零售，可批发。据说在上海最初开辟为商埠时，有一潮州人郭子彬开设了鸿泰土栈，这是上海土行的开始。而郑四太爷创办的郑恰记土行也是信誉颇佳，久负盛名，在国民党实行鸦片专卖前，始终是上海最大的土行之一。除了郑、郭两家以外，郑永康、郑宝成、郑宝泰、李裕康、陈源大、陈有利、蔡益源等，都是潮州籍的沪上鸦片巨商。他们从怡和、沙逊、哈同及后来的洋药公司购进烟土，加工成熟膏，以批发或零售方式在上海英租界、华界及浦东等地区销售。由此，上海的鸦片市场被郑、郭为首的广东潮州籍烟商垄断达 60 年以上。烟馆又称烟膏店，至晚在清雍正年间已出现，盛于 1909 年以前，其业务是熬制并售吸烟膏。生鸦片须经熬制，否则是不能吸食的。熬制烟膏经沿习继承，形成不少派别，尤以“广帮”最为出名。烟馆除了熬制和零售烟膏外，最主要是供客人吸食。烟馆大小不一，小的只有一张烟榻，大的则有数以百计的烟榻。晚清烟馆极其发达，小城市近百家，大城市上千家，数量众多，规模宏大。各种档次不同的烟馆遍布全国城乡。据 1872 年《申报》的粗略统计，上海大小烟馆有 1 700 余家，人称“上海烟馆甲天下”。1906 年重庆有烟馆 860 家。就连吸食风气不那么盛行的湖南长沙也有烟馆 554 家。安徽芜湖，“烟馆甚多，其最大者为郑和、成游、三合等数家，灯以百计，每日旧烟百两，亦云巨矣”。[③] 售烟所，俗称“燕子窝”，是一种低级烟馆，出现于清末，自辛亥革命后盛行一时。时人有以打油诗讽刺之：“燕子窠，孵燕多，数榻横卧如燕窝，烟泡敷在烟枪上，状如燕子衔泥做燕窠(烟枪上的烟斗状如燕窠)。吱吱呱，吱吱呱，吞云吐雾乐乎乎！燕子营窝人称道，人做燕窝命呜呼！”尤其是 20 世纪 20 年代，因迫于禁烟舆论，土行、烟馆不能公开存在，所以私设的烟铺——燕子窝便急剧发展起来。其得名于上海，时人谓燕子专喜衔泥土筑窝，而瘾君子们也整日“土”不离口，奔波于寓所与烟馆之间，如燕子一般，故称其吸烟场所为“燕子窝”。据说上海法租界曾是燕子窝的天下，1927 年左右法租界的燕子窝至少已有 6 000 余

① 厦门商政局：《实业现况》，第 5 页。
② 《三都澳海关十年报》，《福建文史资料》第 10 辑。
③ 《新开烟馆》，《中外日报》1899 年 9 月 9 日。

家，到 1928 年，根据中华民国拒毒会《拒毒月刊》记载，更达 8 000 余家。还有一种花烟间，始于同治年间。这是娼妓卖淫与吸食鸦片烟兼备的场所，其特色是有妓女侍奉烟客过瘾。这些烟妓比雏妓低一等，但并非最下等娼妓，鸦片烟却均是臭不可闻的劣货，但价格比较低廉，因此，车夫、跑堂、店员、小商人等经常光顾此处。来客不花大钱，就可以达到过烟瘾和嫖妓之双重目的。

第三，毒品种类增加。近代以来，侵害中国人民的毒品基本上只有鸦片一种，因鸦片所含的生物碱仅 20%左右，所以对人体的毒害比较缓慢。但到清末，外国最新制作的各种毒品逐渐侵入中国，从而使中国的毒品种类增加，危害更加惨烈。同治年间，吗啡作为戒烟药而输入沿海城市。“金丹”是一种固体化的吗啡类毒品，颜色呈金黄，自清末进入中国后，因其价格较低廉而日益受到染有烟瘾的下层民众的欢迎。与吗啡相似，海洛因最初也是以戒烟药的形象进入中国的，各地的西药房几乎都出售海洛因，有的医院甚至用吗啡和醋酐合成海洛因，大量出售。海洛因为白色粉末，人称“白面”、“白粉”，吸法简单，但危害尤烈，吸上数次便已上瘾，且难以戒除。时人指出：“最毒无如海洛因，吗啡虽烈逊三分。高居鸦片、‘红丸’上，北地人多‘白面’称。”[①]由此可见，自清末起，中国的毒品消费已由单一的鸦片发展为多样毒品竞争的局面。由于吗啡、海洛因等对人体的危害更烈，因此，中国的毒祸也更加严重。

第四，烟民数字惊人。鸦片自唐传入中国后，最初中国人只是吞其籽、食其壳。另据史书记载，明中叶后，鸦片由药用品衍变为享乐的奢侈品，成化年间(1465—1488 年)，已有街市上贩卖鸦片的记载了。到了正德年间(1506—1522 年)，在广东、福建沿海，当地富绅地主食用鸦片已屡见不鲜。万历年间(1573—1620 年)出现了民间“吃”[②]鸦片者。明代后期，不仅这一风气在京城与宫廷日益盛行，而且民间食用鸦片者也日众。总之，最晚在明后期，已形成了中国历史上第一批鸦片吸食者，因为缺乏统计数字，这一时期究竟有多少烟民，目前还不得而知。进入清代以后，据学者龚缨晏在《鸦片的传播与对华鸦片贸易》一书中认为，“乾隆时鸦片吸食现象主要还是局限在沿海的福建、广东一带，其他地区则不多见”。“鸦片的吸食并不是一个十分普遍的现象。”另外，从输入中国的鸦片数量来看，1767 年之前，每年进口的鸦片为 100 箱到 200 箱之间，此后，每年进口的鸦片约为 1 000 箱。进入嘉庆(1796—1822 年)年间，每年进口的鸦

① 苏智良：《中国毒品史》，上海人民出版社 1997 年版，第 196 页。
② 吃，指吸食。

片才上升到2 000箱。[①] 所以在18世纪，中国吸食鸦片的烟民的数量仍是有限的，这从1729年到1796年，雍正、乾隆皇帝多次颁布的禁烟令中没有一项是针对吸食者的可见一斑；说明当时吸食现象并不十分严重，尚未引发社会问题。进入19世纪30年代后，伴随外国鸦片以及土产鸦片的急剧增加，鸦片烟毒开始在古老的东方帝国大肆泛滥。其时鸦片的分销遍及18个省，吸食者遍布全国。苏智良根据李圭《鸦片事略》记载，每个鸦片吸食者每年消耗的鸦片烟膏以5斤计，推算出鸦片战争前夕，即1835年前后，中国吸食鸦片者在200万人以上；19世纪50年代，这一人数增至300万人以上；到80年代，烟民约2 000万人，占全国人口的5%。19世纪末20世纪初，城乡民众吸毒之风日益炽烈。出产鸦片的地区，不仅绝大多数成年男子染上"烟霞癖"，就连妇女儿童也不能幸免，家家都有鸦片烟具。富裕人家以买食"洋药"夸耀乡里，下层劳动者以土药为消费对象，多数人把吸食鸦片当成消除劳累的一种刺激品。鸦片烟馆遍及城乡，为吸食鸦片者提供了十分便利的条件。从白发老人到三尺幼儿、从王公贵胄到士农工商、从瘪三乞丐到家中宠物，均为千千万万吸毒者中的一员。慈禧太后吸食鸦片是众所周知的事实；大学士瞿鸿禨、睿亲王魁斌、庄亲王载功、都御史陆宝忠、副都御史陈名侃、外务部侍郎唐绍仪等人都是烟瘾很大的烟鬼；就连专门著书立说，反对吸食鸦片的张之洞也是一个地地道道的瘾君子。各省督抚衙门同样吸食鸦片成风，例如，贵州巡抚庞鸿书、学政陈骧、布政使松塄、按察使严隽熙，竟然全是鸦片的俘虏。各府、州、县衙门吸食风气更盛。1910年的一项统计称，全国戒吸鸦片烟的官员有1万人。尽管这不是吸食者的实有人数，但足以说明官场吸食鸦片的普遍程度。军队吸食鸦片的现象也很严重。福建的清军"嗜好者几于十之六七"，成都的清军更是"沾染殆遍"。

关于全国吸毒者的数量，据英国驻华公使统计，光、宣年间，全川吸食鸦片烟者为315万人，其中17%，即54万人已成瘾。[②] 实际情况不止此数。全国吸食鸦片人数，我们仅以1905—1906年为例，作一分析。1905年中国进口鸦片为5 189 000斤，次年中国土烟产量为58 480 000斤，两者相加共计63 679 000斤。鸦片吸食者以每日需食烟膏2钱计，一年约需5斤，[③]全国计有鸦片瘾者1 300万人。如再加上吗啡、海洛因等瘾者，估计全国的吸毒人数超过2 000万

① E.H. Pritchard, *Anglo-Chinese Relations During the Seventeenth and Eighteenth Centuries*, University of Illinois, 1936, p.160.

② 《广益丛报》第17号，《调查》。

③ 李圭：《鸦片事略》，中国史学会主编：《中国近代史资料丛刊：鸦片战争》第6册，上海人民出版社1957年版，第238页。

人。这真是一个惊人的数字!

二、清末禁烟运动的起因

(一) 国内爱国人士和广大民众对禁烟的强烈要求

土烟取代洋烟地位,致使鸦片烟祸进一步加深。国内官民吸食鸦片成风,导致吏治更加腐败,国力日益衰微。甲午战后,国内掀起以救亡、革新为主流的民族主义浪潮。许多爱国人士对日益泛滥的鸦片毒害颇为忧虑。维新派志士谭嗣同诗曰"罂无粟,囊无米,室如具磬饥欲死",①对种植罂粟产生的社会危害极为担忧。中国的知识分子又一次开始呼吁禁烟。他们一方面指出封建专制制度是国家衰败的政治根源,一方面指出军事上连续失败主要是鸦片造成的。"凡吸烟之人不耐劳苦,筋力减也;不能振作,精神颓也;不思久远,心术坏也。图片刻之安不问来日,贪一身之适不顾全家,安能任以天下事哉! 以至朝廷无刚断而官弱,胶庠无气节而士弱,举天下群趋于萎靡而无勇往直前之概,皆鸦片阶之利也……不先禁烟,即开矿亦无用也,矿之所出不敌烟之所耗,相安糜费储积仍无由基,是灌漏卮也。即练兵也无裨也,持戟之士即属吸烟之徒,一遇惊慌遁逃惟恐不速,是张空拳也。"②在他们看来,中国的前途存亡,实以鸦片烟能否禁止为断。鸦片是全体中国人民的公贼,应当急起驱除。救中国之亡不能不驱除鸦片,不驱除鸦片不能救中国之亡。把扫除鸦片烟毒看成是国家转弱为强的根本转机之一,这样的社会舆论对于禁烟运动的兴起有着重要的促进作用。一些知识分子还通过诗歌、散文、小说等形式宣传禁烟,批评清廷在鸦片问题上的放任政策。

此时,民众对日益严重的鸦片烟患也深表忧虑,"悲哉,洋烟之祸,乃今日之洪水猛兽也,然殆有甚焉。洪水之害,不过九载,猛兽之害,不出殷都,洋烟之害,流毒百余年,蔓延二十二省,受其害者,数十万人,以为浸淫,尚未有艾"。③ 正是在日益普遍化的要求禁烟的声浪中,有些地方出现了一些颇为活跃的、致力于禁烟活动的民间组织。戊戌变法期间,徐勤等人发起成立的戒鸦片烟会,以日本横滨大同学校为总会,设分会于广州、上海、香港、澳门、广西各处。其会章痛陈吸烟之害,规定凡入会者,不得吸烟,并须劝勉家人亲戚勿蹈恶习,以自强其身。该会博采戒烟良方,并且将戒烟歌、戒烟文编印成书,传遍海内外各大城市。1900 年,曾随薛福成出使过欧洲一些国家的参赞许珏在自己的家乡无锡成立了禁烟局,希望通过自己在一县富有成效的努力,唤起附近州县共同禁烟,以待将

① 谭嗣同:《谭嗣同全集》,三联书店 1954 年版,第 462 页。
② 王宏斌:《禁烟史话》,北京社会科学文献出版社 2000 年版,第 118 页。
③ 《皇朝经世文编》卷 24,第 8 页。

来推行于各省。1904 年冬天，福建的知识分子和士绅林绍年、陈宝琛、邵质诚、刘学绚、罗金城等 10 人联名发起组织“去毒社”，他们在章程中规定：“凡有新染烟癖及新开烟馆者，本身及子弟，一切学校概不准收；其有故意新染者，若不即戒，无论教习、伙友、学徒、佣工，不准收用，有产者不得租与人种烟。”[①]1905 年 5 月 1 日，在福建“去毒社”的基础上建立了去毒总社。总社设有宣传、调查、评议三部，还在宫巷关帝庙、桐口、白沙、马江、棺头、东乡等处设立分社和支社。“去毒社”成立后广泛开展禁烟宣传，组织调查队摸清鸦片的贩运、销售、吸食情况，协助在州县建立禁烟局，派人取缔鸦片窟，将吸食鸦片者捉送医院，进行戒烟治疗。“去毒社”在当时的福建乃至全国都有一定的影响，其活动对清末的禁烟运动作出了不小的贡献。

总之，清代末年，在鸦片的毒害问题上，中国官民的认识更加清楚和明白。如果说在道光年间，朝廷之中尚有“弛禁”与“严禁”等派的存在，而且彼此斗争影响到禁烟法令的拟定与贯彻，那么在清代末年，朝野官民众口一词，对鸦片深恶痛绝，欲净拔除而后快。这种社会认识十分有利于禁烟运动的开展和成功。

（二）在华各国传教士禁烟的呼声和英国政府对华政策的松动

与此同时，因为鸦片妨碍了基督教在中国的传播，为打消中国人的疑虑与憎恨，在华各国传教士对中国的禁烟也表示了同情与支持。传教士在宣传西方宗教的同时，竭力提倡戒烟。在许多地区，传教士设立戒烟医院或戒烟所，帮助当地中国人戒烟。此外，传教士通过文章、书籍等形式把鸦片给中国造成的危害及中国人民对鸦片的憎恶传递到本国，使国内人士及政府有所了解；还敦促英国政府，取消侵华鸦片贸易。1890 年，各国传教士在上海召开大会，通过六条禁烟议案，号召发动新戒烟运动，“申述继续对鸦片贸易持反对态度”；建议中国基督徒尽力唤起公众舆论，反对鸦片烟毒之传播，设法使之灭除；[②]并准备在中国成立一个统一的禁烟会，指导各地教会做禁烟工作。1906 年，苏州禁烟会会长杜布斯（H. C. Dubose）发起签名运动，要求中国各地的传教士联名奏请光绪帝实行禁烟。这一倡议很快得到了各地传教士的响应，有 1 333 名外国传教士签了名。此奏最后经两江总督周馥送交朝廷。显而易见，传教士们的言行举止对促进清廷实施禁烟无疑是有积极作用的。同时，部分在华西方传教士的活动，也在国际上形成强大的舆论压力。另有学者认为，外国传教士杜布斯等人的联名上书恰逢两江总督周馥去任、新总督端方接任时期，多有耽搁，到达外务部的时间是“禁

① 《东方杂志》第 3 卷，第 8 期。

② 于恩德：《中国禁烟法令变迁史》，文海出版社，第 119 页。

烟上谕发布后的第六天”，因此传教士的上述活动对于禁烟上谕的颁布并没有产生影响。①

正当在华外国传教士发起联合请愿时，英国下议院对鸦片贸易进行了一场新的辩论。1906 年 5 月 30 日，下院议员德雷发言，他说，1858 年中英条约关于鸦片弛禁的规定，是英国政府强加给中国的；鸦片的毒害已为世界所公认，而英国继续维持这种毒品贸易是可耻的；必须尽快停止这项贸易，废止关于鸦片的条约。针对类似的见解，印度部大臣约翰·莫莱(John Morely)辩解说，鸦片贸易之所以不能停止，不是英国人的责任，而是中国人利其重税、自身不努力的结果。他说：“华人若欲禁烟，固吾英人之所乐从者，然据美国专员报告，知中国吸烟之风尚炽盛，未尝有欲禁者，果欲禁之，我英当不阻挡。……虽印度财政有损所不惜也。”②这次辩论，使英国下议院中呼吁禁止鸦片贸易的人数成为多数。此次辩论实际上是以往英国国内关于禁止鸦片辩论的继续，它表明鸦片贸易已极不得人心。另外，一个十分值得注意的因素警醒了英国政府：由于中国各地广泛种植罂粟，烟土的价格持续下跌，国产鸦片替代了瘾民们先前吸食的“洋药”，在很大程度上减少了英印殖民地鸦片在华的销路；而中国社会部分民众吸食鸦片，国困民贫，对英国商品的购买力降低，直接影响到英国工商业界试图扩大中国市场的需要。在国内外舆论的压力下，在国内外各种因素的促使下，英国政府不得不放松以往的对华鸦片政策。

对清末禁烟运动的起因，理论界现有三种意见：其一，西方学者认为，唐绍仪了解到英国鸦片政策发生了变化，遂向慈禧请求禁烟；其二，在华外国传教士联名请求禁烟，对清廷禁烟政策的制定有所影响；其三，驻英国使臣汪大燮奏报了英国下议院关于鸦片贸易的辩论情况，此为颁布禁烟上谕的直接起因。

第二节 清末禁烟运动的先声

鸦片战争后，外国资本主义侵略者沿着不平等条约打开的道路，更加肆无忌惮地将鸦片输入中国，造成中国社会日益深重的灾难与危机。面对毒害中华民族的鸦片烟毒，中国一批又一批仁人志士奔走呼号，倡言禁烟，并将自己的主张在局部区域进行了实践。他们的呼声，他们的实践，一方面反映了国人对鸦片烟

① 见“毒品问题与近代中国”学术讨论会综述，《近代史研究》2002 年第 1 期。

② 《记鸦片贸易问答》，《外交报》第 152 期，1906 年 8 月 24 日。

毒祸国的清醒认识与挽救民族危亡的勇敢行动；另一方面，也成为晚清继道光年间的禁烟运动后再一次发起禁烟运动的先声与动力。虽然这些来自不同方面的力量在禁烟的主张、方式、做法及强弱程度上各有不同，但是不可忽视的是，他们的共同努力形成了一股颇有影响力的压力，对促使清廷转变政策、实施禁烟，产生了重要的积极作用。

一、太平天国的禁烟举措

1851 年举事的太平天国农民起义，其势力曾波及 18 个省区，在长达 14 年(1851—1864 年)的战斗历程里，建立起了统辖中国广大区域的农民革命政权。在沉重地打击了清王朝封建统治基础的同时，面对鸦片的泛滥，从起义一开始直到最后失败，太平天国始终把禁止鸦片作为自己革命斗争的一项重要内容。为此，太平军制定、颁行了严厉的禁烟立法和政策，这些禁烟立法和政策带有改革社会陋习、提高道德风尚的进步意义，并沉重打击了外国资本主义的鸦片侵略。

(一) 洪秀全对鸦片危害的认识

太平天国领袖洪秀全生长在广东花县，对鸦片战争前后外国鸦片输入广州及中国白银外流的社会状况有较深的了解，深切体会到吸食鸦片对劳动人民造成的危害，认识到："洋烟为妖夷贻害世人之物，吸食成瘾，病入膏肓，不可救药。黄烟有伤肌体，无补饥渴，且属妖魔恶习。"[①]创建拜上帝教之初，他在宣传世人政治上平等思想的《原道救世歌》一书(约成书于 1845—1846 年)中，就把吸食洋烟列为"不正"和必须改过自新的内容。他以洋烟伤人，提出了必须戒绝吸烟的理由："他若自驱陷阱者，炼食洋烟最颠狂；如今多少英雄汉，多被烟枪自打伤。"[②]洪秀全还在创建农民革命理论过程中多次提出禁止吸食鸦片问题，他认为中国人民贫弱的根源就在于地主阶级的剥削和西方列强的鸦片贸易。他谴责清朝统治者"每年化中国之金银几千万为烟土，收花(华)民之脂膏数百万回满州为花粉。一年如是，年年如是，至今二百年，中国之民富者安得不贫？贫者安能守法"？"他兴言及此，未尝不拍案三叹也。"[③]1847 年 8 月，洪秀全与冯云山会合于广西紫荆山区之时，当地的拜上帝教信徒已发展到 2 000 余人，为了维系信仰，约束教徒，洪、冯两人共同筹划、制定了宗教仪式和"十款天条"，并在"第七天条：不好奸邪淫乱"中，特意增加了"吹洋烟，唱邪歌，皆是犯天条"[④]的规定。

---

① 中国史学会主编：《中国近代史资料丛刊：太平天国》第 2 册，上海人民出版社 1957 年版，第 604 页。
② 《太平天国印书》上册，第 13 页。
③ 中国史学会主编：《中国近代史资料丛刊：太平天国》第 2 册，上海人民出版社 1957 年版，第 570 页。
④ 罗尔纲：《太平天国文选》，《天条书》，人民出版社 1956 年版，第 41 页。

1849年，洪秀全作戒吸鸦片烟诗四句："烟枪即铳枪，自打自受伤，多少英雄汉，弹死在高床。"[①]反映出他对吸食鸦片危害的认识。

（二）对吸食鸦片的严惩措施

在刚组建的太平军受到清政府连续围剿，新生的太平天国农民政权面临着夭折可能的严峻形势面前，洪秀全等领导人为了严肃军纪，提高部队战斗力，共同完成推翻清朝统治、建立农民阶级自己的"天朝"大业，颁布了一系列军律。其中，在《太平条规·定营规条十要》里明令太平军将士"要炼好心肠，不得吹烟、饮酒"。[②] 1852年3月17日，太平天国在永安发布命令，吸鸦片烟者，一经查出，立即严拿斩首示众，决不宽赦。在向南京进军途中，又在军事律令中规定："凡我兄弟俱要修好炼正，不准吹洋烟，……犯者斩首不留。"[③]定都天京后，太平天国再次重申："凡食洋烟，……皆我主天王遵天父圣旨斩邪不留。"[④]奉命增援西征军的统帅韦志俊、石祥桢则在共同颁布的《国宗提督军务韦石革除污俗禁娼妓鸦片黄烟诲谕》中郑重声明："洋烟、黄烟不可贩卖吸食也。……尚有贩卖者斩，吸食者斩，知情不禀者一体治罪。"[⑤]1853年5月，洪秀全颁发《劝人戒鸦片烟诏》，指出抽吸鸦片"吹来吹去吹不饱，如何咁蠢变生妖！戒烟病死甚诛死，脱鬼成人到底高"。[⑥] 他把戒烟称为"脱鬼成人"，认为能戒除烟瘾者为高明人。同时，洪秀全还下令，重新颁布其四句《戒吸鸦片烟诗》。

除了颁行单行的禁烟法外，太平天国《刑律》中也有禁烟的条款。在其禁烟律令中，还总结吸收了清朝封建统治阶级中严禁派黄爵滋、林则徐"必重治吸食为先"，对吸烟者处以死刑的历史经验，奉行"零度忍耐原则"，在太平天国管辖区雷厉风行地开展禁烟斗争。在苏州"烟禁极严，见即斩首，无不互相瞒隐"。[⑦] 在浙江乌镇"开土行卖鸦片者六十余店，悉令从军，得五六百人"。[⑧] 太平军还到处设卡严查，"其搜查之酷，如寻针芥。以禁吸洋烟为名，或偶见烟具，不论件之大小，即重加谴责"。[⑨] 1853年3月10日，太平天国恩赏丞相陈桂堂的部下军师张

---

① 太平天国历史博物馆编：《太平天国文书汇编》，中华书局1979年版，第40页。

② 中国史学会主编：《中国近代史资料丛刊：太平天国》第1册，上海人民出版社1957年版，第155页。

③ 中国史学会主编：《中国近代史资料丛刊：太平天国》第3册，上海人民出版社1957年版，第228页。

④ 太平天国历史博物馆编：《太平天国文书汇编》，中华书局1979年版，第303页。

⑤ 太平天国历史博物馆编：《太平天国文书汇编》，中华书局1979年版，第90页。

⑥ 洪秀全：《洪秀全集》，广东人民出版社1981年版，第187页。

⑦ 太平天国历史博物馆编：《太平天国史料丛编简辑》第2册，中华书局1962年版，第159页。

⑧ 太平天国历史博物馆编：《太平天国史料丛编简辑》第2册，中华书局1962年版，第151页。

⑨ 中国史学会主编：《中国近代史资料丛刊：太平天国》第2册，上海人民出版社1957年版，第630页。

沛泽偷食鸦片被检举，经调查属实即处以极刑。1853 年 11 月 22 日，在天京新桥拿获吸鸦片烟犯周亚九、李连开、于顺添三人“朋吹洋烟一案”，后由东王杨秀清、北王韦昌辉呈报天王，经天王批准，以“吹吸洋烟大犯天条事”将三犯斩首。同年，两江总督杨文定致英美公使照会指出：“贼匪烟禁甚严，一遇我国吸烟之人，无不被杀。”[①]

（三）宣传、教育与惩治并重

太平军在宣传禁烟时这样说：“这个毒药，使吸食者堕落，人们除非把鸦片戒绝，这毒药将使他们的房屋发臭，使他们的衣服发臭，使他们永远在地狱里发臭。现在大家必须赶快回头，现在太平王已经到来，他决不容许丝毫违法行为！他要禁止鸦片。”[②]张汝南在《金陵省难纪略》中说：“犯吸洋烟者杀，后宽限令戒，限后一个月内犯者枷三个礼拜；两个月内犯者枷七个礼拜；三月内犯者杀。”[③]太平军在扬州看到面色难看的，就查问是否吸洋烟，如果回答不是，就看手指；发现手指有黄色，随即关起来，过一两天后，精神复原了才放出来。

在太平天国控制的地区，禁烟法令曾得到认真严肃的执行，禁烟成效是非常显著的。马鹤船在《金陵癸甲新乐府五十首》中的《禁烟酒》一诗中说：“烟筒酒壶见即夺，缚献巡查法不宥。”[④]1854 年美国专使麦克莲访问天京时，他的一个随员曾用 XYZ 的笔名写了一篇关于天京的见闻，其中说道，“吸菸不特严禁，而且禁令有效。抽鸦片之禁当然更为严厉执行了”。[⑤] 1854 年 9 月香港的英商报纸“遐尔贯珍”第九号上也载：“城中（天京）禁绝鸦片及生熟烟。”一个从南京出逃的人说：“街内巡查极多，烟、酒之禁最严。间有私卖旱烟者，亦不能明吃，吃水烟、鸦片者，一人俱无。”[⑥]就连清政府上谕转发的材料中也明确写着太平军“禁食旱烟、水烟、潮烟，有吸鸦片烟者立杀”。[⑦] 在南京地区，由于执法严肃，鸦片烟几近断绝。

太平天国后期主持政局的洪仁玕则采取了更为坚决、彻底、全面的禁烟政策，他在《资政新篇》中明确规定：严禁“一切生熟……鸦片”，而且提出 4 条严禁措施：“要先禁为官者，渐次严禁在下；绝其栽植之源，遏其航来之路；或于外洋入

---

① 范文澜：《中国近代史》，人民出版社 1955 年版，第 134 页。

② 中国科学院上海历史研究所筹备委员会编：《上海小刀会起义史料汇编》，上海人民出版社 1958 年版，第 95 页。

③ 中国史学会主编：《中国近代史资料丛刊：太平天国》第 4 册，上海人民出版社 1957 年版，第 715 页。

④ 中国史学会主编：《中国近代史资料丛刊：太平天国》第 4 册，上海人民出版社 1957 年版，第 734 页。

⑤ 《华北先驱周报：天京见闻录》第 204 号，1854 年 6 月 24 日。

⑥ 太平天国历史博物馆编：《太平天国史料丛编简辑》第 3 册，中华书局 1962 年版。

⑦ 中国史学会主编：《中国近代史资料丛刊：太平天国》第 7 册，上海人民出版社 1957 年版，第 103 页。

口之烟，不准过关；走私者杀无赦。”[①]1860 年太平军后期卓越的军事统帅李秀成在苏州地区亦大力贯彻实施了《资政新篇》的禁烟政策。据当时苏州文人潘钟瑞记载：“……不许民间吸烟，见烟袋辄均折毁弃……鸦片之禁尤酷，而搜夺烟膏及老枪等具。”[②]表明了以洪秀全为首的太平天国农民革命政权始终贯彻执行严厉的禁烟政策，其禁烟立法的实施是非常彻底而有效的。

(四) 严禁洋烟输入

太平天国同意和外商在平等互利的原则下建立贸易关系，但严禁鸦片输入，断然宣布鸦片贸易为非法，采取了严防鸦片输入走私的措施。[③] 1853 年 4 月，英国公使文翰到天京“访问”以后作出结论：太平天国“将必准许通商，但鸦片将被严厉禁绝，非同现在(指清政府)只有禁烟之虚名”。1854 年东王杨秀清命翼王石达开、卫天侯黄玉回答英国“拉特勒”号舰长麦勒西的 30 条疑问时，又郑重声明了太平天国坚决禁烟的严正立场，第 27 条回答说：“凡食洋烟、水旱烟……皆我主天王遵天父圣旨斩邪不赦也。”[④]同年，天王洪秀全还亲自对一个外国船长说：“彼此通商，理所当然。将来事定，惟有洋烟勿再来华。”[⑤]1861 年，李秀成在英国驻华海军司令何伯的舰队访问天京时对华德舰长(Capt. Ward)提出，外国贸易中的鸦片应加以禁止。[⑥] 李秀成攻占外国侵略者输入鸦片的基地宁波后，立即严厉取缔鸦片买卖和防范鸦片入口走私活动。据英人呤俐所见，一家开设在中国的臭名昭彰的大商行(邓特洋行)欲与太平天国进行贸易，派鸦片船“尼姆纳号”到芜湖，结果在那里停留 6 个月后，生意仍未做成。[⑦] 根据当时英国鸦片公司怡和洋行宁波分行报告，由于占领此地的太平军实行禁烟，两个月来，分行连“一箱都没有卖得出”。[⑧] 在太平军攻占南京以后，上海的英美商人都抱怨说：“几个星期以来，没有能销出一点儿棉布或呢绒，连鸦片也无法销售，每箱价格由 560 元又跌至 390 和 400 元。”[⑨]到 9 月份，“上等货售价 360 元一箱”。[⑩] “上等鸦片不断跌价，即使减价到三百七十元一箱，还卖不到现款。”[⑪]虽然价钱这样便

---

① 中国史学会主编：《中国近代史资料丛刊：太平天国》第 2 册，上海人民出版社 1957 年版，第 536 页。

② 中国史学会主编：《中国近代史资料丛刊：太平天国》第 5 册，上海人民出版社 1957 年版，第 284 页。

③ 中国史学会主编：《中国近代史资料丛刊：太平天国》第 6 册，上海人民出版社 1957 年版，第 917 页。

④ 太平天国历史博物馆编：《太平天国文书汇编》，中华书局 1979 年版，第 303 页。

⑤ 吴兴、凌善清：《太平天国野史》卷 20,《太平天国之外交》，文明书局 1923 年版。

⑥ 苏智良：《中国毒品史》，上海人民出版社 1997 年版，第 154 页。

⑦ [英] 呤俐：《太平天国革命亲历记》下册，王维周译，中华书局 1961 年版，第 442—443 页。

⑧ 罗尔纲：《太平天国史稿(增订本)》，中华书局 1957 年版，第 139 页。

⑨ [法] 梅朋、傅立德：《上海法租界史》，倪静兰译，上海译文出版社 1983 年版，第 56—57 页。

⑩ 北京太平天国历史研究会编：《太平天国史译丛》第 1 辑，中华书局 1981 年版，第 146 页。

⑪ 王崇武、黎世清：《太平天国史料译丛》第 1 辑，神州国光社 1954 年版，第 103 页。

宜,但仍然没有人买,致使外国鸦片价格一跌再跌。

太平天国所在地区为中国蚕丝和茶叶的主要产区,由于鸦片不能输入到太平天国境内,英美等国商人只能用白银来购买丝茶等货物,这就使天朝境内白银流量有所增加,从而缓解了起义前白银外流,银贵钱贱的局面,也在一定程度上遏制了鸦片的泛滥。太平天国把昔日鸦片输入的集散地,变为禁止鸦片入口的典范,其禁烟立法锋芒直指外国资本主义的鸦片侵略,给予侵略者以沉重打击,维护了中华民族的利益和尊严。

正是因为太平天国对鸦片问题如此重视,其多次颁布的禁令在这场著名的农民战争中发挥了重要的作用。这些法律具有鲜明地反对资本主义经济侵略的时代特征。但"由于太平军控制的区域不大,又处于战争时期,它的禁烟并没有有效阻止住鸦片的大量入口和毒品的蔓延"①。在太平天国后期,随着这个农民政权的日益蜕变、腐化,鸦片也渗透到了太平军内部,这是后话。

二、晚清思想家的禁烟主张与实践

光绪初年,从名噪一时的洋务理论家郭嵩焘到驰骋疆场的洋务抵抗派左宗棠,从位高权重的洋务派旗手李鸿章到崭露头角的洋务派后起之秀张之洞,这些在中国近代史上享有盛名的人物都对禁除鸦片问题提出了自己的主张。于是,弛禁了近 20 年的鸦片问题,又一度提上议程。所以说,从 19 世纪后半期到 20 世纪初期晚清覆亡前,这些反鸦片流毒、倡导禁烟的社会力量,终于成了促成清末禁烟运动不可或缺的重要因素。

(一) 郭嵩焘的禁烟主张与活动

郭嵩焘(1818—1891 年),湖南人,曾任广东巡抚、福建按察使等职,是中国近代史上一位知名的政治家、外交家和思想家。1876 年被派往英国对马嘉理事件表示"惋惜",成为清政府的第一个驻外大使。在鸦片问题上,他表现出了强烈的忧国忧民之情和爱国之心。作为中国开眼看世界的先驱,郭嵩焘在 19 世纪 70 年代以后的 20 年时间里,为扫除烟毒做了许多卓有成效的工作。1877 年 3 月,郭嵩焘在伦敦向清政府上《请禁鸦片折》,指出鸦片泛滥的危害,请求清政府勿忘国耻,严禁鸦片,建议清政府改变过去禁鸦片的方法,坚持以教育为主,切实禁止。② 不久,郭嵩焘为禁止鸦片事宜又上《续陈禁止鸦片事宜折》,在前一份奏折的基础上又提出供清廷采用的若干条革除鸦片积弊的办法,主要内容是:

---

① 王宏斌:《禁毒史鉴》,岳麓书社 1997 年版,第 187—188 页。

② 朱寿朋编:《光绪朝东华录》(1),《郭嵩焘奏稿》,长沙岳麓书社 1983 年版,第 368—369 页。

“权衡人情以定限制之期”；“严禁栽种以除蔓延之害”；“严防讹诈以除胥吏之扰”；“选派绅员以重稽查之责”；“明定章程以示劝惩之义”；“禁革烟馆以绝传染之害”。[①] 希望清政府能利用英国国内反对鸦片的有利时机，来消除烟毒。在英国期间，郭嵩焘频频与禁吸鸦片烟会接触，共商禁烟计划。禁吸鸦片烟会乃是“西洋人士知鸦片烟为害之烈，与中国受害之深也”，[②]而相与设之，其目的是广劝禁止栽种贩卖鸦片。郭嵩焘常与该会会员，如伦敦世爵夏弗斯伯里，议政院绅士马克斯·求尔德及教士里格、丹拿、毕士等会面，希望借助英国人对英国政府施以影响，减少或取消对中国输入鸦片。为帮助“瘾君子”断绝烟瘾，郭嵩焘一有机会便向各国人士探求禁烟之法，平时也处处留意报刊上所登载的禁烟良方。他曾记载《新报》戒烟两方，还曾记载香港洼得生药厂制的戒烟方药。虽然在后人眼中，这些戒烟方案根本没什么作用，但郭嵩焘不空谈戒烟，对外积极呼吁停止鸦片输入，对内不但坚决主张禁止栽种鸦片，还从吸烟者的角度出发，积极为他们寻找戒烟药方，希望从根本上去除鸦片这个毒瘤的积极务实的态度令人称道。1879 年 9 月，他与友人筹组禁烟公社，订立禁烟公约，并商定每年集会 4 次。在禁烟公社的每次集会上，郭嵩焘都反复宣讲鸦片的危害，他指出鸦片流毒中国，不但耗竭财力，残害身体，还令纪纲废弛，风俗颓败，是国家混乱的根源。他号召人们洁身自好，不要沾染恶习，已成瘾的要坚决戒除；并从身边做起，要求自己的下属、家人远离鸦片。直到他临终前，还一再叮嘱子孙，有犯烟戒者，先请改姓，不可再为郭氏子孙。

(二) 左宗棠的禁烟主张与活动

左宗棠(1812—1885 年)，湖南人，先后任浙江巡抚和陕甘总督，是晚清洋务派的重要首领。由于西北地区特别是陕西、甘肃诸省是罂粟种植十分广泛的区域，大好粮田多被罂粟所挤占，烟民队伍也非常庞大，酿成许多严重的社会问题，因此，左宗棠任陕甘总督后，便积极倡言禁烟并且努力付诸实践。他一到任，即“通饬陕、甘两省，严禁种植罂粟”，违者予以惩处，地亩充公。他还专门作了四字韵文告示：“谕尔农民：勿种罂粟。外洋奸谋，害我华俗，借言疗病，实以纵欲。吁我华民，甘彼鸩毒！广土南土，吸食不足，蔓连秦、晋，施于陇、蜀。土敝不长，荣必肥沃，恶卉繁滋，废我嘉谷。红花白花，间以紫绿，劙果取浆，兼金一束。欹枕燃灯，俾夜作昼，可衣无棉，可食无肉，盎可无粮，栈可无豆，唯腥是闻，唯臭是逐。农辍耒耜，士休卷轴，工商游嬉，男妇瑟缩。小贩零沽，蜷聚破屋。家败人亡，

---

① 朱寿朋编：《光绪朝东华录》(1)，《郭嵩焘奏稿》，长沙岳麓书社 1983 年版，第 381 页。
② 朱寿朋编：《光绪朝东华录》(1)，《郭嵩焘奏稿》，长沙岳麓书社 1983 年版，第 368—369 页。

财倾命促。……自今以往,是用大告:罂粟拔除,祸根永劚。张示邮亭,刊发村塾。起死肉骨,匪诅伊祝。听我藐藐,则有大戮。发言成韵,其曰可读。"[①]由人写成径寸楷书,刊印成册,散发各地,扩大禁烟宣传,要求"各属军民咸知遵守"。[②]

发生于光绪初年的"丁戊奇荒"特大旱灾,陕甘是重灾区。对此左宗棠认为,与受灾地区种植罂粟有直接关系,是长期以来大多良田被罂粟种植挤占所造成的恶果。因此,左宗棠在西北地区更是格外积极地推行禁烟,被后人视为是在林则徐以后三四十年中"最热心禁烟"的人[③]。1881 年 6 月,左宗棠上《禁食鸦片请先增洋药土烟税捐以收实效》折[④],提出了以增税为手段的禁烟主张。他指出,鸦片来自外国,中国人吸食成瘾,"瘾重而形神交瘁"。种罂粟者自种自吸,"视为寻常日用所需",长此以往将是很危险的。面对 19 世纪七八十年代,鸦片泛滥严重影响国计民生的情况,左宗棠建议清廷采用"周代儆惰民汉世严酒禁遗意",加重洋土药税捐,将洋药每百斤征银 150 两,对土药的加税加捐按土药与洋药的比价推算议加;他认为,对洋土药加价后,"瘾轻者必戒,瘾重者必减,由减吸以至断瘾",还是有希望的。并且指出,以往的禁烟法令,给"丁役之弊索,官吏之欺隐"造成可乘之机,应改立专收厘捐的总局。各通商口岸总口原征洋药进口税每百斤三十两,仍由总口征收,中国应于总口附近另设一总局,作为中国政府一次性收内地厘金的机构。收厘金时设三联票据,彼此存执,以便核对,以免偷漏。在该奏折中,左宗棠虽一再表白他所主张的"加征洋烟土烟税捐,意在加价减瘾,以期坊民正俗","非仅为聚敛丰财起见",但从其经历和主张看,借机解决财政却是主要目的。正因为左宗棠的禁烟主张对清廷有利,所以清廷急忙降谕,准备实行,令南北洋大臣、福州将军,各省督抚、粤海关监督悉心妥议稽察征收章程,一月内复奏,候旨定夺。

(三) 李鸿章的禁烟主张与曾国荃的禁烟活动

李鸿章(1823—1901 年),安徽合肥人,是在镇压太平天国中成长起来的重要人物。光绪初年,不仅是洋务派首屈一指的代表人物,而且成为清统治阶级中实力雄厚的倾权大臣。接到讨论左宗棠禁烟奏折的上谕后,李鸿章于 1881 年 7 月上《遵议鸦片厘税事宜折》[⑤],原则上同意左宗棠关于加重洋土药税收的意见,同时又提出通盘筹计,严防偷税漏税;各省统一收数,津口保证已用;弛罂粟

---

① 左宗棠:《左宗棠全集・札件》,岳麓书社 1986 年版,第 557 页。
② 左宗棠:《左宗棠全集・札件》,岳麓书社 1986 年版,第 508 页。
③ 秦翰才:《左文襄公在西北》,商务印书馆 1946 年版(上海版),第 179 页。
④ 朱寿朋编:《光绪朝东华录》(1),岳麓书社 1983 年版,第 1095—1097 页。
⑤ 吴汝纶:《李文忠公全书・奏稿》41,第 27—30 页。

之禁,“以土抵洋”等办法。其禁烟主张有如下特点：第一,禁烟主张和措施纯粹是为防止偷漏税厘。李鸿章在该折一开始就列举大量事实说明,香港偷运漏税鸦片每年达两万数千箱,而内地偷漏又“狡谋诡计,百出不穷”。他认为,“凡事清其源则用力少,而成功易,截其流则需费多,而收效寡”。第二,防偷漏措施,纯粹是为了保证把增加的税厘用于军饷,亦不是为了禁烟。他认为,洋药流毒之深很难骤然禁止,只可先加厘税借以稍济饷需。第三,对罂粟不主禁止,不主加重税厘。这是李鸿章一贯的以土抵洋思想的反映,也是他在办洋务企业中收回利权、以国货与洋货竞争思想的体现,如办轮船招商局目的在“收回中国利权”,办电报局为“保自主权利”等。从李鸿章禁止鸦片的主张看,应该指出的是,在鸦片严重危害国计民生之际,首先考虑的应该是如何减少鸦片进口,以期完全禁绝,而不是如何加税和预防偷漏。

曾国荃(1824—1890年),湖南人,清末湘军将领,先后担任浙江、湖北、陕西、山西巡抚,两广、两江总督。1878年,当烟毒日炽之时,曾国荃从“多种一亩罂粟,即少收一亩五谷”的角度,提出必须禁烟。[①] “丁戊奇荒”发生后,时任山西巡抚的曾国荃根据山西受灾情形分析说:“此次晋省荒歉,虽曰天灾,实由人事。”主要原因是由于该省农民广种罂粟,挤占良田严重影响了粮食作物所致,因而“一遇天灾流行,遂至疲茶而不可救药”。为此,曾国荃在光绪四年(1878年)上奏《申明栽种旧禁疏》,请朝廷下令禁止种植罂粟。1878年3月,清廷批准曾国荃的奏章,将山西制定的查铲烟苗章程向全国推广,勒令各省“一体严行查禁”,这次禁种罂粟,陕西、甘肃、山西比较积极,亦很有成效,但没有长期坚持下去,很快便宣告失败。

(四) 张之洞的禁烟主张与活动

张之洞(1837—1909年),直隶人,清末洋务派首领。1881年任山西巡抚,到任后对“丁戊奇荒”过后山西的萧条、荒凉大为震动,深知晋省以往大面积种植罂粟在这场空前的巨灾中产生的消极作用,于1882年7月,上书光绪皇帝《禁种罂粟片》。在书中,张之洞陈述了光绪初年的山西“以地以时”禁种罂粟的重要性,并陈述了禁种罂粟的四条理由：第一,禁种罂粟是备荒的需要。张之洞指出,山西土地本来硗瘠,产量不多,早年人民生活就靠外省接济,自从大量种植罂粟后,情况更是进一步恶化。第二,禁种罂粟是发展农业的需要。张之洞认为,山西地处高原,地多水少,由于种植罂粟厚利的吸引,偶有一点可利用的水源,人们便将它用于灌溉罂粟。况且罂粟最耗地力,几年之后,即使不种罂粟,改种其他谷物,

---

① 萧荣爵编:《曾忠襄公全集》第1册,台湾成文出版社1968年版,第733页。

也生长不好，所以必须禁种。第三，禁种罂粟是禁止吸食的需要。张之洞指出，晋省吸食之弊，官吏、士兵、弁兵、胥役以及妇人女子之类皆沾染，大率乡僻居其十之六，城市居其十之八，结果使人人尫羸，家家晚起，怠情颓靡，毫无朝气，“在官者不修其志，食力者不劝其业”。第四，禁种罂粟是禁止鸦片输入的需要。内地严禁种植，可以“关远人之口”。[①] 张之洞的建议得到光绪帝的赞成，命他“随时查察，有犯必惩，以挽颓俗”。[②] 于是，张之洞又成为禁止鸦片的积极实践者，他接谕令后，立即制定措施，在全省范围内掀起了一场群众性的禁烟运动。他主要从以下几方面着手：（1）严饬官员，竭诚劝谕。光绪八年（1882年）十月，正当一年一度的播种罂粟季节到来之时，张之洞不失时机地向属官发出了禁种罂粟的文书，规定布、按两司要“认真督劝，设法考核，同时令各道府州转饬所属，务须实力禁绝，竭诚劝谕”。如果有将此札视为具文，怠玩不力者，“立予撤参惩办”。[③] （2）严订规章，逐户查禁。当时一些农民因种植罂粟获利甚厚，所以尽管官府三令五申，还是坚持种植。针对这种情况，张之洞重申约章，规定，查出种烟地亩立即“过割于公庙”。要求每村写禁种罂粟的保证书两份，一份送县署，一份张贴于公庙。各公耆自立村规，对种植吸食鸦片者，或驱逐出境，或指名送官。又选择绅士中有威望又无吸食嗜好者，拿上谕贴到各种植户宣讲祸福利害。还规定，乡下人进城告发的，按路程远近发给盘费，并随时准告，不必写状纸，不许书役阻拦，所告属实的，还给奖赏。（3）狠抓重点，德威并用。南部交城和北部代州当时为著名的鸦片产区，张之洞把禁烟重点放到交城县。因该县山地多，平地少，农民把种植罂粟视为利薮。当交城知县贾成霖、委员知县黄缙荣禀报中谈到，交城平川各村已实力铲除，胡芦峪山地内外因山僻民顽不好禁绝时，张之洞立即命令候补知府刘鼎新和太原营参将施绍恒带兵丁一百名，分两批前往胡芦峪督同贾、黄拔除罂粟，改种五谷，各具永不再种甘结，如有不法分子迁延抗违，即行捕拿，锁押来省尽法惩办，终于使禁令在全省执行。（4）禁止吸食，全面戒烟。为了扭转社会风气，配合禁种，张之洞下令禁止设立烟馆，禁止各类人员吸食，并设立了专门的戒烟机构。他命令保甲局严格查夜查街，将省城所有烟馆一律驱逐，不准容留一家。要求保甲局委员各有专责，利用编换门牌的机会严格检查，不得疏漏和敷衍，或稍涉庇徇，立即撤差、记过、停委。同时，张之洞还发布指示，严禁官员、士子和士兵等吸食鸦片。（5）及时总结，巩固成果。经过一年多的戒烟禁种，禁烟取得了一定的成效。全省种植罂粟最盛的交城县和代州，一律

---

① 王树枏：《张文襄公全集》卷4，《奏议四》，中国书店出版社1990年版，第135—136页。

② 许同莘：《张文襄公·奏稿》，《禁种罂粟片》。

③ 王树枏：《张文襄公全集》卷86，《公牍一》，《札各属禁种罂粟》，中国书店出版社1990年版。

禁绝。其余南滨黄河，北抵外边，有的十去八九，有的十去六七。省城太原戒烟局中，就医买药的人络绎不绝。通过禁鸦片实践，张之洞认识到，“但有官吏所不到，绝无百姓之不从”。这种弊风，只要官员坚持努力，三年便可完全禁绝。可惜的是，张之洞在山西任职仅两年多便调任两广总督，这使他在山西禁绝罂粟的愿望没能最后实现。不过，张之洞的禁烟主张和实践，毕竟是在鸦片弛禁造成积重难返之势，显官大臣极力主张以广种罂粟来抵制洋药之际而提出和进行的，因而在他身上体现了清流派直言敢谏的风格，又集中了早期洋务派勇于革除积弊的精神。张之洞在短短两年多的时间里，为禁种罂粟所作的努力是值得肯定的。

综上所述，光绪初年弛禁了近 20 年的鸦片问题，在 19 世纪晚期又一度被提上议程，以洋务派代表人物为主的晚清思想家对鸦片问题各抒己见。其禁烟主张虽不尽相同，或主严禁，或主缓禁；或主治标，或主治本；或主禁输入以清其源，或主禁吸食以塞其流，但关注的目标都是鸦片烟毒。他们的禁烟动机，或为救银荒，或为维利权，或为保种族，但在维护民族利益这一点上则是一致的。自鸦片在近代中国泛滥以来，在清政府内部，关于鸦片问题解决的方法一直有两种声音：一是从社会问题的角度考虑，主张禁烟，反对在本土种植罂粟，持这种观点者从黄爵滋、林则徐到曾国荃、张之洞等人；另一种是从经济问题的角度考虑，主张征收或加重征收鸦片税厘，美其名曰“以征为禁”，持这一观点者从何太青、吴兰秀到许乃济、李鸿章等人。这两种声音是前者弱小，后者强大，有时又集中体现在一个人身上。例如张之洞在 1882 年抚晋时，不仅真诚主张禁烟，而且大刀阔斧，然而 1884 年调任两广总督后，其又不得不默许鸦片的生产和贸易。他这种前后不一的矛盾表现，本身就是晚清中国禁烟问题处于两难困境的体现。这两种声音交替出现，时大时小，其最后结果是禁烟的声音由于无法遏制外国鸦片的输入，事实上也就难以肃清鸦片流毒；“以征为禁”的声音认为鼓励土药生产可以抵制洋货进口而收回权利，却使洋药与土烟同时泛滥。清政府自鸦片战争以后，就一直在这两种声音的影响下，在理想与现实之间犹豫彷徨，最终迫于现实的压力而选择了“以征为禁”，一步步走向了鸦片贸易合法化、土烟生产本土化，而成为闻名世界的毒品生产大国——“罂粟王国”。

郭嵩焘、张之洞等人注重疏导的禁烟主张，适应了历史发展的要求，为清朝末年大规模的禁烟运动提供了宝贵的经验，对后世革除积弊有着重要的启迪作用。左宗棠、李鸿章等人加征鸦片税厘的禁烟主张，迎合了清廷解决财政危机的需要，其结果是鸦片越禁越多，社会风气更加败坏，清政府不得不在 20 世纪初年重新禁止鸦片。从某种意义上说，洋务派官僚在 19 世纪 80 年代对鸦片问题的争论与作为，是清朝末年禁烟运动的先声。

第三节 清末禁烟运动的总纲和重大举措

一、禁烟运动的总纲——《禁烟十条章程》

无论怎样，清政府在外部压力与内在要求结合的促使下，决定改弦更张。1906 年 9 月 20 日，清政府发布严禁人民吸食鸦片的上谕，限 10 年之内，全国禁绝鸦片。谕令云："自鸦片烟弛禁以来，流毒几遍中国。吸食之人，废时失业，病身败家。数十年来，日形贫弱，实由于此，言之可为痛恨。今朝廷锐意图强，亟应申儆国人，咸知振拔，俾祛沉痼而蹈康和。著定限十年以内，将洋土药之害，一律革除净尽。其应如何分别严禁吸食，并禁种罂粟之处，著政务处妥议章程具奏。"[①]一场真正的禁烟运动终于开始了。

遵照禁烟谕令的要求，会议政务处将所拟《禁烟十条章程》具奏，1906 年 12 月 1 日奉旨批准，禁烟运动在全国开展起来。《禁烟十条章程》是禁烟运动的总纲，其内容如下：

第一条 限种罂粟以净根株也。罂粟妨农，为害最烈，中国如四川、陕甘、云贵、山西、江淮等处，皆为产土最盛之区，其余诸省，亦几无地蔑有。现定以十年禁绝吸食，自当先限栽种，庶吸食可期禁绝。应由各督抚分饬州县，确查境内向种罂粟之地共若干亩，造册详报。凡向种罂粟之田地，嗣后永远不准再种。其业经栽种者，给予凭照，令业户递年减种九成之一……其凭照一年一换，统限九年内尽绝根株……

第二条 分给牌照以杜新吸也。鸦片流毒已久，民间吸食几于十居三四。申明禁令，宜宽既往而严将来。应令各省在籍官、绅、举、贡、生、监，先行戒断，以为平民之倡。凡业经吸烟者，无论绅民及其眷属婢女，均须在本籍或寄寓处所，各赴地方官公廨呈报。……报齐后，造成清册，并另缮一份，呈报上司衙门存案备查。一面刊印牌照，盖用印信，令吸烟者各领一纸。其牌照分为甲号乙号二种。凡年在六十以外者，给与甲号牌照；年在六十以内者，给与乙号牌照。唯原领乙号牌照者，不得于年届六十时改领甲号牌照。牌照内均注写本人姓名、年岁、籍贯、每日吸烟数目，及发给之年月，以为吸

① 朱寿朋编：《光绪朝东华录》(5)，岳麓书社 1983 年版，第 5570 页。

烟购物之据。其不领牌照而私吸烟购烟者，一经发觉，或被指告，分别惩罚……

第三条 勒限减瘾以苏痼疾也。分给牌照以后，除年逾六十精力渐衰者，其戒食与否，可从宽免议外，凡年在六十以内，领执乙号牌照之人，其吸烟数目，应限令每年递减二三成，几年内一律戒断……此次所定年分，期限本宽，倘限满后仍未悛改，是自甘暴弃，不得不示之惩戒。嗣后旧领乙号牌照之家，如逾限有未戒断缴销者，官员休致，举、贡、生、监斥革，平民均注明烟籍，由该州县分别另立一册，仍申报上司衙门存案，并将姓名、年岁榜示通衢及此项吸户人等所居之城乡市镇，俾众周知，凡该处绅耆，岁时会集，暨一切名誉之事，均不准与，以示不齿于齐民之列。

第四条 禁止烟馆以清除渊薮也。此时未届禁绝年限，则卖烟之店，自难遽行禁止。唯有一种开灯之烟馆，往往引诱少年子弟、无业游民，麇集其间，最为蠹毒，应由地方官陆续禁止，勒限六个月内，一律停歇改业，逾限概行封禁，又饭庄酒楼，不准备烟供客……

第五条 清查烟店以资稽察也。烟店虽未能一时禁止，以后须渐令收歇，但不准再有新开……

第六条 官制方药以便医治也。戒烟良方，流传甚多，应由各省送派精通医学之医生，研究戒烟药品，期于各该处水土相宜者，酌定数方，制备丸药……发交该处善堂或药铺，照原价经售。其无力贫民，准其免缴药资……

第七条 准设戒烟会以宏善举也。近来有志之士，往往纠合同志，创立戒烟善会，互相劝勉，深堪嘉尚。应由将军督抚饬令地方官，督率该处公正绅商，广为设立，以期多一善会，即多一劝导之处，转移习俗，较为迅速……

第八条 责成地方官督率绅董以期实行也。此次所定办法，全赖地方官督绅董，认真经理，实事求是，方有成效。应由各省将军督抚等，按年详核各属原报吸烟及戒烟人数，并曾否制备戒烟丸，劝设戒烟会，逐一比较，明定功过，以资劝惩。并于每年年终，造具清册，咨送政务处，以凭考核……

第九条 严禁官员吸食以端表率也。十年禁绝，系为通国齐民而言，至官为民之表率，一有嗜好，何以率属正民。今欲令出唯行，自不得不从官严其期限，重其惩罚，以为风声之树。嗣后凡京外文武大小官员，年在六十以上，有患瘾已深不能戒者，应与齐民一律，从宽免仪；至年未及六十之王公世爵、各衙门堂官、各省将军、督抚、都统、副都统、现任提镇，均受恩深重，位望俱崇，自不容稍有隐饰。凡曾经吸食者，准其自行陈奏，请限时戒断。戒烟期内，暂不开去各项差缺，派员署理。迨戒断后，复验属实，仍准供旧职；唯不得借口因病，期满不戒，致蹈欺罔，自干咎戾。其余京外文武实缺、候补大小各官，凡吸食者，由各该管上司派员确查，饬令自行据实呈明。毋论瘾之轻重，限六个月一律戒断。届限仍呈请派员复验，具结存案。如因多病畏难，逾期未能戒断者，亦准据实陈明，系世爵、世职，照例另袭；系官员以原品休致。倘阳奉阴违，隐匿不报，一经发觉，或被参劾，即请旨立予褫革，以为玩愒欺饰者戒。如该管上司失察，亦分别奏请议处。再各学堂教习、学生，水陆各军员弁，凡有吸烟者，限六个月一律戒断。

第十条 商禁洋药进口以遏来源也。禁止栽种，禁止吸食，皆内政应行之策，无待游移。至洋药来自外洋，事关交涉，应请饬外务部与英国使臣妥商办法，总期数年内，洋药、土药逐年递减，届期同时禁绝……[①]

这一法令从禁种、禁吸、禁售等各个环节，对10年内禁绝鸦片作出了全面而详尽的规定。其突出特点是注重对国内种植罂粟吸食贩卖的禁止，而其中又把禁止种植罂粟作为重中之重的问题来对待，强调禁绝吸食必先限制栽种。

1908年6月，民政部与度支部会订了《稽核禁烟章程》，[②]共9章23条，对《禁烟十条章程》作了进一步的补充，其中特别增加了在各省设立土市公行，以负责查土报税工作的规定。它要求种户卖烟土和店商买烟土，都必须经过土市公行，否则以走私论处。设立公行可使以往泛滥无际的烟祸有所治理，这表明禁烟运动正在继续深入地发展。

1908年10月，为了加强对禁吸的管理，民政部又颁布了《发给禁烟执照章程》和《管理售卖膏土章程》。《发给禁烟执照章程》共18条，规定购烟土膏者均须有执照，无照不得购买；吸烟者自发照之日起，每年至少减吸烟量八成之一；购烟者所购之数量，须有一定限制。《管理售卖膏土章程》也有18条，规定开设膏土店者须有1 000两以上之资本，膏土店须将运入和销售膏土之数目呈报，出售膏土须核查购买者之执照，除已设旧膏土店外，概不准新设膏土店。这两个章程的颁布，大大加强了政府对鸦片售卖与吸食的控制。

1909年10月，民政部与修订法律大臣又会订了《禁烟惩罚条例》，[③]使禁烟章程的贯彻有了法律上的保障。不断颁布的严格而具体的禁烟章程，及时指导了禁烟运动的开展。

---

① 朱寿朋编：《光绪朝东华录》(1)，岳麓书社1983年版，第5593—5596页。
② 《华制存考》，光绪三十四年(1908年)五月，第6页。
③ 《华制存考》，“政务”，宣统元年(1909年)十二月四日，第5页。

二、禁烟运动的重大举措

（一）建立健全禁烟机构

1906年11月，清廷下令在京师设立禁烟总局，上海设立禁烟总会，负责调查各省禁烟事宜。（有学者认为，禁烟总局成立于1908年4月7日，当时谕令设立禁烟大臣即等于设立禁烟总局，并认为禁烟大臣就是禁烟总局的主管。[①] 另有学者认为，清末设立了禁烟大臣，并没有设立禁烟总局。[②]）1908年4月，又任命恭亲王溥伟、协办大学士鹿传霖等为禁烟大臣。6月成立中央禁烟所，该所制定了《禁烟查禁章程》十条。[③] 它规定，戒烟所有权对京内堂官以上，京外监司以上吸鸦片官员指名调验。凡被调验者，必须出具证明确认已戒除烟瘾，才能继续供职。京外各衙门则由该衙门主管官员严密查禁，否则即将该管官员交部议处。1910年11月，北京成立了"中国国民禁烟会"，该会联合各省厅州县自治团体，设立禁烟分会，要求缩短禁烟年限，并争取各国教会、慈善会对禁烟进行声援。禁烟机构的不断完善和禁烟团体的成立，使从中央到地方的禁烟连为一气，有利于提纲挈领，加强领导，为禁烟成功奠定了良好的基础。

（二）与英国政府签订禁烟条约

在国内积极采取禁烟措施的同时，清政府多次与英国交涉，签订禁烟条约，并与中外反禁烟势力作了坚决的斗争。1908年3月，清政府与英国达成了"中英禁烟协议"6条。[④] 主要内容为：(1) 逐年递减英印鸦片的进口。以印度原来每年向中国出口51 000箱鸦片为定额，按年递减1/10，从1908年开始10年减尽；(2) 双方禁止香港烟膏输入中国；(3) 重征洋烟税厘，每百斤进口鸦片征收税厘银220两；(4) 租界实行禁烟；(5) 禁止吗啡进口；(6) 清政府派员驻印度监督核查发往中国的洋烟数量，同时申明，该条约先试行3年，再定递减。此协议的达成，坚定了清政府的禁烟决心和信心，同时也给它增加了压力。清廷标榜"自强"实行新政，唯恐禁烟失败被列强耻笑，因而加倍努力。如在中英双方谈判过程中，1907年10月，因睿亲王魁斌、庄亲王载功、都御史陆宝忠等吸烟积习未除，清廷特发上谕，另将所任差缺派员署理。

中英禁烟协议达成后，英国驻华公使朱尔典(John Newell Jordan)曾针对中

① 李鹏年等编著：《清代中央国家机关概述》，紫禁城出版社1989年版，第285—286页；《中国近代官制词典》，"禁烟总局"条，书目文献出版社1991年版。

② 见"毒品问题与近代中国学术讨论会综述"，《近代史研究》2002年第1期。

③ 朱寿朋编：《光绪朝东华录》(5)，岳麓书社1983年版，第5879页。

④ 王铁崖编：《中外旧约章汇编》第2册，三联书店1957年版，第445页。

国禁烟预言说："要使十年内扫除至少一世纪以来所成长的，并且在帝国八百万成年人口中已根深蒂固的习惯，我想是历史上很少曾试行成功的一项工作。"[①]为表现清政府一鼓作气力除积弊的勇气和精神，1908年3月，清廷再次发布禁烟上谕，强调指出："鸦片盛行以来，流毒异常惨烈……今神州古国种类日弱，志气日颓……若永远困苦于沈痼，势必无以为国"，禁止鸦片"事关国势强弱，民命寿夭"，"无论如何为难，必期依限断绝"。[②]

禁烟运动遇到了来自国内外的重重阻力。清末新政时期，广东禁烟运动在许珏的主持下，针对中外鸦片运输、销售和吸食等各个环节采取了许多积极措施。这些措施在一定程度上限制了外国鸦片的销路，从而影响了一些中外势力的毒品利益。他们相互勾结在一起，制造种种借口和事端，千方百计地破坏中国的禁烟运动，并极力怂恿其外交官出面干涉中国的禁烟运动。于是英国公使朱尔典和驻广州领事杰弥逊(James William Jamieson)一次次向中国政府发难，忽而抗议广东禁烟总局推行"牌照捐"的内容，忽而攻击中国官员的查禁活动，根本目的是为了保护英国商人的毒品利益，设法延长毒品贸易时间。许珏站在禁烟的立场上，为了捍卫国家禁烟主权，针对英国外交官的蛮横干涉和无理取闹，进行了坚决反击，揭露了其罪恶阴谋。但清廷内务部在英国外交官的要挟下被迫签订了撤销广东"牌照捐"的屈辱性条款。尽管如此，许珏仍为中国的禁毒事业作出了重要贡献[③]。

中英禁烟协议试行三年之后，中国禁烟已初见成效，不少省份已禁绝罂粟种植。因而，清政府与英国政府于1911年5月8日又订《中英禁烟条件》10条及附件10条。主要内容是：英国政府同意在今后7年期限内逐年减少鸦片输入，到1917年底将完全停止；并应允如不到7年，有确实凭据能够证实土产鸦片绝种，则印度政府向中国进口的鸦片同时停止；如某省先行完成禁种任务，该省亦可停运印度鸦片；同意将进口鸦片税每担110两提高到350两。其中第3条规定，"无论何省土药已经绝种，他省土药亦禁运入，显有确据，则印药亦不准进入该省"。[④] 英国从本国利益出发，在印度鸦片税收已减少的情况下，为了传教事业和工商业者的利益及国家的声誉，同意在中国禁烟确有成效时停止运进印度鸦片。英国对华鸦片政策的改变，在客观上有力地促进了清代第二次禁烟运动的蓬勃发展。但是《中英禁烟条件》同第一次鸦片战争以

① ［美］威罗贝：《外人在华特权和利益》，王绍坊译，三联书店1957年版，第671页。
② 朱寿朋编：《光绪朝东华录》(5)，岳麓书社1983年版，第5865—5869页。
③ 见"毒品问题与近代中国学术讨论会"综述，《近代史研究》2002年第1期。
④ 王铁崖编：《中外旧约章汇编》第2册，三联书店1957年版，第711页。

来所有关于鸦片贸易的条约和条款一样，均属不平等条约，中国的主权又一次遭到践踏。

（三）采取各种措施，弥补因禁烟而损失的巨额税银

众所周知，在鸦片弛禁的半个世纪中，清政府一直把洋土药税厘作为重要的经济来源，到20世纪初，年收入已达800万两。[①] 洋药税厘主要用于练兵经费和各省额款。当时清廷正在推行"新政"，编练新式军队，开办新式学堂，投资新式企业，需要用钱的地方很多。然而，从1908年开始，进口印度鸦片和国内种植每年减一成，这意味着清政府每年将递增损失80万两税银，这是一个巨额的递增数目。如何既能保证清廷巨大的财政开支，又使禁烟取得成功，是一个不小难题。为此，清政府动员一切力量，想方设法弥补这一重大损失。1907年9月，清廷推行印花税法，制定"印花税则十五条"；[②]1908年6月，又议定盐斤加价，加价后的收入以一半解部抵补练兵经费，一半划归产盐区充作经费。[③] 后来清廷又令各省自筹抵补之方。尽管筹款补救并不顺利，1909年清廷仍发布上谕，再次表示愿意牺牲鸦片税收为民除害："国家财用虽绌，岂恃此鸩酒漏脯以救饥渴，而不为吾民除此巨害耶？"[④]这道上谕发布后，度支部又奏请整顿田房契税，以抵补洋土药税。同时，各省纷纷献计献策。如广西巡抚张鸣岐请收宰牛之税，云贵总督沈秉堃拟开滇省矿产等。以上措施，从主观目的上看，表明了清廷是在切实认真地禁烟，是积极可取的；从客观效果上看，也确实减轻了清廷的后顾之忧，是禁烟成功的重要保障。

第四节　清末禁烟运动的成效及其局限性

一、清末禁烟运动取得了显著成效

从1906年开始直至清末的禁烟，是中国历史上第二次真正意义上的大规模禁烟的社会运动。由于政府痛下决心，敢于发动和依靠人民群众，在人民的大力支持和国际社会的配合下，取得了可观的成效。在整个禁烟运动中，各地出现的是官民一致，力除积弊的轰轰烈烈的禁烟场面。政府每有禁烟谕令或章程则立

---

① 于恩德：《中国禁烟法令变迁史》，文海出版社，第140页。

② 朱寿朋编：《光绪朝东华录》(5)，岳麓书社1983年版，第5790页。

③ 朱寿朋编：《光绪朝东华录》(5)，岳麓书社1983年版，第5944页。

④ 《宣统政纪》卷8，宣统元年(1909年)二月二十四日上谕。

即张贴于城乡，以使家喻户晓。由于清末各地的鸦片流毒程度不同，种植情况亦不同，各地禁烟侧重点自然有所不同，有的侧重于禁吸，有的侧重于禁种，有的禁吸与禁种并重。因此，各省的查禁方法、步骤亦不同，统计方法也有所不同，故很难以某项统计数字显示其禁烟成效。总体说来，在禁烟令下达之后，全国各地纷纷响应，禁烟取得了显著成效，应予充分肯定并对其经验和不足进行全面总结，以资后世借鉴。

（一）禁种取得巨大成果

根据中英禁烟条约，中国要在10年内禁绝外国鸦片进口，就要同时禁绝土产鸦片。这样一来，清政府有了紧迫感，对禁种尤为重视。一些督抚还纷纷奏请朝廷缩短禁种期限，以达速绝。此后，山东、江苏、直隶、河南、山西、陕西、奉天、安徽等省，均宣布从1909年起一律实行禁绝。据此，清廷改变原来规定的各省禁种期限，要求陕、甘、川、黔少数省份限于1913年完成禁种外，其余各省一律提前于1909年底完成禁种。各省禁种自1908年开始加紧进行，到1910年秋季，各省禁种罂粟的亩数当以万计。经民政部派人下乡实地踏勘，调查结果显示，直隶与山东两省禁种净尽；奉天、山西、湖北、广东等省仅有零星种植；黑龙江、江苏、安徽、广西、福建5省各有二三州县尚未禁绝；河南、浙江、江西、湖南四省虽宣布禁绝，仍在个别地方发现较多种植；云南、吉林、新疆3省虽有较多种植，但大面积种植的局面已经改变；陕西、甘肃、贵州和四川4省为缩期禁种省区，其中四川基本实行禁种，其他3省计划于1911年彻底禁种。对此，清廷并不满意，要求各省应完全禁种，并严惩失察官员。1911年初，各省禁种进一步取得积极成效，清廷下令各省土药统税局即行裁撤。不久，奉天、吉林、黑龙江、山西、四川5省宣布已完全禁种。于是外务部致函英国政府，要求根据中英禁烟条约禁止印度鸦片进入上述5省，同时又奏请朝廷，饬令5省督抚仍随时查勘，凡已禁绝种烟之地永远不得复种。经过各方面努力，到清政府最后灭亡的前夕，虽然全国范围内尚不能说完全禁种，但大部分地区已经实施禁种，取得了难能可贵的成效。

特别值得一提的是云南省。在清代末年，全国普遍实施禁烟行动之时，云南省因其种植罂粟历史久、面积大、产量高、影响深，在全国的禁烟运动中被列为重要地区。但在相当长一段时间，云南的禁烟行动步履维艰，收效不大。光绪三十三年（1907年）五月，锡良从四川调至昆明担任云贵总督，云南的禁烟行动进入到雷厉风行时期。在禁种方面，锡良采取的措施是调查种烟农户数量、种烟地亩面积，积极宣传禁种罂粟。拟在三年的时间内完全禁绝鸦片，其方法是第一年由地方官先行告诫农民，在禁烟问题上有所准备；次年则认真查禁烟亩数量，限制种植面积；第三年则强迫农民禁止种烟，做到根株净尽为止。[①] 经过努力，光绪三十三年较光绪三十二年的种植亩数已经减少了三成到六成不等，禁烟形势十分乐观。于是锡良趁热打铁，加快禁烟的步伐，决定在一年之内完成禁种任务。为了配合此项工作，确保外省的鸦片不倒灌云南，破坏禁烟行动，影响地方经济，锡良特别请求中枢考虑缩短禁烟的期限，饬令各省区亦在一两年的时间里禁绝鸦片[②]。为此云南省当局采取一些果断措施，如用军队来对付抗铲者，强制性地贯彻禁烟法令。"三十四年(1908 年)冬，镇南三乡因禁种烟苗办理未善，愚民警变，接连楚县所属前后哨地。后大宪发兵剿抚，楚雄哨地愚民死者一百二十八人。"[③]消息传开，云南各地一时风声鹤唳，人心惶惶，禁烟不令而行。

(二) 禁售、禁吸成效显著

根据禁烟法令，所有烟馆限 6 个月内关闭，随后依照法令认真查禁。此项工作从 1906 年底开始，本拟雷厉风行，于 1907 年初闭歇全国烟馆，因阻碍较多，于 1907 年年中始见成效，各省关闭了各城镇数以万计的鸦片烟馆。现汇集北京、天津、上海及部分省会的情况如下：

京师："京师各烟馆早由警厅宣示章程，至本年四月初六日一律停闭，现已将届其期，故又由警厅出示，饬令切实遵行，至期概行歇业。"[④]

天津："宫保札饬南北段，禁止烟馆并酒楼、饭庄，一概不准开灯，统于月底[⑤]，一律严禁，目前已经北段总局出示严禁矣。""现因禁止烟馆，有本埠烟馆二十五家，禀请商会，函请总局展限。现经总局准展至十一月底一律闭歇。"[⑥]

上海："上海城厢内外各烟馆，奉谕于五月十二日一律闭歇，而城中各烟间至十一日为止，已先后一律闭歇净尽。"[⑦]

济南："所有省城烟馆已于五月初一日全行封闭，间有私开者，已枷号示众，此事均由巡警局办理。"[⑧]

苏州："苏城内外烟馆在二十及二十五日两限前，闭歇者共一百九十余家……其余各家亦经禁烟局会同三县，谆谆劝谕，于二十六日一律闭歇。"[⑨]

---

① 《光绪三十三年云南商务总会土药卷宗》，昆明市志编纂委员会编：《昆明市志长编》，云南新华出版社 1984 年版。

② 《锡清弼制军奏稿》卷 6。

③ (民国)《楚雄县志》卷 6、卷 2。

④ 《封禁烟馆》，《大公报》1907 年 4 月 9 日。

⑤ 指光绪三十二年十月。

⑥ 《实行禁烟》、《禁烟展限》，《大公报》1906 年 12 月 7 日、20 日。

⑦ 《上海实行禁烟事汇志》，《大公报》1907 年 6 月 29 日。

⑧ 《实行封禁》，《大公报》1907 年 6 月 24 日。

⑨ 《苏州烟馆遵限闭歇》，《大公报》1907 年 8 月 17 日。

杭州："杭州地方官饬令阖城鸦片土局于六月三十日一律歇业。又云，该城内外烟馆亦于是日一律闭门，另图他业。"①

南昌："赣省城厢内外烟馆现经警察局谕令先期报歇，故日来停闭者不下一二百家。"②

武昌："张香帅电告民政部云：武汉烟馆已于六月初一日一律勒闭，谕令别谋生计。至其租界烟馆，现与各国领事晤商，亦易就绪，行将一律禁止。"③

桂林："粤西当道曾以出示禁烟，计省城在去腊底已一律禁绝。至各府州县城市乡村等，限至六月底止，过期倘各店铺尚有售卖烟具等，一律充公。"④

南宁："此次关于禁烟政策，因上宪敦促甚严，故南宁当道近日颇能振励禁办。有阳奉阴违私设烟馆者数人，被宣化县李大令拘获，饬令长枷游街示众，近所搜获烟枪数百枝，皆当堂捶毁。"⑤

以上情况，主要根据督抚的奏报和巡警局的告示，表现出地方高级长官奉行谕旨，取缔烟馆的决心。与取缔烟馆相比，严定期限，让瘾君子断瘾是一件更困难也是更重要的工作，因为烟馆设在明处，只要官方有决心，一纸禁令就可以全部取缔，而瘾君子躲在家中，在 10 年禁绝期限内可以照常吞云吐雾。尽管烟馆取缔后，政府逐年递减烟店，对烟民吸食烟膏、烟土的数量也有严格限制，但瘾君子们自有应对之策，"自限年禁吸之令出，殷实之户多广购烟土，暗备后来吸食之资"⑥。广西宣化县令，"烟癖颇重，于先未申禁时，早已买就烟土数箱，恐申禁后不易再买，亦未雨绸缪之意也"。⑦ 因此，取消公共吸烟场所后，切实有效地逐年减少吸烟人数是禁烟运动成败的关键所在。

可以说，从禁吸鸦片谕令发布后，各地官府的精力集中于取缔烟馆，并未着手进行减少吸烟人数的工作。直至 1907 年 10 月 7 日清廷下达一道严厉谕令，斥责睿亲王魁斌、都察院左都御史陆宝忠等一批不改吸烟旧习的大臣后，才惊醒了各地官员，不敢再怠玩拖沓。从 1907 年底起，各地官吏开始从调查平民吸烟人数和官员出具戒断保证书入手，开展了逐年减少吸烟人数的工作。例如，直隶的这项工作，首先从官场开始。新成立的直隶戒烟总局根据 10 月 7 日谕令规定，发出通告，命令全省"文武大小人员，不论实缺、候补，限令文到一月内，一律

① 《大公报》1907 年 8 月 16 日。
② 《纪南昌禁烟现状》，《大公报》1907 年 9 月 4 日。
③ 《电告武汉禁烟情形》，《大公报》1907 年 7 月 19 日。
④ 《大公报》1907 年 6 月 2 日。
⑤ 《烟瘴将绝》，《大公报》1907 年 9 月 7 日。
⑥ 朱寿朋编：《光绪朝东华录》(5)，《度支部奏》，岳麓书社 1983 年版，第 5593—5596 页。
⑦ 《禁烟难收实效》，《大公报》1907 年 7 月 14 日。

出具不吸烟结，或已戒净结，其戒烟未净者，亦限令三月内戒净出结”[①]。这一时期，仍然是云南的禁吸工作做得较为出色。锡良在禁吸方面采取的主要措施有：一是调查各地区的吸烟人数和具体情况，造册登记，严禁日后再新增烟民。接着，要求瘾民们自行采取措施，或赴禁烟局领用官府配制的戒烟药丸，或凭官府颁发的执照高价购买烟膏，以便能控制烟民禁吸情况。明确规定青壮年瘾民限期半年、老弱者宽限为一年，务须禁绝鸦片烟瘾。至于各官吏、将卒兵丁、举贡生监等，分别由藩司、营务处及学司管理，限期在半年内一律戒绝鸦片烟瘾，否则予以重惩。二是控制各地的鸦片烟铺，规定各烟摊登记造册，领取特业执照，从领照之日起，限期在一年之内一律停止营业，改营他业。在短短的数年时间中，云南的禁烟工作确实已经收到很大实效：公开贩烟者销声匿迹；各地烟馆公开停止营业；大多数烟民被迫戒烟，其烟具被收缴，予以销毁。时人记载说：“洋烟之害，流毒甚深。滇人每至中午，多高卧不起。经锡清帅严加整顿，将烟枪搜索悬之城门，每门千数百杆不等，渐至断绝……禁烟局将锡清帅在任时所悬城门烟枪禀明销毁，后得饰件余铜二百四十余斤，足见烟枪之多。”[②]在登记注册的基础上，于1908年2月26日起至4月5日，各地向烟店发放营业凭照，并向烟民发吸烟牌照。其中天津一地，共发烟店凭照155份，烟民牌照8 851张，此数仅限于城内，尚不包括四乡。[③] 随后，直隶禁烟总局又发告示，宣布：“此次给发烟店凭照、吸户牌照，均遵照政务处奏定章程，以为稽核实数，按年递减起见。俾烟店须有凭照，可以卖烟，吸户领有牌照，可以买烟回家中自吸烟，惟吸烟数目，应限令每年递减二三成，几年内一律戒断。”[④]

至1909年初，根据禁烟大臣端方报告，全国已戒烟者500万，其中官员100余万，平民300余万，断瘾者占吸烟者的60%。[⑤] 到1911年时，京师戒吸人数有2.1万人，山东有8.5万人，河南有10万人，陕西有56万人，湖南有2万人，湖北有11.7万人，浙江有22.1万人，福建有5.5万人，云南收缴的鸦片烟枪有4.6万支。其他各省虽无确切统计，根据情况类推，戒吸人数肯定不少。

在禁止鸦片入口方面，随着中国政府在禁种和限制土产鸦片方面取得日益显著的成效，根据中英禁烟条约的规定，英国政府不得不减少对中国的鸦片出口。据海关10年报告，清末禁烟初期，每年尚有五六万担鸦片进口，但自

① 《直隶禁烟总局详定官场禁烟办法》，《大公报》1907年11月18日。
② 熊晋阁：《滇南壮游集》，《文稿》。
③ 《直隶禁烟总局详陈现在实行禁烟办法详稿》，《大公报》1908年4月26日。
④ 《直隶禁烟总局示》，《大公报》1908年3月30日。
⑤ 《江督报告戒烟人数》，《大公报》1909年4月28日。

1908 年中英禁烟协议签订后,“这些措施的一个结果就是鸦片进口迅速下降,到 1911 年减少到 2 800 担以下”。①

由以上简略叙述,可以看出禁烟成绩是巨大的。国内舆论认为:“纵观各省禁烟之成绩,欲作违心之论,谓非良好而不可得。”②英国政府认为:“中国于禁种一事立意诚笃,且成效卓著。”③住在北京的英国《泰晤士报》记者莫理循对于禁烟运动的成就感到惊奇。美国《拿呼美报》发表评论,称赞中国禁烟成绩显著。清末禁烟运动获得了举世公认的重大成就。

二、清末禁烟运动取得成效的原因

清末禁烟运动之所以取得如此巨大的成就,综合分析,有以下几个原因。

第一,与民众的支持和清廷拟行宪政以期扭转政治危机不无关系。19 世纪末 20 世纪初,民间禁烟的呼声遍及海内外,知识界、开明士绅、海外华人和吸食者,或组成禁烟团体,或写文章、办报纸宣传禁烟、开展禁烟运动。禁烟团体中,著名的有清末福建的“去毒社”、北京的“中华国民禁烟会”等。且随着禁烟运动的开展,禁烟团体出现联合的趋势,而烟民的热烈响应进一步扩大了禁烟成绩。在这一时期,知识分子的呼吁,地方士绅的努力和海外华人的禁烟行动遥相呼应,形成强大的禁烟高潮,在很大程度上促成并坚定了政府的禁烟决心。可以说,如果没有民间强烈的禁烟要求,仅有英国鸦片政策的松动是不可能促使清政府下定禁烟决心的,更无法取得如此巨大的成就。

晚清的历史表明,社会风俗的改良,从来不是一个孤立的行动,它往往受政治改革的影响而发生、发展。《辛丑条约》签订后,中国已陷入半殖民地的深渊,民族危机空前严重,清政府再也不能按照旧的方式继续统治下去了。于是,1906 年 9 月 1 日,清廷颁布了“预备立宪”诏令,向全国表明将“仿行宪政,大权统于朝廷,庶政公诸舆论,以立国家万年有道之基”④的意向。既要实行立宪政体,就要求官员和全体人民有一个新的精神面貌,以照旧沉溺于鸦片烟瘾之官员来刷新政治,是不可想象的事情。因此,“预备立宪”诏令下达后,清政府做的第一件事,就是痛除几十年来危害国家至深的烟毒。《大公报》云:“政府会议,立宪宗旨业已明发谕旨,此后京外大小臣工均宜殚精竭虑,讲求一切政治事宜,以为实行之预备。唯官员中之吸食鸦片者甚不乏人,亟宜励志自强,痛除积癖,故已

---

① 徐雪筠等译编:《上海近代社会经济发展概况(1882—1931)》,上海社会科学院出版社 1985 年版,第 334 页。

②③ 王宏斌:《禁烟史话》,北京社会科学文献出版社 2000 年版,第 133 页。

④ 朱寿朋编:《光绪朝东华录》(5),岳麓书社 1983 年版,第 5998 页。

决意通告各省，迅速设立戒烟会，以期改良。"[①]御史赵启霖称："此次奉旨禁烟，适当立宪之时，非但中国强弱所关，抑亦各国观瞻所注。"[②]清政府下诏立宪，实行"新政"后，即颁布了全面禁绝鸦片的法令。禁止鸦片作为新政的内容之一，表明其希望由此入手振作民气。

第二，清末禁烟运动是国际禁烟热潮在中国的反映。20 世纪初，美国实力已超过英国，雄踞世界榜首，它在世界范围内倡导禁烟，对中国禁烟起了很大作用。1903 年美国同意中国限制进口吗啡，1905 年又联合日本等国呼吁英国停止鸦片贸易，认为鸦片贸易"不但有损中国，亦有损于世界各文明国"。[③] 1906 年美国又以属地菲律宾烟患严重为由向英国提议，由美、英、法、荷、德、中、日等国组成委员会，共同调查远东鸦片贸易问题，迫使英国勉强同意参加，这在客观上促成了《中英禁烟协议》的签订。1909 年，在美国的倡议下，"万国禁烟会议"在上海召开。虽然这次国际会议属于讨论性质，所通过的决议对与会各国政府并不具有法律上的约束力，但是，很显然，此次大会"已经就鸦片吸食的严重性问题取得了国际上的共识"。[④] 鸦片贸易第一次作为不道德的交易受到国际社会的广泛批评，在此舆论下，英国不敢明目张胆地干涉中国禁烟了。更为重要的是，这次大会对中国政府正在进行的禁烟运动给予了承认和道义上的支持，这些都在一定程度上促进了禁烟运动向纵深发展。此后，在美国的支持下，又举办过几次国际禁毒会议，倡议列强在亚洲的属地及中国一律禁烟。

第三，清末禁烟与传统文化中的忧患意识、自强精神和善鉴风格紧密相联。清末禁烟是在满清王朝千疮百孔的环境中进行的，其本身所具有的积极意义，虽然不能挽救清王朝覆亡的历史命运，但它作为一场民族自救、自强运动，与传统文化中的忧患意识、自强精神和善鉴风格是分不开的。

中国传统文化中强烈的忧患意识，是中华民族居安思危、自强不息、挫而奋起、穷且弥坚的精神动力所在。其中自强精神是传统文化的精华。《易》曰："君子以自强不息。"其基本内涵是努力向上，自力图强。到了近代，自强具有了以往未曾有过的含义。这时的自强精神不仅意味着追求个人的功名利禄，而且把传统的进取精神与国家民族的前途命运联系在了一起。近代意义上的自强运动，始于 19 世纪五六十年代，涉及社会生活的各个层面。清末禁烟运动，就是民族自强图存的一部分。近代以来，在现实危机的强烈刺激下，举国上下都认识到了

---

① 《决意设立官场戒烟会》，《大公报》1906 年 9 月 8 日。
② 朱寿朋编：《光绪朝东华录》(5)，岳麓书社 1983 年版，第 5996 页。
③ 《中国除烟之希望》，《万国公报》第 192 卷，1905 年第 1 期。
④ 《字林西报》1909 年 2 月 27 日。

鸦片的危害，忧患意识再次显现，它是传统的忧患意识与近代资本主义侵略现实相结合的产物。“禁烟一事，乃今日自强之实政”，[①]“禁烟是整个国家富强的最先基础”，[②]人们把扫除鸦片烟毒看成是国家由弱而强的根本转机。在禁烟过程中，这种自强精神得到了充分的体现。一部分烟民克服困难，自觉戒烟。维新派人士发表文章，痛陈鸦片之害，介绍各种戒烟方法。一些进步人士和地方士绅发起建立戒鸦片会，研制戒烟良方，帮助烟民戒烟。清政府在当时“新政”的口号下，对鸦片流毒日渐警觉，渐有消除之意，采取了一系列行之有效的措施，其禁烟的决心、自强的殷望由此可见一斑。中国传统文化有极强的追根溯源之能力，它可以吸收、借鉴历史，以为今用。中国自 1729 年颁布禁止鸦片烟法令起，禁烟政策数度变迁，禁烟措施也随之变化，清末禁烟就是在对以前历朝禁烟运动反思的基础上展开的。清末禁烟吸收了以前历朝“重刑严惩”的方法，本着“先劝导而后惩儆，宽既往而严将来”[③]的精神，制定章程、条例，且落实到位。总之，清末禁烟卓有成效，传统文化功不可没。在整个禁烟过程中，传统文化的优秀内核一以贯之，振奋了民族精神，凝聚了民族力量。清末禁烟是传统文化在近代中国社会变迁中单个层面上的反映，它折射了近代中国传统文化流变的趋势，即在肯定自我的同时对其自身的糟粕予以抛弃，吸收、借鉴外来文化的有益成分，丰富自己，并逐步走向世界。

第四，清末禁烟之所以取得巨大成就与清廷的禁烟决心有密切关系。不能忽视的是，作为这场禁烟运动的实施者，清廷所起到的积极作用也是极为重要的。尽管有资料表明，清廷在决定禁烟初期，一度因能否取得英国政府的同意而显得信心不足，但当 1908 年 3 月《中英禁烟协议》签订后，其对禁烟是极为重视的。为取缔鸦片而不惜承受“贸易赤字”的做法也是值得肯定的。为了能在规定的三年期限内取得实效，清廷先后颁布了一系列严厉打击的禁烟诏令，制定了一套规章制度。对于一些不听禁令、阳奉阴违的官员也采取了果断的处罚措施。清末禁烟具有相对稳定的外部环境，不像后来军阀混战和日本侵略时期那样禁烟措施经常被不可预料的情况所干扰，因而，清政府的意志可以得到比较完整的贯彻。这一切都有力地保证了禁烟运动的顺利开展。

三、清末禁烟运动的缺陷及其思考

（一）清末禁烟运动的缺陷

清末的禁烟运动，“中国政府在公众舆论的全力支持下，完成了表面的禁烟，

---

① 《清实录》(宣统)，第 152 页。

② 《四川官报》第 15 册，公牍第 3—4 页。

③ 《光绪丙午年交涉要览》上篇，第 183 页。

所花的时间比中英协定所规定和熟悉内情的人士所预料的时限都要短。值得称道的是,中国人民那股坚韧不拔的决心,他们一旦确立禁止外国鸦片进口的目标,就不达目的决不罢休”。[①] 但是,尽管如此,这场运动还存在明显的缺陷和问题。

第一,烟馆转入地下,成为黑店。清末禁烟中,开始时轰轰烈烈一阵,日久疲玩,视法令为具文,以各种手法钻法律空子的现象仍较普遍。例如,奉天:“省城自实行禁烟以后,所有各烟馆招牌一律摘去,不准开灯吸食,唯黑籍中人则尚多意存观望。闻各烟馆烟幌虽已除去,而烟灯则并未一律毁销。有招牌虽去,而烟灯仍开如故者;有白日闭门,室内灯火荧荧者;有将烟具移之民家暗中吸食者,种种奇诡,不可殚述。日前经兴仁、承德两首县及巡警总局拘获二十余人,均枷号示众,妇女则用芦席为枷,以示小惩大戒之意。”[②]济南:“山东省垣各烟馆自五月初一日一律歇闭后,有私自开灯者,当由警局押令闭歇。至近日则闭歇之家,零售熟膏,亦间有开灯情事。警局以阿片专卖法将次实行,另有防弊之法,故目下暂不从严办理。”[③]北通州:“通州烟馆,于去年腊月三十日已经一律禁止。新近西街路南,开了一个钟表铺,字号是云兴斋,铺后暗开烟馆,买卖很盛。”[④]烟馆胆敢抗令照开,背后定有人为之撑腰,撑腰者不外两种人:负责查禁烟馆的警察和下令查禁烟馆的地方官,前者可以京师附近的沙河镇为例,后者可以吉林省铁岭县为证。沙河:“京北沙河镇,现有烟馆多处,内有两处是明开的。一是在牌楼口路南,是某衙役所开;一是南水簸箕路西,门面是粮店,并带小饭铺。听说巡警局诸位,终日在该处吃喝,抽大烟,无一不便,所以才明开。”[⑤]铁岭:“忌食鸦片为中国今日之要政,今春二月赵军帅札饬各州县,限于四月初一日一律禁止。铁岭县廖令接到札饬,赶即传谕各烟馆一律歇业。随禀详上宪,谓卑县已遵于二月初一日一律禁毕,因之颇得赵军帅之褒奖。未数日,本县买卖绅士韩会友与本县廖令商议共同分利,另设烟膏专卖局,巧立甲乙两班,仍准吸食三年,名目尚属正大。不料立局后,乃下至十五岁者亦发吸烟之票,并不按六十岁以上者为甲班、五十岁以上者为乙班之语,城乡烟馆复以数百元之贿运动分司,因之各烟馆复行开张,吸烟者遂如故,忌食鸦片之令反成具文。”[⑥]

---

① 徐雪筠等译编:《上海近代社会经济发展概况(1882—1931)》,上海社会科学院出版社 1985 年版,第 185 页。

② 《奉省禁烟后之状况》,《大公报》1907 年 7 月 1 日。

③ 《各省禁烟汇志》,《大公报》1907 年 7 月 30 日。

④ 《仍有烟馆》,《正宗爱国报》第 184 期,1907 年 5 月 28 日。

⑤ 《烟馆明开》,《正宗爱国报》第 278 期,1907 年 8 月 31 日。

⑥ 《烟馆复行开张》,《大公报》1907 年 8 月 20 日。

第二，中心城市禁，偏远城市不禁。湖广总督张之洞报民政部，称武汉三镇所有烟馆已于7月10日(农历六月一日)“一律勒闭”，而与此同时，《字林西报》发自宜昌的消息则云：“北京宜昌相去甚远，并未见官员有禁烟近新章发布也。且近来转有安然开设大烟间者，故该处不特不能减少吃烟之人，且更形加添云。”①张家口也同样不禁烟馆：“自去岁奉旨禁烟，原拟今年四月初六日所有烟馆一律停卖，近日张家口地面，还是照旧开灯，地方官并不禁止，真真是怪事。”②离省城杭州100余公里的长兴，烟馆反比禁烟前增加数倍：“长兴未奉禁烟以先，烟户共有三十六家，自奉禁设局以后，城内及附郭一带，反增至二百余家，甚至窝娼引诱，以广招徕。月初，该局调查员孙某查至蒋董巷，有朱魁宝娘娘开设花烟馆在内，该员略为劝阻，竟被该妇大加殴辱。闻该妇之敢于违禁肆横，毫无顾忌者，恃有护符，故不恐惧矣。”③

第三，部分地方官擅自弛禁。在武昌，张之洞尽管好大喜功，对朝廷政令尚不敢敷衍。1907年9月4日张调任军机大臣后，由湖北布政使李岷琛署理湖广总督。李本为烟鬼，乃在武昌全面弛禁烟馆：“鄂省武昌府属各当道，近以警察经费奇窘，准民间领照开设烟馆。大户缴照费洋一百元，中户七十元，小户五十元；月捐照旧加倍。”④在四川叙州，知府怕烟馆主煽动烟民闹事，禁而又弛：“川省叙州府，日前有烟馆主人二百多名，要求太守准再开灯，并多恫吓。太守怕激成暴动，准其售卖照常。”⑤

在查禁禁烟人数上，呈报已断瘾实际未断者也大有人在。如贵州，“贵阳禁烟公所成立后，由黔抚牌示，令自道府以下各官入所调验。照章须在所内住宿，以防有夹带等弊。讵此次调验之各员，入所后瘾发不能支持，有伪作腹痛不堪，邀乞抚宪放出者；有以鸦片或吗啡藏诸帽内，检查时竟致败露者；有以金钱贿通检查员，预藏抵瘾药入烟泡或烟膏于侧室，后经他员检查发觉者；有以烟灰装入墨盒及别种器具内者，种种丑态，变幻百出。……”⑥各地受检人员以各种形式蒙混过关者，不乏其人，其断瘾与否，不言自明。

第四，罂粟种植与鸦片贩卖现象事实上还存在，远远谈不上禁绝。如1909年到1911年，陕甘总督长庚采取放任态度，种、运、售、吸一概不禁。永登、皋兰、靖远及河西、临夏的大片土地，成为鸦片主要产地。⑦ 另据重庆海关当时

---

① 《各省禁烟汇志》，《大公报》1907年7月30日。
② 《不禁烟馆》，《正宗爱国报》第182期，1907年5月26日。
③ 《烟禁难申》，《大公报》1908年3月29日。
④⑤ 《论禁烟之将来》，《大公报》1908年1月26日。
⑥ 《官吏禁烟之怪现象》，《大公报》1909年5月6日。
⑦ 《文史精华》编辑部编：《近代中国烟毒写真》下卷，河北人民出版社1997年版，第534页。

的税务葛尼尔(R. C. Guerni)报告,四川省境内在1913年不仅“仍有少量的罂粟”,在“倮倮山区还有大量种植”,因为“当局的命令很难在这里实施,当局无疑是在尽最大努力,但完全禁绝罂粟是艰巨的任务”。[①] 据海关报告,1917年中英禁烟条约实现不久,“罂粟仍在陕西、河南、甘肃、湖北、湖南、福建、四川、云南、贵州等地种植”。[②]

许多省份也不同程度上存在着秘密或公开地进行鸦片贩运和买卖的情形。如1914年北洋军阀张广建督甘时,正是民初严令禁烟之际,他表面上设立了“禁烟善后局”,但实际上只禁种,不禁运、售、吸。市场上的鸦片并未减少,而且价格不断上涨,当时兰州烟土每两价值白银10两多,临夏市烟价每两高达14两白银。全省商界几乎家家经营鸦片生意,真可谓“无商不土”。[③] 据1913年巴黎日报驻中国特派员穰罗特报道:“余于千九百十年(宣统二年)迄千九百十一年(宣统三年)游历中国,考察中国禁烟状况,见人民染此癖者数已大减。此次游历,见其故态复萌,鸦片贩卖最盛之区,为广东及上海等处,租界土店林立”,[④]另据海关报告,1917年中英禁烟条约实现不久,“中国所有省份都在公开或秘密进行鸦片的贩运和买卖”。[⑤]

第五,英国政府虽然答应从1917年以后不再向中国输入印度鸦片,但实际上外商依仗其治外法权继续对华走私进口鸦片,甚至还制造贩卖毒品。1911年,法属安南(越南)总督向英国印度总督订购英属东方殖民地印度和波斯所生产的鸦片,运到广州湾推销,每年达5箱,每箱46个,共重160磅。[⑥] 法国当局后来甚至还支持地方势力派人物成立了“三有公司”,专门经营鸦片和全权管理广州湾鸦片经营的有关事务。在上海,1919年搜获日本吗啡价值35万元。同年,北京海关也破获烟土、吗啡共计8 932两。1920—1921年,天津共破获吗啡、海洛因共约11万两,[⑦]1922年,全国各海关查获烟土60 997磅。[⑧] 1926年全国查获输入的外国麻醉品不下40吨,“不能查获者,当不止十倍于此”。[⑨] 至于在各租界,走私贩运毒品则更是畅通无阻,这在天津日本租界尤为突出。据统计,当时“在日租界售卖海洛因的所谓洋行,多达160家”,同时还有“所谓制毒‘四大金

① 周勇、刘景修译编:《近代重庆经济与社会发展》,四川大学出版社1987年版。

②⑤ 徐雪筠等译编:《上海近代社会经济发展概况(1882—1931)》,上海社会科学院出版社1985年版,第186页。

③ 《文史精华》编辑部编:《近代中国烟毒写真》下卷,河北人民出版社1997年版,第535页。

④ 时事新报译论《中国禁烟之历史及其成绩》,《东方杂志》1914年第10卷第12号。

⑥ 《列强在中国的租界》,中国文史出版社1992年版,第134页。

⑦ 《拒土会刊》第2卷第3期,第10页。

⑧ 《拒土会刊》第3卷第2期,第2页。

⑨ 《烟祸年鉴》第2集,第5页。

刚’,其中号称‘百面大王’的陈昆元,老婆是日本人,因而得以打通日本领事馆、宪兵队、警察署各个关节,胆大妄为,贩毒猖獗,以致在1936年国际禁烟会议上受到点名指责”。①

第六,清末的禁烟政策也有一些疏漏之处。在中央,如会议政务处的禁烟办法对官员的规定,虽出语严厉,但细细推敲,仍有许多姑息纵容之处。首先,王公贵戚和地方要员多为老人,自在不禁之例。其次,省以上高级官员自报戒断年限,而省以下官员则限期6个月断瘾,上宽而下严,难收上行下效之功,因此,戒烟办法虽强调官为表率,但宽于高层而严于下层,为以后的官员戒烟留下无穷隐患。在地方,我们以云南为例,来窥一斑而见全豹。前面已经提到,云南自光绪三十三年(1907年)五月,锡良执政以来采取一系列的禁烟措施,使当地的禁种、禁运和禁吸工作大见成效。对此,后人评价说:“廷旨下,滇中官吏,奉命惟谨,一时雷厉风行地禁种禁吸,果也有效,未及三年,内地竟无一棵烟苗发现,边远地处之编氓,虽不泯于利,仍于偏僻处偷种,但一经查出,即被铲除。有起而抗拒者,省中大吏必派兵前去,协同地方官迫令铲除。以是,在宣统二三年间,滇中烟害虽不能云完全扫除,然已收得十之八九功效。在吸的方面,亦多自觉自悟戒去。”②但是必须看到云南因禁烟太短促而派生出的许多社会问题。一是禁烟措施不分阶段、不区别地域,一律在1年之内全部禁种、禁吸和禁运。立意虽好,措施虽严,但在个别地区,主要是沿缅甸、越南边界地区的贯彻落实却成为问题,进而影响到边界地区的社会稳定和经济发展。二是禁烟期限过于急迫,许多补救性措施不能发挥作用,不能及时地填充禁烟所遗留的经济收入真空。再者,开掘矿山、兴办实业等,需要有资金、技术和人才,需要有一个准备阶段,绝不是吹糠见米,说干就能干的。

(二) 对清末禁烟运动的思考

清末历时数年的禁烟运动,是继林则徐虎门销烟之后规模最大的一场禁绝鸦片运动。当历史已进入21世纪之时,回顾这一次的禁烟历程,仍有许多值得一书之处。

首先,政府革除积弊的决心令人钦佩。鸦片战争时期的第一次禁烟运动中,道光皇帝纯粹以“兵弱银荒”相号召,所做仅为就事论事。而处在封建社会末期的清朝廷,终于在利用“清末新政”这剂改革“良药”对社会进行全面改革之时,同时认识到鸦片烟毒对中国社会的重大影响和作用,非常实际地把“禁烟”列入“新

① 《列强在中国的租界》,中国文史出版社1992年版,第134页。

② 《特约撰稿员罗养儒供稿》,昆明市志编纂委员会编:《昆明市志长编》,云南新华出版社1984年版。

政”议程，具有比鸦片战争时更为远大的眼光，敢于正视现实。

其次，清政府下决心禁烟确属不易，因为它要承受来自两方面的巨大压力。一方面它将受到种烟农民和吸烟官民的抗议与抵触，这对已处于风雨飘摇的清朝统治阶级来说无疑又是一次不小的冲击。另一方面，它面对的将是巨额的烟税损失。1906 年，全国土烟税收 1 300 万两，[①]加上洋烟的进口，约计 2 000 万两，约占其全年财政收入的 20%。能够顶住政治上和经济上如此大的考验，承受巨额的烟税损失，对晚清政府来说，真可谓是一次“炼狱”。

再次，实行缓禁渐禁政策，切合实际。在清末禁烟运动中，虽然烟毒无所不在，吸食者无所不在，但“弛禁论”影响已深，实行“断禁”则难度太大；加之英国鸦片政策有所松动，禁止洋烟有可能彻底实现。禁止吸食是禁烟运动的中心环节。根据会议政务处 1906 年 11 月 30 日奏折所称，“民间吸食，几于十居三四”。如此庞大的烟民队伍，要一下子根绝鸦片显然是不现实的。所以，会议政务处的禁烟办法突出强调了两点：第一，在年龄层次上，以 60 岁为限，以上者不禁，以下者每年减少烟民数量 20%—30%，几年之后，60 岁以下者一律戒断。倘若逾期不戒，其惩戒办法是：官员休致，有功名者斥革，平民被注明烟籍，张榜公布姓名，地方一切荣誉之事不得参与。中国人历来知耻，烟民不受体罚而从名誉上被列入“不齿于齐民之列”，显然是一项用心周到的规定。第二，官员带头戒烟，为民表率。全国禁烟期限为 10 年，而对官员则格外严格。其中又分两个等级：将军、督抚、都统、副都统等省级以上大官，自报戒断年限，戒烟期间保留原职，暂不履行公务，戒断后恢复原职。省级以下官员，限期 6 个月一律戒断。两种人中，年龄在 60 岁以上者，均与平民一律，不要求戒断。这样的规定，是非常符合当时情况的，也比较容易执行。

清末禁烟运动的成功给我们提供了以下重要的启示：任何痼疾和颓风，只有在统一的政局下才有可能清除。因为只有统一的政局，才有利于统一政令和发动群众，才有利于争取国际舆论的支持。清末民初鸦片的禁绝，袁世凯死后鸦片的重新泛滥，就是对这个问题的最好注脚。任何痼疾和颓风，只要当政者决心根除，并能充分发动人民群众，就有可能得到治理。清末政府不顾每年 800 万元巨额鸦片税厘的损失，下决心查禁鸦片，历时数年，终于使泛滥于中国达 200 多年之久的鸦片得到有效治理。

---

① 《印度支那调查土药税额》，《大公报》1908 年 1 月 22 日。

第六章 民国初年的禁烟与纵烟

第一节 民国初年的禁烟运动

一、孙中山的禁烟思想和主张

作为民主革命先行者、资产阶级革命家的孙中山(1866—1925 年),很早就认识到了鸦片的危害;在革除社会陋习,解决困扰中国社会多年的鸦片烟毒问题方面,也有着自己独到的见解。

(一) 孙中山的禁烟拒毒思想

早在 1890 年,孙中山就认识到,当时鸦片对中华民族的危害已经非常严重了,其直接表现就是生产力受到摧残,以致农桑不振。他说:“今天下农桑之不振,鸦片之为害,亦已甚矣!远者不论矣,试观吾邑东南一带之山,秃然不毛,本可植果以收利,蓄木以为薪,而无人兴之。”“今夫鸦片,物非虫蛇,而为祸尤烈,举天下皆备其灾,此而不除,民奚以生?”因此,禁绝鸦片“当不容缓”。[①] 1894 年,孙中山在《上李鸿章书》中就提出了对中国禁烟问题的最初设想:“文思所以广其农利,欲去禾而树桑,通为考核地质,知其颇不宜种桑,而甚宜于波毕[②]。近以愤于英人禁烟之议难成,遂劝农人栽鸦片。旧岁于农隙试之,其浆果与印度公土无异,每亩可获利数十金。现已群相仿效,户户欲栽,今冬农隙所种必广。此无碍于农田而有补于漏卮,亦一时权宜之计也。他日盛行,必能尽夺印烟之利,盖其气味较公土为尤佳,迥非川滇各土之可比。去冬所产数斤,凡嗜阿芙蓉之癖者争相购吸,以此决其能夺印烟之利必矣。印烟之利既夺,英人可不勉而自禁,英国既禁,我可不栽,此时而申禁吸之令,则百年大患可崇朝而灭矣。劝种罂粟,实禁鸦片之权舆也。”[③]这是一种禁洋烟不禁土烟,以土烟夺洋烟之利的观点。

1912 年元旦,孙中山在南京宣誓就任中华民国临时政府大总统时,把“尽扫

---

① 《致郑藻如书》,孙中山:《孙中山全集》第 1 卷,中华书局 1981 年版,第 1—2 页。
② 即罂粟,Papaver 的译音。
③ 孙中山:《孙中山选集》第 1 卷,中华书局 1981 年版,第 17—18 页。

专制之流毒，确定共和，以达革命之宗旨，完国民之志愿”[①]作为中华民国临时政府的首要任务，同时对鸦片危害的认识已经提高到了“亡国灭种”的高度。1912 年 3 月 2 日，孙中山发出禁烟通令，历数鸦片危害，肯定清末禁烟成效，表达了坚决禁烟的决心。他指出：“鸦片流毒中国，垂及百年，沉溺通于贵贱，流衍遍于全国。失业废时，耗财殒身，浸淫不止，种姓沦亡，其祸盖非敌国外患所可同语。而嗜者不察，本总统实甚惑之。自满清末年，渐知其病，种植有禁，公膏有征，亦欲铲除旧污，自盖前蛊。在下各善社复为宣扬倡导，匡引不逮，故能成效渐彰，黑籍衰减。方今民国成立，炫耀宇内，发愤为雄，斯正其时。若于旧染痼疾，不克拔涤净尽，虽有良法美制，岂能恃以图存？为此申告天下，须知保国存家，匹夫有责；束修自好，百姓与能。”[②]孙中山肯定清末禁烟“成效渐彰，黑籍衰减”；认为鸦片流毒事关“种姓沦亡”，其祸甚过“敌国外患”；而今民国成立，只有严禁鸦片，彻底根除鸦片流毒，方能“保国存家”。

孙中山认为，毒品问题是一个严峻的社会问题，每个国家和每个民族的人民都必须正视它，因此，在大力打击毒品种植吸食贩卖的同时，还必须大力加强宣传和教育，使人人懂得毒品对个人、国家和民族所产生的严重危害，必须采取积极的行之有效的措施，防毒品之患于未然。他特别希望“各团体讲演诸会，随分劝导，不惮勤劳，务使利害大明，趋就知向，屏绝恶习，共作新民，永雪东亚病夫之耻，长保中夏清明之风”。[③]

孙中山极力主张剥夺鸦片烟犯的公民权，以此造成人人向鸦片宣战的局面。他指出：“其有饮鸩自安，沉湎忘返者，不可为共和之民。当咨行参议院于立法时剥夺其选举、被选举一切公权，示不与齐民齿，并由内务部转行各省都督，通饬所属官署，重申种吸各禁，勿任废弛。其有未尽事宜，仍随时筹划举办。”[④]将禁烟拒毒工作纳入依法办事的轨道，对于打击种植、贩运、吸食鸦片的烟犯，净化社会风气，杜绝鸦片流毒，将产生良好的社会影响。倘若民国时期能够认真贯彻执行，禁烟运动一定会取得更大成效。

（二）孙中山的禁烟禁毒主张和措施

中英两国 1911 年 5 月 8 日于北京签订的《中英禁烟条件》中，把清政府的禁烟行政权力置于英国派员的监督之下，虽然英国政府作出了一些让步，但又允许英国鸦片继续进口，如此既不利于禁绝中国的罂粟种植，也不利于禁止外国鸦片

---

① 孙中山：《孙中山全集》第 2 卷，中华书局 1986 年版，第 2 页。
②④ 孙中山：《孙中山全集》第 2 卷，中华书局 1986 年版，第 154—155 页。
③ 孙中山：《孙中山全集》第 2 卷，中华书局 1986 年版，第 155 页。

的输入。禁烟本是中国的内政问题，是国家的主权，但由于清政府的腐败无能，这一主权完全丧失了。孙中山在直接指导和关注当时国内禁烟运动发展的同时，对于禁烟问题还进行了深入认真的研究。他认为要彻底禁绝鸦片烟毒，就必须摆脱英国政府的干涉，收回中国“自由禁烟主权”。1912 年 5 月 4 日，孙中山向英国国民发出公开信，呼吁英国人民给予支持。他说：“鸦片于中国，乃数十年来一大害也。其流毒之祸，视诸兵战、瘟疫、饥荒，有过之无不及者。方今共和成立，敝国人民无不热心赓续禁烟，急望其速底于成。鄙人解任之后，亦时常耿耿于禁烟问题，而反复深思之，知禁烟之第一要者，固在全国禁种；然如不以禁种之时同时禁卖，则禁种之令，极难施行。盖今自烟价倍增，倘复容人售卖，蚩蚩之农，必嗜利种烟。以中国幅员之广大，时局之多艰，不禁卖而禁种，甚非易易。故必禁卖禁运，然后禁种一事，始可望其实行也。”[①]孙中山还希望借用舆论的力量，使英国政府“停此不仁之贸易”，并“以人道与正义之名义，恳贵国准许吾人在本国境内禁止售卖洋药、土药、害人毒品，并许悬为厉禁，则栽种自能即停，谨为全国同胞乞助于英国国民”。[②] 这表明孙中山为维护民族独立和禁绝国内鸦片而争取国际同情与支持的爱国主义思想。尽管禁烟是中国的主权，但在国家不能独立、主权未能恢复的半殖民地的中国，孙中山的这一做法是不得已的，也是十分重要的举措。

在国内，孙中山极力倡导全国禁烟，希望形成一种人人向鸦片宣战的局面，以达到根除鸦片烟毒的目的。为此，他严厉批驳了那种认为鸦片烟毒遍地难以禁绝，不如允许鸦片正常营业以增加政府财政收入的错误观点。1912 年，孙中山就任中华民国临时大总统，正值百废待兴之时，政府面临着严重的财政危机。副总统黎元洪采纳谋士之策，拟行鸦片专卖，以此解决政府的财政困境。此举若单就解决财政危机而言，实为有效之法，但对中国的禁毒运动，对中国社会风气的净化和国民身心的健康，对中国社会的稳定和发展，无疑是反动之举。对此，孙中山予以断然否决：“专卖一节，非禁烟之良法。现时南洋各埠办此，实于禁烟进步有阻，盖视为一种收入，必难收净尽之效，理势然也。故即将来官卖之法，亦恐无以取信内外而必其办到。”[③]孙中山还把“允许鸦片营业”的荒谬论调上升到是“人民公敌”的高度来认识，指出“此等主张，绝对不当。中国之民意，尤其守法安分纯洁之民众，其意见未有不反对鸦片。苟有主张法律准许鸦片，或对营业鸦片之恶势力表示降服者，即使为一时权宜之计，均为民意之公敌”。尽管目前国

① 孙中山：《孙中山全集》第 2 卷，中华书局 1986 年版，第 569—570 页。
② 孙中山：《孙中山全集》第 2 卷，中华书局 1986 年版，第 570—571 页。
③ 孙中山：《孙中山全集》第 2 卷，中华书局 1986 年版，第 73 页。

内禁烟形势十分恶劣，禁烟拒毒运动备受阻挠，但“对于鸦片之宣战，绝对不可妥协，更不可放弃。苟负责之政府机关，为自身之私便，及眼前之利益，倘对鸦片下旗息战，不问久暂，均属卖国之行为”。这一令军阀、官僚们闻之丧胆的正义之声，充分表现了孙中山先生鲜明的爱国主义思想和要根绝鸦片烟毒危害的坚定决心，以及对那种向鸦片之恶势力妥协、放弃甚至投降者的无比憎恨。从此，“即以恃非法之鸦片为利源之土匪式军阀言之，亦不敢公然承认鸦片乃正当之营业”[①]。

1912 年 3 月 11 日，孙中山在国内外势力的夹攻下，被迫交出政权，让位于袁世凯。此后，孙中山一方面倾心“民生主义”的实现，用“实业”救国；一方面继续关注中国的民主政治，曾先后发动和领导了“二次革命”、“护国运动”和两次护法运动。在其为中国人民的解放与幸福奋斗的最后 10 多年里，无论是作为中华民国军政府海陆军大元帅，还是作为中华民国非常大总统，抑或作为一名普通公民，孙中山先生都对肆虐中国一个多世纪的鸦片烟毒高度重视。

当北洋军阀统治时期各派军阀为了筹措军费竞相放纵鸦片的种植，鸦片烟毒再度泛滥之时，1918 年 7 月，孙中山发表宣言，强烈谴责段祺瑞政府“包卖鸦片，破坏禁烟条约”[②]的强盗行径；1921 年 12 月，孙中山愤怒声讨广西军阀陆荣廷，“用一伙强盗把持政权，不但是把广西一省弄得一团糟，而且盘踞广东，卖烟开赌，以致两广人民，生计日蹙，都想拦路抢劫，过眼前的日子，所以弄到两广都变成了土匪的世界”[③]。

1921 年 9 月，孙中山在担任中华民国非常大总统后再次颁布鸦片禁令，重申“着地方文武高级长官，督饬所属严密查禁，务使尽绝根株，毋得始勤终懈。人民亦当懔遵禁令，毋贪小利，自陷法网”。[④] 于是，广东政府在其所辖之区厉行禁烟，铲除罂粟，封查烟馆，使社会风气得到扭转和净化。为了使禁烟收到真正实效，孙中山试图把它纳入法制化轨道，使其有法可依，令行禁止。1924 年 1 月，孙中山颁布《禁烟条例》，严刑禁止吸食、制造、贩运、储存及栽种鸦片烟者，对于缉私、举报等有功人员予以重奖；对于“有鸦片烟瘾人民”，“应勒限戒断”；铲除各地栽种罂粟，“如有聚众抵抗者，即行剿办”；“制造及贩卖鸦片烟者，处无期徒刑”；吸食、栽种鸦片和“贩卖或自外国贩运鸦片烟者，处三等以下有期徒刑”；“开设馆社供人吸食鸦片烟者，处二等以下有期徒刑”，等等。[⑤] 1924 年 4 月，孙中山

① 孙中山：《孙中山全集》第 11 卷，中华书局 1986 年版，第 491—493 页。

② 孙中山：《孙中山全集》第 2 卷，中华书局 1986 年版，第 488 页。

③ 孙中山：《孙中山全集》第 2 卷，中华书局 1986 年版，第 1 页。

④ 《广东群报》1921 年 9 月 21 日，转引自马模贞主编：《中国禁毒史资料》，天津人民出版社 1998 年版，第 724 页。

⑤ 孙中山：《孙中山全集》第 9 卷，中华书局 1986 年版，第 77—79 页。

又分别给禁烟督办、高等检查厅等单位下令,强调"所有缉获烟犯,自应交予法院依法审判,以重法权"。

1924年12月10日,孙中山在天津接见了一位参加拒毒会的传教士,对国内鸦片再度泛滥和正在召开的日内瓦国际联盟禁烟大会进行了评论,全面阐述了自己的禁烟拒毒主张。他开门见山地指出了鸦片烟毒的泛滥与政府机关的腐败息息相关,认为鸦片烟毒再度泛滥是各地军阀纵容奖励和强迫农民种植的结果,"现在一般不法之军阀,各在辖境之内,不但奖励,而且强迫种植鸦片"。接着分析了鸦片再度泛滥不仅使中国经济遭到巨大破坏,而且影响了中外贸易的正常发展。他认为出席国际联盟禁烟大会的各国代表,"应本公道之精神,毅然订立严密计划,禁止各国鸦片及其复制品(如吗啡、海洛因等毒物)之出产。盖中国政府破裂之结果,不但使烟苗复盛,亦使对外贸易日趋停滞,中外商人及合法商品之制造家,均受巨大损失。目下由私运私卖鸦片销耗之巨量款项,若用于正当贸易,不但可使本国商业复兴,并可使中外之合法通商大形起色"。孙中山认为,在军阀割据下的中国,即使有些省份试图严禁鸦片烟毒,但终究不会有什么大的成效,因为局部地区的努力不可能改变全国性的鸦片流毒。因此,要达到彻底禁烟的目的,"必须由国民政府采定全国一致遵守之计划。是故吾人应先打倒为祸较深、为害较烈之军阀,促进国民政府之成立,使之实现民治之威权,禁烟始能收效"①。

总之,孙中山禁烟拒毒思想是时代的产物,并对当时及后来的禁毒运动产生了重要影响。由于受时代和阶级的局限,孙中山的禁烟拒毒思想虽未能达到根除鸦片流毒的目的,但却为后来者根除毒祸提供了经验、创造了条件。

二、南京临时政府的禁烟措施

民国初期,以孙中山为首的革命党人致力于中国的社会改革和政治改革。严禁烟毒,便是当时除旧布新的一项重要内容。

1912年元旦,中华民国建立,孙中山在南京宣誓就任中华民国临时大总统。在政权初建、百废待兴的情况下,毅然决然下令继续推行清末的禁烟运动。3月2日,临时大总统颁布禁烟令,认为清末禁烟"成效渐彰,黑籍衰减",鸦片流毒关系"种族沦亡"。② 为尽快杜绝鸦片烟毒,南京临时政府采取了一方面要继承清末的禁烟法令,一方面要加以必要修正的现实态度。3月6日,临时大总统向内

① 孙中山:《孙中山全集》第11卷,中华书局1986年版,第491—493页。
② 《临时政府公报》第27号,1912年3月2日,第二历史档案馆藏。

务部发出指令，要求迅速整理前清有关禁烟的法律条例，“其可施行者，即转咨各都督通饬所属，仍旧厉行，勿任弛废。其有应加改良及未尽事宜，并著该部悉心筹画，拟一暂行条例，颁饬遵行。务使百年病根，一旦拔除”。[①] 内务部接到命令后，立即推荐石瑛为禁烟所总理，美国人丁义华为禁烟顾问。3 月 14 日，内务部向各省转发了总统命令。彻底禁止鸦片烟毒，符合中华民族的根本利益，临时政府禁烟令公布之后，社会各阶层人民对禁烟的热情更加高涨。人们纷纷上书，提出各种各样的禁绝烟毒建议。有的认为“扫除烟毒必先禁民间私种”；[②]有的呼吁收回“禁烟主权”，排除一切外国干扰；有的强调“共和国民首重人格，若鸦片未绝，于政治教育皆成污点”，[③]建议加强教育。例如，上海基督教五公会曾联合致电孙中山说，鸦片流毒，其害甚于专制；鸦片一日不除，民国一日不得安宁。所以恳请大总统向英国收回中国“自由禁烟主权”[④]。

为了肃清毒害，杜绝来源，临时政府要求在各交通要塞设立检查所，组织水陆侦缉联合队，认真查缉；并给各军总司令下令，以后各军将领“毋得私运烟土，阻碍禁烟进行。如果违反定行重究”。为了加强打击贩运鸦片的力度，临时大总统下令派“兵舰协助”督查，狠狠打击鸦片贩子。临时政府还设置禁烟督办，厉行禁烟，对于禁烟不力之督办予以严惩。由于南京临时政府存在时间太短，虽下令全国继续禁烟，但没有来得及制定和颁布具体的禁烟法规。

三、北洋政府时期颁布的禁烟禁毒法令

以袁世凯为核心的北洋政府，受南京临时政府禁烟政策的影响，同时还受到国际禁烟运动的督促，以及英国侵略者的要挟，总体是主张禁烟的。1912 年 3 月 10 日，袁世凯在北京就任临时大总统，宣布在民国法律未经议定以前，原有法律，除与民国国体相抵触各条无效外，其余仍可暂时援用，这在事实上承认了清末禁烟法令的有效性。5 月，迁移到北京的参议院提议实行禁烟法，以本年年底为禁绝期，希望在中英十年约期内遏止鸦片流毒，并为此颁布了一道道禁烟令，公开表示了禁烟的决心。

(一) 发布《通告禁止鸦片文》

1912 年 6 月 11 日，为禁种鸦片，袁世凯发布了《通告禁止鸦片文》。文中说：“禁烟为除害救民之要政，前经特令内外长官，将从前办法继续进行。乃闻各

---

① 孙中山：《孙中山选集》第 2 卷，中华书局 1986 年版，第 155 页。
② 《内务部批公民俞乃绩条陈禁烟必先禁种呈》，《临时政府公报》第 33 号。
③ 《电请强迫禁烟》，《申报》1912 年 3 月 13 日。
④ 《临时政府公报》第 52 号。

省自上年军兴以来，禁令废弛，无知愚民往往贪图近利，偷种烟苗，若不痛予铲除，则毒卉复萌，何以导新机而除旧染？应责成各省都督，无论已报禁绝及未报禁绝各省份，一律剀切晓谕。如再有私种鸦片情事，即严禁分列犁拔。凡我国民尤宜互相惩戒，毋得干犯禁纲，致贻后悔。”[①]强调禁烟是为民除害的要政，各级官员必须认真执行；并宣布所有从前施行的法律，除与民国国体抵触之各条外，可以暂时援用。

（二）宣布以 1911 年颁布的《中华民国暂行新刑律》来治理鸦片犯罪

民国初年（1911 年）颁布的《中华民国暂行新刑律》（以下简称《新刑律》）对于鸦片犯罪列有 10 条规定，宣布凡是现任官吏触犯刑法鸦片烟罪刑律规定的，除依法惩办外，并免去现职；开设烟馆或栽种罂粟者，处四等以下有期徒刑、拘役或 300 元以下的罚金；凡制造、贩卖、收藏鸦片烟及鸦片烟具者，处以三至五等有期徒刑，并科以 500 元以下的罚款；吸食鸦片烟者处以五等有期徒刑、拘役或 1 000 元以下的罚金。这一《新刑律》，对鸦片烟犯的治罪中体现了以传播恶习、引诱良家子弟堕落为重，个人吸食较轻的原则。1912 年 10 月 28 日，袁世凯再次申令民政机关，必须禁绝种植，违者一律治罪，官员故纵容者，按其情节严惩不贷。12 月，袁世凯又一次训令各省行政长官恪遵前令，按月将禁种情况报告内政部和外交部，以便考核和对外交涉，严格履行《中英禁烟条件》。

（三）通过《参议院提议实行禁烟法案》

1912 年 5 月，迁移到北京的参议员周珏等 13 人提议实施禁烟法。经过数次讨论，确定了一项法案。该法案共有 4 章 15 条。第一章总则，提议至 1912 年 12 月底为全国禁绝鸦片种植日期，后来改为 1913 年 6 月 30 日；第二章禁种，要求在本法案公布后一月内，各省禁烟局、禁烟分局应派员调查私种及查拔烟苗情况；第三章禁卖，要求各鸦片烟土膏店按月递减，届期一律关闭，剩余烟土一律缴禁烟局，统一销毁，违者治罪；第四章禁吸和附则，要求换发新执照，届期禁吸，违者治罪。违反上述规定者，均按《新刑律》及禁烟条例规定各条治罪。本法以大总统公布之日开始实行。[②]

（四）颁布《吗啡治罪条例》

1914 年 4 月，北洋政府为打击“其毒百倍于鸦片”，且有逐渐蔓延势头的吗啡等毒品，专门制定了《吗啡治罪条例》12 条，就吗啡的制造、运输、销售及施打吗啡的量刑幅度作了规定。如第 1 条规定，对制造、贩卖吗啡或意图贩卖而收

---

① 中华全国基督教协会拒毒委员会：《禁烟条约政令辑要》，1924 年春刊行。
② 《参议院提议实行禁烟法案》，《政府公报》民国元年（1912 年）十月一日。

藏，或自外国贩运者，处三等至五等有期徒刑，并科500元以下罚金。第二条规定，制造专供施打吗啡之器具，或贩卖、意图贩卖而收藏，或自外国贩运者，处四等以下有期徒刑或者拘役。第三条规定，税关人员或其佐理人，自外国贩运吗啡或专供施打吗啡器具，或纵令他人贩运者，处二等或三等有期徒刑，并科1 000元以下罚金。第四条规定，施打吗啡者处四等以下有期徒刑或者拘役，并科300元以下罚金。第五条规定，请人施打或自己施打吗啡者，处五等有期徒刑或拘役，或1 000元以上罚金，等等。同时规定，"高根"、海洛因等毒品也适用本条例规定。[1]

（五）颁布关于禁烟奖惩办法

1912年5月，广东都督胡汉民致电袁世凯，请求奖励查获烟案人员。此后，又有许多人提出这种要求。于是在1914年5月，北洋政府制订了《烟案罚金及赌案没收钱财充赏办法》，该办法共分5条内容。如规定京外衙门破获烟案赌案，须将律应没收财物随案送交该管司法衙门，各该行政衙门不得自行截流；烟案之处罚金者，或赌案之没收钱财者，得以该罚金之一部或该钱财之全部或一部，赏给发觉各该案之警察等行政人员；充赏额数以各该案罚金及没收钱财之多寡为等差，分定为六成、五成、四成、三成等4个级别。1914年9月，司法部又制订《拿获吗啡案充赏办法》。后来又制订《查获罂粟种植奖赏办法》。这些奖励办法，可以调动查缉人员的积极性，减少放纵鸦片贩运、吸食的机会，对于查禁烟毒的各级官吏恪尽职守起了一定作用。

（六）颁布《禁种罂粟条例》

1914年5月5日，北洋政府颁布《禁种罂粟条例》11条作为禁烟法案的补充，规定：查禁种植罂粟的责任由各省民政长官和县知事承担。县知事发现境内有罂粟，必须强行铲除。遇到聚众抵抗，可以向民政长官请求派军队弹压。各级民政长官应随时派员到各地调查，按月汇报。若查禁不力，予以惩戒。[2] 这一条例明确规定了职责，使各省民政长官和县知事无法推卸责任，起了一定的督责作用。

总体来说，以上各种禁烟法令的颁布，使禁烟有法可依，权责明确，奖惩有据。不同程度地推动了民国初年的禁烟运动。这些禁烟法律条例的颁布，参议院起了很大作用，同时也与袁世凯重视禁烟有很大关系。

四、民国初年禁烟运动的措施与成果

1913年初，全国开始严格执行禁烟令，各省按月呈报禁烟情况。这次禁烟运

① 《公布吗啡治罪条例》，《政府公报分类汇编》，第3页。
② 于恩德：《中国禁烟法令变迁史》，附录12，中华书局1934年版。

动主要在禁种、禁运、禁售、禁吸等方面采取了有效措施,因而取得了显著成果。

(一) 禁种

按照《中英禁烟条件》的规定,1917 年以前必须彻底禁绝国内罂粟的种植。为此,各地行政长官在北洋政府的督促之下,派遣大批人员下乡检查罂粟种植情况,采用强迫手段,调动大批军警前往各地查拔烟苗。湖南、安徽、浙江等省都督办理禁种相当认真,很快将本省烟苗查拔干净,致电中央要求限制印度鸦片入境。按照规定,外交部特派专员会同英国调查员到各地调查之后,确认直隶、浙江、广西、安徽、湖南、山东 6 省禁种成效显著。除浙江之外,其余 5 省已经绝种。英方答应从 1913 年 6 月 15 日起,印度鸦片不再运入此 5 省。[①] 1914 年,中英双方派员会勘,确认福建、湖北、浙江、河南烟苗也一律肃清,于当年 6 月 15 日以后禁止印度鸦片输入该地区。截至 1914 年 6 月 15 日,全国已有 14 省完成了禁种任务。鉴于中英 10 年禁烟约期即将届满,北洋政府又严厉催令各省禁种。各省都督担心英国人借未实行禁种,再生外交事端,下令各属加紧查禁。已经宣布禁绝的省区也担心英国人重新履勘,专门制定细则限制鸦片复种。例如,四川的《禁烟施行细则》规定,各县知事在罂粟播种期必须派人到各集镇演说利害,发现烟苗,互相连坐;举违禁烟犯者可把部分罚金作为奖金。[②] 安徽都督柏文蔚 1912 年即"通令各属,凡有种罂粟在 20 株以上者即行枪毙"。[③] 浙江省规定,凡种植罂粟、开烟馆、吸食、贩运鸦片者均处三等或四等有期徒刑,财产充公;又规定从 1913 年 2 月 6 日(阴历正月初一)起,种植罂粟、设烟馆、吸食鸦片者均处以死刑,聚众抗查鸦片者准予格杀勿论。[④] 江苏为肃清本省烟苗,1915 年 4 次派员下乡检查。在采取了这些措施之后,其余各省也分别在 1916 年、1917 年完成了禁种任务,全国禁种取得了显著成效。在这种情况下,英国政府答应履行中英禁烟条约,宣布不再向中国输入鸦片。中国从而赢得了十年禁烟关键战役的胜利。如果能够长期坚持下去,断绝中外一切鸦片来源,对于禁吸、禁运将起到事半功倍的作用。

(二) 禁运

民国初年的禁烟运动,对于禁运鸦片采取了比清末更为严厉的办法。不仅非主要种植区下令禁止鸦片输入本地,而且重要鸦片产区也设法限制鸦片出境,

---

① 沈云龙主编:《近代中国史料丛刊》,《临时政府内务行政纪要》,文海出版社 1987 年版,第 135—137 页。

② 于恩德:《中国禁烟法令变迁史》,文海出版社,第 278 页。

③ 《皖省禁烟丛谈》,《申报》1912 年 11 月 17 日。

④ 《浙省禁烟条例》,《申报》1912 年 12 月 12 日。

互相配合，大大限制了鸦片的流通。有些省区甚至不怕英国的抗议，采取有效措施限制外国鸦片输入，迫使大量洋药积存于上海土栈，无法顺利推销。外国鸦片输入数量的被迫减少，也足以证明当时的禁运取得了明显成效。按照1908年3月中英双方就鸦片问题达成的协议之内容，每年递减5 100箱鸦片，从1912年到1916年，每年可以输入中国的鸦片数量分别为25 500箱、20 400箱、15 300箱、10 200箱、5 100箱；实际每年进口的鸦片数量分别为17 031.5箱、1 055箱、472箱、317箱、168箱。[①] 实际进口数量的大幅度减少，从侧面反映了中国禁运的显著效果。

（三）禁售

作为禁烟的重要环节，在禁售方面，民国初年国家也采取了比清末更严厉的措施。按照国民政府的命令，取消了清末实行的递减烟店数量的"渐禁"方案，所有烟店一律予以取缔。上海都督陈其美发出告示："上海五方杂处，匿居私吸实繁有徒，倘非严密调查，重申禁令，恐我新造之共和民国，其人民程度反不如从前垂亡之满清帝国。伤心之事，莫过于斯。为此特布禁令，如有私卖灯吸者，一经查出，财产立即发封，本犯严行惩办。本都督非欲以强迫手段施之同胞，实欲除恶务尽，不欲留污点以贻民国前途之隐患。"[②]其他各地也都采用了断禁的方案，不许烟店营业，从而遏制了鸦片的流通。各地鸦片消费量急剧减少，鸦片流毒日渐减轻。各大城市的烟店被迫关闭，迫使各国租界内的烟店不得不采取相应措施，分批关闭。例如，上海公共租界的烟店有580家，法租界有212家，都被迫从1915年3月开始，每半年关闭1/4，"至西历1917年3月底为租界全部禁绝之期"。[③] 届期，各租界所有烟店宣布关闭。这说明禁售方面的举措也是比较成功的。

（四）禁吸

在禁吸方面，民国初年颁布的法令要求烟民登记，限制民间吸食。至于禁吸成效如何，全国并无确切统计，但有些效果是可以想见的。由于实施了禁种、禁运和禁售，鸦片的来源和流向基本上得到了控制，大批吸食者买不到鸦片，加之鸦片价格奇贵，非富贵人家已无力吸食，绝大多数的吸食者不得不断绝烟瘾。此外，由于社会大力宣传鸦片危害，公众已一致意识到吸食鸦片不是风雅行为，而是堕落犯罪，形成了一种较为良好的风气，使吸食者感受到了社会的压力，为摆

---

① 按照中英双方协定内容，由印方限制出口，每年递减1/10，自1908年开始，1917年减尽，每年递减量是5 100箱，参见《英国蓝皮书》驻华公使朱尔典致中国外务部照会，《外交报》第225期。

② 上海社会科学院历史研究所编：《辛亥革命在上海史料选辑》，上海人民出版社1981年版，第338页。

③ 《租借土膏店分期禁闭》，《上海租界史》，民国二十六年(1937年)出版，第279页。

脱难堪的处境,不得不痛下决心戒断烟瘾。

所有上述禁烟成果表明,在清末禁烟运动取得较大成效的基础上,民国初年的禁烟运动进一步取得了重大胜利。从此,外国鸦片不能作为合法商品在中国任意出售,土产鸦片的生产和销售也失去了合法性。这是全国各阶层人民一致努力的结果,是人类历史上向毒品宣战并取得重大胜利、特别值得纪念的重大事件之一,恐怕也是北洋政府少数特别值得肯定的政绩之一。从某种意义上说,这场轰轰烈烈的禁烟运动所取得的赫赫战果,使它在中国近代史上留下了值得纪念的一页。

五、"上海存土"遗留问题的最后解决

自鸦片贸易合法化以来,历时大半个世纪的、举世瞩目的中国鸦片贸易史,在其最后几年是一部全力处理上海大量存货,以免有关商人、银行和其他参与这一不受欢迎的高价商品买卖的集团遭到破产的历史。大量鸦片积存土栈主要是因为洋药价格被外国鸦片贩子哄抬到吓人的高度。1912 年"公班土"每箱价银 2 300 两,"白皮土"每箱为 2 000 两;1913 年"公班土"每箱涨至 4 030—4 180 两,"白皮土"每箱涨至 3 625—3 800 两;此后逐年上涨,1916 年"公班土"的价格暴涨至 13 000 两,"白皮土"的价格达到每箱 11 500 两。[①] 洋药价格的无限制抬高显然是洋药不能顺利销售的直接原因。外国鸦片贩子一面继续哄抬价格,牟取暴利;一面说鸦片积存于货栈是中国严厉禁烟造成的,暗地引诱中国政府实施包销计划。1915 年,外国鸦片贩子为应付哄抬价格导致鸦片积存土栈带来的危机,联合起来成立了沪港烟土联社(简称"联社",又叫"洋药公所"),全力处理积存在上海土栈里的鸦片。这些鸦片贩子达成协议,暂时停止从印度进口鸦片,同时极力劝说为他们提供保险的 12 家银行,联合向英国驻华领事、公使递书,请求保护其鸦片利益。英国领事、公使站在鸦片贩子一边,不时向民国政府发出抗议照会,要求"妥善"解决"上海存土"危机。

在英国公使的抗议和鸦片贩子的暗中利诱下,1915 年 4 月 28 日,北洋政府以江苏、江西、广东三省"尚未禁绝鸦片种植及输入"为名,派遣蔡乃煌为禁烟特派员前往进行整顿,实际任务是处理外国鸦片销路问题。蔡乃煌到达上海后,并未设法整顿私贩烟土问题,而是直接寻找"联社"进行谈判。经过几天谈判,双方签订了一项合同——《苏赣粤三省禁卖土烟合同》。这份合同明眼人一看就知道是要中国政府设法断绝苏赣粤三省一切"土药"供应,而为洋药畅开销路,充当洋

---

① 徐雪筠等译编:《上海近代社会经济发展概况(1882—1931)》,上海社会科学院出版社 1985 年版,第 184 页。

药推销员，分享鸦片利益，使中国的禁烟成效毁于一旦。消息传出之后，国内舆论大哗。全国禁烟联合会在呈政事堂文中一针见血指出，这项合同与民国禁烟政策相抵触，是公开破坏禁烟运动的行为。[①]《正谊》杂志评论员说："今者处共和实专制之旗下，竟演有名为查禁私烟，实则督销洋烟之怪剧。禁烟特派员一出，而江苏、江西、广东三省为壑，公然贩卖洋药矣！"[②]由于国内各阶层人民的一致抵制，洋药在三省的销售仍不能顺利进行，到 1917 年 3 月 31 日为止，仍有 2 100 箱鸦片没有售出。

1916 年底，外国鸦片商看到鸦片营业即将结束，不甘心退出中国，试图延长洋药在华销售期限，等待合适机会，扩大鸦片贸易。他们的公开理由是，中国发生了帝制问题，国内商务大受扰乱，洋药销售受到影响，仍有一批货物堆放在土栈中，要求中国政府允许将"洋药"的销售时间展限到售完为止。与此同时，他们把"洋药"价格进一步抬到黄金的水平，相当于同等重量白银的数倍。鸦片贩子要求延长鸦片销售时间的消息传出，引起中国社会各阶层的反对，纷纷致电中央，表示不能同意。安徽都督柏文蔚致电全国禁烟联合会说："洋药禁运至期，黑籍同胞有起升希望，吾辈亦有荣施，乃闻沪上奸商又以巨资运动展限，似此谋利害国令人发指，请力争为祷。"[③]北京政府也认为"不宜展限"，[④]表示拒绝。

身为副总统兼江苏都督的北洋军阀直系首领冯国璋，这时也表示不赞成烟禁展限，却以顾全外国鸦片商人利益为理由，建议将存土收买，作为药品发售。国务院表示同意，委托冯国璋以江苏长官名义与"联社"谈判。1917 年 1 月 28 日，以"联社"为一方，以江苏督军、江苏省长及苏赣粤三省禁烟特派员代表中国政府为一方，签订了《收购存烟合同》。第二天，即 1917 年 1 月 29 日，双方又签订了《收购存烟第一次补充合同》。1918 年 1 月 8 日，已经身为代总统的冯国璋以大总统名义下令："禁烟合同期限届满，此案亟宜速办，不能再缓，应由财政部办理，其收土手续由内务部代理，以资结束。"[⑤]内务部与财政部接到命令后，派人赴上海与"联社"谈判，于 1918 年 6 月 11 日在北京签订了《收购存烟第二次补充合同》。该合同共有 5 条，主要内容是：中国政府将"联社"积存的 1 577 箱鸦片全部收购，按本合同订立日期之上海兑换率以鹰洋偿还，每箱价格由 8 200 两减为 6 200 两；中国政府仍以民国元年 6 厘债券付给"联社"，10 年全部

① 《附录禁烟联合会呈政事堂文》，《正谊》第 1 卷 18 号。
② 《烟禁》，《正谊》第 1 卷 8 号，第 5 页。
③ 《柏文蔚致联合禁烟会电》，《申报》1917 年 1 月 6 日。
④ 《决定不展限禁烟文》，《申报》1916 年 12 月 8 日。
⑤ 《近代中国国内外大事记》民国七年(1918 年)六月十八日。

还清(以上三项合同的签订,是由中国政府与"联社"直接谈判的结果,英国公使对此佯装不知。事后,英国政府表面上拒绝授权英国驻北京使馆登记本合同,也就是不予承认,但实际上如果没有英国政府的暗中支持,"联社"自身是没有力量迫使中国政府高价收买存土的。在收购的存土中,又多出 71 箱。这 71 箱印度鸦片从何处运来,尚不清楚)。收买这批鸦片中国花费了 12 000 000 元。[①]

1918 年 6 月,《收购存烟第二次补充合同》签订之后,上海大鸦片商协记制药公司的吴引之提出包销该项存土计划,计划 3 年时间内在江苏、江西、浙江、湖北 4 省将存土卖完。为此,内务部、财政部联合委派江海关监督与禁烟特派员,处理存土运销问题。这则消息传出,立即激起外交、政治风波。美国驻华公使向中国外交部递交了抗议照会,内容略谓:美国政府获悉中国政府将存土收买并将此项存土卖给商人,此事与海牙禁烟公约精神相违背。海牙禁烟公约由美国、中国、荷兰 3 国批准,理应共同遵守。美国政府认为此举对于中国扫除烟毒所得良好效果有很大损害,希望取消这一合同。英国驻北京公使也提出了"抗议",略谓:贵政府与"联社"议订的收购合同以及将存土转让商人之事,本政府得悉,不胜骇异。贵政府这种行动表明对于中英禁烟条件未予充分重视,所以本政府认为上述举动是一种退步。本政府对此事件不负任何责任。如果中国政府实行上述合同,英国政府有权向中国、美国和英国人民说明真相。[②] 这实际上是推卸英国公使在幕后支持鸦片商向中国施加压力的责任。中国外交部接到美、英两国照会后,按照财政部的意见复照解释说,比年以来中国政府对于禁烟未尝不极力奉行,惟因上海洋商积存洋药为数甚多,不能令其深受其害,故于 1917 年 1 月由苏省督军立约收买,以供制药之需。嗣经联社促践前约,乃以每箱减价 2 000 两,悉数收买,以期禁绝,并不转销。以鸦片制成药品使用,并不违背《中英禁烟条约》和《海牙禁烟公约》。[③]

《收购存烟第二次补充合同》与吴引之包销计划披露之后,江苏、江西、浙江、湖北各省爱国团体"群起反对"[④],在参议院也引起激烈辩论。1918 年 9 月 20 日,参议院集会,吴宗廉代表 12 人提案认可合同,要求将该项鸦片制成吗啡,作为药物使用。议员陈邦燮表示坚决反对,尖锐地抨击说:"本席以为存土实行制药一层,实背中国刑章;而运销外国一层,又违背万国公约。此种议案断无成立

① 徐雪筠等译编:《上海近代社会经济发展概况(1882—1931)》,上海社会科学院出版社 1985 年版,第 186 页。

② 《近代中国国内外大事记》民国七年(1918 年)九月二十五日。

③ 《近代中国国内外大事记》民国七年(1918 年)十一月二日。

④ 《参议院公报》第 1 期第 2 册,第 121 页。

之理。查收买存土一事发生于两年之前，因在上海方面之英商以尚有一千五百余箱之多，为保全成本起见，要求政府准其卖尽，以避免亏累。此全系外国奸商为个人利益关系，不惜违背刑律，违背约章。而中国商人如协记公司等，遂亦四面奔走，运动包销。当时旧国会正在开会，乃以此事质问政府，而政府答复谓无此事。不意今年上海收买存土竟成事实。可知政府对于此事原系一种秘密违法之行动。今值两院开院之初，正宜提出质问书，质问政府究竟有无此事。如无此事则已。若果政府答复谓有此事，则两院应依法提出弹劾，弹劾政府之违法。又何能提案为政府设法运销。"[①]其他议员也相继发言，认为收买存土违法，国会不能承认。经过投票表决，否决了吴宗廉的提案。参议院集会之后，又有 30 名议员联名于 9 月下旬向政府提出质问。[②]

北洋政府弄巧成拙，在参议院的言辞质问下，被迫宣布将收买的存土，全部在上海销毁，并委派张一鹏作为监视焚烧烟土专员，前往上海焚烧鸦片。张一鹏抵达上海后，会同地方长官、海关监督、税务司以及各社团代表，于 1919 年 1 月 8 日开箱查验了所有存土，同时派人在浦东竖起一座焚烧鸦片炉。于元月 17 日会同社会各界代表和外国客人监视开炉焚烧，至 19 日全部烧完，"历三日而事竣"，从而正式结束了外国鸦片合法进口的历史，取得了中英约期十年禁烟的重大胜利。"大量鸦片的焚毁，是在华鸦片合法贸易史的可资纪念的最后一页。"[③]这次火烧鸦片，同虎门销烟一样，是中国近代史上的伟大爱国事件。它表达了 20 世纪第二个 10 年中国人民反对侵略、反对毒品贸易的决心，同样值得纪念，值得讴歌。有所不同的是，虎门销烟标志着中国人民反侵略反压迫的开端，而上海浦东焚烟标志着清末民初禁烟运动的胜利结束，标志着以英国资产阶级为首的外国列强合法向中国输入鸦片的时代的结束。这一事件应当在世界反毒品运动史上占有重要的一页。

第二节　民国初年禁烟运动的经验总结

一、民国初年禁烟运动是国际禁毒运动的重要组成部分

民国初年禁烟运动也是国际禁毒运动的一个重要组成部分，并积极利用了

① 《参议院公报》第 1 期第 2 册，第 85—86 页。
② 《参议院为收买存土质问政府书》，《参议院公报》第 1 期第 2 册，第 135—138 页。
③ 《销毁存土》，《民国十周年纪事本末》第 8 卷下册，第 519 页。

这一有利的国际环境。1909 年 2 月上海"万国禁烟会议"召开之后，美国政府希望在国际事务中扮演重要的角色，对于制止鸦片贸易亦相当热心，它希望召开一次正式的国际禁烟大会，签订一项正式的禁烟协议，制止鸦片对人类的危害[①]。美国外交机关在 1909 年就展开积极的活动，照会世界各大国，提议在荷兰首都海牙召开一次国际禁烟大会。清政府选派驻德公使梁诚为中国代表团团长，参加了在海牙举行的第一次国际禁烟大会。

第一次海牙国际禁烟大会于 1911 年 12 月 1 日正式召开，1912 年 1 月 23 日结束，历时 54 天。参加会议的有美国、德国、中国、法国、英国、意大利、日本、荷兰、波斯、葡萄牙、俄国和暹罗（泰国）等 12 个国家，并草签了第一个国际禁烟公约——《海牙鸦片公约》。该公约共 6 章 25 条，有关中国禁烟问题的共有 5 条，载在第 4 章中，现将这一部分摘录如下：

第 15 条 缔约各国与中国有条约者，应会同中国政府设立必需之办法，以阻止在中国地方及各国之远东殖民地、各国在中国之租借地将生熟鸦片、吗啡、高根及其化合质料，并本约第 14 条所指各物私运进口[②]。一方由中国政府设立相同之办法以禁止将鸦片及以上所指各物从中国私行运往各国殖民地、租借地。

第 16 条 中国政府应订颁药律以施请本国人民，将吗啡、高根及其化合质料并本约第 14 条所指各物之售卖散布一概取缔，并将此项制药律通知与中国有条约之各政府，由驻京公使转达。凡缔约各国与中国有条约者应研究此项制药律，如以为可允，即设立必须之办法，使此律实行于在中国之各该国人民。

第 17 条 缔约各国与中国有条约者，应从事于采用必需之办法，以限制及检查在中国之各国租借地、殖民地及租界内吸食鸦片之习，并与中国政府同时进行，以禁绝现在尚有之烟馆及与烟馆相类之所，其公众娱乐所及娼寮内，亦禁止吸食鸦片。

第 18 条 缔约各国与中国有条约者，应设立切实办法与中国政府所设办法同时进行，各令在中国之各国租借地、殖民地及租界内现在尚有之售卖生熟鸦片烟店逐渐减少，并采用有效力之办法，以限制及检查租借地、殖民地及

---

① 美国政府对于禁烟的态度，引起了英国人的怀疑，他们怀疑中国的禁烟运动受到了美国人的"煽动"。参阅《清末民初政情内幕》第 716 页。

② 第 14 条所指各物是：鸦片、含有千分之二吗啡的药品、含有千分之一以上高根的药品、海洛因及其他新从吗啡、高根中提取的物品，具有同一之害人结果者。

租界内之零碎鸦片营业，其已有办法以规定本条所指之事项者不在此例。

第19条 缔约各国在中国设有邮政局者，应采用有效力之办法，以禁止各该邮政局将生熟鸦片、吗啡、高根及其化合质料并本约第14条所指各物，作为邮便包件违禁运入中国，并不得由中国此埠向彼埠违禁转运。①

上述几条，既规定各国不能任意向中国贩运鸦片、吗啡、高根之类的毒品，同时也明确了中国应当承担的义务。应当说，这些条款在当时是有利于中国开展禁烟工作的，是对中国禁烟运动的一种声援和支持。

《海牙鸦片公约》虽由12个国家的代表草签，但未经本国政府的批准不能生效，所以会议决定由东道主荷兰政府负责商请缔约国政府批准，同时征询未参加会议的各国政府是否愿意缔约。会议之后，荷兰政府即照会各国，争取早日正式缔结公约。经过一年多的照会往来，多数与会国原则上同意正式签约。1913年6月，召开了第二次海牙国际禁烟会议，到会的国家除了原草签公约的12国之外，拉丁美洲各国政府也派代表参加了会议，共有34国代表参加。会议结束时，签订了一项议定书，除了英、德两国之外，其余32国表示承认海牙国际禁烟公约的原则和精神。

由于一些国家没有签约，禁止鸦片贸易又涉及各国的法律，所以需要作一些必要的补充规定，才能完全生效。为此，美国与荷兰两国代表又发起召开第三次海牙国际禁烟会议。1914年7月，除了土耳其、塞尔维亚两国外，其余国家的代表又集合于海牙城，研究国家间相互合作禁止毒品贩运问题，最后达成了一项合作禁止毒品协议，拟定于1914年12月31日开始履行《海牙禁烟公约》与相互合作协议。② 不过，合作协议规定须由各国政府批准才能生效。1914年6月28日，第一次世界大战爆发，许多国家相继卷入大战，已无暇顾及毒品问题。到当年12月31日为止，荷兰政府仅仅收到中国和美国政府的正式批准文本。第三次海牙禁烟会议所产生的协议规定："如至1914年12月31日，各国未能全权批准，已批准之国如愿开始实行，可向荷兰外务部声明，由荷兰外务部备一文件在凭。"③按照这一规定，中国代表唐在复与美国驻荷兰公使亨利迭克于1915年2月11日前往荷兰外务部，中、荷、美3国同时签订了禁烟条约和协议。在签字时，亨利迭克发表演说，称赞中国的禁烟："数世纪来受鸦片之毒最剧烈者，厥惟中国。而今也，毅然决然于短促之时间内扫除而廓清之，其政府是受重大损失亦

---

① 《海牙禁烟公约》，《毒品问题》，附录2，第186—187页。参见1912年《美国对外关系文件》，第193—204页。

② 《鸦片问题之结束》，《大中华》第1卷第12期。

③ 《中国已实行禁烟公约》，《申报》1915年3月14日，第10版。

非所恤，而国家虽经易代，其宗旨亦到底不变，中国有焉！”①

三次海牙国际禁烟会议的召开，在客观上形成了一个有利于中国禁烟的国际环境，世界各国代表一致表示禁烟禁毒，又有力地鼓舞了中国人民在国内开展的禁烟运动。所以，对三次海牙国际禁烟会议的召开应当给予积极的评价。

二、民国初年禁烟运动的经验

民国初年的禁烟是清末禁烟运动的继续。自 1906 年 9 月 20 日发布禁烟上谕，到 1911 年 10 月武昌起义爆发为止，清末禁烟运动持续了 5 年多的时间，成效卓著。正当清末禁烟运动加紧进行之时，武昌起义爆发，各省相继宣布独立，政治上全国处于大动荡时期，此伏彼起的政治事件吸引了人们的全部注意力，清末尚未解决的鸦片问题一度被淡化。不仅尚未禁绝的省区罂粟种植面积迅速恢复和扩大，而且一度断绝的省区，如山西、四川、直隶、山东和东三省的烟苗也在重新萌发。上海、广州等大中城市的鸦片烟馆纷纷重新开张。一度收敛的鸦片烟祸在中国重新开始抬头。但是，由于禁烟问题载于条约，已经成为尚未解决的国际问题，掌握中国政权的政治集团不能不予以充分的注意。民国初年的禁烟运动就是在这种极为复杂的政治环境下展开的。

民国初年的禁烟运动借鉴了清末禁烟的经验教训，积极利用了有利的国际环境，又采取了灵活多样的措施，比较成功地完成了禁种、禁运和禁售的任务，较有时代特点。

（一）人民群众始终是禁烟的主要动力

在民国初年禁烟运动中，人民群众始终是禁烟的主要动力，全国各地不仅自发地组织了许许多多禁烟团体，而且随着运动的深入开展，出现了联合的趋势，形成了不同规模的统一组织。最早的联合性禁烟团体可能是“中国国民禁烟会”，成立于 1910 年冬季（宣统二年十月），会址设在北京，会员多系咨政院议员、绅商和学界知名人士。该组织的活动方案是：联合各省、府、厅、州、县的自治团体，广泛设立禁烟分会，联络英国反对鸦片贸易人士，在中国举行 50 年国耻纪念（即从第二次鸦片战争后鸦片贸易合法化到 1910 年），敦促英国缩短禁烟年限，尽快停止鸦片贸易。这个禁烟会的主要组织者是美国万国改良会的传教士丁义华（Edward Waite Thwing）②。1912 年 3 月 27 日，18 个政治团体的代表在上海

---

① 《鸦片问题之结束》，《大中华》第 1 卷第 12 期。

② 丁义华（Edward Waite Thwing），美国北长老会教士，1887 年来华，在广州格致书院任教，后来从事新闻工作，辛亥革命前后在华从事禁烟工作，著有《鸦片问题与当前的运动》（*The Opium Question and the Present Movement*）。

中国青年会召开会议，重点讨论鸦片问题。会议由传教士丁义华主持，各个团体的代表相继发言，一致要求中华民国政府严禁鸦片。“公拟以到会代表各团之名义上袁总统、唐内阁劝其向英人收回禁烟主权”；“又公拟成立恢复禁烟会，由到会各团体各委一人为该会之进行委办”；“以修改中英烟约，实行恢复禁烟主权为宗旨。”①这次会议，对于全国禁烟运动的继续开展起了相当重要的促进作用。

1913 年 3 月 4 日至 8 日，全国禁烟会议在北京召开，各省均派代表参加，研究合作禁止鸦片问题。会议由石瑛主持，聘请美国人丁义华为顾问。会议决定，全国的禁烟机关统一定名为禁烟局，以 1913 年 6 月 30 日为全国最后禁绝罂粟种植日期；要求司法部专设烟犯法庭，办理各种鸦片案件。会议由丁义华提议，决定派遣一个代表团到英国，要求英国无条件停止鸦片贸易，废除《中英禁烟条件》，归还中国自由禁烟主权。会议还认真讨论了成立全国禁烟联合会的事宜，选举石瑛为会长，处理该会日常事务。全国禁烟联合会的成立是中国禁烟运动深入开展的重要标志之一。尽管这个联合会明显带有半官方性质，但在禁烟问题上基本能够反映公众的意见。它经常批评当局的禁烟政策，提出各种行之有效的建议，还在舆论上积极宣传鼓动，发挥了一定的积极作用。

（二）加强禁烟宣传和舆论监督作用

民国初年的禁烟运动，不仅努力在国内热情宣传鼓动，而且积极争取国际舆论支持。如孙中山于 1915 年 5 月 4 日向英国人民和伦敦各报社发出公开信，要求给予支持和声援。② 在国内，北洋政府教育部将鸦片的毒害编入教科书，注重对青少年的教育。各省当局也比较重视宣传工作，大量刊印告示，广为散发，痛斥鸦片罪行，说明禁烟的好处。有的省份所印禁烟告示之多，可以达到每 10 户甚至不满 10 户发一张，“以供人人传览”。③ 有的地方组织艺人专门编导禁烟戏曲，四处演唱。例如上海著名演员孟春帆专门排演了一出名为《枪毙烟贩》的戏剧。有的地方当局发动士绅和学生上街演讲。在宣传鼓动方面，报刊发挥了尤为积极的作用。各大报刊不仅经常刊登有关禁烟的消息、诗歌、杂文，劝世讽谕，影响很大，如《申报》连载的改良新剧《劝夫戒烟》和《烟丐叹》，前者借妻、妾二人之口宣传吸食鸦片的危害，劝瘾君子们戒烟，④后者刻画瘾君子的悲惨下场；⑤而且敢于揭露官场假借禁烟之名，而行敲诈之实的一幕幕丑剧，使之不法行为有所

---

① 《禁烟联合会纪事》，《申报》1912 年 3 月 29 日，第 7 版。

② 孙中山《为禁绝售卖鸦片致伦敦各报书》与《为禁烟主权事致英国国民书》，载于 1912 年 5 月 5 日《申报》上，转载于中国国民党广东省党部宣传部编印《禁烟赌专刊》第 2 页。

③ 《陕西禁烟之伟举》，《申报》1912 年 9 月 7 日。

④ 《劝夫戒烟》，《申报》1912 年 4 月。

⑤ 《烟丐叹》，《申报》1912 年 5 月。

收敛,起了一定的监督作用。这些不同形式的宣传鼓动,形成了强大的舆论声威。

(三)设立禁烟督察机构

清末禁烟主要由各省督抚及其所属地方长官负责,禁烟大臣与各地的戒烟所只负责查验官员的烟瘾和戒吸事宜,没有督察任务。民国成立之后,南京临时政府设立禁烟公所,委任石瑛为总理,要求各省、县设禁烟局、处、所,其职责是协助地方行政长官推行禁政,兼有督察任务。这个机关的设立在推行禁烟方面起过一定作用,而在督察方面却不能有效地发挥作用。1914 年 3 月 21 日,为督促各级官员认真执行禁令,特设禁烟督察处,附属于内务部警政司。这个机关由朱启钤任处长,下设评议员、审查员、调查员、事务员。禁烟督察处主要查访禁烟成绩及违禁事项,具有特务侦探性质。这样一来,全国各省、县禁烟行政便置于中央监控之下,各地官吏不得不认真履行禁烟职责。例如,湖北设立禁烟专科,主管全省稽查事务,选派 20 余名调查员下到 69 县实地踏勘罂粟种植情况,督促各县知事切实推行禁政。[①] 又如,浙江禁烟局,调查员每日挨户查验吸食、种植情况,不徇私情,如实上报,各级官员莫不悚然。禁烟督察处的设立,在禁烟运动中起了十分重要的督促作用。这是民国初年禁烟的一个新特点。

(四)查缉洋药贩运活动

辛亥革命后,湖北处在革命党人控制之下,民族主义情绪相当高昂,与外国鸦片的贩运活动展开过针锋相对的斗争。如 1912 年 9 月,安庆查获一起私贩洋药案。一位中国的鸦片商私运洋药,被安庆警察厅查获,英国驻上海领事出来干涉,调动军队示威恐吓。驻华公使朱尔典也向中国外交部提出抗议,要求照价赔偿,声称:“浙、皖、赣、湘各省严令禁烟,不但违背约章,且致英商销路窒滞,赔累甚巨,请中国政府妥筹办法”,放宽对洋烟药的查运。[②] 对于这种无理要求,中国外交部根据皖督柏文蔚的意见,据理驳复说,此事纯属中国内政,与外国没有关系,查禁无货单的洋药运输,符合《中英禁烟条件》。这些事件从侧面反映出民国初年民族主义情绪的高涨,资产阶级地方政权的抗争性与清朝地方政权的妥协性形成了鲜明对比。

(五)进一步完善了禁烟法规

民国初年,中央政府在沿用清末禁烟法令的同时,还颁布了一系列新的条例规定,进一步完善了禁烟法规。民国初年的禁烟章程、条例与清末相比,除进一

① 《湖北巡按使吕调元呈鄂省禁烟文》,《政府公报分类汇编》,第 29 页。

② 《禁烟纪略》,《民国纪事本末》上册,第 93 页。

步加强了对各级官员禁烟工作的有效考核外，还增加了查处鸦片烟案的物质奖励，分别规定了查缉人员应得赏金的百分比。有的地方专门设立举报奖金以鼓励检举。如上海县为根除境内罂粟，以赏额 100 元鼓励人们举报。这种物质上的合法刺激，有利于查禁活动的有效开展。

与此同时，各级地方政府的禁烟法规也在不断强化和完善。例如，1911 年受武昌起义影响成立的中华民国云南都督府，在都督蔡锷的领导下，于 1912 年 10 月 28 日特别拟出《禁种专则》8 条，此条款后经云南省议会议员们的修改，不断完善，扩充为 9 条内容，具体内容如下：

第一条 凡种烟田地悉数充公，本犯监禁 10 年，不准罚赎。其租人田地种烟，而地主并不知情者，由地方官估计该田地价目，勒令本犯照数缴纳。如无力缴纳，除本犯监禁 10 年外，仍照刑律发所工作，1 日折洋 1 元。如有抗拒不服铲除，按照军法枪毙。

第二条 地主与人田地种烟、知情不报者，除将田地充公外，地主监禁 10 年，不准罚赎，种户照前条办理。

第三条 凡散给烟籽、使人栽种者，监禁 5 年，其私售烟籽以图渔利者，监禁 3 年。

第四条 各属按照自治区域，由自治员绅、团绅负禁烟连带责任，倘查禁不力，于该区发见烟苗，处 300 元以下、30 元以上之罚金。

第五条 该区绅董见有烟苗，故为容纵，如查明确有包庇指使情弊，监禁 10 年，不准罚赎。倘敢出头抗拒铲除，即照军法枪毙。

第六条 一年之中一区发见烟苗，地方官停俸半年；数区发见烟苗，地方官免职留用，将烟铲尽方准回省。如查有纵容情弊，免职后监禁 10 年。倘敢借禁烟私罚，吞蚀入己，分别赃私，轻则监禁，重则枪毙。

第七条 种烟田地，本区不报，由他区揭报，无论自治学警、实业，是何机关揭出者，即将其田地归于该揭报者，充公由地方官呈明立案。如有吓诈得，及将充公田地吞蚀入己者，分别赃私，轻则监禁，重则枪毙。

第八条 应枪毙及监禁人犯，由各该道观察使核明请示后，当地执行。

第九条 各地方行政官吏以及铲烟军队，如因铲烟吓诈得赃者，分情实处，以军法枪毙或无期徒刑、或二年以上有期徒刑。①

---

① 《云南省议会报告书》卷 2，转引自秦和平：《清末民初云南的禁毒运动》，《中国边疆史地研究》1997 年第 4 期。

云南都督府制定的《禁烟专则》所规定的内容，远比清代末年的禁烟处罚严厉得多。轻者监禁，重者枪毙，可谓是触网即犯法，惩罚必施重。当然，其中也存在利用实施条款的机会来扩大军队权利的问题，特别是条款当中动辄以“军法”相威胁，可能会助长军队之中的不良风气。另外，该条款明确地以连坐方法实施禁烟，规定士绅、县官在禁烟事务之中的义务，明确了责任，加强了制约的力量，有助于禁烟法令的深入贯彻。

除了上述措施形成的新特点之外，民国初年禁烟还有一些特点，但对全局影响不大。例如，民初禁烟侧重于禁种、禁运，对于禁吸抓得不如清末那样紧，尤其是对官员吸食查验不力。

总之，以孙中山为首的南京临时政府与以袁世凯为首的北洋政府，在民国初年的禁烟运动中严格执行禁种、禁运、禁售政策，将清末的禁烟运动引向深入。故此，民国初年的禁烟运动虽在极为复杂的政治环境中展开，却“取得了暂时的不彻底的胜利”①。

第三节　军阀混战时期的烟毒再起

一、各派系军阀大开烟禁

正当民国初年大规模禁烟运动取得一定成果，鸦片烟祸走向禁绝之时，袁世凯为了筹措洪宪帝制的经费，竟冒天下之大不韪，一方面指使梁士诒以禁烟名义，对香港运沪的“印度大土”6 000 箱予以征税，前后所得 2 000 万元，占其筹备帝制所需经费的 1/3；②另一方面，亲自批准在江西、江苏、广东试行“鸦片新税”，从而变相承认鸦片生意的合法存在。接着，袁世凯特派蔡乃煌为三省禁烟督办，“藉禁烟之名，行卖烟之事”，通过推销积滞在上海、香港两地的洋烟来索取每箱 3 500 元的“报销”费，③为鸦片烟毒再次泛起打下了基础。

1916 年 6 月 6 日，袁世凯死去，国内局势发生重大变化，从此，中国进入北洋军阀和非北洋军阀两大集团之间、众多派系之间争夺地盘、割据混战的时期，北京中央政府先后掌握在皖系、直系、奉系三大派系之手，社会陷入了长期动荡不安之中。

---

① 王宏斌：《民国初年禁烟运动述论》，《民国档案》1996 年第 1 期。
② 周世菡：《袁世凯帝制活动与粤皖系之争》，《文史资料选辑》第 13 辑。
③ 《申报》1916 年 9 月 16 日。

经过民国初年的禁烟，国内罂粟的种植与印度鸦片的进口基本停止，但还有相当数量的人在吸食鸦片，需求量大大超过了供给量，导致烟价不断上涨。在私下交易中，鸦片的价格有时比同等重量的黄金还要贵。面对如此厚利，先是奸商、恶霸秘密贩运，接着他们与军阀相勾结，组织武装贩运，最后发展到军阀强迫农民种烟，以抽取烟税作为军费的最大来源。个别军阀这样做，其他军阀群起而效尤。虽然，迫于民国初年禁烟运动的影响及全国民众禁烟呼声的不断高涨，中央政府表面上仍维持着禁烟政策，但实际上却烟禁大开，十余年苦心经营所获取的禁烟成果毁于一旦，鸦片烟毒重新泛滥起来，禁烟已成为政治的装饰品。北洋军阀统治时期，各派军阀开放烟禁的所作所为，真可谓是花样繁多，方式各异。

（一）劝农民种烟费尽心机

劝种是军阀最先采用的一种方式。1918 年，陕西刚刚宣布罂粟禁种不久，督军就开始散布消息，说当年可种罂粟，劝说乡民毁麦种烟，虽然当时麦苗已有一尺多高，乡民仍将麦田改为烟田，而烟土商人也闻风而动，许多地方的罂粟刚一下种，就被预订一空，每亩出价白银 80 两。财政厅也贴出告示，称每亩种烟之地须缴银 6 两，这实际上承认了种烟为合法。① 这一年，陕西军阀所收的烟税在千万元以上。可以说，陕西是此次大规模复种罂粟的始作俑者。1920 年，陕西督军陈树藩因答应于右任的 300 万欠饷无法支付，以及报销段祺瑞政府及联络李烈钧、李存厚的款项无法填补，又想到鸦片这根“救命草”，与省长刘镇华商议，委派 40 余位劝种烟委员分赴各县，劝导农民种烟，并宣布种烟一亩，征收大洋 30 元的税金，一次缴纳完毕。② 因种烟较之种麦所获之利超出四五倍，农民纷纷犁麦种烟。同年，甘肃省长借金融困难为名，倡议全省大种烟苗。省长电令各县知事，召集农会人员发给种籽，饬令四乡农民播种，并派 4 名查勘委员，查勘各县种烟的数量，以定收款的数额。每县再设一名“产烟罚款委员”，与县知事一起，负责收款，每亩烟田收白银 4—10 两不等，先交半数，余款待收烟后再交。省长此次倡导种烟，名为解决金融困难，实为筹集军饷。③ 云南曾在 1916—1917 年间，采用严刑峻法禁烟，因此烟土在云南很难买到。一些地霸、奸商勾结军阀到四川、贵州等邻省产烟区组织长途贩运，牟取暴利，货币源源外流，造成银根奇紧，全省财政每年比以前减少 100 万元以上的“烟亩罚金”收入，导致以鸦片烟为重要支柱的云南经济濒于崩溃。到 1920 年，由于战事不断，军费无着，云南省政府公布了《云南禁烟处罚暂行章程》，实行“寓禁于征”，实际上开放了烟禁。

① 《长沙大公报》1918 年 7 月 11 日。
② 《长沙大公报》1920 年 12 月 23 日。
③ 《民国日报》1921 年 3 月 13 日。

1923 年，昆明全县共种罂粟 3 万余亩，收入烟捐 7 万余元。云南共有 95 个县，以此类推，云南省政府每年的收入可增加六七百万元。[①]

各地军阀在劝种罂粟中，可谓是费尽心机，现举出二三例。1923 年，驻福建仙游的军队为劝农民种烟所发的劝种文告，真是一语道破"天机"，其反动逻辑可见一斑。文告中说："鸦片原是害人的东西，劝人家种，好像是没有道理的。你们不晓得禁不了还是种好，而且种多的更好。……现在军兴时代，军饷急的不得了，钱粮杂捐，完了又借，借了又完，若是借得太多，你们大家负担不起，官厅也不便开口，想来想去，没有别的法子，就是劝你们种鸦片好，并且种的多、种的快的更好。从前官厅禁的好厉害，你们还是想偷种的，现刻劝你们种，还要随时给你们保护，不过按亩收一点捐费，上能裕国，下能便民，这个机会是很难得的。你们不种，是自己抛弃了权利，并且不种也要按亩收你们的捐费，到了那时候，后悔就是不及哪。"[②]另有四川军阀为劝农民种烟想了各种办法，如农民缺少烟种，他们就从别处运来散发给农民；如缺乏种烟的资金，就提供给农民贷款，本利以鸦片烟折算。湖南军阀张敬尧从奉天运 45 袋大约万余斤烟种到湖南，发给农民种烟，结果在湖北武昌车站被查获。湖南学生闻此，即派代表赴京，要求大总统、国务院将张敬尧明令撤职，提交法庭依律处断，同时致电万国拒土会及各省议会、省长、督军等，请求主持正义。谁料，张敬尧非但置之不理，反而派人于夜间率辎重队数十人，用枪强迫车站将 45 袋罂粟种子运往湖南。[③]

（二）武力强迫广植罂粟

各个军阀采取勒种、迫种的办法，强迫农民种烟，对拒种罂粟或拒缴高额税金的农民甚至动用武力进行镇压，这种事例屡见不鲜。在四川，军阀对不愿种烟的农民加倍征收田赋，称为"懒捐"。农民种粮而不种烟，则种粮一年须缴三年的粮税，而种烟者只需缴当年一年的税；如第二年仍不种烟，须缴纳五年的粮税；如第三年仍不种烟，就要交纳七年的粮税，用这一方法迫使农民种烟。在河南，军阀勒令各县普种罂粟，每亩抽税 8 元，大县限定最少种 150 顷，中县 120 顷，小县 100 顷。种者纳税，不种者也纳税，不得缺少分文。每年可收取烟税 1 200 万元。[④] 在河北，1927 年前后，就有"赵县每田十亩，定要种烟一亩，蠡县并有大村四十五亩，中村卅亩，小村十五亩的规定"；河南豫西一带，"每百亩农田中，规定

---

① 《北京晨报》1924 年 4 月 24 日。
② 《民国日报》1923 年 12 月 21 日。
③ 《北京晨报》1920 年 1 月 31 日。
④ 《民国日报》1924 年 1 月 22 日。

要三十亩种烟”。[①] 在江西，督理蔡成勋令县知事购买烟种，通令民间栽种，并美其名曰提倡实业，同时向农民摊派税金，如农民缓交，即派人带兵按户索要。在湖南湘阴、石门等县，军阀强迫农民种烟，如若不从，除被处罚款外，有的竟被处死。在广东潮汕，陈炯明严令县属农民种烟，明文规定为筹济军饷开征“特别田亩捐”，按各乡田亩的多少，分别派定，致使潮州留省学生200余人通电声讨。粤军黄大伟部所辖之同安县，因无钱缴纳烟苗税而被拘于监狱的农民就达数百人。在新疆，农民因拒种罂粟与军队发生冲突，许多人遭杀害。在福建，1920年，军人保护种烟，所征烟捐分上、中、下三等，上等每亩交8元，中等为5元，下等为3元。如有抵抗不种，或种植而不缴纳者，一律军法惩处。1923年11月，孙传芳、王永泉等在福建福清县要求农民种罂粟，并威胁说，如若反对，即是阻挠军饷，同时派出军警到各乡强迫种植。种罂粟者每亩必须缴纳13.2元，不种则加倍科罚。同年，在军阀王永彝的辖区，人民反抗纳税，竟遭杀戮，一连数乡，人民死伤者以万计，房屋被焚者数千座。[②] 无怪1924年英文版的《中华年鉴》对此现状概括说：“只要(有)军队驻扎的地方，就盛行强迫种植鸦片的做法。由知县出布告，要人们种植鸦片，士兵强制执行。”

中华国民拒毒会曾对1924年国内鸦片概况作一调查，其中甘肃省的烟税每年达2 000万元，数万军队依靠这笔收入供给给养。湖北为1 500万元，陕西为1 000万元，福建每年的军费约2 000万元，全部依赖鸦片烟税。[③] 通过军阀的劝种、勒种乃至武力迫种，全国罂粟的种植面积迅速扩大，农民为完纳每年递增的烟捐，不断扩大罂粟的种植面积，鸦片烟毒再次泛滥。

(三) 鸦片专卖，抽税获利

鸦片实行专卖或设局抽税，以获取更大利益。在绥远[④]，都统马福祥设立禁烟督察处，名曰禁烟，实即收税，每两烟土征收印花税银3角。凡贴有印花之土，名曰“官土”，可以在境内行销，否则充公处罚。归化所属10县，无处不种烟，马都统还嫌不足，又在宁夏种烟，运至绥远销售，以至各城各镇烟馆林立，而烟馆门口公然悬挂着写有“清水公膏货真价廉”字样的红灯。固阳县比利时籍宋神父在当地认真调查禁烟，掌握了一系列马都统纵毒的证据。如马福祥在接近固阳的包头设卡征收烟税，被宋神父调查明晰，马福祥恨之入骨，不惜授意其子发动兵变，将神父杀死，以毁灭罪证。安徽都督马联甲，曾发卖烟土印花。它比邮票略

① 中华国民拒毒会编印：《两年来全国烟祸概况》，《拒毒月刊》1928年第23期。
② 《民国日报》1924年3月2日。
③ 周宪文：《中国之烟祸及其救济策》，《东方杂志》1926年第20期，第23页。
④ 旧省名，辖今内蒙古乌兰察布盟、伊克昭盟、巴彦淖尔东部及呼和浩特市、包头市等地。

大，红色，中间印有一火车机头。凡贴有此印花的烟土都可公开运销，无论带往何处，不受阻拦。驻湖北宜昌的军阀设鸦片公卖局，鸦片运往此地，每千两收税200元，运至沙市加收150元，运至汉口加收250元。纳税后，当局不再干涉。鸦片公卖局每年可收此项费用500万元，全部充作军费。[①] 1924年，军阀肖耀南在汉口设立鸦片专销公司30余处，所售鸦片的封皮上均印有某某公司字样，警员巡捕见此，即不予搜检。1926年北京设一禁烟总所，公开征收烟税。后由财政部接收，改名为直隶全省禁烟善后总局，并在全省8个区域设立禁烟分所。仅北平一区，每年即可征收烟税6 000万元，销出烟膏1 080万两[②]。山东省禁烟总局于1927年8月15日成立，其目的在于抽税。禁烟局提倡人们吸鸦片，还提倡人们种植罂粟，竟然派人将烟种送到农民手中，因为所收的种烟税要比种粮食所收的田赋多将近10倍，每年的收入即可增加6 000万元。[③] 四川以军队为主抽收烟税，1927年，二十四军刘自乾部颁布“烟苗调查费条例”，将所属各县划分为11个区，采用承包办法，向烟民征收烟税。所征烟税的90%归二十四军军部，5%归县征收烟税承包人，3%归县知事，2%归区监督官，监督官由驻军之混成旅旅长担任。杨森的二十军在万县设立禁烟查缉处，在所属各县抽收落地税，每月集中的烟税就有300万元。[④] 广东每年为禁烟所收的特税达800余万元。汕头更是实行鸦片公卖，所销售鸦片冠以“戒烟药膏”的美名，分销处随处可见，竟有400家之多，吸烟者也在20 000人以上，且以军人为多。

（四）武装护商，包运、包贩烟土

武装护商、包运烟土和贩运烟土是军阀从鸦片烟中寻找财源的又一有效途径。由于当时战事繁多，土匪横行，烟土产地又较偏僻，烟商投入巨资贩运烟土，生怕途中出现意外或种种关卡的截夺，故而大多争取军人护送；更有军人直接贩运获利者。湖南军阀包运烟土就是由下级军官帮助烟商私运鸦片，获了大利，被上级军官和司令发现，认为这是一个很好的财源，因此设立检查局所，规定包运税则，正式征收运税，使军队包运烟土公开化。烟土由贵州边境运至长沙或临资口一带，每百斤收运税大洋100元，外加护送茶钱。烟土上面贴有驻军司令部的封条，路上就不受任何阻拦，直达目的地。河南督理张福来设立转运处，派兵保护商人运送烟土、“白丸”等毒品至各处，征收保险费作为派兵沿途护送之费用。1923年，黔军在汉口设一筹饷处，实为贩土机关。湖北宜昌军阀与土贩组织设

---

① 《民国日报》1923年12月6日。

② 于恩德：《中国禁烟法令变迁史》，中华书局1934年版，第180页。

③ 《北京晨报》1927年8月18日。

④ 中华国民拒毒会：《拒毒》（南京），1928年。

立济宜转运公司，专运烟土，在烟土上贴上印花，抽收运费，而印花上竟是“开诚布公”四个字。军阀肖耀南在汉口设立鸦片转运公司，包运长江、汉水各处之鸦片，每两运费为 2 角，所运烟土均以军饷为名，无人过问。四川驻军迫令农民种烟，按亩收税。到收获时，以贱价收买，甚至强迫劫取，然后转运各地，公开贩卖，尤以汉口为畅销中心。1924 年，杨森、刘湘因军饷不足，特别由四川运入湖北大批烟土，总计 730 担，在宜昌被直系所属王汝勤部扣留，经过吴佩孚调解，王征税 45 200 余元，遂放行，杨森部下即将烟土运至汉口廉价出售。奉军占领上海时，从东北进口大批生鸦片，在城内出售。江西蔡成勋设立拒毒局，招商包运包卖，并调动军队护送，为此特制定《江西拒毒局章程》，第一条即开宗明义写道，此举是为筹办军饷起见。全省分为 14 区，又分为甲、乙、丙三等，每区招一名商人承包专卖。甲等区每月上交 15 000 元，乙等区交 12 000 元，丙等区交 8 000 元。每区除随时可调用军队、水陆法警保护外，还特设巡缉队供其调遣。同时，全省分为四处，招商承包专运，承运人运入烟土每百斤纳税洋 320 元，而后拒毒局对承运人收贩商多少税款不再过问。① 广西因为背靠两大鸦片产区——云南与贵州，故而自己种烟较少。云土与贵州鸦片作为“特货”，在全副武装的护送队的保护下源源不断地运入广西。禁烟局不过做做在鸦片上贴上印花收税，查缉不纳税的私烟等事情而已。在梧州这样的鸦片贩运中心，设有公开的售烟商行，供人吸烟的“戒烟室”也比比皆是。军阀包运鸦片使禁烟查缉处形同虚设，不久即予取消。军阀武装护运鸦片的另一后果则是将大量枪械运往边地少数民族地区，致使汉人与少数民族的冲突不断增加。

二、大开烟禁对中国社会造成的恶果

在北洋军阀统治时期，鸦片种植、运输、销售、吸食之风弥漫全国各地，盛极一时。从某种意义上说，这一时期的中国社会，实际上已经成为一个名副其实的鸦片烟毒世界。难怪有人说，北洋军阀统治时期，烟祸更甚于清代。正是北洋军阀时期烟毒泛滥成灾，给中国社会造成了严重的恶果。

（一）导致中国经济结构的畸形发展

随着军阀的开放烟禁，罂粟的种植面积迅速扩大。到 1924 年，河南全省种烟区占 30%左右。湖南省只有数县不种烟。云南、四川两省农田有 2/3 种植罂粟，川土质量较好，故而可运销至中部和东部各省，并由军队包运，一个季度即可

① 《民国日报》1924 年 3 月 28 日。

运出400吨。[①] 贵州素为生产鸦片之地，此时种者更众，全省有2/3的地区种植罂粟，在黔东地区，耕地的九成用来种烟。福建罂粟的种植遍于全省，仙游县到处是烟田，因此流传起“如今要把鸦片当粮食吃了”这样的话。湖北西半部种烟较多。安徽全省1/5的农地种烟，公卖鸦片视同菜蔬。陕西是此番种烟的始作俑者，种烟之多可想而知，特别是陕北，10亩土地中就有8亩种植罂粟。鸦片的种运售均要纳捐。甘肃罂粟复种严重，每10亩农田有8亩种烟，所收之税可供8万人的军饷，每年所产鸦片约为8 400万两。宁夏全省10个县，有7个县种罂粟。西康[②]几乎全省遍种罂粟。越是经济落后的地区种植罂粟越多，特别是边地少数民族地区，种烟状况更为严重。如云南的罂粟种植以苗、壮少数民族聚居的麻栗坝为最多。贵州也多集中在黔东苗、侗族聚居区。在湖北西部土家、苗、侗少数民族聚居的恩施、鹤峰一带，有一半以上的土地种植罂粟。四川西北部的藏、羌族地区和南部的彝族地区是鸦片种植的密集区。

军阀勒种，农民弃粮而种烟，大片粮田变为烟田，农民为了应付高额的烟税，不得不不断扩大烟苗的种植，使很多地区经济畸形发展，农民吃粮需用现金到外地去购买。另外，种烟又极耗地力，种过烟的土地难以复种粮食，因此种烟区粮食收成日渐减少，加之交通不便，粮食运输十分困难，很多地方最终因粮食不足酿成饥荒。1919年以后，贵州全省由于遍种罂粟，粮食日渐短缺，1921—1922年，饥荒终于来临，因缺粮而饿死的约有五六万人。1924年，云南东部因广种罂粟，粮价腾贵，小麦价格相当于鸦片的5倍，而且不易买到。1925年，云南发生饥荒，昭定一城即饿死千人。四川因种植鸦片而轻视五谷，在1925年闹过一次大饥荒，粗粮甚至涨到了每石120元还不易买到。[③] 由于大量种烟，为工业提供原料的生产减少，不仅使农村经济恶化，而且影响整个国民经济的发展。一些因烟土运销而繁荣起来的城镇呈现的也是畸形繁荣的景象，几乎各种行业都与鸦片紧密相连，烟土行、烟馆、旅社、茶寮、酒楼、妓院、赌场等因烟土商人的频繁光顾而迅速增加，一些正常的贸易往来与经济发展被抑制。一旦烟土业衰落，不仅畸形繁荣迅速消失，正常的经济生活也将因受到阻碍而难以维持。

(二) 造成中国社会贫困化加深

从鸦片的种植、贩运、售卖到吸食，军阀在每个环节上都征有捐税，可谓名目繁多。种要收烟苗税、烟亩罚金、窝捐、产场税等，不种收懒捐等；运要收起运税、

---

① 《长沙大公报》1924年6月3日。
② 旧省名，包括今四川西部及西藏东部地区。
③ 黄绍智等主编：《禁毒工作手册》，三联书店1993年版，第67页。

落地税、过境税、护运费、保险费、进口税、出口税;售要纳特税、内销税、印花税;吸则要交灯捐、瘾民捐、吸烟执照费。军阀层层盘剥,鸦片真正成了军阀的摇钱树,成为军阀政权赖以生存的经济基础。而由于罂粟种植面积越来越大,所抽捐税越来越多,地方经济日渐凋敝,种烟地区人民经各种盘剥,一年劳作所剩无几,生活日益困苦。如陕南汉中地区人民在军阀的强迫下种烟,收取的捐税繁多,使人民“常有鬻妻卖子之惨举”[①]。安徽军阀马联甲派军队到各地抽收鸦片捐税,农民每种烟一亩,勒交税洋七八元不等,如在限期内交不齐的,该地区的董保即被收押,农民亦被一同拘留。[②] 热河各界公民于 1924 年上书北京国会,叙述了军阀勒抽烟税的惨状:“收割大烟之期,如经一番革命,倾家荡产,官私逼索,服毒自尽,种种惨状,笔难尽述。”[③]烟毒的泛滥,使中国社会的贫困化日益加深。

(三) 严重伤害人民的身心健康

大量种植罂粟,使鸦片烟价大跌,加之在很多地方几近公开售卖,得之较容易,故而吸食者越来越多。在绥远,原来鸦片要六七元一两,到 1921 年时,只要二三元,故吸者日众。[④] 在湖南长沙,戒烟司令部稽查处附设的查禁处竟勒令各旅馆领照抽烟。亦有军队开设的烟馆,并派兵予以保护。在陕西潼关街上随处可见挂有“官膏公卖”招牌的烟馆,烟土价格极贱,每两 1.2 元左右。西安约有 2/3 的人吸鸦片,以青年人居多。[⑤] 安徽合肥一带,种烟极多,吸食鸦片的人随处可见,沿街商店无一不卖烟具,吸烟自尽者也日有所闻。在湖北宜昌、沙市一带,罂粟种植广泛,占土地的五六成,吸烟者也有十之七八,甚至四五岁的孩童也吸食鸦片。贵州的黔东地区由于罂粟种植广泛,无论士农工商、男女老幼,多有烟癖,因此竟流传着这样的谚语:“十人中有十一人吸烟。”广西 100 人中就有 80 人吸烟。[⑥] 四川每年所收的各种鸦片税达 800 万元之巨,吸鸦片者更不知凡几,以万县为例,全县居民不足 15 万人,而吸烟者竟有 8 万之多。由于四川的瘾君子急剧增加,曾有“十里之邑必有烟馆,三人行必有瘾者”之说。李扩清在《甘肃河西农村经济之研究》中写道:“河西为产烟区,吸食之人,无家无之,以大烟为应酬宾客之用,鸠形鹄面者比比皆是,而以倾家荡产者,又不知凡几。”[⑦]1928 年英文版的《中华年鉴》上称“抽鸦片烟成了自由的和普遍的行为”。一旦吸食烟毒成瘾,

---

① 《民国日报》1924 年 1 月 27 日。
② 《民国日报》1924 年 2 月 11 日。
③ 《长江大公报》1924 年 6 月 25 日。
④ 《长江大公报》1921 年 9 月 18 日。
⑤ 《民国日报》1923 年 11 月 18 日。
⑥ 《长江大公报》1924 年 6 月 3 日。
⑦ 《文史精华》编辑部编:《近代中国烟毒写真》下卷,河北人民出版社 1997 年版,第 535—536 页。

这些人也不愿从事耕作，更加剧了贫困的程度。同时，鸦片日益与人们的生活密不可分，吸鸦片又一次成为一种时尚，鸦片烟成为待客之品，使社会风气更加堕落，中国在国际上的声誉也日渐降低，甚至得到"东亚病夫"之贬损，鸦片对人民的身心健康造成了严重的伤害。

（四）外国毒品祸华的程度进一步加深

在中国鸦片泛滥之时，外国毒品也再次乘机涌入中国。据中华全国基督教协进会的调查报告称，1921 年海关搜获的鸦片数是 66 吨，为 1918 年的 4 倍。麻醉毒品比 1918 年多 53 倍。[①] 1926 年，外国麻醉品的输入超过 40 吨，而未能查获的走私毒品不可数计。仅日本一国，至 1919 年，每年输入中国的吗啡最少有 18 吨，而且在不断增加。[②] 日本吗啡经大连运入东北各省，经青岛运入安徽、山东等省，而福建、广东一带的吗啡则是由日本占领的台湾而来。因为大连、青岛海关都是由日本人管理，故而，日本对中国的毒品输入形同公开。一些以往禁烟成绩较好的省份，也相继被外国毒品侵入。如浙江省一向禁烟较为努力，鸦片不复多见，然而随着各地军阀的开禁，"红丸"[③]却流行开来。以兰溪为例，日销"红丸"150 箱，售卖店有 70 余家。"红丸"多来自上海，不久在浙江也开始设厂制造，并返销上海。安徽也有以"红丸"取代鸦片之势，以鸦片为嗜好的瘾民相继改吸"红丸"，每年运入安徽的"红丸"价值 700 余万。江苏省除了鸦片盛行外，亦开始流行海洛因，特别是地处苏北的徐州，因交通便利，来往人员繁杂，吸食贩运海洛因者较多，而且有向偏僻之地与乡村蔓延之势。更有甚者，竟有土豪劣绅秘密设厂提炼海洛因，地方当局对此也疏于过问。1928 年前，华北的制毒机关很多。据 1927 年《拒毒月刊》记载，"外人在华私设工厂，制造吗啡，不肖华人，利用外洋原料，仿造毒丸，在南满、山西、直隶、山东、河南为尤甚"。[④] 河北的情形，"濮阳一县，制造金丹的，闻有二百家；昌黎有六七家，出产约一千二百袋，计 24 000 两，但是毗连山西的石家庄更觉厉害！无论住户商家，十有九户是制造金丹的，日本人占其大数"。[⑤] 河北省销售的"白面"、"红丸"较多，大多来自天津，由日本人贩运而来。1925 年，驻在四川梁山的川军第六师竟雇日本技师设厂制造海洛因，然后将海洛因销往汉口和华北各省。外国毒品的涌入及国内的设厂制造，更加重了北洋军阀时期的烟毒泛滥，为以后的禁毒工作增加了难度。

---

① 《民国日报》1923 年 5 月 24、25 日。
② 《东方杂志》1919 年 6 月第 1 期。
③ 由海洛因、吗啡加上金鸡纳霜、砒霜等制成，呈粉红色。
④ 中华国民拒毒会编印：《国民拒毒运动之意义与任务》，《拒毒月刊》1927 年第 14 期。
⑤ 中华国民拒毒会编印：《两年来全国烟祸概况》，《拒毒月刊》1928 年第 23 期。

(五) 加剧了中国政局的混乱

由于鸦片烟土已成为军阀的生命线，故而军阀之间为鸦片开战的事情屡有发生，军队内部也有因鸦片收益分配不均而发生内讧的，而倚重鸦片战胜对手的事件更是屡见不鲜。例如，四川自1916年护国运动到1935年川政统一，军阀之间进行大小战争400余次，许多战争都与鸦片利益有着直接或间接的关系，如1920年的川滇黔之战，1928年刘湘、刘文辉与杨森、赖心辉、罗泽洲、李嘉钰的上川东之战与下川东之战，1932年刘湘与刘文辉的“二刘大战”，都是与争夺鸦片利益分不开的。正如国民党广西省主席黄绍竑所说，中英之间的鸦片战争是国际战争，而中国数十年的军阀混战也可以说是鸦片战争在国内的继续和扩大。辛亥革命后，从1912—1922年，北洋军阀与各省军阀之间、各省军阀相互之间的混战，大大小小达139次之多。这些战争表面上双方都说得振振有词，有的打着“讨伐救民”的旗号，有的号称“南征北战”，实际上多是因鸦片问题所引起，可以名之为中国国内的“鸦片战争”。

湖南1923年7月发生的赵(恒惕)蔡(钜猷)之战及随后的谭(延闿)赵(恒惕)战争，究其实质，就是一场变相的“鸦片战争”。蔡部旅长刘叙彝，因考不起学而入湖南混成协[①]当兵，虽出身行武，姿态却很斯文。他率部久驻黔阳、洪江一带，利用军队贩运烟土，大发横财，积资巨万，仅在汉口一带，就占有好几个里弄。刘自营别墅，请求名人题名，名人遂题“墨庄”，并解释为希望主人能兼爱天下，取墨子兼爱、摩顶放踵得天下而为之意，实则寓有讽刺之意，因为墨字由黑、土组成，盖指“鸦片烟庄”。刘不自知，窃为得意。正因为潭延闿支持的蔡钜猷拥有洪江等鸦片集散中心，早已被赵恒惕所垂涎，从而引发了赵蔡之战，又导致了谭赵战争。谭赵战争则以历时4月，蹂躏30余县，死伤万余人，耗资200余万而告终，给湖南人民带来了深重的灾难。

1924年爆发的齐卢之战，也是由鸦片烟问题引起的。当时，外国鸦片经常大批运沪销售，并且运销内地各省。卢永祥管辖上海税收和鸦片烟土的收入，从中抽取了巨额税金。根据卢永祥手下的知情人讲，光是由印度运进上海的鸦片，其税收就足够养三个师的军队。直接经营鸦片，比向烟商征税牟利更丰。卢永祥在上海不光对外国烟商和中国买办抽取重税，还派员直接到印度采办烟土，运到上海、浙江等地销售。当时上海宪兵司令马鸿烈等人都参与了这项活动。他们将所得款项大部分用于购买军械，一部分在承办人和高级军政人员中瓜分，每个人都分得几十万元。作为直系主要人物之一的江苏督军兼苏皖赣巡阅使齐燮

① 相当于旅。

元，在占有江苏这块膏腴之地的同时，还垂涎着卢永祥管辖的上海税收和鸦片烟土的巨额收入，也想发这个横财，决定从卢永祥手中夺走上海这块肥肉。战争于1924年9月3日爆发，持续40天，齐卢两军始终胶着在上海附近，战场广及数十里，难以决出胜负。后来，孙传芳的卷入，使战局迅速出现变化。最后，卢永祥在走投无路中，被迫于10月13日通电下野。14日晚上，孙传芳、张允明等进入上海。孙传芳、齐燮元等人经过协商，推出张允明为上海护军使。孙传芳则得到了浙江的地盘，又收编了卢永祥大约5个师的军队。通过战争，军阀之间重新瓜分了鸦片利润。

与此同时发生的滇桂战争，鸦片烟毒也始终起着作用。1920年以前，云、贵两省都归唐继尧统治。两省出产的烟土，北路经四川、鄂西、湘西行销长江流域各省，南路经广西分销珠江流域，并运销海外。在1915年的护国战争中，滇军一部进入四川，云、贵烟土销路更畅。唐继尧以云南一个穷省，在1920年以前能连年扩军拥兵，主要靠的就是鸦片烟的收入。搞不到鸦片，或搞到鸦片找不到出路，军队都无法生存。1924年底，唐继尧为争夺地盘，力谋向外发展，率6万余滇、黔军队，号称10万，分三路东下，主攻广西柳州、南宁等地。唐军人数虽多，但所经之地多崇山峻岭，道路崎岖，人烟稀少，加之部队携带鸦片很多，以烟代饷，还有许多烟商带着烟土随军，沿途售烟，行军速度极慢。据说唐继尧本人即携带烟土数百万两，在途中等待上海、武汉等地烟商来贩运。这使得广西方面李宗仁等可以从容部署，以逸待劳。1925年5月16日，李宗仁指挥桂军向占据昆仑关的滇军龙云部队发起进攻，龙云军队弃关逃跑，桂军遂合围南宁。后龙云悬重赏，遴选敢死队，突击桂军，每人发烟土20两，烟足饭饱，一声呐喊，冲出城来。沙浦之战，双方用兵都在万人以上，滇军死伤、被俘4 000余人，桂军将唐的主力一举歼灭。白崇禧向李宗仁报捷的电文说："见唐部所存部队，只有警卫军千余人，及由柳（州）败溃之吴学显部千余人，合共沈鸿英部，最多不过四千余人。……现时（广西）长安空虚，（滇军）进退维谷，我军日内即向长安方面攻击前进，扫清残敌。……滇军辎重烟土三百余担均在长安，无路可逃，多获甚易。……"可见桂军也时时没有忘记烟土。[①] 在滇桂战争最激烈的时候，桂军军费困难，几乎全军断炊。而久困南宁的滇军见胜利无望，不能把烟土顺利带到广州卖高价、发大财，便跟南宁的烟商勾结，从桂军包围的薄弱点，偷运出烟土20多万两。很可能是滇军买通了桂军某些下级军官，并缴纳了保护放行费。但桂军上级翻了脸，把滇军的这些烟土通通没收。桂军将领黄绍竑得到关于截获

① 《文史精华》编辑部编：《近代中国的烟毒写真》上卷，河北人民出版社1997年版，第66页。

滇军20万两烟土的报告,大叫:“天无绝人之路!”这批烟土及时补充了桂军军饷,决定了滇桂战争的最后结局,奠定了桂军胜利的基础。数十年以后,黄绍竑在回忆文章中谈到鸦片与军阀战争的关系时说:“全国各省数十年来的军阀战争,可以说没有哪一方面与鸦片没有关系。”①

鸦片虽为军阀带来了财源,却给国家经济和人民生活造成极大的危害,同时也为军阀政权的覆亡埋下了祸根。一方面,一些军阀主要依赖鸦片为其经济来源,而不在所占据的地方进行经济建设和开发,这种急功近利,又几近竭泽而渔的掠夺方法,必然不能长久维持,当鸦片不能提供足够的经费时,军阀政权的衰微也就可想而知了。另一方面,过分倚重于鸦片,必然侵蚀军队自身。军人迫人种烟、护送运烟、设局售烟,每日与鸦片为伍,条件便利,必然染上吸烟的恶习。许多军阀军队上至司令,下至士兵,均为鸦片“烟鬼”。例如,湖南军阀萧耀南、云南军阀龙云、直系军阀曹锟都是无日不吸的“瘾君子”,其士兵常常是烟枪不离身,与步枪一起随身携带,随侍左右,被称为“双枪兵”。吸烟成瘾,必使军纪涣散,士气低下,战斗力下降,其失败也就不言而喻了。在国民革命军的攻击下,军阀军队纷纷败退溃散,北洋政府被赶下了中国的政治舞台。

---

① 《文史精华》编辑部编:《近代中国的烟毒写真》上卷,河北人民出版社1997年版,第66页。

第七章　南京国民政府时期的禁烟运动

第一节　南京国民政府禁烟态度的转变

一、近代中国烟毒泛滥的顶峰时期

1927 年 4 月 18 日，蒋介石在南京建立国民政府。从此，中国历史进入了国民党统治的南京国民政府时期。这一政权建立伊始，在面临政治、经济、文化等诸多问题需要一一解决的情况下，也迎来了近代中国烟毒泛滥的顶峰时期。

自 1917 年后，伴随烟禁的逐渐开放，全国罂粟的种植与日俱增，经过十多年的发展，到 20 年代后期，罂粟播种区域遍及全国各地，栽培面积达到创纪录的水平。这一时期，东北的辽宁、热河①、吉林和黑龙江四省大烟种植面积达 600 万亩。② 其中，热河全省植烟 1 万顷以上。③ 甘肃除贫瘠之地以外，每一县都植有罂粟。④ 华北的河南省有 108 个县，种植罂粟的县份占全省的 80%以上，豫东各县种烟所占耕地约 40%—50%。⑤ 华东的合肥、阜阳等 16 县 1928 年有烟田 376 000 亩，浙江永嘉一地 1931 年种烟 10 万亩。⑥ 福建的"有些地区，种植面积达到耕地的 70%—90%"。⑦ 西南的四川植烟面积在 800 万亩以上，占农地的 1/3。⑧据金陵大学农业经济系教授卜凯等人对 30 年代中国 13 个地区鸦片种植情况的调查：1914—1919 年鸦片种植面积占耕地面积的 3%；1924—1929 年上升为 11%；1929—1933 年则高达 20%。⑨ 这些统计反映了民间鸦片种植逐年增

① 旧省名，辖今河北省东北部、辽宁省西南部。
② 《中国烟祸年鉴》第 4 辑，1927 年版，第 49 页。
③ 苏智良：《中国毒品史》，上海人民出版社 1997 年版，第 325 页。
④ 《中华年鉴》，1924 年版，第 55 页。
⑤⑧ 《中国烟祸年鉴》第 4 辑，1927 年版，第 48 页。
⑥ 《中国烟祸年鉴》第 3 辑，1926 年版，第 48 页。
⑦ 《中华年鉴》，1926 年版，第 627 页。
⑨ 卜凯主编：《中国土地利用》，金陵大学农学院农业经济系 1941 年版，第 271 页。

多的势头。另据《拒毒月刊》和《中国烟祸年鉴》，有些地区罂粟的种植面积远远超过了耕地的20%这一比例。如云南省1929年的耕地面积为4 027 878亩，而罂粟面积达3 250 000亩，罂粟地占耕地面积的80.7%；甘肃的罂粟地约占耕地总面积的75%。[①] 总之，从中国罂粟种植史来看，这一时期，尤其是1929—1934年，为罂粟种植最多的年份，呈现出了“满地罂花映日红”的局面。伴随罂粟种植的不断增多，土产鸦片的产量也达到了世所罕见的程度。根据有关资料计算，1929年至1933年间，中国的罂粟种植总面积约8 000万亩，1930年左右，全国耕地总面积为13亿亩，罂粟种植面积约占6.1%。每年生产鸦片6 000万公斤即120万海关担，其中以陕西、甘肃、云南和四川为四大鸦片产区。[②] 据记载，云南年产鸦片2亿余两，而四川最多，约达4亿两，[③]实际数量可能还不止于此。据1934年召开的国际禁烟会议记载：1930年中国的鸦片产量已达12 000吨，而此时除中国外全世界的产量仅为1 770吨，中国的产量竟是世界各国总产量的7倍。[④] 这一数字使中国的代表“出席国际禁烟会议，颇像罪犯出席法庭”[⑤]。而这一时期，全国吸毒人口之多，在历史上也是绝无仅有的。1929—1934年间，由于毒品数量充足，政府和各地军阀只征不禁，全国吸毒人口数量急剧增长，吸食各类毒品的总人数约有8 000万人，达到空前绝后的地步。1932年，中国人口474 487 000人，[⑥]吸毒者约占总人口的16.8%。在吸毒者中，仅吸“红丸”的就达3 000万人。[⑦]云南一省有1 700万人，而吸毒者就达300万人；贵州省的700万人中，也有233万人吸毒；最严重的是四川，全省7 000万人中，竟有4 000万人是瘾君子。[⑧]

与此同时，烈性毒品也日益泛滥。20世纪20年代末，国内已掌握了制毒技术，河南、河北、天津、四川等地均出现制造毒品的基地。四川军阀刘湘属下的第七师师长蓝文彬，公然指挥部下在重庆设立制毒工厂，将制造的毒品用武力保护批发零售。河南博爱县大辛庄一地制毒的工厂就有三四家之多。而外国不法分子，利用其治外法权和租界的特权，也在中国秘密开设制毒工厂，大肆制造、贩卖海洛因、吗啡等毒品。如日本在天津和石家庄等各大商埠均设厂制毒。1931年7月，在天津租界收缴了价值10万元的由日本、法国、意大利等国不法侨民制造的大宗毒品。1928年11月，全国禁烟会的代表指出：“日人侨居上海经营毒品

---

① 中华国民拒毒会编印：《拒毒月刊》第23期，第91页。
② 苏智良：《中国毒品史》，上海人民出版社1997年版，第326页。
③ 《中国烟祸年鉴》第4辑，1927年版，第50页。
④ 《民国成立后之禁令》，中国第二历史档案馆，档号41(2)24。
⑤ 《东方杂志》第21卷，21号。
⑥⑦⑧ 中华国民拒毒会编印：《拒毒月刊》第63、85期。

者，几占全数1/3，他若欧西近东各国奸商恃此牟利者，数难胜计，期间且有外国领事加入同谋。”①1936年5月，美国人福勒在国联召开的禁烟会议上曾透露，1934年中国输入作为制造海洛因原料的醋酸酐约有5万基罗②，而当时，醋酸酐在中国除了制造毒品外没有其他用途。5万基罗醋酸酐可以制造的海洛因超过世界一年合法使用量的50倍。可见，当时的毒品制造已有相当大的规模。总而言之，在20世纪20年代后期到30年代中期，中国已成为当时世界上无以匹敌的产毒大国和吸毒大国。

20世纪20年代后半期至30年代中期，近代中国之所以能发展演变到烟毒泛滥的顶峰时期，是在近代中国特定的社会背景下，与国家的分裂、政局的动荡、吏治的腐败、地方政府的自行其是等政治因素，西方列强在中国拥有的治外法权半殖民地政权性质，自然灾害、地理环境和气候等自然条件，农业的凋敝、农村的破产、大量失业和隐性失业人口的存在等经济因素，以及当朝政府的所作所为等有着不可分割的内在联系。

二、南京国民政府的“寓禁于征”政策

1927年南京国民政府成立之初，正处于中国烟毒泛滥的顶峰时期。而早在清末民初禁烟运动成功之际就成立的各种禁烟组织，在长期而卓有成效的唤起民众、促进当局禁烟禁毒的基础上，此时又发挥了更为重要的推动作用。以中华国民拒毒会③为例，其代表全国人民发表宣言，呼吁新政权在全国禁烟，并向国民政府提交了禁烟请愿书，提出8条建议，主要内容为：严禁外国毒品在各埠入口；抗议南洋群岛殖民当局在华侨中的专卖鸦片政策并取消之；严禁国内种植罂粟和贩卖鸦片；请在县级设勒戒所，限期戒断烟瘾；要求文武官员以身作则；在中小学教科书中加入拒毒内容；组织中央禁烟委员会推行禁政等。④ 这一请愿书，主张采用断禁的方案，根绝鸦片烟毒，控制鸦片的来源，加强宣传教育，提倡官员严以自律，形成全民性的拒毒运动。

在全国民众的强烈要求下，在中华国民拒毒会的请愿声中，国民政府开始讨论鸦片问题。国民政府于是年的第105次中央政治会议上采用“寓禁于征”的方案，3年禁绝鸦片，由财政部设立禁烟处负责办理，各县分设禁烟总局，对“戒烟

---

① 中国国民党中央执行委员会宣传部印：《禁烟宣传会议汇刊97》。

② 基罗：英文kilo(公斤)的音译。

③ 中华国民拒毒会：1924年8月在上海成立，主要有中华全国基督教协会、中华教育改进会、环球学生会、万国拒土会、上海总商会、全国医药会、红十字会、日报公会、律师公会等30多个团体联合组成。

④ 中华国民拒毒会编印：《拒毒月刊》第11期，第9页。

药"实行专卖。显而易见,这一"寓禁于征"的禁烟政策是完全服从于筹措军费之需的。

1927 年 9 月,国民政府财政部颁布了《禁烟暂行章程》13 条,开始禁烟。《禁烟暂行章程》规定:由财政部设禁烟处管理全国禁烟,从 1928 年起 3 年禁绝鸦片烟;25 岁以上吸食鸦片者须领戒烟执照,保证 3 年禁绝;贩卖鸦片抽以重税,第一年 70%,第二年 100%,第三年 200%;入口的戒烟药品须交财政部禁烟机关,贴印花税票,统一运输,贩卖者必须领有特许证。就这一禁烟章程本身而言,虽已明令 3 年内禁绝鸦片,但存在的问题是:首先,将禁吸年龄限制在 25 岁以下;其次,规定对戒烟药品征税,允许商民领证贩卖。这是以禁烟之名而行征税之实的欺人之谈。

国民政府颁布以收税为主的禁烟条例之后,遭到拒毒会的强烈反对,拒毒会认为,"鸦片为帝国主义侵略之工具,为军阀官僚生存之命脉,实三民主义之劲敌,亡国灭种之祸根。惟按目下之禁烟计划观之,则不但与三年禁绝之政策背道而驰,更与总理遗训势不两立……言为福国,实为祸国;言为利民,实以害民"。[①] 与此同时,全国商会、全国工友、全国农民和国际联盟都通电表示反对,上海市民致函南京国民政府要求取消鸦片专卖。

1927 年 11 月,国民政府在第十二次常务会议上通过了《国民政府修正禁烟条例》[②],规定由财政部特设禁烟处专理全国禁烟事宜。该条例主要内容与《禁烟暂行章程》大同小异,其中补充了对戒烟药品须经检查化验,领取特许证后方准出卖,侦缉队协助禁烟和对烟贩进行审判等规定。后者虽较前者有所完善,但目的仍在抽税,故对领取执照、特许证、印花税以及罚金和没收财产等规定详细而且严格。如不领特许证而擅自贩卖者,科 3 000 元以下罚金,并没收商店财产;不领戒烟执照私自吸食者,处 3 年以下有期徒刑或 3 000 元以下罚金,再犯者加重本刑 1/3 等。从上述《禁烟暂行章程》和《修正禁烟条例》的主要内容可以看出,这次禁烟的各项具体规定,无论是领取戒烟执照、发特许证或贴印花税票,其目的只有一个——向毒品贩收税。由财政部出面领导禁烟,就意味着向民众宣告,国家要借禁烟来解决财政问题。正如财政部长郑洪年接见拒毒会代表时所说:"目下禁烟计划,仅为筹款之计……不但不能禁烟,实足纵毒。"[③]由财政部出面禁烟,实行"寓禁于征"政策,即是南京国民政府在建立之初实行的武力统一政策的重要组成部分,这种规定只能促使毒品泛滥,而于禁烟毫无裨益。

---

① 中华国民拒毒会编印:《拒毒月刊》第 15 期,第 36 页。
② 1926 年 10 月广州国民政府颁布了《国民政府禁烟条例》。
③ 中华国民拒毒会编印:《拒毒月刊》第 16 期,第 32 页。

1928 年 4 月，南京国民政府再次修改了《国民政府禁烟条例》并予以颁布，该条例共 21 条，规定：财政部设立禁烟处专理全国禁烟事宜；各省设立禁烟总局，综合处理全省禁烟事宜；紧要区域内设立禁烟分局，非紧要区域各县设立禁烟分所；财政部于相当区域设专运所，办理征收特税及专运事宜。该修正条例虽在禁烟机构的规定方面较前完善，但具体的禁烟内容反不如以前。如该条例规定，经禁烟机关特许者允许栽种罂粟。从上述规定中不难看出：第一，国民政府是要借禁烟之机，搞毒品的公吸、公售、公运，把一切隐蔽的私吸、私售、私运变为公开，以达到最大限度收取鸦片税的目的。第二，将“栽种罂粟……除将烟苗铲除并处 10 年以下 5 年以上之有期徒刑”，改成了经“特许”者可栽种罂粟。这一改动，实际上是暗示农民，只要交税就能大种罂粟。这无异于公开号召农民重新大量种植罂粟，以便保证政府的税收。从常理上说，禁烟条例的基本内容，应注意如何尽快有效地禁止鸦片毒品，而不是首先考虑征税。在这里，为了收税，禁烟变成了纵烟，禁烟机构成了变相的收税机构而已。禁烟机构越完善，距离民众所要求的禁烟也就越远。

1928 年 3—4 月，国民政府财政部分别颁布了《戒烟药料特税章程》、《戒烟药料印花领用章程》和《戒烟药料护运章程》3 个有关收税的章程。《戒烟药料特税章程》规定，财政部于各省扼要地点设专运所，负责运送“戒烟药料”(把鸦片定名“戒烟药料”，大肆种贩)。该“药料”除在该省交纳原部定各税以外，还须转运者缴纳特税，“每一千两征收特税国币三百元”，特税在起运地交一半，运到地再交一半，如再需转运到别处，则须再补征半税。《戒烟药料印花领用章程》规定，财政部为依限禁烟，特定“药料”印花 3 类 19 种，颁发各省贴用。交税后粘贴印花方可转运，否则以走私论罪。《戒烟药料护运章程》规定，“为便利商民巩固运输”，特备运舰数艘，轮流护运“戒烟药料”。“戒烟药料”满 100 两以上者纳税后即可请专运所代运，但不满 1 000 两均按 1 000 两征收特税。这一规定实际上是在鼓励烟贩进行大规模的鸦片贩运，如果一二百两均按 1 000 两收税，烟贩何不尽可能多运赚大钱，反而少运多交税呢？由政府颁布一系列章程的目的，本应为禁止鸦片泛滥，而这里却变成了“为便利商民巩固运输”，帮助鸦片贩运者护送毒品。因此无论从哪个角度观察分析，都看不出这种章程对禁止鸦片泛滥有利，更何况它的具体内容还是纵容毒贩进行大规模贩运。

1928 年 3 月，国民政府还颁布了《中华民国刑法 · 鸦片罪》和《各省检查烟苗章程》。《中华民国刑法 · 鸦片罪》规定，制造、贩卖、吸食毒品和开烟馆、种植罂粟以及打吗啡针等行为均为犯罪，应分别处以有期徒刑或罚款。如制造和贩卖毒品者处 5 年以上徒刑，得并科 5 000 元以下罚金。鸦片罪中最轻者为意图供给毒品或毒具，要处 500 元以下罚金，罚金是很重的。《各省检查烟苗章程》规定，“为严禁私种和准备制药所需起见”，各省特设检查烟苗局，该局职责为“办理检查烟苗及征费暨收买药料”。该局由财政部直接派特派员一人，委员若干组成。国民政府鼓励农民种植罂粟，却美其名曰“制药所需”；向种户收税，却美其名曰“检查烟苗”，真是欲盖弥彰，将其迫不及待地利用鸦片烟税解决财政困难的嘴脸暴露无遗。此外，国民政府于 1928 年 3 月 29 日颁布了《皖北检查烟苗局办事规则》，4 月颁布了《审理烟案简易程序》。

以上各章程条例内容概括言之，即将鸦片贯以“禁烟药料”的名义，准许贩卖吸食；罂粟种植以 3 年为限禁绝，吸食及贩卖吗啡绝对禁止。这些章程条例无不以“钱”为中心。这一阶段的禁烟政策说明，南京国民政府成立之后，在利用鸦片税方面丝毫不逊于北洋军阀。只不过北洋军阀是公开鼓励，勒逼农民种罂粟，收取大量特捐以充军饷，有的军阀直接用鸦片代替现金发放军饷，有的直接用鸦片换取枪支。而南京国民政府则是利用民众良好的愿望，打着禁烟的幌子，干着纵毒的勾当。这一阶段的禁烟政策正如中华拒毒会宣言中所指出的：国府一年来对于禁烟之设施，“令人失望之余，深滋痛心”。①

三、由“寓禁于征”向禁烟为主的转变

国民政府“寓禁于征”的禁烟政策实施了一年，虽从禁烟角度出发，明确要禁烟，也颁布了《禁烟暂行章程》和《修正禁烟条例》等十大章程②，但总体来看，这种以收税为目的的禁烟政策，重在收税而不是禁止，收效极微也就在意料之中了。然而摆在政府面前的禁烟任务关乎新政权建立后的形象与民心的取得，于是，受国内外因素的逼迫与推动，国民政府终于决定“改弦更张”。其一，国际舆论的谴责声迫使国民政府改变中国世界毒品大国的低劣形象。在 20 世纪 20 年代中期连续召开的几次国际禁烟大会上，列强对中国鸦片毒品重新泛滥提出责难之言，并且拒不接受中国代表提出的关于在殖民地禁烟的建议。中国代表在国际禁烟会议上的窘迫处境，表明中国国际地位低下，这不能不引起当局的重视，并力图挽回。当时的一些论者指出，每次禁烟大会，列强反而借鸦片问题对我国多方抨击，倘若“我国尚无禁烟成绩可言，吾国今后之国际地位，恐不知降落

① 罗运炎：《中国鸦片问题》，上海兴华报社 1929 年版，第 245 页。

② 这十大章程是：《禁烟暂行章程》、《修正禁烟条例》、《各省检查烟苗章程》、《财政部征收戒烟药料特税章程》、《财政部戒烟药料印花领用章程》、《戒烟药料护运章程》、《禁烟官吏奖惩条例》、《审理烟案简易程序》、《国民政府财政部修正禁烟缉私充奖规则》、《禁烟药料专运所组织规程》。

几许,更授外人以口实”。[1] 其二,新政府建立之初也需要创建一个良好的社会环境。1928 年 8 月,国民政府宣布“训政时期”开始,之后实施了一系列政治、经济、外交政策,新政权的建设工作迫切需要厘清积弊,扫荡恶习,缔造清明和顺、积极进取的社会风气,以取信于民。而鸦片流害存在多年,成为中国最大的社会问题之一,禁绝烟害,是国民最为关注的要目。于是,在国际舆论的谴责声中,在国内民众禁烟声浪的推动下,为创造良好的国内外环境,南京国民政府的禁烟政策开始了由“寓禁于征”向禁烟为主的过渡。

1928 年 7 月,南京国民政府颁布《全国禁烟会议组织条例》,规定由政府出面组织全国禁烟会议,研究各项禁烟问题的症结,厘订切实有效的禁烟措施。这一条例的颁布,表明国民政府已正式将禁止鸦片纳入议事日程。8 月,由行政院出面组织的专门督理全国禁烟事宜的机构——全国禁烟委员会成立。这一委员会内设总务处和查验处,分别掌管禁烟机要、会议及督促地方禁烟事项。9 月,颁布《禁烟法施行条例》,要求以前设立的各地禁烟局所,限于 1928 年 12 月 1 日前一律结束,同时对禁烟机关、禁种、禁运、禁售、禁吸等作了明确规定:(1) 关于禁烟机关及其职责:全国禁烟会议建议及审议一切禁烟事宜,全国禁烟委员会督理全国禁烟事宜,高级地方政府和县政府分别督理和执行所辖区县市禁烟,地方自治团体协助县市政府办理禁烟。(2) 关于禁种:从 1928 年秋季起,每批烟苗下种时期,由地方官及自治团体严申禁令,切实查禁,宣传政府彻底禁绝鸦片的意义。每到烟苗出土时,上述官员及团体应实地勘察,发现烟苗强行铲除,并将种者送交法庭。(3) 关于禁运:为防国外毒品输入,由全国禁烟委员会及高级地方政府派员驻海陆运输要道,会同各关监督及当地官吏严密检查,发现毒品立即扣留,连同人犯交法庭办理;为防国内私运鸦片,各地方官要严密检查,对于重要关口随时派员巡查,查获者如前法办理。(4) 关于禁售:要求各县市长官督同员属及地方自治团体在所辖区内随时查察,凡售卖毒品者依法办理,查获毒品办理如前。(5) 关于禁吸:各县市长官于 1929 年 3 月 1 日以后应督饬警员就所辖区域严禁吸食鸦片,查有吸食者,送法庭依法办理。在必要时,各省政府可设戒烟所。不准制造、收藏、贩卖吸食鸦片器具;否则,一经查出,交法庭办理。《禁烟法施行条例》的颁布,表明国民政府禁烟诚意的增加。它将全国一切禁止烟毒事宜都置于各级地方政府的直接领导和监督之下,并要求禁烟团体和警察配合协助检查。同时,关于查出烟犯和毒品全部送交法庭依法办理的规定,使禁止烟毒既有专门机构领导检查,又有刑法可依。这些规定与最初阶段旨在

---

① 《禁烟公报》第 12 期。

收税的禁烟政策是不能同日而语的，说明南京国民政府的禁烟政策正在作较大的调整。

1928年11月1—10日，全国禁烟会议在南京市韩家巷禁烟委员会大礼堂召开第一次大会，包括各省市政府、禁烟团体、各最高军事长官的代表共70人与会。蒋介石、谭延闿、胡汉民等党政要员也到会演讲。大会主席张之江在开幕词中说，会议要“一扫从前因循敷衍之恶习，毅然谋根本上彻底的办法”。[1] 蒋介石在演讲时也慷慨陈词，“兄弟亦以为禁烟一事，应先从中央着手，然后才能希望各地能实地做去”，“禁烟不自中央始，谨订定各种条例，而吸者自吸，贩者自贩，不过是一种具文而已。如果大家要救中国，必自禁烟始；欲实行禁烟，必自中央人员始”，并表示“此后国民政府，绝对不从鸦片得一文钱，如有此种嫌疑，由本会告发，我们就认定这个政府是破产的，就不信任他”。[2] 谭延闿也表示，“此次禁烟，不论财政如何困难，务求贯彻初衷，下最大决心，毅然决然努力去做”。[3] 胡汉民对禁政与法律的关系作了独到的阐述，他认为制定禁烟法律，“立法贵恕，行法贵严”，[4]要求各省市加强执法力度，严厉打击涉毒分子。会上议决禁种、禁运、禁售、禁吸各种议案44件，所有议案都有一个共同特点——首先从党政军各机关开始严禁。同时制定具体办法及刑法，强调在全国加强大规模的禁毒宣传，要求在中小学教科书中加入拒毒内容。另外，还通过了禁止外国毒品输入案，要求调查南洋群岛殖民当局公卖鸦片情形，进行抗议，并向国际禁烟大会申诉，设法免除侨胞受鸦片毒害等。会后制定并颁布了一系列禁烟条例及章程。

全国禁烟会议闭会后，禁烟委员会按照既定原则，积极进行各种禁烟法令的制定修正工作。自1929年1月至1930年底，两年内共颁布重要的禁烟法令14种，涵盖禁政事业的各个方面。1929年7月，根据《中华民国刑法·鸦片罪》制定并颁布了《禁烟法》(4章22条)，在总纲中规定，禁烟法施行期间，违犯烟禁者科刑依本法之规定，本法未规定者依刑法。《禁烟法》与《中华民国刑法》互为补充，成为禁烟的根本大法。在禁烟机关方面，鉴于当时利用水陆交通工具走私毒品相当严重，除进一步明确原有各级禁烟机关的名称和职责以外，还将水陆公安机关也列为禁烟机关。在科刑方面，与《中华民国刑法·鸦片罪》相比，《禁烟法》所规定的刑罚有增有减，有轻有重，具体反映在：第一，制造或贩卖鸦片及其代用品的科刑，《禁烟法》较《中华民国刑法》要轻，这应该说是一种进步。因为当

---

[1][3] 《全国禁烟会议汇编》一。

[2] 中国国民党中央执行委员会宣传委员会印：《禁烟之理论与实施》，1938年5月，第15页。

[4] 中华国民拒毒会编：《反对鸦片公卖言论集》，上海中华国民拒毒会1931年版，第13页。

时国内不仅有鸦片及其代用品的制造和贩卖，更多的则是危害更大而又使用简便的针剂毒品。禁毒如果仍把眼光局限于鸦片上，毒品是永远禁绝不了的。第二，制造和贩卖毒具、为人施打吗啡针及开烟馆吸毒等科刑，《禁烟法》较《中华民国刑法》为重。随着禁烟呼声的高涨，很多吸食鸦片毒品者由公开转为秘密，有的则改为注射吗啡针。注射吗啡既不需到烟馆，又不用买烟灯、烟枪等吸毒器具，但其中毒却比鸦片更快更严重，所以把为人施打吗啡针与开烟馆定为同罪是合理的。这一规定表明，禁烟已从禁止制造、贩运鸦片等明面上的毒品深入到比较隐蔽的毒品上。对于吸食鸦片、施打吗啡针等吸毒者，由以前的仅罚款 1 000 元以下，改为"一年以下有期徒刑，得并科 1 000 元以下罚金"。这一规定亦较合理，如果仅限于罚款，上瘾的毒品吸食者是不在乎钱的，他们可以倾家荡产、卖儿卖女去换钱吸毒而在所不惜。应该说吸食鸦片者是怕坐牢的，与其坐牢骤然断绝，不如自己采取措施逐渐断绝。因而这一规定有利于禁吸。第三，《禁烟法》关于公务员犯鸦片罪科刑的规定，是《中华民国刑法》中所未涉及的，且最高刑直至死刑，真正加重了对公务员的处罚。公务员是政府各项政策的具体执行者，是民众的榜样，只有他们廉洁奉公，洁身自好，鸦片流毒弊绝风清才能看到希望。特别是担负禁烟任务的公务员，他们的作风直接关系到禁烟的成败。正如时人所述，"历来厉行禁烟，大抵仅及平民，公务人员往往置身法外"。[①]《禁烟法》所增加的对公务员犯罪科刑的规定，反映了这一阶段统治者已找到了长期不能禁止毒品的症结，表明当政者已经认识到，要真正禁烟，必须整顿统治集团本身。因此，关于公务员犯鸦片罪的规定，对于彻底禁绝毒品至关重要。总之，《禁烟法》、《全国禁烟会议组织条例》以及《禁烟法施行条例》中有关公务员的规定，表明国民政府禁烟政策的进一步完善，它已由初期以收税为目的转向了以禁烟为目的，表现了国民政府在着手恢复国民经济的同时力除积弊的精神。

1929—1930 年，国民政府还颁布了《麻醉药品管理条例》、《禁烟法施行细则》、《医院兼理戒烟事宜简则》、《市县立戒烟所章程》、《禁烟纪念日纪念办法》、《检查邮件和私递麻醉药品办法》、《二成戒烟经费支销办法》、《中央及各省市调验所规程》、《各地水陆公安机关考察烟犯办法》、《公务员调验规则》、《县长履勘烟苗章程》、《审议告发文件简章》、《禁烟考绩条例》、《禁烟罚金充奖规则》等一系列法令，使国民政府禁烟政策更加切合实际。这一阶段不仅有《禁烟法》等基本法律指导全局禁止烟毒，而且有一系列具体法令，从各个不同的方面对禁烟政策作了补充，无论是水路、陆路烟毒走私，还是通过私运和邮寄毒品，都有相应的具

① 《禁烟公报》第 5 期。

体堵截措施。特别是《市县立戒烟所章程》和《中央及各省市调验所规程》的颁布，对禁绝吸食毒品有较大的促进作用。

随着南京国民政府禁烟政策的转变，一场重新禁止鸦片烟和毒品的运动蓬勃开展起来。从1928年7月1日起至1929年6月底，禁烟委员会在宣传禁烟禁毒、禁烟法令等方面做了大量工作。1929年5月27日，禁烟委员会向国民政府提出，以每年的6月3日，即林则徐虎门销烟日为禁烟纪念日。"六三"纪念日当天，各地都要举行各种纪念活动以宣传禁烟禁毒，主要有宣读林则徐禁烟誓言、孙中山禁毒遗训，宣告禁烟禁毒形势、查缉烟案毒犯情况，劝导民众戒烟拒毒，并当场销毁一批烟土、烟具，宣判甚至处决一批人犯等。此外，贴布告、出书刊、挂标语也是使用较为普遍的禁烟禁毒宣传手段。1928年12月30日，北平特别市禁烟处会同公安局一起制发了关于禁售戒烟成药的布告，布告说："查鸦片流毒，害至深远，国府迭经严令查禁在案。惟是吸户往往不顾利害，购服市售戒烟成药，不知此项药品类多以麻醉药剂掺杂其中，以至烟瘾未除又增药瘾，长此以往，禁绝无期。……为此布告闾市商民人等一体知悉，自布告后，除由医院或医生于必要时得开配药方为戒烟目的之药剂外，无论医院或医生及其他药商以戒烟目的而制为成药者，一律禁止发售，如仍阳奉阴违发售此项药者，定即严惩不贷。"[①]一年中集会和办展览会12次，讲演22次，办定期、不定期刊物40余种，出版艺术宣传品50多种，拟定各项标语128种，公布禁烟消息391条。[②] 这一时期禁烟政策的不断完善，还是符合人民群众愿望的，在禁烟方面形成了一定的声势，相关禁烟活动也取得了一定的成效。一年中，15省市县公安局共办理烟案21 429起，抓获烟犯31 850名，其中以江苏和山西两省查获最多。1929年，各省市72家法院共审办烟案5 373起，处理烟犯6 928名，罚款264 146元，各海关查获国内鸦片580 617两、吗啡7 580两、海洛因2 297两、高根421两、外来鸦片4 936两。[③] 1930年1月至9月，海关缉获国内鸦片331 429两、吗啡468两、海洛因4 501两、高根72两、外来鸦片7 131两。[④] 大量的烟毒和烟贩被查获和拿获。尽管还远远没有根绝烟毒在中国的继续存在和泛滥，但它毕竟为禁止烟毒营造了一定声势，给烟毒犯以巨大的震慑和沉重的打击，使烟毒泛滥的程度有所减轻，对挽救社会颓风起了一定的促进作用。

---

① 王勇、艾琦、张燕等选编：《国民政府成立初期北平禁烟史料一组》，第10—16页，《北京档案史料》1997年第4期。

② 骆子介：《一年来禁烟工作之回顾》，《禁烟公报》第15、16期合刊专载。

③ 《禁毒公报》第16期。

④ 龚书铎等：《中国社会通史·民国卷》，山西教育出版社1996年版，第572页。

第二节　禁烟运动的战略——“二年禁毒，六年禁烟”

一、“二年禁毒，六年禁烟”战略的形成

1928—1934 年南京国民政府采取诸多措施“断禁”鸦片，但烟毒并未实现断绝，国内外舆论都因“断禁”7 年烟患依然猖獗，而怀疑南京国民政府禁烟的诚意。是继续“渐禁”还是实行“断禁”，国民政府必须做出选择。“二年禁毒，六年禁烟”这一“渐禁”策略便是在这种情况下提出来的。

1928—1930 年，在国民党的烟政经历了由“寓禁于征”向禁烟为主的过渡时期，且取得一定成效之时，随着新军阀内部混战的加剧及其对共产党领导的工农武装的镇压，这种日趋完善的禁烟政策并没有贯彻到底，禁止烟毒运动也没有取得最后成功。进入 20 世纪 30 年代以后，以蒋介石为首的国民党政府逐步削弱异己力量，在全国的统治不断得到加强。随着国民政府对全国控制的强化，在国内外舆论的压力下，禁烟又被提到议事日程上来。中原大战后国民党开始发动对工农红军的第一次“围剿”，蒋介石在进行“剿共”的同时，又打起“禁烟”的旗号，以军事手段将“剿共”与“禁烟”并举。1932 年 12 月，“豫、鄂、皖三省剿匪总司令部”颁行《查禁种烟注意事项》；1933 年 4 月，总司令部又颁布了《厉行戒烟取缔吸户章程》、《厉行查禁麻醉毒品取缔土膏行店章程》、《严禁腹地省份种烟取缔采办边省产土章程》以及《毒品查缉通则》4 项禁烟禁毒法令，这些法令在禁种、禁吸、禁运等方面都作了不少具体规定。同时，蒋介石将两湖特税局改为汉口禁烟督察处，在鄂、豫、皖 3 省开展禁止烟毒工作。1934 年 2 月，蒋介石发起“新生活运动”，提倡禁烟、禁赌、禁娼等。1934 年春天，国民政府采纳了烟客杨永泰的“削藩论”建议，提出“二年禁毒，六年禁烟”口号，扩大禁烟督察处，在鄂、豫、皖、赣、闽、湘、苏、浙、陕、甘 10 省设立禁烟督察分处，禁烟督察处设正副处长、正副监察、正副会计长和缉私主任、缉私团长各一人，均由蒋介石任命。禁烟督察处由军事委员会委员长行营制定规程，管理 10 省禁烟。（1938 年蒋介石辞禁烟总监后，禁烟督察处改归财政部管辖。）这样一来，国民政府在 3 省的禁烟就扩大到 10 省，开始了极富军事特色的禁烟禁毒活动。不久，军事委员会委员长南昌行营颁行《严禁烈性毒品暂行条例》，认为“吗啡、高根、海洛因、红丸、白面等烈性毒品，体积甚小，取携甚便，需值极昂，贸利至厚。因此，唯利是图之奸商，遂

多巧为偷运，少数不肖之军警，亦常包庇纵容，以致毒焰滋蔓，无间城乡，恶癖沉沦，浸及妇孺”。[①] 由于烈性毒品的危害比鸦片更大，因此该暂行条例规定，凡制造、贩运、售卖烈性毒品者处死刑，吸食者概行拘押并勒令戒绝；倘若不遵限戒绝或戒绝后复吸者，也处死刑。鉴于蒋介石主张严刑峻法，以军事手段来推行禁烟，国民政府禁烟委员会乃呈请行政院将10省禁烟事宜交军事委员会办理。于是，禁烟委员会逐步将权力转交军事委员会，军事委员会在10省范围重申禁令，以军事手段严厉查禁。

尽管蒋介石以军事手段在腹地省份推行禁烟的目的和原因有很多，其所取得的成绩也极为有限，但是它仍是国民政府禁烟政策发生重大转变的起点，为国民政府进行大规模禁烟禁毒运动做了准备；也是国际社会谴责中国“纵毒行为”引起的应激反应。国际禁毒大会自1933年起每年举行两次，中国的“寓禁于征”禁烟政策屡遭与会代表的强烈谴责。在1934年第18届国际禁烟会议上，西班牙代表更是毫不客气地指出，是中国政府的无能放纵了毒品。国际社会对南京国民政府能力的怀疑，客观上促成了蒋介石对禁烟问题的认真思考及禁止烟毒政策的推行。而抗日战争爆发后，虽然国联会议并没有谴责过日本对华的毒化政策，但日本侵略的步步进逼及其毒化政策的肆无忌惮，也从反面激发了国民政府的禁烟决心。

南京国民政府“二年禁毒，六年禁烟”运动的开始以1934年6月蒋介石发布《饬知各省烟毒应参酌国民会议决议分为六年禁绝令》为标志，从1935年起在全国轰轰烈烈地开展起来。这场运动是中国禁毒史上一次重要的历史事件。1935年4月4日，国民政府颁布了《禁毒实施办法》(12条)和《禁烟实施办法》(13条)，分别规定，从1935年到1936年底，在2年内将吗啡、高根、海洛因及其他配制的毒丸等毒品全部禁绝；从1935年到1940年底，在6年内将鸦片彻底禁绝。5月29日，经国民党中央政治会议决定，将1929年7月颁布的《禁烟法》废止；禁烟委员会裁撤；设置禁烟总监，由军事委员会委员长兼任，办理全国禁烟禁毒事宜；禁烟禁毒法规由禁烟总监分别制定，送中央政治会议备案；新刑法中关于鸦片罪的规定，在适用禁烟总监所订禁烟禁毒法规区域之内，停止施行。[②] 这次会议的精神实质是把一切有关烟毒的案件改隶军法范围，以便提高效率。5月29日国民党中央政治会议之后，“二年禁毒，六年禁烟”运动迅速在全国展开。6月5日，南京国民政府正式任命蒋介石兼任

---

① 《河北月刊》第3卷第2期，1935年2月。

② 《禁烟与禁毒》，《国闻周报》第11卷第34期。

禁烟总监，办理全国禁烟事宜。1935 年 11 月，除原汉口禁烟督察处外，军事委员会又设立了新的禁烟机构——禁烟总会，以代办总监部事务，同时各省市设立了禁烟委员会，县设立了禁烟委员会分会。1936 年 2 月，禁烟总会召开第一次常会，通过议案 40 件，成立禁烟法规编审委员会，对各级禁烟机构的组织规程详加修正。6 月 3 日颁布了《行营禁烟委员会总会组织规程》和《各省市禁烟委员会及县分会组织通则》，对各级禁烟委员会的组成及职责作了规定。

各省、市、县禁烟委员会和分会成立之后，分别与民政厅、公安局、县长等一起，负责禁吸、禁种事宜，各省市取缔运售事宜均由禁烟督察处办理。各省市禁烟委员由过去的任命改为由地方遴聘部分热心公正人士充任，这些人对当地烟毒泛滥了解较多，有利于从下到上开展禁烟。各级禁烟机构的建立，为禁止烟毒工作的开展提供了保障。

“二年禁毒，六年禁烟”开始之后，从军事委员会禁烟总会到各省、市、县禁烟委员会，都利用广播、电影、戏剧和报纸等形式，开展了广泛的宣传发动工作，以加深人们对烟毒危害和禁止烟毒意义的了解。当时，禁烟总会的宣传工作主要有：第一次常会后，将孙中山禁烟遗训和蒋介石禁烟训词连同常会宣言编印成册，广为散发，同时还编印了禁烟禁毒白话广告进行宣传；利用报纸刊登禁烟广告，通行全国各级学校进行宣传；创办《禁烟半月刊》，刊登各种禁烟法令和政论文章及名人论著，并随时由中央广播电台宣传禁烟的重要意义及禁政实施情况；撰写简明标语，制成标语牌，悬挂于汽车、火车和轮船上。为增强人们对吸食毒品的辨别能力，宣传中还对各种吸毒方法作了介绍。与此同时，各省市也进行了大规模的禁止烟毒宣传，普遍采取的方式有：游行集会、开会演讲、学校老师讲、刊登拒毒广告、演戏时插入宣传、报刊登载禁毒文章，有的地方还利用格言、俗语、歌词和图画比赛等进行禁止烟毒宣传。

二、“二年禁毒，六年禁烟”期间的禁烟禁毒法规

禁止烟毒法规是禁烟禁毒政策的具体体现。第一次常会后，禁烟总会将十几种关于禁止烟毒的章程删繁就简，修订为《禁烟禁毒实施规程》，又附订了《禁烟禁毒查缉章程》、《取缔商运烟土暂行规则》、《取缔土膏行店暂行规程》，并以此四种法规代替以前的十几种法规。在整个 6 年禁烟期间，国民政府为实施禁烟计划还制定颁行了一系列具体的禁烟法规。其中，前三年主要有行政法规和治罪法规两大类，后三年主要制定了一些补充措施。见表 7－1。

表 7－1 “二年禁毒，六年禁烟”期间的禁烟禁毒法规

法规名称	制定者	颁布者	颁布时间
限制办理吸户登记办法	军事委员会委员长行营	军事委员会委员长行营	1935 年 6 月
购用麻醉药品暂行办法	卫生署	内政部卫生署	
铁路检查毒品暂行办法	军事委员会委员长行营	军事委员会委员长行营	1935 年 9 月
禁烟治罪暂行条例	禁烟总监	军事委员会委员长行营	1935 年 10 月
禁毒治罪暂行条例	禁烟总监	军事委员会委员长行营	1935 年 10 月
审判烟毒案件办法	军事委员会委员长行营	军事委员会委员长行营	1935 年 12 月
检查邮件包裹私寄麻醉药品办法	交通部	行政院	1936 年 2 月
检举烟民登记办法	禁烟总监	禁烟总监	1936 年 2 月
处理烟毒案件罚金充奖支配标准四项办法	禁烟总监	禁烟总监	1936 年 3 月
检举党政军服务人员吸食鸦片烟暨毒品办法	禁烟总监	国民政府	1936 年 4 月
禁烟考成暂行办法	禁烟总监	国民政府	1936 年 4 月
修正禁烟治罪暂行条例	禁烟总监	国民政府	1936 年 6 月
修正禁毒治罪暂行条例	禁烟总监	国民政府	1936 年 6 月
禁烟禁毒考成规则	禁烟总监	国民政府	1936 年 8 月
禁烟调验规则	禁烟总监	国民政府	1936 年 8 月
公务员调验规则	禁烟总监	国民政府	1936 年 8 月
禁烟禁毒实施规程	禁烟总监	禁烟总监	1936 年 8 月
戒烟医院章程	禁烟总监	禁烟总监	1936 年 8 月
特许商人采办烟土暂行规则	禁烟总监	禁烟总监	1936 年 8 月
特许设立土膏行店暂行规则	禁烟总监	禁烟总监	1936 年 8 月
禁烟规则罚金充奖规则	禁烟总监	禁烟总监	1936 年 8 月
防止公务员私吸烟毒规避调验办法	禁烟总监	国民政府	1936 年 11 月
限期戒烟补充规则	禁烟总监	禁烟总监	1937 年 7 月

续　表

法　规　名　称	制 定 者	颁 布 者	颁布时间
修正禁烟治罪暂行条例	军政部、内政部	国民政府	1938 年 4 月
修正禁毒治罪暂行条例	军政部、内政部	国民政府	1938 年 4 月
修正特许商人采办烟土暂行规则	财政部	行政院	1938 年 6 月
各省市领照烟民分期戒绝实施办法	内政部	内政部	1938 年 7 月
各省市领照烟民分期戒绝实施办法施行细则	内政部	内政部	1938 年 11 月
各省市筹办强民工厂办法	行政院	行政院	1939 年 1 月
各省市县禁烟专款管理通则	行政院	行政院	1939 年 1 月
肃清私存烟土办法大纲	行政院	行政院	1939 年 7 月
肃清私存烟土办法大纲施行细则	行政院	行政院	1939 年 8 月

这些法律规范涉及禁种、禁贩、禁售、禁吸等禁政的各个方面，与以前的禁烟法令相比更为详细周密，内容系统全面，并能从实际出发，循序渐进，有利于开展禁烟斗争，为禁烟禁毒提供了全面、系统的法律保障。特别是《禁烟治罪暂行条例》和《禁毒治罪暂行条例》的制定、颁布及修正，对禁烟禁毒具有重要的意义。

《禁烟治罪暂行条例》对种植罂粟和运售吸食鸦片的治罪作了规定，其主要内容是：(1) 种罂粟及抗拒铲烟苗者处死刑。为制鸦片而种罂粟者处死刑、无期徒刑或 10 年以上有期徒刑。聚众抗铲者、首谋在场指挥者处死刑、无期徒刑或 3 年以上 10 年以下徒刑。(2) 运售鸦片者处无期徒刑或死刑。数量在 500 两以上者处死刑。持有罂粟种子者处 3—10 年徒刑，得并科 1 000 元以下罚金。(3) 开烟馆者处无期徒刑或 10 年以上有期徒刑，得并科 5 000 元以下罚金。(4) 吸食者处半年到 2 年徒刑，得并科 5 000 元以下罚金。有瘾者限期交医，勒令戒绝，三犯者处死。《禁毒治罪暂行条例》对制运贩售用各种毒品的治罪标准作了规定[①②]，主要内容是：制运毒品处死刑；贩卖或意图贩卖而持有毒品者处死刑或无期徒刑；1935 年和 1936 年吸毒者分初犯、再犯和三犯分别加重惩罚，1936 年三犯处死，1937 年吸毒者处死；帮助他人犯本条例者处死。

除中央颁布的法规外，各省市政府依照有关法令，参酌地方实际情形，还暂行拟定了一些单行法规。比如，1935 年 7 月颁布的《浙江省禁种烟总检举实施

① 《禁烟专刊》第 2 期，上海市禁烟委员会印行，1935 年版。
② 该条例的“毒品”指吗啡、“高根”、海洛因及其他化合物配制的各种毒品。

办法》、10 月 24 日颁布的《禁烟督察处贵州省分处统制黔省特货运销暂行办法》，1936 年 7 月 8 日颁布的《陕西禁烟总局拟定取缔土膏行店暂行章程》、11 月 9 日颁布的《广东禁烟纲要五则》、11 月 13 日颁布的《滇黔特货经湘转粤暂行办法》、12 月 2 日颁布的《广西省禁吸鸦片实施办法》，1937 年 2 月颁布的《绥远省禁种烟苗办法》、3 月 10 日颁布的《广西省取缔销售戒烟药膏章程》、5 月 1 日颁布的《四川省厉行禁烟取缔烟土行章程》等。其中，北平市政府于 1935 年 11 月 21 日拟定的《修正吸食烈性毒品人犯实施劳役办法》十分有创意，它规定烟民凡是入烟毒戒除所戒毒出所后，均须在指定的劳役所内劳役满 4 个星期，并且辅以精神讲话，使烟民从生理上、心理上进一步脱毒，巩固戒毒效果。这一办法得到中央政府的嘉许，并令推行全国。

从这一时期国民党领导禁烟禁毒运动的举措上，可以反映出其对禁烟的重视，所做的工作符合当时的情况。禁烟机构由一向隶属行政院改为直属军事委员会，从而使禁止烟毒含有军事性质。“在军法之下，权力集中，推动自易，此种改制实开我国禁烟史上一个新纪元。”[①]后来禁烟总会在向国际联盟鸦片顾问委员会报告禁烟情况时指出，这种改革在于“举凡审判复核，均照军法程序办理，俾增效率，取治乱用重之旨，为杀一儆百之方”。[②] 南京国民政府成立后，曾颁布了大量禁烟条例和法令，但因其主导思想是收取特税，所以对禁止烟毒并没有起到实际作用。10 省禁烟期间，颁布了一系列禁止烟毒法规，对鸦片运售实行严格的统制，由禁烟督察处与中央卫生试验所合办麻醉药品经理处，统一管理，但仍收效不大。正如主持禁政者自己所说：“徒以国家多故，办法分歧，办理数年，成效未睹，烟祸蔓延，几遍全国，形势尤为严重。”[③]“二年禁毒，六年禁烟”开始之后，鉴于 1929 年 7 月颁布的《禁烟法》科刑较轻，司法程序又极迂缓，因而废除旧法，重新制定了切中时弊且更加严厉的禁烟禁毒条例。正因为如此，加之一切由军事法庭审判，故而对军人和官员的惩治抓得比较严。如湖南航空处处长黄飞利用职务之便，从贵州空运毒品到长沙、南昌等地，1934 年被蒋介石枪毙。[④] 贵州二十五军副军长侯之担因私运鸦片被蒋介石的全权代表四川省代主席贺国光扣押、撤职，并通电川军各部。这件事之后，军队公开运输鸦片的现象逐渐减少。

---

① 《禁烟总会报告》，《禁烟专刊》第 3、4 期合刊。

② 《一年来禁烟之概况——禁烟总会送达国联之报告(1935 年度)》，《禁烟专刊》第 3、4 期合刊。

③ 《禁烟总会报告》，《禁烟专刊》第 3、4 期合刊。

④ 中国人民政治协商会议全国委员会文史资料委员会编：《文史资料选辑》第 34 辑，中华书局 1963 年版，第 218 页。

三、"二年禁毒，六年禁烟"战略的实施

在宣传发动、设立机构和颁布条例的同时，一场大规模的有计划的禁止烟毒运动在全国展开。其主要内容是"四禁"，即禁种、禁吸、禁运、禁售烟毒并加强缉私。

(一) 禁种

禁种是禁止烟毒最重要的环节之一。只有禁绝罂粟的种植，杜绝鸦片的来源，才有可能禁止鸦片的走私与吸食。在这次禁止烟毒运动中，对于种植罂粟采取了分期禁种，逐年减少的办法，规定腹地之苏、浙、皖、赣、湘、鄂、豫、闽 8 省为绝对禁种省份，察哈尔、山东和山西也一律禁绝。云、贵、川、陕、甘、宁、绥 7 省产烟最盛，应分期禁种，分期禁种省县见表 7－2：

表 7－2 "二年禁毒，六年禁烟"期间 7 省分期禁种计划

<table>
<tr><th>省别
禁数
时间</th><th>四川</th><th>云南</th><th>贵州</th><th>陕西</th><th>甘肃</th><th>宁 夏</th><th>绥 远</th></tr>
<tr><td>1935 年冬</td><td>138 县</td><td>38 县</td><td>23 县</td><td>73 县</td><td>13 县局</td><td rowspan="3">原种者 7 县，1935 年禁 4/10，1936 年禁 6/10</td><td rowspan="3">原种者 17 县局，每县局分 5 区，年禁一区</td></tr>
<tr><td>1936 年冬</td><td>8 县</td><td>91 县局</td><td>58 县</td><td>19 县</td><td>54 县局</td></tr>
<tr><td>1937 年冬</td><td></td><td>全禁</td><td></td><td>全禁</td><td>逐年全禁</td></tr>
<tr><td>1939 年冬</td><td>全禁</td><td></td><td>全禁</td><td></td><td>全禁</td><td></td><td>全禁</td></tr>
</table>

资料来源：《本总会成立以来禁烟工作概况》，《禁烟半月刊》创刊号。

禁烟总会的宗旨是，种烟在所必禁，但为供给渐禁期内烟民的吸食，可以报明亩数和产额，领取特许牌照，暂准种植，凡未领取特许牌照者为私种。"为供给渐禁期内烟民之吸食"，恐怕是一个原因①，也是一个借口，借此为缓兵之计，以使财政问题不致因禁烟骤受重大影响，才是主要原因。尽管如此，6 年禁烟期间，在禁种方面取得的成效最为显著，主要标志是 1939 年全国分期禁种基本完成，各省查禁私种也取得不少成效，这些都是非常难能可贵的。据统计，在 1935 年内，全国 17 个绝对禁种的省份中，河南、湖北、安徽、江西、江苏、浙江、福建、河北、山东、山西 10 个省份均上报已肃清烟苗。到 1937 年，"不论绝对禁种省份与分年禁种省份，设若发现野生或私种烟苗，无不尽量铲除"。另据内政部禁烟委员会称，绝对禁种省份，"除战区外，查禁均甚严厉，尚无种烟情事"。此

① 《一年来禁烟之概况(1935 年度)》，《禁烟专刊》1937 年 6 月，第 80 页。

外，在缓禁省份中，陕西、甘肃、贵州、云南、四川、绥远、宁夏7省禁种工作也取得了较好的成效，种烟面积逐渐减少，产量也有所下降。据统计，在这些省份中，1934年种烟面积为235 883公顷，到1938年已下降为891公顷；鸦片产量在1934年为5 855 671公斤，到1938年下降为357 505公斤。到1939年，全国所有地区全部成为绝对禁种区。①

（二）禁吸

禁吸是实现禁烟的终极目标。“二年禁毒，六年禁烟”期间实行有计划的禁吸，首先将烟民登记在册，然后根据各类人员的具体情况分期禁绝。其间，1936年2月21日公布《检举烟民登记办法》，规定：(1) 由禁烟委员会总会派检举烟民登记专员到各省，会同省政府，命令所属该管区城内烟民严密检举，同时张贴布告，特准未登记烟民补行登记，凡登记烟民发给执照，照章缴纳执照费，不另外处罚。(2) 每县市检举事务完竣者，应由乡镇保甲长向区长出具切结，内容为：“本辖区境内烟民，经检举后业已完全登记，如再查有遗漏，须受最严厉之处分。”②同时，区向县，县向省市，省市向军事委员会逐级出具同样切结。各登记专员不得受地方任何招待，否则视同营私论处。

从1935年开始登记，到1939年登记结束，在国民政府的推动下，全国各省市先后对吸毒人员进行了多次登记，登记人数见表7-3。

表7-3 “二年禁毒，六年禁烟”期间全国烟民登记统计表 （单位：人）

省别 \ 人数 \ 年份	1935	1936	1937	1938	1939
四　川	139 361	1 295 569	1 458 964	716 060	732 983
湖　南	136 119	207 582	285 942	122 322	111 122
陕　西	60 891	358 979	268 597	281 105	275 000
贵　州	97 904	97 904	264 844	264 844	257 228
安　徽	104 050	220 763	223 181	——	219 798
山　西	207 582	182 012	207 582	——	207 582
甘　肃	95 206	176 172	185 302	88 635	66 793
湖　北	114 557	223 181	183 946	183 946	183 946
广　东	——	——	182 242	100 000	182 242

① 蒋秋明、朱庆葆：《中国禁毒历程》，天津教育出版社1996年版，第386页。
② 《禁烟专刊》第2期。

续 表

省别＼人数＼年份	1935	1936	1937	1938	1939
云　南	54 585	176 120	176 120	11 242	11 242
江　西	99 508	137 731	137 731	143 655	51 603
宁　夏	——	123 564	123 564	——	110 000
江　苏	303 546	122 934	122 934	——	93 364
福　建	81 384	111 482	111 482	69 921	58 226
广　西	——	——	72 524	——	125 613
河　南	92 675	102 237	62 547	40 104	40 104
绥　远	42 259	42 259	42 259	——	42 259
青　海	——	1 554	1 554	——	1 554
浙　江	——	——	——	——	——
山　东	——	——	——	——	——
河　北	——	——	——	——	——
察哈尔	——	——	——	——	——
西　康	——	——	——	——	——
上　海	30 844	43 020	43 020	——	38 623
北　平	4 593	4 953	4 953	——	4 594
天　津	145	146	146	——	146
威海卫	——	——	851	——	660
总　计	1 665 209	3 628 162	4 160 285	2 021 834	2 814 682

资料来源：参见《二十五年度禁烟年报》、《二十六年度禁烟年报》、《禁烟禁毒工作报告书》、《二十八年禁烟统计》及《禁烟概要》有关统计。

尽管这一统计报表中存在一些欠缺，如有些年份尚未进行登记，有些省份尚未办理登记，或有些虽已办理登记，但尚未据报；某些省市登记烟民数字前后几年相同，说明该省市未办理新的登记，登记工作虎头蛇尾，未能善始善终；更有一些省市呈报登记烟民数量之低，无异于是自欺欺人。但是，应该肯定，各省在烟民登记上还是取得了一定成绩，这是民国时期，国民政府对全国烟民进行的最大规模的登记和统计。通过这一活动，政府对全国吸食鸦片烟毒的人数有了一个大概的了解和初步的掌握，便于对烟民进行管理，使禁吸工作能按计划积极开展。

各地所登记的烟民，可采取个人戒除和医院戒除相结合的办法戒除烟瘾。一般中产者可到医院戒除，贫困者自己购买戒烟药品设法戒绝。为适应戒烟需要，各地建立并指定了一些戒烟医院。1934 年各省有戒烟医院 597 所，戒烟者 81 344 人，1935 年戒烟医院增至 964 所，兼理戒烟事务所 299 所，戒烟者 339 189 人，继续施戒者 9 253 人。[①] 禁烟总会 1936 年 6 月公布的部分省市烟民登记和戒除情况如表 7－4：

表 7－4 禁烟总会 1936 年 6 月公布部分省市烟民登记和戒除情况

时　间	省别	烟民人数	戒除人数	时间	省别	烟民人数	戒除人数
1935 年 9 月	山西	208 451		1936 年	江苏	30 余万	79 658
1935 年底	安徽	108 140	9 243		湖北	340 218	61 962
1935 年底	绥远	400 000	15 000		山东		35 293
1935 年底	福建	81 384		1936 年夏	湖南		15 000
1935 年 7 月至 1936 年 8 月	上海	65 100	21 042				

资料来源：《各省禁烟概况》，《禁烟半月刊》创刊号第 119—136 页、第 2 期第 33 页。

由表 7－4 可见，各省禁吸情况进度不一。到 1936 年 8 月为止，部分省已进行了烟民登记，有的省还有不少烟民戒除烟瘾，而产烟大省云、贵、川、陕等省虽已有烟民登记(见表 7－3)，却并没有戒除的人数，说明禁吸工作还是困难重重。

已登记烟民的戒烟方法，有的用代瘾品逐渐减少吸食量，有的用安眠法使烟民用药后睡觉以达戒瘾目的。在上海的各大医院则多用起泡鸦片酊法：用纯阿母尼亚与 10％的樟脑油各半，调和成 15 克重的溶液，将此溶液浸入 5 平方厘米 8 层厚的纱布上，再敷于患者胸部，30 分钟左右皮肤上起小泡，待泡涨至 2 厘米时，抽出泡液，注入皮下约 3 小时即发生效力，又称“血清抗毒法”，连续 10 日可戒除烟瘾。[②] 但由于不良社会环境的影响及生活困苦、身体孱弱等原因，戒瘾者随时都有再犯的可能，因而不少人主张实行戒毒人员短期劳役办法，通过劳动锻炼身体，增强抵抗能力。这种办法最初在北平戒烟医院实行。当时有关人员积极呼吁在上海筹办烟民工厂，大量收容贫苦烟民，教之学习技术，使其成为自食其力的人；另有人主张，戒烟过程中应注重教育，以便引起烟民对烟毒深恶痛绝

① 《禁烟总会报告》，《禁烟专刊》第 3、4 期合刊。

② 《一年来上海市卫生局禁烟禁毒工作》，《禁烟专刊》第 2 期。

的心理；还有人主张德威并用，既要用严刑酷罚，使其有所畏惧，又要有解警比喻，使吸食者“内心警悟，迷途知返”。[①] 各种主张的提出和实施，对禁绝吸食都有一定的促进作用。通过各级政府的不断努力，经劝诫、住院戒除或自动戒瘾，有不少人戒绝了烟毒。据国民政府官方统计，6 年禁烟期间，全国戒绝烟民的数量分别为：1935 年 339 198 人；1936 年 339 049 人；1937 年 319 024 人；1938 年 181 518 人；1939 年 386 591 人。5 年内共计戒绝烟民 1 565 377 人，禁吸工作取得了一定成效。[②]

表 7－5　烟民登记人数与戒绝人数比较表

项目＼年份	1935	1936	1937	1938	1939
烟民登记总数	1 665 209	3 628 162	4 160 285	2 021 834	2 814 682
烟民戒绝总数	339 198	339 049	319 024	181 518	386 591

资料来源：《国民政府六年禁烟年报》。

（三）禁运

禁运就是从运输流通上卡住烟毒，这是解决烟毒流害的重要环节。但值得特别注意的是，此阶段的禁运不是通常所理解的禁止运输，而是统制运销。按照规划，在二年禁毒与六年禁烟期间，毒品[③]是绝对不准运销的，而鸦片只准公运，不准私运。为解决各禁种省区所登记烟民的吸食问题，国民政府在禁运方面采取了统制运销与严厉缉私相结合的方法。总理统制运销的机构是汉口禁烟督察处。“渐禁”时期所产鸦片由政府收税，由各地禁烟督察分处、禁烟督办署、禁烟监察办公室、会计专员办公室、监运所、公栈、制膏所、公膏总销所等单位主办运销。另一方面，政府继续实行公开运销，即凡有烟土者，无论是否纳税，一律限期登记存入公栈，公运时粘贴印花，并发给联运单，派员按一定路线押运。

在统制运销政策下，全国各地鸦片运销额一度十分可观。仅以四川为例，1935 年设禁烟督察分处，将全省划为 9 区，分设办事处及公栈。1936 年设四川禁烟总局，下设 9 区局，以第一区局涪陵为例，鸦片进出栈运销数目十分惊人。从 1936 年 4 月到 1937 年 3 月，该土栈共进滇黔川烟土 13 849 380 两（约合 433 吨），内销外销烟土共 12 847 320 两（约合 401 吨）。[④] 当时四川省即有几个

① 《禁烟总会报告》，《禁烟专刊》第 3、4 期合刊。
② 蒋秋明、朱庆葆：《中国禁毒历程》，天津教育出版社 1996 年版，第 408 页。
③ 这里的毒品，指烈性麻醉品，主要指吗啡、海洛因、高根、毒丸等。
④ 《四川监察呈报四川各公栈特货进出口数量》，中国第二历史档案馆馆藏档案，第 41 宗，第 502 卷。

涪陵式的产烟区和鸦片贸易区，而扩大到全国范围，各省又有多少个如涪陵市一般的鸦片产区和贸易区！可以想见在统制运销政策下，全国鸦片运销额之巨。

按照《禁烟禁毒五年进度表》拟定的具体方针，1936 年废止商采商办的制度，由禁烟机构收购四川、贵州、云南、陕西、甘肃、绥远、宁夏 7 省的鸦片，设厂制膏，然后运至各地销售。各地缉私没收的鸦片也一律运制膏厂。以后逐年递减运往各地的烟膏数量，到 1940 年只收购四川、贵州、甘肃、绥远最后减种区的鸦片，在全体烟民最后戒绝时停止运膏；并清理制膏厂剩余鸦片及公膏，结束各地公栈及运输机关，将土膏运交中央卫生实验所麻醉药品经理处作制药原料。在实行这一计划的过程中，各地出现的私运私贩的情形屡见不鲜，尤其在边远产烟省区，私运活动更加猖獗。因此，查缉私运就成了禁运的一项首要任务。为此禁烟督察处设有专门缉私主任办公室，经办一切缉私事务。各省在重要地点设缉私专员事务所，次要地点设督缉员，每一专员事务所辖派出所一二处。早在 1934 年就成立有汉口巡缉团，仿陆军独立团组织略加扩充，共有缉私兵员 3 802 人。[①] 禁烟督察处还组织宪兵部队协助缉私，这种宪兵共有 3 团，分驻洛阳、沙市和亳县等地。在长江上有安华、安宁、安民 3 艘巡缉舰，在广州也有 3 个缉私团和若干兵舰、飞机负责缉私。由于缉私机构的完善和队伍的庞大，各省市海关和铁路缉私人员协同作战，缉私工作取得了一定成绩。1935 年度全国缉获私运案件为：各省市 5 184 件，各海关 1 247 件，各铁路 741 件，各邮局 436 件，禁烟督察处 7 482 件。共缉获鸦片 167 949 公斤，假土杂料 4 813 公斤，海洛因 484 公斤，吗啡 251 公斤，粗吗啡 228 公斤，可卡因 5 公斤，高根 85 公斤，红白毒丸 7 702 公斤，罂粟籽 14 公斤，“白面”79 188 公斤，“金丹”3 942 公斤，“花饼”3 012 公斤，制造毒品原料 731 公斤，其他 105 公斤。[②] 其中，利用轮船走私烟毒者，华轮占 27.5%，英轮占 48.14%，日轮占 18.9%，其余外轮占 5.55%。[③] 可见，利用轮船走私烟毒者，以外轮居多，占 70%以上。缉私方面的成绩说明，这一阶段的禁止烟毒运动在禁运方面也同样取得了不小的成果。据国民政府内政部有关资料证实，从 1935 年到 1940 年，全国共查获私运烟毒总量为 377 193.876 公斤，其中生鸦片有 324 557.862 公斤，占查获烟毒总量的 86%。从查获的私运烟毒案件数量来看，1935 年共有 15 390 起；1936—1940 年，各省市、海关、铁路和邮局查获烟毒走私案件的总数为 115 554 起。除鸦片外，在吗啡、“红丸”、高根、海洛因等烈性毒品的查禁方面也有着令人称道的收获。

“二年禁毒，六年禁烟”的最后期限是 1939 年 12 月底，到期则不得再运输销

---

①②③ 《禁烟总会报告》，《禁烟专刊》第 3、4 期合刊。

售鸦片。然而在禁烟结束时各地仍有相当数量的烟土和烟民，为在所定期限内结束禁烟，国府要求各省在7月底以前对所存烟土赶制运销完毕，并对所余烟民制定了新的施戒办法。1939年7月，为了结束“药料”制造，国民政府财政部令禁烟督察处派员严密监视各地特业公会“督促赶制运销”。[①] 四川丰都等特业公会因存土较多，曾请求换发执照，以延期制药运销，结果被禁烟督察处拒绝。[②]禁烟督察处川康分处于7月26日电丰都、宣汉、涪陵各事务所，“自电到日起，每日办公时间尽量延长”，星期日照常加班。7月31日为运销的最后期限，因督办肃清私存烟土公署尚未成立，准许三事务所将所存烟土“务于最短期限内，赶催办竣”。[③]从上述电文可以看出：“二年禁毒，六年禁烟”务求按期结束，绝不因为存有余土而再延长制运。在“六年禁烟”即将结束的最后一个月，各禁烟事务所销售的鸦片量仍然很大。丰都在7月中旬时尚有900余担存土，加上上半月的销量，当月至少销售1 000余担。涪陵7月份内外销土多达1 587担。[④] 仅最后一月，一个事务所销售的烟土量就多达千余担，可以想见平时的销量多么大，鸦片泛滥时的旺年销量又是何其惊人！尽管如此，在这次禁烟结束时仍有相当数量的存余烟土在民间流行。

（四）禁售

禁售是禁绝毒品的重要内容。在“二年禁毒，六年禁烟”过程中，政府按照《禁烟禁毒五年进度表》对禁售采取分年实施计划。最初是确定烟民人数，实行凭照购膏的办法；除禁烟机构认定的土膏行店以外，其他售烟行店一律取缔；还要选择边省产土集中航运便利之地建立公膏厂，以后逐年递减。到1940年，公膏厂按照预定最后减制量生产公膏，然后由各地禁烟系统的公膏行店出售，并收回烟灰予以销毁，最后关闭公膏厂，撤销各地代销公膏的分销商人。根据内政部不完全统计，从1936—1938年，各省市设立的公栈、公膏行店数量如表7-6。

表7-6　各省市公栈、公膏行店数量统计表　（单位：所）

部分省市	公栈			土膏行			土膏店		
	1936年	1937年	1938年	1936年	1937年	1938年	1936年	1937年	1938年
江　苏	2	2		60	60		302	302	
河　南				15	15	14	220	326	386

①②③ 《四川丰都特业公会卷》，中国第二历史档案馆馆藏档案，第41宗，第413卷。

④ 《四川涪陵视察室特货征税公运及经收私土等项报表》，中国第二历史档案馆馆藏档案，第41宗，第605卷。

续 表

部分省市	公栈			土膏行			土膏店		
	1936 年	1937 年	1938 年	1936 年	1937 年	1938 年	1936 年	1937 年	1938 年
湖　北	1	1		8	14	14	187	185	238
安　徽				11	24	20	464	416	555
江　西				4	3	4	85	68	66
福　建	2	2		6	4	2	56	84	87
广　东			2	18	25	30	616	623	1 503
湖　南			4		4			339	
陕　西	1	1							
四　川			5			70			
贵　州	1	3	3		5	5	9	114	95
汉　口	1	1		23	20	23	34	40	
常　德			1						
上　海				12	12		73	73	
宜　昌									
总　计	8	10	16	157	186	182	2 046	2 570	2 930

资料来源:《禁烟概要》,中国第二历史档案馆藏,档号十二(2)342。

1938 年底,随着全国禁种工作的完成,国民政府下令裁撤各地土膏行店,但仍准若干地区设立烟土管理所,作为 1940 年 6 月禁吸最后期限来临之前的临时供应烟土地点,以帮助未戒烟民最终完成戒绝。

在国民党进行的"二年禁毒,六年禁烟"运动期间,尤为值得一提的是蒋经国在赣州的禁烟活动。1939 年 6 月,蒋经国出任江西省第四区行政督察专员兼保安司令。一到赣州,他便提出"建设新赣南"的主张,第一把火就是除三害:查禁烟、赌、娼,并从禁烟开始。宣布查禁鸦片烟之前,蒋经国在专署召开了一个有关人员的重要会议,号召大家学习林则徐查禁鸦片的精神,对贩烟、种烟、吸烟的都要严办。首先是赶快查拿鸦片贩子,没收烟土,给他们一个下马威。当时,赣州中山路有一家由广东某军军长出资开办的土膏行——仁记宝成行,经理李某也是广东人,他对蒋经国的禁烟并没有放在心上。不料,专员公署突然派了一位龚参谋带领武装到行里查封烟土,把 19 箱云南烟土全部搬上卡车运走。19 箱"云土"市价值将近 20 万元。因此,查封宝成行土膏一事震动了整个赣州,烟贩、"烟鬼”们大惊失色,慌了手脚。在没收烟土的第二天,蒋经国就在专署礼堂召开各界代表联席大会,宣布将没收宝成土膏行的19箱烟土,在专署操场当众焚烧。

接着,蒋经国手下又抓获了南昌大陆银行经理朱明荪的儿子朱仲农和美孚洋油公司买办傅某的老弟,以及三名开烟馆贩烟土的人犯。朱、傅两家都是南昌财团的资本家,两人被抓后,家属四处托人,各家出了5万块银洋打通关节。蒋经国闻讯后,在第二天早晨举行的“总理纪念周”活动中公开斥责:“被抓烟犯的家属企图用献机祝寿,花钱买命,玩忽国法,真是异想天开,白日做梦!”后来五犯被判处死刑,马上执行。蒋经国在赣州焚烧烟土,枪毙烟犯,不但轰动了赣、粤、湘3省,而且震惊全国。[①]

1940年,“二年禁毒,六年禁烟”结束之后,国统区各省制定了土膏行店结束办法和新的烟民施戒办法。以四川为例,1940年2月,禁烟督察处奉令颁布《四川省各县市土膏行店结束办法》,[②]规定了各县市土膏行店结束的时间及所存余土的处理办法等。要求四川省各县市土膏行店统限于1939年12月底以前一律撤销,以后不得再私售烟土烟膏,如有违犯,依照禁烟治罪条例,从重治罪。1940年1月底以前办理完毕结束事项,不得以任何理由借词延展。各土膏行店撤销后10日内将余存之烟土膏数量据实呈报,由各该管县市政府就地或集中妥为封存,听候处理。为处理遗留烟民问题,禁烟督察处还公布了《四川省各县市土膏行撤销后烟民施戒办法》,[③]主要对限期戒绝、调验烟民和成立贫民工厂等作了规定。关于限期戒绝:各县市土膏行店结束后,不得再由任何机关、团体、商店或个人私售烟土或烟膏。烟民均限1940年3月底前一律戒绝,不得以任何理由借词延展。有戒烟医院的县市应尽量利用原有设备扩大施戒,未有者应于1月底以前赶设戒烟院所,由禁烟督察署配发成药,速行施戒。关于烟民调验:各县市无论有无戒烟院所,都应请当地的公私医院诊所及优良中西医师尽量施戒,或劝烟民自动投戒。且戒绝者应报请调验,并出具永不吸食烟毒切结,仍随时照章抽查。凡已戒烟民,各县市均应确切登记,并严令各该管保甲长负责监察。关于入贫民工厂习艺:为了防止贫苦烟民戒后重吸及帮助他们锻炼身体,各县市政府要把已戒绝者送交贫民工厂学习技艺,或者尽可能由各该县市公私救济机关设法收容。禁烟督办公署于4月份派员分赴各县市考察各级行政人员办理禁政成绩,厉行奖惩。

---

① 《文史精华》编辑部编:《近代中国烟毒写真》上卷,河北人民出版社1997年版,第446—451页。

②③ 《禁烟督察处奉办川省各县市土膏行店结束办法》,中国第二历史档案馆馆藏档案,第41宗,第186卷。

第三节　南京国民政府禁烟运动的局限性与禁政的继续

一、国民政府禁烟运动的局限性

至 1940 年底，“六年禁烟”计划届满。经过几年的努力，国民政府的“二年禁毒，六年禁烟”取得了一定成效。据统计，1935—1940 年，全国缉获毒案数量共 19 150 件。6 年中共缉获吗啡 994.289 公斤，海洛因 1 205.858 公斤，毒丸 15 809.242 公斤，可待因、高根、含毒药剂及制毒原料等共计 4 701.598 公斤。一些罪大恶极的烟毒人犯或被判处有期徒刑，或被执行枪决。国内盛种鸦片省份如云、贵、川、陕等省的公开种植一律禁止，军队护运现象也不存在了。其他一些省份的禁烟禁毒也取得了较为显著的成绩，例如：经过 6 年禁烟，至 1940 年，湖南全省共铲除烟苗 33.5 万市亩，632.2 万株；没收烟具 10.83 万件；没收烟土 20.16 万公斤、土膏 4 125.5 公斤，杂料 5 947.2 公斤；判处烟毒案 4.27 万起、5.7 万人，其中判处死刑 163 人，判有期徒刑 1.15 万人，处罚金 3.57 万人，没收烟物 838 人；戒断烟毒者 24 万余人。这次湖南全省性禁烟禁毒，是民国时期延续时间长、规模大、效果好的一次禁毒行动，在一定程度上遏制了民间吸食烟毒的恶性蔓延。[①]

国民政府的六年禁政，从规划上看，不仅规模宏大、缜密周详，而且配套法规也齐备严格，并采用了毒品犯罪适用军法审判的严厉措施。然而其取得的成效与预期的目标却相去甚远。由于国民政府对在中国这样一个幅员辽阔、情况复杂的大国全面推进禁毒工作的内在难度估计不足，其六年禁政明显脱离实际，在实施过程中面对纷至沓来的困难和问题，既不能排除各种阻碍不折不扣地贯彻禁令，又不能在人力、物力和经费的多重约束下对原先的计划进行大幅度调整，只能在执行时由官员因事变通。变通太多则无法协调，其结果自然是顾此失彼，相互脱节，矛盾层出不穷。加之在指导思想上强调禁烟禁毒与征费征税并重，在对各级官员缺乏有效监督制约的情况下，各级政府从自我利益出发，只重征税征费，轻视禁毒戒毒，甚至为多征税款而擅自变通法律规定，使禁烟禁毒法令往往

---

① 《20 世纪中国社会史研究》，肖梁栋：《民国以来湖南的烟毒与禁烟》，当代世界出版社 1998 年版，第 356 页。

蜕变成施禁官员敲诈勒索的凭据，使这个“救国利民之善政”，实际上变成了“百弊丛生之渊薮”。[①] 其局限性表现为：

第一，腹省禁烟成绩较好，偏远地区较差；大城市较严格，乡僻之地较松弛。如上所述，在“六年禁烟”期间，腹地之苏、浙、皖、赣、湘、鄂、豫、闽等省成绩较好，川、滇、黔、陕等省禁烟也取得一定成效，但总的来说，是腹地先禁且成绩较好，而边远地区则比较差。四川禁绝种植后西康省的鸦片大量运销于四川，致使40年代后该省鸦片重新泛滥。同时，禁烟期间由于高额税收，不少烟商赔累，为寻找出路，多铤而走险，参与走私，致使“走私日渐增多，缉私难严”。[②] 由于局势不稳，大部分缉私人员的活动地区“不过大市场及省会县城而已”，“缉私机关，不过在不怕匪的城市内市场徒资骚扰而已”。[③]同时，一些地区在禁种后，民间仍藏有陈年鸦片，这些存货大多由地痞流氓继续走私贩运。1936年10月，四川万县视察员派人到巫山县调查，该县毗连湖北，为鸦片产区，1935年禁种之后仍有不少存土，省禁烟委员会虽在该县设有禁烟事务所，厉行查缉，但仍有人“借名内销”，将陈年鸦片“偷运出境”。该县到1936年10月为止，“烟民因未办检举”[④]，故内销鸦片数量无法统计。类似巫山情况者，全国当不在少数。

第二，有些省份因种种原因，动作迟缓，前几年不仅未能禁绝烟毒，反而明禁暗放，“寓禁于征”。这种情况，在原来盛产鸦片的省市并不鲜见。例如，甘肃省在“六年禁烟”期间的第三年，即1937年统计，全省共种鸦片914 667亩，比1935年增长近1倍，总产量达23 472 805两。全省62个县中，种植万亩以上的有武威、天水、永登、张掖、西和、成县、靖远等13个县；产量最高的武威县达218.4万两，永登200万两，天水125万两，产量在10万两以上的县23个。[⑤] 正是在这种全省大面积种植鸦片的情况下，当年甘肃省共征收特别税1 659 817元，其中兰州市32万元；征收禁烟正税2 497 659元，其中兰州高达42.66万元；征收烟照费161 800元，其中兰州2.4万元。总计征收3项税款为4 319 276元，其中省城兰州一地高达74.9万元。[⑥]

第三，日本占领区烟毒继续泛滥。“六年禁烟”的第三个年头，全面抗战爆发。日本侵占我国大片领土之后，实行“以华制华”和“以战养战”的政策，在中国东北和江浙地区实行鸦片专卖，在其他占领区推行毒化政策。日本侵华期间，凡日本浪人和医生所到之处，都肆无忌惮地进行鸦片毒品走私，因而使中国的烟毒

---

① 蒋秋明等：《中国禁毒历程》，天津教育出版社1996年版。

②③ 《湘黔川东特货产销运税情形》，中国第二历史档案馆馆藏档案，第41宗，第494卷。

④ 《万县视察员派员赴巫山县调查情形》，中国第二历史档案馆馆藏档案，第41宗，第494卷。

⑤⑥ 《文史精华》编辑部编：《近代中国烟毒写真》下卷，河北人民出版社1997年版，第539页。

不能真正得到治理，葬送了禁烟成果，掀起了新的吸毒狂潮。

国民政府外遭国际舆论谴责，内要筹措“剿共”经费、加强中央集权，加之日本侵华时局动荡，执行禁政难度更大，以及禁政本身存在一些缺陷，使得这次禁烟运动未能完全达到目的，实现原定计划，但其成绩仍是不可忽视的。可以肯定地说，“二年禁毒，六年禁烟”运动时期，是整个国民政府在大陆统治期间治理烟毒流弊最富有成效的时期，达到了一个顶峰状态。这场长时间、大规模的禁烟禁毒运动，在禁吸、禁售、禁运，特别是禁种方面所取得的显著成效，对于改变中国近代以来的国际形象，扭转不良的社会风尚等，有十分重要的积极意义。

二、国民政府禁烟运动的继续

面对日本侵华，祖国山河破碎，而华夏大地上烟毒未绝，且大有再次泛滥之势的严重局面，蒋介石于 1940 年 12 月 31 日代表国民政府宣布：“继今以往，日日皆为厉禁之时，处处皆为禁绝之地，检举决不间断，嫌疑必予彻究，无论种、运、售、吸、制、藏，苟有犯者，皆服上刑，……官吏凭是以为考成，人民藉此以判良莠。”[①]并公布了《肃清烟毒善后办法》20 条，宣布从 1941 年 1 月开始进行禁烟善后工作，以巩固六年禁烟所取得的成果，彻底肃清国统区内的“残余烟毒”。禁政再次转入“断禁”时期。

1941 年初，国民政府责令由内政部负责设计督导考核禁政，实际办理禁烟业务则归地方各级政府。此外，运、售两项缉私工作也统归内政部管理，以使事权统一。同年 2 月，颁布《禁烟禁毒治罪暂行条例》，12 月，又颁布《肃清烟毒善后办法》，将“断禁”政策明定于法律之中，并明令全国各地处理烟毒事务，统限于抗战结束后两年内彻底肃清，只许提前，不得展缓。[②] “断禁”工作随后在全国展开。

这一阶段，国民政府吸取以前禁政的经验教训，采取了一些切实可行的办法，形成阶段性的特点。其一，确定“勤教”、“严绳”为施禁的基本原则，并以注意宣传、劝导、施戒、救助为贯彻勤教之方法；同时动员民众，倡导官民合作，以为施禁力量之源泉。政府负责设计、执行、督导、考核，以充分发挥行政上的权能，民众则辅助政府宣传劝勉并相互检举，以加强社会监督之力量。其二，在禁政工作中以禁吸为工作重心。主管禁政的官员认为，“种、运、制、藏、售，皆因吸食而起，

---

① 《益世报》“禁烟专刊”第 32 期，1947 年 12 月 2 日。
② 《益世报》“禁烟专刊”第 2 期，1947 年 5 月 13 日。

如无人吸食，则此五种违禁行为，乃不禁而自绝”[①]。其三，针对以往禁政机构系统紊乱，主从不分，权责诿卸的弊端，此次施禁严格划分主办、协办机关及辅助施禁团体，“明定其权限，列举其职掌，用期责有专归，并能相互配合以收分工合作之功效”。[②]根据规定，中央由内政部禁烟委员会掌理全国禁烟禁毒事宜，地方则以各级政府为主办机关，省县乡各级禁烟协会负有协助政府宣传、检举、施戒、救济、制裁等义务。

这一时期，国民政府仍然没有放弃对民众进行的禁烟禁毒宣传活动。如1946年北平市政府发动的大型禁烟禁毒宣传活动就非常有特色。1946年1月，北平市政府制作了布告1 000份，告市民书50 000份，纸印标语10 000份，布幕标语23幅，小型标语10 000张，分别在全市各牌楼、城门、电车、娱乐场所及其他通衢要道、公私场所张贴或悬挂；在各报章上刊登禁烟新闻和法规，在电台广播禁烟消息，在电影院播放禁烟标语，并拍摄禁烟宣传影片在各电影院放映；由各中小学生组织禁烟宣传队分区讲演，等等。3月，又印制了第二次告市民书50 000份挨家挨户散发，并在北平电台广播至29日，还印制小型标语20 000份张贴到各公共场所。在这份第二次告市民书——《北平市政府为禁绝烟毒限期将届再告本市民众书》的最后，赫然印着：“1. 制卖运藏烟毒品的死刑！ 2. 为他人打吗啡或开烟馆的死刑！ 3. 打吗啡吸毒品的死刑！ 4. 吸鸦片烟的五年徒刑！ 5. 戒鸦片烟后再吸的死刑！ 6. 收藏烟具或吗啡器具的十年徒刑！”[③]十分触目惊心。

抗战胜利后，国民政府针对收复区内烟毒泛滥的情形，于1945年2月制定《收复地区肃清烟毒办法》，规定自中央政令确能到达之日起，6个月为施戒期限，2年为肃清期限。为鼓励烟民自新，还规定施戒期内可斟酌情形，对烟民免处刑罚。[④]但收复区在施行烟禁过程中，由于“勤教”有余而“严绳”不足，无法彻底贯彻中央政府完全断禁之精神，加上各地肃清烟毒限期转瞬即至，所以国民政府在1947年4月重新修正颁布《收复地区肃清烟毒办法》，明确规定在施戒期限届满后，经检举调验尚有瘾者，即以复吸论罪，处死刑或无期徒刑，审判机关在审判实践中须依规定援用[⑤]。

对原国统区的烟毒治理，除援用《肃清烟毒善后办法》外，国民政府在1946年2月修正颁布《禁烟禁毒治罪条例》，除加重对聚众抗铲烟苗的处罚外，

---

①②④ 《益世报》“禁烟专刊”第32期，1947年12月2日。

③ 刘苏选编：《1946年北平市政府禁烟工作报告》(续)，《北京档案史料》1996年第1期，第26—42页。

⑤ 《益世报》“禁烟专刊”第4期，1947年5月27日。

还增列制造抵瘾丸药，栽种麻烟，公务员军警滥换、隐没查获之吸食鸦片或吸用毒品之器具等新罪名；同时对吸食人犯，也体现“尚教而不尚刑”的精神，除刑事处罚外，“得指定相当处所予以禁戒”。[①]

为使禁令通行全国，内政部设立“江苏兼上海”、“安徽”、“浙江”、“河北”、“山东兼青岛”、“闽粤”、“豫晋”、“鄂赣”、“西康”、“四川兼重庆”、“东北”、“滇黔”、“热察绥”等14个督导区，每区派禁烟特派员1人，督导专员3人，专司督导禁政之责。[②]

平心而论，从1941年起，国民政府进行的肃清烟毒“断禁”工作在态度上是重视和积极的，具有相当的恒心。仅就这一时期颁布的法规法令，即可见其一斑。这一时期颁布的法令法规，除上述之外还有：《联络查缉私运烟毒办法》、《查缉大量毒品加给奖金办法》、《肃清烟毒调验规则》、《烟犯服役赎罪规程》、《修正禁烟罚金充奖规则》、《修正举发种烟给奖办法》、《烟毒检查团组织规程》、《肃清烟毒考成规则》、《战地收复地区肃清烟毒规程》、《查禁种烟规则》等。同时，在实施过程中，也取得了相应的成绩。据不完全统计，从1941年到1943年，查办的烟毒案件总数为41 117件。其中烟案总数40 199件，毒案总数为918件；审判烟案34 146件，处理烟犯56 946人；审判毒案888件，处理毒犯1 267人；共缉获各类毒品总数为8 213.296公斤；各省市共破获偷种罂粟案件1 195起；抓获私种人犯2 555名。[③] 随着“断禁”工作的不断推进，全国各地均有较大收获。据1946年统计，全国发现种植烟苗者共15省计140县区又一旗，铲烟654 098亩又25 454 812株又20坨，收毁烟籽7斗4升2合。根据13个省的报告，共查获私种罂粟案件272起；缉获种烟人犯873个；另据当年25个省6市报告，共查获烟毒案件23 749件；缉捕人犯39 300人。1946年，全国19省4市缉获的烟毒数量共计鸦片2 485.127公斤，烟膏656.673公斤，烟灰34.41公斤，吗啡4.514公斤，海洛因9.273公斤，红白毒丸3.446公斤，其他毒品119.153公斤。[④] 西南和西北各省是烟祸重灾区，历来鸦片被地方势力视为经济命脉之所在，但在严厉实施“断禁”时期，种植面积也急速递减。据国民政府统计，1945年种植面积四川为2 260.33公顷，西康为946公顷，甘肃为0.07公顷，青海无，共计3 206.4公顷；1946年，四川为2 000公顷，西康为812.6公顷，甘肃为3.33公顷，青海无，共计2 816.93公顷；1947年1月至7月，四川为1 185.2公顷，西康为100公顷，甘

① 《益世报》“禁烟专刊”第4期，1947年5月27日。

② 《益世报》“禁烟专刊”第15期，1947年8月12日。

③ 蒋秋明、朱庆葆：《中国禁毒历程》，天津教育出版社1996年版，第483页。

④ 蒋秋明、朱庆葆：《中国禁毒历程》，天津教育出版社1996年版，第508—509页。

肃为2.50公顷，青海无，共计1 287.7公顷。[①]

但是，就1941年后的整体情况来看，烟毒问题依然十分严重。国民政府所希望达到的“断禁”目标远远没有实现。各地种植、贩运、吸食仍然十分猖獗，不仅没有绝迹，甚至在不少地方还有变本加厉的势头。更有甚者，抗战胜利后，国民党及国民政府一意孤行发动内战，禁烟在一些地方更是变成了一种形式，而没有真实的内容，结果致使屡禁不止，烟毒肆虐。例如，甘肃经1938—1940年实行“四禁”（即禁种、禁运、禁售、禁吸）政策后，私种烟苗基本绝迹，运售烟土得到控制，全省禁政颇著，烟害骤减。然而，据1947年陇西等8县“禁政情形报告表”记载，当年在岷县境内及西礼县、宕昌插花地中发现私种烟苗440亩；在陇西、迭部两县缉获烟犯16人、大烟103亩；在陇西、岷县发现吸食大烟者100多人；在卓尼、迭部等地发现百余名持枪烟匪。[②] 尤其在1948年后，尽管国民政府禁烟禁毒工作表面上仍在进行，但事实上，由于其本身政治高度腐败、经济全面崩溃以及军事屡屡失败，整个社会已呈现动荡不安之势，国民党及国民政府在大陆的统治也处于土崩瓦解的边缘，禁烟禁毒对其已没有更多的实际意义了，烟毒泛滥的局面也无从得到改观。直到全国解放前夕，全国实际仍有2 000万亩土地种植罂粟，从事种植罂粟的农民多达1 000万人以上，从事贩毒、制毒以及制售吸毒工具者超过60万人。吸食烟毒之人更是多如牛毛，竟有2 000万人之众。

三、对南京国民政府统治时期禁烟活动的反思

南京国民政府统治的23年里，对烟毒的治理作过一定的努力，也取得过阶段性的成绩，北洋军阀时期烟毒大泛滥的局面在国民政府统治时期得到了基本的遏制。但是国民政府却始终无法完成肃清烟毒的历史使命，究其原因，以下几条尤为值得注意：

第一，禁政缺乏整体计划，更迭频繁，禁令忽张忽弛，禁烟工作无法深入开展下去。国民政府对禁烟虽有通盘的考虑和彻底禁绝的决心，但其禁政历经“寓禁于征”、“渐禁”、“断禁”等不同阶段的更迭，因而具有明显的摇摆性。加之中央政府控驭地方实力派的能力有限，全国烟政也因此变得一片混乱。中央禁令、地方禁令及各地实际做法各不相同，“有今年准种，明年或否，甲地准种，乙地或否者”；“有抽灯捐者，也有否者，有卖官膏者，有不卖者”；“抽烟卖膏之区域则准吸，

---

① 国民政府行政院档案：《西南各地禁烟状况答问》，1947年9月2日。

② 《文史精华》编辑部编：《近代中国烟毒写真》下卷，河北人民出版社1997年版，第554页。

否者则禁吸，而此准也禁也，又朝令夕改，时时不同”。[①] 这种混乱不堪的烟禁，“一言蔽之，事事矛盾，处处矛盾”，使执行禁政工作的官吏疲于应付，普通民众更无所适从，“甚至律师办理烟案，亦且苦于解释”。[②] 时人评述国民政府禁烟时认为，禁政已不是什么善举，而是最残虐政治之产物，“盖其所以为祸也，不仅在不禁，而且在禁。不仅固恶政，然为一重恶。现在则两重三重乃至无数重之恶”。[③] “今日中国之鸦片问题，乃政治罪恶之最大结晶，其中黑幕，虽千万纸所不能罄”，“推进本原，则政府从无必禁之意志所致也”。[④] 可以看出，国民政府禁令徘徊于张弛之间，没有形成持之以恒、稳定的禁烟政策。因此，国民政府的禁烟工作，既难以收到社会实效，同时也得不到全社会的理解和支持，无法取信于民，执行的效果也就可想而知。直到国民政府垮台，中华大地烟毒依然弥漫。

第二，“借烟生利”思想伴随国民政府禁政事业始终，使禁烟工作漏洞百出，流弊横生。为了掩饰公卖鸦片的事实，禁烟总处巧立名目，烟土被称为“戒烟药料”，烟膏则为“戒烟药膏”，鸦片专卖所为“戒烟药料专卖所”，烟税名为“特税”。有人痛心地说，“中国自有烟毒以来，其种植区域之广，吸食人民之众，贩运行销规模之大，未有如今日之甚者”[⑤]。“而今之国民政府，虽颁布严厉禁烟令，成立了禁烟委员会，却未做丝毫安生慰死之举，反以聚敛尽吾民于地域，如此之举，不特不能告对总理之灵，又何有面目以对我残喘余生之民众呢?”[⑥]在以军法推行之“渐禁”时期，鸦片“实行统收统运，不受各省市、各部院管辖，直接以军事委员会委员长命令行事。并且不受立法、行政、司法各机关法令的限制，各自立法执法，实行独裁”。[⑦] 国民政府还特设农民银行来经理特税收支。[⑧] 在不尽财源滚滚来之日，也即中华大地在黑暗中沉沦之时。对此，禁烟委员会主席张之江抨击说：“国家理财之道，开源节流，其途甚多。财部负有度支之专责，自当慎重策划，何必于清理特税一再展限，久冒不韪。使饮鸩而能止渴，犹可说也，今则渴未能止，毒弥蔓延……盖弛鸦片之禁，大溃法律之防，流弊所至，恐未忍言。”[⑨]可以

① 内政部禁烟委员会编印：《民国成立后之禁令》，转引自蒋秋明、朱庆葆：《中国禁毒历程》，天津教育出版社 1996 年版，第 266 页。

② 罗运炎：《中国禁烟问题》，大明图书公司发行 1934 年版，第 177—178 页。

③ 《政府是否禁种禁吸》，《大公报》1937 年第 7 期，第 177 页。

④ 《政府是否禁种禁吸》，《大公报》1937 年第 7 期，第 183 页。

⑤ 《政府是否禁种禁吸》，《大公报》1936 年第 7 期。

⑥ 李良生：《誓死反对鸦片公卖》，《大公报》1931 年 7 月 21 日。

⑦ 中国人民政治协商会议全国委员会文史资料委员会编：《文史资料选辑》第 34 辑，中华书局 1963 年版，第 159 页。

⑧ 孙修福：《蒋介石与鸦片特税》，《近代史研究》1996 年第 1 期。

⑨ 国民政府行政院档案二(1)1530，藏中国第二历史档案馆。

说，“借烟生利”思想主导下的禁政，不但不能禁烟，实足纵毒。

第三，国民政府禁烟过程中，中央与地方各自为政，貌合神离，根本无法做到令行禁止。1928 年张学良“东北易帜”，国民政府得以完成形式上的统一。然而，终其一代，南京政府如同坐卧冰山，危机四伏。在相当长一段时间内，中央政府所控制的地区仅限于长江中下游一带，远离政治中心的西南、西北诸省，依然保持军阀时代拥兵自重的特点。① 中央既不能有效地驾驭各省，本身又贪恋烟毒之利，各省对烟禁阳奉阴违，甚至明禁暗弛也就不足为怪了。在当时的许多省份中，鸦片烟税是非常重要的财政收入。以四川省为例，1930 年杨森二十军烟税收入为 13 652 686 元，占其总收入的 43.59%。刘湘以烟、盐、统三税起家，烟税位居第一，1930 年烟税收入为 11 179 279 元，占总收入的 37.1%；1931 年为 8 352 145 元，占总收入的 30.44%；1932 年为 8 570 892 元，占总收入的 27.06%；1933 年为 9 277 876 元，占总收入的 20.55%。这是刘湘公开的数字，实际收入尚不止此。②事实上，真正严格执行禁政的省份不到十分之一二。禁烟委员会无奈地表示：“禁烟委员会成立以来，虽不无雷厉风行之概，但历年来各省政况不一，中央虽有良法美意，各省疆吏，不愿切实奉行，阳奉阴违，无巧不施。中央虽三令五申，到底成绩终鲜。若夫边远之陕甘云贵四川热河等省，固无论矣，而大江南北以及通商巨埠，莫不惧有弛禁事实。各地烟祸之猖獗，依然如昔，甚或过之。是以禁烟命令，几等具文。”③

第四，国民政府吏治不靖，上至高官，下及胥吏，多中饱私囊之徒，这也使禁政工作事倍功半，功败垂成。在青天白日旗下，高级官员贩吸烟毒者大有人在。在厉行禁政之初，就有上海“江安轮运土案”和中国驻旧金山副领事高瑛之妻贩售烟土案发生。被誉为民国时期“模范省”的山西，自 1932 年开始也实行鸦片官卖，以求“利益均沾”。阎锡山规定将鸦片制成一两重的小饼，名为“戒烟药饼”，作价批发给各县，由县长指定代销商号，向烟民推销。每销出一块“戒烟药饼”，县长可得手续费 4 分，禁烟委员得 1 分，代销商得 5 分。由于各得其所，因而“戒烟药饼”销量极大。④ 达官显贵如此，具体执行烟禁的下级官员更不甘落后，尤以执法第一线的缉私人员、警察及海关职员为最。当时，缉私队员亲自护送私烟、海关官员大胆受贿放纵走私，几成公开的秘密。

第五，政局动荡，国家不统一，使南京国民政府缺乏一个政通人和的社会环境。国民政府定都南京后，表面结束了军阀混战时代，统一了中国。但实际上全

---

①② 蒋秋明、朱庆葆：《中国禁毒历程》，天津教育出版社 1996 年版，第 275 页。
③ 罗运炎：《中国禁烟问题》，大明图书公司发行 1934 年版，第 138 页。
④ 蒋秋明、朱庆葆：《中国禁毒历程》，天津教育出版社 1996 年版，第 279 页。

国在相当长的一段时间里仍处于政局动荡、国家不统一的状态。首先，这一政权，在刚刚建立的三年时间里，内部四分五裂，派系林立，出现了三个国民党中央、两个国民政府。经过一系列明争暗斗之后，尤其是经过几次混战特别是中原大战之后，蒋介石凭借主政中枢的地位，依靠美英等国和江浙财阀的支持，利用各派反蒋势力之间的矛盾，以军事打击为主，配合使用高官重金、分化瓦解等手段，打败了所有对手，取得了显然的优势。而其他各派军阀势力仍然存在，有的还继续进行反蒋斗争，这使得蒋介石政权在相当长的一段时间里，要付出大部分精力为巩固自己的政权而绞尽脑汁。其次，在远离国民政府政治中心的西南、西北各省，各自为政的局面长期存在，直到 1935 年，国民党才基本上控制了西南三省中的贵州和四川，对云南的影响也逐渐增大。再次，从 1931 年"九一八"事变以后日本帝国主义侵占东三省，又逐渐把侵略的魔爪伸向关内，察哈尔①、华北等地都无一幸免地成为日本帝国主义的占领地。这种四分五裂的政治局面，非常不利于禁烟禁毒运动的开展。

第六，治外法权的长期存在，为近代中国毒品泛滥达到最高峰起了推波助澜的作用，客观上为国民党的禁烟禁毒运动制造了许多人为障碍。西方列强在近代中国所进行的最无人道的血腥贸易，就是鸦片、毒品贸易。鸦片战争后，列强相继在华取得治外法权，恃此肆无忌惮地走私鸦片，造成了更为严重的鸦片泛滥。1909 年万国禁烟大会之后，尽管 1911 年 5 月清政府与英国签订了《禁烟条约》，但外商对华的毒品走私仍未停止，甚至达到无以复加的地步。尤其在"九一八"事变以后，日本帝国主义步英国后尘成为向华输入、走私鸦片最多的国家。

此外，国民政府对烟、赌、毒、娼等社会问题不求综合治理，而是头疼医头、脚痛医脚，其禁政成效也深受影响，许多地区的烟毒在禁绝后又死灰复燃，烟焰袅袅；加之此时国际毒源依旧，禁烟合作成为天方夜谭，在这种客观环境下推行禁政是很难收到良好效果的；再者，国民政府时期，民众的素质低下，精神生活单调，整个社会缺乏正当的文化娱乐，人民终年劳苦，毫无慰藉，因此极易沾染烟毒。

第四节　日本的鸦片侵华

一、日本政府的鸦片侵华政策

近代鸦片贸易给中华民族带来了无穷的灾难，然而同处东亚的日本，自

① 旧省名，辖今河北省西北部及内蒙古锡林郭勒盟。

1853年国门被美国打开后，竟没有受到鸦片的侵袭。分析这一现象出现的原因，有三个方面的因素值得注意。一是中日两国开关前后的贸易情势迥异。外国工业品一进入日本市场，就使日本传统的经济结构迅速瓦解，西方工业制成品在日本的销量连年上升。① 直至明治初年，都没有改变入超的局面。因此日本开关后，西方工业制成品成功占领了日本市场，销量持续增长，西方列强对日本的贸易出超远远大于入超，似乎没有必要用鸦片贸易作为开拓日本市场的手段。二是英美对鸦片贸易的态度不同。鸦片贸易不但给英国带来了巨额收入，还对英属印度经济产生重大影响，因此，英国在中国极力推动鸦片贸易合法化。而美国在鸦片贸易上的利益远不能与英国相比，1818—1833年，美国商人输华总额9 760万元，其中鸦片为492万元，仅占输华总额的5%。② 由于鸦片贸易对美国而言利益不大，为维护其“循循守法”的形象，在早期的《中美望厦条约》的本文和附黏税则中，都明确规定鸦片为违禁品。正是从这一态度出发，美国打开日本市场后，在《日本美利坚合众国修好通商条约》的14条及贸易章程中，也明确规定了“禁止鸦片贸易”之款。同时签约的荷、俄、英、法等国也依例列入这一条款，遂使日本逃脱了鸦片泛滥的灾难性局面。三是1868年日本在明治维新之后，一方面摆脱了不平等条约，逐步走向了强国之路；另一方面，在其开关之际，就将严禁鸦片进口的条款列入《日美修好通商条约》之中，继而在明治政府成立之后，又马上颁布太政官布告，严禁吸食鸦片，并获得成功，使得日本人很少有吸食鸦片者，成为严禁鸦片的“模范国家”。这就是鸦片泛滥最终没有进入日本的根本原因。

日本在明治维新以后，迅速走上了资本主义发展的道路，成为一个军事的、封建的帝国主义国家。开关之初，如何抵御美英等西方国家的侵略，摆脱沦为半殖民地的命运；如何弥补因国土有限而造成的资源贫乏致使发展国力后劲不足，以实现富国强兵，是两个非常重要的问题。明治政府以“富国强兵”为口号，宣扬“国之兴废，在于兵力”，“强兵为富国之本，而不是富国为强兵之本”，叫嚣开拓万里波涛，布国威于四方，制定了所谓的“大陆政策”，意欲先征服朝鲜，进而征服中国。日本前陆军大佐、大本营陆军部作战课课长服部卓四郎一语中的地说出了他们对外扩张侵略的“理论”：日本“唯一的出路就是要和亚洲大陆保持紧密的联系，这是它为谋求生存绝对必要的”。于是，与日本隔海相望、一衣带水、地大物博的中国，就成为日本寻找出路的首要目标。

自清末以来，中日关系恶化。1874年，日本武力侵犯中国台湾。1879年，日

① 刘淑敏、胡赤军：《近代英国对华鸦片贸易的主要利益》，《长白论丛》1996年第6期。
② ［美］泰勒·丹涅特：《美国人在东亚》，姚曾廙译，商务印书馆1962年版，第92页。

本正式吞并了琉球群岛，改名为冲绳县。1894年，日本向中国发动突然袭击，挑起了中日甲午战争，打败了清政府并迫使中方签订了丧权辱国的《马关条约》。1931年，日本发动了“九一八事变”，在3个月内占领了中国东北全境，随后其侵略魔爪步步伸向关内；1937年7月7日，日本发动全面侵华战争，企图一举灭亡中国。1941年，日本偷袭珍珠港，侵略魔爪遍及东亚和东南亚各国。

日本在其发动的对华侵略扩张中深刻地了解到，中国的封建社会是从鸦片战争开始解体的，也是经由鸦片战争沦为西方资本主义的半殖民地的；鸦片不单给中国人民带来深重的灾难，为帝国主义赢得了极大的好处，也削弱了中国人民的反抗力和自信心。因此，日本为打击与削弱中国的国力，攫夺中国人民的财富，变中国为其殖民地，也模仿西方国家，确立了向中国输运毒品的国策，企图用毒品来残害中国人民的健康，并使中华民族的精神彻底崩溃。鸦片侵略成为日本侵略亚洲特别是中国的重要手段。

1905年日俄战争后，日本政府随即在东北设立关东都督府(1919年改称关东厅)，作为统治东北、侵略中国的大本营。日本军方历来认为，中华民族“是个鸦片中毒很深而不能自拔的民族”，并且断言，“中国只要有40%的吸毒者，那它必将永远是日本的附属国”。[①] 关东军司令部负责政治事务的第四课将鸦片作为征服中国的一种特殊武器，设计了一套侵略东北、华北乃至全中国的鸦片政策。

1916年9月，台湾总督府专卖局长贺来佐贺太郎向日本首相大隈重信提出《关于中国鸦片制度的意见》一文，对未来日本在中国的鸦片政策作了系统的设计。他认为，中国的4.2亿人口里，如果有5%即2 000万的人口吸食鸦片，若沿用台湾鸦片专卖的方法，每年可赚取5.54亿日元的利润。他甚至还对在北京、汉口等11个主要城市设立烟膏工厂所需的器材、机械设备、建筑经费、烟膏用量、11个地区的吸烟人数、工厂的位置、成品的搬运等细节问题作了周密的策划。[②] 该文将日本的鸦片侵华政策推向了有计划的国策的轨道。1917年，曾跟随日本内务部卫生局长后藤新平一起到台湾调查鸦片问题，并制定日本对台湾鸦片政策的大内丑之助，提出《解决中国鸦片问题的意见》一文，使日本的对华鸦片侵略政策更加完善。

二、日本占据台湾时期的鸦片专卖

甲午战争后，清政府被迫割让台湾。日本政府在统治台湾之初，关于怎样对

---

① 连心豪：《日本据台时期对中国的毒品祸害》，《台湾研究集刊》1994年第4期。

② [日]山田豪一：《1910年前后日本对华走私鸦片吗啡的秘密组织的形成》，《国外中国近代史研究》第12辑，中国社会科学院出版社1989年版。

待“新领土”——台湾蔓延的吸食鸦片之风，国内出现了激烈的争论，大体分为三大派：严禁派、渐禁派和非禁派。因为当时舆论多倾向于严禁论者，第一任总督桦山资纪上任后，随即发出指令，严禁吸食鸦片，并于《台湾居民刑罚令》中明文规定。[①] 但因据台之初，统治者遇到的最大问题是如何镇压各种抵抗活动，因而负责鸦片政策推行的民政局认为，对鸦片问题只能采取调查与研究的步骤，难以采行严禁举措。不久，曾于 1895 年 9 月担任内务省卫生局长的后藤新平，命台湾总督府的民政局员鹰崎与渡边调查台湾鸦片问题，且以他们两人对与鸦片有关的 28 个项目的周密调查，拟成《关于台湾岛鸦片制度之意见》，提交内务大臣野村清。在意见书中，后藤新平既批评了严禁论又批评了非禁论的观点，同时也亮出了自己的观点：“据说鸦片进口税年逾 80 万，可见其需要量之大，唯将其归为政府专卖，寓禁止税之意，加课此进口税额三倍之价，在特许药铺，凭政府之通折，售与吸食者，则其需用者必因之逐渐减少，且国库将增加 160 万元之收入，加上原来之进口税 80 万合计 240 万元。”他进而“依生存竞争原理、以毒攻毒之法则”提出“渐禁论”观点：“鸦片可仿国内现行专卖制度，统归政府专卖，并可纳入卫生警察施行体制。”[②]此意见书于 1896 年 2 月提交内阁会议加以讨论，终获准行，至此渐禁论始获定案，结束了鸦片政策争论不休的状态。

1897 年 1 月，日本在台湾的最高殖民统治机构台湾总督府发布了《台湾鸦片令》，并规定自本年 4 月起实施。《台湾鸦片令》是日本殖民者侵占台湾时期所颁行的最重要的鸦片法令之一，共有 14 条，规定鸦片一律归官方专卖，不准私自进口、生产和买卖鸦片；瘾民经医生核查并领取牌照后，才准予购买官制烟膏吸食；凡从事鸦片买卖、开设烟馆或制卖烟具者，经领取特许证并交纳税额后才许营业；如烟商将鸦片售予没有领照烟民，则对烟商处以有期徒刑或罚金 5 000 元以下；如开设烟馆私自为无照烟民提供吸烟场所，或制卖烟具者私自向无照烟民出售，均处以轻惩役或罚金 2 000 元以下；凡私自进口或生产鸦片者，均处以重惩役或罚金 3 000 元以下。总之，《台湾鸦片令》反映的是渐禁政策，从法令本身看，对违反禁令者，处罚并不严厉。相反，附则中反而补充规定，法令施行之后，在“未经照例给牌”的情况下，“从前吃惯之人，仍准将烟膏、烟具买备吃用”，“既开烟膏店、烟具店，仍准依旧生理”，“既开烟馆，仍准依旧生理，并不妨买备烟具”。[③] 另外，该法令附则中还规定：“本例所定出售烟膏、烟粉并给发特许烟牌

① 廖庆洲：《日本过台湾》，上砚出版社 1993 年版，第 104 页。
② 台湾省文献委员会根据台湾总督府公文档案编译：《日据初期之鸦片政策》第 1 册，第 15—16 页。
③ 台湾省文献委员会根据台湾总督府公文档案编译：《日据初期之鸦片政策》第 1 册，第 228 页。

等事，不必全岛一律举办。务须察看情形，先施之一处，而后递及他处亦可。”[①]如此禁烟法令实际形同虚设，其真正目的是通过鸦片专卖来增加税收。与此同时，日本政府为使日本本土进一步实行彻底禁烟而颁布了《鸦片法》。日本殖民当局严禁在台湾的日本人吸食鸦片，对出售鸦片给日本人的台湾人则处以死刑。可见，在禁烟问题上，殖民当局对台湾人与日本人采用的是双重标准，即对本土断然禁止、对台湾鼓励吸食的两面性鸦片政策。

随着当时岛内外形势的演变和吸食者的具体情况，台湾鸦片专卖制度几经变化，不断修正调整。自 1897 年始到 1937 年中日全面战争之前，当局颁布了许多有关鸦片的律令，在鸦片的制造、售卖、吸食等方面作出严格而细致的规定，从而形成严密的专卖体系。1897 年，台湾总督府发布《鸦片令举办章程》与《鸦片令施行手续》，作为《台湾鸦片令》的补充，并制定了实施鸦片令的一系列具体措施。《鸦片令举办章程》共有 43 条，主要内容是关于鸦片制造、出售、吸食等方面的详细规则。章程规定：官制烟膏按品质分为一二三等，制成之后由官方发给特准包办人，再由特准包办人分给各承卖人发售；吸烟者需向地方关厅领取牌照方准买烟膏吸食，牌照也可分为一二三等，每月分别交纳税额 3 元、1 元 50 钱和 20 钱；所有烟膏包办人只能按官价将烟膏发售给官方指定的承卖人，不得擅自发售，也不得开设烟馆；承卖人出售烟膏只限于已领取牌照的烟民，不准滥售；欲开设烟馆者，必须具禀地方官厅、领取牌照后始准营业。《鸦片令施行手续》共有 12 条，主要是针对烟民或烟膏经营者领取牌照时作出的一些具体规定。总体看来，该项法规相当宽松。从此，台湾总督府依靠《鸦片令》、《鸦片令举办章程》和《鸦片令施行手续》等一系列法律法规，垄断了从鸦片原料的输入到烟膏的制作、流通乃至消费的整个过程，把鸦片专卖制度建立在警察治安体系上，成功地靠鸦片专卖制度压榨和统治台湾民众。日本据台之后，对鸦片问题实行的渐禁政策，直到 1937 年中日战争爆发方才停止。这 40 多年的鸦片渐禁政策，不在消除，重在管制。

1937 年以后，因为战时体制的需要，殖民地当局决定改鸦片渐禁政策为鸦片断禁政策（即严禁政策）。1938 年，总督府发布《台湾之鸦片取缔法》[②]，规定由日本或英国的大商家承办原装大土的正式输入，存入专卖局仓库或由专卖局封锁，如遇有不合格之货，只可准其退回原处，不得运往别埠。专卖局则雇用专门

① 台湾省文献委员会根据台湾总督府公文档案编译：《日据初期之鸦片政策》第 1 册，第 227 页。

② 中国第二历史档案馆藏：《戒烟条例一案会议记录司法行政部签注意见及台湾禁烟法规等》，全宗号 2010、案卷号 6231。

技师(日本),将大土煮成烟膏入罐,正重十两,由专卖局卖与批发人,批发人只系台湾之绅士于国家有功者或区长、乡正等,还须一向未曾受过民刑事之处分方可。批发及零星贩卖之价均由专卖局规定。专卖局所煮之烟膏,逐年减淡其分量,按此办法则吸烟者自然断瘾。从该取缔法可以得知,鸦片断禁政策的特点是:(1) 继续实行专卖制度;(2) 加大对私制、私吸、私卖等的处罚;(3) 给予经营鸦片烟的台湾人以更大的利益。鸦片断禁政策明显具有为战时体制服务性质,并不存在要真的断禁,而是和日军的枪炮相配合,把目标指向对岸的中国内地。

日据台时期采用的鸦片政策,其结果是:第一,渐禁政策并未取得实效。表现为吸食鸦片之风仍然严重,吸鸦片人数有增无减。据当时日本人的调查,1896 年,基隆约有 30%—35%的男子吸食鸦片,凤册约有 50%的男子和 20%—30%的女子吸食鸦片,台南吸烟人口竟约占总人口的 60%。[①] 由于禁烟令执行不力,吸烟人数并未减少。根据台湾总督府专卖局事业年报提供的历年鸦片吸食者人数,1897 年为 50 597 人,1998 年为 95 449 人,1900 年为 165 752 人,1902 年为 143 492 人,1904 年为 137 952 人,1906 年为 122 177 人,1908 年 120 875 人。[②] 可以肯定地说,渐禁政策实施十余年,台湾的鸦片吸食人数不减反增,1900 年竟已达到 16 万多,整个 20 世纪的第一个十年,一直高居 10 万以上。第二,鸦片专卖成为重要的治台经验。鸦片专卖制度使殖民当局获得巨额收入,有力地支援了总督府的财政,为经营台湾注入了大量资金,不仅为治台补足了经费,而且殖民当局的一整套做法,如对成瘾者的调查、登记、吸食特许、原料外部进口等,也已渐成体系,成为治台经验的一部分,并向中国大陆推广。第三,用毒网罩住台湾人民。鸦片专卖,不但剥夺了台湾人民的钱财,还残害了台湾人民的性命。同时,日本人在具体执行鸦片政策的过程中,在思想上也充满了对台湾人民的歧视。第四,使大陆人民深受其害。在相当长的一段时间里,日本当局以台湾为生产基地,把生产出的熟鸦片大量运往中国大陆。

三、伪"满洲国"的烟政

1931 年发生的"九一八事变",是日本帝国主义变中国为其殖民地阶段的开始。由于国民党及南京国民政府实行绝对不抵抗政策,因此,在短短三个月的时间内,东北三省大好河山及众多同胞遭到日寇的践踏与蹂躏。接着,在日本的一

---

① 台湾省文献委员会根据台湾总督府公文档案编译:《日据初期之鸦片政策》第 1 册,第 133 页。

② 《台湾总督府专卖局事业第 42 年报》,周宪文:《台湾经济史》,台北开明书店 1980 年版,第 594 页。

手策划与扶植下，以前清废帝溥仪为首的汉奸傀儡政权“满洲国”于1932年3月宣告成立。从此，辽阔的东北沦为日本的殖民地。

在侵占东北及建立伪“满洲国”时期，日本侵略者认识到武力镇压很难在短时期内征服东北人民，必须采取与武力征伐相配合的精神麻醉战略，企图使东北人民丧失意志和民族精神，失去反抗力。于是在1932年2月关东军侵略热河前，关东军参谋长小矶国昭、副参谋长岗村宁次等即着手研究并确定了“满洲国”的鸦片政策，并从神户招税务署长难波经一主管满洲鸦片事务。[①] 随后立即废除中国政府颁布的各项禁烟禁毒令，在东北大开烟禁，以实行鸦片专卖制度。难波经一到任后就去天津收买鸦片50万两，从伪“满洲国”收购鸦片20万两，从伊朗进口鸦片200万两，共计270万两，作为鸦片专卖的基础。1932年6月4日，关东军参谋长致函陆军次长称：“满洲国的财政现遇到很大困难，难以实现当初建国时所估计的收入6 400万元的估计数，因需维持和平与秩序，此总数内除海关收入2 000万元与鸦片收入1 000万元之外，满洲之预计全年支出则需9 300万元。除非前两项收入迅速增加。”可见，关东军已把鸦片收入视为两大财源之一，要求加速增加。[②] 1932年9月16日，伪“满洲国”政府公布《暂行鸦片收买法》，决定组建鸦片专卖筹备委员会，为推行鸦片专卖制度做准备。9月17日，伪“满洲国”颁布《鸦片收买法施行规则》，共8条，主要实行鸦片收买人制度。11月3日，又公布专卖总署的官职设想。专卖总署为管理鸦片统制的主要机关，设于长春，共有900人，其中40人是日本人，下设分署10处。11月30日颁布了《鸦片法》。该法共22条，规定年满25岁之鸦片瘾民，由政府认可后可以吸食；鸦片种植必须得到政府的认可；鸦片制造由政府统一进行；鸦片买卖也必须由政府指定认可。对于违背上述规定者，处7年以下徒刑或7 000元以下罚金，并规定自1933年1月11日起施行。《鸦片法》的颁布，标志着日伪在东北实施鸦片专卖制度的开始。伪“满洲国”的鸦片专卖内容主要是：由“当局”划定许可种植罂粟区域，按定价收买生产出来的鸦片，然后分配给持有特许证的大鸦片批发商，再由这些批发商分售给持有特许证的零售商。零售商卖给的对象名义上限于登记的吸户，实际上这只不过是蒙蔽世人的粉饰之辞。

为保证鸦片统制的实行，在日军的指挥下，伪满当局建立了鸦片缉私制度。1932年12月20日，伪满当局公布《鸦片缉私法》，共13条，自施行《鸦片法》之日实行，规定在鸦片专卖总署内设取缔科，各省的鸦片专卖署内设缉私科，与警

① 《东北经济掠夺》，中华书局1991年版，第811页。

② 中国社会科学院近代史研究所近代史资料编辑部编：《近代史资料》总98号，中国社会科学出版社1999年版，第79页。

察合作查缉罂粟的私种、鸦片的走私等。同时还发布《查获私土奖励规则》，共5条，详细规定了政府控制罂粟种植及鸦片的收购、制造和销售，从而对鸦片实行了严格的统制。这就是日伪在东北建立的一整套鸦片垄断制度。

1933年3月日军占领热河后，伪满当局立即决定将热河作为主要的鸦片产地，实行鸦片种植与贩卖许可证制，全部鸦片由官方收买。从此，热河省成为伪满统治时期最主要的鸦片种植基地。同年4月，伪满当局又设立了鸦片专卖特别会计，编制特别会计预算。同时还规定了专卖管制，由专卖公署负责鸦片生产与贩卖事宜，直属财政部，下设总务、收纳、贩卖、制造、缉私等科，各地方设立专卖支署，具体负责鸦片专卖业务，并在奉天等地设立鸦片烟膏制造厂。由此，鸦片专卖体系正式确立。

"专卖制度下的鸦片政策，虽然采取了种植许可制，但是，这仅仅是管理上的事情，实际上对于种植面积根本没有什么限制，而是多多益善。专卖署的收买量也逐年增加，由开始时的250万两增加到600万两。鸦片专卖利润也逐年增加，从300万元增加到4 000万元。"另外，"随着鸦片种植面积的扩大，生产量也在增加。如果把鸦片偷种和走私加上，其数量则是相当大的"。①

伪满时期的鸦片专卖制度实行了5年，绽开的罂粟花在东北地区随处可见，由此招来国际舆论的谴责与攻击。1938年6月27日，美国《纽约时报》以《罂粟地》为题发表社论，指出：日军在中国的占领地罂粟花盛开，这表明日本以武力和麻醉药并用侵略中国。日本是世界上的主要鸦片配给者，"是鸦片的兵工厂"，它"一只手撒布罂粟种子，一只手搜集经费"。② 伪满当局为回避世人的斥责，同时还要巩固鸦片这个巨大的财源，遂在1938年，由总务厅长官星夜直树和总务厅主计处长古海忠之等策划，制定出一个所谓的"十年断禁政策"。根据这个"十年断禁政策"，伪满当局把种烟地区化散为整，指定热河省和兴安西省一部分地区栽种罂粟，其他各省一律禁止。这一政策还规定了栽种面积每年递减的原则，第8年以后就不再栽种，到第10年鸦片瘾者完全戒除。③ 而实际上，伪"满洲国"的"十年断禁政策"是一种挂羊头卖狗肉的办法，是骗人的鸦片"断禁政策"。

日本帝国主义在东北实施了14年的贩毒吸毒政策，使鸦片的触角深入到各个角落，使整个社会机体开始腐化，其中，受鸦片毒害最深、危害最大者是中国的

---

① ［日］古海忠之：《日本在伪满的鸦片专卖政策》，马模贞主编：《中国禁毒史资料》，天津人民出版社1998年版，第1516页。

② 中国社会科学院近代史研究所近代史资料编辑部编：《近代史资料》总98号，中国社会科学出版社1999年版，第86页。

③ 金名世：《日本在伪满的鸦片毒害》，马模贞主编：《中国禁毒史资料》，天津人民出版社1998年版，第1518页。

百姓;同时也使日本侵略者获得了巨大的财源。笔者根据中国社会科学院近代史研究所近代史资料编辑部编《近代史资料》(总 98 号)提供的日本鸦片侵华大事记中的资料,计算得出:1933—1944 年 12 年中,伪“满洲国”共计种植罂粟 86 492 顷(一说 89 092 顷),生产或预计生产鸦片 127 160 016 两(一说 12 828 万两),收缴鸦片 59 099 335 两(一说 6 570 万两),贩卖鸦片纯收入 52 173.2 万元(一说 94 296.8 万元)。具体各年生产销售情况见表 7-7。

表 7-7 1933—1944 年伪“满洲国”鸦片生产销售简况

年份	种植罂粟	生产鸦片	收缴鸦片	贩卖鸦片纯收入
1933	9 410 顷	1 230 万两	430 万两	46.7 万元 (一说 1 940 万元)
1934	15 482 顷	1 230 万两	580 万两	546.9 万元
1935	6 900 顷	1 194 万两(预)	600 万两	285.9 万元
1936	8 800 顷	1 176 万两(预)	1 030 万两	1 331.4 万元 (一说 37 692 641 元)
1937	10 300 顷	1 158 万两(预)	6 551 923 两 (一说 750 万两)	2 648.6 万元 (一说 4 785 万元)
1938	7 100 顷	1 140 万两(预)	618 万两 (一说 630 万两)	2 291.3 万元 (一说 7 104 万元)
1939	7 100 顷	1 050 万两(预)	4 620 232 两 (一说 350 万两)	3 393.2 万元 (一说 9 098 万元)
1940	5 600 顷	1 000 万两(预)	3 940 033 两 (一说 450 万两)	10 000.2 万元 (一说 1 216 万元)
1941	5 000 顷	1 000 万两(预)	3 153 822 两 (一说 500 万两)	10 395 万元
1942	3 600 顷	1 000 万两(预)	2 353 325 两 (一说 450 万两)	9 421 万元
1943	3 600 顷 (一说 5 000 顷)	5 380 016 两 (一说 650 万两)		1 106 万元
1944	3 600 顷 (一说 4 800 顷)	1 000 万两(预)	590 万两 (一说 800 万两)	10 707 万元
总计	86 492 顷 (一说 89 092 顷)	生产或预计生产 127 160 016 两 (一说 12 828 万两)	59 099 335 两 (一说 6 570 万两)	52 173.2 万元 (一说 94 296.8 万元)

四、日本进行的“第三次鸦片战争”

外国殖民主义者对中国进行的鸦片走私，是近代史上中华民族一切灾难和耻辱的最原始肇端。以英国为首的西方殖民侵略者于19世纪中叶先后发动了两次罪恶的鸦片战争，中国开始坠入半殖民地半封建社会的苦难深渊。20世纪之初，西方列强随着其在华侵略权益的日益巩固，多数放弃了鸦片贸易这一无耻的侵华手段。但是，作为中国东方近邻的日本，却在此时借着西方列强输入中国的鸦片数量逐年减少的时机，伴随着其对中国的武装侵略和经济掠夺，开始了对中国的大规模鸦片侵略，企图继承英法等国的罪恶衣钵，毒害中国人民。从19世纪末到20世纪中叶，后起的日本帝国主义悍然发动了两次中日战争，使中国沦落到亡国的边缘。伴随着这两次侵华战争——1894年的中日甲午战争和1931—1945年的日本侵华战争，日本帝国主义精心策划了一场新的“鸦片战争”。这场新的“鸦片战争”开始于《马关条约》之后日本占据台湾，结束于1945年日本投降。日本的鸦片侵华大体上可分为两个阶段。

（一）日本对华鸦片侵略的第一个阶段

“九一八”事变前，日对华鸦片输入多经日本浪人、日侨及其在华殖民当局进行，日本政府持默许纵容态度。这一阶段，日本输华鸦片的来源主要有三：日本国内生产、朝鲜生产以及伊朗、印度与土耳其生产。

19世纪末，日本占领朝鲜，1910年正式将其吞并，开始种植罂粟。所产鸦片几乎全部运往中国。从1910年到抗日战争结束，朝鲜产鸦片走私中国之数约1 000 000公斤。同时，日本也大肆从印度、伊朗与土耳其等毒品产地进口鸦片，部分直接输华，部分先运抵日本经加工改装后走私中国。日本国内鸦片生产主要集中在以大阪和歌山县为中心的地区。从20世纪初开始，罂粟种植面积逐步扩大，30年代达800—1 000公顷，年产鸦片10 000公斤，①绝大部分走私中国。有资料表明，1916—1920年，日本国内产量与进口量中扣除公开申报出口和国内医用后，每年有77 340多公斤鸦片和海洛因输入中国；②到20世纪30年代，日本国产鸦片输华之数不下20多万公斤。20世纪初，日本大量地从境外走私鸦片，迅速填补了因英美承诺而减少的空额。据统计，1911年中国境外鸦片输入5 500公斤，1919年达28 000公斤，尤以日本为多；③第一次世界大战结束后，日本每年从英国购买毒品约18吨，绝大部分直接或间接输华。到20年代后半

①② ［日］江口圭一：《抗日战争时期的鸦片侵略》，《国外中国近代史研究》第19期，中国社会科学院出版社1992年版。

③ 《申报》1923年4月10日。

期，日本每年向中国大陆秘密输入鸦片的金额高达10亿元，其中由日本海军直接经手输入中国的鸦片，价值六七千万元，以至于日本人认为“对华贸易的妙味在鸦片买卖”![1] 因日本扩大鸦片输华，中国海关20世纪30年代前查获毒品走私数量迅速增加。中华全国基督教协会披露，1921年全国海关搜获鸦片66吨，为1918年的5倍，吗啡和麻醉品分别比1918年多4倍和53倍。[2] 20世纪10年代后半期，形成了一个由日本向中国走私鸦片、吗啡等的贩毒网络机构。这个机构好像一座金字塔，最底层是居住在中国各地的日本人、朝鲜人以及中国台湾人等，由他们织成了伸向中国各地的毒品贩卖网；第二层是在大连、青岛、上海、厦门和神户、大阪等地经营杂货兼对华贸易的商人；第三层是大日本制药、三和制药、内国制药和星制药等公司，其职能是制造毒品（每年从印度和伊朗等国进口鸦片47 000磅用于自制吗啡，向中国输出）；第四层是从事指挥、监督的台湾总部总督府和关东厅等的高级官员，如后藤新平、古贺康造等；居于这个金字塔顶端的则是日本政府和关东军等日本陆军。可见，日本在破坏中国20世纪初的禁毒活动中扮演了罪恶的角色。

（二）日本对华鸦片侵略的第二个阶段

“九一八”事变后，日本政府直接参与对中国的鸦片侵略，并在中国占领区奉行毒化政策，以此作为摧毁中国军民抗战意志的重要武器。由于鸦片专卖的巨额利润，日殖民当局及关东军均加强了对鸦片的控制，并以此作为战争的支持手段。驻扎东北的关东军司令部负责政治事务的第四课即将鸦片作为征服中国的一种特殊武器。[3] 20世纪30年代，日本鸦片输入进一步强化。大连、青岛、福州分别成为向东北、山东、安徽、江苏和闽粤等地的毒品偷运中心，因鸦片输华交易额巨大，曾导致日本许多企业的竞争与矛盾。这一时期，三菱基本上垄断了伊朗输华鸦片贸易，1939年2月底，三菱仅向伪满洲国走私伊朗鸦片就达3 000箱；不甘落后的三井，在1938年到1940年11月，共输华鸦片4 400箱。日本占领香港后，扩大了鸦片输港，1938年、1939年、1940—1941年销售量分别达7 500、41 600、100 000公斤，[4]另有相当一部分被转运到中国大陆。据日本人菊池酉治的统计，中国每年走私进口吗啡及其他麻醉品约40吨，其中大多数是经日本人

---

① ［日］铃木茂三郎：《日本政论家眼中的日本对华经济侵略》，《东方杂志》第25卷第15号，1928年8月10日。

② 《申报》1923年5月23日。

③ 连心豪：《日本据台时期对中国的毒品危害》，《台湾研究集刊》1994年第4期。

④ ［日］江口圭一：《抗日战争时期的鸦片侵略》，《国外中国近代史研究》第20期，中国社会科学院出版社1992年版。

之手走私到中国的。[1] 可见,日本在20世纪前半叶是全球最大的鸦片贩子之一。

整个抗战期间,日本在中国占领区都奉行强迫沦陷区人民种植鸦片、加工毒品、设立烟馆、征收鸦片捐税,向沦陷区、抗日根据地、大后方贩运出售毒品,以掠夺中国财富、摧残中国人体质、瓦解中国人民抗战精神的所谓“毒化政策”。这一政策的推行是有组织、有计划的。其主要手段是:划定罂粟种植区,强迫百姓种植,产品由日本人收购,高价销给各家烟馆;办学校和组织流动讲演团,传播种烟技术;设置大规模的烟毒工厂,提炼毒品,运销各地;利用伪政权公布法令和对鸦片实行专卖;规定以烟毒为社会交际应酬的必备品;对抗拒毒化之人,污蔑其为反日思想犯和敌方探员,严刑惩处。[2] 在日伪毒化政策下,中国东北、华北、华中、华南各大城市烟馆林立,烟民如潮。各处乡村,罂粟之花处处可见。在山西,1939年的晋北,罂粟种植面积超过1万亩,鸦片产量超过10 500两;1940年,大同、阳高等12个县种植罂粟16万亩,鸦片总产量129 355两。在山东,1940年仅中国军队在莒县、蒙阳、临淄等地铲除的鸦片田就达835.95亩,此外还有大量未被铲除者。在谴责日本使用麻醉品毒害中国人民的罪行方面,1948年远东国际军事法庭判决书B部第五章《日本对中国的侵略》明确指出,“在被日本占领的所有地区,从占领之时直到日本投降,鸦片的使用,都在增加”;“而鸦片吸食者的急剧增加,给中国民众的志气所造成的影响,是不难想象得到的。”

在这长达50年的侵华史中,日本逐渐取代英国成为向中国输入毒品最多的国家,而且以走私烈性毒品为主;从本土到殖民地,日本帝国主义逐渐把中国构筑成世界最大的毒品王国。这场流毒范围之广、时间之长、危害之惨烈、影响之深远,程度并不在两次鸦片战争之下,可以称之为帝国主义国家侵略中国的“第三次鸦片战争”。这次“鸦片战争”的主要特点是:第一,日本对华鸦片侵略长达半个多世纪,鸦片来源经历了从境外输入为主到境外输入与境内生产并存再到境内生产为主三个时期,侵略的规模和程度随着占领范围的扩大而不断扩展和加强。第二,日本对华鸦片侵略具有高度的计划性与垄断性,日本帝国主义从一开始即控制和垄断鸦片的产供销,作为其侵略政策的重要组成部分。打开世界战争史,像日本这样以敌对国为消费对象,由政府组织、经营进行毒品生产、销售而直接获取战争费用,消耗敌对国抵抗力量,并逐渐发展到借助侵略战争,以被占国的土地、人力资源,长期地、大规模地进行毒品犯罪行为的,尚无任何先例可

---

① 石楠:《略论港英政府的鸦片专卖政策》,《近代史研究》1992年第6期。

② 王德溥:《日本在中国占领区内使用麻醉毒品戕害中国人民的罪行》,《民国档案》1994年第1期。

寻。第三，日本侵华战争是妄想以武力征服和消灭中华民族的一场战争，而鸦片侵略是其侵略战争的一个组成部分，并且为其战争服务，成为日本政府增加财政收入、支持战争的重要手段。据说关东军发动“九一八”事变的费用几乎全部来自其第四课和第二课的贩毒网。[①] 日本正是通过鸦片这种不为国际法所许可的隐秘武器敛聚了巨额财产，削弱了中国的国本和人力、兵力、资源。以国家行为生产和销售毒品，并以此从敌对国的身上获得战争经费，进而消灭对方的有生力量，瓦解斗志，这在战争理论上可谓“独树一帜”，开了人类战争史之先河，但归根结底，它仍是一种违反国际法和人类道德的极其丑恶的战争犯罪行为。

日本对华鸦片侵略是中国20世纪前半叶毒品泛滥的主要原因，是破坏中国20世纪前半叶禁毒政策的祸首。日本的鸦片侵略给中国人民带来了深重的灾难，严重摧残了中国百姓的生命健康。吸食鸦片使人体质下降，过早衰老。吸食者不仅短命，也承担不起传宗接代的使命。吸食鸦片使中国财富大量流失。以陕甘宁为例，1942年2月鸦片每两值600元(边币)，合粮食一石左右。一个烟民日食一两，等于耗费掉一人一年的口粮。若把全边区烟民的总消耗计算一下，为数当在每月百万元以上。[②] 这是多么惊人的数目！此外，吸食鸦片还使中国民众身体羸弱，劳动力衰減，生产难以发展。例如，华北交城平川日军占领区原本是村庄稠密、土地肥沃、民众生活富裕的地区，但在日伪毒化政策下，变成了鬼蜮世界。日军强迫民众种植鸦片，仅一区就达60亩以上，每区每年抽税50万元。日军还向百姓兜售海洛因，仅交城东关一个销售处，每天就销售60余两，年利润在200万元以上。[③] 无数居民包括不少青年男女吸食鸦片、海洛因等毒品，以致田地村庄荒芜、人民破产。这场以“毒品”为武器的侵略战争受到国际社会的一致谴责。

用鸦片侵华是近代以来日本帝国主义侵略中国全部计划的一个十分重要的组成部分。作为一种政策的制定，它不是偶发的和一时的心血来潮，而是一种国家行为，是日本帝国主义对近代中国所犯下的严重罪行。正如日本学者江口圭一对抗日战争时期日本对华鸦片侵略事实进行详细考察之后所说的那样：“日本的鸦片政策是由以首相为总裁，外务大臣、大藏大臣、陆军大臣、海军大臣为副总裁的兴亚院及以后的大东亚省制定和掌握的。是作为国策，由国家有组织、有系统、有计划地推行的。这是日本作为国家所犯下的最大规模的战争罪行，是不人

① 连心豪：《日本据台时期对中国的毒品危害》，《台湾研究集刊》1994年第4期。
② 《消灭烟毒》，《解放日报》1942年2月21日。
③ 《敌区交城成毒化世界　暴敌加紧吸吮人民膏血》，《解放日报》1942年9月2日。

道的行为。"[①]日本对中国的侵略战争不仅是一场政治战争、军事战争,也是一场"毒品战争",这是日本军国主义对中国人民欠下的又一笔血债,日本成为对华鸦片侵略的又一祸首。特别要指出的是,这种骇人听闻的战争罪行不但逃脱了战后的所有审判,甚至其事实本身也得到了日本举国上下的长期遮掩。[②]

---

① [日]江口圭一:《抗日战争时期的鸦片侵略》(续),《国外中国近代史研究》第 21 辑,中国社会科学院出版社 1992 年版,第 47 页。

② 齐磊:《日本"毒品祸华"活动的特点简析》,《百年风云——中国现代史学会 30 年论文选》,中国三峡出版社 2010 年版,第 607 页。

第八章　烟毒祸害对近代中国社会的重大影响

第一节　烟毒祸害对近代中国社会政治的影响

在近代中国，鸦片首先是一个商品，但其成为毒品后所引发的严重社会问题，又是一个重要的政治问题，是与国家政治状况高度相关的问题。鸦片首先对近代中国社会的政治产生了深刻而全面的影响，且与近代中国的政治发展历程息息相关，相互影响，互为因果。国家政治权力的强盛与软弱、集中与分散，对解决烟毒问题所采取的方式及实际获得的效果都有很大的影响。反之，烟毒及其引发的一系列问题，也对国家政治权力的运行产生着潜在的甚至直接的影响。

一、政治的衰微迎来了鸦片传播中的两个重要转折

前文已述，中国的罂粟与鸦片，是在唐朝初年由阿拉伯商人朝贡给中国皇帝之后逐渐流传开的。但是，在阿拉伯世界被视为圣品的"底也迦"，在铁马金戈、国威远播、物产丰盈、珍品云集的盛唐并未掀起任何波澜，仅为体系博大而内涵深邃的中华医药库增添了一味良药而已。此后直到明朝的600余年间，罂粟与鸦片的药理作用被后代的名医日益认识并逐渐推广，终于在明神宗（1563—1620年）时期，获得皇帝青睐，作为一种高级享受物出现在中国社会，在"上有所好，下必甚焉"的示范效应下，完成了由药用品蜕变为奢侈品的第一次转变，而日益流行于宫廷内部。这是鸦片烟毒在中国盛行的第一个转折。腐化堕落、喜好鸦片的明神宗因长期沉湎在鸦片中，竟然23年不视朝政，其作为从一个侧面折射出整个中国封建社会在明朝末期已全面开始了由盛转衰、由先进变为落后的历史进程。从此，中国封建社会政治发展的进程，被烙上了鸦片的印记。

鸦片烟毒在中国蔓延的第二个转折是在道光年间完成的，表现为鸦片由宫廷流传至各级官吏，又由统治阶层蔓延到全国各地、社会各个阶层。如果说鸦片由药用品蜕变为奢侈品的第一个转变过程，是中国人对鸦片功能的再认识，那

么，由上到下流传的第二个转折过程，却是其善恶参半双重名声在中国社会的第一次充分展示。而后一个过程，正是在经历了130多年的“康乾盛世”之后完成的。在康熙（1654—1722年）、雍正（1678—1735年）、乾隆（1711—1799年）当政的100多年间，中国社会的各个方面在原有的封建体系下达到极致，形成了中华民族的又一个辉煌盛世；同时，在这种繁荣与昌盛的背后却隐藏着深深的危机。正是在同一时间，在地球的另一端，尤其是在英国，一个新的运动——冲击中世纪封建神学桎梏的思想启蒙运动正在蓬勃发展；一场伟大的革命——最终改造了整个旧世界的资产阶级革命正在进行；一种新的文明——挑战全球的工业文明正在萌发。面对变化了的世界，康熙、雍正、乾隆三代明君，都表现出惊人的麻木和极度的愚昧，他们妄自尊大、拒绝开放；囿于传统、反对变革；满足现状、固步自封；特别是他们限制工商业、蔑视科学技术、关闭国门、下禁海令、加强集权、禁锢思想等的做法，使清朝完全失去了认识世界、走向世界的机会，也失去了与西方新兴工业化国家平等对话的机会，更失去了一次以和平的外交方式要求鸦片输出国配合中国禁止鸦片的机会。这一切都暴露出封建社会的这个末代朝廷正向政治衰败的道路上滑行，中国作为世界大国的国际地位正是在这三代明主闭关锁国政策的影响下日渐衰落的。如果我们将“康乾盛世”说成是一幕辉煌的悲剧的话，那么，这出悲剧最发人深省的地方就在于中国是在全盛的时候，是在盛世的喧嚣声中落后于世界的。

更值得一提的是，清朝的统治阶级是在已经看到鸦片烟毒对中国社会造成很大危害，并多次颁布禁烟法令的情况下，导致烟毒泛滥的。从雍正七年（1729年），中国皇帝颁布了世界上第一个禁烟令开始，到鸦片战争之前，清政府颁布了一系列的禁烟法令。由此，中国成为世界上颁布禁烟毒法令最早也是最多的国家。然而，如此多的禁烟法令，并未能阻止鸦片的流入和烟毒的泛滥，“说明清政府已经丧失了维持社会健康运行的自我调节机制，已经丧失了自我克服社会弊端的免疫能力”[①]，这不正是清王朝政治衰败已经病入膏肓、无可救药的明证吗？

二、鸦片泛滥加速了近代中国政治的腐败

“鸦片之所以在中国泛滥成灾，实质的原因是近代中国政治的败坏。”[②]嘉庆以降，清政府的政治发展和走向更多地受到鸦片的作用和反作用：吏治的腐败，

---

① 龚缨晏：《鸦片的传播与对华鸦片贸易》，东方出版社1999年版，第329页。

② 朱庆葆、蒋秋明、张世杰：《鸦片与近代中国》，江苏教育出版社1995年版，序言第2页。

军队战斗力的低下，政局的动荡不安等诸多政治因素都和鸦片有着千丝万缕的联系。反过来看，自从1840年英国因鸦片纠纷而向中国发动侵略战争以来，鸦片就已经不仅仅是一种毒品，它也被先进的中国人视为招致国家衰败与民族耻辱的象征①。正因为如此，“鸦片问题的解决始终是近代中国政治与社会变革的重要目标”②。

鸦片泛滥加速近代中国政治腐败的例证之一，就是不但在1840年前后的鸦片走私猖獗中，上至朝廷重臣，下到地方官吏，几无不直接或间接分润贿赂，成为鸦片偷运的受益者，正如英商在致帕麦斯顿的信中所说，“在中国方面，高级官吏与政府人员对于鸦片走私公开的默许，过去和现在的巡抚，都从中取利”③；而且此后的各级政府虽已看到鸦片对江山社稷的危害，但往往因贪图鸦片烟税见利忘义，常常动摇于禁弛之间，如：1917年军阀割据与混战后，采取各种极其卑劣的手段，“禁”弛穿插，只征不禁；南京国民政府统治初期，“寓禁于征”，征而不禁，时征时禁，“借烟生利”，诸如此般。正是在形形色色、五花八门的禁烟令中，烟毒走向了泛滥，达到了高潮，使中国这个世界上颁布禁毒令最早、最多的国家，亦成为历史上鸦片流毒最广、最深的国家，诸多的禁烟法令不仅成为一纸空文而形同虚设，还成了众多官员索受贿赂、敲诈百姓，为自己牟取私利的“钥匙”。

鸦片泛滥加速近代中国政治腐败的例证之二，就是依靠征收鸦片税来解决国内财政危机，这种饮鸩止渴之举，无疑使清朝本已举步维艰的禁烟活动雪上加霜。鸦片税的征收始于1853年的厘金税。1884年以前，鸦片占中国进口货值的1/3以上，鸦片税在清政府的财政收入中占有相当重要的地位。直到1903年、1904年鸦片税仍分别高达646万两和602万两。在鸦片战争前，清廷从遏制银源枯竭的趋势这一目的出发，发动禁烟，但到光绪年间，鸦片不但没被禁止，因鸦片的大量进口而征得的鸦片税却成为清政府的财政支柱。这样的变化，正是清廷走向腐败、走向衰弱的表现，是其政治发展愈趋腐朽和反动的表现，也是主权独立的中国走向半殖民地的晦暗历程。

鸦片泛滥加速近代中国政治腐败的例证之三，就是近代中国社会长期军阀分裂割据、不统一的奇特现象，也与鸦片的存在紧密相连。军阀政治是中国在特定历史条件下发生的特殊的政治形态。辛亥革命后，袁世凯掌权，开始了北洋军阀统治时期，从此军阀群体长期占据和活跃在中国政治舞台上。袁世凯死后，北洋军阀分裂，大小军阀应运而生，包括以蒋介石为首的国民党新军阀在内，他们

---

①② 朱庆葆、蒋秋明、张世杰：《鸦片与近代中国》，江苏教育出版社1995年版，导言第4页。

③ 《英国蓝皮书》，中国史学会主编：《中国近代史资料丛刊：鸦片战争》第2册，中华书局1979年版，第643页。

拥军割据,各自为政。各派军阀为巩固地盘,争夺势力范围,竞相扩充军队。辛亥革命(1911 年)至护国战争(1915 年)时期,全国拥有军队 50 万人,到直皖战争(1920 年)时期,军队发展至 100 万—120 万人,第二次直奉战争(1924 年)时期已达 150 万人,北伐战争(1926 年至 1927 年)时期竟至两三百万人。而四川军阀的军队到 1934 年竟恶性膨胀至 290 个团,约等于 40 个师的兵力,最高时达到 130 万人以上。军队的不断扩充,军阀间频繁的战争使军费开支与年俱增。1893 年时,中国的军费开支为 1 560 万元,1910 年达 1.02 亿元;辛亥革命后仅北洋军阀系统的军费开支,1916 年为 1.529 1 亿元,1918 年上升到 2.03 亿元,1925 年更增加到 6 亿元。如此巨额的军费从何而来呢?许多材料显示,几乎任何割据一方的封建军阀为弥补巨额的军费开支,都把收取鸦片税和包卖鸦片视为自己的权利,鸦片税成为军阀财政中一项极为重要的收入,占有举足轻重的地位。据美国学者齐锡生统计,1924 年和 1927 年四川、陕西、福建、广东、云南、湖北、广西、甘肃、安徽、河南 10 个省的军阀从鸦片中得到的收入大约如下:1924 年陕西为 2 400 万元,福建为 2 000 万元,湖北为 2 000 万元,甘肃为 2 000 万元,安徽为 300 万元;1927 年四川为 3 000 万元,广东为 1 200 万元,云南为 5 000 万元,广西为 1 000 万元,河南为 300 万元。[①] 尽管这份统计是不完全的,但仍能反映出鸦片烟税与军阀政权之间的密切关系。由于鸦片税收是各地军阀财政的重要来源和支柱,因此,为控制和扩大烟土的产销区域,获得更多的鸦片烟税收,军阀间或互相利用,握手言欢;或兵戎相见,大动干戈。可以断言,在近代中国,军阀与鸦片互为依存,如果没有了罂粟,没有了巨额的鸦片税,就产生不了多如牛毛的军阀,就不会有那么多的内战。从某种意义上说,军阀是战乱之源,而鸦片是军阀割据赖以存在的经济基础,是战乱的帮凶。所以,民国的烟祸是中国军阀政治及其统治的必然结果,也是近代中国政治腐败、长期分裂的主要原因之一。

历史事实告诉我们,1796 年到 1840 年的鸦片烟毒泛滥是政治腐败造成的,1918 年以后以鸦片为主的毒品泛滥在很大程度上也是由政局动荡、军阀混战、日本侵华等造成的。鸦片作为政治腐败的伴生物,往往标志着政治腐败的程度,政治愈腐败,鸦片流毒愈严重;反之,烟毒愈泛滥,封建的政治统治就愈腐败。总之,鸦片与近代中国的政治发展息息相关,互为因果。近代中国封建专制统治的衰落,官僚机构的腐败和闭关锁国、固步自封的误国政策等一系列政治因素,使鸦片得以堂而皇之地登堂入室,泛滥成灾;鸦片的流入与泛滥,又导致吏治更加腐败,政治发展更趋腐朽和反动。近代中国的政治衰败与鸦片泛滥交相呼应,相

---

① [美]齐锡生:《中国的军阀政治(1916—1928)》,中国人民大学出版社 1991 年版,第 157 页。

互影响，相互推动。在这里，鸦片成为政治的鸦片，政治成为鸦片的政治。

第二节　烟毒祸害对近代中国社会经济的影响

鸦片烟毒榨干了中国人民的血汗，极度破坏了资金的积累和生产力，使民族经济难以振兴，阻碍了中国近代社会发展的步伐，对近代中国社会的经济产生了深刻而重要的影响。

一、鸦片烟毒对近代中国农业的影响

罂粟种植业的兴盛和鸦片烟毒的泛滥，对近代中国农村经济造成的危害是异常严重的。中国是一个农业大国，农业在整个国民经济中占有举足轻重的地位，是整个国民经济的命脉。几千年的农业文明孕育、造就了一个伟大而优秀的民族——华夏民族；几千年的农业文明培育、创造了一个光辉灿烂而又博大精深的文化——中华文化。正是这个农业大国，依靠她的农业文明，使中华民族自秦汉以后经过了 2 000 多年的发展，至康乾盛世——整个封建社会已开始走下坡路之时，其经济仍取得了有史以来的最高成就。中国农业的发展水平，在满族入主中原建立大清王朝后，仍是整个中国历史上的最好时期。这主要表现在 4 个方面：一是耕地面积的增长远远超过了以往的历史时期。据统计，康熙二十四年（1685 年）全国共有耕地 6 亿亩，到乾隆终年（1799 年），全国耕地约为 10.5 亿亩。[①] 耕地面积的增长，为粮食产量的迅速增加提供了可能，进而为供养人口提供了基础。二是人口数量快速增长。据统计，康熙三十九年（1700 年）前后中国人口约 1.5 亿，乾隆五十九年（1794 年）增加到约 3.13 亿。在不到 100 年的时间里，人口增加一倍多，这固然与太平盛世、自然灾害较少等原因有关，但其中国家可以供养如此之多的人口完全有赖于农业生产的发展，则是显而易见的。这一人口数量的发展也远远超过了以往的历史时期。三是中国农作物的总产量占世界第一位。1799 年中国的粮食产量已迅速增至 2 040 亿斤，[②] 当时随同英国马嘎尔尼使团来中国的巴罗估计，中国的粮食收获率高于英国。四是农业生产技术的提高和新作物的引进。双季稻向长江以南亚热带地区的推广，大大提高了单位面积产量，亩产提高 18%—20%。同时高产作物水稻也向北方推广。另外，番薯、玉米

①② 戴逸：《乾隆帝及其时代》，中国人民大学出版社 1992 年版，第 286—296 页。

等新作物的引进，对于提高贫瘠地区粮食单产和促进山区农业经济的发展都起到了重要作用。这些表现反映了当时我国农业生产发展水平也是世界领先的。

然而，自鸦片战争以后的百年时间里，中国的农业生产虽然总体维持稳定，却没有太大的发展，甚而在不同的历史阶段、不同的地域，出现了农业生产衰退和下降的趋势。造成这种状况的原因有很多。近代以来，西方资本主义国家的侵华战争，国内众多的农民起义和频频发生的自然灾害等内忧外患，是造成晚清及民国农业衰退的外在因素；清政府与国民政府为摆脱巨额财政危机而加重对农民的搜刮，使农民进行农业生产的条件日趋恶化，是导致农村经济衰败的内在因素；晚清工业化对农业的过度挤压或者只挤不补，加速了农民的贫困和农村经济的衰败；资本主义国家对我国的经济侵略和商品输入，冲击和影响了我国农业生产的发展。此外，罂粟种植业的兴盛和鸦片烟毒的泛滥也是造成晚清与民国时期农业衰退的一个不容忽视的原因。

第一，罂粟种植业的兴盛破坏和挤占了大片农业用地，使得原本就耕地不足的近代中国农村社会的土地显得愈发紧张，导致粮田过少。就现有资料看，清代是我国历史上人口增长最多的时期。人口总数从 1741 年的 14 341.155 9 万，[①]发展到 1901 年的 4.264 4 亿，[②]平均每年增长 176 万人。然而，与人口增长幅度相比，耕地面积的增加幅度就显得很小了。据统计，在 1685—1887 年的 202 年时间里，耕地面积仅仅增加了 2 399 177 顷，平均每年只增加耕地 12 877 顷。耕地增加之缓慢，与人口膨胀之迅速形成了极为明显的人多地少之矛盾。而罂粟种植业兴起后，本来已经十分紧张的耕地又要分出一些去种罂粟，因此，罂粟种植不仅浪费人力，还要挤占土地，罂粟种植越多，粮食种植面积就越少，罂粟种植现象的普遍，无疑使近代中国人多地少的矛盾加剧。如西南产烟素为全国著名，农民因种罂粟“获利最厚”而广种，以致麦地、棉地亦沦为烟地，[③]粮田不足，“粮食价格昂贵”。1924 年，云南东部因广种罂粟，谷物价格几乎接近饥荒年时，小麦价格相当于鸦片的 5 倍，而且不易买到，[④]民食不仅平年紧张，荒年更是米贵胜珠。

罂粟种植业的兴盛严重影响了粮食生产，还使许多原来的产粮区变成了缺粮区。如在四川，1906 年种罂粟之地约有 761.6 万亩，占当时全省耕地面积的 16.4%。在防区制时期[⑤]每年烟产量为 120 万至 140 万担，如果仍以每亩产烟

① 《清实录·高宗实录》157 卷。
② 孙毓棠、张寄谦：《清代的垦田与丁口的记录》，《清史论丛》第 1 辑。
③ 《东方杂志》第 17 卷。
④ 章有义：《中国近代农业史资料》第二辑，三联书店 1957 年版。
⑤ 即 1919—1935 年，由军阀分防割据。

50 两计算，则全省用以种罂粟的耕地在 2 400 万亩至 2 800 万亩之间，为 10 800 余万亩耕地总数的 22%—26%，超过清末。① 四川以前运销湖南省的大米每年约三四万担，但 1930 年至 1932 年湘米反而输入四川，1932 年达到 102 512 担。② 陕西渭南地区，“地尤肥饶，近亦遍地罂粟，反仰给于渭北”。③ 又如 20 世纪 20 年代，中国的耕地为 14.169 5 亿亩，比 1913 年的 13.6 亿亩仅增加 4.1%，平均每人仅 3 亩多一点，是世界上人均耕地最少的国家之一。由于政治和技术的原因，粮食产量一直徘徊不前，而罂粟种植面积的扩大，加剧了粮食的短缺。以 1925 年为例，罂粟的总种植面积约为 1 800 万亩，以当时中国粮食平均亩产 300 斤计，每年因种植罂粟而少生产的粮食达 540 000 万斤。④ 许多原来的产粮区，反而要依赖其他省供粮，在正常年份缺粮的矛盾已很突出，遇荒年则更是会造成粮食恐慌。山西“垣曲产烟最多，饿毙者亦最众”。⑤

第二，罂粟种植业的兴盛以及由此带来的吸食鸦片成风，使农村劳动力受到极大的削弱和摧残。在近代农村，由于长时间大规模地种植罂粟这种既可以令人上瘾、又可以致命的毒品，必然会对农村经济的正常发展产生严重的破坏作用。在国内未种罂粟之前，进口洋烟价格高昂，吸食者主要限于城市。鸦片战争后，随着烟禁的废弛和国内罂粟种植的增多，农民手中有了烟，自然首先品尝，加之土烟价格便宜，农民常常自种自吸。收获季节，许多农民在田头即架锅煮烟，享受自己的劳动成果。农村中吸烟人数迅速增加，并远远超过城镇吸食人数。从资料看，此恶风在晚清时很盛行，咸、同军兴以后，四川三台县，“吸者日众，始犹富者嗜之，既乃贫者恋之，不但男子困之，更有妇女染之”。⑥ 进入民国以后，吸食鸦片之风依旧盛行不衰。据林竞 1919 年 3 月在甘肃西部的肃州考察时发现，“肃州人口全县计九万余，十人之中，足有七人吸鸦片”，⑦人数之多，令人惊叹。于是，受罂粟种植业的影响，近代中国农村社会长期存在着一支极其庞大的鸦片吸食队伍。由于鸦片含有大量毒素，反复使用会导致人上瘾，使吸食者的身心健康受到损害，变成“黄槁奄奄，不任操作”⑧的废人，不能进行正常的农业生产活动，劳动力的价值无法得到真正的体现。处于此种状况下的农村经济要求

① 《四川省情况》1939 年。

② 陈让卿：《四川农村崩溃实录》，《四川农业生产萎缩之现状及其趋势》1936 年。

③ 李文治：《中国近代农业史资料》第一辑，三联书店 1957 年版，第 463 页。

④ 水稻亩产 1931 年 325 斤，1932 年 366 斤，见李文治编：《中国近代农业史资料》第三辑，三联书店 1957 年版，第 926 页。

⑤ 李文治编：《中国近代农业史资料》第一辑，三联书店 1957 年版，第 462 页。

⑥ 《三台县志》卷 22。

⑦ 林竞：《西北丛编》，神州国光社民国二十年(1931 年)初版，第 198 页。

⑧ 李文治编：《中国近代农业史资料》第一辑，三联书店 1957 年版，第 460 页。

得正常的发展无疑是一件极为困难的事情。与此同时，近百年大规模罂粟种植业的兴盛，还对农村劳动力造成了很大的转移和浪费，也阻碍了农村副业的全面正常发展。“种植罂粟之功倍于蔬卉”，而且“此物最耗地力”，[①]因此在全国许多地方，原本用于正常农作物生产的劳动力被部分甚至大部分转移到罂粟种植业上，浪费了大量的人力，并且，许多地方农村的副业发展变成了以加工制作鸦片为主这样一种畸形经济发展的态势。

第三，吸食烟毒所需的巨额花销在仅足维持生计的小农经济中，是农家以至广大农村的重大经济损失。在近百年中国人多地少的土地分配状况下，多数家庭勉强维持基本的生活，如果遇上天歉减产，还难免饥苦之虞，广大农民以难以想象的节俭方式维持生计，尽量减少开支与消耗。这样的家庭环境，根本就没有承受吸食烟毒巨额开支的余地。除少数富裕户外，绝大多数的家庭往往被烟毒拖累至倾家荡产、家破人亡的绝境。仅 1935 年 12 月 5 日，天津《益世报》就在同版登载了两则嗜毒者可悲下场的消息：《保卫团班长饮弹自戕》和《嗜毒下场卖妻鬻子投缳自尽》，其中第一条报道了河北完县保卫团第一队第二班班长王冠英，因染有“白面”嗜好，入不敷出，债台高垒，将该班团丁 11 月份薪金借用，月终发饷时筹款无方，遂于 11 月 30 日饮弹自戕。[②] 不过，嗜毒到家破人亡的虽大有人在，但更多的则是导致家庭经济不堪重负。1930 年有人对河北磁县三村吸毒情况进行了调查，结果如下：

表 8－1　1930 年河北磁县三村毒品蔓延状况

村 名	人口（人）	吸 毒 人 数	吸毒人口比例（%）	全年吸毒费用（万元）	占全村收入（%）	经济困难（户）	经济破产（户）
史景村	2 203	富户 23 人、中户 28 人、贫户 31 人	3	1.5	20	24	30
赵家村	2 000	富户 28 人、中户 13 人、贫户 17 人	2.9	2.4	45	22	19
月平村	2 015	富户 20 人、中户 9 人、贫户 21 人	3	1.2	37	28	19

资料来源：《毒品蔓延与农村社会》，《拒毒月刊》第 43 期，1930 年 9 月。

---

① 张之洞：《张文襄公奏稿》卷 3，转引自李文治编：《中国近代农业史资料》，三联书店 1957 年版，第 462 页。

② 《保卫团班长饮弹自戕》，《益世报》1935 年 12 月 5 日。

从表 8 - 1 三村情况看，史景村的富户吸毒人数略少于中户与贫户，而赵家村、月平村却是富户中吸毒人数最多。如此看来，富户中的吸毒比例应在各村中居于首位，最起码不低于其他两种农户。如果从反向角度考虑，则只有富户才吸得起烟毒，承担不起吸毒费用却又染上毒瘾的中户与贫户，其结果多半是陷于经济困顿的旋涡。由表中可见，各村每年因吸毒而消耗的费用均在 1 万元以上，约占全村收入的 20%—45%。受毒品影响，经济困难者每村有 22—28 家，经济破产者有 19—30 家之多。

吸食烟毒，不但是家庭的灾难，也是社会的不幸。积少成多，每年吸食烟毒要耗掉社会的一大笔财富。1927 年，仅济南一地便消耗鸦片 4.8 万两，值洋 168 万元，销售"白丸"、"快上快"、"金丹"等毒品 8 600 万粒，值洋 220 万元，[①]两项合洋 388 万元。河北曲周，1935 年吸食毒品者不下万余人，每人每日以 2 角计，平均每年消耗 70 余万元。[②] 烟毒严重的地方，往往由繁荣而至萧条，而从前未曾兴旺者，被毒品侵蚀后也会变得更加衰败。1934 年的邯郸城北苏曹镇，"三年前尚称富裕之地，今已窘乏，原因尽为鸦片'白面'所致"。[③]

对于烟毒与农村经济破产的关系，有人曾作过这样一段精辟的分析：

> 居住在荒僻农村的人们，无论他们生活怎样豪奢丰美，每日生活程度能超过 1 元的实为"绝无仅有"，而上了毒品瘾的人们，每日必需 1 元至 7 元之谱，无论怎样生活美满的家庭，每年支出超过一千元的"寥寥无几"，而上了毒品瘾的人们，每年每人必需一千元至两千元之多。在生产技术笨拙、生产方法顽旧的中国农村，在战争连年、田园荒芜的中国今日，以农田有限的收入，填毒品无限的沟壑，农村的富户哪能不债台高筑，荡家破产，中产人家哪能不生活艰苦，典庄卖田，而贫苦农家哪能不卖妻鬻子，啼饥号寒，哪能不沦为流氓匪棍，去扰乱农村治安呢？所以毒品蔓延是农村经济破产的重因，是农村道德堕落的要素，是中华民族衰微的病菌。[④]

总之，罂粟种植业的兴盛发展和吸食鸦片的泛滥，造成了农村普遍的经济危机，成为近代以来农业生产明显衰退的一个重要因素。

---

① 中华民国拒毒会编印：《两年来全国烟祸概况》，《拒毒月刊》1928 年第 23 期。
② 《冀各县毒品充斥》，《大公报》1936 年 2 月 22 日。
③ 《邯郸之大毒窟》，《大公报》1934 年 10 月 26 日。
④ 《毒品蔓延与农村社会》，《拒毒月刊》1930 年第 43 期。

二、鸦片烟毒对近代中国手工业的影响

中国古代的手工业，种类繁多，产品精美，历史悠久，技术和工艺水平居世界的先进行列。明末清初，经长期战乱，明代发展起来的一些手工业基地受到严重破坏。康熙中期以后，封建社会秩序相对稳定，经济得到恢复，各手工业部门与明末比较，也有进步和发展。清代，手工业部门不仅涉及面广，例如有冶铁、炼铜、采煤、制瓷、榨油、碾米、造纸、印刷、造船、纺织，等等，而且产量和技术都比前代有所提高，还有了细致的专业化分工，如纺织工具的制造就出现了专业化的现象。早在明末，苏州市场上出卖的织机就有绫机、绢机、罗机、纱机、绸机、布机六种之多。[①] 清代，松江地方有一句俗谚，“金泽锭子谢家车”，[②]意思是金泽所生产的铁质纺锭和同县谢家所制造的纺车特别有名。这些都可以看出纺织工具制造专业化发展的情况。另外，在一些手工业部门中，生产过程的某些环节也有逐渐分离的现象。如棉纺织业中就出现了轧花、纺纱、织布、印染等专业化分工，丝织业中有缫丝、织染等。有的地方某些专业中又有更细的分工。如江苏松江棉布染色业作坊，按照产品分类，分成蓝坊、红坊、漂色坊、杂色坊。市场也有了一定的发育，粮食、布匹、棉花、丝、绸缎、茶、盐成为主要商品，其流通值为3.5亿银两。[③] 如果加上烟、酒、糖、油、煤、铁、瓷器、木材，不少于4.5亿两，以当时人口3亿计，人均商品流通值为银1.5两。直到19世纪初期之前，中国拥有世界上最好的粮食、饮料、纺织品和其他土特产，传统手工业高度发达。

（一）近代中国鸦片业的兴起与发展阶段

自近代以来，作为历代中国国民经济两大支柱产业之一的手工业，却逐渐呈现出衰落之景象。究其原因，与近代中国的国势衰微、资本—帝国主义的长期入侵、外国资本的冲击和本国民族资本的注入，不无直接关系。但是，鸦片烟毒的长期泛滥，对中国传统手工业的影响，亦是不言而喻的。这种影响主要反映在：一方面因鸦片的毒副作用，在千千万万吸食鸦片烟的人群中，广大的手工业者也不可避免地受到鸦片的毒害，使中国的劳动力大军遭受很大的损失；另一方面，鸦片烟毒的泛滥，导致了中国自产鸦片的兴盛发展，出现了近代中国百业凋敝，唯有烟毒业“一枝独秀”的奇特现象，而烟毒业本身就是半殖民地半封建的中国社会的一个畸形行业，其对近代中国的经济发展自然会产生多重影响。

---

① （崇祯）《吴县志》29卷。

② 姚光发等：（光绪）《松江府续志》第5卷，第23—24页。

③ 许涤新、吴承明主编：《中国资本主义发展史》第1卷，社会科学文献出版社1985年版，第284页。

自乾隆初年起，鸦片吸食如同一股强大的山洪暴发在中国大地上，几乎所向披靡，无坚不摧。于是，在中国几千年里养育的传统手工业队伍中，又出现了一个新兴的行业——鸦片业，并迅速发展成为近代中国农业和手工业部门中的"独秀"。从时间上看，鸦片业产生的萌芽时期应在雍正、乾隆期间，初具规模并较为成熟的形成时期，应在19世纪40—60年代。

近代中国鸦片业的形成是在外国资本主义的教唆、推动和影响下，被迫向西方"学习"的产物。自给自足的自然经济是鸦片业能在近代中国形成的温床；晚清腐败的政府，对罂粟种植和鸦片制作由默许、承认到放任自流，导致了鸦片业的出现和兴盛发展。近代中国鸦片业的兴盛发展经历了以下四个阶段：19世纪40年代—19世纪60年代，是鸦片业发展的准备和提高时期，19世纪60年代—20世纪初，是鸦片业在近代中国兴盛发展的第一个高峰时期，20世纪初—20世纪30年代中期，是鸦片业在近代中国兴盛发展的第二个高峰时期，20世纪30年代—20世纪40年代中期，是鸦片业在"日伪区"和部分国统区继续发展时期。

(二) 近代中国鸦片业的特征

近代中国鸦片业的形成和发展，一方面处于封建社会的衰落时期，另一方面又处于社会生活的动荡和转型时期。因此，这一行业无不打上时代的烙印，具有与众不同的特征。

第一，鸦片业是近代中国百业萧条情况下的一个新兴手工行业。近代中国处在内忧外患、国势衰微之中，面对外国资本主义大量的商品输入，传统手工业遇到了前所未有的冲击和挑战，除了历史悠久的制瓷业所受影响较小外，其他所有的手工业部门，如纺织、冶铁、铁器制造、榨油、制糖、染料、火石、皂荚等行业都衰落了。与此同时，在19世纪70年代出现的民族工业，也是举步维艰、发展缓慢。只有鸦片业是近代中国唯一兴盛发展的手工行业，成为百业萧条下的"独秀"。从鸦片制作本身来看，近代中国的鸦片业在其产生和发展的过程中，一般有三种形式：一是农民家庭的鸦片制作，这种加工大抵由农人自己栽种罂粟，而后取浆熬膏，加工的多为生鸦片或质量不高、数量有限的熟鸦片。二是专门建立的熬制烟膏的手工作坊、挑膏店或烟膏店，进行专门化生产。如广州最早出现了一些制作鸦片烟膏的手工作坊，据说有一家手工作坊，因熬烟的水井奇妙，后来清宫里的太后也非此作坊的烟膏不吸。又如上海的烟膏店，主要分为广州帮和潮州帮，最著名的"广诚发"、"广诚昌"、"广福和"、"广维新"和"赵南来"等数十家均属广州帮，潮州帮也有"林恒丰"等数十家。三是将生鸦片加工并出售的烟馆。这种烟馆遍布全国各地，其熬制加工方法各异。

第二，鸦片业是整个半殖民地半封建社会经济形态中的一个畸形行业。自鸦片战争以后，中国一步步沦为半殖民地半封建社会。鸦片业本身就是一个既属于自然经济的产物，又受到资本主义世界经济影响的行业。前面提到的进行鸦片制作的三种形式，均属于封建社会自然经济的产物。在鸦片战争以后，受资本主义世界市场需求的影响，中国农业有了一定的发展，这使得鸦片制作业的原料生产者——一部分农民开始变成了外国资本主义工业原料的供给者，成为资本主义商品经济的附庸。从而使鸦片业成为半殖民地半封建社会的既依附于自然经济，又依附于商品经济；既是民族手工业，又有资本主义经济烙印的一种畸形行业。

第三，鸦片业带动了与吸食鸦片相关的手工器具制造业的发展。中国人吸食鸦片的方法是相当复杂的，需要一整套程序和一整套包括烟灯、烟枪、烟盘、烟签、烟膏盒、烟灰缸在内的工具。所以，随着鸦片业的兴盛发展，不仅吸食鸦片的人数在直线上升，而且与吸鸦片相关的器具的需求量也在不断增大。于是，与制作各种吸烟工具有关的玉石业、木器业、竹器业、铁器业、铜器业、琉璃业、玻璃业等手工行业随之大发展，出现了一个需求旺盛、市场广阔、门类齐全、分布广泛、以鸦片制作业为中心，包括相关配套用具的烟具器皿制作业，它们在手工业中所占的比重相当大。

第四，鸦片业是近代中国实际上的合法经济，而不是地下经济。以种植和制作鸦片为主的毒品经济是一个害人经济，其存在和活动理应取缔。然而，近代中国，当鸦片业形成以后，尽管历朝历代的统治阶级颁布了许许多多的禁烟法令，但这些法令只是在局部区域和一定时期内限制了罂粟的种植和鸦片的生产，并未能从根本上阻止鸦片业的兴盛发展。从总体上来看，鸦片业在近代中国100多年的历史进程中，合法存在的时间长，被限制或取缔的时间短；或者表面上被禁止，实际上又被默认其存在。正是因为它是作为一种实际上的合法经济，受到政府的承认、默许，甚至保护和鼓励，所以才有了生存和发展的空间。

第五，鸦片业生产的商品——鸦片，在特定时期和特定区域是一种能充当一般等价物的特殊商品。鸦片，这种商品的特殊性就在于其本身质量轻、体积小，便于储存和携带，但又十分有价值，甚至可与黄金等价。在特定的时期和特定的区域，作为商品交换与支付的手段，鸦片具有货币功能。例如，北洋军阀统治时期，1925年担任贵州省长的彭汉章为大做鸦片生意，连省府职员的薪水有时也以鸦片替代。此时的川军为达到勒逼农民栽种罂粟之目的，提出“如农民缺乏资金，也可贷款，不过利息较高，将来还本之时，本利要以鸦片折算”。[①] 军阀唐继

① 《四川文史资料选辑》第10辑，第140页。

尧在 20 年代初率部入桂讨伐驻粤滇军时携带巨量烟土，并以此发军饷。在烟雾弥漫的西南地区，不仅少数民族种植罂粟的现象较为普遍，而且鸦片在这里还是特殊商品。如在哈尼族，借贷常以烟土为标准，借 1 两，一年后须还 4 两，最高的要还 6 两。由于烟价每年上涨，有些贫农竟至一辈子也还不清。鸦片曾是佤族唯一生产的商品。几乎每家都种罂粟，平均每户收鸦片 41.2 两，占全年收入的 32%。[①] 大烟与佤族人的生活也有密切的关系：结婚时，男方要向女方送大烟作为聘礼；民间借贷中，数量最多的不是钞票，而是大烟；市场交易从盐巴到奴隶买卖，均以大烟说价。20 世纪 20—30 年代，布朗族人的头人不仅通过为政府收税从中抽取鸦片吸食，连放债也以大烟为主，债息竟达 50%—200%。[②]

第六，鸦片业还成为中央与地方政府重要的税收来源。自 1858 年清政府被迫承认鸦片贸易合法化之前，两江总督何桂清在上海征收鸦片税始，洋药鸦片税，在光绪年间一直维持每担征收 110 两，到宣统三年(1911 年)政府大力禁烟，为限制鸦片流通加至 350 两。[③] 1884 年以前的进口税中，鸦片税约占一半左右，最高时占了 60%以上，由此可见鸦片税在清政府的财政收入中占有相当重要的地位。1881 年 6 月，李鸿章提出对土药每百斤共征税厘 40 两，被清廷认可，土烟税厘亦成为清政府财政税收的一个重要组成部分。从清廷在 20 世纪初年征收土药税额的情况，也可以看出土药税收在清廷的财政方面所占的比重。1900 年清朝土药税额为 180 万两，1904 年为 194 万两，1905 年为 685 万余两，1907 年为 900 余万两，[④]这一数字几乎相当于该年厘金实收额的 50%。[⑤] 鸦片种植税的滥征，开始于民国初年。如 1919 年唐继尧主持滇省军政，为维持庞大的军队，决定开放烟禁筹饷，对农民种烟，按亩收捐，名曰烟亩罚金，1921 年全省征得烟亩罚金 60 万元，1923 年增至 86 万余元。[⑥] 甘肃种烟税税名为“烟亩罚款”，1924 年全省一年的烟税达 2 000 万元。[⑦] 据统计，到 1937 年，四川省地方预算收入为 8 630 万元，其中税收 6 000 万元，而烟税占到总税收的 40%。[⑧] 鸦片烟税曾是军阀割据的一大法宝，这已成为一个不争的事实。南京国民政府时期，烟税也成为其政府财政收入的重要组成部分。据一份资料证实，仅在汉口一地

① 田继周、罗之基：《佤族》，北京民族出版社 1985 年版，第 14 页。
② 云南省编辑组：《布朗族社会历史调查》第 1 册，云南人民出版社 1981 年版，第 24 页。
③ 贾士毅：《民国财政史》上册，商务印书馆 1934 年版，第 438—469 页。
④ 刘锦藻：《清续文献通考》，商务印书馆 1936 年版，第 8249 页。
⑤ 罗东玉：《中国厘金史》，商务印书馆 1936 年版，第 611 页。
⑥ 李子辉：《云南禁烟简况》，《云南文史资料选辑》第三辑。
⑦ 章有义编：《中国近代农业史资料》第二辑，三联书店 1957 年版，第 620 页。
⑧ 曾俊臣：《经营“特业”五年纪略》，《四川文史资料选辑》第七辑。

征收的鸦片税每年就多达 1 000 万元以上，1931 年一次上交财政部的税款达到 1 400 万元。

（三）鸦片业对近代中国社会经济带来的负面影响

鸦片业在近代中国的形成、兴盛与发展，对整个国计民生只能起消极、破坏、瓦解的作用，并给近代中国的社会经济带来重大而深刻的负面影响。

第一，鸦片制作业的兴盛发展，在客观上排斥了洋鸦片的侵入，减少了白银外流，但却使毒品经济内源化。据统计，仅 19 世纪 30—80 年代的 60 年间，平均每年因鸦片走私进口而外流的白银就在 1 000 万两以上。洋鸦片成了外国列强掠夺中国经济的一个重要工具。鸦片业的兴盛发展，使自产鸦片逐渐取代洋鸦片而一统天下，在客观上为抵制洋鸦片的侵入起到了一定作用，并减少了白银外流。但是，清政府用发展土烟以分洋烟之利的政策，是以损害无数中国人的生命为代价的消极政策，只能是饮鸩止渴、惹火烧身。把原本属于外源性的毒品经济变成了内源性的毒品经济，使越来越多的中国人的生活不同程度地依赖于鸦片，不啻为一种莫大的灾难。

第二，鸦片业的兴盛发展，占用和吸纳了大量社会资金，使近代民族工业受到冷落。在近代中国内忧外患、战乱频仍、经济发展严重受阻、社会资金大为紧缺的情况下，受鸦片暴利之影响，原本就所剩无几的社会资金又大部分流向鸦片业，最终导致许多地区的近代工业因缺少资金而发展受阻或停滞不前，已经发展起来的近代企业，又因资金投入不足而无法进行扩大再生产，这就制约了民族工业的正常发展。

第三，鸦片业的兴盛发展及由此带来的吸食鸦片成风，使劳动力受到重大破坏和损失。吸食鸦片的人数，从 19 世纪 50 年代的约 300 万人，上升到 20 世纪 30 年代的 8 000 万人，占全国总人口的 16.8%。在如此庞大的鸦片吸食人群中，除老人、病人和妇女之外，占吸毒人数最多的还是青壮年，他们都是社会的主要劳动力。从中国禁烟委员会编印的《民国二十年统计汇报》之《民国二十年各地戒烟所戒烟人年龄统计表》中提供的情况可以看出，1931 年山东 671 名入所戒烟者中，以 20—50 岁者居多，计为全体的 90.76%。这个年龄阶段正是人生中创业的黄金时期，吸食鸦片影响吸食者自身生活暂且不说，单是对社会生产力、劳动力的破坏已是不可估量的损失。中国代表团在 1909 年上海“万国禁烟会议”上提供的有关资料称，仅 1906 年，因吸食鸦片造成的劳动力损失就达 4.5 亿两白银。一年如此，100 多年的近代中国因为吸食鸦片造成的劳动力损失，究竟是多少，这恐怕是一个天文数字。

三、鸦片贸易对近代中国社会经济的影响

围绕着鸦片所进行的一切贸易活动，是近代中国最主要的商业活动之一。不论是国内贸易还是国际贸易，鸦片贸易在近代中国的商业活动中都占有重要的位置。就经济运行看，同粮食、盐等重要商品一样，鸦片也是近代中国国内市场流通中最重要的商品之一。大约在16世纪50年代，西方的葡萄牙首开将鸦片直接输入到中国的先例，后来，以英国为首的许多西方国家都参与了对华的鸦片贸易，英国、日本和美国等都是对华鸦片贸易的主要输出国。于是，自16世纪中期由西方殖民主义者开始的向中国输入鸦片的贸易活动，不仅改变了中国社会的性质，同时也使中国人民蒙受了近百年的耻辱。鸦片贸易是外国资本主义通过两次鸦片战争，强加给中国人民的一项可耻的、肮脏的、充满血腥味的、不正当的贸易。这项罪恶的贸易给中国社会和中国人民带来了巨大的灾难。随着第一次鸦片战争的炮火，中国关闭几百年的封建大门被强行打开，外国侵略者不仅向中国大量输入商品、资本，掠夺中国的资源，控制中国的市场，而且还向中国输入大量的鸦片，以获取高额利润，严重地阻碍了中国社会生产力的发展。在鸦片类毒品危害中国的200多年时间里①，积极参与对华鸦片贸易和走私的不是以英国为首的西方殖民主义者，就是日本帝国主义，他们是毒害中国人民的最主要祸首。在西方殖民主义者的影响和教唆下，中国人自己加入到了种植、加工和制造鸦片的行列，并且使土产鸦片成为近代中国国内市场流通中最重要的商品之一，鸦片制作业也成为近代中国唯一兴盛发展的行业。鸦片贸易对近代中国社会经济的影响，主要表现在以下几方面：

第一，鸦片贸易引发了清王朝的财政危机。鸦片贸易开展以后，白银外流十分严重。1797年广州就发生了“银荒”。嘉庆四年(1799年)清廷虽下令禁止白银出口，但纹银外流仍然有增无减，逐年递增至一百几十万两。道光元年(1821年)以后，鸦片走私激增，白银外流更加厉害，“银荒”现象也从滨海省份逐渐蔓延到全国各地。自道光三年(1823年)至道光十四年(1834年)的11年间，共有5 200余万元的白银流向英国。二十年中流失的白银，最低估计价值在1亿元以上，等于当时银货流通总额的1/5。按平均数量来看，每年流出的白银均有500余万元，等于当时国家年财政收入的1/10。近代中国围绕鸦片出现的国际贸易，引发了中国白银的大量外流，造成金融恐慌，财政枯竭。这一经济变化导致了清王朝的政治变化，也使近代中国从此走上了半殖民地半封建社会的

---

① 从1729年雍正皇帝首次颁布禁烟令算起。

畸形道路。

第二，鸦片贸易的兴盛发展，使中国社会的财富被最大限度地用于鸦片的消费，造成了近代中国社会财富的极大浪费和非正常损失。笔者根据所掌握的资料计算后得出，1727—1800 年英国大约向中国输出鸦片 71 740 箱，1800—1917 年英国对华的鸦片输出大约为 7 023 110 箱。仅以 7 023 110 箱计算，英国就从近代中国掠走 66.1 亿银元，如果再加上 1800 年以前的 71 740 箱，和葡萄牙、美国及 1917 年后以日本为首的西方国家走私入口的鸦片与其他毒品大约 186 万箱，可以粗略地估计，以英国、日本为首的列强在 220 年中向中国输入的鸦片达 900 万—1 000 万箱，从中国掠夺的财富有近百亿元。此外，笔者根据苏智良教授在《中国毒品史》一书中提供的“中国近代罂粟种植面积和土烟生产状况示意图”计算出，近代中国自产鸦片大约为 2 500 万担左右①。从上述粗略估计中可以看到，近代中国用于鸦片消费的社会财富达到 300 亿元左右。试想，如果这些财富用于发展近代中国的民族工业，那将是一个多么美好的前景。近代中国贫穷落后的主要根源之一不就在于此吗？

第三，鸦片贸易对社会财富的劫夺，严重阻碍着社会经济的正常发展。鸦片贸易的发展，烟毒的商品化，刺激了某些城市和地区的畸形繁荣，如百色、宜昌、汉口等烟土集散地，烟商云集，花天酒地，挥金如土，旅馆、酒楼、戏院、茶园、妓院大量增加，一派繁荣。但是这种繁荣都是以烟土买卖为基础的，具有强烈的消费性和寄生性，一旦离开烟土贸易，这种繁荣便很快衰落。如地扼湘黔要冲的贵州铜仁，1915 年至 1922 年是烟土的集散中心，商贾云集，货担塞路，赌场、茶肆、烟馆、酒楼如雨后春笋般出现。然而，1922 年后“黔土”②不再以铜仁为集散地，于是铜仁的繁荣很快便烟消云散了。由于鸦片价高利厚，鸦片贸易大量侵吞生产资本，严重破坏社会生产力的发展。鸦片贸易中的高额利润，不仅被军阀视为生财之道，也使大批商人蜂拥而上，一些地区甚至出现“无商不土”的状况，各行业商人大多兼营烟土，因此，大量社会财富被吸引到鸦片贸易中来，造成鸦片商业资本日益膨胀，而相应地，生产资本则日益萎缩。大量资本只停留在鸦片的投机买卖上，在流通领域里滚雪球，必然抑制正常的商业发展。如陕南的药材贸易一向繁荣，鸦片开禁后，价高利厚，商人争相经营，药材经营便迅速衰落；再如涪陵的榨菜、桐油，鄂西的苎麻，都是传统的地方名产，在烟土贸易兴盛时全都衰落了。许多城市在烟毒肆虐时期，都出现过百业萧条，唯有烟毒业“一枝独秀”的

① 每担按百斤计。
② 即贵州的土烟。

状况。

第四，鸦片烟毒的泛滥，侵占了大量社会游资，阻碍了民族资本原始积累的正常发展。中国民族资本主义萌芽于明末清初，尽管在其自身发展的历史进程中，不像西方资本主义的发展那样“一帆风顺”，而是既受到中国封建势力的压制，又受到外国资本主义的迫害，但它毕竟在风雨飘摇中摇摇摆摆地走到了近代，它的成长与发展是很艰难的，但对中国社会经济起着积极的推动作用。中国民族资本主义是在畸形的社会夹缝里寻求着自己生存的空间，而它的发展同其他国家的资本主义发展一样，离不开资本的积累，尤其是1840年鸦片战争爆发后的中国近代社会这段历史时期中的积累。但是国内鸦片贸易的存在及其泛滥，很大程度上侵占了大量的社会游资，从而成为中国资本主义资本积累的巨大障碍。郑观应曾经指出：“鸦片经营利润丰厚，若将其利润转化为轮船、铁路、水利或其他产业的投资，则对经济必在裨益。”[①]这一观点，抽象地看的确有合理性。鉴于吸食鸦片人数众多，鸦片经营的确能够吸收烟民的零散资金，并汇聚成可观的数额。如果真的将此转化为工商业投资，在某种程度上可以说是化害为利之举。马克思在分析这一问题时指出：“只要取消鸦片，中国可以在它对英美贸易大致出超800万英镑这个数字的范围内逐渐地吸收更多的英美商品。”[②]但是，晚清时期，社会缺乏相应的条件促使经营鸦片的利润转化为近代工商业的投资基金。首先，以鸦片作为汇聚资金的手段，有效的办法是实现国家垄断专卖。但晚清实行鸦片弛禁政策以后，除设卡征收鸦片运销厘金外，基本上采取的是放任的态度，没有形成有效的管理，以致从罂粟种植、鸦片生产和运销，到烟馆经营、烟民吸食等各个环节都处于自由状态，鸦片的经营异常零散，故利润虽然丰厚，但经营者过多，分散积累，难以积聚成巨额资本。其次，经营鸦片的利润很高，如果再逃过税厘，则“获利更厚于私盐十倍”。[③] 当时，几乎没有其他行业可以获得高于鸦片经营的利润。兴办企业的利润率一般只有8%—10%，尚不及农贸、典当、购买土地等传统投资的利税率。而且在晚清的大部分时期，公共舆论对于创办近代商业、开发矿山和修筑铁路均持抵制态度，担心这些举措会造成外国对中国经济控制的增加。晚清政府也从未对这些新兴的产业采取扶持和保护的措施。因此，鸦片经营者不愿将其资金投入到新兴产业中去。凡此种种，均构成了中国资本主义原始积累的巨大障碍。

---

① 郑观应：《增订盛世危言正续编》卷8。

② 《马克思恩格斯全集》第12卷，人民出版社1962年版，第605页。

③ 李鸿章：《奏陈对洋、土药加税厘缉查防禁之办法》，《清朝续文献通考(一)》卷51，征榷23，浙江古籍出版社1988年版，第8058页。

第三节　烟毒祸害对近代中国社会生活的影响

任何一个民族的社会生活，都是民族生存发展延续的载体。每一种社会风尚与习俗的形成，都不是孤立和静止的，它是一定社会中人民生活经验的反映和适应生存环境的手段；是在长期的社会生活中日积月累慢慢形成的；是与每一个时代人们的生活方式、生产活动密切相关的。作为古代文明多种文化长期积淀凝聚的产物，风俗既是传统文化特征鲜明、流传极久并具有民族个性的传统习惯，又是传统文化的一种承载体和传递者。中国历史源远流长，有着无数值得骄傲和自豪的灿烂文化。然而，她毕竟是个经历了从蛮荒到文明的古老国度，在漫长的发展历程中，也夹杂了许多诸如缠足、太监、童养媳等落后、陈腐、荒诞、丑陋的社会陋习和风俗。因此，中国传统文化是一个精华与糟粕、积极因素与消极因素糅合并存的复杂体。

一、吸食鸦片成为近代中国社会的陋俗

吸食鸦片成为近代中国社会的陋俗，是中国传统文化中的历史积淀和文化沉渣在新的历史条件下的表现和反映。自古以来中国人在物质生活上提倡崇俭简黜奢靡，但自明清以来“奢靡”之风渐渐出现，且愈演愈烈。这种社会风气的形成，是一个民族在特定时代的文化现象，是经济、政治、心理、习惯等诸多因素的综合表现。长期以来，中国的消费观念与政治权利结构有着十分密切的关系，封建等级观念制约着奢靡风气的膨胀。然而当王权衰落，封建等级制度解体之时，奢侈斗富的风气便如决堤之水。就一般社会心理而言，物质方面的穷奢极侈常常成为人们弥补政治和社会地位不足的重要方式，这种不健全的社会心理总是在政治控制减弱时暴露出来。明清以后奢侈风气的渐渐升温，就是这种历史条件和社会心理的反应。清代尤其是晚清奢靡之风的表现有诸多方面，如服饰、饮食、宅基地建筑及其装饰、交通工具，等等，其中寻欢作乐的恶习中就有吸食鸦片。受这种社会风气的影响，吸食鸦片不仅被人们当作一种享受，作为浮糜生活的一个方面，而且还是比阔斗富、显示等第的方式，是对明清以来追求“奢靡”之风的发扬光大。此后，随着中国社会长期持续动荡不安，吸食鸦片的恶习也一直延续了约一个世纪，“抽大烟”成为晚清社会生活中一种新的社会习俗，它与进步的、良好的社会习俗背道而驰，代表的是落

后、陈腐和丑陋；是以消磨人的精神和意志，残害人的肉体为代价的，是一种陋俗。正是这一恶习陋俗，造成了晚清社会的局部"死机"甚至完全"瘫痪"；也正是这一陋俗，使勤劳、智慧而又善良、豁达的中国人民，在近代以后的形象来了个一百八十度的大转弯，"东亚病夫"成了闻名世界的称号，"一条辫子，一杆烟枪"，几乎代表了晚清中国人的普遍形象。

二、鸦片烟毒影响近代中国社会生活的主要表现

鸦片战争以后，随着外国鸦片的大量涌入，国内罂粟种植和土烟生产的日渐普遍，鸦片烟登堂入室，走进千千万万中国人的社会生活。就如同人每天要吃饭、穿衣、睡觉一样，吸食鸦片成为须臾不可离开的一种生活方式，成了近代中国历史上一个最具有代表性的陋俗，对近代中国社会生活的影响不可小觑。

(一) 吸鸦片烟成为社会时髦的象征

清中叶以后，由于英国东印度公司确立了向中国倾销鸦片的政策，也由于吸食鸦片之风由台湾、厦门等地传入内地，逐渐成为当时社会的一种时髦，在社会上形成了一个"吃鸦片"的阶层。特别是 19 世纪 70 年代以来，在日益增加的洋烟和土烟的双重熏染下，无论是官吏、士人，还是商贾、杂役，不分男女老少，吸食成风。吸鸦片烟成了时髦的象征。有朋友来访，主人将鸦片连同茶水一起端上让客人享用；逢年过节，人们纵情于饮酒、赌博和吸食鸦片之中；精神不佳、体力不济以吸食鸦片来提神解乏；为避免子孙在外赌博而导致倾家荡产，父辈以吸食鸦片拴住后代。媒人说媒，以日吸几钱烟膏作为衡量家财的标准；遇红白喜事，以摆出多少张烟榻显示场面大小。富人们把抽大烟当作消遣解闷的一种手段，当作寻欢作乐的一种方式，就像山珍海味、娇妻美妾一样不可缺少。而穷人吸鸦片往往是为生活所迫。拉黄包车的、抬滑竿的、拉纤的、搬运工，等等，劳动强度大，每天劳作十多个小时，终年不得休息，而且饮食粗劣，不得温饱，身体羸弱，体力不支。为消除疲劳，振作精神，他们常常在劳动之时或劳动之余吸几口鸦片。正像在 1928 年 11 月全国禁烟会议上，国民政府立法院长胡汉民发言所说：直至现在，抽吸鸦片在许多国人心目中依然是"极体面、极时髦事"，"是贵人福人富翁所作的事"，以致许多无钱吸烟的平民对此"每每向往不置，以自己的不能为大憾"。①

(二) 鸦片烟成为社会交际应酬中不可缺少的工具

在社会交际应酬中，鸦片占有一席之地。如贵州省，"几乎家置烟灯，以为日

---

① 胡汉民：《厉行禁烟与社会制裁》，《禁烟宣传汇刊》，中国国民党中央执行委员会宣传部印。

常生活及供应酬客之必需品”。[①] 天津地区，“中等以上住户，每以鸦片款客为荣”。[②] 河南流行鸦片的地区，客人上门后，主人首先要摆出烟具让客人登榻吸烟，然后才奉上茶水和点心。其他如四川、云南、两湖、安徽等诸多省份也同样如此，客人登门如果不烧烟，不吃鸦片，往往会被认为待客不恭。酒宴之中少了鸦片，也被认为不够圆满。至于婚丧嫁娶、央人帮忙做活或托人办事，没有鸦片伺候便很难办得体面。鸦片的用途如此广泛，以致不仅家有抽烟的人需要备置烟土烟具，家无抽烟的人也须备置。买不起烟具的人家来了亲友，也常得借来烟具烟膏作为招待。除家庭外，各种社交场合也需要备置鸦片，店铺、旅馆、茶肆、赌场、妓院一般都备有鸦片，以招揽生意。商业交易中的鸦片应酬更为普遍。20世纪二三十年代，鸦片在交际场合的作用远远超过纸烟和酒，现在用烟酒应酬的一切场合，在当时都可以用烟土来代替。

（三）鸦片烟还是馈赠的绝好礼品

烟土既有如此多的用途，自然也是馈赠于人的绝好礼品，在鸦片弛禁的时期，馈送烟土烟具更是常见现象，而且这种馈赠是最实惠的。当时官员们下乡“体察”民情，地方乡绅常常以烟土相赠，一些官员也巧立名目收受属下奉赠的烟土。如1925年湖北施鹤道尹林树藩过50岁寿辰，各地官员所送厚礼中即多有烟土。各地乡绅富豪通关节、交权贵、买官职，贿送烟土之事更多，即使国民政府推行禁烟时，乡绅富豪为交结权贵，也想方设法向权贵贿送烟土，如以赠送字画为名，在画轴中装进烟土，或者赠送佛像，把烟土填在佛像肚中。烟土不仅用于馈赠，还用于供奉神灵。在许多地区，人们到寺庙进香拜佛，也往往要买些烟膏、烟棒放在供桌上，好让佛祖和菩萨享用，好像佛祖、菩萨也是瘾癖深沉的“烟鬼”。

三、吸食鸦片成为近代中国陋俗的原因

任何一种社会风俗的形成，首先必须具备物质条件。如中国古代的太监和小脚女人等陋俗的出现，首先必须具备的物质条件是男人的生殖器和女人的脚。而吸食鸦片成风则必须要有鸦片。因此，在吸食鸦片成为近代中国陋俗的过程中，鸦片是一个重要的也是不可缺少的因素，没有鸦片这一物质的存在，吸食鸦片成风就无从谈起。“经常与中国人联系在一起的吸鸦片的恶习并不是与生俱来的”，而是“由西方人引进到中国的”。[③] 自16世纪中叶葡萄牙人开始了对中

---

① 《内政部禁烟委员会调查湘鄂甘陕川黔六省办理禁政情形》，中国第二历史档案馆藏，档号四—737。

② 罗运炎：《中国禁烟问题》，大明图书公司发行1934年版，第68页。

③ [美]马丁·布思：《鸦片史》，海南出版社1999年版，第126页。

国的鸦片贸易之后，“真正将中国变为瘾君子之邦的”，是后来“成为世界上最强大的殖民帝国和最大的鸦片商”的英国。[①] 历史事实可以充分地说明，不论是英帝国主义还是日本帝国主义，都在造成近代中国鸦片烟毒盛行、泛滥的过程中，充当了一个十分不光彩的角色。没有英国等鸦片贩子不顾人类道德大肆偷运鸦片到中国来，中国人染上吸食鸦片习惯的人数是屈指可数的，更不可能造成19世纪下半期中国吸食鸦片的人员达到全国总人口的5%，即2 000万人这样一个难以收拾的境地；没有日本人充当20世纪上半期对华实行鸦片侵略的先锋和骨干，就不会有20世纪20—40年代中国人深受烟毒之害惨剧的重现。因此，帝国主义在中国大肆倾销鸦片，是导致中国人吸食鸦片并逐渐成风的最直接因素，帝国主义是近代中国形成吸食鸦片陋俗的始作俑者。

任何一种社会风俗的形成，既有其形成的外部环境，又有其形成的内部推动力。如果说吸食鸦片成风这一陋俗在近代中国形成是鸦片大量输入和世界资本主义发展，以及近代中国因闭关锁国而落伍掉队等大环境和外部因素所致，那么，造成这一陋俗出现并长期存在的主观原因和内部推动力，却是近代以来各个朝代的统治阶级在面对鸦片祸华后的所作所为。

鸦片战争前后的近百年当中，无论是“康乾盛世”的雍正、乾隆，还是晚清衰微的同治、光绪；不论是昙花一现的北洋军阀政府，还是显赫一时的“蒋家王朝”，历代统治阶级面对鸦片潮水般涌入中国大地，其腐败无能、束手无策乃至贪赃枉法之举表现得淋漓尽致。表现之一，清王朝就是在经历了130多年的“康乾盛世”的表面繁荣与昌盛中，在走向封建专制政治的衰微、官僚机构的腐败和闭关锁国、固步自封等误国政策相继出台的政治发展演变之中，使鸦片得以堂而皇之地长驱直入，涌进了华夏大地的通都大邑和穷乡僻壤的。表现之二，清朝的统治阶级是在已经看到鸦片烟毒给社会造成很大危害，多次颁布禁烟法令但又使其成为一纸具文，在对自己的文武百官约束、管制无力的情况下，导致烟毒泛滥的。表现之三，面对洋烟的大举侵入，历代统治阶级常常动摇于禁弛之间，时禁时征，“寓禁于征”，征而不禁，借烟生利，这种饮鸩止渴之举，无疑使禁烟活动时续时断而雪上加霜，各种禁烟法令频频出台而又形同虚设。表现之四，鸦片战争后，由于外国鸦片的冲击和刺激，更由于历代统治阶级强迫种植鸦片，并对这种现象大肆纵容，才使中国的罂粟种植与自产鸦片剧增猛长，使中国一度成为世界上最大的毒品生产国。上述表现，只是近代以来历代统治阶级所作所为中的部分细节，从中可以看到，统治阶级在面对西方列强的鸦片入侵时，已经完全丧失了维护国

---

① ［美］阿尔弗雷德·W. 麦考等：《海洛因内幕》，警官教育出版社1989年版。

家主权和利益的能力，丧失了维持社会健康运行的自我调节机制和自我克服社会弊病的免疫能力。正是他们的这些作为，为鸦片烟毒在近代中国泛滥起了推波助澜的作用。历代统治阶级是近代中国吸食鸦片成风陋俗得以形成的直接推动者。

在吸食鸦片成为近代中国陋俗的过程中，西方列强具有不可推卸的责任，历代统治阶级也难辞其咎。清政府的腐败无能，无力禁止，新兴商人见利忘义，人们道德约束普遍松弛，以及因社会动荡和商业发展而造成的无常、颓废、空虚、享乐等社会心理，都是促成此风兴盛的因素。而我们的民族在面对西方侵略者强加于我们的这一既能成瘾，又会毒害身体的物质——鸦片时，却以一种怯弱、容忍的态度被动接受，映衬出我们的民族在近代已被一种国势衰微、民生凋敝、社会风气颓废的趋势所引领。这种陋俗一经形成，竟引领着千千万万的中国人在这种超稳定性的民俗文化中驰骋、畅游，使人们在自甘沉沦、堕落中愈陷愈深，完全折射出一种颓废、消靡的社会心态。这是一种历史的积淀，一种面目可憎而又根深蒂固的文化沉渣。

毋庸置疑，影响近代中国历史进程的第一个重要因素便是鸦片。因为鸦片，改变了近代中外正常的贸易往来，从而打开了中国闭关锁国的大门；因为鸦片，引发了资本主义世界的侵华战争，从而改写了近代中国历史。翻开中国近代历史，“鸦片”总是与之相伴而行。中国近代历史的开端，是以1840年的中英鸦片战争为起始的；鸦片贸易合法化的实现，是英法联军发动第二次鸦片战争的结果；清政府借以维持自身摇摇欲坠的统治、支付巨额的战争赔款并作为向西方列强贷款的保证，也离不开鸦片，即征收鸦片税厘金；当然，清王朝的最终覆灭也离不开鸦片，正是由于鸦片给中国人民带来了深重的灾难，从而暴露了清王朝的腐朽与没落，它的灭亡也就是必然的了。鸦片之于近代中国，既是中国社会沦为“半殖民地半封建”的标志之一，又是促使这种社会性质进一步加深的重要因素。它的影响远远超出了一个单纯“商品”存在的范畴，成为影响中国历史发展的“社会因素”之一；以鸦片烟毒为主的毒品泛滥是近代中国最为严重的社会问题之一，种毒、贩毒、吸毒成为一种罪恶的渊薮和各种社会矛盾的焦点，它一直伴随着近代中国的始终，给近代中国带来了深重的灾难和广泛而深刻的影响。近代中国的积弱积贫，即使不是完全由烟毒所造成，却也应由它承担一定的责任。

总之，在近代中国，鸦片烟毒的大量泛滥，使旧中国的政治、经济、社会生活遭到严重破坏；毒品的极度泛滥及其向社会各个方面的广泛渗透，使得毒品问题与其他社会、经济、政治问题紧密纠结在一起，毒品问题与其相关问题因而进一步复杂化。鸦片烟毒的间接影响已经远远超过鸦片问题本身，成为近代中国社会机体与社会运行的一部分。毒品问题本身即凝结着近代中国社会的种种特殊矛盾，是近代中国社会、经济、政治危机趋于严重化的产物，而且给近代中国社会的发展带来重大影响。

第九章　举世瞩目的新中国禁烟禁毒运动

第一节　中国共产党在执政前的禁烟举措

一、大革命时期的禁烟活动

1921年中国共产党成立之时，面对的是烟祸四处弥漫、肆虐横行的社会。把彻底改造旧社会，建立一个全新社会制度视为自己神圣使命的中国共产党，从一开始便对烟毒深恶痛绝，曾多次著文对这种落后腐败的社会现象进行了无情的揭露，并在力所能及的范围内进行了坚决的反对和严厉的禁止。

中国共产党指出，军阀政治是鸦片泛滥、灾荒连绵的根源。"种烟是军阀所强迫的，军阀因无经费，因要饱私囊，如孙传芳要想得到一千万元的收入，便允许南通张状元包种鸦片，其余如刘镇华、周荫人及从前赵恒惕等，也因要想得到军费，便不得不勒令农民种烟。"①1926年2月第145期的《向导周报》，曾对陕西这样的地方军阀全力勒种，致使烟禁大开的省份，予以彻底地公开，文中说："陕西自陆建章开放烟禁以后，人民每年广种烟苗，从未禁止。相沿已久，至现在遂成各部队惟一托命之法了。"②中国共产党还把烟毒泛滥与列强侵略联系起来，指出："他们——番鬼佬（帝国主义）还运来无数量的鸦片烟苗，叫他们帮助下的带兵老爷（军阀）强迫我们（广东农民）去种。"结果"雷州方面，因此竟饿死二十多万农民，而未饿死之兄弟，一万十万到南洋、安南各处卖身为奴（猪仔），未死之姊妹，一百一千到广州湾、香港、澳门各处卖身为娼"。③

中国共产党积极参加国民会议运动，推动国民会议把讨论"鸦片会议"列入大会议程，以唤起全民族对鸦片问题的重视和觉悟。1925年，中国共产党发表文章指出，国民会议应讨论"鸦片会议"，重点讨论"鸦片问题及其对民族的危害

---

① 述之：《军阀统治下之灾荒与米荒》，《向导周报》第164期，1926年7月21日。
② 武陵：《反奉战争期间陕西各方面之情况》，《向导周报》第145期，1926年2月10日。
③ 《广东省第一次农民代表大会的重要决议案》，1925年5月。

性”，并痛陈鸦片、海洛因、吗啡等毒品摧残国民身心健康、危害民族风貌之弊端，呼吁全体国民觉醒起来，自觉地投入到禁烟禁毒斗争的行列。

在第一次国内革命战争时期，中国共产党积极领导工人运动，查缉各种外国走私毒品，并查禁外国资本家开设的烟馆、赌馆，这是第一次国内革命战争时期开展禁毒斗争的有效形式。省港大罢工期间，为有效地遏制各种走私和贩毒活动，专门成立了纠察委员会，进行水陆方面的侦查，而且还设立了缉船队随押各船来往以便监视。通过水陆两地的严查破获，收缴了大批鸦片，并一律予以销毁，有力地打击了英国殖民者贩毒的不法行为。根据共产国际执行委员会第七次扩大全会的精神，中国共产党号召广大民众在批斗军阀、劣绅时，要查禁其私设的烟馆、赌馆，并没收其烟土、毒品，销毁其纵毒的工具，以免其危害百姓健康。这些方针和政策保证了第一次国内革命战争时期禁毒斗争的正确方向。

北伐战争时期，以两湖地区为中心的农村大革命轰轰烈烈地开展起来，在中国共产党的领导下，各地农民协会发动禁烟运动，曾使一些地区的烟毒一度销声匿迹。如在湖南地区，正如毛泽东所说，农会对鸦片“禁得非常之严。农会下令收缴烟枪，不敢稍违抗不缴。醴陵一个劣绅不缴烟枪，被捉去游乡”。“农民这个‘缴枪’运动，其声势不弱于北伐军收缴吴佩孚、孙传芳军队的枪。好些北伐军军官家里年尊老太爷，烟瘾极重，靠一杆‘枪’救命，都被‘万岁’（劣绅讥诮农民之称）们缴了去。‘万岁’们不仅禁种禁吃，还要禁运。由贵州经过宝庆、湘乡、攸县、醴陵到江西去的鸦片，被拦截焚毁不少。”[①]农民为什么能够在短期内基本禁绝鸦片呢？首先，这是因为农民革命推翻了地主权力，造成了强大的革命权威。正如毛泽东所说，鸦片“这些东西是跟了地主阶级恶劣政治环境来的，地主权力既倒，这些东西也跟着扫光”。[②]其次，这是由于农协的宣传教育扎实有力，早在1925年农协秘密活动时期，就向农民宣传吸食鸦片的危害。当时一些农民夜校教唱“禁烟歌”，称：“鸦片吸了才一年，嫁了老婆又卖田，面黄肌瘦像个鬼，阎王见了也讨嫌。”到革命时期，各地农协又开展了声势浩大的禁烟运动，召开千人大会、万人大会，宣讲吸烟的危害，发布禁种、禁吸、禁运、禁售的布告，动员吸烟者自动交出烟具烟土，集中焚毁。再次，是组织纠察队、儿童团深入各地，收缴烟土烟具，查封烟馆，对屡教不改者不准入农会，或处以罚款、罚做苦工、戴高帽子游乡、拘留等处罚。湘潭工人纠察队还扣押了英国商人莫克，没收其鸦片。第四，是对烟贩实行严厉的打击，公审枪决了一批长期贩运鸦片的奸商。这样，一两年

① 毛泽东：《毛泽东选集》第1卷，人民出版社1991年版，第36页。
② 毛泽东：《毛泽东选集》第1卷，人民出版社1991年版，第38页。

之内吸毒、贩毒之风被刹住，社会风气大大好转。

中国共产党创建和第一次国共合作时期，由于党还处在幼年，对于中国的历史和现状还缺乏深刻的了解和认识，对中国革命的特点和规律还懂得不多，有许多理论问题都需要探讨和廓清，有大大小小的实际工作需要从点滴做起。然而，在这短短的6年时间里，在进行反帝反封建的民主革命初创阶段，在积极探索如何进行中国民主革命的过程中，中国共产党对危及中国社会的鸦片烟毒问题已经有了十分清醒的认识，利用一切时机，揭露鸦片烟毒的祸国殃民，提高民众对烟毒祸患的认识，立志要彻底消灭这一社会顽疾；在力所能及的范围内，运用一切手段进行禁烟禁毒的最初尝试。在工人运动、农民运动中的禁烟活动，尤其是两湖地区农村大革命中的禁烟成果，令人耳目一新，不仅取得了局部禁绝烟毒的暂时成效，而且为治理社会问题积累了一些初步的经验。作为一个新兴的政党，在成立伊始，就试图把改良社会陋习与提高国民素质作为救国救民的一项十分重要的任务来完成。

二、土地革命战争时期的禁烟活动

大革命失败后，中国共产党确立了武装反抗国民党反动派的方针，并先后发动了南昌起义、秋收起义等大小武装起义一百多次，建立了中央革命根据地等十几个革命根据地。在此后艰苦而漫长的革命道路上，鉴于毒品对中华民族的危害，中国共产党继续执行禁烟政策，在根据地内领导开展了广泛而深入的禁烟禁毒斗争。这一时期中国共产党的具体主张与措施有：

第一，在打土豪分田地中明令不准栽种鸦片，重视消灭毒品滋生的源头。1930年2月，红四军在陂头会议上制定的土地法中明确规定："雇农及无业游民，愿意分田的，应该分与田地。但游民分田的，须戒绝鸦片、赌博等恶嗜好，否则苏维埃收回他的田地。"[①]1930年3月，闽西第一次工农兵代表大会通过的土地法明文规定"凡领耕地不准栽种鸦片及违禁品等"，凡私种者，一经发现，便以违反土地法论处，情节严重的，没收其土地。其他革命根据地也有类似的规定。由于各革命根据地严禁种烟，很大程度上杜绝了根据地内鸦片泛滥的源头。

第二，在建立各县工农兵苏维埃政府的政治纲领中，明确提出禁烟。1928年7月22日，彭德怀、滕代远、黄公略等领导平江起义，建立平江县工农兵苏维埃政府，该政府的政治纲领明确指出："吃鸦片、嫖赌者绝对禁止。"[②]如发现

① 马模贞主编：《中国禁毒史资料》，天津人民出版社1998年版，第1599页。

② 中共湖南省平江县委党史资料征集小组办公室编：《平江革命历史文献资料集》，1983年版，第413页。

栽种、贩卖和吃食鸦片，“经二次警告而不改者”，“处决”。[①] 1929 年，邓小平、韦拔群和张云逸等发动百色起义，创建红七军，建立了左右江革命根据地。10 月，韦拔群率部占领东兰县城，建立县革命委员会，发布《广西东兰县革命委员会最低政纲（草案）》，规定“严禁烟赌”。[②]

第三，在红军及红色政权的创建和发展中十分重视禁烟工作。1933 年 2 月颁布的《川陕省苏维埃组织法》规定区、乡两级苏维埃政府设劳工内务委员，以“注意卫生防疫和戒烟工作”。[③] 省、县设立内务委员会，针对当地烟毒猖獗的情况，制定戒烟办法，实行戒烟。省政府还设立禁烟局，作为禁烟专门机构，研究戒烟药品，颁布禁烟条例等。[④] 在严禁种烟方面，1933 年 2 月川陕省苏维埃政府张贴布告说：“一律禁止种鸦片烟。吸烟者得分期禁戒。惟老年气衰不能禁戒者，得于县区苏维埃许可之下种少数鸦片，但每乡不得过十背谷的烟田，经过一定时期后则完全禁种。”[⑤]在禁止吸烟方面，1933 年 3 月 8 日的《苍溪县第一次工农兵代表大会决议书》指出：“禁烟问题：各级苏维埃绝对禁止摆烟灯，并应大大扩大戒烟宣传教育工作，要群众自动起来戒除，全县在今年冬日应减少百分之三十，明年三月减去一半，五月完全减完。”[⑥]

第四，不吸食鸦片作为提高党员、干部与军队成员素质的基本要求之一。闽西暴动后，各级苏区政府多次发布政令，把烟赌悬为厉禁。“吃食鸦片，赌博等，屡教不改的，不论干部及非干部，一律清洗出党。”[⑦]1929 年 12 月 28 日，中国共产党红军第四军第九次代表大会召开，会议通过的决议（即古田会议决议）中第二部分“党的组织问题”，在谈到如何纠正党的组织松懈问题时也提出，对“政治观念错误，吃食鸦片，发洋财及赌博等，屡戒不改的，不论干部及非干部，一律清洗出党”[⑧]；并且规定了接收新党员必须具备的五个条件之一，就是“不吃鸦片、不赌博”。[⑨]这样的规定完全是针对当时中国农村根据地许多从农村入伍的战士以及从旧军队起义投诚过来的士兵和军官的情况提出的要求。他们中的许多人

① 中共湖南省平江县委党史资料征集小组办公室编：《平江革命历史文献资料集》，1983 年版，第 424 页。

② 何自坚：《回忆中国工农红军第 8 军》，《左右江革命根据地资料选辑》，人民出版社 1984 年版，第 176 页。

③ 《川陕革命根据地史料选集》，人民出版社 1986 年版，第 167 页。

④ 《川陕革命根据地史料选集》，人民出版社 1986 年版，第 174、250、192 页。

⑤ 《川陕革命根据地史料选集》，人民出版社 1986 年版，第 190 页。

⑥ 《川陕革命根据地史料选集》，人民出版社 1986 年版，第 297 页。

⑦ 中共龙岩地委党史资料征集研究委员会：《闽西革命史文献资料》第 2 辑，[Z]1982 年版，第 356 页。

⑧⑨ 毛泽东：《中国共产党红军第四军第九次代表大会决议案》，中央文献研究室、中央档案馆编：《建党以来重要文献选编（一九二一——一九四九）》第 6 册，中央文献出版社 2011 年版，第 737 页。

是抱着“当兵吃粮”、“炮声一响，黄金万两”等思想参加红军的，有些部队纪律松散导致违纪现象时有发生，有的为了搞钱、抽鸦片、赌博，甚至出现勒索老百姓的现象。因此，能否自觉克服“发洋财”的思想、去掉抽鸦片和赌博的恶习，就是当时党员模范性的重要标志。以上制度及措施都表明，中国共产党在禁烟戒赌等反对社会恶习方面，对其组织及成员有着严格的规定，违者要受到严厉的处分。

第五，各革命根据地都不同程度地建立健全了打击吸毒、贩毒行为的法律制度。1931 年 5 月 19 日颁布的《赣东北特区苏维埃暂行刑律》专章规定了“鸦片烟罪”。它规定：“制造、贩运或者意图贩卖而私藏鸦片烟者；制造、贩卖吸食鸦片之器具者；自苏区外贩运鸦片烟或吸食器具者；开设烟舍供人吸食鸦片烟者；意图制造鸦片烟而栽种罂粟者；吸食鸦片烟者”，[①]均属于犯罪的行为，必须给予严肃法办。这是中国共产党第一次在自己统治的区域内，设立了鸦片犯罪，并对制造、贩卖、开设烟馆、意图制造鸦片烟而栽种罂粟等多种毒品犯罪规定了死刑，而且对毒品犯罪附加剥夺公权，体现了从重治罪的精神，反映了中国共产党人对于毒品犯罪进行坚决斗争的态度。其他革命根据地也颁布了一些条例或通告，要求从政治上剥夺吸食鸦片烟者的选举权、被选举权及其他一些权利。如川陕革命根据地明文规定，凡吸食鸦片者，一律取消其参加农民协会工作的权利。这些法律、法规的制定为惩治根据地内发生的毒品犯罪行为提供了法律依据。

第六，红军在长征途中妥善处理烟毒问题。1934 年 10 月，第五次反“围剿”失败，红军被迫进行战略转移，开始长征。在进入黔云川等著名的产烟区时，总政治部在分析后提出：各地方军阀部队“大多数士兵吸鸦片，组织纪律涣散，战斗力薄弱”。如抓到俘虏兵，“在原则上尽可能争取俘虏兵当红军，吸鸦片只要瘾不深的能限期戒去的应争取经过相当时期的补充营的训练，在这些时期把烟戒去，然后补入部队”。[②] 遵义会议后，军委主席朱德、副主席周恩来、王稼祥针对俘虏兵的鸦片烟瘾问题，在 1935 年 2 月 10 日发布扎西缩编令时指出：“各军团的新兵，一般的应利用此次缩编补入到各个战斗连中去，惟大烟瘾尚未戒脱的新战士，则应留新兵连训练。”[③]这种把扩大红军与戒断鸦片灵活运用的政策使当地青年踊跃报名参加红军，壮大了红军队伍。

在根据地和红军的创建与发展时期，中国共产党领导的苏维埃政府在其颁布的政治纲领中明确提出禁烟，在土地法规中亦明令禁种罂粟；绝大多数根据地虽尚未成立专门的禁烟机构，但已由内务部、民警局等兼管禁烟事宜；不吸鸦片

---

① 王景荣主编：《禁毒知识读本》，成都天地出版社 1998 年版，第 41 页。
② 《红军长征在贵州史料选辑》，贵州社会科学丛书，第 16 页。
③ 《红军长征在贵州史料选辑》，贵州社会科学丛书，第 65 页。

烟成为党员的标准之一，违纪者要受处分。在近代中国社会烟毒极为流行，吸食鸦片者人数众多，公职人员都不能幸免的情况下，这无疑在人民群众中树立了一个全新形象，给了毒祸横流的中国一线希望。

三、抗日战争时期的禁烟活动

1937 年 7 月，卢沟桥事变爆发，日本帝国主义开始全面侵华，中国革命由此转入了全面抗战时期。为了抵御日本帝国主义的全面进攻，中国共产党放手发动群众，开展独立自主的游击战争，建立敌后抗日根据地。从 1937 年 9 月陕甘宁边区政府成立起，到抗日战争结束时止，全国共建立过 19 块抗日根据地。这些抗日根据地不仅是抵抗日本侵华的坚强堡垒，而且也是中国共产党开展禁烟禁毒斗争的主战场。这一时期，边区与各抗日根据地都采取了一系列措施禁烟禁毒。

（一）把禁烟禁毒政策作为抗日根据地的基本政策

早在抗战爆发之初的 1937 年 10 月，刘少奇代表中共中央起草的《抗日游击战争中各种基本政策问题》中就明确规定："颁布法令宣布婚姻自由、信仰自由、禁止大烟毒品、禁止缠足、禁止人口买卖。"[①]从此，禁烟禁毒政策便成为各抗日根据地的基本政策。1939 年以后，日伪加紧在华北实施毒化政策，并向根据地疯狂贩毒。对此，中共中央和各抗日根据地政府三令五申禁烟禁毒。1939 年 4 月 4 日公布的《陕甘宁边区抗战时期施政纲领》明令"铲除鸦片、赌博"。[②] 1941 年 10 月 23 日，第十八集团军总司令朱德和陕甘宁边区政府主席林伯渠联名发布布告，严禁吸食毒品和偷运烟土到边区境内。[③] 1941 年 10 月，琼崖根据地在《琼崖东北区政府抗战时期施政纲领》中也明确提出，要铲除鸦片，禁止烟赌。1943 年 3 月 12 日，陕甘宁边区政府再次发布命令，重申禁止种植鸦片，强调："倘有惟利是图，故意违犯者，严惩不贷。各级政府如有忽视禁政情形，更须予以惩戒。"[④]各根据地的禁毒政策同抗战相伴始终，直到 1945 年 5 月 1 日，陕甘宁边区政府给各级政府的命令仍强调："严禁偷运料面（毒品海洛因的俗称）进入边区境内，对已入境之毒品，彻底查获并烧毁之。"[⑤]

---

① 刘少奇：《抗日游击战争中各种基本政策问题》，1937 年 10 月 12 日，中国人民解放军政治学院党史教研室编：《中共党史参考资料》第 8 册，第 89 页。

② 韩延龙、常兆儒编：《中国新民主主义革命时期根据地法制文献选编》第 1 卷，中国社会科学出版社 1981 年版，第 32 页。

③ 陕西省档案馆编：《陕甘宁边区政府大事记》，档案出版社 1990 年版，第 121 页。

④ 陕西省档案馆编：《陕甘宁边区政府大事记》，档案出版社 1990 年版，第 182 页。

⑤ 陕西省档案馆编：《陕甘宁边区政府大事记》，档案出版社 1990 年版，第 228 页。

（二）深入动员群众自觉投身禁烟

由于烟毒在中国社会中已成为一个痼疾，吸食鸦片已成为某些人的日常习惯，因此，单靠政府的力量禁烟是不够的，必须开展广泛的社会宣传，深入动员群众，依靠群众自己的力量，自觉禁烟。华北各抗日根据地建立后，共产党一方面全力抗击日本帝国主义的武装侵略；另一方面，针对日本帝国主义的毒化政策，高度重视禁烟禁毒工作，开展反毒化斗争，提出要全力禁绝鸦片。1938 年 6 月，《群众》杂志第 2 卷第 1 期发表题为《禁烟与抗战同样是民族解放的斗争》的社论，把禁烟提到民族解放的高度，认为禁烟与抗战一样，是一种全面性、民族性的斗争，要动员广大民众共同努力。根据地先后召开各种禁烟会议，用具体事实揭露反动统治者和日本帝国主义强迫人民种植、吸食鸦片的罪恶目的，说明种植、吸食鸦片的危害及禁烟的意义，唤起广大群众的觉醒。《晋察冀日报》、《晋绥日报》、《大众日报》、《新华日报》（华北版）等报刊不仅开展宣传、教育工作，增强群众禁绝鸦片烟毒的意识与观念，而且还纷纷登载有关禁烟的报道，揭露日伪的毒化政策，号召人民起来禁烟。

（三）坚决抵制日本“毒化”政策，严厉打击罂粟栽种

日本帝国主义自侵入我国以来，对中国实行毒化政策，依靠鸦片专卖制度来筹措军费和经营占领地，还成立了专门负责鸦片分配的机构“宏济善堂”。日军以汉口为中转地，通过汪精卫政府的行政机构等组织处理买卖鸦片事宜；同时，在日军占领区，强迫广大民众种植鸦片，制造各种毒品，对广大敌后抗日根据地进行渗透。鉴于此，很多根据地颁布命令，严禁私自栽种鸦片。1939 年陕甘宁边区政府国防经济会议决议要求：各级政府要“教育群众禁种鸦片，在春耕中各劳动组织互相检查，如发现有种洋烟的群众，应立即铲除其苗，改种为正常庄稼，以增加粮食收成”。[①] 晋察冀边区发布的禁种罂粟命令指出：“播种罂粟，害国害民，早已悬为严禁。惟自敌寇进犯以来，厉行毒化政策，到处强迫播种。若不严加禁绝，将见生产日减，青氛口炽，影响抗战殊非浅鲜。今再重申禁令，彻底肃清，倘有偷种，一经查获，即按中央禁烟治罪暂行条例严重处办。”[②]对于日伪蒙疆地区的鸦片供应地，八路军也采取一切措施进行打击。1938 年 8 月，贺龙率领的八路军第 120 师挺进大青山地区，建立了抗日根据地，此后经常进击日伪蒙疆地区的巴音格勒盟和察哈尔南厚和县等地，大大破坏了日伪的鸦片收购计划。[③]

---

① 陕西省档案馆、陕西省社会科学院合编：《陕甘宁边区政府文件选编》第 1 辑，档案出版社 1986 年版，第 477 页。

② 摘自《抗日根据地政策条例汇集——晋察冀之部》。

③ ［韩］朴橿：《日本の中国侵略とァヘン》，第 134、115 页。

1939 年夏，晋察冀边区建立后，向察南进军，致使当年日伪在察南收购的鸦片只有预想量的 0.6%。[①] 1940 年后，晋察冀边区在晋南设立第十四专员公署，建立了巩固的抗日根据地，从而沉重打击了敌人在张北、崇礼等地的罂粟种植和鸦片征收。

(四) 惩办与教育相结合

在对各种涉毒行为给予严厉打击的同时，边区和各根据地在制定颁布法规律令时，还注意争取和教育大多数。这一时期根据地所颁布的多种禁烟禁毒法规中，较有代表性的有 1939 年 2 月颁布的《晋察冀边区行政委员会关于严禁播种罂粟的命令》、1941 年 7 月 15 日颁布的《晋冀鲁豫边区毒品治罪暂行办法》、1941 年 11 月 1 日颁布的《晋西北禁烟治罪暂行条例》、1942 年颁布的《陕甘宁边区查获鸦片毒品暂行办法》、1943 年 2 月颁布的《山东省禁毒治罪暂行条例》等。尤其是陕甘宁边区政府曾依据国民政府颁布的禁烟禁毒各项法令，参酌边区特殊情形，制定了《陕甘宁边区禁烟禁毒条例(草案)》，于 1941 年颁布。此条例共 24 条，是中国共产党在执政之前制定的第一部较为全面的禁烟禁毒法规。这些法规有一个共同的突出特点，就是对烟毒犯在处刑上十分严厉，如《晋冀鲁豫边区毒品治罪暂行办法》规定，制造毒品者，处死刑；以运输毒品或包庇运输为常业的处死刑或无期徒刑；贩卖毒品的处死刑；吸食毒品者超过戒烟期限，仍吸食 3 次以上者，处死刑。再如《晋西北禁烟治罪暂行条例》中也明确规定，意图制造鸦片而栽种罂粟者，处死刑；贩运毒品者，处 10 年以下有期徒刑，数量在 200 两以上者将处死刑，而军政工作人员犯法，则“加倍处罚”。《山东省禁毒治罪暂行条例》则规定，对制造、运输毒品，及意图营利而为他人施打吗啡或设所供人吸毒者，处死刑或无期徒刑；有瘾者限期戒绝，再犯者处死刑；公务员、军政人员包庇受贿、纵容毒犯者，处死刑或无期徒刑。1939—1941 年，晋察冀边区行政委员会分别颁布了《查禁种烟令》、《关于开展灭毒运动的命令》，一面严密稽查，不使“白面儿”等类毒品输入边区，一面开展拔苗运动，将所种植罂粟悉予根除，改种粮食。这些十分严厉的规定及其在实践中的执行，使得根据地的禁毒斗争取得了很大的成绩，不仅边区内部的种、贩、吸情形大为减少，而且有效地阻止了日占区毒品的渗透。

在严厉惩治的同时，各抗日根据地还根据本地区的客观情况，本着教育与惩办相结合的原则，针对不同的涉毒情况使用不同的刑罚，宽严相济，以达到既严惩烟毒犯罪，又教育改造罪犯，从根本上禁绝毒品的目的。在这方面，华北各抗

---

① 《抗日根据地政策条例汇集——陕甘宁之部》上册，1942 年版。

日根据地的做法尤为突出。其一,对吸食贩卖毒品的间接参与者刑罚较轻,一般处有期徒刑或处以罚金。如抗拒禁烟禁毒公务之执行者和帮助或庇护他人吸食、注射及买卖、贩运烟毒者,视情节轻重处以 1 年以上 10 年以下有期徒刑。再如,对以鸦片及烟具供人吸食者,处 2 年以上 10 年以下有期徒刑,并处 3 000 元以下罚金。① 这些规定把毒品犯罪的直接参与者同间接参与者严格区别开来,定罪量刑,符合实际。其二,对积极协助政府查禁毒品者减轻甚至免除其刑罚。法律规定,犯毒品罪之人若能供出毒品制造所、毒品窝藏点和贩毒品罪之主犯、他犯,因而有利于政府破获此毒品案者,可减轻其刑罚;对主动自首者可予以免刑。② 这一规定体现了"坦白从宽,抗拒从严"的刑法原则,其出发点是要通过对坦白者的从宽,对抗拒者的从严,达到教育群众、预防犯罪的目的。其三,对制造贩卖鸦片毒品的直接参与者的打击从重从快,一般处死刑或无期徒刑,并剥夺公民权和没收全部财产。其四,对政府公务员、学校教师制毒、贩毒、吸食毒品者从重处罚。《晋冀鲁豫边区毒品治罪暂行条例》规定:公务员、学校教职员参与制造、贩卖、运输毒品者,依各该条最高刑处罚。《晋西北禁烟治罪暂行条例》也规定:军政民工作人员和办理公营事业者、学校教职员,直接或间接参与运输贩卖或有此意图而持有鸦片、罂粟种子,以及以营利为目的,为他人提供鸦片、烟具和吸食场所者,加倍处罚,直至判处死刑。法律还规定,若公务员收受贿赂包庇纵容他人制造、贩卖、运输、隐藏、吸食毒品或放纵毒品犯逃脱者,处死刑或无期徒刑。

(五) 设立专门机构,加强对毒品的管理

各根据地根据自己的情况成立了缉私委员会,各分区成立了缉私队,对私自贩卖、偷运毒品行为进行严格侦缉搜捕。有的边区或根据地政府还设立了禁烟督察局、督察处、禁烟局等,加强对毒品的管理。如 1942 年初,陕甘宁边区成立禁烟督察总处,由财政厅副厅长霍维德兼任总处长,并在三边、绥德、陇东、关中等地建立禁烟督察分处;③晋察冀边区成立禁烟督察局;新四军的淮南抗日根据地则设立禁烟局。禁烟督察处等机关是禁烟禁毒的专门机关,有处置毒品和人犯之权。法律规定,查获烟毒时,必须将烟毒和人犯送交禁烟督察处,其他非禁烟机关不得私自处理人犯和没收毒品。禁烟督察处受理烟毒案件后,除将毒品妥为储藏准备销毁外,其人犯必须在 24 小时以内送交司法机关惩处。④ 禁烟督

---

① 《晋西北禁烟治罪暂行条例》,1941 年 11 月 1 日公布。

② 《晋冀鲁豫边区毒品治罪暂行条例》,1941 年 7 月 15 日公布施行。

③ 《边区设禁烟督察处颁布查获烟毒办法》,《解放日报》1942 年 2 月 21 日。

④ 《陕甘宁边区查获鸦片毒品办法》,1942 年 1 月公布,陕西省档案馆、陕西省社会科学院合编:《陕甘宁边区政府文件选编》第 5 辑,档案出版社 1988 年版,第 44—47 页。

察处等机关在打击制毒贩毒的同时，还在吸毒人数众多的地方设立了戒烟所，制造戒烟丸，收容吸食者，强制其戒毒。

（六）实行循序渐进办法，逐步禁绝鸦片

在禁烟工作中，鉴于鸦片烟害流毒已久，群众受害甚深，积重难返，不能操之过急，采取了分别对待、循序渐进、逐步禁除的办法。在禁种方面，华北抗日根据地政府规定，已经种植罂粟的要进行烟民登记，本年仍然允许其收割，但不许其随意出售；没有种的则绝对禁止再种。在戒烟方面，一般分两步走，对吸食吗啡、海洛因者实行严厉惩处，而对吸食鸦片者采取较为缓和的分期禁绝办法，根据吸毒者具体情况区别对待。晋察冀边区政府规定吸毒者必须于1941年9月1日到村公所登记，25岁以下者，限3个月内戒绝；25—40岁者，限6个月内戒绝；40岁以上者，限9个月内戒绝。限期内未戒除者，将处以劳役和罚金，如再吸达3次以上者，处死刑。晋西北根据地要求瘾君子一年内戒除烟瘾，戒烟期间需购买政府提供的戒烟药丸。陕甘宁边区对60岁以上者较为宽容，戒烟期限为登记后的2年，而且，“倘因年老力衰经政府指定医生证明者不在其列”。[①] 这些规定充分考虑了不同年龄段吸毒者的特点，较为客观可行。

（七）陕甘宁边区政府的综合治理方案在禁毒工作中效果显著

1943年9月，陕甘宁边区政府根据当地吸毒的情况，提出综合治理方案。具体办法有：(1) 对烟民进行登记，根据年龄大小，限期戒绝，各级政府要定期检查；(2) 要求各地卫生机构全力协助；(3) 烟民绝大多数为不事生产、行为堕落的“二流子”，因此把戒烟与改造二流子结合起来，要用说服与强迫的方法，使他们投入生产大潮，在劳动中提高自己的觉悟；(4) 发动全社会与家庭全体成员对烟民进行劝戒工作，抓典型树模范，如果丈夫不听劝告，妻子有权管理家庭财物；(5) 实行戒烟竞赛，政府奖励；(6) 对破坏戒烟之人，依情节轻重予以法办；(7) 把戒烟毒工作纳入政府工作议程，并作为考核各级政府政绩的内容。这项综合治理方案由于方法得当，吸贩烟毒得到了有效控制，效果显著。[②]

（八）奖励群众禁毒，推动群众性禁毒运动

各抗日根据地政府一方面注重宣传教育，让人人都知道烟毒的危害以及政府禁烟禁毒的法律法规；另一方面在组织上设立戒烟专门机关，广泛吸收党政军民学生参加，掀起声势浩大的禁烟禁毒群众运动。对禁烟斗争中表现突出或有贡献者，各根据地都规定了奖励办法。陕甘宁边区法律规定：查获烟毒不满

---

① 《陕甘宁边区禁烟毒条例(草案)》，1941年，转引自《历史档案》1993年第1期，第72—74页。

② 田利军：《论华北抗日根据地的禁毒斗争》，《四川师范大学学报(社会科学版)》1997年4月，第24卷第2期。

50两者，每两以20元给奖；50两以上不满100两者，每两以15元给奖；100两以上不满500两者，每两以10元给奖；500两以上不满千两者，每两以5元给奖；千两以上者，每两以2.5元给奖。[①] 查获烟毒数量越多，虽然单位奖金的数额越少，但奖金的总量在不断增加，这是有吸引力的。法律还规定，群众个人或团体亲自查获烟毒案件并送交禁烟督察处或当地政府者，给予奖金全部。事前获悉，及时向禁烟督察处或当地政府密报，使政府缉拿毒品人犯者，给予密报人1/3的奖金，其余2/3奖给协同办案的出力群众。这些奖金经禁烟督察处核准后，领奖人可随时向禁烟督察处或当地政府领取。[②] 晋西北抗日根据地对群众查禁烟毒有贡献者的奖励办法略有不同，奖金来自政府从禁烟禁毒中依法取得的罚金，奖金分配时偏重于群众举报中的个人，规定报告人为民众者，以罚金的20%奖励之；如为机关、部队、群众团体的人员，则以12%的罚金奖励。这些规定对鼓励群众举报制毒、贩毒、吸毒者并协助政府的查毒禁毒工作起到了重要作用。

（九）帮助吸烟毒者戒毒并扶持其生产

为使吸烟毒者更有效地戒吸除瘾，中国共产党和各抗日根据地政府还在干部群众中进行动员工作，让群众来关心吸毒者，帮助他们恢复生产。这一工作在晋察冀推行得极为出色。不少民众主动为戒毒者代耕，推动他们戒毒。对不愿主动戒毒者，本村群众对其实行严格的集体生活管理，如集体吃饭、劳动、休息、睡觉等，让其没有接触毒品的机会。与此同时，群众还积极配合戒烟所对严重吸烟毒者实行强制戒毒。在这样严密地监视和教育一段时间后，政府便帮助戒毒者订立生产计划或介绍他们参加工作，督促其积极参加生产，按期完成生产任务。同时，政府也替他们适当地解决生产生活困难，如借贷粮食、种子给他们。这种办法取得了很大的成绩。在晋察冀寿、榆地区，仅在所调查的5个村子中，短短的时间内就有59名男子、14名女子戒了毒。[③] 对这73名戒毒者来说，每年可节约粮食441石，这使戒毒者大为感动。一个吸了数年"料子"的人戒绝后向村干部说："你们比我的亲生父母还关心照顾得周到。"另一个戒绝毒瘾者兴奋地说："共产党、八路军用救人的办法把咱们征服了。共产党简直是神仙，把我们从毒井里救了出来。"[④] 开展群众性禁毒运动后，政府从公粮和村款中拨出26石粮

---

① 《陕甘宁边区查获鸦片毒品暂行办法》，史志诚主编：《陕甘宁边区禁毒史料》，陕西人民出版社2008年版，第65页。

② 陕西省档案馆、陕西省社会科学院合编：《陕甘宁边区政府文件选编》第5辑，档案出版社1988年版，第44—47页。

③④ 《解放日报》1944年7月3日。

救济难民、100 石粮和部分钱款贷给贫苦村民，以解决春耕中的困难。在政府的关心帮助下，寿、榆各地鸦片、毒品禁绝，生产蓬勃发展，表现出前所未有的新气象。①

在抗日战争时期，各抗日根据地的禁烟禁毒工作取得了显著的效果。各根据地通过禁种罂粟，铲除敌伪迫种之烟苗等措施，减少了鸦片原料的来源，从而使烟田减少、粮田增多，有利于农业生产的恢复和发展。在党和政府的领导下，大批烟民戒除多年烟瘾，放下烟枪参加生产。察哈尔、晋北地区原为蒙疆鸦片种植地，烟民人数众多，据 1940—1945 年不完全统计，吸毒人数达 33 万余名，约占总人口的 13.3%。为帮助烟民戒毒，民主政府在各城镇举办戒烟病院，农村普设戒烟所，到 1946 年 7 月，已有 12 万烟民戒脱毒瘾。陕甘宁边区 1939—1941 年 6 月共破获烟毒案件 1 157 件，到 1943 年减少到 200 多件，1945 年春只有几十件，烟毒案件逐年下降，吸毒、贩毒人员比例大大减少，吸贩烟毒现象得到基本控制。抗日根据地的禁烟禁毒斗争对于抑制日本帝国主义的毒化政策，保障人民群众的身心健康，维护抗日根据地的安定团结起到了十分重要的作用。

纵观抗日战争时期边区与各抗日民主根据地的禁烟禁毒活动，以下四点值得肯定。首先，从区域来看，从华北到华中再到华南，从中共中央所在地陕甘宁边区到全国各抗日民主根据地都在制定政策，颁布法规，大力推进禁烟禁毒活动。这说明中国共产党所领导的禁烟禁毒活动绝非个别抗日民主根据地的个别行为，而是全国所有抗日民主根据地的共同行动。其次，从禁烟禁毒政策的地位来看，边区与各抗日民主根据地政府反复强调，一再重申，并实实在在地推进禁烟禁毒运动。这说明禁烟禁毒政策是边区及各抗日民主根据地政府最重要和最基本的政策之一。第三，从认识高度来看，边区及各抗日民主根据地把禁烟禁毒同抗战相提并论，认为烟毒之害，“小则毁身败家，大则亡国灭种”。这说明中国共产党把烟毒的危害同国家民族的根本利益联系在了一起，把禁烟禁毒看成是关系到国家安危、民族存亡的大事。第四，从时间来看，边区及各抗日民主根据地政府的禁烟禁毒政策和坚决禁绝毒品的态度同整个抗日战争相伴始终。这说明边区及各抗日民主根据地政府的禁烟禁毒政策绝不是偶然的权宜之计，更非沽名钓誉之举，而是实实在在始终如一的行动。

四、解放战争时期的禁烟活动

抗战胜利后，蒋介石于 1946 年 6 月 26 日命令国民党军队向中原解放区大

---

① 《解放日报》1944 年 7 月 3 日。

举进攻，全面内战爆发。中国共产党及其领导的人民解放军仅用一年时间，就打破了国民党军队对各解放区的全面进攻和重点进攻。随着军事上的节节胜利，人民解放军转入了战略进攻，解放区也成倍扩大，原来分散的根据地逐渐连成一片，形成了西北解放区、华北解放区、东北解放区、中原解放区和华东解放区。由于新解放区与老区不同，它曾是日伪和国民党统治的据点，反动组织比较严密，反动势力比较顽固，走私、贩毒现象也比较猖獗。于是，各解放区军民在积极支援人民解放军作战的同时，禁烟禁毒工作在各地也广泛展开。

日寇投降后，滞留在敌占区的毒品从各种渠道渗入到陕甘宁边区。同时，国统区也不断向解放区大肆贩卖和走私鸦片烟毒。针对这种情况，陕甘宁边区政府成立了专门的查缉机关，边区政府下设查缉委员会，分区设立查缉分会，负责查缉鸦片、吗啡、海洛因等毒品。1945 年 10 月 13 日，晋察冀边区行政委员会公布了关于设禁烟督察局的决定。许多解放区都是由第一二把手直接负责查缉烟毒工作。

针对解放区个别地方出现的再度栽种罂粟的现象，许多根据地和解放区都发布了有关禁烟禁毒的布告、决定，制定了相应的禁烟禁毒法规，要求立即调查实情，严厉铲除，并防止再种。1945 年 10 月 17 日，晋察冀边区行政委员会发布《关于禁种罂粟禁运禁卖毒品的布告》，1945 年 11 月 21 日，晋察冀边区制定《鸦片缉私暂行办法》，12 月 3 日又制定了《戒烟暂时办法》；1946 年 2 月，陕甘宁边区政府颁布《查缉毒品办法》；1948 年 12 月 27 日，中原区禁烟督察局颁布《毒品缉私暂行办法》；1949 年 7 月，华东解放区的苏北区政府也制定《苏北区禁烟禁毒暂行办法》。这些措施加大了对涉烟、涉毒犯罪的惩治力度。

1949 年初，革命胜利已成定局，但在边区军民中也产生了不少混乱思想。特别是一些领导和工作人员出现了骄傲自满、纪律松懈，不能尽职尽责和以权谋私的现象，乱收乱占，不报不解，走私现象有所抬头。为此，晋绥边区政府、西北军区司令部联合颁布修正缉私规章与加强缉私工作的指示。规章把毒品列为缉私对象的首位，缉私工作由缉私委员会下设的缉私队专门负责，其他机构人员均不得参与其事。规章规定了缉私人员行使职权时应注意的事项及与当地政府的关系，还规定了奖金的提取与分配办法。规章指出加强缉私是支持战争的重要工作之一，各级政府要加强领导，凡缉私组织不完善的地区都要设立缉私组织，要加强对缉私人员的教育，认真执行奖惩制度，严格工作报告制与违禁品的报解制度。

1949 年 7 月 1 日，华北人民政府颁布了《华北区禁烟禁毒暂行办法》，规定：严禁种植罂粟，违者，烟苗铲除，并处罚之；禁止私存鸦片烟土及其他毒品，违者，烟毒没收，并处罚之；严禁制造、买卖及贩运，违者，烟毒及制造烟毒之机械用具没收，并严行惩办之；严禁烟毒之吸食及注射，违者，烟毒及吸食、注射烟毒之器械用具没收，并分别处罚之。该《办法》较之华北各抗日根据地和解放区的禁烟条例更全面、更完善，是中国共产党在大区域实行禁烟禁毒政策的开端。

1945年8月，中共中央陆续调集两万名干部和十万军队北上，在东北建立根据地。年底，中共中央东北局组织大批干部深入北满、东满和西满等广大农村，进行剿匪、清算减租、禁烟禁毒、生产运动等工作。为此，东北各省市县成立禁烟总局或禁烟局，作为专门的禁烟领导机构。1946年8月25日，辽吉区人民政权颁布了《查获鸦片毒品暂行办法》11条和《禁烟禁毒条例》14条，非常具体地规定了各项细则。如贩运鸦片在100两以下的，处3年至5年徒刑，贩运500两以下的，处5年至10年徒刑，贩运500两以上的，处无期徒刑或死刑；而贩运吗啡、海洛因等烈性毒品者，无论多寡，均处无期徒刑或死刑。该《禁烟禁毒条例》把吸食鸦片者称为烟民，而将食用烈性毒品者称为毒民；烟民在县禁烟局登记后，不能戒除者可领取登记证，在公烟店购烟，但须在一定时期内戒除；毒民则不得吸毒，如暂时不能戒除的，可改吸鸦片。烟民在戒烟期间，只准食用禁烟局发给的定量鸦片，不得购买私烟。[①] 辽吉区颁布的这两个禁烟禁毒法令，是解放战争时期各解放区颁布的各种禁烟禁毒法令中最为详细和具体的法令，对少数顽固分子实行了必要的法律制裁。辽宁省东丰县1947年处理贩毒吸毒案件63起，1948年处理烟毒犯罪106起，1949年处理烟毒案件63起。由于东北地区山大沟深的自然条件，在大兴安岭山区的沟沟岔岔里，偷种罂粟的现象仍然存在，深入大山深处，寻找并捣毁烟田，在东北地区的禁烟活动中极具地域特点。黑龙江省对山区、半山区进行武装搜山，清剿烟匪，捣毁烟地。1946年秋，铁力县政府派出公安队搜山，捣毁烟田20来亩，抓获种烟者10余人。1948年安达县在山林、边远河套、草甸中共查出私种鸦片田地500余垧。[②] 总之，这一时期，东北地区的禁烟运动搞得有声有色，红红火火，使数十万瘾君子脱离苦海，清洁了社会风气，有力配合了解放区的其他工作，使大批青年健康踊跃地参加了解放军，为自卫战争的胜利提供了重要保证，同时，也为其他地区的禁烟禁毒积累了经验。

在各解放区禁毒运动中，陕甘宁边区政府对禁毒工作的重视程度是最引人注目的。1946年2月，边区政府主席林伯渠、副主席李鼎铭署名签发了《陕甘宁

---

① 《辽吉区禁烟禁毒条例》，辽吉区行政公署：《法令辑要》第1辑，1947年1月版。

② 黑龙江省地方志编纂委员会编：《黑龙江省志·公安志》第63卷，黑龙江人民出版社2001年版，第244页。

边区查缉毒品办法》(12条),规定"在边区政府下设立查缉委员会,专限于查缉鸦片、料面、吗啡等毒品的贩运事件","凡查缉人员,均发给查缉证为凭",查缉队和查缉员执行职务时,必须出示证件,否则被检查人员有权拒绝;查缉队和查缉员查获贩卖毒品案时,必须连人带货一同扣留,不得任意逗留;一切查缉人员不得滥用权力,挟嫌诬陷,不得任意侮辱被检查人,或有其他舞弊徇私行为,违者依法重处。[①] 1948年3月,针对米脂县农民私种鸦片问题,边区政府致函该县县长:"查禁种鸦片,早为边区既定政策,今年更应严加禁止,努力增产粮食,渡过灾荒,以期早日恢复边区经济,因此希于接令之后,立即调查实情,严厉铲除,并防止再种为要。"[②]1949年3月19日,边区政府针对春播时节,一些地区少数不法之徒企图偷种大烟,连续发布通令,强调:凡我边区政府,一律禁止种植大烟,各县、区、乡政府必须结合生产运动,深入农村宣传检查,在已发现烟苗的地区,立即派得力干部带警卫队前往铲除,改种庄稼。

随着土地改革的进行,一些烟民用土改后分得的胜利成果,吸烟扎毒挥霍浪费,甚至发生了用政府发放的农业生产贷款吸大烟的情况。如在热河省,"土改以后,烟民们很快将土改分得的财产卖掉。有的将分得的耕牛只换一两大烟,有的用二斗米换三钱烟,几天就扎光了,有的把政府扶持用作春耕生产的贷款全部买了大烟,撂荒地有90%以上是烟民家的"。[③] 又据合江省勃利县的统计,全县贷款7个区,63个村,2 195个贷款户,没将贷款用在农业生产上的共有143户,即将钱款用于不正当用途的户数占总户数的6.5%,其中就有24户用贷款抽了大烟。[④] 因此,结合土改改造烟民,成为土改中一个十分值得关注的问题。有的解放区注意到了这个现象,如冀热察区行政公署在1948年10月15日公布的《关于确定地权和迅速发展生产问题的布告》中明确规定:"在土改完成地区,允许土地自由买卖,及因特定条件下的租佃关系。"但是,对烟民、"二流子"规定"在未转入劳动前,不准出卖或出租其分得的土地",并"严禁二流子、烟民出卖分得的耕畜"。[⑤] 这些规定从源头上禁止了烟民和"二流子"将土改后分得的土地或耕畜不用于从事生产劳动,而卖地、卖耕畜来维持吸大烟、懒惰不事生产的情况

---

① 《历史档案》1993年第2期,第72—73页。

② 陕西省档案馆、陕西省社会科学院合编:《陕甘宁边区政府文件选编》第12辑,档案出版社1991年版,第75页。

③ 延杰:《热河禁毒》,《承德晚报》2001年6月29日。

④ 东北解放区财政经济史编写组、辽宁省档案馆、吉林省档案馆、黑龙江省档案馆编:《东北解放区财政经济史资料选编》第三辑,黑龙江人民出版社1988年版,第469页。

⑤ 中共河北省委党史研究室、河北省档案馆编:《冀热察解放区(1946.10—1949.1)》,《冀热察区行政公署关于确定地权和迅速发展生产问题的布告》,中共党史出版社1994年版,第350页。

出现。

总之，在解放战争时期，各解放区采取各种有效手段，充分调动一切积极力量，加强综合治理，把禁毒斗争推向了一个新的阶段。

第一，狠抓典型，做到以点带面，对涉毒犯罪情节严重的，处以死刑，以儆效尤；一般较轻的，酌情处罚，以示教育。

第二，广泛发动群众，形成群防群治的局面。许多解放区都规定对打击毒品犯罪行为有功的群众予以奖励，广大人民群众也积极踊跃地参加禁毒斗争，形成了专门机关打击和“群防群治”相结合的可喜局面。

第三，各个解放区政府都先后发布通告，无论工厂、农村，还是部队、机关、学校，一律禁止私设烟馆、赌馆等场所，而且工人、农民、士兵一律不准吸毒贩毒；同时，对于新解放区以前设立的烟馆，一律加以查禁封闭，以树立良好的社会风尚，创建了文明的社会环境。有的解放区还创办夜校，建立禁毒知识宣传队，向广大群众宣传解释解放区的禁烟禁毒政策，号召大家推行文明举止，树立社会新风尚，从而取得了良好的社会效果，出现了烟民主动投案自首、悔过自新的动人情景。

第四，利用土地改革，加强烟民改造。1947 年 10 月全国土地会议后，深刻变革农村生产关系的全国土地改革运动很快在陕甘宁、晋绥、晋察冀、晋冀鲁豫、华中等老解放区及东北等半老解决区波澜壮阔地兴起。针对一些地方出现的烟民不认真戒烟，利用土改的胜利果实吸烟扎毒挥霍浪费的情况，华北、东北等解放区各级政府采取了土地所有权的后置、取消、转移及二次分配，土地执照的暂行停发、暂时代管等形式，督促吸毒者尽快戒除毒瘾，参加生产劳动。用土地所有权的获得制约吸毒者，在新民主主义革命时期的确是一个务实、有效的好办法。

第五，加强缉私管理，禁止毒品出入境。随着解放战争的快速推进，中国共产党控制的地域不断扩大，并且在自己统治的区域内，已经有了边境口岸。加强对各边境口岸缉私严察，禁止毒品的出入，使外来毒品不能入关，内产毒品无法出关，从而在源头上把住了毒品的流动，为解放区深入禁烟禁毒创造了条件。

第六，各地在禁烟禁毒斗争中推陈出新的做法值得总结与借鉴。各解放区在禁烟禁毒斗争中对烟毒问题的认识更加全面深刻，对政策法规的理解与把握已上升到较高的层面，提出的一些理念、采取的一些做法令人耳目一新。如中原解放区安徽界首市民主政府 1948 年 12 月公布的《对本市公安工作的意见》中，特别规定了要“禁毒禁赌，提倡正当娱乐”①。1949 年 10 月 26 日，陕甘宁边区政府针对当地矿山存在着烟馆、赌场、妓院等影响工人身心健康的情况，特发布命

① 界首市地方志编纂委员会编：《界首县志》，附录，黄山书社 1995 年版，第 543 页。

令指出:“矿区内私设的大烟馆、赌博场、妓院等,由当地政府严行取缔,并指导矿区筹设正当娱乐场所,以备工人工余活动之需。”[①]这些做法是笔者在新民主主义革命时期中国共产党的禁烟禁毒史文献中第一次所见。在近代中国,国民对于鸦片的特别钟爱有一个重要的原因,就是因为国家贫穷落后,民不聊生,人民的精神生活寂寞空虚,“吃鸦片”成了许多人百无聊赖的唯一寄托和慰藉苦难心灵、寻求解脱的良方。从精神生活层面用正当的娱乐活动代替吸毒,这是禁烟禁毒中特别需要解决的一个问题。此时的新生政权已经开始注意到这个问题,把它提高到对精神境界的追求上来,实属不易。

纵观中国共产党建政前的禁烟禁毒历程可知,中国共产党自成立起,就对鸦片烟毒这一为害近代中国 200 多年的祸患高度重视,不失时机地在舆论上进行宣传和揭露;并在其控制的区域内开展禁烟禁毒活动,颁布了诸多的禁烟法令、法规。尽管这一切都是刚刚开始,许多方面尚有不足,但是它表明,中国共产党是一个能够正视中国社会现状,急人民之所急,想人民之所想,真正能够为人民谋利益的新兴政党;中国共产党在进行革命实践的过程中,自始至终把反对帝国主义的侵略、挽救民族危亡的斗争与扫除社会弊病、治理社会环境有机地结合起来,在自己所统辖的区域内,进行了卓有成效的禁烟禁毒活动。尤其是解放战争时期,中国共产党在各解放区领导的禁烟禁毒斗争,不仅延续了抗日战争时期在各抗日民主根据地的做法,又不断总结经验,结合本地区的实际,有所发展与创新。所有这些禁烟禁毒活动,为新中国成立之后在全国范围内开展大规模禁毒斗争并取得辉煌胜利积累了初步的经验,奠定了良好的基础。

第二节 新中国禁烟禁毒运动的第一期战役

一、新中国成立之初的烟毒情况

虽然中国共产党在执政前的各历史阶段中,曾采取多种措施在根据地或解放区内开展禁烟禁毒斗争,但就全国情况而言,新中国成立之初,在诸多的社会

① 陕西省档案馆、陕西省社会科学院合编:《陕甘宁边区政府文件选编》第 14 辑,档案出版社 1981 年版,第 200—201 页。

问题中，肆虐不绝的烟毒仍是一个极为引人注目的重大问题。根治烟毒，彻底扫除危害中华民族的这一痼疾的历史任务，被提到了议事日程。因为，新中国所面临的禁烟禁毒形势是极为严峻的。

一是种植烟毒情况严重。解放前夕，全国种植罂粟面积高达100万公顷，有的省种植罂粟竟达耕地面积的一半左右，到处都能见到罂粟花摇曳的身姿。全国大烟生产基地西南有云南、贵州、西康、四川诸省，西北有甘肃的陇南、陕西的陕北，华北有山西的晋中、晋西南，东北有热河、松江、龙江等地。种植罂粟最多者，首推云南和西康两省。云南当时烟地面积占耕地面积的20%—30%，西康烟地面积占全省耕地面积的48%以上。西南全区的种烟土地曾高达1 545万亩，占耕地总面积近10%。此外，据1950年甘肃省禁种烟毒工作初步总结和统计报表记载，在7个分区（平凉、甘南未统计）所属的43个县中都种有鸦片，共16.98万亩。[①] 贵州安顺几乎无户不种。广东在解放前夕种植罂粟达40余县，面积15万多亩，占全省耕地面积的0.38%。广州市郊区的龙眼洞、嘉禾、钟落坛、竹寮、石版、黄埔等镇当时均种有罂粟，大约有200余亩，致使大片土地失去耕作。烟毒从南到北，从东到西，已渗透到全国各地城乡和社会各个阶层。

二是制造毒品的技术先进。旧中国的制毒活动在中华人民共和国成立初期不仅仍然存在，而且技术更加先进，遍及全国城乡。西南地区制造烟毒的，重庆有400多家，川东涪陵有60余家，川西有367家，西康有20多家。上述各家，有雇请技师使用机器大规模生产的，也有手工作坊式小批量生产的。华东大区的福建省，毒情严重的有福州、厦门、泉州、漳州和晋江、长乐、龙溪、平和等市县，初步统计共有制造、贩卖、运输、销售毒品犯2 179人，其中制毒者102人。[②] 许多地方制造的毒品还成为国际市场上畅销的“名优品种”：甘肃山秃、水缺、土贫，但种烟却种出了畅销东南亚的烟毒名品——“水浆”；云南的“云土”在国际市场上的知名度，不亚于今天“金三角”的“双狮踏地球”牌；还有东北的“老北口”，内蒙古草原的“蒙疆土”，川北的黄砒，等等，制毒活动令人触目惊心。

三是贩毒猖獗。中华人民共和国成立之初，贩毒活动也相当猖獗，销售网遍布全国各地，许多城市都有毒品交易中心，全国约有鸦片毒贩30万人，各个大行政区均有不少毒贩相对集中且活动十分猖獗的典型城市。广西的气候不适宜鸦片生长，但广西位于大西南与港澳、广东联结的通道上，因而成为烟土运销中心。广州因为毗邻港澳，又与西南各区接近，因而不仅是毒品的销售点，也是毒品出

① 《文史精华》编辑部编：《近代中国烟毒写真》下卷，河北人民出版社1997年版，第546页。
② 毕宏吏：《建国初期禁绝烟毒始末》，《党的文献》1996年第4期，第21页。

入的总口岸、贩运毒品的重要中转站，是华南地区走私毒品的中枢，有大批的贩毒集团利用各种各样的方式进行贩毒活动，尤以“罗定帮”、“兴宁帮”两帮最为活跃。华中的武汉，在国民党统治时期即已成为全国最大的烟毒运销中心之一。毒贩从两广、云贵、四川等地把烟毒运到武汉，可获利 1—2 倍，再运往上海、南京、河南、西安等地，可获利 4—5 倍。东北的几个大城市及铁路沿线的 55 个县城，制贩烟毒人员约有 1 万人。长春市在禁烟禁毒运动前，有烟毒犯 427 名，其中敌伪官吏及地痞流氓分子占烟毒犯总数的 74%，商贩兼卖毒品者占 17%。这些毒犯中的少数以开旅馆、诊所、商店为掩护，大多数人则以贩毒为生。华北的京津两市以及山西、绥远、察哈尔、河北 4 省，有毒贩约 1 万人。仅天津市，解放初初步查对证实的毒品成案有 360 件，涉及 2 598 人，除在押及在外地的 702 人外，本市有 1 896 人，其中以行商、小贩、经纪人及西药化学原料业、进出口贸易行从业者等为最多，约占 33.2%；其次是从事茶业食品业、汽车运输业、五金行、手工业及货栈业者，占 18.1%；其他如文具、洗澡、照相、理发等 30 种行业人员，占 23.8%；无业、职业不明者，占 24.9%；据进一步核实，较大的毒犯有 200 多名。有资料显示，1932 年汉口市吃“黑饭”（烟毒行业）的行商户数、从业人数及资本均超过了当时的粮食业，仅毒品贩运者就近 4 千人。在西北，西安、兰州等大城市都是毒品交易中心。西安市解放初的药房诊所、客栈旅馆、手工百货等，差不多行行的工商户都贩毒，南关的山货行贩毒最为严重，20 余户中，除 3 户外，其余全部贩毒，大毒贩丹青两年间贩卖毒品料面达 2 000 两以上。解放初期，兰州的毒品商贩多从包头贩运至兰州，或从兰州贩运到迪化（今乌鲁木齐）；也有从本省的卓尼、夏河、临潭等地贩运到兰州。而料面除兰州市有制造者外，大都由上海、天津、汉口、四川输入成品。因此，兰州成为西北毒品的主要集散地。

四是吸烟毒现象随处可见。中华人民共和国建立之初，全国总人口 4 亿多，而吸烟毒者约有 2 000 多万人，20 几个中国人中就有一个瘾君子。据统计，解放初期，武汉市吸贩烟毒人数达到 6 878 人，有案可查的流通毒品约计有鸦片 109 474 两，吗啡、海洛因 147 660 两。[①] 与毒品有牵涉者占全市总人口的 1.4%。解放前夕，贵州全省 1 400 万人口中，吸食鸦片毒品者约达 300 多万，其中贵阳市的 23 万人口中，吸烟毒者就有 4 万多；遵义城人口 6 万，烟馆多达 400 多家，烟味充斥大街小巷，被称为烟毒世界；平越县（今福泉县）吸毒者竟占城关人口的 75%。当时总人口 1 595 万的云南省，吸烟毒者更是遍及全省，多达 200 万人以上。[②] 当时的广州被形容为“烟馆林立”，有“烟馆多于米铺”之称。据《文汇报》

①② 毕宏吏：《建国初期禁绝烟毒始末》，《党的文献》1996 年第 4 期，第 21 页。

1949 年 4 月 15 日登载的消息说,“目前广州已成了烟赌世界”。甘肃全省共有 12 万人吸食鸦片,占西北五省区吸烟毒人数的 60%,其中兰州市为 6 877 人。[1] 吉林长春市,吸食毒品的瘾民有 1 324 名。[2]

总之,到解放前夕,全国种植罂粟面积高达 100 万公顷,种植罂粟的农民多达 1 000 万以上。在中华人民共和国成立初期的全国 4 亿多人口中,从事贩毒制毒以及制售吸毒工具者超过 60 万人,吸食毒品者约 2 000 万人,几占全国总人口的 4.4%。尤为可怕的是,鸦片烟毒已经成为社会生活的一部分,人们对鸦片烟毒的危害近乎麻木,社会道德对鸦片泛滥几乎失去了约束力,以至于制贩毒品者不以为罪,吸食毒品者不以为耻,瘦弱萎靡瘾君子招摇于市不以为怪。鸦片烟毒已经成为整个中华民族的一大痼疾。

二、颁布禁烟毒法令,加强禁烟毒领导

1949 年 10 月 1 日中华人民共和国诞生后,各地人民政权继续高擎禁烟大旗,纷纷明令禁烟禁毒,宣传禁烟禁毒政策,采取相应措施取缔烟馆,打击烟毒活动,表明了新生政权对鸦片烟毒的决绝态度,并取得了一定的成效。

为保护人民健康,恢复发展生产,彻底扫除长期祸华的烟毒流害,中央人民政府采取了一系列措施,打响了建国后禁烟毒运动的第一期战役。1950 年 2 月 24 日,中央人民政府政务院发布了《关于严禁鸦片烟毒的通令》(以下简称《通令》),共 8 条,主要内容是:(1) 各级人民政府应广泛宣传毒品的危害,在烟毒较盛的地区,当地人民政府要提出限期禁绝烟毒办法,并设立禁毒委员会,保证禁毒工作顺利进行。(2) 从 1950 年春季起,在已解放的地区禁绝种烟;未解放的地区,军事一经结束,立即禁绝种烟;在少数民族地区,应斟酌当地实际情况,采取慎重措施,有步骤地进行禁种。(3) 自通令颁布之日起,在全国范围内禁止贩运、制造及销售毒品,违者从严治罪;散存于民间的毒品,限期交出。(4) 吸食烟毒者限期登记,定期戒除,否则予以处罚;各级人民政府卫生机关应配制戒烟药品,对贫苦烟民免费或减价医治;在烟毒较盛的城市设戒烟所,戒烟戒毒药品的供应由卫生机关统一掌握,严防隐蔽形式的烟毒代用品。[3]《通令》拉开了新中国第一次禁烟毒运动第一期战役的序幕。

《通令》颁布之后,按照政务院提出的要求,各级人民政府与各人民团体紧密

---

① 《文史精华》编辑部编:《近代中国烟毒写真》下卷,河北人民出版社 1997 年版,第 546 页。

② 毕宏吏:《建国初期禁绝烟毒始末》,《党的文献》1996 年第 4 期,第 21 页。

③ 1950 年 2 月 24 日《政务院关于严禁鸦片烟毒的通令》,《建国以来重要文献选编》一,中央文献出版社 2011 年版,第 108—109 页。

配合，积极行动起来，根据各行政区的实际情况相继制定了禁绝烟毒的办法与措施。另外，烟毒泛滥比较重的省市，如贵州、甘肃、内蒙古、湖南、福建等省，贵阳、重庆、西安、南京、北京、天津、武汉、广州等市，先后颁布了适用于本省市的禁烟禁毒条例。

1950 年 3 月 21 日，武汉市政府颁布了《关于禁烟禁毒的公告》，并于 4 月成立了武汉市禁烟禁毒委员会，制定了《烟毒瘾民登记办法》、《奖励自报检举查缉烟毒办法》及《处理烟毒案件暂行办法》。1950 年 5 月，中南军政委员会颁布了《中南区禁烟禁毒实施办法》。1950 年 5 月，天津市颁行了《天津市烟毒检查登记办法》。1950 年 7 月，西南军政委员会颁布了《关于禁绝鸦片烟毒的实施办法》，并于同年 12 月通过了《西南区禁绝鸦片烟毒治罪暂行条例》。1950 年 7 月 16 日，华北人民政府颁布了《华北区禁烟禁毒暂行办法》。1950 年 9 月 22 日，华东军政委员会颁布了《关于决定查获毒品之处理办法的通令》。1951 年 1 月 25 日，广州市人民政府制定颁布《广州市禁烟禁毒实施暂行办法》。1951 年 2 月，西北军政委员会颁布了《西北区禁烟禁毒暂行办法》。1951 年 4 月，内蒙古颁行了《内蒙古自治区禁绝鸦片烟毒实施办法》。1951 年 10 月，东北军政委员会颁布了《东北区禁烟禁毒实施办法》。

陕西省西安市人民政务委员会根据中央人民政府《通令》的精神，结合西安市的具体情况，于 1950 年 7 月 11 日制定了《西安市禁烟禁毒暂行办法》(17 条)，规定由政府指定有关机关聘请社会各阶层热心公益人士，组织市禁烟委员会，协助政府办理有关禁烟禁毒事宜；为把禁烟禁毒发展成社会运动，对于种植、运输、出售、吸食、制造、藏匿烟毒者以启发教育，必须发动各群众团体、机关、学校大力展开宣传工作，深入广泛宣传烟毒的危害，以利用群众力量，启发烟民觉悟，达到自动禁绝。9 月 28 日，西安市人民政务委员会又通过了《烟民登记限期戒除办法》8 条和《查缉烟毒暂行办法》18 条。前者对习染烟毒的烟民，根据不同情况在戒除方面进行了详细的规定；后者则对各种毒品的查缉以及查缉人员的职责等作了明确的规定。①

为了加强对禁烟禁毒工作的领导，各地方政府先后成立了禁烟禁毒组织。甘肃、陕西、云南、贵州、重庆、昆明等省市建立了禁烟禁毒委员会；安徽各县成立了清毒委员会；河北阳原县成立了肃毒委员会。全国各地的禁烟禁毒组织虽名称各异，但作用都相同，负责组织、管理、协调禁烟禁毒工作。禁烟禁毒组织成员来自政府、公安、军队、政协、工会、青年团、妇联、法院、交通运输、卫生、财政、税

① 《西安市政》第 1 卷，第 6 期。

收、农协以及文联等部门。与历史上类似组织的差别是，民政部门只有组织的责任，禁烟权力掌握在委员会手中。这种组织构成既有广泛的代表性，更带有权威性，主要是协调工作，推行禁令。部分农村也建立了禁烟禁毒组织。各级禁烟禁毒组织成立后，在领导各地的禁烟禁毒斗争中发挥了十分重要的作用。

由于当时种植和吸食烟毒的人太多，而禁烟禁毒的人力、物力有限，于是，这一时期在禁烟禁毒的具体操作上，针对烟毒的种、运、贩、吸四个主要环节，政府采取力劝两头，斩断中间的策略，重点卡死流通环节，着重打击运、贩烟毒犯，一经查获即予严惩，断绝烟毒的流通。这种被称为"拦腰一棍"的办法，使种植鸦片的卖不出去，吸食鸦片的又无处购买，因而禁烟禁毒成效显著。

在中央和各级人民政府的领导下，各地区相继开展了铲除种植的罂粟，侦破制毒贩毒案件，加强海关缉私，控制沿海口岸的走私贩毒，查封烟摊、烟馆，焚毁烟毒烟具，处决罪大恶极的烟毒贩，组织烟民戒烟等活动。一场轰轰烈烈的禁烟禁毒的群众运动在全国波澜壮阔地开展起来。

三、严厉禁种罂粟，断绝鸦片源头

1950 年 3 月 1 日，西南军政委员会发布《关于 1950 年春耕及农业生产指示》，特别强调严禁种植罂粟，已种植的强行铲除。各省、市、行署也分别向本地区发布严禁种植罂粟和铲除烟苗的布告，同时派出禁烟工作队赴各地"烟区"检查铲除烟苗工作进程。在严厉督促和查禁之下，不少种烟农民被迫自动铲除烟苗。

东南地区的福建省和广东省，虽然外来烟毒多，自种烟毒少，但种烟区多在深山密林，禁种和铲除难度很大。1950 年 9 月，针对种烟季节已到，福建省政府强调禁烟工作以禁种为重点，各县长和区长亲自带领禁烟工作组，翻山越岭，搜索烟地，铲除烟苗。据种烟较多的福州、莆田、平和等 25 个县市的统计，从 1950 年到 1951 年共铲除烟苗 1 676 亩又 4 万株。[①] 广州市禁烟禁毒委员会配合土改开展宣传教育，组织不定时检查，彻底根除了种植现象，原种植罂粟的土地恢复种植了农作物。

西北地区的种烟大省甘肃在《通令》颁布后立即行动起来，各级政府普遍组织工作组，下乡宣传党的政策，动员群众铲除罂粟。至 1950 年 6 月，全省共铲除烟苗 11 万多亩。1951 年春，又到了烟苗出芽季节，各级政府结合减租、土改和

① 公安部公安史资料征集研究领导小组办公室编：《公安史资料》1992 年第 2 期(内部资料)，第 239 页。

春耕生产等中心工作，克服种种困难，发动群众检查烟区，当年又铲除烟苗14.8万亩。铲除烟苗的工作在一些地区曾遇到很大的障碍。在以种烟为生计的"烟区"，反动毒贩公开鼓动群众以武力抗拒铲烟。特别是在甘肃种烟最多的兰州皋兰县湟惠区，在绰号"白蛇"、"黑蛇"、"无极蛇"等反动毒贩的主持下，当地群众制定了对抗政府禁烟法令的《种植公约》，商定好由特定的人"坐牢"，其余人保证"坐牢"者的家属衣食无缺。在"白蛇"、"无极蛇"的策划下，群众私自伪选了由毒贩组成的新城乡政府。毒贩把持当地城乡政权后，煽动群众集体出动，使用武力把被区署扣押的"黑蛇"劫回，气焰嚣张到了极点。在禁烟重点的皋兰县定远地区，省委派出的禁烟工作组一进入该区，就被受毒贩煽动的种烟户团团围困，大批种烟户的妇女老人拦住工作组，搂腰抱腿，无理要求允许种烟，免除铲烟。当地人民政府采取果断坚决的措施，抓捕了以"三蛇"为首的反动毒贩，最终铲除了烟苗。

在坚决铲除烟苗的同时，各级人民政府不误农时，帮助种烟农民改种当地适宜的农作物，并以贷款、贷种子的方式，及时解决弃烟种粮的"烟农"所面临的困难。在西南地区，为了解决烟农改种农作物的种子困难，各地人民政府共向大面积种烟的地区一次性贷放了93万斤优质大米种子。云南昭通地区在1950年的禁烟禁毒运动中，为帮助农民改种玉米和其他农作物，专署下拨籽种基金2万元，玉米20余万公斤，解决农民改种所遇到的暂时性困难。① 红河州专署在1951年冬耕时节，贷放粮食种子12.5万公斤，耕牛贷款1.5万元，牛种贷款3 250元，农具贷款5 000元。各县开仓济贫，解决农民生产、生活困难。②

根据中央内务部的统计，到1951年春，各地在禁种方面已取得很大成绩，其中东北地区除热河省偏僻地区查出烟苗242亩并当即铲除外，全区已禁绝种烟；西北的青海、宁夏两省除藏民游牧区外已无种烟者，甘肃消灭烟地60%以上，陕西减少烟地55%；华北绥远省铲除烟苗17.4万余亩，约占原种烟面积的80%；西南地区解放前原有烟地1 545万亩，经大面积铲除，减到600万亩。到1952年上半年，全国除边疆少数民族地区和内地的偏僻地区尚有少量偷种外（产量约在15—20万两左右，不到解放前年产量的0.5%），其余大部分地区种植大烟已成为历史。

四、查缴毒品，打击毒贩

各地采取各种措施严惩一批制造、贩卖毒品的首要分子，大张旗鼓地公开宣

---

① 昭通地区地方志编纂委员会编：《昭通地区志·中卷》，云南人民出版社1998年版，第543页。
② 红河哈尼族彝族自治州编纂委员会编：《红河州志》，三联书店1995年版，第287页。

判，在社会上形成“过街老鼠、人人喊打”的声势。

西南是禁烟禁毒的重点地区，各地的禁烟工作有序进行。为了禁绝烟毒，控制烟毒流入、流出，贵阳市公安局在龙洞堡、三桥、茶店设立了三个检查站。1950 年 11 月 12 日，贵阳市在民教馆召开第二次万人公判大会，判处大烟毒犯王银荣、何炳森死刑，立即执行，当众焚烧鸦片 23 000 多两，烟具 20 000 件。从全国解放到 1951 年底，贵阳市公安机关破获烟毒案 4 400 起，捕获烟毒犯 6 002 名，缴获鸦片 123 767 两、吗啡 52 958 两。[①] 重庆、万县、成都、贵阳、遵义、昆明等城市举行数千人或数万人的群众大会多次，当众焚毁的烟毒有 55.4 万多两，打碎的烟具达 20 多万件。昆明市两个制造毒品器具的私营工厂主动毁掉价值数百万元的烟毒器具。1950 年，成都共破获烟毒案 1 639 件，逮捕烟毒犯 2 552 人，查获鸦片 11 445 两、吗啡 75 两、“砒子”30 两。同年 12 月上旬，成都市在人民公园召开禁烟禁毒万人大会，市人民法院当场判处大烟毒贩李春藩、杨临棠二人死刑，并当众焚毁鸦片 5 380 两、吗啡 2 000 多包、烟具 1 万多件。[②]

同为禁烟禁毒重点地区的西北，严格按照中央人民政府禁令，迅速、坚决地开展禁烟肃毒工作。1950 年 3 月 20 日，甘肃省人民政府发布《禁烟禁毒布告》，表明人民政府为保护人民健康、恢复发展生产，彻底根绝鸦片烟毒的决心。1951 年 10 月 1 日，各地统一当众焚毁鸦片 7 335 两、大烟棒 4 017 个。[③] 西安市 1950 年 10 月召开焚毁烟毒大会，当场焚烧大烟 1 万两；1951 年 6 月 3 日又召开万人大会，公开审判了一批烟毒犯，当场处决了 2 名大毒贩，焚毁烟毒 6 513 两。[④] 银川市从 1950 年 12 月开始，三个月内破获烟毒案 106 起，收缴生烟 60 余两、熟烟 70 余两、烟棒子 3 660 个，没收烟款人民币 1 435 600 元（旧币）、银元 74 块。[⑤] 1950 年新疆在迪化市、和田专区与伊犁地区进行的禁烟禁毒斗争中，重点打击制毒、贩毒分子，开设烟馆的业主及一贯或大宗藏毒者。1952 年 6 月 9 日，迪化市五届三次人代会作出决议，要求加强“在主要路口设卡堵截毒犯”。[⑥]

华东地区，烟毒泛滥的重灾区南京市在解放后的户口调查中，一方面注意搜

---

① 公安部公安史资料征集研究领导小组办公室编：《公安史资料》1991 年第 4 辑（内部资料），第 212 页。

② 成都市地方志编纂委员会编：《成都市志・公安志》四川人民出版社 1999 年版，第 209—210 页。

③ 甘肃省地方史志编纂委员会编：《甘肃省志・公安志》第五卷，甘肃文化出版社 1995 年版，第 437—438 页。

④ 公安部公安史资料征集研究领导小组办公室编：《公安史资料》1989 年第 1 辑（内部资料），第 145 页。

⑤ 公安部公安史资料征集研究领导小组办公室编：《公安史资料》1991 年第 2 辑（内部资料），第 190 页。

⑥ 新疆维吾尔自治区地方志编纂委员会编：《新疆通志》第 20 卷（内部资料），新疆人民出版社 2004 年版，第 395—396 页。

寻大毒贩，一方面在登记户口时将吸售毒户列为特种户口，不断破获贩毒案件。上海有关部门迅速部署收缴散存在民间的鸦片烟土和毒品，通过重点查办大案要案、开展调查研究、积极发动群众等一系列措施，为实施全市性禁烟禁毒运动进行铺垫。上海市公安局在1950年1月至5月共破获烟毒案968件（包括制、运、贩毒案360件，吸食608件），捕获犯罪分子1 893名。[①]

华北地区，仅北京、天津等6大城市，1950年破获的烟毒案就达8 156起之多。[②] 1950年秋，天津禁烟禁毒委员会再次对全市货栈、仓库和有关团体进行检查，查获了部分毒品和大批罂粟壳等，并于1951年10月把所有破获的烟毒案件移交人民法院，依据事实处以徒刑和劳役，其中大毒枭石子文在镇压反革命的高潮中，被依法处决，[③]给猖狂活动的毒犯以一定程度的打击。1950年5月，内蒙古呼纳盟公安处集中行动，将满洲里、海拉尔、牙克石、博克图、扎兰屯5市街一贯不务正业，严重扰乱社会治安的吸毒贩毒分子、暗娼野妓等115人送往扎兰屯亚麻厂进行劳动改造，强迫他们改掉恶习。1951年12月30日，归绥市政府在人民体育场召开禁烟禁毒动员大会，当场烧毁鸦片2 000余两，公开处理一批制贩毒分子，在全市掀起禁烟禁毒新高潮。

华南地区，到1950年底，广州公安机关共查破制造、贩运，贩卖、开馆的烟毒案3 857宗。[④] 1951年海口地、市公安司法机关破获烟毒案87宗，缴获鸦片295两，管制了烟毒犯308名。[⑤] 福建在前两年查破毒案的基础上进一步调查制造、贩卖、运输烟毒材料案件。1952年上半年，晋江县破获张林乡“三大吗啡公司”巨案，逮捕主犯张明怡、张尚声等，缴获鸦片3 122斤，吗啡123两。[⑥]

东北地区，1952年4月12日，吉林省公安厅发出《关于打击烟毒犯的具体指示》，规定打击重点对象是集体贩运烟毒的首要分子、制毒业主与制毒技师，和以贩毒为业的惯犯。4月19日，省公安厅又发出《对打击烟毒犯的补充指示》，要求各地公安局堵住烟毒来源和销路，从根本上搞掉越境贩毒的主犯、惯犯以及在延边地区的收购点。4月22日，吉林省人民政府要求“延边地区各县边防、口岸，公安武装应与当地民兵紧密配合起来，严格检查烟贩毒贩，查获运贩毒品者，

---

① 《上海解放初期的禁毒运动》上，《档案与史学》1999年第4期，第25页。

② 罗瑞卿：《一年来人民公安工作的成就和今后的任务》，《人民日报》1951年1月1日。

③ 周利成、张菊：《天津的烟毒和禁烟史话》三，《天津档案》2000年第5期。

④ 马文元、任克勤：《广州禁毒简史研究》，《政法学刊》1999年第2期。

⑤ 公安部公安史资料征集研究领导小组办公室编：《公安史资料》1992年第2期（内部资料），第169页。

⑥ 公安部公安史资料征集研究领导小组办公室编：《公安史资料》1992年第2期（内部资料），第240页。

一律送交人民法院严惩不贷”[①]。

中南地区的湖南省沅陵县七区仅在1950年7—11月4个月内就在民间收缴烟土2 576.4公斤，特别是1950年春逮捕了以曹攸臣、余浩琴、刘绍昌、严济堂为首的四大坐庄巨头及惯犯611人后，埠外毒商曾一度不敢停留于长沙。[②]

经过这一时期打击毒贩的工作，到1952年禁烟禁毒运动“第二期战役”前，东北、华北、华东、西北4个地区共缴获毒品（折合鸦片）约24 473 308万两，[③]迫使大量公开的贩毒分子洗手不干，少数冥顽不化分子转入地下；公开的烟馆经过严厉的取缔，在全国已经少见了。

五、改造烟民，消除鸦片烟毒的消费市场

禁吸是禁毒工作的重要环节。在严厉打击制贩毒品的同时，各地还加紧进行烟民改造，采取的主要措施有：在规定日期内登记烟民；限定日期收缴散存于民间的烟土毒品；建立戒烟所，强制烟民戒除毒瘾；对戒毒烟民辅以相应的医疗卫生保障；研制戒毒药品，宣传戒毒药方；对生活困难的瘾民减收或免收医药费，等等。为了改造烟民，督促戒烟，各大城市普遍进行了烟民登记工作，并以“公办”、“私办”、“互助”等多种形式成立戒烟所或戒烟小组，实行集体戒烟。西南不少地区还成立了“反赌博、反抽大烟、反懒惰”的三反委员会，以监督烟民戒烟，强迫烟民参加生产。其中重庆一市就成立了戒烟小组729个。据川西、重庆等地不完全统计，1950年先后登记的烟民有3万多人，当年戒烟的有1.3万人。烟毒泛滥重灾区西安市，按照1950年7月11日颁布的《西安市禁烟禁毒暂行办法》规定，要求吸食烟毒者立即向有关部门登记，限期戒除，拒不登记或逾期仍未戒除者，送戒烟所强制戒除。为便于开展戒毒工作，西安市指令各区成立了禁烟肃毒分会，市政府拨出戒毒经费3千多万元，成立了两个戒烟所，对生活贫苦的烟民实行免费戒毒。另外，群众还自发成立了19个互助戒烟所。截至1951年8月，西安全市共有3 925名瘾民戒除了烟瘾。[④] 银川自1950年12月1日开始，20天内全市共登记烟民1 680人（其中男753人，女927人），分别进入戒烟所戒烟，效果显著。[⑤]

---

① 1952年4月22日《关于大力开展严禁鸦片烟毒流害的指示》，吉林省档案馆：2-8-32-6。

② 中共湖南省委党史研究室：《中国共产党湖南历史·第二卷（1949—1978）》，湖南人民出版社2009年版，第113页。

③ 诸羽主编：《割除毒瘤——共和国首次禁毒禁娼述实》，中央文献出版社1999年版，第50页。

④ 公安部公安史资料征集研究领导小组办公室编：《公安史资料》1989年第1辑（内部资料），第145页。

⑤ 公安部公安史资料征集研究领导小组办公室编：《公安史资料》1991年第2辑（内部资料），第190页。

各地政府在组织烟民戒烟的过程中，一方面体恤烟民在戒烟时生活困难，拨款、拨物救济；另一方面让他们参加劳动改造，成为自食其力者。四川彭水县在对瘾民戒烟时，人民政府拨给贫困瘾民 7.5 吨大米、10 吨木柴、500 元现金作为戒烟期间的生活补助，促使他们戒烟。[①] 1950 年，河南淮阳县政府拨粮 1 722 公斤，在城关镇临时建立“生产大队”，集中吸毒贩毒者百余，让其进行面粉加工生产与戒毒改造。[②] 江苏淮阴，为保障戒毒者的生活，专署从外地调拨了 10 万斤大米，作为保障戒毒补助。[③] 在贵州松桃县，仅城关镇，一次即在江西庙集训了 70 多人，并组织他们到马厂开荒种地，使其逐步养成劳动习惯，改造成为劳动者。[④] 贵州福泉县公安局于 1951 年 3 月份组织县城西街烟民 28 人，成立首期“戒烟劳动队”，参加修筑马瓮公路，劳动中 13 人戒掉烟瘾。4 月，又组织各地烟民 400 人参加第二期、第三期“劳动队”，其中有 200 多人戒烟成功。以后，“戒烟劳动队”一月一期，每期收 160—200 人，每次送走 60—100 人，由政府补贴伙食，让烟民在劳动中戒烟。[⑤]

根据中央人民政府内务部统计，热河省吸毒瘾民 1949 年解放时有 18 万人，经过大规模禁烟，到 1951 年初已减至 2 万余人；察哈尔省 1950 年戒绝的烟民 3 万人；绥远省的归绥、包头 2 市，在已登记的 9 870 名瘾民中，已有 6 518 人戒除了烟瘾。其他各地的戒烟工作也日益形成社会运动，瘾民正在不断地大量减少。据北方的察哈尔、绥远、山西 3 省统计，烟民已从解放前的 62 万人减少到 20 多万人。[⑥]

六、第一期禁烟禁毒战役遗留的问题

中华人民共和国成立之初进行的禁烟禁毒运动第一期战役在全国范围内取得了一些明显的成绩后，不少地方干部滋生了“差不多了”的思想，把主要精力投入到了抗美援朝、土地改革和镇压反革命三大运动之中，逐渐放松了禁烟禁毒工作。由于在禁烟禁毒运动第一期战役中对毒贩打击不够严厉，还有许多隐蔽的毒贩没有查出，不少毒贩由公开转入地下，第一期禁烟禁毒战役遗留了一些问题。

（一）残存的贩毒行为时有发生，行动诡秘，危害极大

当时残存的贩毒行为表现出以下四个特点：（1）毒品来源主要是国外和过

① 彭水县志编纂委员会编：《彭水县志》，四川人民出版社 1998 年版，第 517 页。
② 淮阳县地方志编纂委员会编：《淮阳县志》，河南人民出版社 1991 年版，第 868 页。
③ 淮阴市地方志编纂委员会编：《淮阴市志》，上海社会科学院出版社 1995 年版，第 1502 页。
④ 松桃苗族自治县志编纂委员会编：《松桃苗族自治县志》，贵州人民出版社 1996 年版，第 250 页。
⑤ 贵州省福泉县地方志编纂委员会编：《福泉县志》，贵州人民出版社 1992 年版，第 315 页。
⑥ 诸羽主编：《割除毒瘤——共和国首次禁毒禁娼述实》，中央文献出版社 1999 年版，第 284 页。

去遗留下来的存货，因而不易发现。(2) 这些毒贩中惯犯多、大犯多，贩毒史长，活动方式隐秘，贩毒手段狡猾。例如，南京大毒贩乔国良，自备轮船、汽车运输毒品，仅被查出的就达 2 412 两，该犯直到 1952 年 9 月才被公审枪决。(3) 烟毒犯大部分是流氓、地痞，敌伪军、警、宪，地主恶霸，反动帮会及兼有特务、反动党团身份的坏分子。例如，泸州市的 1 505 名烟毒犯中，上述人员即占 97.7%，贵州的 6 343 名烟毒犯中，有反动政治身份者约占 40%，苏南的 177 名烟毒犯中，上述人员占 61.5%。这些人一贯为非作歹，且多为亡命之徒，仇视新生政权，对社会治安危害很大。(4) 犯罪活动诡秘，以团伙为主。这些犯罪分子往往有很长的贩运路线和推销网，沿途设站、专人接送，并有暗语暗号。大毒贩朱启明，每次贩毒都乘飞机到香港大批收购，再由专人将毒品从香港护送到广州，广州又有专人负责护送到上海，到上海后再由专人护送到南京，这条严密的“地下运输线”直到 1952 年才被破获，朱犯也被处决。另外，这些犯罪团伙多腐蚀拉拢一些机关的公职人员作掩护，如东北、华北、中南及华中地区查明的毒贩中，属国家工作人员者即占 10.9%，绝大多数为留用的旧人员。

此外，还有为数众多的中小毒贩。这些中小毒贩为贩毒可谓费尽心机：有的将烟毒装在夹底箱内，有的藏在油篓里，有的灌在鸭子肚中，有的甚至把毒品用橡皮套封好后塞进肛门和妇女阴户内贩运。西安著名毒贩苗绍温专门组织了肛门队、阴户队贩运毒品。肛门队队员高大嘴从安徽宿县一次为苗犯携带十几两毒品，到西安后便不下来，直到危及生命，才经医生灌肠取出。从 1950 年 6 月到 1952 年 4 月，苗犯从徐州、宿县等地往南京贩运鸦片 2 400 两左右，其中大部分是由肛门队和阴户队运输的。据统计，整个西安阴户队妇女中毒而死的达 30 多人。依附在大毒贩网下以贩养吸的或以贩毒谋求微利的小毒贩，利用党和人民政府“烟民乃是受害者”的宽大政策，屡戒屡吸，屡吸屡贩，屡教不改。有的上午登记，下午贩毒；有的丈夫被捕，妻子继之。旧社会的那种父子、夫妻、翁婿共同贩毒，邻里之间连片经营，全家老小内外联合，具结“犯案一人当，家属大家养”的各种小型贩毒联合体，再次沉渣浮起。

(二) 大量国家公职人员吸贩毒行为触目惊心

在“三反”[①]、“五反”[②]运动中，出人意料地查获出大量国家公职人员涉毒案件，其案情之严重，性质之恶劣，触目惊心。在毒贩中，国家工作人员约占 10%。[③] 如“西南区机关内部的毒犯共有 4 793 人”；“在人民解放军中，华北军区

① 三反运动：即反贪污、反浪费、反官僚主义。

② 五反运动：即反行贿、反偷税漏税、反盗窃国家资财、反偷工减料、反盗窃国家经济情报。

③ 徐子荣：《公安部关于开展全国规模禁毒运动的报告》，1952 年 7 月 28 日，甘肃省档案馆：91－0507。

发现毒犯 105 名”。[①] 山西省的公安、司法专政部门参与毒品犯罪活动的即“达 90 人之多”。[②]

参与贩毒的国家工作人员主要由三部分人组成：一是在禁烟禁毒运动第一期战役中漏网的毒贩，有些以“派进来”的方式钻入国家运输行业。如太原列车段女列车员阎子云，其兄以制毒为业，家中配置制毒机械后，为利用铁路秘密运毒，特派阎子云入路工作；又如天津毒犯王玉昆，为打入铁路，特在家中购置投碳箱，苦练焚火技术，连考三次，终于钻入济南铁路机务段。二是原有的国家公职人员，被以“拉过去”的办法发展为贩毒分子。贩毒人员多以免费吸毒致瘾、巨额金钱贿赂、美色引诱等手段，将公职人员甚至公安干警拉下水，为其贩毒服务。如三原公安段长王永胜被宝鸡大毒贩阎万青收买后，双方合伙贩运毒品，并包庇陕西、山西等地毒贩，从中牟利；郑州大毒贩崔荣尧在把郑州铁路局旅行服务所主任刘若明拉下水后，陆续将 20 多名同伙派到该铁路各个餐车上工作，大肆走私贩毒，其沿线走私贩毒站有徐州 13 处、商丘 2 处、开封 3 处、郑州 5 处、西安 7 处、宝鸡 3 处、汉口 2 处、北京 3 处、济南 1 处。三是国家“包下来”的旧公职人员，恶习不改，继续贩毒，成为国家公职人员贩毒的主体。如南连香港、澳门，中连云贵产烟区，北接长江及各主要铁路干线，通往渝、汉、京、津等地的衡阳铁路，解放前铁路员工走私贩毒极为猖獗，解放后毫不收敛，到 1952 年 4 月，经调查，整个衡阳铁路局贩毒人员竟达 2 000 多人，贩毒证据确凿的贺某一人贩毒就达 1 万多两。另据北京旅行服务所、列车段、车辆段 3 个单位调查，在 1 193 名行车人员中，有 229 人走私运毒，比例高达 20%；天津铁路局在“三反”中，仅据坦白检举的材料统计，其铁路员工贩毒数额就高达鸦片 14.7 万多两，料面 5.1 万多两，醋酸 5 千多磅，其他毒品万余两；上海、广州铁路部门走私贩毒更加严重，其列车行车人员走私贩毒者达百分之百。

吸毒方面，北京市公安局在追赃工作中发现多数“老虎”[③]的赃款不易退还，原因之一就是大约有 70%的“老虎”属于贪图享乐、吃喝嫖赌、吸食毒品、挥霍成性一类。如某分局司法警察赵仲铭三年中零星偷窃公家大烟、白面价值 5 000 余万元，与三个妓女一起既吸又卖，挥霍殆尽。[④] 察哈尔军区雁北分区生产部门经理支玉琳，违法走私，贩卖毒品，因此而成为资本家，过着腐朽的资产阶

---

① 1952 年 9 月 6 日《全国禁毒运动第四号简报》，甘肃省档案馆：91－0539。

② 1952 年 5 月 31 日《山西省委关于贯彻执行中央苏区毒品流行指示的工作计划》，山西省档案馆：C54－2004－23－5。

③ 当时人们称贪污犯为“老虎”。

④ 王顺生、李军：《“三反”运动研究》，中共党史出版社 2006 年版，第 60 页。

级生活，成天打牌搞女人，吸食毒品，挥金如土。[①]

（三）大量毒贩以经商为名进行贩毒活动

以经商为名，行贩毒之实，是新旧社会贩毒分子惯用的伎俩。1952年上半年，“三反”、“五反”运动在全国范围内全面展开，运动中除揭露了大批不法资本家的“五毒”罪行外，还查出大量震惊全国的贩毒大案，揪出大量的贩毒奸商，他们的罪行之重，骇人听闻，政治地位之高，令人咋舌。如中南军政委员会委员、中南区人民代表、武汉市市政府委员、著名资本家贺衡夫，利用上述特殊身份，组织并领导了一个规模庞大的犯罪集团。这个犯罪集团除将盗窃战略物资和巨额黄金出口外，还丧心病狂地从香港、印度走私进口大批吗啡、海洛因等毒品，坑害国家和人民。走私吗啡、鸦片等毒品最为猖獗的广州市奸商，以香港、澳门为根据地，以广州为转运站，从水陆两线转运内地。陆路主要利用广州、深圳铁路，向通往全国各地的铁路支线渗透，销售对象主要是内地城镇的烟民；水路利用渔船和机帆船，走河海港汊，销售对象主要是沿江沿海城镇的烟民。据对15个走私犯的调查，解放两年来广州共走私进口鸦片（不含吗啡）4 000多两，其中奸商潘桂南走私进口鸦片1 700多两、吗啡102磅，总值10.2亿元（旧币）。

（四）偷种罂粟的活动仍在继续

自1950年2月中央发布通令开始，全国在能够禁烟禁毒的地方都开始禁种罂粟，铲除毒苗。然而，由于中国农村地域广阔，这一禁令在执行中不可能一步到位，遇到了不小的阻力，偷种现象时有发生。在黑龙江的偏僻山林地区，种植罂粟情况仍十分严重，仅宝清、富锦、汤原等15个县，几次搜山即捕获毒犯686人，缴获毒品119两，捣毁烟田192垧。汤原县小白村沙房屯共57户人家，除3户铁路员工外，其余全部种植大烟。[②] 吉林敦化、桦甸、蛟河及延边五县[③]于1951年搜查深山野林时共查出烟苗100余垧，但秋后仍发现有未铲除之烟苗。[④]

中央人民政府内务部于1952年元月发出的代电，就全国当时罂粟种植的情况作了通报：“一九五一年全国已基本上做到禁种鸦片，但偷种现象在某些地区仍不断发生，如华东苏北仅邳睢一县即查铲烟苗700亩，福建省福州、莆田等20市（县）据不完全材料统计，共铲除烟苗1 400余亩，西北区陕西、甘肃两省

① 王顺生、李军：《“三反”运动研究》，中共党史出版社2006年版，第70页。

② 黑龙江省地方志编纂委员会编：《黑龙江省志·公安志》第63卷，黑龙江人民出版社2001年版，第245页。

③ 延边五县，指延吉、珲春、汪清、和龙、安图五县，1949年设置。

④ 1952年4月22日吉林省人民政府《关于大力开展严禁鸦片烟毒流害的指示》，吉林省档案馆：2-8-32-6。

67 个县的个别乡村及卓尼自治区共查铲偷种大烟 89 000 余亩。”[①]公安部在 7 月份的一份报告中也指出，1952 年“在平原、河北、辽东、松江、热河、广西、广东、江西、湘西、福建、浙江、山东、苏北等地的若干山区和结合部，亦发现有少量偷种现象”。[②]

另据西北军政委员会民政部的通报，1952 年“仍发现不少地区偷种烟苗”，其中“甘肃省武都、庆阳两个分区的 9 个县，即发现烟苗 16 993 亩，武都分区接近藏区的文、岷等 6 县，种植烟苗即达 16 669 亩”。“庆阳分区环县曲子区 5 个乡，就有 4 个乡的 83 户偷种大烟，其中有 3 户种烟 3 至 4 年，有 7 户种了两年，初种的 73 户。从这个情况看，种烟的户数逐年增多，且有的群众是一贯偷种，有的是干部家属，如镇原县工商科长曹新及不少村干部都偷种大烟。”“陕西省的南郑、宝鸡、延安 3 个分区的 19 个县发现烟苗 478 亩，绥德分区 6 个县发现 24 人偷种，咸阳分区的泾阳、周至、耀县、淳化四县及商洛分区的丹凤、商县亦有种植。”[③]上述资料说明，在 1951 年、1952 年，全国的一些省区种植罂粟的情况仍时有发现，并未因为中央的禁令和全国规模的禁烟禁毒运动就完全、彻底从根本上扭转旧中国遗留下来的罂粟种植泛滥的状况。

据统计，到 1952 年 6 月，南京仍然有烟毒贩 4 440 多人，为此受到中央人民政府内务部的严肃批评。截至 1952 年春，西北地区尚有 32 万人吸烟毒，昆明市有 7 901 人。暴露出已往禁烟禁毒运动很不彻底和烟毒在新形势下以新的方式重新泛滥，表明禁烟禁毒的形势仍很严峻。

由于各省市各地区普遍存在着禁烟禁毒不彻底和烟毒回潮泛滥、烟毒贩依然猖獗的现象，以致部分群众对党和人民政府的禁毒政策产生怀疑，说：“人民政府提出禁烟禁毒是一阵风。”“禁毒好是好，不知能不能禁完？”“禁着放着，何时能禁完？”“共产党、人民政府什么事都办得好，就是禁毒不行。”“多少年的事了，一下子还能搞完？”“满清那时就禁，没禁了。国民党也禁，还把好些吸的贩的枪毙了，终归到底没禁完，越禁越多，现在就能禁完吗？”

所有这些都表明，鸦片毒害中国百余年，其根深蒂固，绝不是一朝一夕所能根除净尽的，禁绝烟毒仍是中国人民一项严峻的任务。

---

① 1952 年 1 月 18 日《中央人民政府内务部代电》，天津市档案馆：53－1－380－4。

② 徐子荣：《公安部关于开展全国规模禁毒运动的报告》，1952 年 7 月 28 日，甘肃省档案馆：91－0507。

③ 1952 年 11 月 25 日《西北军政委员会民政部给青海省人民政府民政厅陈厅长的回复》，青海省档案馆：永久，157－70－16。

第三节　新中国禁烟禁毒运动的第二期战役

为了彻底根绝烟毒，中共中央和中央人民政府决定利用镇压反革命运动和“三反”、“五反”运动群众已经发动起来的大好形势，集中力量，集中时间，于1952年下半年在全国范围内大张旗鼓地发动禁烟禁毒运动的第二期战役，对毒害中国人民百余年的鸦片烟毒进行一次彻底地消除。这期战役分为三个阶段进行。

一、第一阶段：完善法律规范，建立机构，积极筹划，精心安排

1952年4月15日，中共中央发出《关于肃清毒品流行的指示》，明确指出：“首先集中解决贩毒问题”，各地要利用“三反”、“五反”运动中发现、揭露出来的线索情况，穷追不舍，开展一场声势浩大、规模空前的肃毒运动。对于重要案件，要组织专案侦查。中央部门应以铁道、公路、海运、河运、邮政、海关、公安（包括边防）、司法、税务等作为重点；地方则以大中城市、边防口岸以及过去烟毒盛行的地区，即以毒品的主要产地、毒品的集散枢纽和出入国境的“关口”为开展运动的重点地区。5月21日，中央人民政府政务院再一次颁布了1950年2月24日为《关于严禁鸦片烟毒的通令》。各行政区及各省市立即响应，迅速下发了针对本地区实际情况的具体禁烟禁毒条例。1952年4月29日，中共中央中南局下发了《关于开展肃清毒品流行的指示》。5月3日，东北人民政府颁发了《关于根绝烟毒流害，处理贩毒分子的决定》。

关于禁烟禁毒运动中惩治毒犯的具体政策，1952年7月30日，中共中央批准的公安部《关于开展全国规模的禁毒运动的报告》作了如下规定：凡在1951年1月以后有下列罪行之一人员，均予以逮捕法办：(1) 出资制毒的业主及集资结伙制毒的组织者、主谋者和以职业为掩护专事制毒的惯犯；(2) 制造毒品的“技师”；(3) 贩运出售毒品的组织者、主谋者、惯犯、现行犯；(4) 以烟馆为业的业主；(5) 一贯协助毒犯的窝主现行及依靠贩运毒品佣金收入为生的经纪人；(6) 偷运毒品进口的组织者和惯犯；(7) 武装运毒者；(8) 以反革命为目的的制造、贩运毒犯及被管制分子；(9) 贿买勾结国家工作人员而情节严重恶劣的毒犯；(10) 毒贩派进我机关内部的“坐探”；(11) 利用职权包庇、协助毒贩或出资贩毒的严重违法的国家工作人员；(12) 在汉族地区一贯大量种烟的烟匪、恶霸、流氓

及雇人种烟或串通农民种烟的主谋者;(13) 其他在运动中拒绝登记、拒缴毒品、拒不坦白而情节严重恶劣者。为根除毒害,对毒犯的处理虽可稍轻于惩治反革命分子,但必须严于"三反"、"五反"中的盗窃犯。对单纯吸毒者,除号召其检举毒贩外,暂不要忙于过问,亦不要号召登记。

在完善禁烟禁毒法律法规的同时,政府还进一步建立健全了禁毒组织机构。根据中共中央的指示,第二期禁烟禁毒运动的领导组织机构为:党中央和中央人民政府统一领导,各地各级党委和人民政府直接指挥,以中央公安部和各级公安局为主体,各级检察院、法院、宣传、工商、妇联、卫生、工会、政协、民主党派以及铁路、航运、邮政等各行各界密切配合,充分发动广大人民群众积极参加。各地区各级政府成立专门机构,负责组织领导禁烟禁毒运动。

与此同时,西北军政委员会指示,西北的禁烟禁毒工作以兰州、天水两市为重点;西南军政委员会确定以贵阳、遵义、安顺为禁烟禁毒典型示范区。一些省市,如湖南省、福建省以及西安、武汉、桂林、南京等市,为加强对禁烟禁毒运动的领导,调整充实了禁烟禁毒委员会领导机构。一是由省人民政府主席或副主席、各市市长或副市长亲自担任该省或该市的禁烟禁毒委员会主任,以便加强领导;二是在禁烟禁毒委员会中广泛吸收公、检、法、工商、工会、妇联、政协、铁路、航运等各行各界主要负责人参加,以便各方面密切配合,共同打击毒贩。

值得注意的是,1950 年开展的禁烟禁毒第一期战役成立的禁烟禁毒组织以民政部门为主;此次成立的禁烟禁毒机构以公安部门为主,表明禁烟禁毒运动的性质发生了变化,从人民内部矛盾转化为敌我矛盾。各地禁烟禁毒机构成立后,积极进行内查外调,反复核实,准确掌握了毒犯名单及罪证,从禁毒重点地区发现制造、贩卖、运送毒品案件罪犯 369 705 名,从思想上、组织上、材料上为肃毒运动作好了充分的准备。①

1952 年 7 月 25 日至 28 日,全国禁毒会议在北京召开。公安部副部长徐子荣在会上作了《关于开展全国规模的禁毒运动的报告》,通报了全国侦查了解的毒情,确定以统一行动、分期完成为禁毒行动部署的原则。报告对禁烟禁毒运动作了如下部署:(1) 目前运动主要集中在城镇中进行,农村一般应暂时不动。(2) 运动分三期进行,每期预定 10 天至 15 天。第一期"大破案",应先逮捕一批有证据有价值的毒犯,并立即着手组织审讯,搜集材料,扩大线索,继续深入一步,为第二期扩大战果作好准备。第二期应继续深入和继续铺开其他重点。经过第一、二两期,大部分的重点城镇应力争基本解决问题。第三期的重点应放在

---

① 毕宏吏:《建国初期禁绝烟毒始末》,《党的文献》1996 年第 4 期,第 24 页。

追捕漏网毒犯和处理结束工作上。(3) 在大举破案后,必须迅速地召集适当的群众大会,向群众全面地讲清政策,使群众充分了解禁毒运动的意义,动员他们积极地与毒犯的罪恶活动作斗争,检举毒犯,积极地协助人民政府进行禁毒工作。[①]

在这一阶段,各地除对已暴露而又必须破获的案件予以破获外,一般按兵不动,以免打草惊蛇。就各行政区而言,此次禁烟禁毒的重点——中南地区准备工作较为充分。据中南公安部报告,到 1952 年 7 月,经过细致缜密的侦查,中南区各主要城市的公安机关都对本市贩毒情况有了比较深入的了解,并立下了专案。其中广州立有贩毒专案 105 件,涉及毒贩 746 人,武汉掌握了大的贩毒集团 66 个,河南掌握大贩毒集团 30 多个,衡阳铁路局掌握贩毒集团 31 个,南昌立有贩毒专案 193 件。中南区禁毒重点城市武汉在准备阶段中,市委市政府要求各区主要领导亲自抓禁烟禁毒,公安部门和法院系统要投入 80%的力量从事禁烟禁毒工作,可以缓办的工作一律缓办或停办,各地的民主改革暂时停止,全力投入禁烟禁毒运动。

就在禁烟禁毒运动第二期战役准备的过程中,"1952 年 5 月 5 日美国政府代表在联合国麻醉药品委员会上无耻地提出诬蔑我中华人民共和国政府在日本私卖海洛因的捏造报告"[②]。这一情况的出现,促使中央政府决定改变禁烟禁毒运动的宣传方式,由大张旗鼓的宣传改为以口头宣传为主。1952 年 7 月 16 日,毛泽东同志指示:禁毒宣传工作应由中宣部(或与公安部联合)发一个内部指示,"规定禁毒运动只做人民中的口头内部宣传,一律不许在任何公开的报告或刊物上发表任何消息"[③]。

1952 年 7 月 19 日,中共中央宣传部、公安部联合发出了《关于禁毒宣传的指示》,明确指出,禁烟禁毒宣传的内容包括以下几点:(1) 揭露帝国主义是如何与旧中国反动统治者相勾结推行毒化政策的。(2) 对以反革命为目的的本身即是反革命分子的毒贩,应着重揭露其利用毒品进行破坏活动和毒害人民的罪恶阴谋。(3) 重大的制造、贩运毒品的案件,应充分揭露其主犯、惯犯等不惜用一切恶劣手段祸国殃民的罪恶行为。(4) 应宣传彻底坦白者从宽,拒不坦白者从严的处理方针,号召毒犯分子自动坦白,检举立功。同时,《关于禁毒宣传的指

---

① 徐子荣:《公安部关于开展全国规模的禁毒运动的报告》,1952 年 7 月 28 日,甘肃省档案馆:91-0507。

② 《中国外交部发表声明,抗议美国政府诬蔑我在日本私卖海洛因》,《人民日报》1952 年 5 月 19 日。

③ 1952 年 7 月 16 日《毛泽东对公安部关于禁毒运动统一行动时间和召开禁毒会议通知的批语》,《党的文献》2003 年第 6 期,第 55 页。

示》还指出以下内容应少宣传或不宣传：(1) 牵涉国家机关内部的毒品案，对外应只揭露混入国家机关庇护毒犯的内奸坐探，和品质恶劣难以改造、一贯从事贩运毒品的留用人员。其余一贯从事贩运毒品的留用人员，一律不对外宣传。(2) 有关统一战线组织中重要分子的毒品案，不宣传。(3) 偷运毒品出国的案件，不宣传。(4) 有关少数民族的毒品案件，不宣传。(5) 商界的毒品案，以正当营业为主兼营少量毒品者，不宣传；以制造或贩卖毒品为主者，只揭发其制毒贩毒的罪行，不涉及其工商业。(6) 对种毒、吸毒者，应进行教育，但一般不煽动群众去反对他们。(7) 逮捕毒犯数字，不宣传；没收毒品数字，除少数区、街、村当众焚毁者可向群众交代外，全区全市的没收总数，不宣传。[①] 这一指示，成为全国禁烟禁毒宣传工作的指导性文件。

各地按照中央的部署，积极筹划，精心安排，开展全国性集中禁烟禁毒运动的准备工作全部完成后，一场轰轰烈烈的禁烟禁毒战役在全国范围内迅速打响。

二、第二阶段：大破案、大逮捕行动

第二阶段为大破案、大逮捕阶段。因为许多制毒贩毒集团是全国性的，有很长的贩运线和很深的销售网，必须由中央公安部通盘布置，作全面彻底的侦查后，方能一举成擒。

在经过了从中央到地方各级公安部门的充分侦查准备，各重点地区贩毒集团和贩毒分子已被掌握的有利形势下，1952 年 8 月初，公安部召开全国禁烟禁毒工作会议，部署统一行动。在党中央和公安部的统一部署下，8 月 10 日前后，全国 1 202 个禁烟禁毒重点地区开始了第一期大破案、大逮捕行动，8 月下旬进行了第二期大破案、大逮捕行动，9 月进行了以毒犯登记为主的第三期行动。

由于各省市发动群众和禁烟禁毒的准备工作进程不一，大破案、大逮捕也有稍早、稍迟之别。最早开始大破案、大逮捕的是首都北京市。8 月 9 日夜 12 时，在充分调查清楚的情况下，北京市公安局统一行动，一举逮捕烟毒犯 328 人。9 月 1 日，在先农坛体育场召开了有 4 万群众参加的公审烟毒犯大会，依法处决了一批罪大恶极的烟毒犯罪分子。到 1952 年 9 月底，全市的肃毒运动基本结束，共捕获烟毒犯 637 人，登记烟毒犯 8 649 人，收缴制毒设备 10 部、各种毒具 700 多件、毒品 2 300 多两。

8 月 10 日凌晨 2 时许，天津市公安局在重新审查烟毒犯名单和作好准备工作的基础上，开始了第一次集中逮捕烟毒犯的统一行动。至上午 10 时，在批准

① 1952 年 7 月 19 日《中共中央宣传部、公安部关于禁毒宣传的指示》。

逮捕的150名烟毒犯中，共捕获145人，其中制毒犯4人、贩毒犯141人。另有5人离津未归，公安机关分别派人或电告外地追捕。9月3日凌晨，市公安局又开始了第二次大搜捕，共捕获大犯、主犯、惯犯301人。其中小工商业经理、行商经纪人、小手工业者、商贩117人，药房诊所经理、医师5人，店员、工人、散工57人，农民4人，机关企业内部职员13人，无业者及其他105人。9月8日，召开了全市公审烟毒犯大会，参加人数达42 000人。判处刘树仁等3名大毒犯死刑，立即执行；判处烟毒犯方向阳死刑，缓期二年执行；判处郭龙文等二犯长期徒刑、张容真等二犯释放管制；另有5名当场教育释放。9月23日，市公安局又逮捕了最后的漏网分子。9月25日，天津的禁烟禁毒运动基本结束。这次运动从各方面共获取材料35 329件，掌握1950年以后仍有活动的大小烟毒犯3 086名，其中逮捕大犯、主犯、惯犯677名，登记一般烟毒犯2 409名。依据有关法律和政策，判处死刑10名，判处死刑缓期执行7名，判处徒刑420名，管制798名，教育释放87名，登记免予管制1 764名，吸烟毒者兼有偶尔小量(5两以下)贩烟毒者1 243名，一律进行教育，免予惩处；共缴获烟土5 914两、烟膏471.6两、烟灰235.8两、料面494.8两、"白面"82.4两、醋酸122.3两、针剂吗啡655支、制毒原料100余两、制毒机器及制毒吸毒用具4 230件；另外，查获赃款244.83万元、黄金157.17两、银元209枚，以及手枪8支、瓦斯枪1支、子弹6 000余粒。①

西安对烟毒犯的第一次集中逮捕是在8月11日。这日凌晨1时，由公安干警、政府机关干部和高中以上学生组成的抓捕烟毒犯队伍共2 000多人一起出动，每4人一组，每组捕获对象一名，同时配备8辆汽车运送毒犯。在天亮前的5个小时中，共逮捕烟毒犯318人，占拟第一期逮捕432人的75%。8月22日晚展开第二次大逮捕行动，当晚逮捕烟毒犯146人。两次大逮捕沉重打击了烟毒犯的嚣张气焰，在随后的烟毒犯登记工作中，登记烟毒犯近1 000人，要求坦白的近2 000人。

兰州市公安局经过缜密准备，于8月11日在全市采取集中搜捕烟毒犯的第一次行动。是夜共出动公安干部、警察、战士352人，抓捕烟毒犯115人(应捕122人)。缴获大烟80.2两，料面1.9两，制毒药品20两，制毒工具8件，贩毒账簿3本，黄金3两，金首饰14件，玉石4件，白洋435元，人民币(旧币)1 130万元。8月12—25日逮捕7人，8月26日第二次行动逮捕55人，27日至9月3日逮捕4人。这两个阶段共逮捕181人，连同8月11日前准备时期逮捕之16人，肃毒运动以来共逮捕烟毒犯197人。肃毒开始至8月31日，共收缴大烟

---

① 周利成、张菊：《天津的烟毒和禁烟史话》三，《天津档案》2000年第5期。

1 086.98 两，料面 5.39 两，制毒药品 37 两，大烟籽 2 斤，各种毒具 158 件。9 月 11 日在全市第三次集中行动中捕获烟毒犯 49 名，多系大、惯犯和拒不登记和交代罪行的顽固分子。①

中南全区的大破案、大逮捕于 8 月 13 日开始。当天，在全区 121 个禁烟毒重点地区同时展开大逮捕行动，7 天内逮捕烟毒犯 2 192 人，缴获毒品 8 540 多两，收缴毒具 1 902 件。重点禁烟毒城市武汉在 8 月 13 日晚共派出 210 个行动小组，当晚逮捕烟毒犯 206 人。但由于当时武汉烟毒犯达 5 000 多人，大多数烟毒犯没有被触动，故而烟毒犯对此次逮捕行动很不以为然，有的甚至躺在死人身上边吸毒边叫嚣："老子吸给你看，卖给你看，看你把老子怎么办?"为此，市政府决定加大打击力度。同月 29 日夜，市政府集中大批警力物力进行第二次大逮捕，当夜逮捕烟毒犯 917 人。9 月 9 日下午召开公审大会，当场宣判了 20 名证据确凿的烟毒犯，其中判处 2 人死刑立即执行，其余各判 1 年以上 15 年以下徒刑不等。此举大大震慑了猖獗不可一世的烟毒犯，促使烟毒犯阵营迅速出现恐慌、分化局面，并很快彻底崩溃。在人民群众广泛的检举揭发热潮和"逾期不登记者加重处罚"的政策攻势下，烟毒犯为求宽大，纷纷登记坦白。当月全市共登记烟毒犯 3 236 人，登记备查的历史犯 4 133 人，主动登记的烟民 5 473 人。到 10 月中旬，武汉禁烟禁毒运动基本结束时，全市所掌握的烟毒犯竟达 10 241 人，占当时全市总人口(128 万)的 0.8%，后经核实审查，不够烟毒犯条件应免予处罚者占上述烟毒犯数目的 80.5%。

广州市有准备有部署地组织专项统一行动是在 8 月 12 日晚上。当天，广州市禁毒委员会统一行动，动员了 1 895 人，组成 220 个小组，破案 194 件，捕获烟毒犯 294 人。其中贩毒案件 96 件，188 人；运毒案件 10 件，18 人；制毒案件 1 件，捕获 2 人；开设烟馆案 82 件，捕获 86 人；缴获烟土 146 两、吗啡 10 两、海洛因 12 两等。②

福建省的大破案和大逮捕开始于 8 月 14 日。这一天，该省 8 个禁烟禁毒重点市县统一行动，一举侦破 32 件贩毒专案，逮捕 233 名烟毒贩，缴获鸦片 2 003 两。随后，人民政府不给毒犯以喘息之机，于同月 24 日进行了第二次大逮捕，当日捕获烟毒犯 73 人，缴获鸦片 3 200 多两，同时对贩毒情节严重、虽然证据不足但有可能逃跑的 753 名烟毒犯实行武装看管。9 月上旬开始第三次行动，在群众已全面发动起来的有利形势下，大造舆论，迫使漏网的大烟毒犯和罪

① 兰州市公安局政策法律研究室编：《兰州公安往事录(1952 年度)》。
② 马文元、任克勤：《广州禁毒简史研究》，《政法学刊》1999 年第 2 期。

行较轻的小烟毒犯共 3 216 人主动到人民政府机关登记。

南京对烟毒犯的第一次大规模集中逮捕是在 8 月下旬。从 8 月 11 日开始，在群众已经发动起来的基础上动员烟毒犯主动登记，交出毒品毒具，认真悔过，人民政府给予自新之路。但大多数烟毒犯拒绝登记，少数犹豫观望，登记者寥寥无几。为了打破烟毒犯的顽抗、侥幸心理，8 月下旬开始逮捕一批禁烟禁毒令公布后继续贩毒、数额巨大的现行犯，到月底共逮捕 360 人，占原掌握数 2 543 人的 14%，预捕烟毒犯无一人漏网。9 月初又进行第二次集中逮捕，将那些假登记不坦白的、罪行严重兼有反革命罪行的惯犯、现行犯逮捕了 350 人，同时将 273 名情节较轻的烟毒犯集中看管起来。两次集中逮捕打破了大多数毒犯蒙混过关的幻想和拒不坦白的顽抗态度，在随后的烟毒犯登记工作中，出乎意料地出现了登记数字与日俱增的现象，到 9 月底共登记烟毒犯 4 942 人，经核实合乎烟毒犯条件的 3 655 人，不够烟毒犯条件的 1 287 人。

在这次集中大破案、大逮捕中，全国共发现制造、贩卖、运送毒品的烟毒犯近 37 万人，正式逮捕 8 万余人，占已掌握毒犯的 22%；共缴获毒品（折合鸦片）近 400 万两，各种制、贩、运、藏毒工具 26 万多件。

三、第三阶段：审查处理、追缴存毒

第三阶段为审查处理和追缴存毒的扫尾阶段。为了打击烟毒犯，保护人民，1952 年 10 月 3 日，中央人民政府政务院第 153 次会议通过了《中华人民共和国惩治毒犯条例》，并迅即颁发给各级人民政府施行，为审查和处理烟毒犯提供了明确的法律依据。在处理运动中被揭发和主动坦白的烟毒犯的政策上，中央要求各地应采取严厉惩办与改造教育相结合的方针，打击惩办少数，教育改造多数，即：制造者、集体大量贩卖者从严，个别少量贩卖者从宽；主犯从严，从犯从宽；惯犯从严，偶犯从宽；拒不坦白者从严，彻底坦白者从宽；今后从严，过去从宽。打击的重点是集体大量制毒、贩毒犯和严重违法的工作人员。对于情节不是特别严重，只要彻底坦白，真诚悔过，检举立功者，可减轻或免予处分。

实际上，审查处理已逮捕烟毒犯，追缴烟毒贩隐瞒不交的存毒，在大破案大逮捕阶段已经着手进行。但由于禁烟禁毒运动来势迅猛，全国各地很快积压了捕获和登记的大量烟毒贩，其中不少人是不够烟毒犯条件的“小犯”、“偶犯”，甚至是慑于轰轰烈烈声势而主动“入网”的“瘾民”。党和人民政府禁烟禁毒的目的是为了保护人民，拯救鸦片烟毒的受害者，而且党的禁烟禁毒政策是“宽捕严判”，因此急需各级公检法机关集中人力，集中时间，通过司法程序，对已捕案犯快速审查，该杀的杀，该判的判，大量不够烟毒犯条件的教育释放。同时，在审查处理过程中，对真正的烟毒贩也要穷追猛打，追缴其藏匿不交的毒品和贩毒网络。

在审查处理阶段，按照禁烟禁毒政策，各地普遍制定了作为内部掌握的“毒贩排队暂行标准”，对不同情节、不同表现、不同程度的烟毒贩作不同的处理。排队顺序一般是：不作烟毒贩处理且立即教育释放的“入网烟民”，不捕不罚的“小犯”、“偶犯”，具结悔过的“从犯”，坦白较好且揭发有功而免于处分的“中犯”，不够逮捕法办资格但需交社会管制的“大犯”、“主犯”，逮捕法办且判处徒刑甚至是死刑立即执行的“惯犯”、“历史犯”、“大主犯”、“大现行犯”、“反革命犯”等。排队结果一般都要交群众讨论核实，再经基层公安局研究，上报省市公安机关批准，最后召开群众大会公布。对判处各种徒刑的，特别是判处死刑立即执行的一律召开群众公审大会，以打击烟毒贩，教育群众。

经过两个月的审查处理，到 1952 年 12 月中旬，在正式逮捕的 8 万多名烟毒犯中，共处理了 51 627 名，其中判处各种徒刑（包括死刑、无期徒刑）的 33 786 名，劳改的 2 138 名，管制的 6 843 名，教育释放的 3 524 名，未报分类统计的 4 337 名。①

四、形式多样、生动活泼的禁烟禁毒宣传

在发动群众和宣传党的禁烟禁毒政策方面，各地普遍开展了形式多样、生动活泼的宣传活动：编发简报，排演戏曲、快板、大鼓书，放映幻灯，举办展览。秧歌队，旱船队，不断在街头巷尾巡回宣传。各地还普遍召开了干部会、各界人士协商会、群众座谈会、宣讲会、毒贩家属会，对毒贩的控诉会、公审会，以及烟民揭发会、毒贩坦白会等。如西北禁烟禁毒重点省份甘肃省的禁烟禁毒重点城市兰州、天水成立了统战形式的禁毒委员会，动员了 3 270 名干部、学生和积极分子参加禁烟肃毒的宣传工作。宣传期间，先后召开居民小组、烟民、毒贩家属等群众会议 5 560 余场次，受教育群众达 32 万人，其中兰州市民受教育面达 82%。两市群众被发动起来后，积极检举，共提供烟毒贩线索 8 739 条。福建省在发动广大群众的同时，还对福州、厦门、泉州、漳州、晋江、长乐、龙溪、平和等 8 个毒情严重的市县的制贩毒品情况进行了全面调查，初步统计共有大小烟毒犯 2 179 人。江苏省南京市在准备工作中共召开各种群众会议 8 847 次，受教育群众达 75 万人，占当时南京市人口总数的 85%以上。湖南省决定以沅陵、会同、永顺三个专区和长沙、衡阳、邵阳、常德 4 个市为禁烟禁毒重点。全省共抽调专职干部 3 887 人，对 9 个市、84 个城关镇、203 个圩镇全面查禁烟毒。在禁烟宣传工作中，共召开群众大会 1.86 万次，受教育群众达 259 万人，全省共登记烟毒

---

① 经核算以上数字的总和不是 51 627 名，缺 989 人，但原文如此。

犯 1.93 万人。

随着统一行动的扩大和宣传鼓动工作的深入，广大人民群众在提高认识的基础上，逐步被发动起来，积极参与各种形式的宣传活动，为宣传党的禁烟禁毒政策和毒品对人民、对国家造成的危害而大造声势，真正给烟毒犯罪分子造成了巨大的心理压力，使肃毒运动家喻户晓、人人皆知，最终达到教育群众、制服罪犯的目的。据当时不完全统计，全国共收到群众的检举信 131 万余件，检举 22 万余名烟毒犯，仅河南省就出现儿子检举父亲、妻子检举丈夫的事例 680 多件，从而震慑了烟毒犯，有 34 万余名烟毒犯前来自首，坦白悔过并检举他人。

经过这一期轰轰烈烈的禁烟禁毒运动，在所有汉族地区基本禁绝了肆虐百余年的鸦片烟毒，改善了社会风尚，净化了社会环境，巩固了新生的人民政权，提高了党和人民政府的威信，为恢复和发展国民经济创造了必要的条件。当时的中央公安部部长罗瑞卿，于 1952 年 12 月 14 日向党中央和中央政府党组、政法党组作《关于全国禁毒运动的总结报告》时曾兴奋地说："从各方面看来，这次的禁烟禁毒运动都是一次'比较精彩的运动'。"全国性禁烟禁毒运动大获全胜。

1953 年底，中国总理兼外交部长周恩来代表中国政府向世界庄严宣告：中国已经消灭了前人未能消灭的陋习。

五、第二期禁烟禁毒战役遗留问题的解决

1952 年开展的禁烟禁毒运动第二期战役结束后，遗留问题主要有三个：一是大量吸毒者的戒瘾问题。从总体上看，第二期战役的主要任务就是抓烟毒贩，破烟毒案，从根本上改变近代中国烟毒的运输与销售泛滥成灾的局面。相对而言，戒烟戒瘾的问题是后续的主要任务，因此，不论是各省的禁烟禁毒数据，还是公安部 1952 年 12 月的总结，在戒烟毒的具体数据上都少有提及。真正的、大量的戒烟毒工作只能留待 1952 年以后进行。二是农村存毒的收缴问题。收缴存毒是保证吸烟毒者彻底戒除毒瘾的关键性环节。因近代中国烟毒泛滥，民间藏存鸦片的现象较为普遍，加之中国本身就是一个农业社会，农村人口众多，农村区域广大，而中华人民共和国成立之初的禁烟禁毒运动首先触及的是城市，农村受到的冲击相对有限，改变中国存毒现状的重点故而在农村。三是个别地区继续坚持禁种，严防复种的问题。1952 年的禁烟禁毒运动第二期战役，重点整治的是贩毒问题，农村的禁种工作虽自 1950 年就开始进行，但要在几年之内彻底禁绝已经延续了 100 多年的罂粟种植是不现实的。实际上，1952 年以后，除了边疆与少数民族地区的禁烟禁毒运动基本没有进行，种烟还没有从根本上触动外，全国各地农村罂粟偷种的情况仍不容忽视。以华东行政区为例，截至

1953年2月初，该区农村种烟毒未禁绝的地区，就有“浙江的乐清、永嘉、平阳、玉环、文成、青田、瑞安、庆元、新昌、崇德、仙居等县；福建的平和、诏安、云霄、屏南等县；江苏的沭阳、灌云、江宁、溧水、川沙等县；安徽的阜阳专区；山东的临沂专区等”。[①] 可见全国各地禁种与防止复种的任务还是十分艰巨的。

1952年12月12日，政务院作出了《关于推行戒烟、禁种鸦片和在农村收缴存毒工作的指示》，该指示共五条，主要内容为：第一，对吸食烟毒者本着“教育改造，治病救人”的方针，采取动员规劝，自己戒烟为主，结合政府给予适当督促帮助的原则，有步骤、有计划地稳步进行。城市应利用当前的有利条件，抓紧进行。“农村可于今冬明春的适当时机”进行。第二，鸦片种植问题，现在已经基本禁绝。遗留问题主要是少数民族地区和个别的、分散的偷种。汉区要严厉禁绝；山区农民因铲除烟苗而生活确属困难者，应酌情救济。对过去种植鸦片的劳动人民，只要以后不再种烟，一律不予处分。但如果1952年以后仍偷种，则要依法惩办。第三，收缴农村存毒，本着“交出毒品，不予处分”的原则，有计划、有准备和有目标地进行，不得采取硬追硬逼或其他简单粗糙的方法。对于单纯存毒者，只要全部交出毒品，一律不予处分。对因缴出毒品致生活困难的农民和其他劳动人民，政府还应酌予救济。第四，在少数民族地区，禁种、戒烟与收缴存毒工作一律暂不进行。第五，禁毒运动，包括戒烟、禁种和收缴存毒等工作，仍应由各级政府统一领导，通盘计划，并由各级公安部门掌握进行。戒烟则应以民政、卫生部门为主，公安部门配合。[②]

（一）1952年以后大量烟民烟瘾问题的处理

为指导全国禁吸戒毒工作的顺利进行，1953年1月31日，中央公安部、内务部、卫生部发出《关于全面开展戒烟工作的指示》，提出戒烟的10条措施。根据中央的指示精神，各地方人民政府都发布了相应的指示，指导本省、本地区的戒烟毒工作。如浙江省人民政府民政厅、公安厅、卫生厅于1953年3月20日发出《关于开展戒毒工作的联合指示》，提出5条补充规定。青海省人民政府于1953年5月提出了年内须做到“省县（市）人民政府及区公所所在地的青壮年吸毒者，基本上戒除烟瘾，全区内零星烟苗完全肃清”[③]的要求。

---

① 1953年2月5日华东行政委员会《关于认真贯彻中央人民政府政务院推行戒烟、禁种鸦片和收缴存毒指示的通知》，浙江省档案馆：J103-005-048。

② 1952年12月12日《关于推行戒烟、禁种鸦片和在农村收缴存毒工作的指示》，转引自中共云南省委党史研究室、中共云南省公安厅委员会编：《建国以来云南的禁毒斗争》，云南民族出版社1997年版，第316—317页。

③ 1953年5月6日《青海省人民政府关于农业区推行戒烟并严格检查种植鸦片的指示》，青海省档案馆：长期，157-36-1。

大规模的禁吸戒毒工作于1953年在全国各地普遍展开，大批瘾民登记戒毒。有关1952年以后全国禁吸戒毒工作的具体情况，因为缺乏相关的资料，全国在这一时期究竟有多少人登记戒毒，戒断率是多少？目前我们还不得而知。但是从已知的相关资料中还是可以证实戒瘾工作的成效是很大的。另外，随着民间藏毒收缴的大力推进，以及罂粟种植、毒品制作的不复存在，瘾民获得鸦片的渠道已基本断绝，这就从源头上斩断了货源，迫使瘾民戒断烟瘾。绝大多数的瘾民戒瘾成功是显而易见的，也是顺理成章的。

虽然，从1953年开始的全国禁吸戒毒工作有序进行，吸烟毒人数在不断减少，但这是一个持续长久的工作，部分老烟民因为戒瘾困难而明戒暗不戒，即使已经戒断的烟民亦随时都有可能烟瘾再发，因此，戒毒之事绝不可掉以轻心。事实上，在全国各地都存在着少许的老瘾民暗中偷吸的情况，如四川会理县1963年查获老瘾民95人，[①]喜德县直到1983年6月还有14名“老瘾民”暴露后，被政府集中起来到戒烟所进行戒烟的事例发生。[②] 前述的盐边县戒瘾情况，按县志提供的数据计算，1964年以后仍有1 567名老瘾民存在。1963年甘肃省武都地区还有老瘾民“用麻黄素一类的麻醉药品代替解瘾”[③]的情况发生。

(二) 全国农村存毒收缴问题的解决

收缴民间藏存毒品的工作，各地区一直在进行中，但进行与完成的时间因省而异，早晚不同，且有所反复，延续时间较长。如1956年以后，由于“还有相当数量的民国年间遗留下来的民间存烟没有收缴”[④]，以及其他一些原因的存在，云南省的烟毒问题又呈回潮之势，私种、贩运、吸食之风抬头，为了彻底解决民间存毒问题，云南省公安厅党组于1958年8月29日印发了《关于彻底收缴民间存毒的意见》，分析指出“存烟是烟毒危害不能根除的问题所在，但又是个带群众性、社会性、历史性的问题”，并提出“收缴不能简单从事，是一个深入的思想教育工作和复杂的斗争”。[⑤]

在全国各地进行的收缴存毒的工作中，总共收缴的存毒有多少，由于缺乏资料，还不知其详。笔者根据多年搜集掌握的资料情况，仅以宁夏、山西和江西等

---

① 四川省会理县志编纂委员会编：《会理县志》，四川辞书出版社1994年版，第263页。

② 喜德县志编纂委员会编：《喜德县志》，电子科技出版社1992年版，第124页。

③ 1963年8月20日《关于全区禁烟禁毒情况的简报》，甘肃省档案馆：91-009-0410-0006。

④ 中共云南省委党史研究室、中共云南省公安厅委员会编：《建国以来云南的禁毒斗争》，云南民族出版社1997年版，第14页。

⑤ 中共云南省委党史研究室、中共云南省公安厅委员会编：《建国以来云南的禁毒斗争》，云南民族出版社1997年版，第44页。

地档案资料所提供的数据，以及各地方志的零星记载，粗略统计，到 1964 年，全国一些市地县收缴的鸦片、“料子”、海洛因等毒品共计为 684 818.7 两，另有吗啡等注射液 574 支，“料子”原料 24 瓶又 735 两，大烟种子 4 公斤，烟籽 1 升 13 两，各类烟具近 900 件。[①]

收缴存毒的工作，应该说取得了很大的成果。这一工作的进行，使大量民间藏毒被收缴，基本上截断了吸烟毒者的供货来源，为绝大部分瘾民戒断毒瘾提供了客观的保障，更加巩固了禁烟禁毒斗争已经取得的胜利。

（三）各地继续坚持禁种、严防复种的工作

如前所述，1952 年的禁烟禁毒运动第二期战役，重点整治的是贩毒问题，农村的禁种工作虽自 1950 年就开始进行，但要在几年之内彻底禁绝已经延续了一百多年的罂粟种植是不现实的。实际上，1952 年以后，除了边疆与少数民族地区的禁烟禁毒运动基本没有进行，种烟还没有从根本上触动外，全国各地农村罂粟偷种的情况仍不容忽视。

为进一步加强禁种鸦片，严防各地复种罂粟的苗头出现，1953 年 2 月 5 日，中央内务部、公安部联合发出《关于贯彻严禁种植鸦片的指示》，提出五条要求：(1) 妥善地结合爱国增产、农村建设、土改复查、镇压反革命，尤其是结合开展戒毒和收缴存毒工作，大力推行禁种鸦片；(2) 对种烟有历史性或深山僻野地区，有重点地组织专门力量，在播种时和收烟前进行检查和铲除烟苗，改种其他农作物；(3) 对过去种植鸦片的劳动人民，只要交出烟种、烟膏，以后不再种烟，一律既往不咎；(4) 对武装种烟者和个别屡教不改、成分坏而又有罪恶的分子，应依据惩治毒犯条例(草案)精神，严予惩处；(5) 少数民族地区的禁种鸦片工作，一律暂缓进行。[②] 在加强对禁种鸦片及严防个别地区复种的问题上，各地也是狠抓不放。青海省人民政府在 1953 年 5 月 6 日发布了《关于农业区推行戒烟并严格检查种植鸦片的指示》；针对新疆麻烟危害大的问题，西北区特别提出，“应在大麻开花结籽时，注意大力防止麻烟的制造”。[③] 黑龙江省勃利县从 1953 年到 1956 年每年都组织大批人员入山搜查私种鸦片者，毁其苗地，抓捕种植者。西北地区查铲罂粟的工作持续进行。陕西省 1953 年查铲鸦片烟苗 135 亩。[④] 甘肃省禁种工作自 1953 年后集中在偏远和少数民族地区进行，1953 年 8 月在舟曲

---

① 有关宁夏、山西、江西等详细数据，可参阅作者专著《中国共产党禁烟禁毒史》的相关章节。

② 1953 年 2 月 5 日《中央内务部、公安部关于贯彻严禁种植鸦片的指示》，宁夏回族自治区档案馆：15 - 1 - 62 - 1。

③ 《西北区一九五三年禁种禁吸烟毒工作计划要点》，宁夏回族自治区档案馆：15 - 2 - 135 - 1。

④ 1954 年 8 月《西北各省历年查铲群众偷种鸦片烟苗统计》，青海省档案馆：永久，157 - 114 - 4。

县铲烟苗 2 281.85 亩,[①]1954—1955 年庆阳地区铲除烟苗 830 多亩。[②] 四川、广西等省区的查禁工作也都持续进行。

正是由于在全国大规模的禁烟禁毒运动结束后,烟民戒瘾、收缴存毒、严禁复种等方面的工作仍在进行,且成效显著,才巩固了之前禁烟禁毒已经取得的成果,保证了新中国在此后较长的时期无烟毒泛滥。

六、少数民族地区禁烟禁毒活动逐步展开

我国是拥有 56 个民族的多民族国家,中华人民共和国成立前,中国共产党曾在东北解放区、华北解放区的一些少数民族区域对鸦片烟毒问题的解决进行了积极的实践与有益的探索,并取得了一定的成效。

1950—1952 年中央人民政府领导的全国性禁烟禁毒运动,使全国相当一些民族地区与全国汉族地区基本同步进行,并取得一些成效。如湖北省的恩施州以及湖南、四川、青海、辽宁等省的大约 35 个自治县和自治旗,基本解决了历史上毒品泛滥的问题。贵州松桃县、宁夏同心县、青海乐都县等 10 余个自治县的禁烟禁毒工作取得了较大成果,但并未根除毒祸。也有个别地区,如宁夏的隆德县、青海的玉树州等,只在 1950 年进行了禁烟禁毒的宣传,为 1952 年后禁烟禁毒工作全面开展创造了条件。以吉林省的延边朝鲜族自治州和广西的融水县等为代表的一些少数民族地区,通过此次禁烟禁毒运动,在使烟毒泛滥的局面得到控制后,则把禁烟禁毒工作纳入日常管理,用严打、高压的态势,保持了烟毒的低发案率。

但是,还有相当一部分少数民族地区,由于其民族问题的复杂性,或者地处偏远,刚刚解放等各种因素,未能参与 1950—1952 年的禁烟禁毒运动或参与程度不够,这就使得部分少数民族地区种烟吸毒问题作为一个历史遗留问题而显得尤为突出,无形之中对已经进行了禁烟禁毒运动,基本上禁止了毒祸的绝大部分汉区和部分少数民族地区形成了压力和考验。在一些多民族杂居的地区,或者在汉族与少数民族交界地区,禁烟禁毒的大好局面如何保持?如何不受少数民族地区烟毒的影响或诱惑?这就把少数民族地区的禁烟禁毒事宜提上了议事日程。于是,各行政区公安部在汉族地区禁烟禁毒工作取得根本胜利的鼓舞下,很快拟订出了在本地区少数民族聚居区展开禁烟禁毒工作的计划,经上报中央公安部批准,迅速在少数民族聚居区推行禁烟禁毒运动。从 1953 年开始,少数

---

① 甘肃省舟曲县志编纂委员会编:《舟曲县志》,三联书店 1996 年版,第 403 页。
② 甘肃省庆阳地区志编纂委员会编:《庆阳地区志》第四卷,兰州大学出版社 1998 年版,第 440 页。

民族地区的禁烟禁毒运动逐步展开。

甘肃烟毒产源之一的甘南，号称甘肃的“金三角”，是以藏族为主体的少数民族聚居区。到 1953 年，种烟涉及 3 个县、4 个区、40 个乡、450 个自然村，共 1.1 万多户，6 万多人。1953 年，甘肃省委省政府经反复研究，制定了“坚决禁种，慎重稳进，逐步根除”的甘南禁烟禁毒方针，决定藏区重点抓禁种，民族杂居区抓禁制、禁贩、禁吸。1954 年 6 月，甘南禁烟委员会成立，甘南藏族自治区人民政府随即发布公告，宣布甘南全区全面禁烟禁毒。同时，甘南全区抽调汉族干部、民族宗教界上层人士、头人等 300 余人组成工作组、武工队，分赴各产烟区开展工作。工作组和武工队深入产烟区时受到了严重的阻碍。在少数毒贩煽动下，一些地区聚众抗拒铲烟，阻截禁烟毒干部进村。反动烟毒贩扬言：“和尚来由女人圈，干部来由男人打！”“活佛可以不信，领袖人物的话可以不听！谁铲杀谁！”他们还猖狂地鼓动群众到民族上层人士的住处示威，打伤执行禁烟毒任务的解放军战士。党和人民政府在进行广泛充分宣传禁烟禁毒政策的同时，采取果断措施，抓捕了为首的破坏分子并绳之以法。到 1956 年底，全甘南累计铲除烟地 38.5 万亩，根除零星散种烟苗 14 万株，缴获烟毒 1.2 万公斤，使 2 411 名烟民戒除了烟瘾，消除了西北的一大毒源。在禁烟禁毒过程中，人民政府一方面在宣传上充分发挥民族宗教领袖人物的号召力，一方面在经济上及时向“弃烟还农(牧)”的烟民发放生产补助款 420 多万元和救济粮 29 万斤，及时组织医疗队、贸易小组深入烟区，使烟区人民的生活和身体得到保障。

湖南湘西地区历来以“匪多、枪多、烟多”著称于世。解放初土匪把持这里的鸦片烟毒生产、销售的各个环节，湘西人民，特别是苗族和土家族聚居区，受害很深。从 1950 年开始，湘西响应中央人民政府关于肃清鸦片烟毒的指示，一面剿匪，一面禁烟，在汉族地区取得了一定成绩。1952 年 8 月，湘西苗族自治区成立，开始在苗族聚居区实行有计划的禁烟禁毒运动，在对少数民族和当地工商界知名人士的烟毒问题采取慎重和宽大政策的前提下，对当地汉族的制毒、贩毒分子给予了沉重打击。1954 年 8 月中旬到 9 月下旬，湘西苗族自治区进行第二次禁烟禁毒运动，收缴鸦片数万两，并逮捕了一批继续猖狂贩毒的烟毒犯(含苗族烟毒重犯)。1958 年 1 月下旬至 5 月下旬，在湘西民主改革已经完成的基础上，湘西土家族苗族自治州联合开展第三次禁烟禁毒运动，共逮捕烟毒犯 181 人，拘留 124 人，交群众斗争 153 人，集训 2 080 人，强行送“戒烟所”戒烟 1 280 人，收缴鸦片 41 655 两、吗啡 144 两、鸦片烟种 49 两，并缴获毒犯枪支 15 支，子弹 3 557 发。至此，湘西地区烟毒基本肃清。

西南的凉山地区是彝族、藏族、汉族等 14 个民族的聚居区，是西南少数民族地区鸦片的主要产区。到 1953 年 8 月，凉山彝族自治区的鸦片烟地占农业生产面积的 60%。每年秋季收割后，彝民总是将大量鸦片运往汉区，换回牲畜、粮食和日用品。1953 年冬，西康省公安厅领导凉山自治州公安处采取谨慎措施开始禁烟。在反复宣传烟毒危害的同时，先是规定不许将鸦片运往汉区，遇到则劝其折回，并不没收；接着在制定公约后对仍然向汉区运烟者予以轻度惩罚，暂时封存其运往汉区的鸦片；随后在不影响民族团结的前提下，减少鸦片种植和在一些县城试行"禁止在街上公开买卖烟毒"的措施。1956 年初，西昌专区和凉山彝族自治区开始实行民主改革。1957 年 7 月，凉山彝族自治州人民代表会议通过了《关于不种大烟多种粮食的决议(草案)》，决定在凉山全区开展全面的严厉的禁烟肃毒斗争。到 1959 年初，全州种植的鸦片全部铲除，同时收缴存烟 5.6 万两，大部分烟民经过戒烟而脱瘾。至此，凉山彝族自治区的禁烟禁毒工作完成。

西藏阿坝地区的烟害很深，各县基本上 40%以上的耕地种植鸦片，30%—70%的人吸食鸦片，在土司和头人的操纵下，烟毒交易成为当地主要经济来源。该区的禁烟禁毒工作始于 1950 年，打击对象严格限制在少数汉族、回族烟帮，特别是汉族烟帮方面。1954 年土地改革和民主改革运动开始后实行禁种禁吸政策，但一直采取谨慎缓进策略，到 1959 年底才在全区基本禁绝种植鸦片，到 1963 年底才基本收尽存留的烟毒。

总之，少数民族地区的禁烟禁毒工作，在民主改革的保证下，充分考虑少数民族地区烟毒问题的特殊性与复杂性，制定了"慎重稳进"的禁烟禁毒总方针；注意团结少数民族宗教上层人士开展工作；实施"正面替代，逐步削弱"的政策，集中解决种植罂粟问题；采取了宽严相济，区别对待，严把政策关等措施，经过十多年努力，基本禁绝了危害当地百余年的烟毒。烟毒的肃清，使当地群众走上了正常的经济发展道路，改善了民族关系，巩固了新生的人民政权，为少数民族地区政治、经济、文化、社会等各项事业的发展和进步创造了良好的社会环境，从而实现了在中国大陆基本禁绝鸦片烟毒的彻底胜利。

第四节　新中国禁烟禁毒运动的经验

一、新中国禁烟禁毒运动的成果和经验

自 1950 年 2 月到 1952 年 12 月进行的新中国禁烟禁毒运动，历时两年

10个月，在广泛动员人民积极参与之下，取得了令世人瞩目的成就。如烟毒犯罪较严重的兰州地区，自1952年8月11日在全市开展的历时4个多月的肃毒禁烟运动期间，共发现造、贩、运、藏烟毒分子4 080人。其中贩大烟10两以上，以烟毒犯论处者2 680人，共计逮捕617人，占烟毒犯总数的23%；管制533人，占20%；登记后具保免于刑事处分的1 530人，占57%；已逮捕的617名烟毒犯中，判处死刑7人，判处徒刑314人。运动中共缴获毒品折合鸦片8 035两，制毒药品88磅，各种制毒工具617件，没收和追缴毒资人民币21 700余元（旧币），黄金60两，白银215两，银币2 553元，还有房屋、车马、布匹等其他大批物资。[①] 截至1952年12月，全国共查出烟毒犯近37万名，被捕者82 056名，判处各种徒刑33 786名（包括死刑、无期徒刑），其中处决880名，劳改2 138名，管制6 843名；缴获毒品399万余两，制毒机器235部，各种贩、运、藏毒工具263 459件；还缴获了用以武装反抗的六零炮两门，机枪5挺，长短枪877支，子弹8万多发，手榴弹167颗，炸弹16枚，发报机6部。[②] 运动期间各地共召开各种宣传会765 428次，直接受教育者计74 595 181人次，[③]因此“禁毒运动”虽然没有利用公开的报刊、广播等新闻媒介作宣传，但在重点地区仍做到了家喻户晓、人人皆知。在运动中，迫于压力自己向公安机关坦白悔过，前来登记的毒犯345 463名，这些人表示“这辈子再也不敢贩毒了”。真可谓是完成了“来一次集中的、彻底的扫除”的任务。[④]

从1949年10月1日中华人民共和国成立到1952年，仅仅用了3年，中国政府就基本解决了旧中国烟毒泛滥流行的态势，又经过10多年的努力，对西南、西北一些偏远山区与少数民族地区的烟毒祸患进行了持续的治理。从此，中国由一个世界上头号的鸦片帝国一变而成为世界所公认的“无毒国”，洗刷了自1840以来100多年“东亚病夫”的耻辱，为反对帝国主义强加于中华民族的“鸦片战争”画上了一个圆满的句号，中国口岸从此享有“清洁口岸”的美誉达30余年之久。难怪有的学者指出，19世纪国际毒品贸易并非始于中国，但却终于中国。这个光荣不单单是属于中华民族的，也是属于全人类的。因为，人类有史以来第一次创下了在一块幅员广大、人口众多的土地上战胜毒品的纪录。

1952年12月18日，中共中央转发了公安部长罗瑞卿《关于全国禁毒运动的总结报告》，对1952年全国禁毒运动的特点和经验作了总结。报告提出，这次

---

① 资料来源：兰州市公安局禁毒办。
② 诸羽主编：《割除毒瘤——共和国首次禁毒禁娼述实》，中央文献出版社1999年版，第49页。
③ 诸羽主编：《割除毒瘤——共和国首次禁毒禁娼述实》，中央文献出版社1999年版，第50页。
④ 诸羽主编：《割除毒瘤——共和国首次禁毒禁娼述实》，中央文献出版社1999年版，第287页。

禁毒运动的特点是：准备充分，计划周密，政策界限明确，纪律严明，控制严密，督导及时，工作紧张，威力充沛。就运动发展的迅速、健康及其效果看来，就各地对中央肃毒指示体会贯彻的精神看来，这次运动可说是“一次比较精彩的运动”。比较突出的经验有以下几点：

(1) 政策明确。运动中始终集中打击制造、贩卖、运送毒品的毒犯，特别是其中兼有反革命身份和其他坏分子身份者，争取了胁从、偶犯、毒犯家属和为数众多的吸毒瘾民。各地都彻底贯彻了中央这一正确政策，各级领导都保持了清醒的头脑，一般工作人员都有明确的政策界限。因而迅速地扩大了群众队伍，壮大了运动的声势，使毒犯愈陷孤立，打下了毒犯的威风，使运动很快进入了高潮。

(2) 准备充分。各期破案之前，均在思想上、组织上、材料上作了充分准备。各地均在党委统一领导下，以公安机关为主组织了有力的禁烟肃毒办公室，于运动开始前 3 个多月即积极地展开了调查、侦查和反复查对材料的工作。因而各地均能在搜捕行动之前掌握烟毒犯的名单和罪证，准确地、雷厉风行地逮捕应捕而必须捕的烟毒犯，并使烟毒犯都受到应得的惩罚和教育，这是打准、打狠和引导运动正常、健康发展的重要保证，也是缩短时间，使运动“精彩”结束的先决条件。

(3) 控制严密。省以上的公安机关都派出检查组到各重点地区检查督导，及时地发现与解决了不少实际问题；在整个运动中都实行了规定的报告制度。因此，在严密控制和及时督导的情况下，纠正了个别地区的准备不足，忽视深入侦查，初期捕人和宣传工作的束手束脚，以及运动高潮阶段部分地区的简单、急躁情绪等，保证了运动全始全终地发展到最后的胜利。

(4) 及时指导。集中注意于掌握情况的发展，摸清烟毒情况和烟毒犯的底细。各地一般均采取了侦查、审讯、群众检举、烟毒犯登记四者密切结合的办法，这是成功的。经验证明：凡是结合好的地方，抓住了烟毒犯的矛盾，内外夹攻，毒情便很快被摸清，对壮大运动的规模和声势起了重大的推动作用。从以上四方面所得的材料，必须不失时机地研究和处理，才能把一切大犯、主犯、惯犯和现行犯很快地挖出来，才能把应缴获的烟毒追缴出来。

(5) 集中处理。逮捕与处决烟毒犯都大张旗鼓地采取了集中处理的方法，完全显示了运动的威力和政府的决心，这是发动广大群众和打下烟毒犯威风的绝好办法。事实证明，旧中国社会所遗留下来的深重毒害，采取过去那种零打碎敲的办法是不能解决问题的。中央决定“在全国范围内有重点地，大张旗鼓地发动一次群众运动，来一次集中地、彻底地扫除”是十分必要和英明的。

(6) 口头宣传。经验证明，用口头向群众宣传，不用登报、广播等文字宣传，亦可做到大张旗鼓。禁毒运动中利用组织报告员、宣传员、宣传车、宣传队，召开各种大、小群众会，毒犯家属会，老年会，公审大会等，大张旗鼓地进行口头宣传，反复交待政策，完全做到了家喻户晓，人人皆知，并达到了充分发动教育群众和制服毒犯的目的。[①]

二、新中国禁烟禁毒运动取得重大成果的原因

中国共产党领导的新中国禁烟禁毒运动之所以能取得如此重大的成果，其主要原因有：

一是中国共产党决策正确，措施得力。中共中央、中央人民政府适应历史的潮流和人民的要求，及时作出铲除各种封建残余势力和社会丑恶现象的英明决策，并加强领导，在人力、财力上尽力支持，保证了斗争的顺利开展，最终取得胜利。

二是新政府及其各级官员与烟毒贸易的利益关系被彻底切断。1952 年 4 月中央下发的《关于肃清毒品流行的指示》明确指出，对于"三反"运动中发现、揭露出来的贩毒制毒线索，要穷追不舍，彻底扫除国家机关人员参与贩运毒品的罪恶活动；在禁烟禁毒运动中，各级机关内部进行了宣传教育和坦白登记工作，中央部门把铁道、公路、海运、河运、邮政、海关、公安（包括边防）、司法、税务等作为禁烟禁毒工作的重点，全国机关内部共查出烟毒犯 12 958 人[②]。上述措施，彻底切断了新政府及其官员与烟毒贸易的利益关系，这是彻底禁绝烟毒的根本政治前提。

三是综合治理，数箭并发。禁烟禁毒运动中采取了禁种、禁贩、禁吸并举；禁毒与禁娼、剿匪并举的综合治理措施。娼妓、土匪、毒品是旧中国的三大社会顽症，三者联系密切。妓院历来是吸毒、藏毒、贩毒的重要场所；娼妓、嫖客、土匪是吸毒的重要人口群，也是毒品贸易的保护者。因而，中华人民共和国成立初期的禁烟禁毒与禁娼、剿匪同时进行。从 1949 年 5 月到 1951 年底，各行政区先后抽调了大约 39 个军 114 个师的兵力，前后经历了军事进剿、分兵助剿和最后清匪三个阶段，共肃清匪特 200 多万人，长期困扰中国社会的匪患问题得以彻底解决。在禁娼、剿匪过程中，大规模地打击了烟毒业；同时，匪特的肃清，妓院的封闭，使烟毒泛滥失去了依托，为彻底消除烟毒提供了条件。

四是制定了切实可行的方针政策，并在斗争中严格执行。严厉惩办少数首

① 诸羽主编：《割除毒瘤——共和国首次禁毒禁娼述实》，中央文献出版社 1999 年版，第 51—53 页。
② 罗瑞卿：《关于全国禁毒运动的总结报告》，《党的文献》1996 年第 4 期。

恶，教育改造多数，并根据各地不同情况，分类指导，慎重处置，避免了混乱。例如，在具体操作上，针对烟毒的种植、运输、贩卖、吸食四个主要环节，以力劝两头，斩断中间，卡死流通环节的“拦腰一棍”策略，重点打击运输、贩卖烟毒犯，一经查获，即予严惩，断绝烟毒的流通，使种的卖不了，吸的买不到。同时，中央各有关部门密切关注禁烟禁毒工作中的政策与进展，及时总结出现的新动向、新问题，适时给予指导，使禁烟禁毒运动始终朝着正确的方向发展。1950 年秋，政务院内务部发布《关于贯彻严禁烟毒工作的指示》，要求各地纠正对烟毒犯处理过宽现象，废止缉烟提奖的办法，对于缉获毒品，全部当众销毁；要发动群众，抓住季节，实施禁种。同年 11 月，政务院又发布《关于麻醉药品临时登记处理办法》的通令，制定了严格管理麻醉药品的暂行条例。同月，最高人民法院下达了《处理毒犯应坚决废止专科与易科罚金办法》，规定对于烟毒犯不得使用专科罚金，应分别轻重，处以徒刑或强制劳动，对于已据有的烟毒资本，可并处罚金。坚持了人民法制的严肃性，改变了以罚代刑的做法。

五是充分发挥政法机关的职能作用，深入调查研究，精心组织，周密部署，迅速行动，开展声势浩大的集中斗争。1952 年进行的第二期禁烟禁毒战役中，根据中央的部署，各地在党委的统一领导下，组织了以公安机关为主的禁烟肃毒办公室，积极进行内查外调，反复核实，准确掌握了烟毒犯名单及罪证，从思想上、组织上、材料上为禁烟肃毒运动作好了充分的准备。8 月，中央公安部开会部署统一行动。8 月上旬开始，在相对统一的时间内，集中力量于全国确定的 1 202 个重点禁烟禁毒区域内，开始了逮捕烟毒犯的第一期、第二期、第三期破案行动。

六是各地在禁烟禁毒时采取了各种结合实际的措施。以历史上鸦片产量最高的西南地区为例，1950 年 5 月，中共中央西南局根据本地区的具体情况制定了《关于禁毒的办法》，在报中央批准后即予以实施。该办法规定：政府绝不采取低价收购抵缴税赋的办法，为种烟户找出路；政府明令封闭烟馆，没收其房屋及烟具、毒品，如查有秘密烟馆，应予严惩，乃至判处死刑；与剿匪相结合，严禁运销毒品；对吸毒者，只采取劝说和宣传令其自动戒绝的办法，目前不宜实行强制（因吸毒人数太多），更不许拘捕和体罚；对于因种植鸦片过多而形成灾荒的地方，可酌情采取生产救灾的办法，酌量贷以粮食，保证新收归还。由于上述办法态度坚决，切合实际，因此使禁烟禁毒工作取得较大成效，1951 年西南区就基本禁绝了鸦片种植。又如福建省政府在中央统一领导下，结合本省实际，发布指示条例具体指导禁烟禁毒。1950 年 4 月 3 日省政府发出《关于严禁鸦片烟毒的指示》；7 月 3 日成立省禁烟毒委员会，14 日下达《禁烟禁毒实施步骤与工作指示》；

9月10日针对快到栽种罂粟季节，再次发布禁烟毒指示；11月27日颁布《福建省禁烟禁毒暂行条例》及《实施细则》。烟毒泛滥重灾区的甘肃在中央发布《通令》后不到一个月即发出布告，宣传党的政策，发动群众禁绝烟毒。1951年初，甘肃省政府再次发布告，指出查禁工作以禁种、禁贩为重点，结合减租、土改及春耕生产等中心工作进行。西昌（今属四川省）在1950年3月27日解放后不久，便在党和政府领导下，于同年7月20日颁发布告：不论彝区、汉区一律禁止种植鸦片，所有烟馆一律由当地人民政府封闭。吸食鸦片者由本人家庭负责监督，限期戒绝。重点放在禁贩、取缔公开或隐蔽的烟馆、帮助瘾民戒烟三方面，同时兼顾禁种、禁制、禁运工作。这些措施，都大大震慑了毒犯。

七是坚决依法处决一批罪大恶极、不杀不足以平民愤的大毒枭，形成强大威慑力。据统计，截至1952年12月，全国共查出烟毒犯近37万人，逮捕82 056人，其中处决880人，判刑33 786人，劳改2 138人，管制6 843人。如四川盐源县的烟犯杜永图，以永福号商店为掩护，与李庭月、唐金山、谢荣芝等6人组成贩烟毒集团，从1950年3月至9月贩运大烟到西昌贩卖达12 600两。1952年10月13日，杜永图被依法判处死刑。[①] 湖南省会长沙挖出了“八大集团”、“四大金刚”、“十姊妹”等贩毒组织。其中“四大金刚”之首李蔚森，从民国二十二年（1933年）至民国三十八年（1949年）共贩运烟毒13.8万两。1949年至1952年，他继续以行商为掩护，在上海、广州、武汉、长沙及沅陵、常德等地设立烟毒销售点，从事贩毒活动18次，贩卖鸦片110公斤、吗啡3公斤，被依法判处死刑。[②] 将一批罪大恶极、不杀不足以平民愤的大毒枭判处死刑，既表明了中国共产党和新生的人民政权禁绝烟毒的坚定决心，鼓舞了广大人民禁烟禁毒的信心；又形成了强大的威慑力，有效地震慑了烟毒犯罪分子，为取得禁烟禁毒运动全面胜利奠定了基础。

八是坚持做好广泛深入的宣传教育工作，发动和依靠人民群众，使广大人民群众自觉参与，为斗争的彻底胜利奠定了坚实的群众基础。禁烟禁毒运动中，排演禁烟毒文艺作品，出动宣传车，组织街头有线广播，举办巡回展览等，宣传活动声势浩大。这些活动提高了广大人民群众对烟毒危害的认识，造成了强大的禁烟禁毒声势，孤立了烟毒犯。

总之，中华人民共和国成立初期的禁烟禁毒运动，在党中央和中央人民政府的有力领导下，以法律为准绳，充分发动群众，比较好地处理了专门机关严打与

---

① 四川省地方志编纂委员会编：《四川省志·检察审判志》，四川人民出版社1996年版，第245页。
② 湖南省地方志编纂委员会编：《湖南省志》第六卷（内部发行），湖南出版社1997年版，第268页。

群众运动相结合，强制戒毒与社会改造运动相结合，堵塞毒源、加强麻醉品管理与合理医疗使用相结合，全国动员与重点防治相结合等诸多复杂的关系，取得了令世人瞩目的成就。

三、新中国禁烟禁毒运动中存在的问题

新中国的禁烟禁毒运动，在取得重大胜利的同时，也有一些深刻教训值得我们认真总结与反思。

第一，法律制度尚未建立，运动中“人治”倾向严重。中华人民共和国成立初，伴随着禁烟禁毒运动的发动和进行，自 1950 年 2 月到 1953 年 2 月，以中共中央、中央人民政府及其所属相关部门名义发布的通令、指示等共 16 项。应该说在三年的时间内发布的通令、指示并不少，但却没有随着通令的公布立即制订和颁行一套详细的禁烟禁毒法律法规。这是因为新中国刚刚建立，中国共产党还没有条件靠制订各种规范的法律，形成规范的法律制度来治理国家，共和国初期的行政体系基本上仍是军事化的或准军事化的操作系统，重大政策措施的推行主要依靠行政命令。[①] 禁烟禁毒斗争同样也还不可能完全依靠法制手段来进行，只能靠战争年代形成的高度集中统一的党的一元化领导。于是，在党的会议上形成的各项政策、决定就成为当时中国共产党治国理政的基本方式，甚至领袖们的意见或意志也会影响到运动的进程，如有关运动宣传方式的转变，又如处死毒犯数控制百分比的增大等。其结果是容易助长轻视法治的心理，导致人治局面的长期存在。

第二，不允许进行大张旗鼓的禁毒宣传，而以口头宣传为主，导致长期以来我国的禁毒宣传一直采取封闭模式，维持了 40 多年。在禁烟禁毒运动第二期战役中，由于美国的诬蔑，中央改变了禁烟禁毒宣传的政策，明确规定禁烟禁毒宣传不用文字、广播宣传，对群众以口头宣传为主。1952 年 7 月中共中央宣传部、公安部联合发出的《关于禁毒的宣传指示》中，列举了七种情况归于少宣传或不宣传的内容，中央指示发出后，各地宣传部门相继发出指示贯彻执行。如 1952 年 8 月 9 日发布的《华东局宣传部、华东公安部关于禁毒宣传工作中应注意事项的指示》中，第 5 条内容就明确指出：禁毒运动中的宣传工作，必须严格执行如下纪律：（1）这次禁毒运动，只限在人民群众中进行内部的口头宣传，不得在报纸、刊物、新华社及广播电台作公开的文字宣传。凡见诸文字的一切宣传形式，包括漫画、宣传画、黑板报、标语、口号、幻灯、展览会等，均不得使用。

① 王宏斌：《禁毒史鉴》，岳麓书社 1997 年版，第 479 页。

(2) 严格执行中央宣传部、中央公安部关于禁毒宣传指示中的各项具体规定，不准做的一律不做，不准宣传的一律不宣传。(3) 凡印刷宣传提纲，应由省(区)、市党委负责审查批准，并送华东局宣传部备查。该项宣传提纲，只作为内部材料，编号发给必需阅读或使用者本人，保证定期收回销毁。① 中共南宁市委宣传部、南宁市人民政府公安局发文特别强调，“在宣传中所遇到此规定以外的问题，任何人不准随便作解答，不准乱说乱动，必须即时上报处理”。② 之所以如此，是因为，新中国刚刚成立，各种社会问题、社会矛盾交织在一起，错综复杂，对中国共产党是一个十分严峻的考验；并且，我国在近代历史上是一个鸦片生产的大国，留给国际社会的负面印象太多。为了不给新生政权的反对派提供更多攻击诬蔑我们的“口实”，加之受“家丑不可外扬”这一传统观念影响，故而当时的政府采取了不用文字、广播宣传，对群众宣传以口头为主的方法。尽管这样的宣传政策在一个特定的历史阶段有其存在的必要和环境，并且在公安部长罗瑞卿《关于全国禁毒运动的总结报告》中被认为是有效的，是一种值得总结的经验，但事实证明其弊端亦十分明显且影响深远。一是在当时的禁烟禁毒运动中束缚了人们的手脚，产生了不太好的效果。据中南局的资料证实，“自中央决定禁毒不用文字、广播宣传后，在有些干部中产生了束手束脚的心理。不敢大张旗鼓地进行宣传，也没有在群众中进行普遍深入的口头宣传，群众对禁毒运动的意义及政策了解不够，甚至发生怀疑”③。二是虽然后来各地在总结宣传中出现的问题时，注意到了口头宣传需要反对神秘化，必须大张旗鼓地进行，如中南局曾就宣传问题，专门在《关于深入开展禁毒运动的指示》中指出，“必须大张旗鼓地进行宣传，反对神秘化。各地均应开好群众大会、代表会、公审大会，并利用一切可能利用的形式进行口头宣传，一定要把禁毒意义、禁毒决心、禁毒政策深入到广大群众中去，真正做到家喻户晓”④，但是由于在这次禁烟禁毒运动中，这种宣传模式被认为是值得借鉴的经验，加上受到“左”的思想的严重干扰，以致在后来相当长的一个历史时期，有关部门及其人员在对待烟毒问题上总是回避公开宣传，采取“报喜不报忧”的态度，为以后的禁毒宣传设置了重重禁区，造成了极为被动的局面。如在1973年1月13日《国务院关于严禁私种罂粟和贩卖、吸食鸦片等毒品的通知》中就明确规定：此“通知可发到县级革命委员会，口头向群众进行宣传

---

① 《上海解放初期的禁毒运动》下，《档案与史学》1999年第4期。

② 1952年8月《关于禁毒运动的宣传要点》，中共南宁市委宣传部、南宁市人民政府公安局(024号)，广西省档案馆：X1-4-218-12。

③④ 1952年8月24日《中南局关于深入开展禁毒运动的指示》，中国社会科学院、中央档案馆合编：《中华人民共和国经济档案资料选编：综合卷(1949—1952)》，中国城市经济社会出版社1990年版，第541页。

教育。但不要登报,不要广播,不要把本通知中的全国种植罂粟等情况讲出去"[①]。甚而在改革开放后毒品问题已经十分严重的情况下,我们还在忌讳禁毒宣传,对相关数据与资料严格保密。1992年云南省对平远地区的严打斗争,历时82天,取得了辉煌的战果,可广大群众是在几年之后,禁毒宣传"开口"之后才知道的。这样的宣传方式最终造成了在新中国成立后的20多年时间里,国人对毒品问题的严重性及危害情况知之甚少,年轻一代甚至不知毒品为何物!

第三,未能解决好集中打击与日常治理相结合,建立禁烟禁毒长效机制的问题。任何社会问题都是持久性的社会现象,一经形成便会在一个相当长的时期中存在,不可能在短时期内消失。社会问题有其运行发展的规律,治理它也应当遵循一定的规律。烟毒问题是社会问题,因此,在解决它时,应该积极应对,认真看待,长期作战,不能忽视其持久性的特点而急于求成。禁烟禁毒运动必须要处理好突击性与持久性的关系问题。尤其在解决人的问题上,如解决人们的生产习惯、生产方式、生活来源等问题上,更是需要耐心、细致的工作,需要长久的坚持,切不可用大呼隆、一哄而上的简单办法,只图迅速、快捷地完成指标,取得一时的、短期的成果。在利用运动大而猛的优势,解决了鸦片烟毒在中国泛滥的现象之后,切不可忽视其在中国流行时间久远、吸毒人数众多、影响持久深远的特点,应该在持之以恒上狠下功夫,以日常化、规范化的治理,用始终不懈的高压态势,常抓不懈的日常管理使禁绝鸦片烟毒的工作成为一种全社会的责任。而新中国建立初期的这场禁烟禁毒运动,却忽视了烟毒问题在中国社会中曾经长期存在,影响深远这一特点。在运动中绝大多数地区都表现出急于求成,追求速战速决;在解决了突出问题后,对后期的持续治理缺乏一种长效机制,没能使运动与常规化治理有效衔接,使禁烟禁毒缺乏彻底性和持久性,并没有从根本上解决烟毒问题,在运动取得重大成果的背后,留下了一些隐患。以云南省为例,该省在1958年的禁烟禁毒运动中,由于受到极"左"思想的影响,在不断"反右倾"的政治空气中,一些干部忽视了烟毒问题的历史性、群众性、民族性和长期性等特征,企图在一个早上就一劳永逸地把烟毒问题彻底解决,因而提出了一些不切实际的高指标,继而在工作中搞一刀切、强迫命令,有的甚至对群众刑讯逼供以致逼死人命。仅镇雄、弥勒等4县就有13人自杀身亡,造成了不良后果。这些教训是值得后人引以为戒的。[②]

---

① 1973年1月13日《国务院关于严禁私种罂粟和贩卖、吸食鸦片等毒品的通知》,广东省档案馆:235-2-271。

② 中共云南省委党史研究室、中共云南省公安厅委员会编:《建国以来云南的禁毒斗争》,云南民族出版社1997年版,第135—136页。

此外,还有一些问题也值得注意,如:个别省市在禁烟禁毒运动中简单划一,急于求成,没有认真宣传党的禁烟禁毒政策,激起民变,造成严重后果;对贩毒者和吸毒者在处理上存在前期过轻后期较重的倾向,使禁烟禁毒政策缺乏连贯性;基层组织对中央禁烟禁毒政策认识不统一,对烟毒犯的处理不够及时,在审判烟毒案件中执行法律不严,甚至以罚代刑;对烟毒犯与民间存毒的清查还不够彻底等。

总之,20 世纪 50 年代初,由于中国共产党刚刚掌握全国政权,对国家的管理正处于探索时期,对社会政治、经济、文化的管理能力还有待于培养和提高,各种法律规范还在拟订当中。此时,若要求中国共产党领导的新政府在各个方面的工作能够十分到位,处理问题十分娴熟,执政能力十分全面,是不现实的。但是,这些问题给后人留下的教训和启示确是十分深刻的,总结出来,认真吸取是完全必要的。

第十章　社会主义建设时期对烟毒问题的继续治理

第一节　十年建设时期烟毒活动的重起及禁烟禁毒

经过新中国三年的禁烟禁毒运动，以及 1953 年以后在边疆与少数民族地区、山区、偏远地区等未参加 1950—1952 年禁烟禁毒运动或参加不彻底的地区进行了多年的禁烟禁毒，加之我国政府加强了对云南边境的封闭管理，较为彻底地阻塞了从“金三角”地区的毒品流入，中国大规模的烟毒泛滥已不存在。但是，事实上烟毒问题并没有完全消除，只是为应对中国政府的高压政策而转入地下，时隐时现，或明或暗，长期非法存在着。尤其是云南、贵州等省的诸多市、县，实际上自 20 世纪 50 年代起就始终没有禁绝烟毒，而是把禁烟禁毒的任务转为日常工作，常抓不懈，才保持了烟毒的低发案率。

一、20 世纪 60 年代初期的烟毒再起

进入 20 世纪 60 年代以来，我国的烟毒问题逐渐凸显。尤其是经过三年困难时期，由于国家经济的巨大困难，导致了社会的动荡不定，使全国各地对毒品问题疏于管理，多年的暗流涌动之后，到 1963 年前后，全国各地解放前老烟区的烟毒问题又在复发，罂粟的种植、鸦片的吸食和贩卖等问题都重新抬头，鸦片烟毒问题重又进入人们的视野。

（一）部分地方烟毒重起简况

通过有关资料和各省地方志，可以对这一时期烟毒重发的情况有一个基本的了解。这些记载涉及东北地区、华东地区、西北地区的部分省份，以及河北、湖北与四川的一些地（州、市）、县，而西南的云南、贵州更为严重。

东北的黑龙江省尚志县蜜峰公社喜店大队，从 1956 年至 1962 年，有 77 户

种植罂粟，计 577 平方米，有 56 人扎吸鸦片，占大队成年人的 24%。[①] 伊春市，1963 年查出种植罂粟的有 320 户，种植 22 000 余株；吸毒成瘾分子 38 名，占吸毒分子总数的 24%。[②] 哈尔滨市，1964 年 8 月各公安分局、县公安局对种植鸦片的情况进行了调查，发现 8 个县、区有 17 个公社、32 个生产大队 178 户种植罂粟。[③] 吉林省安农县药材公司 1961 年种植罂粟 2 亩，1962 年该县公安局又擅自批准该公司安排生产队种植 3 亩，并将收获的鸦片在 1962 年商业厅召开的三类物资交流会上与长春、德惠、九台等县药材公司进行“交流”。[④]

华东的福建省，1963 年发现周宁、屏南、福安、宁德部分偏僻山村有人种植罂粟。[⑤] 浙江省的黄岩、乐清、临海 3 县，1964 年发现 139 户农民和一个公社种药场种植罂粟 2 亩又 8 097 株。[⑥] 安徽的金寨县，1963 年烟毒复生，至 1965 年夏，全县有 10 个公社、15 个大队、25 个生产队的少数群众种植罂粟。[⑦] 淮安、涟水、宿迁等县，1963—1964 年发现有少数农户私种罂粟。如涟水县成集有 5 个生产队 10 户农民种植罂粟 449 棵，淮安县苏咀、顺和、钦工、席桥 4 个公社，有 59 户栽植 2 336 棵；还发现有 3 人吸毒。[⑧]

西北的甘肃省临夏回族自治州，1963 年对所属各县进行逐队逐户检查，发现种植罂粟涉及 100 个公社 349 个生产队的 4 713 户。[⑨] 岷县的大沟寨、立珠等地有人以种“米兰子”为名，收割吸用。后经调查、搜山，发现 5 个公社 22 个生产队 92 户社员在偏僻山区偷种大烟。28 个公社中有 25 处销售窝点，吸食者 353 人。[⑩] 1963 年，陕西宁强县禅家岩公社落水洞大队 37 户社员，在集体土地上种植罂粟 12.5 亩。[⑪] 1963 年 8 月，新疆伊犁全州公安机关在巩留、昭苏、阿勒泰等地查破私种罂粟案 4 起。[⑫]

---

① 黑龙江省地方志编纂委员会编：《黑龙江省志·公安志》第 63 卷，黑龙江人民出版社 2001 年版，第 247 页。

② 伊春市地方志编纂委员会编：《伊春市志》，黑龙江省情信息网，第 421—422 页。

③ 黑龙江省地方志编纂委员会编：《黑龙江省志·公安志》第 63 卷，黑龙江人民出版社 2001 年版，第 248 页。

④ 1963 年 5 月 26 日中共中央《关于严禁鸦片、吗啡毒害的通知》，转引自中共云南省委党史研究室、中共云南省公安厅委员会编：《建国以来云南的禁毒斗争》，云南民族出版社 1997 年版，第 321—323 页。

⑤ 宁德地区地方志编纂委员会编：《宁德地区志》下册，方志出版社 1998 年版，第 1001 页。

⑥ 浙江省公安志编纂委员会编：《浙江人民公安志》，中华书局 2000 年版，第 223 页。

⑦ 金寨县地方志编纂委员会编：《金寨县志》，上海人民出版社 1992 年版，第 508 页。

⑧ 淮阴市地方志编纂委员会编：《淮阴市志》，上海社会科学院出版社 1995 年版，第 1503 页。

⑨ 临夏回族自治州志编纂委员会编：《临夏回族自治州志》，甘肃人民出版社 1993 年版，第 1033 页。

⑩ 《岷县志》编纂委员会编：《岷县志》，甘肃人民出版社 1995 年版，第 553 页。

⑪ 汉中市地方志编纂委员会编：《汉中地区志》第三册，三秦出版社 2005 年版，第 1364 页。

⑫ 伊犁哈萨克自治州地方志编纂委员会编：《伊犁哈萨克自治州志》，新疆人民出版社 2004 年版，第 342 页。

1963年春，湖北省荆门县发现子陵、盐池一带有的农民种植罂粟。6月23日，县公安局派人调查，有两个区12个生产大队共种植400余株，县委、县人委及时批转了县公安局的《调查报告》。1964年，钟祥县有290户社员以治病为由，种植罂粟苗4 444株，范围涉及16个公社51个大队的128个生产队。[①]

1963年，中共四川平武县委政法党组发出《关于贯彻中共中央严禁烟毒鸦片、吗啡毒害的通知》，指出：1962年白马、小河、虎牙、泗耳、伐木厂、刀切加等少数民族地区发现有部分农民、工人零星种植大烟，及时予以铲除。[②] 为此，县政法党组重申严禁烟毒的禁令，要求政法机关严厉打击烟毒犯罪。

不仅在各省地方志中有许多这样的记载，笔者在甘肃省档案馆也查到了一些反映20世纪60年代烟毒重新复发情况的档案。这里摘录一份1963年中共甘肃省武都地委的文件，完全可以说明当时烟毒问题在这个地区的严重性。

《关于全区禁烟禁毒情况的简报》(摘要)(1963年8月20日)

一、种植大烟。全区六个县(武都、康县、岷县、成县、宕昌、文县——笔者注)除成县尚未发现外，据其余五个县的初步了解，有二十四个公社的四十一个生产大队种植大烟。共种六亩八分五厘。计五万三千四百四十余株(武、康、岷系全面统计，宕、文系不完全统计。)

二、贩卖毒品。1963年以来，全区查获较大的烟毒案件37起，缴获大烟79两5钱。其烟毒来源，一是私存下来的陈货。二是一些大烟犯和投机倒把分子，从云南、贵州、四川等地长途贩运。

三、暗设烟馆。据武都、宕昌、成县、岷县等四个县调查，发现暗设的烟馆109处。……吸烟者愈来愈多，岷县、成县、宕昌、武都、文县不完全统计，吸食者480多人。[③]

这是一份由武都地委提供给甘肃省委的情况调查简报，材料说明全区的六个县中均已发现了毒情。从罂粟种植面积上来看，虽不是很多，但有一定的范围；从该地区查获的贩卖毒品案件来看，其来源有云南、贵州、四川的烟土，说明云贵川地区的鸦片生产和贩运并没有完全禁绝；吸鸦片烟者在全区各县均有存在，并有109个暗设的烟馆。这份材料显示在进入20世纪60年代以后，毒品问

---

① 湖北省钟祥县县志编纂委员会编：《钟祥县志》，湖北人民出版社1990年版，第262页。

② 平武县志编纂委员会编：《平武县志》，四川科学技术出版社1997年版，第346页。

③ 1963年8月20日《武都地委关于全区禁烟禁毒情况的简报》，甘肃省档案馆：91－009－0410－0006。

题在甘肃省武都地区——这个历史上鸦片曾经兴盛的地区又有所回潮。

另据贵州省调查，该省多数县城和大的集镇都有地下烟馆。大方县调查了3个集镇，发现烟馆32家；黄平县也查出了30多家烟馆。遵义和黔东南地区，1962年1至10月即查获烟毒案623起，烟馆266家。毒贩极为猖獗，贵州全省6个专区（自治州）中有5个专区（州）查获一批有组织的贩毒案，每起少者几两，多者达数十两。①

1963年5月中央发布的相关文件中，点名提到了黑龙江、吉林、山西、贵州、河北5省，“私种鸦片，乱调滥用，私设烟馆，贩卖和吸食毒品的情况，在少数地区极为严重”，且“其他地区亦有类似情况”。②

经过对全国各省（自治区、直辖市）及各地（州、市）、县地方志的梳理统计，自1960—1965年，全国有20多个省（自治区、直辖市）的地（州、市）、县都出现并存在着鸦片的贩卖、吸食、种植、制作等情况，甚至发生了烟毒案③。尤其是1963年，全国烟毒泛滥的情况十分严重。粗略统计，当年全国有22个省的73个地（州、市）、县出现了鸦片的贩运，15个省的45个地（州、市）、县有吸毒现象，16个省的44个县发现了罂粟的种植。据地方志显示，这一年毒品问题的卷土重来涉及了全国7大区域的绝大部分省（自治区、直辖市），只有天津、浙江、湖南、江西、宁夏、西藏6个省（自治区、直辖市）的地方志中没有记载。但这几个没有记载的省份当年未必就不存在毒品重现的问题。据江西省地方志载，1962年龙南有吸毒和贩毒活动存在，1963年的地方志中却无记载，但这些活动是不会在短时间内彻底消失的。而西藏在这一时期地方志的编纂上是空白，无从摘引。另外，以上统计数据仅是从有记载的地方志中整理出来的，还有一些地方志在编纂中由于受“左”的思想影响，认为毒品问题是“污点”，对烟毒问题的出现避而不谈。因此，综合考虑上述因素，实际情况应该更为严重。

（二）毒品问题重现的新特点

值得注意的是，这一时期在全国一些地方发现了个别人扎吸毒品以及贩卖和吸食、注射杜冷丁、强痛定、复方樟脑酊等药品的情况，成为毒品重现的一个新特点。

据吉林省省志记载，1959年至1962年，吉林省内出现制毒和扎吸毒品及精神（麻醉）药品的犯罪活动，吉林地区的蛟河、永吉等县都有发现，一些人滥用复方樟脑酊、盐酸麻黄素、盐酸奎宁、硫酸阿托品及精神药品成瘾；通化地区各市、

---

①② 1963年5月26日《中共中央关于严禁鸦片、吗啡毒害的通知》，转引自中共云南省委党史研究室、中共云南省公安厅委员会编：《建国以来云南的禁毒斗争》，云南民族出版社1997年版，第321—323页。

③ 因地方志中没有细分，只说是烟毒案，故采之。

县亦发现类似情况。浑江市临江镇仅被公安机关掌握的扎吸毒者就有50余人；柳河县在11个公社发现有220余人滥用精神药品成瘾；通化县仅大都岭公社赶马河大队就有40余人，连公社党委委员、大队支部书记也扎毒成瘾。据查，剧毒药品的来源一是少数人从医疗部门和医药供销部门搞出来的；二是一些投机倒把分子从山东、河北等地长途贩运而来。①

黑龙江省的情况也不容乐观。1963年在讷河县农村中就发现一部分社员有扎毒吸毒现象，如九井公社利国大队6队共46户社员、37名男劳力，其中有24户、31名社员使用麻黄素、安纳加扎毒吸毒成瘾；太和公社太和大队1队33名男劳力，有19名扎毒成瘾。使用的毒麻药品有安纳加、麻黄素、樟脑酊、吗啡、罂粟，引起伤亡事件4起。② 巴彦县在三年困难时期，贩卖毒品，扎毒吸毒现象又有抬头。全县1960年有贩毒分子8人，贩卖的毒品有安纳加、麻黄素、复方樟脑酊、"四海静"等；有吸食、注射毒品者492人，吸食毒品成瘾者53人。当时在吸食毒品人员中曾流传这样一句顺口溜："打支樟脑酊，强起上北京；扎支麻黄素，强似上药铺；实在没有法，就打安纳加。"③

1960—1962年，扎吸毒品现象在河北省内一些地区大面积发生。承德地区的隆化、承德两县89个公社中，有588人因扎吸麻黄碱、咖啡因、樟脑酊等麻醉药品而中毒，不少人丧失劳动能力或精神失常，甚至死亡。④

1960—1964年，北京市也出现了贩运倒卖去氧麻黄素（俗称麻黄精）、鸦片、吗啡等毒品的活动。贩毒分子采取从医药单位套购、盗取、走私倒卖、提炼制造等各种非法手段获得毒品，并将毒品运往山西、内蒙古及承德、包头等地高价贩卖谋利。⑤

这一时期，全国各地医药部门对麻醉药品管理不严，盗卖、丢失、乱售、乱用现象比较严重。1957年，青岛医院一药剂员盗用吗啡针达2 000余支，还有其他麻醉药品大宗。⑥ 1963年，新疆哈什市3名医生和1名护士，偷盗医院大烟片13瓶、吗啡14瓶、吐根片两大瓶、鸦片1 500克，卖给29人吸食。农二师解放四场一名医生，将吗啡片50片、吐根片200片私送他人，致使两人成瘾，一人死亡。哈密、喀什两地医药公司1962年丢失麻醉药品价值达6万元。⑦ 1963年4月，

---

① 吉林省地方志编纂委员会编：《吉林省志》卷十二，吉林人民出版社1998年版，第237页。
② 讷河县志编纂委员会编：《讷河县志》，黑龙江人民出版社1989年版，第549页。
③ 巴彦县志办公室编：《巴彦县志》，黑龙江人民出版社1990年版，第733页。
④ 河北省地方志编纂委员会编：《河北省志·公安志》第七十一卷，中华书局1993年版，第125页。
⑤ 北京市地方志编纂委员会编：《北京志（民政卷·公安卷）》，北京出版社2003年版，第275页。
⑥ http://www.39kf.com/my/tag_7_21697a-31889a-28279a-24901/。
⑦ 新疆维吾尔自治区地方志编纂委员会编：《新疆通志》第20卷，新疆人民出版社2004年版，第390页。

吉林通化市卫生局组成检查组，对环城、五道江、铁厂、鸭园、金厂和电业局、葡萄酒厂等地方和单位的医疗机构进行检查发现，部分单位对麻醉药品管理不善，个别卫生院甚至将麻醉药视为万能药，胃炎、眼疾、气管炎、产后腹痛，甚至吗啡禁忌征的哮喘病均用鸦片、吗啡医治。[①]

1963 年 4 月 15 日，中共重庆市卫生局党组给重庆市委的一份报告中，详细汇报了重庆市卫生局等相关单位，对西南药厂，重庆医药采购站，市医药公司，仓储公司 401 仓库、市级厂矿、县区（綦江、南桐、沙坪坝、九龙坡、市中区）部分医院及部分集体医疗机构等 30 个单位，进行了有关麻醉药品生产、供销、仓储和使用管理的检查。认为，“这些单位在生产、供销和购用上一般尚能遵守有关规定。但还存在一些问题”。其中管理混乱的问题比较严重。如 1958 年和 1959 年间，医药站收购西南药厂一批盐酸吗啡针及片剂。1962 年清仓时，医药站发现差吗啡片 1 599 瓶（10 毫克×100 片），认为药厂未交足，市卫生局曾多次督促西南药厂、医药站清查，双方各持己见，问题始终没有解决。另外，401 仓库发现，1960 年以前，麻醉药品账实不符，缺少吗啡针 180 盒（10 支一盒），长余吗啡片 326 瓶（5 毫克×100 片）。在 1960 年 6 月以后，又短少吗啡片 80 瓶（10 毫克×100 片）。“医疗单位在管理使用上问题也不少，有的甚至是很严重的。”[②]

1963 年 5 月 26 日中共中央发出的《关于严禁鸦片、吗啡毒害的通知》中揭露了大同市的情况，该市“北关车站联营诊所医生薛继全先后给郑长林等 3 人注射吗啡，待郑成瘾后即百般勒索，高价出售吗啡等毒品。据不完全统计，该市已发现注射、吸食吗啡等毒品的计 861 人（其中包括 13 级以上干部 5 人），内成瘾者 46 人。”

仅对上述记载进行分析，应该是东北、华北、西北、西南等区的一些市县问题较多。这种情况的出现，一方面说明由于长期抓禁种工作，罂粟种植得以收敛，鸦片原植物的来源受到很大限制，一些老“烟民”只得另寻他途，由吸食鸦片转而扎吸或者注射杜冷丁、强痛定、复方樟脑酊等麻醉药品；另一方面说明当时各地在麻醉药品的管理、使用上存在很大漏洞，从而为不法分子的倒卖与“烟民”的扎吸提供了方便。

二、云南省的烟毒问题死灰复燃

云南省是我国历史上烟毒泛滥最为严重的省份之一，因其地处祖国边陲，境

---

① 通化市地方志编纂委员会编：《通化市志》，中国城市出版社 1996 年版，第 935 页。
② 1963 年 4 月 15 日中共重庆市卫生局党组给重庆市委的报告，重庆市档案馆：1049－2－1321。

外就是当今世界三大毒源地之一的“金三角”，又是少数民族聚居区，毒品问题从未中断过。解放后经1950—1955年长达5年连续的禁烟禁毒，“全省内地区种植罂粟基本禁绝，大宗制造、运输、销售烟毒的现象已被制止”，“边疆地区种植罂粟也大为减少，并开展了打击境外走私毒品入境的工作”，“基本改变了云南毒品普遍流行的状况”。[①] 但是，1956年后，由于禁烟禁毒工作有所放松，边疆地区种毒、吸毒尚未根绝等原因，特别是进入60年代以来，由于管理松懈，管理部门对烟毒的危害性、禁烟禁毒工作的长期性、艰巨性认识不足，再加上原有的禁烟禁毒高压政策有所松弛，对惯犯、大犯惩治不严等原因，一些地方烟毒问题又呈回潮之势，致使云南省的罂粟种植、贩卖、吸食等方面的问题重新凸显出来。

据当时调查，仅云南边疆的佤族山区就种植罂粟约5万余亩，年产鸦片100余万两；德宏州边6县种植罂粟7.8万余亩，年产鸦片100余万两；凉山及其附近地区种植罂粟约5万余亩，约产鸦片40余万两。吸食烟毒的约20余万人。[②]经过1958年的再次肃毒缴烟运动，云南的禁烟禁毒工作虽然取得了很大的胜利，但是境外走私毒品和零星贩毒活动一直没有中断过，每年公安机关都在查获贩毒案件(见表9-1)，个别年份还查获了制毒案件。

表9-1　云南省1960—1965年查获毒品案件简况

年　份	案　　件	备　　注
1960	14起(贩毒案)	为云南解放以来最少的一年
1961	88起(贩毒案)	
1962	(资料缺)	
1963	641起(贩毒案)	为1958年以来查获最多的一年
1964	158起(贩毒案)	
1965	87起(贩毒案)	

资料来源：根据中共云南省委党史研究室、中共云南省公安厅委员会编：《建国以来云南的禁毒斗争》，云南民族出版社1997年版，《大事纪要》整理。

上述资料显示，云南省在1960—1965年共查获贩毒案件近千起，而1963年破获的贩毒案件达641起，为1958年以来查获最多的一年。

从相关资料中可以概览云南当年烟毒泛滥的情况，以及毒品死灰复燃的几

①② 中共云南省委党史研究室、中共云南省公安厅委员会编：《建国以来云南的禁毒斗争》，云南民族出版社1997年版，第14页。

个特点：第一，罂粟种植从边沿地区发展到靠内地区。西盟从1960年的5 600亩增加到1962年的8 800亩；孟连1960年种148亩，1962年扩大到2 000亩。1963年，梁河全县7个区，有5个区发现种罂粟。1962年全省发现种植罂粟1万多亩，除西盟佤族地区仍公开大片种植外，不少地区都是在深山老林小块偷种或套种在农作物中。第二，鸦片贩卖已由黑市少量贩卖逐步变为半公开和公开进入市场交易。1963年10月，昆明市盘龙、五华两城区发现贩烟毒人员52名。五华公安分局破获一个贩毒集团，抓获首要分子和骨干分子5名，缴获毒资1 900元，全案涉及的50多人，于是年1—10月，在勐海、思茅、昆明之间贩烟毒1 000余两。据红河州泸西县中枢镇初步调查，该镇进行贩毒活动的有396户、479人，占全镇总人口的7.9%。据云南省委边委《边疆工作简报》刊载思茅地委反映，当年景洪县发现贩毒集团案件9起，贩卖大烟50两以上者65人。勐海县发现4起，其中一次贩卖达1 000余两。澜沧县也有一次贩卖数百两的。卡郎乡一个小山上，逢街天即有300人的大烟市场。木戛街后山上每街亦有二三十人做大烟买卖。第三，基层干部参与吸贩烟毒活动，并成为烟毒活动的"保护伞"。据巍山县公安局1963年对回辉登公社烟毒活动的调查报告：回辉登公社进行贩毒活动的有68人，占成年人口总数的5%。其中，全公社32名生产队长，有8名贩毒；7名党总支委员，有4名贩毒；52名中共党员，有13名贩毒。有的为毒犯开证明、出资金，合伙长途贩毒，有的收买驾驶员运大烟，有的被反革命、坏分子腐蚀，充当了"保护伞"。孟连县150多名农村党员中，有12人公开吸毒，乡、社干部有26人吸毒。①

20世纪60年代后云南省烟毒问题的复发，说明禁烟禁毒斗争是一个长期而又艰巨的任务，通过运动的集中打击之后，一定要转入常态，持之以恒，抓好日常的烟毒治理工作，不能有丝毫懈怠。

三、"文革"前各地的禁烟禁毒活动

一些在历史上鸦片烟毒流行极为严重的地区，虽经新中国成立之初的严厉打击，烟毒问题在一段时间内受到重创而大大地收敛，吸毒者中的大多数都在1950—1953年及之后的戒毒活动中戒断了毒瘾。但少数吸烟历史长，对烟毒依赖性强的人，在遇到一些外界因素的影响和干扰后，极有可能重新复吸。对这些人的监控与管理应该是一个长期的工作，决不可掉以轻心。然而，正是在这样一

---

① 中共云南省委党史研究室、中共云南省公安厅委员会编：《建国以来云南的禁毒斗争》，大事纪要，云南民族出版社1997年版，第46—49页。

个特殊阶段，我国进入了三年困难时期，由于经济原因引发的各种社会矛盾和社会问题层出不穷，社会动荡不安导致的管理混乱，专政机关放松了对烟毒问题的高压态势等，最终引发了 20 世纪 60 年代前期全国各地老烟区的毒品问题又一次显现，烟毒犯罪活动在一定地区内得以复发，禁烟禁毒工作再次被提上议事日程。

（一）中央重申禁烟消除毒害

为了及时有效地肃清死灰复燃的烟毒犯罪，中共中央于 1963 年 5 月 26 日发布了《关于严禁鸦片、吗啡毒害的通知》，这一通知虽然是中共中央发布的，但在当时却具有法律效力。该通知指出："近几年来，由于领导上放松警惕，缺乏经常的监督检查和有效的措施，少数毒贩和投机倒把分子乘机贩卖毒品，牟取暴利，以致某些地区这种流毒又严重复发。"为此，中央强调了五点内容：第一，加强清查工作。"将积存和没收的烟土、料面（即海洛因）、罂粟种籽等一律集中交由省、直辖市、自治区财政厅、局上缴财政部。无论任何地方，任何机关或个人，均不得私自保存毒品。在清查集中上报时，任何人不得动用或私分。""对于群众私藏的烟土等毒品，凡自己吸食或贩卖者，一经发现，即予没收。对于毒贩应依法严惩。对于吸毒犯应强制戒毒。"第二，"关于药用罂粟的种植，除由中央指定的某一单位专门负责，并按计划种植外，其他任何地区，任何单位或个人，一律不准种植罂粟。凡违反种植者，必须彻底铲除，依法惩处"。第三，"对那些非法种植罂粟、私设地下烟馆、贩卖毒品的罪犯，各级司法机关，必须依法严肃处理；对情节严重的首要分子，应由公安部门从严惩处"。第四，"各级医药部门必须加强对吗啡等麻醉药品的管理。凡县以下的医疗机构一律不准供应吗啡针药。县以上医院亦必须严禁滥用吗啡针药"。第五，"对已吸食鸦片或打吗啡针等毒品成瘾者，必须指定专门机构严加管制，在群众监督下，有计划、有组织、有步骤地限期强制戒除，在吸毒严重的地区可以集中戒除"。①

（二）各地纷纷响应，加强打击力度

中共中央的通知发布后，全国各地纷纷响应，一些省（自治区、直辖市）与地（州、市）也发布了有关通知，具体贯彻执行中央的精神。1963 年 7 月 1 日，吉林省副省长崔次丰主持召开了全省各地（市）、县长和公安、卫生、民政等部门负责人参加的电话会议，传达贯彻中共吉林省委、省政府关于继续打击贩毒犯罪活动的指示，部署全省禁烟禁毒工作。7 月 22 日，江西省财政厅、卫生厅、轻化工业

① 1963 年 5 月 26 日《中共中央关于严禁鸦片、吗啡毒害的通知》，转引自中共云南省委党史研究室、中共云南省公安厅委员会编：《建国以来云南的禁毒斗争》，云南民族出版社 1997 年版，第 321—323 页。

厅、公安厅联合发出了《关于加强麻醉药品购用、管理严防流弊的联合通知》。8月20日，福建省公安厅与省财政厅、卫生厅、民政厅联合发出《关于严禁鸦片吗啡毒品流行的联合通知》。1963年，河南省公安厅、卫生厅联合发出了《关于严禁种植大烟、吸食贩卖毒品的联合通知》。1963年5月30日，淮阴专署发布了《关于严禁私种罂粟、贩土、吸毒的通知》，专署公安处、卫生处于1964年5月20日又联合发出《关于严禁种植罂粟、贩土、吸毒的通知》。1963年11月1日，福州市公安局与民政局、卫生局、财政局联合发出《关于严禁鸦片、吗啡毒品流行的通知》。

云南省在执行中央通知方面，规定了具体的办法。1963年7月6日，云南省委办公厅印发省公安厅代拟的《云南省关于贯彻执行〈中央关于严禁鸦片、吗啡毒害的通知〉的意见（草稿）》，提出禁毒6条措施：(1) 在全省范围内广泛进行禁毒宣传教育，充分发动群众，坚决彻底肃清毒害。(2) 狠狠打击贩毒活动，选择典型案件大张旗鼓地宣传处理，对地下烟馆一律取缔，边疆也不能让其合法。(3) 内地不准种植鸦片，边疆民族地区，凡是过去已经禁种又未引起波动的地方，要做好工作，防止再种，尚未完全禁种的地方，主要通过发展生产，逐步代替，应规定集体不准种，干部和党员不准种，并禁止烟毒流入禁毒地区，否则，要依法没收。(4) 群众自存鸦片，一经发现贩卖的，应依法没收，内地若发现自己吸食的，也应追究没收。在鸦片流毒严重的内地，可动员群众将自存毒品交给政府，并分别情况处理，凡自己不吸、不贩自动交出者，可视毒品来源，酌情付给适当价款（一般可按一两三元付给），边疆民族地区，不公开动员收缴。(5) 对吸毒者，要强制戒断。(6) 各地区、各部门应立即对毒品进行清查，将现存和没收的鸦片、吗啡、料面、鸦片种子等一律交由财政部门逐级上缴中央财政部。[①] 从上面的六条措施看，云南省的贩毒活动还是非常严重的，内地与边疆的地下烟馆大量存在；内地复种的问题再次出现，还存在着尚未完全禁种的地方，且集体种植、党员干部种植的情况均有发生；民间藏毒问题并未解决。这些措施有较强的针对性。

为了加强对毒品的管理，防止再有漏洞，山西省人民委员会于1963年9月26日发出了《关于加强毒品管理的几项补充规定》，提出：第一，公安、司法、卫生部门，在这次清理的基础上，都必须加强对毒品的管理工作。今后凡是没收或接收的毒品，包括鸦片土、料面烟灰、烟渣、烟膏、“砒子”、“金丹”、戒烟丸、镇静片

---

① 中共云南省委党史研究室、中共云南省公安厅委员会编：《建国以来云南的禁毒斗争》，大事纪要，云南民族出版社1997年版，第48—49页。

等,必须按规定及时交当地财政部门,在交接过程中,应严格交接手续,交接双方必须当面过秤封包,然后由交货单位与接收单位加盖公章,标明数量,以备查对。财政部门对收到的一切毒品,均必须及时上解省财政厅,绝对不得留存。为了避免不正常的损耗,各级财政部门对上解省的毒品,在送交前,应进行认真核对,经过核对,如发现有短秤现象,应查清原因后再派专人持介绍信送省。第二,今后不论任何地区、单位和个人,均无权批准动用鸦片土及其他一切毒品。如再发现擅自动用或处理毒品的,应从严处理。第三,要严格建立管理登记制度,各地区接收和上解的毒品,都要根据原始凭证登记账目,上解数与账面数如有长余和短少现象,应由承办人员写出书面报告,说明长短的原因,由领导人审查批准后,才能正式核销,并向上级报告备案。[①] 这个补充规定,详细而又严格,在毒品的管理上,注重了细节,有较强的可操作性,对真正堵塞漏洞是有防范作用的。

一些烟毒又起的县政府或公安局也根据辖区的实际,发出通知,警示烟毒犯,加强打击力度。1963 年 7 月,河北省易县公安局发布了《关于严禁鸦片、吗啡等毒害的通知》;四川凉山彝族自治州在烟毒流行区结合新"五反"和社会主义教育运动,将盗卖、销售、吸食鸦片和吗啡列入运动内容,对罪犯进行打击。[②] 1964 年 2 月 4 日,山西省兴县人民委员会颁布了《关于坚决取缔封建迷信职业者,严禁赌博,肃清烟毒危害的布告》,对肃清烟毒危害进行了专门规定,要求对制造贩卖毒品的犯罪分子,要依法惩处,但对自动交出毒品、彻底坦白、洗手不干的,可以从轻处理;凡吸食或贩卖的毒品一律没收。群众中存有不是用作自己吸食或贩卖,而是过去遗留的毒品,应动员自动交出,按规定付给价款;对一般吸食毒品者,各生产队要进行教育,限期戒退;私种罂粟,一经发现要立即除掉,并对种植者依法处理。[③] 1965 年 4 月,安徽和县公安局发出了《关于禁止种植鸦片的通知》,等等,不再一一列举。

（三）禁烟禁毒活动取得了不小的成果

全国各地禁烟禁毒活动此起彼伏,成绩不俗。为应对 20 世纪 60 年代部分地方烟毒问题的再一次复发,随着中央和各地方党政机关禁令的颁布,各地加强了对毒品的清理、查禁工作。据各有关省(自治区、直辖市)地方志的不完全统计,自 1962—1966 年,一些省(自治区、直辖市)、地(市)、县再次甚至多次开展了

---

① 1963 年 9 月 26 日《山西省人民委员会关于加强毒品管理的几项补充规定》,山西省档案馆:C55-1015-27-13。

② 凉山彝族自治州地方志编纂委员会编:《凉山彝族自治州地方志》上,方志出版社 2002 年版,第 797 页。

③ 兴县志编纂委员会编:《兴县志》,附录,中国大百科全书出版社 1993 年版,第 596—597 页。

禁烟禁毒运动或禁烟禁毒工作，对烟毒问题进行集中整治，取得了显著的成绩。

首先，铲除烟苗，收缴烟毒收获颇丰。甘肃文县于1962年7月在中寨、屯寨、石坊等地查获大烟一两多，查铲烟苗855株；1963年，又在季家堡、铁楼等12个公社31个生产队查出72人在深山密林中种植罂粟1 000余亩，全部铲除，并没收大烟14两、烟具2件，捕办2人，当众检讨32人，批评教育32人。[①] 和政县，1963年7月，铲除烟苗143株，收缴烟土62两，涉及种植吸食者1 159人；1964年7月，铲除烟苗3万余株，收缴烟土11两、烟具16付，查出贩毒分子171人、吸毒者31人，分别给予处罚和移送法院处理。[②] 1963年，临夏州各县公安局配合民政、宣传、武装等部门，组织专门工作组，铲除罂粟61万多株，收缴鸦片烟213.2两、烟膏8两、烟籽8.5两、烟具91付；1964年铲除罂粟19万株；1965年，查出种植罂粟的涉及40个公社63个生产队258户，铲除罂粟1.5万多株。[③]

1963年6月，江苏淮安在全县范围内对种植罂粟情况进行大检查，发现苏嘴、顺河、钦工、席桥4个公社59户社员种植罂粟2 336棵，全部铲除。[④] 河南省鹿邑县1963年将个别社员在自留地、开荒地里种植的大烟全部铲除。1963年5月，四川凉山美姑县公安局派出4个工作组深入乡(社)，调查发现个别不法农户仍早起偷种罂粟，当即铲除46户种植的4.56亩罂粟苗，收缴鸦片50克、烟刀2把、烟枪4支、烟灯1个。[⑤] 1963年8月，新疆乌鲁木齐市、巩留、昭苏、阿勒泰、米泉等地发现私种鸦片6起。1963—1964年，福建屏南县边远山区先后铲除罂粟种苗9.76亩，缴获烟土5钱。[⑥] 1965年，安徽泾县在包合、厚岸一带发现农民私种罂粟2 915棵，公安机关与当地政府及时进行了查处并全部销毁。[⑦]

1963年7月，河北省易县公安局对农村、林场和历史上种过大烟的村、队进行全面清查；对于吸食或者贩卖者，一旦发现即没收或处罚。经过清理，易县境内杜绝了吸食毒品和贩卖毒品的现象。[⑧] 10月，宁夏中卫在县城张娘娘庙设立“禁烟所”，历时103天，共收容审查贩毒嫌疑犯和吸毒者131人，收缴大烟土567两，4名贩毒犯得到严肃处理。[⑨] 1963年辽宁凌源在全县开展肃毒运动，查

---

① 文县志编纂委员会编：《文县志》，甘肃人民出版社1997年版，第699页。

② 和政县志编纂委员会编：《和政县志》，兰州大学出版社1993年版，第147页。

③ 临夏回族自治州志编纂委员会编：《临夏回族自治州志》，甘肃人民出版社1993年版，第1033页。

④ 淮安市志编纂委员会编：《淮安书志》，江苏人民出版社1998年版，第524页。

⑤ 四川省美姑县志编纂委员会编纂：《美姑县志》，四川人民出版社1997年版，第543页。

⑥ 屏南县地方志编纂委员会编：《屏南县志》，方志出版社1999年版，第526页。

⑦ 泾县地方志编纂委员会编：《泾县志》，方志出版社1996年版，第553页。

⑧ 易县地方志编纂委员会编：《易县志》，中央编译出版社2000年版，第306页。

⑨ 中卫县县志编纂委员会编：《中卫县志》，宁夏人民出版社1995年版，第619页。

处烟民493人,贩毒分子24人,法办6人,收缴毒品170两、毒具50套。[①]

其次,破获不少烟毒案件。1960年,甘肃临潭县破获大的烟案3起,计查获鸦片800余两。[②] 1963年,甘肃临夏侦破贩毒案件41起,逮捕7人,拘留27人,批评教育7人。[③] 华亭县破获一起12人的贩毒团伙案,收缴鸦片2541克。1964年查办贩毒者214人,种植者4人,吸食者154人,捕办烟贩3人。[④] 是年秋,成县查获鸦片数十公斤,查出吸毒者34人,经营者9人,介绍贩毒之牙纪13人,均依法处理。[⑤]

1960年春,河北省迁西县三屯营一带治安混乱(当时三屯营、洒河桥一带并入遵化县),4月2日至26日,遵化县公安局在迁西县公安局的配合下,组织了100多名干警及干部进驻该区,展开了大兵团作战。警方用25天时间摸清了该区底数,建立档案100多卷,破获大案15起,收缴毒品130公斤,从而使三屯营一带恢复了安定局面。[⑥] 1962年,宣化县公安机关先后破获贩毒案6起,收缴鸦片1.8公斤。[⑦] 在河北省一些大中城市和县城、农村,1962年9月以来,查获贩卖烟毒案件35起,查获烟土13斤,料面8两。[⑧]

1961年2月,广西公安机关查获融水三防公社新兴大队韦月州、韦庆珠贩毒吸毒案,依法从重判处两名犯人有期徒刑10年。[⑨] 12月21日,马山县公安局在城厢街破获一起16人贩卖大烟团伙案,逮捕5人,刑事拘留11人,缴大烟3两5钱。1964年3月20日,县公安局在林圩区合理公社破获一起3人贩卖毒品团伙案,逮捕主犯1人,缴获大烟7两2钱,黄金19克。[⑩]

1961年11月,陕西长武县亭口公社赵劳娃勾结外地86人,结伙贩毒。破案后逮捕首要分子7人,查收大烟26两,银元1059个,没收烟款2260元。[⑪] 汉中地区,1962年南郑县查获贩卖烟毒者64人,其中有24人结成贩毒团伙,并开设烟馆17处。1963年,汉中市查获贩毒案15起,缴获鸦片27.96两,抓获案犯

---

① 凌源县志编纂委员会编:《凌源县志》,辽宁古籍出版社2005年版,第477页。

② 临潭县志编纂委员会编:《临潭县志》,甘肃民族出版社1997年版,第602页。

③ 临夏回族自治州志编纂委员会编:《临夏回族自治州志》,甘肃人民出版社1993年版,第1033页。

④ 华亭县志编纂委员会编:《华亭县志》,甘肃人民出版社1996年版,第485页。

⑤ 成县地方志编纂委员会编:《成县志》,西北大学出版社1994年版,第426页。

⑥ 迁西县地方志编纂委员会编:《迁西县志》,中国科学技术出版社1991年版,第467页。

⑦ 宣化县地方志编纂委员会编:《宣化县志》,河北人民出版社1993年版,第693页。

⑧ 1963年5月26日《中共中央关于严禁鸦片、吗啡毒害的通知》。

⑨ 广西融水苗族自治县地方志编纂委员会编:《融水苗族自治县志》,三联书店1998年版,第493页。

⑩ 马山县志编纂委员会编:《马山县志》,民族出版社1997年版,第216页。

⑪ 长武县志编纂委员会编:《长武县志》,陕西人民出版社2000年版,第597页。

29 名，打击处理 7 人，还查处取缔烟馆 17 个。[①]

1963 年，据安徽省宿县、濉溪、五河、萧县、灵璧五县统计，全年共破获贩毒案件 20 起，掌握贩毒线索一百余起，查获烟毒犯 93 名，其中逮捕 24 名，拘留 23 名，批评教育 39 名，缴获鸦片烟毒 7.7 斤，铲除烟苗 8 亩。[②]

吉林桦甸县针对 1963 年烟毒活动在桦甸镇、夹皮沟、白山、北台子、榆木桥子、横道河子等部分地区的抬头之势，从 6 月到 8 月，共查出不法分子 208 人，吸食据点 8 处，缴获鸦片 1.9 公斤，金戒指 6 个和大量烟具。通过审查，依法捕处 10 人，管制、劳动教养和行政拘留一批。[③] 1963 年 7 月在梅河口的吉乐、兴华、进化、六八石、中和、牛心顶、大湾、义民、水道、河洼、山城镇 11 个公社，发现种植罂粟，扎毒、吸毒和贩卖毒品者共 49 人。8 月 6 日，海龙县人民委员会发出通知，对已种植的罂粟一律就地销毁，对贩毒、吸毒、扎毒情节严重的人依法进行严惩。[④] 安图县 1963 年处理 73 名吸毒、贩毒分子，其中松江公社 47 名(32 名吸毒分子)。[⑤]

1963 年，乌鲁木齐市破获一个贩毒集团，为首 2 人，成员 8 人，查明从关内贩来大烟四五十两，以每两 260—500 元的高价出售。[⑥]

1964 年，福建霞浦县沙江、牙城、溪南等地侦破贩毒案 6 起，缴获鸦片 7 000 克，查获贩毒分子 39 人。[⑦]

1960 年，山西清徐县人民法院审结的贩卖毒品案有 7 起。[⑧] 1963 年，天镇县查获姜前屯、阎家梁 4 户存鸦片 200 余两，有 8 人吸食，3 人贩卖，及时予以了处理。[⑨]

四川天全县公安局于 1963 年 1 月破获贩毒案 5 件，收缴毒品 20 余两。[⑩] 平武县公安机关于 1963 年 1 月在泗耳、平通、豆叩、锁江、城关等地破获贩毒案件 5 件，依法没收烟土 7 两。[⑪] 1963 年 1 月至 9 月，威远县境内又发现有 17 人贩运

---

① 汉中市地方志编纂委员会编：《汉中地区志》第三册，三秦出版社 2005 年版，第 1364 页。

② 安徽省宿县地区地方志编纂委员会编：《宿县地区志》，中国人民大学出版社 1995 年版，第 134 页。

③ 桦甸县地方志编纂委员会编：《桦甸县志》，吉林人民出版社 1995 年版，第 272 页。

④ 梅河口市地方志编纂委员会编：《梅河口市志》，吉林人民出版社 1996 年版，第 202 页。

⑤ 安图县地方志编纂委员会编：《安图县志》上卷，吉林文史出版社 1993 年版，第 425 页。

⑥ 新疆维吾尔自治区地方志编纂委员会编：《新疆通志》第 20 卷，新疆人民出版社 2004 年版，第 390 页。

⑦ 霞浦县地方志编纂委员会编：《霞浦县志》，方志出版社 1999 年版，第 745 页。

⑧ 清徐县地方志编纂委员会编：《清徐县志》，山西古籍出版社 1999 年版，第 558 页。

⑨ 天镇县县志办公室编：《天镇县志》，山西教育出版社 1997 年版，第 653 页。

⑩ 《天全县志》编纂委员会编：《天全县志》，四川科学技术出版社 1997 年版，第 531 页。

⑪ 平武县县志编纂委员会编：《平武县志》，四川科学技术出版社 1994 年版，第 346 页。

鸦片烟毒出售，经查证核实，将构成犯罪的烟毒犯，逮捕 2 人，拘留 4 人，送劳动教养 2 人，其余的给予批判教育。①

1963 年，上海破获制贩毒品案件 16 起，1964 年 17 起。② 仅据 1963 年统计，黑龙江全省查破制、贩毒案件 42 起，处理制、贩毒分子 30 名，收缴鸦片 10 余两、麻黄素 23 万片、樟脑酊 1 240 瓶。③ 1964—1965 年，浙江全省破获贩毒案件 66 起，缴获鸦片 11.5 千克。④ 内蒙古自治区市、县两级人民法院通过 1958—1965 年对贩毒进行连续打击，1966 年全地区毒品案有了大幅度的下降，1966 年比 1958 年下降了 17.3 倍⑤，使烟毒案件得到了有效控制。⑥

再次，取缔烟馆，强制戒毒。1963 年甘肃临夏对吸食烟毒成瘾的 252 人强制戒瘾，当年戒除毒瘾的有 149 人。⑦ 四川冕宁县针对瘾民人数回升，在泸沽重新办了戒烟所，强制 500 余瘾民脱瘾。⑧ 天全县公安局于 1963 年 1 月取缔秘密烟馆 14 处。⑨

除以上所述，20 世纪 60 年代初期，青海烟毒沉渣泛起，西宁、乐都、湟源等地，种植、贩运、吸食烟毒的情况比较突出，已发现种植罂粟的 89 户，查获毒贩 61 人，吸毒者 49 名，缴获毒品 1 000 多两。⑩

辽宁的凌源，黑龙江的佳木斯、克东，四川的名山，贵州的息烽、思南、丹寨、三穗等地在这一时期也都开展了禁烟禁毒活动，而贵州毕节地区（大方、织金、黔西、金沙、纳雍、威宁、赫章）的禁烟禁毒活动一直进行到 1966 年。⑪

正是在党中央的领导下，在中央《关于严禁鸦片、吗啡毒害的通知》的要求下，各地积极行动，在这一时期的禁烟禁毒活动中取得了不小的成果。铲除了一些地区种植的罂粟苗，缴获了一些鸦片烟毒，破获了一些烟毒案，抓获了一批烟毒犯，使 20 世纪 60 年代逐渐兴起的烟毒种植、贩运、吸食等违法犯罪现象受到了沉重打击。

---

① 四川省威远县志编纂委员会编：《威远县志》，巴蜀书社 1994 年版，第 510 页。

② 上海通志编纂委员会编：《上海通志》第二册，上海人民出版社、上海社会科学院出版社 2005 年版，第 1080 页。

③ 黑龙江省地方志编纂委员会编：《黑龙江省志·公安志》第六十三卷，黑龙江人民出版社 2001 年版，第 247 页。

④ 浙江省公安志编纂委员会编：《浙江人民公安志》，中华书局 2000 年版，第 223 页。

⑤ 根据原文引述。

⑥ http://www.cyszw.com/cysz/DATA/20-03-01.htm。

⑦ 临夏回族自治州志编纂委员会编：《临夏回族自治州志》，甘肃人民出版社 1993 年版，第 1033 页。

⑧ 四川省冕宁县志编纂委员会编：《冕宁县志》，四川人民出版社 1994 年版，第 253 页。

⑨ 《天全县志》编纂委员会编：《天全县志》，四川科学技术出版社 1997 年版，第 531 页。

⑩ 青海省地方志编纂委员会编：《青海省志·公安志》，黄山书社 1995 年版，第 109 页。

⑪ 毕节地区地方志编纂委员会编：《毕节地区志·公安志》，贵州人民出版社 2005 年版，第 142 页。

（四）对麻醉药品的管理逐渐加强

中华人民共和国成立后，随着政权建设的完善，对医疗卫生行业的管理逐渐加强，对麻醉药品的管理也逐渐规范起来。1950年，中华人民共和国卫生部颁布了《麻醉药品临时登记处理办法》，全国各地认真贯彻执行。如1951年1月，福州市卫生局颁发《麻醉药品临时登记处理办法》，对辖区各机关、学校、医院、诊所、药房及个人所持有的麻醉药品进行清理，限令当月月底前向各辖区卫生事务所申请登记。为防止遗漏，同年8月又补行登记一次，两次共登记218户，各类麻醉药品33种，其中以阿片酊、陀氏散、磷酸可待因及盐酸吗啡等为多。登记之后制定了麻醉药品收支结存月报制度，由存药单位按月向区卫生事务所报告，并由区卫生事务所报送市卫生局审查。同时检查没收12家药房出售的不符药典规定成分的复方樟脑酊和吐根散140多磅。对医疗单位使用麻醉药，严格按1950年卫生部公布的《管理麻醉药品暂行办法》规定，发给“麻醉药品购用印鉴卡”，采取分类定量、专人管理、定期检查的办法，由医院指定符合条件的医生开具处方才能用药。①

各地在执行中央及卫生主管部门相关规定的同时，对发现的问题也进行了纠正。如1955年4月，青岛市卫生局会同青岛医药支公司对市区使用麻醉药品单位重点进行了检查，发现有严重违犯《管理麻醉药品暂行条例》的情况，有的单位无专人保管，账物不符，随意滥用，有的甚至滥用成瘾等。为此，青岛市卫生局提出了麻醉药品的使用、配制、保管、处方、病历等方面的管理措施，纠正混乱现象，使绝大多数单位能严格执行规定进行管理。②

进入20世纪60年代以后，针对全国部分地方出现的扎吸麻醉药品的问题，1963年5月31日，中华人民共和国卫生部、化学工业部、商业部、财政部、公安部联合下发《关于加强麻醉药品管理严防流弊的联合通知》，要求全国各地切实加强对麻醉药品的管理，杜绝弊端，严厉惩处倒卖毒品活动。通知提出三点要求：第一，罂粟种植和麻醉药品的生产，由中央指定的单位和药厂专门负责，均按计划需要进行。其他任何地区、任何单位或个人一律不准种植或制造。第二，各麻醉药品供应点，必须认真贯彻国家法令和卫生部的有关规定，对分配给使用单位的购买凭证和数量应严格控制，不得乱购、乱销，不准交流。第三，各地区、各部门立即将所有积存和接收的鸦片土、料面（即海洛因）、罂粟种籽等集中交由省、直辖市、自治区财政厅、局上缴财政部，无论任何地方、任何机关、团体或个人，均不得私自积存毒品。③

---

① http://www.fzdqw.com/ShowText.asp? ToBook=806&index=690。

② http://www.39kf.com/my/tag_7_21697a-31889a-28279a-24901/。

③ 1963年5月31日中华人民共和国卫生部、化学工业部、商业部、财政部、公安部《关于加强麻醉药品管理严防流弊的联合通知》，重庆市档案馆：1049-2-1321。

根据上述联合通知的精神，各省(自治区、直辖市)加强了药政管理工作，从管理上堵住漏洞，制止利用麻醉药品进行违法活动的蔓延。吉林省公安厅、商业厅、卫生厅于中央联合通知发出前的 1963 年 3 月 15 日就联合发出《关于禁止群众滥用毒剧性药品的联合通知》，规定盐酸麻黄素、盐酸奎宁、硫酸阿托品、安纳加注射液和复方樟脑酊等毒剧药品，只供给医疗单位，市场不作零售；对倒卖各种药品特别是毒剧性药品的，严加制止，追清来源，根据情节轻重，分别处理。据此，该省在全省范围内停止销售有危害的剧毒药品；收缴了不符合规定的医疗单位的麻醉药品；处理了个人非法积存的毒品；对准许使用麻醉药品的单位，建立健全了各项管理制度。[①] 通化市卫生局规定各销售单位的盐酸麻黄碱、盐酸奎宁、硫酸阿托品、安纳加注射液、复方樟脑酊一律由医药公司和医疗单位销售，不准进入市场。[②] 黑龙江讷河县药政管理部门曾多次对医疗部门进行检查，对毒、麻药品严加控制，健全开方、出库审批手续制度，对需要使用毒、麻药品的患者，规定必须有完整病志，由指定医生开处方，开方量最多不得超过 2 日用量。[③] 北京市公安局会同卫生、商业、化工等部门对全市去氧麻黄素等麻醉药品生产、销售情况进行全面检查，配合卫生部门切实加强对麻醉药品的管理。河北省承德地区对经销麻醉药品的医院、药店，建立健全了审批、销售和保管制度，堵住了药品扎吸的来源。

1962 年 8 月，呼和浩特市公安局经过调查，发现山西大同市制药厂生产的药用麻黄素精被一些人当作鸦片替代品秘密倒卖。郊区保合少乡一带农民吸食者众多，严重危害身心健康，有的中毒身亡。中共内蒙古自治区公安厅党组、卫生厅党组经过调查了解，于 1963 年 5 月联合向中共内蒙古自治区委员会作出麻黄素问题报告。报告称："麻黄素精从 1961 年上半年传入我区后，全区吸食最多时达 10 万人，成瘾者约千人。中毒后患精神分裂症者 25 人，死亡 6 人，畏罪自杀 1 人。吸食及倒贩情况较为严重的地区有呼和浩特郊区、土默特旗和乌兰察布盟的部分旗县。"要求批转有关部门对麻黄素精等精神药品实行集中管理；对涉毒地区开展教育，讲清危害；对其他毒麻药品，包括盐酸麻黄素、复方樟脑酊、安纳加等进行列管；对倒贩分子进行严厉打击。[④]

重庆市人民委员会于 1963 年 7 月 11 日发布了《关于麻醉药品和去氧麻黄

---

① 吉林省地方志编纂委员会编：《吉林省志》卷十二，吉林人民出版社 1998 年版，第 237 页。
② 通化市地方志编纂委员会编：《通化市志》，中国城市出版社 1996 年版，第 935 页。
③ 讷河县志编纂委员会编：《讷河县志》，黑龙江人民出版社 1988 年版，第 549 页。
④ 内蒙古自治区公安厅编：《内蒙古自治区志·公安志》上，中国人民公安大学出版社 2008 年版，第 800—801 页。

素进行检查及加强管理的通知》，要求各地认真贯彻执行，并提出具体要求："农业部门检查罂粟的种植。公安部门检查鸦片土、料面、罂粟种籽的积存情况，以去氧麻黄素作投机倒贩，牟取暴利等违法活动及群众有无吸食成瘾的情况。商业部门检查1960年以来，去氧麻黄素（包括粉、针、片剂）进销存情况，进货调拨单位及麻醉药品现存数量。卫生行政部门检查医疗单位对麻醉药品、去氧麻黄素等管理和使用情况。"①

1963年，福州市卫生局发出加强麻醉药品管理、严防流弊，县以下医疗单位停止供应使用麻醉药品的通知，指定台江区和鼓楼区医院为收回乡镇卫生院和工厂、学校医疗室毒剧药品的集中点。1964年12月，根据福建省卫生厅、化工厅、商业厅《关于下达管理毒药、限制剧药的暂行规定的联合通知》，重新对县以下医疗单位（包括基层保健院、站，工厂、企业、学校医疗室）使用此类药品进行报批，发给购买毒药、限制性剧药卡片，同时确定复方樟脑酊和含阿片的甘草片列为毒剧药管理。②

根据调查了解的情况，这些地区加大了打击力度，进行专项斗争，取得较大战绩。1960年以来，北京市公安局不断加大查禁打击力度，至1963年5月，共查获倒卖麻醉药品等毒品案件60起，其中倒卖去氧麻黄素案件35起，倒卖鸦片15起，倒卖咖啡因、吗啡、复方樟脑酊10起；共缴获毒品鸦片22.2斤、去氧麻黄素片剂33.1万余片、针剂9.1万余支、粉剂22.9斤、咖啡因24.3斤、吗啡针剂10支、复方樟脑酊596瓶；共抓获毒犯95名。③ 1964年，根据中央政府作出的进一步清查和处理去氧麻黄素等毒品、彻底肃清毒害的指示，北京市公安局加强了对全市城、乡的查禁工作，于当年8月，破获了昌平县上苑、小汤山、百善3个公社所属7个大队的14户社员涉毒违法案件，有效遏止了毒品犯罪活动。④

1962年8月，呼和浩特市公安局经过调查，组织力量在郊区农村开展打击贩卖吸烫麻黄素精的专项斗争。到1963年春，先后处理倒贩麻黄素精犯罪分子87名，其中捕17名，拘留56名，教育释放14名，缴获麻黄素精20.5斤，毒资65 323元。⑤

1963年3月，河北省承德地区各级公安机关组织开展了查禁、取缔和打击扎吸毒品的工作，帮助扎吸者强行戒除，并收缴散存在社会上或个人手中的麻醉

---

① 1963年7月11日《关于麻醉药品和去氧麻黄素进行检查及加强管理的通知》，重庆市档案馆：1049-2-1321。

② http://www.fzdqw.com/ShowText.asp? ToBook=806&index=690。

③④ 北京市地方志编纂委员会编：《北京志（民政卷·公安卷）》，北京出版社2003年版，第275页。

⑤ 内蒙古自治区公安厅编：《内蒙古自治区志·公安志》上，中国人民公安大学出版社2008年版，第800—801页。

药品及扎吸用品。此次查禁活动，共破获倒卖麻醉药品案件404起，抓获犯罪分子1 007人。[①] 从1962年到1963年6月，邢台市查获走私贩毒案件8起(倒卖麻醉药品5起)，查获麻黄素粉4磅1两，麻黄素片33瓶另176片，麻黄碱1斤，吗啡200片，大烟土10.7斤等，共折款8万多元，对涉案的6名邢台市人分别给予罚款和批评教育，对24名外埠人犯均转交当地公安机关处理。[②]

吉林省各地(市)、县根据省委的指示，结合本地实际情况，分别制定严禁毒害的工作计划，开展了查禁鸦片种植与打击贩运和扎吸毒斗争。据通化、浑江、蛟河、敦化、怀德、榆树等18个地(市)、县的统计，新发现扎吸、种植、贩运毒品的犯罪分子2 056人，其中扎吸毒者1 738人，占总数的84.5%，种植鸦片烟苗者253人，占总数的12.3%，贩运毒品者65人，占总数的3.2%。各地根据他们的犯罪情节，按政策规定作了处理。[③]

由于中央及时发现问题并高度重视，全国各地积极响应，加强了对麻醉药品管理，严厉惩处倒卖毒品活动，查禁烟毒工作战果频频，使60年代逐渐兴起的烟毒种植、贩运、吸食等违法犯罪活动受到了沉重打击。

第二节 “文革”时期的烟毒问题及治理

一、“文革”时期烟毒活动简况

1966年5月开始的“文化大革命”(以下简称“文革”)持续了10年之久，是我国社会长期处于大动乱的特殊时期，国家公、检、法系统被“砸烂”，法纪荡然无存。自20世纪50年代初就长期进行的禁烟禁毒活动完全停滞，烟毒又处于一种无人问津的状态，进入60年代以来的再次活跃时期，除云南边疆少数民族地区在“文革”前种植罂粟就已死灰复燃外，在辽宁省宽甸县、吉林省长春市、安徽省长丰县、福建省罗源县、浙江省嘉兴市与绍兴地区也均发现了私种罂粟、贩卖毒品之事；而在江苏泗洪全县共发现3个公社、16个生产大队的99户农民种植罂粟约1.12万株，其中龙集公社龙集大队三队有60%农户私种罂粟。[④] 吉林省榆树县育民公社五连大队四、五、六生产队共有141户、909人，其中29户、36人

---

① 河北省地方志编纂委员会编：《河北省志·公安志》第七十一卷，中华书局1993年版，第125页。
② 邢台市地方志编纂委员会编：《邢台市志》下卷，中国对外翻译出版公司2001年版，第869页。
③ 吉林省地方志编纂委员会编：《吉林省志》卷十二，吉林人民出版社1998年版，第237页。
④ 泗洪县地方志编纂委员会编：《泗洪县志》，江苏人民出版社1994年版，第655页。

吸毒，占总户数的 20%、总人口的 5%。[①] 1970 年，湖北省荆门市拾回桥区丁岗公社张兴生产大队的河南淅川县移民杨某某携来罂粟种子，播种 30 余株，被水淹死。次年，再种植 180 余株，并扩散到其他农户，共种植 1 000 余株。1972 年扩散至后港等 4 个区的 9 个公社、20 个生产大队的 25 个生产队，45 户共种植 2 500 余株，虽经检查发现，但处理不彻底。1973 年种植范围竟扩大到 9 个区，21 个公社，56 个生产大队，125 个生产队，438 户共种植 12 000 余株。[②]

另据 1972 年 9 月 12 日卫生部军管会的工作简报透露，"文革"时期，全国一些省、市、自治区，都发生了"擅自种植罂粟的情况"，其中"北京市昌平县秦城大队合作医疗站擅自种植罂粟 95 株，收集鸦片约 1 克左右。其种子是从黑龙江省军垦兵团私自带回的"。而"青海省某些单位和个人以赏花为名，公开在花园、菜园、院落等处种植大烟花（即罂粟），且数量甚多，有的人甚至割果取浆、收集鸦片"。[③]

上述资料说明"文革"期间，我国一些地方烟毒复发首先表现在种植上。实际这一时期烟毒的复发是全方位的，种植、贩卖、制作、吸食等方面的表现都较为突出。全国各省（自治区、直辖市）、地（州、市）、县地方志中有关这一阶段烟毒又现情况的记载，一定程度上说明"文革"时期我国烟毒复发的严重性。

但值得注意的是，各地方志在这一时期相关问题的记载上并不十分完善，许多地方志的记载都是空白。尽管如此，在"文革"十年中，毒品问题的再一次出现仍然涉及几乎全国所有的省（自治区、直辖市）。据不完全统计，从 1966 年至 1976 年的十年里，有贩卖毒品活动的地区包括上海、广西、云南、贵州、四川、江苏、甘肃、新疆、重庆、安徽、吉林 11 个省（自治区、直辖市）的 78 个地（州、市）、县，其中最早发现有贩卖毒品活动的是上海市；云南省贩卖毒品活动最为严重，涉及 47 个地（州、市）、县。有种植罂粟活动的地区包括浙江、福建、江西、贵州、甘肃、湖北、宁夏、安徽、辽宁、广西、新疆、江苏、山东、四川、云南、重庆、河南、黑龙江、吉林 19 个省（自治区、直辖市）的 78 个地（州、市）、县，其中最早发现种植罂粟的是浙江奉化与福建周宁；种植罂粟最为严重的仍然是云南省，有 27 个地（州、市）、县参与其中。发现制毒活动的有上海、甘肃、贵州、浙江、云南、安徽 6 省（市），其中最早发现制毒活动的仍是上海市；制毒活动最多的仍是云南省，涉及 6 个地（市）、县。有吸毒活动的地区涉及云南、贵州、江西、甘肃、新疆、江

---

① 长春市志编纂委员会编：《长春市志・公安志》，吉林人民出版社 2000 年版，第 409—410 页。

② 湖北省荆门市地方志编纂委员会编：《荆门市志》，湖北科学出版社 1994 年版，第 616 页。

③ 1972 年 9 月 12 日卫生部军管会《卫生工作简报》(25)，《防止鸦片流害，严禁擅自种植罂粟》，黑龙江省档案馆：34 - 15 - 16。

苏、吉林、四川、河南、安徽10个省(自治区)的38个地(市)、县,其中最早发现吸毒现象的是云南省和贵州省;吸毒活动最多的云南省有24个地(州、市)、县发现吸毒者。破获烟毒案的有贵州、陕西、广西、云南、甘肃等5个省(自治区)。而云南省的情况却十分突出,种植、制毒、贩卖、吸食等与毒品有关的所有现象都不断出现。

另外,从一些地区的档案资料中,也有当时私种罂粟、吸食鸦片、滥用麻醉药品情况的反映。1975年1月25日,江西省宜春地区革命委员会转发了地区公安局、卫生局、商业局《关于私种罂粟、吸食鸦片等毒品和中毒死亡事故的调查报告》,文中透露:高安县发现一干部自1972年、1973年均有私种罂粟的情况;而“高安县医院门诊部负责人、医师李建国,几年来,利用各种手段滥用杜冷丁500多支,吗啡针110多支,吗啡阿托品10支,可待因10支,可待因片97粒,杜冷丁片100多粒,阿片酊100毫升”。“奉新县医院门诊部负责人严桂生滥用杜冷丁针、吗啡阿托品针达800多支,……”①广西扶绥县人民医院检验员黄开基,1968年做胃切除手术后,“长期滥用麻醉药品,以致成瘾。1971年后,用药激增。到1975年1、2月份,几乎是天天要用杜冷丁方能解瘾”。②

总之,从地方志和有关的档案资料中,均可以清晰地反映出“文革”期间全国各地烟毒复发的情况。

二、各地进行的禁毒活动

“文革”期间,一些省(自治区、直辖市)、地(州、市)、县针对本地区出现的烟毒问题,在当地革命委员会的领导下,不断进行着查禁工作。一些省的地方志及卫生部的简报中对这一时期查禁烟毒的情况也有所反映。

如1966年云南省在开展整顿主要城镇和交通沿线治安秩序的工作中,就把禁烟禁毒纳入整顿内容。在内地开展的“四清”运动中,贩烟毒活动也受到打击与抑制。下关市结合“四清”运动,发动群众揭发贩烟毒人员41人,吸烟毒人员42人,分别作了处理。1966年,福建周宁发现27个大队57个自然村313处栽种罂粟,面积达69.75亩。在铲除中缴获鸦片5两9钱,破获烟馆2处。1967年发现13个大队44处栽种罂粟,面积6.11亩,予以铲除。特别严重的是1968年,除纯池、泗桥两个公社外,其他7个公社都发现了栽种罂粟的情况。在当时

---

① 1975年1月25日江西省宜春地区革命委员会《关于私种罂粟、吸食鸦片等毒品和中毒死亡事故的调查报告》,江西省档案馆:全宗号X111,1975永久,案卷号15。

② 1975年3月20日南宁地区卫生工作调查组《关于扶绥县人民医院黄开基滥用麻醉药品成瘾事故的调查报告》,广西壮族自治区档案馆:X81-5-53。

的县革命委员会的统一领导下，由有关部门抽调干部487人，分赴有关公社，充分教育、发动群众，共同上山检查铲除罂粟。历经一个多月，共铲除罂粟538.6亩，对种植、吸食、贩卖鸦片烟毒轻者没收实物，拘留教育；重者逮捕法办。1970年、1971年还分别各逮捕法办栽种罂粟犯1人。[①] 1968年4月，福建屏南县军管会组织干警和有关公社武装干部计47人，分两个小队深入代溪、寿山、双溪等5个公社36个大队121个自然村，经过一个多月深入检查，先后铲除烟苗194.8亩，收缴烟土2公斤，逮捕判刑2人。进入20世纪70年代，各地于每年四五月之交，均进行清除烟苗工作。[②] 1967年7月间，江西省上饶、横峰两县有80多户农民种植罂粟，两县公安机关立即前往查禁。[③] 1968年5月，宜黄县人民政府组织工作组对党口人民公社非法种、吸鸦片烟进行调查，发现3个大队种植罂粟，其中大山口生产队中有4个队种植罂粟3 305株，党口人民公社吸鸦片烟者达53人。调查后，对种、吸鸦片者作了处理，拔除烟苗，烧毁吸烟工具，对为首种、吸鸦片烟情节严重的给予打击。[④] 1966年，浙江奉化在鲒埼公社查获私种罂粟者39户，计销毁罂蒲192只，罂粟干80枚。[⑤] 安徽芜湖少数人偷种罂粟，公安局及时派员会同有关部门，将所种的13 000多棵罂粟全部铲除。[⑥] 广西百色地区凌云县，1967年11月联合侦破一起由香港人操纵，牵涉百色、凌云等5县的贩卖鸦片集团案，县内参与人员有100多名，首犯陈某被抓获，收缴鸦片1.10公斤。[⑦] 1973年至1974年，在崇左县市场管理委员会的配合下，该县破获从龙州、大新前来本县贩毒走私案2起，捕6人，共缴获鸦片14.6公斤。[⑧] 1968年四川乐山专区发现涉及夹江县、眉山县、峨边县和雅安专区的汉源县，有成员30多人的贩毒集团，对该集团进行了及时打击，缴获鸦片近30斤。[⑨] 北京市卫生局针对北京市昌平县秦城大队合作医疗站私种罂粟的情况，派专人进行了检查，并作了妥善处理。[⑩] 青海省革命委员会保卫部、卫生局于1972年8月25日向各州、市、县发出了《关于严禁种植大烟花的紧急通知》，提出了三项具体措施：第一，大烟是一种危害极大的毒品，国家早已禁止种植，任何单位或个人

---

① 周宁县地方志编纂委员会编：《周宁县志》，中国科学技术出版社1993年版，第412页。
② 屏南县地方志编纂委员会编：《屏南县志》，方志出版社1999年版，第526页。
③ 上饶地区地方志编纂委员会编：《上饶地区志》上册，方志出版社1997年版，第417页。
④ 江西宜黄县志编纂委员会编：《宜黄县志》，新华出版社1993年版，第179页。
⑤ 奉化市志编纂委员会编：《奉化志》，中华书局1994年版，第583页。
⑥ 芜湖县地方志编纂委员会编：《芜湖县志》，社会科学文献出版社1993年版，第504页。
⑦ 凌云县志编纂委员会编：《凌云县志》，广西人民出版社2007年版，第682页。
⑧ 崇左县志编纂委员会编：《崇左县志》，广西人民出版社1994年版，第646页。
⑨ 四川省地方志编纂委员会编：《四川省志·检察审判志》，四川人民出版社1996年版，第245页。
⑩ 1972年9月12日卫生部军管会《卫生工作简报》(25)，《防止鸦片流害，严禁擅自种植罂粟》，黑龙江省档案馆：34-15-16。

均要自觉遵守，互相监督；第二，各级公安、卫生部门要对已种植者进行检查，追回已收获的鸦片和种子，如有违者，严肃处理，对阶级敌人的破坏活动，要严厉打击；第三，各级公安、卫生部门要将清除大烟花，严禁鸦片、吗啡毒害，加强麻醉药品管理的问题列为维护国家法令、社会治安、人民健康的一项重要内容来抓，每年都要注意进行宣传教育和检查，一经发现，严肃处理。①

在全国各地革命委员会或人民政府的查禁、打击过程中，各地毒品又现的情况也源源不断地反映到党中央、国务院，引起了党中央与国务院的高度重视。1973 年 1 月 13 日，国务院颁发了《关于严禁私种罂粟和贩卖、吸食鸦片等毒品的通知》，指示各省、市、自治区政府应重申 1950 年 2 月 24 日政务院《关于严禁鸦片烟毒的通令》，发动群众同私种罂粟和贩卖、吸食鸦片等毒品的违法犯罪行为作斗争。"坚决打击偷运、贩卖和吸食鸦片等毒品的违法犯罪活动"，强调"对于偷运、贩运毒品犯"依法严惩，对吸毒者强制戒毒。要求"农林、燃化、商业、卫生部门对种植、制造、供应和使用吗啡等麻醉药品要加强管理，堵塞漏洞，防止非法转售和使用"，②并对私种罂粟的行为以及查获烟毒的处理作了相关规定。

国务院通知下发后，立即引起了全国各省、市、自治区的高度重视，通知被层层下传或转发，1973 年 3 月，广西壮族自治区革命委员会发布的《关于加强市场管理和打击投机倒把的布告》中，特别要求"严禁伪造票证，贩卖黄金、白银、外币、毒品等违法行为"③。1973 年 1 月，宁夏隆德县公安局组织宣传国务院通知，8 月全面清查。1973 年 5 月 28 日，江苏大丰县革命委员会发出《关于严禁私种罂粟的通知》。1974 年 9 月 1 日，辽宁省卫生局、公安局、石油化工局、商业局联合转发了国务院《关于严禁私种罂粟和贩卖、吸食鸦片等毒品的通知》，要求全省进行一次全面清查，对私种罂粟和贩毒行为严肃处理。当年，云南省革命委员会发出了 2 号通知，提出"根据云南少数民族边境地区私种罂粟和贩卖吸食鸦片等毒品的情况还比较严重，要求继续贯彻执行'1973 年国务院通知'，认真搞好查禁工作"。④

根据有限资料进行归纳总结可知，"文革"期间仅四川、浙江等 6 省的 12 个市县的 20 多个公社，就铲除罂粟近 10 万株，罂粟苗近千亩，收缴种子、干枝、鲜罂粟、罂粟浆等 110 多公斤。

---

① 1972 年 9 月 12 日卫生部军管会《卫生工作简报》(25)，《防止鸦片流害，严禁擅自种植罂粟》，黑龙江省档案馆：34－15－16。

② 1973 年 1 月 13 日《国务院关于严禁私种罂粟和贩卖、吸食鸦片等毒品的通知》，广东省档案馆：235－2－271－002－003。

③ 广西壮族自治区地方志编纂委员会编：《广西通志大事记》，广西人民出版社 1998 年版，第 411 页。

④ 冯开福：《黑与白——德宏禁毒纪实》，德宏民族出版社 2006 年版，第 80 页。

另据江苏省《大丰市志》与新疆维吾尔自治区《新疆通志》的记载，1973 年 5 月 28 日，江苏大丰县革命委员会发出《关于严禁私种罂粟的通知》后，大丰县公安局组织干警至五星公社铲除罂粟苗 250 多公斤，大中镇铲除罂粟 2 700 余株。1975 年 4 月，县公安局、卫生局根据国务院《关于严禁私种罂粟和贩卖、吸食鸦片等毒品的通知》精神，抽调人员，深入重点地区检查，收缴罂粟 3 740 株，对 74 名违法人员进行教育训诫。1977 年 5 月，各公社组织大队治保主任、赤脚医生、群众代表近千人的检查组，查禁和铲除毒品原植物，共铲除罂粟 8 574 株，收缴罂粟干果 110 只，对 241 名违法人员进行了法制教育，令其具结了守法保证书。① 1973 年 8 月，新疆库车县公安局发现三道桥公社托科其大队一生产队队长阿西木衣明私种罂粟，追查中发现此公社另有 8 个大队的 12 户社员在自留地非法种植烟苗 2 000 余株，另外几个公社也发现了出于药用目的而零星种植的烟苗。当年 12 月 7 日，乌鲁木齐市公安局破获重大贩毒案，查清贩运、私种、吸食烟毒违法犯罪分子 120 余人，捕获案犯 12 人。该团伙曾在米泉县医药公司和兵团二建制药厂骗购复方樟脑酊 134 瓶加工毒品，在甘肃临夏种植、收购鸦片贩运至乌鲁木齐市。②

从有限的地方志记载和档案资料中可以看出，20 世纪六七十年代，由于种种原因，我国境内的烟毒祸害又有所抬头，并呈逐渐蔓延之势，种植罂粟，制造、贩卖、吸食烟毒现象遍及全国。这种情况在 60 年代以 1963 年最为严重；"文革"开始后，自 1966 年始逐年发展，直到 1973 年之后情况都不容乐观。在所有的烟毒案中，种植和贩卖又更为严重。正是由于出现了这样严重的情况，中共中央和国务院才于 1963 年、1973 年相继发出禁烟禁毒的指示，在全国进行重点打击治理。经过整治清查后，发现的罂粟被铲除，一些涉烟毒人员被处理。以"文革"时期为例，自 1966 年到 1973 年，据不完全统计，全国各地大约有 1 797 亩罂粟苗地、13 万 5 千余株罂粟被铲除，收缴的鸦片、罂粟果等达 143 公斤。同时，各地还加强了对麻醉药品的管理，使死灰复燃的烟毒问题得到了有效的控制，没有出现全面的复发。

在整个社会主义建设时期的 20 年时间里，虽然我国的烟毒问题从总体上、全局上来看是稳定的，中国历史上烟毒大泛滥的局面没有重现，但是从局部看，从一个时段看，还是有反复的。冷静分析，引发的主要原因有四：一是中国的烟

---

① 大丰市地方志编纂委员会编：《大丰市志》，方志出版社 2006 年版，第 835 页。

② 新疆维吾尔自治区地方志编纂委员会编：《新疆通志》第 20 卷，新疆人民出版社 2004 年版，第 390 页。

毒问题不仅是一个历史问题，更是一个社会问题。经过20世纪50年代的大禁毒之后，必须把烟毒问题转为社会治安问题，常抓不懈，持之以恒，决不能时紧时松，发现问题抓一下，没有发现就放任不管。二是50年代大禁毒后的民间存毒收缴不彻底，极少数瘾民戒瘾不彻底等问题，并没有从根本上解决，为烟毒问题复发埋下了隐患。三是政局的稳定、法制的健全、管理的规范有序，是治理烟毒问题的重要保证。20世纪60年代及至“文革”期间我国烟毒问题的重现，与当时国家政治经济及社会的混乱、时局的动荡、治安的无序、法制不健全等，有着密切的联系。从全国来看，禁烟禁毒工作确与国家的政治局势稳定与否紧密相关——当国家社会稳定，法制健全时，禁烟禁毒工作能够有序进行，打击力度大，毒品的流行趋势下降，只能成为一种暗流，转入地下悄悄进行；而当国家的政局不稳，法制不健全时，毒品流行便随之反弹，烟毒危害立即凸显。四是长期以来我国在特殊药品管理上的松懈，收缴毒品管理的不到位，缺乏监督检查的机制等，都是造成这两个时段烟毒问题重现的主要因素。全国各地地方志和档案馆资料中反映出，三年困难时期我国在毒品的管理方面的确存在着不少问题，管理不善成了导致这一时期烟毒复发不容忽视的一个因素。

第十一章　改革开放新时期毒品问题在中国的重现

第一节　毒品泛滥是20世纪后期最严重的全球性社会问题

一、四大世界毒品生产中心

当今世界上为人们所知的最普遍化的毒品植物主要有罂粟、大麻和古柯。在这三种毒品植物中，除了古柯是地区性植物外，其他两种则几乎任何国家都有。世界主要毒源地的毒品生产都有统一的特点，即处于国家边疆、政府势力较弱、丛林密布、人迹罕至的神秘地区。目前，世界最主要的毒品生产基地有四大中心，其中三大毒源地就是在具备良好自然条件的情况下应运而生的。

（一）“金三角”地区

“金三角”原是指位于泰国北部与缅甸、老挝交界地区的一个三角地带，为湄公河和南拉河汇流处，西起大其力，东至孟林，南到楠湄赛河（叶赛河）。这块冲积三角洲，长约40公里，宽约25公里，总面积约1 000平方公里，平均海拔1 300米以上，是中南半岛地势最高的地区，也是中南半岛年平均气温最低的地区，有“黄金半岛屋脊”之称。中南半岛古代被称为“苏万纳普米”，意为黄金之地或黄金半岛。因此，缅甸、老挝和泰国也被称为黄金之国，其交界处就被称为“金三角”。“金三角”不是一个具体的国家、省、州、市、县或村子的名称，而是一个约定俗成的地域概念，也可以说是一个专指的地域概念。同时，“金三角”还是个多民族的地区，掸、克伦、克钦、克耶、苗、瑶、佤、拉祜、哈尼、拉瓦、卡亭、卡莫等十多个少数民族近100万人，分住在3 000个村寨里。“金三角”自然资源非常丰富，森林覆盖率达60%以上，盛产各种名贵宝石和金、银、铅、锌等有色矿藏，但“金三角”也是中南半岛最贫穷的地区，各族人民长期过着刀耕火种的生活。这里交通闭塞，几乎与世隔绝，唯一的一条大通道就是从泰国清莱府首府清莱通向“金三角”的中心班欣德（又称满星叠、破石村）的一条公路；“金三角”的地理环境和气候条件特别适宜种植罂粟，一般秋季下种，第二年1—2月和3—4月各收获一次，产量稳定，比种植农作物收入要多。我们现在所指的“金三角”，其形状像是一支长筒军靴的阴影，主要部分在缅甸，同时紧挨着泰国北部、老挝西北以及我国的滇西南，包括缅甸的掸邦和克钦邦的一部分；老挝的波乔省、乌多姆塞省、南塔省以及琅勃拉省的部分地区；泰国的清莱、清近两府以及夜丰颂府、难舟的部分地区。这个地区之名“金三角”有几重含义：一是泰国境内有一座石牌坊，上刻“金三角”。二是它的内在含义，即三金之地：金属之“金”——此地盛产真正意义上的金子；木材之“金”——大量出产珍贵的柚木；更盛产可与金子等价甚至比金子还贵的黑色之“金”——鸦片及白色之“金”——海洛因。因此“金三角”是名副其实的产“金子”的地方。现在世界闻名的“金三角”的含义已经极大地扩大了，远远超出了其原有的地域含义，而带有浓厚的政治、经济和社会的神秘色彩，并在一定程度上同罪恶联系在一起。在这里“金三角”已具贬义，即掏取黑金鸦片的三角洲。

20世纪80年代，“金三角”又进一步向东北部和西北部扩展，直抵中国云南、广西两省区的境外，包括了缅甸东北部、泰国东北部、老挝北部、越南西北部，形成了一片广大的地区，生活着大约250万人。

“金三角”这片美丽的地方之所以成为举世闻名的毒源地，其毒品生产及贸易有着深刻的历史缘由。

首先，是由于殖民主义统治遗留的历史恶果。“金三角”地区的鸦片生产始于19世纪中期。据说最先把罂粟种子带进“金三角”的是英国人，1825年英国占领缅甸部分地区不久，一家英国公司便把大量罂粟种子运进掸邦。1886年英国占领整个缅甸后，强迫掸邦人民大规模种植罂粟，鸦片产量非常可观。英国殖民者曾把这里生产的大量鸦片运到中国销售，牟取暴利。此后，罂粟花便在掸邦地区一直开放，并向其他邦、省蔓延。后来，法国殖民者也出于牟取暴利的考虑，在它控制的印度支那地区种植罂粟，直接派专家到越南、老挝北部，向当地少数民族“传授”种植罂粟的经验，以及收割、提炼等方面的技术，使这一地区的鸦片生产迅速发展起来。另据统计，从第一次世界大战到第二次世界大战期间，法国从印度支那掠夺的金钱总额有一半是源于鸦片贸易。第二次世界大战后，法国重返印度支那，为了对付共产党，法国与当地部落酋长再度合作：法国人购买对方的鸦片，而部落酋长则答应协助他们消灭共产党游击队。这样，老挝西部地区，即“金三角”中属于老挝的那一部分，罂粟种植和鸦片贸易依然保持“繁荣局面”。20世纪50年代初期，美国取代法国在印度支那的地位，为了换取老挝山地民族支持美国的反共活动，美国也答应购买他们的鸦片。从60年代开始，“金三角”的罂粟种植和鸦片贸易进入“黄金时代”,“金三角”生产的鸦片、吗啡等毒品通过各种渠道流往西方国家和世界各个角落,“金三角”亦随之成为名副其实的“鸦片王国”。

其次,泰国、缅甸、老挝各少数民族经济、文化、医疗条件的落后,是造成“金三角”地区普遍种植毒品的重要原因之一。在“金三角”地区,山地民族几乎没有任何物品可以拿到市场上换取货币,在这种情况下,鸦片种植便大规模地发展起来,因为它是一种最保险的赚钱作物。从土地的地力看,在同一块土地上种粮食,三年之后,要休耕或轮作;如果种罂粟,则可连续种 10 年,虽然产量不高,但每年可收获 2—3 次。也就是说,每“莱”(合 2.4 亩)土地每年可以收获 100 泰两左右的鸦片,可换得万铢现钞,这对于缺乏货币而又被五光十色的商品吸引的山民来说,实在是具有无比的诱惑力。另外,山地民族几乎没有任何现代医药卫生设施。过去人生了病,靠巫师招神驱鬼辅以草药治疗。现在鸦片已代替了巫师的大部分工作,不仅成年人治病靠鸦片,连婴儿害了病也靠母亲用鸦片烟喷嘴,鸦片已成了山地民族医治百病的“灵丹妙药”,几乎每个山民都吸食鸦片。由于山地民族所处地区交通不便,山民们也无法去城镇医院治病,加上他们缺少科学文化知识,只知道鸦片对一些小病有疗效,而不懂得此举后患无穷,因此可以说,在很大程度上,是落后贫困的经济生活迫使他们种植鸦片,同时又是鸦片促进了山地民族货币经济的发展,破坏了他们自给自足的能力,把他们拉进资本主义的世界市场。

第三,该地区所属国家动荡的政局和军事割据状态庇护了制贩毒品。第二次世界大战后,这一地区经常处于无政府状态,各种武装势力在此形成军事割据。从 20 世纪 50 年代的国民党溃逃武装、60 年代兴起的罗兴汉集团和 70 年代接替其的著名毒枭坤沙(张奇夫)制贩毒集团到 80 年代的林明贤集团、岩小石集团、彭家声集团等武装集团割据着“金三角”大大小小的地盘,生产和经营毒品。这些武装集团虽经泰国、缅甸政府军多次围剿,但收效甚微。

第四,由于历史及政治原因而形成的山地民族政治权力问题,是导致“金三角”普遍种植鸦片输出毒品的另一个重要原因。这里的山地民族大都是数百年前从老挝、缅甸和中国陆续移居过来的,此地因交通不便,极度贫困落后,三国政府统治鞭长莫及,山地少数民族国家意识淡漠,法令不通,政令不行,历来的实际统治者为当地的少数民族头人、豪酋,这就形成了“金三角”地区独特的地缘政治。长期以来山地民族一般都没有机会参加选举和国家的其他政治活动,他们似乎与国家不发生关系,因此也就没有自己的代表人物在政府中为本民族说话和管理本民族的事务。后来因为这些民族大面积种植罂粟,鸦片贸易猖獗,泰国政府才在这里设置由泰族官员负责的“山地民族监督署”。泰国政府一般不允许山地民族享有土地所有权,有时甚至发生政府强迫他们迁移的现象。事实上,若干山地民族并不知道自己的国籍,也不懂得应有的公民权利,例如泰北有30个少数民族村寨,只是在泰国皇后视察后才知道自己是泰国人。一个民族没有国家观念,不关心国家的荣辱兴衰和本民族的兴旺发达,又缺乏正确的政策指导,那么这些地区出现鸦片泛滥的现象也就容易理解了。这一因素比上述其他原因都重要。

第二次世界大战前,“金三角”的鸦片总产量约为40吨,20世纪60年代出产的鸦片有80吨,产量并不巨大,但毒品带来的巨额利润,促使罂粟种植面积不断扩大,到20世纪80年代,由于从鸦片中提炼海洛因价值更高,销路更广,走私贩运更方便,种植地区进一步扩大,现在“金三角”所囊括的面积已达到25万平方公里。据英国麻醉品委员会1983年的估计,“金三角”的鸦片产量:缅甸500—600吨,老挝30—40吨,泰国30—35吨。另据有关资料统计,自20世纪80年代中期起,“金三角”地区的鸦片产量快速增长,到90年代(1991—1998年),平均产量均达到2 700—3 000吨,提炼的海洛因占全球总量的60%。[①] 进入21世纪以来,经过国际社会和当地政府的共同努力,“金三角”地区的罂粟种植和毒品生产开始呈下降趋势。2002年,罂粟种植面积已降至120万亩,鸦片产量减至800吨。令人担忧的是,这一地区的罂粟种植自2006年以来出现反弹增长,2013年又达到6万多公顷,其中缅甸有5.78万公顷,其余部分分布在老挝及泰北。[②]

“金三角”孕育了两代“鸦片大王”。第一代罗兴汉,曾拥有加工毒品的全套设备和毒品存放仓库,有一支4 000余人、全副美式装备的毒品大军,年销出鸦片和其他毒品200吨。毒品界将20世纪60年代称为“罗兴汉时代”,此时,他至少控制了“金三角”地区鸦片总量的1/3。第二代坤沙,曾拥有海洛因提炼厂15个,5 000名武装人员,以毒养军,以军护毒,拥有地对空导弹,控制了“金三角”毒品生产贩运总量的70%。现在,两代“鸦片大王”都已覆灭,但“金三角”的毒品种植、加工未见减少。自20世纪80年代中期以来,“金三角”地区还涌现出一些“新科毒王”,主要有赵尼莱、林明贤、岩小石、彭家声、魏小刚、苏拉财、魏学刚、瑙坎等。毫无疑问,今天的“金三角”仍是世界最大的毒源地之一,并且该地区已从生产鸦片、海洛因发展成为生产海洛因、冰毒并存的双重毒源地。

---

① 鲍渤:《“金三角”与毒枭昆沙》,《新晚报》(香港)1996年1月14日。

② 联合国毒品犯罪办公室:《2014世界禁毒报告》。

(二) “金新月”地区

在西南亚逶迤起伏的崇山峻岭之中,有一条长达 3 000 多公里的边界线,是阿富汗、巴基斯坦和伊朗三国交界地带,包括巴基斯坦的西北边境省、俾路支省,伊朗锡斯坦和阿富汗的沿边各省,因该地区有点像月牙的形状,故被称为“新月”。这一地区居住着以尚武、剽悍著称的帕坦族和俾路支族人,其中帕坦族最多,约 1 500 万人(其中阿富汗 800 万,巴基斯坦 700 万)。“金新月”名字的由来也有两个原因:一方面是其地形似“新月牙”;另一方面,是组成“金新月”的这三个国家国旗上均有“新月”标志。

“金新月”地区之所以能成为世界著名的毒品生产基地,与这一地区的自然环境、地理位置和政治原因密不可分。从自然环境来看,这里杂陈荒山秃岭,降雨少,气候干燥,土地贫瘠,传统的农作物小麦、大麦、玉米很难种植。从地理位置来看,这里地处西南亚的阿富汗、巴基斯坦和伊朗三国的交界地区,人口稀少,交通不便,但这里又是通往欧洲的陆上门户,地接三大洲的交通要津——中东,其生产的毒品,无论是北上进入俄罗斯,东行经伊朗进入中东,经土耳其进入欧洲,还是南下经巴基斯坦出口,销往欧美,这里都是最佳的地理位置。自 20 世纪 90 年代以来,“金三角”地区的毒枭也开始利用这一通道。从政治原因来看,其所处的三角地区,也是一个三不管、三管又难管的地区。从 1979 年苏联军队入侵阿富汗以后,多年的战事频仍,使这里民族冲突、恐怖活动不断,加上阿富汗国内战争迭起,使得大批难民到此避难,他们和边民一起种植这种投资少、易生长,又可获取现金收入的罂粟谋生。此外,一些阿富汗武装派别也选择种植大麻和制造海洛因为内战补血充电。同时,阿富汗广泛存在的派系权力之争,使扩充地盘成为主要焦点,因而当权者无暇管理鸦片生产和打击走私贩毒活动,少数官员为牟取暴利也参与贩毒或给贩毒分子开绿灯,间接地助长了鸦片的生产和贩运。由于罂粟需要的水和肥料很少,且有着巨额的利润,再加上欧美毒品泛滥,吸毒成风,市场的需求量猛增,毒品价格猛涨,所以大量农民涌向“金新月”地带种植罂粟。于是,受政治因素和地理环境的影响,20 世纪 80 年代以后“金新月”很快发展成为一个“毒品新兴产地”。总之,当代世界鸦片贸易的特点是,生产区已经不一定在地理位置上接近消费国了。决定性的因素在于适宜的栽培气候,适宜的政治条件,适宜的法制状况以及产销国之间一定的文化和经济联系。“金新月”地区的兴起,就是这样。

在 1986 年以前的 10 年中,由于“金三角”地区的毒品生产受到当地政府的打击以及天气干旱的影响,产量大幅度下降,“金新月”曾一度取代“金三角”,成为世界上最大的鸦片生产基地。据英国麻醉品委员会 1983 年的估计,阿富汗出产鸦片 400—575 吨，伊朗 400—600 吨，巴基斯坦 63 吨。然而自 1986 年以来，"金三角"的鸦片生产迅速恢复，产量急剧增加，再次取代了"金新月"，成为世界海洛因头号生产基地。尽管这样，"金新月"的鸦片生产发展也一直很快，谁也取代不了它海洛因生产的第二把交椅和世界最大的鸦片生产地的位置。20 世纪 80 年代末 90 年代初，"金新月"的鸦片种植总面积为 55 000 多公顷，其中伊朗 30 000 公顷，阿富汗 20 000 公顷，巴基斯坦 5 400 公顷。1999 年鸦片总产量达到 4 600 吨，一跃成为世界最大的鸦片产地。2000 年 7 月，迫于国际压力，阿富汗曾宣布禁种罂粟，该国境内罂粟产量下降。后因多种因素影响，罂粟禁种全面失败，2004 年，阿富汗的罂粟种植和鸦片生产大幅反弹，罂粟种植面积达到创纪录的 13.1 万公顷，鸦片产量达到 4 200 吨，约占全球鸦片产量的 87%。[①] 此后阿富汗的罂粟种植面积不断扩大，2012 年为 15.4 万公顷，2013 年为 20.9 万公顷，[②]可产鸦片 5 500 吨，占全球鸦片产量的 80%。2014 年，阿富汗罂粟种植面积达到历史最高值 336 万亩，与上一季同比增长 7%，鸦片总产量达 6 400 吨，可制海洛因 670 吨，已成为全球最大的海洛因产地。[③]

伊朗不是毒品种植国，但是在中南亚地区鸦片产量最多的国家，它拥有亚洲最大的毒品销售市场，是欧洲、亚洲、美洲毒品走私的重要运输通道。美国加州的贩毒集团也潜入伊朗，同伊朗贩毒集团积极合作。20 世纪 90 年代末期伊朗的鸦片年产量在 200—400 吨左右，不能满足毒品消费的需要，还要从阿富汗、巴基斯坦进口。每年伊朗缴获的鸦片占全球缴获量的 85%，海洛因和吗啡占 30% 以上。

巴基斯坦是中南亚地区第二大毒品生产国，其毒品问题主要受邻国阿富汗的影响，境内罂粟种植区主要集中在与阿富汗接壤的西北边境省和俾路支省交界的地区。20 世纪 80 年代起，社会经济的发展以及邻国发生的政治事件，致使巴基斯坦的鸦片生产一直呈增长趋势，鸦片产量在 1987 年至 1989 年大约为 205 吨，有不下 100 个海洛因提炼厂。90 年代以后，由于气候恶劣和政府的禁令，经过努力，罂粟种植面积从 80 年代中期的 8 万英亩（1 英亩约合 0.4 公顷）减少到 1997 年的大约 3 000 英亩，鸦片生产也开始逐渐减少，由 1993 年的 161 吨降低到 2002 年的 5 吨，但 2003 年略有反弹。

总之，金新月地区在 20 世纪 80 年代末，就已经因为鸦片、海洛因等毒品的生产，成为世界毒品生产的主要据点，阿富汗、巴基斯坦分别为世界第一和第二

① 中国国家禁毒委员会办公室：《2005 年中国禁毒报告》。
② 联合国毒品犯罪办公室：《2014 世界禁毒报告》。
③ 中华人民共和国国务院新闻办公室：《2014 年中国毒品形势报告》。

大非法海洛因的生产国，十年后又成为与毒品有关的国际犯罪活动中心。它严重威胁国家政局，影响了世界经济的发展。

（三）银三角地区

在哥伦比亚、秘鲁和玻利维亚三国交界的亚马孙河丛林地区，包括厄瓜多尔部分地区在内，被称为南美洲的“银三角”。它的名字由另一毒源“金三角”化名而来，没有特别的含义。在这一地区，种植古柯树大约已有五六千年的历史，当地土著人都有咀嚼古柯叶治病的习惯。

这块素有“地球之肺”美称的吐故纳新之地，不但本身受到了“癌细胞”侵害，而且还不断地制造大量的“癌细胞”，流毒于世界各地。这里是全球可卡因和大麻的主要产地。在这700万平方公里的土地上，古柯种植面积达40万公顷，占世界古柯种植量的80%，成为供世界80%可卡因消费的毒品加工生产基地，年产可卡因1 100吨。其中秘鲁是种植古柯的第一大国，主要是在安第斯山区，种植面积最大，约30万公顷，占世界古柯种植面积的60%，古柯产量6万吨，占整个拉美地区总产量的64.2%，可以提炼可卡因460吨。哥伦比亚古柯种植面积约5.7万公顷，位居南美洲第二，古柯叶产量约占拉美的15%，古柯产量1.2吨，但由于“银三角”其他两个国家秘鲁和玻利维亚传统上是向哥伦比亚贩毒集团出口古柯浆，哥伦比亚用这两国的古柯浆，再提炼成可卡因，所以哥伦比亚可卡因产量占世界90%以上。玻利维亚古柯种植面积约35万公顷，占该国耕地总面积的40%，古柯产量5万吨，占世界的30%，位居南美洲第三。厄瓜多尔古柯产量900吨。世界大麻生产国首推哥伦比亚，年产量9 000—10 000吨。墨西哥年产大麻6 000吨。居世界第三位的大麻生产国是拉美的岛国牙买加，年产量3 000吨。

（四）毒品生产新源地

20世纪90年代初，随着苏联解体，位于中亚的乌兹别克斯坦、土库曼斯坦和哈萨克斯坦等国同俄罗斯、阿富汗、伊朗北部接壤的弯月形大片地区又成为新的鸦片、大麻和海洛因的生产、贩运中心。有一本书里这样写道：在“金新月”一侧又升起了一轮“金月牙”，它的耀眼，足以使前者暗淡无光。在20世纪80年代，世界毒品生产发展最大的特点是增加了新的一极，由原来的三足鼎立变成了四元并举。“金新月”和“金月牙”地区最显著的特点是毒品的多样化和地理位置的优越。美国有关资料表明，两个地区鸦片和海洛因的产量占世界产量的1/5，其中海洛因1994年产量约为80吨。阿富汗是主要的鸦片产地，巴基斯坦是主要的海洛因产地，印度则是大麻的主要产地。

除了以上提及的四个最大的世界毒品生产中心以外，还有一些地区也成为新兴的非法毒品产地。如苏联解体后，俄罗斯境内100多万公顷大麻产地很快被贩毒组织及毒品贩子控制。塔吉克斯坦山区被称为“鸦片种植者的天堂”，目前该地区每年至少提炼出5 000多吨毒品。墨西哥、黎巴嫩、哥伦比亚，非洲的科特迪瓦、肯尼亚、塞内加尔等国也成了罂粟种植区。埃及的西奈地区有越来越多的非法大麻和罂粟种植。“金新月”的阿富汗、巴基斯坦等发现有非法种植的大麻。美国、印度、摩洛哥、拉美的伯利兹也成为大麻的主要产地。美国年产大麻1 650吨，约占本国消费量的11%，种植地主要分布在加利福尼亚和夏威夷等地，居世界第四位。非洲许多国家每年也生产大量的大麻。中东黎巴嫩的贝卡谷地已有相当规模的毒品生产量，种植大麻1.2万公顷，鸦片1 800公顷，并有一个颇具规模的海洛因加工中心。另外，经世界卫生组织批准的某些合法生产国，罂粟种植面积也在迅速扩大。如印度获准的种植面积约123公顷，目前实际种植面积已达309—512公顷。

特别需要关注的是，东亚的朝鲜正在成为一个新兴的毒品生产国。20世纪90年代，朝鲜开始大规模生产和制造毒品。朝鲜的鸦片种植具有很多优势。首先，朝鲜完全对外封闭，外界对毒品的种植和生产情况几无了解；其次，朝鲜是个多山的国家，山区散落着很多废弃工厂，这成为毒品生产的最佳地点。据韩国媒体报道，朝鲜的毒品生产集中在咸兴，而这里就有一个第二次世界大战时期日本人建造的复杂的化学工厂群。2012年有媒体援引美国反毒品局数据称，朝鲜每年约生产40吨鸦片，是世界第三大鸦片出口国和第六大海洛因出口国。美国国会调查局2004年的报告称，朝鲜每年出口5亿美元的毒品。据估计，朝鲜每年出口海洛因的收入为5亿—10亿美元，但无法确切知道他们生产毒品的利润。朝鲜的海洛因生产规模令人瞠目，但朝鲜毒品问题在过去十年间却乏人关注，原因何在？因为除了毒品还有更大的议题吸引着国际社会的关注：朝鲜的核武器。[①]

二、20世纪后期世界毒品空前泛滥

如果从古代南美人咀嚼古柯树叶这一原始吸食毒品方式算起的话，毒品至少已横行为害人类上千年了。而到目前为止，在罂粟、大麻、古柯这三种毒品原植物中，对人类危害最大、受众面积最广的当属罂粟及其制品鸦片。阿拉伯人在8世纪建立地跨欧亚非的大帝国之时，罂粟和鸦片也被广泛推进。9世纪后，食鸦片已成为印度人生活方式的一部分。15世纪初，马六甲的伊斯兰政权统治时

① 《来自朝鲜的毒品》，搜狐网2014年01月05日。

期，亦流行鸦片。在荷兰统治时期，印度尼西亚的毒品泛滥达到高潮，而东南亚的暹罗、越南、老挝、缅甸、新加坡、马来群岛等地都无一幸免地成为西方殖民者经营鸦片的重要场所。占地广大、人口众多的中国更成为近代世界鸦片烟毒流行时间最长、吸毒成瘾人口最多的国家。积贫积弱的近代中国、“东亚病夫”的蔑称，无一不和鸦片烟毒紧密相连。虽然 1909 年 2 月上海国际鸦片会议的召开及通过的禁烟决议案，表明在对毒品的认识和防范上，一些国家已有了共识，毒品被无节制地使用将成为历史；然而，各类毒品在一些国家和地区仍被广泛使用，尤其自 20 世纪中叶以来，毒品像瘟疫一样在全世界流行，至 20 世纪 60 年代，人类历史上最大的毒潮在世界上兴起，“黑祸白魔”已遍及 200 多个国家和地区，70 年代以后，世界进入了毒品泛滥的年代。

就非法贩运毒品犯罪的状况来看，20 世纪 60 年代，毒品的交易市场基本在美国和西欧，到了 80 年代以后，毒品市场已从美洲、欧洲、亚洲扩大到非洲、大洋洲。美国是世界上最大的毒品市场，毒品交易额占全世界的 1/5。据统计，美国每年大麻销售量为 1 500 吨，可卡因销售量为 71 吨，海洛因销售量也近 10 吨。哥伦比亚是美国最大的大麻和可卡因输出国，在 20 世纪 80 年代中期，哥伦比亚每年向美国提供大麻 9 000 吨左右，约占美国年大麻销售量的 59%，提供可卡因 53 吨左右，约占美国可卡因销售总量的 75%；牙买加每年向美国提供 2 000 吨左右的大麻；玻利维亚和秘鲁每年各向美国提供可卡因 7.1 吨；1975 年以前，墨西哥为美国提供了 80%的海洛因；到了 80 年代中叶以后，“金三角”地区成为向美国供应海洛因的毒源地。据美国麻醉药品管制局统计，1986 年美国共逮捕进行毒品非法交易的罪犯 18 746 人，查获走私海洛因 357 公斤，可卡因 26 873 公斤，大麻 824 吨，其他毒品 45 533 公斤。在欧洲，走私、贩卖大麻和海洛因的犯罪活动也十分严重。据国际刑警组织透露，自 1986 年到 1990 年，欧洲 20 个国家没收的可卡因数量由 1 500 公斤增加到 12 900 公斤。荷兰仅 1986 年就收缴非法贩运的可卡因 270 公斤，安非他明 86 公斤，大麻 47 吨；西班牙毒品查获量由 1989 年的 1 852 公斤增加到 1990 年的 5 382 公斤；德国 1989 年共查获海洛因和可卡因两吨多，比 1988 年多一倍。东欧国家正在成为近东一些国家与欧洲毒品消费国之间的主要通道。波兰已成为继荷兰之后的欧洲第二大毒品走私地；保加利亚的地理位置已使其成为土耳其、黎巴嫩生产的毒品的中转站。苏联 1990 年 11 月份的官方统计，毒品非法交易额达 30 亿卢布。在亚洲，日本已被列为新的毒品集散地和销售市场。从 1981 年开始，日本每年查获的贩卖毒品的人数均在 2 万以上，毒品的主要来源是韩国和中国台湾。1990 年日本查获的可卡因总量为 64 公斤，1991 年为 68.8 公斤，这些可卡因均系从哥伦比亚等南美国家贩运而来的。马来西亚的毒品主要来自泰国，仅1987年上半年，马来西亚就收缴走私生鸦片100.11公斤，海洛因18.28公斤，大麻294.41公斤，兴奋剂和致幻剂16 505粒。缅甸从1974年至1989年，全国破获毒品走私案39 703起，共缴获鸦片512吨，海洛因3吨，印度大麻约152吨。另外，印度尼西亚、孟加拉、尼泊尔、文莱、斯里兰卡、马尔代夫、斐济、赞比亚等国，也已成为国际贩毒的中转地。非法贩运毒品的犯罪活动在大洋洲和非洲也已开始出现并且范围日益扩大。遍布全球的贩毒网已基本形成。

就非法使用毒品的情况来看，《2014年中国毒品形势报告》指出，当前国际毒品问题正处于加速扩散期，全球毒品制造、贩卖、滥用日趋严重，有170多个国家和地区存在毒品消费问题，全球吸毒人数已超过2亿。同时，全球的传统毒品市场已出现停滞或萎缩，但新型毒品的生产与消费正呈现上升趋势，大麻、可卡因、鸦片等传统毒品的消费市场在世界各地也都基本上呈现出增长停滞甚至萎缩的态势。然而，安非他明、冰毒、摇头丸等人工合成类毒品的消费却在增长，尤其在发展中国家和新兴工业国家，此类新型毒品的消费增长趋势明显。[①] 美国是世界上头号毒品消费国，各种毒品消费占世界毒品总产量的65%，每年毒品消费额达1 000亿美元。据统计，美国已有6 000万人长期吸毒，1 450万人偶尔吸毒，毒品泛滥几乎已渗透到美国的各个阶层和各个行业。西欧国家是世界上第二号毒品消费市场。英国约有300万人非法使用毒品；法国11—20岁的青少年中，吸毒或尝试过毒品者占90%；西班牙吸毒者中约有20万人嗜好海洛因或可卡因成瘾；1976—1980年，联邦德国的吸毒人数猛增了4倍，全国有316万人吸食大麻，8万人吸食海洛因；苏联有100万人吸毒，其中登记注册的就有13万人；乌克兰官方统计的吸毒成瘾者有3.5万人；波兰官方登记的吸毒者为10万人，据估计实际人数已达50万人之多；据澳大利亚官方统计，全国至少有50万人每周起码吸毒一次，近年来吸食海洛因的人已经超过20万名；在哥伦比亚，吸毒人数已占全国人口的25%—30%；委内瑞拉全国的吸毒人数已逾千万，吸毒成瘾者达50万之众；泰国约有100万人染有毒瘾，仅曼谷一市吸食鸦片的人数竟达40万之多；伊朗全国4 000万人口中大约有250万人吸毒；至1986年，香港的吸毒者已增加到30万人，青少年涉毒人数增加。

由于吸毒而引发的毒品犯罪，简直就是看不见硝烟的“黑雾”战争，它往往可以导致性犯罪、经济犯罪乃至五毒俱全的犯罪，艾滋病毒的流行也与它有关。现代有组织的黑社会团伙犯罪的内容多为走私贩毒，同时也兼有吸毒和男盗女娼、拐

① 新华网2009年6月24日讯。

卖人口之类。最大的毒枭手中掌握着国际走私贩毒集团的网络，他们拥有亿万财富，足以影响一个中小国家的经济命脉，其危害之深、影响之大，胜过明火执仗的战争；其危险性不只是扭曲和毁灭人性，更在于悄悄地使人类遭受毁灭性打击。

总之，自20世纪80年代以来，毒品在全世界肆虐横行，无论在人欲横流的欧美，还是在赤地千里的非洲，无论是在资本主义社会，还是在社会主义国家，毒品和贩毒组织无孔不入，渗透到社会的各个阶层、各个角落，成千上万的男女成了它攫取的目标，为人类社会所有的一切犯罪活动和恐怖活动注入疯狂的动力，而这种种犯罪活动，又使它变得更加猖獗和难以消除。许多国家官员腐败、社会动荡、社会风气恶化、暴力凶杀事件屡屡发生、经济混乱，等等，都直接或间接地与贩毒、吸毒有关。毒品泛滥及其导致的严重后果，已成为当今最严重的全球性社会问题之一。

第二节　改革开放新时期毒品在我国重新泛滥及其发展态势

一、20世纪80年代后毒品在我国重新泛滥的概况

20世纪70年代末期，第一个到公安机关反映境外“金三角”的毒贩向我国境内贩运鸦片情况的人，是地处滇缅边境的云南省永德县明朗乡的民兵，这也是国门洞开后，我国公安机关接到的第一个境外毒贩向中国境内贩运鸦片的毒情报告。其后，又在云南全省范围内查获毒品1.6万两，这为新中国的无毒历史画上了一个大大的“问号”，案情惊动了党中央。在随后对毒品有关案件的进一步调查中，又有了新的更大的收获，1980年，共查获鸦片3.65万两，1981年9万两，1982年12万两。

1986年夏天，中国，一个曾经称得上世界唯一没有毒品犯罪的国家，在享受了这一至高无上的荣誉30年之后，由新华社发表了一则“白色的消息”：

> 1986年8月16日，云南省边防武警与公安机关近日破获一起特大贩毒案。贩毒分子温源和、戴文煊、余锡宽已在昆明市落网。他们贩运的海洛因22 768克被当场缴获，价值达人民币一亿余元。……①

① 绍六：《成瘾性》，中国社会出版社1997年版，第292页。

这条消息像原子弹爆炸一样，发出了极大的冲击波：它震撼着老年中国人的心，挖掘出旧有的记忆，使之呕出一口又一口陈年的苦水；它震撼着中年人的心，令其发出忧国忧民的感叹——难道旧中国烟毒肆虐的历史又将重演吗；同时，它也震撼了一批批开始打听和了解毒品为何物的年青人的心，让他们带着一点新奇感和梦幻感，思量自己是否有防范毒品侵袭的意志力、鉴别力和自控力。

20 世纪 70 时年代末 80 年代初，“金三角”的贩毒集团在原来的贩毒路线被相继阻断之后，开始了借道中国开辟一条国际贩毒新通道的尝试，于是，“金三角”的毒品在借道运输之际，也在中国的过境地沿途播下了罪恶的“种子”。这些罪恶的“种子”很快就在云南边境开花、结果并向内地蔓延。

多方事实表明，80 年代以来，中国已经成为毒品贩运的过境国，“金三角”的毒祸正在北移。1985—1998 年，我国海关共查获走私毒品案件 700 件，缴获各类毒品 2 000 公斤。另据统计，1981—1985 年上半年，由公安机关破获的国际走私贩运海洛因案件 20 起，有 24 名外籍犯罪分子被判刑。1988 年，全国公安机关共抓获外籍贩毒分子 500 多人，1989 年抓获 700 多人，增加了 45%。日益猖獗的过境贩毒活动，同时诱发了国内的贩毒活动，使得若干历史上烟毒盛行的地方，又重新出现走私、贩卖、运输、制造和吸食毒品的现象，沉寂了 30 多年的毒祸，又死灰复燃，幽灵再现，并且开始从边境地区向沿海和内地蔓延。20 世纪 80 年代初期，毒品问题仅出现在云南、广西、贵州、四川、广东等少数省区；到 1989 年，全国所有的省(自治区、直辖市)都发现了毒品犯罪活动，毒品问题已经涉及全国 700 多个县市，相当于全国县市的 1/4。走私、贩卖毒品的数量越来越大，80 年代查获的贩卖海洛因案一般在几十克或几百克，后来一次查获上万克也不稀奇了。更为严重的是，国内非法种植毒品的地区日益增多，全国 27 个省(自治区、直辖市)都发现有非法种植罂粟的现象，并由零星小块种植向大面积种植发展。总之，自 80 年代后期以来，毒品像“白色瘟疫”一样在我国再度蔓延开来，成为社会一大公害。为了进一步了解我国毒品问题的严重性，可以看一看主要省份的具体情况。

云南在历史上就是鸦片毒害的重灾区之一。由于所处的特殊地理位置，从 20 世纪 70 年代以来，在境外毒品犯罪活动的渗透和国内各种因素的影响下，云南已经成为过境贩毒的主要中转站，大宗毒品从滇西入境，通过保山、大理、临沧等地流入昆明，流向内地，流向港澳，进入国际市场。云南也成为我国毒品犯罪的主要地区，刑事犯罪中的 1/3 是毒品犯罪。据统计，云南省 1985 年查获贩运海洛因等案件 18 起，计 1 万余克；1989 年破获了贩毒案 328 起，捕获罪犯

449 人，缴获鸦片 148.7 公斤，海洛因 292.98 公斤；1993 年破获毒品案件 4 000 余起，缴获各种毒品 3 000 多公斤。云南省在册吸毒人员的数字也在一度攀升，1988 年全省注射海洛因的近 500 人，1990 年吸毒人数 5.7 万人，其中吸食、注射海洛因的近 2 万人。云南的德宏州是滇西南毒情最严重的一个地区，在那里，入境毒品呈急速发展趋势，1983 年在这一地区缉获的毒品为 625 克，1986 年为 25 272 克，1987 年为 68 833 克，1988 年为 206 197 克，1989 年为 361 806 克，1990 年为 471 859 克。① 由于毒品的大量涌进，吸毒人数急剧增加，以吸食海洛因为例，其人数从 1983 年到 1989 年的 6 年间增加了 120 倍。1985 年时，德宏州吸毒人员已达 2 万人。其中尤以瑞丽县最为突出，吸毒人数占全县总人口的 34%。② 同时，在一些地区还发现了种植罂粟的现象，并且大有愈演愈烈之势。据有关部门统计，云南省 1989 年共铲除罂粟 412.5 亩，是 1988 年铲除数的 29.8 倍；1990 年 1—4 月又铲除罂粟 291.6 亩，已接近 1989 年全年铲除数的 3/4。③

“黔土”系近代中国毒品史上贵州出品的“名牌”。边远山区土地的贫瘠及民众的穷困，为这一地区种植鸦片创造了自然条件和社会环境。虽然经过新中国成立初期大规模的禁毒运动，但在一些最为偏僻的穷乡僻壤，种毒、吸毒并未得到彻底的禁绝，只是受到了压制。20 世纪 80 年代初，由于受到周边省份贩毒的影响，贵州种毒、吸毒、贩毒再次兴起，并呈现出蔓延的趋势。如 1986 年，贵州省取缔了 700 多个地下烟馆，但此后，仅一个织金县就又冒出 115 个。④ 1990 年 1—4 月，贵州省织金县 12 个区镇中，有 5 个区、12 个乡非法种植罂粟 36.1 亩。⑤ 1990 年全省查获海洛因 9 074.5 克，当年 11 月，破获李欣、杨文碧等 6 人特大贩毒集团案，一次缴获海洛因 3 000 克，接着又侦破陈和平、沈兴春、刘振起等 9 人贩毒集团案。

历史上，四川以出产“川土”著名。20 世纪 80 年代以来，非法种植罂粟，制造、运输、贩卖、吸食毒品的情况不断发生。据四川省有关部门统计，全省 1992—1994 年 3 年破获的毒品犯罪案件是 1987—1991 年这 5 年查获同类案件总和的 10 倍以上。该省 1990 年前铲除罂粟最多的年份不过几十万株，1991—1994 年每年铲除罂粟的数字猛升到 100 多万株，1995 年以来每年铲除的罂粟竟

---

① 资料来源：《人民日报》、《法制日报》等。
② 欧阳涛、陈泽宪：《毒品犯罪及对策》，群众出版社 1992 年版，第 29 页。
③⑤ 欧阳涛，柯良栋：《吸毒、贩毒现状分析》，《社会学研究》1993 年第 3 期。
④ 孟明：《共和国鸦片战争秘闻》，团结出版社 1993 年版，第 4 页。

达 200 万株以上。[1]

广东地处祖国的南大门，毗邻港澳，进出口岸多，交通方便，历来是我国对外通商的要地，改革开放以来，更成为我国对外开放的主要窗口。这种特殊的地理位置和社会环境，给毒品贩子造成可乘之机。境内外毒品犯罪分子正是利用广东的这些便利之处，将其作为联系“金三角”的中转站，大肆进行毒品交易活动，将大量的毒品走私入境，从而使广东成为国际贩毒集团的一个重要的通道。从1987—1990 年，广东共破获重大贩毒案件 1 000 多起，抓获境内外贩毒分子 2 500 人，缴获海洛因 400 公斤，鸦片、大麻等毒品 1 400 公斤。广东的吸毒现象也日趋严重，1990 年查获的吸毒人数比 1989 年增加 3 倍，1991 年上半年查获的吸毒人数又比前一年同期上升了 3 倍。1989 年广东的毒品贩子黎志明等与香港的黑社会成员李秋萍合作，在广东江门市一个三面临水的半岛上设立“冰毒”工厂，所产毒品转道上海、福建、深圳等地输往境外。毒贩经常改变运输线路，用救护车来运输这些“药品”。数年之中，已有近 1 000 公斤的“冰毒”被制成和运往海外，投资者因此而获得巨大的利润。

广西南部地区有 9 个县市与越南接壤，东部与出口港澳的通道广东相连，西部又与国外毒品流入量极大的云南毗邻，特别是随着中越关系的好转和边境民间贸易活动的增多，走私、贩卖毒品以及吸食毒品的现象沉渣泛起，逐年增多。由于越南毒品泛滥，近邻的广西成为其倾销毒品的市场。据估计，每年流入南宁的鸦片在 300 公斤以上，而查获的仅有 70 公斤。同时，一些边民法制观念淡薄，贩毒的暴利使他们铤而走险，参与毒品犯罪的人不断增加。据调查，某县有四个村寨，90%的成年人参加过贩毒。边民私藏鸦片的现象也不少见，如 1992 年仅广西公安缉毒机关缴获的罂粟干果就达 11 吨。

20 世纪 80 年代后期，福建也逐渐成为贩毒分子用来走私毒品的一条通道。台湾的一些贩毒分子同内地的毒贩相勾结，从云南、贵州以及境外的缅甸、越南、老挝、泰国等地购买毒品，长途贩运到福建沿海，然后租用小船将毒品偷运出海，最后由渔船在海上交给从台湾雇来的渔船偷运去台。1990 年底，福建公安机关在福州市连续破获两起贩毒案件，其中 6 名罪犯都是来自台湾的贩毒分子。福建的毒品案件虽然不多，但大案几乎连年不断。据统计，仅在 1992 年 1 月—4 月，福建全省就逮捕重大、特大毒品案犯 33 人，比上一年同期增长 38%。其中，贩卖鸦片 1 000 克、海洛因 50 克以上的特大案件罪犯 10 人。另外，福建也发现种植罂粟和制毒的犯罪活动。1992 年 9 月，警方在福建破获制“冰”工厂，

① 孟明：《共和国鸦片战争秘闻》，团结出版社 1993 年版，第 60 页。

搜获冰毒 310 公斤，这是 1996 年以前全球破获的最大的冰毒案。[①]

在我国，贩毒分子在最早开辟的“金三角”——云南—贵州—广西—香港的贩毒路线受到严厉打击后，又利用西北内陆地区幅员辽阔、各民族杂处、经济薄弱、人口素质偏低，以及政府对少数民族的特殊政策和少数民族法制不健全等弱点，开辟了另外一条陆上贩毒通道：云南—四川西部或西藏—青海—甘肃，古“丝绸之路”上的甘肃成了内地毒品贩销的集散地。在甘肃，以兰州为中心，辐射临夏、定西、甘谷、岷县、漳县以及平凉等地的毒品犯罪活动相当严重。据兰州市公安局有关资料显示，1982 年至 1986 年，全市共查处吸贩毒案 36 起；1987 年查获种植、贩运、吸食毒品案件 118 起。根据 1989 年的初步调查，全市共有 2 030 多名吸毒人员。1987 年，甘肃公安机关就查获多起贩毒案件。1988 年增长 2 倍，1989 年增长 5 倍。在 1989—1991 年的三年间，甘肃省共查获贩毒案件 3 700 起，抓获毒贩 4 000 余人，缴获毒品 187 000 克，缴获毒资 300 多万元，[②]由此可见毒情之严重。美丽神秘的罂粟花随着贩毒的西部“军团”从“金三角”来到了贺兰山下、祁连山麓和偏远的山地林区安家落户，从零星种植发展到大面积的种植，从家庭院落栽种走向责任田栽种，出现了以种植罂粟为生的“专业村”、“专业户”，根据飞机航拍和警方进行侦查，莲花山、子午岭林区种植罂粟呈现出如火如荼之势，甘肃西部地区种植罂粟已从 1988 年的 6 个市发展到 1990 年的 14 个地州市。

陕西是中国毒品史上“西土”的重要产区，自 80 年代中期以来，吸毒贩毒已成为陕西的一大公害。西安的毒品犯罪呈逐年上升趋势，各类吸毒案件的报道不可胜数。据载，一个叫李洪军的吸毒青年负债累累，为抢财物而用斧头将其父亲活活劈死。1986 年春，西安的一些市民吃了个体户的火锅、羊肉泡馍后，就如喝了迷魂汤，几天就要去吃一次，否则就像丢了魂、抽了筋似的，后经卫生和公安部门调查揭开了谜底：火锅汤和羊肉泡馍里加入了大量的罂粟壳和罂粟籽，公安机关立即予以查处。仅 1990 年上半年，该省公安机关查处非法种植罂粟案 516 起，案犯 517 人，铲除罂粟 9 万余株。在这期间，该省的吸毒现象也比较严重，据 1990 年的不完全统计，全省吸毒人数已达 2 万人。

内蒙古在历史上曾深受鸦片烟毒的危害，特别是日本帝国主义侵华期间，该区被作为日伪当局的鸦片种植基地，留下了深重的阴影。20 世纪 80 年代以后，内蒙古种植罂粟者日益增多，有些地方几乎家家种植。呼伦贝尔盟的深山老林

① 《新民晚报》1994 年 12 月 19 日。
② 《法制日报》1992 年 8 月 6 日。

里大量种植罂粟，已经成为国内最大的毒源地，一些外地人在春天进入大兴安岭的深山密林中点籽播种，收获季节再度进山割浆。1990 年该区仅被查获铲除的罂粟就达 1 800 余亩。呼盟某地两个屯的 53 户居民中有 52 户种植罂粟。

另外，在我国其他一些地区，种植毒品的现象也非常严重。山东省 1987 年只是在少数贫困地区发现少数农民种植，到 1990 年在比较富裕的沿海地区也有发现，多数罂粟种植在山区，或套种、间种在麦田、菜园和果园当中，不到开花季节难以发现。其他地区如河南、河北、辽宁、黑龙江、安徽也不断发现有非法种植罂粟的现象。一些地方甚至流行"想致富，种罂粟；要赚钱，种大烟"的论调。一些村干部带头种，以此作为发家致富的门路；有的地方竟全村公开种植，出现了种植罂粟的"专业户"和雇人种植的"庄园主"。总之，20 世纪 90 年代初，云南、四川、贵州、广东、广西、甘肃、陕西、山西、内蒙古、宁夏等省被公安部列为禁毒工作的重点省份。

无数触目惊心的事实证明：毒品王国正在向改革开放后的中国发动一场不宣而战的战争——20 世纪末的"鸦片战争"。但是，这场"战争"真正的困难在于，虽然我们同境外毒品生产、交易中心俨然敌国，可是不能对其森严壁垒，不能使用诸如拉铁丝网、挖战壕、封锁边境等战争手段。这是一场没有硝烟的战争，到处都是看不见的"战线"，我们无法处处设防，又防不胜防。发生在 19 世纪中英之间的针对禁毒与反禁毒的鸦片战争，虽有林则徐的焚烟壮举、三元里平英团的浴血抗战，然而这悲壮的光晕并未能遮掩割地赔款、山河破败、社稷衰微、生灵涂炭的民族耻辱。近代中国的历史走向已给中华儿女上过一堂生动的教育课：放任毒品自流就是自坏长城、自我毁灭。今天，已经成长壮大起来的中国人民将会世世代代把这一历史教训铭刻在心。

二、毒品在我国重新泛滥的原因

为什么毒品在我国被禁绝多年之后，又死灰复燃，并像瘟疫一样迅速扩散蔓延呢？究其根源，可以说，这是 20 世纪七八十年代国内外多种因素综合作用的必然结果。

（一）特殊的地域区位造成了周边国家与地区对我国的渗透

20 世纪 70 年代末 80 年代初，世界毒品消费市场不断扩大，刺激了毒源地产毒量的迅猛增长，毒品多渠道流通已势在必行。香港的毒枭，"金三角"的毒王，不同肤色、不同国籍甚至不明国籍的毒贩，站在世界版图前，从"金三角"到香港之间画着连线，那黑线穿过中国的云南、广西和广东省，于是，"金三角"地区的毒品源源不断流入我国境内。不久，地处我国西北边界以外的"金新月"地区也对我国构成了威胁,从此世界两大毒源地对我国形成了南北夹击之势。据国际刑警组织调查,“金三角”传统的贩毒通道有三条:第一条是由泰国经海路、陆路到香港;第二条是由仰光经曼德勒,再由海路到吉隆坡、新加坡;第三条是由缅甸西北部往印度或斯里兰卡,再转运到欧洲、美国。位于阿富汗、伊朗、巴基斯坦交界处的“金新月”地区的毒品走私路线主要有四条:第一,通过尼泊尔,从印度东部和孟加拉国接壤地带至沿海港口,再运往澳大利亚和新西兰。第二,以印度西部港口为转运站,由海路运往美国及欧洲地区。第三,从印度中部由阿姆利则、德里向外转送。第四,由巴基斯坦北部山区运往南部城市卡拉奇。20 世纪 80 年代以来,由于西方国家加大了缉毒力度,亚洲的马来西亚、新加坡、泰国、缅甸等国家和地区,在联合国禁毒基金会大力支持下,查堵贩毒通道,严惩贩毒分子,有效地遏制住了“金三角”、“金新月”的传统贩毒通道,尤其是海上通道,基本上被切断。为了继续将毒品运往欧美,国际毒贩极力开辟新的通道。由于中国邻近毒源,有长达几千公里的边境线,许多地段没有天然屏障,各种小路、山路纵横交错,便于绕关避卡,加上改革开放后的中国国门洞开,边贸活跃,边民往来频繁,使贩毒分子有机可乘。于是,他们便把触角伸向了中国,想方设法开辟中国通道。

“金三角”和“金新月”地理上坐落在我国最古老的南北丝绸之路上,从西南、西北向内地辐射中原古都长安。南丝绸之路被浩瀚的史籍和茫茫的林海淹没了,远没有北丝绸之路出名,但它却是一条最古老的商道。它从长安出发,越过百里秦川,经褒斜栈道入汉中,然后跨过巴山蜀水,由成都西去入滇,经滇西的楚雄西部、大理州、待山地区,沿怒江大峡谷入缅甸的克钦邦、实阶区而经印度通往南亚、西亚以及欧洲大陆。

20 世纪 70 年代末,当国门洞开以后,这条沉寂了百代的南丝绸之路骤然“热闹”起来,一直处于地下阴燃状态,被称为“黑祸”的鸦片走私以及被称为“白祸”的海洛因走私突然在中缅接壤的崇山峻岭地区复燃。境外的不少毒品竟然大摇大摆地从哨卡海关通过,沿着史迪威公路越过横断山脉,一部分转道川、黔、桂、粤进入香港再运到世界各地;一部分流进昆明经成昆线进入成都,然后慢慢地向西安、兰州等地进发,与“金新月”的毒品基地连成了一线。古老的南部丝绸之路复活了,白色的幽灵把“金三角”与“金新月”连成一条“黄金之路”。从“金三角”到“金新月”,传播中华优秀文化的历史古道上长出了现代毒瘤,一群黑色的幽灵游荡在黄帝的故乡。于是,当年象征着中外文明进步的丝绸之路变成了毒魔徘徊的死亡地带……

（二）自产自用小生产的长期存在和历史上的沉渣泛起

近代中国，吸食鸦片的现象非常普遍，鸦片交易十分活跃，不少人特别是有钱有势之人把抽“大烟”（即鸦片）当成一种“时尚”，把贩卖鸦片作为“生财之道”，致使烟害愈演愈烈，卷入的人员越来越多，吸食、贩卖鸦片的意识不断强化，这一丑恶现象成了旧中国社会的一大“毒瘤”。中华人民共和国成立之后，坚决割除了这颗危害中华民族肌体多年的“脓疮”，净化了人民赖以安居乐业的社会环境。从此，我国的毒品问题出现了一个由“滥”到相对“治”的稳定时期。虽然在极少数边境地区和历史上烟毒盛行的地区，私种罂粟和贩毒问题仍时断时续地出现，一些少数民族地区和偏远山区的“老烟民”戒毒尚不彻底；但就全国大范围而言，始终未形成毒品问题的“气候”。然而，云南边境地区却是一个遗留问题。

云南边境地区毗邻“金三角”，两个地区同一民族跨界而居，通婚互市，往来频繁，无人文和地理上的任何障碍，那里小规模的吸毒、贩毒问题自中华人民共和国成立以来一直没有消除过。住在大山里的少数民族，传统上就将鸦片作为包治百病的妙药，关节痛、头痛、肚子痛、外伤、心慌等病症以至妇女生孩子、小儿啼哭不止，都是对着嘴喷一口大烟就好了。尽管政府明令禁种罂粟，但大山里人居分散、千沟万岔、林茂草杂，随便在哪里撒上一把罂粟种子，春天三月，几十株、上百株的罂粟就绽放出一片红白花朵。收割的生鸦片膏，上锅蒸熟了就可以吸食。20 世纪 70 年代云南边境地区来过几万知识青年，他们中的一些人也曾在劳动疲乏、身体不舒服时，从“老乡”手里要过鸦片。这种自产自用的小生产30 多年来就一直没有停止过，这不仅是贫穷落后的经济生活使然，也是历史上传统的生活方式使然。至于边境地区的贩运，因为那时“中国通道”尚未打开，国内又没有很大的消费需求，只能是小打小闹。从 50 年代初到 70 年代末，“金三角”这个毒魔只能阴沉低调地徘徊在国门之外。

改革开放的帷幕拉开以后，境内外人员往来和商品交易活动日渐活跃。这片沉寂的山林因边境贸易的复苏而热闹起来，“山间铃响马帮来”的情景得以重现。然而，终止了整整 30 年的马帮并不一定都是善意的商队，其间不乏为牟取暴利而走私毒品的亡命之徒。境外贩毒分子到境内销售毒品；境内人员到境外做生意回来时带来毒品；还有一些我方的少数民族人员跑到境外帮工种植和收割鸦片，带回来抵工钱的鸦片。这种零星的、小规模的贩运，只是有组织、大规模走私贩运的一个序幕。当国门洞开，国际毒潮侵袭中国后，深深潜藏起来的毒疫便又开始活动，并与境外毒害交互作用，再次兴风作浪，疯狂扩散，造成华夏大地毒品违法犯罪活动再度抬头并逐渐蔓延。

（三）中国处在世界毒品泛滥的包围之中

从地理位置上看，国际毒品问题对中国影响的严重性是不言而喻的。国际上的毒品犯罪活动，自 20 世纪 80 年代以来，已经从种植、加工、贩运到销售形成完整的走私体系。世界毒品非法交易额已突破 5 000 亿美元，相当于世界贸易总额的 13%，高于石油贸易，仅次于军火交易。巨额的利润和巨大的毒品消费市场不断刺激毒品的生产和贩运。对中国来说，最为不利的是：世界毒品主要产地的“金三角”、“金新月”，甚至还有“金月牙”就在我们的家门口或者离家不远的地方。亚洲地区集中了全球 80%左右的毒品生产和交易。处在欧亚大陆一端的中国不同于几乎三面环海的美国。中国同毗邻的绝大多数毒品生产基地都有陆路相连，地理屏障比较少。苏联和阿富汗的大麻、“金三角”的海洛因以及东北地区东门外的毒品，可以借走亲访友、边境贸易的幌子而悄然流入中国。中国曾在一些内部因素和国际环境的“铜墙铁壁”的包围之中，关门闭户地生活了 30 年，从而保持了 30 年“无毒国”的称号。改革开放的中国现在不可能再阻断来自国际上的各种影响了，更不可能重蹈“闭关锁国”之覆辙。从某种意义上说，中国的毒品问题是在 20 世纪七八十年代国际毒品泛滥的大背景下形成的。中国处在国际毒品问题日趋严重的国际环境中，处在为国际毒品生产、交易中心所环绕的地理位置上，社会主义市场经济体制的建立和对外开放，使中国不可能不受国际毒品问题的严重影响。事实上，随着国际贩毒集团的疯狂活动和中国大陆吸毒、贩毒犯罪活动的增加，中国已成为国际毒品流通的“过境国”和国际毒品市场的组成部分，中国的毒品问题是世界毒品问题的一部分。只要中国的身边还有“金三角”、“金新月”这样的国际毒品生产、交易中心，只要还存在严重的国际毒品问题的大环境，中国就必须长期面对毒品问题。

三、毒品问题重现后我国禁毒工作面临的挑战

从 20 世纪 70 年代末开始的中国改革开放给中国社会的发展和进步注入了新的活力，开辟了十分广阔的发展前景。在急剧的社会变革过程中，以往形成的不合理的社会秩序和结构逐渐瓦解与改组，与此同时，原有体制下的社会控制手段的权威性也在不断丧失，而新的社会控制手段的建立和健全还需要有一个过程。因此，在这种社会转型时期和新旧交替的过程中，防止和消除各种社会问题的手段往往有弱化的情形，危害他人和社会的越轨行为也难以得到迅速、全面、有效的惩戒和制裁，这种状况就为包括毒品在内的各种社会问题的产生提供了一个可乘之机。20 世纪 70 年代末 80 年代初，当“金三角”境外毒品由“借道过境”而逐渐使国内已经绝迹了 30 年的毒品问题又一次死灰复燃以后，这一丑恶

现象很快在中国大地蔓延开来，造成了在20世纪80—90年代初期，中国的毒品走私和过境贩毒十分猖獗。这种现象，除了与国际毒品贩子加紧向中国渗透，竭力打开"中国通道"和建立中国广阔的毒品消费市场有关外，也与我们应对毒品这一新问题出现后所表现出的不知所措、认识失误和措施不力有关。于是，中国在缺少精神准备、物质准备和法律准备，在思想上、禁毒措施上、禁毒技术上均准备不足的情况下，迎来了毒品的骤然袭击。

第一，对毒品问题的严重性缺乏足够的认识。众所周知，当代中国的毒祸是乘改革开放之机渗入进来的。党的十一届三中全会以后，改革开放的政策使封闭已久的国门突然洞开，展现在国人面前的是一个十分陌生的外部世界。面对良莠齐入的异质文化，我国社会就如大病初愈之人，表现出空前的惊奇和无奈；对毒品问题的出现也一样，毫无警觉，更毫无设防。由于我国有30年"无毒"的历史，天下承平日久，一旦"西南鼙鼓动地来"，不要说年轻的边防战士和海关人员根本不识鸦片、海洛因为何物，就是现年50岁上下的人们也知之甚少。起初边防军、公安干警对来自邻国的各种"罐头"没引起多大的注意，他们没有见过海洛因，谁也没在意白粉与奶粉有什么区别。毒品就是这样轻易地进关过卡的，在中国的公路与乡间小路上大摇大摆地走了进来。

当毒品已猖狂地危害着我们的社会之时，在有些地区和单位尤其是内地的一些城市、农村、企业、机关、学校，仍未引起必要的重视。他们对全球范围毒品犯罪的严重性估计不足，对贩毒集团执意打开"中国通道"的险恶用心估计不足，对吸、贩毒现象迅速蔓延的社会特性估计不足，特别对境外毒品发展变化以及对鸦片生产转向海洛因生产的发展形势估计不足，从而在贯彻中央的禁毒精神方面，不是置若罔闻，就是随便应付，所采取的对策不及时、力度不够，更没能及时制定出相应的有关措施及法规。

第二，社会问题的"漠视综合症"，是贩毒、吸毒活动猖狂蔓延的温床。贩毒沉渣泛起，早已发生在人们注意它之前。起初，销毒、吸毒活动多在私人家中进行，后来逐渐变成了在茶园、旅馆、饭店、车站、舞厅、农贸市场的半公开活动。有关资料表明，仅在兰州一地，从1982—1988年，就查出贩卖、吸食毒品的刑事、治安案件160余起。但是，一些人抱着"不给国家抹黑"的善良愿望，不敢正视它；一些人抱着无可奈何的态度，说什么"公家都不管，我个人管有啥用?"而不愿正视它；一些人则忙于发展经济，顾不上正视它。于是，在这种社会"漠视综合症"的影响下，许多地方有关部门对毒品问题见事迟，抓得慢，抓得不狠，这是对贩毒、吸毒活动打击不及时、不得力的一个重要原因。

第三，禁毒法律的迟缓与不足。针对毒品犯罪活动的有关法律制定迟缓、规范偏宽，或者法律规定本身有漏洞，这是对贩毒、吸毒活动打击不得力的又一重要原因。稍有留意的人从1991年6月26日的全国各大报刊上不难发现，这一天全国各大城市都召开了主题鲜明的反毒品宣判大会，一批批贩毒分子相继伏法。中国大地在间隔了近40年后，终于全面响起了禁毒的枪声。无需讳言，这些枪声响得是晚了些，中国早就不应该在嚣张的贩毒气焰面前示弱；但是，中国走向法治的历程是需要付出沉重代价的。虽然1979年《中华人民共和国刑法》中对毒品犯罪已有规定，但由于其规定简单粗疏，处罚较轻，对于严厉打击毒品犯罪未能收到应有的效果。待毒品泛滥后，直到1990年12月28日第七届全国人民代表大会常务委员会第十七次会议通过了《全国人大常委会关于禁毒的决定》，中国的禁毒才有了较为完善具体的法律依据。这一严惩利剑到来的迟缓，客观上拖延了禁毒的时间和机会，导致了毒品犯罪活动在一个相当长的时间里迅速发展。

在有关法律条文偏宽方面，如1979年《中华人民共和国刑法》第171条规定，第一款：制造、贩卖、运输鸦片、海洛因、吗啡或者其他毒品的，处五年以下有期徒刑或者拘役，可以并处罚金。第二款：一贯或者大量制造、贩卖、运输前款毒品的，处五年以上有期徒刑，可以并处没收财产。对于贩毒分子来讲，这样的法律规定较之巨额利润的诱惑，实在微不足道；对于他们造成的社会危害和罪恶，也显然量刑太轻。与之相应，对吸毒者应受到的惩戒，在1986年9月5日颁布的《治安管理处罚条例》中，也显得无关痛痒。其24条第3项是这样规定的：违反政府禁令……吸食鸦片、海洛因、注射吗啡等……处以15日以下拘留200元以下罚款或者警告。可以说，这样的处罚对吸毒者毫无惩戒作用。大量事实证明，数月禁烟所生活，几万甚至十几万、几十万元的吸毒豪资，都未能使一些吸毒者回头，短短15天的拘留和区区200元的罚款，对吸毒者又算得了什么呢！事实告诉我们，禁毒必须强制进行，但我国法律中的有关规定却未能提供这样的依据。

在法律制定的漏洞方面，存在以下问题：（1）我国法律规定，对于女性犯罪人员，如果是在怀孕期间或者正在哺乳自己婴儿的，就不能采取拘留、逮捕等严厉的刑事强制措施，而且，即使所犯罪行特别严重，对正在怀孕的女性罪犯，也不能判处死刑。正因为如此，不少女性就钻法律的空子，大肆进行贩毒活动。（2）我国法律规定，犯罪时不满18岁的人不适用死刑。对已满14岁不满16岁的人犯有严重破坏社会秩序罪的，应当负刑事责任。当学术界激烈争论是否有不满16岁的人实施毒品犯罪以及毒品犯罪是否属于严重破坏社会秩序罪的时候，现实中就有不满16岁的人正在进行制毒、贩毒、运输毒品这类罪恶的活动。

(3) 在我国刑法中，相当长的一段时间，对于贩毒分子的惩处大多是轻刑，没有对毒品犯罪规定死刑。(4) 在20世纪80年代，我国法律没有对小额贩毒(海洛因10克以下、鸦片200克以下)者的打击形成专门的规定，这就使他们的非法活动有恃无恐。一些走私贩毒者乘机采取小数量、多频率倒卖毒品而无法受到严厉惩治。1989年春节，云南省某县公安局抓了85个小额贩毒者，提交检察院要求起诉，检察院由于找不到具体的法律条文，只好让公安局放人。(5) 全国人大常委会通过的《关于禁毒的决定》中所存在的缺陷和不足，更使得司法人员困惑迷茫，如对走私、贩卖、运输、制造毒品等定罪量刑的毒品数量没有下限规定；对批捕、起诉、判刑的起点没有作出明确的规定，不便于具体办案执行；另外，《关于禁毒的决定》第2条"走私、贩卖、运输、制造鸦片1 000克以上，海洛因50克以上或者其他毒品数量大的，处15年有期徒刑、无期徒刑或者死刑"的规定太笼统，给执法留下了随意性，未能体现从严精神。

第四，打击毒品犯罪的力量不足。一是公安部门打击毒品犯罪的专业力量不足。这有其历史原因，中华人民共和国成立后，我国很快就成了无毒国，因此放松了这一方面的警惕。当烟毒泛滥之后，尽管公安部门非常重视打击吸毒、贩毒活动，但面临着人员缺、经费少的困难，训练有素的、有经验的缉毒队伍就更谈不上。所以，破案、追赃和堵截毒源的工作非常吃力。二是戒毒力量不足。扫除毒品最重要的是抓两头：一头是堵截毒源；另一头则要改造吸毒者。如果说，堵截毒源需要建立一支训练有素经验丰富的缉毒队伍，那么，改造吸毒者则必须建立各种形式的戒毒场所。禁毒斗争的严酷现实告诉我们，毒品的特性是危害极大，极难戒断；毒品是一种人的毅力难以战胜的东西。这就对戒毒机构、戒毒专家、戒毒医护人员提出了很高的要求，即戒毒机构的数量和质量都应适应吸毒人员递增的需要。然而现实却不尽然。到1995年底，全国由执法机关开办的强制戒毒所500多家、劳动教养戒毒所65家，共收治戒毒人员7.8万余人次，占当年全国登记在册吸毒人数52万人的15%。显然，这些戒毒场所远远不能满足戒毒工作的需要。这就引发了以下三个问题：其一，由于利益驱动，我国的戒毒场所建设滥而乱，戒毒工作不规范，甚至被别有用心者钻了空子。据《中国青年报》1996年11月11日对贵阳市的一次调查表明：近几年来贵阳市出现了五花八门的戒毒机构，由于管理失控，只顾"创收"，大多混乱不堪，其表现：缩短法定戒毒时间；乱收费，使用假冒伪劣的"戒毒药"牟取超额利润；"因陋就简"，减少管理人员和设施，以降低管理和经营成本。其二，戒毒广告的泛滥。自90年代以来，在一些吸毒较为严重的城市和地区，五花八门的戒毒广告满天飞，"百分之百的戒断率"、"两天戒毒"、"祖传秘方戒毒"、"气功戒毒"、"戒毒灵药"、"睡眠疗法"等，不一而足。其三,戒毒宣传的歪曲。大众传播媒介是人们接受社会信息的主要来源,科学、正确的信息传播能够提高人们辨别事物良莠的能力,反之则会误导人们的行为。在一些影视节目中,要么常常是吸毒者潇洒舒适、陶醉的样子,要么就是简单地宣传:“你不能吸毒”,“一吸就死”,没有将毒品的特性和危害准确地告诉人们,使一些人尤其是一些青少年对报道的真实性产生怀疑,甚至激起逆反心理。

第五,宣传和教育不到位,导致禁毒工作存在盲区与误区。宣传和教育在各国的禁毒斗争中都是十分重要的一环,在我国的禁毒工作中显得尤为重要。自中华人民共和国成立初期成功扫毒后,在 30 年中,毒品对绝大多数中国人,特别是对于 50 年代以后出生的人来说,几乎是陌生的,毒品所能引起的各种对个人与社会的危害也同样不为大多数人所了解,因而当 80 年代初毒潮侵袭而来时,人们几乎没有防范的手段和能力。许多人不知道毒品千万不能试吸第一口,不知道要避免毒品侵害的唯一办法就是永不沾毒。在缺乏足够防范知识和教育的情况下,不少吸毒者仅仅只是出于好奇与无知,吸几口尝尝,不料却成了瘾君子。1994 年 4 月,经国家卫生部批准,北京 307 医院成立了北京市最大的戒毒中心,在 3 年的时间内,有 1 300 名北京吸毒者在这里接受救治。该戒毒中心的调查显示,有 80%的吸毒者是因为好奇染上毒瘾。另据中国社会科学院社会学研究所张潘仕在 1995 年对吸毒人员进行的一次调查了解到:有 48.04%的人根本没有想过吸毒是有害的、违法的,有 24.5%的人不知道吸毒有害并且违法,7.84%的人认为吸毒有害但不违法。正是由于对禁毒法规和毒品危害的无知,使许多人断送了自己的前程与生命。

以上这些原因,在客观上延迟了禁毒的时间和机会,导致毒品犯罪活动在一段时间里迅速发展。任何坏事,在萌芽状态是最好控制和消灭的,一旦成了“气候”,不但费时费力,而且难以在短时间内清除。贩毒、吸毒活动在全国的蔓延和泛滥就充分说明了这一点。

四、我国毒品流行的新态势

当代世界毒品泛滥流行全球,涉及世界各个角落,毒品问题已成为世界各国面临的重大社会问题。自 20 世纪 70 年代末 80 年代初,毒品在中华大地重现之后,30 多年来,经中国政府长期的打击与治理,我国的禁毒工作取得了不菲的成绩,在毒品原植物的种植、海洛因吸食者的戒毒等方面已出现了转机;但是禁毒斗争的实践表明,我国的毒品问题和毒品犯罪,其蔓延速度之快、扩散地区之广令人震惊。尤其是进入 21 世纪以来,我国毒品泛滥的问题依然严重,禁毒形势依然极为复杂、严峻，并显现出一些新的态势。

（一）中国已成为毒品过境与毒品消费并存的受害国

打开中国地图，可以看到“毒祸”形势的触目惊心：三个最大的国际毒品生产中心有两个与我国毗邻，对中国形成了“南北夹击”的态势。

首先，是云南省西南境外的“金三角”地区和云南、广西两省（区）境外的越南北部罂粟种植区。在世纪之交，“金三角”地区加工制造毒品的能力有明显提高，已从生产鸦片、海洛因发展成为海洛因、冰毒并存的双重毒源地，并且“金三角”毒品向我国走私渗透进一步加剧。2000 年，全国共破获 66 起万克以上的海洛因大案，缴获的 3.94 吨海洛因全部来自“金三角”。[①] 2009 年，云南省缴获海洛因、冰毒各 3.2 吨，同比分别增长 11.2%、47%，各占全国缴获量的六成和一半。[②] 2013 年，云南缴获缅北海洛因 6.4 吨，冰毒片剂 9.7 吨，同比分别上升 18.5%和 8%。[③] 总体看来，目前，“金三角”地区的毒品对我国现实的威胁丝毫没有减弱。

其次，毗邻中国新疆、西藏的“金新月”毒品基地对我国的威胁亦在逐步加大。该毒源地 1999 年一跃成为世界最大的鸦片产地和第二大海洛因生产中心。据有关人士透露，中国新疆喀什地区的毒品中约 10%来自“金新月”。[④] 2009 年，我国共缴获“金新月”毒品 1.5 吨，超过前 4 年该地区缴获海洛因总和的 2 倍；缴获其海洛因数量占全国缴获海洛因总量的比例由 2008 年的 8.8%上升到 2009 年的 30%。[⑤] 2011 年，新疆禁毒部门共破获 10 起“金新月”毒品案件，其中千克以上案件有 4 起，缴获海洛因 610.9 千克，比 2010 年增加了 20 倍。[⑥] 2013 年，国内共破获“金新月”海洛因案件 148 起，同比上升 51%，共缴获海洛因 173 千克。[⑦]有关西藏受境外毒品侵害的具体数据一般不常见，但仅见的资料还是很有说服力的：1995 年 6 月 26 日西藏自治区公安厅、区高级人民法院、拉萨海关联合在拉萨市举行焚烧毒品现场会，烧毁海洛因、鸦片、大麻等各种毒品共 2 685 公斤[⑧]。种种迹象表明，国际贩毒势力借道中亚诸国，通过新疆、西藏的边境口岸向我国进行毒品渗透，“金新月”地区的毒品对我国的威胁越来越严重。

---

① 中国国家禁毒委员会办公室：《2000 年中国禁毒报告》。

②⑤ 中国国家禁毒委员会办公室：《2010 年中国禁毒报告》。

③⑦ 中国国家禁毒委员会办公室：《2014 年中国禁毒报告》。

④ 关健斌：《“金三角”潜在威胁 中国毒品通道屡禁不止》，《中国青年报》2004 年 9 月 6 日。

⑥ 中国国家禁毒委员会办公室：《2012 年中国禁毒报告》。

⑧ 《毒品犯罪的发展趋势与治理对策》课题组：《中国禁毒斗争大事记（七）》，《公安大学学报》1999 年第 4 期。

此外，近年来已成为冰毒加工中心和最大的安非他明生产基地的台湾，同样虎视眈眈地盯着中国大陆，朝鲜的毒品也在不断向我国东北地区渗透。我国正面临着境外毒品“南北夹击，四面包围”和“多头入境，全线渗透”的严峻态势和复杂格局，已从毒品贩运的过境国转变为毒品过境与毒品消费并存的严重受害国。

（二）毒品延伸地区广布全国，毒品滥用问题继续蔓延并持续加剧

我国毒品问题于20世纪70年代末80年代初死灰复燃，最初从云南边境地带沉渣泛起，相继蔓延于贵州、四川、广东等少数几个省（自治区），随后逐渐扩散，形成了云贵川黔地区、以陕甘为主的西北地区、以大兴安岭两麓为中心的内蒙古和东北地区以及毗邻港澳台的粤闽沿海地区等毒品问题比较严重的地区。

然而，至90年代初，毒品重灾区已由上述地区不同程度地扩散到全国所有省份，且势头不减，上升趋势明显。四川省到1995年上半年，查获毒品案件的区域已扩展到全省23个地（市、州）的187个县（市、区），占全省219个县级行政区总数的85.3%。① 1999年底，甘肃全省86个县（市、区）中涉毒的已达到73个。2000年，江苏省的13个省辖市均已发现毒品违法犯罪活动，70%的县（市、区）发现了吸毒问题。② 2005年，安徽98.3%的县（市）涉毒。2006年，湖北99个县（市、区）涉毒，仅3个县（市）未发现吸毒人员；福建省的涉毒县（市）达到91%。2013年，山东所有的县（市、区）均存在涉毒问题。

有资料显示，1991年，全国或多或少涉及毒品问题的市、县已达700多个。1998年我国的涉毒县（市、区）达到了2 033个，占全国2 862个县（市、区）总数的71%；2002年我国的涉毒县（市、区）有2 148个，③占全国县（市、区）总数的75%，其中，北京、天津、上海、四川、浙江、湖南、广东、广西、海南、云南、贵州等11个省（自治区、直辖市）的涉毒县（市、区）超过90%。2005年底，全国已有2 334个县（市、区）发现有海洛因成瘾人员，占全国县（市、区）总数的81.5%。这种状况说明，目前中国从南到北、从东到西，几乎所有的省、自治区、直辖市都被国际毒品产销流通网络所覆盖，毒品的入侵有如水银泻地，无孔不入。

与毒品延伸地区广布全国相伴而生的，就是毒品滥用问题继续蔓延并持续加剧。从1982年至2004年底，我国累计登记在册的吸毒人员为114.04万人，比2003年底上升8.28%。在20世纪末，我国吸毒人员非法使用的毒品以海洛因为主，以及鸦片、大麻、安纳咖、杜冷丁、盐酸二氢埃托啡、咖啡因、三唑仑等麻

---

① 凌青、邵泰主编：《从虎门销烟到当代中国禁毒》，四川人民出版社1997年版，第431页。
② 《江南时报》2000年6月26日。
③ 资料来源：国家禁毒委员会办公室提供。

醉药品和精神药品。[①] 海洛因吸食者在我国吸毒者中所占的比重是最大的。2009年底,全国累计登记吸毒人员133.5万名,其中海洛因成瘾人员97.8万名,占73.2%。以后虽逐年下降,但连续三年仍在60%以上,2013年降到60%以下,见表10-1。

表10-1 2009—2013年全国吸食海洛因情况统计

年 份	吸食海洛因人数	占全国吸毒人数之比	当年新发现人数
2009	97.8万	73.2%	9.7万
2010	106.5万	69.0%	
2011	115.6万	64.5%	
2012	127.2万	60.6%	
2013	132.6万	53.6%	

资料来源:根据《中国禁毒报告》整理。

(三)新型毒品滥用问题来势迅猛

改革开放以来,我国的吸毒者从以吸食鸦片为主,很快转变为以吸食海洛因为主。据国家禁毒委员会提供的数据,1999年中国吸食海洛因者占全部吸毒人数的71%,进入21世纪以后,其占比最高时曾一度达到80%以上,如2001年占82.69%,2002年占87.6%,2004年占81.1%。尤为严重的是,我国在世纪之交前后吸食、注射海洛因的消耗量已占全球产量的1/3。2005年以后海洛因吸食者的数量开始下降,并基本保持在70%左右,如2005年占78.3%,2009年占73.2%,2012年占60.6%。就在海洛因滥用问题还未能从根本上有效解决的情况下,又出现了新型毒品的滥用问题。2000年,兴奋剂全球缉获量的半数以上(55.4%)来自中国境内,这意味着正肆虐全球的以冰毒为代表的新型毒品[②]已经对中国构成严重威胁。新型毒品种类繁多,大多通过人工合成,常见的有苯丙胺类(冰毒)、苯丙胺类衍生物MDMA、MDA(摇头丸)、可卡因、咖啡因等。

冰毒、"摇头丸"等苯丙胺类兴奋剂由于吸食简单、价格低廉、兴奋快、药效长,加之许多人,尤其是青少年对冰毒、"摇头丸"的危害还不十分了解,所以在吸

---

① 中国国家禁毒委员会办公室:《1998年中国禁毒报告》。

② 新型毒品是我国使用的一个概念。从狭义角度讲,主要指传统毒品海洛因、鸦片等阿片类之外的毒品;从广义角度讲,则是指人工化学合成的精神类药品或者毒品,是由国际禁毒公约和我国法律法规所规定管制的、直接作用于人的中枢神经系统,使人兴奋或抑制,连续使用能使人产生依赖的一类药品(毒品)。因为新型毒品的滥用多发生在娱乐场所,所以在一些西方国家又称为俱乐部毒品、休闲毒品、假日毒品。在成分比较上,传统毒品主要是麻醉药品,而新型毒品主要是兴奋剂、致幻剂等精神药品。

毒人群中传播极快，吸食人数急剧增多。20世纪90年代后期，我国开始出现新型毒品冰毒。[①] 1997年“摇头丸”在我国出现，到1999年，一些大中城市娱乐场所吸食“摇头丸”的现象就已经比较严重了。2000年以来，我国吸食毒品种类出现多元化趋势。据统计，2000年1月—11月，北京共破获苯丙胺类毒品案件123起，抓获贩毒吸毒人员366名，收缴冰毒、“摇头丸”232 723.4克。当年5月，黑龙江哈尔滨市侦破一起“邮票”毒品案，缴获“邮票”式LSD(麦角酸二乙酸胺)100枚、JJ牌“摇头丸”1 400粒。[②] 2001年，吸食“摇头丸”的现象由东南沿海地区的大中城市向内地蔓延，“摇头丸”吸食者涉及社会多个层面。2003年，国内少数歌舞娱乐场所存在贩卖、吸食“摇头丸”的问题，山西、内蒙古等地区存在滥用安钠咖的问题。[③] 2005年，滥用新型毒品问题仍呈不断扩大蔓延之势。辽宁、吉林、黑龙江等省吸食新型毒品人数已超过吸食传统毒品人数，歌舞娱乐场所已成为新型毒品蔓延的温床。被滥用的新型毒品种类增多，冰毒、“摇头丸”、氯胺酮及安钠咖、三唑仑等在部分地区均形成了一定规模的消费市场。到2009年底，滥用新型毒品问题更加突出，累计查获登记36万余人，新查获9.7万人。全国有22个省份新型毒品缴获量超过海洛因缴获量。自2010年以来，滥用合成毒品人数上升趋势明显(见表10-2)，多数是25岁以下青少年，且2011年35岁以下青少年占67.8%，低龄化趋势明显。同时，合成毒品问题进一步呈现向中小城市、农村发展蔓延的趋势。2012年，因吸食合成毒品引发自伤自残、伤害他人的恶性伤害案件，以及吸毒后驾车引发肇事肇祸案件等社会危害逐步显现。

表10-2　2010—2012年全国滥用合成类毒品情况统计

年　份	查获登记滥用者人数	占全国吸毒人数之比	同比上升	当年新查获人数
2010	432 205万	27.9%		11.94万
2011	587 188万	32.7%	35.9%	14.6万
2012	797 649万	38.0%	35.9%	

资料来源：根据《中国禁毒报告》整理。

此外，近年来使用“软毒品”的人数也在逐渐增多[④]。据保守估计，目前滥用大麻和咖啡因的人数均有50万。

---

① 万志红：《云南新型毒品防控对策研究》，《云南警官学院学报》2009年第2期。

② 中国国家禁毒委员会办公室：《2000年中国禁毒报告》。

③ 中国国家禁毒委员会办公室：《2003年中国禁毒报告》。

④ “软性毒品”是相对于“烈性毒品”而言的一类毒品，是瘾君子根据吸毒后的感受程度而区分出的，包括大麻和咖啡因等。

尽管自2006年以来,我国滥用海洛因等传统毒品的人数开始趋于稳定,基本保持在70万人左右,但滥用冰毒、“摇头丸”、氯胺酮等新型毒品的人数却呈现不断扩大蔓延之势。新型毒品在成瘾性、精神依赖性、对人体的损害性、对社会的危害性,尤其是对公共健康的威胁等方面,都不亚于海洛因,甚至比海洛因更加严重。更为可怕的是,“新型毒品的疯狂娱乐性、对人性底线的毁灭性、对价值理性的冲击性,正在破坏着人类文明的基础”[①],这就给中国的禁毒斗争提出了更加严峻的挑战。

(四) 易制毒化学品走私出境和流入国内非法渠道的问题突出

自20世纪50年代起,中国政府就一直严格管理苯丙胺类精神药品。中国政府还是世界上最早对易制毒化学品进行管制的国家之一。20世纪80年代以来,随着世界毒品问题的泛滥和化学合成毒品生产的扩展,跨国走私、贩运麻黄素等各种易制毒化学品活动剧增,对我国也造成了极大的影响。1991年至1997年,我国共缴获企图走私出境的易制毒化学品923吨。1998年,在周边毒源地对易制毒化学品的需求日益增多的情况下,国内易制毒化学品走私活动进一步发展,西南、西北、东北边境地区不同程度地存在走私麻黄素、醋酸酐等易制毒化学品的问题[②],当年查获各类易制毒化学品344.5吨[③]。2000年上半年,各地查获的麻黄碱片数量已超过1999年全年查获的麻黄素总量。2005年,我国共摧毁34个制毒加工厂点,其制毒前体和配剂均来自国内。[④] 据不完全统计,自1991年以来,全国共缴获易制毒化学品17 870.13吨,通过国际核查阻止了23 610.21吨易制毒化学品非法出口。自1999年以来,我国共破获易制毒化学品案件3 720起,抓获犯罪嫌疑人2 380名,然而没有缴获或者被阻止的还有多少,的确是一个未知数,但肯定是一个更大的、惊人的数字。进入21世纪以后,中国政府不断加大对易制毒化学品管制的力度和范围,2006年以来查处易制毒化学品行政违法案件3 887起,尽管如此,易制毒化学品走私出境和流入国内非法渠道的问题依然突出。

(五) 制贩毒(尤其是冰毒)活动依然活跃

早在“文革”期间,我国就发现了制毒活动的蛛丝马迹。当时上海、甘肃、贵州、浙江、云南、安徽等6省(市),都发现了程度不同的制毒活动,其中最早发现

---

① 夏国美、杨秀石等:《社会学视野下的新型毒品》,上海社会科学院出版社2009年版,第95页。

② 中国国家禁毒委员会办公室:《1999年中国禁毒报告》。

③ 《毒品犯罪的发展趋势与治理对策》课题组:《中国禁毒斗争大事记(十)》,《公安大学学报》2000年第1期。

④ 中国国家禁毒委员会办公室:《2006年中国禁毒报告》。

的是上海市；制毒活动最多的是云南省，已涉及文山、腾冲、龙陵、昌宁、施甸、盐津等6个地、市、县。

改革开放以后，随着罂粟种植的出现，国内一些地方相继发现了加工鸦片和制造海洛因的情况，且越来越严重。有的自制海洛因已达到50%以上的纯度，而且还在不断向精致化发展。有些地区连续发现从茶叶中提炼咖啡因的地下工厂，有的已形成一定规模，一次销往外地的咖啡因多达300多公斤。制造、走私冰毒的事件也日趋突出。

“金三角”地区毒品生产在遭受国际社会的猛烈打击下，不得不重新寻找生存空间，调整生产方向，纷纷转向非法制造甲基苯丙胺（即冰毒）、“摇头丸”等毒品。在这样的战略调整下，进入20世纪90年代以后，在我国的边境无控区、边远山区及繁华都市，出现了许多规模小、机动性大、现代化程度高、可移动的地下“制毒加工厂”，[①]尤其以东部地区最为严重。境外贩毒集团以提供资金、技术为条件，勾结境内贩毒分子，利用大陆的麻黄素为原料，在我国广东、福建、浙江、上海等东南沿海地区甚至个别内地省区设立地下加工点，生产冰毒，走私贩卖到日本、菲律宾等国家和地区，给中国的国家声誉造成了极坏的影响。如1991年至1997年1月，福建省共破获台湾毒犯制造冰毒案件23起，捣毁冰毒加工点41处，缴获冰毒1 230多公斤、制毒设备20多套以及大量制毒原料和制毒配剂。2000年7月，武汉警方在武汉染料厂查获香港人庄楚出资的冰毒加工厂，发现其一年中就生产液态冰毒近30吨，主要销往欧美等地，成为当年破获的全球最大制售冰毒案。为此，联合国国际毒品控制计划署的一份报告指出，中国已经与缅甸、菲律宾一起成了亚洲最大的人造毒品生产基地。

从现有的资料看，进入21世纪以来，中国毒品制作的势头仍然强劲。2000年，31个省（自治区、直辖市）都已发现制造冰毒、“摇头丸”的违法犯罪活动，并且制毒手段不断升级，犯罪活动向职业化方向发展。2003年，广东、福建两省制造贩卖苯丙胺类毒品犯罪突出，其冰毒缴获量和捣毁制毒窝点数超过全国总数的80%。中国国内生产的冰毒被走私到菲律宾、韩国、日本等国。[②]2005年的刘招华案[③]，制毒犯曾在不到一年的时间生产了12.36吨的冰毒，使得此案创造了个案缴获晶体冰毒的世界之最，也成为全球最大的冰毒案，令世界震惊。2009年，全国打掉毒品加工厂和窝点100余处。利用互联网传播制毒工艺、销售制毒原料问题的日益突出，更加剧了制毒活动的发展。不法分子在难以

① 陈贝帝：《中国吸毒调查》，新华出版社2006年版，第81页。
② 中国国家禁毒委员会办公室：《2003年中国禁毒报告》。
③ 刘招华特大制毒案于1999年被侦破，刘招华潜逃，2005年3月5日刘招华落网，该案结束。

获得管制原料的情况下，越来越多地寻求非列管化学品。[①] 2011 年，全国共破获制造合成毒品案件 529 起，同比上升 20%，除甘肃、西藏外的 29 个省份均查获制毒案件，其中广东破获 192 起，占全国破获总量的 1/3。全国共查获制毒窝点 357 个，主要集中在广东、四川、湖北等地。2012 年，全国 22 个省份发现制毒窝点，特别是广东汕尾、惠州以及四川成都周边地区制毒问题突出，所产晶体冰毒、氯胺酮占了国内市场主要份额。2013 年，全国共破获各类制造毒品案件 773 起，同比上升 33.5%，打掉毒品加工厂点 572 个，同比上升 75.5%。全国缴获的主要毒品中，境内生产的毒品约 20.9 吨，占总缴获量的 49.2%，境内制毒问题呈发展蔓延态势。

总之，在冰毒已发展成为祸害我国的主要毒品的同时，更令人不安的，“且更为重要的是，使用高科技化学合成‘冰毒’将可能会开创制毒不需依赖毒品原植物的纪元”[②]，这一在 20 世纪末被一些专家所提出的预言，正在逐渐成为或者已经成为现实。

(六) 娱乐场所涉毒问题较严重

一直以来，娱乐场所都是我国涉毒问题较为严重的场所。据《中国禁毒报告》披露，2000 年，全国大中城市的许多娱乐场所吸食冰毒、“摇头丸”现象相当普遍。据统计，2002 年专项斗争期间，全国清查歌舞娱乐场所 20 000 多家，限期整改、取缔涉毒歌舞娱乐场所 4 532 家。2006 年，全国共查处存在涉毒问题的歌舞娱乐场所 1 959 家。2008 年，全国公安机关共清查娱乐场所 2.7 万家，查处涉毒场所 895 家，责令停业整顿 83 家，依法取缔 8 家，追究法律责任 11 693 人。2009 年，各地公安机关会同工商、行政、文化等部门联合开展针对娱乐场所涉毒问题的整治行动，加强对经营业主、从业人员的禁毒法制教育，不断完善娱乐场所禁毒管理制度，严厉打击吸贩毒违法犯罪活动，共清查娱乐服务场所 15.9 万家，从中查处毒品违法犯罪案件 6 956 起，停业整顿娱乐场所 1 412 家，取缔 264 家，查获吸贩毒人员 1.9 万名，缴获毒品 46.5 千克，有效净化了社会环境。2010 年，娱乐场所涉毒问题仍较突出，并向洗浴中心、宾馆酒店、别墅公寓转移，当年共查处涉毒场所 3 000 余家。[③] 2012 年，四川组织人员清查 21 290 多家娱乐场所、网吧、出租房，严厉打击寄生娱乐场所的贩毒分子。歌舞娱乐场所已成为新型毒品蔓延的温床，也是禁毒监控和打击毒品犯罪的重点场所。

---

① 中国国家禁毒委员会办公室：《2010 年中国禁毒报告》。

② 梁晋云、姚立：《云南禁毒战略与对策之我见》，罗秉森、梁晋云主编：《云南禁毒研究论文集》，群众出版社 1999 年版，第 75 页。

③ 资料来源：各年度中国禁毒报告。

（七）我国港澳台地区制贩毒人员不断增多，外籍人员在华贩毒问题日益凸显

有资料显示，“文革”期间，台湾驻云南境外特务机关和国民党残军向云南境内贩运毒品现象已十分严重。进入 20 世纪 80 年代以来，港澳台地区以及老挝、缅甸、泰国、德国、法国、墨西哥、马来西亚、朝鲜等国外的贩毒分子和贩毒集团也参与了在我国大陆的走私贩毒活动。1980—1995 年云南省查获的毒品案件中，涉及港澳台地区的大约就有 10 多起，抓获台湾籍毒犯 2 名、香港籍毒犯 22 名、澳门籍毒犯 2 名；同一时期还抓获泰国籍毒犯 3 人、老挝籍毒犯 1 人，尤以缅甸籍毒犯最多，大约涉及 19 起贩毒案、64 人。

近年来，非洲、南亚、中亚、美洲等国际贩毒集团加速向中国渗透，试图通过广东开辟贩毒通道和市场。一些境外不法分子向我国走私海洛因、可卡因、大麻等毒品明显增多。仅 2009 年，我国抓获的外国籍毒品犯罪嫌疑人就涉及 50 个国家，同比增长 20％以上。

总之，港澳台地区来大陆制贩毒人员的不断增多，外籍人员在华贩毒问题的日益突出，充分说明毒品问题是一个世界性的问题，全世界的毒贩正在看好中国的毒品市场与“中国通道”，中国在禁毒斗争中面临的形势越来越复杂，任务越来越艰巨。

（八）由毒品引发的各种社会问题十分严重

毒品问题引发了大量违法犯罪活动，并导致艾滋病等多种疾病扩散流行，不仅影响人民群众健康幸福和安居乐业，而且影响社会稳定和经济建设。

吸毒是传播艾滋病毒的主要渠道之一。截至 1998 年底，全国已有 16 个省、自治区、直辖市从吸毒人员中检测出艾滋病病毒感染者。在检测出的 12 639 例艾滋病病毒感染者和发病者当中，因注射毒品感染的占感染者总数的 67.5％。[①] 据卫生部 2003 年估计，全国实际艾滋病病毒感染人数约为 84 万，在艾滋病病人和感染者中，约有 55.3％是因静脉注射毒品而感染的。[②] 从 1985—2004 年，全国累计报告的 89 067 例艾滋病病毒感染者中，吸毒人员占 41.3％。共用注射器吸毒仍是我国目前艾滋病传播的主要途径。据卫生部调查，现有吸毒人员中注射吸毒者比例的平均数为 53.8％，注射吸毒者中共用注射器比例的平均数为 45.0％。[③] 截至 2005 年 9 月底，在国家累计报告的 135 630 例艾滋病病毒感染者中，有 40.8％因静脉注射毒品而感染，高居艾滋病传播途径的首位。全国登记在册的吸毒人员中 80％患有各种传染病。[④] 尽管自 2004 年我国开始对海洛因吸

① 中国国家禁毒委员会办公室：《1998 年中国禁毒报告》。
② 中国国家禁毒委员会办公室：《2003 年中国禁毒报告》。
③ 中国国家禁毒委员会办公室：《2005 年中国禁毒报告》。
④ 中国国家禁毒委员会办公室：《2006 年中国禁毒报告》。

食者实施美沙酮维持治疗以来，吸毒者通过共用注射针具而感染艾滋病的人数大大降低，对预防控制艾滋病传播蔓延发挥了重要的作用，但是，毒品泛滥是造成“艾滋病高流行的罪魁祸首”却是毫无异议的[①]。

毒品问题还是诱发其他刑事犯罪和社会治安问题的温床。吸毒人员以贩养吸、以盗养吸、以抢养吸、以骗养吸、以娼养吸现象严重，一些地区抢劫、抢夺和盗窃案件中 60%甚至 80%是吸毒人员所为。在毒品问题严重的地方，男性吸毒者 80%有其他违法犯罪行为，女性吸毒者 80%从事卖淫活动。1999 年，据北京等 10 个省、市的不完全统计，由吸毒诱发的杀人、盗窃、诈骗、伤害等刑事案件和各类治安案件分别达 2.6 万和 3.8 万余起，成为影响城乡社会治安稳定的重要因素。[②] 2000 年，吸毒贩毒问题诱发的刑事案件和各类治安案件，有的县（市、区）已占全部刑事和治安案件的 70%以上。[③] 与此同时，“毒驾”导致肇事肇祸频发，严重危害公共交通安全。截至 2013 年底，全国交通管理部门配合禁毒部门依法注销 2.4 万名吸毒驾驶人的机动车驾驶证，拒绝吸毒人员申领机动车驾驶证 3 382 人，拒绝申请校车驾驶资格 30 人。“毒驾”问题，已成为一个引起关注的新问题。

毒品严重危害人民群众的身心健康。据不完全统计，自 20 世纪 80 年代到 2005 年，我国因吸毒导致死亡的已有 49 378 人。[④] 毒品泛滥给国民经济也带来巨大损失。以每个吸毒者每天吸食 0.3 克海洛因计算，2003 年，仅全国登记在册的 74 万海洛因滥用者每年就至少消耗 270 亿元人民币。[⑤] 吸毒还导致吸毒者精神萎靡，形如枯槁，健康状况急剧下降，基本丧失或完全丧失劳动能力，造成国家劳动力的极大损失。

总之，进入 21 世纪以来，我国毒品流行泛滥的新态势是：中国已成为毒品过境与毒品消费并存的严重受害国；毒品延伸地区广布全国，毒品滥用问题继续蔓延；滥用新型毒品问题来势迅猛；易制毒化学品走私出境和流入国内非法渠道的问题突出；制贩毒（尤其是冰毒）的势头依然强劲；娱乐场所涉毒问题较严重；港澳台地区制贩毒人员不断增多，外籍人员在华贩毒问题日益凸显；由毒品引发的各种社会问题十分严重等。这一现状再次给我们敲响了警钟：无论历史上还是现实中，尽管中国的毒品问题主要都是外源性的，毒品主要是被输入的，中国

---

① 侯远高、丁娥主编：《发展的代价——西部少数民族地区毒品伤害与艾滋病问题调研文集》，中央民族大学出版社 2009 年版，第 15 页。

② 中国国家禁毒委员会办公室：《1999 年中国禁毒报告》。

③ 中国国家禁毒委员会办公室：《2000 年中国禁毒报告》。

④ 中国国家禁毒委员会办公室：《2006 年中国禁毒报告》。

⑤ 中国国家禁毒委员会办公室：《2003 年中国禁毒报告》。

始终在国际毒品问题上被迫扮演着受害者的角色，但是，我们必须清醒地看到，在 19 世纪鸦片贸易兴起的时候，中国曾是世界上最大的鸦片输入国，也曾是世界上最大的鸦片消费国，旧中国有 200 多年吸食鸦片烟毒的历史；而当代中国拥有近 14 亿人口，市场潜力很大，世界两大毒源地就在家门口，面对境外毒品“多头入境、全线渗透、南北夹击、四面包围”的现状，如果我们不对当前毒品的危害性、严重性与长期性有一个十分清醒的认识，长期坚持禁毒斗争，不远的将来将会有一个人们不愿看到的现实呈现在世界面前——中国将再一次成为世界上受毒品危害最深、最烈的国家，世界最大的毒品消费国和毒品生产国就是中国，近代中国深受鸦片祸害的历史将重演。这绝不是危言耸听！

第十二章　改革开放以来中国政府的反毒风暴

第一节　坚持不懈地开展反毒运动

一、部分省份开展的扫毒行动

20 世纪 80 年代对外开放以来，面对国际毒潮的侵袭，我国毒品问题又死灰复燃，并日趋严重。1981 年、1982 年党和政府接连发出指示，要求各地坚决查禁毒品。在 1983 年开始的持续三年多的“严打”① 斗争中，毒品犯罪被列为打击重点。从 80 年代末起，我国几个毒品问题严重的省份根据各自不同情况，开展了形式多样的扫毒行动，取得了显著成果。

根据国务院的统一部署，1989 年广东省先后三次在全省范围内组织开展了包括禁毒在内的除“七害”② 斗争行动。为加强对禁毒工作的领导，1991 年 6 月，广东省政府还成立了禁毒委员会，由一位副省长分工负责。同年 7 月，首次在广州召开了全省禁毒工作会议，对全省开展禁毒斗争进行了全面的研究、部署。此后多年来，针对毒品犯罪蔓延的情况，广东省委、省政府每年都专门部署组织开展禁毒统一斗争行动。广东省公安厅在 1991 年 4 月—6 月的专项缉毒斗争中，破获 176 宗毒案，抓获 394 名毒贩，缴获海洛因 35 988 克、鸦片 1 778 克、吗啡 22 512 克、大麻 30 000 克、可卡因 30 克，并查出近千名吸毒者。时隔一个多月后，一场更迅猛的缉毒风暴再次席卷广东。8 月 15 日—30 日，广东开展了禁毒斗争的第一次统一清查行动，在短短半个月时间里，取得了显赫战绩：全省共破获制贩毒品案 274 宗，抓获毒犯 463 名，挖出贩毒、吸毒团伙 212 个与成

---

① “严打”，即严厉打击严重刑事犯罪。

② 1989 年 11 月 13 日，国务院部署在全国范围内开展扫除卖淫嫖娼、制作贩卖传播淫秽物品、拐卖妇女儿童、私种吸食贩运毒品、聚众赌博、利用封建迷信骗财害人（简称“六害”）等社会丑恶现象和违法犯罪活动的工作，广东省根据本省实际，增加了一害，即黑社会组织和带黑社会性质的犯罪团伙。因此，广东开展的斗争是除“七害”。

员 807 人，缴获毒品海洛因 14 487 克、鸦片 11 880 克。一批作恶多端、罪行累累的毒贩子、刑事犯罪分子落入法网。8 月中旬，香港毒贩林某从香港偷运毒品入境，在白云机场被查获，缴获毒品 1 000 克。由邱某等 4 名吸毒者纠合的盗抢团伙，先后 40 多次抢劫出租汽车司机财物，此次被广州市公安机关一举摧毁。1992 年，全省又破获贩毒案件 1 316 件，抓获毒贩 1 700 多名。此外，还协助外省市破获贩毒大案 33 宗，并在虎门等 6 个地方公开销毁了一些毒品。

打击入境从事制毒、贩毒活动是广东日常开展禁毒斗争的一个重点。根据省公安厅和江门市公安局掌握的线索，1992 年 5 月至年底，江门、清远、广州、深圳、东莞等市公安刑侦部门联合行动，历时 7 个月，侦破一起由境内外不法分子相勾结，在上述地区设立秘密制造冰毒的加工厂，然后将冰毒偷运出境的重大案件，共抓获内外制贩毒案犯 37 名，缴获冰毒 112.9 千克。1993 年 4 月 17 日，广东省将 4 月份定为该省首次禁毒禁赌全民行动月，以全力遏制贩毒、吸毒、聚众赌博蔓延的趋势。

继 1994 年全省开展扫除“黄赌毒”斗争取得辉煌战绩之后，1995 年 3 月—9 月，广东省又开展了一场声势浩大的禁毒统一行动，省里相继成立了禁毒统一行动领导小组和统一行动办公室。4 月 26 日，省政府发布了“禁毒通告”，省长朱森林发表电视讲话，向全省发出了关于打一场禁毒人民战争的总动员。

广东各地尤其是毒品问题较突出的地区的党政和公安司法机关，早在 1995 年 2 月份就已陆续开展了行动。从各市县到各镇、乡、街道办事处甚至管理区，层层成立了禁毒领导小组，党政各级领导全部亲临第一线督战指挥。汕尾、阳江、云浮、中山等市还层层签订责任书，明确了党政一把手为开展禁毒斗争的第一责任人，主管领导为第二责任人，并实行“一票否决权”。接着，各地组织大量人力及宣传资料，采取各种形式大张旗鼓地宣传吸毒、贩毒的危害。与此同时，公安机关迅速组织起一支支由公安干警、治安人员为骨干，包括基干民兵在内的缉毒队伍，进行缉毒活动。其中，4 月 24 日—26 日所开展的当年第一次全省统一清查行动，仅广州、深圳、佛山 3 市就出动了各种缉毒力量 4.7 万人次，摧毁贩毒团伙 99 个，抓获贩毒分子 676 人，捣毁吸毒窝点 272 处。8 月 24 日—25 日开展的第三次全省统一清查行动，据广州、斜阳、佛山、惠州等 7 市不完全统计，就抓获毒贩 157 名、吸毒者 1 241 名，缴获海洛因 66.7 克。广大人民群众也以极大热情投身到斗争之中，仅行动最初一个多月，全省群众就提供毒品犯罪线索上万条，扭送公安部门的吸毒贩毒人员近万人，一批重特大贩毒案件在此次大扫毒行动中被迅速侦破。6 月初，广州市海珠区公安分局在辖区一居民住室中搜出海洛因一批，抓获涉嫌人员数名。广州市局进一步组织力量深挖，在云南省警方的协助下，经过 21 天奋战，破获了中华人民共和国成立以来广东省罕见的特大贩毒案，查明了由境外走私集团操纵策划，以进口土特产的名义为掩护，将毒品从云南边境走私入境后运至广州，再销往境外的跨国走私贩毒案件。至 7 月初，共抓获境内外贩毒者近 20 名，缴获毒品海洛因 160 千克及作案工具一大批。江门市是著名侨乡，毒品犯罪比较严重。市委、市政府领导亲自作了部署，所属台山、恩平等重点县级市自 3 月中旬开始，分别组织了上万人的骨干队伍，采取奖惩机制，实行分片包干，层层狠抓落实。两个月间，台山市便拨款 600 万元用于加强戒毒所的建设，破获贩毒案 43 起，抓获吸毒、贩毒违法犯罪人员 800 余名。恩平市注重从查获的吸毒、贩毒人员中深挖线索，适时捣毁地下销售点。

在 1995 年开展的这场禁毒统一行动中，广东全省共破获毒品案件 4 700 多起，打掉贩毒团伙 800 余个，捣毁毒品销售网(窝)点 6 400 个、毒品交易场所 1 400 多处，抓获犯罪嫌疑人 6 700 多人，缴获海洛因 360 多千克，冰毒 460 千克，鸦片、吗啡等其他毒品 120 千克，毒资 905 万元，以及枪支、子弹、小汽车等作案工具一大批。全省共查处吸毒人员 50 000 多人，并实行强制戒毒，至 6 月底，依法判处毒品罪犯 643 人，其中依法判处死刑 86 人，有 200 多名贩毒者慑于法律威力主动向公安机关投案。

甘肃省是我国内陆省份，自近代以来毒品问题一直十分严重。进入 20 世纪 80 年代以来，在我国绝迹 30 年的毒品违法犯罪死灰复燃，甘肃亦不能幸免，再度成为毒品危害的重灾区。对此，省委、省政府高度重视，从事关民族兴旺、维护社会稳定的高度，采取坚决措施，对毒品违法犯罪活动予以坚决打击。1989 年甘肃省人大七届二次会议通过的《政府工作报告》明确指出，要把以查禁烟毒为重点的扫除社会丑恶现象作为今后的一项重要工作来抓。省政法工作会议和省综合治理工作会议之后，兰州市委、市政府立即召开了兰州市公、检、法、司、民政、文化、工商等单位负责同志参加的紧急会议，认真研究兰州市吸贩毒丑恶现象屡禁不止等突出的社会治安问题，提出了综合治理的措施；研究制定了《兰州市社会治安综合治理方案》和《关于近期在全市开展坚决打击社会面吸贩毒品活动专项治理的意见》。当年，兰州市公安局研究部署在全市范围内开展一次集中查禁吸食、贩卖毒品和卖淫嫖娼以及赌博等社会丑恶现象的专项斗争。在此期间，市政府又下发了《兰州市严厉打击和全面查禁贩卖、吸食毒品活动的通知》。这次专项斗争，查出贩毒窝点 10 处、吸毒窝点 54 处，破获贩运毒品案件 9 起；在查获的重大贩毒案件中，有马廷祥贩卖毒品海洛因 446 克和新疆乌斯曼贩卖鸦片 1 500 多克等重大贩卖毒品案件；查获毒品海洛因、吗啡、鸦片等 1 995 克，可卡因等 411 包，铲除罂粟 54 074 株，赃款折合人民币 318 002 元。[①] 进入 90 年代后，甘肃省毒品违法犯罪活动愈加严重，吸毒人员急剧增加，由吸毒引发的社会治安问题日益突出，人民群众反映强烈。甘肃省委、省政府采取了更加有力果断的措施，对毒品违法犯罪活动加大打击力度。甘肃省禁毒委员会办公室提供的资料显示，1990—2001 年甘肃省共查获制贩毒案件 34 878 起，缴获海洛因 734.479 1 千克、鸦片 149.337 千克，抓获毒贩 38 299 人，强制戒毒 97 315 人次，劳教戒毒 20 428 人次。尤其是从 2000 年开始，甘肃省委、省政府利用三年时间对本省的毒品问题进行集中整治，其间共破获毒品犯罪案件 12 242 起，抓获制贩毒品作案成员 12 139 名，侦破海洛因千克以上的特大案件 63 起，缴获毒品海洛因 423.58 千克，摧毁制贩毒集团 95 个，抓获成员 334 名。所有这些活动，有力地打击了毒品犯罪分子的嚣张气焰，有效遏制了毒品违法犯罪蔓延的势头，取得了禁毒斗争的显著成绩。[②]

1990 年 11 月 12 日的《四川日报》，有一则这样的报道："今年 7 月，茂县公安局对中华人民共和国成立前种植罂粟的乡村进行突击检查，发现少数偏僻山村个别农户擅自在承包地、荒地种植罂粟……同时发现吸毒现象，有的人已吸毒成瘾。"在内蒙古呼伦贝尔盟的鄂伦春、莫力达瓦、阿荣三旗结合部的原始森林中，一些人神不知鬼不觉地钻进人迹罕至的密林中，寻找空旷地开垦种植了大面积的罂粟，春播秋收，竟使其成为我国最大的毒源产地。然而纸是包不住火的，内蒙古森林警察出动飞机侦查发现，在广大深山密林中，开遍了红艳艳的罂粟花。机不可失，罂粟花盛开正是铲除的好时节。1991 年 7 月 13 日，森林警察大兴安岭支队出动 14 架次飞机对星星点点的罂粟地喷洒药水，促其枯萎。同时，300 多名森林警察以扇形散开，他们顶着炎炎烈日，穿梭在深山老林中，共铲除罂粟地 80 多亩，罂粟 600 多万株。

1992 年 1 月 21 日，广西召开电话会议，部署禁毒专项斗争。同月，新疆乌鲁木齐市部署禁止吸毒专项斗争。6 月 17 日，公安部发出贺电，赞扬云南公安机关在 1 月—5 月的缉毒中取得了破获贩毒案件 1 300 件，抓获贩毒分子 2 000 多名，缴获一大批毒品毒资的成绩。天津市在当年开展的全市范围内以扫除卖淫嫖娼、贩毒吸毒为重点的除"六害"专项斗争和上海市开展的禁毒、禁娼专项治理都取得了重大成果。

1993—1996 年，公安部部署在西南边境地区开展了"三年缉毒缉枪专项斗

① 资料来源：兰州市禁毒委员会办公室提供。

② 资料来源：甘肃省禁毒委员会编：《功在当代，利在千秋——2000—2002 甘肃省禁毒工作》；甘肃省禁毒委员会办公室提供的 1990—2001 年禁毒工作有关情况统计表。

争”。云南、广西两省区缴获的海洛因和鸦片分别占当年全国缴获量的82%和70%。

1993年1月1日，青海省西宁市伊斯兰教协会召开禁毒动员大会，向全市穆斯林同胞发出了《关于禁止贩毒吸毒的倡议书》。2月9日，贵州召开全省禁毒工作会议，明确提出在1994年年底实现基本消除省内毒源，并使吸食毒品现象得到有效控制的目标。7月28日，云南省公安厅在昆明、德宏、临沧、文山、大理等8个重点地、州、市组织了“缉毒一日行动”，共破获毒品犯罪案件58起，抓获毒贩95名，缴获海洛因16公斤、鸦片8.5公斤。云南省公安机关全年破获各类贩毒案件4 174起，缴获海洛因等精制毒品3 546公斤、鸦片1 602公斤，抓获境内外毒品犯罪分子6 191名。

1994年3月20日，广西壮族自治区人民政府发布了《关于禁毒的通告》，要求各级党委、政府以及有关部门的领导迅速行动起来，扎扎实实地把禁毒斗争不断推向深入。8月，在吉林省夏季扫毒斗争中，长春市和吉林市先后打掉两个特大种植、加工、贩卖毒品团伙，分别缴获自制鸦片3 080克和9 500克。云南省成功地扭转了境外毒品走私入境连续十年急剧上升的势头，全年缴获入境海洛因2 810.4公斤，比上年下降20.7%；查获鸦片876.7公斤，比上年下降45.3%。

1995年2月22日，公安部边防局在广西北海市召开了10省区边防部门“缉枪、缉毒座谈会”，总结了一年来边境地区的缉枪、缉毒工作，对下一步深入“严打”斗争作了部署。7月，吉林省再次掀起禁毒高潮。该省从1991年至1995年5月末，共破获走私、制贩毒品案件1 358起，打掉毒品犯罪团伙108个，抓获犯罪分子1 424人，缴获海洛因1.2千克、鸦片近390公斤、咖啡因14 000公斤。1995年云南省在靠近中缅边境的德宏州开展的“春季山地扫毒”行动中，共抓获毒犯946名，端掉贩毒窝点111个及毒品中转站31个，缴获海洛因4.1公斤、鸦片18.16公斤、制毒化学配剂13吨；全省继续保持境外入境毒品下降的趋势，全年查获的海洛因比1994年减少49.6%，查获的鸦片减少52.2%；全年铲除非法零星种植罂粟折合27.9亩，比1990年下降90.6%，基本上达到了“八五”期间“种毒得到控制，吸毒制止蔓延，境外毒品流入明显减少”这一禁毒目标。

二、全国范围的禁毒专项斗争

自1996年开始，全国每年都要进行禁毒的专项行动，或者在“严打”斗争中，把毒品列为重点整治的对象，充分发挥集中打击的优势。从此，全国范围的禁毒专项斗争，成为我国打击毒品犯罪的一个十分有效的手段。

(一) 1996年"严打"和禁毒斗争

1996年4月,全国统一开展了"严厉打击刑事犯罪的斗争"。3月25日,湖南省委、省政府召开地市州综合治理委员会会议,结合即将开展的全国"严打",部署了4—6月份的"打团伙、禁毒品"专项斗争。广东省结合"严打"统一行动,全年破获贩毒案件3 100多起,抓获贩毒嫌疑人4 200多名,缴获海洛因1 100多千克、冰毒510多千克。在这次全国"严打"中,毒品犯罪仍被列为打击重点,取得了显著战果,全国共破获各类毒品违法犯罪案件88 579起,缴获海洛因1 100多千克、鸦片17 745千克、冰毒1 599千克、易制毒化学品218.6吨。仅4月份全国就查获海洛因近1 000千克,创一个月内查获海洛因的最高纪录。

(二) 1997年大扫毒

1997年全国禁毒专项斗争取得了改革开放以来最好的成绩。3月26日,中共中央书记处书记、中央政法委书记任建新代表党中央、国务院,就在全国范围开展的禁毒专项斗争,向在北京出席全国禁毒工作会议的代表发出总攻令:"我国曾是一个深受毒品之害的国家,决不能容忍毒品肆虐泛滥,让屈辱的历史重演。必须下更大的决心,以更坚决的态度,更有力的措施,果断彻底地解决毒品问题!"与此同时,国家禁毒委员会要求各地党委、政府对这次禁毒专项斗争高度重视,精心制定本地的具体实施方案,切实加强领导,狠抓落实,投入足够的力量,落实经费等物质保障;要求各地广泛宣传群众、教育群众、发动群众、组织群众,结成防范和打击毒品犯罪最大的天罗地网,打好禁毒的人民战争。全国积极响应,各地相继破获了一大批毒品案件;海南、陕西等省,昆明、西安、广州、成都等省会城市都召开了宣判大会,依法公开宣判毒品犯罪分子多名;广东省在虎门镇隆重集会游行,营造了全民大禁毒的气氛。在这次专项斗争中,全国缴获海洛因5.477吨,是历年来缴获海洛因最多的一年,还缴获了大量鸦片、大麻、冰毒和各类易制毒化学品。

(三) 1998年全国禁毒行动

1998年,全国各地,尤其是西南、西北、东北边境省区和东南沿海地区进一步加强了堵源截流。云南、广西等地的公安边防部门,加大了毒品走私入境和易制毒化学品走私出境的查缉力度,适时开展专项斗争,破获毒品案件1 169起,缴获海洛因2 508千克,占全国缴获同类毒品的1/3;上海、广东、云南等地成功侦破了一批万克以上海洛因大案。北京、天津、山西、四川、重庆等许多省市开展了缉毒破案专项斗争,成效明显。湖南、安徽等省落实了禁种铲毒责任制,有效地遏制了罂粟非法种植。在破获案件、缴获毒品、抓获毒贩等方面取得了近几年来最好成绩，狠狠打击了毒品走私入境和易制毒化学品走私出境。

（四）1999年对全国毒品危害重点地区的集中整治

1999年国家禁毒委员会确定了云南、广西、甘肃、安徽等11个省份的17个毒品危害重点地区，对这些地区进行了集中整治，取得了阶段性成果。当年全国铁路部门相继成立了禁毒工作领导小组，毒品犯罪活动突出的昆明、成都、广州、上海、柳州等地，铁路公安局专门成立了缉毒专业队伍，开展缉毒专项斗争。民航公安机关立足机场，严把航线关口，充分发挥民航安全检查的优势，保持对毒品犯罪的严打势头。交通部门公安机关针对水上交通线毒品犯罪日益严重的形势，加大了打击力度，以水道堵截为重点，将缉毒工作与打击流窜犯、查堵在逃犯等工作有机结合，有效地打击了假道水运线贩毒犯罪活动。公安边防部队加大边境一线堵截查缉力度，通过增加一线警力、增加巡逻次数和密度、加强对重点目标的检查和针对性检查等措施，保持严堵、严查态势。①

（五）2000年全国禁毒行动

当年，除国家禁毒委员会办公室确定，对毒品问题严重的11个重点省区的17个重点地区继续抓好集中整治工作外，全国各地都积极行动起来。云南、广东、广西、贵州确定了一批省内重点地区挂牌督办；甘肃、宁夏、四川、河南和安徽把打击外流贩毒作为治理重点；北京、广东等省（自治区、直辖市）也都开展了不同形式的禁毒专项斗争。西部省区以破大案、打毒枭、挖毒窝、毁网络为目标，大力扫荡毒品犯罪，争取为西部大开发营造良好的环境；华东地区六省一市、西南和中南地区十一省分别在江苏的苏州、湖南的长沙召开了禁毒协作会议，建立了缉毒办案的协作机制。3月，公安部下发《关于加强打击冰毒犯罪的通知》，对打击冰毒违法犯罪活动作了部署。集中侦破了一批制贩冰毒案件，打掉了一批制贩冰毒犯罪团伙，摧毁了一批地下制、吸、贩冰毒的窝点，全面调查清理了易制毒化学品生产经营情况。

（六）2001年“严打”和集中整治行动

2001年是深入开展“严打”整治斗争的一年。为了深化重点整治工作，当年4月，公安部禁毒局组织11个省区的17个重点地区组成5个工作组，对重点整治工作进行交叉检查和考评。检查表明，各地因地制宜，组织了有影响、有力度的专项斗争和集中打击行动，对毒品问题形成了严打整治态势。国家禁毒委员会办公室宣布浙江省绍兴县、苍南县，广西壮族自治区靖西县，广东省广州市三

① 中国国家禁毒委员会办公室：《1999年中国禁毒报告》。

元里不再列入毒品问题严重地区重点整治范围。[①] 经过多年的努力,专项斗争取得了明显成效,并涌现出了一批优秀单位和先进典型。见表11-1。

表11-1 2001年评选的全国禁毒斗争优秀单位和先进典型

获奖单位	奖励名称
云南、甘肃、贵州、四川、湖南禁毒委员会	禁毒严打整治专项斗争综合奖
海南、北京两省市禁毒委员会办公室	禁毒斗争宣传教育奖
广东省公安厅刑侦局缉毒戒毒处、福建省公安厅禁毒总队	打击制贩冰毒奖
湖北、辽宁两省禁毒委员会办公室	娱乐场所整治奖
广西壮族自治区、重庆市禁毒委员会办公室	收戒行动奖
江苏、浙江两省禁毒委员会办公室	易制毒化学品管制奖
云南省民航局公安局禁毒大队、昆明铁路局昆明火车站警务站、云南省德宏州木康边防检查站	堵源截流奖
广东普宁市、云南巍山县、安徽临泉县禁毒委员会	集中治理奖和毒品问题重点地区整治奖

资料来源:根据《2001年中国禁毒报告》整理。

(七)2002年全国禁毒严打整治专项斗争

2002年初,国家禁毒委员会召开电视电话会议,部署开展全国禁毒严打整治专项斗争。各地禁毒部门在当地党委、政府统一领导下,精心组织,积极行动,迅速掀起了严厉打击毒品违法犯罪活动的高潮。当年全国禁毒严打整治专项斗争采取的主要措施有:一是加大堵源截流和缉毒力度。二是开展了整治歌舞娱乐场所吸食、贩卖“摇头丸”统一行动。公安部、文化部和国家工商行政管理局联合下发了《关于印发〈整治歌舞娱乐场所吸贩“摇头丸”统一行动方案〉的通知》,各地工商行政管理、文化和公安禁毒、治安部门密切合作,联合开展了清查歌舞娱乐场所专项行动,重点对存在吸贩“摇头丸”问题的娱乐场所进行整治。三是不断深化重点整治工作。经过近一年的努力,专项斗争取得了明显成效。其中四川省在全省范围内连续开展了六次以“狂飙”为代号的系列集中整治行动。贵州省先后开展了以打击毒品违法犯罪为主要内容的“百日剿毒会战”、“春夏扫毒风暴”。甘肃临夏州开展了“百日扫毒”行动,强戒、劳教“突击周”,“禁毒突击月”

① 中国国家禁毒委员会办公室:《2001年中国禁毒报告》。

和为期50天的禁毒目标任务“倒计时冲刺活动”。安徽、河南两省三县在边界地区联合开展禁毒行动。

(八) 2003年禁毒专项行动

2003年，国家禁毒委员会和公安部从深化国内缉毒执法协作机制和国际禁毒合作机制入手，在全国组织开展了多次专项行动。针对东南沿海地区制贩和走私苯丙胺类毒品犯罪突出的问题，公安部部署东南沿海13个省市自2003年8月至2004年1月，以福建、广东为重点，开展“打击制贩和跨国走私冰毒、摇头丸犯罪专项行动”。针对“金三角”毒品入境和跨区域贩毒突出的问题，国家禁毒委员会和公安部部署2003年8月至12月，以云南为主战场，开展“打击‘金三角’毒品入境和跨区域贩毒活动专项行动”。专项行动以2002年抓获去云南贩毒人员较多的省(自治区、直辖市)为重点，全国其他省(自治区、直辖市)公安禁毒、公安边防、海关缉私部门和铁路、民航、交通公安部门共同参与，取得显著成效。各行业有关部门、各有关省份也开展了专项治理，如海关总署缉私局在昆明关区组织开展了“全国海关缉毒犬查缉毒品专项行动”；铁路公安机关开展了“蓝盾行动”等一系列查缉毒品专项行动；广东、辽宁等地开展了“03工程”、“百日会战”等专项行动。通过治理打击，整治工作取得阶段性成效，为促进当地社会治安形势好转创造了条件。

(九) 2004年禁毒专项行动

2004年5月至11月，公安部在全国范围内部署开展了声势浩大的“全国遏制毒源专项行动”和“全国扫毒行动”。各地公安机关按照公安部的总体安排，在当地党委、政府和禁毒委员会的关心重视下，充分利用公安部扫毒行动办公室搭建的信息共享平台，依据考核评估标准，精心组织，周密部署，全警动员，全线出击，不断推动扫毒行动的深入发展，取得了显著成效，实现了预期目标。行动中，建立了多部门、多警种、多地区协同作战、整体联动的格局，提高了合成作战效能。公安监管部门积极开辟第二战场，加强审查深挖，获取贩毒线索1万多条，据此破获了一大批毒品案件。治安、刑侦部门和派出所在打击零包贩毒方面也做了大量工作，破获了大批案件。经过扫毒行动，全国大多数地区制贩毒团伙受到了明显重创，境外毒品入境势头明显趋缓，毒品地下消费市场明显萎缩，歌舞娱乐场所涉毒现象明显减少，毒品重点地区面貌明显改观，人民群众参与禁毒的热情明显高涨，为禁毒工作的长远发展争取了初步主动权。

(十) 2005年禁毒专项行动

2005年，公安部重点指导云南等省开展了抓捕毒贩的专项行动，抓获了一批境内外大毒枭。1月8日，缅甸警方在缅甸勐冒县新地方抓获中方公开悬赏通缉的大毒枭马顺苏，并于当日下午移交中方处理。3 月 5 日，福建省公安机关实施“啄木”抓捕行动，在该省福安市成功抓获潜逃 6 年、公安部公开悬赏通缉的大毒贩刘招华。刘招华、马顺苏等人的落网，不仅震慑了境内外毒品犯罪分子，而且再次向世界表明中国禁毒执法部门同毒品犯罪作斗争的坚定信心和顽强拼搏、锲而不舍的精神。[①]

（十一）2006 年禁毒专项行动

2006 年，全国禁毒专项斗争以云南、上海、广西收获为最。如上海在机场、公路、铁路、港口等通道开展了“猎鹰 2 号”查毒行动，查破毒品案件 98 起，抓获犯罪嫌疑人 116 名，缴获各类毒品 19 千克，易制毒化学品近 100 吨。上海还将“取缔零包贩毒交易点”列为 2006 年上海平安建设的十项实事之一，集中开展了为期一年的“打击整治零包贩毒专项行动”。

（十二）2007 年禁毒专项行动

2007 年，公安部重点组织了 21 个省（自治区、直辖市）的禁毒部门开展集中打击外流贩毒活动的专项行动，以及 13 个省（自治区、直辖市）开展为期半年的治理组织利用特殊人群贩毒问题专项行动。公安禁毒部门统一行动，精心组织，与相关部门密切协作，整体联动，全力开展侦查工作，投入大量的人力、物力和财力，打了一场短平快的科技仗、信息仗和联手仗，实现了侦查效益的最大化。在整治组织、利用怀孕和哺乳期妇女、儿童、残疾人员等特殊人群进行贩毒活动问题上，各地坚持“源头抓起、打防结合、综合整治”的工作思路，严厉打击幕后组织策划者，教育、挽救绝大多数被雇佣、利用的涉毒特殊人群。

（十三）2008 年禁毒专项行动

2008 年，公安部指导云南等地通过完善境外抓捕、以案拔钉、专案督捕、兑现奖励等追逃工作机制，继续推进以打击境外大毒枭为重点的“拔钉子”专项行动；共列捕嫌疑毒犯 46 名，抓获 44 名，其中抓获了邱何水、马有苏夫和王建忠等毒枭 7 名，“拔钉子”专项行动取得丰硕成果。自 2005 年下半年部署开展“拔钉子”行动后，共列捕毒犯 144 名，抓获 106 名，拔掉了一批在境外躲藏多年的毒枭、重要毒贩，摧毁了一批盘踞边境一带的贩毒集团，有力地震慑了境内外贩毒分子，有效遏制了“金三角”毒品向我国渗透的趋势。全国海洛因缴获量从 2004 年的 10.8 吨逐年降至 2008 年的 4.3 吨；大宗毒品走私、贩运活动明显减少，全国查获 10 公斤以上的海洛因案件从 2005 年的 80 起降至 2007 年的 39 起。[②]

---

① 中国国家禁毒委员会办公室：《2006 年中国禁毒报告》。

② 中国国家禁毒委员会办公室：《2009 年中国禁毒报告》。

全国各地，特别是国家禁毒委员会挂牌整治的 15 个县、区、市，按照国家禁毒委员会办公室“盘县会议”的部署，采取打防管控与扶贫治愚相结合等多种措施，不断加大整治工作力度，取得了明显成效。通过整治，重庆市梁平县、四川省兴文县、贵州省织金县、甘肃省广河县、宁夏回族自治区同心县、新疆维吾尔自治区和田县等 12 个县(市)外流贩毒活动得到有效遏制，毒品泛滥的情况发生了可喜的变化。①

(十四) 2009 年禁毒专项行动

2009 年，全国公安机关以打击制贩毒集团、网络和毒枭为重点，以侦办毒品目标案件为抓手，组织开展破案攻坚、“拔钉子”等专项行动，大力强化缉毒侦查工作，破获了一大批重大制贩毒品犯罪案件。全国共破获部级毒品目标案件 34 起、100 千克以上毒品大案 36 起，有力打击和震慑了毒品犯罪分子的嚣张气焰。② 广东、广西、云南等地针对外国籍人员在华贩毒问题突出的情况，组织开展了专项打击行动，共破获外国籍人员在华贩毒案件 1 106 起，抓获外国籍贩毒人员 1 559 名，缴获毒品 1.9 吨。③

(十五) 2010 年禁毒专项行动

2010 年，公安部禁毒局召开上海世博会和广州亚运会安保工作座谈会，部署打好总体仗和联手仗。各地按照中央社会治安综合治理委员会(以下简称综治委)关于开展社会治安重点地区排查整治的部署，针对毒品危害严重的重点地区、场所以及突出问题，组织开展了针对娱乐场所涉毒、外流贩毒、外籍人员和利用特殊人群贩毒的打击整治行动。国家禁毒委员会办公室会同公安部、文化部、国家工商行政管理总局联合下发通知，部署各地加大对娱乐服务场所涉毒问题的整治力度，共清查娱乐服务场所 10 万余家，查处了一批涉毒场所。四川、贵州、广西等地加大对外流贩毒活动的整治力度，共抓获外流贩毒人员 2.6 万名。④

(十六) 2011 年禁毒专项行动

2011 年 5 月 26 日至 12 月 15 日，公安部部署全国公安机关开展网上追逃专项督察“清网行动”。各地、各级公安禁毒部门紧密围绕行动部署要求，将境外“拔钉子”和境内“追逃”相结合，在短短 6 个半月内，抓获网上逃犯 3 705 名，其中行动前逃犯 2 234 名，“清网率”达 91.93%，抓获潜逃 10 年及以上逃犯 262 名，命案逃犯 131 名，境外“钉子”逃犯 46 名，“漂白”身份逃犯 102 名。⑤

---

① 中国国家禁毒委员会办公室：《2009 年中国禁毒报告》。

②③ 中国国家禁毒委员会办公室：《2010 年中国禁毒报告》。

④ 中国国家禁毒委员会办公室：《2011 年中国禁毒报告》。

⑤ 中国国家禁毒委员会办公室：《2012 年中国禁毒报告》。

(十七) 2012 年禁毒专项行动

为做好中共“十八大”安保工作，国家禁毒委员会和公安部禁毒局指导北京全面加强对各类毒品违法犯罪的打击力度，破获走私、运输毒品案件 278 起，抓获犯罪嫌疑人 297 名，缴获毒品 297 千克，创同期历史新高。[①] 指导非涉京地区组织力量严厉打击制贩毒、外流贩毒活动以及其他相关犯罪活动，部署全国公安禁毒部门参与治爆缉枪专项行动，强力打击枪毒同流、以枪护毒的涉毒涉枪案件，全国各地破获涉枪案件 351 起，缴获枪支 617 支、仿真枪 93 支、子弹 14 431 发，查处违法犯罪嫌疑人 947 名，有力维护了社会安全稳定。加大打击零星毒品犯罪工作力度，集中整治零星贩毒和吸毒问题突出的部位、窝点，全年共破获零星毒品犯罪案件 9.16 万余起，有效净化了社会治安环境。[②]

(十八) 2013 年禁毒专项行动

以大力萎缩境内毒品消费，提升群众安全感为目标，部署开展“扫毒害保平安”严打整治行动。2013 年 1 月 24 日至 5 月 9 日，公安部组织全国公安机关开展了为期百日的“扫毒害保平安”严打整治行动，各地以零包贩毒活动作为打击重点，先后组织 200 余次督导行动。以遏制境外毒品入境内流，深化湄公河联合执法合作机制为核心，中老缅泰四国联合开展了为期 2 个月(4 月 20 日—6 月 20 日)的打击湄公河流域毒品犯罪的“平安航道”联合扫毒行动。以当前网络涉毒违法犯罪活动出现的新情况、新特点为突破口，7 月 29 日至 8 月 5 日，公安部部署全国公安机关集中开展打击网络涉毒违法犯罪专项整治，各地禁毒、网安部门统一行动、集中收网，共抓获网络涉毒违法犯罪嫌疑人 2 120 名，摧毁制毒加工窝点 11 处，缴获各类毒品 268 千克、易制毒化学品 7.93 吨、枪支 22 支、子弹 719 发。8 月 8 日至 12 月 8 日，公安部又部署全国公安机关开展了“肃毒害、创平安”禁毒百日攻坚会战，各地公安机关迅速发动，突出重点、主动进攻，堵截、打击、整治、管理多管齐下，深入开展“对毒品入境的堵截战役、对制毒活动的打击战役、对贩毒活动的围剿战役、对制毒物品流失的整治战役、对吸毒人员的查控战役”。广东惠东治理制贩氯胺酮、广州治理非洲籍人员贩毒、广西东兴开展堵截境外毒品入境等突出毒品问题整治工作取得重大突破，社会效果良好。

(十九) 2014 年禁毒专项行动

为贯彻落实中央政治局常委会、国务院常务会议听取禁毒工作汇报的会议

---

① 中国国家禁毒委员会办公室：《2013 年中国禁毒报告》。

② 中国国家禁毒委员会办公室：《2014 年中国禁毒报告》。

精神和中央领导同志重要指示批示精神，依法严厉打击毒品违法犯罪活动，经公安部党委批准，9 月 29 日，公安部部署全国公安机关开展为期半年的百城禁毒会战，以 108 个城市为重点，围绕打击制毒犯罪、开展堵源截流、查控吸毒人员、打击集散分销、整治外流贩毒、打击网络涉毒活动等六个主攻方向，部署各地全面铺开、突出重点，重拳出击、重典治乱。为坚决遏制网络毒品违法犯罪活动的猖獗势头，6 月 20 日至 6 月 25 日，公安部禁毒局、网络安全保卫局统一部署，全国公安禁毒、网安部门联手行动，对公安部确定的 9 起重点专案全面展开破案收网行动。行动期间，各地围绕部署查缉的涉毒人员，纵向延伸、横向拓展，突审深挖、研判扩线，共抓获涉毒违法犯罪嫌疑人 3 440 名，摧毁制毒厂点 8 处，缴获冰毒 127.55 千克、氯胺酮 35.9 千克，查缴毒资 19.6 万元，查扣涉毒车辆 9 部，查获枪支 3 把、子弹 112 发、管制刀具一批。

总体来看，自 1996 年以来全国开展的禁毒专项整治行动，已成为集中打击毒品犯罪，综合治理毒品问题的有效手段。在 1996 年以后开展的全国禁毒斗争中，既有国务院以及公安部、海关、铁路、民航等部门组织的全国统一或区域性的专项行动，也有各省市组织的专项行动。这些行动针对各地毒品泛滥的具体情况，特色鲜明，重点突出，实效显著，战果丰硕。

三、禁毒主战场——云南省开展的禁毒专项斗争

面对汹涌而来的毒品，云南并没有惊慌失措，在党中央、国务院的关怀领导下，作为全国禁毒斗争主战场，肩负着守卫祖国南大门的重任，以对全国人民乃至国际社会高度负责的态度，沉着应战。1981 年 8 月中共中央、国务院发出《关于禁绝鸦片烟毒问题的紧急指示》，9 月 24 日，云南省人民政府转发了国务院《关于重申严禁鸦片烟毒的通知》，要求各级政府和各级有关部门认真研究，逐条落实，务必做出成效；制造、贩卖、偷运烟毒者，不管数量多少，都是违法犯罪行为，必须坚决打击。10 月 28 日，中共云南省委、云南省人民政府发出《关于严禁鸦片烟毒、坚决打击制贩毒品犯罪活动》的通知，要求公安机关和有关部门加强对制造、贩卖、运输鸦片等毒品案件的侦破和查缉，公安部门应建立一支强有力的反走私贩毒活动的侦缉队，加强各边境口岸和交通沿线重要关卡的侦缉工作，并决定在 1981 年冬至 1982 年春开展一次有声有色的群众性禁毒斗争。11 月 27 日，云南省公安厅成立打击贩毒活动领导小组，在边疆地区和内地重点地县建立缉毒侦查队，从此拉开了新时期禁毒的帷幕，禁毒缉毒工作紧锣密鼓地开展起来了。1984 年 5 月 23 日，中共云南省委、云南省人民政府批转省禁毒领导小组、省公安厅《关于进一步加强禁毒工作，实现“三禁”奋斗目标的报告》，并发出

通知指出，近几年来，各地在禁毒工作中做了大量工作，集中打击了一批贩毒分子。针对存在的问题，要求进一步加强对禁毒工作的领导，统一缉毒专业队伍的管理体制，解决缉毒装备、经费困难的问题，运用法律武器，推动“三禁”（即一年禁种，两年禁吸，三年使境外鸦片烟毒不敢大宗贩运入境）工作。1986 年 3 月，云南省政法委针对 1984 年提出的“三禁”目标并未完全实现，禁毒形势更为严峻的实际情况，召开专题会议研究如何进一步有效地开展禁绝烟毒、严厉打击烟毒犯罪活动的问题。中共云南省委、省政府多次举行专门会议，适时作出决定，号召全党动手，全民动员，在全省打一场禁毒人民战争。于是，39 万平方公里的红土高原上布下了反毒的天罗地网，一场持久的较量战争展开了。自 1982 年以来，作为反毒前线的云南捷报频传：仅 1982 年一年云南便破获走私贩毒案件 634 起，缴获鸦片等毒品 4 475 千克。据说在云南，为共和国禁毒事业倒下的第一位缉毒英雄陈建军，仅在 1985 年 11 月—1987 年 12 月两年多时间里，就擒获 19 名毒贩和缴获 50 多公斤毒品。1982 年以来，仅云南省就查获过境贩毒案件 7 万多起，缴获从“金三角”流入的海洛因和鸦片 80 多吨。1993 年 6 月，根据公安部南宁会议的统一部署，云南、广西开展了“缉毒缉枪”的集中行动，当年这两个省区缴获海洛因和鸦片占全国缴获量的 82%和 70%。2001 年 11 月 8 日，云南罗平县长底警务检查站通过公开查缉，从货运卡车装载的原木中查获 672.9 千克海洛因，创全国一案缴获海洛因数量之最。另据统计，在 1990 年 12 月全国人大常委会颁布禁毒决定后的近 5 年时间里，云南省共破获贩毒案件 19 500 多起，缴获鸦片、海洛因、黄皮等各类毒品 18 500 多公斤，捕获国内外贩毒分子 29 000 多名。云南每年收缴的海洛因数量占到全国缴获总量的 80%左右，截获鸦片数量占全国总数的 70%。自 1998 年以后的 5 年间，云南省共查获贩毒案件 66 978 起，缴获毒品 42.1 吨，其中海洛因 33 吨，平均每年缴获海洛因占全国缴获总量的 70%左右；逮捕毒品犯罪嫌疑人 32 926 名，判处毒犯 23 467 名，先后组织了 20 余次全省集中打击毒品犯罪的统一行动，公开审判处决了一批罪行极其严重的毒品犯罪分子。这是云南省历史上缴获毒品和打击毒品犯罪成效最为显著的 5 年。[①] 云南缉毒、禁毒的巨大成就，为全国瞩目，并得到世界公认。云南的禁毒工作不仅维护了全省社会治安的稳定，还为全国禁毒斗争作出了重要贡献。

1990 年 6 月 26 日第三个国际禁毒日，云南省在昆明市举行了中华人民共和国成立以来第一次规模空前的禁毒销烟大会，代表 12 亿中国人民向毒品宣

① 资料来源：中新网昆明 2003 年 3 月 10 日电。

战。14 名罪大恶极的贩毒罪犯受到了正义之剑的处决；直径一米的 20 口大铁锅里，520 公斤海洛因和 480 公斤鸦片，顷刻之间被正义之火吞灭。同一天，云南全省 17 个州市都进行了大规模的禁毒宣判，195 名毒贩受到严厉制裁。这是当年虎门销烟壮举的重现，是中国大禁毒的宣言。

1992 年国际禁毒日期间，云南省司法机关公开宣判 21 名毒品犯罪分子死刑。同时，60 口大锅焚毁了近年缴获的 1 吨海洛因和 3 吨鸦片。1993 年 6 月 26 日，云南省召开宣判大会，依法处决 28 名贩毒罪犯。1997 年 6 月 18 日，昆明市召开万人禁毒大会，昆明市中级人民法院依法对 27 名严重贩毒罪犯宣判死刑，副省长戴光禄点火，当众烧毁了 1 吨海洛因。

在云南省开展的扫毒专项斗争中，影响最大的当数 1992 年进行的平远扫毒战。

平远地区，位于北纬 23°40′—23°45′，东经 103°45′—103°55′之间，是云南省文山壮族苗族自治州砚山、文山两县的结合部，323 国道穿镇而过，是通往越南和广西的交通要道。这里涉及两镇一乡，是汉、壮、苗、彝、回等多民族聚居的地方，其中田心、磨龙、松毛坡、车白尼、小石桥、中寨、茂克 7 个行政村及平远镇办事处，习惯上统称“平远地区”，辖面积 325 平方公里，人口 14 855 人。这一地区海拔 1 500 米，属高原丘陵地带，为云南省 8 个比较平坦肥沃的坝子之一。平远街是位于滇东的一个小镇，隶属文山州砚山县管辖，全镇有 10 个行政村和办事处，汉、壮、苗、彝、回等民族人口近 6 万人，1 万多户。这里自然资源可观，拥有锰、锡、铅、锌、硅等矿产资源，特别是锰矿的储量丰富，如每年开采 20 万吨，至少可以开采 100 年。这里还是通往广西的要道，交通便利；在当时，粮食总产量、公余粮、财政收入和工业总产值四项指标在全县均名列前茅。

平远街名气很大，名扬海内外。平原街之所以出名，是因为它拥有云南、中国乃至亚洲的几个“第一”：它是全国最大的毒品集散地和贩毒场；是国内有名的枪支贩卖中心，在全国 200 多个市县所发生的枪杀案中，大多数罪犯使用的枪支都是来自这里；在这里，买枪、买子弹之方便，这里的贩毒者之多、之猖狂，均为全国乃至亚洲之最，以致在这里成立了全国第一个乡镇建制的公安分局，由专门的副省级干部统率工作队长期驻扎，统一指挥这里的禁毒缉毒工作。

20 世纪 80 年代初，平远的少数不法分子就以贩卖金银、刀具和淫秽物品而出名，80 年代中期又发展到贩卖鸦片、海洛因牟利，渐渐形成一股带有黑社会性质的恶势力。80 年代后期，平远街已经成为境外毒品、枪支在中国大陆最大的渗透据点和集散地。恶势力操纵和控制了平远街基层政权和教权，不法分子披上了人民代表、政协委员和共产党员的外衣，打着维护民族利益，振兴教门的幌子，纠集犯罪分子镇压群众，大量贩枪贩毒，集体以暴力抗拒执法，冲击打砸政法部门和党政机关，严重扰乱社会治安。

在平远街，因贩卖毒品和枪支成为暴发户的人员比比皆是，有贩毒、吸毒行为的人员达90%以上，甚至还有半公开性质的“烟馆”7家。这里成了贩毒集团的乐土，军火走私者的中转站和负案在逃者的避风港；成了水泼不进、针插不进的“国中之国”。据统计，6万人的平远，就有14 000人曾参与违法犯罪活动。在那里，政府形同虚设，镇民不需纳税，不需交公粮，不搞计划生育，不办结婚证、身份证。平远成了危害云南、影响全国、波及海外的大毒瘤，有人甚至称平远镇是“一块阳光照不进的土地”、“国旗覆盖不了的地方”。云南省委、省政府毅然决定集中时间、集中力量、重点治理，依法对平远街开展了以搜缴枪支弹药和禁毒为主的“严打”斗争。1992年8月，党中央国务院直接决策，由云南省委、省政府直接指挥，省公安厅组织对平远街贩毒贩枪的严重违法活动进行一次“严打”行动。

1992年8月30日，上百辆军车，3 000多名荷枪实弹的公安民警、武警官兵，身穿“迷彩服”，浩浩荡荡地开赴平远街。8月31日凌晨6时，围剿平远街的战斗打响。历时82天的“严打”，取得了辉煌战果。据统计，此次“严打”，共收缴各种枪支1 114支，其中，机枪5挺、步枪5支、冲锋枪119支、手枪224支、自制火枪500余支，各种子弹39 662发，手榴弹261枚，手雷和地雷17枚，爆破筒3根，毒品1吨多，其中海洛因896公斤、鸦片85公斤、非那西丁93公斤，缴获机动车94辆，没收罪犯用毒资、赃款建起的豪华住宅64幢，收缴赃款共1 047万元，黄金2.5公斤，白银14.4公斤。在这场斗争中，林洪恩等黑恶势力头目及其他一些重要毒犯全部被抓获，揭露犯罪嫌疑人员854人，依法处理656人，其中判处死刑7人，死缓1人，无期徒刑2人，有期徒刑3人，缓刑和管制30人，免于起诉的83人，免予刑事处分的530人。在抓捕战斗中，击毙罪犯2名，罪犯畏罪自杀1名。10月14日和11月12日，两次召开宣判大会，随后，镇、乡领导班子进行了改组。通过“八三一”之战，平远犯罪势力土崩瓦解，首恶分子受到严惩，彻底摧毁了犯罪的社会基础和经济基础。

平远地区“严打”作战从根本上改变了过去无法无天的混乱局面，恢复了这一地区的法律与秩序。在整个战斗中，避免了大规模的流血与反复，实现了云南省委、省政府“以尽可能小的代价夺取最大的胜利”的要求。时任中央军委主席江泽民在获悉战斗情况后称赞：平远扫毒缉枪战打了一个漂亮仗！这一重大胜利，不仅对解决平远地区长治久安问题具有重要意义和重要作用，而且对云南的稳定和经济发展有着积极的影响，对全国的治安稳定和世界范围内的禁毒斗争也是一个重要贡献。平远之战不仅是中国有史以来规模最大的一次军事大扫毒，同时也是法律与邪恶的一次生死较量！

四、改革开放30多年的禁毒成果

禁毒斗争是一项长期而又艰巨的事业，中国的禁毒斗争是在党中央、国务院的统一领导下进行的，改革开放30多年来战果辉煌。

1979年，在紧邻“金三角”的云南省的境内中缅古道的永德县明朗乡率先出现改革开放以来首例毒品后，又在云南和广西的边境地区发生了一些零星的、小规模的贩毒活动。1982年云南省专业缉毒队成立，中国的禁毒活动紧锣密鼓地开展起来。当年便破获走私贩毒案件634起，缴获鸦片等毒品4 475千克。从此，中国在毒品的收缴、涉毒案件的侦破、毒犯的抓捕方面出手不凡，成绩显著。表11－2、表11－3、表11－4反映的是根据相关资料整理并统计出的自1981年至2013年中国在禁毒方面的骄人战绩。

表11－2　1981—1990年中国的禁毒成果

项目 年份	缴获海洛因（千克）	缴获鸦片（千克）	侦破涉毒案件（起）	抓获境内外毒贩（人）
1981		4 475	634	
1982	0.060 275		18（部分）	
1983	0.005	5.25	5	10
1984		30	3	4
1985	6.7	50	6	15
1986	24.098	112.7	12	32
1987	38.682	137.45	56	74
1988	166.158	239.122	268	188
1989	488.3	269.4	547	749
1990	1 632	782	3 670	5 612
总计	2 356.003	6 100.922	5 219	6 684

资料来源：齐磊、胡金野：《中国禁毒史》，甘肃人民出版社2004年版，第325页。

表 11－3　1991—2000 年中国的禁毒成果

年份＼项目	缴获海洛因（千克）	缴获鸦片（千克）	缴获大麻（千克）	缴获冰毒（千克）	缴获制毒化学品（吨）	侦破涉毒案件（起）	逮捕犯罪嫌疑人（人）	判处刑罚（人）
1991	1 959	2 026	454	351	49.8	8 395	8 080	5 285
1992	4 489	2 686	910	655	58.8	14 704	7 025	6 588
1993	4 459	3 354	251	5	90	26 191	7 677	6 137
1994	3 881	1 737	1 534	460	0.038	38 033	10 434	7 883
1995	2 376	1 110	466	1 304	85.9	57 524	12 990	9 801
1996	4 365	17 745	4 876	1 599	218.6	88 579	18 860	13 787
1997	5 477	1 880	2 408	1 334	383.5	180 125	24 873	18 878
1998	7 358	1 215	5 079	1 608	344.5	182 416	231 940	27 229
1999	5 364	1 193	106	16 059	272	64 655	57 000	33 641
2000	6 281	2 428	4 493	20 900	215	96 189	37 101	33 023
总　计	46 009	35 374	20 577	44 275	1 718.14	756 811	415 980	162 252

资料来源：1. 齐磊、胡金野：《中国禁毒史》，甘肃人民出版社 2004 年版，第 325—326 页。
2. 中国国家禁毒委员会办公室：1998—2000 年中国禁毒报告。

表 11－4　2001—2013 年中国的禁毒成果

年份＼项目	缴获海洛因（千克）	缴获鸦片（千克）	缴获大麻（千克）	缴获摇头丸（万粒）	缴获冰毒（千克）	缴获走私制毒化学品（吨）	缴获氯胺酮（吨）	侦破涉毒案件（起）	逮捕犯罪嫌疑人（人）
2001	13 200	2 820	750	207	4 820	208.2		110 300	73 300
2002	9 290.8	1 219.3	1 300	301	3 190.9	300		119 000	90 000
2003	9 530	905.4	703.9	40.9	5 830	72.8		93 800	63 700
2004	10 836.5		1 420	300	2 746	160		98 009	66 960
2005	6 900	2 300	941	234	5 500	157.9	2.6	45 400	58 000
2006	5 790	1 690		45.41	5 950		1.79	46 300	56 200
2007	4 600	1 200		221	5 800		6	56 000	67 000
2008	4 330	1 380			6 150		5.27	61 900	73 400
2009	5 800	1 300	8 700	106.2	6 600		5.3	77 000	91 000
2010	5 300	1 000	3 200		9 900	918.17	4.9	89 000	101 000

续 表

项目 年份	缴获海洛因（千克）	缴获鸦片（千克）	缴获大麻（千克）	缴获摇头丸（万粒）	缴获冰毒（千克）	缴获走私制毒化学品（吨）	缴获氯胺酮（吨）	侦破涉毒案件（起）	逮捕犯罪嫌疑人（人）
2011	7 080				14 320			10 170	112 406
2012	7 300		4 200		16 200		4.7	12 200	133 000
2013	8 550	1 460	4 500		19 520		9.69	150 943	168 296
总计	98 507.3	15 274.7	25 714.9	1 455.51	106 526.9	1 817.07	40.25	970 022	1 154 262

资料来源：根据 2001—2014 年《中国禁毒报告》整理。

据不完全统计，自 1981 年以来，截至 2013 年底，我国共缴获海洛因 146 872.3 千克，鸦片 56 749.62 千克，大麻 46 291.9 千克，摇头丸 1 455.51 万粒，冰毒 150 801.9 千克，氯胺酮 40.25 吨，走私制毒化学品 3 535.21 吨，侦破涉毒案件 1 732 052 起，逮捕犯罪嫌疑人 1 576 926 人。中国的禁毒工作卓有成效。30 多年来中国禁毒工作所取得的成就，充分说明中国已成为世界禁毒斗争的主力军。

第二节　扎扎实实地进行禁吸戒毒工作

禁吸戒毒是禁毒工作的重要环节。为了保护公民身心健康，维护社会治安秩序，最终消除毒品危害，我国政府高度重视并大力开展禁吸戒毒工作，30 多年来在核查吸毒人数，加大禁吸戒毒力度，进行艾滋病预防，加快戒毒场所规范化建设，不断探索吸毒人员回归社会的有效方法和模式等方面做了大量的工作，取得了一定的成绩。

一、核查吸毒人数

中国法律规定，吸毒必戒。中国究竟有多少吸毒者？这是一个很难搞清楚的问题。1982 年，仅在靠近边境的云南德宏傣族景颇族自治州就发现了 18 名吸毒者。从 1982 年开始，中国政府对吸毒人员进行了了解摸底，此后每年对吸毒人员都有一个统计数字（见表 11－5）。

表 11－5　1982—2013 年全国吸毒人数统计

年 份	吸毒人数（人）	年 份	吸毒人数（人）	年 份	吸毒人数（人）	年 份	吸毒人数（人）
1982	数百人	1990	缺	1998	596 000	2006	缺
1983	缺	1991	148 539	1999	680 000	2007	957 000
1984	缺	1992	250 000	2000	860 000	2008	1 126 700
1985	缺	1993	250 000	2001	901 000	2009	1 335 920
1986	缺	1994	380 000	2002	1 000 000	2010	1 545 000
1987	缺	1995	520 000	2003	1 053 000	2011	1 794 000
1988	50 000	1996	缺	2004	1 140 400	2012	2 098 000
1989	70 000	1997	540 000	2005	1 160 000	2013	2 475 000

资料来源：1. 苏智良：《中国毒品史》，上海人民出版社 1997 年版，第 515 页。
2. 国家禁毒委员会办公室：1999—2013 年中国禁毒报告。

从表 11－5 中可以看到，中国官方统计的吸毒人数从 1982 年的数百人发展到 2013 年的 247.5 万人，在 30 年时间里，中国吸毒人数翻了 1 万多倍。这一发展规模的确使人感到心惊肉跳。然而这一统计数字仍然是一个非常保守的数字。其一，这一数字是公安机关登记在册的吸毒人数，吸毒者自愿去公安机关登记的极少，统计吸毒人数的难度大大高于统计吸香烟者和性功能障碍者。吸香烟者可以不受太大约束①，性功能障碍者在医生面前亦能接受调查，但是吸毒同卖淫、嫖娼、赌博等行为一样属于违法，都是暗中进行的地下活动。政府统计的吸毒人数一般是由各基层治安机关报上来的，或是由公安机关抓获的，抓住了就登记在册，没有发现就不在册。公安机关受人力、物力及职能范围的影响，对吸毒者难免捉一漏十，所以隐性逃脱者真不知有多少。其二，我国曾是有 30 年历史的“无毒国”，许多地区、市、县在毒品重现后相当长的一段时间尚未成立专门的缉毒机构，就连北京市也是在 1995 年下半年才正式成立专门缉毒机构的，因而就全国范围来说，对吸毒问题的监控是很有限的。其三，各级政府把本地发生的毒品问题视为会影响地方形象和官员政绩的阴暗面，不愿曝光或据实公布。

正是基于以上这些原因，进入 20 世纪 90 年代以后，我国政府加大了了解吸毒人员情况的力度。1992 年，大多数省区对吸毒情况进行了调查，截至当年年底，我国登记在册的吸毒人数为 25 万人。1998 年，一些地方针对吸毒人员底数

① 近几年我国禁吸香烟的工作已经起步，并取得较好的成效，如今许多公共场合都开始禁吸香烟。

不清的问题,重点开展了对吸毒人员的调查摸底工作。云南省用5个月时间在全省范围内对吸毒人员底数进行核查;山西省把摸查吸毒人员底数当作全年禁毒工作的一项重要任务;宁夏部署全区各派出所,对吸毒、贩毒人员基本情况登记造册、建立档案;湖南省各县(市、区)以派出所为单位,深入街道居委会、单位、乡镇、村组进行全面摸排,逐一登记造册,通过工作,终于基本摸清了吸毒人员底数。1999年,上海市政府统一组织,在各区县建立了由公安、司法、卫生、民政、宣传、教育、工商等部门参加的普查登记工作领导小组,对全市吸毒人员情况开展了为期两个月的登记工作;广西组织了第三次吸毒人员基本情况调查。通过工作,全国新发现并登记吸毒人员8.5万名。2000年公安部下发了《关于加强吸毒人员登记工作的通知》,统一了登记内容,规范了登记工作,为今后按标准数据开展登记工作并纳入全国禁毒信息系统创造了条件,当年全国登记在册吸毒人员达86万人。这一年天津、海南等省市分类排出了未受毒品侵害、受毒品侵害较轻、受毒品侵害较重的乡镇和街道,天津市还对全市4 000余名吸毒人员和6 117个居(村)委会进行了全面细致的调查;福建采用计算机手段,从6月到9月,在全省开展了"百日网上毒情调查专项行动";广西部署开展了全区第四次毒情调查,新发现吸毒人员5 396人;云南把对吸毒人员的调查经常化,在全省建立了吸毒人员监测点;甘肃全省抽调数千名干部深入基层,全面、系统地摸清了吸毒人员底数,逐人建立档案、卡片,此后每年进行一次核查,实行动态管理,大力查找下落不明、失控吸毒人员,同时,按规定开展尿检和定期帮教工作,使吸毒人员的发现、管理、监控、帮教、戒治等基础工作措施真正落到实处。2002年,云南省将吸毒人员信息全部录入计算机,经过筛选发现,登记在册吸毒人员数量上升了近2万人;黑龙江省加大了调查排摸工作力度,登记吸毒人员总数由2001年的2 000人上升到2002年的1.4万余人。针对国内滥用苯丙胺类毒品日益严重的问题,2001年3月,公安部禁毒局下发了《关于开展苯丙胺类毒品违法犯罪情况专题调查的通知》,10月公安部又发出《关于对滥用苯丙胺类兴奋剂人员严格实行登记制度的通知》,要求对吸食冰毒、"摇头丸"等苯丙胺类毒品的人员发现一个登记一个,逐步摸清底数。各地精心组织,周密部署,开展了认真细致的毒情普查工作,有的地方还同时完成了禁毒信息系统数据的初次采集。例如,甘肃省自2000年到2002年的三年里,始终将禁吸戒毒作为关键环节来抓,不断完善措施,狠抓落实,取得了实实在在的显著成效。全省统一部署,多次开展对吸毒人员的调查摸底,不断建立健全对吸毒人员的登记、管理制度,完善档案记载和信息采集,及时掌握吸毒人员的现状,做到了底数清、情况明。2002年底全省登记在册吸毒人员45 344名,对吸毒人员的管理逐步走向规范化。

尽管 30 多年来,我国对吸毒人员监控的状况逐渐改变,但是吸毒的隐秘性和我国对毒品问题坚决禁绝的严肃态度,使公布的数字要远远小于实际数字。从经验上看,公安机关能够监控的吸毒者可能仅是吸毒者实际人数的1/5—1/3。而国外缉毒专家则认为,每一个登记在册的吸毒人员周围,一般来说至少有 4—8 名隐性吸毒者,此外还有更多的偶尔(一周以上吸食一次)染毒者。偶尔染毒者一般使用的是那些成瘾性较弱的麻醉药品,如杜冷丁、可待因、大麻等。偶尔染毒者还不能算“瘾君子”,只能算吸毒者的“后备军”,可以把他们排除在吸毒者统计之外。我国流入城市的毒品 80%左右是海洛因,鉴于海洛因成瘾性较强(一般吸食 3 支掺有海洛因溶液的香烟就可上瘾)、戒断极难的特点,我国城市的吸毒者中和新发生的吸毒者中偶尔吸毒的人数应该不多(因为一“玩”就上瘾),而“专业化”的倾向十分严重,这意味着隐蔽的“瘾君子”的比例可能会大于登记在册的吸毒者人数与隐性吸毒者人数比例的经验数据。此外,我国沿海城市有上亿的流动人员,西北、西南有广大的农村和城乡结合部,在这些人员和地区中产生的吸毒者较多,而又最难以监控。根据云南省的统计,城市吸毒者中近一半以上为待业青年、进城民工和无业游民。甘肃省兰州市郊有座“刀子山”,鼎盛时期足足有好几百号烟民在此地打洞“穴居”,这些公安机关无法统计、没有城市户口、未持乡镇介绍信的流民不知从何处而来又往何处而去,据说都是各县农村因吸毒卖完农具而流入城市,以卖血、拾破烂、偷盗来维持其吸毒生涯的流民,全国人口普查时这部分人在不在册都难说,遑论城市的户籍管理了。

中国还有一个不那么引人注意,同样在公安部门监控之外的隐性吸毒人群——一些依赖麻醉药物用于治疗的慢性病患者,特别是不少精神病患者,他们中许多人自觉不自觉地使用麻醉药品成瘾,成了地地道道的瘾君子。中国有 5 000 多万病残人员,有 1 000 多万精神病患者,麻醉药品是精神病的常备药之一,也是许多病残人员的辅助药物或必备药物。我国在 1987 年 9 月 13 日颁布了《麻醉药品管理条例》,严格规定麻醉药品的生产、供应、使用和原植物的种植要在国家的严格管制下,于指定单位进行;麻醉药品只许供给地、市级卫生部门批准的医疗单位并按规定限量供应。此外,还特别规定:“医生必须掌握医疗原则,根据病情需要,正确、合理使用麻醉药品,严防病人成瘾。”

可是说到底,麻醉药品的控制不仅在于国家卫生管理部门,还在于医院和医务人员。我国 1 000 万精神病患者真正得到医院治疗、监护、管理的只有大约 8 万人,只占精神病患者总数的 0.8%。99%以上的精神病患者散布在社会上,其亲属为了解除他们的病痛,或者干脆为了让他们“乖”一点以换取家庭的安宁,到处寻求麻醉品。这是一个多么大的麻醉品需求市场呀！过去，医疗单位在高度统一的医疗管理体系条件下，还屡屡发生麻醉药品外流，个别医务人员和患者使用成瘾的事情。现在，医疗也走向了市场，医疗、医药市场有效管理体制尚未建立，假医、假药充斥，黑市交易横行，麻醉药品的管理状况堪忧。海洛因、大麻可以在我国武警、公安、海关的重重防线下走私进来，那麻醉药品也可以从医院通过各种交易"走私"出去。这是另一个催生"瘾君子"的巨大温床。据北京市公安局缉毒处统计，在吸毒成瘾者中，使用麻醉药品的约占10%。学者贺晓东、方明在《中国禁毒大视角》一书中透露，由于麻醉药品滥用问题，北京市杜冷丁一支的售价，已由1元上涨为36元，一些医院为了盈利而大批购进杜冷丁。北京市公安局1995年处理了18起医院滥进杜冷丁的事件。由于种种原因，出于"治疗"目的而经常使用麻醉药品的人不在公安机关的监控之下，一般不被列入"吸毒者"，当然也谈不上戒毒。这一部分人究竟有多少？在禁毒部门的统计表上始终是空白。以上因素构成了我国实际吸毒者人数远大于登记人数的原因。

我国在2013年登记在册的吸毒人数已达247.5万人，如果以此为基数，按照世界各国经验，国家实际监控的吸毒者可能仅是吸毒者实际人数的1/3—1/5，这样算来，我国现在的实际吸毒者应该在744万—1 240万人之间[①]。如果按照国外缉毒专家提出的，每一个登记在册的吸毒人员周围，至少有4—8名隐性吸毒者的估算，那么，当前中国的实际吸毒者应该是在992万—1 984万人。

总之，扎扎实实地开展吸毒人员的普查登记工作，对吸毒人员发现一个登记一个，为戒毒工作的全面展开提供一个较为准确、客观的数据，是开展禁毒工作的重要一环。自20世纪90年代以来，通过20年的工作，我国在对吸毒人员的调查摸底及管控方面取得了较大的进展，各地已建立了吸毒人员调查登记制度和药物滥用监测网络，初步搭建起了吸毒人员动态管控机制的信息管理平台，全国大部分省(自治区、直辖市)基本做到了定期收集数据资料，及时掌握吸毒人员情况，较为准确地掌握了全国吸毒人员的底数和现状，实现了全国大部分地区信息共享、动态管控、网上跟踪。

二、加大禁吸戒毒力度

戒毒，是禁毒工作的内容之一。采取各种措施，使瘾君子从毒品的桎梏中解脱出来，这便是戒毒。为了从根本上消除毒品对人民群众的侵害，挽救吸毒者的生命，遏制毒品违法犯罪活动，最终消除国内毒品消费问题，中国政府采取了一

① 此处为以248万为基数进行计算得出的数字。

系列严格的禁吸戒毒措施。“禁止吸毒”、“吸毒必戒”，这是我国一贯的禁毒、戒毒方针。

为加强戒毒工作，1990 年 4 月，卫生部和公安部联合召开戒毒工作会议，制定戒毒工作方案。一些省市的公安、民政、卫生等部门互相配合，建立和完善戒毒场所，同时还开展药物戒毒的实践和研究工作。医药学、心理学和犯罪学等学科的专家学者在不同领域研究戒毒方法。浙江省宁波微循环专家杨国栋发现吸毒者服用毒品时出现的戒断症状，系植物神经功能失调后迷失神经与乙酰胆碱分泌过多，与全身微循环衰竭十分相似，据此创立了“杨式戒毒疗法”，采用药物调解乙酰胆碱的分泌来达到戒毒的目的，他的戒毒方法使戒毒周期从数月减少到 10 天，且很少复发，在科研和临床上都取得了重要成果，1993 年 1 月 4 日，《人民公安报》发表文章介绍了杨国栋教授发明的“1＋1 杨式戒毒法”。甘肃天水戒毒所研制的“戒毒 919”，以人体的生理和解剖病理分析为依据，不仅能破坏人体内的烟毒抗体，而且服量少，疗程短，效果明显。当时的江苏省无锡县医院的徐大立发掘中国医学宝库，也把改善微循环障碍的方法应用于戒毒。更多的中草药处方在戒毒中发挥了神奇的疗效。例如“福康片”、“益安回生口服液”等。昆明强制戒毒所摸索出一套中西医结合的安全、简便、经济、有效的戒毒方法，使戒毒者顺利度过狂躁期、放毒期而进入康复期，周期仅需 40 天；他们研制的“六二六戒毒中药”，对海洛因瘾者已有一定效果。另外，我国医学研究人员利用针灸镇痛的原理治疗药物成瘾也取得了成果。

在加快戒毒药物研发的同时，戒毒法规也在逐步趋于完善中。1995 年 1 月 12 日，国务院总理李鹏签署发布了《强制戒毒办法》，规定对吸食、注射毒品成瘾人员，通过行政措施对其强制进行药物治疗、心理治疗和法制教育、道德教育，使其戒除毒瘾。我国逐渐形成的戒毒体系对减轻毒品危害，提高戒断巩固率，帮助吸毒人员重返社会作出了积极的探索与尝试，取得了一定的效果。但是，巨大的戒毒投入与居高不下的复吸率一直困扰着我国的戒毒工作；同时，戒毒模式的强制色彩过浓、吸毒人员人身及民主权利的保障等问题也一直颇受争议。

2007 年 12 月底颁布的《中华人民共和国禁毒法》（以下简称《禁毒法》）对我国的戒毒工作作了全面规定。为了加强对吸毒人员的管理和帮教，提高戒毒的成效，针对吸毒人员的不同情况，《禁毒法》分别规定了自愿戒毒、社区戒毒、强制隔离戒毒和社区康复四种戒毒模式，取消了原有的强制戒毒和劳教戒毒。这一规定的变化，使我国的禁吸戒毒体制从过去的过分强调强制性戒毒的脱瘾治疗，转变为以康复治疗为主的社区戒毒模式，对提高戒断率具有积极意义。

2011年6月26日，为具体落实《禁毒法》，配合新的戒毒制度的实施，国务院制定的《戒毒条例》颁布实施。这部戒毒行政法规，对自愿戒毒、社区戒毒、强制隔离戒毒、社区康复以及负责戒毒的有关组织、机构及其工作人员的法律责任等分别作了专章规定，是对《禁毒法》规定的各项戒毒措施的具体化，具有可操作性。《戒毒条例》充分体现了以人为本的理念，规定我国的戒毒工作将“坚持以人为本、科学戒毒、综合矫治、关怀救助的原则，采取自愿戒毒、社区戒毒、强制隔离戒毒、社区康复等多种措施，建立戒毒治疗、康复指导、救助服务兼备的工作体系”，明确了责任主体以及戒毒人员的权利和义务。《戒毒条例》的颁布施行，有力地推动了我国新的戒毒制度的形成和发展，充分体现了中国政府坚决禁毒的决心和力度，对规范戒毒工作，帮助吸毒成瘾人员戒除毒瘾，普及“爱生命、不吸毒”的禁毒意识，维护社会秩序，发挥着重要作用。但是，戒毒是一项系统工程，它包括诊断、治疗、康复和预防等多项程序，除了对吸毒者进行药物治疗外，还要进行心理治疗、社会教育，要根据每个人的吸毒史，对症施治，做好思想工作。《戒毒条例》的规定只是一个理论上的规范，在实际的实施过程中，戒断人员顺利回归社会之路还并不十分顺畅，心理康复、行为养成等方面关键性的配套制度依然薄弱。我们期待经过实践的探索与研究，使我国在戒毒领域的法律法规更加完善、更加务实，在中国的禁毒事业中发挥更重要的作用。

自20世纪80年代以来，作为禁毒斗争主要方面的戒毒工作在全国各地陆续展开，并逐渐积累了一些经验，取得了一定的效果。如到1993年6月，宁波市戒毒中心成立一年来，已治愈近千名海内外吸毒者，加上这个中心的4个分支机构和推广“杨氏戒毒法”的医疗单位，宁波市已使5 000多名吸毒者获得新生。[①] 云南省德宏州瑞丽县是我国著名的“孔雀之乡”，也是我国最早开展戒毒工作的县之一。在戒毒工作实践中，这个县摸索了一套行之有效的“全社会齐抓共管、综合治理”的“瑞丽模式”。瑞丽县为开展禁毒工作，投资1 000多万元建立了县康复中心，下设社会部、戒毒部和康复部。其社会部的任务是在公安、海关、武警以及其他社会力量的配合下普查全县吸毒人员，动员吸毒者戒毒，同时指导乡、村戒毒所的工作。戒毒部设在医院，有医生、护士还有公安人员，窗户装有铁条，主要是帮助戒毒者度过狂躁期（约20天），逐渐恢复到正常人的状态，然后送康复部。康复部帮助度过狂躁期的戒毒者进行心理和体力方面的恢复，主要是组织戒毒者学习法律知识和有关禁毒的规定，开展文体活动，并组织他们进

---

① 《毒品犯罪的发展趋势与治理对策》课题组：《中国禁毒斗争大事记（五）》，《公安大学学报》1999年第2期。

行一定的劳动，恢复体力。因吸毒者多为农民，因此康复部还请专家业余传授和推广农业生产技术，使吸毒者学到谋生的本领。全县还在乡、村两级建立了禁毒组织，形成了一个严密的县、乡、村三级禁毒网络。该县公安、民政、卫生、工会、妇联、共青团等部门通力合作，密切配合，使精制毒品的戒断率达到20%。1989年10月，从事了30多年禁毒工作的美国禁毒专家森内博士，受世界禁毒组织的委托，考察了瑞丽的禁毒工作后，对瑞丽的戒毒方法很感兴趣，大加赞赏。他说："在美国，警察只管抓，医院只管治，各管各的，谁也统一不了。社会主义中国的禁毒工作，确实体现了中国特色，'瑞丽模式'值得各国仿效。"[①]

云南省还在实践过程中逐步形成了具有中国特色的"四层次"和"三结合"相配合的戒毒体系。"四层次"的戒毒体系是指以家庭为主体、群众监督下的戒毒；以企业单位和社区为主体、在公安机关监督下的戒毒；由政府设立、公安机关直接管理的强制戒毒所戒毒；劳动教养强制戒毒[②]等四个相互联系、可以渐次递进的戒毒体系。"四层次"戒毒体系中的前两个层次属于自愿戒毒，后两个层次属于强制戒毒。"三结合"是指药物治疗、心理治疗和社会巩固相结合。构建这样一个戒毒体系需要解决三个问题，一是要解决好十分庞杂的社会组织工作，二是要研究出一套有效的脱瘾治疗方法，三是要投资建设一大批专门戒毒场所。"四层次"戒毒体系实际上是根据《云南省禁毒条例》中关于单位和家庭负责监督戒、社区负责戒、公安强制戒和依法劳教戒的有关规定，在组织戒毒实践中形成，而后逐步在其他省区推广的。这一体系在形成以后，已经在云南、广东以及西北的有关省、自治区发挥了重要的作用。另外，云南省禁毒部门在长期实践的基础上，还探索了"外循环"转"内循环"的戒毒康复之路，即戒毒人员完成生理脱毒之后，转往劳动康复农场进行生产劳动，既增强了戒毒效果，又减少了社会面上的发案率。

2002年国家禁毒委员会办公室下发了《关于集中收戒吸毒人员统一行动有关问题的通知》，各地公安、司法劳教等部门充分利用现有戒毒场所，努力扩建扩容，深挖收戒潜力，积极开展集中收戒吸毒人员统一行动，有效遏制了毒品犯罪的发展势头。北京、江苏、福建、河南、湖南、湖北、广东、海南、重庆、四川、贵州、云南等地强制戒毒所、劳教戒毒所基本实现了满员收戒。

由于20世纪80年代各地存有的戒毒数据严重缺乏，进入90年代以后，全国有关的戒毒数据才得以为人知晓，据此笔者将已公布的并不完全的统计数据整理成表11－6，以了解中国政府自1991年以来进行戒毒工作的概貌。

---

① 张清福、白恒、温德发主编：《中国禁毒常识》，辽宁大学出版社1999年版，第239页。

② "劳动教养戒毒"是《禁毒法》颁布前我国主要的戒毒模式之一，《禁毒法》实施后此模式不再使用，目前"劳动教养"制度也已废除。

表 11－6　1991 年以来中国戒毒人数简表　（单位：人次）

年　份	强制(隔离)戒毒	劳教戒毒	社区戒毒	社区康复	全年戒毒总数
1991	41 227				41 227
1992					4.6 万
1993		1.5 万			近 5 万
1994		3 万			近 5 万
1995		1.8 万			6 万余
1996					缺
1997	18 万余	9 万			27 万多
1998	14 万	12 万			26 万
1999	10.4 万余	12 万			22.4 万余
2000	24.8 万	12 万			36.8 万
2001	14.6 万	7 万			21.6 万
2002	25.25 万	7.6 万			32.85 万
2003	22 万余	13 万			35 万余
2004	27.3 万	6.8 万			34.1 万
2005	29.8 万	7 万			36.8 万
2006	26.9 万	7.1 万			34 万
2007	26.8 万	6.9 万			33.7 万
2008					26.4 万
2009	17.3 万		4.7 万	3.5 万	25.5 万
2010	17.5 万余		9.6 万		27.1 万余
2011	17.1 万		9.7 万		26.8 万
2012	20.2 万余		13.6 万余		33.8 万余
2013	24.2 万余		18.4 万余		42.6 万余

资料来源：根据历年中国禁毒报告与中国禁毒斗争大事记整理。

据不完全统计，自 1991 年以来，截至 2013 年，全国采取强制(隔离)戒毒(含公安机关强制戒毒和司法行政机关劳教戒毒)、社区戒毒、社区康复等方法，大约对 547 万余人次进行了戒毒。

三、加快戒毒场所规范化建设

在中国，公安机关强制戒毒和司法行政机关劳教戒毒曾是最主要的戒毒方法，强制戒毒所和劳教戒毒所成为教育、挽救吸毒人员的特殊学校。自20世纪80年代以来，针对吸毒问题的日趋严重，我国各级政府在采取积极的禁毒、缉毒措施的同时，还大力开展戒毒工作，分别在一些吸毒问题严重、人员集中的地方成立了有助于吸毒者治疗、走向新生的安康医院、戒毒所和康复中心。1991年7月，司法部在北京召开劳教工作会议，明确表示国家和地方财政将联合拨出巨款修建劳教戒毒所。《禁毒法》颁布以后，又加强了戒毒康复场所的建设，目前已形成了由中央政府主体投入，地方政府不断参与，公安部门主办并不断吸纳社会各方面资金多方建设的局面。戒毒场所的规范化建设使中国的戒毒工作在经历由小到大、由乱到治中，逐步地发展与健全起来。

1988年我国与联合国禁毒基金会合作，在澜沧、瑞丽各修建了一所"药物依赖性治疗康复技术指导中心(戒毒中心)"之后，云南省部分州、市、县也先后成立了戒毒所或戒毒中心。1992年公安、卫生、民政等部门齐动员，全力以赴抓戒毒，全国共建立戒毒所251个。1991年至1995年，对吸毒成瘾人员强制戒毒18万人次，劳动教养戒毒10万人次。[①] 但这项工作开展之后，在相当长的一段时间内效果并不十分理想，存在着很多问题。由于受经费的制约，场所建设数量有限，硬件建设不到位，管理不够规范等问题一直是影响我国戒毒工作的瓶颈。如靠国家财政补贴60%以上的云南边境几个地(州、市)，一年仅用于戒毒的开支就达数百万元，但不少县乡戒毒所的条件依然非常简陋。孟连县那垒乡戒毒所坐落在一块人迹罕至的群山凹地上，全部病房是一排四壁透风的茅草棚，没有床铺被褥，没有医生药品，致使强制戒毒工作的开展受到了极大的制约。

尽管戒毒工作遇到了诸多困难，也出现了一些问题，但随着我国经济实力的不断增强，戒毒工作也越来越引起了政府部门的重视，国家和各省(自治区、直辖市)对戒毒的投入不断加大。据不完全统计，1993年贵州在全省的戒毒所建设中，省级财政补贴240万元，各级财政拨出400余万元，用于修建戒毒所。之后，政府一直不断加大财政投入的力度。1996年，贵阳市先后投资800多万元，安顺地区行署、安顺市政府先后投资240万元修建中心戒毒所；1996年至1997年，贵州省各级政府先后投资3 000余万元用于公安强制戒毒所建设；1998年，贵州省财政在原定每年投入100万元的基础上，又多投入100万元用于补贴贫困地区修建公安强制戒毒所；中央又投入了270万元修建遵义市、安顺市公安强制戒毒中心；贵阳市政府投资1 000余万元扩建了容量近千人的戒毒康复中心，

---

① 苏智良：《中国毒品史》，上海人民出版社1997年版，第533页。

还拨款 20 万元，为贵阳市戒毒康复中心安装闭路监控设备。[①] 1998 年，云南省昆明市政府投资 400 万元为戒毒所购买了一批医疗设备。同年，甘肃省兰州市政府克服财政困难，通过两年的努力修建了容量 1 500 人的戒毒所；国家计划委员会拨款 3 890 万元补贴了 19 个省的 22 个强制戒毒所。

特别值得一提的是，自 2004 年开始，国家禁毒委员会积极协调各有关部门，加大了对戒毒场所基础设施的投入。2005 年，在国家发展和改革委员会、财政部、中央编办的大力支持下，禁毒队伍机构编制、专门经费、基础设施等得到加强，禁毒情报研究机构、戒毒康复场所等一批禁毒基础设施纳入了建设规划，这就从根本上改变了之前国家在禁毒领域的投入无计划、无序的状况，为我国禁毒事业的深入进行注入了经济实力，提供了物质保障。

2006 年 9 月，国家发展和改革委员会下达了全国 15 个戒毒康复场所建设项目。12 月，国家发展和改革委员会、公安部、司法部联合下发通知，要求集中建设资金支持每个省（自治区、直辖市）建设一到两个戒毒康复场所的试点工作。湖南、四川、贵州、云南、广西、海南、甘肃等省（区）因地制宜，积极稳妥地规划建设戒毒康复场所。[②] 2007 年，这 15 个试点项目绝大多数开工建设，有的开始安置戒毒康复人员。司法部首批确定的 8 个戒毒康复场所试点项目也都改造完成。当年，国家发展和改革委员会、公安部、司法部制定了《全国地方戒毒康复场所试点项目建设规划》，并于 9 月首期下达了全国 23 个戒毒康复场所试点建设项目的中央预算内投资计划，公安部和司法部分别召开了全国工作会议，进行动员部署，以确保这 23 个项目建设顺利进展。云南省昆明市公安局强制戒毒所在中央建设资金到达之前，自筹资金，将民警的宿舍改造成戒毒康复人员的宿舍，安置 300 多名戒毒康复人员；海南省在重点支持三亚市戒毒康复场所建设的同时，要求所有吸毒人员超过千人的县都要因地制宜地建设戒毒康复场所。2008 年，国家规划投入了 2.17 亿元用于补助全国地方戒毒康复场所试点项目建设，并下达了第二批地方戒毒康复场所项目中央预算内投资计划。2009 年，国家先后投入 4 亿多元人民币，各地落实土地和配套资金，建成了一批具备戒毒康复、职业培训、生活服务、康复劳动等功能的戒毒康复场所试点项目，兴办了一批劳动康复项目。

正是在国家近年来不断加大投入的情况下，在全国各地的积极支持与配合下，我国戒毒场所的建设已经走上了有计划、科学发展的轨道，取得了较好的成绩。2007 年底，全国建成和部分在建的戒毒康复场所累计安置戒毒人员近

---

① 贵州省地方志编辑委员会编：《贵州省志・公安志》，贵州人民出版社 2003 年版，第 456、457、458 页。
② 中国国家禁毒委员会办公室：《2007 年中国禁毒报告》。

3 000 名，已建立以种植、养殖、手工加工等为主要康复项目的戒毒康复场所38 个，出现了北京天堂河、海南三亚、云南昆明和开远、宁夏吴忠等一批典型。2008 年 12 月，有 51 个项目已经开工建设，其中投入使用的共有 13 个，安置戒毒康复人员近 5 000 名。[①] 2009 年底，全国公安机关和司法行政部门共建成戒毒康复场所 81 个，累计安置戒毒人员 2.1 万名，在所康复人员近 5 000 名。[②] 2010 年底，全国公安机关和司法行政部门共建成戒毒康复场所 93 个，累计安置戒毒康复人员 3.2 万余名，在戒断巩固、减少复吸等方面的作用初步显现。[③]

自 20 世纪 80 年代以来，我国的戒毒场所经历了从无到有，逐渐发展的过程。云南成为我国建立戒毒所最早、最多的省份。1989 年 12 月昆明市就设立了强制戒毒所。到 1995 年春，云南共建立强制戒毒所 85 个。[④] 90 年代后，在我国毒品问题严重的广东、广西、贵州、陕西、甘肃等省都设立了强制戒毒所。20 世纪 90 年代至 21 世纪初全国戒毒场所建设发展简况见表 11－7。

表 11－7　全国戒毒场所建设发展简况(1992—2003 年)

时　间	戒毒所总数	强制戒毒所	劳教戒毒所（队）	自愿戒毒医疗机构	戒毒治疗床位
1992	251 个				
1993		200 多所	64 所		
1994		404 所	75 所		
1995		500 余个	65 个		
1997		695 所	86 个	一批	7.7 万张
1998		632 所	61 个	167 个	8.6 万余张
1999		746 个	41 个，戒毒大(中)队 393 个		11.3 万余张
2000		684 个	434 个	177 个	
2002				248 个	近 10 000 张
2003		583 个	151 个		116 054 张

注：(1) 1996 年、2001 年数字缺。
(2) 1994 年，全国 404 所强制戒毒场所中，长期戒毒所 251 所，临时戒毒场所 153 所。
资料来源：根据中国禁毒斗争大事记和历年中国禁毒报告整理。

① 中国国家禁毒委员会办公室：《2009 年中国禁毒报告》。
② 中国国家禁毒委员会办公室：《2010 年中国禁毒报告》。
③ 中国国家禁毒委员会办公室：《2011 年中国禁毒报告》。
④ 《法制日报》1995 年 6 月 25 日。

自1995年1月12日,我国颁布了第一部《强制戒毒办法》,对强制戒毒场所的建设、管理,戒毒措施,生活保障等方面作出了明确具体的规定,公安、司法机关和地方政府也分别制定了有关规章,对强制戒毒所和劳教戒毒所实行等级化、规范化管理。如1995年10月,广东省公安厅会同省编委、省财政厅联合发出了《广东省强制戒毒所规范化建设意见》,为各地搞好强制戒毒所建设提供了政策依据。1997年1月1日,广东省政府颁布施行《广东省强制戒毒所管理规定》,使全省强制戒毒所建设和戒毒工作迈上了法制化、规范化的轨道。1997年9月18日,贵州省公安厅制定《贵州省公安机关强制戒毒所管理暂行办法》和《贵州省公安机关强制戒毒所规章制度》,1998年4月24日又制定了《贵州省公安强制戒毒所等级评定暂行办法》。

2000年3月,公安部在长沙召开了强制戒毒所清理整顿工作座谈会,广泛听取意见,研究提出具体措施,并于4月份制定了《强制戒毒所管理办法》、《强制戒毒所等级评定办法》、《强制戒毒所事故、重大事件分类和报告制度的暂行规定》、《强制戒毒人员行为规范》等一系列规章制度,在戒毒所推行规范化管理,实行依法、严格、科学、文明管理。7月又发布了《关于清理整顿强制戒毒所的通知》,取缔非法建立、管理混乱、以盈利为目的的强制戒毒所,清理整顿后强制戒毒所一律由公安机关建立和管理。

2001年,各地监狱和劳动教养积极开展对涉毒罪犯、劳教人员的医疗监护,研究制定了《预防艾滋病性病实施方案》,促进戒毒场所性病、艾滋病预防控制工作。2002年,公安部监所管理局继续强化全国强制戒毒所等级化管理工作,分别在浙江、上海召开了强制戒毒所等级化管理工作现场会,在内蒙古召开了全国强制戒毒工作研讨暨表彰会;司法部制定了《劳教戒毒工作管理规程》,进一步推进了劳教戒毒工作的科学化、制度化。

经过20年多的不断探索和实践,我国戒毒场所无论在数量上还是质量上都有了很大的突破,云南、贵州、甘肃、广东等省的一些戒毒所,在规范化管理方面创造了"治疗医院化、教育学校化、环境园林化、康复劳动化"的经验,被戒毒人员称为"告别毒品的再生之所"。

四、加强艾滋病预防与运用美沙酮维持治疗

尽管我国禁毒工作取得了明显成效,但是禁毒形势依然十分严峻,尤其是随着艾滋病在我国愈演愈烈,毒品与艾滋病之间相互促进、恶化的关系成为当前亟待解决的重要难题,而这一严峻现实也愈发凸显了作为联合国禁毒战略措施之一的美沙酮维持治疗的重要作用。

（一）艾滋病预防刻不容缓

艾滋病即“获得性免疫缺陷综合症”，简称“AIDS”，是由艾滋病病毒所引起的疾病。大量调查和研究证明，艾滋病病毒主要是经由血液感染、性生活以及母婴传播这三种途径传播的。无数事实证实，艾滋病传播的三个渠道都同吸食毒品有着直接或间接的因果关系，毒品是造成艾滋病这一可怕的世纪瘟疫传播泛滥的媒介和催化剂。据报告，截至1998年底，全国有16个省、自治区、直辖市从吸毒人员中检测出艾滋病病毒感染者和发病者12 639例，其中因注射毒品感染的占67.5%。据估算，我国目前存活的740 000名艾滋病病毒感染者和艾滋病病人中，经注射吸毒传播者占32.2%。其中，在云南、新疆、广西、广东、贵州、四川6省（区），注射吸毒人群中的艾滋病病人和感染者估计都在10 000人以上；6省（区）注射吸毒的艾滋病病人和病毒感染者，约计可占全国注射吸毒人群艾滋病病毒感染者和艾滋病病人估计数的84.2%。所以，吸食毒品导致的恶果之一，就是它已经成为艾滋病传播的最重要的助纣为虐者。

自20世纪80年代初艾滋病在世界上出现以来，我国政府就十分密切地关注着它的流行和发展。1985年，浙江发现了首批艾滋病病例，4名血友病患者因输入从美国进口的血液，而被艾滋病病毒感染。1990年10月20日，中华人民共和国卫生部防疫司首次发布了中国大陆最新的艾滋病疫情：据不完全统计，自1985年至1990年9月底，中国大陆共发现艾滋病感染者446人，遍布10多个省份。到2010年9月30日，我国已累计报告艾滋病病例264 302例，25年间，中国艾滋病感染者人数增长了66 075倍。另据2014年12月初中国疾病控制中心艾滋病预防控制中心主任吴尊友透露，“从绝对数来看，全球3 500万感染者，75%集中在15个国家，中国是15个国家之一”。①

30多年来，为了严防艾滋病传播，我国政府采取了一系列措施：第一，建立防控组织，高度重视防控工作。1986年，中国将艾滋病列为报告传染病，重点加强管理；成立了卫生部预防艾滋病管理工作小组，指导全国的预防和控制工作，为国家制定预防和控制艾滋病的方针、政策、规划提出建议；1990年，成立了国家预防艾滋病委员会，国家预防和控制艾滋病专家委员会，协调各有关部门，对艾滋病的防控工作进行技术指导。第二，投入大量的人力和财力，加强艾滋病监测和防治工作。1986年，在北京、上海、广州、福建、杭州、西安、沈阳、南宁等城市建立了艾滋病监测点，开展艾滋病的流行病学和血清监测工作；1998年开始，

① 《专家：中国是艾滋病感染人数比较严重的国家之一》，中国新闻网2014年12月1日。

在毒品流行严重的省市加强了对戒毒人员的艾滋病预防教育和检测工作。到21世纪初，几乎所有的省、自治区、直辖市均已开展了监测工作。国家还设立了11个艾滋病病毒抗体阳性确认实验室，几十个初筛实验室。目前，中国已初步形成了一个完整的艾滋病监测网络和一支以各级卫生防疫部门为主的防治队伍。第三，制定艾滋病防控规划，使我国的艾滋病预防与控制工作按计划有条不紊地进行。1990年，《中华人民共和国艾滋病预防和控制中期规划（1990—1992年）》制定完成开始施行；1998年11月，《中国预防与控制艾滋病中长期规划（1998—2010年）》提出了我国预防与控制艾滋病的指导原则、总目标和行动措施；2001年8月，由卫生部联合30个单位共同制定的《中国遏制与防治艾滋病行动计划（2001—2005年）》出台。此后，每5年都出台一部中国遏制与防治艾滋病的行动计划，对未来5年中国的艾滋病遏制与防治提出相关指导性意见。如《中国遏制与防治艾滋病行动计划（2006—2010年）》提出，到2010年，把我国艾滋病病毒感染人数控制在150万人以内。为此，各级政府、有关部门和社会团体在制定艾滋病防控政策、人员培训、宣传教育和医疗卫生服务等方面做了大量工作，并积累了一定的经验，群众了解的艾滋病知识不断增加，抵御艾滋病的能力正日益增强。

然而，艾滋病的发展趋势仍不容乐观，防控形势依然严峻。针对目前我国艾滋病发展呈现出的增长速度快、波及范围广、传播日趋多样化、高危行为的人数增加等特点，进一步加强对艾滋病的防控与遏制刻不容缓。

（二）美沙酮维持治疗

美沙酮是第二次世界大战时由德国赫斯特（Hoechst）药物化学公司研制的一种人工合成的麻醉药品，具有镇痛、镇静及抑制呼吸作用，主要用于代替吗啡镇痛。其特点是镇痛效力强，但依赖性较阿片类低，且口服有效，属于国家管制的麻醉药品。

美沙酮维持治疗（Methadone Maintenance Treatment，MMT）是针对海洛因等阿片类毒品依赖者采取的一种替代治疗方法，旨在通过较长时间或长期服用美沙酮口服液来治疗药物成瘾者对于阿片类成瘾物质的身体依赖问题，同时配合心理治疗、行为干预等综合措施，最终达到减少毒品危害和需求的目的。因此，美沙酮戒毒是一种"以小毒攻大毒"的保守疗法。这种方法要求吸毒人员每天到指定地点，在工作人员监督下服用一定剂量的美沙酮，从而减少非法毒品的使用和相关高危行为的发生。

1963年，美国人Drs. Vincent Dole和Marie Nyswander发现单一剂量的美沙酮可以控制海洛因的戒断症状长达24小时，从此开展了改善阿片类物质成瘾药物治疗效果的研究。[1] 1972 年，美国食品药品管理局（FDA）为了减少因吸毒引发的犯罪等社会问题，开始采用美沙酮作为对阿片类物质成瘾治疗的主要药物。70 年代初，香港地区也实施美沙酮治疗计划，取得了令人满意的效果，被世界卫生组织（WHO）认为是亚洲地区较好的戒毒模式。因此，美沙酮治疗吸毒得到迅速的推广。世界各国几十年的实践证明，它是治疗阿片类成瘾效果最好的药物。在 1993 年我国卫生部颁布的《阿片类成瘾常见戒毒疗法指导原则》中，美沙酮也被作为戒毒治疗的首选药物。目前，全世界约有 30 万人在接受美沙酮维持治疗。

2003—2006 年，我国开始了美沙酮维持治疗的试点工作。2003 年 11 月，由国家药物维持治疗试点工作组批准，率先在云南、贵州、广西、四川、浙江 5 省份的 8 个医疗卫生机构试点单位开展美沙酮社区维持治疗。2004 年 4 月 4 日，全国第一个美沙酮维持治疗试点诊所——云南个旧疾控中心健康门诊开诊。随着美沙酮维持治疗工作在全国的逐步展开，云南省已在 14 个州（市）的 52 个县（市、区）开设了 67 个社区美沙酮维持治疗门诊（其中包括 8 个流动服药车），成为中国美沙酮维持治疗门诊数量最多的省份。[2]

2004 年，国家禁毒委员会办公室会同卫生部、国家食品药品监督管理局等部门，在 10 个省份确定 34 个门诊开展“海洛因成瘾者社区药物维持治疗”试点工作，召开了药物维持治疗总结与现场经验交流会，并先后两次对试点地区公安禁毒人员进行了培训。此后，“海洛因成瘾者社区药物维持治疗”逐年发展扩大，到 2009 年 12 月，贵州、云南、湖北、四川、重庆、湖南、陕西、广西、广东、浙江等省份在治人数均在 5 000 人以上。浙江等地还建立了社区药物维持治疗延伸服药点制度，大大方便了服药人员的维持治疗。

截至 2013 年底，全国已有 28 个省份开展戒毒药物维持治疗工作，共设立美沙酮维持治疗门诊 763 个，配备流动服药车 29 辆；累计参加美沙酮维持治疗的戒毒人员达到 412 686 名，在治人员 20.17 万名，门诊服药年保持率达到 80%。10 年累计治疗吸毒成瘾人员 96.7 万余人，巩固了戒毒成果，降低了毒品危害。

五、对吸毒人员回归社会的实践探索

为解决戒毒复吸率高的问题，我国对吸毒人员回归社会的有效方法和模式进行了积极的探索和有益的尝试。各地公安机关、社区组织、单位、家庭与戒毒

---

① Joseph H、Stancliff S、Langrod J, *Methadone Maintenance Treatment* (*MMT*)*: A Review of Historical and Clinical Issues*, MtSinai J M ed., 2000, 67(5 - 6), pp.347 - 364.

② 《云南省美沙酮维持治疗实施情况调研报告》,《云南警官学院学报》2009 年第 4 期。

场所密切配合，把戒除毒瘾与帮教巩固有机结合起来，普遍建立了社会帮教制度，组成了各种类型的帮教组织，依靠人民群众，动员全社会的力量，对戒毒人员全面落实帮教措施；全国各地的工会、共青团、妇联、个体工商业者协会等社会团体充分利用自身优势，有针对性地对吸毒人员中的妇女、职工、青少年、个体劳动者开展帮教活动，收到良好效果；各级政府和基层组织积极帮助戒毒人员解决生活、工作方面的具体困难，使其在就业、升学方面不受歧视，许多戒毒人员成功戒断毒瘾，重返社会，走向新生。到2013年底，我国已建立戒毒康复人员就业安置基地(点)836个，累计安置社会面阿片类戒毒康复人员51.5万名，就业安置率达到47.8%，有22个省份就业安置率超过50%。① 经过多年的实践，帮助吸毒人员回归社会已经形成了一些行之有效、各具特色的模式，其中最具有代表性的是“金碧模式”、昆明戒毒模式和创建“无毒社区”活动。

(一)“金碧模式”

社区帮教是我国禁毒事业中的一个特色举措，也是帮助吸毒人员回归社会的一大成功探索，“金碧模式”便是这一实践的典范。金碧社区位于昆明市盘龙区，1996年3月被列为联合国亚太经社理事会和国家禁毒委员会“减少毒品需求和预防艾滋病项目”的试点社区，经过18个月的工作，全面完成了试点任务。1997年9月，经国内专家和联合国禁毒署官员的考察、评估，各项指标验收合格。金碧社区在戒毒帮教工作中开展了“五心工程”，即社区工作人员用真心、爱心去教育、挽救吸毒者；用耐心、细心去点燃吸毒者的生命之火，帮其重新扬起生活的风帆；以心换心去唤起吸毒者的信任和良知，使其承担起对家庭、社会的责任。同时，社区还成功探索出了“二帮一”、“三结合”、“四个针对”、“五个延伸”等帮教工作经验，帮教工作成效显著。在14名吸毒人员中，通过社区帮教戒断巩固三年以上者为3名，戒断巩固两年以上者为3名，戒断巩固一年以上者为4名，戒断巩固一年以下为2名，因复吸送劳教者2名。正因为如此，其他社区的37名吸毒人员先后慕名而来，自愿参加社区帮教活动。例如，已回归社会的原吸毒者宋某，原是一名大学生，为止牙痛而染上毒瘾，曾一度思想消沉，并产生自杀念头，由于社区帮教措施到位，顺利回归社会，还担任了某大企业广告部经理。据报道，经金碧社区帮教回归社会后参加工作的原吸毒者就有11人，并在各自岗位上表现良好。实践证明，社区帮教是一项卓有成效的系统工作，“金碧模式”被联合国官员称为“帮教工作中一个新的亮点，一个新的希望，一个新的路子”。

① 中国国家禁毒委员会办公室：《2014年中国禁毒报告》。

（二）昆明戒毒模式

昆明市强制戒毒所成立于1989年12月18日，是全国建所最早、规模最大的戒毒所。仅成立的前十年，便累计收治全国各地的吸毒者36 200余人次，现已拥有现代化管理系统、治疗设备和药厂，成为集治疗、教育、康复、科研和宣传“五位一体”的国内一流的戒毒机构。在多年的发展历程中，昆明市强制戒毒所在科研和以劳补所等方面都形成了自己的特色，探索出了一条帮助吸毒者回归社会的新路子，创立了“昆明模式”，并被列为国家对外宣传的禁毒工作窗口。

“昆明模式”的主要内容是：“坚持教育、挽救、治疗和康复的办所方针；坚持依法管理、文明管理、耐心教育的指导思想；同时实行‘两种戒毒措施’：强制戒毒、自愿戒毒；采取‘戒毒三步走’的方法：药物脱瘾、心理治疗、劳动康复；规范‘四级管理’：房间、楼层、中队、处；强调‘五化要求’：治疗医院化、教育学校化、康复劳动化、管理军事化、环境园林化；坚持‘走一条主要道路’：戒毒向社会延伸”。[①] 多年来，大批吸毒人员在昆明戒毒所戒断毒瘾，重归社会。有的重新走上致富道路，有的已经加入中国共产党，当了干部和骨干。根据统计，昆明市吸毒人员戒断巩固率达15%，有工作单位者，则戒断巩固率达到60%以上。截至2006年已有超过8万人次的海内外吸毒者在此治疗康复，赢得了世界性的声誉。

为让戒毒人员学得一技之长后回归社会，自食其力，2006年7月5日，昆明市强制戒毒所成立戒毒学员就业技能培训中心，开设种植、养殖、电气焊技术、汽车修理、水电安装、装饰装修、美容美发、计算机运用、手工刺绣、裁剪缝纫等12个培训科目，将生理脱毒并经过一段时间康复的戒毒人员吸纳到中心培训，在培训过程中辅以心理治疗，提高吸毒人员自我身心、行为的调整能力。截至2007年，共培训结业850名学员，其中702人获得劳动就业部门颁发的证书。

在对戒毒学员进行就业技能培训的基础上，昆明市强制戒毒所把康复场所作为戒毒学员的家园来建设，相继建设了饲料、面条、被服缝纫加工厂，养殖场，手工艺品加工车间等，鼓励、吸纳戒毒期满人员留所就业，为他们搭建过渡缓冲平台。到2007年中旬，共有650多人主动申请在戒毒期满后留所就业，已安置182人，为禁毒斗争作出了突出贡献。

2009年5月，该所获得云南省“五一”劳动奖状，8月又被授予全国“人民满意的公务员集体”荣誉称号。昆明市强制戒毒所开展戒毒工作20多年来探索形成的“昆明戒毒模式”，为国内、国际戒毒机构开展禁吸戒毒工作提供了值得参考借鉴的成功经验。

---

① 王必仕：《解读昆明戒毒模式》，《滇池晨报》2005年10月13日。

（三）创建“无毒社区”活动

禁毒工作是一项系统工程，需要集中社会各方面的力量，单靠某个部门单一的“打”不行，有时候还会出现越“打”越多的情况。禁吸戒毒是根本解决毒品问题的突破口。20世纪90年代，内蒙古、云南、广西、贵州等省、自治区，从开展社会帮教工作发展到创建“无毒社区”活动，逐步探索出一条从最基层社区抓起，以禁吸戒毒为重点，带动整个禁毒工作的新路子。其基本做法是：以城乡小型社区(城市一般是街道，农村一般是乡镇)为单位，在社区政权组织统一领导下，建立覆盖整个社区的禁毒管理机制和工作责任制，把禁毒责任分解落实到社区内的各个单位和每个人，分片包干，实现无毒目标，创建“无毒社区”。在此基础上，不断扩大“无毒社区”的覆盖面，积小区为大区，最终在一县、一市、一省实现无毒目标。创建“无毒社区”活动的目标是：动员社会各界力量，齐抓共管，使毒品市场逐步萎缩，实现吸毒无来源、贩毒无市场、涉毒无条件、社会无毒害。这是禁毒工作的突破口和切入点。所以，创建“无毒社区”活动的重中之重在于社会各界积极配合和共同参与，使禁毒成为一种自觉的社会行为，在全社会营造一个“老鼠(吸毒、贩毒、制毒、种毒)过街，人人喊打”的氛围，打一场轰轰烈烈的禁毒人民战争。

进入新世纪以来，创建“无毒社区”的工作从中央到地方有序开展。2000年，中央社会治安综合治理委员会与国家禁毒委员会联合发出《关于进一步加强对毒品问题综合治理的通知》，把创建“无毒社区”与社会治安综合治理工作联系起来，与创建“安全文明小区”结合起来，形成齐抓共管的局面。四川、广西、宁夏、海南、内蒙古等省区召开了创建“无毒社区”工作会或现场会，各地陆续制定了创建“无毒社区”的相关职责规定、考评办法或实施方案。上海市将全面开展创建“无毒社区”工作纳入到创建安全小区的具体措施之中，把是否无毒作为评定安全小区的重要条件，实行一票否决。2001年，云南、贵州、广西等地方把创建“无毒社区”工作列为“一把手工程”；重庆市、南京市将创建“无毒社区”活动纳入提升城市整体形象、加强两个文明建设范畴，积极完善以社区为基础的禁毒防控体系，建立有效的社会帮教机制；浙江省综合治理委员会、禁毒委员会联合制定了《吸毒人员帮教暂行规定》，明确了基层组织、公安派出所、家庭、单位在帮教工作中的职责，规范了工作程序。

全国各省市、各部门还开展了各具特色的创建“无毒社区”活动。2000年，四川泸州市实施以“吸毒无来源、贩毒无市场、涉毒无条件、社会无毒害”为目标的“禁毒绿洲计划”；河南平舆以“十户联防”为依托，推行了“无毒家庭”、“无毒学校”、“无毒小区”建设。2007年，为充分发挥妇女组织的优势，国家禁毒委员会办公室和全国妇联联合在福建、湖南、广西等8省份选择22个毒品问题重点县(市、区)开展了"创建'无毒家庭'示范区"活动;四川举办了"无毒家庭"创建示范点工作培训班,对全省9个示范点所在地区的禁毒、妇联部门负责同志进行了培训;广东省组织开展了"千人戒毒帮教工程"试点工作,在全省范围内选择1 000名戒毒人员,为每1名戒毒人员建立一个2—3人的帮教小组;上海、甘肃、云南昆明、江苏南京等地组建了专职的社工队伍,协助政府开展吸毒人员帮教工作;湖南省推出了以帮助戒毒人员解困、安置就业为核心的"黄丝带工程";海南省三亚市开展对戒毒人员"无缝衔接"帮教试点工作。截至2007年底,全国共有15.8万名戒毒人员接受帮教,其中戒断巩固三年以上的有6.7万名。①

在创建"无毒社区"活动中,各省份相继命名了一批"无毒县(区)"和创建工作先进单位。2000年,贵州全省有62.5%的乡、镇、村和单位达到"无毒社区"的标准。② 2002年底,广西共创建了26 157个"无毒社区"、30个"无毒县"。2003年2月,粤东南澳岛被汕头市委市政府授予"无毒县"称号,成为全国首个海岛"无毒县"。2005年底,全国共建成无毒县(市、区)576个,占全国县市区总数的19.9%。甘肃省建成"无毒县(市、区)"67个,占全省县(市、区)的78%;内蒙古创建"无毒旗(县、区)"29个、"无毒乡镇(苏木)"887个,分别占总数的28.7%和62.3%。③

"金碧模式"、昆明戒毒模式和创建"无毒社区"活动,是我国在30多年的戒毒实践中逐渐摸索和总结出来的、经实践证明行之有效的戒毒康复模式。其中,创建"无毒社区"适合中国国情,符合全民动员、综合治理的战略要求。"无毒社区"是持久开展禁毒斗争的有效载体;是被实践证明卓有成效、便于推广的社会帮教模式。

第三节　中国与国际合作开展的禁毒斗争

一、中国政府积极参与国际禁毒事务

中国作为世界历史上最早受到殖民主义和帝国主义用鸦片类毒品侵略、麻痹、剥削与毒害的国家,对毒品的危害有着切骨之痛。早在100多年前的清末,

① 中国国家禁毒委员会办公室:《2008年中国禁毒报告》。
② 贵州省地方志编辑委员会编:《贵州省志·公安志》,贵州人民出版社2003年版,第463页。
③ 中国国家禁毒委员会办公室:《2006年中国禁毒报告》。

人们就已经清醒地认识到世界各国联合起来，共同控制毒品生产、贩运的重要性。由中国主办的近代历史上第一次世界禁毒大会——“万国禁烟大会”，于1909年2月1日—26日在上海举行，它是人类历史上第一次多边性的国际反毒禁毒会议，开启了国家间合作禁烟禁毒的大门，成为国际联合反毒禁毒事业的开端。因此，鸦片控制史的源头，当在中国。

第二次世界大战以后，针对国际毒潮泛滥，联合国先后制定了三个禁毒国际公约，即《麻醉品单一公约》（“61公约”）、《精神药物公约》（“71公约”）和《联合国禁止非法贩运麻醉药品和精神药物公约》（“88公约”）。“61公约”和“71公约”的宗旨是关怀人类的健康和福利，防止滥用麻醉药品和精神药物危害人类，主要内容包括缔约国政府必须严格管制麻醉药品和精神药物的合法生产、制造、销售和使用，采取措施禁止非法制造、贩卖活动；联合国设置国际麻醉品管制局，各缔约国应采取立法和行政措施并设立法定管理机构，以便执行公约各条规定。“88公约”的宗旨是促进缔约国之间的合作，以有效打击国际毒品犯罪，主要内容包括对毒品犯罪制裁、管辖权、引渡、国际合作等进行具体规定；对毒品犯罪的非法收益制定必要可行的措施予以没收；在缉毒执法中采用“控制下交付”技术；对于经常用于麻醉药品和精神药物的物质（易制毒化学品）加强管制等。目前，已有180个左右的国家加入了这三个公约。

1985年6月和1989年9月，经全国人民代表大会常务委员会批准，中国分别加入了《麻醉品单一公约》（“61公约”）、《精神药物公约》（“71公约”）和《联合国禁止非法贩运麻醉药品和精神药物公约》（“88公约”）。

从1984年起，中国多次派代表团出席联合国、国际刑警组织、联合国海关组织和世界卫生组织召开的禁毒国际会议。

1987年6月26日，联合国在奥地利首都维也纳召开了部长级禁毒国际会议，有138个国家的3 000余名代表参加，是历史上一次大规模的禁毒国际会议，中国参加了这次重要会议。这次会议通过的禁毒活动《综合性多学科纲要》，向各国政府和组织提出了在今后的禁毒活动中开展综合治理的建议，会议发表了政治声明，称世界各国在毒品问题上均负有“集体责任”，会议决定将每年的6月26日定为“国际禁毒日”。1990年2月20日—23日，第一次禁毒特别联大，即“国际合作取缔麻醉品和精神药物非法生产、供应、需要、贩运和分销问题的联大特别会议”在联合国召开，40多个国家和地区的代表参加了为期4天的会议。中国政府派代表团参加了本次会议，向国际社会展示了中国政府坚决禁毒的立场、政策和措施。1998年6月8日—10日，联合国第二次禁毒特别联大——第52届联大关于毒品问题的特别会议在联合国总部召开。以国务委员罗干为团长的中国代表团参加了此次大会,这是我国政府第一次派高级代表团出席这种会议。2000 年 7 月,国际刑警组织在北京举办了第 5 届国际海洛因大会,一致通过了旨在加强合作、有效打击包括海洛因在内的国际毒品犯罪的《北京倡议书》。

总之,自 1984 年以来,中国政府派代表出席了联合国麻醉药品委员会、经社理事会、禁毒署、国际麻醉品管制局以及国际刑警组织等召开的打击海洛因、可卡因、大麻和精神药物及易制毒化学品会议、联合国麻醉药品委员会专家会议、联合国麻醉药品委员会年会、化学品管制专业会议,以及国际缉毒联络官会议、国际醋酸酐会议、高锰酸钾指导委员会会议等各种会议,积极参与有关会议文件、决议的磋商和修改,已成为国际禁毒事业的一支重要力量。

二、中国积极参与联合国倡导的国际禁毒合作

我国自 20 世纪 80 年代就积极参与联合国倡导的国际禁毒合作,并开始参与有关的国际禁毒合作项目,在帮助缅甸和老挝北部传统鸦片种植地区开展农作物替代活动方面,取得了显著的成效。

1987 年,我国与联合国有关方面制定并签署了为期 3 年的《中国政府与联合国禁毒基金禁毒合作项目》。1998 年,国家禁毒委员会办公室积极参与联合国禁毒署组织实施的《中国、缅甸、联合国禁毒署三方边境禁毒执法会晤项目》、《减少东亚山地少数民族毒品需求项目》、《加强中国和缅甸边境地区缉毒执法能力项目》、《加强中国云南缉毒执法能力项目》、《东亚地区化学品管制项目》等双边和多边合作项目,这些项目于 1999 年开始实施。

为配合联合国上述禁毒援助项目,中国政府在四川举办了一期项目制定和管理培训班;举办了两期化工系统管理部门的业务培训班;制作下发了 1 000 套化学品现场检验箱;建立了中央级易制毒化学品管理网络;在云南省 4 个位于中缅边境地区的村寨落实毒品预防教育项目。同时,还选择了广西壮族自治区南宁市、内蒙古自治区包头市、福建省厦门市、新疆维吾尔自治区乌鲁木齐市作为联合国禁毒署《次区域吸毒高危人群减少需求开发机构能力项目》实施地点。

联合国在支持中国政府禁毒方面也给予了物质上的帮助。1987 年向我国缉毒执法机构无偿援助 100 多辆汽车以及通讯设备和实验设备,合计 500 万美元。自 1991 年以来,联合国禁毒署在位于中缅边境景颇族人聚居的毒品问题较严重的瑞丽市郊麻科村,共投入 21 万美元。村民们利用这些资金和地方政府的拨款修建了养鱼池,耕种了甘蔗地,建造了娱乐中心,已达到了以经济作物替代种植罂粟,减少毒品需求的目的。联合国禁毒署还援助了云南全省 17 个以减少毒品需求和预防艾滋病为目标的试点村和社区。

2004年以来，国家禁毒委员会办公室积极推动和参与了联合国毒品和犯罪问题办公室等组织的一系列禁毒项目（表11－8），促进了我国在禁毒相关领域与有关国家和国际组织的经验交流。

表11－8　2004年以来中国政府参与联合国有关禁毒项目简况

年份	项目名称
2004	“跨境执法合作”、“易制毒化学品管制”、“监督东盟和中国禁毒合作计划实施”、“改进收集安非他明类兴奋剂数据的方法与手段”、“提高中国南部地区打击非法制造和贩运安非他明类兴奋剂的能力”、“加强东亚次区域禁毒谅解备忘录国家伙伴关系”
2007	I61（“巩固和加强东南亚地区边境联络官机制项目”），G69（“提高东亚地区人民对毒品危害的认识”），I63（“东亚易制毒化学品缉查”）、H84（“东亚替代发展合作”）
2009	“I13”、“I09”及“J42”等减少毒品需求项目活动
2013	“全球合成毒品监测、报告、分析趋势项目”（SMART）

资料来源：根据2001—2014年《中国禁毒报告》整理。

三、围绕周边地区进行的区域性国际禁毒合作

世界最大的毒源地“金三角”、“金新月”的长期存在，对亚洲以及全世界的安全威胁十分大。20多年来，中国在加强与联合国的禁毒合作，参与消除“金三角”、“金新月”毒源地危害方面积极配合，努力行动，成为两大毒源地周边国家中一支重要的禁毒力量。

针对“金三角”毒源地的问题，1990年8月，联合国禁毒基金执行主任迪金乃罗访华期间，根据中国政府的建议，提出《东南亚禁毒战略》，为开启次区域禁毒合作奠定了基础。8月—9月，中国禁毒代表团出访缅甸和泰国，就禁绝云南境外毒源、共同打击跨国贩毒活动等问题进行了磋商，这是中国第一次就禁毒合作事项与缅甸和泰国禁毒机构进行接触。1991年5月，中国、缅甸、泰国和联合国禁毒署三国四方禁毒高级官员会议在北京召开，初步确定了开展次区域多边禁毒国际合作的模式。1992年，中国、缅甸、泰国政府代表团和联合国禁毒署在缅甸仰光签署了《中国、缅甸和联合国禁毒署三方禁毒合作项目》，确定了加强中缅边境地区打击毒品贩运、减少毒品需求，并在缅甸境内实施农作物替代种植计划，同时，缅、泰两国与联合国禁毒署还签署了《缅甸、泰国和联合国禁毒署三方禁毒合作项目》，这标志着由联合国禁毒署倡导的次区域多边禁毒合作正式付诸实施。1995年5月27日，第一次次区域禁毒合作部长级会议在北京召开，中国、柬埔寨、

老挝、缅甸、泰国、越南和联合国禁毒署通过了代表六国七方禁毒决心的《北京宣言》，同时签署了《次区域禁毒行动计划》和一系列禁毒合作项目等。至此，“金三角”地区次区域多边禁毒合作框架最终形成。2000 年 10 月，“东盟＋中国”区域禁毒合作框架确立。从目前形成的机制来看，中国与东盟之间的禁毒合作分为三个层次：一是在中国与东盟“10＋1”和“10＋3”框架下的禁毒合作机制；二是在东亚次区域禁毒合作谅解备忘框架下与大湄公河次区域各国的合作；三是中国与缅甸、老挝、越南等国边境地区地方政府间的合作，以及其他双边和多边禁毒合作框架。十多年来，该机制对减少东亚次区域罂粟种植、减少毒品危害、更新禁毒理念、提高执法能力等方面起到了积极推动作用，被誉为次区域禁毒合作典范。

作为后起的毒源“新秀”，“金新月”毒源地对亚洲以及全世界存在着极大的安全威胁，对世界毒品泛滥局面负有主要的责任。中国政府借鉴对“金三角”地区毒品问题的治理，加强与阿富汗、巴基斯坦及周边国家的合作，积极构建禁毒合作机制，从多种渠道制约“金新月”毒品的侵入。首先，不断深化中国与阿富汗的禁毒合作机制。阿富汗是中国西部邻国，鸦片产地，中阿两国政府积极建立合作机制，努力加强禁毒合作，全力打击毒品快速蔓延的势头。2002 年，中国国家禁毒委员会派员参加了公安部赴阿富汗工作组，为未来中阿禁毒合作奠定了基础。2005 年起，中国驻阿富汗使馆与阿有关部门积极协调沟通，敦促阿方加强对喀布尔机场毒贩的查处力度。仅在 2006 年下半年，该机场就破获 16 起试图向中国走私毒品的案件，缴获海洛因 40 多公斤，抓获犯罪嫌疑人 26 人。同时，新疆警方也加大对流经乌鲁木齐机场毒品的打击力度，多次抓获从喀布尔机场过来的“漏网之鱼”，这些毒贩最终都受到了法律严惩。中阿两国政府还采取其他一系列措施，联手打击毒品犯罪。如中国驻阿富汗大使杨厚兰曾多次会见阿禁毒部长和内政部相关负责人，协商两国在禁毒方面的合作事宜。2006 年 12 月，中阿两国政府签署了《关于禁止非法贩运和滥用麻醉药品和精神药物的合作协议》。中阿双方现在已建立起禁毒信息交流机制，中国还向阿禁毒部门捐赠了相当数量的警务设备。中阿双方禁毒合作从无到有，逐渐加强，[①]禁毒领域合作良好。其次，加强了与上海合作组织成员国的禁毒合作。2001 年 6 月 15 日成立的上海合作组织，简称“上合组织”(SCO)，其主要任务之一就是维护和加强地区和平、安全与稳定，共同打击毒品走私。按照该组织的宗旨和主要任务，2003 年 10 月，在塔吉克斯坦首都杜尚别举行的上海合作组织禁毒专家会

---

① 余智骁、张海波：《中国阿富汗加强禁毒合作　联手严堵毒品入华通道》，新华网 2007 年 6 月 29 日。

议，就上海合作组织成员国多边禁毒合作协议文本草案基本达成共识。2004 年 6 月，上海合作组织成员国元首在乌兹别克斯坦首都塔什干签署了《上海合作组织成员国关于合作打击非法贩运麻醉药品、精神药物及其前体的协议》，自此拉开了上海合作组织禁毒合作序幕。2009 年 5 月，在莫斯科召开了上海合作组织成员国禁毒部门领导人会议。会议以落实 2004 年 6 月成员国元首签署的上海合作组织禁毒协议为宗旨，通过了中方提出的建立禁毒部门领导人、高官和专家工作组三级工作机制的建议和俄方提出的制定本组织禁毒战略及拟向元首峰会提交的建议，启动了上海合作组织成员国禁毒部门领导人、高官、专家工作组工作机制，标志着上海合作组织禁毒合作进入务实发展的新阶段。中国作为主要的发起国之一，在上海合作组织有关国家之间的禁毒合作中，在相关文件的起草，沟通各方，进一步加强禁毒的务实合作等方面发挥了重要作用。2007 年以来，中国共为成员国举办多边、双边禁毒执法和易制毒化学品管制培训班 11 期，累计为成员国禁毒部门培训各类人员 141 人。

四、积极参与禁毒领域中的国际学术交流、考察与培训

推动人类禁毒事业的发展，不仅需要在实际斗争中真抓实干，踏实工作，也需要把它上升到理论高度，进行探讨与研究，需要国家与地区间的交流与学习、考察与培训。1989 年 10 月 5 日，亚洲地区缉毒研讨会在北京举行。来自亚洲、非洲、美洲、欧洲和大洋洲共 32 个国家和地区的警方和司法部门的代表聚集一堂，共商打击毒品犯罪的对策，研究地区合作的有效途径。自 1993 年始，中国参加或联合组织有关禁毒方面的各类研讨会多次（表 11－9），与他国共同探讨，加强交流，取得共识。

表 11－9　有关禁毒的国际学术交流活动——各种禁毒研讨会简况

时　间	组 织 者	会 议 名 称	参　加　者
1993 年 8 月	联合国亚太经社理事会联合国禁毒署	国际禁毒研讨会（曼谷）	缅甸、老挝、泰国、马来西亚、中国、越南、菲律宾
2000 年 7 月	联合国禁毒署	东亚太平洋地区中心次区域研讨会（上海）	中国、柬埔寨、越南、老挝、泰国、缅甸
2001 年 12 月	中国、法国	禁毒执法研讨会	中国、法国
2002 年 8 月	中国国家禁毒委员会办公室、联合国禁毒署亚太地区中心	打击苯丙胺类兴奋剂犯罪区域合作研讨会（中山）	联合国、中国、澳大利亚、韩国、日本等

续 表

时 间	组 织 者	会 议 名 称	参 加 者
2004 年 8 月	中国公安部和外交部	东盟地区论坛替代发展研讨会	印度尼西亚、马来西亚、泰国、菲律宾、新加坡、越南、老挝、缅甸、柬埔寨、中国、日本、韩国、朝鲜、印度、蒙古、俄罗斯、美国、加拿大、巴基斯坦
2005 年 6 月	美国缉毒署与中国	中美反涉毒洗钱研讨会	中国、美国
2006 年 8 月	美国缉毒署与中国	第二期中美反涉毒洗钱研讨会	中国、美国
2008 年 4 月	联合国	边境联络官办公室地区战略研讨会（柬埔寨）	中国、越南、老挝、柬埔寨、泰国、缅甸、马来西亚、新加坡、印度尼西亚、菲律宾
2011 年 4 月	中国	东南亚地区苯丙胺类毒品成瘾治疗康复研讨会	中国、东南亚各国
2013 年 6 月	中国禁毒委员会办公室与澳大利亚边境及海关保卫署	中澳易制毒化学品管制合作研讨会	中国、澳大利亚
2013 年	中国和澳大利亚联邦警察	中国华南地区跨国毒品犯罪研讨会	中国、澳大利亚
2013 年	联合国	毒品预防战略和政策制定者地区研讨会	

资料来源：根据历年《中国禁毒报告》整理。

自 20 世纪 90 年代以来，中国政府经常派团出国考察其他国家在禁毒方面的做法，学习其先进的禁毒经验和技术。以 2000 年为例，3 月 26 日—4 月 2 日，国家禁毒委员会办公室副主任、公安部禁毒局副局长王刚率团赴德国、荷兰，考察易制毒化学品管理的立法情况。5 月 23 日—6 月 15 日，国家禁毒委员会办公室常务副主任、公安部禁毒局局长杨凤瑞，率领由 22 个省（自治区、直辖市）公安厅（局）禁毒处长组成的禁毒业务研修团出访美国，围绕边境堵源截流、情报信息工作、技术装备、冰毒犯罪、专业队伍培训、亚裔有组织毒品犯罪、缉毒办案机制和手段、城市打击毒品犯罪和禁毒戒毒情况等 8 个专题进行了全面考察。相关的考察活动每年都在进行。通过考察，我国从世界各国禁毒部门学到了许多相关的专业知识和技能，同时，也向世界各国介绍和展示了中国的禁毒工作与成绩。

自 20 世纪 90 年代起，中国就开始进行对外禁毒业务培训，据不完全统计，2007—2013 年，我国先后为许多周边国家举办的禁毒执法人员培训班、研修班有 24 期，培训项目达 10 多个，有 1 125 人接受了中国政府提供的专业化禁毒培训。这些活动加深了传统友谊，提升了周边国家的禁毒执法能力，打击了毒品犯罪。

自 1996 年起，我国应邀派员参加了英国、法国、美国、加拿大、澳大利亚等国警方围绕毒品犯罪案件立案追诉标准、禁毒法律法规体系、缉毒执法程序等开展的考察研修，及利用外部资源等开展的禁毒培训。尤其是 2002 年以来与澳大利亚的禁毒合作交流频繁(表 11 - 10)，效果良好。

表 11 - 10 2002 年以来中国与澳大利亚联合举办的禁毒培训活动

时 间	组 织 者	培 训 内 容
2002 年	中国国家禁毒委 澳大利亚禁毒机构	中加澳"控制下交付"培训班
2007 年 7 月	澳大利亚联邦警察	中国禁毒执法人员的情报执法培训班
2007 年 12 月	澳大利亚联邦警察	中国禁毒执法人员的情报执法培训班
2008 年 3 月	中国国家禁毒委 澳大利亚联邦警察	侦办制造苯丙胺类毒品犯罪案件培训班
2009 年	中国国家禁毒委 澳大利亚联邦警察	中澳禁毒情报分析培训班和苯丙胺类毒品案件侦查员培训班
2010 年	国家禁毒委员会 澳大利亚联邦警察	中澳高级禁毒情报培训班和苯丙胺类毒品案件侦查员培训班

资料来源：根据历年《中国禁毒报告》整理。

我国公安部、卫生部、海关总署还与联合国禁毒署、世界卫生组织、亚太经社理事会合作，承办了多期国际禁毒培训班，在禁毒执法、减少需求、艾滋病预防方面做了大量工作，同时也提高了中国警察的综合素质与能力。

五、与国际社会联合打击易制毒化学品领域的非法活动

为了对世界各国易制毒化学品领域非法活动加强打击，在进入 21 世纪之前，联合国就与各种国际组织联合开展了有针对性的打击行动，中国政府积极参与。进入新世纪以来，更是进一步加强了国际合作，为维护打击世界易制毒化学品活动的正常进行、发展作出了贡献。

作为世界上最大的高锰酸钾生产国和出口国，中国自 1999 年以来积极支持和参与了世界主要高锰酸钾生产国、进出口国联合进行的防止高锰酸钾流入非法渠道的全球“紫色行动”。1999 年 4 月—12 月，中国共核查发现非法贸易 6 起，制止了 1 160 吨高锰酸钾出口，占整个“紫色行动”阻止总量的 64%以上。2001 年，中国参与联合国组织的打击醋酸酐非法贸易的“黄宝石行动”；2002 年参加联合国麻醉品管制局发起的防止苯丙胺类兴奋剂化学前体流入非法渠道的“棱柱项目”行动；2007 年继续参与联合国组织的防止易制毒化学品醋酸酐流失的“聚合行动”和防止冰毒原料流失的“堵冰行动”；2009 年参与国际麻醉品管制局(INCB)组织的旨在防止易制毒化学品流失的“聚合行动”、“棱柱行动”、“皮拉行动”、“塔什特行动”等国际行动；2010 年参与联合国毒品和犯罪问题办公室、国际麻醉品管制局组织开展的“聚合行动”和“塔什特行动”。2012 年 7 月，与巴基斯坦联合破获浙江“7·26”向阿富汗走私醋酸酐案件，抓获加纳斯·汗、尼亚兹·阿卜杜拉等境外毒枭在内的一批犯罪嫌疑人，缴获醋酸酐 15.8 吨。[①] 2013 年 4 月，在《中国和澳大利亚关于易制毒化学品管制合作的谅解备忘录》以及《中国和新西兰易制毒化学品管制合作安排》的两个协议框架下，中国与澳大利亚、新西兰就新康泰克走私案件开展深度合作，破获了“沉重行动”、“冰山行动”、“日蚀行动”和“魔鬼行动”等多起走私新康泰克案件；并与美、英、加、新、澳、荷等国家来访代表和驻华执法联络官进行了 20 余次工作交流，对外方提供的近 30 起案件线索进行涉外案件协查和反馈，成功阻止 7 单共计 13.45 吨 α-氰基苯丙酮出口到欧美国家。[②]

六、国际禁毒合作成果显著

随着国际化、网络化成为当今毒品犯罪的重要特点，禁绝毒品比以往任何时候更需要国际合作。中国政府认真履行国际禁毒公约义务，加强与有关国家、地区以及联合国的禁毒合作，尤其是国际禁毒情报交流和执法合作，破获了一大批跨国跨境贩毒案件，抓获一批又一批境外毒品犯罪分子。

1986 年，中国与泰国、美国以及香港警方合作，成功侦破了一起国际贩毒案件，这是中国与国际社会合作侦破的第一起贩毒案件。此后，随着国际合作的不断加强，禁毒成果日渐增多。2001 年 4 月，缅甸将向中国境内大量贩毒的大毒枭谭晓林抓获并移交中方。2002 年，中国警方与缅甸、老挝警方在边境地区开

① 中国国家禁毒委员会办公室：《2012 年中国禁毒报告》。
② 中国国家禁毒委员会办公室：《2014 年中国禁毒报告》。

展了“夏季猎蛇”、“霹雳行动”等11次联合扫毒行动，抓获境内外毒枭、重大毒贩和在逃毒贩36名，创历年抓捕在逃毒犯最高纪录。2003年1月至10月，中国与缅甸、老挝在边境地区联合开展了39次缉毒执法行动。2004年，云南省公安机关与缅甸禁毒部门开展了12次边境会晤，组织了6次边境联合执法行动。2005年1月和6月，应泰国警方的请求，中国警方先后抓获了泰国警方通缉的毒贩吉拉洒・查瓦拉尼蒂和道奇奇并移交泰方处理，泰国总理他信专门致信中国总理温家宝表示感谢。[①] 2007年，我国与缅甸、老挝等国会谈、会晤75次，开展联合扫毒办案27次。2008年，我国共为相关国家提供核查案件线索155条，与有关国家合作破获跨国制贩毒案件56起。

自1988—2009年中外合作破获的部分毒品大案主要有，“锦鲤鱼”国际贩毒大案、“125”跨国贩毒案、“3・30”特大国际贩毒案、“9・2”特大跨国贩毒案、“5・12”特大跨国制贩冰毒案、“7・06”特大走私苯基丙酮案、“11・02”特大跨国贩毒案、“8・01”特大跨国走私贩运氯胺酮(K粉)案、“707”特大跨国贩毒案、“12・21”跨国贩卖毒品案、“陈伟华”跨国贩毒团伙案、“邵春天”特大跨国贩卖冰毒案、黄智勇特大跨国走私可卡因案、蔡爱山特大跨国制贩冰毒案、“6・16”特大跨国制贩毒集团案、“0303”特大跨国走私可卡因案、林迪特大跨国制造毒品案、“11・22”跨国贩毒案、“2009.3.10”特大跨国走私贩卖冰毒案、“70614D”特大走私制造毒品案、“308”系列走私贩卖毒品案等。在上述的21个案例中，粗略计算缴获海洛因1 390.82千克、冰毒6 513.192 7千克、麻黄素1 036.88千克、制毒原料2 000千克、氯胺酮(K粉)1 059.7千克、可卡因50千克、易制毒化学品13 900千克；抓获犯罪嫌疑人297名；缴获毒资人民币10 585余万元、港币2.22万元、泰铢410余万元；查扣房产8处、地产3块共1 115平方米、汽车14辆、枪支54支、火箭筒6支、手榴弹33枚、子弹1 861发、发报机2台、制毒设备10套、制毒工厂12个、毒品仓库5个，以及运毒渔船、大批的制毒工具、原料等。

总之，改革开放30多年来，中国在坚持和平共处五项原则的基础上，坚持广泛参与、责任共担的原则；充分尊重各国主权的原则；切实履行禁毒国际公约和有关协定的原则；全面实施综合、均衡的国际禁毒战略的原则；积极参与跨国替代种植，促进从根本上解决毒品问题的原则等“五项基本原则”，积极参与国际禁毒事务，不断加强与国际社会的禁毒合作，并取得越来越大的成果。中国与世界各国以及港澳台地区联合破获的大案、要案不断增多，缴获的各类毒品数目不菲，抓获的犯罪嫌疑人分布在世界各地，彻底摧毁了一个又一个毒品犯罪团伙，

---

① 中国国家禁毒委员会办公室：《2006年中国禁毒报告》。

已经充分显示了国际合作打击毒品犯罪的强大力量。从总体上看，新时期以来我国开展的国际禁毒合作经历了“四大转变”：一是由封闭到积极参与的观念转变；二是从意向商谈到更实际、更广泛合作的转变；三是在内容和形式上由单一性向多元化的转变；四是我国禁毒国际合作向法制化轨道转变。

第十三章　中国政府对毒品问题的综合治理

第一节　中国禁毒工作的社会防御保障体系

一、领导保障：中国政府对禁毒工作高度重视

面对改革开放以来出现的毒品问题，党和政府高度重视，多次发布指示，制定政策，组建专门的禁毒队伍，召开会议研究部署禁毒斗争，采取各种措施加强禁毒工作，决不让历史的悲剧重演。

当毒品问题刚刚在云南边疆露头之时，1981 年 9 月 7 日，时任中共中央政治局委员、书记处书记、全国人大常委会副委员长彭冲与公安部副部长、党组副书记凌云，在云南德宏州视察时就强调指出：打击毒品犯罪要严，态度要坚决，决不能让鸦片再危害我们的国家和民族。

1982 年 7 月，中共中央、国务院发布了《坚决禁绝鸦片烟毒的紧急指示》，强调一切私种罂粟和制毒贩毒吸毒都是犯罪行为，必须严加禁绝。

此后，党和国家领导人在多种场合，以各种方式不断作出指示，要求加强禁毒工作，严厉打击毒品犯罪，表明了党和政府对禁毒工作的高度重视。

1983 年 5 月，中共中央总书记胡耀邦对中共中央纪律检查委员会《纪检特讯》第 5 期《云南省文山、版纳、思茅三个地区打击贩毒情况》一文作出批示："此事云南要认真重视，采取进一步的有效措施。"①

1990 年 12 月 20 日，中央政治局在听取了国家禁毒委员会的汇报之后，中共中央总书记、国家主席江泽民指示："现在不把贩毒、吸毒问题解决掉，从某种意义上说是涉及中华民族兴亡的问题，这不是危言耸听，必须提到这样的高度来认识。"②

---

① 孙官生：《中国造福人类的创举——帮助金三角替代发展减灭罂粟实证》，云南人民出版社 2002 年版，第 39 页。

② 《历代领导人对禁毒工作的题词》，新华网 2005 年 6 月 15 日。

1990 年 12 月 30 日和 1997 年 4 月 22 日,《人民日报》两次发表评论员文章[①],表明了党中央和中央政府明确而坚定的禁毒态度,对于制止毒品泛滥,保护公民身心健康,维护社会治安秩序,保障社会主义现代化建设,具有重要意义。

1998 年 5 月,中共中央政治局全体常委参观了正在进行的全国禁毒展览,并就禁毒问题发表重要谈话。江泽民总书记说,禁毒斗争是全民族的一件大事,关系到中华民族的兴亡。举办全国禁毒展是得民心之举,我们要在全国范围内广泛开展禁毒教育和禁毒斗争。全国人大常委会委员长李鹏指出,要进一步加大禁毒宣传力度,从教育入手,让广大群众知道毒品的危害。国务院总理朱镕基指出,当今世界毒品泛滥的形势日趋严重,禁毒已成为国际社会关注的热点。加强禁毒工作,开展禁毒斗争,扫除毒品危害,是关系到人民健康幸福,民族兴旺发达和社会主义物质文明、精神文明建设顺利进行的重大问题,是我们各级党委、政府责无旁贷的历史责任。[②] 多位党和国家领导人集中在禁毒问题上公开发表谈话,史无前例。参观结束后,国家主席江泽民为禁毒事业题词:“禁绝毒品,功在当代,利在千秋。”

进入 21 世纪之后,党中央、国务院从落实科学发展观、构建社会主义和谐社会的高度,全面加强禁毒工作。

2000 年 6 月 26 日,中国政府首次发表了《中国的禁毒》白皮书,向全世界表明中国政府坚持严厉禁毒的立场。白皮书指出:“中国政府认为,毒品是全人类共同面对的世界性公害,禁毒是国际社会刻不容缓的共同责任。毒品危害人民健康,滋生犯罪和腐败,破坏可持续发展,危及国家安全和世界和平。因此,对一切毒品违法犯罪活动必须严加禁绝。中国人民对毒品危害有切肤之痛,禁毒是中国人民的根本利益所在。保障公民的生命安全,维护人民的生存发展,是中国政府的崇高责任。”

2004 年 4 月,中央政治局常委会专题研究禁毒工作,听取了国家禁毒委员会关于全国禁毒工作的汇报,9 位常委都作出重要指示。中共中央总书记、国家主席胡锦涛主持了这次会议,并指出:禁毒工作事关人民群众的身心健康和安居乐业,事关社会主义精神文明建设,事关经济社会协调发展,事关全面建设小康社会宏伟目标的顺利实现,事关国家安危和民族兴衰。禁毒工作必须全社会共同参与,各部门通力合作,综合治理。首先要抓教育,第二要抓戒毒,第三要抓

---

① 两次评论员文章的题目分别为:《依法打击毒品犯罪活动》、《打一场禁毒的人民战争》。

② 中国禁毒委员会办公室:《1998 年中国禁毒报告》。

打击,第四要抓管理,最后要抓法制,加强立法。[①] 10月23日,胡锦涛总书记在云南省委向中央报送的调研报告上作出重要批示:如不下大力气抓好禁毒和艾滋病防治工作,不仅会严重影响这些地区社会经济发展,影响全面建设小康社会目标的实现,而且会影响人民群众的身心健康,影响民族团结和社会稳定。……研究采取有效措施,部署在这些地方真正打一场禁毒和防治艾滋病的人民战争,确保取得明显成效。[②] 2006年3月,胡锦涛总书记再次明确指示:禁毒人民战争"务必持之以恒、紧抓不懈、认真落实,实现三年的奋斗目标"。[③] 6月,温家宝总理指示:"一年来禁毒成效显著,但形势依然严峻。各级党委、政府务必高度重视,加强领导,加大工作力度,动员全社会的力量,打一场深入持久的人民战争,特别要在预防教育、禁吸戒毒、堵源截流、打击犯罪、严格管理等方面取得实效,坚决遏制毒品危害。"[④] 2007年1月1日,胡锦涛对戒毒康复场所建设工作作出重要批示:"要一抓到底,务求实效。总结经验,以点带面。"[⑤]2010年,中央政法委、中央综治委主要领导也强调,要以实施《禁毒法》为契机,全面加强禁毒执法、戒毒康复、预防教育等工作,努力推进禁毒人民战争向纵深发展,为和谐家庭、和谐社会建设作出新的贡献。[⑥] 党和国家领导人还先后就重庆、西藏、江苏、河南、安徽等省的禁毒工作作出重要批示。

2014年6月25日,中共中央总书记、国家主席、中央军委主席习近平对禁毒工作作出重要指示。他强调,各级党委和政府要深刻认识毒品问题的危害性,深刻认识做好禁毒工作的重要性,以对人民高度负责的精神,加强组织领导,采取有力措施,持之以恒把禁毒工作深入开展下去。他指出,禁毒工作是事关人民幸福安康、社会和谐稳定的一项重要工作。习近平强调,要强化重点整治,严厉打击各类毒品犯罪活动,坚决遏制毒品问题蔓延势头。要标本兼治、多管齐下,坚持源头治理、系统治理、综合治理、依法治理,统筹运用法律、行政、经济、教育、文化等手段,综合采取禁吸、禁贩、禁种、禁制等措施,加强宣传引导,广泛发动群众,最大限度减少毒品的社会危害,为保护人民身心健康、维护社会秩序、实现"两个一百年"奋斗目标作出积极贡献。中共中央政治局常委、国务院总理李克强对禁毒工作作出批示,指出毒品是人类公害,禁毒工作事关人民群众身心健康和民族振兴,是一件必须引起全社会高度重视的大事,务必抓紧抓好。禁毒委各单位要坚持预防为主,增强全民意识,完善综合治理体系,严打和惩戒教育并举,

---

①② 中国国家禁毒委员会办公室:《2005年中国禁毒报告》。

③④ 中国国家禁毒委员会办公室:《2007年中国禁毒报告》。

⑤ 中国国家禁毒委员会办公室:《2008年中国禁毒报告》。

⑥ 中国国家禁毒委员会办公室:《2011年中国禁毒报告》。

创新体制机制，务实开展国际合作，坚决遏制毒品问题蔓延发展。[①]

为全面了解和掌握禁毒工作的实际情况，国家领导人多次深入禁毒斗争第一线，视察工作，进行调研。2004 年 6 月和 2005 年 7 月，国务院总理温家宝先后视察了武汉市公安局强制戒毒所和昆明市公安局强制戒毒所，2005 年 8 月，全国人大常委会副委员长顾秀莲率全国妇联有关负责同志赴云南调研禁毒工作。2010 年 11 月底，温家宝总理又到四川省凉山彝族自治州考察艾滋病防治工作，看望广大彝族干部群众，并就艾滋病防治和禁毒工作作出重要指示。

全国人大常委会也围绕禁毒开展了一系列工作。1995 年 5 月 9 日，国家禁毒委员会主任、公安部长陶驷驹受国务院委托，向八届全国人大常委会第十三次会议作了《关于禁毒工作的报告》，汇报了自 1990 年 12 月 28 日全国人大常委会《关于禁毒的决定》颁布近五年来，全国禁毒工作取得的成绩和当前面临的形势以及加强禁毒工作的意见，并建议全国人大常委会对《关于禁毒的决定》的执法情况进行检查。10 月 28 日，李沛瑶副委员长在八届人大常委会第十六次会议上作了《关于检查〈关于禁毒的决定〉执行情况的报告》，肯定了《关于禁毒的决定》颁布以来取得的成绩，指出了执法中存在的主要问题，提出了加强禁毒工作的几点建议。2006 年 8 月 27 日，全国人大常委会委员长吴邦国主持了全国人大常委会禁毒专题讲座。

在一些大型的禁毒活动中也常常能看到国家领导人的身影。2005 年 6 月 26 日，中央政法委负责人会见了缉毒英雄吴光林同志先进事迹报告团成员及全国禁毒先进集体和个人代表；国家禁毒委员会、公安部主要领导出席了缉毒英雄吴光林同志先进事迹报告会。全国政协副主席李兆焯、国务委员陈至立等领导同志也先后参加各种禁毒宣传教育活动。2015 年 6 月 25 日，习近平、李克强等在人民大会堂会见全国禁毒工作先进集体代表和先进个人。

面对毒情来袭，党和政府果断采取各种措施，加大禁毒工作力度。1982 年，经中共中央、国务院批准，新中国第一支专业的缉毒队伍在云南省组建。1990 年中国国家禁毒委员会成立。1991 年初，党中央首次以中央文件形式（中发[1991]5 号），下发了公安部呈报党中央、国务院的“关于当前毒品违法犯罪的毒情”。1997 年 1 月 26 日，中共中央、国务院发布《关于转发〈全国禁毒工作领导小组关于“九五”期间加强禁毒工作的报告〉的通知》（中发[1997]5 号文件），指出，各级党委和政府决不能对毒品泛滥麻木不仁，要有紧迫感和危机感，以对国家、对民族高度负责的态度，切实加强对禁毒工作的领导，依法严厉打击、查禁

① 《习近平对禁毒工作作出重要指示　李克强作批示》，中央政府门户网站 2014 年 6 月 25 日。

毒品违法犯罪活动。[①] 1998 年财政部、海关总署、公安部、国家工商行政管理局联合下发文件，规定缉私罚没收入 8%返还禁毒部门用于禁毒。

2004 年 5 月 28 日，中共中央、国务院下发了《关于转发〈国家禁毒委员会 2004—2008 年禁毒工作规划〉的通知》（中发[2004]12 号），要求各级党委和政府本着对国家、对民族、对人民高度负责的精神，进一步加强对禁毒工作的领导，下最大的决心，采取更有力的措施，坚决解决毒品问题。10 月，国务院决定：全党动员，全民参与，在全国范围内打一场禁毒人民战争。国务院还专门召开会议，协调有关部门解决禁毒经费、专项编制等问题，为开展禁毒人民战争提供了有力保障。

早在 20 世纪 80 年代，云南省作为当代中国禁毒的前沿省份，曾多次召开全省禁毒会议，研究部署禁毒工作，为全国禁毒工作的全面开展积累并总结了一些经验。

1991 年 6 月，中国召开全国禁毒会议，这是从 1952 年开展扫除毒患以来，首次召开的专门研究解决禁毒问题的全国性高层会议。会上，时任公安部长的王芳作了《三禁并举，标本兼治，打一场禁毒的人民战争》的报告，提出“有毒必肃，贩毒必惩，种毒必究，吸毒必戒”的禁毒原则。此后，国家禁毒委员会和公安部每年都要召开地区性或全国性的禁毒会议，总结当年全国禁毒、缉毒工作，研究解决禁毒活动中遇到的各种问题，提出新年度禁毒工作的要求和重点。

如 2000 年 3 月，国家禁毒委员会在北京召开了全体委员会议，明确提出加强堵源截流、打击冰毒犯罪、深化重点整治、推进“无毒社区”创建活动为本年度工作重点。2001 年 2 月 9 日召开的国家禁毒委员会全体委员会议，明确提出了当年的工作重点是：抓好毒品重点地区的禁毒工作，大力开展防范和打击冰毒、“摇头丸”等苯丙胺类毒品犯罪，强化对易制毒化学品的管制，全面推进创建“无毒社区”工作，加强禁毒基础建设和禁毒执法队伍建设。

2005 年 4 月 14 日，在开展禁毒人民战争总动员的全国电视电话会议上，提出禁毒人民战争的目标是实现“三个遏制”：遏制毒品来源、遏制毒品危害、遏制新吸毒人员滋生；打好五大战役：第一，禁毒预防战役。紧紧抓住全民、青少年、吸毒高危人群三个层次，坚决遏制新吸毒人员的滋生。第二，禁吸戒毒战役。通过对吸毒人员进行“大普查、大收戒、大帮教”，坚决遏制毒品危害。第三，堵源截流战役。从西南、西北、东北、东南四个方向，坚决遏制境外毒品对我国的走私渗透。第四，禁毒严打战役。以开展破案攻坚战、外流贩毒歼灭战、禁种铲毒战、娱

---

① 《毒品犯罪的发展趋势与治理对策》课题组：《中国禁毒斗争大事记（九）》，《公安大学学报》1999 年第 6 期。

乐场所禁毒战为重点，坚决遏制国内毒品犯罪的高发势头。第五，禁毒严管战役。通过开展治理易制毒化学品和麻醉药品、精神药品管理秩序“两个专项行动”，坚决遏制易制毒化学品和精神药品、麻醉药品流入非法渠道。8 月，公安部在青岛召开会议，要求全警参与禁毒人民战争。这一要求，彻底改变了之前主要依靠缉毒警察单打独斗的禁毒局面，所有公安干警全部参与禁毒斗争，为禁毒人民战争的实施提供了强有力的人力资源保障，是当代中国禁毒历史上的一次重要转折，对中国的禁毒斗争意义重大而深远。

2007 年 6 月 22 日，国家禁毒委员会再次召开电视电话会议，要求“深化全国禁毒人民战争”，突出抓好七项工作，一是要进一步规划好、建设好、使用好戒毒康复场所，力争在解决海洛因复吸问题上取得突破性进展。二是要深入开展对娱乐场所涉毒问题的专项整治行动，坚决遏制吸贩新型毒品蔓延的势头。三是要坚定不移地打团伙、摧网络、抓毒枭、端毒窝、断通道，毫不手软地依法打击毒品犯罪。四是要从严管理易制毒化学品和麻醉药品、精神药品，既防止易制毒化学品走私出境，又防止其流入国内制毒渠道。五是要进一步加强与缅甸、老挝等国家的禁毒合作，推动国际禁毒合作向务实方向发展。六是要紧密结合“三基”工程建设，进一步夯实禁毒基层基础工作。七是各级党委、政府要进一步加强对禁毒人民战争的组织领导，严格落实禁毒工作领导责任制和责任追究制，坚决夺取禁毒人民战争的全面胜利。

2010 年 3 月 31 日，国务委员、国家禁毒委员会主任孟建柱主持召开国家禁毒委员会、全国打黑除恶专项斗争协调小组、中央综合治理委员会社会治安重点地区排查整治工作领导小组和流动人口治安管理工作领导小组全体会议，就深入推进禁毒等工作作重要讲话。孟建柱指出，2009 年以来，禁毒人民战争深入推进，毒品犯罪猖獗的势头得到有效遏制，吸毒人员戒治、挽救、管控工作取得了新的进展。但毒品犯罪形势依然严峻，滋生、诱发毒品违法犯罪的消极因素不少，特别是青少年吸毒和强制隔离戒毒人员复吸率高的问题仍未得到有效解决。孟建柱强调，各地区、各部门要按照中央政法委关于深入推进社会矛盾化解、社会管理创新、公正廉洁执法三项重点工作部署，以深化社会治安重点地区排查整治工作为契机，进一步加大戒毒管控、堵截打击、重点整治、宣传教育等各项工作力度，全力推动禁毒人民战争向纵深发展。

总之，自 1991 年以来，由国家禁毒委员会、公安部召开的有关禁毒工作的会议，已成为指导中国禁毒工作的有效机制，在总结当年全国的禁毒、缉毒工作，研究解决禁毒活动中遇到的各种问题，提出新年度禁毒工作的要求和重点方面，发挥了重要作用。

二、路线保障：完善新形势下中国禁毒工作的战略方针

1990 年 6 月，作为我国禁毒工作前沿阵地的云南省在潞西县芒市召开了全省禁毒工作会议，在总结历年禁毒工作的基础上，制定了“三禁并举，堵源截流，标本兼治”的禁毒工作方针，这里的“三禁”即“禁吸、禁贩、禁种”。这一方针的提出，对全国的禁毒工作有着积极的作用，使我国的禁毒工作有了一个较为明确的基本思路，也为后来国家禁毒工作方针的出台奠定了基础。

1991 年 6 月，在首次全国禁毒会议上，以云南省的禁毒工作方针为基础，制订了“三禁并举，堵源截流，严格执法，标本兼治”的中国禁毒工作方针。1999 年 8 月的第三次全国禁毒工作会议，又将禁毒工作方针调整为“四禁（禁吸、禁贩、禁种、禁制）并举，堵源截流，严格执法，标本兼治”。2004 年 5 月，在《国家禁毒委员会 2004—2008 年禁毒工作规划》（即五年规划）中，再次将禁毒工作的方针调整为“四禁并举，预防为本，严格执法，综合治理”，并且强调要加强预防教育，动员全社会力量开展禁毒工作。2007 年 12 月底颁布的《中华人民共和国禁毒法》在肯定这一方针的同时，作了进一步完善，将预防放在首位，将综合治理提前，将“四禁”顺序作了调整，即“禁毒工作实行预防为主，综合治理，禁种、禁制、禁贩、禁吸并举的方针”，使得这一方针更加强调把提高全民识毒、拒毒、防毒意识作为禁毒工作的治本之策，最大限度地减少新吸毒人员滋生，最大程度地发动全社会共同参与禁毒工作；更加强调综合运用法律、行政、经济、文化、教育、医疗、外交等多种手段治理毒品问题，推动禁毒工作从部门行为转变为政府行为和社会行为；更加强调禁种、禁制、禁贩、禁吸工作同步推进，以法律形式固定由禁毒宣传教育，堵源截流与缉毒执法、禁吸戒毒、禁种铲毒，麻醉药品、精神药品和易制毒化学品管制，禁毒国际合作等构成的社会化、专业化、国际化禁毒框架，符合毒品问题发展规律和我国毒情，以及综合平衡的国际禁毒战略。

新时期我国禁毒工作方针的确立，经历了由“三禁”到“四禁”，由“堵源截流”到“预防为主”，由“标本兼治”到“综合治理”这样一个逐渐发展与不断完善的过程。这是在禁毒斗争实践中，根据斗争形势的发展需要而形成的，是适应斗争形势变化而调整的，也是具有中国特色的禁毒工作方针。

“四禁并举”要求在禁毒工作中要把禁止吸食、禁止贩运、禁止种植和禁止制作一起抓，互相促进，整体作战。20 世纪 70 年代末以来毒品问题在中国发展的过程使中国政府逐渐认识到，毒品的吸、贩、种、制是相互影响、互为条件的，因此，“四禁”工作是相辅相成，缺一不可的有机整体，只有“四禁并举”才能切断吸食、贩运、种植和制作四者之间的联系。只抓禁贩，忽视禁种、禁吸、禁制，必然带

来毒品的种植、制作和吸食者的恶性增加，贩毒案件也必然增加；只抓禁种、禁吸和禁制，忽视禁贩，毒品贩卖容易，毒品需求就不可能遏制，而吸毒者群体和毒品市场的形成又刺激了非法的罂粟种植和毒品生产。因此，忽视哪一环都不能搞好禁毒工作。禁毒工作必须要禁吸、禁贩、禁种、禁制“四禁”一起抓，它表明了中国政府对毒品犯罪采取的严格禁止、严厉打击的态度，这是站在全局的高度分析形势，根据斗争实际的需要所采取的一项战略对策。当然，“四禁并举”并不是说就没有重点，实践中仍然要根据斗争形势的需要而有所侧重。

“堵源截流”是对禁止贩运毒品的高度概括，是针对在中国出现的贩毒问题特点采取的有效措施。“源”指“金三角”、“金新月”等毒源地；“堵”就是堵住境外毒源地的毒品，不让其进入我国；“流”指毒品过境；“截”就是将经过我国境内的毒流截断。目的是使境外毒品不能，也不敢进入我国，进来的要截得住，不让毒品向国内其他地区流转泛滥，不让毒品过境危害国际社会。为此，我国西南、西北边境的云南、广西、新疆等省（区）根据过境贩毒犯罪的特点，有针对性地加强了对边境一线的堵截查控，实践中形成了有效的“三道防线”。第一道防线是把住边境一线，将毒品最大限度堵在境外。第二道防线是防止那些越过第一道防线进入我国境内的毒品内流，扼守要道卡口。如云南省通过严守“三江”即怒江、澜沧江、元江，严控“三路”即昆畹、昆洛、昆文主干公路这些必经之路、关键地段，防止毒品内流；第三道防线是通过强化通往邻省的交通要道口、公路、铁路、水路、车站、码头、机场的检查，控制通往外省区的出口。与边境贩毒犯罪相关的其他省区也都积极采取措施，重点地区海关严密布防，严格查缉，不断提高查获率；铁路公安机关加强重点路段和站、车的控制，注意抓获贩毒犯罪分子；广东、福建、上海等东南沿海省份严把出口关。同时，重视对零星贩毒行为的打击，各地公安机关通过“打零包”，挖贩毒线索，积极开展侦查破案，遏制毒品消费市场。20 世纪 80 年代中期毗邻我国新疆的“金新月”毒源地和 90 年代前期独联体五国所处的中亚地区一跃成为世界最大的鸦片产地，对我国构成新的威胁，自 1985 年起，新疆公安机关就与边防、海关积极配合，把切断“金新月”和独联体国家毒品的渗透渠道当作禁毒工作重点，严厉打击境外贩毒。2000 年 9 月，在云南昆明召开的西南边境地区“堵源截流”工作会议上，确定了加强西南地区“堵源截流”工作的总体思路是：调整防线布局，完善查缉网络，加大工作力度，提高缉毒实效。会议提出要建立起涉及西南地区和有关省区的禁毒三条防线：地处“金三角”毒品渗透前沿的云南省为第一条防线，毗邻云南的广西、贵州、四川为第二条防线，位于毒品过境或内流通道的广东、福建、重庆、甘肃、宁夏、湖南、湖北、河南、安徽等省（自治区、直辖市）为第三条防线。这种防线布局的调整，使

“堵源截流”的面进一步扩大。

“严格执法”是指禁毒工作要在法律规定的范围内进行，这是中国政府在毒品问题上的一贯原则。中国是最早签署和批准1988年联合国《禁止非法贩运麻醉药品和精神药物公约》的国家之一。中国立法机关根据公约精神，针对国内面临的毒品问题的严重情况，于1990年12月由全国人大常委会通过了《关于禁毒的决定》，这是一部具有中国特色的禁毒法规，为依法禁毒，严厉打击毒品犯罪，依法禁种毒品和禁吸、戒毒提供了有力的法律武器。《关于禁毒的决定》全面体现了禁种、禁贩、禁吸和禁制的方针，突出以走私、贩卖、运输、制造毒品为打击重点；加大了对毒品集团的首要分子，参与有组织的国际贩毒活动分子，利用、教唆未成年人贩毒制毒，以及引诱、教唆、欺骗或强迫未成年人吸毒的犯罪分子的打击力度；规定了强制戒毒的措施。1997年，在《关于禁毒的决定》及相关的立法解释、司法解释的基础上，我国对《刑法》中关于毒品犯罪的规定作了大量的修改。修改后的《刑法》仍然坚持了禁种、禁贩、禁吸和禁制的方针，体现了对毒品犯罪的严厉打击。2007年12月29日，《中华人民共和国禁毒法》在十届全国人大常委会第三十一次会议上表决通过，并于2008年6月1日起施行。《禁毒法》规定了禁毒工作的方针和体制；在对相关法律、法规有关麻醉药品、精神药品和易制毒化学品管制的规定以及多年来的实践经验进行总结的基础上，对毒品管制作了全面规定；根据吸毒成瘾的不同情况，有针对性地规定了自愿戒毒、社区戒毒和强制隔离戒毒等措施，并鼓励吸毒人员自愿到有戒毒治疗资质的医疗机构接受戒毒治疗；为了加强禁毒国际合作，根据多年禁毒国际合作的实践，对禁毒国际合作的原则、内容和工作机制，以及支持有关国家实施禁毒替代种植、发展替代产业，分享在境外与有关国家和地区合作查获的毒品犯罪的非法所得和财物等问题作了规定。此外，《禁毒法》还对加强禁毒宣传教育，普及毒品预防知识，增强公民的禁毒意识，严格落实防范措施，提高公民自觉抵制毒品的能力，预防毒品违法犯罪行为发生，防止公民特别是青少年沾染毒品等问题作了规定。

一些重点省份也相继通过地方立法，制定了关于禁毒的具体规定和实施办法。这一系列法律法规的制定实施，使我国打击毒品犯罪和禁吸戒毒工作沿着法治的轨道有序进行。

“标本兼治”就是在强化打击遏制毒品犯罪措施的同时，更多地重视和强调向广大群众开展广泛、深入的预防宣传教育，这是中国政府多年来形成的一套行之有效的对社会治安问题采取综合治理的办法。治理中国的毒品问题也同解决其他治安问题一样，要发挥社会主义制度的优越性，在各级政府的领导下，在执法、司法等专门机关强化职能作用的同时，依靠政府中的各个部门和各人民团体,依靠群众性自治组织,依靠全社会的力量,充分运用政治的、经济的、思想的、教育的、文化的、行政的、法律的各种手段和方式,打击犯罪,改造罪犯,挽救失足者,并积极地消除产生犯罪的各种因素和土壤,提高全民族的反毒防毒意识,自觉抵制毒品侵害。动员全社会的力量根除毒品来源,控制吸毒恶习的蔓延,是我国禁毒工作中的一项需要长期进行的战略任务。

"预防为主"的方针体现了我国政府禁毒基本理念的转变。预防的目的在于科学遏制毒品的蔓延,我国的《黄帝内经》中就有"不治已病治未病"的谋略,禁毒工作也是如此,通过强化预防措施,防患于未然,是使禁毒工作变被动为主动的一项战略方针。"预防为主"就是针对毒品易沾难戒的特点,对全体国民尤其是青少年及早进行禁毒教育,增强反毒意识,提高人民群众对毒品的抵御能力。从长远看,要使禁毒工作取得较好效果,就必须以预防作为禁毒工作的根本措施,使人们远离毒品,不沾毒品,尽最大可能减少吸毒人数,缩小消费市场,进而从消费市场的源头堵住毒品。禁绝毒品的教育要从小抓起,从学校抓起,从社会抓起,从预防抓起,从美丽的生命抓起,从悲惨的结局抓起,从无抓起,从零抓起,对于每一个人来说,这是义不容辞的责任和义务。[①]

"综合治理"就是要综合运用全社会各方面的资源和优势,合力解决毒品问题。毒品问题不同于一般的社会问题,它涉及政治、经济、文化、历史、社会、地理、生理和心理等多种因素,是一个十分复杂的问题,解决它必须从全方位入手,进行综合治理。首先需要在全社会进行普及毒品知识的教育,通过各种途径把毒品的危害宣传到家喻户晓,老幼皆知,以提高国民对毒品的抵御能力。其次,戒毒是根除毒品祸害的关键环节,如果没有了吸毒者,种毒、贩毒就不会存在。因此,必须加强禁吸戒毒工作,强化戒毒措施,提高戒毒效果。第三,大力开展"改植替代"根除毒源工作,并不断加大对新型毒品制作打击的力度,最大限度地限制甚至消除毒品来源的存在,这是禁毒工作的重要举措。第四,坚决打击贩毒活动,堵死毒品流通渠道,这是禁毒工作的中心环节。第五,毒品危害全人类,已成为世界主要公害之一,所以,禁毒斗争必须加强国际合作。

总之,中国现行的禁毒工作方针是从禁毒工作的实际出发制定的,既考虑了现实斗争的需要,又充分顾及禁毒斗争的长期性、艰巨性,立足长远斗争的要求,高度务实,完全符合中国国情。这一方针体现了我国政府在加快社会主义现代化建设,实现中华民族伟大复兴的历史进程中,坚持一手抓改革开放、一手抓打击犯罪,物质文明和精神文明齐头并进的客观要求;坚持了社会主义法治的基本

① 陈贝帝:《中国吸毒调查》,新华出版社 2006 年版,第 205 页。

精神；既考虑了同国际社会应对毒品问题的通行做法相接轨，又具有中国特色。尤其是“四禁并举”的方针，不仅是维护中国人民不受毒品侵害的政策和法律保障，也是使国际社会少受毒品危害的良策，更是国际禁毒事业中的一个创举。

三、思想保障：加大禁毒宣传与教育力度

众所周知，近代中国是世界上受毒品危害时间最长的国家之一，也是世界上吸食鸦片人口最多、遭受鸦片毒害最深的国家。鸦片烟毒，给近代中国社会带来的危害是真切而直接的；鸦片烟毒，给中国人民带来的痛苦是形象直观而又刻骨铭心的。然而，当今我们生活的时代，已与中华人民共和国成立初期大不相同。对于新中国建立以后出生的人来说，鸦片烟毒给近代中国带来的危害，他们只能从父辈那里听到或从文学作品中看到一些，这种认识是浮浅的、间接的。加之在“无毒国”里生活了30多年，在时间的销蚀下，人们对毒品的认识更是模糊不清，既谈不上形象直观，也谈不上具体真切。我们几乎是在对毒品一无所知的情况下，迎来了全球范围毒品犯罪的猖獗与国际贩毒集团执意打开“中国通道”的严峻局面。所以对全国人民广泛、深入地进行有关毒品危害和禁毒观念的宣传教育是十分必要的，也是迫在眉睫的，更是构筑新时期中国禁毒工作社会防御体系的重中之重。

从现有的资料看，我国解除相关禁令，公开进行禁毒宣传应该是在20世纪90年代以后。实际上，云南省早在20世纪80年代初，就率先提出了要“加强反走私贩毒宣传教育工作”。① 1991年5月9日，全国禁毒工作领导小组与中共中央宣传部联合下发了《关于加强禁毒宣传的通知》，要求各级党委、政府把大力加强禁毒宣传教育作为一项十分重要的紧迫任务，这是对禁毒斗争宣传禁区的突破。② 从这以后，大张旗鼓的宣传活动才在毒品问题严重的省（自治区、直辖市）相继开展起来，并逐渐推广到全国。在突破禁区以后的20多年里，在党中央的领导下，全国各地进行和开展的有关禁毒方面的宣传教育活动丰富多彩、形式各异，已经发挥和正在发挥着越来越大的作用。

（一）全力开展“6·26”国际禁毒日的集中宣传活动

1990年6月26日，为纪念鸦片战争150周年和国际禁毒日3周年，云南省暨昆明市禁毒大会在昆明拓东体育场召开，有近4万人参加，当众焚毁公安机关历年缴获的海洛因520千克，鸦片480千克，处决毒品犯罪分子14名。同日，德

---

① 中共云南省委党史研究室、中共云南省公安厅委员会编：《建国以来云南的禁毒斗争》，大事纪要，云南民族出版社1997年版，第57页。

② 《毒品犯罪的发展趋势与治理对策》课题组：《中国禁毒斗争大事记（三）》，《公安大学学报》1998年第6期。

宏、保山、大理、临沧、思茅、曲靖、西双版纳 7 个地、州也召开群众大会，当众销毁了一批毒品，依法判处了一批毒犯。① 这次活动是改革开放以来中国的省会城市举行的第一次大规模禁毒宣传活动，向全世界显示了中国政府禁绝毒品的决绝态度，庄严宣告了中国人民禁毒的决心。

此后，每年的“6·26”国际禁毒日前后，中国的各级政府都通过报刊、广播、电视等新闻媒介及其他各种形式集中开展禁毒宣传活动。许多省、市组织了宣传月、电影周、万人签名宣誓、禁毒知识竞赛、焚烧毒品、公开处理公开宣判毒犯等活动，编写了大量禁毒图书，制作排演了一批影视、戏剧作品等。

1995 年 6 月 25 日，由甘肃省兰州市禁毒委员会办公室牵头，中国共产主义青年团兰州市委、兰州市教育局组织万余名青少年，在兰州市的东方红广场举行了“兰州市爱生命不吸毒万人签名活动”，活动中群众积极性高涨，个个争先恐后。在川流不息的签名人流中，有 70 多岁高龄的离退休老干部，也有幼儿园的小朋友，百米长卷，载满了兰州人民“热爱生命，永不吸毒”的庄严承诺；显示了全民动员，众志成城，坚决抵制毒祸的强大威力。

2000 年 6 月 26 日，中国政府对外发布了由国家禁毒委员会办公室组织撰写的《中国的禁毒》白皮书，在国内外引起强烈反响。各省（自治区、直辖市）禁毒领导机构和社会群众团体、各界知名人士纷纷组织学习座谈，或发表电视讲话、署名文章。新疆维吾尔自治区政府副主席的电视讲话，通过卫星频道以维、汉、哈三种语言播出。国外许多新闻媒体转载和报道了《中国的禁毒》白皮书的主要内容。一些国家提出要与中国磋商建立双边的禁毒协议，国际刑警组织秘书长在第五届国际海洛因大会上对《中国的禁毒》白皮书给予了积极评价。②

2010 年 6 月，25 个省（自治区、直辖市）党政主要领导出席了本地禁毒宣传教育活动；国家禁毒委员会办公室在江苏召开全国禁毒宣传教育精品活动表彰会，授予辽宁“禁毒之火让爱传递”、江苏“禁毒艺术作品征集和评选”、湖南“百所高校百万大学生抵制毒品大行动”、四川“万名党员讲禁毒”等 37 个活动“2010 年全国‘6·26’禁毒宣传教育精品活动”称号。③ 2013 年“全民禁毒宣传月”期间，全国 29 个省（自治区、直辖市）党委政府副省级以上的领导就禁毒宣传教育工作作出批示或直接参加相关活动，表明态度，参与禁毒。④

① 中共云南省委党史研究室、中共云南省公安厅委员会编：《建国以来云南的禁毒斗争》，大事纪要，云南民族出版社 1997 年版，第 81 页。

② 中国国家禁毒委员会办公室：《2000 年中国禁毒报告》。

③ 中国国家禁毒委员会办公室：《2011 年中国禁毒报告》。

④ 中国国家禁毒委员会办公室：《2014 年中国禁毒报告》。

每年的6月，全国的禁毒宣传一浪高过一浪，掷地有声；每年的6月，毒品危害的报道不绝于耳，振聋发聩。经过20多年的大力宣传，“禁绝毒品，关爱生命”的声音，已经无数次地传遍了祖国的大江南北、长城内外，深深地印刻在广大民众的脑海之中，形成一种全社会上下共同参与的行动，书写着新世纪中国人民重新进行禁毒人民战争的壮丽篇章。

（二）推进全民禁毒的宣传教育

不论是从历史的角度，还是现实的意义上说，毒品问题都已不仅仅是社会治安问题，而是关系到国家安危、民族兴衰的重大政治问题。要让我们的子孙后代从现在起就懂得毒品的危害，使广大人民了解历史、正视现实，推进全民禁毒教育意义重大，责任深远。

自1991年5月全国禁毒工作领导小组与中共中央宣传部联合发出《关于加强禁毒宣传的通知》20多年来，各级宣传、教育、文化、广播影视、新闻出版、公安、司法等部门和工会、共青团、妇联等群众组织，紧紧围绕每年禁毒宣传与教育的主题，开展了形式多样、声势浩大的全民禁毒宣传教育活动，进一步提高了公众识毒、防毒和拒毒的能力。

从2001年起，各级工会组织就开始利用工人文化宫、俱乐部、职工学校和工人报刊，开展了形式多样的禁毒宣传活动。2004年，中共中央宣传部、公安部、教育部等十个部委和国家禁毒委员会办公室制定了《全民禁毒教育实施意见》，积极推动全民禁毒教育活动的深入开展。2005年，全国妇联在云南省昆明市举办了禁毒、防治艾滋病宣讲团骨干培训班。2006年，广东省茂名市建立了千余个村级禁毒教育基地。① 2007年，新疆邀请林鸿汉、孟繁英、汪俊豪、阿合买提·库尔班等四位“全国十大民间禁毒人士”开展了“禁毒宣讲团巡回报告会”。各地普遍举行了焚烧毒品活动，将禁毒宣传推向了高潮。② 2008年，国家禁毒委员会办公室联合宣传、教育、文化、新闻、广电、公安、司法、工商、工会、共青团、妇联等部门，认真贯彻《全民禁毒教育实施意见》和《中小学生毒品预防专题教育大纲》，广泛开展“不让毒品进校园”、“青少年远离毒品”、“不让毒品进我家”、“职工拒绝毒品零计划”等活动，积极推动禁毒宣传教育进学校、进社区、进家庭、进场所、进单位、进农村的“六进”活动。各级妇联组织以创建妇女禁毒会等群众组织为切入点，推进对妇女戒毒人员的帮教工作；人力资源和社会保障部结合针对外出务工农村劳动力开展的“春风行动”，深入开展农民工禁毒宣传教育；各级文化部门

---

① 中国国家禁毒委员会办公室：《2007年中国禁毒报告》。
② 中国国家禁毒委员会办公室：《2008年中国禁毒报告》。

进一步加大对娱乐场所的禁毒宣传和整治工作力度。2009 年,民政部把社区禁毒宣传教育作为“和谐社区建设示范单位”创建活动的重要评价指标,继续推进“无毒社区”、“无毒村”创建工作;商务部开展以防止易制毒化学品流入非法渠道为重点的宣传培训活动;工商总局指导中国个体劳动者协会在个体私营经营户中广泛开展禁毒宣传。[①]

一些宗教团体也积极参与禁毒宣传。如 1993 年 1 月 1 日,青海省西宁市伊斯兰教协会召开禁毒动员大会,向全市穆斯林同胞发出了《关于禁止贩毒吸毒的倡议书》,重申伊斯兰教义中不用毒的宗旨。2000 年 2 月 4 日除夕夜,福建省人大代表、福州市鼓山涌泉寺方丈普法大师,发起了“敲世纪钟,捐禁毒款”活动,并将募集的 71.8 万元全部捐给中国禁毒基金会,用于禁毒事业。同年 6 月,甘肃省民族事务委员会、甘肃省宗教局牵头组织省伊斯兰教协会、佛教协会等 7 大宗教团体联合发出倡议,号召全体宗教界人士积极行动起来,从各宗教教义的角度对信教群众进行禁毒宣传教育。

在广泛开展全社会禁毒宣传活动中,各地总结出了许多行之有效、群众喜闻乐见、易于接受的宣传教育形式。如举办各种类型的禁毒展览——以 1998 年由公安部举行的、中华人民共和国成立以来首次以“珍爱生命,拒绝毒品”为主题的全国禁毒展览为代表;建立禁毒教育基地——以 1999 年 5 月 15 日建成的北京市禁毒教育基地为代表;组织签名活动、知识竞赛、火炬传递等群众活动;公开焚烧毒品;拍摄影视作品,等等,丰富多彩,优势明显,特点鲜明。

第一,充分发挥新闻媒体的巨大宣传冲击作用。新闻媒体具有方便、快捷、信息量大、视觉效果好、令人印象深刻等特点,是目前人们接受各种宣传的最好途径。各地禁毒部门与宣传、文化、广播、电视、新闻出版等部门密切合作,充分运用报刊、广播、电视、互联网、手机客户端等新闻媒体,以群众喜闻乐见的各种形式,经常性地开展禁毒宣传、教育和咨询活动,普及禁毒知识和法律知识。

1998 年,全国各新闻媒体在广播电视报刊上播出、刊发禁毒宣传稿件 13 万多件。2001 年国际禁毒日前后,全国报刊共登载禁毒新闻、报道 1.8 万篇。[②] 2005 年,国家禁毒委员会办公室会同公安部宣传局在浙江省宁波市召开了全国第一次禁毒宣传教育工作座谈会,在全国 28 个省的 41 家晚报、都市报及部分交通广播电台统一开辟了禁毒人民战争宣传专栏。国务院新闻办公室和公安部共组织禁毒专题新闻发布会 9 场,向全世界充分表明了我国厉行禁毒的决心和立

① 中国国家禁毒委员会办公室:《2010 年中国禁毒报告》。
② 中国国家禁毒委员会办公室:《2001 年中国禁毒报告》。

场。甘肃、海南等省组织了禁毒人民战争宣传采访报道活动。福建省在“福建禁毒”互联网站上开展了禁毒知识游戏问答大赛，网站点击量近千万人次。

各地还制作、播放了一批禁毒题材的电视专题片宣传禁毒，普及禁毒知识。如 1995 年 6 月 26 日，由国家禁毒委员会、公安部和中央电视台联合拍摄的大型纪实片《中华之剑》在中央电视台首播。这部纪实片真实地反映了我国禁毒的形势和禁毒工作取得的成绩，揭示了毒品的危害，表明我国政府的禁毒决心。1998 年，四川省委政法委摄制了《横扫毒流》专题电视片。1999 年，国家禁毒委员会办公室制作了《中华禁毒图片资料》、《1998 年中国禁毒年度报告》、《全国禁毒展览》纪实录像带和光盘等一批宣传资料，发放到全国各基层单位。重庆市禁毒委员会办公室制作了禁毒专题片《斩断浊流驱除毒魔》；福建省禁毒委员会办公室制作了《毒品预防教育》光盘；四川省有关部门制作了电视专题片《为了民族的兴盛》。[①] 2002 年，国家禁毒委员会办公室委托中国禁毒基金会制作发行了 9 万余套《世纪之患——新型毒品》VCD。2005 年，公安部政治部、国家禁毒委员会办公室与中央电视台联合制作的电视文献片《中国禁毒行动》，全面反映了二十年来中国禁毒的历史与现状，受到了社会各界的一致好评。

第二，利用丰富多彩的艺术表现形式宣传禁毒。禁毒是一项严肃的工作，而通过丰富多彩的文艺创作，让人们走进剧场、影院，观看文艺演出，欣赏影视作品，用一种休闲娱乐、自我放松的形式，寓教于乐，达到教育和警示的效果，不失为一种值得借鉴的做法。中国在开展禁毒教育中，充分运用和发挥了丰富多彩的文艺表现形式。1991 年 11 月 19 日，甘肃省话剧团在北京首都剧场演出禁毒话剧《黑雾》，开启了当代中国运用各种文艺形式表现毒品危害、反映国人禁毒心声的新模式。福建人民艺术剧院针对吸毒人员低龄化现象创作的大型禁毒话剧《爱与恨》，曾荣获第八届中国人口文化奖少年儿童剧三等奖。仅 2008 年，各电视台播出的禁毒题材的影视剧就达几十部。20 多年来，我国的文艺工作者运用了话剧、梆剧、沪剧等戏剧形式，电影、电视剧等影视表现手法创作、演出了大量优秀的禁毒艺术作品，举行了多次禁毒大型公益晚会或音乐会、演唱会，取得了良好的社会效果，也获得了社会的认可。

第三，出版发行各类禁毒作品。利用纸媒介，发行宣传画册和书籍，是人们常用的、颇具效力的宣传形式。早在 1992 年 6 月 26 日，国家禁毒委员会编印了两张禁毒宣传画，一张宣传我国禁毒方针，主题是“三禁并举，堵源截流，严格执法，标本兼治”，另一张宣传我国政府禁毒的决心，主题是“有毒必肃，贩毒必惩，

① 中国国家禁毒委员会办公室：《1999 年中国禁毒报告》。

种毒必究，吸毒必戒”。1996 年 6 月，由刘咸岳主编、广西教育出版社出版的《禁毒教育通俗读本》问世。1998 年，四川省为了加大禁毒宣传教育力度，省委政法委、省社会治安综合治理委员会、省禁毒委员会共同印制了禁毒宣传挂图，并组织编写了一套《为了这片净土》(共 9 册)禁毒宣传教育丛书，全面、系统地向广大读者介绍了毒品知识、中国禁毒的历史、禁毒的政策和法律、国际禁毒概况，深刻剖析了涉毒人员沉沦堕落的心灵轨迹，热情讴歌了禁毒勇士的先进英雄事迹，对发动全省各族群众、各界人士投身禁毒产生了积极的影响，受到了社会各界的广泛好评。光明日报出版社在全国禁毒展览厅向参观的社会各界群众赠送了《毒品预防教育》一书，该书由天津人民出版社出版，发行量达 670.9 万册，被评为社会效益和经济效益俱佳的全国优秀畅销书。当年全国共编印禁毒书籍 600 多万册、图片 20 万份。

1999 年后，国家禁毒委员会办公室在禁毒宣传上发挥了重要作用，先后在全国组织实施了禁毒公益广告创意征集活动，编写禁毒读物，制作禁毒招贴画和禁毒知识卡片折页等。如 1999 年编写了适合中小学生阅读的《全国禁毒展览漫画读本》；2000 年制作了一套《禁毒教育挂图》以及禁毒招贴画和禁毒知识卡片折页等一批宣传品；2002 年，国家禁毒委员会办公室委托专业公司设计、制作并免费下发了宣传冰毒、摇头丸危害的招贴画 116 万张，折页 58 万份；2005 年编写了《全民禁毒教育读本》等。

第四，特别加强了对《禁毒法》的宣传。2007 年 12 月底《中华人民共和国禁毒法》颁布以来，宣传《禁毒法》的任务就被提到了议事日程。2008—2009 年，全国各地区、各有关部门把宣传《禁毒法》作为当年禁毒宣传工作的重点，组织开展了一系列宣传教育活动，推动《禁毒法》不断深入人心。国家禁毒委员会办公室组织相关部门编制、拍摄了《〈禁毒法〉宣传教育读本》、宣传教育片、电视和广播版公益广告、招贴画、挂图，协调新闻单位播放并分发至各地；会同中国禁毒基金会联合举办了全国《禁毒法》知识网络竞赛活动，参与的网民达 25 万余人。2008 年 10—12 月，国家禁毒委员会在全国范围内组织开展了为期 3 个月的《禁毒法》集中宣传行动，积极推动《禁毒法》宣传进社区、进学校、进单位、进家庭、进场所、进农村。各地、各有关部门充分利用广播、电视、报刊、网络等媒体，通过召开《禁毒法》专题宣传策划会、新闻发布会、制作电视新闻专题片和公益广告、举行知识竞赛等形式加大宣传力度。北京市在机场、铁路、长途客运、地铁车站、物流、邮政、检查站等场所广泛开展《禁毒法》宣传；上海市发行了印有《禁毒法》内容的地铁单程票 30 万张；黑龙江省设立了 1 000 余个《禁毒法》宣传站点；四川省充分利用节假日和外出人员返乡等重要时段开展《禁毒法》宣传；湖南、浙江、河南、吉林等省召开了《禁毒法》实施新闻发布会；浙江、重庆、河南、湖北、安徽、吉林、新疆、海南、福建、河北等省(自治区、直辖市)开展了《禁毒法》知识竞赛；天津、辽宁、福建、山东、广西、贵州、云南、甘肃、宁夏等地还分别以拜年信、电影巡映、文艺汇演、禁毒成果展、宣传车队、手机短信等方式广泛宣传《禁毒法》，在全社会掀起了学习、宣传《禁毒法》的热潮。[①] 2009 年，中共中央宣传部、司法部结合“五五”普法规划，将《禁毒法》作为全民法制宣传教育的重要内容。中共中央宣传部、国家广播电影电视总局、新闻出版总署、国家禁毒委员会办公室积极协调中央主要媒体，对《禁毒法》贯彻实施情况进行全方位的宣传报道。

(三) 不断加强对青少年的禁毒预防教育

据统计，截至 2002 年，全国累计登记在册的吸毒人员达到 100 万人，其中青少年就占到总数的 74%。2009 年，我国滥用新型毒品问题更加突出，新查获 9.7 万人，多数是 25 岁以下青少年。目前我国登记在册的吸毒人员约为 200 多万，仍以青少年居多。青少年已成为我国吸毒人群的主力军。毒品泛滥的严峻形势表明，加强对青少年的禁毒宣传与预防教育，让青少年充分认识毒品的危害性，提高拒毒、防毒意识刻不容缓。

青少年是民族的未来与希望，中国政府一向重视对青少年，特别是对在校学生进行毒品预防教育。早在 1991 年和 1999 年，我国就相继颁布了《中华人民共和国未成年人保护法》、《中华人民共和国预防未成年人犯罪法》，对保护青少年不受毒品危害作出规定。按照禁毒预防教育从小抓起的思路，从中央到地方，各级政府把对中小学生的禁毒预防教育作为禁毒工作的基础工程。

1992 年，国家禁毒委员会和国家教育委员会决定，将《禁毒教育读本》列为中学生课外读物，在禁毒重点地区，要将《禁毒教育读本》作为初中二年级至高中三年级的课外必读书，有条件的地区还要对学生进行必要辅导。1996 年 6 月 27 日，由国家禁毒委员会办公室编写、国家教育委员会审核的《毒品预防教育》一书出版发行，为学校开展青少年毒品预防工作提供了基本教材。1997 年，国家教育委员会会同国家禁毒委员会下发通知，规定把禁毒教育作为国民素质教育的组成部分，正式纳入中小学德育教育教学大纲，要求在大中小学校有针对性地开展形式多样的禁毒教育。同年 6 月 28 日，国家禁毒委员会和共青团中央发出通知，呼吁各级共青团组织立即行动起来，动员广大团员青年积极投身禁毒专项斗争，“从我做起，珍惜青春，远离毒品”。2000 年 4 月 29 日，国家禁毒委员会办公室发出《关于今年国际禁毒日前后广泛开展“普及禁毒知识，提高禁毒意识”

① 中国国家禁毒委员会办公室：《2009 年中国禁毒报告》。

活动的通知》，要求在全国城乡开展一次针对青少年学生的宣传教育活动。当年6月，教育部办公厅发出《关于在今年国际禁毒日前后组织中小学校开展“禁毒知识一堂课”活动的通知》。2001年，教育部要求各级教育部门和学校把毒品预防教育作为学校教育的一项重要内容，列入教学活动计划，予以保证，并确定校长为各学校禁毒教育工作的第一责任人。2002年，国家禁毒委员会、中央社会治安综合治理委员会办公室、教育部、共青团中央联合下发了《关于进一步加强中小学生毒品预防工作的通知》，教育部在小学五年级至高中二年级全面开展预防毒品主题教育。2003年，国家禁毒委员会办公室会同教育部、中央社会治安综合治理委员会办公室、共青团中央，共同推动中小学生毒品预防专题教育工作的开展。国家禁毒委员会办公室会同共青团中央发出了《关于在社区青少年法律学校中加强毒品预防教育工作的通知》；国家禁毒委员会办公室、教育部、中央社会治安综合治理委员会办公室、共青团中央又联合下发了《关于抓好中学生毒品预防教育活动示范学校工作的通知》。2004年，毒品预防教育逐步由城市扩展到农村。

正是在国家有关部门的指导、安排下，我国对青少年的禁毒预防教育有条不紊地开展起来。1999年，根据国家禁毒委员会的要求，全国县以上各级禁毒部门在24 223所中小学校建立了毒品预防教育联系点，直接指导学校开展禁毒教育。据统计，当年全国共有20余万所中小学校开展了禁毒教育，6 179万名学生接受了教育。贵州、重庆等省、市把毒品预防教育纳入了学校德育课的教学内容；山西在全省部署了开展毒品三级预防教育工作；内蒙古自治区教育委员会规定每年11月的第一周为大中小学“禁毒教育活动周”；①1999年到2001年，全国进行了禁毒教育“五个一工程”建设，即各省、自治区、直辖市都要建立一个禁毒教育基地；各大中小学校每年举行一次禁毒教育活动；各地要组织一批禁毒宣传理论研究成果，创作一批禁毒文艺作品，培养一批青年禁毒志愿者。2000年，重庆、辽宁、福建、内蒙古、宁夏、湖北、陕西、四川、山西、江西、海南、青海、安徽、吉林等省(区)，在大中小学校开设了毒品预防教育课程。河南省教育厅会同省禁毒委员会办公室、公安厅编印了《河南省高、中等学校禁毒征文选编》，分发给全省高、中等学校的在校学生，并在1 430所中学、420所小学开展了“禁毒知识一堂课”活动，受教育中小学生达223万名。2001年，上海、河北、辽宁、浙江、安徽、福建、四川、云南、陕西等省在中小学校继续开展“禁毒知识一堂课”活动的同时，增加了禁毒民警担任法制副校长、开办禁毒知识讲座等内容。

2003年，国家禁毒委员会办公室、教育部、中央社会治安综合治理委员会办

① 中国国家禁毒委员会办公室：《1999年中国禁毒报告》。

公室、共青团中央共同组织编写了《中小学生毒品预防专题教育大纲》和专题教材，为全国100所“中学生毒品预防教育活动示范学校”和100所重点联系的“社区青少年法律学校”配发了宣传教育设备和资料，把印制的《中学生毒品预防教育挂图》发送到全国城乡每一所中学，并开展了禁毒师资培训工作。各级共青团组织以深入实施“社区青少年远离毒品”行动为载体，以社区法律学校为依托，加强了对社区青少年的毒品预防教育。①

2006年，国家禁毒委员会办公室会同中央社会治安综合治理委员会、教育部、共青团中央组织开展了对中小学生毒品预防专题教育工作督导检查，并在重庆召开座谈会，部署推进全国中小学生毒品预防专题教育。国家禁毒委员会办公室联合中央电视台制作了5集防范新型毒品专题片；湖北省将2万余所中小学校禁毒教育工作纳入“示范学校”创建范畴和中小学校远程教育系统；贵州省面向全省1.6万家娱乐场所开展防范新型毒品知识培训并签订了禁毒承诺书；共青团北京市委修订了《毒品预防教育参与式培训手册》。②

2009年，国家禁毒委员会办公室联合教育部、中国禁毒基金会向西部地区中小学校捐赠价值565万元的26 300套禁毒宣传教育资料，推动了中小学生毒品预防教育工作。

针对青少年滥用合成毒品快速增长的情况，国家禁毒委员会办公室确定2012年全国禁毒宣传主题为“青少年和合成毒品”，通过梳理合成毒品导致严重危害的典型案例，制作了警示教育片《与死神共舞》；会同中国禁毒基金会制作“人生不可回放”、“生命不可娱乐”电视公益广告和招贴画，以典型案例、真实故事阐释合成毒品的严重危害；并会同教育部评选了13个“全国中小学生毒品预防教育社会实践基地”。各地围绕主题，加强对“失业、失学、失管”青少年、服刑人员子女等易染毒青少年群体的宣传教育。

进入21世纪以来，各地中小学校开展的“读一本禁毒书籍，写一篇禁毒教育体会文章，看一部禁毒题材的电影，参观一次禁毒展览，举行一次禁毒内容的班会，举办一次禁毒知识竞赛”活动已成为毒品预防教育的有效形式。③ 各级禁毒部门、教育行政部门、学校和共青团组织利用各种有利时机，广泛开展丰富多彩的禁毒宣传，通过读书征文、举办禁毒防毒法律知识讲座、夏令营、参观禁毒展览等多种形式，帮助学生养成良好的生活习惯和健康的生活方式。这种宣传和教育已经成为各级教育机构以及禁毒机关、共青团组织的常规工作，并使之制度

① 中国国家禁毒委员会办公室：《2003年中国禁毒报告》。
② 中国国家禁毒委员会办公室：《2007年中国禁毒报告》。
③ 中国国家禁毒委员会办公室：《2001年中国禁毒报告》。

化、社会化和法制化。禁毒宣传与预防教育从娃娃抓起的目标正在逐步实现，“远离毒品，珍爱生命”的理念正在深入人心。

此外，注重对重点场所与高危人群的宣传教育，组建与发展壮大禁毒志愿者队伍等活动也在有序进行。

自20世纪90年代后期起，中国政府就把娱乐服务场所作为禁毒宣传的重点领域，提出做好娱乐服务场所的禁毒宣传，是从根本上遏制娱乐服务场所吸毒贩毒问题和净化娱乐服务场所的有效途径。2005年10月16日，中共中央宣传部、公安部，文化部、国家广播电影电视总局、国家工商行政管理总局和国家禁毒委员会办公室共同在北京、大连、哈尔滨、青岛、广州、武汉、乌鲁木齐7个城市同时启动了“万家歌舞娱乐场所禁毒承诺行动”，号召歌舞娱乐场所自觉远离新型毒品。陕西省与4 000家娱乐场所签订了禁毒责任书，并对1 500家娱乐场所进行明察暗访，场所禁毒自律意识有所增强。湖南、黑龙江两省共组织歌舞娱乐场所业主及从业人员培训班1 670余期，培训人员近30万人次。监狱与戒毒场所是吸贩毒高危人群集中的地方，也是禁毒宣传教育不可忽视的地方。2005年，为加强对劳教人员的禁毒宣传教育工作，各级司法劳教部门利用征文、演讲、知识竞赛等形式，对在所的28万余人次劳教人员开展了禁毒宣传教育。改革开放以来，我国的闲散人员与流动人口在不断增多，目前全国每年的流动人口都在2亿以上，加强对他们的管理，增强他们的禁毒意识，也成了禁毒教育与预防工作中一个“不能被遗忘的角落”。

中国政府十分重视禁毒志愿者工作，早在1999年召开的全国禁毒工作会议上，就提出了“培养一批禁毒志愿者”的要求，自2000年以来，全国禁毒领域志愿者服务活动蓬勃发展。2004年，国家禁毒委员会办公室、共青团中央、全国总工会、全国妇联联合发出《关于推动禁毒志愿者行动的通知》，就禁毒志愿者行动进行了全面部署。截至2007年，大部分省（自治区、直辖市）建立了禁毒志愿者组织，全国已有禁毒志愿者100余万名，仅北京市就有禁毒志愿者达14 000余名，并积极开展禁毒服务活动。每年在国际禁毒日前后，山西、辽宁、吉林、上海、浙江、江苏、福建、湖北、广东、广西、重庆、云南、陕西、甘肃、宁夏等地都要组织禁毒志愿者深入社区、街道、家庭开展禁毒宣传和帮教吸毒人员等系列活动。

总之，改革开放30多年来，中国共产党领导的新时期禁毒运动，在不断加大禁毒宣传与教育方面取得了很好的社会效果。第一，形式多样的禁毒宣传和预防教育，不仅传播了毒品预防的知识，同时也营造了全社会禁绝毒品的氛围，为禁毒工作的进一步开展打下了良好的基础，使人民群众举报毒品违法犯罪活动的热情高涨。如2005年云南等8省市向社会公布禁毒举报奖励办法以来，通过群众举报，破案比例不断上升，当年 1—10 月，通过群众举报破获毒品案件 1 707 起，抓获犯罪嫌疑人 1 957 名，缴获毒品 1.8 吨，缴毒数量约占全省缴毒总量的 18%。福建省查处歌舞娱乐场所吸贩毒案件 150 余起，其中 70%是根据场所或群众举报而查获的。① 2006 年，全国公安机关共受理人民群众举报毒品违法犯罪行为 1 209 件，抓获犯罪嫌疑人 1 326 名，缴获各类毒品 3 179 千克，使禁毒工作的社会基础明显加强。② 2007 年，仅云南省根据群众举报就查破毒品案件 977 起，缴获毒品 1 385 千克，兑现奖励金额 451 万元。③ 第二，丰富多彩的禁毒宣传，在普及毒品知识的同时，也得到了社会各方面的认可，有关的禁毒作品获得了音像制品、金盾文化工程、金盾图书等全国或公安系统的奖励。如 1999 年贵州禁毒委员会办公室制作的音像制品《毒品的危害》，荣获全国第六届优秀科技音像制品一等奖；2000 年四川的通讯《毒枭的末日》和《禁毒环保中国行》、陕西的电视专题片《缉毒行动》、贵州的电视专题片《戒除毒瘾走向新生》、湖北的摄影画册《戒毒女》、江苏的摇滚快板《战毒魔》等禁毒宣传作品，获得了第五届全国公安系统"金盾文化工程奖"；中国人民公安大学课题组研究撰写的《毒品犯罪发展趋势与遏制对策》一书，荣获第五届全国公安系统"金盾图书奖"一等奖；2002 年国家禁毒委员会办公室组织制作的电视纪录片《世纪之患——新型毒品》，荣获第八届中国电视纪录片学术奖长篇一等奖。第三，禁毒宣传教育活动已经成为社会各界参与禁毒工作的重要平台和弘扬志愿禁毒精神的有效载体。2005 年，在国家禁毒委员会办公室和中共中央宣传部的共同组织下，全国近 50 万群众通过网络参与投票，评选出了李继东、马志辉、汪俊豪、王振昌、阿合买提·库尔班、吴孟清、龚家唐、孟繁英、金木玲、林鸿汉等十位民间禁毒人士；2007 年，国家禁毒委员会办公室联合中共中央宣传部、公安部、中国禁毒基金会组织开展了第二届十大民间禁毒人士评选表彰活动，共有 550 余万人投下了选票。一些演艺界知名人士主动承担了中国禁毒宣传形象大使和义务宣传员的工作。成龙、濮存昕、阎维文、吕继宏、鞠萍、张丰毅、刘媛媛、张燕、哈辉等应邀拍摄禁毒公益广告。全民禁毒的人民战争正在红红火火地进行中，远离毒品伤害的观念正在被越来越多的公民所接受。

四、创新保障：探索新的禁毒途径

毒品与贫困紧密联系在一起：一个殷实的小康之家，只要有一个家庭成员

① 中国国家禁毒委员会办公室：《2006 年中国禁毒报告》。
② 中国国家禁毒委员会办公室：《2007 年中国禁毒报告》。
③ 中国国家禁毒委员会办公室：《2008 年中国禁毒报告》。

吸毒，钱财便会化为乌有，入不敷出，不用多久便倾家荡产，一贫如洗。毒品与社会的丑恶现象紧密联系在一起：一个好端端的人，会因吸食毒品而成为一个危害社会、集体、家庭的人；一个安定祥和的社会，如果毒品泛滥，将会陡增大量偷盗、抢劫、卖淫等社会丑恶现象，危及社会治安，毒化社会风气。毒品是全人类的共同敌人，然而，长时间以来，令人们困惑的是：云南省也好，全中国也好，国际上也好，在禁毒问题上，坚持这么长时间，作出这么大的投入，打击力度这么大，为何毒品却越来越多，越来越泛滥呢？难道人类真的奈何不了毒品吗？人们在思考新的禁毒办法，在探索新的禁毒途径。中国云南又一次走在前边，探索出了彻底禁绝罂粟的新路子，并在实践中获得了完全成功。这条新路子就是：实行“经济替代”——用粮食和经济作物种植替代罂粟种植，用发展商贸、旅游和特色产业来繁荣毒品种植区的社会经济，扩大对外开放，提高文明程度，增加财政收入，改善民众生活，以此来改变罂粟种植地区对毒品经济的依赖。用一句话来概括就是：用健康经济替代毒品经济。

1991—1993年，云南省勐海县在上级党委、政府和政法部门的支持和指导帮助下，与缅甸第四特区合作，全面启动了经济替代工程。这一工程包括如下内容：(1) 绿色替代。试种茶叶的成功，不仅使缅甸第四特区由种植罂粟改为种植经济作物，而且起到了示范作用；水稻种植的成功，结束了缅甸第四特区世世代代靠种罂粟熬制鸦片换大米的历史，实现了粮食自给有余，并有部分外销；橡胶、水果、蔬菜等一系列经济作物的种植成功，使往日的鸦片大户，变成了橡胶大户、西瓜大户、水果大户，一个欣欣向荣的健康农作物的种植区已在“金三角”地区诞生了。(2) 商贸替代。全力抓好与缅甸第四特区政府所在地勐拉一桥之隔的边陲重镇打洛的基础设施建设，为边境贸易的发展创造良好的条件。从1994年以来，在勐海方面的支持配合下，缅甸第四特区政府一是在道路交通方面，修建了景勐、勐色、勐景等多条公路，拓展了湄公河航运；二是使用中国勐海的通信网络，电话、通信、移动电话全部以勐海的通信网络为载体，建设通信设施；三是建设了勐海至打洛的高压输电线路，建设水力、火力发电站5座，以发展能源；四是在市政建设方面改善了城区饮水设施、建盖大型集贸市场、集中兴建了四大经贸建筑群、建设高尔夫球场；五是鼓励工商企业发展贸易。(3) 旅游替代。包括缅甸第四特区在内的“金三角”地区极具诱惑力、神秘感，加之风光秀丽、景色迷人，历史、人物、风物独特，具有极大的旅游观光考察价值，对外部世界具有极大的吸引力，旅游业开发前景极佳。近几年来，西双版纳州把发展旅游业作为经济替代的重要内容，花大力气来做这件事，给缅甸第四特区提供了充足的客源，很快使旅游成了第四特区新的经济增长点和新的经济支柱。为此，几年来，缅甸第四特区政府十分重视开发旅游资源，先后建设了艺术国门、缅中友谊大金塔、卧佛景区、金四角民族乐园、和平塔与和平神、禁毒展览馆等一大批旅游景点，还建设了一大批富于民族特色和地方特色的景点景区，如天主教堂、曼龙寺、曼东寺、神秘山寨、白龙塔、巴卡白塔等。这一经济替代工程自1991年至1993年相继开始后，进展顺利，发展健康，成绩显著。表现为：彻底解决了缅甸第四特区的吃饭问题；使原本处于"小国寡民"之地、自给而不能自足的这一地区，不仅能自给自足而且可以出口了；使过去封闭、原始、落后的社区，变成了充满现代气息的、开放的地区。实践证明，"经济替代"是禁绝种植毒品原植物，从而禁绝植物类毒品的一条切实可行的新路，是一项系统工程。在中国云南省的帮助下，"经济替代、禁绝罂粟种植"在缅甸第四特区获得成功，已经在"金三角"地区产生了强烈辐射效应，在全世界也引起了强烈的反响。其促进和保障"经济替代"的基本经验是："疏压结合"的国际环境；坚定不移的领导决心；除恶务尽，严厉打击过境贩毒和制吸毒品犯罪活动的有力措施。这条成功的禁绝罂粟种植的思路和做法，是一次成功的实践，是一场具有世界意义和历史意义的禁毒革命，是中国云南对世界禁毒事业作出的重大贡献。

第二节　中国禁毒工作的制度建设

一、管理制度建设：强化对麻醉药品、精神药品和易制毒化学品的管理

严格管理，禁止滥用麻醉药品和精神药品，是中国禁毒制度建设一项十分重要的内容。为此，中国政府颁布了许多法律、法规和规章，强化了对麻醉药品、精神药品和易制毒化学品的管理。

（一）强化对麻醉药品和精神药品的管理

为加强对麻醉药品和精神药品的管理，1978年9月13日，国务院发出了《关于颁发〈麻醉药品管理条例〉的通知》，以加强入境麻醉药品的管理工作。12月31日，邮电部、商业部、卫生部联合发出了《关于邮寄麻醉药品办法的通知》。1980年11月20日，农业部、卫生部、国家医药管理总局联合发出了《关于下达〈兽用麻醉药品的供应、使用、管理办法〉的通知》。1982年3月18日，国家医药管理总局、卫生部发出了《关于检发〈麻醉药品生产管理办法（试行）〉的通知》。1983年9月10日，卫生部、铁道部、交通部、公安部、中国民用航空局、国

家医药管理局发出了《关于颁发〈麻醉药品国内运输管理办法〉的联合通知》，同日，卫生部、外交部、对外经济贸易部、国家经济贸易委员会、海关总署联合发出了《关于精神药物实行进出口准许证规定的通知》，规定对40种精神药物实行进出口准许证制度，其业务一律由对外经济贸易部门所属的化工进出口公司负责办理，其他单位和个人不得办理。

1984年9月20日，第六届全国人民代表大会常务委员会第七次会议通过《中华人民共和国药品管理法》，其中第39条规定：国家对麻醉药品、精神药品实行特殊的管理办法。1985年3月7日，中国医药工业公司发出了《关于加强咖啡因生产经营使用管理的通知》；4月28日，国家医药管理局发出了《关于贯彻〈中华人民共和国药品管理法〉的有关暂行规定》。1986年5月5日，中国医药工业公司发出了《关于禁止生产安眠酮及其制剂的通知》；11月22日，卫生部发出了《关于加强安眠酮管理的通知》，强化对麻醉药品和精神药品的管理。

1987年11月28日，国务院颁布了《麻醉药品管理办法》，共8章28条。该办法首先对麻醉药品的概念和种类作了明确界定。其中，第2条规定，“麻醉药品是指连续使用后易产生身体依赖性、能成瘾癖的药品。”第3条规定，“麻醉药品包括：阿片类、可卡因类、大麻类、合成麻醉药类及卫生部指定的其他易成瘾癖的药品、药用原植物及其制剂”。同时，对麻醉药品的种植、生产、供应、运输、使用、进出口等作了比较严格的限制性规定；对非法生产、经营、供应、出售、使用麻醉药品行为的处罚作了具体规定；并规定对制造、运输、贩卖麻醉药品和罂粟壳构成犯罪的，由司法机关依法追究其刑事责任。《麻醉药品管理办法》的出台，对于规范麻醉药品的管理，预防和打击毒品违法犯罪活动，具有重要意义。

1988年12月27日，国务院又制定颁布了《精神药品管理办法》，共8章28条。明确界定了精神药品的概念：“精神药品是指直接作用于中枢神经系统，使之兴奋或抑制，连续使用能产生依赖性的药品。”它因“人体产生的依赖性和危害人体健康的程度，分为第一类和第二类”。该法对精神药品的生产、供应、运输、使用、进出口管理等作出严格的限制性规定；对非法生产、经营、配制、出售、进出口等行为的处罚也作了具体规定；对制造、运输、贩卖精神药品构成犯罪的，由司法机关依法追究其刑事责任。

从20世纪80年代后期开始，国务院及其各部委还陆续发出了一系列通知、办法。如1987年12月25日，卫生部发出了《关于精神药物进出口管理规定的补充通知》。1988年1月22日，卫生部发出了《转发中国医药工业公司“对‘安纳加’咖啡因加强管理”的通知》；2月27日，卫生部发出了《关于贯彻执行〈麻醉药品管理办法〉的通知》；12月12日，国务院颁布了《医疗用毒性药品管理办法》。1989年2月10日，卫生部发出了《关于贯彻执行〈精神药品管理办法〉的通知》；9月25日，卫生部、国家医药管理局发出了《关于精神药品生产有关事宜的通知》。1990年8月13日，国家医药管理局、卫生部、铁道部、公安部等四部门联合下发了《关于加强麻醉药品、精神药品国内运输管理的通知》，对鸦片、吗啡、安钠加、强痛定等麻醉药品和精神药品的生产、供应、运输、使用等实行严格管理；对玩忽职守造成损失或流散者，视情节给予纪律处分，构成犯罪的，依法追究其刑事责任。1991年4月18日，国家医药管理局、卫生部发出了《关于麻醉药品、一类精神药品经营管理的若干补充规定》。这一系列通知、办法的制定实施，补充和完善了麻醉药品与精神药品的管理规定，进一步加强了对麻醉药品与精神药品的规范管理。

2001年，国家药品监督管理局依法强化了对麻醉药品、精神药品及麻黄素的监督管理，进一步规范了生产、经营和使用，下发了《关于对麻醉药品经营单位验收调整的通知》，麻醉药品经营环节的管理工作进一步得到加强。农业部重视特药生产安全工作，进一步完善了麻醉药品原料生产的安全保卫制度。

2005年8月，国务院颁布了《麻醉药品和精神药品管理条例》，为规范和加强麻醉药品和精神药品的管理，打击违法犯罪活动提供了较为完善的法律依据。

（二）强化对易制毒化学品的管理

为了防止易制毒化学品流入非法渠道，打击有关违法犯罪活动，中国立法机构和政府制定颁布了一系列严格管制易制毒化学品的法律规范。《中华人民共和国刑法》、《中华人民共和国海关法》和全国人民代表大会常务委员会《关于禁毒的决定》，都对非法买卖、走私易制毒化学品和麻黄素等用于制造毒品的原料和配剂的犯罪行为规定了严厉的处罚条款。

20世纪80年代以来，随着世界毒品问题的泛滥和化学合成毒品生产的扩展，跨国走私、贩运各种易制毒化学品和麻黄素活动剧增。作为世界上最早对易制毒化学品进行管制的国家之一，我国政府以对国际社会高度负责的态度，认真履行有关国际禁毒公约的义务，对易制毒化学品和麻黄素实行更加严格的管制。

1988年10月10日，中国卫生部、对外经济贸易部、公安部、海关总署联合发布《关于对三种特殊化学品实行出口准许证管理的通知》，把醋酸酐、乙醚、三氯甲烷三种可能用于制造海洛因的重要原料列为特殊化学品，要求加强管理，实行出口准许证制度，自1989年1月1日起执行。

1993年4月1日，中国经贸部根据联合国《禁止非法贩运麻醉药品和精神药物公约》(禁毒88公约)的要求，对联合国规定的22种可用于制毒的化学品实行出口管制，从1996年起实行进口许可证制度。1993年4月8日，全国禁毒工作领导小组(即国家禁毒委员会)发布《关于滥用盐酸二氢埃托啡是否属于吸毒行为的批复》,确认凡非法吸食、注射盐酸二氢埃托啡的,应当依据《关于禁毒的决定》第 8 条的规定处罚;对医院、药店等单位工作人员违反国家规定,向吸毒人员提供盐酸二氢埃托啡的,依照《关于禁毒的决定》第 10 条的规定处罚;对非法走私、贩卖、运输、制造盐酸二氢埃托啡和非法持有盐酸二氢埃托啡的,应依照《关于禁毒的决定》相应条款处罚。

1999 年,最高人民法院、最高人民检察院、国家经济贸易委员会、国内贸易部、国家药品监督管理局分别组织或者参与起草了《易制毒化学品进出口管理规定》、《麻黄素管理办法(试行)》等有关法律、法规和司法解释,加强了对易制毒化学品的管制。

2000 年 11 月,国家经济贸易委员会、国家工商行政管理局、公安部联合下发了《关于加强易制毒化学品生产经营管理的通知》,对易制毒化学品的生产经营企业、仓储运输企业、使用单位提出了严格的要求,使各地各部门对易制毒化学品生产、经营环节的管理有章可循。

2001 年,对外经济贸易部下发了《关于进一步加强醋酸酐和高锰酸钾进出口管理的通知》,要求严格审核相关的醋酸酐和高锰酸钾进出口项目,防止其流入非法渠道。国家药品监督管理局下发了《关于氯胺酮管理问题的通知》,规定氯胺酮原料药按第二类精神药品管理。

2003 年,国家禁毒委员会办公室会同商务部、海关总署从 9 月 1 日起对黄樟油和二氢黄樟素实行进口许可证管理。

2005 年 8 月,国务院颁布了《易制毒化学品管理条例》,为规范和加强易制毒化学品的管理,打击违法犯罪活动提供了较为完善的法律依据。同月,商务部、公安部、海关总署、国家安全生产监督管理总局、国家食品药品监督管理局联合制定了《向特定国家(地区)出口易制毒化学品暂行管理规定》,加强了向"金三角"地区有关国家出口 58 种易制毒化学品的严格管理。[①]

2006 年,公安部制定了《易制毒化学品购买和运输管理办法》,国家安全生产监督管理总局制定了《非药品类易制毒化学品生产、经营许可办法》,商务部修订了《易制毒化学品进出口管理规定》、《易制毒化学品进出口国际核查管理规定》、《商务部、公安部、海关总署 2006 年第 57 号公告》、《麻黄素类易制毒化学品出口企业核定暂行办法》,公安部、国家安全生产监督管理总局制定下发了新的许可证(或备案证明)。

---

① 中国国家禁毒委员会办公室:《2006 年中国禁毒报告》。

2008年，公安部、最高人民法院、最高人民检察院联合组织人员赴云南、浙江、江苏、广东等地开展调研，进一步摸清了办理易制毒化学品案件的相关情况，为进一步完善制毒物品案件定罪量刑标准，为起诉、审判制毒物品案件提供依据。经国务院批准，公安部、商务部、卫生部、海关总署、国家安全生产监督管理总局、国家食品药品监督管理局联合下发了将羟亚胺列入《易制毒化学品管理条例》附表品种目录第一类易制毒化学品进行管理的公告，为有效打击利用羟亚胺进行制毒活动提供了法律武器。

2009年，为进一步加强和完善对易制毒化学品的管理，有效打击利用易制毒化学品的犯罪活动，在广泛调研的基础上，最高人民法院、最高人民检察院、公安部联合出台了《关于办理制毒物品犯罪案件适用法律若干问题的意见》。同时，公安部、商务部、海关总署、国家工商行政管理总局、国家安全生产监督管理总局、国家食品药品监督管理局还联合制定发布了《关于进一步加强易制毒化学品管制工作的指导意见》，全面规范和加强易制毒化学品管理工作。

针对不法分子利用互联网非法买卖易制毒化学品问题，2010年9月21日，公安部、工业和信息化部、国家工商行政管理总局、国家安全生产监督管理总局、国家食品药品监督管理局联合下发《关于加强互联网易制毒化学品销售信息管理的公告》，规范网上易制毒化学品销售行为。

中国还逐步完善了对麻黄素的管理制度。1992年至1998年，有关部门多次发布关于麻黄素管理方面的规定。1998年3月，国务院发出《关于进一步加强麻黄素管理的通知》，规定对麻黄素的生产、经营、运输、使用、出口实行专项管理。12月，有关部门联合下发《关于加强麻黄素类产品出口管理有关问题的通知》，对麻黄素各种盐类、粗品、衍生物和单方制剂等12个品种全部实行出口管制。1999年6月，最高人民法院、国家经贸委、外贸部、国家药品监督管理局发布了《麻黄素管理办法》。2000年，国家药品监督管理局下发了《关于进一步加强麻黄素单方制剂监督管理工作的通知》，对麻黄素单方制剂的生产、经营、使用等进行了规范，确定并公布了全国单方制剂生产厂名单，并要求各省级药品监督管理部门对有关生产企业涉嫌违规销售麻黄素片进行严肃查处。5月，国家有关部门发布了《麻黄素运输许可证管理规定》，进一步完善了对麻黄素的严格管制。

2007年，根据《麻黄素类易制毒化学品出口企业核定暂行办法》，核定公布13家企业为麻黄素类易制毒化学品出口企业，取消了3家有问题企业的麻黄素类易制毒化学品的出口权。为继续加大对麻黄碱的管理力度，11月，国家食品药品监督管理局、公安部联合发出《关于进一步加强麻黄碱管理的通知》，进一步加大对麻黄碱的审批、购买、运输、使用的审核工作力度,部署全国范围开展一次针对麻黄碱生产、经营、使用情况的专项检查,不断规范麻黄碱的生产、经营活动,全面提高了麻黄碱的管理水平。2009 年,国家食品药品监督管理局下发了《关于切实加强部分含特殊药品复方制剂销售管理的通知》,完善了对麻黄碱复方制剂的监管措施。

与此同时,各省(自治区、直辖市)也采取积极措施,有效地遏制了麻黄素等易制毒化学品流入非法渠道的势头。早在 1986 年 10 月 10 日,云南省禁毒领导小组、省经委、省卫生厅就联合发出《关于边境贸易不准出口三种化学试剂的通知》①。12 月 25 日,上述三单位又发出相关的《补充通知》,将氯化铵也纳入不准出口的化学试剂之列。云南、四川、广东、宁夏等省(区)还制定了对易制毒化学品的生产、运输、经营和使用进行全面管制的地方性法规。1998 年 10 月 17 日,四川省第九届人大常委会第五次会议审议通过了地方性法规《四川省易制毒化学品管理条例》。一些地区公安局禁毒部门会同卫生、医药、化工等管理机构,对生产、经营、使用麻醉药品、精神药品和易制毒化学品的单位进行了检查或抽查,发现和堵塞了一些漏洞,健全和完善了供销制度和生产、运输、使用许可证制度。2002 年,广东省人大常委会通过《广东省易制毒化学品管理条例》,江苏省高级人民法院、省人民检察院、公安厅联合发布《关于办理毒品、制毒物品犯罪案件若干问题的暂行规定》,加强和完善了对麻醉药品、精神药品以及易制毒化学品管理的地方立法。

此外,2012 年,公安部还加强对特殊人群贩毒以及"毒驾"等问题的调研和法律适用研究,并会同最高人民检察院联合出台了《关于公安机关管辖的刑事案件立案追诉标准的规定(三)》,编写了《毒品犯罪案件立案追诉标准适用指南》,会同相关部门下发了《关于办理走私、非法买卖麻黄碱类复方制剂等刑事案件适用法律若干问题的意见》、《关于加强含麻黄碱类复方制剂管理有关事宜的通知》等,遏制麻黄碱类复方制剂流入非法渠道;会同国家食品药品监督管理局等部门对《麻醉药品和精神药品目录(2007 年版)》、《易制毒化学品管理条例》进行修订。国家禁毒委员会办公室、公安部、卫生部、国家食品药品监督管理局联合下发了《关于进一步加大打击麻醉药品和精神药品违法犯罪活动工作力度的通知》,加强麻醉药品和精神药品的规范管理;同时还加强对新精神活性物质列管问题的研究,解决麻醉药品、精神药品、易制毒化学品管制工作中的突出问题。

---

① 三种化学试剂是醋酸酐、乙醚、三氯甲烷。

二、组织制度建设：加强禁毒机构和专业队伍建设

中外禁毒斗争的实践证明，要想使禁毒工作取得成效，国家就必须建立健全统一、高效、权威的禁毒领导机构和专门的禁毒执法机关，必须发动和依靠全社会的力量，实行综合治理。加强禁毒机构和专业队伍建设，是禁毒工作的组织保障。

（一）建立健全各级禁毒机构

我国的禁毒委员会是各级党委、政府主抓禁毒工作的专门领导机构，它担负着严格执行禁毒法律规范、打击毒品犯罪；禁毒行政管理、禁毒宣传教育等涉及各个行业、各个部门的统筹协调；研究、制订、开展和加强禁毒工作的重要政策、意见及措施；组织协调禁毒工作重大行动的开展和重要举措的落实；了解各地毒情的基本情况、特点和规律；组织开展禁毒领域国际合作；保障各项禁毒工作协调有序、富有成效地进行等重要职责。禁毒委员会的成员一般包括公安、检察院、法院、司法行政、海关、卫生、医药、工商、民政、财政、农业、林业、化工、文教、工会、共青团、妇联等机关、部门和组织。

由于毒情的日趋严重，为加大全国打击毒品犯罪的力度，提高禁毒、防毒、拒毒、反毒的工作成效，1990 年 11 月 3 日，国务院第七十二次常务会议决定，成立由 16 个部委领导组成的国家禁毒委员会（对内称国家禁毒领导小组）。国家禁毒委员会负责研究制订禁毒方面的重要政策和措施，协调有关重大问题，统一领导全国的禁毒工作。这是中华人民共和国成立后的第一个国家级禁毒机构。第一届国家禁毒委员会主任由时任国务委员兼公安部部长的王芳担任。2001 年 1 月，国务院办公厅批转《国家禁毒委员会成员单位主要职责》，要求国家禁毒委员会各成员单位对外负责禁毒领域国际合作，履行国际禁毒公约义务；对内统一领导全国禁毒工作，制定有关政策措施，组织、协调有关部门和单位并动员全社会的力量开展禁毒斗争。

1998 年 8 月，中华人民共和国公安部成立禁毒局，下设毒品预防教育处、毒品案件侦查处、情报处、禁吸禁种处、禁制毒品处、国际合作处和办公室，首任局长杨凤瑞、副局长王刚、陈存仪。中华人民共和国公安部禁毒局的职责任务是：掌握毒品违法犯罪活动动态，拟定预防、打击对策；组织、指导、监督对毒品犯罪案件的侦查工作；承担对麻醉药品药用原植物、麻醉药品和精神药品流入非法渠道的查处工作；依法承担对易制毒化学品的管制等工作；组织、协调、指导地方公安机关开展吸毒人员管理工作；承办国际禁毒事宜；承办禁毒有关协调工作；承担国家禁毒委员会的日常工作，以国家禁毒委员会名义履行国际禁毒公约义务。

在一些毒品问题严重的省份，禁毒机构也相继建立。早在1982年8月26日，云南省禁毒领导小组正式成立。此后，为了保证禁毒工作持续健康开展，云南省在国务院的支持下，在地（市、州）县逐级成立了禁毒领导小组，由党、政主管领导担任组长，公安、民政、卫生、宣传、财政、医药、工商、海关以及驻滇部队、边防武警领导人组成。至1994年为止，云南全省公安系统建立缉毒处一个，地、州、市缉毒大队17个，县（市）缉毒队89个，缉毒警犬队1个，铁路、民航公安缉毒队各1个；组建专管禁吸禁种的“两禁”科37个。1997年9月15日，云南省公安厅将原有的“缉毒处”改为“禁毒处”。全省统一将治安部门管理的“两禁”处（科）划入禁毒部门，各级公安机关设置的缉毒处（科、队）全部改为禁毒处（科、队），并于1998年7月11日率先成立了新中国成立以来的第一个省公安厅禁毒局。此举不仅使禁贩、禁种、禁吸的“三禁”合力形成，更使云南禁毒工作在组织机构上进一步得到充实和保障。警务资源的大胆整合，“缉毒处（科、队）”改为“禁毒处（科、队）”的一字之差，表明了禁毒理念的转变，从单打独斗的缉毒，走向了动员全社会治毒、防毒的综合治理；从云南禁毒一盘棋，走向了全国禁毒一盘棋，使云南禁毒的一些地方行为，最终上升为国家行为，推进了“四禁并举，堵源截流，严格执法，标本兼治”禁毒方针的形成。1992年4月，四川省人民政府批准省公安厅设立了禁毒工作处。1996年11月，内蒙古自治区公安厅成立禁毒处。

进入21世纪以后，全国31个省、自治区、直辖市和大多数地（市、州）、县（区、市）都相继建立了相应的禁毒领导机构和专业部门，组建了禁毒警察队伍。中国人民武装警察部队、公安边防、司法、海关、药品监督管理、工商行政管理等部门，也承担起相应的禁毒执法任务。在中国，已经形成了禁毒工作由各级政府领导，公安禁毒部门主管，政府有关职能部门齐抓共管，社会团体共同参与的良好局面。

（二）加强禁毒专业队伍建设

禁毒工作是一个专业性很强的工作，不同于普通的社会治安治理，也不同于一般的打击刑事犯罪活动。按照国民经济和社会发展的规划，根据禁毒形势的需要，建设一支思想素质高尚、专业水平过硬的队伍，是中国禁毒工作组织制度建设中的重要环节。

第一，加强了禁毒警察队伍建设。1982年，在党中央、国务院的直接安排下，一支专业的缉毒警察队伍在云南、广西两省组建，从此，中国历史上，也是中华人民共和国成立33年后的一个新警种——缉毒警诞生了，仅云南省的缉毒警察编制就达1 000人。此后，云南省的缉毒警察队伍在不断扩大，1989年1月

16 日，国家机构编制委员会发出通知，决定给云南省增加 300 名公安民警编制，用于加强缉毒工作。1991 年 11 月 18 日，中央编制委员会再次决定，给云南省增加 650 名公安禁毒编制，经云南省公安厅党委研究，413 名用于缉毒，237 名用于禁吸、禁种。[①] 2006 年，公安部协调中央编制办公室为云南增加禁毒专项编制 2 000 名。正是依靠这些力量，到 2005 年，云南在 129 个县(市)全部成立了禁毒大队，在省高级人民法院设立了刑事审判第三庭，专门从事毒品犯罪案件的审判工作。在云南省的禁毒警力不断增加的同时，全国其他一些省市的公安禁毒队伍也在发展。到 2004 年，全国 31 个省、自治区、直辖市，372 个地(市、州)、707 个县(区、市)建立了公安禁毒专业队伍，共有禁毒警力 1.7 万人。2006 年，山西、辽宁、黑龙江、江苏、浙江、湖北、湖南、广东、四川、贵州、宁夏、新疆等 12 个省(自治区)为禁毒部门增加了警力编制，使得中国禁毒警察的队伍不断扩大。

第二，加大了禁毒专项经费投入。改革开放以来，虽然国家的各项事业“百废待兴”，整个国家开支十分庞大，但上到中央，下到地方，都为禁毒工作的需要而投入了大量的资金，并且这样的资金支持在逐年增加。1999—2001 年，中央财政共投入禁毒专项补助经费 2.497 亿元，国家计划委员会专门立项投资 4 亿元；2002 年，中央财政共投入禁毒专项补助经费 2.15 亿元；2003 年投入 1.4 亿元；2007 年财政部、公安部将中央补助地方禁毒专款增加为 3.3 亿元；2008 年增至约 5 亿元，国家发展改革委员会会同公安部、司法部规划投入了 2.17 亿元，用于补助全国地方戒毒康复场所试点项目建设。云南省由于毗邻“金三角”，禁毒投入的力度最大。福建省在 1998—2003 年的六年内，地方财政共投入禁毒专项资金 4 000 余万元，为禁毒工作顺利开展提供了有力保障。[②] 其余各省(自治区、直辖市)每年也都在地方财政中拨出专款，投入到禁毒工作之中。在加大经费投入的同时，各地还加强了对全国禁毒专项经费的管理。

第三，加强培训，提高禁毒能力。随着禁毒斗争的不断深入，禁毒任务愈来愈艰巨，加强对这支队伍的培训，提高禁毒能力已是刻不容缓。1983 年，云南省率先安排各级公安部门分别对已建成的公安缉毒侦查队加以训练，提高他们缉毒、查毒的能力。此后全国各地，尤其是毒品问题严重的省、市，在组建缉(禁)毒警察队伍的过程中，每年都分期对缉(禁)毒警进行专门培训。如 1993 年 5 月，昆明、九龙、北京海关建立了缉毒训练基地。1998 年，全国公安禁毒部门普遍加强了培训工作，共举办各类培训班 40 多期，培训骨干 1 200 余人次。2005 年，全

---

① 中共云南省委党史研究室、中共云南省公安厅委员会编：《建国以来云南的禁毒斗争》，大事纪要，云南民族出版社 1997 年版，第 60、61、77、86 页。

② http://news.sina.com.cn/c/2004-06-29/11132938574s.shtml.

国举办了多期易制毒化学品执法或《易制毒化学品管理条例》培训班，提高了民警和各地企业主对易制毒化学品的管理水平。2001 年，公安部禁毒局与政治部人事训练局组织并完成了全国公安机关首次禁毒民警全员业务培训和任职资格考试，13 000 多名从事禁毒工作的民警分 5 批参加了业务培训和任职资格考试，有 12 868 名民警获得了上岗资格。2003 年，中国刑事警察学院增设禁毒本科专业，经过 4 年专业学习，2007 年首届禁毒专业毕业生获得学士学位，奔赴禁毒一线。

2006 年，禁毒“三基”工程建设全面启动。[①] 公安部禁毒局制定下发了《关于加强公安禁毒基层基础建设的意见》，制定、修订、完善了《公安机关办理毒品犯罪案件程序的若干规定》等 13 项禁毒刑事、行政执法业务规范，成立了禁毒“三基”工程建设领导小组和办公室，总结推出了一批禁毒基层基础建设先进典型，促进了禁毒专业队伍的正规化、规范化、制度化进程。[②]

第四，大力推进禁毒信息化建设。2005 年，公安部禁毒局与清华紫光公司联合开发了《禁毒信息管理系统》，建成了吸毒人员数据库、毒品案件与情报信息库，实现了全国吸毒人员、毒品案件与情报信息的动态管理，为禁吸戒毒、无毒社区建设以及缉毒侦查、案件串并和情报共享等工作提供了技术支持；同时，研制开发了毒品犯罪嫌疑人数据库等应用软件，提高了数据统计、信息综合、情报研判的水平。2006 年，公安部着力加强禁毒情报信息系统、毒品犯罪嫌疑人数据库、吸毒人员动态管控机制、戒毒康复场所、毒品样品库等的建设。2009 年，以公安部“金盾工程”二期建设为契机，积极推进和完善全国禁毒信息管理系统建设，加强情报信息研判，充分发挥情报信息在打击毒品犯罪方面的主导作用。2010 年，全国公安禁毒部门进一步加大禁毒信息化的建设力度，强化信息资源的高度共享和综合利用，全力推动禁毒全业务流程的信息化进程。公安部禁毒局升级改造毒品信息管理、吸毒人员数据和堵源截流工作三个业务平台，着手构建情报信息研判和易制毒化学品管理系统，为推进全国禁毒信息化建设向更高层次发展奠定了基础。各地情报信息服务于侦查破案的能力不断提高，江苏省公安禁毒部门利用各种信息化技术破获的毒品案件已占全部毒品案件的 68%。2012 年，大力推动禁毒情报 DIAS 研判系统等信息系统的实战应用，协助破获毒品案件特别是大要案件成效初显：充分利用动态管控系统，开发戒毒康复人员“就业安置”登记模块，积极教育挽救吸毒人员；顺利实现吸毒人员动态管控系统

---

① 公安部把 2006 年确定为全国公安机关的“基层基础建设年”，组织全国公安机关开展了以抓基层、打基础、苦练基本功为主要内容的“三基”工程建设。

② 中国国家禁毒委员会办公室：《2007 年中国禁毒报告》。

与机动车驾驶人信息库的资源共享，联合交通管理部门开展“毒驾”治理工作，有效减少涉毒驾驶安全隐患；升级完善全国禁毒堵源截流指挥系统，提高查缉工作的准确性和针对性；加快公安部易制毒化学品管理信息系统建设，并于 2013 年 1 月 1 日正式启用。禁毒信息化的建设，提升了禁毒工作的能力和水平，为深入开展禁毒人民战争提供了有力支撑和保障。

（三）中国禁毒基金会的成立及其主要活动

中国禁毒基金会(英文名称 China Narcotics Control Foundation，CNCF)是 1999 年 4 月 28 日经民政部依法登记设立的，具有独立法人资格的，全国性非营利社会团体。其宗旨是：动员社会各界和广大人民群众参与禁毒斗争，筹集和接受捐赠，支持中国禁毒事业的发展，开展国际民间禁毒合作，为保护人民健康幸福和民族兴旺发达作出贡献。中国禁毒基金会首任秘书长由刘志民担任。成立以来，中国禁毒基金会主要做了以下工作：第一，采取多种形式，积极开展禁毒宣传活动。自 1999 年成立以来，中国禁毒基金会会同国家禁毒委员会办公室，分别与有关部门合作开展了一系列宣传教育活动，如创办的《中国社会报——禁毒周刊》，就是一个颇有影响力的刊物。其次，发挥禁毒基金会的优势，积极开展募集资金工作。中国禁毒基金会自 2000 年首次接受了福州鼓山涌泉寺主办的“敲世纪钟，捐禁毒款”活动组委会捐赠的 71.8 万元禁毒款后，几乎每年都能接到捐赠，尤其自 2006 年以来每年接受的捐赠(含货币及物资)都在千万元以上。据不完全统计，自 2000 年以来，中国禁毒基金会共收到来自社会各方面的捐赠共计 1 亿多元。第三，组织开展禁毒公益业务活动，服从服务于禁毒人民战争。主要开展的禁毒公益活动包括：组织开展针对全社会特别是青少年的禁毒宣传和预防教育活动，努力减少新吸毒人员的滋生；资助社区戒毒、社区康复人员的戒毒治疗、药物维持、康复训练、就业技能培训，以及涉毒人员子女教育等；资助重点戒毒场所戒毒治疗所需的医疗器材、药品及其他必需品，以及戒毒康复场所建设和人员培训；资助基层社区、乡镇和禁毒部门毒品检测试剂等实物，对吸毒、戒毒人员实行动态管控；对在禁毒工作中作出突出贡献者实施奖励。第四，组织开展禁毒学术研究，推动禁毒理论研究的不断深入。如 2004 年，会同国家禁毒委员会、北京大学共同举办了“2004 禁毒论坛”，2010 年，与四川广元市委市政府共同举办“2010 中国·广元‘无毒害市’论坛”研讨活动，2011 年，参与了华素新型戒毒药品的研究课题等。第五，组织抚恤慰问活动。积极组织开展缅怀禁毒英烈、宣传禁毒英雄模范事迹，抚恤慰问为中国禁毒事业牺牲或受伤的禁毒民警及有关人员的活动，对患有重大疾病、家庭十分困难的禁毒工作人员给予补助，充分体现了对禁毒工作人员的关怀。自 2001 年以来，中国禁毒基金会开展的抚恤慰问活动，惠及的省份有云南、贵州、四川、重庆、青海、陕西、宁夏、新疆、甘肃、河北、内蒙古、黑龙江、辽宁、湖南、河南、山东、江西、湖北、福建、广东、广西、海南等 22 个省(自治区、直辖市)，总计慰问了近 300 人次，发放慰问金 228.6 万多元。第六，加强基金会的自身宣传和规范化建设，提高社会影响力。2006 年，组织起草并修改了《中国禁毒基金会章程》、《中国禁毒基金会基金募集管理办法》以及《中国禁毒基金会财务管理制度》、《中国禁毒基金会内务管理》等管理规章，还加强年度审计，减少行政开支，2011 年，以优异成绩获评民政部授予的 3A 等级基金会。此外，中国禁毒基金会还加强与国际禁毒组织、非政府组织及国内禁毒社会团体开展交流与合作，为推进国内禁毒事业服务。

总之，中国禁毒基金会自成立以来，在动员社会各界和广大人民群众参与禁毒斗争，筹集和接受捐赠，支持中国禁毒事业的发展，开展国际民间禁毒合作，保护人民健康幸福和民族兴旺发达等方面作出了显著的贡献。

三、法律制度建设：建立、健全和完善禁毒法律体系

自 20 世纪 80 年代以来，经过 30 多年的努力，我国禁毒法律规范的完善取得了重大成就，已初步形成了以刑事法律为主、行政法规和地方性法规相配套的禁毒法律体系，为开展禁毒斗争提供了有力的法律武器。

早在 1963 年 2 月 26 日和 5 月 26 日，我国就发布了《中央批转卫生部党组关于加强去氧麻黄素等剧毒药品管理的报告》与《中央关于严禁鸦片、吗啡等毒害的通知》。1973 年 1 月 13 日，即“文革”之中，疲于应付混乱局面的国务院并没有忽视在个别边境、少数民族地区和偏僻山区露头的毒品问题，及时发布了《关于严禁私种罂粟和贩卖、吸食鸦片等毒品的通知》。

1979 年颁布的《中华人民共和国刑法》，其第 171 条中规定：“制造、贩卖、运输鸦片、海洛因、吗啡或者其他毒品的，处五年以下有期徒刑或者拘役。可以并处罚金。一贯或者大量制造、贩卖、运输前款毒品的，处五年以上有期徒刑，可以并处没收财产。”这样的规定对于日益严重的毒品犯罪而言过宽，起不到严厉打击的作用。1982 年 3 月 8 日，第五届全国人大常委会第 22 次会议通过了《关于严惩严重破坏经济的罪犯的决定》，对《刑法》171 条修改补充了：“情节特别严重的，处十年以上有期徒刑、无期徒刑或者死刑，可以并处没收财产。”这样的修改，明显加强了打击毒品犯罪的力度。

1981 年 8 月 27 日，国务院发布了《关于重申严禁鸦片烟毒的通知》。1982 年 7 月 16 日，中共中央、国务院又发布了《关于禁绝鸦片烟毒问题的紧急指示》(中发〔1982〕34 号文件)，主要内容如下：第一，严禁私种罂粟。第二，坚决打击制毒贩毒

的犯罪活动。第三,严禁吸食毒品,取缔地下烟馆。第四,加强医疗用麻醉药品和剧毒药品的管理。第五,切实加强领导,放手发动群众。指示特别强调对"共产党员、共青团员和国家工作人员吸食鸦片、日久成瘾又不肯戒除的,要分别开除党籍、团籍和撤销行政职务,直至开除公职"。这是中华人民共和国成立后仅见的对共产党员、共青团员和国家工作人员吸食鸦片又不肯戒除者的最严厉的组织处理和行政处罚。

1984 年 9 月 20 日,第六届全国人大常委会第七次会议通过了《中华人民共和国药品管理法》,该法的第 30、39、40 条对麻醉、精神、毒性、放射性药品的管理作了新规定,指出:"麻醉药品,包括原植物,只准由国务院卫生行政部门会同有关部门指定的单位生产,并由省、自治区、直辖市卫生部门会同有关部门指定的单位按照规定供应。"

1986 年 9 月 5 日,国务院颁布了《中华人民共和国治安管理处罚条例》,并于 1987 年 1 月 1 日施行,其中明确规定:"违反政府禁令,吸食鸦片、注射吗啡等毒品"是违反社会治安管理条例的行为,要受到处罚。1986 年 12 月 3 日颁布的《中华人民共和国外国人入境出境管理法实施细则》,1987 年 1 月 22 日颁布的《中华人民共和国海关法》等法律规范,从出入境及海关管理的各个角度,对毒品犯罪作出了打击和处理的规定。

1988 年 1 月 21 日,鉴于走私犯罪的日益严重,为严治此类犯罪,第六届全国人大常委会第二十四次会议又通过《关于惩治走私罪的补充规定》,其中强调:"走私鸦片等毒品、武器、弹药或者伪造货币的,处七年以上有期徒刑,并处罚金或者没收财产;情节特别严重的,处无期徒刑或者死刑,并处没收财产;情节较轻的,处七年以下有期徒刑,并处罚金。"3 月 26 日,公安部、卫生部下发《关于严禁非法种植罂粟的通知》,要求各地公安、卫生部门将本地私种罂粟的情况摸清并如实向党委、政府报告,采取有力措施查禁。

1990 年 12 月 28 日,全国人民代表大会常务委员会制定并通过了《关于禁毒的决定》(以下简称《决定》),共 16 条,是对 1979 年《刑法》的再次修改和补充。其主要内容有:(1) 对毒品犯罪规定了严厉的刑罚。如走私、贩卖、运输、制造鸦片 1 000 克以上,海洛因 50 克以上或者其他毒品数量大的,处 15 年有期徒刑、无期徒刑或死刑,并处没收财产;走私、贩卖、运输、制造鸦片 200 克以上不满 1 000 克,海洛因 10 克以上不满 50 克或者其他毒品数量较大,处 7 年以上有期徒刑,并处罚金。(2) 关于从重处罚和对立功者从宽处理的规定。《决定》指出,国家工作人员犯本《决定》规定之罪的,从重处罚;因走私、贩卖、运输、制造、非法持有毒品罪被判过刑,又犯本《决定》规定之罪的亦从重处罚。体现了对毒品犯罪从严、从重打击的精神。同时,《决定》增加了如犯罪者有检举与揭发其他毒品犯罪立功表现的，可以从轻、减轻处罚或者免除处罚。这一规定有利于瓦解犯罪团伙，查获毒品，并集中打击罪大恶极的犯罪分子。(3) 关于管辖。《决定》规定：中国公民在中国领域外犯走私、贩卖、运输、制造毒品罪的，适用本《决定》而不再受刑法规定的"法定最高刑为三年以上有期徒刑"的限制。对外国人在中国领域外犯上述罪后进入中国领域的，不论其是否针对中国犯罪，亦不受"法定最低刑为三年以上有期徒刑"的限制，中国司法机关对其采取刑事强制措施，除依据国际公约、双边条约予以引渡的以外，应适用本《决定》处以刑罚。(4) 关于戒毒措施。《决定》除规定了对吸毒者予以较重的治安处罚外，还对吸毒成瘾的，规定予以强制戒除，进行治疗、教育；强制戒除后又吸毒的，可以实行劳动教养，并在劳动教养中强制戒除。

《决定》的颁布实施，是与当时我国面临严峻的禁毒形势紧密相连的，有其显著特点：第一，明确了对毒品的界定，弥补了 1979 年《刑法》中的模糊概念。《决定》将毒品定义为："毒品，是指鸦片、海洛因、吗啡、大麻、可卡因以及国家规定管制的其他能够使人形成瘾癖的麻醉药品和精神药品。"第二，《决定》在法律适用的空间效力范围上有重大突破。一是规定中国公民在中国领域外犯走私、贩卖、运输、制造毒品罪的，适用该《决定》，这就增加了我国刑法属人管辖权规定的犯罪种类。二是规定外国人在中国领域外犯走私、贩卖、运输、制造毒品罪后进入我国领域的，也可以适用该《决定》，这是第一次在我国刑事法律规范中规定了有限普遍管辖权，不仅对《决定》的适用具有现实意义，而且对我国刑法理论的发展也有深远影响。第三，《决定》弥补了 1979 年《刑法》在毒品犯罪有关规定上的不足，规定了 9 个新罪名，依次是：非法持有毒品罪；包庇毒品犯罪分子罪；窝藏毒品犯罪所得财物罪；走私制造麻醉药品和精神药品的物品罪；非法种植毒品原植物罪；引诱、教唆、欺骗他人吸食、注射毒品罪；强迫他人吸食、注射毒品罪；容留他人吸食、注射毒品罪；非法提供毒品罪。同时，规定了毒品犯罪的单位主体。第四，《决定》从两个方面体现了对未成年人的保护，一是规定从重打击利用未成年人犯罪行为；二是重点保护未成年人的身心健康。

《关于禁毒的决定》这部具有中国特色的禁毒法律的颁布，为严厉打击毒品犯罪，减少并最终消灭毒品犯罪提供了有力的法律依据。它的实施对于严惩毒品犯罪分子，保护公民的身心健康，维护社会治安秩序，保障现代化建设事业顺利进行具有重要的意义。

1993 年 8 月 7 日，公安部发出《关于坚决制止、查处在食品中掺用罂粟壳违法犯罪行为的通知》。

1997 年 3 月 14 日，全国人民代表大会第八届五次会议通过了《〈中华人民共和国刑法〉修订案》。修订后的《刑法》适应现实的需要，在吸收、保留《决定》原有合理性条文的基础上，对于毒品犯罪的法律规定作了较为严谨、务实、合理的修改和补充，充分体现了从严惩处毒品犯罪这一中国禁毒刑事立法的显著特点。其一，对毒品犯罪种类规定齐全，确保各种毒品犯罪行为受到法律制裁。该法规定了走私、贩卖、运输、制造毒品罪；非法持有毒品罪；窝藏、转移、隐瞒毒品、毒赃罪；走私制毒物品罪；非法买卖制毒物品罪；非法种植毒品原植物罪；非法买卖、运输、携带、持有毒品原植物种子、幼苗罪；非法提供麻醉药品、精神药品罪等12个罪名及刑罚，并对毒品洗钱犯罪行为作出处罚规定。其二，规定走私、贩卖、运输、制造毒品，无论数量多少，都要追究刑事责任，予以刑事处罚。毒品的数量以查证属实的走私、贩卖、运输、制造、非法持有毒品的数量计算，不以纯度折算，体现了从严惩处的坚决态度。其三，对毒品犯罪从经济上予以制裁。规定了对毒品犯罪并处没收财产或罚金，旨在剥夺毒品罪犯的非法收益，摧毁其再次实施毒品犯罪的经济能力。其四，对利用、教唆未成年人进行毒品犯罪，或者向未成年人出售毒品的，引诱、教唆、欺骗或者强迫未成年人吸食、注射毒品的，因走私、贩卖、运输、制造、非法持有毒品罪被判过刑，又有毒品犯罪行为的，从重处罚。其五，对犯走私、贩卖、运输、制造毒品等罪行严重的罪犯处以死刑。中国在立法上对毒品犯罪从严惩处，是现实禁毒斗争的需要，表明了中国政府严厉禁毒的立场。

2000年6月20日，最高人民法院作出了《关于审理毒品案件定罪量刑标准有关问题的解释》的司法解释，对《刑法》有关规定进行了细化，明确规定了各类苯丙胺类毒品、大麻油、大麻脂、大麻叶、大麻烟、可卡因、吗啡、杜冷丁、盐酸二氢埃托啡、咖啡因、罂粟壳等为毒品，并对走私、贩卖精神药品、麻醉药品、易制毒化学品违法犯罪活动规定了具体量刑标准，明确了具有国家工作人员身份的人走私、制造、运输、贩卖毒品的，在戒毒监管场所贩卖毒品的，向多人贩毒或者多次贩毒的，都可以被认定为《刑法》第347条规定的"情节严重"。这项司法解释为司法机关依法严惩毒品犯罪及时提供了更加完善的法律依据。

2007年12月29日通过的《禁毒法》，对我国禁毒工作的方针和工作机制、禁毒宣传教育、毒品管制、戒毒措施、禁毒国际合作以及法律责任等作了明确具体的规定。

第一，从法律上确定了我国禁毒的方针、工作机制和组织机构。禁毒工作涉及面广，社会性强，是一项系统工程。基于"通过立法明确把禁毒纳入国民经济和社会发展的总体规划，确定禁毒领导体制、工作机制、保障机制"①的基本要

① 《中国首部禁毒法解读：预防为主"四禁并举"》2008年1月2日，中国网2008年1月2日。

求,《禁毒法》明确规定：禁毒是全社会的共同责任。国家机关、社会团体、企事业单位以及其他组织和公民,应当依照本法和有关法律的规定,履行禁毒职责或者义务。禁毒工作实行预防为主,综合治理,禁种、禁制、禁贩、禁吸并举的方针,实行政府统一领导,有关部门各负其责,社会广泛参与的工作机制,并将禁毒工作纳入国民经济和社会发展规划,禁毒经费列入财政预算予以保障。为了加强对禁毒工作的组织、协调和指导,《禁毒法》规定,国务院设立国家禁毒委员会,县级以上地方政府根据禁毒工作的需要,可以设立禁毒委员会。

第二,专章规定了禁毒宣传教育。毒品易沾染,毒瘾难戒除,动员全社会加强对毒品危害性的宣传教育,严格落实防范措施,预防毒品违法犯罪行为发生,防止公民特别是青少年沾染毒品,具有重要意义。为了增强全社会的禁毒意识,《禁毒法》单设“禁毒宣传教育”一章,规定国家采取各种形式开展全民禁毒宣传教育,普及毒品预防知识,增强公民的禁毒意识,提高公民自觉抵制毒品的能力。《禁毒法》还对国家机关、社会团体、企事业单位以及其他组织加强对本单位人员的禁毒宣传教育,学校对学生,父母或者其他监护人对未成年人的禁毒教育义务,以及国家鼓励公民、组织开展公益性的禁毒宣传活动等作了具体规定。

第三,全面规定毒品管制措施。为了有效遏制毒品来源和吸食毒品,《禁毒法》在对相关法律、法规有关麻醉药品、精神药品和易制毒化学品管制的规定以及多年来实践经验进行总结的基础上,对毒品管制作了全面规定：国家对麻醉药品药用原植物种植实行管制;对麻醉药品和精神药品实行管制;对麻醉药品和精神药品的实验研究、生产、经营、使用、储存、运输实行许可和查验制度;对易制毒化学品的生产、经营、购买、运输实行许可制度;对麻醉药品、精神药品和易制毒化学品的进口、出口实行许可制度。

为了及时发现毒品违法犯罪,加大打击的力度,《禁毒法》明确规定：公安机关可以在边境地区、交通要道、口岸以及飞机场、火车站、长途汽车站、码头进行毒品和易制毒化学品检查;娱乐场所应当建立巡查制度;反洗钱行政主管部门加强对可疑毒品犯罪资金的监测;建立健全毒品监测和禁毒信息系统。

第四,对戒毒工作体制进行了重大改革,使戒毒措施具有针对性。为了加强对吸毒人员的管理和帮教,提高戒毒的成效,《禁毒法》针对吸毒人员的不同情况,分别规定了自愿戒毒、强制隔离戒毒、社区戒毒和社区康复等基本戒毒程序。国家鼓励吸毒人员自行到具有戒毒治疗资质的医疗机构接受戒毒治疗;对吸毒成瘾人员,公安机关可以责令其接受社区戒毒,负责社区戒毒工作的城市街道办事处、乡镇人民政府可以指定有关基层组织与戒毒人员签订社区戒毒协议,落实有针对性的社区戒毒措施;对于拒绝接受社区戒毒,在社区戒毒期间吸食、注射毒品的，严重违反社区戒毒协议的，经社区戒毒、强制隔离戒毒后再次吸食、注射毒品等情形的吸毒成瘾人员，由公安机关决定予以强制隔离戒毒。同时，《禁毒法》还对吸毒成瘾人员自愿接受强制隔离戒毒、强制隔离戒毒后的社区康复、戒毒康复场所的建设、戒毒药物维持治疗等方面作出了规定。

第五，加强禁毒国际合作。为了加强禁毒国际合作，根据多年禁毒国际合作的实践，《禁毒法》对禁毒国际合作的原则、内容和工作机制，以及支持有关国家实施毒品原植物替代种植、发展替代产业等作出了规定。《禁毒法》规定，根据缔结或者参加的国际条约或者按照对等原则，开展禁毒国际合作。国家禁毒委员会根据国务院授权，负责组织开展禁毒国际合作，履行国际禁毒公约义务。涉及追究毒品犯罪的司法协助，由司法机关依照有关法律的规定办理。

《禁毒法》与以往禁毒法律规范相比较，有六大亮点：一是第一次以立法的形式明确了"预防为主，综合治理，禁种、禁制、禁贩、禁吸并举"的禁毒工作方针。二是明确规定"禁毒是全社会的共同责任"，确立了"政府统一领导，有关部门各负其责，社会广泛参与"的禁毒工作机制，并且第一次在法律层面上明确了各部门、各组织和公民的禁毒宣传教育责任。三是第一次将禁毒委员会作为专门的禁毒组织领导机构写入法律，明确规定了各级禁毒委员会的职责，依法确立了禁毒工作的组织机构和领导体制。四是明确规定了禁毒的保障机制，规定："县级以上各级人民政府应当将禁毒工作纳入国民经济和社会发展规划，并将禁毒经费列入本级财政预算。"五是坚持以人为本的理念，立足吸毒者具有病人、违法者、受害者三重属性，对吸毒人员要惩罚、更要教育和救治的基本思路，首次将社区戒毒、社区康复、戒毒药物维持治疗以法律形式加以规定，对戒毒工作作出了重大改革。六是以专章将国际禁毒公约要求的国际合作义务法律化，并第一次将分享犯罪所得资产写入法律，加大了对毒品违法犯罪的惩治力度。

总之，《禁毒法》是在我国经济社会发展进入关键时期和禁毒工作进入关键阶段，在维护社会稳定、促进社会和谐对禁毒工作提出更高要求的情况下，为适应全面建设小康社会、构建社会主义和谐社会的要求而制定的；是主动适应禁毒工作发展需要，总结多年来禁毒斗争实践经验，吸收国际国内已有法律规定，在广泛听取各方意见和反复论证的基础上制定的，第一部全面规范我国禁毒工作的重要法律。《禁毒法》的颁布，是我国实施依法治国基本方略的又一重大立法成果，既充分表明了党和国家厉行禁毒的坚定决心，彰显了党和国家重视和加强禁毒工作的鲜明态度，也更深层次地表明，我们对毒品问题和禁毒工作的认识已经达到了更高水平，已经把毒品问题作为我国经济社会发展过程中将长期存在的一个社会问题，把禁毒工作作为一项长期开展的重要工作。针对毒品问题已经成为我国一个社会问题和国际毒品问题的一部分的现实，以立法形式要求全社会，必须树立毒品问题需要长期面对、禁毒工作需要长远规划和依法治理的理念。[①]《禁毒法》的颁布实施，对于进一步预防和打击毒品违法犯罪行为、维护社会治安秩序、保护公民身心健康都发挥了重要作用；标志着党和国家把禁毒工作依法纳入了经济社会协调发展的大局，标志着我国禁毒工作由此进入了依法全面推进的新的历史阶段，标志着我国禁毒斗争已经站在了一个新的历史起点上。

2009年，为进一步完善与《禁毒法》相配套的法律法规，公安部、司法部、卫生部联合制定了《吸毒人员登记办法》；公安部制定发布了《吸毒检测程序规定》，卫生部制定出台了《戒毒医疗服务管理暂行办法》、《阿片类药物依赖诊断治疗指导原则》和《苯丙胺类药物依赖诊断治疗指导原则》，公安部禁毒局还组织浙江、江苏、上海、福建等地公安机关深入开展调查研究，全面梳理了禁毒执法工作环节、工作流程、立法需求，起草了《毒品犯罪案件立案追诉标准》、《公安机关查缉毒品工作规范》、《公安机关毒品犯罪立案调查规定》、《娱乐场所涉毒处理规范》等。

2010年，与《禁毒法》相关配套的法规建设得到进一步加强和完善。修改完善了《戒毒条例(送审稿)》；由卫生部出台了《药品类易制毒化学品管理办法》，卫生部、公安部、司法部联合制定了《戒毒医疗服务管理暂行办法》、《吸毒检测装备配置标准》等规范性文件；公安部起草了《吸毒成瘾认定办法》、《公安机关强制隔离戒毒所管理办法》、《公安机关强制隔离戒毒所等级评定办法》、《强制隔离戒毒诊断评估办法》等规范性文件；围绕禁毒执法的基本环节和流程，公安部法制局制定了《公安机关执法细则(禁毒分册)》，以提高禁毒执法规范化、专业化、标准化水平。

此外，各地方国家立法机关和人民政府，也根据禁毒工作的需要，制定颁布了一系列关于禁毒的地方性法规。

云南省于1989年8月26日制订了全国第一个关于禁毒的地方性法规《云南省严禁毒品的行政处罚条例》，于1990年1月1日生效。1990年6月，云南省人民代表大会通过了《关于云南省严禁吸食毒品的实施办法》，加重了对吸毒者的处罚，使禁吸工作有法可依。1991年5月27日，云南省七届人民代表大会常务委员会第十八次会议审议通过了《云南省严禁毒品条例》，并正式开始实施。1993年10月28日，《四川省禁毒条例》施行。1994年3月20日，广西壮族自治

① 《国家禁毒委员会办公室常务副主任、公安部禁毒局局长杨凤瑞在〈禁毒法〉及禁毒业务培训班上的讲话》，2008年5月23日。

区人民政府发布了《关于禁毒的通告》，要求各级党委、政府以及有关部门的领导迅速行动起来，扎扎实实地把禁毒斗争不断推向深入。1994 年 11 月 29 日，《贵州省禁止吸毒条例》颁行。广东、江苏、黑龙江、陕西、甘肃、宁夏等省（区）的地方立法机构以及全国其他一些毒害严重的县、市，也从实际出发，制定了地方性禁毒法规和相关规定，使我国的禁毒立法形成了一套自上而下的法律规范体系，其内容得到了健全和完善，为新时期禁毒工作提供了法律保障。

第十四章 中国禁毒历程的总结和反思

第一节 新旧中国禁烟禁毒问题之比较

一、旧中国烟毒泛滥久禁不绝的原因

近代以来，烟毒“蔓延中国，横披海内”，“其祸烈于洪水猛兽”。[①] 由于鸦片贸易引发的中英冲突，中国被推向了半殖民地的苦难深渊；由于烟毒的泛滥，中华民族遭受了前所未有的苦难。同时，中国的禁烟毒史又几与鸦片的泛滥同步，在200多年间，历届政府时有禁烟举措。然烟毒却屡禁不止、禁而不绝，且危害日深。究其原因，以下几点可为旧中国烟毒泛滥却又久禁不绝作注。

第一，近代中国的鸦片泛滥是殖民主义侵略掠夺政策造成的后果。19世纪初，世界海运大开，各资本主义国家纷纷通过海上贸易进行资本积累和扩张。对于西方来说，中国这样一个幅员广大而又人口众多的国家完全是一片待开垦的商业处女地，是一块十分诱人的“肥肉”。叩开中国的大门，占领中国市场，成为西方国家尤其是当时发达的英国梦寐以求的事情。然而，在中国自给自足的自然经济和清政府闭关自守的政策面前，资本主义国家的商品贸易显得力不从心。以纺织品作为主要贸易商品的英国始终无法改变其在对华贸易中的入超局面。英殖民主义者为了扭转这种不利局面，竟泯灭良心地确立了向中国输入鸦片这一有违道德伦理的政策。这种政策的野蛮性就在于它是以“毁灭人种”的办法强行扩大亚洲市场，并且用武力作为推销鸦片的后盾。在鸦片贩子向中国输入鸦片遭到中国人民的抵抗时，英殖民主义者便悍然发动了旨在维护其鸦片利益的战争——鸦片战争。清政府在鸦片战争中失败后，中国的烟毒开始严重泛滥。可见，殖民主义是旧中国烟毒泛滥的始作俑者，是使中华民族遭受百余年屈辱和痛苦的罪魁祸首。

---

① 《大公报》1937年9月14日。

第二，国家主权衰微是鸦片流毒无法根绝的关键所在。旧中国的历届政府，尤其是清朝晚期至民国前期的历届政府，处于国际殖民性资本主义列强的重压和控制之下，无法真正独立地行使主权，平等地与他国相处，致使鸦片战争后鸦片的输入与走私活动不仅无法禁绝，反而愈演愈烈。比如，英国以武力打开中国的大门后，就以广东为基地向中国沿海、内地大规模走私鸦片；美国则以土耳其、波斯的鸦片与英国竞争，其数量仅次于英国；沙俄自19世纪30年代起，由中亚向中国陆地偷运鸦片，凡此种种，导致中国鸦片烟毒泛滥成灾。更为甚者，由于外国人在华"治外法权"的长期存在，致使20世纪国际禁毒运动开始，毒品走私从高峰跌入谷底后，受某些利欲熏心的国家政府暗中支持，在"治外法权"的庇护下，鸦片烟毒仍得以绵延不断地进入中国境内，肆虐横行。他们或者悬挂外国旗帜，拒绝中国海关检查；或者在租界内大量制毒，公开销售，使中国禁毒法令无法实施，毒品来源无法塞绝。英国怡和洋行垄断上海鸦片贸易30年之久，在长江流域销售"印土"100万箱（每箱1 000两）。沙逊、哈同等洋行通过1885年设立的"洋药公所"，20年间成交"印土"40万箱，平均每年2万箱（20 000 000两）。20世纪初，在国际舆论压力下，英国对华鸦片侵略有所减轻，日本却又趁机从伊朗向中国贩运波斯鸦片——"红土"，以大连为基地垄断整个东北与华北部分地区，以及长江流域各省区的鸦片市场。法国亦不甘示弱，以安南（今越南）为基地，向广州湾、香港、澳门、上海等地贩运鸦片。美国则以毒性更大、获利更高的吗啡、海洛因打破英、法、日的鸦片垄断。日本受美国毒品启发，用吗啡加糖制成"红丸"，向东北、上海、长江流域贩运。抗战时期"红丸"在沦陷区泛滥成灾。日本军国主义在日本政府的支持下，肆无忌惮地进行毒化中国人民的勾当，连日本人都承认，"巨额的吗啡和其他的麻醉毒物，大多是经过日本的走私运来的，这是确凿的事实"。① 大量的烟毒通过外国列强之手运入中国，以至于当时"我国竟成为外国私贩烟土的总贸易场"。② 所以，近代中国之所以无法根绝鸦片流毒，与半殖民地的社会性质致使国家主权衰微，无力抵御外来侵略有着直接的关系。

第三，分裂与动荡的政局使政府禁烟意图不能真正贯彻。从整个近代以来中国的禁烟历程来看，自清末开始中国即处于分裂状态，北洋军阀统治时期大小军阀拥军割据、各霸一方，中央政府缺乏权威；国民政府时期则是国统区、沦陷区、租界、根据地与解放区各自为政，中央政府无法在一个较长时期内有效地控制地方。这种较长时间的分裂状态，愈来愈不稳定的政局，使中央政府的禁烟意

① 《东方杂志》25卷，第4号。
② 《禁烟公报》第11期。

图不能真正彻底地贯彻。即使是国际环境好转而政府又有绝大决心禁烟，一旦面对因内乱而失控的局面，也只能束手无策，前功尽弃。从道光朝的禁烟运动所取得的巨大成果，就反证出国家统一政局稳定对禁烟所起的巨大作用。

第四，巨额的鸦片贸易利润是旧中国烟毒泛滥的重要原因。鸦片的种植和买卖具有惊人的高额利润。这种高额利润既是外国资本主义商人和一切鸦片贩子向中国疯狂输入鸦片的原始动因，同时也是境内鸦片种植和买卖现象日益严重的根源。巨额的利润促使鸦片贩子无视道德、法律，甚至甘冒杀头之险，不顾一切地走私买卖鸦片，正如马克思所说："资本害怕没有利润或利润太少，就像自然界害怕真空一样。一旦有适当的利润，资本就胆大起来。如果有 10%的利润，它就保证到处被使用；有 20%的利润，它就活跃起来；有 50%的利润，它就会铤而走险；为了 100%的利润，它就敢践踏一切人间法律；有 300%的利润，它就敢犯任何罪行，甚至冒绞首的危险。如果动乱和纷争能带来利润，它就会鼓励动乱和纷争，走私和贩卖奴隶就是证明。"①当时英国东印度公司贩卖鸦片的利润高达 928%，因此鸦片贩子们不择手段地进行鸦片种植和买卖也就不足为奇了。北洋军阀的"寓禁于征"和南京国民政府的"统运统销"政策无一不是冲着鸦片的高额利润而来。南京国民政府财政部长郑洪年就曾说："眼下禁烟计划，仅为筹款之计，如此禁烟，不但不能禁烟，实足纵毒，此稗政实非人民所喜，更非国府治下应有之现象。"②因是观之，烟毒泛滥自然一发不可收拾。这也从一个侧面为旧中国百年烟毒久禁不绝找到了有力的注脚。

第五，腐败的政治为近代中国烟毒泛滥提供了温床。晚清以来，康乾盛世的余威已烟消云散。政治腐败，世风日下，阶级矛盾尖锐，各种起义连绵不断，大清帝国虽是风雨飘摇，也已司空见惯。鸦片这个毒瘤正好利用了中国这个"病夫"，在中国大地上日益滋生、蔓延，直到彻底泛滥。烟毒曾经给统治阶层带来了数之不尽的好处，要他们向自己开刀，牺牲一己的利益而保全民族，是绝对不可能的。百余年来，任何禁烟法令，无论惩罚多么严厉，多么具体，都会异化为官吏勒索贿赂的筹码，最后沦为一纸空文；无数的严刑峻法经过贪官污吏之手，无不化为沉甸甸的金银财宝。鸦片已同旧中国的腐败吏治密不可分，鸦片借腐败的吏治而大行其道，而官吏则利用职权大发鸦片之财或尽享鸦片带来的销魂感受。结果是烟祸横流致使吏治愈加腐败；而腐败的吏治更是为烟毒泛滥提供了温床，促使烟祸愈演愈烈。

---

① ［德］马克思：《资本论》第 1 卷，人民出版社 1975 年版，第 829 页，第 250 注。

② 《拒毒月刊》第 16 期。

第六，禁烟政策措施偏颇也是近代中国鸦片泛滥和蔓延的重要原因。从1729年清朝第一个禁烟法令算起，近代中国前前后后进行了多次禁烟运动。历次禁烟运动都有相应的政策措施，在一定范围、一定程度上起了一些作用，但却都未能取得彻底胜利，或是以失败告终。究其原因，大部分禁烟政策措施由于其自身存在的缺陷，不仅未能禁烟，相反还多多少少在客观上对鸦片烟祸起了纵容的作用。例如无论清政府、北洋政府还是南京国民政府，始终不肯放弃丰厚的烟税收入，实行“寓禁于征”的禁烟政策，其目的在于“征收”而非“禁绝”，其实质是只要纳税，烟毒就可以自由合法地贩运全国，这无异于公开助长烟祸；再如，清末以“土烟”抵制“洋烟”的措施，虽然其结果是“土烟”抢占了国内大部分市场而排挤了“洋烟”的倾销，然其恶果则是使中国农村大片耕地罂粟花遍开，城乡的许多角落都弥漫了鸦片烟毒；又比如，蒋介石实行的“统运统销”政策，只准鸦片公运，不许私运，其实质是“只许州官放火，不许百姓点灯”。难怪近代中国一面是禁烟政策措施频频出台，一面是鸦片烟祸依旧大肆横行。

第七，军阀勒种、贩运烟土是导致烟毒泛滥的祸根之一。近代中国无论北洋军阀，还是国民党新军阀，均拥兵自重，为扩大地盘和军队，将鸦片税和包卖鸦片作为军饷主要来源，致使禁烟化为泡影。北洋军阀时期各地军阀竞相开放烟禁，抽取鸦片烟税，除山西、吉林、浙江还能真正实行禁烟外，其余地区无不勒逼农民种植鸦片。如“在四川，农民缺乏烟种，军阀及(即)从别处运来，散发给农民，农民缺乏种烟资金，军阀可以提供贷款，收烟时以烟土折还本息，农民怕种烟违禁不保险，军阀则许诺给予保护”。① 由于军阀规定的烟税太高，农民种烟往往赔本，不愿种烟。这时军阀就实行强迫政策，对不愿种烟的农民“课以罚金”，甚至不惜动用军队进行镇压。福建省就有许多农民因为交纳烟税负担过重，拒绝种植而被枪杀，村庄被焚烧。军队贩运烟土也十分猖獗：或借调防之机运送烟土到外地；或借打仗之机携带烟土就地贩卖；或借运送军需、军械之机夹带贴有“军部封条”的烟土箱，混过关卡检查；或借野外演习之机运送烟土；或贩卖军火同时贩卖烟土。烟商为了逃税和防止拦路抢劫，亦纷纷雇佣军队护送烟土，利用逃税的一半费用即可支付其保护费。凡此种种，军阀成了烟毒泛滥的保护伞和罪魁。

第八，黑社会、土匪、烟帮的相互勾结，是导致烟毒泛滥的又一祸根。日益扩大的烟民队伍，巨大的消费需求，使贩运烟毒的利润极大。为了牟取暴利，黑社会、土匪、烟贩等纷纷染指鸦片，充当鸦片泛滥的媒介。近代中国社会也是帮会黑社会势力泛滥的时代，黑社会的存在与发展往往与烟毒紧密联系在一起，这在

---

① 蒋秋明、朱庆葆：《中国禁毒历程》，天津教育出版社1996年版，第223页。

上海表现得尤为突出。晚清时,以沈杏水为首的"八股党"就垄断了上海的鸦片承运业。到了民国,以黄金荣、杜月笙为首的新兴黑社会势力夺得了上海的鸦片承运权。当时,由外地运往上海的烟土,几乎都是由杜月笙来销售。杜月笙又以法租界为据点,公开兴办烟毒事业。上海黑社会还把黑手伸向云贵川等鸦片产地,如上海黑社会就与四川当地帮会"四川袍哥"合作贩运毒品。他们甚至还在四川建立制毒工厂,利用当地的原料制成吗啡等毒品,运往上海销售。"到30年代初,四川几乎所有的吗啡买卖都是由杜门青帮控制的。"①在烟毒的生产与销售中,土匪也充当了活跃的角色。如"盘踞在云南盐津、绥江一带的大土匪头子江瀛洲,利用其土匪武装,长期接送烟土到川滇交界地方,大发横财,后来竟由匪当官"。② 而当时的烟贩,更是遍布社会各阶层,其中不乏一些高官大吏。如1929年中国驻美国旧金山副领事高瑛就利用自己手中的权力向美国贩运烟毒,虽然被查获,但高瑛通过上下活动,最后也不了了之。一些势单力薄的小烟贩为了保护自己及货物的安全甚至自发结成烟帮,配以武器,进行武装贩运。烟帮势力虽小,但数量颇多,很难防范。这三种邪恶势力相互支撑、狼狈为奸,在烟土的产地与烟民之间架起了一座罪恶的桥梁,对烟毒的泛滥起了推波助澜的作用。

第九,统治阶级对毒品的追求,对下层社会具有强烈的示范效应和导向作用。中国是一个官本位的国家,鸦片进入中国,首先俘虏了上层社会的官吏缙绅和富豪,成为他们奢靡生活不可缺少的一部分。上层社会的吸毒行为,同其他奢侈铺张的消费行为一样,对下层社会具有强烈的示范和导向作用,文人雅士也往往以吸食鸦片为风雅,使得社会视吸毒为时髦,只要有条件,便竞相效仿吸食,以致宾客应酬,端出烟盘比拿出茶盘更显得尊敬。对于鸦片烟的拒斥,主要是基于经济上的缘故,而不是基于鸦片烟对一个民族内在精神的摧残和个人道德人格的腐蚀。即使坚决反对吸烟的人,其真正的理由也大多不是出于对烟毒深层危害的深刻认识,而是出于对吸毒所导致的败家、荡产的恐惧。由于上行下效,一般的民众始终对鸦片的认识有偏差,无法真正理解禁烟毒的重大意义,反而在贫苦无告的生活中,把吸鸦片当作了聊以解愁的娱乐品;而在山区农村,相当部分走投无路的农民,更是把种烟当作了生存的救星。所以,作为禁绝烟毒的主要内容,禁种、戒吸缺乏广泛的呼应,禁毒运动自然难以持久与彻底。

总之,上述各种因素是近代中国社会烟毒泛滥的重要原因,但还有其他方面的因素,如全社会民众素质低下、医疗教育事业落后、经济发展不平衡以及缺乏

① 蒋秋明、朱庆葆:《中国禁毒历程》,天津教育出版社1996年版,第291页。
② 《文史京华》编辑部编:《近代中国烟毒写真》下卷,河北人民出版社1997年版,第135页。

正当的娱乐活动，等等，都与鸦片的泛滥紧密相连。毫不夸张地说，近代中国社会正是产生烟毒泛滥问题的适宜温床。

二、新中国禁烟禁毒成功的经验

令世人瞩目的新中国禁烟禁毒运动，仅用了3年左右的时间，就使鸦片烟毒为祸中国200多年的状况得以基本改观，又经过十多年对少数民族地区烟毒的治理，最终取得了全胜，成就了世界禁毒史的奇迹。总结其做法与经验，可为现时的禁毒斗争提供十分重要的历史借鉴。

一是革命战争打破了原来腐朽的社会机构，使毒品经济赖以存在的社会基础土崩瓦解。在近代中国，毒品在某种程度上已成为社会机体与社会运行的有机组成部分，发挥着在当时的社会条件下难以替代的多种社会职能和经济职能。禁毒工作的最大困难并不在于毒品本身的特性，而在于很难做到从根本上铲除毒品问题赖以滋生和发展的各种社会条件。近代中国历届政府的施禁举措大多成效甚微，主要原因即在于此。中华人民共和国是经过长期、残酷的武装斗争建立起来的。战争是社会的消毒剂，经过革命战争的摧毁和洗礼，原有社会腐朽结构中的主要部分被破坏掉了，这就铲除了毒品经济赖以存在的吏治腐败，官商勾结，内外勾结，以及政府借禁烟之名敛财肥私、行纵毒之实等大部分社会基础，使禁毒斗争得以在一个全新的社会基础上展开，遇到的阻力和破坏力量比以往任何时候都小得多。

二是建立了强有力的具有禁烟禁毒职能的地方基层政权。中华人民共和国成立初期，各地在彻底摧毁国民党政权的基础上，首先建立了过渡性的政权——军事管制委员会，而军管会的职能之一，便是没收一切隐藏在民间的反革命分子的武器及毒品等违禁品。根据1950年颁布的《关于严禁鸦片烟毒的通令》，各县市还成立了专门的禁烟禁毒委员会；在环境逐步安定后，又在这一基础上，通过选举，产生了各级人民政府。基层组织的稳定过渡，保证了禁烟禁毒政策贯彻的连续性。据统计，到1951年9月，各地已建立2 087个县人民政府、数十万个乡人民政府，这些由共产党直接领导的基层组织有效地控制了地方政权，中央政府在数年间一步深似一步的禁烟禁毒政策，都是通过县乡两级政府的积极认真贯彻落实而取得了较好的效果，在行政上保证了禁烟禁毒运动的成功。

三是禁烟禁毒运动也是一场政治运动。新中国成立伊始，就开展了包括“三反”和“五反”在内的多场政治运动，这些运动有效地扫除了内部腐败，堵塞了制度上的漏洞，严厉地打击了以毒品走私为主的走私活动。解放初期，革命队伍中有一部分意志不坚定的党政干部，逐步蜕化变质，企事业单位的一些留用人员，也见利忘义，变成毒贩的代理人和坐探。例如，当时的中共天津地委书记刘青山，不仅贪污公款，而且吸毒成瘾。此外，公安政法系统，铁路、航运系统内部也有相当一部分职工参与贩运毒品。“三反”、“五反”运动以及 1950 年进行的禁烟禁毒运动的第一期战役针对上述情况采取措施，基本上解决了内部腐败和走私贩毒以及大面积种植罂粟等问题。1952 年 5 月 21 日，政务院再次发布的《严禁鸦片烟毒的通令》中要求：“各级人民政府应在三反、五反所造成的有利条件下，有重点地大张旗鼓地开展一个群众性的反毒运动，粉碎制毒、贩毒的犯罪分子及反革命分子的阴谋。”中华人民共和国成立初期的禁毒运动就是在上述政治运动的基础上一气呵成的，实际上也是一系列政治运动的组成部分，其成功是与当时的政治条件和运动创造的政治氛围分不开的。

四是发动强大的宣传攻势，教育广大民众自觉禁绝烟毒。禁烟禁毒归根到底是一场民众自救运动，如果不能提高民众对烟毒的认识而令其积极配合，“禁绝”二字就只是纸上谈兵。因此，中央及各级政府要求政府公职人员在宣传禁毒、提高人民觉悟方面花大力气，如《西北区禁烟禁毒暂行办法》第 3 条规定：“各级人民政府应深入宣传禁烟禁毒法令，发动群众，订立公约，互相规劝、监督，以造成群众性的禁烟禁毒运动，彻底禁绝烟毒。”《西南区禁毒实施办法》也提出“各级人民政府应协同人民团体进行广泛的禁烟禁毒宣传，一切科学文化教育机关亦应进行广泛的宣传教育工作，以使人民充分切实了解，而达彻底禁毒之目的”。所以当时各地宣传禁烟的展览、销烟大会、民众控诉烟毒大会如春潮汹涌而接连不断。各区域均规定凡收缴烟土，除转解上级处理外，应定期予以当众销毁，以宣示政府的决心，广泛教育民众；一些城市县乡对戒绝烟瘾的人员敲锣打鼓地欢迎道喜，让他们现身说法，以提高民众“改做新人”的光荣感。所有这些宣传、教育、鼓动工作，均取得了民众广泛的心理共鸣，人们相信政府，感谢共产党真心实意地帮助陷入毒渊的人告别过去、站起来重新做人，这使得新中国的禁烟禁毒运动赢得了民心，有了广泛的群众基础，得以声势浩大地进行并能持续到底。

五是替代种植从根本上解决了罂粟种植的难题。坚决禁种罂粟，断绝鸦片烟毒的源头，是禁烟禁毒的关键环节。新中国成立初期的禁烟禁毒运动中，各级政府明令严禁种植罂粟，已种植的强行铲除，并派工作队（组）分赴各地“烟区”检查禁种情况。同时，各地人民政府又采取多种措施帮助种烟农民改种农经作物，解决生活困难。如在西南、西北以及其他地区，由政府贷给籽种，帮助烟农以油菜、玉米、小麦来替代罂粟的种植，昔日数以千万亩计的罂粟地种上了各种粮食和经济作物，从而解决了烟农的生计，使禁烟能在一个切实的基础上进行。以云南为例，昭通地区在 1950 年的禁烟禁毒运动中，为帮助农民改种玉米和其他农作物，专署下拨籽种基金2万元，玉米20余万公斤，解决农民改种所遇到的暂时困难。[①] 红河州专署在1951年冬耕时节，贷放粮食种子12.5万公斤，耕牛贷款1.5万元，牛种贷款3 250元，农具贷款5 000元。各县开仓济贫，解决农民生产、生活困难。[②] 事实证明，这种做法较好地解决了种烟农民的转型问题，从根本上杜绝了大面积罂粟的种植，堵住了制、贩毒品和吸食鸦片的源头，为彻底禁绝鸦片烟毒，取得禁烟禁毒运动的胜利奠定了基础。

六是扫除了地方残余的国民党武装和黑恶势力。烟毒与军阀本是一对不可分隔的孪生兄弟，地方武装势力一日不除，作为其生存来源的鸦片就一日不得禁绝。新中国成立后，中央政府在3年时间里，抽调百万人马将军阀、帮会武装彻底扫除净尽；同时，将寄生于都市中的毒瘤——反动会道门、帮会、流氓等黑恶势力一一肃清，使毒品的生产、流通丧失了引进者和保护者，原先贯通整个中国的四通八达的黑色网络被拦腰斩断，毒品的巢穴彻底倾覆。这是禁烟禁毒工作得以顺利进行的重要保证。

七是长时期的军事封锁客观上切断了境外毒品进入我国的通道。中国大面积种植罂粟的问题被彻底解决，也就意味着解决了中国“内源性”的毒品问题，毗邻中国的“金三角”地区和越南、老挝北部地区等境外毒品产地就成为唯一有威胁的“外源性”毒源地。1950年4月，李弥部等国民党军残部进入缅甸，进而控制了缅甸掸邦北部和泰缅边境地区，组建了“云南反共救国军游击总指挥部”，不断对我云南省的边境地区进行袭扰、破坏，云南省成了军事斗争的前线，所有通往境外的通道都有重兵把守，当地村民也被组织起来，日夜巡逻、站岗、放哨，边境处于军事封锁状态，这在客观上也切断了外来毒品流入我国的通道。

正是因为上述诸方面的原因，中华人民共和国从成立到1952年近三年大张旗鼓的禁毒运动，获得了重大的胜利，又经过了近十年的努力，基本解决了农村、偏僻山区和少数民族地区的烟毒问题，使中国的毒品问题由大乱达到了大治。这是在聚合了“天时、地利、人和”等特定历史条件下，充分运用了政治、经济、军事、法律、文化、宣传、教育等手段，创造了“无毒中国”这一震古烁今的伟大奇迹。此后直到20世纪80年代初，在整整30年的时间里，任凭身边的“金三角”地区毒液涌流，亚太地区毒潮翻滚，中国仍能超然世外，基本保持了洁净之躯，实属不易。

---

① 昭通地区地方志编纂委员会编：《昭通地区志》中卷，云南人民出版社1998年版，第543页。
② 红河哈尼族彝族自治州编纂委员会编：《红河州志》，三联书店1995年版，第287页。

第二节　中国对世界禁毒事业的重要贡献

一、近代以来中国禁烟禁毒运动对后世的重要启示

鸦片问题一直是近代中国一个严重的社会问题、经济问题和政治问题。在灾难深重的近代中国，从林则徐到孙中山，一代接一代的民族精英，一批又一批的仁人志士，为抗击西方列强的侵略和抵制鸦片烟毒，进行了不屈不挠和艰苦卓绝的英勇斗争。近代以来道光朝、清末民初、民国时期的三次禁烟运动是中国人民为改变贫穷落后的面貌，实现自强自立而进行的伟大斗争，虽没有完全实现在中国彻底禁绝鸦片烟毒，但仍在近代禁烟、禁毒史上谱写了光辉篇章。而中华人民共和国成立后，中国共产党和人民政权以实现富国强民，振兴中华民族为己任，始终十分重视清除鸦片烟毒的危害，曾反复明令严禁种植、制造、贩卖、运输、吸食鸦片等毒品。在中国共产党强有力的领导下，各级人民政府紧紧依靠和放手发动广大人民群众，仅用三年左右的时间，就基本禁绝了百年沉疴的鸦片烟毒，洗雪了"东亚病夫"之辱，开辟了一方鲜有毒品的净土，创造了世界禁毒史上的伟大奇迹。

回顾近代以来中国的禁烟历史，尤其是新中国成立初期的禁烟禁毒运动，可以从中得到诸多重要启迪，对改革开放新时期以来我国正在进行的禁毒工作有着积极的指导作用。

第一，毒品是导致近代中国民族素质减弱、巨额财富流失，并使中国沦为半殖民地半封建社会的罪恶根源。西方殖民主义者用鸦片打开了古老中国的大门，近代中国的贫穷落后在很大程度上是鸦片造成的，近代中国任人宰割的半殖民地屈辱史，也与鸦片的泛滥密不可分。忘记过去就意味着背叛，我们必须永远记取"东亚病夫"的耻辱和落后就要挨打的惨痛历史教训，勇敢地直面和正视新一轮毒潮的严峻挑战，采取各种坚决有力的措施打击和防范毒品犯罪。

第二，国家的统一与强大是禁烟取得成功的坚实后盾。近代中国处于动荡不安的半殖民地半封建状态，尤其在北洋军阀统治时期，中国陷于军阀割据状态多年，不但北洋政府无法禁烟，国民党统治初期禁烟也不可能禁出成效；而蒋介石确立其对中国形式上的统一后不久，抗战爆发，日军占领半壁河山；抗战胜利后，蒋介石又发动了内战。在如此分裂和战乱的状态下，彻底禁烟只能是一句空

话。另外，弱国无外交，中国的内政也频频受到列强的干涉。所以，近代中国的多次禁烟无不受到列强的影响。如道光朝的禁烟由于英国发动侵华战争，只能是虎头蛇尾。近代中国作为烟患的受害者，要想从根本上禁绝烟毒之祸，国家统一强大和独立自主是唯一出路。

第三，广大民众的觉悟程度和支持程度是禁烟禁毒取得成功的深厚基础。禁烟禁毒是政府行为，同时又是关系广大人民群众切身利益的大事，民众的支持与配合至关重要。近代烟毒泛滥首先是一个社会问题，它与中国文化教育落后有着密切的关系。国民素质的低下，使许多人明知鸦片有毒而竞相吸食，或以其填补精神的空虚，或借以炫耀身份的高贵，愚昧无知的悲剧上演了百年。近代三次禁烟运动尽管并没有根本解决中国的烟毒问题，但在运动中所取得的一切成果，与政府的国民动员工作息息相关，取决于民众自身的觉悟程度与积极行动。国民动员是禁烟运动的基本内容和基本方法，政府对民众的启发诱导和民众的觉醒，是禁烟得以深入的基本条件。三次禁烟运动中开展的宣传教育，不但有利于唤醒人们的良知，还可以对禁政实行有效监督。值得称颂的是，在芸芸众生之中，总有一些有识之士在不断地为禁烟而呼号奔走，极力推动禁烟运动。可以说，如果没有民众的支持和配合，就不会有禁烟运动的形成，更谈不上禁烟所取得的成果。新中国的禁烟禁毒运动更是充分发动了群众，其在三年时间里取得的巨大成就，与广大群众的积极配合密不可分。因此，在今后的禁毒斗争中，党和国家必须坚定不移地始终坚持禁绝毒品的一贯立场，继承和发扬我国禁毒斗争的光荣传统，充分发动和紧紧依靠广大人民群众，将广泛、深入、持久和卓有成效的禁毒人民战争一直进行下去。

第四，国家领导人的坚强决心与各级政府的依法施政，是禁烟取得成效的关键。旧中国是专制独裁政体，国家领导人的态度与决心，对禁烟成败关系很大。道光皇帝、慈禧太后和载沣、袁世凯、蒋介石都下了很大的决心禁烟，从制定政策法令、规划部署方案到督促全国官吏实施禁政和惩治不法之徒，皆源自其思想与决心，因而三次禁烟运动都制定了比较可行的方针政策、法令法规，能够把禁烟声势搞起来，并取得一定成效。但是，在权大于法的人治社会，执法的宽严、禁政施行的是否到位，还取决于各级官员的认识和决心、各级政府的态度及贯彻落实的积极性，甚至与各种利益息息相关。而政府对禁烟的态度又影响到民间禁烟运动的开展及成效。所以，在21世纪的禁毒斗争中，党和政府必须牢固树立有毒必肃、禁毒斗争必胜的信念，不断完善禁毒工作的法律法规和方针政策，坚持长期作战，不达目的誓不罢休。

第五，禁烟禁毒必须坚持“禁”与“治”相结合，即必须解决好集中打击与日常治理的关系。近代中国毒品泛滥问题之所以屡禁不止,除了历届政府禁毒立场不坚决和外国干预以外,只知“禁”而不知“治”也是一个很重要的原因。烟毒泛滥严重时,搞一场运动狠抓一下,之后就慢慢松懈下来,不注重日常管理中的治理工作。“禁”与“治”,是禁毒工作不可或缺的两个方面,如果光有“治”而没有“禁”,没有严厉、严谨的法律规范和强有力的执行手段,则毒品问题会因失却有力的社会规范而流于放任;如果光有“禁”而没有“治”,没有全社会的参与和社会上各种力量的协调行动,不注重平时的监控管理,禁毒工作会因治标不治本、拆东补西、头尾不相顾,而最终归于失败。1729 年雍正皇帝颁布禁烟法令,开启了中国也是世界上最早的禁毒活动,以后的历朝皇帝都颁布了许多禁毒法律,然而由于毒害已成泛滥之势,加之禁毒法律和措施执行不到位,又缺乏综合治理,一直没能从根本上解决近代中国烟毒泛滥的问题,反而致使鸦片烟毒泛滥愈演愈烈,其教训是深刻的。鉴于我国的禁毒历史和世界各国禁毒工作的经验教训,对毒品问题必须下大决心、花大力气予以综合治理。面对当代我国毒品泛滥之势,各级党委、政府必须站在讲政治的高度,以对国家、民族、人民极端负责的态度,面对实际、积极应对,切实加强对禁毒工作的领导,切实加大对禁毒工作的人力、财力、物力投入,认真解决好禁毒工作中的各种问题和困难,坚决落实禁毒工作的各项措施,用严刑峻法加大对毒品违法犯罪打击的同时,加强综合治理,预防为主,“治”与“禁”共抓,标本兼治,才是有效禁绝毒品的唯一出路。

第六,要积极争取一个和平有利的国际环境。在近代中国经济实力弱小、主权日损的情况下,国际形势尤其是大国的态度对中国禁烟成效的影响十分巨大,甚至起着决定作用。在一个凭借经济实力说话的国际环境中,既然内政受制于外,那么,借助外交手段,在复杂的国际形势中尽可能地争取国际社会的同情和支持是弱国生存的本能选择。近代中国三次禁烟运动的结果都倾向于强国的意图,已充分说明了这一点。今天的毒品问题已是一个世界性问题,也是 21 世纪国际社会和世界各国共同面对的最主要的敌人和最严峻的挑战之一;今天的禁毒工作是一个世界性难题,也是一项带有全球意义的探索性事业。因此,只有积极争取一个和平有利的国际环境,立足于首先解决好国内的毒品问题特别是禁吸戒毒问题,同时解决好禁毒国际合作问题特别是与周边国家、地区的合作问题,才是推进国际禁毒事业的重要战略措施,也是解决我国毒品问题的根本出路所在。

二、中国对世界禁毒事业的重大贡献

无论在历史上,还是在当代,中国无疑都是世界上最重要的禁毒力量;在世界禁毒领域,中国不断探索和总结了人类社会对付毒祸的各种办法和措施,为人类的禁毒事业作出了重大贡献,并且正在作着新的努力与贡献。

(一) 贡献之一: 中国是世界上禁毒最早的国家,世界上第一个禁毒法令就诞生在中国;中国也是世界上颁布禁烟禁毒法令最多的国家,其法律涉及打击处罚吸毒、贩毒、运毒、种毒、戒毒等诸方面,为人类禁毒法库增添了厚厚的一页

尽管以鸦片类为主的毒品为害人类社会已有几百年的历史,但是,人类对于鸦片成瘾性的了解和认识却很迟。即使在毒品泛滥最严重的美国和西欧等国家,19 世纪以前鸦片也一直被视为包治百病的万应灵丹,具有无可替代的疗效,人们可以不受限制地使用吗啡和鸦片。英国维多利亚女王用大麻镇痛是出了名的。尽管在 1773 年担任英属印度第一任总督的哈斯丁斯已经认为"鸦片并不是一种生活必需品,而是一种有毒的奢侈品,除了仅供外贸之需外,它是不能被允许的;一个明智的政府,应当慎重地限制它的国内消费"。[①] 但英国公众开始把鸦片同罪恶等同起来,用立法形式加以限制,却是在《1868 年药品法》出台之后;美国对鸦片类毒品的控制则更晚,是在 1914 年通过的《哈里森麻醉品法》以后。而认识到鸦片烟毒的成瘾性及其危害并最早禁毒的国家当属中国。

由于西方殖民者对华进行鸦片贸易,使鸦片输华增长迅速,1729 年(雍正七年)中国皇帝颁布法令,禁止销售鸦片和私开烟馆,从此开启了中国禁烟禁毒的历史,中国成为世界历史上第一个禁毒的国家。中国历史从清代经民国到中华人民共和国,历代历届政府无论其性质多么不同,但在禁烟禁毒方面,却惊人地一致。在 18、19 两个世纪里,只有中国在世界上独立地承担起禁毒的责任和义务。世界禁毒史的初章是题献给中国人民的。

以 1729 年雍正皇帝颁布清政府的第一个禁烟令为起点,以后的历朝历代统治者都在不同的历史时期颁布了一个又一个禁烟禁毒法令。据笔者不完全统计,清朝自 1729—1911 年的 182 年里,颁布的有关禁烟禁毒的法令、法规、章程和谕令有 130 多个,其中在中国禁毒史和世界禁毒史中占有重要位置的法律法规主要有:

1729 年雍正皇帝颁布的《禁烟条例》,规定不准销售鸦片,违禁者枷号一月,发配充军;私开烟馆者,首犯判役刑监候,从犯杖责一百,流放边疆。这一禁烟法令,不仅是中国历史上的第一个禁烟法令,同时也是世界历史上的第一个禁毒令和禁毒刑事法规。

1813 年嘉庆皇帝颁布的《吸食鸦片烟治罪条例》,对吸食鸦片者按照身份地

---

① Wen-Tsao Wu, *The Chinese Opium Question in British Opinion and Action*, p.11.

位的不同，规定了不同的定罪量刑标准：官员买食鸦片者，照官犯赌博例，即行革职，杖一百，枷号两月；一般军民人等买食鸦片烟者，杖一百，枷号一月。这一立法是中国禁毒史上第一次对吸毒行为加以禁止，首开以刑罚手段制裁吸毒者之先例。

1839 年道光皇帝颁布的《严禁鸦片章程》，对种植、吸食、销售、贩卖等鸦片流毒的各个方面，都作了严格限定，是自 1729 年以来中国禁烟法令中最周密、最彻底的一部法律文件，是清代历史上最为全面和严格的禁烟法典。该章程不仅是中国禁烟史上第一部禁烟法典，也是世界禁毒史上第一部禁烟(毒)法典，成为世界禁毒史中极有参考价值的禁毒法律。

1906 年 11 月 30 日，清政府制定了《禁烟章程十条》。1908 年 5 月，民政部和政务处再订《稽核禁烟章程二十三条》，对前一章程作了补充。以后又颁布《禁烟查验章程》、《禁烟议叙议处章程》、《购烟执照章程》和《管理售卖膏土章程》等。这些章程包括禁吸、禁种、禁贩、禁卖等各个方面，比以往历朝历代的禁烟法令、法规都要详细、具体，且在实践中便于操作执行。

从 1912 年南京临时政府成立到 1949 年新中国诞生的 37 年里，南京临时政府、北洋政府、南京国民政府颁布的各种禁烟禁毒法令、法规、章程、通令和地方法规共计约 250 多个。中国共产党在新民主主义革命时期开展的禁烟禁毒活动中颁布的各种禁烟禁毒法令、法规有 60 多个。民国时期成为中国近代史上颁布禁烟禁毒法规最多的一个时期。

自 1949 年中华人民共和国成立至今的 60 多年中，禁毒立法成就显著，由全国人民代表大会及其常委会制定并颁布的禁烟禁毒法律、法规 6 个，国务院及各部委制定颁布的行政法规、规章近 40 个，各省、自治区、直辖市人大及其常委会与人民政府制定颁布的地方性法规与规章 80 余个，最高人民法院、最高人民检察院颁布的司法解释 30 个左右。

总之，中国是世界上颁布禁毒法律法规最多的国家，自 1729 年到现在，历朝历代的统治者颁布的各种禁烟禁毒的法律文件达 500 多个。这些法律规范在不同的历史时期，有力打击了毒品犯罪，对于维护社会稳定、保障经济发展以及国际禁毒斗争都起到了积极的作用，极大地丰富了世界禁毒法库。

(二) 贡献之二：中国是世界上禁毒时间最长、开展禁毒运动最多，且取得过丰硕成果的国家，为世界禁毒运动积累了丰富而有成效的经验，为人类禁毒事业作出了不可磨灭的贡献

中国从 18 世纪开始就成为西方殖民主义者用鸦片进行原始掠夺和侵略的最大受害国，在鸦片烟毒(现今主要是海洛因、冰毒等)为主为害华夏大地几百年的时间里，中国各朝政府进行的禁烟禁毒时间长达近三百年（1729 年迄今）之久。用近三个世纪的时间，坚持不懈地开展禁烟禁毒活动，一方面说明鸦片烟毒对近代中国的影响和破坏之严重；另一方面也充分反映历代统治者对鸦片烟毒祸华始终都有一个较为清醒的认识并给予高度重视。用近 300 年的时间开展禁烟禁毒活动，这在世界禁毒史上是绝无仅有的，堪称世界禁毒史之最。在这近三个世纪的时间里，中国历届政府开展的全国范围的、大规模的禁烟禁毒运动有：清政府 1838—1840 年的禁烟运动、清末民初禁烟运动、国民政府的“二年禁毒，六年禁烟”运动、中国共产党领导的 1950—1952 年禁烟禁毒运动和改革开放以来中国政府持续不断的禁毒斗争，这些禁烟禁毒运动不仅对近现代中国历史的进程产生了一定影响，而且也对世界禁毒史产生了重大影响。从一定意义上说，世界禁毒史因为中国的禁毒而丰富多彩。

其一，发生在 1838—1840 年的禁烟运动，是中国历史上第一次大规模的禁烟运动，其虎门销烟的壮举，不仅向全世界表明了中国人民反抗任何形式外来侵略的决心和勇气，是中国禁烟运动的光辉篇章，也是世界上第一次大规模禁绝鸦片的行动，在世界反毒品史上写下了光辉一页。钦差大臣林则徐代表清廷大多数大臣毫不妥协的禁烟态度，把道德原则同利益之说统一起来的政治哲学，毅然拒绝征收“一项必定会随着人民堕落的程度而增大的税收”的禁烟政策，不仅给中国留下了造福子孙的道德原则，也给世界树立了一面大义与正气的旗帜。林则徐在虎门销烟中的壮举使他成为国际禁毒事业的先驱。

其二，清末民初的禁烟运动，不仅是中国近代历史上第二次大规模的禁烟、禁毒运动，也是中国近代历史上持续时间最长的一次禁烟禁毒运动；不仅是清王朝在其统治的 268 年时间里，为中华民族做出的值得称颂的一件好事，而且也是中华民国诞生后进行的第一次卓有成效的禁烟禁毒运动；它是国际社会联合打击毒品走私的开始，同时也为毒品生产国和消费国在各国间共同合作处理毒品问题开创了一个成功的范例。民国初年禁烟运动不仅发扬光大了清朝末年的“渐禁”政策，取得了全国基本实现禁绝罂粟种植这一成效空前的伟大成绩；而且在法理上结束了外国鸦片作为合法商品在中国任意出售的历史①。这成为人类历史上向毒品宣战并取得重大胜利的最值得纪念的事件之一。

其三，南京国民政府的“二年禁毒，六年禁烟”运动，是国民党在大陆统治的 23 年中，唯一取得较大成果的禁烟运动，也是近代中国第三次大规模的禁烟禁

---

① 按照 1907 年《中英禁烟条约》的规定，1917 年全国完成了禁种任务后，英国宣布不再向中国输入鸦片，在法理上结束了外国鸦片作为合法商品在中国任意出售的历史。但是其后外国鸦片的走私并没有结束，且日本取代英国成了对华进行非法鸦片贸易的最大祸首。

毒运动,其成果的取得为世界各国进行的禁毒运动提供了可资借鉴的经验：要取得禁毒的成功,不仅要制订详细的计划,还要建立严密的组织;在烟毒泛滥严重的情形下,用严厉的措施,以军法从事,不失为禁毒的一个有效的、切实可行的方法。

其四,1950—1952 年的禁烟禁毒运动,以及其后在少数民族地区开展的禁烟禁毒活动,是新中国诞生后,中国共产党领导的一次令世人交口称赞的禁毒运动,是中国现代历史上第一次大规模的禁烟禁毒运动,同时也是近代以来中国历史上第四次大规模的禁烟禁毒运动。这次运动仅用了三年多的时间,就较为彻底地解决了为害中国数百年的鸦片烟毒问题。在整个运动期间中国共产党和中国政府所采用的力度之大,动员的民众之广,持续的时间之长,是世界上任何一个国家、任何一个政党所不可比的;所取得的成果之大,也是世界上任何一个国家、任何一个政党所不可比的。这次禁烟禁毒运动,值得大书特书的是：一方面,为世界禁毒事业提供了极其宝贵的经验。中国政府在禁烟禁毒过程中运用政治、经济、军事、法律、文化、宣传、教育等手段的做法,充分说明毒品问题的存在不是一个单一的社会问题,而是一个错综复杂的政治问题、经济问题和文化问题,解决它必须依靠社会各方面的力量,是一个系统工程、综合工程。这些经验为人类的禁毒事业增添了浓重的一笔。另一方面,向世人展示了“无毒国”的创举和形象。人们在公元前 4000 年新石器时代的瑞士湖边桩屋村遗址里,发现了保存完好的罂粟种子和果实的遗迹,由此而证实罂粟的种植史至少也有 6 000 多年了。6 000 多年来,几乎可以说没有任何一个曾经种过罂粟的国家和地区能够做到彻底禁绝罂粟种植和控制鸦片的非药用。然而,中国在 1950—1952 年的禁烟禁毒运动中完全禁止了大面积的罂粟种植,禁绝了对鸦片的滥用,创造了“无毒中国”这一震古烁今的伟大奇迹,并使罂粟的种植和鸦片的药用完全处于国家的控制之下,从而使名副其实的“无毒国”延续长达 30 年之久。这一创举向全世界表明,在聚合了“天时、地利、人和”的特定历史条件下,人类社会是有可能禁绝毒品原植物种植的;人类的禁毒事业并不只是“沙海茫茫无尽头”,只要人类能够战胜自我,控制欲魔,放飞的就绝不仅仅是希望。

（三）贡献之三：当代中国已成为世界反毒斗争的中流砥柱

面对 20 世纪 80 年代以来的世界毒潮泛滥,中国又一次承担起禁毒的重任。30 多年来,上自党中央、国务院,下至各省、地(市)、县、乡政府,对毒品问题极为重视,党和国家领导人多次过问、关心禁毒问题。在过境贩毒刚刚露头之时,一系列打击毒品犯罪的通知和指示就下发到各地;中国政府逐渐确立了“有毒必肃、贩毒必惩、吸毒必戒、种毒必究”的禁毒原则和“四禁并举,预防为本,严格执法，综合治理”的禁毒方针；在国家财政极为紧张和困难的情况下，每年拨出巨额经费用于禁毒，且禁毒经费在逐年递增。到 2001 年，中央禁毒专项经费达到 1 亿元，比 2000 年增加了 3 030 万元。

30 多年来中国缉毒工作动员力量之广泛、组织之完善、体系之庞大、监控之严密、工作之扎实都是世所空前的。1990 年 11 月，国务院成立了由公安部、海关总署、卫生部、国家民委、民政部等 16 个部委负责人组成的国家禁毒委员会，专门领导全国的反毒品斗争。中国在省、自治区和直辖市一级都已成立了禁毒委员会、禁毒领导小组及其办事机构；在毒品问题较严重的省、自治区中的地（市）、县一级也成立了禁毒领导小组及其办事机构。从中央、省（自治区、直辖市）到地（市）、县各级财政部门都将缉毒经费列入预算。1998 年公安部成立禁毒局，作为国家禁毒委员会的办事机构；1998 年 11 月 28 日，为支持禁毒事业而广泛吸纳社会资金的中国禁毒基金会成立。云南省率先在我国成立了 1 300 多人的专业缉毒队伍，各省（自治区、直辖市）、地（市）、县也相继成立了专业缉毒警察队伍，民航、海关、铁路等部门设立了专门的缉毒机构和缉毒队。在边疆和一些少数民族地区还建立了庞大的警民联防体系，实行了严密的监控。中国已形成了当今世界上效率较高的缉毒体系，既有专业缉毒队伍和武警、公安组成的“正规军”，也有各有关部门和广大民兵组成的“地方部队”；还逐步形成了边境一线堵、内地二线查和交通要道、机场车站、码头等三线截的“三道防线”，形成了对入境毒品围追堵截的态势。

自 1989 年开始，每年的“6・26”国际禁毒日，我国各级政府都开展声势浩大、深入人心的禁毒缉毒宣传，使民众认识到：毒品不除，国无宁日；毒品不除，祸及民族、社会、家庭和子孙；毒品不除，我们将愧对中华民族列祖列宗和无数革命先辈。这种持续、广泛、深入的宣传教育，是我国禁毒缉毒工作的一个显著特色和优势，也为国际禁毒事业提供了宝贵的经验。

30 多年来，中国立法机关行动快捷，及时为禁毒斗争提供了法律依据。从《刑法》（含 1979 年《刑法》和 1997 年《刑法》）、《海关法》、《治安管理处罚条例》（《中华人民共和国治安管理处罚法》）、《关于严惩严重破坏经济的罪犯的决定》、《关于惩治走私罪的补充规定》、《关于禁毒的决定》等一系列法律规范中关于毒品违法犯罪的严格规定，到 2007 年 12 月 29 日《禁毒法》的颁布实施，标志着党和国家把禁毒工作依法纳入到经济社会协调发展的大局；标志着我国禁毒工作由此进入了依法全面推进的新的历史阶段；标志着我国禁毒斗争已经站在了一个新的历史起点上。

30 多年来，中国的禁毒、缉毒斗争取得了举世瞩目的成就，已经无可争辩地在人类社会禁毒斗争的历史上写下了最辉煌的一章。根据我国报送联合国的材料，1991—1994 年我国缉获的海洛因数量平均每年 3 644.7 公斤，为全球总缉获量的 25.5%，名列世界第一位。根据联合国禁毒和犯罪预防署(United Nations Office for Drug Control and Crime Prevention)的 2000 年度报告，1994—1998 年中国缉获的海洛因与吗啡的数量为 2 488 公斤至 7 504 公斤不等，平均每年 4 897.6 公斤，名列全球第三位，占全球缉获量的 10.4%。中国的兴奋剂(ATS)问题始于 20 世纪 90 年代初，在 1991—1993 年期间中国平均每年缉获 ATS 554.5 公斤，分别为全球与东亚及东南亚缉获量的 13.9%和 33.4%，占世界第三位；联合国禁毒计划署(United Nations International Drug Control Program)2000 年度报告列出 1991—1998 年中国的 ATS 每年平均缉获量分别占全球和东亚及东南亚地区缉获量的 12.8%与 33.9%，名列世界第四位。另据不完全统计，自 1981 年以来，截至 2013 年底，我国共缴获海洛因 146 872.3 千克，鸦片 56 749.62 千克，大麻 46 291.9 千克，摇头丸 1 455.51 万粒，冰毒 150 801.9 千克，氯胺酮 40.25 吨，走私制毒化学品 3 535.21 吨，侦破涉毒案件 1 732 052 起，逮捕犯罪嫌疑人 1 576 926 人。这些统计数字既充分地说明了中国在 30 多年的禁毒和缉毒斗争中所取得的辉煌成就，同时也无可辩驳地表明了中国在世界反毒斗争中的中流砥柱作用。

(四) 贡献之四：中国在运用和平健康的经济手段替代罂粟种植方面，已经取得了骄人的成绩

“金三角”历来是世界各国公认的最大毒区，广种罂粟，盛产鸦片，官毒一家，军毒一体，神秘凶险。要使这里彻底禁种罂粟、铲除毒品实在是比登天还难。然而正是在中国政府和云南省的帮助下，从 1991 年开始，在紧邻云南的“金三角”缅甸第四特区进行了运用和平手段完全禁绝罂粟种植的尝试，即用健康经济替代毒品经济的“经济替代”。概括起来就是：用粮食和经济作物种植替代罂粟种植，用发展商贸、旅游和特色产业来繁荣毒品种植区的社会经济，扩大对外开放，提高文明程度，增加财政收入，改善民众生活，以此来改变种植罂粟地区对毒品经济的依赖。对这条新路的探索在实践中已经获得成功，这是一场具有世界意义和历史意义的禁毒革命，是中国对世界禁毒事业作出的重大贡献。云南在境外替代种植取得的成绩也受到了缅甸中央政府和国际社会的高度赞扬。联合国禁毒署主任阿拉奇说：“中国帮助邻国开展替代种植，是在没有联合国帮助情况下独立进行的，其成果超出了人们的想象，此事是为人类消灾造福的一项国际主义善举。”联合国前秘书长安南说：“在禁毒方面，全世界都应该学习中国，联合国视中国为禁毒国际合作中的重要伙伴，中国在东南亚地区的禁毒努力中发挥着关键作用。”目前，在中国政府的帮助下，“金三角”地区其他几个特区的经济替代工作也都有了实质性的进展，老挝北部、缅甸北部相当多的农地上已经被正常的农业经济所替代，不见了往日的罂粟花果。

（五）贡献之五：20 世纪多次重要的国际多边禁毒会议在中国的成功召开，充分说明中国在世界禁毒领域所扮演的重要角色

从国际角度看，鸦片控制史的源头，当在中国。1909 年 2 月 1—26 日，20 世纪第一次国际禁毒会议——“万国禁烟会”在中国上海召开。这次会议是国际禁毒史上召开的第一次禁毒多边会议。与会的中国、美国、英国、日本等十几个国家的代表团共召开了 14 次会议，作出了 9 项决议。这些决议虽然对与会各国政府并不具有法律上的约束力，但反映了与会各国代表对禁止和销毁鸦片祸害达成的共识，为 1912 年召开的海牙国际禁毒大会制订正式的国际禁毒公约打下了良好的基础。上海“万国禁烟会”的召开，促进了中国清末民初禁烟运动的深入发展，也使国际禁烟禁毒运动从此逐渐开展起来。

1989 年 10 月 5—11 日，中国政府组织召开了“亚太地区禁毒会议”。来自全世界五大洲 40 多个国家和地区的 200 多名代表出席了这次会议，国际刑警组织执委会的 4 位常委有 3 位都出席了本次禁毒大会。会议通过的《倡议书》，向亚太各国就共同打击毒品犯罪、严防毒犯洗钱、加强地区合作的有效途径等方面，提出了十条建议。这次会议彰显出我国在国际禁毒合作方面的超前认识，标志着中国政府以积极务实的态度在禁毒双边或多边合作方面大胆迈出了第一步，在中国禁毒史上意义深远。

1995 年 5 月 21 日，中国政府和联合国禁毒署联合在北京召开了第一次亚区域禁毒合作部长级会议。中国、越南、老挝、柬埔寨、缅甸、泰国和联合国禁毒署等六国七方的代表出席了会议。大会最后形成了世界上第一个区域性的禁毒文件《北京宣言》，并签署《次区域禁毒行动计划》。

20 世纪上述重要的国际禁毒会议在中国的召开，充分说明中国在世界禁毒领域所扮演的重要角色：由中国上海主办的近代史上第一次世界禁毒大会——“万国禁烟会”，开启了各国间合作禁烟禁毒的大门；1989 年 10 月的“亚太地区禁毒会议”，是新中国成立后由我国举办的第一次多边国际禁毒会议；1995 年 5 月第一次亚区域禁毒合作部长级会议在北京的成功召开，以及世界上第一个区域性禁毒文件的形成，不仅说明联合国禁毒署对中国政府的高度重视，更进一步证明，世界最大毒源地之一的“金三角”地区的禁毒和改植替代，离不开中国的参加和帮助。中国在国际禁毒领域中的重要地位和作用日益凸显。

第三节 对21世纪禁毒斗争的认识和思考

一、改革开放新时期毒品问题对我国的影响

从20世纪70年代末80年代初起，境外毒品贩子借道中国，向世界各地贩运毒品，从而引发了中国大陆禁绝30年的毒品问题死灰复燃。此后的30多年，在中国政府强有力的领导下，华夏大地从南到北，从东到西，缉毒战果频频传发，无论是破获的案件数、缴获的毒品量，还是抓获的毒贩都是连年上升，中国完成了一次令世人瞩目的跨越——从昔日的“鸦片王国”到20世纪50年代的“无毒大国”，再到改革开放新时期的“缉毒大国”。然而，根据国外缉毒的经验，缉获量一般仅为走私毒品数量的1/10。这就预示着中国缉毒的捷报，从另一方面来讲也是毒祸泛滥的警报，说明毒品问题在中国已经是四面烽烟、泛滥成灾了。笔者将1983年与2002年我国禁毒工作的成绩进行对比，从中可以看出问题的严重性。1983年，我国公安机关查获毒品案件5起，缴获鸦片5.25千克，缴获海洛因5克，抓获境内外贩毒者10人；2002年，全国共破获毒品犯罪案件11万余起，抓获毒品犯罪嫌疑人近9万名，缴获海洛因9.29吨、鸦片1.21吨、毒冰3.19吨、大麻1.3吨、“摇头丸”301万粒、各类易制毒化学品300余吨。对这两组数据进行对比后可以看到，我国查获毒品案件数量在20年里翻了22 000多倍，抓获毒品犯罪嫌疑人数量翻了9 000倍，缴获各类毒品数量翻了63 000多倍。如果按照国外缉毒的经验，把2002年我国缉毒成绩的一组数据分别乘以10，那么，当年中国毒品犯罪的案件数大约是110余万起，从事毒品犯罪的人员大约是90万名，国内毒品市场流通的各类毒品和经过“中国通道”出境的各类毒品总计大约是3 150吨。3 150吨是一个什么概念？如果把“吨”这个计量单位用在钢材、水泥、煤炭等商品上，3 150吨并不是一个很大的数字，然而毒品的计量单位是“克”，3 150吨毒品可以换算成多少克？这真是一个天大的数字！如此之多的毒品，不论流向中国市场，还是借道中国流向世界各地，对人类的危害都是十分严重的。毒品问题的发展的确已相当严重，“毒品泛滥”在中国并非危言耸听。从这个意义上说，缉毒捷报就是毒品泛滥的警报。这句话一点不假。

30多年来，毒品在中国从无到有，从小到大，迅速发展蔓延，已经在许多方面对中国社会产生了很大的影响。2013年我国登记在册的吸毒人数已达到

247.5 万人，加上使用“软毒品”的 100 万，按照世界各国的经验，国家监控的吸毒者可能仅是实际吸毒者人数的 1/3—1/5，这样算来，我国实际的吸毒者大约在 1 044 万—1 740 万人，如果再加上每一个登记在册的吸毒人员周围至少有 5 名左右的隐性吸毒者，那么，中国实际的吸毒者应该在 5 220 万—8 700 万。如此庞大的吸毒人群给我国带来了两个日益突出的问题，一是经济的贫穷化，二是吸毒人群的犯罪问题越来越严重。

毒品泛滥使国家蒙受巨大经济损失。据专家测算，近年来我国每年因毒品造成的直接损失约 1 000 亿至 2 000 亿元人民币，相当于 1998 年长江洪水灾害所造成的经济损失。照此计算，自 1978 年以来的 38 年间因毒品问题给国家造成的直接经济损失达 76 000 亿—152 000 亿元人民币。此外，国家每年还要为禁毒耗费巨额人力、物力和财力，从而造成巨大的间接经济损失。30 多年来，我国政府为禁毒和缉毒所投入的财力究竟有多少，笔者不得而知。但是，从许多资料上我们可以看到国家对禁毒事业的支持和付出。这里列举一些资料：1982 年国务院给云南省增拨 1 000 名行政编制组建专业缉毒队，1991 年国家再次给毒品问题严重的省区增加 3 000 名缉毒人员专项编制，2001 年国家对重点地区公安禁毒部门增编 1 960 人，中国缉毒警的建立说明中国政府每年要为这一新的行政编制增加一大笔行政开支；据国家禁毒委员会透露，2000 年全年中央禁毒专项经费达到 6 970 万元人民币，2001 年全年中央禁毒专项经费达到 1 亿元人民币。2001 年国家计委立项投资 4 亿元，在云南修建专门用于毒品犯罪分子服刑的监狱、劳教戒毒所和强制戒毒所。有数据显示，“云南思茅地区 1993、1994 财政年度每年缉毒方面预算约 200 万元”，由此“推计云南省一年用于缉毒的经费在 3 500—4 000 万元左右”。[①] 另据 2002 年的《中国禁毒报告》显示，甘肃省除每年拿出 850 万元用于全省禁毒工作外，2002 年还下拨 150 万元支持临夏州开展整治工作；云南省大理州巍山县在财政十分困难的情况下，州县两级拨出 200 万元专款投入整治；河南省新蔡县投入 120 万元禁毒经费。此外，每年用于戒毒的费用也是高得惊人。2003 年之前，全国各省市修建的强制戒毒所和劳教戒毒所约有 1 200 多家，其中绝大部分是由政府财政拨款兴建的，每家戒毒所的平均修建费用以 100 万元计算，国家财政支出已有 10 亿多元人民币，每家强制戒毒所每年的运转费用又要几十万元，每年所有各类戒毒所的财政支出上亿元。2008—2009 年国家仅为各地戒毒所投入的规划项目经费达 6 亿多元，由此可推算，30 多年来国家在禁毒、戒毒等方面投入的支出应该不少于 500 亿—1 000 亿元人民币。

① 贺晓东、方明：《中国禁毒大视角》，北京大学出版社 1998 年版，第 142—143 页。

毒品问题带来了严重的社会危害。毒品犯罪往往与暴力、凶杀、黑社会犯罪交织在一起，社会危害极大。绝大多数吸毒人员要以贩养吸、以盗养吸、以抢养吸、以娼养吸。吸毒、贩毒为纽带的连锁犯罪突出，致使许多吸毒者倾家荡产、家破人亡。2000年全国因吸毒、贩毒引发的刑事、治安案件达80万起。全国劳教场所的被劳教人员50%以上吸毒，西南、西北和沿海地区更达70%—80%。近几年，随着吸毒人数的扩大，毒驾问题也日渐进入人们的视野，吸毒司机无视道路使用者及路人安全，远比酒驾给社会带来的危害严重。毒品摧残人的身心健康，许多人丧失劳动能力和生活能力，还有许多人被传染上性病、乙肝、丙肝以及艾滋病等各种疾病。到2000年底，全国共报告艾滋病病毒感染者22 517例，其中经静脉吸毒感染的就有15 965例，占70.9%。

毒品问题不仅给我们国家的经济带来巨大损失，还危害到个人和家庭，毒化社会风气，使犯罪率上升，带来严重的社会危害，妨碍精神文明建设，危及国家安全，乃至影响中国社会主义事业与前途；毒品问题最终将影响到一个国家的政治稳定、经济繁荣和社会和谐，是关系民族兴亡、国家兴亡的大事。

二、对21世纪禁毒斗争的思考

改革开放以来特别是最近几年，我国在禁毒方面做了大量的工作，取得了显著的成绩。然而，面对21世纪的毒品问题，中国的禁毒斗争应该在深入总结本国禁毒历程的经验和教训，不断吸取世界各国在禁毒问题上的经验和教训的基础上，深化认识，调整方略，为中国的禁毒事业和世界禁毒事业作出新的更大的贡献。

第一，进一步深化对开展禁毒斗争极端重要性的认识。对于毒品问题，我们决不能单纯地把它看作是一个简单的治安问题，而必须要有政治鉴别力和政治敏锐性，以对国家、民族、人民以及全人类负责的战略高度来加以认识。假如认识不深刻或不到位，也就不可能真正重视毒品问题并扎扎实实地加以解决。中国近300年的毒品危害及禁毒历程充分说明，毒品泛滥对社会、对国家、对民族的危害是触目惊心的，近代中国“东亚病夫”的屈辱史就是一面镜子；同时，禁毒斗争的胜利与否关键在于政府的决心和态度，在于各级领导的重视程度。当前在对禁毒斗争重要性的认识问题上还不同程度地存在着“群众认识到而干部认识不到”、“下面认识到而上面认识不到”、“基层认识到而上级认识不到”、“受害地区认识到而非受害地区认识不到”、“受害者认识到而非受害者认识不到”、“受害大的认识深而非受害者认识浅”等问题。[①] 这些现象必须引起党和政府的高

① 马敏艾：《进一步强化禁毒执法的探索》，《云南警学》1998年第3期。

度重视，各级党政领导特别是主要领导一定要从对国家、民族、人民以及全人类负责的战略高度，进一步深化在21世纪开展禁毒斗争极端重要性的认识，切实解决好禁毒工作中存在的各种困难和问题，责无旁贷地担负起禁毒工作第一责任人的历史重任。

第二，切实把禁毒工作摆进“中国21世纪议程”，列为基本国策，实行全民大禁毒。“21世纪议程”是有关人类21世纪和平与发展的各种重大问题的议事日程，如核武器扩散、区域冲突、恐怖主义、黑社会组织、人口膨胀、环境污染等。毒品问题是一个世界性难题，尤其是21世纪最严重的全球公害和全人类公敌之一；与毒品犯罪进行斗争，这是全人类共同面对的艰巨而复杂的任务，是国际社会和世界各国的共同职责，已经成为“全球21世纪议程”的重要内容之一，也应当成为“中国21世纪议程”的重要内容。

1987年6月，联合国在维也纳召开的一次专门性国际禁毒会议上，正式确定每年的6月26日为“国际禁毒日”。1990年2月，联合国在纽约总部召开首届禁毒特别大会，毒品问题即已被作为全球议题摆上了全球的议事日程。会后，联合国还专门成立了禁毒署，作为禁毒国际合作和麻醉品管理领域的协调中心。1998年6月8—10日，联合国又在纽约总部召开了第二届禁毒特别大会，进行国际禁毒总动员，为即将来临的21世纪人类的禁毒事业策划前进道路，协调行动步伐。这次会议最后通过了《政治宣言》、《减少毒品需求指导原则宣言》、《在处理毒品问题上加强国际合作的措施》等三项决议，明确提出了面向21世纪的前瞻性的禁毒国际合作十年战略，确定了到2008年在国际范围内有效控制和减少毒品供应及需求并要求世界各国务必在2003年之前制定出新的或加强原有的禁毒战略的明确的时间表，这实际上就是“全球21世纪禁毒议程”。[①] 有鉴于此，再加上我国曾经深受毒品之害的惨痛历史和当前我国毒品犯罪迅速发展、蔓延的严峻现实，国家应当进一步明确我国禁毒斗争的战略地位，把禁毒工作摆进“中国21世纪议程”，并列为基本国策，为在21世纪打一场新的禁毒人民战争，有效制止毒品泛滥而努力。

第三，明确我国禁毒斗争是“持久战”的性质。世界各国毒品泛滥的历史和我国改革开放以来毒品犯罪迅速发展蔓延的事实都已雄辩地证明：当今世界，要想在一国范围内和在短时期内解决毒品问题，是不现实和不科学的。因此，有关我国禁毒斗争的性质问题，仍有从认识上加以研究和深化之必要，因为禁毒斗

① 朱恩涛、杨子：《国际禁毒事业的里程碑——联大禁毒特别会议启示录》，《人民警察》1998年第8期。

争的性质直接决定着禁毒斗争的指导思想、奋斗目标、方针政策等基本问题。长期以来，在禁毒问题上，许多人对此的认识是不明确的，有关“速决战”与“持久战”的争论已持续了很长一段时间。30多年来，我国在禁毒问题上采取的力度之大，动员的民众之广，坚持的时间之长，是世界上任何一个国家、任何一个政党所不可比的；禁毒的成果之大，也是世界上任何一个国家、任何一个政党所不可比的。如此之大的决心，如此之大的投入，如此之大的成果，按照人们的一般理解，是完全可以而且应当全部禁绝毒品了。然而，毒品不仅没有禁绝，反而越禁越多。这一现状说明，我国禁毒斗争的“持久战”性质或“持久的人民战争”的性质已是不争的事实。对这一点，全党、全国人民都应该有一个清醒的认识。那种认为经过一段时间的禁毒人民战争或者进行几次禁毒专项斗争，就能彻底解决我国的毒品问题的思想，已被实践证明是完全错误的，是一种脱离实际的主观臆断。基于禁毒斗争是一场持久的人民战争，我们在开展禁毒宣传教育时，就不能像过去那样因为“有碍形象”而讳疾忌医，或设置“禁区”而束缚手脚，必须向全国人民公开我国毒品违法犯罪的真实情况，并给全国人民切实讲透、讲深毒品犯罪的危害性和我国禁毒斗争的长期性、艰巨性和复杂性，从而使全国人民都能作好长期作战的思想准备，并积极而自觉地投身到这场持久的禁毒人民战争之中。

第四，制定一个更加理性化和现实化的禁毒奋斗目标。在人类社会与毒品几百年的曲折争斗中，在“魔高”还是“道高”的无数次较量中，需要总结与反思的东西太多太多。面对毒品不断发展、更新的趋势，在人类社会还不可能完全脱离对麻醉药品、精神药品使用的今天，一味地提出要禁绝毒品是不现实的，因为“禁”是禁不了的，“绝”更是不可能的。既然麻醉药品和精神药品所具有的药用价值，使其在外科手术中，在治疗某些疾病中，还将一直被广泛使用下去，迄今为止尚无其他药品足资替代，因而也就不可能完全禁绝对它的研制和生产。作为药品就必须保留住它，允许它的合法存在。所以，更加理性地看待毒品，更加现实地对待毒品，更加客观地处理毒品，审时度势，既不因噎而废食，又不放任而自流。总之，规范管理、有效控制、禁绝非法，才是人类在毒品问题上的未来之路，也是唯一的可行之路。

规范管理，就是要加强对毒品原植物的种植、生产与使用的规范管理；加强对麻醉药品、精神药品的生产、流通与使用的规范管理；加强对易制毒化学品的生产、流通与使用的规范管理。毒品原植物和易制毒化学品是许多麻醉药品与精神药品生产的源头，规范源头，管好源头，有序生产，安全使用，就可以最大限度地发挥麻醉药品、精神药品的药用效能，治病救人，造福人类，并最大限度地减少其成为毒品的危害。

有效控制，就是要高度、有效地控制毒品原植物的种植面积，达到完全满足全球医疗使用量即可；就是有效控制对麻醉药品、精神药品的正常、安全使用，防止过度使用，进而滥用；就是要有效控制易制毒化学品流入非法，特别是挪作制毒所用。

只有在规范管理、有效控制的前提下，才能彻底禁绝非法种植、非法生产与非法使用。取缔非法、禁绝非法，是从源头上解决毒品问题的根本。

第五，把战略重点转移到解决国内制贩毒问题上来。所谓禁毒斗争的战略重点，就是对禁毒斗争全局有决定意义的局部。选择正确的战略重点和战略突破口，是21世纪我国禁毒工作的重中之重。30多年来，我国禁毒斗争的战略重点和战略突破口，已经作过两次重大调整。第一次是当国际毒潮开始侵入我国之时，我们把“堵源截流”作为当时我国禁毒斗争的战略重点，这是符合当时我国毒品犯罪的毒源地和毒品的主要消费市场两头在外，过境贩毒严重这一基本特征的战略性举措。第二次是随着过境贩毒引发了过境国家的毒品消费不断增大的问题，毒品市场日渐成熟，我国适时地把禁毒斗争的战略重点转移到解决国内的毒品问题上来，并以做好禁吸戒毒工作为战略突破口。为此，1997年3月召开的第二次全国禁毒工作会议，把“禁吸”调整到了“三禁”的第一位，明确提出了以禁吸戒毒为重点的禁毒工作思路，这是我国禁毒战略决策的一次重大而明智的调整。近年来，在毒品问题全球化的大背景下，在国内制毒问题日益突出的形势下，应当将2007年12月颁布的《中华人民共和国禁毒法》中确立的我国禁毒工作方针“四禁并举”中的顺序调整为禁制、禁贩、禁吸、禁种，以抓大案、破要案为主，狠抓国内制贩毒问题，从源头上打压与控制毒品的泛滥。

第六，建立健全禁毒领导机构和禁毒执法机构，进一步加大对禁毒的投入。古今中外禁毒斗争的实践反复证明，要想使禁毒工作取得成效，国家就必须建立健全统一、高效、权威的禁毒领导机构和专门的禁毒执法机构。1991年11月国家禁毒委员会成立以来，对领导我国禁毒工作发挥了非常重要的作用。中国人民公安大学崔敏教授负责的《毒品犯罪的发展趋势与遏制对策》课题组认为，必须加强国家禁毒委员会的领导力量，至少有一名副总理兼任主任，以提高其规格和权威性，有利于统一领导和协调各部门各方面的禁毒工作。[①] 这一建议对我国在21世纪加强禁毒工作领导，协调各方力量提高禁毒效率是非常必要的。我国的禁毒执法工作仍然面临复杂的局势，尤其是禁毒投入不足的问题，不仅无形

① 《毒品犯罪的发展趋势与遏制对策》课题组：《毒品犯罪的宏观治理对策》，《公安大学学报》1999年第3期。

中影响了禁毒工作向深度和广度的发展，而且还造成人员、装备以及机构建设的顾此失彼、恶性循环，其后果是相当严重的。因此，崔敏教授提出应将国家禁毒委员会变成一个实体机构，必要时可将其名称正式改为“中华人民共和国禁毒署”，以机构来确保禁毒工作的投入和禁毒斗争的顺利开展①的思路也是值得考虑的。

第七，禁毒工作是一项系统工程，需要社会各部门、各阶层的参与和协办。禁毒工作不是一项单一的工作，而是一项系统工程，即“三减两多工程”（3R—2M 工程），它包括：第一，减少毒品的非法供应（Supply Reduction）。要加大执法力度，用重典从严打击各类毒品犯罪，截断毒品非法供应渠道，切实减少社会上毒品的来源和毒品市场。要禁种或以高利润的经济作物来替代种植制毒的原生植物如罂粟等，缉堵走私毒物，禁洗黑钱，控制制毒前体，控制精神活性物质的供销，建立无毒社区等。第二，减少对毒品的非法需求（Demand Reduction）。要向全社会宣传毒品知识、危机干预、脱毒、康复矫治、预防复吸、建立吸毒者自助网络等。预防、治疗、流行病学监测与研究是降低非法需求战略的三大支柱。预防是降低非法需求战略的核心内容，包括一级预防（教育正常人群特别是青少年这一高危人群提高认识拒绝和远离毒品）；二级预防（治疗毒品滥用者使其戒除毒瘾，不再滥用毒品）；三级预防（防止滥用毒品带来的危害）。对毒品成瘾者进行戒毒治疗，包括一系列活动与综合性措施，其目的在于对成瘾者进行帮助，使其健康和生活恢复到尽可能达到的良好水平，必须清醒地认识到戒毒治疗是一项包含各方面力量的系统工程，大多数毒品成瘾者须经过多次反复，因而戒毒是一项艰巨的工作，是一个长期过程。WHO 药物依赖性专家委员会提出戒毒治疗应达到三个目的：一是减轻对毒品的依赖性；二是降低因滥用毒品带来有关问题的发生率和死亡率；三是确保毒品滥用者能最大可能地增加其接受戒毒治疗和得到各种服务的机会，以期最大限度地增进其身体的、精神的与社会的能力，以达到完全回归到正常社会中。对毒品滥用进行流行病学监测和研究，使我们对毒品滥用的程度、动态、特征及所造成的影响等能够及时地、全面地了解，才能做到情况明，决心大，方法对头。第三，减少毒品的危害（Harm Reduction）。推广美沙酮维持疗法，告诫安全使用方式，预防性病和艾滋病传染，吸毒者的现身说法等减少毒品危害的做法，是近几年来有人提出的禁毒第三条战略。所采取的综合性措施中，美沙酮维持治疗计划在不少国家被采用，并经多年的实践证

① 《毒品犯罪的发展趋势与遏制对策》课题组：《毒品犯罪的宏观治理对策》，《公安大学学报》1999 年第 3 期。

实其下列有效性：减少社会犯罪，毒品滥用者按时接受美沙酮维持治疗消除了对毒品的渴求，基本杜绝了犯罪动机；在防治艾滋病传播方面发挥有效作用；提高就业率和升学率；减少国家禁毒经费开支。第四，多行业多学科协同禁毒(Multi-Disciplinary)。包括公安、卫生、海关、检察院、法院、药品监督、工商管理等部门密切合作；社会、医学、心理、教育等学科协同对毒作战。第五，多渠道戒毒(Multi-Modality)。包括教育、挽救、处罚等自愿或强制的方法。要实现上述“三减两多”目标，就必须发动和依靠社会各个部门、各行各业、各个阶层的力量广泛参与和协同作战，实行综合治理，只有这样才能将禁毒这项“功在当代，利在千秋”的伟大而艰巨的事业进行到底并取得最终的胜利。

第八，把禁毒宣传教育作为21世纪我国禁毒人民战争的一项根本性、长期性的战略任务。综合治理毒品违法犯罪必须坚持“打防结合，标本兼治，重在治本”的原则。禁毒宣传教育是防范和遏制毒品违法犯罪的治本之策，是禁毒斗争的一个永恒的主题，必须把它作为21世纪我国禁毒人民战争的一项根本性、长期性的战略任务抓紧、抓好、抓落实，使之成为我国禁毒人民战争的号角和长鸣不歇的警钟。禁毒宣传教育要广泛深入，持之以恒，突出重点，抓住关键。既要选好内容，也要注重形式；既要取得效果，也要营造声势；真正做到家喻户晓，人人皆知，以增强全民的禁毒意识，创造一个人人自觉参与反毒、御毒、抗毒的社会治安环境。禁毒宣传教育工作是一项全国性的工作，必须面向全社会，面向全体人民，而且必须从中、小学抓起。同时，禁毒宣传教育工作必须突出重点，抓住关键。所谓突出重点，主要是指禁毒宣传教育工作要突出重点内容、重点手段、重点对象。在当前和今后相当长的一个时期内，应以彻底揭露毒品违法犯罪的现实危害为重点；禁毒宣传教育的措施、手段多种多样，但就全国而言，当以大众传媒和艺术形式为重点；禁毒宣传教育工作的对象，始终要以中、小学生为重点。所谓抓住关键，就是使禁毒宣传教育工作抓住关键问题，从关键处下手。禁毒宣传教育工作的关键在于唤起民众，促人警醒，使人觉悟，因此，禁毒宣传教育工作要从人的灵魂深处下手，想方设法打动人的心灵，以使人人都能闻毒而心惊，遇毒而拒之，并积极而自觉地投身到新的禁毒人民战争中来。

第九，全面加强和推进禁毒国际合作事业。全面加强和推进禁毒国际合作，主要是指在我国外交方针、政策的指导下，贯彻执行“坚持原则，认真务实，积极参与，促进合作”的方针，全面加强和推进与联合国禁毒机构、国际刑警组织以及有关国家和地区之间的禁毒国际合作及区域合作，严格履行有关禁毒国际公约及双边或多边条约所规定的责任和义务，为我国的禁毒事业，也为有效打击国际毒品犯罪作出自己应有的贡献，为世界树立榜样。近年来，为全面加强和推进禁毒国际合作事业，我国政府进行了不懈的努力，取得了实质性的进展。尽管如此，我国在禁毒国际合作领域的工作还有进一步全面加强和大力推进的必要和空间，因为毒品问题既是区域问题又是全球问题，既是社会问题又是政治和经济问题，禁毒国际合作的领域非常广阔，事业大有可为。因此，建立一个全面系统的 21 世纪禁毒国际合作的战略体系乃是当务之急。这一战略体系至少必须包括参与全球行动、推进区域合作、完善地方协作等多个层面，涵盖禁吸、禁贩、禁种、禁制等各个领域，涉及与禁毒工作相关的各种学科和部门，并在法律、技术、情报、侦查、引渡、资金、设备、科研、培训等诸多方面提供援助和进行交流与协作，是一个多层次、全方位、立体化的战略体系。因此，21 世纪我国禁毒国际合作领域需要研究和解决的问题还很多，禁毒国际合作的发展空间还很大。

第十，全方位加强禁毒肃毒科学研究。现代毒品是现代科学的产物，现代毒品犯罪也已益发高科技化，现代禁毒本身也是一门科学，一门跨越多学科、可以从不同角度加以研究的学问。在禁毒理论研究过程中，除了组织禁毒部门的人员进行研究外，还应该吸收社会上方方面面的专家、学者(包括医学、法学、心理学、社会学、人口学、政治学、经济学、历史学、文化学等各个方面)，组织多学科、多视角的综合研究，共同加强禁毒理论研究工作。自然科学和社会科学研究者应当组织起来，根据禁毒斗争的实际需要来研究禁毒，在学术界应有禁毒这门重要学问的一席之地。禁毒理论的研究应该着眼于以下三个方面：一是从研究目的到研究层次和分工上要有明确的、全面的规划，使研究力量由分散走向相对集中，以便有计划地推出更多有价值、有影响的理论研究成果，更好地为禁毒工作的现实任务及长远发展服务。二是要进一步建立、完善禁毒理论学科，逐步形成一套完整的、系统的禁毒理论框架，建立具有中国特色的禁毒理论体系。三是一定要继续坚持禁毒基础理论、应用理论和发展理论三者的同步发展，相辅相成，不可偏废。本着长规划、短安排以及宏观战略研究与微观应用研究相结合的原则，在开展总体理论研讨的同时，应侧重抓好重点课题的专题研究，集中优势力量，获取突破性成果。积极和广泛地开展禁毒肃毒国际学术交流活动，多方吸取各国禁毒的经验、教训和研究成果，相互学习，取长补短，进一步推动和拓展中国禁毒事业。

三、人类社会的禁毒斗争任重而道远

当今世界上几乎没有哪一个国家和地区能够摆脱毒品之害。毒品危害已是一个全球性的问题。自 20 世纪以来，人类的反毒禁毒斗争一刻也没有停息过。联合国自 1945 年成立以来，尽管各成员国在许多重大问题上争论不休，意见不一，但在对付毒品问题上，大家则异口同声，一致赞同对毒品生产、贩运及使用进行严厉打击。

正是在联合国的指导和倡议下，全世界许多国家和地区，在毒品问题上，无论是立法执法，还是堵源截流，不可谓不坚决，不可谓不严厉。然而，时至今日，毒品在全世界的泛滥仍超出任何人的想象；反毒禁毒工作仍障碍重重。

障碍之一：吗啡、海洛因、可卡因和安非他明等既是麻醉药品或精神药品，又是毒品，这种两重性决定了对于毒品，既不可能完全开禁，又不可能赶尽杀绝。

吗啡、海洛因、可卡因和安非他明等最初的研制、开发都是基于其有用的医学价值的结果，它们用于医疗目的的时间远比被用于吸食而满足人的成瘾性的时间长得多。在联合国的一些公约中也都肯定了麻醉品和精神药品的医疗和科学价值。由于麻醉品和精神药品在外科手术以及治疗某些疾病中具有其他药物不可替代的作用，因而一定时期之内不可能完全禁绝对它的研制和生产。然而，吗啡、海洛因、可卡因和安非他明等作为毒品时又危害人体的健康，并进而影响家庭，甚至人类社会。这就给国际社会出了一个大难题：为了医疗事业必须保留麻醉品和精神药品；为了根治毒害又必须消除麻醉品和精神药品。毒品所具有的两重性决定了毒品的不同命运，就看落于谁手，用于何途。滥用固然成毒，善用亦可为药。所以，吗啡、可卡因等在医学上的应用和作为毒品吸食应该同时受到重视，也就是说，限制它的扩散和滥用，否则就会祸及人类自身。这就决定了对于毒品，既不可能完全开禁，又不可能赶尽杀绝，总要采取疏堵两策，或者说在疏与堵之间保持好平衡。这就只能在规范管理和法律制约中寻找出路。

障碍之二：古柯、罂粟等毒品原植物的种植和利用不仅是一些山民唯一的生产方式，也是一些古老民族的历史文化传统，甚至是这些民族的传统经济和生活方式的全部内容，要想在短期内改变这种文化现象不是一个简单之事。

早在3 000多年前，安第斯山区的古印第安人就开始种植古柯，土著居民嚼食古柯叶以御寒、充饥、提神以及治疗胃病、风湿病、头痛等疾病。当地人视其为“圣草”，称之为“绿色的金子”。可以说，古柯的种植是伴随着印第安人的发展而沿袭下来的历史文化传统。

作为世界三大毒源地之一的“金三角”地区，其罂粟种植已有近200年的历史。这一地区的各族人民对罂粟的看法完全与城市里的居民不同，在他们眼里罂粟与其他农作物没有什么两样，“鸦片是他们的生计，是他们必需的作物，是他们全家衣食得赡的唯一可靠收入”。[①] 谈起鸦片，那些来自“金三角”的人们始终

① ［美］马丁·布思：《鸦片史》，海南出版社1999年版，第384页。

都没有半点顾忌，眼睛里根本没有一点负罪感，好像他们不是在谈论遭世人指责的毒品，而是在谈论大白菜的好坏，或者就像是几个孩子在山坡上放牛时说着漫无边际的闲话；甚至还认为罂粟的经济价值高于其他作物，从比较生产成本的角度上看，种植罂粟更合算，因此他们对种植罂粟并没有什么"罪恶"感，对他们而言，罂粟是理所当然的传统经济作物。

土耳其在1972年以前，有近9万户农业家庭的生计依赖于罂粟，鸦片已成为他们日常生活中不可或缺的一部分。鸦片是极有经济价值的作物，它所有的部分都可以利用。由于不会腐烂，它也被作为财富积聚的一种方法：农民家庭每年都留出一定量的鸦片积攒起来作为儿子娶亲时的聘礼，还有的家庭储藏鸦片以备病灾，把它当作未知的医疗费的准备金。[①]

作为一种生活方式和观念或说是一种文化现象，这种历史文化传统的形成并不是一蹴而就的，更不可能被军队进剿、炸弹轰击、火器喷烧等人为的力量所改变。如果没有新的生产力和新的生活方式的注入，要想在短期内改变这种状况恐怕是十分困难的。

障碍之三：毒品行业的巨额利润，使贩毒集团的组织化、武装化得以实现与加强，并使其加紧了对政权机构的侵蚀和渗透。这使得人类社会禁绝毒品的斗争，遇到了有史以来最强大的对手和最顽强的抵抗，同时还资助了全球恐怖犯罪活动的增长。

如果不是非法，毒品绝对是世界上利润最高的行业。毒品生产的每个环节都能带来丰厚的利润，生产、加工、走私毒品确实是一个发财的行当。在"银三角"地区，每公顷土地平均一年可产1吨古柯叶，提取3—4公斤可卡因。这样，农民每生产提炼1公斤可卡因的古柯叶，即可获利2 000美元。在缅甸，每英亩土地，种植粮食仅收入近100美元，而种植罂粟的收入则是种植粮食的100多倍，可收入1万美元。自20世纪60年代世界上兴起人类历史上最大的毒潮以来，毒品业的发展真可谓"钱景"无限。据联合国缉毒机构的研究报告指出，在毒品生产中，每投资1美元便可获利500—1 500美元。贩卖走私毒品，因总是与违法、冒险、残酷、神秘相联系，其利润更是高得惊人，可谓是一本万利甚至是无本万利。从巴基斯坦农民手中收购鸦片的价格约为每公斤90美元，而巴基斯坦当地批发商的收购价涨为每公斤3 000美元，运到美国批发商手中后，价格会翻几十倍：每公斤8万美元，最后，纯度为40%的海洛因，毒贩子在街头零售的价格高达1公斤29万美元，足足可以买一辆劳斯莱斯。在哥伦比亚，每公斤可卡

① ［美］马丁・布思：《鸦片史》，海南出版社1999年版，第385页。

因售价 1 万—1.2 万美元，运到美国每公斤售价 30 万美元，相当于黄金价格的 20 倍，销售 1 吨可卡因可获利 1.4 亿美元。

就是在这一巨额利润的“养育”下，美国的“黑手党”、日本的“暴力团”、哥伦比亚的“卡利集团”、墨西哥的“海湾集团”等世界各地的毒品集团，其组织化程度之高、管理之严密，令人咋舌。他们已经突破国界的限制，形成了跨国性的产、供、销环环相接、分工负责的“一条龙”经营体系。盘踞在世界各地的新、老黑社会组织纷纷跻身于毒品活动行列。为了走私方便和对抗警方的缉毒，贩毒集团武装化程度更令人不敢小视，其拥有的现代化武器从冲锋枪到火箭筒，从飞机到舰艇不一而足。他们还利用巨额非法所得加紧对政权机构侵蚀、渗透。动用几十万、几百万美元的“银弹”贿赂有关人员，打通关节已是平常之事。哥伦比亚毒品集团就曾同时向竞选总统的双方提供“资金援助”，以图控制当选总统和购买新政府部长名额。墨西哥执法机构 1997 年查出，全国 10%的缉毒人员涉嫌接受“海湾集团”贿赂。

除对政权机构进行侵蚀、渗透外，贩毒集团还与政府进行着抗衡。据缅甸驻昆明总领事吴温昂介绍，缅甸自 1974 年颁布和实施《禁毒法》至 1988 年，共发动了大规模的禁毒战役 12 次，在扫毒行动中，有数以千计的缉毒者牺牲和受伤。另据报道，泰国政府和警方在 2003 年 3 月 12 日表示，受到泰国雷厉风行的扫毒狂飙行动打击的缅甸佤族的毒枭，扬言悬红 8 000 万铢要总理他信的人头，其顽强抵抗政府的嚣张气焰可见一斑。贩毒集团利用雄厚的经济实力、现代化的武器装备以及插手许多国家的政权机构，使当前世界的禁毒斗争面临有史以来最强大的对手和最顽强的抵抗。

据统计，目前全球 10%的人口卷入了毒品的生产和消费；全世界毒品交易额在 8 000 亿—10 000 亿美元，相当于世界贸易总额的 13%，成为仅次于军火的第二交易。这个巨额数字远大于全世界恐怖活动费用的总和，更比所有执法机构的预算大得多。如此数目庞大的金钱不仅给毒枭带来巨大的经济效益和政治权利，而且还资助了全球恐怖犯罪活动的增长。

障碍之四：“毒品美元”对一些国家的经济起着巨大作用，对这些国家来讲，对毒品问题的认识和解决，处在一种“禁”或不“禁”的两难境地。

毒品生产和贩运销售活动是受市场规律支配的。20 世纪 80—90 年代的 10 余年间，世界毒品交易额从 3 000 亿美元增加到 6 500 亿美元。这样巨大的需求和巨额暴利，使“毒品美元”在毒品生产国的国民经济中占有相当大的比重，由此也就刺激了毒品生产国的毒品生产。一些情况严重的国家、地区，“毒品经济”已经或正在成为人们经济生活的组成部分。

“金三角”的毒品生产作为世界地下经济的一部分，已形成一条包括生产、加工、贩运、销售诸环节紧密相扣的巨大的“产业”链，在该链条的每一个环节上都有成千上万的“就业”者。缅甸政府早在20世纪70年代初就曾把鸦片税纳入国家财政的收入计划，后来虽颁布了禁毒法，但其禁毒活动也是根据政治形势和利益上的考虑时紧时松。毒品在老挝一直被作为与电力和林业齐名的“三大支柱产业”之一，其年输出额约5 000万美元，而电力输出年收入也不过3 000万—4 000万美元。

有资料表明，在“金新月”等毒品产地，均有难民靠种植罂粟、贩卖鸦片维持生计。

在拉美地区，一些国家由于经济衰退、失业人口剧增、国家财力不足，或多或少对“毒品美元”存在依赖心理，希望以毒品经济弥补正规经济的损失。例如，20世纪80年代中期，玻利维亚每年毒品出口收入2.5亿—4.5亿美元，占外贸出口的50%—100%。玻利维亚政府领导人说，如果贩毒活动在玻利维亚彻底消失，该国人均收入会降低50%以上，约有40万人会失去工作。这个后果无论哪一届政府都是无法承受而不希望看到的。哥伦比亚贩毒集团每年收入几百亿美元，汇回国内约10亿美元，相当于国家合法收入的10%—20%。拉美经委会在2001年的一份报告中指出，就国家整体经济而言，哥伦比亚目前每年非法走私出境可卡因获得60亿美元利润，其中约1/2返回该国，而其咖啡出口获得的利润仅为16.2亿美元。玻利维亚与秘鲁的情况也相似，毒品年走私收入分别为13亿美元和8亿美元，都超过了两国的合法出口收入。上述三国约有60万—150万人直接从事毒品生产、走私活动。该报告警告，上述地区毒品集团每年共计约有3 500亿美元贩毒收入。长期下去，这些国家的经济和政治难免不受非法毒品活动所牵制，从而服务于毒品集团的罪恶利益。[①] 在这种情况下，国家宁愿保持一定的毒品经济规模，而不希望彻底清除毒品经济。拉美国家禁毒的难点在于，从政治角度考虑问题和从经济角度考虑问题，得出的结论截然相反。毒品经济已经成为国民经济的关键部分，对这些国家来说，禁毒是自杀，不禁毒也是自杀，真正处在一种“禁”还是不“禁”的两难境地。

障碍之五：以美国为首的西方国家，在反毒品问题上，不时制造出极不和谐的音符，更有甚者，还弹奏出一个令人担忧的声音——让毒品合法化。

美国作为世界上最大的毒品消费国，不仅未有效遏制本国的毒品市场，反而

---

① 金鑫主编：《世界问题报告——从世界的视角观照中国》，中国社会科学出版社2002年版，第221页。

对他国指手画脚，到处挥舞大棒，推行强权政治，以“反毒”为幌子，张扬“世界老大”的威风。在国内禁毒方面，美国采取高投入的严厉打击政策，每年花费在禁毒上的开支高达 3 500 亿美元，但却收效甚微。在美国的监狱里，与毒品有关的犯人大约占监狱囚犯的一半。被逮捕的人当中超过 1/10（1999 年时 150 万人）是因为吸毒，有大约 40%是由于持有大麻，有近 20%的人被逮捕的理由是销售和制造毒品。青少年涉毒的人数急剧增加，1997 年因为吸毒被抓起来的孩子有 22 万人，比 1993 年高出 83%。美国政府的禁毒政策并没有阻止毒品快速地在各个种族团体中蔓延。究其原因，主要是政府把 3/4 以上的经济和精力用于搜捕和惩罚从事毒品交易和吸毒的人，而不是用于预防和治疗。在国际禁毒方面，美国则推行“双重标准”，甚至借此干涉别国内政。对境内外贩毒者的惩罚标准和打击力度，美国的态度大相径庭。被认为是对它构成威胁的毒枭，美国就对其所在国政府施加政治、经济压力，要求引渡，并判以重刑；反之，美国国内的毒贩则可以从轻发落；对被他国判重刑的美籍毒贩，则施加压力为其减刑或释放。从 1986 年起，美国政府每年都通过其公布的《国际毒品管制年度报告》，对世界其他国家及地区的反毒工作说三道四，对别国内政横加干涉，对未获“通过”的国家停止援助或进行经济制裁。1997 年的报告更涉及 130 多个国家、地区，其中 23 个“通过”，大多数被列为“有条件通过”，9 个未“通过”。2000 年，美国取消对秘鲁的扫毒援助，并不是美国对秘鲁扫毒本身不满，而是认为秘鲁举行的总统大选“不够民主”，企图用取消援助来进行制裁。美国的霸道行径不仅干扰了别国的禁毒斗争，而且给国际联合禁毒设置了许多障碍，成为全球禁毒斗争中的一大不利因素。

此外，近年来，在西方发达国家中出现了另一种令人担忧的声音。那就是西方国家政府在屡禁毒品不止之后，准备投降——让毒品合法化。先是瑞士和荷兰率先在本国允许吸食所谓的软性毒品。随后，加拿大也向瘾君子缴械，允许一部分重病患者吸食毒品，以减轻病痛。英国也在不断争论“要不要让吸大麻合法化”。在西方，持毒品合法化观点的人振振有词。早在半个世纪前英国自由主义哲学家约翰・米勒就曾指出，个人做自我伤害的事情，只要他不危害社会，国家就无法干涉。美国的著名经济学家、诺贝尔经济学奖获得者米尔顿・佛里德曼，还有大名鼎鼎的金融投机家索罗斯等提出过毒品的主要危害是非法性造成的，如果合法化，就不会出现目前这种毁灭性的灾难。瘾君子正是为了搞到购买高价毒品的毒资才不得不沦为娼妓、参与赌博乃至偷盗的。如果政府实行毒品专卖，以低价出售，嗜毒者就不用去偷去抢了；为牟取暴利而贩毒的行业也就没有存在的必要；毒品集团也会自行解散。更有人认为，毒品合法化不仅可以使政府节约用于打击毒品的巨额花销，而且还可以从毒品销售中征税，以控制吸毒者过度使用毒品。[①]

这些经济学家的理论，是站在经济角度考虑问题，但他们忘了一个最起码的常识，那就是吸毒有害健康，长期吸食甚至可以置人死地。再说，吸毒者吸毒之后，精神恍惚，大多不知道自己在干什么，让这样的人走在大街上，开车跑在高速公路上，能会有安宁吗？另外，毒品吸食者本身就是非理性的人，既然他们不惜一切代价从毒品贩子手里搞毒品，区区税收差价又何以能阻止其过度吸食毒品呢？弄不好税收过高又会给非法毒品以可乘之机。

毒品一旦合法化，其结果只能是吸毒者越来越多，甚至泛滥成灾。这是人类饮鸩止渴的自杀行为，非但害自己，而且害别人、害社会。可以说，毒品开放之日，也就是人类文明走向灭亡的开始。

总之，当代世界禁绝毒品存在种种障碍，而这些障碍并不可能在短期内一一解决。正像美国人马丁·布思所说：毒品问题“作为或许是20世纪末最显著的文化现象，它受各种纷杂不一的因素的影响，诸如新生物碱的发明、战争或和平、社会人口变动、青年文化群的偏好、贫穷、自然灾害、民族传统、政治以及可支付的收入水平。有这么大幅度的苛刻的因素存在，每个人都很容易沾染上毒品”[②]；“毒品带来的问题太多、太复杂，根深蒂固地植根于社会，很难被克服。”[③]

毒品问题跨越国界，并非某一个国家能够独自解决，需要世界各国的共同努力。人类禁绝毒品的道路将是漫长的。

全世界的禁毒斗争将长期而艰巨，人类社会禁绝毒品将任重而道远。

---

① 金鑫主编：《世界问题报告——从世界的视角观照中国》，中国社会科学出版社2002年版，第227—228页。

② ［美］马丁·布思：《鸦片史》，海南出版社1999年版，第386页。

③ ［美］马丁·布思：《鸦片史》，海南出版社1999年版，第389页。

二、论文

1. 白如雪:《清末禁烟与传统文化》,《山西师大学报(社会科学版)》1999 年 7 月。
2. 白云涛:《新中国初期的禁烟禁毒运动》上、下,《党史天地》2001 年第 7、8 期。
3. 毕连芳:《鸦片战争前清政府的反毒品立法》,《河北师范大学学报(哲学社会科学版)》2000 年 10 月(第 23 卷,第 4 期)。
4. 陈榕:《我国参与国际禁毒合作的做法与思考》,《云南公安高等专科学报》2001 年第 3 期。
5. 傅建成:《近代中国鸦片种植与农村经济的危机》,《西北大学学报(哲社版)》1995 年第 4 期。
6. 高常天、梁严冰:《道光朝禁毒得失新探》,《延安大学学报(社会科学版)》1998 年第 4 期。
7. 胡金野:《"鸦片的经济"与"经济的鸦片"》,《船山学刊》2005 年第 4 期。
8. 胡金野:《中国对世界禁毒事业的重大贡献》,《理论界》2006 年第 1 期。
9. 胡金野:《中国共产党领导下的抗日民主根据地禁毒成效探析》,《云南警官学院学报》2008 年第 4 期。
10. 胡金野、齐磊:《华中抗日根据地的禁烟禁毒》,《兰州学刊》2010 年第 11 期。
11. 胡金野、齐磊:《无毒中国缘何不再》,《甘肃社会科学》2005 年第 6 期。
12. 胡金野、齐磊:《中国共产党在大革命时期禁绝鸦片烟毒的活动》,《党史文苑(学术版)》2010 年第 11 期。
13. 胡维革:《论鸦片贸易合法化对近代中国社会的影响》,《东北师大学报(哲社版)》1988 年第 3 期。
14. 胡晓:《郭嵩焘与禁烟》,《湖南大学学报(社会科学版)》2002 年 5 月。
15. 黄仪、方立霏:《从民国档案看北平的禁烟禁毒》,《中国药物依赖性杂志》2001 年第 10 期。
16. 蒋大椿:《关于鸦片战争的评价问题》,《安徽师范大学学报(人文社科版)》1999 年第 4 期。
17. 黎虹:《鸦片与民国时期的西南社会》,《西南民族学院学报》2001 年 12 月。
18. 李本义:《论孙中山的禁烟拒毒思想》,《湖北大学学报(哲学社会科学版)》2000 年 3 月。
19. 李作斌:《试论西部地区毒品犯罪的严峻形势及禁毒方面》,《甘肃政法学院学报》2002 年 6 月。

20. 连心豪:《日本据台时期对中国的毒品祸害》,《台湾研究集刊》1994 年第 4 期。
21. 林文清:《论禁毒立法的完善》,《福建公安高等专科学校学报——社会公共安全研究》2001 年 7 月。
22. 刘本军:《邓廷桢的禁烟活动》,《思想战线》1992 年第 6 期。
23. 刘华:《近代中国鸦片贸易及其税厘的演变》,呼和浩特市职工大学《职大学刊》1998 年第 3 期。
24. 马永清:《吸毒人员回归社会的思考》,《社会》2002 年 9 月。
25. 齐磊:《日本"毒品祸华"活动的特点简析》,《百年风云——中国现代史学会 30 年论文选》,中国三峡出版社 2010 年版。
26. 秦和平:《清末民初云南的禁毒运动》,《中国边疆史地研究》1997 年第 4 期。
27. 覃主元:《洪秀全禁烟主张与太平天国的禁烟立法》,《广西民族学院学报(哲学社会科学版)》2001 年 5 月。
28. 田利军:《论华北抗日根据地的禁毒斗争》,《四川师范大学学报(社会科学版)》1997 年 4 月。
29. 王宏斌:《"毒品问题与近代中国"学术讨论会综述》,《近代史研究》2002 年第 1 期。
30. 王宏斌:《民国初年禁烟运动述论》,《民国档案》1996 年第 1 期。
31. 王金香:《南京国民政府初期的禁烟政策》,《民国档案》1994 年第 2 期。
32. 王金香:《清代第二次禁烟运动探略》,《史学月刊》1990 年第 2 期。
33. 王金香:《清末鸦片税收述论》,《山西师大学报(社科版)》2000 年第 4 期。
34. 王印焕:《民国时期华北农村烟毒的状况及影响》,《北京科技大学学报(社科版)》2001 年第 4 期。
35. 王玥:《北京政府时期的军阀与烟毒泛滥》,《北京科技大学学报(社会科学版)》2002 年 6 月(第 18 卷,第 2 期)。
36. 吴永明:《南京国民政府禁烟述略》,《江西社会科学》1998 年第 7 期。
37. 吴永明:《新旧两重天:新中国与南京国民政府禁政之比较研究》,《江西师范大学学报(哲学社会科学版)》2001 年 11 月(第 34 卷,第 4 期)。
38. 谢建军:《清末民初孙中山禁烟思想的发展及其实践》,《湘潭大学社会科学学报》2000 年 12 月。
39. 应勇、蒋国长:《关于深化禁毒认识的几个重要问题》,《浙江学刊》2000 年第 6 期。
40. 张龙秀、潭琴:《中国近代三次禁烟运动之比较》,《江西师范大学学报(哲学社会科学版)》2002 年 8 月。
41. 赵兰英:《论近代中国社会的民间烟毒问题》,《北华大学学报(社会科学版)》2002 年 3 月(第 3 卷,第 1 期)。
42. 郑剑顺:《鸦片战争前的鸦片论议新探》,《厦门大学学报(哲学社会科学版)》2001 年第 3 期。
43. 朱庆葆:《论清代禁烟的举措与成效》,《江苏社会科学》1994 年第 4 期。
44. 朱庆葆:《日据台湾时期的鸦片政策(1895—1945)》,《福建论坛(文史哲版)》2000 年第 4 期。
45. 朱新镛:《邓廷桢与 1836 年—1838 年的广东禁烟》,《开放时代》1995 年第 7 期。

三、档案资料

河北省、山西省、甘肃省、陕西省、海南省、浙江省、上海市、江苏省、河南省、宁夏自治区、青海省、广东省、云南省、北京市、天津市、重庆市、江西省、内蒙古自治区、吉林省、黑龙江省等省(自治区、直辖市)档案馆,以及云南省公安厅与甘肃省庆阳市档案馆。

四、地方史志

1. 全国各省、市、自治区地方志、公安志、公安司法志、监察志。
2. 全国所有地、州、县(市)地方志。

五、期刊

1. [瑞士] 勃沙特:《红军长征秘闻》(《神灵之手》),贵州文史丛刊编辑部编辑,《贵州文史丛刊》1990 年版。
2. 陈云:《随军西行见闻录》,1935 年秋,《红旗》杂志 1985 年第 1 期。
3.《党的文献》1996 年第 4 期。
4.《禁烟半月刊》第 1 卷,南京国民政府军事委员会禁烟总会 1936 年印行。
5.《禁烟专刊》第 1、2、3、4 期,上海市禁烟委员会 1935 年印行。
6.《历史档案》1993 年第 1 期、第 2 期。
7.《上海解放初期的禁毒运动》上、下,《档案与史学》1999 年第 3、4 期。
8.《天津档案》2000 年第 5 期。
9. 中国社会科学院近代史研究所、《国外中国近代史研究》编辑部编:《国外中国近代史研究》第 21 辑,中国社会科学出版社 1992 年版。

10. 中国社会科学院近代史研究所近代史资料编辑部编：《近代史资料》总 98 号，中国社会科学出版社 1999 年版。
11.《中国烟祸年鉴》第 1、3、4 辑，1924 年、1926 年、1927 年。
12. 中华民国拒毒会编印：《拒毒月刊》第 1 期至第 113 期，1924—1937 年。

六、工具书

1.《毒品犯罪的发展趋势与治理对策》课题组：《中国禁毒斗争大事记（一）》（1981—1989），《公安大学学报》1998 年第 3 期。
2.《毒品犯罪的发展趋势与治理对策》课题组：《中国禁毒斗争大事记（二）》（1990），《公安大学学报》1998 年第 4 期。
3.《毒品犯罪的发展趋势与治理对策》课题组：《中国禁毒斗争大事记（三）》（1991），《公安大学学报》1998 年第 6 期。
4.《毒品犯罪的发展趋势与治理对策》课题组：《中国禁毒斗争大事记（四）》（1992），《公安大学学报》1999 年第 1 期。
5.《毒品犯罪的发展趋势与治理对策》课题组：《中国禁毒斗争大事记（五）》（1993），《公安大学学报》1999 年第 2 期。
6.《毒品犯罪的发展趋势与治理对策》课题组：《中国禁毒斗争大事记（六）》（1994），《公安大学学报》1999 年第 3 期。
7.《毒品犯罪的发展趋势与治理对策》课题组：《中国禁毒斗争大事记（七）》（1995），《公安大学学报》1999 年第 4 期。
8.《毒品犯罪的发展趋势与治理对策》课题组：《中国禁毒斗争大事记（八）》（1996），《公安大学学报》1999 年第 5 期。
9.《毒品犯罪的发展趋势与治理对策》课题组：《中国禁毒斗争大事记（九）》（1997），《公安大学学报》1999 年第 6 期。
10.《毒品犯罪的发展趋势与治理对策》课题组：《中国禁毒斗争大事记（十）》（1998），《公安大学学报》2000 年第 1 期。
11. 甘肃省禁毒委员会：《功在当代　利在千秋——2000—2002 甘肃省禁毒工作》，2003 年 1 月。
12. 国家禁毒委员会办公室组织编写，马模贞主编：《中国禁毒史资料（1729 年—1949 年）》，天津人民出版社 1998 年版。
13. 近代史资料编辑部编：《近代史资料》，中国社会科学出版社 1999 年版。
14. 史志诚主编：《陕甘宁边区禁毒史料》，陕西人民出版社 2008 年版。
15. 中华人民共和国国家禁毒委员会办公室：《1998 年中国禁毒年度报告》。

16. 中华人民共和国国家禁毒委员会办公室:《中国禁毒报告》(1999—2003)。
17. 中华人民共和国国家禁毒委员会办公室:《中国禁毒报告》(2004—2015)。
18. 中华人民共和国国务院新闻办公室:《中国的禁毒》。
19. 周振鹤主编,傅林祥、郑宝恒著:《中国行政区划通史》中华民国卷,复旦大学出版社 2007 年版。

后　记

1985年7月我们俩双双从西北师大历史系毕业,一个从事中国革命史的教学工作,一个改教法律基础。由于所学专业的缘故,“鸦片战争”、“第二次鸦片战争”这些近代史上的重大历史事件常挂在嘴边。一个偶然的原因,引发了我们对毒品问题的兴趣。那是在20世纪80年代末,突然听到一个熟人的儿子(当时已经40多岁)因为吸毒而跳楼自杀。为什么毒品会有如此巨大的魔力,使一个堂堂的七尺男儿能有如此大的勇气和力量,从七层楼上一跃而下?于是从20世纪90年代初开始,我们有意识地搜集有关毒品问题的资料,参考消息、编译参考、世界知识以及各种刊物都成为我们每期必读之书。两三年的时间,搜集到了一些,但却十分有限,且一般都是介绍性的,理论性强的、具有学术价值的却很少。曾几次动笔想写点东西,可都觉得自己掌握得、知道得太少。后来因为诸事缠身,这个愿望一直未能实现。

1999年前后,我们萌发了研究毒品问题的念头。去图书馆、书店重新开始了收集资料的工作,几年来有关毒品方面的书籍已购买了几十本,搜集到学界前辈、同仁的学术论文近百篇,也发表了一些相关的论文。在有了一定的积累之后,2001年10月,我们产生了写一本有关近代中国禁毒历史著作的念头。仅用一周的时间就非常顺利,几乎是一气呵成地完成了写作大纲,同年12月正式开始动笔。

在写作的过程中,我们才发现自己真有点自不量力,要完成这样一个大部头的史学著作,何其难也!难点之一,历史资料极缺。地处大西北的兰州经济落后,信息闭塞,寻找资料极为困难。难点之二,中国近代历史上的许多问题还未定论,仁者见仁、智者见智,我们该采用哪种观点。难点之三,在这之前,虽然我们主编过教材,也写过一些文章,但首次动手完成史学著作还是感到力不从心。

完成这本书的过程,既是对我们意志和耐力的一次锻炼,也是对我们灵与肉的一次考验。在写作过程中,齐磊的老毛病“腰椎间盘突出”又复发了,在医院整整躺了20多天,却发现自己又患了“梨状肌综合症”和“坐骨结节滑膜炎”,不能坐了。我们几乎跑遍了兰州所有的大医院,封闭、理疗、按摩、针灸等所能用的一切治疗手段都用过了,可效果并不理想。万般无奈之下,齐磊只好由“伏案疾书”

改为“伏床疾书”。由于病痛，也由于写作的“辛苦”，我们曾有过多次的动摇，几次都想停止写作，但最终还是坚持了下来。经过近两年的努力，2003 年 10 月，《中国禁毒史》的书稿终于完成了。

在《中国禁毒史》的酝酿、准备和写作的两三年时间里，我们一家三口都沉浸在对鸦片等毒品问题的讨论和研究中。书桌上、电脑旁堆满了各种有关的资料和书籍；餐桌上、床头边常常成为我们讨论问题的场所。有时我们心平气和、各抒己见；有时我们激烈争论、面红耳赤。刚刚上初中的儿子小甦宇在这样一个环境中耳濡目染，也增长了许多有关毒品和禁毒的知识。有相当长一段时间里，我们没有节日、假日，用一切可以利用的时间来写作。

《中国禁毒史》书稿的写作是这样分工的：我们共同酝酿和拟出《写作大纲》，并对《中国禁毒史写作大纲》的体系进行了全面的修改至最后定稿。书稿的初稿是由胡金野完成前六章、齐磊完成后七章的。初稿完成后，齐磊对全书进行了两次修改，胡金野对全书进行了两次修改并进行了统稿。书稿输入电脑的工作由齐磊一人承担。

在《中国禁毒史》的写作中，我们作了如下尝试和安排：

第一，广泛吸收和采纳了理论界许多前辈和同仁的研究成果。对学界已有的研究成果和已经达成共识的观点，我们均接受下来，为我所用，而未再做重复性的研究。

第二，在写作的时间上，从清朝雍正 1729 年开始，一直写到 2003 年 6 月。对这样一个将近 300 年跨度的禁烟禁毒历史进行全面的阐述，国内已有的学术著作中仅此一本。

第三，对南京国民政府在 1935—1940 年领导的“二年禁毒，六年禁烟”运动，笔者根据其所颁布的有关禁烟法律法规、建立的各种禁烟机构、采取的卓有成效的措施和取得的较大成果，把它提升为中国历史上第三次大规模的禁烟运动，这也是一家之言。

第四，对理论界尚有争议未能定论的问题，在写作过程中，均采用一种观点，把另外的观点用括号放在后面，或把几种观点客观介绍给读者。

第五，注重对近代中国禁毒法律的分析。因胡金野多年来从事法律基础课教学，加之作为一名兼职律师，经手办理过诸多涉及毒品的案件，广泛的社会实践使其对中国禁毒法律的产生、发展和演变，有着较多的关注和独到的见解，这是本书的一大特色。

需要特别说明的是，《中国禁毒史》在写作的过程中，大量吸收和采纳了理论界许多前辈和同仁的研究成果。例如：苏智良教授的《中国毒品史》，王宏斌教授的《禁烟史话》,朱庆葆教授等的《鸦片与近代中国》,贺晓东、方明先生的《中国禁毒大视角》,傅建成先生的《百年瘟疫——烟毒问题与中国社会》,以及王金香教授等的论文,等等。在这里,谨向他们致以崇高的敬意,并表示深深的感谢。

《中国禁毒史》在收集资料和写作的过程中得到了社会方方面面的支持和帮助。甘肃省副省长李鹰,甘肃省政协副主席、原省公安厅厅长蔚振忠在百忙中为本书题词,兰州大学历史系硕士生导师、著名近现代史专家王劲教授为本书作序,对我们的工作给予了大力的支持和肯定。兰州商学院教务长、经济学教授王勋铭先生审阅了全书,并提出了很好的修改意见;中国禁毒委员会、甘肃省禁毒委员会、兰州市公安局禁毒委员会办公室以及史国书警官为我们提供了许多宝贵的资料,在此向他们表示万分的感谢!

由于笔者学疏才浅,加之是第一次从事这样一本大部头的历史著作的撰写,在资料的选择、写作的把握上深感功力不够,难免出现许多的不足或错漏,敬请学界前辈和同仁不吝批评和指教。

齐　磊　胡金野

2003 年 10 月 10 日

再版后记

由上海社会科学院出版社申请的2016年国家出版基金《禁毒系列丛书》，选择了我们2004年出版的《中国禁毒史》作为其中的一本再版。这无疑是对我们多年在禁毒史研究领域辛勤工作的一种奖励，也为两个快要步入花甲之年的学者注入了新的动力。

掐指算来，我们近20年的学术生涯主要就是研究中国禁毒史，先后出版了54万字的《中国禁毒史》（甘肃人民出版社2004年版）、36万字的《中国禁烟禁毒史纲》（台湾宋氏照远出版社2006年版）、75万字的《中国共产党禁烟禁毒史》（经济科学出版社2016年版）、150余万字的《中国共产党禁烟禁毒史资料汇编》（计划2018年出版），其中《中国共产党禁烟禁毒史》是2008年的国家社科基金项目成果，《中国共产党禁烟禁毒史资料汇编》是2010年的教育部人文社科西部项目成果；在国际国内学术研讨会上提交的相关论文10多篇，发表的相关学术论文有近50篇。我们与"禁毒"结"缘"。

自打接受再版任务，我们用三个月的时间，承受着凉都兰州多年未遇的一个多月的高温酷暑，汗流浃背地对书稿进行了全面的修改。修订的大致情况如下：

第一，大体保持了原有的框架。历史著作是一部心力之作，反映了作者对这一历史问题的理解与认识，具有较强的时代特色。因此，书稿原有的框架没有作更大的改动，基本保持了原貌。

第二，对原书的部分内容作了调整与删减。随着禁毒史研究的不断拓展和深入，大家对这一历史现象的认识在不断加深，历史脉络也更加清晰。在修改中，我们既考虑到个别内容在章节中的位置，也注意到全书内容的合理与统一。这种调整主要在三个部分：(1) 太平天国的禁烟举措，原书为第四章第一节第三个问题，调整为第五章第一节第三个大问题中的一部分。(2) 对原书第六章第一、二节的题目与内容重新作了梳理与整合。(3) 原书中第十二章"中国禁毒历程的总结和反思"第一节"烟毒祸害对近代中国社会的重大影响"，扩展为第九章。(4) 原书第八章第四节第三个大问题"对20世纪50年代—70年代我国禁毒法规的总结"，因没有新意，故而删除了。

第三，增加了新的内容。原书受当时认识水平的局限，我们研究的深度与广度尚不足，有些内容缺失，有些内容论述较浅。此次修订在这一方面作了较大改进，如增加了一章新内容，即第十章“社会主义建设时期对烟毒问题的继续治理”，这样就使得中国禁毒史的内容具有了连续性，更为全面。

自2004年以来，我国在禁毒方面有了很大的发展与变化：《禁毒法》出台、禁毒方针调整、禁毒成绩突出、国际禁毒合作拓展等。故而此次修订对2004年以后的内容进行了补充，资料选用截至2014年。

随着禁毒史料不断被公布和挖掘，尤其是2008年我们申请的国家社科基金项目《中国共产党禁烟禁毒史研究》，促使我们查阅了全国的地方志，遍访了20多个省级档案馆查阅相关资料，对中国共产党在禁烟禁毒方面的作为有了较为全面细致的掌握。历史是常写常新的，故而在本书的修订中进行了很大的充实与完善。但是，限于篇幅，对新中国成立以后的禁烟禁毒活动的介绍只是一个大貌，详细内容请见拙著《中国共产党禁烟禁毒史》（经济科学出版社2016年版）。

三个月的修订工作是辛苦的，修订的内容已经超过了20%，无异于又是一本新的学术著作。但无论如何，我们总是以一种认真负责的态度，把这本《中国禁毒史》（修订版）的工作做完了。

感谢上海社会科学院出版社，感谢有关编辑所做的工作与提供的帮助。

盼望人类社会对毒品的有效管控早日实现。

胡金野　齐　磊

2016年国庆于陋室

图书在版编目(CIP)数据

中国禁毒史 / 胡金野，齐磊著 .— 修订本 .—
上海 ：上海社会科学院出版社，2017
（禁毒研究）
ISBN 978 - 7 - 5520 - 1638 - 3

Ⅰ.①中… Ⅱ.①胡… ②齐… Ⅲ.①禁毒—历
史—中国 Ⅳ.①D669.8

中国版本图书馆 CIP 数据核字(2016)第 276803 号

中国禁毒史(修订版)

著　　者：胡金野　齐　磊
责任编辑：应韶荃　陈慧慧
封面设计：夏艺堂
出版发行：上海社会科学院出版社
　　　　　上海顺昌路 622 号　邮编 200025
　　　　　电话总机 021 - 63315947　销售热线 021 - 53063735
　　　　　http://www.sassp.cn　　E-mail:sassp@sassp.cn
排　　版：南京展望文化发展有限公司
印　　刷：上海景条印刷有限公司
开　　本：710 毫米×1010 毫米　1/16
印　　张：33.25
插　　页：1
字　　数：594 千字
版　　次：2017 年 10 月第 1 版　　2021 年 1月第 4 次印刷

ISBN 978 - 7 - 5520 - 1638 - 3/D・409　　定价：98.00 元

国家出版基金项目
NATIONAL PUBLICATION FOUNDATION

中国文化典籍计算机整理与开发技术研究系列

丛书主编◇侯汉清

GUJI JISUANJI
ZIDONG DUANJU BIAODIAN YU
ZIDONG FENCI BIAOYIN YANJIU

古籍计算机自动断句标点与自动分词标引研究

黄建年◎著

安徽师范大学出版社

责任编辑：吴顺安　　责任校对：潘　安
装帧设计：丁奕奕　　责任印制：郭行洲

图书在版编目（CIP）数据

古籍计算机自动断句标点与自动分词标引研究/黄建年著．—芜湖：安徽师范大学出版社，2013.11
（中国文化典籍计算机整理与开发技术研究系列/侯汉清主编）
ISBN 978－7－5676－1001－9
Ⅰ.①古…　Ⅱ.①黄…　Ⅲ.①计算机应用—古汉语—句读—研究　②古籍—自动标引—研究　Ⅳ.①H141－39　②G254.361

中国版本图书馆CIP数据核字（2013）第238952号

古籍计算机自动断句标点与自动分词标引研究
黄建年　著

出版发行：安徽师范大学出版社
芜湖市九华南路189号安徽师范大学花津校区　　邮政编码：241002
网　　址：http：//www.ahnupress.com/
发 行 部：0553－3883578　5910327　5910310（传真）　E－mail：asdcbsfxb@126.com
经　　销：全国新华书店
印　　刷：安徽芜湖新华印务有限责任公司
版　　次：2013年11月第1版
印　　次：2013年11月第1次印刷
规　　格：700×1000　1/16
印　　张：11
字　　数：151千
书　　号：ISBN 978－7－5676－1001－9
定　　价：24.00元

出版说明

一

中国文化典籍是中华民族在数千年历史发展过程中创造的重要文明成果，蕴含着中华民族特有的精神价值、思维方式和想象力、创造力，是中华文明绵延数千年的历史见证，也是人类文明的瑰宝。对古籍的整理、保护与开发，是中华儿女应尽的义务和职责。

我国古籍资源数字化工作起步于20世纪80年代初期，经过几十年的发展，已取得令人瞩目的成就。第一批《国家珍贵古籍名录》和全国古籍重点保护单位的申报工作早已完成，制定古籍数字化标准列入议程，古籍整理与保护工作进入一个新的历史阶段。

古籍资源数字化最初主要是制作书目数据库，后来发展到古籍全文数据库，直至如今的网络检索系统。信息技术的发展和数字化成果的不断涌现，对古籍数字化提出了更高的要求。专家认为，数字化的古籍资源除了实现文本字符的数字化、具有基于超链接的浏览阅读环境和强大的检索功能外，还需具有“研究支持功能”。所谓“研究支持功能”，是指能够提供有关古籍内容本身科学、准确的统计与计量信息，提供与古籍内容相关的参考数据、辅助工具。这些信息、数据或工具都是古籍内容的增值或补充。北京大学计算语言研究所和古文献研究所合作开发了“古诗研究计算机支持系统”，并取得了阶段性成果。

时值古籍数字化研究日新月异、如火如荼之际，安徽师范大学出版社于2011年精心策划、2012年成功申报、2013年落实出版国家出版基金项目“中国文化典籍计算机整理与开发技术研究”（编号：2013G2－011），在数字化古籍诸项功能特别是“研究支持功能”上给予探索。

改革开放30多年来，国泰民安、政通人和，中国传统文化日益受到政府重视，有关科研机构加大了对古籍整理研究的力度。安徽师范大学出版社能够有机会申请到国家出版基金项目的资助，本项目丛书能顺利进行，实在与国家关注出版事业、关注中国传统文化、关注文化典籍计算机整理工作密切相关。

二

“中国文化典籍计算机整理与开发技术研究”项目主要内容如下：

第一，探索与试验古籍知识库、模式库，将之改造为规则库。

本项目利用命名实体识别、词汇同义词关系的识别、文本主题概念的提取等技术，从各类古籍数据库抽取人名、地名、文献名、职官名、物品名、年号等；并将人名表、地名表、书名表、年代年号表等，与引书模式、异名别称模式、断句模式、分类模式等模式库整合成一个古籍整理与开发专用的知识库，以方便中文古籍整理与开发。

本项目构建的各类知识库，具体有：古代官名、人名和地名表；避讳字、异体字和繁简字对照表；常用古籍名称库；专业术语词典，按专业分为历史、天文、农业、医学、宗教等多个专业词典；主题术语词典，按主题分为动物、植物、矿物等若干主题词典；古代关联词语表，用语义相似度计算和基于词典释义的同义词识别算法，开发古代关联词语表；禁用词典。

本项目构建的各类模式库有：异名别称模式库，包括别称词、避忌特称、地域特称、文献特称等；断句标点模式库，包括句法特征词法、同义语标志词法、反义复合词、引书标志、时序、数量词、重叠字词、动名结构及比较句法等多种模式识别库；古籍分词模式库。大多数古籍文本无标点，分词的长度及方法需要单独构建。

这些知识库与模式库，采用拿来主义，并经过计算机检验与筛选，最终形成适用于计算机处理古籍的规则，合成为一个综合的规则库，从而为计算机处理古籍提供有力的规则支撑。

第二，重点探索与试验下列古籍智能整理与开发的关键技术。

自动校勘技术：采用对校法，借鉴中文文本自动校对和模式匹配技术，通过比对程序校勘古籍。

自动断句标点：对现有部分标点本古籍进行数理统计，归纳、总结其断句和标点模式。同时结合语言学方法，进一步优化断句和标点模式，从而实现计算机辅助断句与标点。

自动分词和标引：利用汉语现代文本的分词理论和方法，探索古籍文本的自动分词技术，并利用统计学方法（N-gram 等），从古籍数据库中筛选出有一定表达意义的实词词汇。同时利用异名别称模式，创建并完善古籍用词同义词典。在此基础上，引入文本数据挖掘、主题提取和自动分类技术，探索基于知识库的古籍文本的自动标引与分类。

自动编纂：让计算机模拟人脑从大量古籍文本中判断、选择出与编纂主题相关的资料，实现古籍专题资料的自动编纂工作。

自动注释：收集已有古籍专业词汇及其注解，构建古籍语词注解知识库。

第三，在上述基础上，将它们整合为计算机整理与开发古籍的

"一条龙"服务，即构建出古籍整理与开发的专家系统或智能处理系统。

将以上各种词汇、知识、模式整合起来，构建成一个内容丰富、功能多样的古籍规则库，再与自动校勘、自动断句标点、自动分词标引、自动编纂、自动注释等各项技术结合，从而实现文化典籍整理与开发的"一条龙"服务，提出并设计一种集成各种古籍整理与开发智能技术的原型系统。该系统集知识与模式于一身，集规则与技术于一体，具有合成性，既适用于古籍数据库的建设，又适用于古籍数据库的开发使用。

第四，在上述基础上，本研究进行四项个案研究，在实践中探索上述集成的古籍整理与开发智能技术原型系统的可行性与应用性。

农业历史文献数字化：构建农史文献资源库，对农史文献进行自动标引和自动分类，提供农史文献的浏览与检索服务。

建立农史文献门户：构建农史门户网页智能搜索引擎和农史网页自动标引与自动分类实验系统，构建农史门户实验网站。

探索民国农业文献自动索引：在民国农业文献数字化整理中的具体应用，研究索引自动编纂、电子图书编纂、电子索引编纂、数据库建设和主题网关构建等技术方法。

地方志中农业资料的挖掘：从《方志物产·广东》中选取比较实用的全文数据库、物产索引、引书索引、物产分析和引书分析等几个方面进行研究。

总之，本项目充分利用目前在现代汉语文本已经取得成功的中文信息处理技术，主要是模式识别技术、聚类技术、信息自动提取、信息检索及其他自然语言处理技术，对照现已建成的大量数字化文化典籍数据库，归纳并修订各类知识库与模式库，研究古籍的自动校勘、自动断句标点、自动分词标引、自动编纂、自动注释等技术，合成古籍整理与开发的专家系统或智能处理系统，从而为大规模建设新的更多古籍数据库作准备。

三

本项目成果以丛书形式予以出版发行，不但对于探索数字时代古籍文本自然语言处理的理论和方法具有一定意义，而且对推动古籍整理和研究的自动化和智能化、促进我国文化典籍资源的建设和开发以及弘扬传统文化等方面，具有重大的现实意义和很高的应用价值。

本项目丛书主编由南京农业大学信息科技学院博士生导师侯汉清教授担任。侯先生是中国古籍整理专业第一个硕士研究生，早年在北京大学任教，现执教于南京农业大学，系中国古籍整理专家、中国索引学会副理事长。中图分类法就是侯先生主创起来的。2008年侯先生主持国家社会科学基金重点项目“文化典籍整理与开发智能技术研究”（编号：08ATQ002），带着一群博士生埋首其中。数年的光阴，研究一直在持续，不断深化，不断创新。相比于以往的出版成果，本套丛书不但探索更深、内容更新，而且分则独立成册、合则构成体系，展现在眼前的是更加新颖、更加实用的领域。

本丛书分为六册，各册的内容及其撰写者简要介绍如下：

《古籍计算机自动断句标点与自动分词标引研究》，侧重于自动断句标点、自动分词标引研究，兼顾古籍计算机整理与开发系统的构建与集成。作者黄建年，博士，研究馆员，现就职于南京财经大学。

《古籍计算机自动校勘、自动编纂与自动注释研究》，侧重于自动校勘、自动编纂与自动注释研究，兼顾古籍计算机整理与开发系统的构建与集成。作者常娥，博士，现就职于东南大学，硕士生导师。

《古籍计算机自动索引研究——以民国农业文献自动索引为例》，侧重于自动索引研究，并以民国农业文献自动索引为样本。作者王雅戈，博士、博士后，中国索引学会理事，现就职于常熟理工学院。

《古籍计算机全文数据库及内容挖掘研究——以〈方志物产·广东〉为例》，侧重于数据库内容挖掘研究，并以《方志物产·广东》之物产、引书等内容挖掘研究为样本。作者衡中青，博士，中国索引学会理事，现就职于佛山科学技术学院。

《古籍计算机信息门户自动构建与应用——以农史学科为例》，侧重于信息门户自动构建与应用，并以农史学科信息门户构建与应用为样本。作者刘竟，博士，现就职于江苏大学。

《农业历史文献数字化建设研究》，侧重于农史文献数字化实践——中国农业遗产信息平台建设，并介绍其实际应用。作者曹玲、薛春香，均为博士，分别就职于南京信息工程大学、南京理工大学。

本项目丛书的研究推广，可以继承与发扬中华古籍文化，为建设中国特色社会主义文化服务；以大量优秀农史资料为素材，直接开发使用中国丰富的农业遗产；采用计算机技术，将古籍予以数字化、信息化设计，突破现有技术；具有以点带面的技术示范作用，可以用来大面积开发利用中国文化古籍。

本项目丛书的出版发行，可以为中国从文化古国向文化大国、文化强国迈进尽绵薄之力。

目录

出版说明 …… i

1 绪 论 …… 1

1.1 课题依据及意义 …… 1
1.2 国内外研究综述 …… 3
1.3 研究的主要理论与技术路线 …… 9
1.3.1 断句标点 …… 10
1.3.2 分词标引 …… 11
1.4 研究的主要内容、结构与创新之处 …… 12
1.4.1 主要内容 …… 13
1.4.2 结 构 …… 13
1.4.3 创新之处 …… 14

2 古籍计算机自动断句标点技术研究 …… 18

2.1 断句标点概述 …… 18
2.1.1 句读、圈点 …… 18
2.1.2 断句、破句 …… 22
2.1.3 标 点 …… 25
2.1.4 普通古籍断句标点 …… 33

2.1.5 农业古籍断句标点 …… 37
2.2 古籍计算机自动断句标点技术进展 …… 42
2.2.1 自动断句标点的概念和意义 …… 42
2.2.2 自动断句标点研究进展 …… 44
2.2.3 自动断句和标点的基础 …… 47
2.2.4 自动断句标点存在的问题及对策 …… 48
2.3 古籍计算机自动断句标点算法、流程与功能设计 …… 48
2.3.1 传统古籍断句标点方法 …… 48
2.3.2 计算机辅助断句标点的主要算法 …… 53
2.3.3 计算机辅助断句标点的流程设计 …… 54
2.3.4 计算机断句标点的功能设计 …… 55
2.3.5 计算机断句标点规则库构建 …… 74
2.4 古籍计算机自动断句标点实验结果评价与展望 …… 81
2.5 本章小结 …… 83

3 古籍计算机自动分词标引技术研究 …… 90

3.1 古籍计算机自动分词标引研究进展 …… 90
3.1.1 古籍文本分词标引概念和意义 …… 90
3.1.2 古籍文本分词标引研究进展 …… 91
3.1.3 古籍文本分词标引的基础 …… 96
3.1.4 古籍文本分词标引存在的问题及对策 …… 97
3.2 古籍计算机自动分词标引的理论与关键技术研究 …… 98
3.2.1 分词词典研究 …… 98
3.2.2 分词系统介绍 …… 99
3.3 古籍计算机自动分词标引的主要算法与流程 …… 101
3.3.1 概　述 …… 101
3.3.2 古籍分词主要算法 …… 102

3.3.3　古籍分词流程设计…………………………………………… 104
3.3.4　古籍分词词典群构建………………………………………… 106
3.4　古籍计算机自动分词标引效果测试 …………………………… 110
3.4.1　数据来源……………………………………………………… 110
3.4.2　新词识别……………………………………………………… 110
3.4.3　分词结果……………………………………………………… 112
3.5　古籍计算机自动分词标引结果分析 …………………………… 114
3.5.1　词频等级与频次乘积研究…………………………………… 114
3.5.2　齐夫第一定律验证…………………………………………… 116
3.6　古籍计算机自动分词标引结果应用 …………………………… 121
3.6.1　古籍索引编制………………………………………………… 121
3.6.2　古籍词库编纂………………………………………………… 122
3.6.3　同义词识别…………………………………………………… 123
3.6.4　自动摘要与自动标引………………………………………… 123
3.6.5　古籍自动问答系统…………………………………………… 124
3.7　本章小结 ………………………………………………………… 124

4　古籍计算机整理与开发系统的构建与集成 …………………… 133

4.1　古籍计算机整理与开发系统的研究背景 ……………………… 134
4.2　古籍计算机自动断句标点子系统 ……………………………… 134
4.2.1　实验语料……………………………………………………… 134
4.2.2　系统功能结构………………………………………………… 135
4.3　古籍计算机自动分词标引子系统 ……………………………… 139
4.3.1　实验语料……………………………………………………… 139
4.3.2　系统功能结构………………………………………………… 139
4.4　农业古籍计算机整理与开发系统设置子系统 ………………… 144
4.4.1　用户单位设置………………………………………………… 145

4.4.2 用户账号管理 …………………………………………………………… 145
4.4.3 试验数据清除 …………………………………………………………… 145
4.4.4 数据维护与备份 ………………………………………………………… 146
4.5 本章小结 …………………………………………………………………… 146

5 结 语 ……………………………………………………………………………… 147

6 附 录 ……………………………………………………………………………… 149

附录一 古籍计算机自动断句样例 …………………………………………… 149
附录二 古籍计算机自动标点样例 …………………………………………… 151
附录三 古籍计算机自动分词样例 …………………………………………… 157
附录四 古籍计算机自动标点规则 …………………………………………… 162

1 绪 论

1.1 课题依据及意义

中国文化典籍是中华民族在数千年历史发展过程中创造的重要文明成果，蕴含着中华民族特有的精神价值、思维方式和想象力、创造力，是中华文明绵延数千年的历史见证，也是人类文明的瑰宝。对古籍的整理、保护与开发是炎黄子孙应尽的义务和职责。

古籍整理，有广义与狭义之分。现在一般人把有关古籍各方面的学术工作统称为古籍整理，这是广义的古籍整理。从这个意义上来说，它研究的范围包括古文献的种类、源流、形制、版本、功用、断代、辨伪、编目、整理、收藏、传播等。其中很多方面又可以形成独立的学问或分支学科，例如研究古书形制发展的“书史”，研究版本的古籍版本学，研究古书编目的古籍目录学，研究古书断代与辨伪的文献断代辨伪学，等等。这样的定义显然容易与古文献学相混。但实际上，古籍整理乃是着重研究古文献学中的“整理”这个方面，它是古文献学的一个重要组成部分，二者还是有着相对明确的泾渭分野。

当然，严格意义上的古籍整理，刘琳、吴洪泽在其专著《古籍整理学》中认为“是对古籍的原文进行某种形式的整理加工，以便于人们阅读与研究。比如校勘以订正文字，标点以分清句读，注释以阐明文义，翻译以通连古今，辑佚以摭拾遗文，抄纂以采其菁华等等”[1]2。换句话说，古籍校勘、标点、注释、翻译、辑佚、编纂才是古籍整理的主要内容。

黄永年认为，古籍整理“是对原有的古籍做种种加工，而这些加工的目的是使古籍更便于今人以及后人阅读利用，这就是古籍整理的涵义，或者可以说是古籍整理的领域”。这样的定义显然较为宽泛，但是“撰写讲述某种古籍的论文，以及撰写对于某种古籍的研究专著，尽管学术价值很高，也不算古籍整理而只能算古籍研究”[2]5，明确将古籍研究与古籍整理分开。为了进一步说明古籍整理的领域，黄氏还列举了10种基本工作内容，即选择底本、影印、校勘、辑佚、标点、注释、今译、索引、序跋、附录，内容要比刘琳、吴洪泽二氏所列的广泛一些。

来新夏在《古籍整理散论》和《古籍整理讲义》中，共论及分类、目录、版本、句读、工具书、校勘、考据、传注等八个方面的内容。时永乐先生的《古籍整理教程》分为古籍版本、校勘、标点、注释、辨伪与辑佚、古籍整理的其他工作（撰写序跋、编辑附录、编制索引）等8个部分进行论述。

程毅中则认为，古籍整理“除校勘文字之外，还包括了编纂（如新编的《全宋词》）、标点、注释、今译和辑佚（如果原书有佚文的话），还有写序跋、编索引、选择影印底本等任务”[3]2。

综上所述，有关古籍整理包括的具体内容，专家的观点也并不完全一致，但是，对于核心部分还是有着共同的看法。比如校勘、标点（其中1家标为句读）、辑佚、注译为上述5家共同主张，索引为4家共同主张（《古籍整理散论》工具书部分包括索引[4]110），可见校勘、标点、辑佚、注译以及索引才是古籍整理的核心部分。在本书中，古籍整理即采用这样的定义。参见表1－1。

表 1-1 古籍整理主要内容对照表

专著名称	主要工作内容
《古籍整理概论》	选择底本、影印、校勘、辑佚、标点、注译、索引
《古籍整理散论》	分类、目录、版本、句读、工具书、校勘、考据、传注
《古籍整理教程》	古籍版本、校勘、标点、注释、辨伪与辑佚、古籍整理的其他工作（撰写序跋、编辑附录、编制索引）
《古籍整理学》	古籍校勘、标点、注释、翻译、辑佚、编纂
《古籍整理浅谈》	编纂、标点、注释、今译、辑佚、写序跋、编索引、选择影印底本

我国是历史悠久的农业大国，历代留下来的农业古籍十分丰富，数量庞大，它们是我国文化遗产的重要组成部分，史学价值极高。因此，农业古籍的数字化整理对传统文化的保存和研究具有深远的影响。随着现代信息技术（主要是中文信息处理和计算机技术）的发展，已经为我们从更广的领域、更深的层次进行农业古籍数字化整理加工，从而向读者和研究人员提供全新的服务创造了条件。如何借鉴已有的中文信息处理技术（如自动分词、模式识别等）和农业古籍数字化成果，并结合农业古籍自身特点，建立一个断句标点、分词标引等功能的农业古籍整理与开发系统，是本书研究的重点。利用这些功能，不仅可以极大地改善农史研究者的研究条件，而且还会带来研究思路、研究方法的变革。

1.2 国内外研究综述

在现代社会，技术与系统已经密不可分。技术通常通过系统来体现，一个先进的技术必须以系统达到最优的运行效率为前提；同样，一个完善的系统需要集成不同的技术，以保证良好的性能。古籍整理领域也不例外。

古籍智能处理技术，包括两层含义：第一，智能处理理论、技术在古籍整理中的应用；第二，古籍智能处理的各种系统、各种平台。基于此，我们将具体的技术与系统分开论述。

智能技术在古籍整理手段的应用有一个从外面形态加工到内容加工的渐进过程。将古籍拍成缩微胶片保存，将古籍影印后校点出版，比传统的书库存版、手刻雕印效率提高许多。古籍排版、古籍扫描、古籍光盘、古籍网络数据库使古籍研究插上了腾飞的翅膀。利用计算机实现古籍自动校勘、标点、翻译、注释、编纂，才能真正被称做是古籍整理的智能化。

古籍智能处理技术与古籍数字化技术有着明显的差异。所谓古籍数字化，“就是采用计算机技术，对古籍文献进行加工、处理，制成古籍文献书目数据库和古籍全文数据库，用以揭示古籍文献中所蕴涵的极其丰富的信息资源，为古籍的深度开发打下良好的基础”[5]2。古籍智能化则是在古籍实现了文本字符的数字化，具有基于超链接的浏览阅读环境、强大的检索、研究支持功能外，建立古籍整理的专家系统，实现古籍版本的自动校勘、自动编纂、自动断句标点、自动分词标引、自动注释、自动翻译为白话等。当然，古籍数字化是古籍智能化处理的基础，智能信息处理方法的发展是古籍智能化的技术保障，古籍智能化是古籍数字化的目标之一。

早期古籍研究受传统训诂方法影响较深，以及研究工具的有限，语法分析以意义为主，忽视了语法形式、语法功能的分析应以“举例式”论说为主的要求。一方面随着西方的语言学理论，如索绪尔的符号系统学说、布龙菲尔德的结构主义、乔姆斯基的转换生成语法等的影响；另一方面智能处理技术在古籍中广泛应用，促进了古籍研究方法的变革。

中国古籍与现代数学，这两个无论从形态、本质到文化都相距极大的事物，新加坡的华裔学者林大芽却令人匪夷所思地将二者结合起来。这是一种运用辩证逻辑与数理逻辑的思维方式，从一种新的角度对中国古籍进行开创性探索，科学揭示优秀古籍的文学艺术美。此种方法既依赖于古籍智能处理技术的发展，又进一步丰富了古籍智能处理技术[6]。

关于古籍整理技术的发展情况，刘琳、吴洪泽在其专著《古籍整理学》中列有专门章节加以叙述，不仅论及了古籍整理所用的各种技术，同时亦介绍了各种支撑系统[1]330-345。与刘、吴二氏集中介绍相关技术的做法不同，黄永年在《古籍整理概论》的索引编制技术中介绍了计算机技术的应用[2]156-162。

除上述两本专著外，对古籍整理技术有所论述尚有《古籍整理出版十讲》（岳麓书社，2002 年版）、《古籍整理浅谈》（燕山出版社，2001 年版）等。其中相关内容所占篇幅虽不及刘、吴二氏，但文中叙述亦多有可取之处。

至于论文则更多，在 CNKI 中，仅题名中带有“计算机”和“古籍”的论文就有 31 篇[7]，其中最早的论文为 1987 年施德庆撰写的《陕西省开发中医古籍整理工作计算机系统》[8]。1988 年曹书杰提出计算机可能应用于古籍整理的具体领域，他把整理研究分成标点、校勘、注释、训诂、辑佚、今译、汇编等 7 种类型，并归纳为 3 种模式：一是内容添加式的，包括标点注释、训诂、校勘中的勘误；二是内容结构式的，包括辑佚、汇编、校勘中的校异；三是对应转换式的，即今译。根据当时的计算机功能与水平，曹书杰认为后两种模式，在人工配合和语言程序、软件知识库的支持下，计算机可以完成。而第一种模式中的各种方式，则存在一定难度[9]。在其后相当一段时间内，计算机应用于古籍整理领域，基本沿用这样的思路，取得了不少成就。

新中国成立后，党和政府就已经注意到古籍整理这一项工作的开展。1958 年国务院科学规划委员会成立了古籍整理出版规划小组，主持制定了《三至八年整理和出版古籍的重点规划（1960 年—

1967年)》(草案),从此古籍整理出版工作有了全面的安排和统一的部署,计划性、目的性大大增强。内容是多方面的,既有人才的培养,也有大型古籍整理工程的实施,更有现代网络技术、计算机技术的大量引进与应用。参加古籍整理的机构众多,既有高校,也有图书馆,更有专门的古籍整理研究机构。整理古籍的语种,不仅有汉语,也同样包括藏文、回文等少数民族语言在内。

1992年国家古籍整理出版规划小组制定《中国古籍整理出版十年规划和“八五”计划(1991年—1995年—2000年)》,明确提出要“加快古籍整理出版手段现代化的步伐”,并认为“当前基本典籍经过整理,输入微机等工作应扩大试点……以推进古籍整理与出版现代化”[10]。这是我国官方有关古籍整理出版手段现代化的最早记载。

2001年颁布的《国家古籍整理出版“十五”重点规划(2001年—2005年)》“对于古籍整理出版的电子化工程给予了特别的关注”,并“提倡出版古籍的电子版,并大力促进古籍信息在网络上流通”[11]。这一系列措施的出台,使电子化、网络化成为古籍整理的助推器。

作为国家古籍整理与出版的领导机构,制定的规划具有重要的指导意义,古籍整理与出版取得的成果已经得到了社会广泛的认可,也使计算机技术在古籍整理领域更加普及。

1987年施德庆提出开发中医古籍整理工作计算机系统[8],1991年彭立提出构建“微机古籍辅助整理系统”[12],1995年姚松认为“古籍整理专家系统”应该可以实现不同古籍版本的自动校勘、自动查重查错、自动为白文断句加标点、自动注释、自动翻译成白话、自动生成输出格式等功能[13]。于亨提出应构建“古籍整理辅助研究系统”,这一系统应该包括校勘模块、统计模块、知识结构的提取模块、索引、自动标引等模块[14]。尽管上述探讨应用的名词与概念有所不同，但是，利用计算机完成古籍整理这一任务却是共同的，这样的探讨相当有益，为后来古籍整理智能技术的发展准备了坚实的理论基础。

当然，一切理论源于实践，计算机在古籍整理领域的应用远比其理论研究早。

古籍索引的编制为智能技术最早应用于古籍整理的领域。美国在20世纪70年代就已经开始利用电脑这一现代化的科技手段编制中国古籍索引，如《朱熹大学章句索引》、《朱熹中庸章句索引》、《王阳明大学问索引》、《王阳明传习录索引》、《戴震孟子字义疏证索引》、《戴震原善索引》等一系列古籍字词索引。吴用彤于1975年用电脑编制英译本《诗经》索引，这是华人首次利用电脑编制中国古籍索引[15]。我国自1976年开始进行机编索引的探索[16]。近20年来，机编古籍索引更是大行其道。因后面将详细论述，此处暂且不叙。

20世纪90年代，北京大学计算语言研究所和古文献研究所合作开发了“古诗研究计算机支持系统”，并取得了阶段性成果。该系统通过条件概率计算、互信息计算、规则匹配、信息库（如注音字典库、多音字发音频率库、多音字组合库）信息匹配等方法，实现了对诗文的自动注音。此外，还进行了词汇时代分布和意象索引技术的研究[17,18]。

在古籍标点方面，近年来亦有专家进行了探索。中国台湾陈郁夫在主持《古今图书集成》项目时，便开始探索自动标点的可行性。虽然这项工作难度较高，但已经能实现对句法严整兼押韵的收有诗文辞赋的“艺文”和收有名句佳对的“选句”约1 700余万字的韵文进行自动标点[19]。其后，李铎[20]、郑永晓[21]等人又进一步进行了探索。

常娥博士研究了古籍自动校勘、自动编纂技术，同时还对自动注释功能进行了一定的探讨，设计出古籍整理的平台，并利用该平台完成了《齐民要术》4个版本的校勘，取得令人满意的效果。[5,22,23]

“知识链”为龙语瀚堂典籍数据库提出的一种新概念，实际即相当于自动注释，但其功能又比注释有所扩展。通过数据库中内嵌的“知识链”，可以较容易对相关知识的解释与扩展阅读[24]。

近几年来，本体技术在古籍整理中也得到了应用，构建古籍本体，以加强古籍内容的研究也逐渐成为一种新的研究动向。罗晨光等人提出应该构建基于本体的古籍知识库[25]，程佳羽、史睿则不仅从本体，而且从知识发现、知识管理角度提出了构建古籍知识库的具体模式[26]。

以上系统基本上为各自独立构建，并没有形成统一的、集成的系统。其实亦有学者见及这一问题，思考相关对策。2008年，侯汉清教授主持的项目——“文化典籍整理与开发的智能技术研究”获准立项，说明这一问题得到了相关机构的高度重视。该项目系统研究文化典籍整理与开发中所涉及的智能技术，并计划构建一个完整可用的原型系统[27]。通过这一课题的深入研究，有望在古籍整理的智能技术领域取得较大的进展。

智能处理技术的发展给农业古籍整理带来很多新的思路与方法，一些专家学者纷纷将智能技术应用于农业古籍整理领域，在自动校勘、自动编纂、自动翻译（古文今译）、语义理解、自动挖掘等方面取得了不少可喜的成果。

常娥博士认为，农业古籍应该具有“研究支持功能”，提出应该构建“农业古籍整理的专家系统”，以实现农业古籍版本的自动校勘、自动编纂、自动断句标点、自动注释、自动翻译为白话等功能[5]34。在提出这一想法的基础之上，常娥博士研究了古籍自动校勘、自动编纂技术，并构建了自动校勘、自动编纂系统。这是农业古籍整理智能技术研究的一次系统性整理与研究，无论就其论文名称，还是就其内容，均有其重要价值，在农业古籍整理技术研究无疑应该占有一席之地。[5,23,28]

当然，古籍自动校勘的研究并非始于常娥博士，北京创新力博公司开发的“青典版本校勘系统”[29]即是较早的一个。在微软公司出品的OFFICE套件WORD中亦有比较合并文档功能[30]，也被用于农业古籍文本的比对，但因为不是专业古籍文本校勘软件，所以存在的不足与使用的不便较为明显。

与常娥博士同时，曹玲、何琳两位博士就农业古籍的本体进行了深入的探索[31,32]，其中何琳博士更是以农业本体构建作为学位论文的选题[33]，先后有多篇论文发表。

至于农业古籍索引编制，王雅戈等人系统研究了民国索引运动史，研究了万国鼎等人在农业古籍索引编纂史上的地位与作用。同时，王氏还设计了一种将注释隐于索引中的新技术，编制了《中国茶叶问题》电子索引[34,35]。

衡中青博士则以广东方志特产为对象，通过模式识别等方法，自动抽取出特产名词和引书名称，构建了方志数据挖掘系统，已经极富实用价值[36]。

2008年，教育部人文社科基金立项赞助“农业古籍自动分词及索引编制技术研究”[37]，使农业古籍分词、索引编制自动化的重要性得到社会的进一步认可与重视。

本书需要研究的对象为古籍断句标点和古籍分词标引。关于古籍断句标点和古籍分词标引进展的详细情况，在后面将有详细说明，此处不再赘述。

1.3 研究的主要理论与技术路线

自动分词、模式识别、句法分析等中文信息处理技术已经在现代汉语文本中得到广泛应用，在搜索引擎、词表编纂、全文数据库领域均有良好的表现。

本研究拟将自动分词、模式识别、句法分析等中文信息处理技术应用到农业古籍整理技术的研究中，研制农业古籍资料断句标点、分词标引技术和方法。

1.3.1 断句标点

断句标点乃是古籍整理的重要环节，也是古籍整理的基础，本研究中断句标点采用的主要思路如下：

（1）借鉴中文信息模式识别处理技术，总结断句模式。

本研究拟根据模式识别（或称模式匹配）理论找出农业古籍断句模式，从而为农业古籍文本进行初步断句，使文本可以分为若干较大的、标志比较明显的段落。

（2）利用农业古籍特有句法，进一步断句。

农业古籍有自身的特点，在句法上有自己的特点，研究并总结出农业古籍的句法特点，进一步自动断句。

（3）根据自动断句结果，进行自动标点。

先整理标点规则，再根据自动断句结果进行标点自动添加、自动修改。为了方便专家修改相关自动断句和自动标点结果，加入人工修改功能，要求能够保存一定数量的修改记录。

（4）完成农业古籍资料自动断句和自动标点系统的设计和开发。

设计农业古籍资料自动断句和自动标点系统功能模块，其中包括输入待断句和标点文本、模式识别法断句、农业古籍特殊句法断句、归类算法断句、聚类算法断句、自动标点、结果整理输出和数据维护。同时，该系统拟提供功能扩充的程序接口，使其具有开放性，方便后续开发和利用。

1.3.2 分词标引

完全采用N元语法进行古籍分词，不仅其准确性有待于进一步提高，而且计算机运行时间较长。本研究拟根据字典和N元语法结合的办法以实现快速准确的分词和标引。参见图1-1。

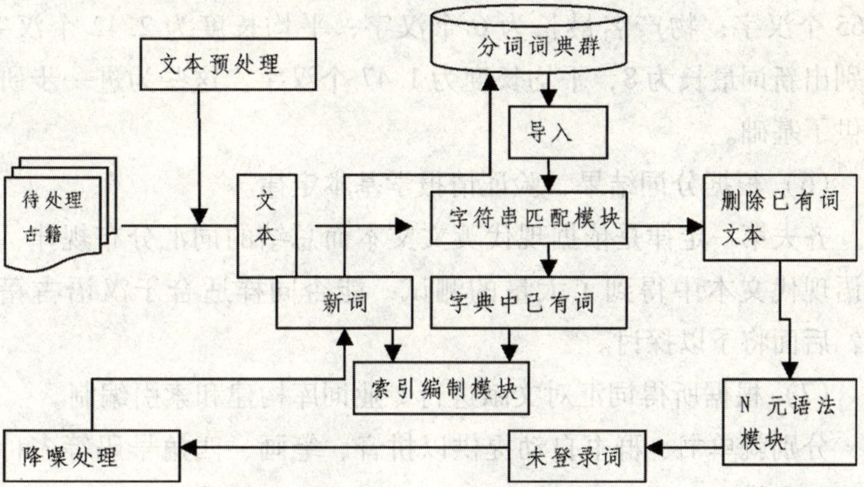

图1-1 自动分词和索引编制流程图

(1) 构建基本分词词典。

分别构建通用人名、地名、朝代、年号等通用字典以及农具、物产、农业古籍等专用词典，同时构建以虚词为主要成分的禁用词典。

(2) 借鉴字符串匹配技术，对待处理文本进行初步切分。

据初步对12种古籍测算，通过字符串匹配技术识别出1 164个专业词汇，约占总词汇量的31%。

(3) 利用N元语法，对处理过的文本进一步加工。

根据词典中各类词汇的统计结果，除书名外，各类词汇原则在6个以下，所以选取6元组对文本作加工处理。

(4) 统计N元语法分词所得词汇，去除出现频率较低的词汇。

据初步对12种农业古籍测试，通过N元语法识别出新词5 780

个，其中频率为1和2的词汇共3 250个，约占56.2%。去除这些词汇，实际识别出新词2 530个，占总词汇的69%。

（5）经过人工判断，分别将新词加入各种字典。

根据词汇平均长度，自动提出入库建议，由用户选择分别进入相应字典。据初步测试，引书名称最长为20个汉字，平均长度为4.65个汉字；物产名最长为6个汉字，平均长度为2.42个汉字；识别出新词最长为8，平均长度为1.47个汉字。这些为进一步研究提供了基础。

（6）根据分词结果，验证情报学基本定律。

齐夫第一定律是依据现代英文文本而总结的词汇分布规律，在汉语现代文本中得到了大量的测试，能否同样适合于汉语古籍文本？后面将予以探讨。

（7）根据所得词汇对文献进行专业词库构建和索引编制。

分别就单书、群书自动提供以拼音、笔画、四角号码等多种索引编制和排序方法。

（8）设计分词标引功能模块。

设计农业古籍资料自动分词标引系统功能模块，其中包括字典构建与维修、字符串匹配、N元语法、自动标引、索引自动编制等。同时，该系统拟提供功能扩充的程序接口，使其具有开放性，方便后续开发和利用。

1.4 研究的主要内容、结构与创新之处

设计编写一套计算机程序，让计算机模拟人脑对农业古籍文本进行自动断句标点和自动分词标引，是本研究的核心内容。因此，借鉴已有的中文信息处理技术，探讨适合农业古籍资料自动断句标点和自动分词、索引编制技术，是本研究的主攻关键。

本研究旨在开展农业古籍资料自动化断句标点处理和自动分词标引的研究工作，包括农业古籍资料自动断句标点和自动分词标引两个方面。

1.4.1 主要内容

本课题研究的主要内容包括：

（1）借鉴文本模式匹配、句法分析技术等技术，研究并设计出农业古籍自动断句标点的算法，设计出农业古籍断句标点的原型系统。

（2）借助 N 元语法自动分词、字符串匹配等技术，自动构建知识库，并进而研究、设计出农业古籍自动分词以及索引编制的算法及流程，构建出分词与索引编制原型系统。

（3）对农业古籍断句标点、分词及索引编制的实验系统进行集成，并进行测试和评价。

1.4.2 结 构

本书共分 4 个部分，各部分的主要内容安排如下：

第一部分，主要介绍本书的研究背景和意义，相关技术的国内外研究动态，以及本书的主要研究内容、创新之处和主体框架等。

第二部分，首先对于古籍断句标点的术语以及相关发展历史进行了介绍，阐述农业古籍自动断句的意义；其次分析农业古籍自动断句标点的必要性和可行性；最后对自动断句标点的算法进行设计和研究，并设计自动断句标点的流程和功能等。

第三部分，首先介绍农业古籍自动分词研究的情况并阐述农业古籍自动分词的意义；其次介绍农业古籍分词技术的研究进展；再次对自动分词的算法进行设计和研究，并且详细描述自动分词的流程设计和功能设计；最后对分词的结果进行分析并利用这一成果对索引编制自动化的算法进行设计和研究而且描述索引编制自动化的流程设计和功能设计。

第四部分，详细阐述农业古籍自动断句标点、分词及索引编制系统的构建和实现情况：首先给出系统建设目标和开发环境；其次介绍实验语料的选择和来源；最后依次详细介绍了自动断句标点、自动分词及索引编制系统的设计、使用和测评情况。

1.4.3 创新之处

本书拟将中文信息处理的相关技术在农业古籍数字化的整理中加以应用，其创新之处包括：应用模式识别（或称模式匹配）、句法分析技术，构建了断句标点模式库，初步实现农业古籍自动断句标点的功能，提出以分词词典群中所收词汇为切分标志的N元语法分词技术进行词汇切分的古籍分词方法，在国内首次构建了古籍断句标点与分词标引的智能处理系统。

参考文献：

[1] 刘琳，吴洪泽．古籍整理学［M］．成都：四川大学出版社，2003.

[2] 黄永年．古籍整理概论［M］．上海：上海书店出版社，2001.

[3] 程毅中．古籍整理浅谈［M］．北京：燕山出版社，2001.

[4] 来新夏．古籍整理散论［M］．北京：书目文献出版社，1994.

[5] 常娥．古籍智能处理技术研究［D］．南京：南京农业大学，2007.

[6]［新加坡］林大芽．中国古籍数学化研究论集［C］．长沙：湖南大学出版社，1989.

［7］中国学术文献网络出版总库［EB/OL］.［2009－03－07］. http：//epub. cnki. net/grid2008/brief/index. aspx？code＝ZKCALD.

［8］施德庆．陕西省开发中医古籍整理工作计算机系统［J］. 中国出版，1987（5）：16.

［9］曹书杰．古籍整理与电子计算机应用研究的思考［J］. 古籍整理研究学刊，1988（1）：46－51.

［10］中国古籍整理出版十年规划和“八五”计划（1991年—1995年—2000年）［EB/OL］.［2009－02－23］. http：//www. guji. cn/left_ 01. php.

［11］国家古籍整理出版“十五”重点规划（2001年—2005年）［EB/OL］.［2009－02－22］. http：//www. guji. cn/guihua/shiwu. doc.

［12］彭立. 微机古籍辅助整理系统［J］. 东北师范大学学报：自然科学版，1991（1）：53－57.

［13］姚松. 计算机用于古籍整理研究的现状与展望［J］. 中国典籍与文化，1995（2）：121－127.

［14］于亭. 计算机与古籍整理研究手段现代化［J］. 古汉语研究，2000（3）：66－70.

［15］陈东辉．欧美中国古籍索引编制概况［J］. 中国索引，2006，4（1）：28－30.

［16］黄俊杰，陈恩泉，张普. 试谈利用电子计算机自动编制中文著作字索引［J］. 武汉大学学报：人文科学版，1979（4）：36－40.

［17］刘岩斌，俞士汶，孙钦善. 古诗研究的计算机支持环境的实现［J］. 中文信息学报，1997（1）：27－36.

［18］胡俊峰，俞士汶．唐宋诗之计算机辅助深层研究［J］. 北京大学学报，2001（5）：727－733.

[19] 陈郁夫．中文智能处理技术：古文标点自动化[EB/OL]．[2009－03－01]．http：//www. yyxx1. sdu. edu. cn/guojihy. htm.

[20] 李铎，王毅．关于古代文献信息化工程与古典文学研究之间互动关系的对话［J］．文学遗产，2005（1）：126－137，160.

[21] 郑永晓．古籍数字化与古典文学研究的未来［EB/OL］．[2008－03－18]．http：//www. guoxue. com/gjszh/yjwz_ 006. htm.

[22] 常娥，侯汉清，曹玲．古籍自动校勘的研究和实现［J］．中文信息学报，2007（2）：6.

[23] 常娥，侯汉清．农业古籍自动编纂的设计和研究［J］．南京农业大学学报：社会科学版，2007（1）：99－104.

[24] 百度百科．龙语瀚堂典籍数据库［EB/OL］．［2009－03－03］．http：//baike. baidu. com/view/595190. htm.

[25] 罗晨光，山川，王珊．基于本体的古籍知识库建设初探［J］．现代图书情报技术，2007（4）：8－11.

[26] 程佳羽，史睿．古籍数字资源的知识库建设解析［J］．数字图书馆论坛，2006（12）：1－4.

[27] 侯汉清，黄建年，常娥，等．文化典籍整理与开发的智能技术研究[R]．国家社会科学基金，2008.

[28] 常娥，侯汉清，曹玲．古籍自动校勘的研究和实现［J］．中文信息学报，2007（2）：83－88.

[29] 青典版本校勘系统试用版［EB/OL］．［2009－03－07］．http：//www. ilibo. com/index. asp？p1＝09&p2＝20.

[30] 比较合并文档［EB/OL］．［2009－03－07］．http：//www. lqqqsw. com/question/Word% CE% CA% CC% E2% B9% E9% C0% E0/word% CE% CA% CC% E2% B9% E9% C0% E0 －% D0% EC/% BF% CE% CA% B15% B1% EA% CC% E22. htm.

[31] 曹玲，何琳．农业古籍本体构建及应用［J］．广西师范

大学学报：自然科学版，2007，25（2）：1－4.

［32］何琳，曹玲．农业古籍本体的构建及其检索机制研究［J］．现代图书情报技术，2006（12）：37－39.

［33］何琳．古农学本体的半自动构建及检索研究［D］．南京农业大学，2007.

［34］王雅戈．民国农业文献数字化整理及信息组织研究——兼论民国索引史［D］．南京农业大学，2007.

［35］王雅戈，杜慧平．机编古籍索引探讨［J］．图书馆论坛，2008（10）：34－37.

［36］衡中青．地方志知识组织及内容挖掘研究——以《方志物产·广东》为例［D］．南京农业大学，2007.

［37］黄建年．农业古籍自动分词及索引编制技术研究［R］．教育部，2008.

2　古籍计算机自动断句标点技术研究

2.1　断句标点概述

古籍断句标点是古籍整理的重要环节，也是其他整理环节的基础。如果断句标点出现错误，相关的研究就无从谈起。所以，了解断句标点的历史渊源，对于古籍的自动断句有着重要的指导意义。

2.1.1　句读、圈点

“标点”一词在古代的使用并不广泛，使用最广泛的相关词汇乃为“句读”。唐宋八大家之一的韩愈在《师说》中曾有“彼童子之师，授之书而习其句读者，非吾所谓传其道解其惑者也”这样的句子，认为老师应该具备正确传授经文句读的能力。我国流传千古之蒙学课本《三字经》亦有“详训诂，明句读，为学者，必有初”这样的训示，明确指出理解句读乃学问之“初”。然究竟句读为何物？其发轫于何时？

> 句读，古人指文辞休止和停顿处。文辞语意已尽处为句，未尽而须停顿处为读。书面上用圈、点来标志[1]。
>
> 句读，标点、读通文章。“句”指句末的停顿，“读”指句中语气的停顿[2]。

上述的定义分别来源于《汉语大词典》与商务版《古代汉语词典》。虽然从中可以了解句读的基本含义，但是，对于句读的来源以及产生的具体时间均付之阙如，显然有进一步研究的需要。

林穗芳在其论文《汉语“标点”的词源和历史演变》[3]一文中对标点进行了一番研究后认为，“句读”连用始见于东汉经学家何休所著的《春秋公羊传解诂·序》，但何休未能说明句读之具体含义。

清末民初学者黄侃认为，“读亦句之异名，连言句读者，乃复语而非有异义也”。“语气已完可称为句，亦可称为读”，“语气未完可称为读，亦可称为句”[4]129。史学家吕思勉先生也持有相同看法，“句亦称读”，并认为句读“二者为叠韵字也”，“合两字为复音字，其意与独称读，独称句者同”[5]12-13。由上可见，在标点发展初期，句、读二者含义不分。

至唐代情形有变，天台宗高僧湛然则于《法华文句记》中简释句读之义为：“凡经文语绝处谓之句，语未绝点之以便诵读谓之读。”可见在唐代句读含义已经有所分别，句读不分的情况已经不复出现。尽管如此，唐代以前的一般写本并没有句读，只有通俗文学如敦煌写本《维摩诘经讲经文·文殊问疾》在每一句下空一格表示停顿，大概是为了便于普及而设。原因在于，句读之学一般作为家学，必须由经师口授心传，并不为世人共知，比如马融从曹大家受《汉书》句读（见《后汉书·班昭传》）、高诱从卢君受《淮南子》句读（见《淮南子·叙》）等即是此例[6]108。

可见，时至盛唐，普通读书人所用的写本并没有标注句读，即使是上文所列的通俗文学《维摩诘经讲经文》也只在每一句下空一格表示停顿，并没有出现专门的句读符号，由此说明，各种句读符号的使用在此时也尚未被社会大众所知晓与利用。然则皇家藏书如何？是否已经具备规范的句读以及相关符号？

后魏孙惠蔚曾上疏请校补秘书，说："臣今依前丞臣卢昶所撰《甲乙新录》，欲裨残补阙，损并有无，校练句读，以为定本，次第均写，永为常式。"（《魏书》卷八十四）既然"校练句读，以为定本"，可见孙氏是以校补出具有固定句读之定本为目的，以期"永为常式"，流传后世。因此，不难推断，皇家秘府的藏书可能很早就有了句读本，孙氏此时待作之事只是"校""练"句读而已。

但自宋代以降这一情况发生了变化，叶德辉《书林清话》卷二《刻书有圈点之始》认为："刻本书之有圈点，始于宋中叶之后。"我们姑且不论这一说法是否完全准确，但是，自宋代始对刻本开始较大规模的圈点句读应当可信。相台岳氏《九经三传沿革例》中明确指出："世所传九经，自监、蜀、京、杭而下，有建余氏、兴国于氏二本，皆分句读，称为善本。"可见，划分句读已成经书刻本时尚。岳氏为了使所刻之本成为善本，尝博求诸藏书之家，力求"如字画、如注文、如音释、如句读，悉循其旧"，同时又说"偏旁必辨、圈点必校"[7]1－2。可见，原有刻本已有句读、圈点。岳氏刊刻本所依底本共有23种，其中有"蜀学重刻大字本中字本，又中字有句读附音本"。可见在此之前蜀地已刻有不少"句读附音本"[7]2，否则在交通不便的古代很难流传到岳氏所在的浙江地域，更遑论被岳氏收藏了。

上述引文中同时提到"圈点"与"句读"，当引起我们的注意。二者之间关系如何？二者是互文手法，还是只具有一定的关联，并不完全相同？同样我们需要做一探析。

相台岳氏《九经三传沿革例》在其《句读》部分有如下文字：

> 监、蜀诸本，皆无句读，惟建、监本始仿馆阁校书式，从旁加圈点，开卷缭然，于学者为便，亦但句读经文而已。惟蜀中字本、兴国本并点注文，益为周尽[7]22。

从上段文字可知，圈点既可"句读经文"，又可圈点"注文"，似乎圈点的范围要比句读大些。但到底二者关系如何，尚需作进一步考察。

网络汉语词典《汉典》对“圈点”、“句读”分别解释如下：

> 圈点[8]
>
> ①［punctuate］：用加圆圈或点表示文章的句读。
>
> ②［mark with circles］：在书或文稿上加圈或点，用来标出认为精彩、重要或值得注意的语句。
>
> 句读，句逗[9]
>
> ①［periods and commas］：中国古代文章中没有标点符号，诵读时称文句中停顿的地方，语气已经完的叫“句”，没有完的叫“读”，由读者用圈（句号）和点（逗号）来标记。
>
> ②［sentences and phrases］：连称句读时，句是语意完整的一小段，读是句中语意未完，语气可停的更小的段落。

“圈点”的第一个解释认为“圈点”就是“句读”，第二个解释相当于现代的批注。由此可见，“圈点”的使用比较广泛，而“句读”则比较专指。在“句读”中解释则更加清楚，认为“圈”即句号，“点”即逗号。换句话说，“句读”基本上是用“圈点”来表示的。同时也说明，古代标点使用最多的是“圈”和“点”两种符号。当然，是否只有两种符号，还需探析。此处因篇章结构所限，不能赘述，后面再详细说明。

相台岳氏认为，“惟建本、监本始……从旁加圈点”，明确指出圈点始于建本和监本。建本是指福建地区刊刻之本，而监本则为各朝国子监所刻之本。监本为官方所刻，建本乃民间所刊，二者刊刻之书均有圈点，说明圈点之书在南宋时代已非稀有之物。

元明以后，图书句读圈点更多。元代何焯《通志堂经解·春秋本义案语》有“元刻最精，有句读点抹”的记载，就是这种情形的极好说明。元至正元年（1341 年）中兴路刊本《金刚经注》、明嘉靖本《三国志通俗演义》以及我国古代最大类书《永乐大典》，均是印刷精美且带有句读点抹的刻本[3]。

元代学者程端礼在《程氏家塾读书分年日程·卷二·批点经书凡例》全文抄录了《勉斋批点四书例》。《勉斋批点四书例》为宋人黄勉斋所作，其中有句读例，有点抹例，详细介绍句读与点抹的作用。比如：“句：举其纲，文意断。读：‘者也’相应，文意未断，覆举上文。上反言而下正，上有呼下字，下有承上字。”其意与唐朝湛然和尚的看法基本相同[10]12。

当然，上述论述主要述及九经三传之本刊刻情形，对于普通民间读物论述较少。至于句读是否广泛用于民间普通书籍，则仍是未知之数。前面所列明嘉靖本《三国志通俗演义》是否特例，仍需更多材料加以佐证。

林穗芳在其文中指出，万历年间杭州书坊容与堂刊印的施耐庵《水浒传》以及贯华堂古本《水浒传》均已有各种标点符号[3]。可见，在明代，随着通俗小说的流行，句读标点本已不再是皇家秘府的藏书以及九经三传之书的专利，而逐渐“飞入寻常百姓家”了。

至清代，论述句读之文渐多，如唐彪、段玉裁、王念孙、杭世骏、钱大昕、卢文弨、刘宝楠、章炳麟等，限于篇幅，不能尽举。近人论述则更甚于有清一代，如阙勋吾、袁晖、王迈、管敏义等[11-14]，不可胜举。

“句读”一词在书写形式上有种种不同的写法：马融《长笛赋》写作“句投”，《法华经》写作“句逗”，《摭言》写作“句度”，然而使用最多的还是“句读”[15]1。

2.1.2 断句、破句

西汉成书的《礼记·学记》曰：“一年，视离经辨志。”郑玄注云："离经，断句绝也。"孔颖达疏云："离经，谓离析经理，使章句断绝也。"可见，断句为入学之始业，是古代启蒙入门的第一步。但是,《礼记·学记》并未详细记载如何断句。

《全晋文·卷一百五十七·释氏（一）·支敏度·合维摩诘经序》亦有"分章断句，使事类相从"之语，其目的亦极为明确，"令寻之者瞻上视下，读彼案此，足以释乖迂之劳"。此处将"断句"与"分章"同用，可见二者关系至为密切。

南朝梁文学家刘勰在《文心雕龙·章句》中说道：

> 夫设情有宅，置言有位；宅情曰章，位言曰句。故章者，明也；句者，局也。局言者联字以分疆，明情者总义以包体，区畛相异，而衢路交通矣。夫人之立言，因字而生句，积句而成章，积章而成篇[16]。

此段文字明确说明了章、句的含义以及篇、章、句、字四者之间的关系。"积句而成章"，章句之关系显而易见，"断句"必先"分章"，因而章句常常联用，今人有言"断句之学古称章句"[15]1，信然。

《梁书·列传第二·昭明太子·哀太子愍怀太子》司徒左长史王筠奉诏为昭明太子作哀文，有"爰初敬业，离经断句"之语，以称赞太子之业绩。此处"离经"、"断句"同用，当属互文修辞手法，二者含义应该相同或者相近。

《文心雕龙·章句》云："至于夫惟盖故者，发端之首唱；之而于以者，乃札句之旧体；乎哉矣也，亦送末之常科。"[16]指出"夫惟盖故"常用于句首，"乎哉矣也"则常于句末，"之而于以"常现于句中，明确说明了虚词在古汉语句子中的作用，有助于辅助断句。但是，此处并没有明确指出"断句"，可见南北朝时未能明确指出"断句"。

唐代刘知几《史通·内篇·浮词第二十一》中说："伊惟夫盖，

发语之端也；焉哉矣兮，断句之助也。”[17]文中已经明确提出利用语气助词“伊惟夫盖、焉哉矣兮”来辅助断句。可见，在唐代断句理论得到了进一步发展。

自宋代以降，句读之学逐渐兴盛，因而断句使用日稀，句读使用渐增。清代钱谦益《跋淳熙九经后》说：“淳熙九经，点断句读皆精审。”[6]111将“点断句读”四字联用，可见，“点断”与“句读”关系之至密。盖断句如无句读继之则断句功效难显，句读如不以断句为先导则句读必错误百出。

不惟古代学者对断句深入研究，现代学者研究成果亦不遑多让，成果累累。因本书重点在其基本概念与方法，不能复述诸家之见，有兴趣者当可继续阅读相关著述。

《汉语大词典》（2002 年版）认为“断句”一词有三义[18]：①即绝句，如清曹寅有《题廊前玉兰二断句》。②古书无标点符号，诵读时根据文义作停顿，或同时在书上按停顿加圈点，叫做断句。③片断的句子；零碎的句子。其中第二个解释与标点有关。《汉典》亦有三个解释，与《汉语大词典》完全相同，即其例证亦同。《学生辞海》、《现代汉语词典》、《新华字典》其义相同，只是个别用字有差异，亦与《汉语大词典》、《汉典》第二词义相同。可见，各工具书对此条词语见解一致。参见表 2－1。

然《辞海》（1999 年版）、《古代汉语词典》（商务印书馆 2003 年版）却未见相关词条。这说明“断句”一词应用已经逐渐退化，而为“标点”一词所代替。当然，仍有些学者关注并研究断句，如张仓礼等在《古文断句与标点》一书中用专门章节详细介绍了古文断句的方法[15]19－130。

正确的断句有助于对原文的准确理解。如果断句不正确，往往会导致破句现象的发生。所谓破句，即指在不该断句的地方读断或点断。有专家学者认为，破句是断句错误，把上一句末了的字连到下一句读，或者把下一句头上的字连到上一句读。

表 2-1 “断句”含义比较

来　源	定义及解释
《汉语大词典》(2002 年版)	(1) 即绝句。(2) 古书无标点符号，诵读时根据文义作停顿，或同时在书上按停顿加圈点，叫做断句。(3) 片断的句子；零碎的句子
《汉典》	(1) 即绝句。(2) 古书无标点符号，诵读时根据文义作停顿，或同时在书上按停顿加圈点，叫做断句。(3) 片断的句子；零碎的句子
《学生辞海》	古书没有标点符号，诵读时根据文义作停顿，或同时在书上按停顿加圈点。这种“句”往往比现在语法所讲的“句”短
《现代汉语词典》(商务印书馆，2005 年第 5 版)	古书无标点符号，诵读时根据文义作停顿，或同时在书上按停顿加圈点，叫做断句。这种“句”往往比现在语法所讲的“句”短
《新华字典》	古书没有标点符号，诵读时根据文义作停顿，或同时在书上按停顿加圈点。这里的“句”与现代的“句”不尽相同

2.1.3 标　点

古人断句以句读为主，而现时则以标点为佳，然则“标点”一词起源于何时？何人提出这一概念？

学术界一般认为，标点一词最早见于《宋史·儒林传八·何基》：“凡所读，无不加标点，义显意明，有自不待论说而自见者。”此处的“标点”大概是指读书时标记句读或要义的符号，目的在于“义显意明”，使文义清楚明白，不会混淆。如果所读之书文意清楚，不至于使读书之人产生误解，则一般不加标点，其义与“圈点”一词相近，既可标出注解，亦可标示句读，但与现代的标点概念存在明显差异。由此段记载可知：①何基所读之书无标点，即宋代以前各代书籍基本无标点；②书籍标点为读诵者后加，而不是抄写或者刊刻时完成；③标记与圈点功能并不明确区分。

其后在宋代至清代数百年间，经过不断地发展，我国旧式标点符号已形成了若干系统，但是由于这些系统的使用目的在于评点、校雠和讲学，因而句读符号始终未能独立出来，形成独立的体系[12]8。换句话说，自宋代以后，标记与圈点一直无明确区分。至有清一代方由唐彪在其著作《书文标记圈点评注法》中将标记和圈点区分开来。圈点近似于点号，用了圈点，使“读者易于领会”，不至于“上字下读，下字上读”。标记近似于标号，如年号、国号、地名、官名，“非加标记，则披阅者忙于检点，不能一目了然”[12]7。

1915 年 8 月，胡适应《科学》杂志之约，撰写《论句读及文字符号》一文，指出“凡以示句读所在及其区别之符号，曰句读之符号”，除句读符号外，“引语符号、本名符号之类，合句读符号而言之，统名曰文字符号”，明确将标点符号划分为句读符号（点号）和文字符号（标号）两大类。1919 年国语统筹会的《请颁行新式标点符号议案》则在此基础上进一步进行完善，该文认为标点符号有两层意义：“一是‘点’的符号，一是‘标’的符号。‘点’即是点断……‘标’即是标记。”

新中国成立后，国家有关部门进一步总结了标点符号的用法规律，于 1951 年刊发了《标点符号用法》，同年 10 月政务院作出了《关于学习标点符号用法的指示》，要求全国遵照使用。从此，新式标点符号用法逐渐规范化。1990 年又重新修改该方法，增加了连接号和间隔号，使原有符号由 14 种增加到 16 种。1990 年版《标点符号用法》认为，标点符号是“书面语中不可缺少的部分，用来表示停顿、语气以及词语的性质和作用”[19,20]。

1996 年 6 月 1 日起实施的国家标准《标点符号用法》认为：“标点符号是辅助文字记录语言的符号，是书面语的有机组成部分，用来表示停顿、语气以及词语的性质和作用。”同时认为：标点符号分为“点号与标号两大类”，其中“点号的作用在于点断，主要表示说话时的停顿和语气”；而“标号的作用在于标明，主要标明语句的性质和作用”[21]。这一概念不仅适用于各种通行的新式标点符号，也同样可以囊括各种类型的旧式标点符号，应该是有关标点符号目前最为准确的定义。1999 年版《辞海》即采用这样的定义[22]3 636。参见表2－2。

表2－2 常见工具书标点符号定义对照表

来 源	定 义
《标点符号用法》（1990 版）	标点符号是书面语中不可缺少的部分，用来表示停顿、语气以及词语的性质和作用
《标点符号用法》（GB/T 15834—1995）	标点符号是辅助文字记录语言的符号，是书面语的有机组成部分，用来表示停顿、语气以及词语的性质和作用
《辞海》（1999 年版）	标点符号是辅助文字记录语言的符号，是书面语的有机组成部分，用来表示停顿、语气以及词语的性质和作用
《汉语大词典》（2002 年版）	用来标明句读、语气和专名的书写符号
《现代汉语词典》（2005 年修订本）	用来表示停顿、语气以及词语性质和作用的书写符号

2005 年修订本《现代汉语词典》将标点符号解释为“用来表示停顿、语气以及词语性质和作用的书写符号”，采用的是 1990 年版《标点符号用法》有关的定义。

汉语标点虽然利用了现代西方语言标点符号的研究成果，但也同样吸收了中国 3 000 余年汉语书面语句读体系与传统，因而与传统句读有着千丝万缕的联系。它们之间既有共同点，也有不同点。句读和标点，都是用来断句并标志语音停顿的长短，这是它们的共同点。但是它们存在的不同之处也是显然的[15]18：①标点符号内容比句读符号更加规范。尽管我国古代已形成了不同的句读符号体系，但是，长期以来并没有形成统一的全国通用的符号体系。②句读只起断句作用，而标点不仅起断句作用，还能表达语气和感情。

中国古代的典籍一般没有标点，只有极少数刻有断句和批点。但古人并不是没有认识到标点的作用。

《人民日报（海外版）》1988 年 10 月 22 日“副刊”发表的林嘉书《中国最早的标点和符号》一文，认为中国“早在公元五世纪便开始使用标点和符号了”，并以西凉及北宋敦煌遗书中的标点和符号为例[23]。北宋敦煌遗书中确实已经使用了不少标点和符号，但是这并不是有关标点的最早记载。对此，萧世民在林文基础之上进一步开展了研究。萧氏认为，早在甲骨文时代，就有标点符号的萌芽。有些刻辞，一版之内若有数条，为便于分辨，各条之间便用横线、直线或丁字形线条隔开，这些线条叫界划，它们客观上起了分段的作用。另外，在金文中也有了不少具有标点功能的符号，比如，西周铜器伯公父壶盖铭文中出现的两短横表示重文等。

1965 年，山西省文物工作委员会在发掘山西侯马晋城遗址时发现了先秦时期的《侯马盟书》。《侯马盟书》用毛笔书写于玉石片上，共 5 000 余件，盟书签订的时间大约在春秋晚期，即公元前 5 世纪左右[24]。研究者从中发现了表示断句的楔形横点，认为这是最早的标点符号之一。盟书也是春秋时期书面语言中句读符号用得最多的一个历史文献，其中的句读符号，大都处于句末，相当于句号，共 47 例[23]。20 世纪 50 年代至 70 年代先后出土的长沙战国帛书、信阳战国竹简、广西贵县木牍中，还发现其他一些标点符号。可见春秋战国时期，标点符号数量比前代扩大，且符号种类也有所增加。但是，体例不一，作用也不尽相同[14]4。

秦汉时期，标点符号的发展同样进入了一个新的繁荣时代。根据出土的秦汉竹简可知，秦汉时代已有了一些这样的标点符号，尽管与现在的符号不同，但是，其表示停顿或者分段的功用却一致。萧世民氏列举了篇号、章节号、题记号、句读号、删略号、重文或者合文号等 6 种类型符号[23]。

1959 年在武威出土的西汉《仪礼》简策上，有篇号、章号、句读号、题目号、括号等各种符号。《仪礼》简策是目前已发现的汉代书面语言中各种符号用得最多的一部古书[14]5-6。古代著名字书《说文解字》中也收入了一些标点符号，并对这些符号进行了解释，说明标点符号已经在汉代大量出现与使用[6]108。清代学者章学诚"点句之法，汉以前已有之"，应属确论。

唐以后，校雠家、讲学家、评点家使用了众多的标点符号[12]449。但是，究竟采用何种符号，并没有大量的存世文献与出土文物的支持。唐代以前留存于世的文献多为手抄本，目前世界现存最早的自身载明年款的印刷品为王阶于唐咸通九年（868 年）印造的《金刚经》残卷，上面没有书写形式的标点符号，但其中使用了两种非书写符号的标点手段[3]：分段提行和空格。这说明句读在唐代时已经较为规范，但是，因为雕版印刷的兴起，标点符号的应用并不成熟。换句话说，标点符号体系仍然在发展之中。

从宋朝开始，刻书也有句读符号[25]。北宋时，中国使用的标点和符号已经达 17 种[26]。它们分别是句号、顿号、重文号、省代号、倒位号、废读号、删除号、敬空号、篇名号、章节号、层次号、标题号、界隔号、绝止号、勘验号、句销号、图解号等[12]449。

元人著作《程氏家塾读书分年日程·卷二·批点经书凡例》曾引用了宋代的"馆阁校勘法"。该法规定："侧点为句，中点为读，凡人名、地物名并长句内小句，并从中点。"[10]12由此可见，宋代所用的主要标点符号为侧点与中点。馆阁校勘法主要应用于朝廷馆阁之经书校勘，未能为民间广泛应用，各地书坊刻书仍然以侧点为主。

在有宋一代，不仅标点符号种类要比前代多，其用法亦较前代复杂。除此而外，宋代还出现了真德秀、黄斡、陈骙等人的几个完整的符号体系。《宋真德秀批点法》介绍了点、抹、撇、截 4 类 6

种符号用法，虽然简单，但也自成体系。黄榦的《勉斋批点四书例》则介绍了7种符号，而且分别举例说明各种符号的用法，相对更加完善。陈骙《南宋馆阁录·校雠式》介绍了南宋馆阁校书使用标点符号的具体情形，断句、校勘以及注音各有不同的符号。如“诸点语断处，以侧为正。其有人名、地名、物名等合细分者，即于中间细点”，则为断句所用符号。因为是官方校书所用，所以对于钞刻乃至于行文标点的使用具有一定的规范作用[12]142-145。

元代刻书并不算太少，但流传至今的已不多见，其中有标点符号的更是少见。据袁晖研究，元代刻书所用符号主要有大圈句号、中圈句号、小圈句号、顿点号、长竖线号、短竖线号、小圆点号、短横号、阴文号（分长方黑实阴文号和圆头长黑实阴文号2种）、双短横号、圆括号（用于曲牌）、重文号等12种[12]153-160，其中圆括号等均为前代所无。宋代以前各代，标点主要应用于经书，普通书籍加注句读圈点则罕见。至元代则发生重要变化，随着通俗小说的兴起，标点符号亦广泛应用于通俗小说。元明刻本小说中除了圈、点外，还有人名地名号[12]。有时用单竖线做人名号，用双竖线做地名号。这是古籍刻本使用专名号的开始[3]。

清代距今最近，存世古籍也最多，因而了解标点符号变化亦较前代为易。清代标点符号在前代基础上又有所发展。其主要表现有如后数端：①规范的六角括号的出现；②钩识号用于行款上段末最后一字抵下栏之处；③短竖线专名号的广泛应用；④多号合用的大量增加；⑤改版符号的系统化。上述所列为符号系统本身，关于符号的应用范围未能说明。实际上，清代抄刻古籍中利用标点符号的数量较前代大量增加，标点的对象不再局限于经史类图书，而是大量见于子部、集部图书，并且主要集中于小说、诗、词、曲等大众读物[12]211-217。

张涤华在《驳胡适关于标点符号起源的谬说》中，通过大量具体的史料，证明了从秦汉到明清曾经使用过26种标点符号[12]。要是连同不同的颜色（如朱墨等）、不同的位置（如在侧、在中等）、不同的形状（如截与半截等）统统计算在内，那就多达43种[26]。

综上所论，我国古代典籍有其自身专用标点符号体系，不仅与现代古籍印本通用之标点符号体系大有不同，即其数量、种类、用法亦与现代体系相差甚大。但现代标点体系是否与我国原有体系毫无关联？如有些学者所说，完全为外来之物？

有人说“古代人从不加引号，历史的书籍也不加，所有的标点都是外来的”[26]。王宏佳曾在《广西社会科学》发文认为，“古代汉语书面语中出现的句读及其他符号不是标点符号”，“古代汉语书面语没有标点符号”[27]。前者所作的结论显然太过武断，缺少史实的支撑。正如前面所说，我国古代典籍有自己独特的符号体系。而后者乃根据“句读及其他符号不是标点符号”而作出“古代汉语书面语没有标点符号”这样的结论，同样也显得有些突兀。王氏依据的前提是标点必须由作者给出，而不是由诵读者给出。当然，王氏明确承认古代汉语书面语中存在句读及其他符号。这是有关标点符号理论的争论，此处不宜过多涉及。

目前学术界一般认为，我国现代标点符号体系乃从西方引进。用现代的标点符号标点古书，是五四前后才有的事情[28]34。鲁迅、陈望道是当时倡导标点革新最积极、最有影响的人物，均为新式标点符号体系的建立作出了卓越贡献。

当然近年来也有专家研究我国古代标点符号之流变过程，从中发现了大量史实，认为现有标点符号体系继承了我国原有标点符号体系的成果。

1897年，广东东莞人王炳耀最先根据我国原有断句方法，吸收外国新式标点，草拟了10种标点符号，并倡议采用[29]。它们是：“，”，读之号；“。”，句之号；“○”，节之号；“V”，段之号；

“:”，句断意连之号；“——”，接上续下之号；“?”，诘问之号；“!”，慨叹之号；“i”，惊异之号；“ < > ”，释明之号。第一次将西方标点符号与中国传统符号进行了关联，这是目前发现的研究中外标点关联的最早记载[29]。

1904 年，商务印书馆出版了严复的《英文汉诂》，这是我国最早使用外国标点符号的书。书中使用了逗号“,”、句号“·”、分号“;”、单引号“‘’”、双引号““””、括号“( )”、冒号“:”、破折号“——”等 8 种符号。

卢戆章是另一位创制新式标点符号的先驱，1906 年他于《中国字母北京教科书》中采用的符号体系中包括中国原有符号 3 个，西式标点 3 个，自创符号 3 个。陈望道将西式标点中“已为华文所采用及可为华文所采用者”分为句读点、声情点、别异标、缀合标、析离标、缺略标六类，可见他也充分采用传统标点名词以标点体系中的合理成分，并非完全照搬。正如他自己所说“采用西制，又当稍加厘订”。

1919 年《新青年》7 卷 1 号提出一个较为详尽的划一标点符号和行款格式的方案——《本志所用标点符号和行款格式的说明》，共有各种符号 17 种，其中标点符号 13 种。说明新式标点的运用基本成熟。同年 4 月，马裕藻、周作人、朱希祖、刘复、钱玄同、胡适等六位学者联名向国语统一筹备会第一次大会提交《请颁行新式标点符号议案》(简称《议案》)。1920 年 2 月 2 日，北洋政府教育部发布第 53 号训令，批准了这一议案。在这一方案中，共有标点 12 个。《议案》的颁布，标志着我国第一套国家法定的标点符号体系的诞生，从此新式标点逐渐为我国书面语使用[12]283-290。

1928 年，上海出版了新式标点符号的《史记》、《红楼梦》等古典名著，为标点古籍开了先河[29]。

1931 年，国民政府教育部颁布了《划一教育机关公文格式办法》(简称《办法》),其附录《公文标点行款举例》对公文所列14种标点进行了详细的说明。该《办法》是对《议案》的继承与发展[12]369-370,表现在:①标点数量有所增加,从12种增加到14种;②名称有所改换,如“删节号”改为“省略号”、“私名号”改为“专名号”;③次序有所变更;④形体有所修正,规定了省略号为六个点,占两个格。相对来说,这些举措使该方案更加完备。

1951年9月,中央人民政府政务院颁布了《标点符号用法》,规定了14种标点符号的用法。至此,新式标点符号基本上为我国古籍整理工作广泛使用。1990年4月7日,国家语言文字工作委员会和新闻出版署联合发布了修订的《标点符号用法》,标点符号数量由14种增为16种。随后,国家语言文字工作委员会提出制订标点符号国家标准,以1990年版《标点符号用法》为基础,并经过数年努力,1995年12月13日国家技术监督局正式颁布了国家标准GB/T 15834—1995——《标点符号用法》。该标准于1996年6月1日正式实施,对直行文稿和横行文稿标点符号的使用也作出了规定[21,29]。这一规定,进一步推动了古籍整理的规范化、标准化建设。

2.1.4 普通古籍断句标点

所谓古籍的断句标点,就是给没有标点的古代汉语书籍断句并加上适当的标点符号的过程。正如前面所述,尽管我国古代已经形成了若干种句读符号体系,但是,古代句读的使用在古籍中并不普及。胡适先生曾说:“国中古籍率无圈点,即有之矣,其所用符号,又不完备;或有圈而无点,有句而无读。其圈点又不依文法构造,但截长为短,以便口齿而已。”[12]281虽然并不完全如此,但基本上说出了20世纪以前中国古籍标点之大致情形。

我国古代典籍汗牛充栋,据说有8万余种(一说15万种),直到清末，绝大多数的古籍仍然不加句读①。即使到现在，经过标点整理的古书也不过四五千种而已。[30]2可见，大多数古籍并没有加注新式标点符号。

1920 年，汪原放标点、分段并由上海亚东图书馆排印出版了《水浒传》，这是中国首次使用新式标点符号标点、出版古典书籍[31]。

需要引起注意的是，尽管汪氏于古籍标点功勋卓著，但是，汪氏标点、出版之书在其版权页并没有采用“标点者”，而是“句读者”。可见，20 世纪 20 年代初“句读”一词的使用频率仍然远远高于“标点”。参见图 2－1、图 2－2。

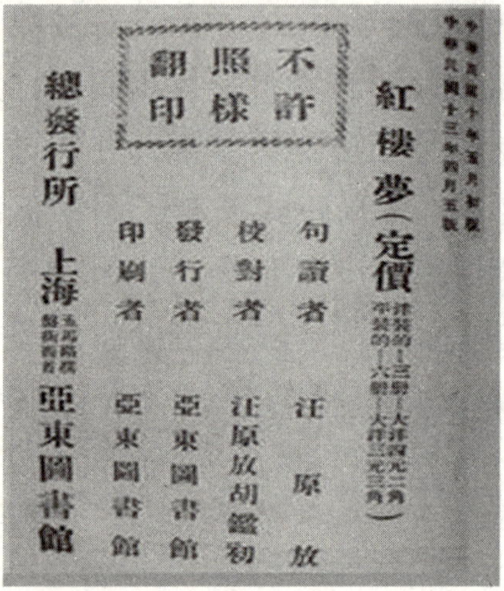

图 2－1　汪原放标点本《红楼梦》的版权页

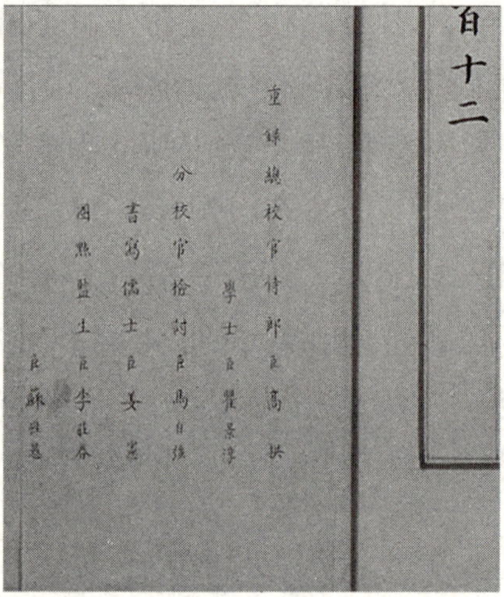

图 2－2　《永乐大典》卷末版权页

汪氏的贡献主要在于利用新式标点符号标点中国古代小说，而由官方大规模利用旧式标点来标点古籍却由来已久。

清代钱谦益认为，南宋年间刊刻的《淳熙九经》“点断句读皆精审”，可见南宋时官方已经对儒家经典加注了句读，带有句读的《淳熙九经》通行于全国，当时全国学子应该获益匪浅。然句读仅

① 关于古籍的时代划分，目前仍然存在不同的看法。通常有三种划分方法：第一，以 1840 年为下限；第二，以 1911 年为下限；第三，以 1919 年为下限。此处采用第二种意见，即成书于 1911 年前且以纸为载体抄写或印刷的中国古代图书，方称为古籍。

止于儒家经典，经外图书之句读加注仍然付阙。大规模由官方对经外之书加注句读可以追溯到明代《永乐大典》的编纂。

《永乐大典》正文22 877 卷，凡例和目录60 卷，装成11 095册，总字数约3.7 亿字。书中保存了我国上自先秦的佚文秘典，下迄明初的各种典籍资料达8 000 余种，是中国古代最大的类书。尽管该书规模巨大，但难能可贵的是，却全部加注了句读符号。该书"书名用硃书，句读用硃圈，工整匀洁"[32]序3。"正文与注文都用小白圈（。）断句，置于字的右下侧，字距不变，小字长注文往往用空格的办法来分段。"[3]

目前能够影印、出版的《永乐大典》各残卷均有句读人员的记载，这是非常难得的。比如东京大学图书馆藏本《永乐大典》910—912 卷末注明"圈点监生臣李庄春臣苏性愚"，说明此册的圈点工作是由李庄春、苏性愚二人共同完成的。而且圈点人员与总校官、分校官、书写人同时并列于卷末，说明圈点人具有一定的社会地位。

当然，明代加注句读的作品尚有嘉靖本《三国志通俗演义》、万历年间容与堂版《水浒传》等，这些古籍均实行全面句读，而与大多数古籍刻本句读时有时无不同。

可惜的是，清代官方在印制或者抄录古籍时未能延续这一传统。比如清乾隆时官方编纂的《四库全书》为目前存世的最大一部古代丛书，共收录千余种图书。然与《永乐大典》注标句读的做法相反，无论收入之书原来是否有断句标点，一经编入即用统一的体例不予断句标点。举总集为例，如宋吕祖谦《古文关键》、谢枋得《文章轨范》、王霆震《古文集成前集》、元方回《瀛奎律髓》、赖良《大雅集》等原本皆有著名的"批点"、"评点"，但收入《四库全书》后，其"圈点"均消失无踪[12]218。

尽管官方对于古籍句读重视不足，但于一般学者却多有提及，比如桐城派领袖方苞曾给皇帝上书，奏请重刻《十三经》、《廿一史》，“务期句读分明，使学者开卷了然”。并亲身实践，评点了不少经史子集类著作，如《评点大戴记》、《左氏评点》，《史记评点》等数十部典籍。桐城派刘大櫆、姚鼐评点之书亦复不少，刘氏评点著作有《评点国语》、《评点庄子》、《评点扬子法言》、《评点诗经》、《评点文选》、《评点古诗选》等，而姚氏评点著作亦有《评点易经》、《评点毛诗故训传》、《评点周礼》、《评点礼记》、《评点左传》、《评点秦板九经》、《汉书评点》等[12]218-238。

当然，清代学者并非对前代图书加注句读一律持赞同态度，比如清中兴名将曾国藩在其《经史百家简编序》中说道：

> 后人不察，辄仿其法，以涂抹古书，大圈密点，狼藉行间。故章句者，古人治经之盛业也，而今专以施之时文；圈点者，科场时文之陋习也，而今反以施之古书。末流之迁变，何可胜道？[12]225

他认为圈点为“科场时文之陋习”，明确持否定态度。但是，曾氏并非全盘反对圈点，他只是反对“涂抹古书，大圈密点，狼藉行间”。实际上他自己做了大量的评点工作。他的评点著作就有《评点左传》、《评点孟子》、《评点文选》和《十八家诗钞》、《经史百家杂钞》等。他的评点对后人影响较大。

曾氏门下弟子俞樾也认为圈点、评语“皆明以来陋习”，所持观点与其师同出一辙，故此不需细论。

总之，有清一代，标注句读之书数量亦非常有限，尤其《四库全书》取消原文标注，对于清代图书刊刻影响甚巨。

新式标点标注古籍始于1919年以后。1920年，在陈独秀、胡适等人的支持下，汪原放标点、分段并由上海亚东图书馆排印出版了《水浒传》，这是中国第一次使用标点符号出版古典书籍[31]。这一部古典小说的标点并出版，得到了极高的评价。当时胡适说：

"我可预料汪君这部书将来一定要成为新式标点符号的实用教本，他在教育上的效能一定比教育部颁行的新式标点符号原案还要大得多。"实际上，汪原放先生标点的古代典籍并不止这一部，另外尚有《儒林外史》、《红楼梦》、《西游记》、《三国演义》等数十部。汪氏所有标点、出版图书其前有"句读符号说明"，向读者介绍本书所用标点符号的类型及其使用方法，并用本书中的原句作例证，对于新式标点符号的推广、教育的普及有不可估量的作用。其后均有"校读后记"，详细说明版本的选择、文字的增删补改等校勘的过程，为不可多得的学术论文。鲁迅先生曾说过："标点只能让汪原放，做序只能推胡适之，出版只能由亚东图书馆，刘半农、李小峰、我，皆非其选也。"即是对汪氏标点工作的赞赏。《光明日报》发文称汪氏为"标点校勘古典小说第一人"[33]，良有以也。

因为中国古籍流落于世界各国，所以中国古籍整理也为世界很多国家所重视。不仅中国重视古籍标点，其他各国亦然。限于篇幅，本书不作赘言。

1920 年至 1949 年，古籍整理工作以影印古籍或者提供校勘精良的版本为主，取得了不少成绩。当然，其间也颇有些出版机构对古籍重新进行排印并加注标点。这些出版机构主要有中华书局、商务印书馆、世界书局、大东书局、开明书店等。

2.1.5 农业古籍断句标点

中国是历史悠久的农业大国，历代流传下来的农业古籍数量繁多，内容丰富。近年来，我国古籍数字化整理与研究工作取得很大进步，包括农业古籍在内的各种重要古代文献已经得到数字化整理，建成了全文数据库。但是，因为其全文数据库无断句和标点，研究者或读者要想利用其中的信息资源，仍有较大困难。

据《中国农业古籍目录》记载[34]，中国古农书约 3 000 余种，仅存世古农书就有1 000余种①，而《农业古籍出版情况》[34]中记录1959年至2005年新中国出版的各类农业古籍只有140余种。或许此目录收录数据不全，但作为华东师范大学研究生院提供的目录无疑具有一定的权威性，数据当比较接近实际总量。由此可见，已经整理的农业古籍约占全部农书的15%左右，换句话说，待整理的农书占全部农书的85%，断句标点仍然是非常严峻的任务。

实际上，农业古籍不仅是指古农书，同时也应该包括与农史研究相关的资料。比如中国农业遗产研究室从8 000余种方志中辑录出大量的物产资料，并汇编成册，达1 500万字左右，其作用毋庸多言，但均没有断句标点。此类资料虽非古农书，但仍应归入农业古籍。后文各处所说的农业古籍，即是采用较为广泛的含义，而非狭义所指（仅为古农书）。如果以此为统计依据，则待断句标点的农业古籍比例会更高。

农业古籍的标点往往与农业古籍的校勘、注释、翻译等工作同时进行，校勘、注释、翻译者往往同时就是断句标点者。与一般古籍不同的是，大多数农业古籍的整理往往不标出断句标点人员。根据《新中国古籍图书整理出版总目录》以及《农业古籍出版情况》，明确标出标点者只有10余种，数量非常有限[34,35]。由此可见，断句标点在农业古籍整理领域的作用并没有受到应有的重视。要想这些内容丰富、数量众多的农书为大众使用，首先必须解决断句标点问题。已断句标点的农业古籍参见表2-3。

① 关于农业古籍的数量一直未有精确的统计数据，农史学家就其数量也并没有达成统一认识。1959年北京图书馆编辑的《中国古农书联合目录》收书643种；王毓瑚《中国农学书录》收书541种；日本天野元之助《中国古农书考》中收书292种；由中国农业历史学会与中国农业博物馆编辑的《农业古籍联合目录》（1990年版）收书2 634种；张芳、王思明编著的《中国农业古籍目录》（2002年）共收录农书存目2 084条，具体种数未统计。后两种目录并没有严格区分同一农书的不同版本，其中存在不少重复。据初步统计，古农书数量应在1 000种左右。

表2-3 已断句标点的农业古籍举例

书　名	整理者	出版社	出版时间
农圃便览	（清）丁宜曾撰；王毓瑚校点	中华书局	1957.5
陈旉农书	陈旉撰	中国农业出版社	1959.5
沈氏农书	（清）张履祥补辑；陈恒力点校	中国农业出版社	1959.5
裨农最要	（清）陈开沚	中国农业出版社	1959.6
元亨疗马集	（明）喻本元、喻本亨	中国农业出版社	1960.1
养余月令	戴羲	中国农业出版社	1960.1
牛经切要	于船、张克家点校	中国农业出版社	1963.11
郡县农政	（清）包世臣撰；王毓瑚点校	中国农业出版社	1963.11
王祯农书	（元）王祯撰	中国农业出版社	1963.5
齐民要术	（北魏）贾思勰	中国农业出版社	1963.5
授时通考	（清）鄂尔泰等	中国农业出版社	1963.7
农学合编	杨巩	中华书局	1956.10
		中国农业出版社	1963.7
胡氏治家略农事编	（清）胡炜撰；童一中节录	中国农业出版社	1963.9
农雅	（清）倪倬	中国农业出版社	1963.9
牡丹史	（明）薛凤翔撰；李冬生点注	安徽人民出版社	1983.12
新刻马书	（明）杨时乔等纂；吴学聪点校	中国农业出版社	1984.2

当然，我国农业古籍原刻本也并非全无句读。一些综合性丛书、方志、史料汇编中均有数量不菲的农业古籍，使用了句读或者新式标点符号。如明代编纂的《永乐大典》中13 194卷“種”部（“种”部）收录有《种艺必用》一书。《永乐大典》所收各书全部标有句读，因而《种艺必用》自然具有了相应的句读。这可能是目前较早的农业古籍标有句读的记载。胡道静就曾从中辑出该书，并加以系统校录，曾收入中国农业出版社的《中国古农书丛刊》加以出版。

至清代农书出版之时附加句读者数量亦逐渐增多。尤其是清代末期，句读更加广泛。《种树书》，明代俞宗本著，是一部著名农书，其价值亦已经为众多农史专家认可。光绪二十三年（1897年）浙西村舍刊刻了此书，但该书标点只有一圈点，实际上只是断句而已。《复淮故道图说》是一部水利学著作，同治八年（1869年）集韵书屋刊刻时，部分内容已经标有句读。参见图2－3。新近编纂的《续修四库全书》以集韵书屋版为底稿进行影印，使我们了解当时该书的刊刻情况。图2－3（a）无句读，图2－3（b）有句读，句读的符号是一圈点（。），可见句读时有时无，当时句读的使用也并不统一、规范。

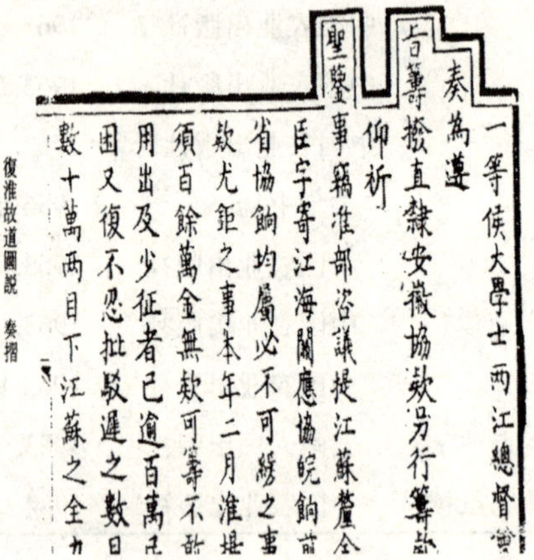
一等侯大學士兩江總督曾
奏為遵
旨籌撥直隸安徽協款另行籌款
仰祈
聖鑒事竊准部咨議提江蘇釐金
臣宇寄江海關應協皖餉
省協餉均屬必不可緩之事
款尤鉅之事本年二月淮提
須百餘萬金無款可籌不敷
用出及少征者已逾百萬
困又復不忍批駁遲之數日
數十萬兩目下江蘇之全力
復淮故道圖說　奏摺

（a）

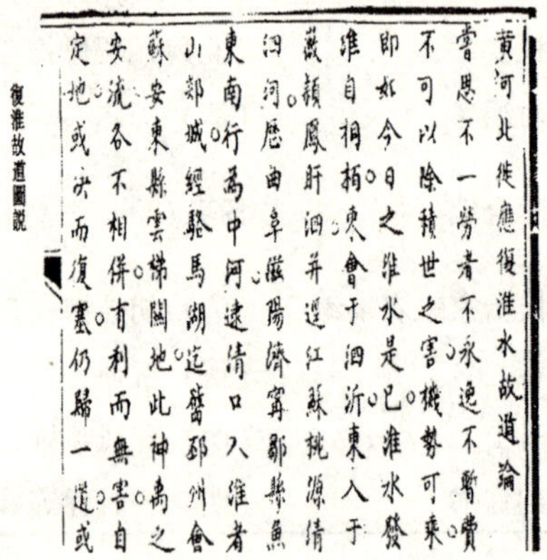
黃河北徙應復淮水故道論
嘗思不一勞者不永逸。不暫費
不可以除積世之害。機勢可乘。
即如今日之淮水是已。淮水發
淮自桐柏。東會于泗沂。東入于
歲潁鳳盱泗。并運江蘇桃源清
泗河。歷曲阜滋陽濟寧鄒縣魚
東南行為中河。遠清口入淮者
山郯城。經駱馬湖。運邳州會
蘇安東縣雲梯關地。此神禹之
安流各不相併。有利而無害。自
定地。或決而復塞。仍歸一道。或
復淮故道圖說

（b）

图2－3　《复淮故道图说》书影

中华民国期间（1912年—1949年），农业古籍标点又向前迈进了一步。具体表现在：其一，断句标点的数量比前代有所增加；其二，对前代农业古籍重新进行断句标点整理，出现了不少具有句读或者新式标点的农业古籍整理作品，比如《中国水利珍本丛书》就裒辑前代水利典籍，由汪胡桢等人统一进行断句工作，取得了明显的成效。

新中国成立后，国务院古籍整理委员会把农业古籍的整理列入古籍整理计划。仅“八五”规划中就列入了《农业古籍丛刊》（10

种）、《中国农学遗产选集》、《农史研究专题资料汇编（6 种）》等系列[37]。有不少出版机构长期关注农业古籍的整理与出版，其中尤以中国农业出版社、中华书局为最。1952 年至 1987 年上半年，全国有 43 家出版社共出版农业古籍、农史研究著作 281 种（不含农业经济史），按出版社分，最多的三家分别是：中国农业出版社 146 种（占 52%），中华书局（不含上海编辑所）56 种（占 20%），科学出版社 19 种（占 7% 左右），三者合计占总数的 79%[38]。又据《常用典籍目录·农业》不完全统计，仅中国农业出版社出版农业古籍就达 96 种，中华书局出版 30 种，二者合计 126 种，占目录中图书总数（173 种）的 73%[39]。上述两项统计数据相近，可见笔者所言非虚。

不仅出版单行本的农业古籍，各出版机构还出版了数量不等的大型农业古籍丛书，比如中国农业出版社的《中国古农书丛刊》、《中国农书丛刊》等。商务印书馆、中华书局亦有相当数量之农业古籍整理出版，至于一般出版社的农业古籍整理作品亦时常见于市场或者网络。

就以前面述及的《种树书》为例来说，中国农业出版社完全采用新式标点符号，不仅包括传统的句号，同时还包括逗号、顿号等标点符号。虽然也采用繁体竖排版式，但是，中国农业出版社却是铅字排印且有标点，因而清晰度、阅读方便度均比 1897 年浙西村舍版《种树书》高出一筹。参见图 2－4、图 2－5。

有关农业古籍整理的详细情形已经有专家进行了研究，比如惠富平的《中国传统农书整理综论》以及肖克之、李兆昆《农业古籍整理出版概况》均为其中的代表作[40,41]。另外，李根蟠、王小嘉《中国农史研究的回顾与展望》也介绍了农书整理的部分情况，同样值得参考[42]。

这些成果对于农业古籍的自动断句标点准备了充足的素材，也为农业古籍的研究打下了坚实的基础，值得认真加以学习与研究。

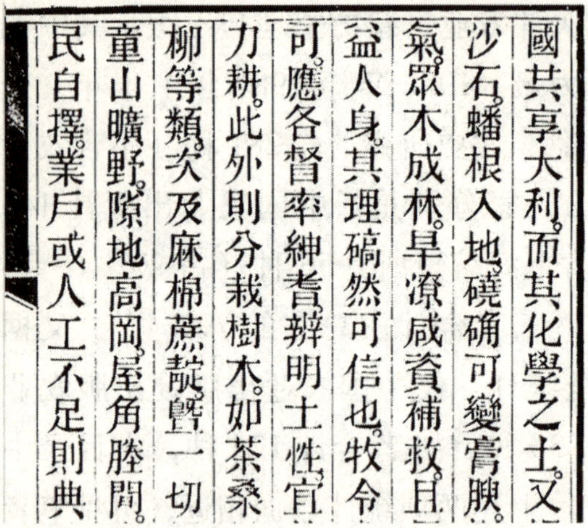

國共享大利。而其化學之士。又
沙石。蟠根入地。磽确可變膏腴。
氣。眾木成林。旱潦咸資補救。且
益人身。其理碻然可信也。牧令
司。應各督率紳耆。辨明土性。宜
力耕。此外則分栽樹木。如茶桑
柳等類。次及麻棉蔗靛。暨一切
童山曠野。隙地高岡。屋角塍間。
民自擇。業戶或人工不足則典

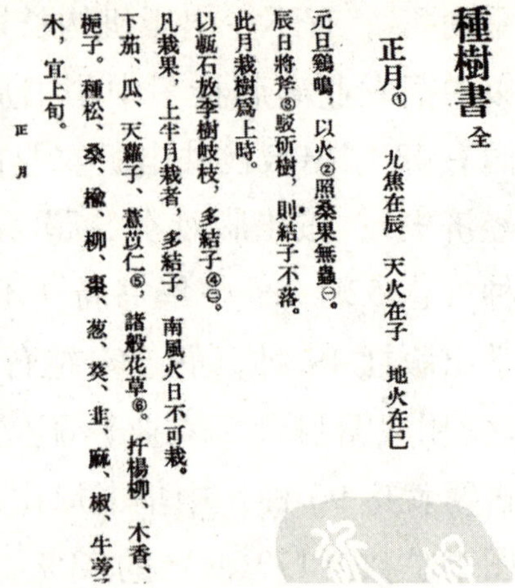

種樹書 全

正月① 九焦在辰 天火在子 地火在巳

元旦鷄鳴，以火②照桑果無蟲㊀。
辰日將斧③斫樹，則結子不落。
此月栽樹爲上時。
以甎石放李樹岐枝，多結子④㊁。
凡栽果，上半月栽者，多結子。南風火日不可栽。
下茄、瓜、天蘿子、薏苡仁⑤，諸般花草⑥。扦楊柳、木香、
梔子。種松、桑、榆、柳、棗、葱、葵、韭、麻、椒、牛蒡
木，宜上旬。

正 月

图 2－4 1897 年浙西村舍版《种树书》书影　　图 2－5 1962 年版《种树书》书影

2.2 古籍计算机自动断句标点技术进展

2.2.1 自动断句标点的概念和意义

古籍断句标点是古籍整理的重要环节，也是其他整理环节的基础。如果断句标点出现错误，则相关的研究也无从谈起。

中国是历史悠久的农业大国，历代流传下来的农业古籍数量繁多，内容丰富。它们记载和总结了我国古代农、林、牧、副、渔等方面的技术经验和生产知识，还包含了农业政策、农业经营管理、田制赋税、救荒赈灾等方面的重要资料，集中反映出我国传统农业的发展过程和历史特点，具有很高的科学和文化价值，是进行农业史、科技史以及经济史研究的重要文献依据。另外，我国农业古籍数量繁多，全部采用人工断句、标点费时费力，目前已经断句、标点的农业古籍只占很小一部分。而不加断句、标点又直接影响使用。20 世纪五六十年代，石声汉等一些前辈农史学家在农业古籍校

注整理过程中，曾有过系统整理农业古籍资料的想法，但由于农业古籍数量繁多和当时资料整理手段的限制，这项工作一直未能进行。

近年来，我国古籍数字化整理与研究工作取得很大进步，包括农业古籍在内的各种重要古代文献已经得到数字化整理，建成了全文数据库。但是因为其全文数据库无断句和标点，研究者或读者要想利用其中的信息资源，仍有较大困难。一是要从无断句、无标点的数百种农业古籍中查寻、整理相关专题资料，毕竟不是一件容易的事情；二是农业古籍的专业性较强，资料阅读和理解费时费力，需要不时查阅相关工具书或专业文献。亟须对这些数字化农业古籍进行深层次加工整理，以便更好地为农业史及相关科学研究服务。借鉴近20年来的中文信息处理技术（如模式识别、自动分词、篇章分割等方法），利用已有的农业古籍数字化成果，并结合农业古籍自身的内容特点，建立一个具有自动断句和标点功能的农业古籍资料智能化处理系统是本课题研究的主要目的。

进行农史古籍自动断句标点有重要的现实意义和理论意义。

自动断句标点现实意义具体表现在以下两个方面：

（1）方便农史研究人员进行农业史研究，同时也方便广大历史学专业学生熟悉中国农业古籍，了解中国传统文化。

（2）通过农业古籍自动断句、自动标点系统的研究为中国历史古籍的全面自动断句和自动标点积累实际工作经验，从而为实现中国典籍的自动断句和自动标点系统的编制打下坚实的基础。

不仅如此，本课题的研究还有相当重要的理论意义，具体表现在：

（1）传统语言学研究主要是定性的研究，缺少一种可复现、定量化的实现手段和理论，而本书为传统语言学的复现、量化研究提供一种尝试，以期为语言学特征的智能化研究提供一种理论框架。

（2）探索现代技术对古籍自动断句、自动标点的应用程度，从而为实现古籍的自动分类、自动索引创建理论依据。

综上所述，本课题的实施对于中国农业古籍整理研究具有重大的支撑作用，能够加速对中国农业古籍的整理和研究，乃至对整个中国传统文化典籍的整理和研究也有相当的促进作用。同时，对于传统语言学研究，乃至现代信息技术对古代汉语典籍的应用研究也具有相当的参考价值。

2.2.2 自动断句标点研究进展

虽然关于古籍断句标点的研究时日很短，但是关于现代文本自动标点的研究却非止一日，对于历史与现状的回顾有助于我们找准本书研究的切入点。

尽管我国标点符号的产生已有相当漫长的历史。但是，关于标点符号的研究，却并未与之同步。虽以前各时期均有零散研究，但并没有形成体系。直至五四运动前后，学者方始整理有关资料，撰写了一大批专著与文献。关于其详细情况，今人袁晖在《汉语标点符号流变史》的第四章进行了仔细的梳理[12]452-496。

学术界一般认为，我国旧式标点符号在先秦时期开始萌芽，两汉时期得到发展，至宋、元、明三代逐步成熟，在清代又进一步拓展。而新式标点符号则在五四运动前后开始诞生，民国时期逐渐定型，新中国成立后方始成熟[3,12,14,23]。

利用计算机开展研究却是10多年前开始的，国外的研究相对较早。1993年Paul Bruthiaux系统研究了标点的属性[43]，实际上为自动标点奠定了基础。1996年Jones Bernard则专门研究了标点的句法特征，并归纳出不同情境下应用的标点规则[44]，1997年Jones又进一步提出计算机标点理论[45]，2003年Ji-Hwan Kim和Philip C. Woodland二人共同研究并提出了一种基于韵律的标点自动生成和语音识别系统，取得了较好的效果[46]。

我国关于利用计算机进行自动标点的研究与国外研究基本上处于同一时期。1997 年，北京大学计算语言研究所和北京大学古文献研究所合作开发的以《全宋诗》为对象的古诗研究取得阶段性成果。该系统通过选取任一诗作的第一句和偶句的尾字与系统中储存的韵书和押韵规则相匹配，自动判断诗作的押韵状况与韵脚[47]，这实际上就是对诗作自动断句标点的先声。

中国台湾陈郁夫先生在主持《古今图书集成》项目时，便想开始探索自动标点的可行性。虽难度较高，但已能对句法严整，兼有押韵的收录诗文辞赋的“艺文”和名句佳对选的“选句”，约 1 700 余万字的韵文，进行自动标点。2000 年 11 月在信息网络时代中日韩语文现代化国际学术研讨会上，陈先生递交的论文详细论述了古籍诗、词、赋标点的构思与技术，并演示了部分程序[48]。

除上述两项成果外，还有多位学者提出了自动断句标点的设想和思路。

实际上关于利用计算机进行古籍标点的构想，并不一帆风顺，至今还存在着争论。北京大学李铎博士曾提出要自动标点《四库全书》，香港迪志公司和书同文公司邀请专家对自动标点构想进行认证，结论是：“不可能……人还不能够完全正确标点，计算机怎么可能呢?”但是，李铎博士坚持自己的看法，认为计算机并不按人的思维方式（在读懂一句话的意思之后再行标点）运行。众所周知，IBM 的“深蓝电脑”能够战胜国际象棋大师，但是程序设计员却并不是国际象棋大师级高手。依据此项理论，李铎博士提出了自己的自动标点思路：“已经标点的文献一亿两千万汉字，把这些文献交给计算机去自学习，它会分析统计出字与字之间的亲和度，哪些字用作句首，哪些字用作句尾，哪些字永不连用，哪些字组不可分等等古汉语的规律；再加上如《诗经》、五言诗及成语、人名、地名、职官等众多专用词的数据库，计算机以此作为它自学习的基础并生成新的知识库；然后对未加标点的古籍全面扫描切分。”重复上述过程，就可以实现古籍的自动断句与标点[49]。上述的思路主要有以下几个要点：

第一，充分利用已有标点文献。

第二，统计分析字元之间的互信息。

第三，格律或者文体特征。

第四，构建成语、人名、地名、职官等众多专用词知识库。

这样的思路对于后人研究与开发自动标点技术有重要的指导作用。

郑永晓先生进一步总结了古籍断句标点的思路和具体操作方法：利用计算机的自学习功能，“先选用已经标点且质量较高的古籍文本让计算机学习、模拟，从而不断扩充知识库，在此基础上完全可能实现对大规模古籍的标点工作”，并提醒开发人员在研究古汉语的规律，找出字与字之间的亲和度以外，还需要注意研究古籍不同文体的特点[50]。因为在我国传统文化史上，产生过大量文体，比如诗、词、赋、曲、小说等，每一种文体都有不同的行文方式，计算机如能首先判断出需要标点的文本是何种文体，便可根据这种文体的特点和规律做出高质量的标点切分工作。比如根据词牌去判断标点位置，可以对一首词做出十分精确的切分和标点。但是，实际情况要复杂得多，即使是同一种文体，朝代和地区不同，特色往往也相异，比如同是清朝，其前期和后期的作品风格相差甚大，尽管如此，也不是没有一定的规律可循。从大量看起来杂乱无章的现象中寻找其中的规律也正是一切研究的基础，也正是一切科学研究的目的所在。自动标点也同样如此。

唐以前的文本与唐以后的文本差异特别明显，所以，唐以前的文本自动标点的难点更大。所幸的是，唐以前的文本已经大多被人工标点出来，所以，不再作为自动断句标点技术处理的对象，至多作为自动断句标点技术需要学习的对象，而真正需要断句标点的文本主要集中在唐代以后。

目前没有整理的农业古籍基本上处于这种状况，地方志则更是如此。所以，作为一种研究与探索，选择农业古籍和地方志为语料，不仅方便本课题的实施，而且也能够在农业古籍和地方志整理领域较早实现突破。

2.2.3　自动断句和标点的基础

经过多年的研究，农业古籍数字化成绩斐然。中国是农业大国，农业典籍在中国文化典籍中占有相当比重，因此，各种古籍数据库不可避免地搜集、整理了一些农业典籍。北京大学刘俊文教授负责的中国基本古籍库光盘工程，共收录上自先秦下至民国的历代典籍一万余种，内容总量相当于三部《四库全书》，堪称规模空前、精华毕集的中国历代典籍总汇，其中就包含了《齐民要术》、《陈旉农书》、《王祯农书》等农业典籍。

中国基本古籍库光盘工程由全国高校古籍整理研究工作委员会领导并资助，体现了国家整体上对这一古籍整理工作的重视。实际上，国内各农业院校和科研院所也纷纷加入了这一阵营，比如中国农业大学、南京农业大学等实施农业典籍数字化项目[51]，近年来甚至出现一些古籍爱好者加入这一工作，也为古籍整理工作带来了很多方便。

南京农业大学中国农业遗产研究室自2000年起，历时两年实施“中国农业古籍搜集、整理与保存”项目，设计制作了包括《齐民要术》、《农政全书》等16种“善本书”和《地方志资料·江苏卷》在内的电子光盘。同时承担了两项与农业典籍数字化有关的科技部项目“中国农业科技遗产信息数据库”和“中国农业科技遗产数字化的保护和研究”的建设工作，目前已经取得实质性进展。完成了农学遗产选集图文库（记录 13 134 条）、农史论文全文库（记录 10 089 条）等一批农史资料数据库，极大地方便了农史研究人员[52]。

已有农业古籍数字化成果，所收录的农业古籍种类有限，且没有作深度开发，但是，这些成果为我们进行自动断句标点的研究提供了坚实的基础。

另外，相关知识库的构建也为自动断句标点的研究提供了必要的条件。南京农业大学中华农业文明研究院的几位博士生，如曹玲[53]、薛春香、常娥、衡中青等人分别建立了物产名称库、人名库、地名库、职官名称库、农史分类表等。

2.2.4 自动断句标点存在的问题及对策

常娥博士根据古籍数字化现状，在总结有关学者的意见后，认为我国古籍数字化工作主要存在五大问题[54]：统筹问题；技术问题；人才问题；标准规范问题；经费问题。

实际上这些问题在自动断句标点工作中也同样存在。不同格式的古籍，不仅不利于计算机自学习功能的实现，而且所用的字符集的不同以及对难字的处理方法的差异，也造成了对同一文献文本处理的差错。规范所用字符集、构建标准化的知识库、研究自动断句标点技术与方法是当务之急。

2.3 古籍计算机自动断句标点算法、流程与功能设计

2.3.1 传统古籍断句标点方法

长期以来，我国古籍的整理主要采用人工的方法，更多地依靠

专家学者的常识与经验，因而进展缓慢，大量的古籍并没有被断句与标点。正如前文所述，经过标点整理的古书也不过四五千种而已[30]2，待整理的农书占全部农书的85%。可见，人工采用传统的断句标点方法难以适应现代对古籍文本大规模整理的需求。近年来，计算机在古籍整理领域得到了大量的应用，利用计算机进行古籍文本的断句与标点同样应该成为古籍整理现代化的应有之义。但是，计算机辅助古籍断句与标点不是空中楼阁，不可能凭空而建，必须研究、借鉴与吸收传统的古籍断句与标点方法。

刘振铎在其专著《古汉语标点与翻译方法》中提供了8种断句和标点的方法[28]87-136，其中绝大多数与句法特征有关。现分别简介于后：

（1）借助“问”、“云”、“曰”断句标点。“问”、“云”、“曰”是表示对话关系的词，一般情况下均需点断。但如果不表示对话关系时，则不断。

此中人语云：“不足为外人道也。”（陶潜《桃花源记》）

（2）借助发语词断句标点。发语词常用于一段话或一句话的开头，表明一段话或一句话的起始，这里必定是白文的断句之处。常用的发语词有“夫、今夫、且夫、若夫、盖、唯”等。

例如：

夫战，勇气也。（《曹刿论战》）

夫欲播种而不深耕熟耰之，则食用何自而出？（《四库全书·子部·农家类·农书·蚕书·卷中·牛说序》）

（3）借助句尾语气词断句标点。语气词不能充当句子的成分，也不能表示句子之间的关系。它的作用是表达各种不同的语气。如陈述、疑问、祈使、感叹等语气。句尾语气词放在全句的最后，表达句子的不同语气，古汉语中常见的句尾语气词有：

第一，表示陈述语气：也、矣、焉、耳。

且四时有温凉寒暑之异，必顺时调适之可也。（《四库全书·子部·农家类·农书·蚕书·卷中·牧养役用之宜篇第一》）

第二，表示疑问语气：

疑问——乎、与（欤）、邪（耶）、诸。

测度——乎、与、邪（耶）。

反问——乎、哉、邪（耶）。

第三，表示祈使语气：也、矣、乎。

第四，表示感叹语气：哉、夫。

句尾语气词情况比较复杂，有时用一个，有时两个连用，有时甚至三个连用。主要根据上下文进行推断，到底用了几个语气词。

（4）借助感叹词断句标点。感叹词一般用于一句的开头，在这样词的前边和后边都可以点断，常用的感叹词有：

吁　噫　呜呼　嗟夫　磋呼　磋磋　噫嘻　悲夫　嘻

感叹词是一种介乎于实词和虚词之间的词，常可以作句子的独立成分，常用感叹号点断。例如：

嗟乎！后世骄君自恣，不以天下万民为事。（黄宗羲《原臣》）

（5）借助关联词语断句标点。关联词语能够表明分句间的关系，也能够帮助我们断句标点。具体细分为：

第一，并列关系复句常用关联词语：

单独使用的：又、亦、并、且、而。

配合使用的：又……又……；也……也……；则……则……；或……或……；且……且……；既……又……。

第二，承接关系的复句常用关联词语：

单独使用的：因、遂、犹、又、便、即、乃、则、然后、而、然。

配合使用的：先……后……。

第三，递进关系的复句常用关联词语：

单独使用的：况、而况、且、尚。

配合使用的：非徒……而又……；尚……况……；犹……况……。

第四，选择关系的复句常用关联词语：

单独使用的：或、将、且、其、抑。

配合使用的：宁……宁……；非……即……；非……则……；宁……不……。

第五，对比关系的复句常用关联词语：

单独使用的：而、非。

配合使用的：则……则……。

第六，总分关系的复句常用数量词在总提分句中起关联作用：

> 君子有九思：视思明，听思聪，色思温，貌思恭，言思忠，事思敬，疑思问，忿思难，见得思义。（《论语·季氏》）

第七，转折关系的复句常用关联词语：

单独使用的：虽、抑、而、然、徒、但、顾、独、犹、幸、反、是。

配合使用的：虽……然……；虽……则……；虽……而……；虽……然而……；虽……独……；虽……岂……。

虽能勤身从事，而播植之宜，蚕缫之节，或未得其术，则力劳而功寡，获约而不丰矣。（《农政全书·农本·诸家杂论·下》）

第八，因果关系的复句常用关联词语：

单独使用的：故、以故、是故、是以、以此、以是、由是、因、以为、用、所以、之所以。

配合使用的：以……故……；惟……故……；等等。

第九，假设关系的复句常用关联词语：

单独使用的：如、若、苟、倘、使、倘使、而、则、微、犹、设、其、所、令、诚、今、必、信、欲、为、假使、假令、假而、但使、没使、且使、如使、即、纵、就、唯、籍弟令、第令。

其中，有的关联词语常与“则、斯、岂、便、遂”等搭配使用。

第十，条件关系的复句常用关联词语：

单独使用的：但、必、自、非、无、微。

配合使用的：自非……则……；任……也……；无……皆……；等等。

第十一，连锁关系的复句常用关联词语：

配合使用的：益……益……；每……辄……；每……则……；一……而……；一……则……；等等。

第十二，目的关系的复句常用关联词语：以。

（6）借助固定格式断句标点。

……孰与……；不亦……乎；以……为……；何（以）……为；奈何；何为；如……何；无乃……与；等等。

（7）借助特殊句式断句标点。

古人行文爱用骈偶句式、讲究节奏，常常使用对比、对偶、排比等句子，加强文章的气势，我们可以利用古汉语中的这些修辞特点，帮助断句，如“有……而后有……”等成对使用。

（8）借助主语断句标点。

句子是语言的最基本的使用单位，断句标点主要就是解决分清句子的问题。通过主语的认识，再进一步找到其他结构，从而断开句子，加上标点。

很显然，这样的传统方法仍然应该成为自动断句标点的重要方法之一。但是，如果仅止乎此，很显然不能发挥计算机本身在文字处理方面的优势，研究新的方法仍然是自动断句标点应该继续尝试的领域。

2.3.2 计算机辅助断句标点的主要算法

计算机辅助断句标点有多种实现方法，本书所选用的思路主要有以下几种：

（1）借鉴中文信息模式识别处理技术，总结通用断句标点模式。本研究拟根据模式识别（或称模式匹配）理论找出农业古籍断句模式，从而为农业古籍文本进行初步断句，使文本可以分为若干较大的、标志比较明显的段落。

（2）虚词、关联词及语气词断句法是最常用的一种方法，同义语标志词法也为各种同义语之间的断句提供了一种重要的手段。反义词、引书标志、时序、数量词、重复字词、动名结构可以为断句、标点提供新思路，而比较句法则对复句的判断、子句的断句标点提供了辅助手段。

（3）农业用语的识别和使用，无疑有助于提高断句、标点后农业古籍的可读性。

农业专业术语的应用在农业古籍中非常广泛，分析与研究这些术语能够提高断句标点的效率。

（4）禁用词、禁用标点表的使用则可进一步提高农业古籍断句、标点的准确性。

在断句标点的过程中会存在可观的误标，为了减少这些误差，设置禁用词表、禁用标点表是一个较好的选择。

（5）根据自动断句结果，进行自动标点。

先整理出标点规则，再根据自动断句结果进行标点自动添加、自动修改。为了方便专家修改相关自动断句和自动标点结果，加入人工修改功能。

2.3.3 计算机辅助断句标点的流程设计

一个合适的流程设计可以使得程序运行的效果明显提高，并可以极大地减少数据的冗余度。本书选择标点本《二十五史》“食货”部分以及10部古农书作为试验文本。其中以《二十五史》“食货”部分以及《齐民要术》、《王祯农书》、《农政全书》、《大观茶论》等4部古农书作为训练集，以《氾胜之书》、许次纾《茶疏》、韩彦直《橘录》、张源《茶录》、顾景星《野菜赞》、曾雄生《禾谱辑佚》等6部古农书作为测试集。采用模式识别技术，构建模式识别库，在实施模式优化和转换后，导入相关模式识别处理程序，从而实现自动对古籍文本的自动断句和标点。参见图2－6。

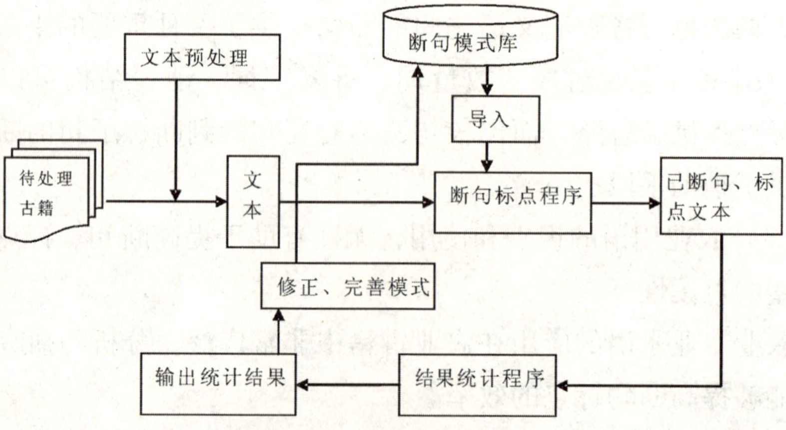

图2－6　自动断句标点流程图

2.3.3.1　文本预处理

首先搜集各种农业古籍标点文本，比如《氾胜之书》[55]，然后将之转换成无标点文本形式，并进行繁简转换，统一全半角，以提高断句和标点的准确度。

2.3.3.2　断句模式库构建

断句有多种方式，因为本书采用模式识别进行测试，识别规则的数量和质量是研究的关键所在，所以构建模式识别库也就是本书的重点所在。后面将予以详细介绍。

2.3.3.3　断句标点

一般来说，模式识别主要通过正则表达式来实现。目前要完成这一功能主要有两种途径：其一，采用支持正则表达式功能的编程语言自行编制程序，比如 JAVA、PERL、C#、VB 等语言均支持正则表达式，提供了一些基本的功能模块，只要熟悉基本的程序设计原理，完成相关的程序设计并不困难。其二，可以采用专门的文本处理工具，比如 ULTRAEDIT[56]、TEXTPRO 等程序。这些程序专门为文本处理而设计，基本能够胜任对普通文本的查找与替换处理。但是，考虑到这些程序本身的功能与用户群体背景，这些程序能够支持的正则表达式语法毕竟有限，同时现有各种程序均非面对古籍断句标点功能设计，因而本系统专门编制了断句标点程序。

2.3.3.4　断句标点效果统计

断句效果是本研究是否可行的重要标志。所以对于断句效果的统计是本书不可缺少的环节。

2.3.4　计算机断句标点的功能设计

构建模式识别库是本项研究的难点之一，所以需要投入大量的精力和时间。经过初步研究，本试验中农业古籍断句标点主要采用以下几种模式：

2.3.4.1 句法特征词断句法

现代汉语关于句法特征进行了大量的研究[57,58]，对古籍处理有一定的参考价值。用于句法特征标志的词汇主要有虚词、关联词及语气词三大类。参见表2－4。

表2－4 模式识别用虚词、关联词及语气词举例

句式及类型	单一词		复合词	
	识别模式	断句模式	识别模式	断句模式
陈述句首词	盖 凡 窃 敬 岂 夫 苟 但 又 或 尤 虽	前加句号	虽然 是以 尤以 要之 要皆 然后 否则 是故 亦可 恐不 诚为 此谓 是谓 如此则 皆如	前加逗号
			一方 又方 又法 一法	前加逗号 后加冒号
肯定句尾词	也 矣 耳 乎	后加句号	为率 尤甚 而已 而至	后加句号
疑问句尾词	耶 欤 焉 哉 邪	后加问号	何以故 何故	前加句号 后加问号
感叹句尾词	呜呼	后加感叹号	皆……也 非……也 所谓……也 是……谓 此……谓 凡……法	前加逗号 后加句号

（1）虚词，在古籍中的地位众所周知，比如“也、哉、乎”等句尾词，“岂、胡、夫、苟”等句首词等，皆可以作为断句主要标记。

例如：

《世本》曰：“倕作耒耜。”“倕，神农之臣也。”（《齐民要术·耕田第一》，其中“也”为句尾词。）

夫谷帛实天下之命。卫尉前上蚕法，今上农事，人所忽略，卫尉勤之，可谓忠国忧民之至。（《氾胜之书·十八杂项》，其中“夫”为名首词。）

（2）句法关联词，是指那些在复句中表示分句之间关系的词语，给汉语的断句、标点提供了很大的帮助。虽然同义词关联词也可归入句法关联词，但考虑同义词关联词表数量巨大，将在下一小节专门论述。李文翔等人通过对现代汉语文本语料库中上下文信息的提取和处理[59]，建立了关联词语的知识库：“关联词条表”和“关联匹配矩阵”，对于复句的分析以及子句的划分意义甚大。在古汉语中也是如此，“尤、虽、如此则、要之、然后、若乃、若夫”等均可以作为句首词处理，在其前断句，并加上适当的标点。

例如：

蒲且子……盖以挽弓之力有余，然后可以巧中而必获也。若乃力弱而弓强，则战掉惴栗之不暇，何暇思获。（《四库全书·子部·农家类·农书·卷上·财力之宜篇第一》）

若夫所行者，暴而霆者，旱而冻者，腥而墨者，及檐溜者，皆不可食。（《煮泉小品·灵水》）

（3）语气词，同样也是古籍中重要的断句标志。比如表示谦虚的“敬、盖、苟、窃”等词、表示感叹的“呜呼、嗟夫”等词以及作为提问的“乎、何故”等词，均可作为新句的开始。

例如：

窃尝有以喻之：蒲且子，古之善弋者也。（《四库全书·子部·农家类·农书·卷上·财力之宜篇第一》）

苟有能反是者，则又爱之太恩，忧之太勤。（《农政全书·种植·种法》）

可谓盛世之情尚也。呜呼！至治之世，岂惟人得以尽其材，而草木之灵者，亦得以尽其用矣。（《大观

茶论》)

文学曰:“禹戚洪水,身亲其劳,泽行路宿,过门不入。当此之时,簪堕不掇,冠挂不顾,而暇耕乎?(《盐铁论·相刺第二十》)

此类词数量相当大,必须通读大量古籍总结归纳方能得到一个较为全面的结果。这种方法是一般人员通读古文常用的技巧,所以利用这种方法,得到的断句结果往往有较高的准确性和认同度。

2.3.4.2 **同义语标志词法**

为了对某一名词进一步加以解释,古籍中常以一定的关联词来关联另一词,形成“原词 <标识词> 同义词”模式[60],其中标志词为“亦曰、亦作、亦云、又云”等,而这些词汇恰好可以作为断句的辅助工具。文献[61]通过物产资料的分析和研究,认为物产异名别称有23个大类,它们分别是本称、彼称、另称、讹称、改称、古称、或称、简称、今称、俚称、世称、俗称、通称、土称、正称、一称、亦称、有称、又称、所称、命称、判称、因称。很显然,在农业古籍中异名别称的数量比现代汉语中要复杂得多。然而,经过适当的归类和合并,在正则表达式中所用的规则并不很多。在本研究中主要应用了表2-5中的12条规则。

例如:

板枝花,又名木棉花,李卫公贬崖州时,唐人诗曰:绛纱弟子音书绝,鸾镜佳人相会稀。今日置身歌舞地,木棉花发鹧鸪飞。又云,焰焰烧空出化炉,一春花信最先孚。看花未暇评牛李,且醉东风听鹧鸪。(《清康熙三十年昌化县志》)

云苔,俗名油菜,子可打油。(《清同治十二年仁化县志》)

上述2例均可以通过规则“[\^一或又亦俗人古今别故][\^号即作谓名称云呼曰为]”识别并进行标点。

表2-5 同义语标志法正则表达式举例

识别模式	断句模式	识别模式	断句模式
[\^俗谚][\^曰云]	前句号后逗号	[\^正学汉]名	前加逗号
[\^说对注述]c{-0,6}曰	后加冒号	[\^原本误变更昔省简旧][\^作谓名称云呼为]	前加逗号
[\^一或又亦俗人古今别故][\^号即作谓名称云呼曰为]	前加逗号	[\^古今昔俚儿人世俗].{-1,8}[\^言作谓名称云呼曰为]	前加逗号
[\^因故遂][\^号即作谓名称云呼曰为]	前加逗号	[\^通统皆俱一有亦].{-1,8}[\^言作谓名称云呼曰为]	前加逗号
土[\^名号][\^作谓名称云呼为]	前加逗号	[\^唐宋元明清辽金夏胡].{-1,8}[\^作谓名称云呼曰为]	前加逗号
他[\^处人][\^作谓名称云呼为]	前加逗号	[\^秦汉晋魏赵齐楚燕蜀吴].{-1,8}[\^作谓名称云呼曰为]	前加逗号

注：表中识别模式采用了TEXTPRO程序的正则表达式语法，与编程语言中所用略有差别。

2.3.4.3　反义复合词识别法

在中国古籍中，存在大量词素意义相对或者相反的复合词，如《道德经》“有无相生，难易相成，长短相形，高下相盈，音声相和，前后相随”一句中，“有无、难易、高下、长短、前后”即是此类。除此而外，往往还有大量的对应词，比如天地、日月、山河、花果、音声，此类词尽管不是反义词，但是可以作为反义词来处理。参见表2-6。

表2－6　反义复合词识别法举例

识别模式	断句模式	识别模式	断句模式	识别模式	断句模式
……轻重	后加逗号	长短……	前加逗号	祸福……	前加句号
……缓急	后加逗号	善恶……	前加句号	是非……	前加逗号
……大小	后加逗号	有无……	前加逗号	向背……	前加逗号
……短长	后加逗号	难易……	前加逗号	山水……	前加逗号
……多少	后加逗号	高下……	前加逗号	花果……	前加逗号
……得失	后加逗号	天地……	前加逗号	……众寡	后加逗号
……曲直	后加逗号	音声……	前加逗号	……早晚	后加逗号
……美恶	后加逗号	前后……	前加逗号		

例如：

凡黍粒大小，总视土地肥硗、时令害育。宋儒拘定以某方黍定律，未是也。(《天工开物·黍稷粱粟》)

凡大豆视土地肥硗、耨草勤怠、雨露足悭，分收入多少。(《天工开物·菽》)

然须度茶之多少，用盏之大小，盏高茶少则掩蔽茶色，茶多盏小则受汤不尽。盏惟热则茶发立耐久。(《大观茶论》)

夫造茶，先度日晷之短长，均工力之众寡，会采择之多少，使一日造成，恐茶过宿，则害色味。(《大观茶论》)

2.3.4.4　引书模式识别法

阅读古籍常见“《孟子》曰”、“《氾胜之书》云”、“《尔雅》谓”等行文格式，这些格式类似于今日论著之参考文献。因为在古籍中引用文献多以图书为主，所以在古籍中此类文献称为“引书”。

据衡中青博士研究[62,63]，引书模式有3种（参见表2-7）：

表2-7 引书识别模式举例

前标志	后标志	断句模式
案按据如依即	言引曰云作载谓	中间加书名号，前句号后冒号
	所称（谓言引曰云作载说）	后加句号
参案按据如见出载		前加逗号

其一，行文模式，如：……见，……作，案……，按……，参……，载……，案……云，按……云，案……曰，等等。

芋，有畬芋、田芋二种，田芋佳，……参《采访册》。（《清光绪二十四年海阳县志》）

其二，书名特征模式，如：……志，……记，……纪，……略，……注，等等。

《风土记》曰：博士芋，蔓生，根如鹅鸭卵。（《齐民要术·种芋第十六》）

其三，言说动词模式，如：……云，……谓，……曰，等等。

《周书》曰：神农之时，天雨粟，神农遂耕而种之。（《齐民要术·耕田第一》）

2.3.4.5 时序表达法

现代汉语有大量的时序表达[64]，在古籍中也同样如此，这些时序表达式可以作为断句、标点的重要标志。参见表2-8。

此类词可以细分为以下几类：

其一，四时，如春、夏、秋、冬等。

表2－8 时序识别模式举例

类　型	特征词汇	识别模式	断句模式
四时	春 夏 秋 冬	于春（夏 秋 冬）	后加逗号
		及……春（夏 秋 冬）	前后加逗号
		春……夏……	各词前断句
二十四节气	立春 立夏 立秋 立冬 夏至 冬至 春分 秋分	立春……	前加逗号或者句号
天干	甲 乙 丙 丁 戊 己 庚 辛 壬 癸	宜（忌）于甲（乙 丙 丁 戊 己 庚 辛 壬 癸）	后加逗号
地支	子 丑 寅 卯 辰 巳 午 未 申 酉 戌 亥	宜（忌）于子（丑 寅 卯 辰 巳 午 未 申 酉 戌 亥）	后加逗号
时间	表示时间长度	（数词）年（月 日 时）……以来	后加逗号
	表示时间顺序	先（后）…… 日（数词）日后	前后加逗号
	表示时间起始	至……年（月 日 时）	前加逗号
	表示时间终止	……乃止 ……则止 ……方止 ……乃绝 ……方绝	后加句号

例如：

用天之道，春则耕种，夏则公苗，秋则获刈，冬则入廪。（《农政全书·农本·经史典故》）

投茶有序，毋失其宜。先茶后汤日下投。汤半下茶，复以汤满，日中投。先汤后茶日上投。春秋中投。夏上投。冬下投。（《茶录·投茶》）

其二，二十四节气，如“立春、冬至”等。

天气始暑，阴气始盛，土复解，夏至后九十日昼夜分，天地气和。（《齐民要术·耕田第一》）

其三，天干名称，如“甲、乙、丙”等。

豆生于申，壮于子，长于壬，老于丑……（《齐民要术·大豆第六》）

其四，地支名称，如“子、丑、寅”等。

小豆忌卯，稻麻忌辰……黍忌丑。（《氾胜之书·种谷篇》）

其五，表示时间起讫用语。
表时间长度，如“三年、七日”等。

康熙四年，四月二十四日，天雨连绵，至五月初十日未止。小麦在田者，十去其八九。路绝行人，撑船者直至檐下。（《清代日记汇抄·乙酉笔记》）[65]34

表示时间顺序，如“先夏至二十日”等。

种必待暑，先夏至二十日，此时有雨。（《齐民要术·黍穄第四》）

表示时间起始，如“至……初、今年、明春、来春”等。例如：

至五更初，乘日未出，天气凉时用之，即力倍于常，半日可胜一日之功。（《四库全书·子部·农家类·农书·卷中·牧养役用之宜篇第一》）

嘉、湖用枝条垂压，今年视桑树傍生条，用竹钩挂卧，逐渐近地面，至冬月则抛土压之，来春每节生根，则剪开他栽。（《天工开物·叶料》）

（4）表示时间终止，如“乃止、则止”等。

令两人对持长索，搜去其露，日出乃止。（《齐民要术·黍穄第四》）

2.3.4.6 数量词识别法

现代汉语与古代汉语离不开数量词的使用，在农业古籍中数量词出现的频率就更高。据笔者不完全统计，在《齐民要术》1—16卷中数量词就出现了238次之多。所以识别这类词对断句和标点有相当重要的作用。比如数词后有“升、石、斤、把、棵、株、端、节、粒、枚”等量词，应该在量词后断句。参见表2-9。

表2-9　数量词识别法举例

数词	量词	断句模式	数词	量词	断句模式
数词	升 石 斤 两 钱 棵 科 株 端 节 粒 枚 斛 丈 尺 寸 把 斗 区 片 实 次 分 茎 撮 回 文 纪 段 棱 亩 层 厘 合 盅 杯 钟 盏 钱	后加逗号	倍		后加句号
			为度		后加逗号
半	升 石 斤 两 钱 棵 科 株 端 节 粒 枚 斛 丈 尺 寸 把 斗 区 片 实 次 分 茎 撮 回 文 纪 段 棱 亩 层 厘 合 盅 杯 钟 盏 钱	后加逗号	（数词）不当（数词）		前后加逗号
	有余 适量 挂零 有奇	后加逗号	（数词）而当（数词）		前后加逗号
	少许 微许	后加逗号	（量词）半		后加逗号

注：

①此处数词主要指“一、二、三、四……”及“壹、贰、叁、肆……”。

②除“再”外，纯粹数词一般不单独用于断句。但如前有“余”、“值”则应该在其前断句，其后无量词亦可断句。

③其他量词，如“适量”、“微许”等词，亦可酌情加入。

④如果多个数量词连续使用，如“三丈二尺八寸”，则最后一个数量词（即八寸）后方可断句。

⑤中文序号往往是句子或者段落的开始，可以进行标点和断句。

其一，数词+量词，如“三丈、二尺、八寸”等。

长三尺，阔二尺，高六寸。(《茶经》)

其二，“半” +量词，如“半寸”等。

中厚一寸，边厚半寸，轴中方而执圆。(《茶经》)

其三，虽非数量词，但表示模糊的数量，如“有余”、“适量”等。

苟粟多而财有余，何为而不成？(《农桑辑要》)

其四，倍数词，如“倍、为度”等。
例如：

故能上下戮力，财利岁倍。(《农桑辑要》)

故孟贲奋臂，众人轻之；怯夫有备，其气自倍。(《盐铁论·论勇第五十一》)

先用文火焙软，次加武火催之。手加木指。急急钞转，以半熟为度。(《茶疏·炒茶》)

渐渐减，焙干为度。中有玄微，难以言显。火候均停，色香全美。玄微未究，神味俱疲。(《茶录·造茶》)

其五，前后为数词，常用于比较。如“一而当四”等。

以此时耕，一而当四，和气去耕，四不当一。(《齐民要术》)

其六，量词+“半”，

去沟两边各二寸半，中央相去五寸（《齐民要术》）

2.3.4.7 比较句法

古籍中往往采用比较句法来增强气势，强调论点。比如“为重”、“为轻”、“为上”、“为下”、“为贵”、“为贱”等很常见，均可在其后断句。参见表2-10。

表2-10 比较句法模式识别举例

识别模式	断句模式	识别模式	断句模式	识别模式	断句模式
为上（中 下 次 贵 佳 贱 轻 重 缓 急 美 丑 善 恶 大 小 最 要）	后加逗号	在上（下 左 中 右 内 外）	后加逗号	于上（下 中 左 右 内 外）	后加逗号
其中（内 外）	后加逗号	其次	前加逗号	次之	后加逗号

凡拈丝绵之线，一分银是拈一两。其为绵也，蛾口[为最]，卜岸[次之]，黄茧[又次]也，茧衣者为[最下]。（《农政全书·蚕桑·养蚕法》）

另外，尚有“大则……，小则……”、“是……则……，非……则……”、“多则……，寡则……”等排比句，也是重要的断句标志，对于复句的划分具有重要的辅助作用。

舟车所通，足迹所及，靡不毕至。非服其德，畏其威也。力[多则]人朝，力[寡则]朝于人矣。（《盐铁论·诛秦第四十四》）

其他，尚有不同位置的描述，如“于内、于外”等，亦可作助复句划分。

鍑：以生铁为之，今人有业冶者所谓急铁，其铁以耕刀之趄炼而铸之。内抹土而外抹沙。土滑[于内]，易其摩涤；沙涩[于外]，吸其炎焰。（《茶经·四之器》）

2.3.4.8 重复字、词断句

如果一个字或词连续出现两次以上，可能是单字或者多字重复，也可以是复合词。张文国先生将这类词定义为“N + N”结构[66]。这类词具体有如下几种情形：

(1) 单字重复出现两次以上，多用于排比或者比较。

通用古籍，如《道德经 · 第25章》“大曰逝逝曰远远曰反”一句中“逝”、“远”分别出现两次，可以分别在出现一次后实现断句。农业类古籍亦与此相类。

例如：

> 养苗之道锄不如耨耨不如铲铲柄长二尺。(《齐民要术 · 耕田第一》，当中“耨”、“铲”分别出现两次，可以断句为：“养苗之道，锄不如耨，耨不如铲，铲柄长二尺。”)

> 望杏花落，复耕耕辄蔺之。(《氾胜之书 · 一耕田》，当中“耕”出现两次，可以断句为：“望杏花落，复耕。耕辄蔺之。”)

(2) 多字词重复出现两次以上。与单字重复词相类，只是重复的内容非是一字，而是多字。此类词大多为两字词重复。

> 人之情不能无衣食，衣食之道。(《齐民要术 · 耕田第一》，当中“衣食”重复两次，可以在出现一次后进行断句。)

当然也有小部分词是由三个单字组成的复合词，并重复出现多次，处理方法同二字词。

例如：

> 凡种麻用白麻子，白麻子为雄麻。(《齐民要术 ·

种麻第八》，句中“白麻子”一词即三字词，共出现了两次，即可以在第一次出现后进行断句。）

谚曰：子欲富，黄金覆。黄金覆者，谓秋锄麦，曳柴壅麦根也。（《齐民要术·大小麦第十》，句中“黄金覆”一词是如此。）

（3）复合词。所谓复合词，就是这类词本身是一个固定搭配，而不是单字或者词的重复（即两个词），大多为形容词（如层层、叠叠）或者专有结构（如君君、臣臣）。这类词一般不作为断句的依据。参见表2－11。

表2－11　复合词断句、标点模式修正表

识别模式	断句模式	识别模式	断句模式	识别模式	断句模式	识别模式	断句模式
勃，勃	去除逗号	层，层	去除逗号	隐，隐	去除逗号	棱，棱	去除逗号
洞，洞	去除逗号	叠，叠	去除逗号	汲，汲	去除逗号	徐，徐	去除逗号
泥，泥	去除逗号	粒，粒	去除逗号	往，往	去除逗号	贸，贸	去除逗号
寥，寥	去除逗号	密，密	去除逗号	泛，泛	去除逗号	渊，渊	去除逗号

因为存在第三种情形，所以会出现数量不小的误断句、标点情形，建议通过禁用词表进行识别。

2.3.4.9　动名结构识别法

现代汉语动名语串结构主要有述宾结构和定中结构两种类型[67]，在古代汉语也同样存在这两种情形。考虑到本文处理的语料是农业古籍，本书将定中结构归入农业用语识别法中的“之”前缀结构，此处暂且不论。此处的动名结构主要是指述宾结构。参见表2－12。

表 2 – 12　模式识别用动名结构举例

识别模式	断句模式	识别模式	断句模式	识别模式	断句模式	识别模式	断句模式
……避之	后加逗号	……远之	后加逗号	……佑之	后加逗号	……及之	后加逗号
……恶之	后加逗号	……私之	后加逗号	……卫之	后加逗号	……行之	后加逗号
……随之	后加逗号	……笑之	后加逗号	……勉之	后加逗号	……实之	后加逗号
……灾之	后加逗号	……抑之	后加逗号	……来之	后加逗号	……虚之	后加逗号
……敬之	后加逗号	……当之	后加逗号	……安之	后加逗号	……出之	后加逗号

例如：

古者，贵以德而贱用兵。孔子曰："远人不服，则修文德以来之。既来之，则安之。"（《盐铁论·本议第一》）

恶言不出于口，邪行不及于己。动作应礼，从容中道。故礼以行之，孙以出之。是以终日言，无口过；终身行，无冤尤。（《盐铁论·毁学第十八》）

2.3.4.10　行文格式识别法

无论是古文，还是现代文，均有独特的行文格式，所以，行文格式也是标点断句的重要手段。可作标点断句识别的主要行文格式如下：

其一，段首。段首往往不能设置标点。

其二，段尾。文中某一段落结束，通常赋予句号。

其三，文中空格。为了表示物产、植物等专有名词，往往其后紧跟一个空格，而这些空格正好可以断句，一般赋予逗号。

薯　似山药而大，其长二三尺，圆为圆头薯，扁者为熊掌薯，有红白二色。（《清咸丰三年嘉应州志增补考略》，"薯似"二字之间空一格，可以断句，亦可加逗号。）

其四，字号。在古籍中有些重点内容，往往用大号字体标出，而注释往往用小字号标出，数字化过程中有时会保留这些特征，用颜色或者字体、字号显示。这些均可以作为重要的标点和断句表示。农业古籍，特别是部分重点农业古籍，往往多次被注解，所以，字号的作用不可忽视。

其五，句首和句尾。有些词语可以作为句首、句尾特征专用词，前文有述，此处不叙。

2.3.4.11 农业用语识别法

除了上述的常规用语外，农业古籍有自己的特色用语，也即专业术语。参见表2-13。经过分析，此类词语可以分为五大类。

第一，耕作类专业动词，如“种、耕、耙、杷、蔺、掩、摩、压、锄、践”等。

此类词与“之”、“其”以及否定词（如“不可、不、未”等)、完成词（如“已”、“过”）组成专用结构。

例如：

> 桃子蛀者，以煮猪首汁冷浇之，或以刀疏斫之，则穰出而不蛀。(《农政全书·树艺·果部上·桃》)
>
> 大率斫桑要得浆液未行，不犯霜雪寒雨斫之，乃佳。若浆液已行而斫之，即渗溜损，最不宜也。(《四库全书·子部·农家类·农书·蚕书·卷下·种桑之法篇第一)

第二，物产性质描述类名词，如“美、色、香、味、状、态、姿、容”等。

这类词常与“其”组成“其”前缀结构。往往多个同时出现，通过排比句式增强气势，所以，其前往往用逗号或者分号。

表2-13 模式识别用农业用语表

识别模式			断句模式	识别模式		断句模式
“之”后缀结构		种耕耙杷蔺掩摩压锄践烘焙刈获	后加逗号	“其”前缀结构	其（美色香味状态姿容肤理性）	前加逗号或分号
		加减损益得失食和量投搅熬扎	后加逗号		其（根茎叶花果实茎秆）	前加逗号或分号
		斫筑泥治勤烧稀量发节	后加逗号	“之”前缀结构	之（和利宜心迹怀）	前加逗号
		溉浇来渍沃粪敛作用注	后加逗号		之（衅隆患功害业治）	前加逗号
否定结构	“不可”前缀结构	种耕耙杷蔺掩摩压锄践	前加逗号	“与”前缀结构	与……（同异合混）	前后加逗号
	“不”前缀结构	加减损益得失食和量	前加逗号	药物医疗用语	治疗去益除补消止破……	前加逗号
	“未”前缀结构			“微”前缀结构	微（生熟老长）	后加逗号
“已”前缀结构		已（生熟老长）	后加逗号	“太”前缀结构	太（生熟老长）	后加逗号
“过”前缀结构		过（生熟老长）	后加逗号	“过”后缀结构	（洗焯拌炒漉浸熬）过	后加逗号
“半”前缀结构		半（生熟老）	后加句号	“甚”后缀结构	（辛美）甚	后加句号
“尤”前缀结构		尤（佳妙）	后加句号	“匀”后缀结构	（拌调和搅）匀	后加逗号
“去”前缀结构		去（皮壳筋鳞骨蒂把穰叶渣）	后加逗号	“干”后缀结构	（阴风晾晒沥烘焙榨控曝耗）干	后加逗号
“汁”前缀结构		（取捣去榨为）汁	后加逗号			

例如：

其叶抑以瘠，其味疏以薄。（赵佶《大观茶论》）

量米相若而食之，得时者忍饥。是故得时之稼，其臭香，其味甘，其气章。百日食之，耳目聪明，心意睿智，四卫变强。（《农政全书·诸家杂论上》）

《尔雅》曰：荷芙蕖，其茎茄，其叶蕸，其本密，其花菡萏，其实莲，其根藕，其中菂，菂中薏。（《农政全书·树艺·蓏部·莲》）

第三，植物部件名词，如“根、茎、叶、花、果”等。与“其”、“之”等字共同组成“其（或之）前缀结构”。

例如：

蚕欲老，饲之宜细薄，宜频。养老如养小，亦如人老，多食则伤。若不如此，则食叶不净，其叶蒸湿。（《农政全书·蚕桑·养蚕法》）

《博闻录》曰：白桑少子，压枝种之。若有子可便种，须用地阴处。其叶厚大，得茧重实，丝每倍常。（《农政全书·蚕桑·栽桑法》）

第四，加工方式词，因为加工方式有多种，所以此类词亦可分为多类。

“干”后缀结构，如阴干、晒干、风干、晾干、沥干、曝干等。

例如：

《食经》曰：蜀中取梅极大者，剥皮阴干，勿令得风。经二宿，去盐汁，内蜜中。月许，更易蜜。经年如新。（《农政全书·树艺·果部上·梅》）

《别录》曰：婴桃，实大如桃，多毛，四月采，阴干。（《农政全书·树艺·果部下·樱桃》）

“去”前缀结构，如去皮、去壳、去筋、去鳞、去骨、去蒂、去把、去穰、去叶、去渣等。

西路产梨处，用刀去皮，切作瓣子，以火焙干，谓之梨花，尝充贡献，实为佳果。上可贡于岁贡，下可奉于盘珍，张敷称百果之宗，岂不信乎？（《农政全书·树艺·果部上·梨》）

“汁”前缀结构，如取汁、捣汁、去汁等。

例如：

奈油：其法以奈捣汁，涂缯上，曝燥，取下。色如油。（《农政全书·树艺·果部上·奈》）

李时珍曰：今关西人以赤奈取汁，涂器中曝干，名果单。味甘酸，可以馈远。（《农政全书·树艺·果部上·奈》）

“匀”后缀结构，如拌匀、调匀、和匀等。

《士农必用》曰：腊月曝牛粪，舂碾捶碎。一半收起，一半用水拌匀，杵筑为墼。（《农政全书·蚕桑·养蚕法》）

“过”后缀结构，如洗过、焯过、拌过、炒过、沟过等。

马兰丹，多泽生，叶如菊而尖长。左右齿各五，花亦如菊而单瓣，青色。盐汤沟过，干藏蒸食，又可作馒馅。生捣治蛇咬。（《野菜赞》）

程度副词，分为两类：

由“大、太、过、微”等程度副词组成的词语，如“太生、大熟、过熟、微老、微生”等前缀词，后加逗号。

例如：

茶之妙，在乎始造之精……久延则过熟，早起却还生。熟则犯黄，生则着黑。（《茶录·辨茶》）

青白者蒸压微生。灰白者蒸压过熟。压膏不尽，则色青暗。焙火太烈，则色昏赤。（《大观茶论》）

“尤、甚”等程度副词组成的词语，如“尤佳、尤妙、美甚、幸甚、尤甚”等后缀词，则可在其后断句。

例如：

种桑法，五月取椹著水中，即以手溃之，以水灌洗，取子阴干。治肥田十亩，荒田久不耕者尤善，好耕治之。（《氾胜之书·一七桑》）

罗碾：碾以银为上，熟铁次之，生铁者非掏拣捶磨所成，间有黑屑藏于隙穴，害茶之色尤甚。（《大观茶论》）

2.3.4.12 禁用词、禁用标点识别法

有些词是不能被断句的，比如前文出现的复合词“汲汲、勃勃、洞洞”等词，也需归入此类，但考虑到前面已经出现过，此处不再罗列。另外，有些词应用了不同的规则，也出现了一些标点冗余，同样需要建立断句禁用词库。

2.3.5 计算机断句标点规则库构建

断句标点规则库是断句标点的核心，也是前面各种原理的具体体现。断句标点规则库构建的效率高低直接影响到断句标点系统的

整体性能。

2.3.5.1　技术路线

在信息处理领域，模式识别技术一般通过正则表达式来实现。正则表达式，其英文名称为“Regular Expression”，在计算机科学中，是指一个用来描述或者匹配一系列符合某个句法规则的字符串的单个字符串[68]。在很多文本编辑器或其他工具里，比如 MS OFFICE 中各组件，正则表达式通常被用来检索和/或替换那些符合某个模式的文本内容。目前，VB、VC、JAVA、VFP、Perl 等许多程序设计语言都支持利用正则表达式进行字符串操作。本书采用 VB Script 中的正则表达式语句与命令进行断句标点规则的设计与构建。

本系统中规则库涉及的 VB Script 中的正则表达式主要语句与命令如表 2－14。

表 2－14　VB Script 正则表达式常用语法与命令表

语法、命令	描　述
\	将下一个字符标记为一个特殊字符、或一个原义字符、或一个后向引用、或一个八进制转义符。例如，'n'匹配字符" n"。'\ n'匹配一个换行符。序列'\ \ '匹配" \ " 而" \ (" 则匹配" ("
^	匹配输入字符串的开始位置。如果设置了 RegExp 对象的 Multiline 属性，^ 也匹配'\ n'或'\ r'之后的位置
$	匹配输入字符串的结束位置。如果设置了 RegExp 对象的 Multiline 属性，$ 也匹配'\ n'或'\ r'之前的位置
?	匹配前面的子表达式零次或一次。例如，" do （es）?" 可以匹配" do" 或" does" 中的“do”。? 等价于 {0，1}
{n}	n 是一个非负整数。匹配确定的 n 次。例如，'o {2}' 不能匹配“Bob”中的'o'，但是能匹配“food”中的两个 o
{n,}	n 是一个非负整数。至少匹配 n 次。例如，'o {2,}' 不能匹配“Bob”中的'o'，但能匹配“foooood”中的所有 o。'o {1,}' 等价于'o +'。'o {0,}' 则等价于'o *'
{n，m}	m 和 n 均为非负整数，其中 n < = m。最少匹配 n 次且最多匹配 m 次。刘，“o {1，3}”将匹配“fooooood”中的前三个 o。'o {0，1}' 等价于'o?'。请注意在逗号和两个数之间不能有空格

续 表

语法、命令	描 述
?	当该字符紧跟在任何一个其他限制符（＊，＋,?,{n}，{n,}，{n，m}）后面时，匹配模式是非贪婪的。非贪婪模式尽可能少地匹配所搜索的字符串，而默认的贪婪模式则尽可能多的匹配所搜索的字符串。例如，对于字符串“oooo”，o＋？将匹配单个“o”，而o＋将匹配所有o
.	匹配除“\n”之外的任何单个字符。要匹配包括\n在内的任何字符，请使用像[.\n]的模式
(pattern)	匹配 pattern 并获取这一匹配。所获取的匹配可以从产生的 Matches 集合得到，在 VBScript 中使用 SubMatches 集合，在 Visual Basic Scripting Edition 中则使用 $0… $9 属性。要匹配圆括号字符，请使用\（或\）
x|y	匹配 x 或 y。例如，z|food能匹配“z”或“food”。(z|f) ood则匹配“zood”或“food”
[xyz]	字符集合。匹配所包含的任意一个字符。例如，[abc]可以匹配“plain”中的a
\f	匹配一个换页符。等价于\x0c 和\cL
\n	匹配一个换行符。等价于\x0a 和\cJ
\r	匹配一个回车符。等价于\x0d 和\cM
\s	匹配任何空白字符，包括空格、制表符、换页符等等。等价于[\f\n\r\t\v]
\num	匹配 num，其中 num 是一个正整数。对所获取的匹配的引用。例如，(.)\1匹配两个连续的相同字符
\n	标识一个八进制转义值或一个后向引用。如果\n之前至少 n 个获取的子表达式，则 n 为后向引用。否则，如果 n 为八进制数字（0－7），则 n 为一个八进制转义值

资料来源：《J Script 和 VB Script 正则表达式》[69]。

2.3.5.2 构建方法

断句标点模式库作为一种知识库，通常有两种构建方式：人工构建和自动构建。传统的断句标点所用的方法规则均可能通过人工构建完成，而要从大量古籍文本中发现相关规则和方法则必须充分发挥人工智能在构建过程中的作用。人工构建并不难，只要熟悉正则表达式语法，就能够正确地编写出各种规则，此处不作过多介绍。

断句标点规则库自动构建具体流程见图 2 -7。

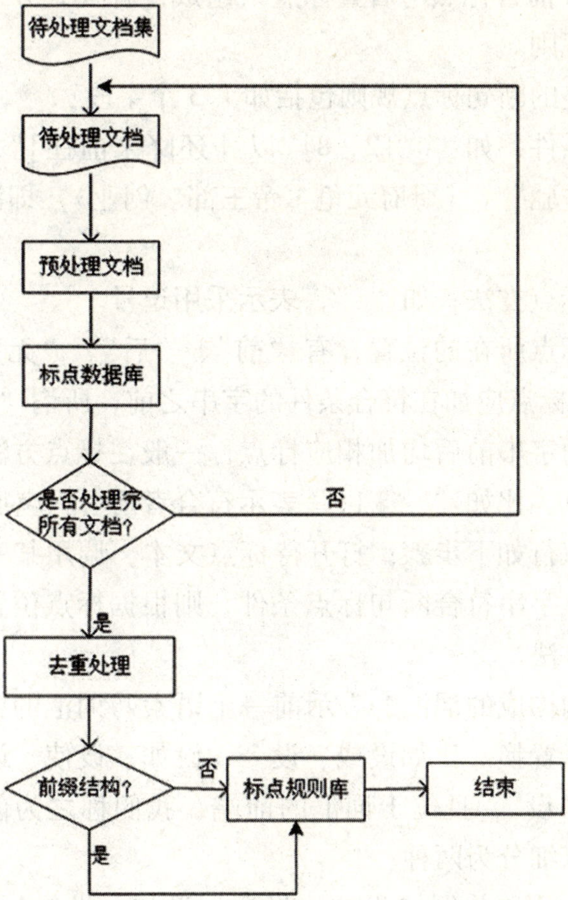

图 2 -7 断句标点规则库自动构建具体流程

标点数据采集的数量直接决定了所采用的各种规则的类型。采集的数据越多，可供分析的断句标点模式越复杂，相应的计算开销也越大。考虑到本系统的试验性质，本试验中采集的标点信息长度为 5 个汉字字符，即标点前后各取 2 个汉字。

本系统以通用标点古籍文本如《吕氏春秋》、《太平御览》等 36 种，以及农业古籍《齐民要术》、《茶经》等 38 种共约 2 000 万汉字，共获得有效标点数据 927 728 条。

根据采集的标点信息，按词汇结构（前缀结构、后缀结构）以及标点类型（前置标点与后置标点）组成 4 种模式分别进行构建相关断句标点规则。

一条完整的断句标点规则包括如下 3 个字段：

第一，条件，如“. {2, 8} 以［还降来前往］”，例：“汉魏以降，豪杰并驰”（《册府元龟 · 帝王部 · 创业》）即满足这一触发条件。

第二，标点方法，如“,”，表示采用逗号。

第三，标点所在的位置，有“前”、“后”、“无” 3 种，位置“前”表示其标点应加在符合条件的字串之前，所谓“无”，通常见于符合条件的字串前后均加相应标点，一般在标点方法中已经包括了相应的标点。比如“， $1,”表示符合者前后均应加逗号。

标点时执行如下步骤：打开待标点文本，调用某一断句标点规则，如果某一字串符合断句标点条件，则根据标点位置，确定采用对应的标点方法。

前缀结构构成的词汇，表示前一个语素乃词汇的中心要素，后一个语素可以置换。比如设或、设令、设如、设使、设若等词具有共同的语素“设”，且位于词汇的前端，我们称之为前缀结构。此类结构又可以细分为两种：

前置标点，如前例“设或、设令、设如、设使、设若、设或”等词经常位于句首，标点通常前置。

> 殊不知阴阳有消长，气候有盈缩，冒昧以作事，其克有成耶？设或有成，亦幸而已，其可以为常耶？（《四库全书 · 子部 · 农家类 · 农书 · 天时之宜篇第四》）

后置标点，如“矣夫、矣乎、矣哉”等词经常位于句尾，所以标点通常后置。

孔子曰："凤鸟不至，河不出图，吾已矣夫！"（《盐铁论·论儒第十一》）

后缀结构构成的词汇，表示后一个词素乃词汇的中心要素，前一个词素可以置换。比如何也、谁也、为也、谓也等词具有共同的词素"也"，且位于词汇的后端，我们称之为后缀结构。此类结构又可以细分两种：

前置标点，如"美如、色如、香如、味如、状如、态如、姿如、容如、大如、小如、形如"等，标点通常前置于这些词。

例如：

候晏温，又溲曝，状如后稷法，皆溲汁干乃止。若无骨者，缲蛹汁和溲。（《氾胜之书·溲种法》）

后置标点，如"何也、谁也、为也、谓也"等，这些词经常位于句尾，所以标点通常后置于这些词。

例如：

而纷纷嘉种，必待后稷详明，其故何也？（《天工开物·乃粒第一》）

强养弱抑，则齐民消；若众秽之盛而害五谷。一家害百家，不在胸郈，如何也？"（《盐铁论·禁耕第五》）

2.3.5.3 断句标点规则举例

为了说明规则的含义，现略举数例，参见表2－14，说明如下：

规则1："[\^一 或 又 亦 俗 人 古 今 别 故] [\^号 即 作 谓 名 称 云 呼 曰 为]"为同义词标志词法，前10个词素可以后10个词素组合，如"一名、一作、或作、又名"等。

表2－14　断句标点规则举例

规则序号	条　件	标点方法	标点位置
1	［\^一或又亦俗人古今别故］ ［\^号即作谓名称云呼曰为］	，	前
2	设［或令如使若］	，	前
3	［美色香味状态姿容大小形］如	，	前
4	［实虚压锄践烘焙刈获罯包］之	，	后

鲸鱼，出南海，头中有石，一名石首，小者名春来，又名石头，长七八寸，与石头同。(《清光绪三十四年南海县乡土志·鲸鱼》，其中两次满足条件，可以将相关文字断开。)

规则2：条件“设［或令如使若］”为句法特征断句法，属于陈述句、首词、复合词类型。

设若天必降灾，宁可千里逃避耶？(《宋书·刘义庆传》)

规则3：“［美色香味状态姿容大小形］如”，属于农业用语识别法中“物产性质描述类名词”识别法。

明月珠，产南海番禺山中，挂绿之次，其色如火，味同挂绿而皮厚；妃子笑，产佛山，色如琥珀，有光，大如鹅卵。(《清光绪三十四年南海县乡土志·荔枝》，其中有四次满足规则3的条件。)

规则4：“［实虚压锄践烘焙刈获罯包］之”属于农业用语识别法中“耕作类专业动词”识别法。

豆生布叶锄之，生五六叶又锄之，大豆小豆不可尽治也。(《齐民要术·大豆第六》)

上述规则实乃示意之用，当然亦全部出于本系统断句标点规则库中。本数据库目前共有各种规则1 100余条，以后随着标点文本的增加，可以还会逐步增加。

2.4 古籍计算机自动断句标点实验结果评价与展望

(1) 断句标点采用的符号。

断句与标点历代所用的符号不一，有用圈，有用点，而新中国成立后渐渐统一，标点符号数量相对稳定在15种左右。但在古籍文本中其数量并没有达到相应的规模，据前文2 000万字测试所用的标点符号统计，常用的符号主要为逗号、句号、分号、冒号、引号、书名号、感叹号、问号等8种符号。

为了直观与方便，本系统断句采用的符号为"●"，而标点采用逗号、句号、书名号、感叹号、问号、冒号6种符号。做出这一决定，主要基于以下几种考虑：第一，采用的符号较少，操作较为简单；第二，引号与分号的判断即使在现代汉语文本中也存在不少的困难；第三，本系统是一个原型系统，主要在于提供思路和解决方案，而不是实际应用。

(2) 断句及标点效果统计。

为了最大程度降低本系统统计带来的各种误差，使本系统的测试结果具有客观性，本系统不提供专门的统计模块。为此，本实验采用常娥博士编写的"古籍自动校勘系统"[60]进行校对统计，根据校对统计的结果进行二次统计与分析。

将本实验断句与标点结果为对校本，以原标点本为底本，进行全面校勘，得出校勘结果。

定义 1：断句正确率 = 断句正确数/所有标点数 ×100%

定义 2：标点正确率 = 标点正确数/所有标点数 ×100%

（3）断句及标点效果评价。

根据前面研究的结果，构建正则表达式，建立模式识别库。利用断句标点子系统中“断句与标点”模块，打开未标点的古农书文本，分别点击断句、标点按钮，即可实现断句及标点功能。将断句标点结果与标点本古农书对照，见表 2 – 15。

表 2 – 15　断句与标点实验结果

序号	统计项目	标点正确数		断句正确数		原文标点数
		个　数	百分比	个　数	百分比	
1	氾胜之《氾胜之书》	249	34%	443	64%	692
2	许次纾《茶疏》	323	36%	556	63%	874
3	韩彦直《橘录》	312	43%	408	56%	720
4	张源《茶录》	122	39%	151	56%	270
5	顾景星《野菜赞》	343	43%	488	62%	782
6	曾雄生《禾谱辑佚》	266	41%	368	57%	646
	合　　计	1 615	40.5%	2 414	60.5%	3 984

根据上表的数据可知，6 种古书文本标点与断句的总正确率分别为 40.5%、60.5%。断句的正确率比标点高 20 个百分点，标点系统仍然有待改善。

（4）结论及今后工作展望。

利用模式来实现农业古籍文本的断句和标点，可以取得一定的成绩，节省专职研究人员的时间和精力，但是，作为一项专门的成果，仍然有待于进一步完善。正如上文的统计分析显示，断句的正确性仅在 60% 左右。经过认真分析，笔者认为可能的原因主要有以下几点：

其一，训练的文本数量仍然有限，尽管训练集中在已有的 38 种古书（约2 000万字），包括通用古书和农业古书在内，但是这些数量与数量众多的古书相比，仍然是沧海一粟。再者，所用的标点文本农业古书仍然偏少，在38种古书中只包括2种，仍然需要大幅度增加。另外，标点古书文本主要来源于互联网，因网络流传过程中的错误亦有不少，如能获得较为权威的、经过精校的、电子版标点本古书文本，让计算机通读大量标点本古书，不仅可以扩大模式识别库的数量，亦能够使数据的有效性得到较大提高。

其二，断句和标点不可能基于一种模式，同样应该由多种方法的综合应用才能较为正确地实现断句和标点。笔者拟应用归类、聚类、古籍分词及子句比较等多种手段以实现这一目标。当然，本书的重点在于模式识别，所以，归类、聚类、古书分词及子句比较等方法的应用，只能另撰文章进行说明。

2.5　本章小结

我国古籍断句标点已经有很长的历史，品类众多：其大者充屋盈栋，气势非凡；其小者仅盈握之巨，精巧异常。兼且数量浩繁，有学者认为达8万余种（一说15万种），然经过标点整理的古书也不过四五千种而已，可见断句标点乃古书整理之必需[30]2。农业古书存世之作约有2 000余种，而断句标点者也仅有140余种[34,35]，其断句标点任务亦十分艰巨。利用计算机进行断句标点是一种全新的尝试。本书对于农业古籍的自动断句、标点模式的研究进行探索并总结出部分农业古籍断句、标点识别模式：首先采用句法特征词断句法、同义语标志词法进行初步断句；进而利用反义复合词、引书标志、时序、数量词、重叠字词、动名结构及比较句法进一步对子句进行断句、标点；最后使用农业用语和禁用模式表进一步提高断句、标点后农业古籍的可读性和准确性。利用 VB Scrip 正则表达式语法，构建了断句标点规则1 100余条。经测试表明，断句、标点的平均准确率分别达到60.5%和40.5%，证明本方法具有一定的可行性。

参考文献：

[1] 罗竹风．汉语大词典［M］．中国香港：商务印书馆（香港）有限公司，2002.

[2] 古代汉语词典［M］．北京：商务印书馆，2003：837.

[3] 林穗芳．汉语“标点”的词源和历史演变［J］．编辑学刊，1997（4）：21－27.

[4] 黄侃．文心雕龙札记［M］．上海：上海古籍出版社，2000.

[5] 吕思勉．章句论［M］．上海：商务印书馆，1926.

[6] 程毅中．古籍整理浅谈［M］．北京：燕山出版社，2001.

[7]［宋］岳珂．相台书塾刊正九经三传沿革例［M］．常熟：鲍氏困学斋，1736.

[8] 汉典．圈点［EB/OL］．［2009－01－27］．http：//www.zdic.net/cd/ci/11/ZdicE5Zdic9 CZdic88113870.htm.

[9] 汉典．句读［EB/OL］．［2009－01－27］．http：//www.zdic.net/cd/ci/5/ZdicE5Zdic 8FZdicA5296912.htm.

[10]［元］程端礼．程氏家塾读书分年日程［M］．福州：正谊书局，1866.

[11] 阙勋吾．古文标点例说［M］．郑州：河南人民出版社，1985.

[12] 袁晖．汉语标点符号流变史［M］．武汉：湖北教育出版社，2002.

[13] 王迈．古文标点例析［M］．北京：语文出版社，1992.

[14] 管敏义．怎样标点古书［M］．北京：书目文献出版社，1985.

[15] 张仓礼，陈光前．古文断句与标点［M］．长春：吉林文史出版社，1986.

[16] 文心雕龙注．卷七［EB/OL］．［2009-01-24］．http：//www. zh5000. com/ZHJD/gxjd/2006/qitabu/jzl/gxjd-0553. htm.

[17] 史通内篇浮词第二十一［EB/OL］．［2009-02-08］．http：//lib. ecit. edu. cn/guoxue/%CA%B7%B2%BF/%C6%E4%CB%FB/%CA%B7%CD%A8/21. html.

[18] 汉典．断句［EB/OL］．［2009-02-07］．http：//www. zdic. net/cd/ci/11/ZdicE6Zd ic96ZdicAD61917. htm.

[19] 林穗芳．"标点"的词源和概念（上）——兼论建立独立的标点学科的必要性［J］．语文建设，1997（4）：35-37.

[20] 林穗芳．"标点"的词源和概念（下）——兼论建立独立的标点学科的必要性［J］．语文建设，1997（5）：31-36.

[21] 国家技术监督局．国家标准标点符号用法［EB/OL］．［2009-01-31］．http：//po. sit. edu. cn/gwzs/bdfh. htm.

[22] 辞海编辑委员会．辞海［M］．上海：上海辞书出版社，1999.

[23] 萧世民．也谈中国最早的标点和符号［J］．吉安师范专科学校学报，1992（3）：68-69.

[24] 百度百科．侯马盟书［EB/OL］．［2009-01-29］．http：//baike. baidu. com/view/134895. html？fromTaglist.

[25] 裘燮君．古书的标点［J］．河池师范专科学校学报，1993，13（4）：73-83.

[26] 花启清．所有的标点都是外来的吗［J］．咬文嚼字，2007（6）：32-33.

［27］王宏佳．无标点的古代汉语书面语及其表意机制［J］．广西社会科学，2006（2）：167－170.

［28］刘振铎．古汉语标点与翻译方法［M］．武汉：湖北教育出版社，1989.

［29］我国标点符号引进与推行小史［J］．出版视野，2005（5）：42－43.

［30］古敬恒．古文标点技法［M］．徐州：中国矿业大学出版社，1994.

［31］互动百科．标点——中文标点符号［EB/OL］．［2009－02－01］．http：//www.hudong.com/wiki/%E6%A0%87%E7%82%B9.

［32］栾贵明．永乐大典索引［M］．北京：作家出版社，1996.

［33］吴永贵．汪原放：标点校勘古典小说第一人［EB/OL］．［2009－02－02］．http：//www.gmw.cn/content/2007－04/23/content_596446.htm.

［34］张芳，王思明．中国农业古籍目录［M］．北京：北京图书馆出版社，2002：494.

［35］农业古籍出版情况［EB/OL］．［2009－02－04］．http：//www.yjsy.ecnu.edu.cn/jszj/%D7%D3%B2%BF－%CE%BA%BD%FA%D2%D4%CF%C2/%C5%A9%D1%A7%B9%C5%BC%AE%B8%C5%C0%C0/1/old－books－publication.htm.

［36］杨牧之．新中国古籍整理图书总目录［M］．长沙：岳麓书社，2007.

［37］中国古籍整理出版十年规划和“八五”计划（1991年—1995年—2000年）［EB/OL］．［2009－02－23］．http：//www.guji.cn/left_01.php.

［38］穆祥桐．发扬传统　继往开来——农业出版社出版农业

古籍概述［J］. 农业考古，1994（01）：173－182，126.

［39］常用典籍目录·农业［EB/OL］.［2009－02－23］. http：//www. aqtvu. com. cn/jwc/yuangX/page/dianji. htm.

［40］惠富平. 中国传统农书整理综论［J］. 中国农史，1997（01）：98－106.

［41］肖克之，李兆昆. 农业古籍整理出版概况［J］. 古今农业，1990（01）：167－172.

［42］李根蟠，王小嘉. 中国农史研究的回顾与展望［EB/OL］.［2009－02－26］. http：//www. lunwentianxia. com/product. free. 5513259. 2/.

［43］Bruthiaux P. Knowing When to Stop：Investigating the Nature of Punctuation［J］. Language & Communication，1993，13（1）：27－43.

［44］Bernard J. Towards a Syntactic Sccount of Punctuation［C］. 1996.

［45］Bernard J. What's the Point？A（computational）Theory of Punctuations［D］. UK：University of Edinburgh，1997.

［46］Kim J. A Combined Punctuation Generation and Speech Recognition System and Its Performance Enhancement Using Prosody［J］. Speech Communication，2003，41（4）：563－577.

［47］刘岩斌，俞士汶，孙钦善. 古诗研究的计算机支持环境的实现［J］. 中文信息学报，1997（1）.

［48］陈郁夫. 中文智能处理技术：古文标点自动化［EB/OL］.［2008－07－25］. http：//www. yyxx1. sdu. edu. cn/guojihy. htm.

［49］李铎，王毅. 关于古代文献信息化工程与古典文学研究之间互动关系的对话［J］. 文学遗产，2005（1）.

［50］郑永晓. 古籍数字化与古典文学研究的未来［J］. 文学

遗产，2005（5）：130－137，160.

［51］张红萍，郑学红．数字化技术在农业古籍中的应用［J］．农业图书情报学刊，2004（10）：33－35.

［52］中国农业遗产研究室．中国农业遗产信息平台［EB/OL］．［2008－03－18］．http：//rw. njau. edu. cn/INFOBIN lect. Dll.

［53］曹玲．农业古籍数字化整理研究［D］．南京：南京农业大学，2006.

［54］常娥．古籍智能处理技术研究［D］．南京：南京农业大学，2007.

［55］［西汉］氾胜之．氾胜之书［EB/OL］．［2008－08－28］．http：//bbs4. xilu. com/cgi－bin/bbs/view？forum＝wave99&message＝12367.

［56］Idm. UltraEdit［EB/OL］．［2007－07－22］．http：//www. ultraedit. com. cn/product/ultraedit. htm.

［57］张亮，陈家骏．基于大规模语料库的句法模式匹配研究［J］．中文信息学报，2007（5）：31－34.

［58］齐浩亮，杨沐昀，孟遥，等．面向特定领域的汉语句法主干分析［J］．中文信息学报，2004（1）：1－13.

［59］李文翔，晏蒲柳，张滨，等．基于语料库的关联词识别方法［J］．计算机工程与应用，2004（7）：50－52.

［60］常娥，侯汉清，曹玲．古籍自动校勘的研究和实现［J］．中文信息学报，2007（2）：83－88.

［61］衡中青．地方志知识组织及内容挖掘研究——以《方志物产·广东》为例［D］．南京农业大学，2007.

［62］衡中青，刘竟，侯汉清．《方志物产》引书挖掘及分析研究——以《岭南丛述》（物产）为例［J］．中国农史，2007（3）：132－139.

[63] 白振田，衡中青，侯汉清. 地方志引书挖掘系统的设计与实现 [J]. 图书馆杂志，2008 (08)：50-54，58.

[64] 陈振宇，陈振宁. 怎样计算现代汉语句子的时间信息 [J]. 中文信息学报，2005 (3)：94-104.

[65] 上海人民出版社. 清代日记汇抄 [M]. 上海：上海人民出版社，1982.

[66] 张文国. 古汉语的"N+N"结构及其发展 [J]. 长安大学学报：社会科学版，2006 (2)：80-83.

[67] 邱立坤. 现代汉语动名语串结构关系判定 [J]. Journal of Chinese Language and Computing，2005，15 (3)：173-183.

[68] 维基百科. 正则表达式 [EB/OL]. [2009-04-10]. http：//zh. wikipedia. org/wiki/% E6% AD% A3% E5% 88% 99% E8% A1% A8% E8% BE% BE% E5% BC% 8F.

[69] J Script 和 VB Script 正则表达式 [EB/OL]. [2009-04-10]. http：//soulogic. com/doc/RegularExpressions/.

3 古籍计算机自动分词标引技术研究

随着对古籍信息处理研究工作的不断深入，古籍信息处理技术逐步转向语言信息处理。古籍自动分词是古籍信息处理中一项不可缺少的基础性工作，其主要目的是确定自然语言处理的基本分析单位，为进一步开展语词分析做好前期准备工作。自动分词过程是利用计算机自动识别文本字符流中的词，并在词与词之间加入明显切分标记的过程。

3.1 古籍计算机自动分词标引研究进展

3.1.1 古籍文本分词标引概念和意义

以汉字为基础的中文与以单词为基础的西方文字之间有着天然的差异。西方文字的词与词之间有明显的界限，可以很容易通过空格来识别，而中文却没有这种明显的标志，给文本中词语的正确识别带来了相当的困难。所以，研究分词技术是一道必须逾越的鸿沟，也是中文信息处理领域的基础技术。只有实现正确的词汇切分，才能保障建立在此基础上的机器翻译、信息检索、自动文摘、文本分类、词频统计、自然语言理解的高质高效。

中文分词技术如此重要？到底何为汉语分词技术？用计算机自

动地将汉字字串序列按词切分开来，打上切分标志，这就是自动分词[1]。汉语自动分词的任务，通俗地说，“就是要由机器在中文文本中词与词之间自动加上空格”[2]。“自动识别词边界，将汉字串切分为正确的词串的汉语分词问题无疑是实现中文信息处理的各项任务的首要问题，也是汉语分词系统的主要任务。”[3]

3.1.2 古籍文本分词标引研究进展

自动分词作为信息处理的一个组成部分，回顾信息处理的历史有助于我们了解自动分词的发展概况。关于信息处理，最早的领域大约就是机器翻译系统的研制。

世界上机器翻译系统的研制是从20世纪40年代末期开始的[4]。我国信息处理发展的情况与此类似。1956年，国家便把机器翻译研究列入了我国科学工作的发展规划，正式开始机器翻译研究。1957年中国科学院语言研究所与计算技术研究所合作，开展俄汉机器翻译试验。1974年，汉字处理系统工程列入国家科技发展计划。80年代集中解决汉字字库和汉字输入问题，90年代工作重点则是词语处理，自动分词和词性标注技术基本成熟。实际上自动分词技术在80年代初就已经开始研究，1983年北航梁南元副教授第一个完成实用的CDWS自动分词系统，实现了对2 500万字的现代汉语词频统计工作，此后陆续有多个系统问世。“自从1980年我们在中文自动分词方面取得初步进展之后，就逐步向中文文献自动标引方面深入。”[5]这充分说明了自动分词与自动标引二者之间的依存关系。要实现文本的自动标引，必须利用自动分词技术的成果。

由于中文文本缺少像英文文本的天然分词标志，对汉语文本分词原理的探讨首先引起了有关专家的注意。曹德和[6]、冯志伟、李辉阳、韩忠愿、周经野等从书面汉语分词连写的合理性、可行性、紧迫性进行考察[7,8]，许林杰对汉语文本分词问题的形成原因进行了探讨[9]，他们从不同的角度提出了问题，找出了对策，并寻找其实现方式和解决途径。杨端志、孙茂松、邹嘉彦对“词”的概念进行了深入讨论和定位[10,11]。

随着基本理论研究的开展，相关的分词技术与方法也逐步成熟。目前，汉语自动分词方法一般采用三类方法：基于字符串匹配的分词方法、基于理解的分词方法和基于统计的分词方法。

基于字符串匹配的分词方法，也称为基于词典的分词方法，它是按照一定的策略将待分析的汉字串与一个“充分大的”机器词典中的词条进行匹配，若在词典中找到某个字符串，则匹配成功（识别出一个词）。因为这种方法相对单一，所以，这种方法又叫做机械分词方法。按照扫描方向，可以分为正向匹配和逆向匹配两种；如果按照不同长度以及优先匹配的情况，可以分为最大（最长）匹配和最小（最短）匹配两类。基于这些原理，后人对基本算法进行了改进。赵曾贻提出了一种改进的最大匹配分词算法，李振星提出了全二分最大匹配快速分词算法，李建林提出了一种基于词链的自动分词法，吴胜远提出了并行分词法等法；张培颖、李村合则对分词词典的机制进行了研究[12,13]。这种方法的优点是易于实现，缺点是必须建立词典且计算时间长。针对这一问题，一般可以采用特征扫描或标志切分的方法以提高分词效果，即优先在待分析字符串中识别和切分出一些带有明显特征的词，以这些词作为断点，可将原字符串分为较小的串再来进行机械分词，从而减少匹配的错误率。改进后的方法能够极大地减少计算工作量。

基于统计的分词方法，就是统计学的原理，对语料中的字组频度进行统计，从而实现词的切分。这种方法不需要切分词典，因而又叫做无词典分词法或统计取词方法。目前主要方法：互信息、N元语法模型、神经网络模型、隐 Markov 模型和最大熵模型等。

基于理解的分词方法，其基本思想就是在分词的同时进行句法、语义分析，利用句法信息和语义信息来处理歧义现象。它通常包括三个部分：分词子系统、句法语义子系统、总控部分。这是一种更加智能的方法，但是目前还不成熟，所以，不是主流方法。

各种分词方法效果如何，往往直接决定了不同分词方法的应用程度。为此，徐威、董渊等人探讨了分词算法评估体系，并构建了一个开放的研究平台，得出若干已有的中文文本自动分类算法的比较结果[14]。吴启德、吕强专门介绍了一种软件，以客观评价每种分词方法的效果[15]。

在实际应用系统中，往往很少见到单一的方法，大多数均是多种方法的综合应用。比如翟凤文、赫枫龄提出了一种字典与统计相结合的中文分词方法[16]，陈飞等人提出一种将基于统计与基于词典方法融合而成的混合中文分词方法[17]。

分词效果的评价是一个分词系统是否成功、有效的重要依据。一般说来，分词效果评价的主要标准是分词正确率以及切分速度；而对于专用分词系统的评价还需要考虑其功能完备性、内容的扩充性、系统的维护性与可移植性。这些论述一方面存在于各种分词方法、分词系统研究中，进行评价方法与控制方法的介绍；另一方面，王彩荣、李晓毅、黄玉基、宋礼鹏、郑家恒对自动分词评价方法进行专门的研究[18-21]，对汉语自动分词系统进行评价，并设计研究出了分词评价系统[18,19]。当然评价方法与标准也不是固定的，因为分词运用不同、要求不同，就会产生不同的分词需求，也就产生了不同的标准。

随着分词技术的广泛运用以及分词方法的深入研究，何莘、王琬芫、黄昌宁、赵海、张春霞、郝天永等学者在不同的时期、从不同的方面对分词研究进行了总结[22-24]，邱均平、侯经川、周文帅、冯速、刘迁、贾惠波等对分词技术的发展趋势进行了预测[25-27]。瞿锋、陈纪元、孙茂松、邹嘉彦、熊回香、夏立新在技术发展方面、理论方面进行了综述[11,28,29]。以上三个方面的内容不断地增加，丰富了分词理论，为分词发展提供了发展的方向，指明了道路。

作为中文信息处理的一项重要的基础性工作，在信息产业需求的强大动力推动下，近年来自动分词已经与多种研究相结合，形成中文分词庞大的研究体系。

其一，信息检索与分词，吴凡提出了信息检索中的中文分词问题[30]，曹桂宏等人探讨了中文分词对中文信息检索系统性能的影响[31]，董小芸、黄昆、符绍宏、孙巍等对自动分词技术在信息检索中的应用进行了研究[32-35]，曹勇刚等人则直接研制出面向信息检索的自适应中文分词系统[36]。

其二，搜索引擎与分词，金澎、刘毅、王树梅介绍了中文分词在搜索引擎中的作用，并就各种分词算法对查全率和查准率的影响进行了实验比较，研究了汉语分词对中文搜索引擎检索性能的影响[37]。房志峰、吴栋、滕育平、欧振猛、余顺争等从不同方面、不同角度对搜索引擎中分词算法、分词技术研究进行[38][37,39]，王华栋、饶培伦对基于搜索引擎的中文分词评估方法进行探讨[40]，王硕、王坚从适用于专业搜索引擎的角度对中文分词系统进行研究[41]，曹羽中等提出了支持智能中文分词的互联网搜索引擎的构建[42]。

其三，文本处理与分词，主要涉及三个方面：（1）文本分类，湛燕等人对基于中文文本分类的分词方法进行了研究[43]，魏晓宁等人结合中文分词研究贝叶斯文本分类[44]，吴雅娟等人基于统计分词对中文文本进行分类[45]。（2）文本知识挖掘，如唐培丽、胡明、张勇[46]、许高建、胡学钢、王庆人等所做的工作[46,47]。（3）对 Web 文本处理，如韩利凯、马玉春，宋瀚涛、谢红薇、王栋、陈淑珍、卢昌荆、林克明等对 Web 文本中文分词算法进行了探讨[48-51]。

其四，人工智能与分词，在智能研究与分词研究方面，出现了一些结合研究的成功的案例。赵志靖、周静、冯锐、齐丙辰研究智能人机交互中自动分词技术的实现方法[52]；王力红、杨剑、李洪、李云波、孙亚萍对汉语智能接口的自动分词研究[53]；高洁羽、吕强等探索自动分词在输入法测试系统中的应用[54]；陈晓柱、曾莹分析自动分词在智能答疑系统中的作用[55]；郑耿忠开展自动分词算法在智能答疑系统中的应用研究[56]；张家勇、刘建辉构建基于中文分词技术的信息智能过滤系统[57]；邓曙光、刘金铸、曾朝晖从事基于自学习机制汉语自动分词系统研究[58]。分词在多种专业系统中得到了广泛运用，比如垃圾邮件领域、渔业领域、地理信息系统均有大量的研究与应用[59-63]。

尽管对于分词的研究成果不少，但是，古籍文本分词的成果并不多。

李新福等人基于统计语言模型，对《续资治通鉴长编》进行了统计分析，根据互信息特征抽取候选字串，通过人机交互确定其是否构成词，然后动态修正相关字串的互信息值，逐步建立宋史语料库词表[64]。

与此类似，苏劲松、周昌乐、李翼鸿通过统计抽词来抽取结合程度较强的二字词，并结合相关资源建立词表；在此基础上，结合宋词的格律特点按照一定的规则来对全宋词进行了切分，建立了全宋词切分语料库[65]。

有关农业古籍和地方志的自动分词研究还处于创始阶段，通过中国期刊网、维普网均未发现相关论文。通过百度网站，了解有南京农业大学研究生曹艳和侯汉清教授对此进行了研究，将处理现代文本的N元语法移植到古籍文本中进行实义词提取，并以10多万字的《齐民要术》为处理对象，从中提取出古籍普通语词和专有名词（包括书名、地名、人名官职名）共3 369个，初步实现了对文本的内容识别[66]。

另外，南京农业大学衡中青博士以广东方志物产为对象，通过异名别称模式、引书模式识别等方法，自动抽取出特产名词和引书名称，其中引书识全率为84.95%，识准率为72.88%，已经极富实用价值[67]。关于索引编制自动化研究也已经有较长的历史，但是，基本上均为逐字索引和全文数据库，比如《寒山子诗》逐字索引，《高适诗集》逐字索引，以及《全唐诗》、《先秦汉魏晋南北朝诗》、《十三经》、《诸子集成》、《红楼梦》、《明儒学案》等全文数据库[68]。这些成果对索引自动编制进行了探索，为语词索引编制自动化积累了宝贵经验。

2006年潘雪莲、钱丹雅及侯汉清三人提出了一个基于概念标引的书后主题索引自动编制方案，探讨了自动语词索引编制的可能性并进行了相关实验[69]。王雅戈博士则研究了利用计算机特点将注释隐含在索引的索引编制方法[70]，丰富了索引本身的功能，人机界面更加友好。

3.1.3 古籍文本分词标引的基础

上述研究成果均为古籍的自动分词标引奠定了坚实的技术基础。归纳起来有两个方面：一是自动分词技术的逐渐成熟；二是自动分词相关词典的建立。

农业古籍的自动索引必须建立在已有大量的全文数据库基础之上，没有数字文本，自动分词以及实现词典自动构建与索引编制就是空话。而目前南京农业大学中国农业遗产研究室就具备了这方面的条件，建立了数量可观的古籍数据库，特别是农业古籍与方志物产全文数据库的构建更为以后的进一步开发提供了物质基础。

另外，清华大学科技史数字图书馆资料库等的建设也为本课题的进一步深入提供了大量的语料。该资料库是清华大学图书馆数字图书馆建设的重点项目“中国科技史数字图书馆”的重要组成部分，它系统地、分门别类地搜集和整理数千年中国科技史的相关材料和记载，内容包括与中国科技史相关的历史文献的全文、提要、古代典籍目录、后人研究论著等成果，相关文献、出土及传世文物等的资料图片，记录古代科技成就及传统工艺等的音频、视频资料，描述、演示相关成就的动画资料等等。特别是科技典籍全文库，分为三个子库：数学典籍、天文历法典籍（正在建设）、工程技术典籍，其中均有与农业有关的典籍，如《农政全书》、《治水述要》、《吴中水利书》、王祯《农书》等。其中《古籍目录》库提供古籍名称 12 861 条，考虑到因版本而致的重复以及数据库本身录入的错误，实际入库图书 8 261 本。《科技人物籍贯、生卒年》数据库收录人数为 1 498 个，《畴人传》收录天文、历算人物 451 个[71]。这些工作均为基础词典的构建准备了必要的条件。

3.1.4　古籍文本分词标引存在的问题及对策

尽管在 20 世纪自动标引已经取得了长足的进步，但是并不普及，“缺乏抽词词典是自动抽词标引难以普及的主要原因”[72]。迈入 21 世纪以来，自动标引又取得了不少进步，但是，仍然存在不足之处。据章成志博士研究，自动标引中存在的问题包括标引数据集不平衡问题、标引代价敏感问题、标引数据标注瓶颈问题、标引颗粒度问题、标引关键词数问题、标引结果评价问题、标引系统实用化问题等 7 个方面的问题[73]。针对这些问题，章成志博士还提出了 4 种解决方法，其中加强多种标引方法的集成学习和深层语言知识的获取将是未来主要的研究方向。

索引编制自动化主要集中在逐字索引，而对词的索引研究不多，所以本课题的研究重点在索引词汇的识别，通过自动识别索引词汇，然后实现索引的自动编制，编制出真正基于语词的古籍索引。

3.2 古籍计算机自动分词标引的理论与关键技术研究

3.2.1 分词词典研究

分词词典是基于词典分词的汉语自动分词系统的一个组成部分，也是影响系统性能的重要因素之一。基于词典的自动分词系统所需的各类信息基本上从分词词典中获取。考核分词词典质量主要有两个指标：①词典的内容，即词典中收录词汇的数量与质量，它对分词精度有着很大的影响。一个好的词典要具备通用性好、覆盖率高的优点。②词典的组织形式。系统在进行分词及标注时需要频繁地查询词典，词典的查询速度直接影响到分词系统的速度，因而必须有效地组织词典，从而提高系统的整体性能。

建立词典有两种方法：①建立静态词库，这是一种简单直接的方法。静态词库以国家技术监督局 1993 年发布的 GB/T 13715—92《信息处理用现代汉语分词规范》为依据，其特征是针对信息处理的基本需要、以人为本、考虑词的常用性，整个词表分成词库、带字母词库、专名库、常用接续库、成语库、俗语库以及单字词库等 7 个分词库。该规范具有较强通用性及覆盖能力，对推动汉语自动分词研究的发展，起到了积极作用。但该方法的不足之处在于字典所能包含的单词有限，对于特定领域的某些单词无法包含。并且对于某个特定领域的应用来说，实际需要的单词要少得多，大而全的字典反而影响分词的效率和准确率。②建立动态词库，动态词库也称为智能词库，使用统计方法通过对大量的语料文本进行处理来建立词典。智能词典的基本思想是：先用无词典法按照一定算法对分词文本进行特征提取，提取出中频词与高频词两类，按照一定的算法决定高频词是否为新词，若有新词则添加到临时词典，然后按照机械分词算法进行分词。智能词典定时地对临时词典进行处理，按照一定的算法提取特征词，将其放入词典。该方法针对特定领域，词典的规模相比于通用词典要小得多，其分词的效率比第一种方法要高。更重要的是，这种方法统计大量的语料文本，能包括本领域的几乎所有单词，其分词的准确率也比前一种方法高。

分词词典机制方面的研究，目前已有许多研究成果，主要有以下几种机制：基于整词二分的分词词典机制、基于 TRIE 索引树的分词词典机制、基于逐字二分的分词词典机制、双字哈希分词词典机制、四字哈希分词词典机制、基于变型 B—树的中文自动分词词典机制[74-77]，其他尚有若干变种。

3.2.2 分词系统介绍

分词效果如何取决于所采用的分词系统的效率，在现代汉语文本处理中出现了不少系统。其中较成熟、使用较广的有如下数种：

CDWS（The Modern Written Chinese Distinguishing Word System）是我国第一个实用性的自动分词系统，是北京航空航天大学计算机科学与工程系于 1983 年设计实现的。初步建立了一个描述书面汉语的计算模型，对自动分词的有关概念和术语都给出了明确的定义，并且把歧义切分字段也首次作了分类。1988 年又实现了 CASS（Chinese Automatic Segmentation System），其运行效率和范围又有了一定的提高。

清华大学先后研制开发了 SEG 分词系统和 SEGTAG 系统。系统首次提出了全切分的概念，即找出输入字串的所有可能的字串，再从所有可能的字串中选出最佳字串序列作为分词结果。实验表明，该系统的切分精度基本上可达到 99%，能够处理未登录词较多的文本，切分速度约为30字/秒。

复旦大学研制的复旦分词系统由4个模块构成：预处理模块（利用隐式标记将文本分割成较短的汉字串）；歧义识别模块（正向最小匹配和逆向最大匹配进行双向扫描）；歧义字段处理模块（利用构词规则和词频统计信息来消除歧义）；未登录词识别模块（解决未登录词造成的分词错误）。通过实验，该系统对中文姓氏的自动辨识达到了70%的准确率，对文本中的地名和一些领域专有词汇也能进行一定的识别。

哈尔滨工业大学统计分词系统是一种典型的运用统计方法分词的分词系统，它试图将串频统计和词匹配结合起来。系统由预处理模块、串频统计模块、切分模块三个部分构成，能够利用上下文识别大部分生词，解决一部分切分歧义，但是统计分词方法对常用词识别精度差的固有缺点仍然存在。经测试，此系统的分词错误率为1.5%，速度为236字/秒。

北京大学计算语言学研究所研制的系统，具有分词和词性标注的功能。系统将最稳定、最常用的46 000余条现代汉语基本词汇及其基于BBS文本信息的中文自动分词系统研究的有关属性组织成为基本词典，并利用词类信息对分词决策提供帮助，在标志过程中又反过来对分词结果进行检验。系统的处理包括自动切分和初始词性标记、切分歧义字段识别、组词和标志预处理、词性标记排歧、切分和词性标注后处理等过程。

微软研究院的自然语言组在20世纪90年代初开始研制一个通用型的多国语言处理平台NLP Win，从1997年开始，增加了中文处理的研究。该系统中文分析是采取“切词与句法分析一体化”的方法，对于有上下文歧义和其他歧义的切分字段，系统将生成两棵以上的分析树来分析。考虑到系统对多种切分结果进行了完全的句法分析、对词典每个属性进行了完全查找，效率较高。

当然，上述所有系统处理的对象均为现代汉语文本，研究古籍分词系统实乃必然之举。

3.3 古籍计算机自动分词标引的主要算法与流程

3.3.1 概 述

汉语分词是由计算机自动识别文本中的词边界的过程。从计算机处理过程上看，分词系统的输入是连续的字符串（$C_1C_2C_3\cdots\cdots C_n$），输出是汉语的词串（$W_1W_2W_3\cdots\cdots W_n$），这里，$W_i$ 可以是单字词也可以是多字词。

到目前为止，中文分词方法主要包括三个类：

第一，基于字符串匹配的分词。这是最早出现也是最成熟的算法。其基本思路就是与电子词典进行比较，这种算法仅仅与词典中存在的词语进行比较，故不能进行歧义识别，也无法正确识别未登录词。并且因为词典越大，未登录词越少，从而可以大大减少未登录词识别的错误，从而提高分词的正确率。分词过程仅仅与一个已经存在的电子词典进行字符串的比较操作，故既不需要语料库，也不需要规则库来进行分词，因此算法较简单。

第二，基于理解的分词。目前还没有成熟的算法。基本思路是指通过理解字符串的含义，增强歧义识别能力，加强新词识别能力。规则是计算机进行理解的基础，故准确、完备的规则库是这种分词算法的前提；需要充分处理各种规则，故算法非常复杂。

第三，基于统计的分词。已经有多种成熟的这类算法，基本思路是根据字符连续出现次数的多少，得到分词系列。需要语料库进行统计训练，并且好的语料库是分词准确性的保证。虽然电子词典、规则库都不是必需的，但是结合一定的规则识别，则可以提高识别能力。其算法也比较复杂，但是已经比较常见，故这种分词的复杂性比基于字符串的分词的复杂性大，比基于理解的分词容易，现在的实用分词系统都采用这种算法。每种方法各有利弊，有强项也有致命弱点，现简单对比如表3－1[78]。

表3－1　各种分词方法的优劣对比

分词方法	基于字符串匹配分词	基于理解的分词	基于统计的分词
歧义识别	差	强	强
新词识别	差	强	强
需要词典	需要	不需要	不需要
需要语料库	否	否	是
需要规则库	否	是	否
算法复杂性	容易	很难	一般
技术成熟度	成熟	不成熟	成熟
实施难度	容易	很难	一般
分词准确性	一般	准确	较准
分词速度	快	慢	一般

3.3.2　古籍分词主要算法

古代的版刻书一般没有标点，只有少数书上刻了断句，极少数的书上附有批点。汉代虽然有多种表示句读的符号，但不是普遍使用。而现代整理或者标点本古籍的数量十分有限，尤其是新中国成立后整理出版的农业古籍只有140余种，只占农业古籍总量的15%左右。因此农业古籍的分词较现代汉语的分词不仅难度大，分词方式上也存在较大差异。经过研究与探索，对农业古籍文本准备采用的分词算法如下：

3.3.2.1　利用切分标志分词

现代汉语一般可以借助于标点、数字、西文、其他非汉字符号等作为切分标记，古代汉语文本是否也具有类似的标记。绕过研究发现，在古代汉语典籍中同样具有一系列的切分标记，对这些天然标记的应用同样可以实现古代汉语文本的词汇切分。

第一，虚词，比如“也、哉、乎”等句尾词可以作为分词主要标记，“岂、胡、敬、苟”为句首词等。

第二，同义词，比如“亦曰、亦作、亦云、又云”等后可分词。

第三，引书模式法，比如“孟子曰”、“《氾胜之书》云”后均应分词。“按……云”、“案……云”前后均可分词。

第四，时序词，时序表达在感知中比较常见。“先……日”、“后……日”、“于春”、“于秋”等后均可分词。

第五，数量词，比如“升、石、斤、把、棵、株、端、节、粒、枚”后可分词。

第六，比较词，比如“为重”、“为轻”、“为上”、“为下”、“为贵”、“为贱”等分词。

因篇幅所限，此处只列举出可以作为分词标志的部分词汇，这些词汇可以直接进入分词禁用词典群。

3.3.2.2 基于词典分词

农业古籍中有大量的专用术语，所以建立农史及其他专有词汇库就是本课题应有之义。具体包括以下几个方面：

第一，农业用语库：如“种、耕、耙、杷、蔺、掩、摩、压、锄、践”等动词，“美、色、香、味、状、态、姿、容”等名词，“根、茎、叶、花、果”等植物分支名词等。

第二，古代帝王年代库。

第三，人名库，农业史专有人名、中国通史人名。

第四，书名库，常用古籍库、农业古籍库。

第五，职官名库，特别是农史职官名，比如司农、搜粟都尉等。

3.3.2.3 N 元语法分词

第一，利用字符串匹配技术进行初步分词。

传统分词法所用的词典词汇数量较大，约 100 万，而且基本上由人工录入，费时费力，而本课题采用词汇数量较小的基本词典(15 万左右)。

第二，根据初步分词结果，运用 N 元语法继续进行分词，进行词频统计。

分别去除词频过高或者过低的词汇，作为禁用词处理，构建禁用词库。同时将分词结果（即实用词汇）按词汇长度特征分别归入各基本分词词典。

根据个人统计相关数据，农业古籍引书名称最长为 20 个汉字，平均长度为 4.65 个汉字；物产名最长为 6 个汉字，平均长度为 2.42 个汉字；识别出新词最长为 8 个汉字，平均长度为 1.47 个汉字。这些特征对于词汇的归属有重要的意义。

考虑到单一方法存在的问题，本课题综合采用上述 3 种方式，以实现古籍文本的分词处理。

3.3.3 古籍分词流程设计

考虑到分词处理的对象既可能是单一文本，也可能为多个文本。所以，其分词处理的步骤不可能完全一样。

单一古籍文本分词的基本流程，参见图 3－1。

（1）打开待处理的古籍文本。

（2）利用虚词词典库或者标点符号将要分的全文按虚词打散成一个一个的汉字子串序列，这样分词的效率更高。古代汉语由于没有标点，但古代汉语的虚词具有语法功能，不同的语法功能表现在它同实词或词组的关系上。可以先提取虚词，并以此分断，对篇章

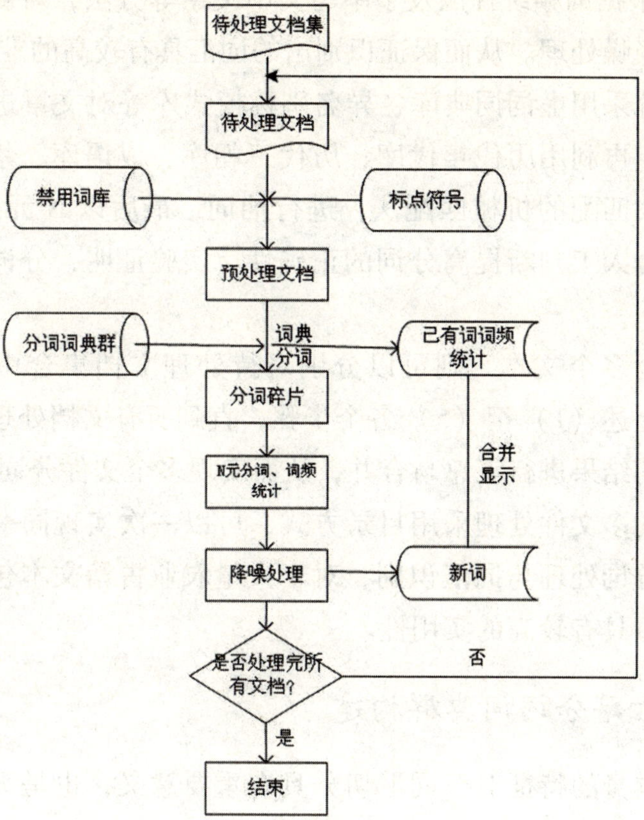

图 3－1　农业古籍文本分词流程图

进行预处理，将文本切分成汉字子串序列。

（3）对经过虚词提取以后的分词碎片继续以分词词典进行分词处理，提取出词典中已有词汇。为了方便统计，此处采用的分词词典与一般分词词典不同，此处是词典群，包括历代年代库、历代王朝库、成语库等。采用词典群，有助于对提取出的词汇进行分类统计与整理。

（4）再一次根据分词碎片进行 N 元语法分词处理。经过上次处理后，一般的分词碎片的长度均在 10 个汉字以下，对于这些分词碎片 N 元语法处理，可以取得若干词汇。

（5）根据词频统计以及子串与父串关系等方法，对新识别出的词汇进行降噪处理。从而保证识别出的词汇具有较高的准确性。

本系统采用虚词词典库、异名别称模式库等对文章进行初步断词、断句，再利用历代年代库、历代王朝库、成语库、禁用库，采用正向最大匹配的机械匹配法，进行抽词，最后以 N 元进行分词，最后再结合人工判断提高分词的正确性。实验证明，分词效果比较理想。

如果为多个文本，则可以分别对待处理文档集合中的各个文件，重复上述（1）至（5）各个步骤，直到所有文档处理完成，然后将分词的结果进行汇总与合并，从而实现多个文件分词处理。

本书的多文件处理采用目录方式，可以一次实现同一目录下多个文件的分词处理与词汇识别，对于大量农业古籍文本包含词汇的统计与分析具有较高的实用性。

3.3.4 古籍分词词典群构建

词汇本身的特征对于词汇切分具有重要意义，也是天然的切分标记，在各种分词算法中具有最高的效率，需要投入足够的注意力。前面已经列举这样的一些标志，比如虚词、同义词、引书、时序、数量词、比较句式等，此处不再重复列举。分词过程离不开分词词典的构建，在本课题中涉及以下一些基本词典。

3.3.4.1 通用词典库

（1）古代帝王年代库。这一数据库比较常见，可以直接通过网络等途径获取。具体内容包括：从《中国历代年号索引表》导入 517 条[79]；《六十甲子表》导入 60 条；24 节气及相关异称 48 条；天干地支名称导入 22 条。共计 647 条。

（2）引书库。因为引书书名较长，通过 N 元语法分词来实现引书的识别往往效率较低，构建一个较为完善的引书库往往能够提高分词的效率。本书的处理对象为农业古籍文本，所以一个较完善的农业古籍目录库是本课题必须解决的问题。参见表3－2。

表3－2 引书库来源表

数据来源	记录数
《中国农业古籍目录》	2 633
《齐民要术》引用书目[81]	292
《太平广记》引用书目[82]	336
《古代汉语虚词辞典》引书	608
合计	4 433
去重	3 644

张芳、王思明等共同编著的《中国农业古籍目录》正编部分收录我国现存的农业古籍目录，包括校注性、解释性和汇编性等类农书2 084种[80]。考虑到副编部分收录的相关书目，该目录实际已经成为目前国内最大的农业古籍目录。所以，该书成为本课题引书库采纳的主要数据资源。

（3）人名库。农业古籍中同样包括大量的人名，充分地搜集各种人名对于分词同样可以提高效率。《中国农业古籍目录》作为一部权威的农业古籍目录，收录的古籍的作者经常被其他农书引用，所以，这部图书所收的人名成为本课题最重要的人名信息源之一。参见表3－3。

（4）地名库。农业与所处的地理位置的关系比较密切，因而农业古籍中会出现大量的地名。地名资料的获取也是分词重要的一个环节。《古今地名对照表》导入数据1 499条[86]，常娥博士的地名数据库导入数据53 558条[85]，去重后有效数据54 040条。

（5）职官名库。在农业古籍中也会出现一些相关职官名称，其中包括一些农业官吏的名称，比如司农、搜粟都尉等，了解与研究这些名称同样能够发现一些农业发展的脉络。

表 3-3 人名库来源表

数据来源	记录数
《中国农业古籍目录》作者索引	817
《古代汉语虚词辞典》人名索引	570
搜狗·历史名人大全[83]	2 422
搜狗·古今中外各界名人词库[84]	9 729
人名表[85]	64 139
合计	77 677
去重	59 028

《中国历代职官词典》收录职官名 3 852 条[87]，常娥博士在研究古籍自动校勘技术时构建了职官库，其中包括数据 12 000 条[85]。二者合计得 15 852 条，去重后得 13 300 条。

其他还有成语库，收入数据 18 190 条；异名别称模式（比如又名、别名、别称等）库，收录数据 399 条。这些数据均为十分重要的原始资料。

3.3.4.2 农业词汇库

（1）物产名称库。物产与农史的关系至为密切。自 1959 年以后，中国农业遗产研究室从全国 8 000 多部方志中搜集摘抄了农史资料，其中包括《地方志物产》449 册。可见方志中包括大量的物产资料。不仅如此，农书、专门异物志、博物志及物产志、笔记、正史、本草和小学类典籍中也包括大量的农史物产史料[88]。有鉴于此，物产名称的区分应该成为分词研究不可或缺的一环。参见表 3-4。

表 3-4 物产名称库来源表

来　源	记录数
物产名称[67]	8 051
搜狗·中药药材细胞词库[89]	807
关联词语表[85]	1 340
合计	10 208
去重	7 641

（2）农具库。李华博士曾构建中国农具数字博物馆，其中包括不少农具资料[90]。农具库即以此为基础加工而成，收入数据493条。

（3）禁用词表。从《古代汉语虚词词典》导入各种虚词1 819条，另外，还搜集各种数量词64条，共1 883条。这些词一般均不作为实词处理。

当然，除上述各种来源外，还有时间词（如先、后）、顺序词（如第一、第二）等词汇，一般也同样并不作为实词处理（专门研究时间用语例外）。因为此类词汇在虚词类辞典中均有所收录，所以不再单独列出，特此说明。分词词典群参见表3－5。

表3－5　分词词典群组成

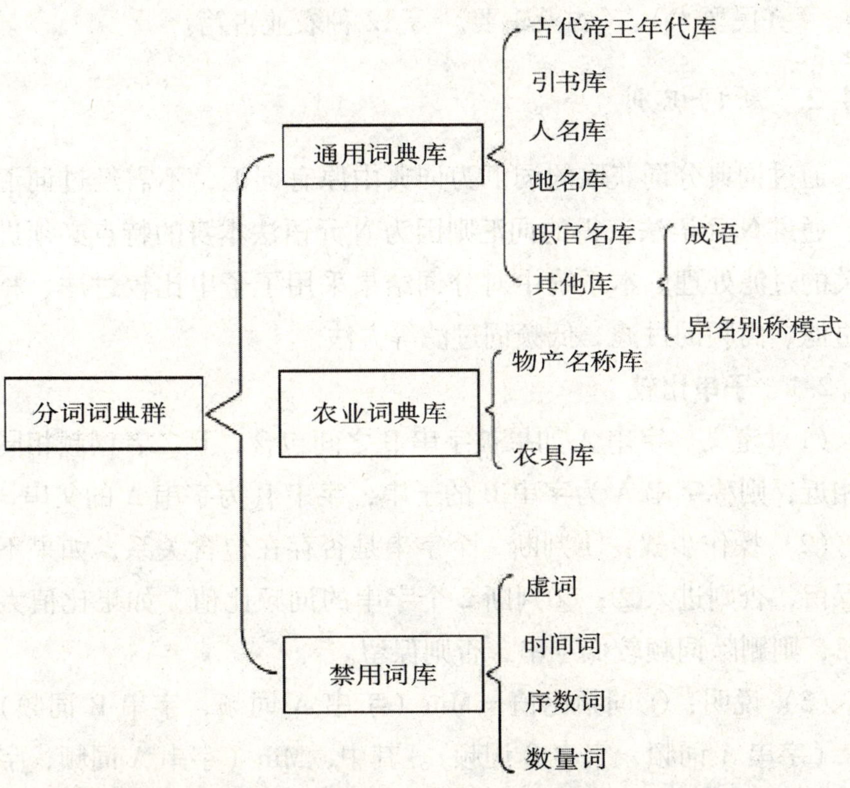

3.4 古籍计算机自动分词标引效果测试

3.4.1 数据来源

在农业史研究中，可以利用的资料来源很多，但是使用最多的数据主要为农业古籍与方志两类数据。基于这种认识，本系统采用如下两大类数据为实验语料进行分词测试：

第一，《方志物产·广东》收有379种方志物产资料。

第二，《茶花谱》、《禾谱野菜赞》、《野菜赞》、《张源茶录》、《大观茶论》、《橘录》、《茶疏》、《蚕书》、《四民月令》、《氾胜之书》、《齐民要术》、《农桑辑要》等12种农业古籍。

3.4.2 新词识别

通过词典分词获取的词汇为词典中原有词汇，不需经过词汇过滤。通过N元语法获得的词汇则因为N元语法本身的特点必须进行相关的过滤处理。本系统中对分词结果采用了子串比较过滤、相邻词过滤、高频词过滤、低频词过滤等方法。

3.4.2.1 子串比较

（1）定义。字串A如果被字串B之间包含，且二者词频相同或者相近，则称字串A为字串B的子串，字串B为字串A的父串。

（2）操作步骤：①判断2个字串是否存在包含关系，如果不是则保留，否则进入②；②判断2个字串的词频比值，如果比值大于0.98，则删除词频较低字串，否则保留。

（3）说明：①词频比值 = Min（字串A词频，字串B词频）/Max（字串A词频，字串B词频）。其中，Min（字串A词频，字串B词频）取2个字串中词频较低者，而Max（字串A词频，字串B

词频）则2个字串中词频较高者。②一般子串比较采用减法计算词频差，此处采用词频比值进行判断。基于以下考虑：一是原始文本因脱文、衍文导致词频的误差；二是随着文档数量的增加，词频比值不大的词汇有可能出现较大的词频差。③词频比值0.98为经验数据，可能因为文本领域以及数量不同而略有差别。

3.4.2.2　相邻词过滤

关于相邻词有不同的操作思路。王灿辉等采用的定义如下：相邻词指的是对句子进行分词后，在词条之前的一个词和之后的一个词。如“中文/关键词/抽取/算法”，那么“关键词”的相邻词即为：“中文”（称为“前邻”）和“抽取”（称为“后邻”）[91]。这样的定义对于词汇过滤意义不大。康艳采用的定义则与词汇过滤相关[92]。

（1）定义：如果2个词串词长相等（设词长为N），并且连续的N－1个字或字符相同，满足这两个条件的两词条互称为相邻词。

（2）操作步骤：①判断两个词汇，除首、尾外，其余字或字符是否相同，相同，即成为相邻词，进入②。②判断词频是否相同，如果相同，则删除两词汇，否则保留。

（3）说明：操作过程中词的首尾字截取，有两次小的运行过程。①第一词取首字，第二词取尾字，进行判断，如果是相邻词，则进入下一组数据。如果非相邻词，进入②。②则第一词取尾字，第二词取首字，再判断是否为相邻词。

3.4.2.3　高（低）频词过滤

关于高频词、低频词的判定有不同的说法，一般采用J. C. Donohue的方法[93]。孙清兰于1992年在论文《高频词与低频词的界分及词频估算法》提出了自己的方法[94]，但是这些方法因为将所有词汇一并计算，增加了计算的开销。为了方便操作，本实验对高（低）频词的判断方法与通常的方法相异。

（1）定义：根据分词的结果，将词频按降序排列，词频数在前20%以上部分的词汇，称为高频词。将排列在最后10%的词汇，称为低频词汇。

（2）操作步骤：①取出词频数在20%以上部分的词汇与排列在最后10%的词汇。②将词频数在20%以上部分的词汇与《国学宝典字词频表》比较，如果在《国学宝典字词频表》中已经出现，则删除，否则予以保留。排列在最后10%的词汇则删除[95]。

（3）说明：①确认高频词汇不是完全过滤，因为高频词汇同样具有统计意义。此处，以20%作为阈值，只是确立过滤的范围。②《国学宝典字词频表》系国学宝典网站从10亿已标点文本中统计的词频数据，共包括1万个字、词。

（4）过滤顺序：本系统按照子串比较、相邻词过滤、高频词过滤、低频词过滤的顺序进行操作。

3.4.3 分词结果

经过分词处理，在379种广东方志物产中，通过字符串匹配技术识别出词典中已有词6 314个，占总词汇的8%，通过N元语法并进行过滤处理后得到新词75 438个，则占总词汇的92%。出现10次以上的词汇为8 044个，占总词汇的10%。出现20次以上的词汇共3 760个，占总词汇的5%左右。参见图3－2。

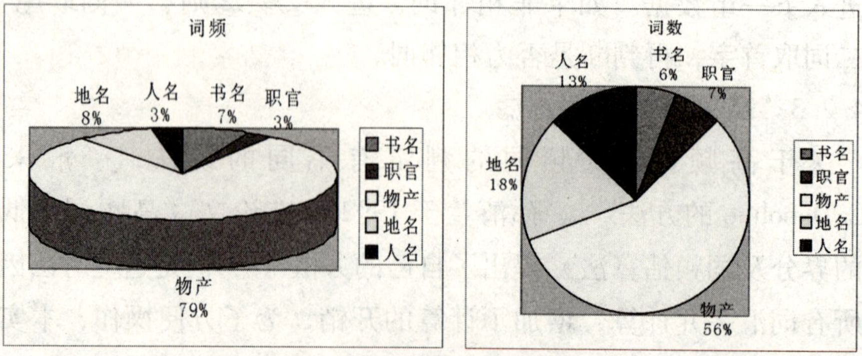

图3－2 基于词典方法分词结果分布图

其中词频最高的50个如下表。根据这些词汇可以比较容易的编制出各种古籍词汇及词频表。参见表3-6。

表3-6　基于词典分词方法使用率最高的50个词汇

词　汇	词　频	词　汇	词　频	词　汇	词　频
本草纲目	1583	荔枝	1566	尔雅	1138
龙眼	1096	通志	1008	南海	1002
岭南	938	广东新语	937	鹧鸪	924
茉莉	857	橄榄	806	槟榔	768
冬瓜	739	凤尾	695	南方草木状	673
杜鹃	665	芙蓉	664	黄皮	643
山茶	625	蔷薇	622	西瓜	619
鸡冠	616	菖蒲	588	山药	550
萝卜	547	含笑	544	东坡	543
珍珠	541	穿山	534	丝瓜	530
紫苏	528	枇杷	526	杨梅	526
画眉	520	芝麻	516	红花	508
岭表录异	505	岭南杂记	505	蜈蚣	503
翡翠	500	山猪	494	蜘蛛	489
佛桑	488	金银	478	芭蕉	469
葡萄	469	紫荆	468	木棉	458
黄花	449	黄竹	445		

因为方志物产不是纯粹的农业古籍，只是与农业史密切相关。因此本实验同时采用此方法对《茶花谱》、《禾谱野菜赞》、《野菜赞》、《张源茶录》、《大观茶论》、《橘录》、《茶疏》、《蚕书》、《四民月令》、《氾胜之书》、《齐民要术》、《农桑辑要》等12种农业古籍测试，通过字符串匹配技术识别出词典中已有词1 164个，占总词汇的31%；通过N元语法识别出新词5 780个，其中频率为1和2的词汇共3 250个，约占新词56%。去除这些词汇，实际识别出

新词计2 530个，占全部总词汇的69%。

根据上述结论，本系统所收分词词典对标准的农业古籍具有较高的识别率，而对广东方志物产类古籍则较低。而就N元分词技术来说，普通农业古籍识别出的词汇达到69%，而方志物产类古籍则达到92%，正说明了本系统所用词典中包括的词汇较少，N元语法分词技术的重要性。

考虑到一个成熟的系统应该具有较好的分词词典，以提高分词的效率。所以，今后有必要继续增加现有分词词典所收词汇的数量。

3.5 古籍计算机自动分词标引结果分析

3.5.1 词频等级与频次乘积研究

根据词频项目按照高频词在前、低频词在后的递减顺序排列，并用自然数给这些词编上等级序号，即频次最高的词等级为1，频次次之的等级为2……然后依次类推，频次最小的词等级为N。并计算出词频等级与频次乘积，构建出表3－7：

表3－7　词频分布表

同频词数	词　序	等　级	词　频	词频等级与频次乘积	词　数
1	1	1	3 607 554	3 607 554	3 607 554
1	2	2	2 626 170	5 252 340	2 626 170
1	3	3	2 608 801	7 826 403	2 608 801
1	4	4	2 099 824	8 399 296	2 099 824
1	5	5	2 049 043	10 245 215	2 049 043
1	6	6	2 002 988	12 017 928	2 002 988
1	7	7	1 907 656	13 343 492	1 907 656

续表

同频词数	词序	等级	词频	词频等级与频次乘积	词数
1	8	8	1 833 088	14 664 704	1 833 088
1	9	9	1 748 973	15 740 757	1 748 973
1	10	10	1 722 868	17 228 680	1 722 868
1	11	11	1 714 308	18 857 388	1 714 308
1	12	12	1 707 513	20 490 156	1 707 513
1	13	13	1 620 408	21 065 304	1 620 408
1	14	14	1 603 132	22 443 848	1 603 132
1	15	15	1 479 624	22 194 360	1 479 624
……	……	……	……	……	……
265	65 041—65 305	65 305	22	1 436 710	5 830
13	65 306—65 318	65 318	20	1 306 360	260
13	65 319—65 331	65 331	18	1 175 958	234
2	65 332—65 333	65 333	17	1 110 661	34
33	65 334—65 366	65 366	16	1 045 856	528
1	65 367	65 367	15	980 505	15
5	65 368—65 372	65 372	14	915 208	70
1	65 373	65 373	13	849 849	13
43	65 374—65 416	65 416	12	784 992	516
54	65 417—65 470	65 470	10	654 700	540
345	65 471—65 825	65 825	8	526 600	2 840
1	65 826	65 826	7	460 782	7
19	65 827—65 845	65 845	6	395 070	114
30	65 846—65 875	65 875	4	263 400	120
1	65 876	65 876	3	197 628	3
39	65 877—65 915	65 915	2	131 830	78

根据上表中“等级”与“词频等级与频次乘积”进行绘图，见图3-3：

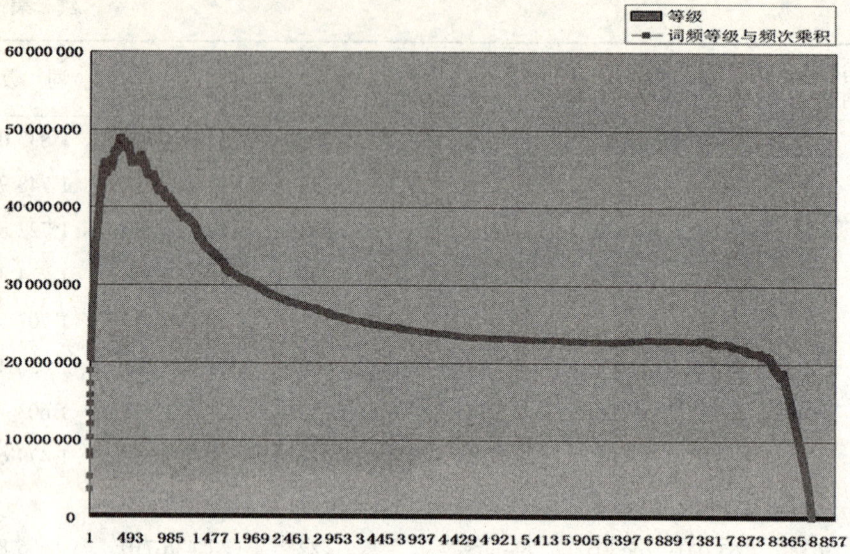

图 3－3　词频分布图

从上图已经明显表现出 2 001≤等级≤8 000 范围内，词频等级与频次乘积是一个固定值为 23 000 000，此数据和图形基本说明此语料分词后符合齐夫定律。

3.5.2　齐夫第一定律验证

为了进一步验证上述数据是否服从齐夫定律：

$$F \cdot r^{a} = C \tag{1}$$

利用回归分析理论，将统计获得的随机变量词 f 与等级 r 的数值，逐一描在坐标上，制作散点图。词频 f 与等级 r 的数值相差比较大，例如 $r=1$ 时，$f=3\ 607\ 554$，不便作图，因而对公式（1）两边取对数，得：

$$\mathrm{Log}f + \alpha \mathrm{Log}r = \mathrm{Log}C \tag{2}$$

现设定：$\mathrm{Log}f = Y$，$\mathrm{Log}r = X$，$\mathrm{Log}C = b$，$\alpha = a$，则：

$$Y = b - aX \tag{3}$$

这样便可用最小二乘法来分别求出 a 与 b：

$$\begin{cases} a\sum_{i=1}^{n}X_i^{\,2}+b\sum_{i=1}^{n}X_i=\sum_{i=1}^{n}X_iY_i \\ a\sum_{i=1}^{n}X_i+nb=\sum_{i=1}^{n}Y_i \end{cases} \tag{4}$$

因此得：

$$a=\frac{n\sum_{i=1}^{n}X_iY_i-\sum_{i=1}^{n}X_i\sum_{i=1}^{n}Y_i}{n\sum_{i=1}^{n}X_i^{\,2}-\left(\sum_{i=1}^{n}X_i\right)^2}$$

$$b=\frac{\sum_{i=1}^{n}Y_i-a\sum_{i=1}^{n}X_i}{n} \tag{5}$$

然后利用皮（尔生）氏积矩相关系数公式，来说明等级与词频之间相关关系密切程度：

$$\rho=\frac{\sum(X-\overline{X})(Y-\overline{Y})}{\sqrt{\sum(X-\overline{X})\cdot\sum(Y-\overline{Y})^2}}$$

$$=\frac{\sum XY-\frac{\sum X\cdot\sum Y}{n}}{\sqrt{\left[\sum X^2-\frac{(\sum X)^2}{n}\right]\left[\sum Y^2-\frac{(\sum Y)^2}{n}\right]}} \tag{6}$$

根据以上需要，特构建表 3－8：

表 3－8　分词结果分析

同频词数	等　级	最高词序	词　频	X 值	Y 值	X^2 值	XY 值
1	1	1	3 607 554	0	21. 782 59	0	0
1	2	2	2 626 170	1	21. 324 53	1	21. 324 53
1	3	3	2 608 801	1. 584 962 5	21. 314 96	2. 512 106	33. 783 41
1	4	4	2 099 824	2	21. 001 84	4	42. 003 67
1	5	5	2 049 043	2. 321 928 09	20. 966 52	5. 391 34	48. 682 75
1	6	6	2 002 988	2. 584 962 5	20. 933 72	6. 682 031	54. 112 89
1	7	7	1 907 656	2. 807 344 92	20. 863 37	7. 881 242	58. 570 88

续表

同频词数	等级	最高词序	词频	X 值	Y 值	X^2 值	XY 值
1	8	8	1 833 088	3	20. 805 84	9	62. 417 53
1	9	9	1 748 973	3. 169 925	20. 738 08	10. 048 42	65. 738 15
1	10	10	1 722 868	3. 321 928 09	20. 716 38	11. 034 21	68. 818 33
1	11	11	1 714 308	3. 459 431 62	20. 709 19	11. 967 67	71. 642 04
1	12	12	1 707 513	3. 584 962 5	20. 703 47	12. 851 96	74. 221 15
1	13	13	1 620 408	3. 700 439 72	20. 627 93	13. 693 25	76. 332 4
1	14	14	1 603 132	3. 807 344 92	20. 612 46	14. 495 95	78. 478 96
1	15	15	1 479 624	3. 906 890 6	20. 496 8	15. 263 79	80. 078 75
1	16	16	1 292 000	4	20. 301 17	16	81. 204 7
1	17	17	1 284 905	4. 087 462 84	20. 293 23	16. 707 34	82. 947 82
1	18	18	1 203 829	4. 169 925	20. 199 2	17. 388 27	84. 229 15
1	65 367	65 367	15	15. 996 274 9	15. 996 27	255. 880 8	255. 880 8
5	65 370	65 372	14	15. 996 341 1	15. 996 34	255. 882 9	255. 882 9
1	65 373	65 373	13	15. 996 407 3	15. 996 41	255. 885	255. 885
43	65 395	65 416	12	15. 996 892 7	15. 996 89	255. 900 6	255. 900 6
54	65 443. 5	65 470	10	15. 997 962 3	15. 997 96	255. 934 8	255. 934 8
345	65 648	65 825	8	16. 002 463 4	16. 002 46	256. 078 8	256. 078 8
1	65 826	65 826	7	16. 006 369 9	16. 006 37	256. 203 9	256. 203 9
19	65 836	65 845	6	16. 006 5891	16. 006 59	256. 210 9	256. 210 9
30	65 860. 5	65 875	4	16. 007 125 8	16. 007 13	256. 228 1	256. 228 1
1	65 876	65 876	3	16. 007 465 3	16. 007 47	256. 238 9	256. 238 9
39	65 896	65 915	2	16. 007 903 3	16. 007 9	256. 253	256. 253

根据上表中 $X-Y$ 数据绘图，其结果如图 3 -4 所示：

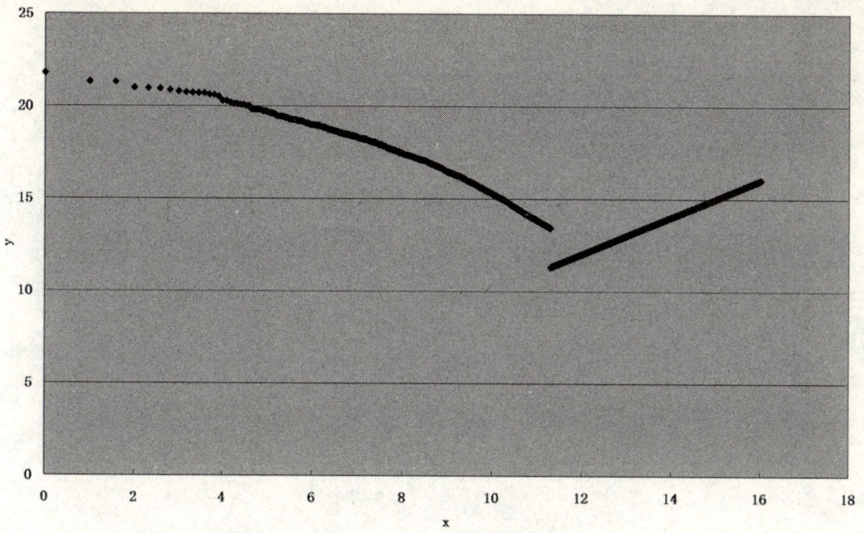

图 3－4　*X*—*Y* 数据图

现在根据词频分布图和 X — Y 数据图的各点分布情况，大致可分为 0≤*r*≤2 460，2461≤*r*≤8 000，8 001≤*r*≤8 654 三个区域，现根据三个不同区域进行细化产生不同区域的分布图，见图 3－5、图 3－6、图 3－7：

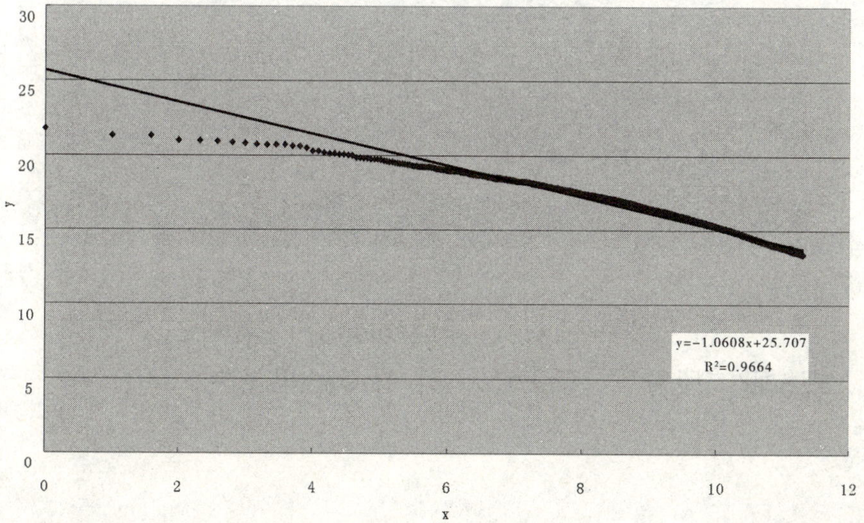

图 3－5　0≤*r*≤2 460 的 *X*—*Y* 数据图

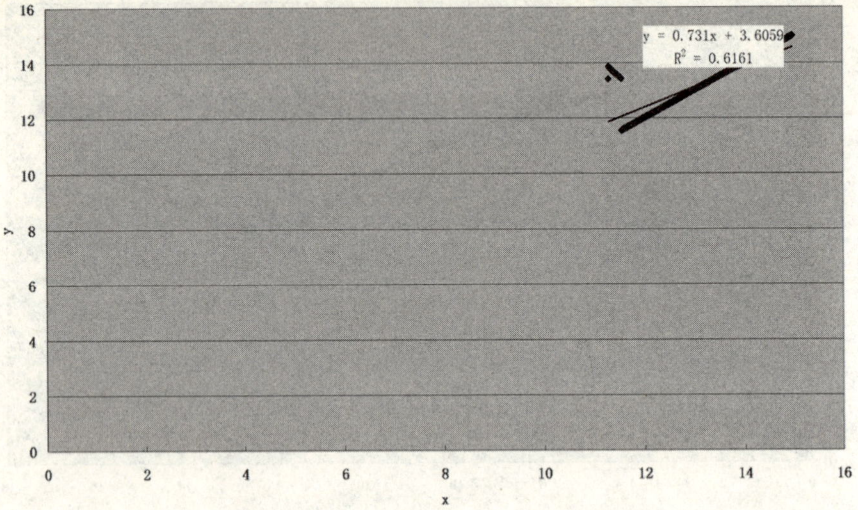

图 3-6　2 461≤r≤8 000 的 X—Y 数据图

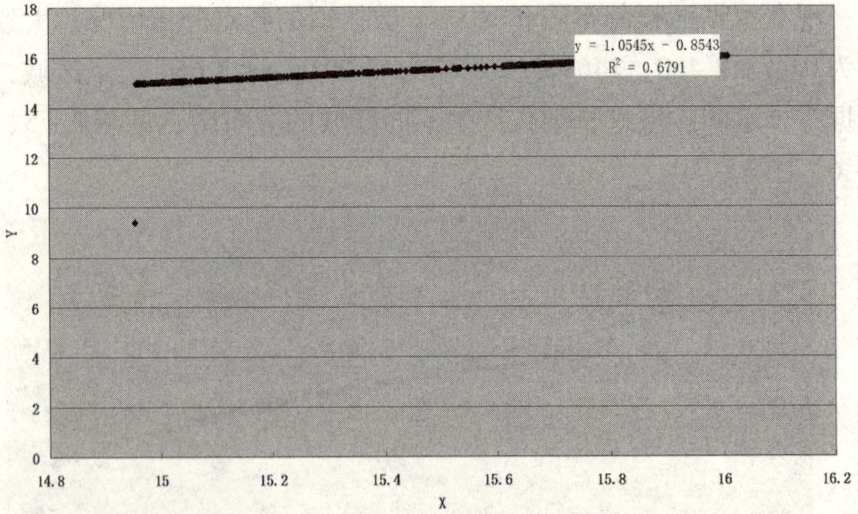

图 3-7　8 001≤r≤8 654 的 X—Y 数据图

现按此三段分别计算 a、b、ρ，计算结果见表 3-9：

表3-9 不同区域内的a、b、ρ值

区域 \ 数值	a	b	ρ
$0 \leqslant r \leqslant 2\,460$	1.060 8	25.707	-0.983 08
$2\,461 \leqslant r \leqslant 8\,000$	-0.731	3.605 9	0.784 89
$8\,001 \leqslant r \leqslant 8\,653$	-1.054 45	-0.854 3	0.824 049

从此表中可以看出，相关系数ρ的绝对值基本在限定区［-1，1］内，且$|\rho|$都大于0.75，这就说明f与r确实存在着线性相关，回归方程$Y=b-aX$是存在的。ρ在三个区域的值不相同，在$0 \leqslant r \leqslant 2\,460$范围内的$\rho<0$，说明$f$与$r$为负相关。而$2\,461 \leqslant r \leqslant 8\,000$和$8\,001 \leqslant r \leqslant 8\,653$两段范围内的$\rho>0$且接近于1，说明$f$与$r$为正相关。

3.6 古籍计算机自动分词标引结果应用

分词处理以后，可以得到数量可观的古籍词汇，这些词汇或者用于索引编制，或者用于各种词表编制，甚而可以直接运用于各种输入法的编制。

3.6.1 古籍索引编制

古籍索引的编制长期以来一直为国内外学者所重视，索引编制的规模、范围在逐步扩大，索引编制的技术与方法均扩大亦不断创新。索引标目的选择一直是古籍索引编制的一大难题，而直接利用古籍分词的结果则可以节省人力，提高标引的一致性和效率，进而可以实现古籍标引的自动化。

分词结果在索引编制中的用途主要有两种：

第一，书本式索引，包括单本书索引和群书索引的编制。

重点在于利用计算机实现多文本综合索引的编制。在分词结果的基础之上，由计算机批量调用相关词汇（如人名、地名、书名、职官名、物产名等），导入索引软件，经过相应合并与整合处理，最终输出按拼音、笔画等方式排序的索引，实验证明这一方法具有一定的可行性。

利用上述思路，本实验设计了索引编制系统，并以《395 清光绪五年广州府志》、《396 清道光十五年南海县志》、《396 清光绪九年九江儒林乡志》、《398 民国十九年龙山乡志》等 4 种方志物产资料为语料，编制了四角号码排序与拼音排序的古籍索引。具体样例见附录七。

第二，全文数据库中索引的编制。

可以通过分词结果，构建不同类型的电子索引（比如人名、地名等），从而实现同一类型词汇的集中显示。

传统的全文数据库即使提供索引，要么只提供检索功能，要么只提供某一具体词汇的显示功能，一般并不提供同类词汇的显示功能。而利用本系统构建的分词词典群可以实现词汇的分类显示。

3.6.2 古籍词库编纂

利用分词方法获得的词汇，可以编纂出各领域的专业词库。随着测试文本的增加，还可逐步完善。

考虑到目前没有统一的现成的汉字编码表使用，本实验自行构建了《汉字编码表》。该表目前共有汉字 20 902 个，包括拼音、笔画、笔顺、四角号码等多个属性，可以很方便地生成对各种文本进行排序处理。

为了加快专业词汇的输入速度，可以将这些专业词汇加入自己喜爱的输入法。一般在各种输入法中均有“批量造词”功能，可以直接将分词结果导入自己常用的输入法中，加快专业词汇的录入速度。

具体操作比较简单，只需将分词结果中两个字以上的新词汇保存为以 TXT 为后缀的纯文本文件，就可以将本专业或者本领域所需词汇直接导入到自己所喜爱的输入法中，从而成为专业或者行业输入法，大大加快文字的录入速度。笔者经过测试，现在的词库可成功添加到拼音加加、智能陈桥、极点五笔等多种输入法中。

3.6.3　同义词识别

目前，中文同义词的自动识别方法主要有以下 4 种：①以单汉字（即语素）为单位的字面相似度算法；②以词素为单位的字面相似度算法；③基于《同义词词林》语义体系的同义词识别；④基于语义词典的语素相似度识别算法。但上述方法处理与应用的对象主要是现代文本，对古籍文本的处理与应用则鲜有见及。

本课题构建的古籍异名别称模式库以及异名别称数据库，可以正确识别古籍中各种词汇间存在的同义关系。而这些同义关系的应用不仅可以直接用于后控词表控制、概念空间的构造，而且还可以用于情报检索中候选关键词的选择，直接提高情报检索的查全率。

目前同义词库的数量有限，随着训练文本数量的增加，可以逐步扩大同义词收录的数量，从而构建出较全的古籍同义词库。

3.6.4　自动摘要与自动标引

张琪玉先生认为“缺乏抽词词典是自动抽词标引难以普及的主要原因”[96]，可见抽词词典在自动抽词标引中的重要性。近年来，现代文本的抽词词典逐渐构建，而古籍文本的抽词词典的建立仍然需要待以时日。

通过古籍文本的分词技术，可以构建古籍专用的抽词词典，这样可以实现自动抽词标引。目前可以先采取分专业、分主题的方法构建专业古籍抽词词典，待各专业词典形成一定规模，再构建出一部综合性的古籍文本使用的抽词词典。

当然，即使不构建抽词词典，通过分词，我们仍然可以对古籍文本中的词汇进行规范处理，找出最适合表达古籍文本的主题词汇，从而实现古籍文本主题词的自动标引。

更进一步，如果以此为基础，还可以逐步建立起以中心词汇或者主题词汇为核心的古籍自动摘要系统。

3.6.5 古籍自动问答系统

近年来，自动问答系统受到了广泛的重视，其研究也日益增多。李华博士构建的农具自动问答系统利用的关键技术就包括分词技术与问句相似度算法两种[90]，由此可见，分词技术与问答系统具有密切的关系。

与一般以关键词为特征的问答系统不同，王芳博士等研究小组构建了“基于本体的农业问答系统”[97]，引入了语义知识源，将特征词转换为其在《同义词词林》中的编码，较好地解决了问句中包含词不同但语义相同这一难题。

当然，无论是李华博士，还是王芳博士，面向的对象只是某一个主题或者某一领域，依赖的语义源仍然有限。李华所使用的分词词典包括 10 308 个词汇，词典应用的领域较窄，而王芳使用的词典是《同义词词林》（扩展版），处理的对象主要是现代书面语言，很难直接应用古籍问答系统。可见，欠缺相应的词典仍然是古籍问答系统的关键因素。因此，基于古籍文本分词词典以及同义词典的问答系统将是分词技术应用的又一个重要领域。

3.7 本章小结

通过分词技术研究的回顾，我们不难得出这样的结论：分词技术仍然处于发展过程之中，尤其是以农业古籍文本为语料的分词研究刚刚起步，同样有筚路蓝缕之难。本论文提出以虚词等禁用词典群中的词汇为切分标志，同时结合基本分词词典群与N元语法进行词汇切分，从而发现农业古籍文本中存在的语词。通过研究发现，实验结果与齐普夫第一定律有着密切的耦合度，这一结论说明齐普夫第一定律在古籍文本中也有较高的适应性。分词获得的这些词汇可为索引编制提供基本的标引词，有便于完成索引的自动编制。同时，这些词汇还可以用于编制农业古籍词表，编制各种专业输入法。

参考文献：

[1] 陈敏．中文信息处理的现状与展望［J］．语言文字应用，1995（4）：26－32.

[2] 孙茂松，邹嘉彦．汉语自动分词研究评述［J］．当代语言学，2001（1）：22－32.

[3] 龚汉明，周长胜．汉语分词技术综述［J］．北京机械工业学院学报，2004（3）：52－55，61.

[4] 高等英语教学网．中国的机器翻译技术［EB/OL］．［2008－03－18］．http：//www.heep.cn/meeting_detial.php？where_class＝4&class_where＝15&show＝deital&where＝144.

[5] CNKI学术趋势．与自动分词相关的历史事件［EB/OL］．［2008－03－18］．http：//trend.cnki.net/more.php？searchword＝%E8%87%AA%E5%8A%A8%E5%88%86%E8%AF%8D&type＝history.

[6] 曹德和．中文分词连写的问题与对策［J］．北华大学学报：社会科学版，2006，7（1）：21－26.

[7] 李辉阳，韩忠愿，周经野．书面汉语分词连写的合理性与

紧迫性及其实现[J]. 中文信息学报，2001，15（5）：15－18.

[8] 冯志伟．汉语书面语的分词连写 [J]. 语文建设，2001（3）：15－15.

[9] 许林杰．汉语文本分词问题的形成原因和解决途径 [J]. 山东行政学院山东省经济管理干部学院学报，2002（3）：113－114.

[10] 杨端志．汉语词汇理论、词典分词与“词”的认知 [J]. 山东大学学报：哲学社会科学版，2003（6）：85－89.

[11] 孙茂松，邹嘉彦．汉语自动分词研究评述 [J]. 当代语言学，2001，3（1）：22－32.

[12] 张春霞．汉语自动分词的研究现状与困难 [J]. 系统仿真学报，2005（1）：138－143，147.

[13] 张培颖，李村合．一种中文分词词典新机制——四字哈希机制 [J]. 微型电脑应用，2006（10）：35－36，55，66.

[14] 徐威，董渊．针对中文文本自动分类算法的评估体系 [J]. 计算机科学，2007（8）：177－179.

[15] 吴启德，吕强．一个比较不同中文分词法的软件 [J]. 苏州大学学报：工科版，2004（6）：29－33.

[16] 翟凤文，赫枫龄．一种字典与统计相结合的中文分词方法 [J]. 小型微型计算机系统，2006（9）：1 766－1 771.

[17] 陈飞．一种混合的中文分词算法 [J]. 南开大学学报：自然科学版，2007（5）：27－32.

[18] 宋礼鹏，郑家恒．基于聚类的语料库分词评价方法研究 [J]. 计算机学报，2004，27（2）：192－196.

[19] 宋礼鹏，郑家恒．分词评价系统实现 [J]. 电脑开发与应用，2004，17（1）：12－13.

[20] 王彩荣，黄玉基．汉语自动分词软件评价方法优化 [J].

微处理机，2006，27（6）：61－63.

［21］王彩，李晓毅，黄玉基．汉语自动分词系统的评价［J］．微处理机，2003（5）：28－30.

［22］何莘，王琬芜．自然语言检索中的中文分词技术研究进展及应用［J］．情报科学，2008（5）：787－791.

［23］黄昌宁，赵海．中文分词十年回顾［J］．中文信息学报，2007，21（3）：8－19.

［24］张春霞，郝天永．汉语自动分词的研究现状与困难［J］．系统仿真学报，2005，17（1）：138－143.

［25］周文帅，冯速．汉语分词技术研究现状与应用展望［J］．山西师范大学学报：自然科学版，2006，20（1）：25－29.

［26］刘迁，贾惠波．中文信息处理中自动分词技术的研究与展望［J］．计算机工程与应用，2006，42（3）：175－177.

［27］文庭孝，邱均平，侯经川．汉语自动分词研究展望［J］．现代图书情报技术，2004（7）：6－10.

［28］熊回香，夏立新．基于词索引的中文全文检索关键技术及其发展方向［J］．中国图书馆学报，2007（04）：45－49.

［29］瞿锋，陈纪元．汉语自动分词算法综述［J］．福建电脑，2006（4）：23－25.

［30］吴凡．信息检索中的中文分词问题研究［J］．情报杂志，2008，27（7）：41－43.

［31］曹桂宏．中文分词对中文信息检索系统性能的影响［J］．计算机工程与应用，2003，39（19）：78－80.

［32］董小芸，刘俊熙．自动分词在中文信息检索中的应用［J］．情报杂志，2003，22（12）：65－66.

［33］曹倩，丁艳，王超，等．汉语自动分词研究及其在信息检索中的应用［J］．计算机应用研究，2004，21（5）：71－74.

[34] 黄昆，符绍宏．自动分词技术及其在信息检索中应用的研究 [J]. 现代图书情报技术，2001 (3)：26－29.

[34] 孙巍．一种面向中文信息检索的汉语自动分词方法 [J]. 现代图书情报技术，2006 (7)：33－36.

[35] 曹勇刚，曹羽中，金茂忠，等．面向信息检索的自适应中文分词系统 [J]. 软件学报，2006，17 (3)：346－363.

[37] 金澎，刘毅，王树梅．汉语分词对中文搜索引擎检索性能的影响 [J]. 情报学报，2006，25 (1)：21－24.

[38] 吴栋，滕育平．中文信息检索引擎中的分词与检索技术 [J]. 计算机应用，2004，24 (7)：128－131.

[39] 欧振猛，余顺争．中文分词算法在搜索引擎应用中的研究 [J]. 计算机工程与应用，2000，36 (8)：80－82.

[40] 王华栋，饶培伦．基于搜索引擎的中文分词评估方法 [J]. 情报科学，2007，25 (1)：108－112.

[41] 王坚，赵恒永．专业搜索引擎的实现与研究——中文分词算法 [J]. 电子科学技术评论，2005 (3)：77－79.

[42] 曹羽中，曹勇刚，金茂忠，等．支持智能中文分词的互联网搜索引擎的构建 [J]. 计算机工程与设计，2006，27 (23)：4 395－4 398.

[43] 湛燕，陈昊，袁方，等．基于中文文本分类的分词方法研究 [J]. 计算机工程与应用，2003，39 (23)：87－88.

[44] 魏晓宁，朱巧明，梁惺彦．结合中文分词的贝叶斯文本分类 [J]. 苏州市职业大学学报，2008 (1)：104－107.

[45] 吴雅娟，柳培林，丁子睿．基于统计分词的中文文本分类系统 [J]. 电脑知识与技术：学术交流，2005 (4)：71－74.

[46] 唐培丽，胡明，解飞，等．全文检索搜索引擎中文信息处理技术研究 [J]. 情报科学，2006，24 (6)：895－899.

[47] 许高建，胡学钢，王庆人. 文本挖掘中的中文分词算法研究及实现 [J]. 计算机技术与发展，2007，17 (12)：122－124.

[48] 谢红薇，王栋. 基于 Web 文本挖掘中的一种中文分词算法研究 [J]. 电脑开发与应用，2007，20 (7)：6－8.

[49] 马玉春，宋瀚涛. Web 中文文本分词技术研究 [J]. 计算机应用，2004，24 (4)：134－134.

[50] 韩利凯. 一种快速 Web 中文分词算法的研究 [J]. 航空计算机术，2007 (6)：68－69.

[51] 陈淑珍，卢昌荆，林克明. WEB 文本挖掘的中文分词系统的设计与实现 [J]. 三明学院学报，2005，22 (2)：197－200.

[52] 赵志靖，周静，冯锐，等. 智能人机交互中自动分词技术的实现 [J]. 扬州大学学报：自然科学版，2005，8 (3)：58－61.

[53] 王力红，杨剑，李洪，等. 汉语智能接口的自动分词研究 [J]. 计算机工程，2001，27 (8)：43－44.

[54] 高洁羽，吕强，杨秀文，等. 自动分词在输入法测试系统中的应用 [J]. 电化教育研究，2003 (2)：51－53.

[55] 陈晓柱，曾莹. 自动分词在智能答疑系统中的作用 [J]. 电脑知识与技术：学术交流，2007 (6)：1 381－1 382.

[56] 郑耿忠. 自动分词算法在智能答疑系统中的应用研究 [J]. 计算机工程与设计，2007，28 (9)：2 224－2 226.

[57] 张家勇，刘建辉. 基于中文分词技术的信息智能过滤系统 [J]. 信息技术，2006，30 (12)：175－178.

[58] 邓曙光，刘金铸，曾朝晖. 基于自学习机制汉语自动分词系统研究 [J]. 平原大学学报，2006，23 (1)：87－89.

[59] 强永妍，杨庚. 中文垃圾邮件的索引分词法的研究与设计 [J]. 计算机应用，2007 (9)：2 334－2 336.

[60] 麦范金，叶东海，史慧．基于语义理解的垃圾邮件过滤处理研究 [J]. 中文信息学报，2008，22 (5)：80－83.

[61] 申庆永，张建忠，何云，等．中文垃圾邮件过滤系统中的实时分词算法设计 [J]. 计算机工程与应用，2007，43 (3)：179－181.

[62] 高艳萍，于红，尹祥贵，等．基于双数组 Trie 树的渔业领域分词研究 [J]. 安徽农业科学，2008，36 (11)：4 788－4 790.

[63] 吴静，蔡砥，王铮．地理信息系统中自然语言查询的分词处理与应用 [J]. 地球信息科学，2005，7 (3)：67－71.

[64] 李新福．基于互信息的宋史语料库词表的提取 [J]. 河北大学学报：自然科学版，2006 (5).

[65] 苏劲松，周昌乐，李翼鸿．基于统计抽词和格律的全宋词切分语料库建立 [J]. 中文信息学报，2007 (2).

[66] 曹艳，侯汉清．古籍文本抽词研究 [J]. 图书情报工作，2008 (1).

[67] 衡中青．地方志知识组织及内容挖掘研究——以《方志物产·广东》为例 [D]. 南京农业大学，2007.

[68] 曹玲．农业古籍数字化整理研究 [D]. 南京农业大学，2006.

[69] 潘雪莲，钱丹雅，侯汉清．书后主题索引的自动编制初探 [EB/OL]. [2008－03－26]. http：//www. cnindex. fudan. edu. cn/zgsy/2006n3/panxuelian. htm.

[70] 王雅戈．民国农业文献数字化整理及信息组织研究[D]. 南京农业大学，2007.

[71] 清华大学科技史数字图书馆资料库 [EB/OL]. [2008－03－26]. http：//166. 111. 120. 21：4237/home/database/htm/index. htm.

[72] 张琪玉．缺乏抽词词典是自动抽词标引难以普及的主要

原因［J］. 图书与情报，1998（2）.

［73］章成志. 自动标引研究的回顾与展望［J］. 现代图书情报技术，2007（11）.

［74］孙茂松，左正平. 汉语自动分词词典机制的实验研究［J］. 中文信息学报，2000，14（1）：1－6.

［75］张培颖，李村合. 一种中文分词词典新机制——四字哈希机制［J］. 微型电脑应用，2006，22（10）：35－36.

［76］李庆虎，陈玉健，孙家广. 一种中文分词词典新机制——双字哈希机制［J］. 中文信息学报，2003，17（4）：13－18.

［77］吴昊，潘无名，王硕，等. 一种基于变型B—树的中文自动分词词典机制［J］. 技术与市场，2007（4）：37－38.

［78］刀剑笑. 三种中文分词算法优劣比较［EB/OL］.［2008－08－28］. http：//blog. csdn. net/jyz3051/archive/2008/11/01/3202431. aspx.

［79］中国历代年号索引表［EB/OL］.［2009－03－03］. http：//qbar. qq. com/jb2i2z3c/2162. htm.

［80］张芳，王思明. 中国农业古籍目录［M］. 北京：北京图书馆出版社，2002：494.

［81］［后魏］贾思勰撰，缪启愉校释.《齐民要术》附录三本书引用古文献书目［EB/OL］.［2009－03－03］. http：//www. capaw. com/SKQS/ShowArticle. asp？ArticleID＝17993&Page＝3.

［82］太平广记引用书目［EB/OL］.［2009－03－03］. http：//tieba. baidu. com/f？kz＝26776348.

［83］历史名人大全［EB/OL］.［2009－03－03］. http：//pinyin. sogou. com/dict/word_ list. php？id＝154.

［84］搜狗. 古今中外各界名人词库［EB/OL］.［2009－03－03］. http：//pinyin. sogou. com/dict/cell. php？id＝669.

［85］常娥．古籍智能处理技术研究［D］．南京农业大学，2007.

［86］古今地名对照表［EB/OL］．［2009－03－03］. http：//tieba. baidu. com/f? kz＝206039406.

［87］沈起炜，徐光烈．中国历代职官辞典［M］．上海：上海辞书出版社，1992.

［88］衡中青，侯汉清．农史物产史料来源发微［J］．中国地方志．2008（8）.

［89］邱立坤．现代汉语动名语串结构关系判定［J］. Journal of Chinese Language and Computing，2005，15（3）：173－183.

［90］李华．面向知识服务的传统农具数字博物馆设计与构建［D］．南京农业大学，2008.

［91］王灿辉，张敏，马少平，等．基于相邻词的中文关键词自动抽取［J］．广西师范大学学报：自然科学版，2007（2）：161－164.

［92］康艳．中文图书内容索引计算机编制的研究与系统实现［D］．南京农业大学，2008.

［93］Donohue J C. Understanding scientific Literature：A Bibliographic Approach［M］. Cambridge：The MIT Press，1973.

［94］孙清兰．高频词与低频词的界分及词频估算法［J］．中国图书馆学报，1992，18（2）：78－81.

［95］国学宝典．国学宝典字词频表［EB/OL］．［2008－03－26］. http：//www. bbs. guoxue. com/viewthread. php? tid＝443475.

［96］张琪玉．缺乏抽词词典是自动抽词标引难以普及的主要原因［J］．图书与情报，1998（02）：27，80.

［97］王芳，滕桂法，赵洋，等．基于本体的农业问答系统研究［J］．农机化研究，2009，31（1）：42－45.

4　古籍计算机整理与开发系统的构建与集成

农业古籍的断句标点与分词标引是农业古籍智能化整理的重要组成部分，我们针对它们的历史、原理及技术实现进行了深入的研究，并在此基础上开发了古籍整理与开发的实验系统。该系统主要由自动标点、自动分词、索引编制和系统设置四个子系统构成，系统的主界面如图 4 –1 所示。下面将具体介绍实验系统的开发背景，以及各子系统的构建和实现情况。

图 4 –1　古籍整理与开发系统主界面

4.1 古籍计算机整理与开发系统的研究背景

开发工具：Visual Foxpro 9.0 sp 2。

开发环境：Windows XP。

开发模式：Client/Server 模式。

农业古籍数字化采用 Unicode 编码规范，所以需选择支持 Unicode 编程的开发工具和数据库管理程序。Visual Foxpro 9.0 为 2007 年微软公司的产品，与所有 Visual 系列产品（如 Visual Basic，Visual C#，Visual C++，Visual J#）一样，具有可视化编程功能，其设计思路与方法均很相似。从 7.0 版本即开始提供的 STRCONV（）函数功能大大增强，特别提供 Unicode 编码、UTF—8 编码、base 64 二进制编码、hex Binary 编码等各种编码的相互转换处理。通过这个函数，我们可以轻易地实现对农业古籍所用的大字符集的处理。

4.2 古籍计算机自动断句标点子系统

4.2.1 实验语料

我们选择标点本《资治通鉴》、《太平御览》、《唐六典》、《吕氏春秋》等 38 部通用古籍以及 10 部古农书作为试验文本。其中以《资治通鉴》、《太平御览》、《唐六典》、《吕氏春秋》等 38 部通用古籍以及《齐民要术》、《王祯农书》、《农政全书》、《大观茶论》等 4 部古农书约 2 000 万字文本作为训练集，以《氾胜之书》、许次纾《茶疏》、韩彦直《橘录》、张源《茶录》、顾景星《野菜赞》、曾雄生《禾谱辑佚》等 6 部古农书作为测试集。

4.2.2 系统功能结构

农业古籍自动标点子系统三大功能模块，即标点规则库构建模块、断句模块、标点模块，其中标点规则库构建模块分为人工构建与自动构建2个子模块。参见表4-1。

表4-1 标点子系统功能

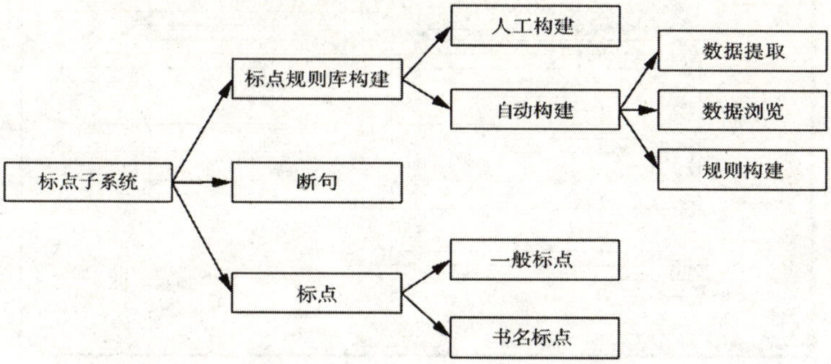

4.2.2.1 标点规则库构建

任何研究必须充分借鉴前人的成果，标点系统同样必须利用前人的标点成果。构建标点规则是标点系统的基础，参见图4-2。其完备性、准确性直接关系到标点系统的成败。

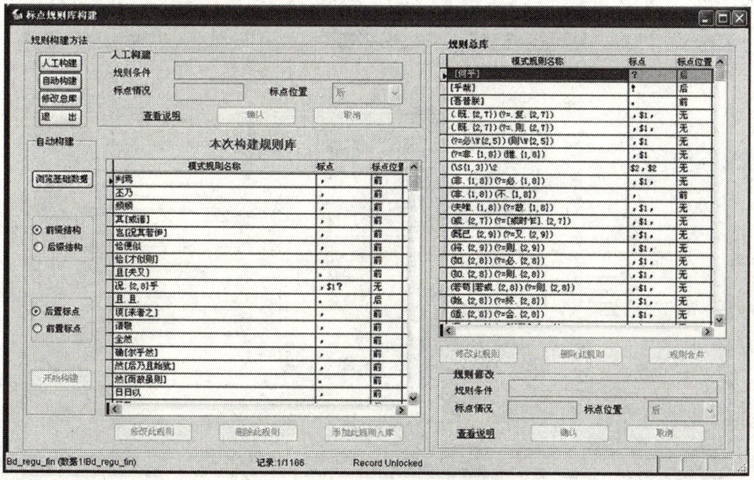

图4-2 标点规则库构建主界面

4.2.2.1.1　人工构建

人工智慧在标点规则建立中有其特殊的作用，专家的经验、技能在短时间内也非计算机可以被完全代替。为此本系统设置了标点规则库人工构建模块。参见图4-3。

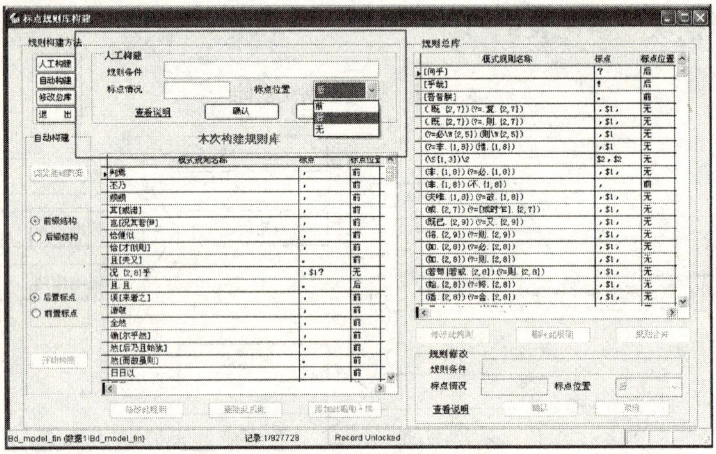

图4-3　标点规则库人工构建界面

4.2.2.1.2　自动构建

第一，标点数据提取。

根据现有标点文本，提取出所有标点位置。通过约2 000万字标点文本的处理，去重后，获得有效标点数据927 728条。参见图4-4。

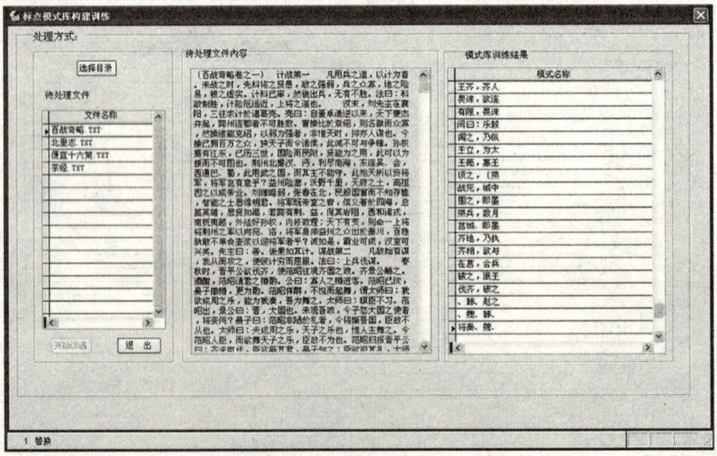

图4-4　标点数据提取界面

第二，浏览基础数据。

浏览前面步骤的处理结果，即所有的标点位置，以便用户人工构建规则。参见图4-5。

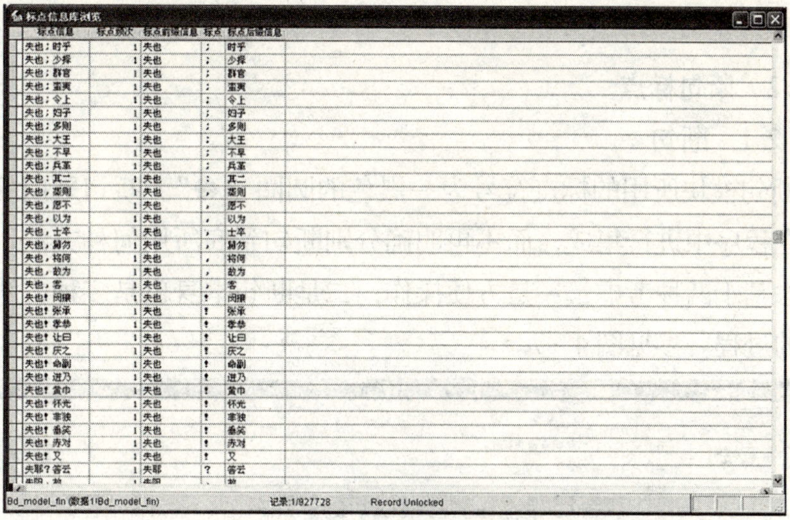

图4-5　标点数据浏览界面

第三，构建模块

按词汇结构（前缀结构、后缀结构）以及标点类型（前置标点与后置标点）分别组成4种模式进行构建。参见图4-6。

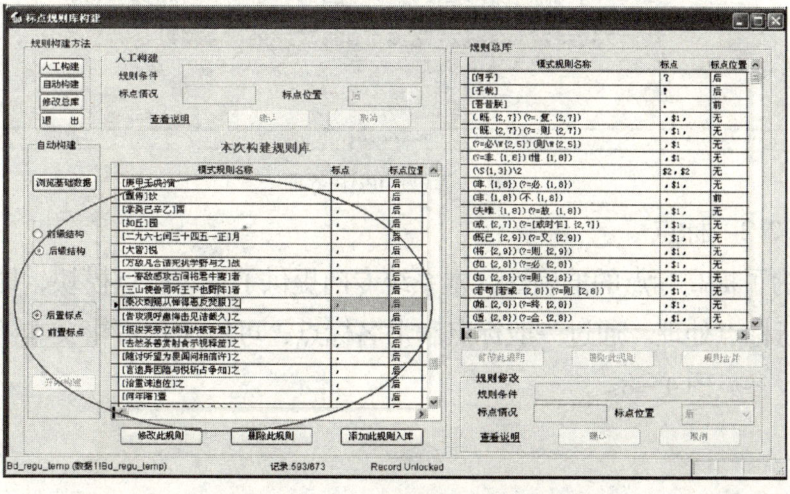

图4-6　标点规则库自动构建界面

前缀结构，即成词时以前缀为核心，示意如下：

不［拜 变 成 出 从 幸 见 尽 敢 可 肯］

后缀结构，即成词时以后缀为核心，示意如下：

［二 九 六 七 闰 三 十 四 五 一 正］月

4.2.2.2 断句标点

4.2.2.2.1 断句

断句模块所用的标点符号为一黑色的圆圈“●”。断句采用的各种方法在程序中进行集成，而不再明确分别断句到底所用何种方法，这样的做法基于两种考虑：一是方便操作；二是断句本身也是多种方法综合应用的过程。参见图4－7。

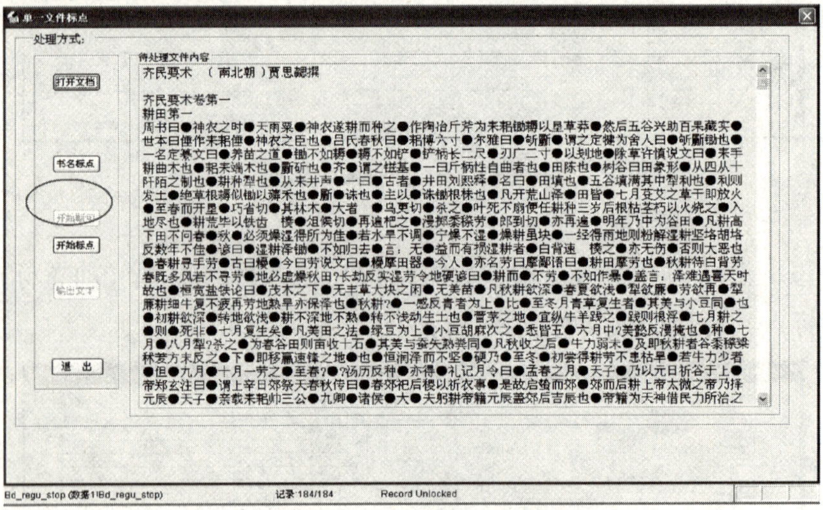

图4－7 断句模块界面

4.2.2.2.2 标点

为了提高标点的准确性，本系统专门提供了书名标点模块，即对书名进行标点处理。通过一般标点和书名标点，可以实现古籍文本的标点处理。参见图4－8。

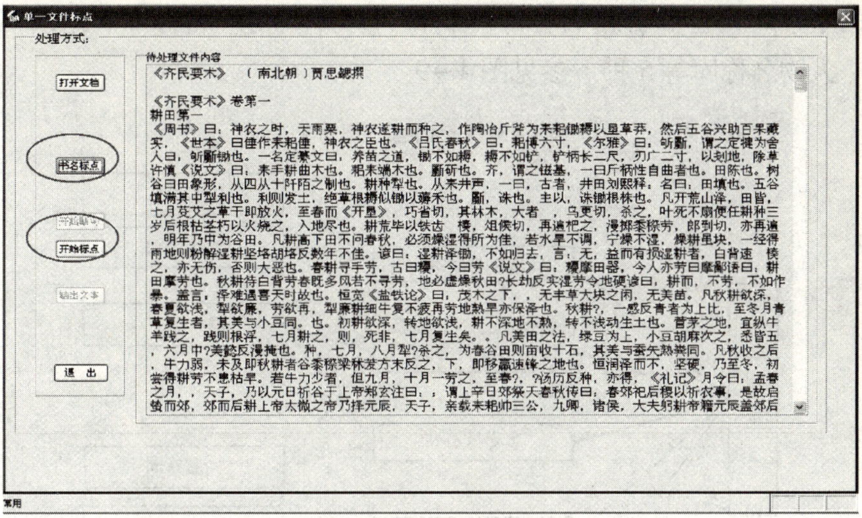

图4－8　标点模块界面

为了方便多文件的断句标点，本系统还专门构建了多文件断句标点模块，从而充分发挥计算机大批量处理文本的优势。

4.3　古籍计算机自动分词标引子系统

4.3.1　实验语料

本研究依托于南京农业大学中国农业遗产数字化研究所承担的中国科技部基金项目“中国农业科技遗产信息数据库”以及“中国农业遗产信息平台”，采用《方志物产·广东》共381种方志物产资料作为实验语料。参见表4－3。

4.3.2　系统功能结构

4.3.2.1　分词词典构建

4.3.2.1.1　基本词典

构建分词词典是基于词典的分词技术中不可或缺的一环。本系统所用的基本词典包括古籍名称库、职官名称库、物产名称库、地理名称库、人物名称库等5种。参见图4－9。

表4－3　分词系统主要功能

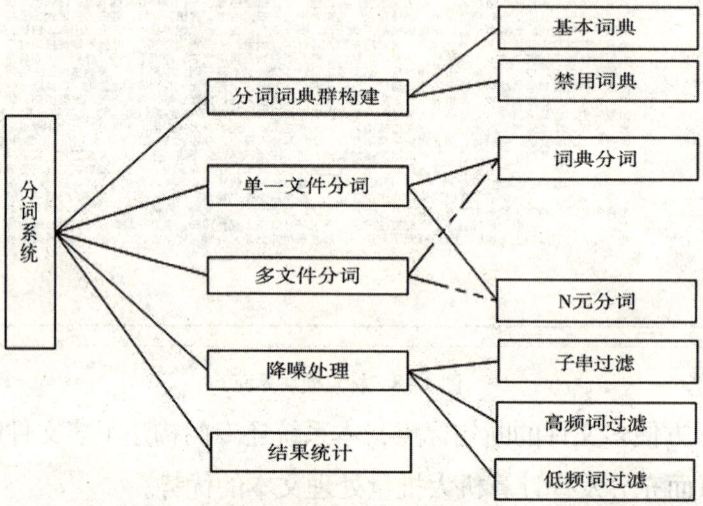

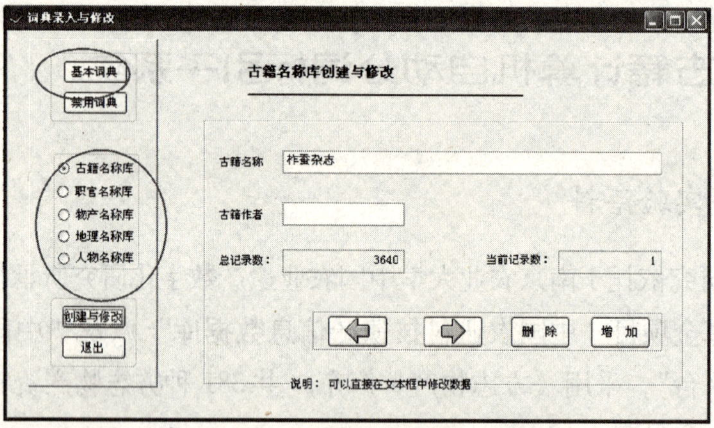

图4－9　分词基本词典构建界面

4.3.2.1.2　禁用词典

为了提高分词的准确度，构建禁用词典同样亦为基于词典的分词技术中重要一环。本系统包括历代王朝库、历代年号库、成语词典库、异名别称库、虚词词典库等5个词典组成的禁用词典群。参见图4－10。

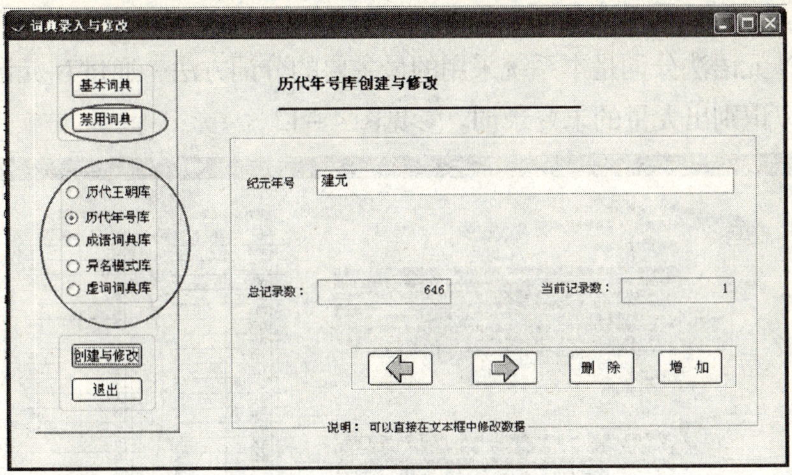

图4－10 分词禁用词典构建界面

4.3.2.2 单一文件分词

4.3.2.2.1 词典分词

尽管本系统中采用的基本词典所收词汇的数量十分有限，但是，采用词典分词的意义却非同一般。原因不仅在于词典分词可以提高分词的准确性，而且可以为N元语法分词提供较好的分词标志，极大地减轻N元语法分词所带来的计算开销。词典分词界面参见图4－11。

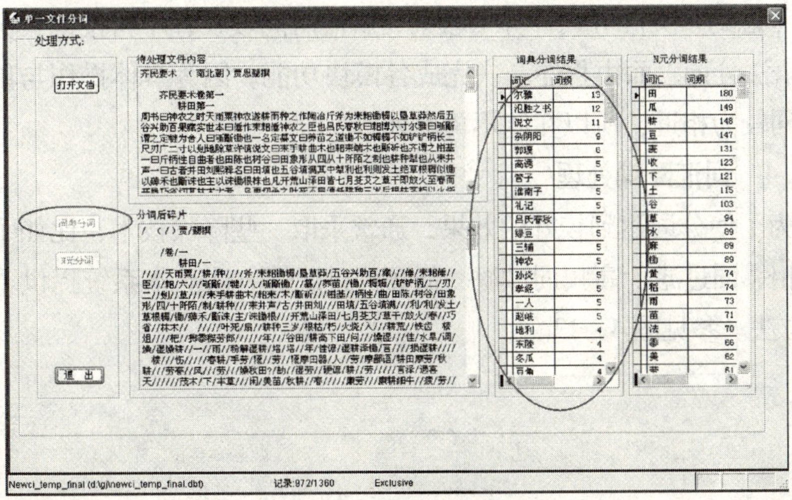

图4－11 词典分词主界面

4.3.2.2.2 N 元语法分词

N 元语法分词是本系统采用的最主要的分词方法，通过 N 元语法分词可以识别出大量的未登录词。参见图 4－12。

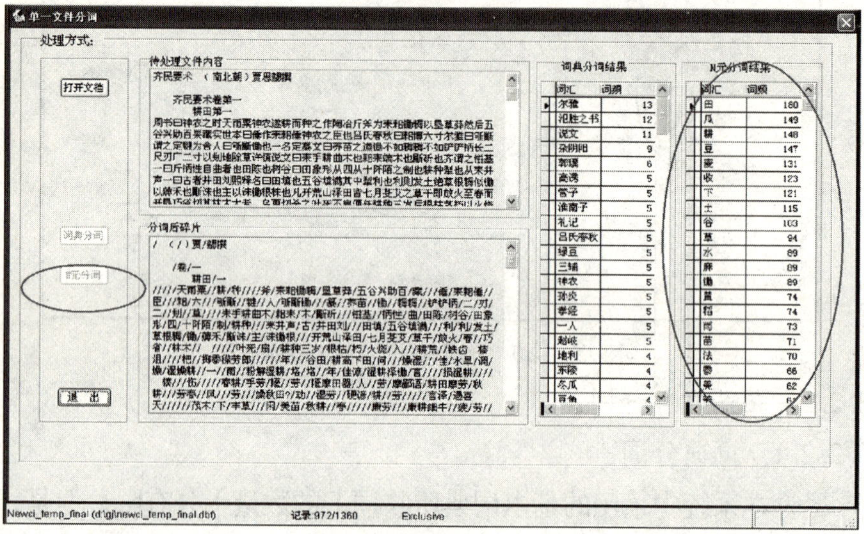

图 4－12　N 元语法分词主界面

4.3.2.3　多文件分词

考虑到多文件分词计算量较大，所需时间较长，不再按词典分词与 N 元语法分词，而由程序一次完成各模块功能。因为具体操作与单一文件分词较为相近，所以在此不再罗列。

4.3.2.4　词汇降噪处理

为了使分词达到较好的效果，通常采取一些降噪技术，比如子串过滤、相邻词过滤、高频词过滤、低频词过滤等方法。本系统提供了上述 3 种方法。参见图 4－13。

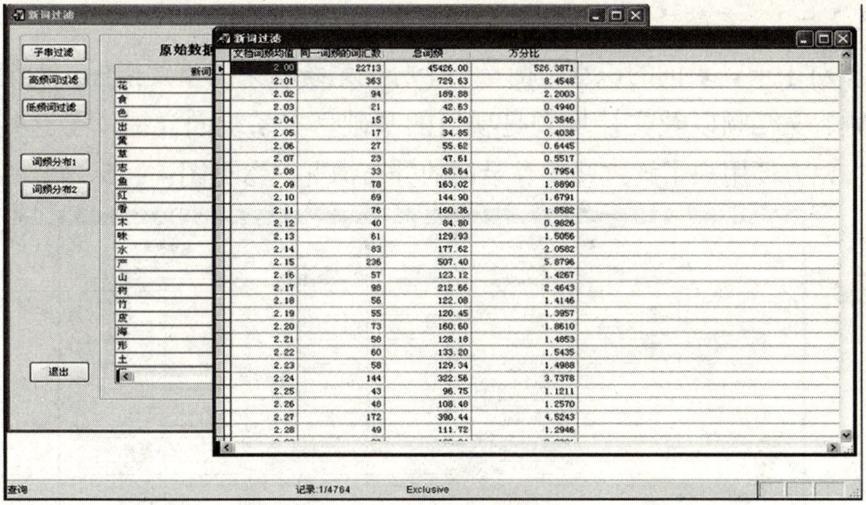

图 4－13　未登录词过滤主界面

4.3.2.5　结果统计

4.3.2.5.1　已识别词统计

分别按词频、文档频、文档均频进行统计。目前系统中提供了频率最高的 50 个词、100 个词、150 个词进行统计。已识别词界面参见图 4－14。

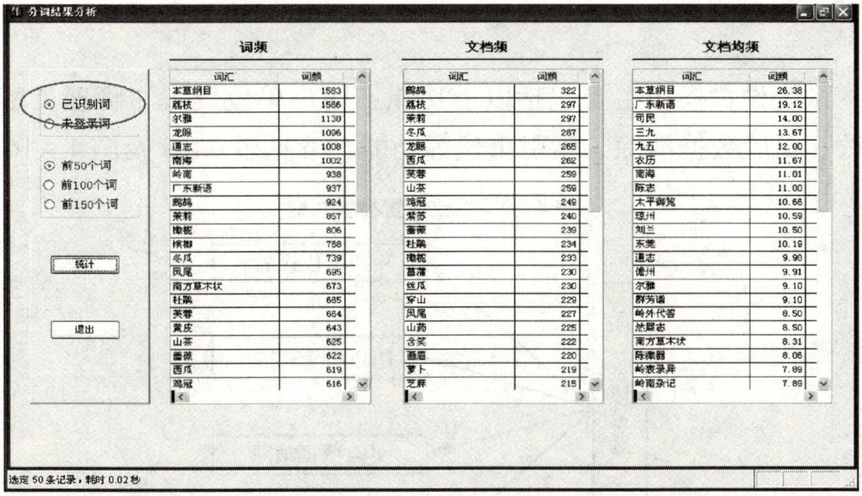

图 4－14　已识别词界面

4.3.2.5.2　未登录词统计

对于未登录词的识别是衡量一个分词系统效果的重要指标，而统计词频、文档频以及文档均频是项目的基础。本系统同样提供了这些数据，以方便用户了解这些未登录词的分布情况。参见图4－15。

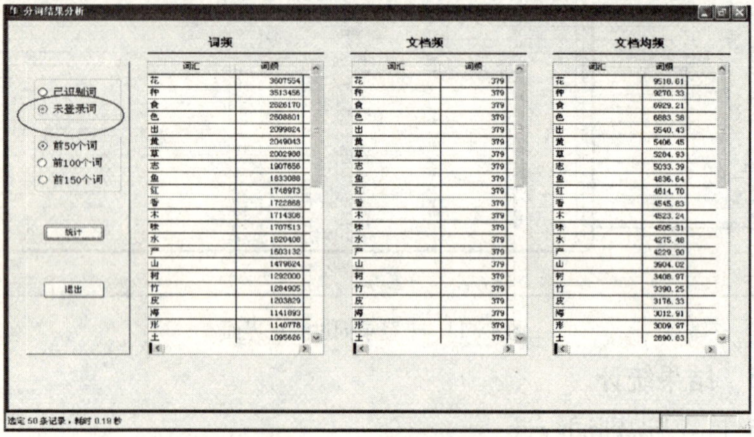

图4－15　未登录词统计界面

4.4　农业古籍计算机整理与开发系统设置子系统

系统设置模块主要包括以下功能：用户单位设置、管理员密码修改、试验数据清除、索引重建等功能。参见表4－9及图4－16。

表4－9　系统设置模块功能

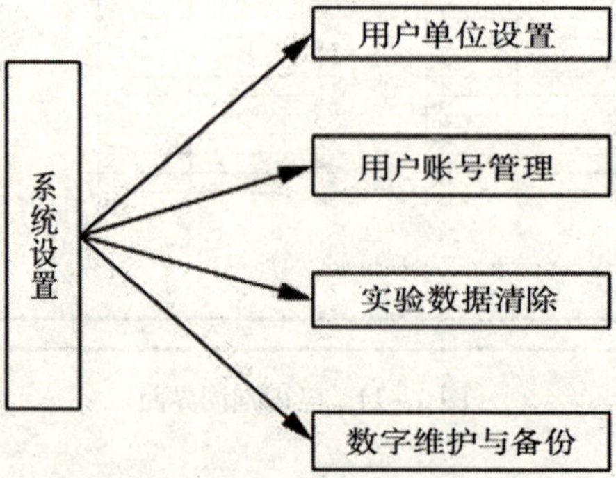

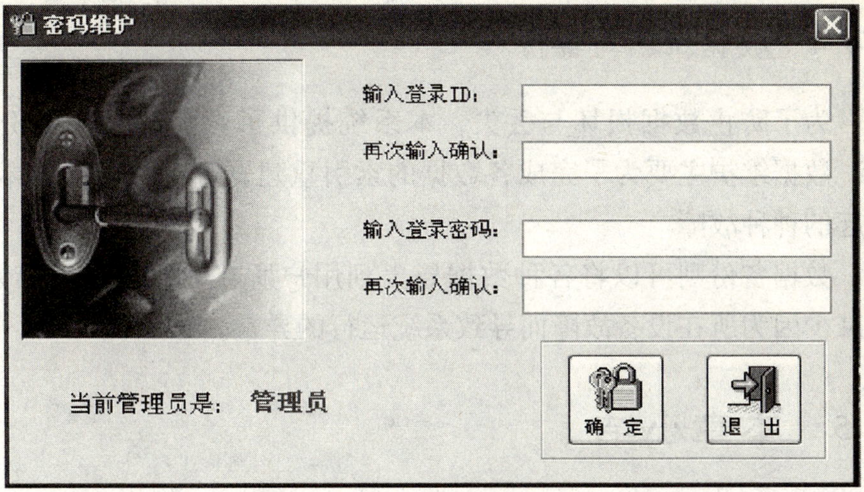

图4－16　用户账号管理界面

4.4.1　用户单位设置

本功能在于为用户提供一个系统名称，以便系统运行更加人性化。比如，本系统运行时的主界面显示为“南京农业大学人文学院”字样。

4.4.2　用户账号管理

考虑到系统的安全性，用户账号管理为必备模块。这样不仅能够解决用户自身数据的安全，同时也是为了保障系统本身运行的安全。

4.4.3　试验数据清除

用户利用本系统可以进行相关测试，但是会有大量的无效数据，比如标点规则库、分词词典库等知识库一旦混入无效甚至错误数据就会影响运行的效率。为此，本系统特别提供试验数据清除功能，将系统恢复到初始状态。

4.4.4 数据维护与备份

为了防止数据损坏与丢失，本系统提供了数据维护与备份功能。数据维护主要为了完成各数据的索引重建，解决因索引损坏而引起的种种故障。

数据备份则可以将各种数据导出到用户所在的目录或者媒体，以减少因为所在设备故障而导致系统运行的异常。

4.5 本章小结

上述所述只是介绍了本系统的主要功能，限于篇幅，不可能全部加以说明。而且各个子系统之间有相当多的数据可以共用，但为了叙述的方便，因而各系统的叙述之间仍然存在一定的冗余度。但究其实际，该系统的各个子系统之间仍然具有较高的集成度。比如基本词典群与禁用词典群的构建采用了模块化的编程方法，使用统一的界面与风格，使用户容易上手。

5 结　语

古籍整理与开发包括的内容众多，本书不可能穷尽，我们阐述的重点主要集中于断句标点与分词标引两个方面，按照两条主线分别展开论述：

第一条主线是知识库构建。一个成熟的系统离不开知识库的支持，因此本实验中构建了数量可观的知识库。这些数据库分为三大类：

断句标点知识库。分为断句标点模式库与断句标点禁用模式库两类。二者共同保证了断句标点功能的正常开展，目前已经构建的标点模式库 1 166 条，断句标点禁用模式库 184 条。

分词知识库。该类知识库包括禁用词典群与基本词典群两类，二者合计共 10 个数据库，收录各种词汇近 20 万条，基本满足了古籍分词的需要。

汉字属性库。古籍文本处理中经常要运用到各种汉字属性编码。本课题构建了包括拼音、笔画、笔顺、四角号码在内的 20 902 个单字在内的汉字编码库，对于古籍词表编纂、输入法生成以及索引编制的统一编码具有实用价值。

第二条主线是算法设计与系统构建。算法设计与系统构建是本课题的核心所在，也是本系统能否成功的关键因素。其具体内容有三个方面：

第一，借鉴文本模式匹配、句法分析等技术，研究并设计出农业古籍自动断句标点的算法，设计出农业古籍断句标点的原型系统。

第二，借助 N 元语法自动分词、字符串匹配等技术，自动构建知识库，进而研究、设计出农业古籍自动分词标引的算法及流程，构建出农业古籍分词标引的原型系统。

第三，对农业古籍断句标点、分词标引的各个子系统进行系统集成，以降低系统的冗余度。

利用计算机实现农业古籍文本的断句标点、分词标引，并首次开发相应的系统，是古籍整理领域的一次尝试，是农业史、情报学、计算机技术等结合的产物。正因为如此，本项研究仍然稍显稚嫩，仍然存在诸多不足，需要进一步深入研究。

第一，目前采用的断句标点模式库共有各种规则 1 100 余条，数量有限，而且各个规则之间仍然有待于进一步梳理与优化。再者，目前断句标点所用的方法为模式识别方法，主要基于语词的应用，而对于句法特征的采用仍然有限。这主要因为目前缺少农业古籍分析的熟语料库，特别是缺少农业古籍词汇属性库，使本实验难以进行有效的句法分析。随着农业古籍词汇属性库的构建，古籍句法规则的分析将会逐步深入。立足于农业古籍词汇属性库与古籍句法规则库的断句标点将会取得更佳的效果。

第二，分词系统采用词典分词与 N 元语法结合的综合分词方法，通过词典识别出的词汇占总词汇的比例仍然不高，在农业古籍中占 31%，而在方志物产中其比例却低于 10%，这一结果很显然乃分词词典收录的词汇在各子学科中分布并不均匀所致。所以，优化分词词典将是下一步需要继续研究的问题之一。

本项研究虽然亦已取得了一些进展，并得到了国家社科基金与教育部人文社会科学基金的支持，但是，因为课题涉及的范围太过广泛，且因为时间因素，很难对涉及的内容作更进一步的探讨。笔者相信随着国家社科基金与教育部人文社会科学基金课题的进展，本课题亦将得到进一步的深化与提升。

6 附 录

附录一 古籍计算机自动断句样例

农桑辑要卷一·农功起本

周书曰●神农之时●天雨粟●神农遂耕而种之●白虎通●古之人●民皆食禽兽肉●至于●神农因天之时●分地之利●制耒耜教民农作神而化之使民宜之●故谓之●神农典语●神农尝草别谷烝民乃粒食●世本倕作耒耜倕●神农之臣也●周本纪弃为儿时●其游戏好种树麻菽及为成人遂好耕农相地之宜●宜谷者稼穑焉●民●皆法则之尧举为农师汉食货志后稷始甽田●以二耜为耦●颜师古曰●甽垄也●音工犬反●或作畎艺文志农九家百一●十四篇●案原本作百四●十一篇●今据汉书校改农家者流●盖出农稷之官播百谷劝耕桑以足衣食●

农桑辑要卷一·蚕事起本

汉食货志嘉谷布帛二者生民之本●兴自●神农之世●易系辞●神农氏没●黄帝●尧舜氏作通其变使民不倦垂衣裳而●天下●治●盖取诸乾坤孔颖达曰●黄帝●已上●衣鸟兽之皮其后人多兽少事或穷乏●故以丝麻布帛而制衣裳使民得宜也●通典周制享先蚕●先蚕天驷也●蚕与马同●气●汉制祭蚕神曰苑窳●妇人寓氏公主●北齐先蚕祠●黄帝●轩辕氏如先农礼●后周祭先蚕西陵氏●

氾胜之书·耕田篇

●凡耕之本●在于趣时和土●务粪泽早锄获春冻解地气始通土●一和解●夏至天气始暑阴气始盛土复解●夏至●后九●十日●昼夜分天气和●以此时耕田●一而当五●名曰●膏泽●皆得时●功春地气通●可耕坚硬强地黑垆土辄平摩其块以生草●草生复耕之●天●有小雨复耕●和之●勿令●有块以待时●所谓●强土而弱之也●春候地气始通橛木枨尺二寸●埋尺●见其二寸●立春后土块散上没橛陈根可拔此时二●十日以后和气即土●刚●以此时耕●一而当四●和气去耕●四不当一●

杏始华荣辄耕轻土弱土望杏花落复耕●耕辄蔺之●草生有雨泽耕重蔺之●土甚轻者●以牛羊践之●如●此则土强●此谓：弱土而强之也●春气未通则土历适不保泽终岁不宜稼●非粪不解●慎无旱耕●须草生●至●可种时有雨即种土相亲苗独生草秽●烂●皆成良田●此一耕而当五也●不如此●而旱耕块硬苗秽同孔●出●不可●锄治反为败田●秋无雨而耕绝上气土坚各●名曰●脂田●及盛冬耕汇奶气土枯燥●名曰●脯田

脯田与脂田●皆伤田二岁不起稼则一岁休之●凡种时●五月耕一当三●六月耕一当再●若七月耕●五不当一●冬雨雪●止辄以蔺之●掩地●雪勿使从风飞去后雪复蔺之●则●立春保泽冻虫死来年宜稼得时●之和●适地之宜●田虽薄恶收可亩十石●

氾胜之书·种芋篇

种芋区方●深皆三尺●取豆萁内区中足践之●厚尺五寸●区上湿土与粪和之●内区中萁上令厚二尺●二寸●以水浇之●足践令保泽取五芋予置四角●及中央足践之●旱数浇之●

萁烂芋生●子皆长三尺●一区●收三石●

●又种芋法●宜择肥缓土近水处●和柔粪之●三月注雨●可种玉旱则浇之●有草锄之●不厌数多治芋如●此●其收常倍●

附录二 古籍计算机自动标点样例

齐民要术卷第一·耕田第一

《周书》曰：神农之时，天雨粟，神农遂耕而种之，作陶冶斤斧为耒耜锄耨以垦草莽，然后五谷兴助百果藏实，《世本》曰倕作耒耜倕，神农之臣也。《吕氏春秋》曰：耜博六寸，《尔雅》曰：斪斸，谓之定犍为舍人曰：斪斸锄也。一名定纂文曰：养苗之道，锄不如耨，耨不如铲，铲柄长二尺，刃广二寸，以刬地，除草许慎《说文》曰：耒手耕曲木也。耜耒端木也。斸斫也。齐，谓之镃基，一曰斤柄性自曲者也。田陈也。树谷曰田象形，从四从十阡陌之制也。耕种犁也。从耒井声，一曰，古者，井田刘熙释：名曰：田填也。五谷填满其中犁利也。利则发土，绝草根耨似锄以薅禾也。斸，诛也。主以，诛锄根株也。凡开荒山泽，田皆，七月芟艾之草干即放火，至春而《开垦》，巧省切，其林木，大者，乌更切，杀之，叶死不扇便任耕种三岁后根枯茎朽以火烧之，入地尽也。耕荒毕以铁齿楱，俎候切，再遍杷之，漫掷黍穄劳，郎到切，亦再遍，明年乃中为谷田。凡耕高下田不问春秋，必须燥湿得所为佳，若水旱不调，宁燥不湿，燥耕虽块，一经得雨地则粉解湿耕坚垎胡垎反数年不佳。谚曰：湿耕泽锄，不如归去，言：无益而有损湿耕者，白背速楱之，亦无伤，否则大恶也。春耕寻手劳，古曰耰，今曰劳《说文》曰：耰摩田器，今人亦劳曰摩鄙语曰：耕田摩劳也。秋耕待白背劳春既多风若不寻劳，地必虚燥秋田长劫反实湿劳令地硬谚曰：耕而，不劳，不如作暴。盖言：泽难遇喜天时故也。桓宽《盐铁论》曰：茂木之下，无丰草大块之闲，无美苗。凡秋耕欲深，春夏欲浅，犁欲廉，劳欲再，犁廉耕细牛复不疲再劳地熟旱亦保泽也。秋耕，一感反青者为上比，至冬月青草复生者，其美与小豆同。也。初耕欲深，转地欲浅，耕不深地不熟，转不浅动生土也。菅茅之地，宜纵牛羊践之，践则根浮，七月耕之，则，死非，七月复生矣。凡美田之法，绿豆为上，小豆胡麻次之，悉皆五，六月中美懿反漫掩也。种，七月，八月犁杀之，为春谷田则亩收十石，其美与蚕矢熟粪同。凡秋收之后，牛力弱，未及即秋耕者谷黍穄粱秫茇方末反之，下，即移羸速锋之地也。恒润泽而不，坚硬，乃至冬，初尝得耕劳不患枯旱。若牛力少者，但九月，十月一劳之，至春，汤历反种，亦得，《礼记》月令曰：孟春之月，天子，乃以元日祈谷于上帝郑玄注曰：谓上辛日郊祭天春秋传曰：春郊祀后稷以祈农事，是故启蛰而郊，郊而后耕上帝太微之帝乃择元辰，天子，亲载耒耜帅三公，九卿，诸侯，大夫躬耕帝籍元辰盖郊后吉辰也。帝籍为天神借民力所治之，田也。是月也，天气下降地气上腾，天地，和同草木萌动此阳气蒸达，可耕之，候也。《农书》曰：土长冒橛陈根可拔耕者急发也。分田司，司谓田畯主农之官善相丘陵阪险原隰土地所宜五谷所殖以教导民田事既饬先定准直农乃不惑，仲春之月，耕者少舍乃修阖扇舍犹，止也。蛰虫启户耕事少闲而治门户用木曰阖用竹苇曰，扇无作大事以妨农事，孟夏之月，劳农劝民，无或失时重力劳来之，命农勉，作无休于都急趣农也。王居，明堂礼，曰无宿于国也。季秋之月，蛰虫咸俯在，内，皆墐其户墐谓涂闭之，此避杀气也。孟冬之月，天气上腾地气下降，天地，不通闭藏而成冬劳农以休息之党正属民饮酒，正齿位是也。仲冬之月，土事，无作，慎无发。盖无发屋室地气且泄，是谓发，天地之房诸蛰则死，民必疾疫大阴用事，尤重闭藏，案今世有，十月，十一月耕者，匪直逆天道害蛰虫地，亦无膏润，收必薄少也。季冬之月，命田官告人，出五种，命田官告民出种大寒过农事将起也。命农计耦耕事修耒耜具田器耜者耒之金耜广五寸，田器镃基之属，是月也，日穷于次月穷于纪星回于天，数将几终言日月，星辰运行至此，月，皆匝于故会次舍也。纪犹会也。岁且更始专而农，民毋有所使而犹汝也。言专一汝农民之心，令人预有思于办稼之。事，不可，徭役则思散失其业也。孟，子曰：士之仕也。犹农夫之耕也。赵岐注曰：言仕之为急，若农夫，不耕，不可，魏文侯曰：民春以力耕夏以强耘秋以收敛，《杂阴阳》书曰：亥为天仓耕之，始《吕氏春秋》曰：冬至，后五旬，七日，昌生昌者百草之，先生也。于是始耕高诱注曰：昌，昌蒲水草也。淮南，子曰：耕之，为事也。劳织之，为事也。扰，扰劳之，事而民不舍者知其，可以衣食也。人之情不，能无衣食，衣食之，道必始于耕织之物，若耕织，始，初甚劳，终必利也。众，又曰：不能耕而欲黍，粱，不能织而喜缝，裳无其事而求其功难矣。《氾胜之书》曰：凡耕之，本，在于趣时和土，务粪泽早锄早获春冻解地气始通土，一和解，夏至天气始暑阴气始盛土复解，夏至，后九，十日，昼夜分，天地，气和，以此时耕田，一而当五，名曰：膏，泽皆得时功，春地气通，可耕坚硬强地黑垆土辄平摩其块以生草，草生复耕之，天，有小雨复耕和之，勿令有块以待时，所谓。强土而弱之也，春候地气始通橛木长尺二寸，埋尺，见其二寸，立春后土块散上没橛陈根可拔此时二，十日以后和气去即土，刚，以此时耕，一而当四，和气去耕，四不当一，杏始华荣辄耕轻土弱土望杏花落复耕辄蔺之，草生有雨泽耕重蔺之，土甚轻者，以牛羊践之，如，此则土强，此谓：弱土而强之也，春气未通则土历适不保泽终岁不宜稼，非粪不解，慎无旱耕，须草生，至可种时有雨即种土相亲苗独生草秽，烂，皆成良田，此一耕而当五也。不如此，而旱耕块硬苗秽同孔，出，不可，锄治反为败田，秋无雨而耕绝土气土坚垎：名曰：腊田，及盛冬耕泄阴气土枯燥：名曰：脯田，脯田与腊，田皆伤田二岁不起稼则一岁休之。凡麦田，常以五月耕，六月再耕，七月勿耕谨摩平以待种时，五月耕一当三，六月耕一当再，若七月耕，五不当一，冬雨雪，止辄以蔺之，掩地，雪勿使从风飞去后雪复蔺之，则，立春保泽冻虫死来年宜稼得时之和，适地之宜，田虽薄恶收可亩十石，崔实《四民月令》曰：正月地气上腾土长冒橛陈根可拔急灾强土黑垆之田，二月阴冻毕泽可灾美田缓土及河渚小处。三月杏华盛可灾沙白轻土之田，五月，六月可灾麦田崔实政论曰：武帝，以，赵过为搜。粟都尉教民耕殖其法三犁共一牛一人，将之下，种挽，耧皆取备焉？日种一顷，至今三辅，犹赖其利今辽东耕犁辕长四尺，回转相妨既用两牛两人牵之一人，将耕一人，下种二人，挽耧。凡用两牛六人，一日才种二，十五亩其悬绝如此，案三犁共一牛若今三脚耧矣。未知耕法如何？今自济州四巳西犹用长辕犁两脚耧长辕耕平地尚可于山涧之闲则不任用且回转至难费力未若，齐人蔚犁之柔便也。两脚耧种垄概，亦不如一脚耧之得中也。

氾胜之书·耕田篇

凡耕之本，在于趣时和土，务粪泽早锄获春冻解地气始通土，一和解，夏至天气始暑阴气始盛土复解，夏至，后九，十日，昼夜分天气和，以此时耕田，一而当五，名曰：膏，泽皆得时功，春地气通，可耕坚硬强地黑垆土辄平摩其块以生草，草生复耕之，天，有小雨复耕和之，勿令有块以待时，所谓。强土而弱之也，春候地气始通　橛木枨尺二寸，埋尺，见其二寸，立春后土块散上没橛陈根可拔此时二，十日以后和气即土，刚，以此时耕，一而当四，和气去耕，四不当一。

杏始华荣辄耕轻土弱土望杏花落复耕，耕辄蔺之，草生有雨泽耕重蔺之，土甚轻者，以牛羊践之，如，此则土强，此谓：弱土而强之也，春气未通则土历适不保泽终岁不宜稼，非粪不解，慎无旱耕，须草生，至可种时有雨即种土相亲苗独生草秽，烂，皆成良田，此一耕而当五也。不如此，而旱耕块硬苗秽同孔，出，不可，锄治反为败田，秋无雨而耕绝上气土坚各：名曰：脂田，及盛冬耕汇奶气土枯燥：名曰：脯田。

脯田与脂，田皆伤田二岁不起稼则一岁休之。凡种时，五月耕一当三，六月耕一当再，若七月耕，五不当一，冬雨雪，止辄以蔺之，掩地，雪勿使从风飞去后雪复蔺之，则，立春保泽冻虫死来年宜稼得时之和，适地之宜，田虽薄恶收可亩十石。

野菜赞

葛根，亦名鹿藿藤蔓十数丈，叶如枫紫花成穗结荚，亦可食，名葛谷冬取根深掘得五七尺，长者制如薜荔打糊代粥晒干，堪同米麦作饼世传，后周李迁哲镇蜀乏粮始造，此粉其，实非也。亦有鹿藿蔓施阿陵可代饘粥。岂惟解醒勇断深决洞，见本根吾自不了徒憎葛藤。

紫藤蜿蜒十数丈，二月紫花成穗垂如缨络取半开者，盐汤汋点茶开胃，疗噎晒干，拌盐水杂饭炊可省菜，形如雀，又金雀花木本高六七尺，俗谓鹅儿花食法同之，金雀紫藤花同种异或紫或黄。状如鸟翅新炊间之省汝畲茹真茶得之，开我胸胃。

大观茶论

白茶，白茶自力一种，与常茶不同。其条敷阐，其叶莹薄崖林之间，偶。然生，出虽非人力所可致有者不过四五家生者，不过一二株，所造，止于二三胯而已。芽英不多。尤难蒸培汤火，一失则已变而为常品，须制造精微运度得宜则表里昭彻如玉之在璞，它无与伦也。浅焙，亦有之，但品，不及。

罗碾，碾以银为上，熟铁次之，生铁者非掏拣捶磨所成间有黑屑藏干隙穴害茶之色尤甚。凡碾为制槽欲深，而峻轮欲锐，而薄。

盏，盏色贵青黑玉毫条达者为上，取其燠发茶采色也。底必差深而微宽底深则茶宜立而易于取乳宽则运筅旋彻不碍击拂。然，须度茶之多少，用盏之大小，盏高茶少则掩蔽茶色茶多盏小则受，汤不尽，盏惟热则茶发立耐久。

橘录·序

橘，出温郡最多种柑乃其别种柑自别，为八种，橘，又自别为十四种，橙子之属，类橘者，又自，别为五种，合二十有七，种，而乳柑推第，一故，温人谓乳柑为真柑意谓他，种，皆。若，假设者，而独真柑为柑耳？然橘也。出苏州、台州西出荆州而南，出闽、广数十，州皆木橘耳已，不敢与温橘齿矧敢与真柑争高下耶？且温四邑俱种柑而，出泥山者，又杰。然推第一泥山盖平阳一孤屿，大都块土不过覆釜其旁地广袤只三、二里，许无连岗阴，壑非有佳风气之所淫渍郁烝，出三、二里，外，其香味辄，益远，益不逮。夫物理何可考耶？或曰：温并海地斥卤宜橘与柑而泥山特斥卤佳处。物生其中故独与他异。予颇，不然其说。夫姑苏、丹丘与七闽、两广之地，往往多并海斥卤何独温而，又，岂无三、二里，得斥卤佳处。如泥山者，自屈原、司马迁、李衡、潘岳、王羲之、谢惠连、韦应物，辈，皆尝言吴楚间，出者而，未尝及温，温最晚，出，晚出而群橘尽废物之变，化，出没其浩，不可，靠如此，以予意之温之学者，繇晋唐间未闻有杰。然，出而与，天下，敌者，至□国朝始盛，至于，今日尤号为文物极盛处。岂亦，天地，光华秀杰不没之气来钟此土其余英遗液犹被草衣而泥山偶独得其至美者耶？予北人平生。恨，不得，见橘著花。然尝从橘舟市橘亦未，见佳者，又安得，所谓。泥山者，啖之去年秋，把麾此来得一亲，见花而再食，其实，以为幸独故事，太守，不得，出城从远，游无因领客入泥山香林中泛酒其下而客乃，有遗予泥山者，且曰：橘之美当不减，荔子，荔子今由谱得与牡丹、芍药《花谱》并行而独未，有谱橘者，子爱橘甚橘若，有待于子，不，可，以辞予因，为之。谱且妄欲自，附于，欧阳公、蔡公之后，亦有以表，见温之学者，足以夸，天下，而不独在。夫橘尔淳熙，五年，十月延安韩彦直。

附录三　古籍计算机自动分词样例

哀牢
挨砻知
矮瓜
矮蕉
艾菜
艾叶
艾子杂说
爱老
爱州
安吴四种
桉油
庵钉鱼
鹌鹑
昂丝
敖汉旗
鳌鱼
奥氏
澳门
八哥
八桂
八角
八脚
八口
八闽
八水
八位
八仙花
八月春
八座
巴丹
巴东
巴豆
巴戟
巴郡
巴马鬃
巴山
巴山虎
巴蛇
芭戟
芭蕉
芭苴
叭哥
笆茅
笆竹笋
拔张枝
霸王
白帖
百部
百毒散
百官
百花村
百花酒
百花山
百劳
百里
百灵
百罗
百泉
百舌
百头郎
百姓
百枝
柏古
柏杨
摆锡
败酱
拜风鱼
扳枝
班禅

班猫
班蝨
班品
班枝花
班竹
斑瓜
斑鸠
斑猫
斑毛虫
斑蝥
斑鱼
斑枝
斑竹
斑鬃鱼
斑鯮
搬屎虫
螌蝥
板桥
板鱼
板枝花
版鱼
包菜
包饭菜
包谷
包麦
包米
包蜜
包仁
包山
包粟
包衣
包鱼
苞谷
苞栗
苞芦
苞茅山
苞米
苞粟
宝峰
宝积寺
宝林
宝山
宝志
宝珠
抱木
抱朴子
抱树
抱藤菜
抱香屦
抱鱼
豹骨
豹虎
豹狸
豹山
鮑鱼
鲍鱼
北村
北海
北户录
北京
北梦琐言
北人
北省
北庭
贝花
贝叶花
贝叶兰
奔走
本草备要
本草纲目
本草纲目拾遗
本草拾遗
本草述
本草通元
本草衍义
本书
笨屎虫
崩砂
荸脐
荸荠
鼻涕虫

笔峰
笔管竹
笔架山
笔筒
笔竹
苾蒻
荜茇
荜拨
荜澄茄
婢屣
萆麻
蓖麻油
辟书
辟雍
碧山
碧玉
碧玉草
碧竹
壁宫
壁虎
壁镜
壁蛇
壁喜
薜荔
鹭雉
边人
笾人

猵獭
编修
萹豆
蝙蝠
鳊鱼
扁柏
扁豆
扁濑
扁鲢
扁螺
扁桃
扁蟹
扁蓄
扁鱼
扁竹
藊豆
卞彬
表异录
鳖鱼
宾客
宾山
宾州
滨县
槟榔
槟榔谱
兵部
兵府

栟榈
栟榈
梹榔
蛃鱼
拨棹
玻璃菜
菠菜
菠薐
菠菱
菠薐
菠罗蜜
菠萝
播州
伯服
伯劳
伯乐
伯鹩
伯罗
伯王
伯赵
驳骨丹
驳眼草
舶司
博物要览
博物志
渤海
葧脐

葧荠
鹁鸽
鹁鸠
愽劳
搏黍
卜人
补椽树
补服
补骨脂
捕狗
捕蝇草
布觳
布谷
布瓜
布屐菜
布荆
布惊
步屈
步司
步头
步头香
擦沙
采服
采桑
菜伯
菜菔
菜瓜
菜花
菜芀
菜藤
菜头蔡京
蔡襄
蔡邕
蔡庄
参军
参赞
骖鸾录
残鲙
残雪
残鱼
蚕豆
蚕蛾
蚕桑
蚕桑刍言
蚕室
穇粟
仓储
仓冈
仓颉
仓颉篇
沧江
沧州
沧洲
苍颉
苍术
苍梧
苍鱼
鸧鸡
蛤蜋
藏汉
藏山
藏书
曹子建集
草厂
草豆蔻
草豆蔻
草菇
草菰
草海
草蒿
草花虵
草花蛇
草姜
草龙
草蜢
草木子
草蒲
草山
草蛇
草蟀
草堂

草蝼
草鱼
草禹余
草蚱蝗
草钟乳
草螽
扠鸡虎
茶庵
茶豆
茶瓜
茶解
茶经
茶辣
茶山
茶油
茶园
茶约
柴厂
柴桑
柴水
豺哥
豺狗
豺山
虿尾
棌木
馋灯
馋鱼
蝉冠
蝉枯木
蝉蜕
潺鱼
蟾蜍
蟾酥
蟾蠩
产水
簅粟
昌歜
昌谷
昌国
昌海
昌华苑
昌化军
昌化县
昌江
昌陵
昌山
昌县
昌邑
菖歜
菖蒲
阊门
嫦娥
鲿鱼
场人
场师
场花
唱歌婆
抄木
巢谷
朝野佥载
樔蛣
潮鸡
潮鲤腹
潮漳风
潮州
潮州凤山茶
炒鸡菜
车螯
车里
车流
车人
郴州
臣火树
臣下
沉水香
沉香
陈邦彦
陈仓

附录四　古籍计算机自动标点规则

规　则	标　点	标点位置
(. 既. {2, 7}) (? =. 复. {2, 7})	, $1,	无
(. 既. {2, 7}) (? =. 则. {2, 7})	, $1,	无
(? =必\W {2, 5}) (则\W {2, 5})	, $1	无
(? =非. {1, 8}) (惟. {1, 8})	, $1	无
(\S {1, 3}) \2	$2, $2	无
(非. {1, 8}) (? =必. {1, 8})	, $1,	无
(非. {1, 8}) (不. {1, 8})	,	前
(夫唯. {1, 8}) (? =故. {1, 8})	, $1,	无
(或. {2, 7}) (? = [或时乍]. {2, 7})	, $1,	无
(既已. {2, 9}) (? =又. {2, 9})	, $1,	无
(将. {2, 9}) (? =则. {2, 9})	, $1,	无
(如. {2, 8}) (? =必. {2, 8})	, $1,	无
(如. {2, 8}) (? =则. {2, 8})	, $1,	无
(若苟|若或. {2, 8}) (? =则. {2, 8})	, $1,	无
(始. {2, 8}) (? =终. {2, 8})	, $1,	无
(适. {2, 8}) (? =会. {2, 8})	, $1,	无
(虽. {2, 8}) (? = [然犹]. {2, 8})	, $1,	无
(虽. {2, 8}) (? =而. {2, 8})	, $1,	无
(徒. {2, 8}) (? =不. {2, 8})	, $1,	无
(为. {2, 8}) (? =为. {2, 8})	, $1,	无
(无. {2, 9}) (? =无. {2, 9})	, $1,	无
(毋. {2, 8}) (? =宁. {2, 8})	, $1,	无
(犹. {2, 8}) (? =矧. {2, 8})	, $1,	无
(有. {2, 9}) (? =有. {2, 9})	, $1,	无
(与. {2, 8}) (? =不如. {2, 8})	, $1,	无
(与. {2, 8}) (? =宁. {2, 8})	, $1,	无

续表

规 则	标 点	标点位置
(与．{2，8})(？=孰若．{2，8})	，$1，	无
(乍．{2，8})(？=［或时乍］)	，$1，	无
.？［皆莫弗勿非无毋必］	，	前
．［处人］［作谓名称云呼为］	，	前
．{1，8} 次之	，	后
．{1，8} 所［称谓言引曰云作载说］	。	后
．斯．斯	，	后
［案按据如依］．{1，8}［言引曰云作载谓］	，$1：	无
［案黯苞报碑备弼表伯注论］曰	：	后
［百千万两数］［斛丈尺寸分斗区次行食顷］	，	后
［名命谟谋母目乃年怒女讴］曰	：	后
［明穆平顺天文五武先献宣］帝	，	前
［破驱视听未谓悦走］之	，	前
［皮壳筋鳞骨蒂把穰叶渣］\W {1，3} 用	，$1。	无
［秦汉晋魏赵齐楚燕蜀吴］．{1，8}［作谓名称云呼曰为］	，	前
［前古间今礼乃顷日王往昔］者	：	前
［卿请秋囚驱然让人戎如入］曰	：	后
［取捣去榨为］汁	，	后
［去然杀善赏射食示视释筮］之	，	后
［升斗石斤丈尺寸斛月日］\W {0，1}［余半］	，	后
［实虚压锄践烘焙刈获詈包］之	，	后
［竖太郏天王伍小晏遗游曾］子	，	前
［随讨听望为畏闻问相信许］之	，	后
［唐宋元明清辽金夏胡］．{1，8}［作谓名称云呼曰为］	，	前
［傥倘］［或若使］	。	前
［通统皆俱一有亦鄙］．{1，8}［言作谓名称云呼曰为］	，	前
［吴楚越滇闽粤陕山］之	，	前
［洗焯拌炒漉浸熬］过	，	后

续表

规则	标点	标点位置
(与．{2，8})(? =孰若．{2，8})	，$1，	无
[言遗异因隐与悦斩占争知]之	，	后
[疑庚甲壬戌]申	，	后
[已过半微][生熟老长]	，	后
[尤幸美]甚	。	后
[尤亦甚尽不][佳妙善多]	。	后
[原本误变更昔省简旧][作谓名称云呼为]	，	前
[之在于][上下中左右内外]	。	后
[治重诛追佐]之	，	后
[斫筑泥治勤烧稀量发节碾]之	，	后